KRÖNERS TASCHENAUSGABE BAND 374

KURT KLUXEN

GESCHICHTE ENGLANDS

Von den Anfängen bis zur Gegenwart

Dritte Auflage

ALFRED KRÖNER VERLAG STUTTGART

CIP-Kurztitelaufnahme der Deutschen Bibliothek

Kluxen, Kurt
Geschichte Englands: von d. Anfängen bis zur Gegenwart.
– 3. Aufl. – Stuttgart: Kröner, 1985.
(Kröners Taschenausgabe; Bd. 374)
ISBN 3-520-37403-X

Druck: Omnitypie-Gesellschaft, Stuttgart

INHALT

TEIL IV: DER WEG ZUR WELTMACHT

VORWORT

Eine Geschichte Englands abzufassen, ist ein Wagnis, das nicht ohne Bedenken unternommen werden kann und sich einer Kritik ausgesetzt weiß, die aus der Erweiterung der heutigen Forschungsdimensionen und der Verfeinerung der Methoden ihre Berechtigung nimmt. Allerdings tendiert gerade die moderne Geschichtsforschung dahin, die Möglichkeit eines Geschichtsbildes überhaupt in Frage zu stellen. In der Tat kommt ein Überblick an Verkürzungen, Schwerpunktbildungen und Vereinfachungen nicht vorbei. Andererseits ist ein Überblick oder jedenfalls ein Vorverständnis vom Gesamtverlauf unumgänglich notwendig. Ohnehin hat jeder Forscher, ob er will oder nicht will, ein mehr oder weniger eingestandenes Geschichtsbild vor Augen, von dem her Ordnungsprinzipien und Gliederungsmöglichkeiten sich anbieten und das Einzelfaktum als historisches Moment und als Form der Geschichte überhaupt erst begriffen werden kann. Es ist zuzugestehen, daß eine Gesamtschau stets ein vorläufiger Entwurf bleibt und andere Entwürfe jederzeit möglich sind. Der Grad der Subjektivität steigert sich mit dem Maß der Verallgemeinerung und vermindert sich mit der Einengung der Optik. Allerdings ist Subjektivität nicht Willkür, sondern perspektivische Sichtweise, die der Gesamtbemühung der historischen Wissenschaft folgend ein optimales Blickfeld zu gewinnen sucht.

Ein solches Vorhaben findet einen gewissen Anhaltspunkt darin, daß eine hochentwickelte Nation das Ergebnis ihrer Geschichte ist, die zu einem guten Teil als Integrationsprozeß genommen werden darf, an dessen Ende die ihrer selbst bewußte Nation steht. Diese mag selbst wieder eine geschichtliche Durchgangsstufe sein, gibt aber doch Zeugnis von einem überindividuellen Zusammenhang, der in einem Geschichtsbewußtsein oder wenigstens in einer besonderen Mentalität zum Ausdruck kommt. Dieses Bewußtsein ist weder eine feste Größe noch ein brauchbarer Generalnenner; aber es nährt sich aus einem gemeinsamen Fundus, der in Sprache, Traditionsgut, Lebensart und Schicksal die Vergangenheit festhält. Die hier fortwirkenden geschichtlichen Kräfte lassen sich nur aus geschichtlicher Orientierung verstehen und bestimmen neben dem Forschungsstand die Intention auf eine Gesamtschau, die mithin eine gewisse Verbindlichkeit erreichen kann, wenn ihr auch Kraft und Zeit eines einzelnen nur bedingt genügen mögen. Deshalb bleibt auch dieser Versuch ein erster Einstieg und eine erste Wegweisung.

Die Begrenzung der vorliegenden Darstellung liegt einmal darin, daß der Blickpunkt auf die Geschichte Englands gerichtet bleibt, die von der Mannigfaltigkeit der Anfänge zur Einheit einer Nation fortschreitet und dann sich wieder in eine größere Mannigfaltigkeit nach innen und außen entfaltet, aber stets von einem nationalen gesellschaftlichen Kräftespiel getragen wird, das dem Ganzen seine Impulse gibt. Jedermann weiß freilich, daß eine Nationalgeschichte kein in sich einsichtiges Forschungsfeld darstellt und erst aus der Wechselwirkung mit den Geschichtskräften des europäischen Kulturkreises verständlich gemacht werden kann. Auch England war stets gebender und nehmender Teil Europas. Eine Verkürzung muß hier aber in Kauf genommen werden. Ähnliches gilt für die irische und schottische Geschichte, die lediglich in Hinsicht auf die Reaktion in England behandelt werden können. Dazu kommt, daß die englische Geschichte sich zur Geschichte der Weltmacht Großbritannien ausweitet und das Empire unmittelbar zur englischen Geschichte gehört. Seine Darstellung darf nicht ausgelassen werden; aber England bleibt bis ins 20. Jahrhundert hinein unbestrittenes Zentrum jener weltumfassenden Pax Britannica, die seine eindrucksvollste und folgenreichste politische Leistung war. Der Titel dieses Buches soll die hier gewählte Gewichtsverteilung andeuten, die sich wohl auch angesichts der weitgehenden Schrumpfung der imperialen Machtstellung Britanniens und der Umorientierung seiner Politik in den letzten Jahrzehnten anbietet.

Für einen Blick aus der Vogelschau heben sich die großen Umwälzungen der normannischen Eroberung, der Tudorzeit, des 17./18. Jahrhunderts und vor allem des 19. Jahrhunderts als Schwerpunkte heraus, die als Stufen der Entfaltung der englischen Nation und schließlich der britischen Industriegesellschaft kenntlich werden sollen. Außerdem ergibt sich aus den modernen Forschungsbemühungen, daß sozialgeschichtliche und strukturgeschichtliche Aspekte stärker ins Licht gerückt werden und das veraltete Schema der Whig-Historie endgültig zu Grabe getragen wird. In Bezug auf die eingearbeiteten Kontroversfragen muß freilich auf die einschlägige Literatur zurückgegriffen werden, die im ganzen genommen eine weitgehende Revision des landläufigen Geschichtsbildes eingeleitet hat.

Aus dieser Revision, an der auch namhafte deutsche Forscher wie K. Löwenstein, G. A. Ritter, G. Schilfert, M. Schlenke, E. Schulin, F. Trautz u.a. beteiligt sind, ergibt sich die Notwendigkeit einer Neufassung der englischen Geschichte, die dem allgemein interessierten Leser in Gliederung und Formulierung entgegenkommt und dem wissenschaftlich interessierten Leser eine ausreichende Erstorientierung vermittelt, die er mit Hilfe der umfangreichen und detaillierten Literaturhinweise (Anhang) rasch vertiefen kann. Die Beschränkung der Darstellung auf einen Band zwang allerdings zu beträchtlichen Raffungen, die besonders im Mittelalter und in der Zeitgeschichte vorgenommen wurden und die der Schwerpunktbildung zugute gekommen sind. In Bezug auf die technische Seite ist zu bemerken, daß die Datenangaben sowie die Schreibung der walisischen, angelsächsischen und dänischen Namen sich im allgemeinen nach dem Handbook of British Chronology ([2]1961) richten.

Dank sei dem Verlag gesagt, der den Anstoß zu dieser Arbeit gegeben hat. Dank gebührt auch den Assistenten Jürgen Sandweg und Hans Medick M.A. für Zusammenstellung der Bibliographie und des Anhangs, Textkontrolle usf., sowie den wissenschaftlichen Hilfskräften Manfred Lotterschmid, Bernd Warlich und Rainer Trübsbach für tagelanges Korrekturlesen an Fahnen, Umbruch und Index. Gleiches gilt nicht weniger für meine Sekretärin Frau Salzmann, die in unermüdlichem Eifer die Manuskriptmassen entziffert und ins Reine geschrieben hat. Ohne diese Team-Arbeit wäre die termingerechte Publikation dieses Buches kaum möglich gewesen.

Erlangen, am 16. Oktober 1968

Kurt Kluxen

VORWORT ZUR ZWEITEN AUFLAGE

Erfreulicherweise hat die vorliegende Darstellung der Geschichte Englands in der wissenschaftlichen Welt durchweg Anerkennung erfahren und bei einer breiten Leserschaft Anklang gefunden. Dies ist bemerkenswert, weil das rechte Verständnis für den britischen Sonderweg dem Kontinentaleuropäer nicht leicht fällt. Schon die Kontinuität zur anglo-sächsischen Vorzeit im Verein mit der normannischen Überschichtung erbringt einzigartige Rechts-, Herrschafts- und Sprachverhältnisse, die schwer zu durchschauen sind und bis tief in die Neuzeit hinein wirksam bleiben. Andererseits setzte Englands Wendung zum offenen Meer eine Dynamik frei, die das Land zum Vorreiter von Welthandel, Kolonialismus, industrieller Revolution und moderner Massengesellschaft werden ließ. Dieses grandiose Widerspiel von Kontinuität und Fortschritt, von Land und Meer, von Bindung und Freiheit, von Konstitution und Expansion oder von Nationalbewußtsein und Weltsendung wurde der bestimmende Grundakkord der britischen Gesamtgeschichte.

Es kam darauf an deutlich zu machen, wie aus diesen nationalen, europäischen und globalen Wirkungszusammenhängen die Britische Parlamentarische Monarchie und das Britische Commonwealth zustande gebracht werden konnten. Im Grunde ist und bleibt das dahinter wirksame moralische Potential Großbritanniens das eigentliche und einzige Thema der Darstellung, das unser politisches Interesse und mehr noch unsere menschliche Anteilnahme erregt. Die Resonanz der Leserschaft darf wohl als Bestätigung der Grundkonzeption des Buches genommen werden. Sie wird deshalb unverändert beibehalten. Indessen wurden einige Fehler und Ungenauigkeiten ausgemerzt und einige Abschnitte hinzugefügt, die die Darstellung bis zur Gegenwart fortführen. Außerdem wurde das Literaturverzeichnis vervollständigt. – Dem Verlag und seinem Lektorat gebührt besonderer Dank für Geduld, stete Hilfsbereitschaft und gute Zusammenarbeit.

Erlangen, am 20. Oktober 1984

Kurt Kluxen

Teil I

URSPRÜNGE UND FRÜHES MITTELALTER

VON DEN URSPRÜNGEN BIS ZUR NORMANNISCHEN EROBERUNG

1. Keltische und römische Zeit

Die britische Vorgeschichte läßt sich nach dem Material der verwendeten Werkzeuge in vier Perioden einteilen, nämlich Alt-Steinzeit (Paläolithikum), Jung-Steinzeit (Neolithikum), Bronzezeit und Eisenzeit. Das Neolithikum unterscheidet sich von der vorhergehenden Zeit durch die feinere Bearbeitung des Feuersteins, das Aufkommen der Töpferkunst und die beginnende Bodenbearbeitung. Diese Epochen griffen naturgemäß ineinander über. Während die atlantische Seite noch in der Bronze-Kultur verharrte, hatte im Südosten Britanniens schon die Eisenzeit eingesetzt. Im allgemeinen wird als Beginn des Neolithikums die Zeit um 2500 v. Chr. angesehen; um 1800 v. Chr. folgte die Bronzezeit, die nach 550 v. Chr. von der Eisenzeit abgelöst wurde. Diese Zeitangaben gelten für den Südosten der Insel, der zum Kontinent geöffnet und von den Highlands im Westen und Norden durch unwegsame Wälder getrennt war.

Neben dieser üblichen Grobeinteilung war der Übergang von der Sammler- und Jägerstufe zur bäuerlichen Kultur ein grundlegender Wandel, der Britannien anscheinend um die Wende zum 3. Jahrtausend v. Chr. schon erreichte und in der Windmill-Hill-Form nachweisbar ist, deren Träger den ostenglischen Feuersteinbergbau begannen und wahrscheinlich die ersten Kultbauten errichteten. Nach dem Ausgang des Paläolithikums waren die Landmassen allmählich soweit abgesunken, daß die britische Halbinsel Insel geworden war. Das feucht-warme Klima der »Atlantischen Periode« (5500 bis 2500 v. Chr.) schlug in ein mehr trocken-warmes Klima um, das nach 700 v. Chr. wieder ozeanischer, aber auch kälter wurde, wodurch merkliche Schwankungen in der Besiedlung der Täler und Hänge hervorgerufen wurden, bis um die Wende zum 4. Jahrhundert n. Chr. die heutigen Klimaverhältnisse vorherrschten. Aus der frühesten Zeit ist nur weniges sicher bezeugt. Erst für die letzten beiden Jahrtausende v. Chr. lassen sich nähere Details gewinnen.

Die wald- und wasserreiche britische Insel bot den ersten Bewohnern neben einigen geschützten Küstenstrichen nur auf den leichten Sand- und Kalkböden eine Siedlungsmöglichkeit, wo die Wälder lichter waren und der Boden mit primitiven Werkzeugen bearbeitet werden konnte. Die zahlreichen Kalkhügelketten Süd- und Südost-Britanniens waren infolgedessen die ersten Siedlungszonen, und ihr Zusammenlaufen auf dem breiten Plateau der Heide von Salisbury südlich des Oberlaufes der Themse ergab für lange Zeit einen natürlichen Schwerpunkt der noch spärlichen Bevölkerung, neben dem sich nur noch im heutigen Yorkshire ein vergleichbarer Schwerpunkt bildete. Bis auf die Salisbury-Ebene drangen die über die welligen Lowlands vom Osten oder Süden her vorrückenden Menschen und wohl auch die über die See von Spanien oder der Bretagne her über Wales, Irland und Westschottland ankommenden Siedler vor. Gegen Ende der jüngeren Steinzeit breitete sich von Westeuropa her der Großsteinbau über die Insel aus, der auch die Westküste und Irland erfaßte und in Nordschottland einige Spuren hinterließ. Seit 1900 v. Chr. wurden die Ost- und Südküsten von der Nordsee her durch Einfälle der sogenannten Becherleute aufgestört, die bereits Metall verarbeiten konnten (Chalkolithikum), die Webkunst beherrschten und stärker Ackerbau betrieben, daneben aber auch Jäger und vor allem Viehzüchter waren. Sie drangen bis auf das Plateau von Salisbury vor, wo sie, wahrscheinlich unter dem Einfluß der Megalithen, die großartigen Monumente von Stonehenge und Avebury in Wiltshire errichteten. Die beiden Steinkreise von Stonehenge orientieren sich genau nach dem Sonnenaufgang zur Sommersonnenwende und den Sonnen- und Mondzeiten. Sie stellten wohl ein Sonnenheiligtum dar und dienten zugleich als Kalender für die Riten und Feste der Jahreszeiten. Die gewaltigen Steinblöcke wurden zum Teil von weither über See und Land von den walisischen Bergen hergeschafft. Viele Generationen bauten über Jahrhunderte hinweg an dieser Riesenanlage, und 1,5 Millionen Tagewerke waren nötig, um Stonehenge in drei Bauperioden zu errichten. Auch Avebury, etwa 20 Meilen von Stonehenge entfernt, hatte mehrere konzentrische Steinketten in ähnlichen Dimensionen. Um diese Stätte war ein breiter Graben mit Wall gezogen, der sowohl Abgrenzung des heiligen Ortes als auch Befestigungsanlage gewesen sein mochte. Nicht weit davon errichteten die gleichen Leute Silbury Hill, einen künstlichen Erdhügel von 40 m Höhe, vielleicht das Grab eines Königs. Diese Denkmäler zeugen von einem Volk, das schon eine höhere Organisationsstufe und eine kultische Herrschaftsordnung erreicht hatte und durch Schöpferkraft und technische Intelligenz ausgezeichnet war. Die zahllosen anderen Monumente, Grabanlagen und Steinkreise in Irland, Schottland, Wales und England blieben hinter diesen einzigartigen Anlagen weit zurück.

Nach den Becherleuten gelangten vorerst nur kleinere Einwandererwellen auf die Insel, unter ihnen um 1450 v. Chr. eine Gruppe, die im späteren Wessex herrschte und vielleicht aus dem Mittelmeer kam. Sie hatte eine fortgeschrittene Metalltechnik und Baukunst mitgebracht und knüpfte Handelsbeziehungen zum Kontinent und zu den Mittelmeerländern an. Die Besiedlung dehnte sich in dieser Zeit auf das Themsetal, die durch Sumpf und Moor geschützten Landschwellen der Fenlands und die leichten Böden des Südostens aus. Nach 900 v. Chr. begannen Kelten einzusickern, die nach 750 v. Chr. in größeren Scharen an den Südost-Küsten anlangten und statt des primitiven Hakenpflugs den von Ochsen gezogenen Pflug ins Land brachten. Sie verbreiteten seit 500 v. Chr. die Kenntnis des Eisens in Britannien und drängten die bisherigen Bewohner in die nördlichen und westlichen Gebirgsräume zurück oder bildeten eine herrschende Oberschicht. Überall hinterließen sie in den zahlreichen Hügelbefestigungen Spuren ihres kriegerischen Lebens. Ihre Pfahlbauten, etwa bei Glastonbury in Somerset, deuten noch auf diese kampferfüllte Zeit hin. Die Kelten waren künstlerisch begabt, wie sich aus einer Unmenge von Funden erkennen läßt, und trieben bereits Handel wie etwa die Zinn-Ausfuhr von Cornwall über Gallien ins Mittelmeer. Sie waren jedoch keine eigentlichen Seeleute wie später die Angelsachsen. Ihre Stämme hielten an der gentilizischen Gliederung fest, bekriegten sich ständig und brachten, abgesehen von Kultverbänden, keinen übergreifenden Herrschaftszusammenhang zustande. Größere Macht besaß allerdings die Priesterkaste der Druiden, die Religion, Sitte und Recht hütete. Die Schwerpunkte von Ackerbau und Warentausch lagen im Süden und Südosten. Einige der vielen Stämme, wie etwa die Regni in Sussex, die Canti in Kent, die Parisier im Ostteil von Yorkshire, die Trinovanten in Essex oder die Icener in Norfolk, die alle von Gallien gekommen waren, sind durch die Römer bekannt geblieben. Den frühesten zuverlässigen Bericht über die »bretonischen Inseln« lieferte der weitgereiste Grieche Pytheas von Marseille um 330 v. Chr.

Kurz vor der ersten Ankunft der Römer setzten sich bereits ganze belgische Stämme aus Nordgallien und dem Rhein-Maas-Gebiet in Kent fest (75 v. Chr.) und drangen über die Themse vor. Als Julius Caesar in den Jahren 55 und 54 v. Chr. zur Sicherung Galliens zwei Feldzüge nach Britannien unternahm, fand er in Kent eine überraschend dichte Bevölkerung und guten Ackerbau vor. Er stieß auf heftigen Widerstand der belgischen Catuvellauner unter ihrem König Cassivellaunus. Erst hundert Jahre später wagten die Römer erneut, die Insel zu betreten. In der Zwischenzeit setzten weitere belgische Stämme nach Britannien über, wie etwa die Atrebaten unter Commius, die vom Südwesten her einen zweiten Schwerpunkt belgischer Besiedlung bildeten und sich über das Kreideplateau von Wessex ausbreiteten. Die Belger gründeten Königreiche mit befestigten Mittelpunkten, die den bisherigen Stammes- und Familiengruppen überlegen waren. Sie besiegten die Catuvellauner, die benachbarten Trinovanten in Essex und bauten als Mittelpunkt ihres Königreichs die erste Stadtbefestigung in Britannien, nämlich Camulodunum (Colchester im Gebiet der Trinovanten). Auch Maiden Castle bei Dorchester gab Zeugnis von der Meisterschaft der Belger im Befestigungswesen. Durch sie entwickelten sich die ersten größeren Städte (oppida), die zugleich befestigte Punkte waren und die Bergkastelle der älteren Bewohner ersetzten. Außerdem brachten sie den schweren Räderpflug mit, der auch den fetten Böden der Lowlands und der Talgründe gewachsen war.

Während die älteren Kelten meist unhandliche Eisenbarren als Währung benutzten und Goldmünzen, wie sie gelegentlich schon seit 150 v. Chr. nach mazedonischem Vorbild von südbritischen

Stämmen hergestellt wurden, bis dahin kaum in Umlauf waren, gebrauchten die Belger gängige Münzen. Das Leben erhielt einen weltläufigeren Zuschnitt, zumal die Belger die Verbindung mit ihren romanisierten Verwandten auf dem Festland aufrechterhielten. Von Colchester aus beherrschte schließlich der catuvellaunische König Cunobelin als eine Art Overlord den ganzen Südosten Britanniens. Er ließ eigene Münzen prägen und trieb Handel mit den Römern, wobei Getreide, Vieh, Gold, Silber und Eisen ausgeführt und feinere Produkte wie Tuche und Schmuck aus Italien und Gallien eingeführt wurden. Mit der belgischen Vorherrschaft und dem verstärkten Handel über den Kanal begann eine erste Romanisierung. König Cunobelin legte wahrscheinlich am Nordufer der Themse einen Handelsplatz an, aus dem sich unter den Römern London entwickelte. Er starb im Jahre 43 n.Chr. Zwei Jahre danach beendete die römische Eroberung die Vor- und Frühgeschichte Britanniens. Neben Julius Caesar berichteten Diodorus Siculus (um 45 v.Chr.) und Strabo (um 30 v.Chr.) über die vorrömische Zeit; sie fußten dabei auf Poseidonius, der die verlorene Weltgeschichte des Polybios fortgesetzt hatte.

Die kriegerischen Küstenstämme der Insel waren den Römern schon längst ein Dorn im Auge. Sie gefährdeten die Schiffahrt und boten den stammesverwandten Rebellen in Gallien eine Zufluchtsstätte. Die Wildheit der belgischen Briten war gefürchtet, und die römischen Legionen, die schon unter Caligula eine Invasionsvorbereitung abgebrochen hatten, weigerten sich wochenlang, dem Befehl des Kaisers Claudius nachzukommen und sich nach Britannien einzuschiffen. Das wiegte die Briten in Sicherheit. Als vier Legionen, etwa 40000 Mann, im Jahre 43 n.Chr. nach Britannien übersetzten, hatten sich die gegen sie gesammelten britischen Streitkräfte wieder zerstreut. Die Römer eroberten ohne größeren Widerstand Kent, sicherten nach einer zweitägigen Schlacht das Themsetal und nahmen Colchester, die Hauptstadt der Trinovanten, ein. Als Kaiser Claudius persönlich eintraf, unterwarfen sich ihm elf Könige. Er setzte Aulus Plautius als ersten Statthalter ein, unter dem Colchester Hauptstadt und Mittelpunkt des Kaiserkults wurde.

Noch vor 50 n.Chr. war das Gebiet südlich und östlich von

Severn und Trent in der Linie des »Fosse Way« von Lincoln im Norden bis Exeter im Süden in römischer Hand. Die Legionen erreichten im Jahre 61 n. Chr. Nordwales und die Insel Anglesia (Mona), deren heiliger Hain ein Zentrum des Druidenkults war. Hier vergalten sie den wilden Fanatismus der keltischen Priesterschaft mit blutigen Massakern. Zur selben Zeit erhoben sich in Ost-Anglien die Icener, um ihre als Geisel gefangen gesetzte Königin Boudicca (Boadicea) mit ihren gedemütigten Töchtern zu rächen. Sie nahmen Colchester, zerstörten den Tempel des Claudius und legten den aufblühenden Handelsplatz London (Londinium) in Asche. In Eilmärschen kehrten die Legionen zurück und schlugen den Aufstand nieder; die Königin nahm Gift. Danach dehnten die Römer ihre Herrschaft im Westen bis an die Grenze von Wales, im Norden bis York und Chester und im Südwesten bis nach Exeter aus. Im Jahre 78 n. Chr. kam Agricola, der Schwiegervater des Tacitus, als Statthalter in Britannien an (78–84 n. Chr.); er eroberte Wales und drang im Norden bis ans schottische Hochland vor. Er sicherte den Norden durch eine Kette befestigter Punkte an der schmalsten Stelle der Insel zwischen Tyne und Eden. Die Bevölkerung nahm mit der Zeit die Annehmlichkeiten römischer Zivilisation an und versöhnte sich mit den neuen Herren, zumal unterhalb der römischen Verwaltung die althergebrachte Stammesverfassung, die keltische Umgangssprache und keltische Kultformen geduldet blieben.

Um das Jahr 100 n. Chr. wurde die Truppenstärke wegen der Konflikte im Römischen Imperium verringert und Südschottland zeitweilig aufgegeben. Eine große Rebellion im Norden (122 n. Chr.) brachte 122 n. Chr. Kaiser Hadrian ins Land, der bis 127 n. Chr. den »Hadrianswall« bauen ließ, einen etwa 73 Meilen langen Limes zwischen Tyne und Solway Firth, der zur Hälfte ein 16 Fuß hoher Steinwall war und mit Wachttürmen und 17 Kastellen ausgestattet wurde. Zwanzig Jahre später schoben die Römer die Grenze weiter nach Norden vor und bauten vom Firth of Forth bis zum Clyde einen Erdwall mit Erdkastellen, den 37 Meilen langen »Antoninus-Wall«. Unter Kaiser Antoninus Pius wurden um 145/46 n. Chr. außerdem schottische »Brittones« aufs Festland an den Odenwald-Limes zum Grenzschutz umgesiedelt. Nur bis 184 n.Chr. konnten römische Garnisonen den nördlichen Wall halten.

Als der römische Heerführer Albinus im Jahre 193 n.Chr. im Streit um die Kaiserwürde seine Legionen von Britannien auf das Festland führte und dabei auch den Hadrianswall entblößte, drangen sogleich kaledonische Stämme, die halbkeltischen Pikten, gegen Süden vor und zerstörten den Wall. Kaiser Septimius Severus (193–211 n.Chr.), der siegreiche Rivale des Albinus, trieb die Eindringlinge bis 208 n.Chr. für lange Zeit zurück und verstärkte den Hadrianswall (210 n.Chr.) als endgültige Grenze. Er starb in Eburacum (York). Sein Sohn Caracalla gab in der Constitutio Antoninia von 212 n.Chr. allen freien Reichsangehörigen mit Ausnahme der nur halbkultivierten Stämme das römische Bürgerrecht, womit alle Provinzen des Reiches in Besteuerung und Rekrutierung dem römischen Kerngebiet angeglichen wurden.

Gleichzeitig begann für Britannien eine längere Friedensperiode, in welcher sich unter dem Schutze der beiden großen Militärzonen von Wales und Nordengland römische Stadt- und Wohnkultur in den britischen Provinzen ungestört entfalten konnte. Im Hochland von Wales gab es 25 Forts und in Nordengland südlich des Hadrianwalls 70 Forts, wobei an 40000 Soldaten, wohl ein Zehntel des gesamten römischen Heeres, mit den großen Legionslagern von York, Chester und Caerleon im Rücken ständig die zivile Kernzone schützten. Diese Kernzone südlich und östlich der Flüsse Trent und Severn wurde im Jahre 197 n.Chr. in die Provinzen Britannia inferior und Britannia superior eingeteilt und später bei der Umorganisation des Imperiums unter Diokletian (284–305 n.Chr.) in die vier Provinzen Prima, Secunda, Maxima und Flavia gegliedert. Unterhalb dieser Einteilung blieb wahrscheinlich die ältere Stammesgliederung in den Formen der niederen Selbstverwaltung weiterhin erhalten.

Nur fünf Städte erhielten vor dem Stichjahr 212 n.Chr. den Rang von municipia oder coloniae mit vollem römischen Bürgerrecht, nämlich die fünf Bezirksmunizipien Colchester, Lincoln, Gloucester, York und Verulamium. Zwölf weitere Städte (civitates) lagen in Kent, die wohl Mittelpunkte der älteren Stammes- oder Sippengliederung waren. Dazu kamen etwa 50 andere

Städte, die zum Teil alte Stammesplätze oder meist kleinere Handelsmärkte und Poststationen waren. Zu ihnen rechnete auch London als größter Handelsplatz. Die wichtigste vorrömische Stadt war Colchester, wo der Tempel des Claudius als Kultmittelpunkt errichtet war. Hier entstand die erste Kolonie für entlassene Soldaten und nunmehrige Bürger. Colchester hatte als Handelsplatz Bedeutung; es wurde allerdings nach kurzer Zeit von London als Handelszentrum weit überflügelt.

London wuchs zur größten Stadt Britanniens und zur fünftgrößten Stadt der nördlichen Reichsprovinzen (neben Nîmes, Trier, Autun und Avranches) empor und zählte etwa 25000 Einwohner. Es war der Mittelpunkt der Ausfuhr des Getreides von Essex, Hertfordshire und Kent, des Handels mit Metallen oder mit Sklaven aus den westlichen Highlands. Nach London kamen die Güter Galliens und der Mittelmeerländer wie Wein, Öl, Töpfer- und Gebrauchswaren. Hier entstand die größte Stadthalle Britanniens mit einer Länge von 350 Fuß. Seit dem 3. Jahrhundert saßen hier die Finanzverwaltung und die Münze. Im 4. Jahrhundert erhielt die Stadt den Titel »Augusta« und wurde Bischofssitz. Sie hatte mehr steinerne Anlagen und Ziegelbauten als das London bis zum großen Feuer vom Jahre 1666 n. Chr. und mehr an städtischer Kanalisation, an Bädereinrichtungen und Straßenordnung als das London der viktorianischen Zeit. Der Vorrang Londons war damals schon unbestritten und wurde später nie in Frage gestellt, wenn auch das römische York der Mittelpunkt der militärischen Macht blieb, wo Kaiser Konstantius I. im Jahre 306 n. Chr. starb und von wo aus Konstantin der Große seinen Aufstieg begann.

In der Nachbarschaft der Städte entstanden die großen römischen Landsitze (villae rusticae), ausgedehnte ländliche Wirtschaftseinheiten mit Bauern, Sklaven und Kleinindustrien, die sich in mehreren Gürteln um die wichtigeren Städte legten. Die Gutsherren waren ehemalige römische Soldaten, Heereslieferanten und Beamte oder auch eingesessene Briten, die sich römischer Lebensweise und Wirtschaftsform anglichen. Die Dörfer und Höfe der Eingesessenen waren besonders zahlreich in den Marlborough Downs, der Cranborne Chase, den Dorset Uplands, der Salisbury Ebene und dem Fenland. Getreidebau und Schafzucht waren hier die Hauptbeschäftigung. Unter den anderen Produktionszweigen spielte die Bleigewinnung in Somerset wohl die wichtigste Rolle (Plinius 77 n. Chr.), da das Blei von den Römern als Material für Rohre, Rinnen, Dächer, Geräte, Dichtungen usf. gebraucht wurde. Die Einwohnerzahl belief sich wohl auf weit über eine halbe Million, blieb aber stets unter einer Million.

Die Konzentration des ökonomischen Lebens auf London ergab sich aus dem strategischen Straßennetz der Römer, in dessen Mitte London lag. Von hier aus verlief nach Südosten über Canterbury bis Dover und nach Nordwesten bis Chester die große »Watling Street«; andere Straßen führten nach Colchester, nach Exeter oder nach Lincoln und darüber hinaus bis in den hohen Norden. Der alte »Fosse Way« stellte dagegen die Querverbindung von Exeter bis Lincoln über Bath her und ging nicht über London. Die Wälder waren dabei für die Römer kein Hindernis, wohl aber die Moorgebiete. Im ganzen verliefen die Straßen ohne größere Umwege; zahlreiche Brücken und Fähren wurden angelegt. Dadurch wurden die von der Natur vielfältig abgeschirmten Regionen und Landschaften erstmals in einen größeren Zusammenhang gebracht.

Am Ausgang des 3. Jahrhunderts neigte sich diese glückliche Zeit ihrem Ende zu. Sächsische Piraten kamen über die Nordsee und fielen über die Küsten und Flußgebiete der Zivilzone her. Um 290 n. Chr. sahen sich die Machthaber genötigt, an der Ostküste von Norfolk bis zur Insel Wight zahlreiche befestigte Küstenplätze anzulegen, die unter einem eigenen Befehlshaber, dem »Grafen der sächsischen Küste für Britannien« (Comes litoris Saxonici per Britanniam), standen, die zuerst dem Schutz gegen römische Rivalen und dann gegen die Sachsen dienten. Gleichzeitig machten sich an der Westküste irische und schottische Seeräuber bemerkbar. Dazu kamen die Rivalitäten zwischen den römischen Provinzarmeen, in die auch die Legionen in Britannien hineingezogen wurden. Im Jahre 368 n. Chr. führte der Abzug römischer Legionen zu einem kombinierten Angriff von Pikten, Sachsen und Walisern, die den Hadrianswall durchbrachen und das Kerngebiet bedrohten. Sie wurden mehrmals zurückgeschlagen, aber 383 oder 395 n. Chr. wurde der Wall aufgegeben. Kaiser Theodosius (379–395 n. Chr.) konnte das Verteidigungssystem durch Stilicho noch notdürftig flicken lassen. Aber sein Nachfolger im Westreich Honorius (395–423) ließ die Briten im Jahre 410 n. Chr. in einem Reskript wissen, daß sie sich künftig selbst verteidigen müßten, womit den nichtrömischen Bewohnern die Bewaffnung erlaubt wurde. Allerdings schließt die Notitia Dignitatum (jährliches Verwaltungsregister) vom Jahre 428 n. Chr. noch Britannien in die römische Verwaltung ein.

Nach dem Abzug der beiden letzten römischen Legionen nahmen die Einfälle vom Norden und Osten her in unerträglicher Weise zu; der Hadrianswall war kein Hindernis mehr, und die befestigten Küstenplätze fielen nach und nach den sächsischen Piraten zum Opfer. Die zivile Verwaltung löste sich um 415 n. Chr. praktisch auf. Lokale Machthaber setzten sich an die Spitze und zerrieben sich in inneren Kämpfen, so daß keine einheitliche Verteidigung mehr möglich war. Die Städte litten unter den häufigen Plünderungen und verfielen; London hielt sich noch bis 457 n. Chr. Die lateinische Sprache verfiel und verschwand später bis auf geringe Spuren bei den Stämmen des unzugänglichen Westens und Nordens. Lediglich das Straßennetz blieb als einziges Band zwischen den Regionen der reich gegliederten Insel erhalten. Der größte Teil dessen, was die Römer in mehr als drei Jahrhunderten geschaffen hatten, sank in Trümmer.

Das Christentum, das unter Konstantin bevorrechtigt und dann 391 n. Chr. Staatsreligion geworden war und sich im 4. und 5. Jahrhundert vor allem in den Städten ausgebreitet hatte, zog sich in die Randgebiete zurück. Es wurde über das unruhige 5. Jahrhundert vor allem durch das Werk des hl. Patrick hinweggerettet, des Sohnes eines christlichen römisch-britischen Beamten. Patrick wurde als Sechzehnjähriger von irischen Eindringlingen nach Nordirland verschleppt, hütete dort sechs Jahre lang die Herden seines neuen Herrn, entkam dann aber nach Gallien. Er kehrte als Missionar nach Irland zurück, wo er bis zu seinem Tode 461 n. Chr. die irische Kirche aufbaute, von der aus, gleichzeitig mit dem römischen Missionsauftrag an Augustin, das Christentum wieder nach England zurückgebracht wurde.

2. *Sächsische und dänische Zeit*

Angesichts der inneren Kämpfe und der äußeren Bedrängnis rief Vortigern, einer der vielen lokalen Machthaber, um das Jahr 450 n. Chr. die Sachsen der deutschen Nordwestküste zu Hilfe, die unter den Brüdern Hengist und Horsa übersetzten und Vortigern gegen Sold wirksam unterstützten. Sie waren aber nicht mit einem Söldnerdasein zufrieden und wandten sich gegen Vortigern, der bei Aylesford in Kent (Aegelsthrep) 455 n. Chr. besiegt wurde. Seitdem begnügten sich Angeln und Sachsen nicht mehr mit gelegentlichen Raubzügen, sondern begannen sich anzusiedeln. Die germanische Kolonisation vollzog sich nicht in Form einer großen Invasion wie 43 n. Chr. bei den Römern oder 865 n. Chr. bei den Dänen, sondern wurde von mehreren sächsischen Teilvölkern getragen, die in größeren und kleineren Wellen vordrangen, die meisten Städte außer in Kent verwüsteten und die keltische Bevölkerung unterjochten oder in den gebirgigen Westen und über die See drängten. Die Sachsen der unteren Elbe siedelten sich vorwiegend in Essex an; die binnenländischen Chauken in Sussex, Wessex und Northumbrien, während die Angeln sich in Ostanglien und Mercien und die sächsischen Jüten in Kent niederließen, wo sie um 473 n. Chr. das erste der sächsischen Königreiche errichteten. Aus diesen sieben Regionen bildete sich später ein lockerer Bund, dessen Teilreiche sich zeitweilig durch Teilungen bis auf zehn vermehrten. Vorübergehend erreichte ein Teilherrscher eine hegemoniale Stellung als Bretwalda oder Overlord, wie etwa im 7. Jahrhundert die Könige von Northumbrien. Nach dem Tode Oswins von Northumbrien im Jahre 670 n. Chr. hielten sich Mercien, Wessex und Northumbrien die Waage, bis im 8. Jahrhundert Mercien unter König Offa (757–796) die Führung übernahm, sie aber später an Wessex verlor, während Northumbrien in inneren Kämpfen zerfiel. Nichtsdestoweniger sahen sich Angeln, Sachsen und Jüten bereits als eine große Völkerschaft der Engländer an, als der hl. Augustin am Ende des 6. Jahrhunderts sein Missionswerk begann.

Den neuen Eindringlingen gegenüber verbanden sich die Kelten zu einem erbitterten Widerstand, der sich über ein Jahrhundert (450–550) hinzog. Sie bauten vielleicht schon den Wansdyke in Wessex als Verteidigungslinie, der allerdings erst im 6./7. Jahrhundert von Wessex ausgebaut wurde. Unter ihrem bedeutendsten Führer, dem sagenhaften König Arthur, errangen sie zahlreiche Siege über die heidnischen Sachsen, die nach 500 n. Chr. für ein halbes Jahrhundert nicht weiter vorrücken konnten. Arthurs Ruhm als christlicher König lebte in Legende und Sage fort, nach der er bei seinem Ableben auf die Zauberinsel Avalon fortgetragen worden sei, von der aus er einmal zurückkommen und sein Volk zum Siege führen werde.

Jenseits der sächsischen Gebiete hielten sich die Kelten im Westen und Norden, nämlich in Wales, Devon und Cornwall, sowie in Nordschottland und westlich der Penninen in Strathclyde. Sie wahrten einige Reste des römischen Erbes, in erster Linie das Christentum, das in den sächsischen Gebieten »mit Feuer und Schwert« (Beda) ausgerottet wurde. Ihre Stütze war Irland, von wo im Jahre 563 n. Chr. der hl. Columban mit zwölf Schülern auf der kleinen Insel Iona vor der Westküste Nordschottlands eine Klostergemeinschaft gründete. Von hier aus wurde das Christentum nach Britannien zurückgetragen. Allerdings war die keltische Kirche vom Kontinent getrennt und hatte die vom hl. Patrick geschaffene Organisation vernachlässigt. Sie wurde von Wandermönchen getragen, die ihrem Missionswerk keine nachhaltige Dauer geben konnten. Sie leiteten die Bekehrung der nördlichen Angelsachsen ein. Eine nachhaltigere Missionierung erfolgte erst von Rom aus, als der Abt Augustin im Auftrag Papst Gregors des Großen im Jahre 597, dem Todesjahr des hl. Columban, mit seinen Mönchen den Fuß auf die Insel setzte. Augustin hatte das Glück, daß König Ethelbert von Kent, dessen Frau Berta aus fränkischem Königshause bereits eine Christin war, ihn freundlich aufnahm und ihm eine alte römische Kirchenruine in Canterbury schenkte. Ethelbert selbst ließ sich im folgenden Jahr taufen. Augustin wurde der erste Erzbischof von Canterbury und konsekrierte die neuen Bischöfe von London und Rochester. Gregor der Große übertrug im Jahre 601 das vom Römischen Imperium übernommene Provinzialsystem auch auf England und schuf die beiden Kirchenprovinzen London (später Canterbury) und York, die der Einheit der englischen

Kirche und der Verbindung nach Rom dienen sollten und seit 802 endgültig bestehen blieben. Von vornherein ging diese Großorganisation über die Sippen- und Stammesgrenzen hinweg und war auf einen Vorrang der neuen Bischöfe gegenüber den irischen Mönchsbischöfen bedacht, deren Klosterorganisation mehr an völkerschaftlichen Zusammenhängen orientiert war.

Nach dem frühen Tode Augustins im Jahre 609 erfolgte unter den neuen Herrschern in Kent und Essex (610) ein Rückschlag. Die ersten Erfolge der römischen Mission blieben also recht bescheiden; immerhin hatte Augustin nach den Vorstellungen Gregors den Ansatz einer Organisation und eines Seelsorge-Klerus geschaffen, der 90 Jahre später den institutionellen Aufbau der angelsächsischen Kirche bestimmte. Seinem Wirken gesellte sich ein größerer Fortschritt im Norden zu: Eine christliche Tochter Ethelberts hatte den König Edwin von Northumbrien geheiratet und einen Gefährten Augustins, den Mönch Paulinus, seit 624 Erzbischof von York, mitgenommen. Edwin empfing im Jahre 625 die Taufe. Doch schon 632 verlor er in der Schlacht bei Hatfield Chase gegen Waliser und Angeln sein Leben; Paulinus floh nach Kent, konnte aber wenige Jahre danach zurückkehren.

Nun setzte nämlich, gefördert von dem neuen König Oswald (633–641), eine verstärkte Mission von dem irischen Mönchszentrum auf der Insel Iona vor der westschottischen Küste ein. Der Mönch Aedan gründete 634 ein Kloster auf dem Eiland Lindisfarne an der Ostküste und führte als Bischof von Lindisfarne, gestützt von dem mächtigen Northumbrien, in zwanzigjähriger Missionsarbeit den Norden zum Christentum; er dehnte seine Tätigkeit bis nach Essex aus. Sein Nachfolger taufte im Jahre 653 den König von Mercien. Die keltische Mönchskirche von Norden und die Römische Kirche von Süden her stellten zwei unterschiedliche Traditionen dar, die ihre Differenzen in bezug auf Liturgie, Riten, Bußen und besonders das Osterdatum im Jahre 663 auf der Synode von Whitby (Yorkshire) beilegten. Whitby bedeutete die Entscheidung zugunsten Roms, wenn auch die eigentümliche Religiosität und die Bußgesinnung der irischen Mönche im Klosterwesen fortwirkten.

Mit Theodor von Tarsus, dem hochbetagten levantinischen

Erzbischof von Canterbury (668–690), der lange Jahre als Mönch in Rom gelebt hatte, und seinem Helfer Hadrian, Abt von St. Peter und Paul in Canterbury (668–709), einem gebürtigen Nordafrikaner, siegte der römische Ordnungsgedanke; Theodor gab dem Wirken Augustins und der irischen »Heiligen« in enger Verbindung mit Rom eine tragfähige Organisation. Er teilte den Bischöfen klar abgegrenzte Sprengel zu, richtete jährliche Synoden ein, suchte statt der Wanderprediger feste Pfarrbezirke zu bilden, setzte eine einheitliche Missionspolitik und Seelsorge durch und reformierte die Klöster nach der Regel des hl. Benedikt. Nach neunzigjähriger Bekehrungsarbeit hatte ganz England das Christentum endgültig, wenn auch oft nur oberflächlich, angenommen; im 8. Jahrhundert gab es hier nur noch einheimischen Klerus, der freilich an Zahl und Ausbildung noch unzulänglich war. Immerhin hatte Theodor von Tarsus den organisatorischen und seelsorgerischen Zusammenhalt der Kirche in England begründet; bei seinem Tode gab es 15 Diözesen, die sich über ganz England erstreckten. Die langsame Entwicklung des Pfarrwesens war ein wesentlicher Teil der weiteren Kirchengeschichte. Für mehr als ein Jahrhundert blieben freilich die Klöster die maßgebenden Träger sprachlicher, geistiger und künstlerischer Bildung.

Aus ihrer Tätigkeit entfaltete sich schon im 7. Jahrhundert mit dem Schwerpunkt in Northumbrien eine erste angelsächsisch-christliche Kulturblüte. Hier entstanden um 700 die Evangelien von Lindisfarne mit ihren berühmten Buchmalereien; hier schrieb Anfang des 8. Jahrhunderts Beda Venerabilis (672–735) als größter Gelehrter der Zeit seine historischen und theologischen Werke. Von hier aus brachte St. Willibrord im Jahre 695 das Evangelium zu den Friesen in Norddeutschland, und Karl der Große wählte Alkuin von York (c. 730–804) zum Leiter seiner Palastschule. Von England kam schließlich auch Bonifatius (680–754) nach Deutschland, so daß die Gelehrsamkeit und der Missionseifer der englischen Klosterkultur auf das Festland ausstrahlten und einen wesentlichen Beitrag zu den spirituellen Grundlagen Westeuropas leisteten. An diese große Tradition knüpften Alfred der Große und dann Aethelstan nach der Katastrophe des Däneneinfalls von 865 wieder an. Am Ende des 10.

Jahrhunderts gab es eine erneute Hinwendung zu den Idealen des Mönchstums, nachdem der hl. Dunstan nach 939 aus der Abtei Glastonbury (Wessex) eine Art englisches Cluny gemacht hatte. Nach der Missionierung Deutschlands im 8. Jahrhundert folgte im 10./11. Jahrhundert die Missionierung Skandinaviens von England her. Das Klosterwesen erhielt sich als lebendige religiöse Kraft, aber seine größte und wegweisende Zeit fiel ins 8. Jahrhundert.

Im gleichen Jahrhundert verlor Northumbrien seine Vormachtstellung an Mercien unter Ethelbald (716–757). Sein Nachfolger Offa der Große (757–796) konnte als erster sich König von ganz England nennen. Er ließ Offa's Dyke bauen, einen gewaltigen Verteidigungsdamm vom Bristol-Kanal bis zum Dee, der gegen Wales gerichtet war und Zeugnis von der Machtfülle Offas gab. Karl der Große und der Papst traten mit ihm als gleichberechtigtem Großkönig in Beziehung. Die belebten Handelsbeziehungen im Binnenland und zum Kontinent erforderten ein gängiges einheitliches Zahlungsmittel, das durch den Übergang vom Gold- zum Silbergeld im 7. Jahrhundert verfügbar wurde. Offas Silberpfennig (denarius), wahrscheinlich aus der Münze von Canterbury, war für mehrere Jahrhunderte das Vorbild eines stabilen Münzwesens. Offa empfing als erster angelsächsischer König im Jahre 757 die kirchliche Salbung und unterstrich damit seine vorrangige Stellung als Oberkönig oder Bretwalda. Als sein erster Sohn Egfrith 787 die Königswürde erhielt, verband Offa die Krönung mit besonderen Weiheriten. Damit wurde das alte Charisma der Königssippe aus kirchlichen Gnadenmitteln überhöht und der Kronträger über Volk und Land erhoben.

Drei Jahre vor seinem Tode stürzten Einfälle von heidnischen Nordleuten das Land in Unruhen: 793 wurde Lindisfarne geplündert, 794 Bedas Kloster in Jarrow-on-Tyne verwüstet, und im Jahre darauf ereilte Iona das gleiche Schicksal. Die fast dreihundertjährige Ruhe gegen Einfälle von außen war dahin; die Raubzüge der Wikinger suchten die Küstenstriche und Flußniederungen ganz Europas heim und steigerten sich noch in der zweiten Hälfte des 9. Jahrhunderts.

Nach dem Tode Offas des Großen verfiel die Machtstellung

Merciens und machte Wessex Platz, das der neuen Bedrohung von der See her nicht unmittelbar ausgesetzt war. Hier in Wessex hatte das Königtum mit der Zeit einen engeren Zusammenschluß der Klein-Königtümer erreicht und die benachbarten Gebiete von Sussex, Essex und Kent zu Unterbezirken (shires) herabgedrückt. König Egbert von Wessex (802–839) ließ sich sogar nach seinem Sieg vom Jahre 825 von den Königen in Mercien und Northumbrien Treueid und Mannschaft leisten. Er war der mächtigste angelsächsische König vor der dänischen Großinvasion von 865, der Wessex zum Bollwerk gegen die Eindringlinge ausrüstete.

Die Dänen hatten schon 851 in der Themsemündung und bald auch auf Irland und anderen Inseln Fuß gefaßt, gingen aber mit ihrer »Großen Armee« von 865 zum offenen Angriff auf die Königreiche über, wobei ihnen im Norden und Osten keine gleichwertige Macht entgegentreten konnte. Vergeblich hatte der König von Mercien ihnen 862 eine Ablösesumme gezahlt. Gleichzeitig mit ihrer Landung in Ostanglien griff ein norwegisches Heer von den Hebriden aus Dumbarton an. In wenigen Monaten war Northumbrien erobert und York genommen (866). Dann rückten die Dänen nach Ostanglien vor, erschlugen 870 den christlichen König Edmund (855–870) und zogen ins Themsetal. Nach fünfjährigen Siegeszügen trafen sie auf den Hügeln von Berkshire auf Wessex, dem sie nicht gewachsen waren. In der Schlacht von Ashdown (870) siegte Wessex in offener Feldschlacht und trieb die Dänen zurück. Nach weiteren Versuchen schlug Alfred der Große (871–899) sie entscheidend auf der Heide von Salisbury bei Edington (Ethandun) 878 und zwang sie zum Frieden von Wedmore. Ihr Heerführer Guthrum ließ sich taufen und leitete damit die Christianisierung der bereits angesiedelten Dänen ein.

Danach dehnte Alfred seine Herrschaft nach Osten bis über London aus und legte vertraglich mit Guthrum die Grenzen der dänischen Herrschaft fest. Mit dieser Festlegung von 886 n. Chr. war der »Danelag« als dänisches Hoheitsgebiet geschaffen worden, der sich von der Themsemündung nordwestlich bis Chester und im Norden bis an das Gebiet von Strathclyde erstreckte. Northumbrien, Ost-Anglien, Kent und Mercien waren als Königreiche verschwunden und die einst blühenden christlichen Kulturstätten verwüstet. Alfred der Große suchte wieder neues Kulturleben zu wecken und war sogar erfolgreich um seine persönliche geistige und sprachliche Bildung bemüht, wie seine Übersetzungen des Boethius, Orosius, Gregors des Großen und Bedas bezeugen. Unter ihm begann die »Angelsächsische Chronik«; er gründete eine Hofschule und ließ die Gesetze von Wessex, Kent und Mercien sammeln.

Aber er fand kaum Ruhe, da andere, noch heidnische dänische Gruppen vom Süden und Südosten her weiterhin sein Land heimsuchten. Er mußte sein Herrschaftsgebiet durch große Verteidigungsanlagen und Schiffsbauten sichern. Er teilte den »fyrd«, d.h. das einberufene Volksheer, in zwei Teile, von denen der eine stets unter Waffen stand, während der andere Teil das Land bestellte. Sein erfolgreicher Widerstand und auch die Fähigkeit seiner Nachfolger machten die Könige von Wessex zu anerkannten Overlords von England. Seit dem Vertrag von 886 bis zum Machtantritt Knuts des Großen 1016 behauptete Wessex seinen Supremat.

Edward der Ältere (899–924) schob die Grenzen weiter nach Norden vor, und sein Sohn Athelstan (924–939) erweiterte sein Reich nach heftigen Kämpfen gegen Norweger, Dänen und Schotten mit der Schlacht bei Brunanburh im Jahre 937 auf fast das ganze heutige England. Er dehnte die Shire-Verfassung von Wessex auf den Norden aus. Sein übergeordneter Rang gegenüber den Teilherrschern und Lokalgrößen kam darin zum Ausdruck, daß er in vielen Urkunden als Imperator und Basileus betitelt wurde. Seine Herrschaft über die Völkerschaften wurde durch eine von schreibkundigen Klerikern getragene Hof- und Kanzleiverwaltung gefestigt und bildete den Ansatz eines nationalen Königtums, je mehr es zu einer Verschmelzung der Volksteile kam. Athelstans diplomatische Beziehungen reichten bis Frankreich und Deutschland; an seinem Hof wurde der spätere König Ludwig IV. von Frankreich erzogen. Mit Athelstan ging die angelsächsische Geschichte in die englische Geschichte über.

Unter seinen Nachfolgern war Edgar der Friedfertige (959 bis 975) am bedeutendsten. Seine Gesetze richteten sich auf einen versöhnlichen Ausgleich zwischen Angelsachsen und Dänen.

Sein Ratgeber war der hl. Dunstan (909–988), Erzbischof von Canterbury, mit dem zusammen er das Kirchen- und Klosterwesen nach den Ideen von Cluny, jenem 910 gegründeten burgundischen Kloster, erneuerte und belebte. Dieses Reform- und Aufbauwerk zog eine außerordentliche Vermehrung der geistlichen Immunitäten nach sich, ohne daß sich vorerst offener Widerstand dagegen hervorwagte.

Edgar unterstrich seine Sonderstellung durch eine feierliche Krönung, die er 973 in der Abtei von Bath vollziehen ließ. Das Ritual hatte Erzbischof Dunstan nach westfränkischem Vorbild entworfen. Es wurde in der Folgezeit zum Vorbild für die Krönung. Dunstan salbte den dreißigjährigen König nach dessen Krönungseid mit dem heiligen Öl, wodurch dem König, der gerade das kanonische Priesteralter erreicht hatte, offenbar ein priesterliches Charisma verliehen wurde. Die Krönung wurde mit Zusagen des Königs an das Volk verbunden, das sich seinerseits dem König als Herrn in einem allgemeinen Huldigungseid verpflichtete, der schon von König Edmund (939–946) eingeführt und dem Treueid der Großen nachgebildet war, ohne dasselbe zu sein. Schon zwei Jahre später starb Edgar der Friedfertige. Er hatte mit Hilfe der Kirche die Rolle der Großen gemindert und seine Macht gefestigt. Sogar die Könige von Wales und Schottland erkannten ihn als Overlord an. Nach seinem Tode 975 geriet das Königtum jedoch in eine langdauernde Krisis.

Sein Sohn Edward wurde 978 umgebracht und dessen zehnjähriger Stiefbruder Ethelred der Ratlose (»the Unready«) (978–1016) zum Nachfolger bestimmt. Ethelred wurde nicht mit dem Widerstand fertig, den die Kirchen- und Klosterpolitik Dunstans und Edgars infolge der damit verbundenen Rechtsbeschränkungen und Landdotationen geweckt hatte. Noch weniger gelang ihm eine wirksame Abwehr neuer Däneneinfälle, die sich seit 980 wieder zu größeren Raubzügen auswuchsen. Zu deren Abwendung mußte das »Danegeld« als allgemeiner Tribut aufgebracht werden. Diese Ablösungssumme wurde 1013 von ganz England erhoben, um in letzter Stunde eine Invasion zu verhindern. Im gleichen Jahr wurde Ethelred vom Thron vertrieben; die Großen boten dem Dänenkönig die Krone an, ohne vor diesem »großen Verrat« (Erzbischof Wulfstan) zurückzuschrecken.

Ein weittragendes Ereignis der Regierungszeit Ethelreds war lediglich, daß er im Jahre 1002 Emma, die Tochter Herzog Richards I. von der Normandie, heiratete. Damit kamen die Normannen ins Spiel, die seit 910 rechtmäßig belehnt in Nord-Frankreich saßen, dort in kurzer Zeit christianisiert und in Sitte und Sprache romanisiert worden waren. Als der abgesetzte Ethelred 1016 starb, fielen die Würfel freilich anders. Eine dänische Flotte unter Knut, dem zweiten Sohn des dänischen Königs Sven Gabelbart, der 1014 schon von den Großen (Witan) zum englischen König ausgerufen worden war, drang gerade die Themse aufwärts gegen London vor. Ethelreds tapferer Sohn Edmund Ironside vermochte nicht, das uneinige englische Heer angesichts des Feindes zusammenzuhalten. Als auch er im November des Jahres starb, beugte sich ganz England unter den nun von den Großen gewählten König Knut (1016–1035).

Knut der Große gab England zum letztenmal vor der normannischen Eroberung eine gefestigte Herrschaftsordnung. Er erkannte auf der Reichsversammlung in Oxford 1018 das Gesetzeswerk König Edgars als verbindlich an, nach welchem Angelsachsen und Dänen entsprechend ihren überkommenen Sitten und Gewohnheiten leben durften. Seine Herrschaft wurde infolgedessen respektiert, und Rebellionen blieben aus. Selbst Malcolm II., der König von Schottland, leistete Knut Gefolgschaft. Freilich vereinigte Knut den ausgedehntesten Machtbereich der Zeit in seiner Hand, da er nach dem Tode seines älteren Bruders (1019) auch König von Dänemark wurde und sich im Jahre 1028 die Krone von Norwegen mit Grönland, Hebriden, Shetland- und Orkney-Inseln zu sichern wußte. Sein Rang unter den Zeitgenossen kam darin zum Ausdruck, daß er auf seiner Pilgerschaft nach Rom der Kaiserkrönung Konrads II. 1027 beiwohnte. Aber gerade die Größe seines Reiches nötigte ihn oft außer Landes, zumal er in Dänemark für sein Erbe und in Norwegen für seinen Thron kämpfen mußte.

Die häufige Abwesenheit von England veranlaßte Knut, seine Herrschaftsgewalt zu delegieren. Dazu verband er die englischen Grafschaftsbezirke (shires) zu vier größeren »Earldoms«, denen er »Earls«, Godwin für Wessex und Leofric für Mercien, vorsetzte. Diese Einführung der Herzogsgewalt förderte aber den Prozeß der Territorialisierung, der nach seinem Tode zu ernsten Zwistigkeiten führte. – Knut suchte seinen zweifelhaften Thronanspruch zu festigen, indem er sich von seiner ersten Frau Aelfgyfu trennte und die normannische Königinwitwe Emma heiratete. Er hielt sich dazu berechtigt, da er sich erst kurz vor seiner Invasion nach England hatte taufen lassen und mit Aelfgyfu nicht durch kirchliche Trauung verbunden war. Zur weiteren Sicherung des Thrones schickte er die Söhne Edmund Ironsides ins ferne Ungarn; einziger ernsthafter Thronprätendent blieb Edward, der Sohn Ethelreds und Emmas, der in der Normandie aufwuchs. Knut verschaffte sich durch seine kirchenfreundliche Politik in England eine weitere Machtstütze in der Kirche. Er starb 1035 mit 41 Jahren und wurde neben den westsächsischen Königen in Winchester begraben. Der Thron fiel an Harold Harefoot, einen Sohn aus erster Ehe, da Harthaknut, der Sohn Emmas, außer Landes war und in Dänemark gegen den neuen König von Norwegen zu kämpfen hatte. Erst nach Harolds Tod 1040 gelangte Harthaknut auf den englischen Thron, starb aber schon 1042.

Nach dem kurzen, aber harten Regiment der Söhne Knuts konnte Edward aus der Normandie nach England zurückkehren und wurde in London zum König erhoben (1042–1066). Edward der Bekenner sah sich einem fast unabhängig gewordenen Hochadel gegenüber, den er durch eine besser kontrollierte Verwaltung einzuschränken trachtete. Dazu brachte er bevorzugt seine Freunde aus der Normandie in die Hof- und Kirchenämter und suchte Halt und Vorbild an dem normannischen Herzogtum. Dieser unpopulären Überfremdungspolitik gegenüber vertraten die Magnaten die einheimische Sache und nutzten die Weltfremdheit des frommen Königs aus. Schon bald nach der Osterkrönung in Winchester 1043 wußte Godwin, der Earl von Wessex, eine dominierende Stellung zu erringen, indem er die Vermählung seiner Tochter Edith mit Edward erreichte. Er suchte die Herzogtümer in die Hand seiner Familie zu bringen, um Edwards Stellung zu schmälern. So geboten seine Söhne Harold über Essex und Ost-Anglien, Tostig über Northumbrien und Sven über einen Teil Merciens. Als Edward an Godwin den

Befehl gab, die Bürgerschaft von Dover wegen einer Beleidigung des als Gast eingetroffenen Grafen von Boulogne mit Feuer und Schwert zu bestrafen, weigerte er sich und rückte mit einem Heer auf Gloucester. Aber die Herzöge Siward und Leofric stellten sich auf die Seite des Königs, der Godwin auf einer Versammlung der Großen, dem Witenagemot in Gloucester, bannen und ächten ließ. Godwin gab daraufhin sein Unternehmen auf. Er und seine zahlreichen Söhne gingen in die Verbannung, und Edith wanderte in ein Kloster in Wiltshire. Jetzt war Edward in der Lage, weitere normannische Freunde herüberzuholen und zu belohnen, zumal Godwin und seine Söhne fast halb England unter ihre Herrschaft gebracht hatten. Selbst Wilhelm, seit 1035 Herzog der Normandie, besuchte Edward, der ihm dabei wahrscheinlich die Nachfolge in Aussicht gestellt hat.

Aber die Fortsetzung dieser unbeliebten Politik gab Godwin Gelegenheit zur Rückkehr. Er sammelte vor Flandern eine Flotte, die sich mit einer Flotte seines Sohnes Harold aus dessen irischem Exil vereinigte. Die Schiffe segelten 1052 themseaufwärts; Kent wandte sich Godwin zu, und Edward wurde genötigt, Godwin in seine alte Stellung wieder einzusetzen und die neuen Herren zurückzuschicken. Aber schon 1053 starb Godwin; seine Sache nahm sein ältester Sohn Harold auf. Harold Godwinson erwies sich als der geeignete Mann, der den aufziehenden Gefahren begegnen konnte. Die norwegischen Könige erhoben Ansprüche auf den Thron Knuts in England, und Wilhelm von der Normandie sah mit Argwohn, daß der normannische Einfluß dahinschwand. In Wales drohte König Gruffudd ap Llywelyn, der Nordwales beherrschte, den Severn zu überschreiten; er erhielt Hilfe von einer norwegischen Flotte. Aber 1062 drang Harold plötzlich in Wales ein, und im folgenden Jahr erkauften sich die verzweifelten Gefolgsmänner Gruffudds den Frieden, indem sie ihren König umbrachten. Harold übergab seinem König die abgeschlagenen Häupter der Feinde, und Wales schwor Edward die Treue. Harold stand 1063 auf dem Gipfel seines Ruhmes, zumal Edward sich um die Politik kaum mehr kümmerte und nur an den Bau von Westminster Abbey dachte, deren Konsekration Ende 1065 der kränkelnde König schon nicht mehr beiwohnen konnte. Der kinderlose Edward versprach ihm sogar die Thronfolge.

Unter diesen Umständen war es sicher, daß Harold zum König gewählt würde, zumal das letzte Mitglied des westsächsischen Hauses, der Großneffe Edwards und Enkel Edmund Ironsides, Edgar der Etheling, noch ein Kind war. Im Herbst 1065 erhoben sich zudem die Northumbrier gegen ihren Herzog Tostig, den Bruder Harolds, und stürzten den Norden in Wirren. Harold war aber kurz vorher (1064) unverschuldet in eine unglückliche Lage gekommen, als er im Auftrag seines Königs auf den Kontinent übersetzen wollte und versehentlich an der normannischen Küste anlangte. Wilhelm hielt ihn am Hofe fest und nötigte ihm einen Treueid ab, dessen Inhalt nicht bekannt ist, der aber Harold offenbar verpflichtete, die Pläne Wilhelms zu unterstützen, und Wilhelm später dazu diente, Harold als Eidbrecher hinzustellen. Nach Edwards Tod am 5. Januar 1066 setzte Harold im Witenagemot von London seine einstimmige Wahl zum neuen König durch. Sogleich danach begann Wilhelm einen Einfall in England vorzubereiten. Keiner der beiden Prätendenten besaß aber die Gesamtheit der legitimierenden Rechtstitel. Da beide Seiten sich auf ihre Rechte beriefen, mußte ein Gottesurteil, d.h. der Kampf, entscheiden.

Harold sah sich dabei noch einer weiteren Drohung gegenüber, die vom Norden kam. Er hatte um des schnellen Friedens willen das aufständische Northumbrien begünstigt und seinen Bruder Tostig ins Exil wandern lassen. Tostig fand einen willkommenen Helfer in König Harold Hardrada von Norwegen, der das Erbe Knuts des Großen beanspruchte. Harold Hardrada war ebenso wie Wilhelm ein welterfahrener Krieger, der in seiner Jugend die kaiserliche Garde in Konstantinopel befehligt hatte. Eine große norwegische Flotte sollte in Northumbrien landen, um auf alle Fälle wenigstens das alte norwegische Königtum in York wiederherzustellen. Tostig belästigte schon im Mai 1066 mit einer improvisierten Flotte die Südküste, segelte dann die Ostküste bis zum Humber hinauf, wo Edwin, der Earl von Mercien und Sohn von Leofric, ihn zurückschlug. Tostig fand Zuflucht in Schottland, von wo aus er Verbindung mit Harold Hardrada aufnahm.

Wilhelms Ritterheer war trotz guter Heeresorganisation für eine Eroberung Englands zu schwach; er hatte aber das Glück, daß seine vielen Streitigkeiten mit Anjou, Flandern und Paris für den Augenblick ruhten und die ganze Küste von der Bretagne bis zur Scheldemündung mit ihm verbündet war. Er warb für sein Unternehmen viele Ritter aus den Nachbarländern an, die ihm in Hoffnung auf Lohn und Beute zuströmten. Selbst Papst Alexander II. unterstützte ihn gegen den angeblichen Eidbrecher Harold und auch gegen Stigand, den Erzbischof von Canterbury, der nach Auffassung Roms nicht formgerecht gewählt worden war. Rom sandte dem wartenden Heer das geweihte Banner des hl. Petrus.

Für Wilhelm schlug ferner zum Glück aus, daß der ungünstige Wind ein Auslaufen der Flotte bis in den September hinein verbot. Harold hatte nämlich den größten Teil seiner Heeresmacht im Süden versammelt und patrouillierte mit seiner Flotte wochenlang im Kanal, ohne daß sich ein Gegner zeigte. Er hatte den »fyrd« aufgeboten, d.h. das Volksheer, das ungeduldig auf den Feind wartete und schließlich zur Ernte nach Hause geschickt werden mußte. Auch die Flotte kehrte in die Themse zurück, so daß der Kanal offen lag, als der ständige Nord- und Ostwind umschlug und Wilhelm von Le Havre aus den Kanal unbehelligt überqueren konnte.

Zuvor hatte Harold Nachricht erhalten, daß Harold Hardrada mit 300 Schiffen an der Küste von Yorkshire gelandet war und auf York marschierte. Die Earls Edwin und Morcar lieferten ihm eine verlustreiche Schlacht, ohne ihn am Vormarsch hindern zu können. Am 25. September langte König Harold an und schlug die Norweger bei Stamfordbridge. Harold Hardrada und Tostig fanden den Tod. Die Reste des norwegischen Heeres segelten auf 24 Schiffen in ihr Heimatland zurück, mit dem gleichen Wind, der Wilhelm nach England brachte.

Am 28. September landete Wilhelm mit etwa 7000 Mann bei Pevensey und rückte auf Hastings vor. Erst am 1. Oktober hörte Harold in York von der Landung des Normannenherzogs, brach am 3. Oktober auf und erreichte in Gewaltmärschen die Themse. Seine ermüdeten Krieger trafen auf die ausgeruhten Normannen. Am 14. Oktober 1066 entschied sich die Zukunft Englands. Das Heer Harolds erwartete den Feind wie gewohnt zu Fuß auf einem Hügel und schlug alle Angriffe der anreitenden Ritter zurück.

Erst als die Engländer die zurückflutenden Reitertruppen verfolgten, stieß Wilhelm mit Erfolg vor. Eine zweite Flucht der Normannen löste die Schlachtordnung der Angelsachsen völlig auf, die im wilden Verfolgungseifer dem geordneten Gegenstoß der Normannen nicht mehr standhalten konnten. Harold wurde von einem irrenden Pfeil tödlich getroffen; damit war der Tag nach wechselvollem Ringen entschieden. Wilhelm rückte an der Küste von Kent entlang und dann themseaufwärts gegen London vor, das schon Edgar Etheling, den Sohn Edmund Ironsides, als König anerkannt hatte, sich aber dann entschloß, Wilhelm die Krone anzubieten. Zu Weihnachten 1066 ließ sich Wilhelm vor dem Hochaltar von Westminster Abbey krönen und durch Akklamation sein Recht auf England bestätigen. Sein Sieg war einer der Wendepunkte der englischen Geschichte, die ihre traditionellen Beziehungen zum skandinavischen Norden löste und in eine engere Verbindung mit dem lateinischen Europa gebracht wurde. Ferner siegte nach der drei Generationen währenden Auseinandersetzung zwischen Königtum und Großen, die durch das Versagen der westsächsischen Dynastie, das Vordringen der Landeskirche und die Stellung Englands zwischen Skandinavien und Normandie hervorgerufen worden war, der normannische Herrschaftsgedanke. Nach sechs Jahrhunderten der Unsicherheit und Furcht fand das Land eine dauerhafte Sozial- und Rechtsordnung, die die Grundlage seiner ferneren Geschichte blieb.

3. Herrschafts- und Rechtsordnung bis 1066

Die reiche landschaftliche Gliederung der britannischen Insel und die Invasionsschübe der verschiedenen angelsächsischen Völkerschaften führten zur Entstehung der Teilreiche, die erhebliche Unterschiede aufwiesen und erst unter Athelstan von Wessex (924–939) annähernd zum heutigen England vereinigt wurden. Durchweg hatte sich aus dem germanischen Heereskönigtum eine monarchische Königsgewalt entwickelt. Am wenigsten noch im Königreich Kent, weil sich hier der gesamte jütische Stamm geschlossen niedergelassen hatte und offenbar die alten volksrechtlichen Zusammenhänge unversehrt beibehalten wurden.

Dies traf nur in abgeschwächter Form für den Osten und Süden Englands zu, wo überwiegend neue Dorfgemeinden mit Gemengelage und Almende entstanden, und noch weniger für den Norden und Westen, wo Einzelhofsiedlungen vorherrschten, die meist mit Hilfe der hier zahlreicher zurückgebliebenen keltischen Unfreien bewirtschaftet wurden. Nichtsdestoweniger betrachteten sich die Königreiche als einen Herrschaftszusammenhang, der unter einem Bretwalda oder Oberkönig schließlich zusammengeschlossen wurde.

Den Teilreichen blieb bei allen Unterschieden der Gesetze von Wessex, Kent, Mercien oder des Danelag ein Grundstock germanischen Volksrechts gemeinsam, in welchem die Elemente der Stammesverfassung wie Adel, Gefolgschaft, Sippe und Königtum verwurzelt waren. Maßgebende Grundform war die Sippe, unter deren Schutz Friede und Recht standen. Einen allgemeinen Königs- und Volksfrieden gab es in der älteren Zeit noch nicht. Sippe und Stamm sorgten für Sicherheit und Rechtsdurchsetzung. Die freien Bauernkrieger unterstellten sich daneben aber auch einem Gefolgsherrn, wenn Gefahr und Krieg es verlangten. Mit den Kriegszügen und der Niederlassung auf erobertem Gebiet wurden die führenden Sippen des grundbesitzenden Adels die maßgebende Schicht. Unter dem Einfluß des Königtums und durch die Aufrechterhaltung des königlichen und adligen Gefolgschaftswesens sowie durch die Kirche lockerte sich die ursprüngliche Sippenverfassung. König und Adel behielten ihre Gefolgschaften, an die immer mehr Freie sich anschlossen, so daß der Schutz der Sippe zunehmend vom Schutz des Gefolgsherrn abgelöst wurde. Das Königtum begünstigte diese Entwicklung, indem etwa Athelstan den landlosen Freien gebot, sich unter einen Herrn zu begeben, der für sie Sicherheit leistete.

Die Lords (hlaford = Brotwart) als Häupter der Adelssippen wahrten den Frieden und hafteten für die Delikte ihrer Gefolgsleute; sie hatten also wichtige öffentliche Funktionen. Die Vasallität blieb allerdings vorläufig auf der Stufe der germanischen Gefolgschaft stehen und überschritt nicht das persönliche Schutz- und Treueverhältnis. Das persönliche Verhältnis von Lord und Mann blieb entscheidend, d.h. der Vasall war Kampfgenosse in Heer und Gericht und diente nicht beliebigen privaten Interessen der Großen. Die Gefolgsleute unterstanden weiterhin dem Volksrecht und nicht der Gerichtsbarkeit ihres Herrn. Ihr Gefolgschaftseid war durch den allgemeinen Huldigungseid an den König (Treuevorbehalt) eingeschränkt. Der Aufruf des Königs zur Heerfolge umgriff alle Aftervasallen und konnte sich auch auf den »fyrd« als Volksaufgebot erstrecken.

Das Königtum suchte über sein eigenes Gefolgschaftswesen den alten Geburtsadel in einen Dienstadel zu verwandeln oder ihn überhaupt durch den königlichen Gefolgsadel der Gesiths abzulösen, die unmittelbar von der königlichen Gunst abhingen. Dabei sanken viele Kleinkönige der einzelnen Völkerschaften zu Gefolgsleuten des Königs (Thanes) herab. Die Verpflichtungen der Thanes dem König gegenüber beruhten auf dem Volksrecht und noch nicht auf irgendeinem dinglichen Lehnsrecht. Wenn die Thanes auch vom König gelegentlich durch Landschenkungen oder Ertragszuweisungen aus Königsgut entlohnt wurden, bewahrten sie doch den Charakter als persönliche Gefolgsleute und leisteten ihren Dienst nicht vom Lehen her, so daß die Freiheit der Veräußerung von Landschenkungen oder die Befugnis zu eigener Prozeßführung erhalten blieben. Es gab noch keine Verbindung der Vasallität mit einem dinglichen Substrat nach fränkischem Muster und auch keine Rückbildung zu einem neuen Geburtsadel. Das Gefolgschaftswesen trug den Herrschaftszusammenhang, wobei unterhalb seiner weiterhin das Heereswesen auf dem alten Volksaufgebot, dem »Fyrd«, beruhte, mit dem die öffentlichen Verteidigungspflichten wie Burghut, Brücken- und Sperrenbau, Wachdienst und dgl. verbunden waren. Das Volksrecht behielt mithin eine umfassende Geltung, was sich auch daraus ergibt, daß es vom 6. bis 11. Jahrhundert mehrmals aufgezeichnet wurde.

Das Königtum zog daraus seine Stärke und fühlte sich nicht als Gesetzgeber, sondern als Vollstrecker des Volksrechts. Das Element der Sippe blieb in ihm lebendig, da der König das Charisma der Königssippe verkörperte, aus der der jeweilige König von den Großen gewählt oder auch nur bestätigt wurde. Das ursprüngliche Volkskönigtum blieb also lebendig und konnte über die gemeinsamen volksrechtlichen Elemente im Laufe der Zeit sich auf einen größeren, überregionalen Maßstab bringen, zumal es sich seit dem 8. Jahrhundert über die Kirche auch ein geistliches Charisma zulegte.

Die Großen standen zwar dem König beratend zur Seite, teilten sich aber nicht eigentlich mit ihm in die oberste Herrschaftsgewalt, sondern übten sie mehr gemeinsam mit ihm aus. Das Witenagemot als Versammlung der weltlichen und später auch der geistlichen Magnaten und Gefolgschaftsführer hatte weder eigenständige Befugnisse neben dem König noch das Recht zur Selbsteinberufung. Es war gerichtliches Forum und Beratungsorgan des Königs. Der König fragte nach seinem Ermessen die einzelnen um Rat und faßte danach seine Entschlüsse. Die Witan waren auch keine Vertreter ihrer Völkerschaften, sondern stellten das Volk selbst in seinen auserwählten einzelnen dar, ohne eine beschlußfähige Korporation zu sein. Ein Gegensatz mochte ausnahmsweise auftreten und dabei vielleicht sogar der König, so wie er gewählt war, auch wieder abgesetzt werden. Aber das Treueverhältnis zum charismatischen König schloß in der Regel eine solche Konfliktsituation aus; das Witenagemot hatte nichts mit den institutionellen Vorkehrungen einer parlamentarischen Regierungsform zu tun. Lediglich bei königlichen Landschenkungen mußten die Witan zustimmen, wohl deshalb, weil das geschenkte Land Immunität genoß und nicht mehr uneingeschränkt dem Volksrecht unterstand.

Die ersten Verwaltungsbezirke schlossen an die älteren sippen- und stammesrechtlichen Zusammenhänge an, auf denen die überkommene Rechtspflege beruhte. Innerhalb der Wohngebiete dieser Personalverbände wurden die befestigten königlichen Gutshöfe (kynges tun; burh) zu natürlichen Mittelpunkten, von denen aus der königliche Verwalter (king's gerêfa) eine Art Grafenrecht mit behördlichen, militärischen und gerichtlichen Befugnissen ausübte. Zur lückenlosen Durchsetzung der königlichen Rechtshoheit mußten aber auch die Stammeshäupter und Unterkönige unter königliche Kontrolle gebracht werden. Dies gelang zuerst in Wessex, wo das Shire von Wessex, bisher der Großbezirk eines Unterkönigs, zum Verwaltungsbezirk des Oberkönigs herabgedrückt wurde. Nach diesem Muster wurden auch Sussex, Essex und Kent zu Shires von Wessex, in denen die nun mediatisierten Kleinkönige ihre Gebiete weiter verwalteten oder auch Verwandte des Königs oder bewährte Gefolgsleute als königliche Beauftragte (Ealdormen) eingesetzt wurden. Auf dieser Grundlage konnte König Egbert von Wessex (802–839) sich als Overlord durchsetzen und später Edward der Ältere (899–924) und Athelstan (924–939) ihre Herrschaft über Mercien und Ost-Anglien stabilisieren, wobei Athelstan zehn neue Shires einrichtete, die etwa 200 Hundertschaften umfaßten, sich an ältere Grenzziehungen hielten und von »Ealdormen« geleitet wurden.

Stets konnten sich dabei umfangreichere Gebiete behaupten, wie vor allem die Bezirke ehemaliger Kleinkönige, die ebenfalls »Ealdormen« geworden waren. Auch die Grenzmarken gegen den »Danelag« stellten beträchtliche Herrschaftsgebiete dar, die von sog. »Earls« regiert wurden. »Earl« ist eine skandinavische Bezeichnung, die unter Knut dem Großen (1016–1035) auch für die »Ealdormen« üblich wurde. Dieser Terminus bezeichnete künftig mehr ein Seniorat (Alderman) und spielte in Grafschafts- und Stadtverfassung weiter eine Rolle. Schließlich entstanden noch andere Großgebiete, da Königssöhne oder Magnaten oft mehrere Shires unter sich vereinigten und sich auf dieser erweiterten Machtgrundlage königliche Hoheitsrechte aneigneten. Knut förderte diese Territorialisierung durch die Unterteilung seines Königreichs in vier Herzogtümer.

Die Gefahr einer Territorialisierung durch diese mächtigen Vizekönige, die sich aus der Schwächung der Sippe und der Stärkung des Hochadels ergeben konnte, wurde durch jene königlichen Gefolgsleute vermindert, die als gräfliche Verwalter der königlichen Domänen (king's gerêfa) ohnehin unmittelbar königliche Hoheitsfunktionen von den »burhs« (boroughs) aus ausübten und oft gleichzeitig die Routine- und Verwaltungsaufgaben der Shires übernahmen, wenn der König nicht dafür einen eigenen praepositus oder später Sheriff (shire-gerêfa) ernannte. Diese Sheriffs standen zwar unter dem Ealdorman oder Earl des Shire, aber sie brachten als unmittelbare königliche Gefolgsleute die Autorität der Krone, vor allem im Rechtswesen, zur Geltung und wurden zu Kontrollorganen, die die monatlich tagenden Hundertschaftsgerichte bereisten, dadurch stets Verbindung mit dem Volk hielten und bald auch die Ealdormen aus den Grafschaftsgerichten verdrängten.

Besonders Edward der Ältere (899–924) suchte über seine Sheriffs die örtlichen Gerichte unter Kontrolle zu bekommen. Er konnte zwar nicht alle Rechtsverschiedenheiten, besonders in dem stärker keltisch bestimmten Norden und Westen, beseitigen; aber durch die Rechtshandhabung der Sheriffs begann sich doch über den mannigfaltigen Territorial- und Regionalrechten ein einheitliches Königsrecht abzuzeichnen, mit dem der König die Friedenswahrung in seinem Großreich in Anspruch nahm. Dabei wurden die volksrechtlichen Strafmittel durch die Festlegung besonderer königlicher Bußen wirksam ergänzt. Unter König Athelstan (924–939) kam der große Landfriedensbund von Greatley zustande, an welchem sich bereits für besonders schwere Fälle von Landfriedensbruch der Ansatz einer eigenen Krongerichtsbarkeit erkennen läßt. Dabei bewirkte das Vorhandensein des Danelag eine klare Abgrenzung des königlichen Hoheitsbereichs, so daß an Stelle des Personalrechts sich für die Rechtsanwendung ein territorialer Maßstab anzubahnen begann. Die Durchsetzung der königlichen Rechtshoheit kam darin zum Ausdruck, daß bei Rechtsweigerung an den König als Gerichtsherrn appelliert werden konnte und das Königsgericht bei Hochverrat und bei Rechtsstreitigkeiten des Hochadels zuständig war. Damit wurde zwar noch nicht eine ausschließliche Zuständigkeit des Königsgerichts begründet, aber doch sein Vorrang vor jeder regionalen Jurisdiktion in die Wege geleitet. Die Lords behielten wohl eigene Hofgerichte in Buß- und Schuldsachen oder bei Zoll- und Gebrauchsabgaben und erreichten in ihren größeren Machtbereichen auch oft eine allgemeine Gerichtsbarkeit, aber die Bildung von Hochgerichten wurde verhindert; auch eine Verdrängung der unteren Volksgerichte durch Vasallen- und Hofgerichte fand nicht statt, zumal bei Rechtsverweigerung stets an die königlichen Gerichte appelliert werden konnte, bei denen die Urteilsfinder unter der Kontrolle des Königs standen. Erst die normannischen Barone nahmen unter Stephan von Blois (1135–1154) die Hochgerichtsbarkeit für sich in Anspruch.

Die örtlichen Gerichtstage der Hundertschaften, also der älteren genossenschaftlichen Personalverbände von je 100 Mann, die aus der Eroberungszeit herrühren mochten, konnten sich infolgedessen behaupten, zumal die ausgesetzten Strafgelder jener Gerichte von Rechts wegen an die Hundertschaft fielen. Diese Hundertschaften traten unter König Edmund (939–946) auch als territoriale Einheiten hervor, die als Netz das ganze Land überzogen und an die wohl von der Einwanderungszeit stammende Einteilung der englischen Dörfer in Siedlungseinheiten von je 100 Hides anschlossen.

Ein Hide war unterschiedlicher Größe und mochte ursprünglich die Wirtschaftsgrundlage eines Bauernhaushalts bezeichnen, wurde dann aber eine fiskalische Einheit für die Verteidigungssicherung, wobei meist auf 5 Hides ein Mann zu stellen war. Die Erhebung der Landsteuer (geld), die seit dem 8. Jahrhundert von den Bauerngemeinden aufgebracht werden mußte, knüpfte an die Hides an.

Der personale Hundertschaftsverband wurde nun auf die territoriale Hundertschaft bezogen und zu polizeilichen, fiskalischen, gerichtlichen und militärischen Zwecken unter behördliche Aufsicht gestellt. Nur die Zehntschaft unterhalb der Hundertschaft blieb Personalverband, der jedoch lediglich der Verfolgung von Eigentumsdelikten diente. In der territorialen Hundertschaft war die Zahl 100 nur noch fiktiv, zumal später an Stelle der Wirtschaftshufen nur die Steuerhufen gezählt wurden. König Edgar (959–975) stattete diese Hundertschaften außerdem noch mit besonderen Gerichtsvollmachten aus und gab ihnen eine Prozeßordnung, so daß sie nunmehr als normale niedere Vollgerichte galten. Demgegenüber konnten sich andere ältere völkerschaftliche Einteilungen nicht halten und verschmolzen mit der Hundertschaftsverfassung. Dabei blieb die von Wessex her ausgebildete Grafschaftsverfassung als Glied zwischen Regierung und Hundertschaften bestehen. Diese territoriale Neueinteilung war die konstruktivste Leistung des englischen Königtums im 10. Jahrhundert.

Die Weiterbildung des ursprünglichen Rechtswesens zu den Anfängen einer Lokalverwaltung ergab sich daraus, daß durch die Dänengefahr von der Gesamtheit allgemeine Sonderleistungen aufgebracht und verwaltet werden mußten. Einmal wurde eine Notsteuer, die »trinoda necessitas«, jedem, also auch den Immunitätsinhabern, auferlegt. Ferner forderten die Dänen einen allgemeinen Tribut, das Danegeld, das als Loskaufsumme zur Abwendung von Plünderungen, schließlich aber auch als Wehrsteuer zur Aufstellung einer Streitmacht erhoben wurde. Unter Knut dem Großen wurde das Danegeld eine echte Staatssteuer, die seine angelsächsischen Nachfolger freilich nicht mehr regelmäßig einforderten, die aber von Wilhelm dem Eroberer wieder voll beansprucht wurde. Um seinetwillen ließ Wilhelm 1086 das große Grundkataster, das sogenannte Domesdaybook, anlegen. Damit wurde zur Regel, was vor 1066 als Ausnahme galt. Mithin hatte sich das Königtum zwei wichtige Rechte gewahrt: das Steuerrecht und das Militärrecht.

In Bezug auf die allgemeinen Siedlungsverhältnisse hatte sich seit der Ankunft der Angeln und Sachsen bis 1066 nicht allzuviel verändert. Immer noch dominierten die Wälder, und nur etwa fünf Millionen Acres Land waren unter dem Pflug. Etwa 1,5 Millionen Einwohner lebten zerstreut auf dem Lande und in den Flecken oder Städten. Die kleinen britischen Streusiedlungen und Dorfgemeinschaften mit ihrer schachbrettartigen, rechteckigen Feldbestellung, die sich aus dem Querpflügen erklären läßt, waren mehr zusammenhängenden Siedlungen mit Streifenhufen und der offenen Feldwirtschaft gewichen, die um eine Mitte mit Almende und Kleineigentum geordnet waren. Nur in Kent wogen die Weiler mit individueller Bewirtschaftung durch die Großfamilien vor. Die meisten Landleute waren freie Bauern, deren Status als »churls« sich aber verschlechtert hatte, da viele von ihnen zur Sicherung ihrer Besitzrechte oder zur Entlastung von öffentlichen Diensten sich unter den Schutz eines Gefolgsherrn gestellt und als Gegenleistung Dienstpflichten übernommen hatten. Unter ihnen standen noch Unfreie, die der alten Bevölkerung entstammten oder Kriegsgefangene und Schuldner waren und bis 1066 immerhin 9 v.H. der Bevölkerung ausmachen mochten.

Zunehmend spielten König, Adel und Kirche in der Landwirtschaft eine Rolle. Vom Krongut und aus den Dotationen an Kirche oder Magnaten wurde viel Land einem Herrn unterstellt und an Pächter ausgeliehen, meist auf eine Frist von drei Generationen. Aber auch gegenüber den Bauerngemeinden beanspruchten die Grundherrschaften aus ihren Sonderaufgaben in Recht und Verwaltung Rechte, so daß sich vielfach zwischen

Bauern und König der Lord schob, was allerdings für Kent nicht zutraf. Im wesentlichen blieb für die Grundherrschaften die Personalbindung vom Mann zum Lord maßgebend, während für die Anforderungen der Regierung Gemeinde und Hundertschaft entscheidend waren; denn die Finanzlasten wie das »geld« als Landsteuer oder das »heregeld« als Militärsteuer ruhten ebenso wie der »fyrd« auf den Dörfern und nicht auf den Grundherrschaften. In vielen Gegenden kamen freilich die freien Dorfgemeinden mehr und mehr unter die wirtschaftliche Kontrolle des Grundherrn, so daß das »Manor« (manoir) als Wirtschaftseinheit, Produzentengruppe und Austauschzentrum schon vor der normannischen Eroberung mancherorts vorgebildet war. Die reicheren Freibauern, die mehr als fünf Hides besaßen, also ursprünglich fünf Krieger stellen konnten, galten nach der Wergeld-Abstufung bereits als Edelleute (thegns); erst im 11. Jahrhundert setzte eine deutlichere Abschichtung des Adels ein.

Städte mit eigenem Stadtrecht gab es noch nicht. Immerhin war London nach dem Zeugnis Bedas schon ein wichtiger Handels- und Schiffahrtsplatz geworden; und König Athelstan erließ die ersten Gesetze, die die Wichtigkeit der »burhs« als gesicherter Punkte und Handelsplätze anerkannten. Die Handelsbeziehungen zum Kontinent waren nie ganz unterbrochen. Bemerkenswert war dabei der Sklavenhandel zwischen England und Gallien, der nach der Überlieferung für Papst Gregor den Großen den Anlaß zur Missionierung Englands abgegeben haben soll und bis ins 11. Jahrhundert anhielt.

Im 10. Jahrhundert erweiterte sich der Handel merklich; selbst die arabische Welt kannte englische Tuche. Dies gab den größeren Städten eine ausreichende Lebensgrundlage und ließ im 10./11. Jahrhundert eine englische Kaufmannsklasse entstehen, deren Handel unter Schutz und Aufsicht der Krone stand. London kam am Ende der Epoche nahe an 20000 Einwohner heran; Lincoln, York und Norwich erreichten mehr als 5000 Bewohner. London war für Verwaltungszwecke bereits in Bezirke (wards) eingeteilt, hatte ein Netzwerk von Niedergerichten und traf sich in einem großen »folkmoot« an dem Hügel neben St. Paul. Eine ansehnliche Zahl von »boroughs« entwickelte sich im Ostteil Englands. Ihr Ursprung war militärisch-politisch, ihre Weiterentwicklung vom befestigten königlichen Gutshof zur Stadt wirtschaftlich bedingt; sie überschritten im allgemeinen nicht den Rahmen eines regional ausgerichteten Binnenmarkts.

Der Boden der Städte gehörte vielfach verschiedenen Grundherren, die hier mit Vorliebe ihre Leute ansiedelten, um mittelbar an den Marktgewinnen beteiligt zu sein. Die Bürgerschaft hatte weder genügend Stärke noch Anlaß, sich eine Autonomie zu erkämpfen, da der König Friede, Recht und Schutz gewährte. Die Städte waren Stützen der königlichen Macht und Kontrolle; die Errichtung von Märkten erfolgte stets auf königliche Anordnung, und bezeichnenderweise beschränkten sich die königlichen Münzstätten seit dem 10. Jahrhundert auf die Städte. Viele wehrhafte Städte des Mittelalters wuchsen unmittelbar aus der königlichen Militärorganisation der befestigten Mittelpunkte der Krongüter hervor. Die in einigen Städten residierenden Bischöfe genossen keine stadtherrliche Stellung. Erst unter den Normannen erhielten einige bedeutendere Handels- und Hafenplätze eigene Stadtrechte.

Die Verbindung des Königtums mit den volksrechtlichen Elementen war die Säule des Königfriedens. Darüber hinaus war die Kirche seit dem 8. Jahrhundert eine wichtige Stütze, da sie in enger Verbindung mit dem Königtum wirkte und eine Stärkung der Ordnungsgewalt der Krone in ihrem eigenen Interesse lag. Seit der Salbung Offas des Großen im Jahre 757 und schließlich durch die feierlichen Krönungs- und Weiheriten, die der hl. Dunstan von Canterbury entworfen hatte und nach denen König Edgar 973 gekrönt wurde, hatte sich das Königtum ein zusätzliches geistliches Charisma verschafft, das der Handhabung des Königsrechts durch die Sheriffs vermehrtes Gewicht gab und freilich auch eine gewisse Abhängigkeit von der Kirche in sich schloß. Kein König und kein Bischof des 8. Jahrhunderts wären auf den Gedanken gekommen, daß kirchliche Gesetzgebung und Ordnung nur Sache der Kirchenleute wären, und Synode und Witenagemot unterschieden sich kaum in ihrer Zusammensetzung.

Von Anfang an stand die angelsächsische Kirche im Zeichen des germanischen Eigenkirchenwesens. Eine wirtschaftlich eigenständige kirchliche Hierarchie fehlte; die Bistümer erschienen als Eigentum des Königs und die Bischöfe als seine Gefolgsleute, die im Eigen des Königs standen. Der König war oberste Instanz für alle Geistlichen ohne Unterschied, und seine Zuchtgewalt erstreckte sich auch auf innerkirchliche Fragen wie Fasten, Ehefragen, Sonntagsheiligung und Liturgie. Die im 8. Jahrhundert sich vollendende Organisation der Kirche kam der königlichen Macht voll zugute. Die angelsächsische Kirche war eine Nationalkirche, in welcher der König frei über die Bischofssitze verfügte, da er die Bischofswahlen in seiner Hand hatte. Allerdings bedurften die beiden Metropoliten von Canterbury und York zu ihrer oberhirtlichen Würde des Palliums, das nur von Rom aus verliehen wurde.

Erst seit Edward dem Bekenner (1042–1066) fühlte sich die englische Kirche unter dem Einfluß der cluniazensischen Reformbewegung enger mit Rom verbunden, wenn sie auch dem König durch den Treueid wie bisher verpflichtet blieb. Mit der normannischen Eroberung drangen die Reformideen noch tiefer ein. Nichtsdestoweniger wahrte auch Wilhelm der Eroberer seine volle Souveränität über die Kirche und verbot seinen Bischöfen Reisen nach Rom oder die Abhaltung von Synoden ohne seine Genehmigung; selbst päpstliche Schreiben bedurften vor der Verkündigung seines Placet. Nur trat bei ihm im Einklang mit dem normannischen Lehnssystem an Stelle der Ernennung durch königliche Urkunde die Belehnung mit Ring und Stab. Diese weitreichende Verfügungsgewalt war unabdingbar, weil die ganze Verwaltung, das Urkundenwesen und der schriftliche Geschäftsgang der Hofkanzlei nur von schreibkundigen Klerikern bewältigt werden konnte und bei ihnen die Voraussetzungen für die Formulierung und Absicherung von Gesetzen und Rechtsakten vorlagen.

Die Bischöfe waren die eigentlichen Träger der Seelsorge, da noch im 8. Jahrhundert nur wenige Pfarrkleriker die sprachliche und geistige Befähigung für den Priesterstand und die angemessene Betreuung der Bevölkerung erreichten. Eine gleichmäßige Ausstattung der Pfarren mit Seelsorgern blieb bis ins 9. Jahrhundert noch ein fernes Ideal. Erst langsam wurden die Pfarrkirchen die bleibende Grundlage des kirchlichen Systems, und ihr Aufstieg war im Grunde der Hauptfaden der englischen

Kirchengeschichte. Wie bei den Bistümern herrschte auch in den Pfarren das Eigenkirchenwesen vor. Selbst Bischöfe besaßen Eigenkirchen, wenn sie selbst auch stets den König als Eigenkirchenherrn hatten. Die einzelnen Kirchen standen meist unter dem Patronat der Landlords und konnten wie Zubehör des Grundbesitzes verkauft, verschenkt, verpfändet oder geteilt werden. Die Pfarrgeistlichen waren oft Hörige, die manchmal auch mehrere Kirchen bedienten. Viele Kirchen waren als Lehen ausgegeben; andere waren genossenschaftliches Eigentum der Markgemeinden. Diese Integration der Kirche in die Eigentumsordnung legte ihr das innige Bündnis mit dem König nahe, dessen Bemühungen um eine einheitliche Rechts- und Friedenswahrung ihr zugute kamen. Seit dem 7. Jahrhundert hatte sich das Abgabewesen von Zehnten und Erstfrüchten ausgebildet, das seit dem 10. Jahrhundert als gesetzliche Verpflichtung verbunden mit Strafen erschien.

Die Klöster unterstanden vielfach der Aufsicht des Bischofs. Andere erreichten über Rom besondere Privilegien wie freie Abtwahl oder völlige Immunität vom Bischof. Manche Klöster wurden aber auch von Rom dem König oder den Magnaten übereignet, wie überhaupt Eigenkirchen und Eigenklöster in der Römischen Synode von 826 praktisch anerkannt wurden. Bei der Überbelastung der Bischöfe und der wenigen Weltgeistlichen behielten die Klöster für mehr als ein Jahrhundert die führende Rolle, die sie schon bei der Bekehrung Englands gespielt hatten. Sie waren lange Zeit die eigentlichen Kulturträger und drückten der frühen angelsächsisch-christlichen Kultur ihren Stempel auf. Ihre Schreibkunst, ihre Sprach- und Rechtskenntnisse ermöglichten erst die Entwicklung fester Eigentums- und Rechtsverhältnisse. Im ganzen gesehen war die Kirche eine Säule der nationalen Einheit und des nationalen Königtums. Sie verband ihre Einordnung in das Herrschafts- und Rechtssystem mit einer universalen Gesinnung und einer Geisteskultur, ohne die die Kontinuität und moralische Größe des angelsächsischen Gemeinwesens sich in den Wirren der ersten Jahrhunderte des Mittelalters nicht hätte behaupten können.

Indem die Feudalisierung der Ämter und Gerichte unterblieb, die Kirche im germanischen Eigenkirchenwesen verharrte und das Königsrecht sich auf die volksrechtlichen Zusammenhänge stützte, blieb die alte Schicht germanischen Volksrechts lebendig, so daß das mit der normannischen Eroberung eingeführte fränkische Lehnssystem sich nur in wechselseitiger Durchdringung mit dem angelsächsischen Volksrecht fortbilden konnte und dieses ein wesentlicher Bestandteil des späteren Common Law wurde. Wilhelm selbst schwor bei seiner Thronsetzung, das Recht Edwards des Bekenners zu achten, was bei dessen geringer Gesetzgebung nur die Anerkennung des Volksrechts bedeuten konnte. Er knüpfte ferner an den allgemeinen Untertaneneid an, den die angelsächsischen Könige praktiziert hatten, so daß auch bei ihm stets die Treueverpflichtung dem unmittelbaren Herrn gegenüber unter dem Vorbehalt der höheren Königstreue stand. Die Geschichte der angelsächsischen Zeit war mit 1066 nicht zu Ende, sondern blieb ein fortwirkendes Erbe, das beim Verfall des anglo-normannischen Feudalismus wieder hervortrat.

DIE NORMANNISCHE ZEIT

1. Wilhelm der Eroberer (1066–1087)

Wilhelm der Eroberer wurde Weihnachten 1066 als anerkannter Erbe Edwards des Bekenners gekrönt, dessen Gesetze er anzuerkennen gelobte. Gleich danach begann er indessen mit der Einziehung des Grundbesitzes der Anhänger Harolds und ließ allenthalben befestigte Höfe als Zwingburgen errichten. Im Osten von London erhob sich bald der steinerne Tower als Sinnbild normannischen Herrschaftswillens. Ein einheitlicher Widerstand gegen ihn kam nicht zustande. Ende 1068 hatte Wilhelm nach einem erfolgreichen Feldzug den Süden Englands in seine Hand gebracht. Gegen den widerspenstigen Norden führte er 1069, nach der Hinmetzelung von 500 seiner normannischen Ritter bei Durham, einen verheerenden Rachefeldzug und brach den Widerstand der eingesessenen Magnaten und Bauern gegen die Einführung der feudalen Grundherrschaft. Der letzte Akt der Eroberung war die Belagerung der Moor-Insel Ely (1072). Selbst König Malcolm III. von Schottland (1058–1093) huldigte ihm 1073, wenn auch wahrscheinlich nur für die Verleihung von angrenzenden Grafschaften. Schritt für Schritt konnte der König die regionalen Erhebungen niederringen und das Gemenge von Stämmen und Landschaften unter eine einheitliche Herrschaft zwingen. In den ersten drei Jahren suchte er die Substanz und Form des Königtums von Edward zu bewahren; erst danach drückte er dem besiegten Land den Stempel eines neuen Feudalismus auf. Eins der ersten seiner Gesetze war eine Urkunde für die City London, die ihr die Vorrechte aus der Zeit Edwards garantierte. Die Aufstände dienten ihm aber als willkommener Vorwand, weitere sächsische und dänische Güter einzuziehen, das Krongut zu vermehren und seine Gefolgsleute mit großen Lehen auszustatten. Dabei führte die schrittweise Durchsetzung seiner Herrschaft dazu, daß die normannischen Barone in verschiedenen Landesteilen Lehen erhielten, so daß sich kein zusammenhängender Territorialbesitz entwickeln konnte. Wilhelm zerteilte die großen Earldoms aus der Zeit Knuts des Großen sowie Wessex, Mercien, Northumbrien und schließlich (1075) auch Ostanglien in Grafschaften, so daß nur noch einige Grenzgrafschaften wie Chester, Shrewsbury, Hereford und Durham nicht den königlichen Beamten und der königlichen Gerichtsbarkeit unterstanden, da hier die »Marcher-Lords« die Hoheitsrechte der früheren Herren offenbar zum Grenzschutz behielten.

Die königliche Macht war in den einzelnen Grafschaften (shires; jetzt auch: counties) stärker als die jedes einzelnen Grundbesitzers und wurde von einem absetzbaren Grafschaftsvogt, dem Sheriff oder Vicomte, der meist aus den Grundherren berufen wurde, verwaltet. Neben der Oberlehnsherrschaft über die Vasallen regierte Wilhelm unmittelbar durch diese Sheriffs und auch durch reisende Kontrollkommissare, so daß er dem lokalen Feudalismus der Barone ein Element königlicher Verwaltung einfügte, zumal die Grafschafts- und Hundertschaftsgerichte wie zur Zeit Edwards des Bekenners durchweg unter der Kontrolle der Sheriffs blieben. Die Grafschaftsgerichte waren die Bindeglieder zwischen König und Volk. Die festigenden Elemente des angelsächsischen Königtums wurden also übernommen.

Gleichzeitig vermehrte Wilhelm die Krongüter und verdoppelte dadurch seine Einkünfte; ferner blieben ihm die mit Lehen ausgestatteten Prälaten als Kronvasallen unmittelbar verpflichtet. Dadurch vermochte er Soldritter anzuwerben und Kronbeamte einzusetzen. Unter dieser Herrschaftsordnung konsolidierte sich die normannische Hierarchie, obgleich die Gefolgsleute Wilhelms kaum mehr als 5000 Ritter ausmachten, denen dann Kaufleute, Frauen, Priester und Diener nachfolgten – insgesamt kaum mehr als 100000 Personen gegenüber 1,5 Millionen Einheimischen. Die Eroberung stülpte dem Volk eine Herrenschicht auf, deren Hochadel sich von den Einheimischen distanziert hielt und die nach Wergeld und Recht sich von den Angelsachsen unterschied. Hier gab es einen inneren Kreis des Hochadels von etwa einem Dutzend Magnaten, der eng mit dem königlichen Hof verbunden war und etwa ein Viertel des Landbesitzes kontrollierte, während der König etwa ein Fünftel in unmittelbarer Verwaltung hatte. Die Kirche besaß ein weiteres Viertel, und die restlichen Barone, etwa 170, ein Viertel des genutzten Bodens. Darunter saßen die Ritter (knights) als Aftervasallen. Ihre militärische und finanzielle Leistung beruhte auf dem feudalen Treueverhältnis und richtete sich nach den zugeteilten »Hides«, so daß der Bodenbesitz eine Abstufung der Lehnsdienste bedingte.

Wegen der vielen Unklarheiten über die Besitz- und Lastenverteilung, die sich besonders bei der Eintreibung des Danegeldes als einer allgemeinen Bodensteuer herausstellten, ließ Wilhelm 1086 angesichts einer drohenden dänischen Invasion ein umfassendes Grundkataster aufstellen, eine descriptio totius Angliae oder das Buch von Winchester, das später auch Domesday Book (Gerichtstags-Buch) genannt wurde. Dazu wurde das Herrschaftsgebiet südlich des Tyne in Distrikte eingeteilt, in denen königliche Boten als Kommissare umherreisten, um die derzeitigen Grundbesitzer, die früheren Besitzer, den Umfang der Güter, die Bodenqualität, die Zahl der Arbeiter und die Höhe der geleisteten Abgaben aufzuschreiben. Die Abfassung des Grundkatasters lag nicht bei den baronialen Gerichten, sondern bei den Kommissaren, die die Gemeinden bei ihren Inquisitionen heranzogen. Das Verfahren selbst war von der Normandie übernommen worden. Die Fragen der Kommissare wurden von Geschworenen beantwortet, die zu gleichen Teilen aus Normannen und Angelsachsen bestanden. Die älteren Rechtsverhältnisse blieben offenbar berücksichtigt, aber jede Gemeinde oder deren Teile wurde in einen Lehensbezirk eingereiht. Dabei wandten die Kommissare die ihnen geläufige feudale Terminologie einheitlich auf die unterschiedlichen angelsächsischen Verhältnisse an, so daß das Ausmaß des Rückbezugs auf die angelsächsische Rechtslage verdunkelt wurde. Nach dem Domesday Book von 1086 war fast die Hälfte des Landbesitzes in der Hand der Laien-Barone. Unter den mehr als 170 weltlichen Großmagnaten waren nur noch zwei angelsächsischer Herkunft, und die einheimischen Grundbesitzer besaßen nur noch acht Prozent des Bodens. Größter Grundbesitzer war der König und neben ihm die Kirche, deren einzelne Güter meist aber wie Ritterlehen mit öffentlicher Dienstpflicht behandelt wurden. Darüber hinaus war der gesamte Boden als »Feod« der obersten Lehnshoheit des Königs untergeordnet und kein »Allod« als unabhängiger Besitz mehr anerkannt. Da jedes Land als Lehnsbesitz und jeder Besitzer als Kronvasall bzw. Untervasall angesehen wurde, war die frühere personale Bindung nun durch feudale Bande ersetzt und kein Land ohne einen Herrn und kein Herr ohne einen Oberherrn außer dem König. Mit der Zeit trat die Vorstellung von freiem Land ohne daran hängende Dienstleistung zurück. Mit dem Domesday Book stand das ganze Land unter der lehnsrechtlichen Hierarchie des normannischen Systems, so daß die Lehnspyramide lückenlos vom König, als »Lord Paramount« von England, über Kron- und Untervasallen bis zum kleinsten Bodenbesitzer reichte und keine Region ohne einen Seigneur war. Von ihm und dem Gutsbezirk und nicht von der Dorfgemeinde zogen die Beamten nunmehr den der Grafschaft auferlegten Steuerbetrag ein. Allerdings setzte sich der »Manor« als Grundeinheit der Steuererhebung nur im Süden und Westen, nicht in Ostanglien und dem Danelag voll durch. Im ganzen war damit die geschlossenste Feudalmonarchie Westeuropas geschaffen, wobei die Kluft zwischen ›knight‹ und ›villain‹ weit größer war als jemals die zwischen dem angelsächsischen ›thegn‹ und ›churl‹. Die ligische Treue wurde allein vom König in Anspruch genommen und erfaßte nicht nur die etwa 600 weltlichen und geistlichen Kronvasallen. Wilhelm ließ sich nämlich 1086 in Salisbury angesichts eines Bündnisses von Frankreich, Norwegen und Dänemark gegen ihn einen allgemeinen Treueid leisten, den alle Personen abzulegen hatten, die dem Lehnsnexus angehörten, also Landbesitz hatten. Die Sheriffs nahmen in ihrem halbjährigen Turnus zu den Hundertschaftsgerichten von der männlichen Bevölkerung diesen Eid ab. Damit wurde kein direktes Lehnsband zu den Untervasallen geknüpft, die wie bisher ihrem Herrn Mannschaft (homagium) zu leisten hatten. Aber ihre vasallische Treuepflicht wurde unter den Vorbehalt der höheren Königstreue gestellt. Hier knüpfte Wilhelm offenbar über den üblichen ligischen Vorbehalt hinaus an den Untertaneneid an, den die angelsächsischen Könige angewandt hatten, und erreichte eine qualitative Abstufung der Treue, ohne damit die Lehnspyramide und die voll ausgebildete Grundherrschaft zu beseitigen. Damit wirkte er der dezentralisierenden Tendenz des Feudalismus entgegen; durch den Treueid der Untervasallen und die Aufsicht über die Volksgerichte der Hundertschaft und Grafschaft stand er in Verbindung mit den Untertanen, die bei Rechtsverweigerung der baronialen Gerichte die halbjährlichen Grafschaftsgerichte unter dem Sheriff anrufen konnten. Auch das königliche Besteuerungsrecht blieb weiterhin in Kraft, wobei die Vasallen als königliche Beauftragte die Steuern erhoben. Ferner schuf Wilhelm das verhaßte Waldgericht, das die ausgedehnten Forsten mit ihren Walddörfern, etwa ein Drittel der Bodenfläche, dem König unterstellte und den Einwohnern die alten Waldrechte nahm.

Der König mußte sich freilich auch selbst den Normen der Lehnsverfassung beugen. Die Erblichkeit der Lehen war gesichert und eine Steigerung der Erbgebühren nicht ohne weiteres statthaft. Konfiszierte Lehen durften nicht einfach den Krondomänen zugeschlagen werden. Besonders galten die mit einem Amt verbundenen Lehen (honores) als Rechtsbestand der Magnaten-Familien und konnten nicht mit dem Krongut verschmolzen werden. Die Untervasallen solcher Güter blieben auch bei rechtmäßiger Konfiskation durch den König Untervasallen, so daß eine Wiedervergabe auch ohne Rechtsanspruch naheliegend war. Die Erblichkeit ließ adlige Dynastien entstehen, von denen zur Zeit Heinrichs I. etwa 100 Familien den Hochadel bildeten, der freilich keine genau abgrenzbaren Sonderrechte beanspruchen konnte.

Die Kronvasallen und auch die Untervasallen waren dem König zu Ritterdienst und Rittergestellung verpflichtet, ohne daß dieser militärische Dienst an ein bestimmtes Lehen gebunden gewesen wäre. Dabei galten die großen Lords etwa als Oberste, die Barone als Majore und die Ritter als Hauptleute, die für je etwa fünf Hufen (hides) offenbar nach angelsächsischem Vorbild einen Ritter zu stellen hatten. Mit dem Ritterdienst fanden zahlreiche feudale Leistungen aus der Normandie Eingang in England, die vorwiegend dem König zugute kamen: so etwa die Hilfsgelder (feudal aids), die Erbgebühren (relevia), der Ehekonsensus und die Lehnsvormundschaft bei Minderjährigkeit (wardship). Ferner waren die Kronvasallen als »in capite tenentes« zum Besuch der Hoftage verpflichtet. Hier trat an Stelle des Witenagemot die feudale curia regis, in der Rechts- und Lehnssachen sowie Politik beraten wurden. Aus ihr bildete sich gegen die wachsenden Ansprüche der Kronvasallen ein engerer Rat von Vertrauenspersonen, der die königlichen Entscheidungen beratend mitbestimmte, ohne den König zu binden. Diese curia regis war der Kern der Herrschaftsordnung, der zugleich einen feudalen Gerichtshof, einen nationalen Rat und das oberste Organ des Haushalts darstellen konnte, je nachdem der königliche Wille es bestimmte.

Das Magnatentum besaß kein verbrieftes Widerstandsrecht, und eine Opposition galt als Rechtsbruch. Bei der ersten Rebellion der Kronvasallen von 1075 stand das Volk auf Seiten des Königs, der das Volksaufgebot (fyrd) berufen konnte. Außerdem blieben die Burgen im Besitz des Königs, der das Baumonopol innehatte und Befestigungsbauten genehmigte. Kleinere Kronvasallen durften überhaupt nicht bauen und hatten lediglich die Burgbesatzungen zu stellen. Im ganzen kamen die angelsächsischen Einrichtungen dem Königtum zugute, so daß ein Maximum oberherrlicher Rechte auf der Basis des Volksrechts und eines militärischen Lehnssystems sich ergab, das sich außerdem durch die Verbindung mit der Kirche festigte. Damit trat zu der Bindung an das sächsische Recht und zum neuen Feudalismus eine dritte Kraft, die die Machtfülle Wilhelms entscheidend vermehrte.

Wilhelm brachte zahlreiche fremde Geistliche ins Land, die den einheimischen Klerus aus den Bistümern, Abteien und Domkapiteln verdrängten und den Bestrebungen der kirchlichen Reformpartei zuneigten. Er machte den lombardischen Juristen und Prior des Klosters Bec in der Normandie, Lanfranc, zum Erzbischof von Canterbury (1070–1089) und zu seinem ersten Berater. Nach schweren Kämpfen wurde das Zölibat für den Pfarrklerus durchgesetzt. Die Bischöfe waren mit wenigen Ausnahmen Normannen; sie mußten in den Städten residieren und waren der Aufsicht der Erzbischöfe von Canterbury und York unterstellt.

Die geistliche Gerichtsbarkeit wurde 1076 von der weltlichen getrennt; sie umfaßte jedoch weite Bereiche des allgemeinen Lebens, wie das Ehe- und Erbrecht und die Strafgerichtsbarkeit bei Eidbruch, Verleumdung und Beleidigung von Priestern.

Der Bischof schied nun aus dem Grafschaftsgericht aus, dessen Leitung er bisher zusammen mit dem Sheriff oder dem Alderman innehatte. Diese Trennung befreite das englische Recht zu seiner eigenständigen Entwicklung, öffnete allerdings auch die Kirche dem vordringenden Kanonischen Recht. Schon Lanfranc verfaßte eine Sammlung von Canones für die englische Kirche. Die Kirche gewann damit eine selbständigere Struktur, ohne freilich aus dem Lehnszusammenhang entlassen zu sein, wenn sie auch von einigen feudalen Leistungen eximiert blieb. In ihrem Dienst standen Gelehrte und Künstler, die das geistige Leben bestimmten. Die großen Kirchen der sächsischen Zeit wurden allmählich durch eindrucksvolle monumentale Kirchenbauten wie Canterbury, Rochester, Exeter und Durham (bis 1107 schon 15 normannische Kathedralen) ersetzt; die Bildung der Zeit wurde im wesentlichen von der neuen Geistlichkeit getragen, deren Bildung vom Kontinent geprägt war. Viele königliche Beamte, Richter und Sekretäre waren schreibgewandte Kleriker, und Lanfranc blieb die rechte Hand des Königs, so daß der Klerus in Lehnswesen, Gerichtsbarkeit und Verwaltung die Herrschaftsordnung mittrug.

Wilhelm behauptete sich als unbestrittener Oberherr der englischen Kirche und behielt sich die Ernennung aller Bischöfe und Äbte vor, die er mit umfangreichen Lehen ausstattete. Zahlreiche Kirchengüter blieben dabei Ritterlehen mit öffentlicher Dienstpflicht. Von einer selbstherrlichen Stellung der Bischöfe ließ sich nicht sprechen. Wilhelm begünstigte aus eigenem Interesse die Reformpartei und war durch die Kirche nicht nur König, sondern wirklicher Herrscher. Er wahrte seine Selbständigkeit gegenüber den politischen Ansprüchen des Papsttums aus der »Konstantinischen Schenkung«, nach der alle Inseln der päpstlichen Oberlehnsherrlichkeit unterstehen sollten. Er zahlte die kirchlichen Abgaben wie bisher, aber als Almosen und nicht als Tribut. Päpstliche Maßnahmen oder Bullen bedurften seiner Genehmigung. Erst unter seinen Nachfolgern kam es zum offenen Konflikt.

Neben der Kirche meldeten sich die Städte als eigenes Element an, in denen sich angelsächsische Einrichtungen erhielten und von denen einige als Handels- und Hafenplätze an Bedeutung gewannen. Schon vor 1066 spielte hier der Export von Schafwolle nach Florenz eine Rolle. Die Boroughs waren meist noch unbedeutende Flecken; das Domesday Book zählte 50 Burgstädte mit weniger als 100 und 30 mit weniger als 50 Einwohnern auf. Chester und Gloucester erreichten hingegen schon mehr als 1000 Einwohner. Eigenes Bodenrecht hatten die Städte noch nicht. Oft gehörte der Boden mehreren Grundherren, so daß die Bevölkerung verschiedenen Hofrechten unterworfen war. In der Mehrzahl der bedeutenderen Städte hatten sich die normannischen Könige die Masse des Grundbesitzes und den Hauptanteil an den Grundrenten gesichert, wobei die beteiligten Barone möglichst zu bloßen Rentenbeziehern herabgedrückt wurden. Diese königlichen Städte genossen einen erhöhten Friedensschutz und erhielten mit der Zeit eigene Stadtrichter (reeves), besonders in den Hafenstädten, und eigene Stadtgerichte (burghgemots) im Rang der Hundertschaftsgerichte, die lediglich durch die Freiungen der Grundherrschaften beschränkt waren. Da der König selbst die Wahrung von Recht und Frieden übernahm und die Bischöfe noch keine eigenständige Rolle spielten, bestand für die Bürgerschaft kaum Anlaß, sich eine Autonomie zu erkämpfen. Gegen Ende des Jahrhunderts verliehen die normannischen Könige einigen bedeutenderen Plätzen zur Hebung des Handels das Stadtrecht von Breteuil. Ansätze einer Selbstverwaltung entstanden erst unter Heinrich I., der Statuten von Kaufmannsgilden (gilda mercatoria) bewilligte und die Stadt Lincoln von der Finanzkontrolle seiner Sheriffs gegen eine Pauschalsumme (firma burgi) entband. Unter ihm erreichte London weitere Privilegien, insofern hier die Bürger ihren Sheriff, der bis dahin der Graf von Middlesex war, selbst wählen durften. Aber auch der gewählte Sheriff blieb königlicher Beamter, zog Gefälle für den König ein und präsidierte dem Königsgericht, neben dem das lokale Volksgericht (folkmoot) als untergeordnete Instanz weiter fungierte.

Die Gerichtssprache der höheren Instanzen wurde Latein und Französisch; der Klerus sprach lateinisch, der Adel französisch und die einheimischen Bauern angelsächsisch. Erst durch Chaucer und Wyclif, und endgültig durch Shakespeare und Milton, entfaltete sich der Glanz einer großen englischen Nationalsprache. Über der sprachlichen, völkischen, regionalen und rechtlichen Vielfalt festigte Wilhelm durch das Feudalsystem, die Kirche und die volksrechtlichen und administrativen Verklammerungen seine Herrschaftsordnung, die durch die wechselseitige Einschränkung dieser Elemente ihre Eigenart und Lebenskraft gewann. Dies brachte jenen eigentümlichen Feudalismus des mittelalterlichen England hervor, der sich im 12. Jahrhundert unter Heinrich II. vollendete und dessen Kern Jahrhunderte überdauerte. Der französisch bestimmte Feudalismus blieb bis etwa 1215 vorherrschend und wandelte sich dann durch die verbliebenen volks- und königsrechtlichen Elemente und die neuen wirtschaftlichen Bedürfnisse. Als Wilhelm auf einem Kriegszug in Frankreich 1087 tödlich verletzt wurde, war die neue Ordnung festgefügt genug, daß sie sich durch die bald folgenden Erschütterungen hindurch behaupten konnte.

2. *Die normannischen Könige 1087–1154*

Kurz vor seinem Tode überließ Wilhelm seinem ältesten, mit ihm verfeindeten Sohn Robert die Normandie nach dem dort geltenden Erstgeburtsrecht. Über das eroberte England verfügte er hingegen frei zugunsten seines zweiten Sohnes Wilhelm II. Rufus (der Rote) (1087–1100), während sein jüngster Sohn Heinrich mit Geld und Renten abgefunden werden sollte. Wilhelm II. erbte die kriegerische Härte seines Vaters, nicht aber dessen Herrschereigenschaften. In den nachfolgenden Kämpfen zwischen den Brüdern kamen viele Barone in Treuekonflikte, insoweit sie in beiden Ländern Lehnsbesitz hatten und beiden Seiten als Gefolgsleute verpflichtet waren. Daraus belebte sich der feudale Egoismus, zumal Wilhelm Rufus im Verlauf der Kämpfe mit Robert erhöhte Geld- und Waffenleistungen verlangte. Aber Wilhelm setzte sich gegen den Widerstand der Barone durch und vermochte sogar die Normandie als Pfand sich anzueignen, indem er die Geldnot Roberts, der 1096 am ersten Kreuzzug teilnehmen wollte, ausnützte. Hier warf er eine Rebellion erfolgreich nieder.

Er steigerte seine Macht, indem er die Bischöfe wie weltliche

Vasallen behandelte und ihnen Erbgebühren (relevia) abverlangte. Er nahm das eindringende Regalien- und Spolienrecht, das bei Vakanzen die Einkünfte und bei Neubesetzungen eine Jahreseinkunft der Krone zubilligte, für sich in Anspruch und verzögerte die Neubesetzung von Bischofsstühlen, um möglichst lange im Genuß der Regalien zu bleiben. Deswegen ließ er nach dem Tode Lanfrancs 1089 das Erzbistum Canterbury verwaist. Erst eine schwere Erkrankung bewog ihn (1093), Anselm, den Abt von Bec in der Normandie, auf den Stuhl von Canterbury zu erheben. Aus Protest gegen Wilhelms Kirchenpolitik ging Anselm 1097 in die Verbannung. Als Wilhelm Rufus 1100 plötzlich starb, war dieser Konflikt mit der Kirche noch ungelöst.

Nach Wilhelms Tod hatte Robert den besten Anspruch auf die englische Krone; die normannischen Barone standen hinter ihm. Beide Länder hätten ohne weiteres wiedervereinigt werden können. Aber als Robert von seinem Kreuzzug zurückkehrte, hatte sich sein Bruder Heinrich überraschend des Kronschatzes in Winchester Castle bemächtigt und Wahl und Krönung durchgedrückt.

Mit Heinrich I. (1100–1135) gelangte die Krone an einen Herrscher, der in England geboren war, Sprache und Recht des Landes kannte und das väterliche Erbe zu bewahren und auszubauen verstand. Seinem zweifelhaften Rechtsanspruch auf die Krone gab er eine Rechtsgrundlage, indem er seine Regierung mit einer Krönungscharta eröffnete, die sich gegen die Willkürmaßnahmen seines Bruders Wilhelm ausdrücklich absetzte und als das erste Verfassungsgesetz Englands angesehen werden kann. Diese Charta libertatum versprach die Rückkehr zu den Gesetzen Edwards des Bekenners und der Ordnung Wilhelms des Eroberers. Der König übernahm Verpflichtungen, die in gleicher Weise auch den Kronvasallen auferlegt wurden. Die freie letztwillige Verfügung über ein Lehnsgut wurde zugesagt, die übersteigerten Forderungen Wilhelms II. abgelehnt oder abgemildert und die Freiheit der Kirche bestätigt. Äußerlich behandelte diese Krönungsproklamation nur Lehnsrecht und betraf nicht das Volk als solches, oder nur soweit, als es dem Kreis der Vasallen angehörte. Aber sie beruhte auf dem Krönungseid der angelsächsischen Könige und war offenbar von volksrechtlichen Vorstellungen inspiriert. In der Frage des Landfriedens für das ganze Königreich und der Sühne von Mordtaten nach den Gesetzen Edwards waren in feudalrechtlicher Umhüllung volksrechtliche Elemente lebendig. Die Charta war um Rechtseinheit und Ausgleich der Gegensätze bemüht; sie war nicht eine einseitige Zusage des Königs, sondern kam unter Mitwirkung der curia regis zustande.

Eine weitere Sicherungsmaßnahme Heinrichs war seine Heirat mit Edith von Schottland, die aus dem Geschlecht Alfreds des Großen stammte. Ferner rief er sogleich Anselm aus seiner Verbannung zurück. Als sein Bruder Robert in England landete, war Heinrichs Herrschaft so fest begründet, daß Robert zum Verzicht gezwungen wurde. Heinrich setzte ihm über den Kanal nach, schlug ihn 1106 bei Tinchebray und hielt ihn Zeit seines Lebens gefangen. Aber sein Anspruch auf die Normandie verwickelte ihn in Kämpfe mit den rebellierenden Baronen, mit dem Sohn Roberts und mit Frankreich, die ihn immer wieder von England fernhielten.

Die politische Meisterschaft Heinrichs zeigte sich, als der schwelende Konflikt mit der Kirche voll zum Ausbruch kam und Anselm wegen Verweigerung des Treueids erneut verbannt wurde. Anselm war in der Frage der Laieninvestitur, die das ganze Abendland in höchste Erregung versetzte, unnachgiebig und fand die Unterstützung des Klerus. Heinrich zog dem Kampf einen modus vivendi vor, der im Vertrag von Westminster 1107 erreicht wurde. Der König verzichtete auf die Investitur mit Ring und Stab sowie auf das Regalien- und Spolienrecht, und ließ die kanonische Wahl der Bischöfe durch das Domkapitel zu. Die Wahl mußte jedoch am königlichen Hof und in Gegenwart des Königs oder seines Beauftragten stattfinden. Nach der Wahl hatte der neue Bischof oder Abt als Vasall dem König für sein Lehnsgut zu huldigen. Erst dann durfte die Weihe vollzogen werden. Diese Trennung von temporalia und spiritualia bedeutete einen Sieg des Königs, insofern als die Belehnung mit den temporalia durch den König die Voraussetzung für die Weihe mit Ring und Stab war und außerdem die Wahl dem königlichen Einfluß offen blieb. Später erließ der König den Handgang, nahm dafür aber wieder das Regalienrecht in Anspruch. Die Scheidung von temporalia und spiritualia entsprang der theologischen Gedankenarbeit Anselms, des Vaters der Scholastik, und war von größter Bedeutung für das Verhältnis von Kirche und Krone. Außerdem legten die Verhandlungen mit Rom den Grund für die Einmischung der Kurie in die englischen Angelegenheiten. Der offene Streit war aber vorerst beigelegt, ohne daß die Grundlagen des Lehnssystems wesentlich geschmälert waren.

Heinrichs Bemühungen galten ferner dem Rechtswesen und der Verwaltung. Ein Gesetz aus dem Jahr der Krönungsproklamation zeigt, daß die hier angestrebte Verschmelzung der verschiedenen Rechtselemente noch nicht ganz gelungen war. In diesem Gesetz wurde das Recht der Engländer, sich auf ihre einheimischen Beweisverfahren zu berufen, außer Kraft gesetzt; die alten Hundertschafts- und Grafschaftsgerichte wurden freilich bestätigt und sogar ihre Verlegung auf den Herrensitz oder an einen anderen Ort ausdrücklich verboten. Die Sheriffs wurden zunehmend dem inneren Kreis der königlichen Beamten entnommen und die Grafschaftsgerichte von Mitgliedern der curia regis visitiert. Die Gerichtsbarkeit der Herren über ihre Vasallen wurde bekräftigt; Streitigkeiten zwischen Vasallen verschiedener Herren wurden aber an das Königsgericht gezogen. Ein lückenloses Rechtssystem konnte sich noch nicht durchsetzen. Dies zeigte sich an den zahlreichen Mängeln des Rechtswesens wie Richterbestechlichkeit, Landfriedensbruch und privaten Sühneaktionen sowie vor allem an dem Vordringen der baronialen Gerichtsbarkeit. Das älteste anglo-normannische Rechtsbuch der Zeit, die privat zusammengestellten »Leges Henrici« von 1114/18, kannte den Zug an das Königsgericht bei Streitigkeiten unter den Vasallen nicht mehr. Das berühmte zehnte Kapitel der Leges Henrici über die »jura quae rex Angliae solus et super omnes homines habet in terra sua« bedeutete dagegen wohl nur noch eine programmatische Begründung der königlichen Prärogative oder auch nur das fiskalische Recht des Königs auf einen Anteil an allen Gefällen. Bei der häufigen Abwesenheit Heinrichs wurde eine Gesamtorganisation des königlichen Gerichtswesens ebensowenig erreicht wie eine Gesamtkontrolle des Rechtswesens.

Erfolgreicher war Heinrichs Ausbau der Verwaltung. Im inneren Kreis der curia regis bildete sich eine Art Hofkanzlei mit einem ständigen Gremium von schreibkundigen Sekretären unter einem Kanzler. Über ihm stand als Stellvertreter des Königs der »Justitiar«, der dem obersten königlichen Berufungsgericht und auch dem Schatzamt vorstand. Dieses Schatzamt (scaccarium; Exchequer) wurde spätestens seit 1118 tätig und stellte eine Kommission der curia regis zur Rechnungsprüfung dar, in welcher die »barons of the Exchequer« saßen und die Abrechnungen prüften. Hier mußten die Sheriffs der Grafschaften zweimal jährlich erscheinen und die erhobenen Gelder abliefern. Wenn sich daraus auch erst später ein eigentlicher Finanzgerichtshof als curia regis ad scaccarium entwickelte, war hier bereits der Ansatz zu einer Differenzierung der Verwaltungsgeschäfte erkennbar. Die Schaffung des Exchequer nach französischem Vorbild machte eine bessere Übersicht über die Finanzen möglich und entwickelte ein System der »rolls« und »records«, das die Sheriffs kontrollierte, die Untertanen vor Ausbeutung schützte und unter Heinrich II. zur Regel wurde. Der König suchte ferner erfolgreich den feudalen Tendenzen einer Privatisierung des Grafenamtes zu begegnen, indem er bevorzugt ergebene niedere Ritter als Sheriffs in den Grafschaften ernannte. Er setzte 1129 sogar 29 Grafen auf einmal ab und ernannte statt ihrer je zwei bevollmächtigte Sheriffs als »joint sheriffs«. An London und Lincoln gab er Sonderrechte; er betrieb seine anti-baroniale Politik auch im Interesse seiner großen Familie, indem er heimgefallene Lehen nicht wieder ausgab und stattdessen neue Gebilde schuf, wie das Herzogtum Gloucester für seinen illegitimen Sohn Robert und Lancaster für seinen Neffen Stephan von Blois.

Die Sorge um die Thronfolge beschäftigte ihn in den letzten Jahren. Unter seinen zweiundzwanzig Kindern waren zwei eheliche Töchter, darunter Mathilde, die den Kaiser Heinrich V. heiratete und nach dessen Tod 1125 nach England zurückkehrte. Er ließ sie mehrmals zur Thronerbin erklären, obgleich bisher noch keine Frau die Krone Englands getragen hatte, und verheiratete sie schließlich mit Geoffrey (Gottfried) Plantagenet, dem Grafen von Anjou.

Aber er konnte nicht den Thronstreit nach seinem Tode verhindern. Die normannischen Barone zogen der angevinischen Familie den Neffen Heinrichs und Enkel Wilhelms des Eroberers, Stephan von Blois (1135–1154), vor, der sich des Thrones mittels einer Wahl bemächtigen konnte, an der nur wenige Barone, die Bischöfe und außerdem die Bürgerschaft von London beteiligt waren. Der jüngere Adel, der aus dem Dienst unter Heinrich hervorgegangen war, hielt zu Mathilde. In den daran sich entzündenden wechselvollen Kämpfen erhob die feudale Anarchie ihr Haupt und drohte das Werk Heinrichs zu vernichten. Erst als der zweite Kreuzzug (1147) viele Große außer Landes zog und die ehrgeizige Mathilde nach dreizehnjährigem Kampf England verließ, endete die einem Interregnum ähnliche Zeit (1148). Der Sohn der Mathilde und Gottfrieds, Heinrich von Anjou, der von König Ludwig VII. von Frankreich mit der Normandie belehnt worden war, setzte den Kampf fort. Erst nach dem Verzicht Mathildes wurde unter Vermittlung des Erzbischofs Theobald von Canterbury der Streit durch einen Vergleich 1153 begraben, der Stephan die Krone beließ, aber Heinrich von Anjou die Thronfolge sicherte.

Stephan machte in dieser wirren Zeit den ihm ergebenen Baronen Zugeständnisse. Er suchte sie durch Gründung zahlreicher Herzogtümer zu gewinnen, deren Zahl von sechs auf 22 stieg, wobei jedoch die von Mathilde für ihre Parteigänger geschaffenen eingerechnet sind. Die allgemeine Anarchie ließ die adlige Ritterfehde wieder aufleben; die Barone übten ihre Gerichtsbarkeit ohne königliche Kontrolle aus. Sie eigneten sich bei den neuen Klostergründungen Vogteirechte an; viele Städte und Burgen gelangten in ihre Hand. Unter dieser baronialen Machterweiterung entwickelten manche Großlehen eine fast unumschränkte Landeshoheit. Das Schatzamt Heinrichs I. konnte sich aber halten, und auch die Tätigkeit vieler Sheriffs als königlicher Beamter behauptete sich in vielen Gegenden. Insgesamt stand aber Stephans Regierung im Zeichen des Zerfalls der Kronmacht.

Auch die Kirche profitierte von den Kämpfen um das Königtum. Papst Innozenz II. erkannte Stephan als König an und erhielt dafür weitgehende Zugeständnisse, welche die päpstliche und geistliche Jurisdiktion ausdehnten. Die »Charta ... de libertatibus Ecclesiae Anglicanae« (1136) schwächte den nationalkirchlichen Charakter der Kirche und erlaubte ihr eine engere Bindung an Rom. Legaten griffen als päpstliche Sonderbeauftragte in den Streit ein und suchten mit ihrer Banngewalt den öffentlichen Frieden zu wahren. Der Papst ernannte schließlich den Erzbischof von Canterbury zum ständigen päpstlichen Legaten und schuf damit einen gefährlichen Gegenspieler der Krone. Gleichzeitig verscherzte sich Stephan durch häufige Mißachtung kirchlicher Rechte die Gunst seiner Prälaten. In diesen Streitigkeiten kam sogar die Theorie auf, daß allein der englische Klerus zur Wahl und Weihe des Königs berechtigt sei. Trotz der Konsolidierung der Verhältnisse seit 1148 ließ Stephan ein Staatswesen zurück, das einer durchgehenden Neuordnung bedurfte. Erst Heinrich II. vollendete die Ansätze Wilhelms des Eroberers und vereinigte dessen Herrschaftselemente wieder unter die Macht der Krone.

Teil II

HOHES UND SPÄTES MITTELALTER

DIE ANGEVINISCHEN KÖNIGE BIS ZUR MAGNA CHARTA

1. Heinrich II. (1154–1189)

Mit Heinrich II. Plantagenet, als Sohn der Mathilde der Enkel Heinrichs I., bestieg das Haus Anjou-Plantagenet (1154–1399) den englischen Thron. Das von Heinrich I. festgelegte Thronrecht seiner Mutter und der Vertrag mit Stephan von Blois 1153 sicherten ihm die Herrschaft über England. Von seinem Vater Geoffrey von Anjou, der im Kampf Mathildes um ihre Kronrechte die Normandie erobert hatte und lehnsherrlichen Anspruch auf Maine und die Bretagne erhob, erbte er neben diesen Rechten die Herrschaft über Anjou und Touraine. Seine Gemahlin Eleonore, ehemals die Gattin Ludwigs VII. von Frankreich (1137 bis 1180), brachte ihm Aquitanien mit Poitou und Guyenne in die Ehe (1152), das aber weder sprachlich noch rechtlich-politisch eine Einheit bildete. Als Herr über das gesamte westliche Frankreich war Heinrich Kronvasall des französischen Königs. Dieses ungeheure und heterogene Gebiet zusammenzuhalten, erforderte eine fortdauernde Anstrengung und verwickelte das englische Königtum in langwährende Streitigkeiten, die sich über Jahrhunderte hinzogen und die Geschichte Englands nachhaltig mitbestimmten. In keinem der Länder war Heinrichs Herrschaft unbestritten außer in England. Aber auch hier waren die Grenzen gegen Schottland und Wales bedroht und die fast selbständigen schottischen und walisischen Marken im Zaum zu halten, so daß Heinrich in ständiger Bewegung und in kriegerischen Unternehmungen seine Macht fühlbar machen mußte. Die Konflikte mit Ludwig VII. und mit aufständischen Feudalherren in Frankreich, seine Expeditionen nach Wales, Irland und Schottland und seine Kämpfe mit aufständischen englischen Baronen endeten durchweg in temporären Kompromissen.

Der erfolgreiche Aufbau seines Herrschaftssystems in England und in der Normandie befähigte ihn jedoch zu einer Politik großen Maßstabs. Der Ausgleich mit Wales (1170) und Schottland (1175) verschaffte ihm hier die Oberlehnsherrschaft. Die Eroberung Irlands sah er mit dem Treueid der irischen Bischöfe (1171) und der Schaffung des englischen »Pale« um Dublin als beendet an. Die eroberte Bretagne verlieh er seinem Sohn Gottfried. Um die Mitte seiner Regierung hatte er das Riesengebiet unter seinen Willen gezwungen. Er stand mit den Königen von Aragon, Kastilien und Sizilien, den Grafen von Barcelona, Toulouse und Savoyen in engen Beziehungen. Er nahm den geächteten Heinrich den Löwen auf und trug sich mit Plänen eines Eingreifens im Mittelmeer. Er galt als der mächtigste Herrscher nach Friedrich Barbarossa. Von seinen drei Töchtern verheiratete er Eleonore mit König Alfons VIII. von Kastilien, Mathilde mit Heinrich dem Löwen, Herzog von Sachsen und Bayern, und Johanna mit dem letzten normannischen König von Sizilien, Wilhelm II. Sein ältester Sohn Heinrich ehelichte Margarete, die Tochter Ludwigs VII. von Frankreich, sein zweiter Sohn Gottfried Konstanze von Bretagne und der jüngste, Johann, eine Prinzessin von Savoyen. Der Glanz dieser Verbindungen verdüsterte sich aber durch die ungezügelte Herrsch- und Streitsucht der vier Söhne Heinrich, Gottfried, Richard und Johann, jener Löwenbrut, die im Bunde mit ihrer Mutter oder mit aufständischen Baronen und fremden Mächten sich gegen ihren Vater erhob. Drei Rebellionen wurden von seinen Kindern und auch von seiner Frau angezettelt, deren letzte ihm den Tod brachte. Er vermochte sich in dem gefährlichen Aufstand von 1173/74 durch die Treue des Großteils seiner Gefolgsleute, die Hilfe der Kirche und seiner Beamten und durch Tapferkeit und Verhandlungsgeschick gegen alle Widersacher zu behaupten. Erst als der kompromißwillige Ludwig VII. starb und der 15jährige Philipp Augustus (1180–1223) mit dem Willen, die angevinische Macht zu brechen, den Thron Frankreichs bestieg, erneuerten sich die Wirren. Als dessen Schwager Heinrich zusammen mit Gottfried einen neuen Krieg gegen den Bruder Richard von Aquitanien eröffnete und dabei starb (1183), beanspruchte Philipp Augustus das Erbe der Witwe, also seiner Schwester Margarete. Richard von Aquitanien und schließlich auch Johann verbündeten sich dabei aus eigensüchtigen Motiven mit dem französischen König

(1188) gegen ihren Vater. Als Sterbender willigte Heinrich 1189 in die Bedingungen der Rebellen ein. Sein Werk schien ihm im selbstzerstörerischen Kampf der Familie umsonst gewesen zu sein. Aber seine verfassungsgeschichtliche Leistung, die ihn als großen Herrscher zeigte, blieb und behauptete sich auch gegen die wachsende Macht der Kapetinger.

2. Heinrich II. und die Kirche

Heinrich erkannte die Bedeutung der Kirche zur Festigung seiner Macht nach innen und suchte eine Scheidung der Zuständigkeiten, die seine Prärogative und Lehnsoberherrlichkeit nicht verletzte. Im Verlauf der Bürgerkriege unter Stephan war die königliche Macht über die Bischöfe durchlöchert worden. Zudem hatte angesichts der Ohnmacht der weltlichen Gewalten die geistliche Gerichtsbarkeit wegen der fortschrittlichen kanonischen Prozeßformen hohes Ansehen gewonnen und ihre Kompetenzen erweitert, so daß sie sich auch bei Kriminalfällen von Klerikern für zuständig erachtete. Das widersprach der angelsächsischen Übung, wonach Kleriker in Kriminalfällen vor das Volksgericht gehörten. Auch das Domesday Book kannte es nicht anders. Die Klagen über die zunehmende Kriminalität der Kleriker und die milden Urteile der geistlichen Gerichte gaben Heinrich Anlaß, den kirchlichen Rechtsbereich zurückzudrängen. Daraus entwickelte sich seit 1163 ein Streit um die kirchliche Gerichtsbarkeit, deren Protagonist Thomas Becket war, den der König 1162 vom Kanzler zum Erzbischof von Canterbury erhoben hatte. Für Heinrich war es ein Glück, daß das Papsttum durch die Doppelwahl von 1159 gespalten war und Viktor IV. gegen Alexander III. stand, der von Frankreich und England gestützt wurde. Obgleich Thomas Becket schon 1163 sich an Alexander III. wandte, riet der Papst zu einem Kompromiß, der gegen den anfänglichen Widerstand des englischen Klerus in den Konstitutionen von Clarendon 1164 auch zustande kam und dem König die Rechtshoheit sichern sollte. Nach dem dritten Kapitel dieser Konstitutionen fielen Kronfälle wie Hochverrat, Forstdelikte, Angriff auf königliche Beamte u.ä. an die königlichen Gerichte und erst nach deren Unzuständigkeitserklärung an die geistliche Gerichtsbarkeit, die nach ihrem Schuldspruch dem Delinquenten in Gegenwart eines königlichen Vertreters den Schutz entzog und ihn den weltlichen Gerichten zur endgültigen Bestrafung überließ. Damit folgte man einerseits dem Grundsatz, daß jeder nur von seinen Standesgenossen verurteilt werden durfte, überließ aber andererseits die Vollstreckung des Urteils, in welcher sich der Begriff der hohen Gerichtsbarkeit eigentlich ausdrückte, dem Königsgericht, das außerdem vorher selbst über seine Zuständigkeit oder Nicht-Zuständigkeit entschieden hatte. Thomas Becket stimmte dieser Regelung zuerst zu, wenn auch ohne sein Siegel. Aber die Versöhnung mit Heinrich war nur von kurzer Dauer. Thomas Becket protestierte gegen die vermeintliche Doppelbestrafung bei Klerikern und gegen die neue Rechtspraxis der Königsgerichte. Er floh außer Landes und wurde seit 1166 offensiv. Er erklärte die Vereinbarungen von Clarendon für nichtig, entband den Klerus von seinem Eid und exkommunizierte die Berater des Königs. Alexander III. bestätigte diese Exkommunikationen. Heinrich drohte daraufhin mit seinem Übertritt zum Gegenpapst Paschalis III., dem Nachfolger Viktors. Nun hob Alexander von seinem französischen Exil aus die Exkommunikationen wieder auf und entsandte Legaten nach England, um den Streit zu schlichten. Sein Wankelmut und auch die päpstliche Politik zugunsten Ludwigs VII., mit dem Heinrich seit 1159 wegen Toulouse im Streit lag, erregten Empörung, zumal Thomas Becket, dem Heinrich das Krönungsrecht als Erzbischof von Canterbury abgesprochen hatte, unbekümmert um die päpstliche Entscheidung weiterhin für die Freiheit der Kirche eintrat. Die Krönung Heinrichs des Jüngeren zum König von England im Jahre 1170 durch den Erzbischof von York beantwortete Thomas Becket mit der Exkommunikation des Erzbischofs, die durch ein päpstliches Breve bestätigt wurde. Mit diesen unerlaubten Appellationen an den Papst mißachtete er die Abmachungen von Clarendon, die jegliche Appellation über das erzbischöfliche Gericht hinaus untersagt hatten. Nach Beckets Rückkehr aus Frankreich kam eine äußerliche Versöhnung zustande. Gleich danach exkommunizierte er öffentlich von der Kanzel der Kathedrale in

Canterbury aus alle seine Feinde. Die Gefahr eines neuen Kirchenkampfes zeichnete sich ab. Wenige Tage danach wurde Thomas Becket auf einen unbedachten Ausspruch Heinrichs hin am 29. Dezember 1170 von vier Rittern in seiner Kirche ermordet.

Heinrich distanzierte sich sofort von dem Kirchenfrevel. Im Abkommen von Avranches 1172 schwor er einen Reinigungseid und gab die Appellation nach Rom und die geistliche Jurisdiktion über den Klerus frei, forderte allerdings von seinem Klerus einen Sicherheitseid. Nach der Niederschlagung eines Aufstandes seiner Söhne im Bunde mit rebellierenden Baronen tat der König 1174 öffentliche Kirchenbuße am Grabe Thomas Beckets, der im Jahr zuvor von Papst Alexander III. heilig gesprochen worden war. Trotz seiner Zugeständnisse von 1172 hatte er die Grundlagen seiner Macht über die Kirche festgehalten. Er ließ nicht daran rütteln, daß jeder Prälat als Vasall ihm Huld und Mannschaft zu leisten hatte und bei Verfehlung als Baron vor dem Königsgericht sein Recht nehmen mußte. Ohnehin stand in dem Konflikt mit Becket nicht die Investitur-Frage zur Debatte, sondern die geistliche Gerichtsbarkeit, die allerdings die Stellung des Königs aufs tiefste berührte, da die gesamte Verwaltung, die obere Bürokratie und das Rechtswesen einschließlich der Reiserichter durchweg oder zu einem wesentlichen Teil in Händen von schreibkundigen Klerikern lagen, ohne deren Kenntnisse eine geordnete Regierung kaum möglich war. Deshalb mußte er das vordringende Kanonische Recht in seine Schranken verweisen und konnte auch nicht zulassen, daß ein päpstlicher Legat ohne besondere Erlaubnis des Königs den Boden Englands betrat.

Es blieb dabei, daß die zahlreichen Schenkungen an die englische Kirche unter Stephan von Blois von den Königsgerichten überprüft wurden, die stets von der Vermutung ausgingen, daß alle Güter der geistlichen Kronvasallen Lehen mit Ritterdienstpflicht waren. Ihre Entscheidungen fußten auf dem Spruch von zwölf Geschworenen (Jury), deren Verfahren wahrscheinlich den Formen der fränkisch-normannischen Inquisitio folgte und seit 1164 gesetzlich sanktioniert war. Auch über Vogteien und Patronate sollte künftig das Königsgericht entscheiden. Auf diese Weise konnte die klösterliche Vogteigerichtsbarkeit der Stifterfamilien kontrolliert und wie das königliche Grafenamt behandelt werden. Dadurch verhinderte Heinrich die Auswucherung des Eigenkirchenwesens und die Bildung geistlicher Territorien. Diese Zurückdrängung des kirchlichen Rechtsbereichs lag in der Linie seiner allgemeinen Rechtsordnung, die sich auch gegen die feudale Justiz wandte.

Dem entsprach die Wahrung seiner Selbständigkeit gegenüber Rom. Als Heinrich den päpstlichen Beistand vor der Eroberung Irlands erbat, sandte ihm Papst Hadrian IV. (1154–1159), der einzige Engländer auf dem Stuhl Petri, über Johannes von Salisbury einen Ring als Zeichen der Belehnung (1155) und beschied ihm zugleich, daß nach der Konstantinischen Schenkung alle Inseln unter dem Papst stünden. Heinrich lehnte diesen Ring ab, zumal auch England eine Insel war, und vergab später (1171) das eroberte Irland an seinen Sohn Heinrich, der sich gegen jeden oberlehnsherrlichen Anspruch Dominus Hiberniae, Lord von Irland, nannte, ein Titel, den erst Heinrich VIII. (1540) nach seiner Trennung von Rom in König von Irland umwandelte. Die Aufhebung des Appellationsverbots 1172 barg jedoch Gefahren in sich, die vorläufig durch die Bedrängnis des Papstes noch verdeckt waren.

3. Die Regierungsweise Heinrichs II.

Heinrichs II. Bedeutung lag weniger in der Größe seines Herrschaftsgebietes und in seinen zahlreichen Feldzügen, sondern auf verfassungsgeschichtlichem Gebiet, nämlich in der Vollendung seiner Königsherrschaft in England, die sich auf einem Verwaltungssystem gründete, das die Ansätze Alfreds des Großen, Knuts des Großen, Wilhelms des Eroberers und Heinrichs I. ausbaute. Er brachte ein ausgeprägtes Herrscherbewußtsein hinzu, wie er es in seiner Jugend am Hofe von Anjou kennengelernt hatte, und aus dem er das Werk Heinrichs I. auf höherer Ebene fortsetzen wollte. Dabei vermied er wohlweislich eine Übertragung der Herrschaftsvorstellungen von Anjou auf England und fand in der organischen Entwicklung des englischen Volksrechts neben der Lehnspyramide und in der Bekräftigung des königlichen Charismas die Mittel zur Sicherung seiner Herrschaft.

Viele Maßnahmen wurden mit Berufung auf das englische Recht begründet, so daß kein strenges System, sondern mehr ein pragmatischer Herrschaftszusammenhang geschaffen wurde.

Sein Königtum stützte sich allerdings mehr auf das im Vertrag mit Stephan vom Jahre 1153 festgelegte Erbrecht als auf die Wahl, die mehr eine Bekräftigung seines Kronanspruchs war. Seine Krönung 1154 vollzog sich im Anselm-Ordo, einer Neufassung der Krönungsordnung Edgars nach dem Vorbild des ordo romanus. Dabei wurde statt des Chrismas der Priesterweihe nur Katechumenenöl verwandt. Seit 1173/74 erschien in seiner Titulatur auch die Deo gratias Formel, zur selben Zeit, als Edward der Bekenner seinem Wunsch gemäß heiliggesprochen wurde. Mit der Abschwächung des priesterlichen Charakters suchte er eine Steigerung des dynastischen Königs-Charismas zu verbinden, wie sie sich auch aus seiner bewußten Förderung des literarischen Herrscherlobs und des Königsmythos ergab. Aus gleicher Denkweise ließ er seinen Sohn Heinrich 1170 »ex praecepto patris sui« durch den Erzbischof von York zum Mitkönig krönen und ihm nach Zustimmung der Lehnsleute im Magnum Consilium noch zu seinen Lebzeiten den Treueid leisten, wobei die Krönungscharta und der Eid auf die Kirche von Canterbury wegfielen.

Der Zurückdrängung der kirchlichen Jurisdiktion entsprach Heinrichs Bemühung um eine allgemeine Durchsetzung seines Friedensbanns als Gerichtsherr. Auf das gleiche Ziel richtete sich sein Schlag gegen die feudale Justiz. In der Assise von Clarendon »pro pace et justicia« von 1166, die durch die Assise von Northampton 1176 bekräftigt wurde, sicherte er seine oberste Rechtshoheit. Nur die königlichen Richter durften danach über Mord, Raub, Brandstiftung und Fälschung urteilen und nur die Sheriffs und seit 1194 die »coroners« die Voruntersuchung und Haft anordnen. In jeder Grafschaft wurde ein Galgen (goal) errichtet. Ferner wurden Mitglieder des obersten Königsgerichts zu ständig kontrollierenden Reiserichtern (justiciarii itinerantes; justices in eyre) ernannt, die das ganze Land in regelmäßigem Turnus (circuit, eyre) zu bereisen hatten. Sie holten ihre Informationen von den lokalen Rügejuries ein, die für ihren Bereich Enquête-Rechte ausübten und alle Verdächtigen zu rügen und über privatrechtliche Verhältnisse zu informieren hatten. Das stellte einen Anschluß an das alte Rügeverfahren nach Vorbild der fränkisch-normannischen Inquisitio dar, wie es als Feststellungsverfahren bei den geistlichen Lehen bereits eingeführt worden war. Dieses Rügeverfahren machte nicht vor den Schranken der baronialen Immunitäten halt, behandelte das Land also wie ein geschlossenes Rechtsgebiet und baute zugleich königliche Prozeduren in die volksrechtliche Gerichtsverfassung ein. Dieses Verfahren diente auch oft der Revindikation des unter Stephan verschleuderten Kronguts, zumal bestimmte königliche »Writs« (praecipe) dabei Besitz- oder Pachtstreitigkeiten (free tenure) sofort an das Königsgericht bringen konnten.

Heinrich dehnte die Zuständigkeit des Königsgerichts zielbewußt gegen die Barone aus. Ihnen gegenüber konnten dingliche und schuldrechtliche Ansprüche bei Rechtsverweigerung jederzeit vor das Königsgericht gezogen oder auch durch Kauf eines königlichen Breve vor eine Jury gebracht werden. Erbschaften, Schenkungen oder kurz zurückliegende Enteignungen (novel disseisins) ließen sich von oben durch den Inquest oder von unten durch ein Breve auf die Ebene der königlichen Gerichtsbarkeit bringen. Alle Bodenbesitzveränderungen galten als Königssache und hatten nichts mit den feudalen Gerichtshöfen mehr zu tun. Jedenfalls beanspruchten die königlichen Richter am Ende der Regierung Heinrichs, daß jede Frage des freien Bodenbesitzes nur durch ein königliches Writ aufgerollt werden konnte. Fast jeder Prozeß begann nunmehr mit einem königlichen Breve, um das bevorzugte neue Verfahren in Gang zu setzen, das einfacher, einheitlicher und damit rechtssicherer war und allen freien Leuten offen stand, also ein »Common Law« darstellte. Durch den Verkauf von Brevia kamen erhebliche Geldsummen in die königliche Kasse.

Zu den Reiserichtern fügte Heinrich 1178 noch einen stationären Gerichtshof (Court of Westminster) mit fünf Beisitzern für die clamores regni und einem Justiziar als Vertreter des Königs. Diesem Gerichtshof wurden letztinstanzlich die zweifelhaften Fälle und auch die Ausstellung von Brevia überlassen. Er war gewissermaßen ein festgefrorenes Reisegericht, der spätere »Court of Common Pleas«. Daneben entwickelte sich wegen der nicht abreißenden Kette von Kronprozessen an der curia regis ein gesondertes bancum regis, der spätere »Court of King's Bench«, dem die Fälle vorbehalten waren, die die königliche Rechtssphäre unmittelbar berührten. Bei den bevollmächtigten Reiserichtern, die ihre Informationen für die Assisen von den lokalen Geschworenen einholten, setzte sich zunehmend der Gebrauch durch, diese Geschworenen von der Bevölkerung wählen zu lassen, so daß dieses Rügeverfahren keine Standesunterschiede kannte. Von der lokalen Geschworenenbank waren nicht einmal unfreie villani ausgeschlossen. Die Jury repräsentierte dadurch in etwa die allgemeine Rechtsüberzeugung und war an den öffentlich-rechtlichen Fragen mitbeteiligt. Es kam dem Königtum zustatten, daß damit eine breitere Öffentlichkeit über die Geschworenen im Rechtswesen engagiert war und die Reiserichter und Sheriffs einen erzieherischen Einfluß ausübten. Die weisungsgebundenen Reiserichter und Sheriffs dehnten ihre Tätigkeit besonders im Rahmen der großen Inquests (1170) auf die Lehen und feudalen Rechtsbezirke aus, nahmen Einblick in die baroniale Finanzverwaltung und die Lehnsverhältnisse und wirkten der Verselbständigung der Immunitäten entgegen.

Da streitende Parteien sich stets der feudalen Privatjustiz entziehen konnten, um sich dem vorteilhafteren Verfahren des Königsprozesses zu unterwerfen, und die Kontrollbefugnisse der Sheriffs und der Justiziare sich auch auf die feudalen Rechtsbezirke erstreckten, drang allmählich die Anschauung durch, daß alle Gerichtsbarkeit letztlich vom König stamme, so daß der König seine Brevia nicht nur an die Sheriffs der Grafschaften, sondern auch an die Stewards, Seneschalls oder Bailiffs der Barone richten und den Vollzug seiner Gerichtsweisungen verlangen konnte. Dadurch erhielt die baroniale Gerichtsbarkeit, ausgenommen das Hallengericht im Gutshof über die unfreien Gutsbauern, öffentlichen Charakter, zumal dabei die Reiserichter anwesend sein durften.

Damit dehnte Heinrich als oberster Gerichtsherr seinen Friedensbann auf alle freien Leute aus und gab ihnen die Möglichkeit, durch ein Writ der Kanzlei ihr Verfahren zu wählen. Mit einem solchen Breve setzten sich nicht nur die Räder der Gerichtsbarkeit in Bewegung, sondern jedem Fall wurde nach genauen Bestimmungen die ihm zukommende Behandlungsart zugewiesen, um allen Rechtsverzerrungen vorzubeugen. Für fast alle Fälle ließen sich die königlichen Gerichtsbehörden zur obersten Instanz machen. Das besondere Verdienst dieser Formen der Rechtsdurchsetzung und -sicherung war, daß die bisher üblichen Gelegenheitsaktionen der königlichen Justiz zu einem allgemein verfügbaren Hilfsmittel wurden. Damit stand über allen regionalen Besonderheiten und feudalen Rechtssphären ein allgemeines Recht, ein »Common Law«, das in Geltung gesetzt war, bevor Römisches oder Kanonisches Recht die Krone mit anderen Maximen ausrüsten konnte. Hier erschien der König als Schützer der Eigentumsverhältnisse und des öffentlichen Friedens.

Darüber hinaus war es ein außerordentlicher Fortschritt, daß ein Besitzanspruch nicht mehr durch Zweikampf (Gottesurteil), sondern durch den Spruch einer Geschworenenbank entschieden wurde. Jene Form war von den Normannen eingeführt worden; aber auch der alte Reinigungseid wurde von der Wahrheitsfindung durch Nachbarschaft oder Standesgenossen abgelöst, jedenfalls in Bodenfragen, während in wichtigen Streit- und Zweifelsfällen und bei fehlender Evidenz in Straf- und Beleidigungssachen Wasserprobe und Kampf noch eine Rolle spielten. Das Geschworenensystem erwies sich als erstaunlich lebensfähig, da in ihm über bloße Zeugenschaft sich die öffentliche Meinung der Nachbarschaft repräsentierte, es in die altüberkommene lokalen Gerichtsformen eingebaut war und zunehmend mit öffentlichen Aufgaben wie Verteilung der Steuerlasten, Kontrolle der Bewaffnung der Miliz oder Forstaufsicht u.ä. betraut war, so daß überall eingeschworene Gremien unablässig in Frühformen der Selbstverwaltung beschäftigt waren. Der Inquest gegen die Sheriffs von 1170 verpflichtete sogar Ritter und Freibauern eidlich, widerrechtliche Handlungen der Sheriffs und baronialen Beamten zu melden, was fast alle Sheriffs aus ihren »Ämtern« brachte. Die Schale des Feudalismus blieb erhalten, aber eine Nationalisierung des Rechts war gegen die Tendenzen der Anarchie eingeleitet, die zwar nur die Ritter und freien Leute, also etwa ein Viertel der Bevölkerung, und nicht die abhängigen Bauern und Dienstleute und auch nicht die Lordschaft erfaßte, aber auf die Dauer eine antifeudale Wirkung zeitigen mußte. Dazu war auch die gewaltige Geschäftsvermehrung zu rechnen, die nun bei den obersten königlichen Gerichtshöfen und der Kanzlei anfiel. Im Jahre 1188 erschien unter Ranulf de Glanvill als Oberjustiziar ein zusammenfassender Bericht »De Legibus et Consuetudinibus Regni Angliae« der bezeugt, wie sich aus der königlichen Rechtspraxis das jederzeit verfügbare Recht der freien Leute, das »Common Law«, artikulierte, in welchem die alte Identität von Volksrecht und Königsrecht lebendig geblieben zu sein schien.

Heinrich bevorzugte besonders nach dem Aufstand der Barone von 1173 einfache Ritter als Sheriffs in den Grafschaften, die alle Zweige der Justiz und Verwaltung neben ihrer Gerichtsbarkeit in Grafschaft und Hundertschaft, dazu aber auch oft Burghut, Volksaufgebot und dergleichen zu leiten hatten; sie wirkten außerdem bei dem Aufgebot der Geschworenen und der Vollstreckung der Urteile der königlichen Rechtssprechung mit. Diese Ordnung erhöhte den Arbeitsanfall der königlichen Kanzlei und verlangte eine differenziertere Bürokratie. Das seit Heinrich I. bezeugte und auch unter Stephan weiter tätige Scaccarium (Exchequer) nahm nunmehr als curia regis ad scaccarium zunehmend die Verhandlungsform eines Gerichts an, führte ein eigenes Siegel und ordnete die weitverzweigte Finanzverwaltung nach den Kenntnissen der arabischen Mathematik, die Master Thomas Brown, der bedeutendste baro de scaccario, in Sizilien sich angeeignet hatte. Hier wurden das Domesday Book, das Große Siegel und die »Pipe Rolls« aufbewahrt, wie der »Dialogus de Scaccario« des Reiserichters Richard Fitz-Neal (1179) bezeugt. Neben dieser Bürokratie in Kanzlei, Schatzamt und Gerichtshöfen bestand das Magnum Consilium als mitwirkende feudale Magnatenversammlung weiter, die besonders gegen Ende der Regierung Heinrichs wieder zu wichtigen Staatsakten herangezogen wurde, während die curia regis mehr als Gerichtshof aufgefaßt wurde, deren innerer Kreis die Routinearbeiten erledigte.

Neben dem Vordringen der königlichen Prärogative in Rechtswesen und Bürokratie suchte Heinrich den alten Untertaneneid von 1086 zu erneuern. Die Umfrage von 1166 stellte fest, ob alle Kron- und Untervasallen durch den ligischen Treueid mit dem König verbunden waren. Die Inquisition der königlichen Justiziare von 1170 bezeugte das Vordringen dieses unmittelbaren

Treueids, der jeden Konflikt zwischen öffentlicher und privater Dienstpflicht ausschließen und der Lehnspflicht den öffentlichen Charakter wahren sollte. Diese Absicherung bewirkte, daß die Barone bei ihrem Aufstand von 1173 gegen Heinrich II. sich großteils ausländischer flämischer Söldner bedienen mußten. Ihre Niederlage gab dem König zudem Gelegenheit, sich seines Burgregals wieder zu bemächtigen und königliche Custodes oder auch Diener (servientes) und Vasallen unter Aufsicht des Sheriffs als Burghut zu bestallen.

Schließlich ordnete Heinrich auch den Ritterdienst neu, da die Gestellung von Rittern nach der üblichen Berechnung von 5 Hufen (hides) für einen Ritter stets unbefriedigend geblieben war. Statt dessen wurde ein Schildgeld, wie es bisher für geistliche Lehen vorgesehen war, den weltlichen Baronen auferlegt und nach der Zahl der ausgegebenen Unterlehen berechnet. Damit sicherte sich der König eine vorkalkulierbare Pauschalentschädigung, die ihm eine Söldnerwerbung erlaubte und ihn von den einschränkenden Vorschriften eines Lehnsaufgebotes entband. In England selbst spielte das feudale Aufgebot weiterhin eine Rolle, das aber an das 40-Tage-Limit gebunden war. Zur Landesverteidigung lebte die Miliz (fyrd) mit der Assize of Arms von 1181 wieder auf, die zur Burghut, Straßenwache, zum Sperrenbau und Spähdienst oder zur lokalen und Stadtverteidigung verwandt wurde. Die neue Grundlage dieses lokalen Militärdienstes war nicht mehr der freie Landbesitz, sondern die Vermögenslage, damit auch die städtischen Bürger angemessen verpflichtet werden konnten.

Nur die Söldnertruppe gestattete Heinrich aber, sein riesiges Reich beweglich zu verteidigen. Sie bestand vorwiegend aus flämischen, brabantischen und walisischen Fußtruppen und Bogenschützen, etwa 3–6000 an der Zahl, die fast ausschließlich auf dem Festland eingesetzt wurden, wo Heinrichs Herrschaft außer in der Normandie nur auf die unsicheren und umstrittenen Lehenszusammenhänge gestützt war.

Über die Kirche, das Rechtswesen, die Verwaltung, das Söldnertum und den Treueid hatte Heinrich über das Lehnsrecht hinausgehende Methoden und Organe entwickelt, die an die tradierten Rechtselemente anschlossen und sie zugunsten der

Königsmacht in ein anderes Verhältnis setzten. Dahinter stand kein System, sondern eine Politik der Aushilfen, die sich von Fall zu Fall anboten und die auflösenden Gegenkräfte einschränkten. Dahinter stand freilich auch der Wille Heinrichs, seiner Herrschaft eine ideelle Überhöhung zu geben. Sein Hof war nicht nur Regierungszentrum, sondern außerdem noch ein kultureller Mittelpunkt, ein geistiges Zentrum der westlichen Welt im 12. Jahrhundert. Der König fühlte sich als Patron der Literatur, wobei das Zusammengehen von Kirche und Hof sowie die Verbindung mit Frankreich eine Blüte der lateinischen Wissenschaft und der französischen Literatur ermöglichte. Allerdings war Heinrichs Patronage nicht zweckfrei, da sie jene Schriften bevorzugte, die sein Herrschertum überhöhten oder seine Politik verteidigten. Immerhin hat keiner der folgenden Herrscher bis zur Zeit Chaucers eine annähernd vergleichbare Patronage ausgeübt. Am Beginn seiner Regierungszeit schrieb Johann von Salisbury den »Policraticus« (1159), die erste systematische politische Philosophie des Mittelalters, in welcher die Herrschaft des Gesetzes behauptet und daraus sogar der Tyrannenmord gerechtfertigt wurde.

Heinrich hatte England eine starke Regierung und einen gesicherten Frieden gegeben. Er besaß Sinn für Bildung und Recht, aber auch für Macht und Herrschaft. Sein hitziges Temperament stürzte ihn in zwei Tragödien, die Ermordung eines Erzbischofs und die Entzweiung seiner Familie. Beide schmälerten seine staatsmännische Leistung, die nichtsdestoweniger über die Wirren der Folgezeit hinweg eine Voraussetzung für die Magna Charta von 1215 war.

4. *Richard Löwenherz (1189–1199)*

Richard bestieg 1189 als erster englischer König den Thron ohne Wahl und nur auf Grund seines Erbrechts. Schon kurz danach begab er sich im Sommer 1190 auf den Kreuzzug, an welchem sich auch Philipp Augustus und Friedrich Barbarossa beteiligten. Die Nachricht von der Eroberung Jerusalems durch Saladin 1187 hatte dem Abendland einen Schock versetzt und Heinrich II. veranlaßt, ein Kreuzzugsgelübde abzulegen. Richard führte das Gelübde seines Vaters aus. Er kehrte 1192 vom Heiligen Land zurück, fiel aber in die Hand Leopolds von Österreich, der ihn über ein Jahr gefangen hielt und nur gegen ein hohes Lösegeld freiließ. Erst 1194 gelangte er nach England, blieb dann aber über vier Jahre in Frankreich, wo er Philipp Augustus Vordringen 1196 Einhalt gebot, bis er 1199 an einer Pfeilwunde kinderlos starb. In seiner zehnjährigen Regierungszeit verbrachte er nur sieben Monate in England. Dadurch bekam die von Heinrich aufgebaute Bürokratie mit dem königlichen Haushalt als ihrem Mittelpunkt die Oberhand, zumal der Finanzbedarf für Richards Kreuzzug gedeckt werden mußte und schon seit 1188 der sogenannte Saladin-Zehnte als erstmalige Steuer auf Renten und Immobilien erhoben werden mußte. Es war ein Zeugnis für die Lebenskraft der Herrschaftsordnung Heinrichs, daß sie ohne die Gegenwart des Königs sich behauptete, wenn auch die ruhmvollen Heldentaten Richards und die Begeisterung für den Kreuzzug die Aufrechterhaltung dieser Ordnung erleichtert haben mögen.

Richard hatte zwar vorsorglich ein Regierungskollegium als vermittelnde Instanz zwischen Regierung und Baronen eingerichtet, das aber bald von dem Emporkömmling Wilhelm von Longchamps ausgeschaltet wurde. Gegen dessen selbstherrliche Politik erhoben sich die Barone in einem Staatsstreich (1191), um den von Heinrich geschaffenen Verfassungszustand wiederherzustellen. Sie vertraten dabei die Ansicht, daß ohne ihre Zustimmung kein Gesetz über die Lebensdauer des Königs hinaus Geltung beanspruchen könne, und beriefen sich dabei auf Heinrichs Praxis gegen Ende seiner Regierung, in welcher er die Barone bei wichtigen Staatsakten wieder stärker hinzugezogen hatte. Die Findung des Rechts in der curia regis wurde dabei von ihnen, da man zwischen Rechtsurteil und Staatsakt noch nicht unterschied, als gemeinsame Tätigkeit von König und Magnaten angesehen. Die Barone hatten Erfolg, und die Regierung lenkte in die bisherigen Bahnen zurück, wobei das Magnum Consilium als Staatsrat an Gewicht gewann und neben die curia regis trat, die mehr als Gerichtshof betrachtet wurde. Die Barone bewilligten sogar die ungeheuren Lösegelder (aids) für Richard Löwenherz, wie es sich aus ihrer Lehnspflicht ergab. Diese Regelung war das Verdienst des Kanzlers Hubert Walter, eines Richters der curia regis, der seit 1193 Erzbischof von Canterbury war. Er stärkte die Stellung der Grand Juries in den Grafschaften und verlangte einen allgemeinen Eid für Frieden und wechselseitigen Beistand gegen Friedensbrecher, den er durch »milites vero«, vielleicht die Vorläufer der Friedensrichter, abnehmen ließ (Edictum regis 1195).

Diese Konsolidierung vollzog sich in einer Zeit des Wandels der Gesellschaft, der sich besonders in der Entfaltung des Städtewesens und auch des Söldnertums abzeichnete. Das zunehmende Söldnerwesen verwies den Lord und die Ritter auf die Tätigkeiten eines Country-Gentleman. Zugleich erwarben viele Städte von der Krone Sonderrechte. Schon unter Heinrich II. hatten neben London auch Lincoln, York, Winchester und Norwich Befestigungsrechte, Markt- und Handelsprivilegien erworben. Nun aber erlangten noch weitere Städte durch Geldzahlungen das Recht, ihre Organe selbst zu wählen und unter Umgehung des Sheriffs ihre Abgaben unmittelbar an das Schatzamt abzuführen. Mit dem Stadtrecht nach dem Muster von Oxford erreichten diese Städte Markt- und Zollprivilegien sowie eine begünstigte Art des bürgerlichen Grundbesitzes (burgage tenure). Der Verkauf dieser Stadturkunden und die Möglichkeit direkter Besteuerung (tallagium) kamen der Finanzkraft der Regierung zugute. Hubert Walter konnte Richards Geld- und Mannschaftswünsche befriedigen und Heinrichs II. Herrschaft in dessen Geist festigen. Richard ernannte Johann zu seinem Nachfolger, da Arthur, der Sohn des älteren Bruders Gottfried, noch minderjährig war.

5. *Johann Ohneland (1199–1216)*

Die Regierung Johann Ohnelands kündigte ein neues Kapitel der englischen Geschichte an, nicht nur insofern unter ihm zwei Drittel des angevinischen Reichs an Frankreich verloren gingen und er ausschließlich auf englische Unterstützung angewiesen war, sondern weil seine Herrschaftsweise die

Barone, die Kirche und den bürgerlichen Mittelstand gegen ihn zusammenführte und eine öffentliche Meinungsbildung veranlaßte, die zum erstenmal von einem englischen Volk als Gesamtheit zu sprechen erlaubt.

Johanns Thronfolgerecht war trotz der Designation durch Richard Löwenherz nicht sicher, da nach dem strengen Erstgeburtsrecht Arthur, der Sohn seines verstorbenen älteren Bruders Gottfried von der Bretagne, hätte folgen müssen. Nur dessen Minderjährigkeit hielt die Großen von einer Parteinahme für Arthur ab, zumal auch die normannischen Barone Johann anerkannten. Im Hinblick auf diese Lage stützte Johann sein Thronrecht wieder mehr auf die Wahl der Barone, was auch dem kirchlichen Standpunkt des Papstes Innozenz III. entsprach, der im deutschen Thronstreit das Wahlrecht verfocht. Damit stärkte er freilich die Stellung der englischen Magnaten.

Anlaß zum Verlust des größten Teils des angevinischen Reiches war, daß Johann seine erste Frau verstieß, die 15jährige Isabella von Angoulême aus dem Hause Lusignan heiratete und deren Erbteil beanspruchte. Philipp Augustus als Oberlehnsherr ließ durch sein Lehnsgericht die Länder Johanns für verwirkt erklären (1202) und verband sich mit Arthur, den Johann in Poitou gefangen nahm und in Rouen 1203 umbringen ließ. Das brachte den Abfall der Bretagne. Bald darauf gingen Anjou, Rouen, Falaise, Caen und schließlich die Touraine verloren. 1204 war die Normandie in französischer Hand, und Johann konnte nur noch die Gascogne und einen Teil von Poitou retten, so daß England für die nächsten Jahrhunderte nur einen Fuß in Süd-Frankreich behielt. Dabei blieb es, weil seit 1207 beide Länder in die Politik Innozenz' III. hineingezogen wurden. Philipp Augustus hatte durch die Verstoßung seiner Frau, die Ablehnung einer päpstlichen Friedensvermittlung im Kriege mit Johann und durch seine geringe Hilfe beim Kreuzzug gegen die Albigenser den Papst verstimmt.

Aber auch Johann war in einen Konflikt mit Innozenz geraten. Nach dem Tode Hubert Walters 1205 hatte er die Nominierung des Bischofs von Norwich als Nachfolger bei den Mönchen von Canterbury veranlaßt, während die jüngeren Kleriker ihren Subprior beschleunigt gewählt hatten, um einer weltlichen

Intervention zuvorzukommen. Beide Kandidaten appellierten an Innozenz. Im Vertrauen auf eine geheime Zusage der Mönche ließ Johann die endgültige Wahl in Rom zu. Innozenz ging jedoch über beide Kandidaten hinweg und wußte die Mönche zu überreden, den englischen Kardinal Stephan Langton zum Erzbischof zu wählen, den er ohne die königliche Zustimmung sogleich konsekrierte. Johann protestierte, verweigerte Langton die Einreise und berief sich auf die überkommenen nationalen Gepflogenheiten; dabei hatte er das patriotische Gefühl des Landes auf seiner Seite. England wurde 1208 mit einem päpstlichen Interdikt belegt, das für die nächsten fünf Jahre nur eine Messe wöchentlich außerhalb der Kirchen zuließ, das Recht auf Begräbnis und Kirchhof verweigerte und das religiöse Leben lahmlegte. Johann wurde 1209 exkommuniziert, die Mehrzahl der Bischöfe verließ England; der Pfarrklerus aber blieb. Johann suchte aus dem Konflikt Vorteil zu ziehen, indem er sämtliches Kirchengut unter die Obhut der Krone stellte.

Währenddessen war Johann gegen Schottland, Wales und Irland erfolgreich, zähmte die Marken und dehnte das englische Recht und das Grafschaftssystem sogar auf Irland aus. Er suchte Verbindung mit den Feinden Frankreichs und Roms, vor allem mit Kaiser Otto IV., Flandern, Boulogne und Toulouse, und suchte seine Einkünfte und seine Söldnertruppen zu vermehren. Dazu machte er das Schatzamt zum Mittelpunkt der Verwaltung und erhöhte angesichts der Belebung von Markt und Produktion seine Einkünfte, die er durch eine differenzierte Buchführung in den »Rolls« zu sichern verstand. Danegeld und Schildgelder wurden zu festen Steuern, so daß er sich ein Heer langdienender Berufssoldaten leisten konnte. Er verzichtete weitgehend auf persönliche Dienstleistungen, so daß nur etwa ein Zehntel der Ritterschaft ins Feld zu rücken brauchte. Aus fiskalischen Gründen verkaufte er im Laufe seiner Regierung über 70 kommunale Freibriefe an die städtischen Bürgerschaften und erweiterte die städtischen Freiheiten Londons.

Aber die Kriege und das Interdikt lasteten schwer auf dem Land, und Johanns Finanzbedarf überschritt trotz der sorgfältigen Ausschöpfung neuer Quellen das erträgliche Maß. Das Schildgeld, das Heinrich II. in 35 Jahren nur fünfmal erhoben hatte, nahm er bis 1206 und nach 1209 jährlich in Anspruch, wobei er es oft zusätzlich zum persönlichen Dienst einforderte. Er steigerte die festen Abgaben der Grafschaften und die königlichen Renten beträchtlich und belegte die Städte mit erhöhten direkten Steuern (tallagia). Von der Kirche erpreßte er während des Interdikts etwa 100000 Pfund; manche Klöster mußten wegen der hohen Forderungen ihre Pforten schließen. Der König drohte außerdem mit einem neuen Domesday Book. Diese Politik entfremdete ihn seinem Lande. Dazu kam sein boshafter und heimtückischer Charakter, sein Schwanken zwischen unberechenbarer Grausamkeit und tatenlosem Wohlleben, das seine Umgebung abstieß und in Furcht versetzte. Die Ausbeutungspolitik und die persönliche Tücke Johanns riefen einen ungewöhnlichen Haß hervor, der sich bis auf seine nächste Umgebung erstreckte. Seit 1212 intrigierten die Barone mit den Feinden, und kaum ein Engländer erhob seine Stimme für den König.

Johann verließ sich infolgedessen nur noch auf seine Söldner, von denen er verschiedene als Sheriffs einsetzte. Er stärkte seinen königlichen Haushalt und führte hier ein eigenes Siegel (privy seal) als Schranke gegen die hohen Regierungsbeamten ein. Sein Mißtrauen gegen die persönlich gekränkten oder durch willkürliche Einziehung von Lehen und erpreßte Zugeständnisse geschädigten Magnaten führten ihn sogar dazu, von vielen Familien ein Kind als Geisel für ihr Wohlverhalten zu fordern. Dazu kam 1212 das Gerücht auf, der Papst habe die Engländer ihres Eides entbunden und die Barone planten einen Aufstand. Wales erhob sich im Bunde mit Frankreich und der Kirche. 1213 langte Stephan Langton zusammen mit einem päpstlichen Legaten in Paris an und überbrachte den päpstlichen Auftrag, Johann zu stürzen. Philipp Augustus nahm den Auftrag an und sammelte bei Boulogne ein Heer gegen England. In dieser Situation unterwarf sich Johann und ließ sich 1213 sein Königreich und Irland vom Papst als Lehen auftragen, das einen jährlichen Tribut von 1000 Mark an Rom zu entrichten hatte. Er versprach dem Papst einen Kreuzzug und Freiheit der Bischofswahlen und den Baronen Kontrolle seiner Sheriffs und Forstbeamten; Stephan Langton konnte nach England zurückkehren; das Interdikt wurde aufgehoben. Johann verband sich jetzt mit Kaiser Otto IV. und vielen Magnaten von Lothringen bis Flandern gegen Frankreich. Aber der Sieg des Philipp Augustus über Otto IV. bei Bouvines 1214 zerstörte seine Pläne und zwang ihn zu einem Waffenstillstand.

Damit war seine Stellung stark erschüttert. Schon der Canossagang von 1213 hatte dem Ansehen des Königtums geschadet, da der König sich selbst zum Vasallen gemacht hatte und die Barone zu Aftervasallen abgesunken waren. Dazu kam nun die Schlacht bei Bouvines, mit der die französischen Besitzungen zum größten Teil verloren gingen und viele Barone ihre Lehen jenseits des Kanals einbüßten. Die empörten und in ihrem Rechtsempfinden verletzten Barone verlangten jetzt ultimativ eine neue Verbriefung ihrer Rechte. Johann dagegen brachte seine fremden Söldner ins Land, verlangte ein hohes Schildgeld von allen, die nicht an seinem Unternehmen in Frankreich teilgenommen hatten, und handhabte die Einziehung von Lehen wie eine alltägliche Verwaltungspraxis. Angesichts des nahenden Lateran-Konzils von 1215 stellte sich der Papst im Interesse einer französisch-englischen Aussöhnung gegen die Barone auf die Seite Johanns und suspendierte Stephan Langton, den Führer der vermittelnden Gruppe.

Aber die Barone konnten die Überspannung der königlichen Gewalt nicht länger hinnehmen, wenn sie nicht ihre Rechte als Kronvasallen überhaupt entwertet sehen wollten. Sie dachten nicht daran, des Königs Prärogative grundsätzlich in Frage zu stellen und stattdessen eine Adelsregierung zu bilden, sondern wollten das geltende Lehnsrecht verbrieft sehen und der ungebührlichen Ausdehnung der Königsgewalt Schranken setzen. Der Heimfall von Lehen nach Entscheid der Königsgerichte oder auf dem Verwaltungswege und die Erhebung des Schildgeldes wie eine Steuer, das heißt, über den Kopf der Kronvasallen hinweg direkt von den Untervasallen, verriet ein Eindringen der königlichen Prärogative in die Lehnsordnung und stellte die feudale Eigentumsvorstellung in Frage.

Dagegen erhoben die Barone ihre Beschwerden und Forderungen, die zwar auch ihren eigenen Interessen dienten, sich aber in den Bahnen des Rechts bewegten. Gerade die Berufung auf das Recht gab ihren Forderungen erhöhte Dignität, ohne daß sie sich dabei als Sprecher der Nation gefühlt hätten. Ihr Ziel war eine »reformatio pacis« durch einen endgültigen und umfassenden Vertrag. Als die Vermittlungsversuche durch das Einvernehmen des Königs mit dem Papst und das Ausscheiden Langtons gescheitert waren, bekam die kampfbereite Gruppe unter den Magnaten die Oberhand.

Im Dezember 1214 versammelten sich die Barone an St. Edmund's Bury und schworen, dem König die Treue aufzusagen, wenn er bis Ostern 1215 keine entsprechenden Garantien gegeben habe. Als diese Frist verstrichen war, begann die Fehde in Formen des Feudalrechts, also mit Mahnung und folgender Beschlagnahme von Burgen und Gütern. London öffnete den anrückenden Baronen die Tore. Angesichts des drohenden Bürgerkrieges bequemte sich Johann zu Verhandlungen bei Runnymede im Juni 1215, wo auf der Grundlage der Articuli baronum die große Freiheitsurkunde zustande kam, die Johann am 19. Juni 1215 durch sein Siegel bestätigte.

Nichtsdestoweniger kam es zum Krieg zwischen den Baronen und den königlichen Söldnern 1215–1217. Johann wich vom Leitgedanken der Magna Charta ab, wonach jeder einheimische Streit in England und unter Engländern ausgetragen werden sollte, und bewog den Papst unter Bruch seines ausdrücklichen Versprechens dazu, die Urkunde für nichtig zu erklären. Die Barone antworteten mit einem Hilferuf an Ludwig, den Sohn des französischen Königs, dessen Frau eine Enkelin Heinrichs II. war. Aber der Tod Johanns und Innozenz' III. im Jahre 1216 bewahrte England vor einer päpstlichen Lehnsvormundschaft und einem Bürgerkrieg sowie vor dem Erfolg der französischen Invasion.

Eine königstreue Gruppe bestellte für den neunjährigen Heinrich III. den alten W. Marshal, Earl of Pembroke zum Regenten und gab bei der Krönung des Knaben die Charta als Krönungserklärung heraus. Damit war die Aussöhnung angebahnt, die durch die Abwehr der Franzosen vollendet wurde. Die Magna Charta erhielt 1217 ihre endgültige Gestalt, die ihr zugunsten einer stärkeren Regierungsgewalt die Spitze gegen das Königtum nahm und 1225 in dieser Form bestätigt wurde.

Damit erst war angesichts der französischen Invasion eine gemeinsame Basis für Krone und Adel gefunden und die Urkunde von einem Instrument des Kampfes zu einem Dokument des Friedens geworden. Das Werk war in erster Linie das Verdienst des engeren Rates, also von Regierung, Verwaltung und königlichem Haushalt, so daß das Verfassungswerk Heinrichs II. hier in der Tat als das tragende Gerüst erschien, das die Aussöhnung ermöglichte. Es trat auch zutage, daß seit dem Verlust der Normandie Normannen und Engländer zusammengewachsen und in der Frage der Magna Charta eins waren. Weder die Barone noch das Königtum siegten, sondern im Grunde die obersten Behörden, wobei ihnen zugute kam, daß in den Assisen, Geschworenengerichten und Lokalverwaltungen die breitere Öffentlichkeit engagiert war, die aus den von Heinrich II. verordneten Regelungen ihre Funktionen erhalten hatte und ihr Recht als Königsrecht verstand und verteidigte.

6. Die Magna Charta Libertatum 1215

Die Freiheitsurkunde von 1215 wurde der Grundstein des englischen Verfassungsrechts. Äußerlich war sie nicht mehr als ein Privileg des Königs in der Form einer Grundstücksvergabe (conveyance); materiell stellte sie eine Vertragsurkunde dar. Ihre Verfasser waren unter Heinrichs II. Gesetzen groß geworden. Ihre Forderungen schlossen an die Charta Libertatum Heinrichs I. (1100) an, die selbst wiederum Elemente und Formen des angelsächsischen Krönungseids übernommen hatte. Hier reichten einige Wurzeln der Urkunde in das vor-feudale englische Recht hinein, zumal auch das geltende Lehnsrecht in manchen Teilen sich im Anschluß oder in Verbindung mit dem Volksrecht entfaltet hatte. Freilich traten die allgemeinen Grundgedanken des Krönungseids, wie etwa die Friedenswahrung, Achtung des Gesetzes und des Eigentums und gerechtes Gericht für jedermann, hinter den unmittelbaren Bedürfnissen des Augenblicks zurück. Von den 63 Artikeln der Urkunde handelten mehr als die Hälfte über feudale Beschwerden. Vor allem wandte man sich gegen die Entartung der Feudalleistungen wie etwa

Erbgebühren, Lehnsvormundschaften, Heiratserlaubnis oder Schildgeld zu einem reinen Geldgeschäft und dämmte die Fiskalisierung des Lehnswesens durch genauere Begrenzung der Leistungen ein. Die Barone drückten durch, daß ihre Abgaben wie Schildgeld und Hilfsgelder ihrer Zustimmung in der Vollversammlung aller Kronvasallen bei der curia regis bedurften.

Andere Klauseln schützten gegen eine weitere Aushöhlung der feudalen Justiz, ohne indessen die Rechte der Reiserichter und des Gerichtshofes in Westminster, die sich auch auf die feudalen Rechtsbezirke erstreckten (introitus), anzutasten. Aber der Gebrauch der Writs »Praecipe«, die summarisch den Feudalgerichten Fälle entziehen konnten, wurde verboten. Erst in der Schlußfassung stellte die Kanzlei diesen Einzelregelungen einen allgemeinen Punkt als erste Klausel voraus, nämlich die Gewähr der Rechte und Freiheiten der Kirche.

Die über das Lehnsrecht hinausgehenden und die nichtfeudalen Schichten betreffenden Bestimmungen dienten mittelbar den Magnateninteressen wie etwa der Bauernschutz, der eingeführt wurde, weil die Bauern zu den Adelsgütern gehörten und ihre wirtschaftliche Vernichtung den Lords geschadet hätte. Ein Schutz vor höherer Besteuerung oder Dienstleistung gegenüber dem eigenen Herrn war dabei nicht vorgesehen. Andere Klauseln gaben den Handel mit fremden Kaufleuten und die Zollerhebung frei und setzten einen einheitlichen Standard für Maße und Gewichte fest. Die Stadt London wurde dabei besonders berücksichtigt, da sie selbst Lehnsrechte und -pflichten trug und sich auf die Seite der Aufständischen gestellt hatte. Gerichtliche Strafen sollten niemals bis zum Verlust des Landbesitzes oder des Geschäftsvermögens führen. Schließlich sollte kein freier Mann Haft, Enteignung oder Gefangenschaft erleiden ohne angemessenes Gerichtsverfahren, und jeder Freie sollte nach Landesrecht von seinesgleichen gerichtet werden. Andere Klauseln nahmen die von Heinrich II. gesetzten Schranken der feudalen Justiz an oder dehnten feudale Rechtsvorteile auf alle freien Landeigentümer aus.

Die Sicherungsklauseln sahen vor, daß alle fremden Sheriffs und die ausländischen Söldner weggeschickt wurden und ein Komitee von 25 Baronen die Einhaltung der Freiheitsurkunde von Seiten des Königs überwachen sollte. Dies war der Ansatz zu einem kollektiven feudalen Widerstandsrecht, dessen vorgeschriebene lehnsrechtliche Formen und Stufen von Johann anerkannt wurden, insofern er sich selbst im voraus einer lehnsrechtlichen Beschlagnahme (distress) unterwarf, wie er sie selbst umgekehrt von seinen Vasallen verlangen konnte. Die 25 Barone durften sich darüber hinaus bei Rechtsverstößen sogar an das Land wenden und von jedem einen Treueid zur tätigen Mithilfe fordern. Der Treueid von Salisbury 1086, der auf der ligischen Treuevorstellung fußte, wurde für diesen Fall von den Baronen in Anspruch genommen. Dieses Komitee trat allerdings vorläufig nicht in Tätigkeit, war aber später für die Lösung verfassungspolitischer Konflikte von Bedeutung. Zahlreiche andere Klauseln regelten die Rechtsverhältnisse, beschränkten etwa die Waldrechte auf den Status von 1154 und regelten die Instanzenwege. Das Recht und die Gerechtigkeit sollten niemandem verkauft, verweigert oder verzögert werden. Ein Beschwerderecht von mindestens vier Baronen gegen Rechtsverstöße königlicher Beamten wurde anerkannt; bei Mißerfolg konnte an die 25 Barone und über diese an die Gesamtheit des Landes appelliert werden, ohne dabei freilich die Person des Königs und seiner Familie antasten zu dürfen.

Das waren die wesentlichen Punkte eines Feudalvertrags, der ein nicht übertriebenes und vorwiegend konservatives Programm enthielt, das in einigen Beziehungen über das Feudalsystem hinausging. Schon nach zehn Jahren wurde das Dokument als die Große Urkunde bezeichnet, die die ererbten Freiheiten der freien Männer Englands enthielt. Die weitere Geschichte dieses Dokumentes ist die Geschichte eines Umdeutungsprozesses, in dessen Verlauf es als Grundstein des englischen Verfassungsrechts betrachtet wurde. Der Wirkungsgeschichte nach gehörte die Urkunde einerseits der Welt des Lehnswesens an, andererseits wurde sie in die Welt des entstehenden Parlamentarismus hineingenommen. Unter den Stuarts erreichte ihre Umdeutung in die gewandelten Verhältnisse hinein ihren Höhepunkt, als Richter Coke behauptete: »Magna Charta is such a fellow that he will have no sovereign!«. In der Tat bedeutete die Urkunde mehr als einen Vertrag zum Ausgleich von Interessen; sie war oder wurde eine reformatio pacis, deren bleibender Wert darin lag, daß sie die Herrschaft des Rechts zu einem nationalen Anliegen erhob und dessen Grundsätze in einigen Punkten so definierte, daß der momentane Anlaß gegenüber dem Prinzip des »Rule of Law« für die Nachgeborenen zurücktrat. Die Schreiber, die in größter Eile die Kopien anfertigten, die an alle Sheriffs und Bischöfe verteilt wurden, halfen mit, die Grundmauern der künftigen englischen Freiheit zu setzen. Heinrichs II. Aufbauwerk trug hier seine Früchte, wenn auch danach noch 60 Jahre der Unruhen und Umwälzungen folgten, bis unter Edward I. sich das Staatswesen konsolidierte und das mittelalterliche England sein inneres Gleichgewicht fand.

DIE URSPRÜNGE DES PARLAMENTS 1216–1399

1. Die Wirren unter Heinrich III. (1216–1272)

In dem Jahrhundert zwischen dem Verlust der Normandie 1204 und dem Ausbruch des Hundertjährigen Krieges mit Frankreich 1337 richtete sich die Politik der Krone vorwiegend auf die inneren britischen Angelegenheiten. Trotz der Magna Charta erreichte England erst nach einem halben Jahrhundert innerer Unruhen durch Edward I. wieder eine Rechts- und Herrschaftsordnung, die seine Entwicklung in die Neuzeit hinein stärkstens bestimmte. Mit Heinrich III. bestieg ein neunjähriger Knabe, inmitten eines Bürgerkrieges und von einem fremden Thronprätendenten auf englischem Boden bedroht, den Thron. Nichtsdestoweniger war nach einem Jahr der Friede wiederhergestellt, die Soldateska verschwunden und Ludwig nach Frankreich zurückgekehrt. Der Regentschaftsrat aus gemäßigten Baronen und Kirchenleuten, geführt von William Marshal, Earl of Pembroke (gest. 1219), hatte sich überraschend schnell durchgesetzt und versprochen, im Rahmen der Magna Charta zu regieren. Offenbar war die erbliche Monarchie im allgemeinen Bewußtsein gefestigt genug, um sich über die Zeit der Minderjährigkeit behaupten zu können. Heinrich übernahm 1227 als Neunzehnjähriger die Regierung, konnte aber seine persönliche Herrschaft erst nach dem Sturz seines mächtigen Justiziars Hubert de Burgh 1232 durchsetzen.

In diesen Jahrzehnten hatten sich vielerlei Wandlungen vollzogen, die nicht ohne Wirkung auf die politischen Verhältnisse bleiben konnten. Symptom dieser Veränderungen waren neue kulturelle und geistige Ausdrucksformen. Der schwere normannische Baustil wich der Gotik, die in den Kathedralen von Salisbury, Lincoln, Wells und Westminster Abbey gipfelte. Die Klöster traten als Zentren des geistigen Lebens zurück gegenüber den Bischöfen, die an ihren Höfen neue Mittelpunkte für Wissenschaft und Bildung schufen und als Verwalter, Bauherren und Erzieher eine ausgedehnte Tätigkeit entfalteten. Kardinal Stephan Langton, Erzbischof von Canterbury (1206–1228) hatte der Episkopalkirche in Konvokationen, Diözesansynoden und

Pfarrordnungen eine Festigung gegeben. Allerdings beschränkte sich die niedere Pfarrgeistlichkeit meist nur auf das Spenden der Sakramente und die Meßfeier. Doch strömten dem religiösen und geistigen Leben vom Festland her andere Kräfte zu. Seit 1221 kamen Dominikaner (Praedikanten) als Prediger und Theologen ins Land und bauten in einem halben Jahrhundert an 40 eigene Häuser. Ihnen folgten seit 1224 die Franziskaner (Minoriten), die vor 1250 bereits über 1200 Ordensleute und 58 eigene Häuser hatten. Diese Bettelorden entfalteten in Predigt, Fürsorge und Wissenschaft eine bisher nicht gekannte öffentliche Wirksamkeit. Sie waren nicht an ein Haus gebunden, von der bischöflichen Rechtsprechung eximiert und Rom unmittelbar verantwortlich. Ihre Beweglichkeit befähigte sie, neue Schulen zu gründen oder sich in die bestehenden einzunisten. Um 1230 hatte Oxford, das schon unter Heinrich II. an Bedeutung gewonnen hatte, unter den Grauen Mönchen eine Zahl von 1300 Studenten angezogen. Um die Mitte des 13. Jahrhunderts wurden hier die ersten Kollegien gegründet, die bis auf den heutigen Tag Gemeinschaftsstätten des Studiums geblieben sind. In ähnlicher Weise entwickelte sich von Oxford und Paris aus Cambridge zu einer Universität. Beide Universitäten standen unter der Patronage von Krone und Kirche; ihnen gegenüber verloren die Bischofshöfe an Gewicht. Der erste Kanzler der Universität Oxford war Robert Grosseteste, Bischof von Lincoln (1235–1253), der als angesehener Gelehrter eine wissenschaftliche Grundlegung von Naturbeobachtung und Experiment erstrebte und dessen Schüler, der Franziskaner Roger Bacon, zum Wegbereiter der englischen Philosophie wurde. Im gleichen Orden lehrten später Duns Scotus und Wilhelm von Occam. Zur selben Zeit begann sich auf der Grundlage der Rechtsordnung Heinrichs II. ein Juristenstand abzuheben, der in Henry de Bractons »De legibus et consuetudinibus Angliae« 1260 seinen Aufgabenkreis fand und bald in den vier Inns of Court um London eine eigene Ausbildungsstätte sich verschaffte.

Den hier zutage tretenden dynamischen Elementen entsprach eine merkliche Zunahme der Bevölkerung, ein erstaunliches Anwachsen der Städte und Märkte, die Bildung neuer Gemeinden, vor allem an den Wasserläufen des Westens, sowie die Vermehrung der Wollproduktion und des Handels (vgl. dazu S. 138). Der zunehmende Handel zog ausländische Kaufleute ins Land, darunter schon früh kölnische und westfälische, und schließlich die deutsche Hansa mit dem »Stalhof« in der Londoner Cannon Street als Mittelpunkt, ferner auch italienische Finanzleute aus der Lombardei und Toskana. Der Münzverkehr intensivierte sich und förderte die Ablösung der Servituten durch Renten, wobei die Grundherren zur Sicherung ihrer Rechte daran gingen, »the custom of the manor« schriftlich festzulegen. Die hier sich meldenden Ansätze einer Marktbildung, einer Vergeldlichung der Feudalverhältnisse, einer Bevölkerungsbewegung und eines geistigen Lebens brachten sich auch politisch zur Geltung, als das Parlament des 13. Jahrhunderts dem Zusammenspiel von Krone und Magnaten ein anderes Element einfügte.

Im Jahre 1236 heiratete Heinrich III. die schöne Eleonore von der Provence; zugleich gab er seine Schwester an Simon von Montfort, den Sproß einer berühmten französischen Ritter- und Kreuzfahrerfamilie. Simon war der dritte Sohn des Siegers in den Albigenserkriegen und Erbe des Earldom von Leicester. Die beiden Ehen brachten einen großen französischen Anhang an den Hof und in die Ämter des Haushalts. Heinrich besetzte die hohen Staatsämter wie Justiziar, Schatzmeister und Kanzler möglichst mit kleineren Amtsträgern und schaltete den Exchequer zugunsten seines persönlichen Haushalts in Wardrobe und Chamber, also Ausstattungs- bzw. Rüstungsamt und Rechnungskammer, fast ganz aus. Das üppige Hofleben und die rege Bautätigkeit verschlangen große Summen. Die Zurückdrängung von Hof- und Staatsämtern und die Verschwendung der Gelder erregten den Unwillen der einheimischen Barone, die seit 1238 auf die Ernennung eines Magnatenrats drängten.

Nichtsdestoweniger unternahm Heinrich auf den Rat seines französischen Anhangs 1242 einen Feldzug gegen Frankreich, um das von Ludwig VIII. (1223–1226) eroberte Poitou seinem Hause zurückzugewinnen. Das kostspielige Unternehmen gegen Ludwig IX. (1226–1270) scheiterte. Heinrich sandte 1248 seinen Schwager Simon von Montfort in die unruhige Gascogne, der hier in kurzer Zeit Friede und Ruhe wiederherstellte. Auf die Klagen der Gascogner hin rief er ihn vorzeitig gegen den Willen der Magnaten und in kränkender Form zurück. Damit schaffte er sich einen Gegner, der dem Groll der Barone die Form eines offenen Widerstandes zu geben vermochte. Im Jahre 1254 übertrug Heinrich seinem Sohn Edward nach dessen Heirat mit Eleonore von Kastilien die Gascogne.

Zur gleichen Zeit stürzte er sich in ein neues Abenteuer, als er vom Papst die Krone Siziliens für seinen Sohn Edmund annahm und dafür finanzielle Unterstützung gegen die staufischen Ansprüche auf Sizilien versprach (1255). Der Papst verlieh ihm als Gegenleistung das Besteuerungsrecht des englischen Klerus, das Heinrich sogleich rigoros ausübte und mit einer beträchtlichen allgemeinen Steuer zu verbinden suchte. Dazu berief er über die Sheriffs aus den County Courts je zwei Ritter, die mit dem königlichen Rat über diese neuen Abgaben verhandeln sollten. Seitdem wurde es üblich, zu den Vollsitzungen des Rates nach Bedarf Ritter oder auch Kaufleute hinzuzuziehen, sei es um regionale Rechtsfragen zu klären, sei es um Zölle und Abgaben zu beraten oder sei es auch nur, um Verständnis für die Bedürfnisse der Regierung zu wecken. Damit wollte Heinrich an den Magnaten vorbei sich neue Geldquellen öffnen. Unglücklicherweise brachte aber eine Serie von Mißernten 1256 bis 1259 das Land an den Abgrund, während der Papst unentwegt auf die versprochenen Gelder drang, die ein Drittel der Staatseinnahmen ausgemacht hätten. Weniger Heinrich als die Geldforderungen des Heiligen Stuhls trieben zur Auflehnung. Im Interesse seiner sizilischen Pläne betrieb Heinrich außerdem die Kandidatur seines Bruders Richard von Cornwall für die deutsche Königskrone, der 1257 aber nur von drei Kurfürsten gewählt wurde.

Im Jahre 1258 griffen die Barone zu den Waffen, forderten einen Großen Rat und entwarfen ein Reformprogramm . Heinrich mußte sich ihren Forderungen beugen, die in den Provisionen von Oxford 1258 niedergelegt und beeidet wurden. Diese Provisionen wandten sich gegen den Machtmißbrauch der königlichen Sheriffs in den Grafschaften und verlangten die Wiederherstellung der traditionellen Staatsämter, besonders des

Exchequer, durch den hindurch künftig die königlichen Einnahmen einschließlich des Haushalts wieder laufen sollten. Neben einem ständigen Magnatenrat von 15 Lords als Kontroll- und Beratungsorgan sollten jährlich dreimal »Parlamente« von 12 gewählten Magnaten zusammenkommen und außerdem ein drittes Gremium ausschließlich Steuerfragen behandeln. Die Spitzenämter wie Kanzler, Schatzmeister, Exchequer und Chief Justice sollten jährlich wechseln und die außerordentlichen »Writs« der Kanzlei überprüft werden. Als Sheriffs sollten nur eingesessene Landeigentümer der Grafschaften auf nur ein Jahr ernannt werden und außerdem vier Ritter jeder Grafschaft Klagen besonders gegen den Sheriff hören und an den Chief Justice bringen. – Der neue Magnatenrat vertrieb die französischen Höflinge, unterband den Geldfluß nach Sizilien und schaffte mit Schottland und Frankreich ein Einvernehmen. Im Frieden von Paris 1259 gab England seine Ansprüche auf die Normandie, Maine, Anjou und Poitou auf, und Heinrich leistete für Guyenne und Gascogne Lehnshuldigung, während Ludwig IX. seine Rechte auf Limousin, Quercy und Périgord als hinfällig erklärte. Inzwischen kamen wie vereinbart die »Parlamente« regelmäßig zusammen, der Exchequer kontrollierte den Haushalt, der Rat wählte die Sheriffs aus den eingereichten Vorschlägen der County Courts, und die Beschwerden der gewählten Grafschaftsritter fanden Gehör.

Dieser Zustand wurde gestört, als im folgenden Jahr die Provisionen von Westminster die Kontrollen und Beschwerdemöglichkeiten auf die baronialen Beamten ausdehnten, da die Magnaten das, was ihnen der König zugestanden hatte, nicht ihren Untervasallen verweigern konnten. Die Grafschaftsritter erhielten hier die Möglichkeit, die Sheriffs vorzuschlagen und die Bailiffs der Grundherrschaften zu kontrollieren. Die Macht der Lokalbeamten wurde beschnitten und die Kompetenzen der Feudalgerichte auf den Kreis der Grundherrschaft eingeschränkt. Damit hatte die Umwälzung der Jahre 1258 und 1259 sowohl die königliche Prärogative als auch die feudale Unabhängigkeit in Frage gestellt. Dieses weitgehende Reformprogramm entzweite die Barone und gab Heinrich sogleich wieder Bewegungsfreiheit, wenn er sich auch erst 1263 durch Rom von seinem Eid entbinden ließ. Simon von Montfort beharrte jedoch auf der vollen Durchführung der Provisionen und zog sich 1261 nach Frankreich zurück. Heinrich fühlte sich indessen stark genug, mit Ludwig IX. erneut über Aquitanien zu verhandeln. Eine Krankheit hielt ihn in Frankreich fest, als Llywelyn von Wales 1262 in England einfiel. Die Magnaten der westlichen Grenzmarken riefen Simon um Hilfe, der 1263 zurückeilte und sogleich sein Reformanliegen wieder aufnahm. Angesichts des drohenden Bürgerkrieges wurde Ludwig IX. der Heilige als Schiedsrichter gerufen. In der Mise d'Amiens 1264 erklärte sich Ludwig für die Bewahrung der alten Freiheiten, aber gegen die Provisionen, d.h. er hielt das Ernennungsrecht des Königs für unantastbar.

Simon verwarf den Schiedsspruch, gewann durch eine Heiratsvereinbarung Llywelyn für seine Sache und schlug in dem ausbrechenden Bürgerkrieg die königliche Armee im Mai 1264 bei Lewes in Sussex. Der König und Prinz Edward fielen in die Hand der aufständischen Magnaten. Simon von Montfort fand zunehmend Hilfe und Anerkennung beim Klerus, bei den Bettelorden, den Städten, besonders London, und vielen kleineren Landbesitzern und Rittern in den Grafschaften, denen die Provisionen von Westminster zugute gekommen wären. Er wurde von ihnen als Anwalt der Gerechtigkeit verehrt. Sein Gerechtigkeitssinn erregte aber gerade den Unwillen und die Eifersucht der Magnaten. Ihnen gegenüber berief Simon 1265 einen Großen Rat, ein Parlament, zu dem auch Vertreter der Grafschaften und verschiedener Städte geladen wurden. Von ihnen versprach sich Simon materielle und moralische Hilfe. In der Tat bestätigte das Parlament von 1265 Simons Plan, mit einem Ausschuß von drei »Electors« zu regieren, unter ihnen er selbst. Der Ausschuß sollte einen Rat der Neun als Regentschaftsrat wählen.

Aber die Gegner waren zu zahlreich und vermehrten sich noch durch Simons autokratische Politik. Prinz Edward entkam 1265 aus seiner Haft und sammelte mit Hilfe der unzufriedenen Magnaten ein Heer, das die Streitmacht Simons im August 1265 bei Evesham am Avon überraschte. Simon fand den Tod. Das mit ihm verbündete London verlor seine Vorrechte, und vier Bischöfe wurden suspendiert. Simons Parteigänger verloren ihre Besitztümer. Nichtsdestoweniger lebte sein Andenken im Volk weiter; schließlich war Simon von Montfort derjenige, der die Sache der Mittelschichten vertrat und den Grund zum späteren Unterhaus gelegt hatte. Sein Gegner war aber Staatsmann genug, um das in Simon verkörperte Anliegen zu erkennen. Der Sieger von Evesham war nicht Heinrich, sondern Edward. Edward duldete die Entehrung der Leiche Simons, sah aber in dessen Weg eine Möglichkeit, der königlichen Macht eine neue Stütze zu verschaffen.

Als die letzten Anhänger Simons im folgenden Jahr aufgaben und auch Fürst Llywelyn von Wales sich einem Tributabkommen unterwarf, war der Friede erreicht. Edward verkündete im Dictum von Kenilworth 1266 seinen Willen zur Gerechtigkeit und berief für 1268 ein Parlament nach dem Beispiel Simons von Montfort. Er bestätigte die Magna Charta und die Freiheiten der Kirche. Im Statut von Marlborough 1267 wurden die Provisionen von 1259 bekräftigt, die letzten Rebellen begnadigt und den Londonern ihr verwirktes Recht bis auf die Wahl des Lord Mayors zurückgegeben. Die ehemaligen Anhänger Montforts durften sogar ihre verlorenen Besitztümer zurückkaufen. Als Henry de Bracton im Jahre 1268 starb, war der Sieg des Rechts nach den Jahren der Revolten gesichert.

Die allgemeine Beruhigung erlaubte Edward im Jahre 1270, das alte Gelübde seines Vaters zu erfüllen und das Kreuz zu nehmen. Sein Kreuzzug hatte wenig Erfolg und erfüllte ihn mit Enttäuschung. Die christlichen Ritter auf Zypern dachten nicht daran, ihre Insel zu verlassen; die Genueser Kaufleute trieben einen einträglichen Sklavenhandel mit Ägypten, und die Venezianer lieferten Kriegsmaterial an den Sultan. Selbst das Königreich Jerusalem war korrumpiert und kämpfte lediglich um seine eigene Existenz. Nach einigen Vorgefechten erreichte Edward wenigstens einen Waffenstillstand, entging mit knapper Not einem Mordanschlag und verließ im September 1272 das Heilige Land. Im November 1272 starb sein Vater, ohne daß Edward deswegen seine Rückkehr beschleunigte. Er war sogleich in Abwesenheit und ohne Widerspruch zum König proklamiert worden. Edward suchte noch den Papst auf, nahm in Chalons an einem großen Turnier teil, leistete dem König von Frankreich für seine festländischen Lehen Mannschaft, wandte sich dann noch nach Süden in die Gascogne und landete erst im August 1274 in Dover. Bis dahin gab er durch Boten und Briefschaften seine Regierungsanweisungen, ohne sich über Thron und Land zu beunruhigen. Als er endlich seinen Fuß in sein Königreich setzte, begann die Herrschaft eines Königs, der mit Alfred dem Großen und Heinrich II. auf eine Linie zu stellen ist.

2. Die Herrschaftsordnung Edwards I. (1272–1307)

Edward war Kreuzfahrer, als die Krone Englands auf ihn überging. Seine Energie hatte er schon als Prinz bewiesen, der seinem Vater beigestanden und sich im Kampfe gegen Simon von Montfort als Feldherr bewährt hatte. Auch seine Taten auf der Kreuzfahrt zeugten von Umsicht, Klugheit und physischer Kraft; er galt als der berühmteste Ritter der Christenheit. Als König verband er seine außerordentliche Tatkraft mit dem überlegenen Kalkül des Staatsmannes, der seine Rechte zu wahren und zu mehren wußte und dazu neue wirtschaftliche und soziale Kräfte einzuspannen verstand.

Seine erste Aufgabe sah er in der Sicherung des Königsrechts, dessen Abgrenzung bei der Mannigfaltigkeit der geltenden Rechtsverhältnisse und der Verflechtung von feudalen, regionalen, kommunalen, stammlichen und geistlichen Rechtskreisen schwierig war. Er schloß an die seit 1254 verstärkten Tendenzen auf Rechtsklärung und -vereinheitlichung an, die in den Provisionen von Westminster 1259 schon Boden gewonnen hatten, und suchte den Vorrang der königlichen Rechtssprechung endgültig durchzusetzen. Er begann seine Regierung mit einer allgemeinen Inquisition, die sich auf alle Rechtsansprüche erstreckte, die nun »quo warranto«, d.h. urkundlich, nachzuweisen waren. Die große »Eyre« (kommissarische Gerichtsinquisition) von 1274 ergab in den »Hundred Rolls« eine Art von zweitem Domesday Book. Über vier Jahre 1274–1278 zogen sich die Untersuchungen der königlichen Kommissare hin, die im Grunde darauf hinausliefen, festzustellen, wer für was verantwortlich war und entsprechende Abgaben zu leisten hatte. Dies war aber zugleich mehr als lediglich eine Restauration; denn das einfache Rahmenwerk der

Lehnspyramide Wilhelms des Eroberers war durch Landverkäufe, Erlöschen von Familien, Erbvereinbarungen oder -aneignungen, durch Zusammenlegungen oder Teilungen, durch Übertragung von Vasallitäten, Stiftungen, Treuhandschaften und andere Manipulationen so undurchsichtig geworden, daß genügend verbindliche Unterlagen oft schwerlich beizubringen waren. Wo der Rechtsnachweis nicht ausreichte, zog der König Rechte an sich; wo die Rechtsnachweise widersprüchlich waren oder zu Unzuträglichkeiten führten, wurden sie durch Dekrete des Großen Rates vereinfacht. Eine Unmenge von Verordnungen und Gesetzen schränkte vor allem die private höhere Gerichtsbarkeit ein und setzte den üblichen Eingriffen in die königliche Rechtsprechung ein Ende. Der Versuch einer völligen Eliminierung der feudalen Gerichtsbarkeit war allerdings verfrüht; Edward erreichte aber durch zahlreiche andere Maßnahmen den anerkannten Vorrang seiner Gerichte und damit des Common Law.

Dazu bedurfte es einer Sicherung des Rechtsgutes und der Rechtsverfahren. In den allgemeinen Gerichten (Courts of Common Law) saßen nur noch weltliche Richter. An den Gerichten wurden seit Edward I. in französischer Sprache (Lawyers' French) die Jahrbücher (Year Books) als nicht-amtliche Prozeßberichte niedergeschrieben, die der Bewahrung des Rechtsguts dienten. Wesentlich war, daß die Rechtsverfahren definiert wurden und die Straftaten wie Verbrechen (crime, felony), Vergehen (mesdemeanour), Übertretung (trespass), Diebstahl, Verschwörung usf. unterschieden wurden. Die Rechtsbeugungen von Amtsträgern durch Verzögerung oder parteiliche Geschworenenbestellung und die entsprechenden Eingriffsmöglichkeiten der Krone fanden nähere Regelung. Die mehrmalige Absetzung von Sheriffs, hohen Richtern und Amtsträgern sowie die Einsetzung von Sonderrichtern bezeugte das entschlossene Streben Edwards nach Rechtssicherheit. Der »Court of King's Bench« und dann auch die anderen obersten Common Law Gerichte wie der »Court of Common Pleas« und der »Court of Exchequer« wurden mit Berufsrichtern besetzt und führten eigene Protokolle. Die königlichen Gerichte in Westminster Hall begannen sich als eigene Instanzen neben dem Rat zu fühlen; die Richter entwikkelten ein körperschaftliches Bewußtsein und stellten den ersten gebildeten Laienstand in England dar. Ihre Gildenhäuser (Inns of Court) zwischen London und Westminster wurden seit Edward I. immer mehr Zentren eigenständiger Rechtslehre; sie waren im 14. Jahrhundert neben Oxford und Cambridge Säulen der Bildung.

Edward fügte seinen klärenden Maßnahmen in Bezug auf das Bodenrecht, das öffentliche Recht und das Common Law ein weiteres entwicklungsfähiges Element hinzu. In seine Regierungszeit fielen nämlich die Anfänge des geschriebenen und vom Parlament bestätigten Rechts, des Statute Law. Er ließ eine große Zahl von Gesetzen ausarbeiten und dann vom Parlament beschließen. Während bisher das überlieferte Gewohnheitsrecht, das Feudalrecht, das aus Einzelfällen (Case Law) gewonnene Recht bedeutender königlicher Richter, ferner öffentliche Vereinbarungen wie die Beschlüsse von Clarendon und die Magna Charta und dazu königliche Verfügungen (Royal Assizes), die u.a. das Rechtsverfahren zugunsten der Geschworenengerichte veränderten, und schließlich das Königsrecht in Geltung waren, kamen nun statuierte Gesetze zustande, die dem Wuchern der Rechtsgewohnheiten weitere Schranken setzten, ja gewachsenes Recht verändern konnten und unter Wahrung eines unbestimmten Bestandes von Grundgesetzen (Fundamental Law) für alle Gerichte verbindliches Recht setzen konnten. Naturgemäß schlossen auch diese statuierten Gesetze an bestehende Verhältnisse an und waren mehr deklaratorisch als rechtsetzend gedacht; sie sollten Widersprüche und Unklarheiten beheben. In Wirklichkeit paßten sie sich nicht nur den Verhältnissen und Bedürfnissen an, sondern veränderten oder verbesserten sie auch. Das Statut von Winchester 1285 regelte das Polizei- und Verteidigungswesen und gab den Gemeinden und Bezirken öffentliche Aufgaben für Sicherheit, Straßenbau, Miliz und Ortspolizei, die die früher maßgebende Grundeinheit des Manor beiseite setzte. Die Statuten »De donis conditionalibus« von 1285 und »Quia emptores« von 1290 schlossen an die geltenden Feudalpflichten an und sicherten die volle Höhe der Kroneinkünfte. Darüber hinaus legten sie besondere Erb-, Schenkungs- und Kaufbedingungen fest und schufen ein Bodenrecht, demzufolge die Käufer von unmittelbarem Lehnsgut direkte Kronvasallen wurden, während die Vermehrung der Untervasallenverhältnisse fast ganz verhindert wurde. Das zog eine Vermehrung der Kronvasallen und damit deren Abwertung nach sich. Die individuellen Ladungen zum Parlament gingen nur noch an die angesehenen und dem König genehmen Magnaten, so daß die Nähe zur Krone mit der Zeit wichtiger wurde als die bloße Magnatenschaft. Die Rechtsordnung Edwards I. verknüpfte sich also mit der Tätigkeit des Parlaments, das unter ihm in die Verfassungsordnung hineinwuchs.

Das lag freilich auch an anderen, näherliegenden Notwendigkeiten. Die üblichen Feudalabgaben für Heirat, Erbschaft, Schildgeld, Vormundschaft u. ä. genügten bei weitem nicht mehr den Bedürfnissen von Krone und Regierung. Die ständigen Kriege mit Wales, Schottland und Frankreich konnten nicht mehr auf der Grundlage des feudalen Ritterdienstes von 40 Tagen jährlich oder auch eines erweiterten, möglichst bezahlten Gefolgschaftsdienstes durchgeführt werden, sondern sie bedurften ständiger Söldnerheere, die Unsummen verschlangen. Dies verlangte ergiebigere Geldquellen, die sich im wachsenden Reichtum der Städte, der Klöster und der Wollproduktion anboten. Der Geldbedarf nötigte Edward, das Parlament mit Rittern und Bürgern stärker ins Spiel zu bringen. Deswegen knüpfte er an die Praxis Simon von Montforts 1265 an und berief 1268 noch als Prinz ein Parlament. Während dieses Parlament der Konsolidierung der Verhältnisse nach dem Sturz Simons diente, suchte er in seinem ersten Parlament, das er als König einberief, Gewinn aus dem Handel zu ziehen. Er erreichte in diesem Parlament von 1275 einen bleibenden Zoll auf Wolle, »the Great Custom«, der später noch (1303) auf Wein und Tuche ausgedehnt wurde. Das »Model Parliament« von 1295, das alle Bevölkerungsschichten vertrat, sollte ihm Hilfe für die drei gleichzeitigen Kriege gegen Wales, Schottland und Frankreich geben. Hier nahm Edward seine Zuflucht zu allgemeinen Eigentumsbesteuerungen, denen das Parlament nachträglich zustimmte und die schließlich als »tenth and fifteenth« für die nächsten zwei Jahrhunderte maßgebend sein sollten. Ferner benutzte er das Parlament zeitweilig gegen die päpstliche Finanzpolitik; das Parlament von Lincoln 1301 protestierte gegen den Lehnsanspruch Bonifaz' VIII. auf Schottland.

Damit gewann das Parlament an Bedeutung, wenn auch lange Zeit die Ritter und Bürger nur nach Bedarf hinzutraten und sie erst seit 1295 bei einschneidenden Fragen zumeist und schließlich regelmäßig dabei waren.

Freilich benutzte Edward auch andere Mittel, seine Ziele zu erreichen. Er stand mit den Londonern seit dem Konflikt mit Simon schlecht; er entzog ihnen für 13 Jahre den Lord Mayor, um dadurch bessere Bedingungen für fremde Kaufleute zu erreichen und daraus entsprechende Abgaben zu ziehen. Mit seiner Heiratspolitik suchte er die Großmagnaten in den Kreis seiner Familie zu bringen. Seine fortdauernden Inquisitionen vergrämten die Magnaten; seine Finanzforderungen an Kaufleute, Landbesitzer, Kirchen und Klöster, seine Einziehungen von Vieh und Getreide für die Armee, seine Befehle zur Dienstleistung an alle Landeigentümer verrieten gegen Ende seiner Herrschaft eine zunehmende Willkür, die heftigen Widerstand bei den Baronen und auch im Parlament (1301) fand. Die wachsende Opposition wandte sich ausdrücklich gegen den Bruch des Gesetzes und erzwang 1297 eine »Confirmatio Cartarum«. Edward mußte in Bezug auf seine Waldrechte sogar eine Inquisition durch vereidigte Richter hinnehmen und im Jahre 1300 die »Articuli super Cartas« anerkennen, die sich vor allem gegen Willkürmethoden der Behörden des königlichen Haushalts wandten und ihm verschiedene Formen seiner Besteuerungsmethoden verwehrten. Das lag aber daran, daß ihm seine Finanzpolitik aus den Händen geglitten war. Er hatte sich nach seiner populären Vertreibung der Juden aus England (1290) fremden Finanzleuten ausgeliefert, wobei er in seiner Not einem italienischen Syndikat schließlich sämtliche Zolleinnahmen verpfänden mußte. Er brach die Vereinbarungen von 1297 und erzwang neue Subsidien, ja ließ von Papst Clemens V. in Avignon seine Konzessionen seit 1297 für nichtig erklären und gestattete dafür dem päpstlichen Nuntius unter Ignorierung der Proteste im Parlament, die Annaten, d.h. die Jahrgelder bei Neubesetzung der Bischofssitze, für die Kurie einzuziehen, die bis in die Zeiten Heinrichs VIII. aus dem Lande gingen. Aber nichtsdestoweniger bezeugte gerade die Opposition die Dauerhaftigkeit seiner Rechtsordnung. Die große Zahl seiner regulierenden Gesetze, die erst von Heinrich VIII. übertroffen wurde, hatte ihre Wirkung getan und den verwirrten Zuständen einen Rahmen geschaffen, der Edward als eine Art englischen Justinian erscheinen ließ.

3. Die Machtpolitik Edwards I.

Die erste Kriegshandlung Edwards richtete sich gegen Wales. Hier hatte sich im Verlauf des 13. Jahrhunderts das nordwalisische Fürstentum Gwynedd zur unbestrittenen Vormacht entwickelt, so daß der Fürst von Gwynedd für ganz Wales dem englischen König Mannschaft zu leisten hatte. Am Ende der Regierungszeit Heinrichs III. herrschte hier Llywelyn ap Gruffudd (1246–82), der in ständigem Streit mit den benachbarten Grenzmarken lag, in denen die Markgrafen seit den Zeiten Wilhelms des Eroberers eine fast unabhängige Stellung einnahmen und nach eigenen Gesetzen regierten. Llywelyn stritt sich gerade mit dem Earl von Gloucester, als Edward den Thron bestieg. Er weigerte sich, dem neuen König Mannschaft zu leisten und lehnte die Zahlung des im Jahre 1267 vereinbarten jährlichen Tributs in Höhe von 3000 Mark ab. Edward zog ihm 1275 nach Chester entgegen. Eine Einigung scheiterte daran, daß Edward dem Fürsten verbot, die im Jahre 1265 ihm versprochene Tochter Simons von Montfort zu heiraten.

Edward brach daraufhin in Wales ein, drängte Llywelyn 1277 in die Bergfesten des Snowdon zurück, schnitt ihm mit Hilfe einer Flotte die Lebensmittelzufuhr ab und zwang ihn in wenigen Monaten, sich auf sein Fürstentum zu beschränken. Er sicherte seine Herrschaft durch zahlreiche befestigte Schlösser, die mit Gräben, Mauern, Türmen, Schießscharten und Zinnen ausgestattet waren und strategisch wichtige Punkte beherrschten. Unter dem Schutz ihrer Mauern bildeten sich Handelsplätze und Siedlungen, wo englische Richter ihr landfremdes Recht sprachen. Gegen die Zwingburgen richtete sich der Aufstand von 1282. David, der Bruder Llywelyns, griff erfolgreich mehrere Kastelle an; die Rebellion breitete sich über ganz Wales aus, und Edward mußte ein neues Heer ins Land führen. Llywelyn wurde getötet, David gehängt, und im Jahre 1284 verkündete Edward, daß Wales außer den Markgrafschaften unmittelbar der Krone unterstellt, in Grafschaften eingeteilt und nach englischem Recht regiert würde. Nach den kostspieligen Kriegen und Befestigungsbauten erstrebte er damit eine endgültige Befriedung. Ein letzter großer Aufstand von 1294 nötigte den König nochmals zu einem Kriegszug. Erst danach blieb Wales für über ein Jahrhundert friedlich. Im Jahre 1301 ernannte er seinen Sohn Edward, der im walisischen Carnarvon geboren war, zum Prinzen von Wales und söhnte mit dieser Geste die walisische Bevölkerung mit den neuen Herrschaftsverhältnissen einigermaßen aus. Die machtpolitische Sicherung und Befriedung von Wales war ein bleibender Erfolg Edwards.

Die zahlreichen Kriegszüge gegen Wales hatten die geringe Brauchbarkeit der alten Feudalheere erwiesen. Der Burgenbau, der Belagerungskrieg, die Erfordernisse eines ausgedehnten Pionierwesens für Verteidigungszwecke und die Erschließung der kaum durchdringbaren Wälder, vor allem aber die Vorteile der walisischen Bogenschützen im unwegsamen Gelände gegenüber den schwerbewaffneten Rittern verlangten eine Umstellung der Kriegsführung. In Wales waren Ritterschlachten in der alten Form von Zweikämpfen wenig angebracht; dagegen gestatteten Fußsoldaten, Schwärme von Bogenschützen und leicht bewaffnete Reiter eine größere Beweglichkeit und eine weiträumigere Planung des Feldzugs. Unter Edward wich der kleine englische Bogen dem walisischen Langbogen, der größere Durchschlagskraft und weiteren Schußbereich hatte, freilich auch eine langjährige, ununterbrochene Übung voraussetzte. Schon im folgenden Kriege gegen Schottland war der walisische Langbogen die wirksamste Waffe des englischen Fußvolks und blieb die nationale Hauptwaffe bis ins 16. Jahrhundert hinein, mit der die Engländer bei Crécy 1346, bei Poitiers 1356 und dann bei Azincourt 1415 die französische Ritterschaft auseinandertrieben.

Im Jahre 1290 entschloß sich Edward, erneut der höchsten Aufgabe eines christlichen Königs nachzukommen und das Kreuz zu nehmen. Im gleichen Jahr verjagte er unter dem Beifall der Bevölkerung die Juden von der Insel, die mit Wilhelm dem Eroberer ins Land gekommen und unter dem Schutz der Krone als Geldverleiher hochgekommen waren. Das Leihgeschäft ging in die Hände von Flamen und Italienern über, denen gegenüber Edward ein wesentlich schwierigeres Spiel hatte, das bis zur Verpfändung seiner sämtlichen Zollrechte getrieben wurde. Ohnehin konnte er seine Kreuzfahrt nicht beginnen. Einmal hielt ihn der Kummer über den Tod seiner Gattin Eleonore von Kastilien im November 1290 in England fest. Dann ereilten ihn auf dem Zuge vom Sterbeort Lincoln nach Westminster Nachrichten, daß die unmündige Königin von Schottland, die als Braut seines Sohnes Edward vorgesehen war, vor einiger Zeit auf den Orkneys gestorben war. Sogleich hatte die schottische Thronfolgefrage wilde Adelsrivalitäten hervorgerufen, deren nur die Autorität Edwards Herr werden konnte. Nach einer einsam verbrachten Weihnacht verzichtete der König auf seinen Kreuzzug und wandte sich nach Norden.

Schottland war für England ein ständiger Unruheherd, wenn das Land auch um das Jahr 1300 kaum mehr als 400000 Einwohner zählte, von denen die Hälfte in den Tälern des Tay, Forth und Clyde lebte. Die Bevölkerung war zudem ein buntes Gemisch aus keltischen, skandinavischen, irischen, normannischen und anderen Bestandteilen. Selbst die führenden Familien stammten zu einem guten Teil anderswoher wie etwa die Stuarts, die von der bretonischen Familie der Fitzallan abstammten und ihren Namen vom Amt des »Steward« (Hausmeier) von Schottland erhalten hatten. Die Familie Bruce aus Yorkshire war normannischen Ursprungs, und die Morays (Murray) kamen aus Flandern. Besonders König David I. (1124–1153) hatte viele normannische und englische Krieger wie die Bruce und Balliol nach Schottland eingeladen.

Das Land sah seit der Vereinigung der Pikten und Skoten unter Kenneth Macalpine im Jahre 844 in der keltischen Hauptstadt Scone seinen Mittelpunkt. Aber die Grenzen gegen England waren seit jeher unklar. Der Name Schottland galt für die Länder nördlich des Forth. Südlich davon lag Lothian, ein englisches Lehen und seit 1018 unter der schottischen Krone, dessen südliche Grenze ebenfalls unbestimmt war und etwa von Carlisle im Westen bis Berwick an der Ostküste reichte. Die Gebiete von Strathclyde und Galloway gelangten auf gleichem Wege unter die schottische Krone. Die Verlegung der königlichen Regierung nach Edinburgh bezeugte den wachsenden anglo-normannischen Einfluß. Seit langem leisteten die schottischen Könige dem englischen König Mannschaft für diese Lehensgebiete, obgleich gelegentlich die Ansicht vertreten wurde, daß die schottischen Könige nur Unterkönige der englischen Herrscher seien.

Im Jahre 1286 war der schottische König Alexander III. gestorben, nachdem er erfolgreich Einheit und Frieden im Lande geschaffen hatte. Mit ihm endete die goldene Zeit des feudalen mittelalterlichen Schottland. Seine dreijährige Enkelin Margarete, eine Tochter des Königs von Norwegen, galt als einzige Erbin. Sie wurde auf Wunsch des schottischen Regentschaftsrates von Norwegen geholt, starb aber unterwegs auf den Orkney-Inseln im September 1290, ohne das Land betreten zu haben. Kurz vorher war sie im Vertrag von Brigham (1290) zur Gattin des englischen Thronfolgers bestimmt worden. Ihr früher Tod zerstörte Edwards Pläne einer dynastischen Verbindung beider Länder. Das Ansehen Edwards war aber so groß, daß die zahlreichen Kronprätendenten übereinkamen, sich der Entscheidung des englischen Königs zu unterwerfen. Edward erreichte vorweg seine Anerkennung als Overlord über die schottischen Barone und entschied sich nach langem Zögern zwischen den meistberechtigten Prätendenten Robert Bruce und John Balliol, die beide von einem Bruder Wilhelms des Löwen, eines schottischen Königs des 12. Jahrhunderts, abstammten, für John Balliol, obgleich Bruce englischer Richter gewesen war, für Heinrich III. bei Lewes gekämpft hatte und den größeren Anhang besaß. Die Krönung John Balliols auf dem ehrwürdigen Stein von Scone am Andreastag 1292 fand infolgedessen wenig Anklang.

Immerhin war der Bürgerkrieg vermieden worden. Erst Edwards Anspruch auf seine Rechte als Overlord, so wie er sie verstand, erregte Widerstand. Edward leitete daraus nämlich ein Appellationsrecht von den schottischen Gerichten nach Westminster und außerdem seine Gerichtshoheit über den schottischen König ab. Als er angesichts eines Konflikts mit Frankreich schließlich von den Schotten feudale Ritterdienste forderte, stieß er auf stolze Ablehnung. Die Schotten verbanden sich sogar mit Frankreich und brachten erstmals jene schottisch-französische Kombination zustande, die für vier Jahrhunderte ihr wirksamstes

Mittel im Kampf gegen England wurde. In dieser Lage berief Edward sein »Model Parliament« von 1295. Im Frühjahr 1296 überschritt Edward die schottische Grenze, um zu demonstrieren, wer der eigentliche Herr war. Er setzte den widerspenstig gewordenen Balliol ab und betrachtete sich als König von Schottland. Zahlreiche Adlige huldigten ihm. Er rückte ohne sonderlichen Widerstand bis in die Hochlande vor und nahm auf dem Rückweg den Krönungsstein von Scone mit, den er in die Kapelle Edwards des Bekenners in Westminster, den symbolischen Mittelpunkt der englischen Krone, schaffen ließ. Danach setzte er nach Frankreich über.

Hier hatte König Philipp der Schöne (1285–1314) nach einem Seegefecht zwischen französischen und englischen Handelsschiffen vor der Bretagne den englischen König seines Lehens Aquitanien für verlustig erklärt. Edwards Expedition richtete trotz seines Bündnisses mit dem Grafen von Flandern wenig aus. Zudem erteilten die Schotten ihm 1297 ihre Antwort, als sie sich unter Führung des Ritters William Wallace erhoben. Wallace war ein »Laird«, d.h. ein kleiner Gutsbesitzer, dessen Aufruf an Bauern und Bürger sich auch gegen die eigenen anglo-normannischen Barone richtete. Die »Schiltrons« der Schotten, d.h. dichte, von Speeren starrende Massen Fußvolk, hielten den englischen Rittern stand. Sie schlugen sie bei Stirling zurück und verwüsteten die englischen Grenzgebiete. Nochmals mußte Edward in den Norden, diesmal kam er mit 12000 Mann, darunter 10000 Walisern und 2000 Reiter, die Hälfte von ihnen Söldner. Er schlug die Schotten 1298 bei Falkirk, brannte Perth und St. Andrews nieder und kehrte dann um. Aber er vermochte nicht, den ständigen Kleinkrieg gegen seine zurückgelassenen Amtsträger zu beenden.

In den Krieg mit Frankreich und Schottland mischte sich ein Streit mit der Kirche. Papst Bonifaz VIII. hatte in seiner Bulle Clericis Laicos von 1296 die Besteuerung der Kirche ohne päpstliche Zustimmung verboten; daraufhin verweigerte Winchelsey, der Erzbischof von Canterbury, die Steuerzahlungen an den König. Edward antwortete mit der Ächtung des gesamten Klerus, fand seine Hände aber durch eine gleichzeitige Magnatenopposition gebunden. Allerdings schlug Edward zum Glück aus, daß die flämischen Städte sich gegen Philipp den Schönen erhoben und die französische Ritterschaft bei Courtrai 1302 vernichteten. Gleichzeitig geriet Philipp in einen ernsten Konflikt mit Bonifaz VIII., der gegen die rigorose Behandlung des französischen Klerus eine Reihe von Bullen verkündete, die in der Bulle Unam Sanctam gipfelten, in der der Papst sich zum obersten Richter über die Könige (ratione peccati) steigerte. Philipps Antwort war die Schaffung der Generalstände und die Gefangennahme des Papstes, der kurz darauf starb. Der Konflikt Philipps mit den flämischen Städten und dem Papst führte 1303 zu einem Einvernehmen, das den Engländern die Gascogne als französisches Lehen zurückgab und das durch Heiratsabmachungen zwischen Edward und der Schwester Philipps, sowie des Prinzen von Wales mit dessen Tochter gestützt wurde. Der Konflikt mit der Kirche wurde durch den Gascogner Papst Clemens V., der seit 1309 in Avignon residierte, beigelegt. Clemens willigte in die Suspendierung von Winchelsey ein, erklärte die Zugeständnisse Edwards an seine aufsässigen Magnaten seit 1297 für null und nichtig und erhielt als Gegenleistung von Edward das Recht auf die Annaten der englischen Kirche.

Edward wandte sich nach dem Frieden mit Frankreich 1302 erneut gegen das schottische Hochland, konnte Wallace ergreifen und ließ ihn später (1305) hängen. Aber zur selben Zeit krönten die Schotten den jungen Robert Bruce zum König, der für die Engländer vogelfrei war, seit er dem englischen Regenten in der Kirche von Dumfries 1306 die Kehle durchstoßen hatte. Mit ihm übernahm ein Magnat die Führung, der den Freiheitskampf unentwegt fortführte. Im Jahre 1306 rückte Edward wiederum gegen Schottland vor, starb aber am 7. Juli 1307 bei Carlisle, bevor er die Grenze erreichte.

Seine letzten Jahre waren von inneren und äußeren Kämpfen erfüllt. Er hatte den Tod seiner Frau nicht verwinden können und verfiel in Mißstimmung und Bitterkeit, während eine schmerzende Krankheit seine Kräfte verzehrte. Seine rigorose Abgabenpolitik der letzten Jahre legte Hand an sein eigenes Werk, das ihn aber überdauerte. Der Glanz seiner Herrschaft verblich, zumal sein Sohn nichts von den Eigenschaften besaß, die seinen Vater groß gemacht hatten.

4. Das Favoritenregiment Edwards II. (1307–1327)

Edward II. war der dritte Sohn seines Vaters; er haßte Politik und Staatsgeschäfte und gab sich lieber sportlicher Bewegung wie Jagd, Schwimmen und Rudern, aber auch Theaterspiel und Handwerk hin. Der Ritter Piers Gaveston aus der Gascogne war sein geliebter Günstling, der von Edward I. des Landes verwiesen worden war und nach dessen Tod sogleich zurückgerufen wurde. Edwards Liebe zu seinem Freund war so stark, daß er ihr Staatsvernunft und -pflicht opferte. Er überhäufte ihn mit Ehren und zog ihn allen Magnaten des Landes vor. Er verlieh ihm ein Earldom und hohe Staatsämter, so daß von 1307 bis 1312 sich der Konflikt mit den Baronen auf Gavestons Person konzentrierte. Edward war zu Zugeständnissen bereit, wenn nur sein Favorit bleiben konnte, der sich als Lord Lieutenant von Irland und dann in einem Kriegszug gegen Schottland bewährt hatte. Die Geldnot veranlaßte ihn, ein Parlament einzuberufen. Hier präsentierten ihm die Barone ihre »Ordinances« (Forderungen), worin das Favoritentum als Verstoß gegen die Interessen des Landes bezeichnet wurde, ferner der Krieg gegen Schottland, der Verkauf von Kronland und die Verschuldung bei fremden Finanzleuten angegriffen wurden. Dahinter stand der Kampf gegen die Behörden des Haushalts wie Wardrobe und Chamber (Ausrüstungs- und Finanzbehörde) sowie die Verordnungen unter dem Privy Seal, die die Staatsämter wie Schatzmeister, Exchequer und Kanzler einengten und sich ihrer Kontrolle entzogen. Künftig solle der König mit seinen wahren und »natural councellors«, nämlich den großen Baronen seines Landes, regieren, ungesetzliche Besteuerung unterlassen, keinen Krieg ohne ihre Zustimmung führen, seine Minister nach ihrem Rat wählen und die Gesetze des Königreichs halten. Ein Rat von 21 »Lords Ordainers« wurde ihm aufgezwungen. Edward stimmte seiner Entmündigung unter der Bedingung zu, daß Gaveston freies Geleit ins Ausland zugesichert erhielt.

Er dachte freilich nicht daran, die baronialen Forderungen zu erfüllen. Er ließ Gaveston verschwinden und traf nach einiger Zeit wieder mit ihm zusammen. Das war eine offene Provokation. Der Erzbischof von Canterbury exkommunizierte den landfremden Abenteurer, der sich inzwischen mit seinem König in den Norden begeben hatte. Bei Scarborough fiel Gaveston in die Hände der »Ordainers«, denen er sich gegen ein Sicherheitsversprechen ergab. Aber der Earl von Warwick bemächtigte sich des Gefangenen, der unter dem Vorsitz von Thomas von Lancaster, dem mächtigen Vetter des Königs, von mehreren Magnaten zum Tode verurteilt und sogleich hingerichtet wurde. Edward war gegen diese Lynchjustiz ohnmächtig; seine Trauer hellte sich kaum durch die Geburt seines Sohnes Edward auf, den seine Gattin Isabella, die Tochter Philipps des Schönen, ihm im November 1312 schenkte. Die Partei der Ordainers zerbrach wegen jener Untat. Führer des gemäßigten Flügels wurde Aymer de Valence, Earl von Pembroke, der die »Ordinances« im Einvernehmen mit Edward durchzusetzen suchte.

Angesichts der bedrohlichen Kriegslage in Schottland brachte Pembroke eine äußerliche Versöhnung mit wechselseitigen Entschuldigungen zustande. Nur Thomas von Lancaster, durch Erbgang und Heirat der mächtigste Mann unter den Magnaten, hielt sich fern und verweigerte jede Hilfe, obgleich sich nur noch eine kleine bedrängte Streitmacht gegen den siegreichen Robert Bruce im Stirling Castle hielt, einem wichtigen strategischen Punkt, der von einem steilen Felsen aus die Straße in das Hochland beherrschte. Edward sammelte indessen mit ungewöhnlicher Energie ein Heer und überschritt im Juni 1314 die Nordgrenze. Aber bei Bannockburn vernichteten die »Schiltrons« der Schotten seine Streitmacht, die ihre Formationen der Reiter und Bogenschützen nicht zu entwickeln vermochte. Edward mußte sich vor seinen Verfolgern auf ein Schiff retten, das ihn nach Berwick zurückbrachte. Bannockburn war die größte Niederlage eines englischen Heeres seit der Schlacht bei Hastings und sicherte für die folgenden Jahrhunderte die Unabhängigkeit Schottlands. Bald danach drangen die Schotten sogar in Nordirland (Ulster) ein. Der englische Einfluß wurde hier auf den »Pale« von Dublin zusammengedrängt, der sich wie eine englische Insel im fremden Land behautpete. Der hier sich entzündende Grenzkrieg kam für mehr als zwei Jahrhunderte nicht zur Ruhe und warf das Land in Armut und Gesetzlosigkeit zurück.

Der geschlagene König stimmte erneut den »Ordinances« der

Barone zu, überließ sich eine Zeit lang (1318–1321) der Führung des gemäßigten Earl von Pembroke, verfiel jedoch bald dem Einfluß der beiden Hugh Despenser, Vater und Sohn, deren Gier nach Land und Titeln neuen Groll weckte. Besonders der jüngere Despenser wußte sich als Chamberlain des königlichen Haushalts Einfluß auf alle Ernennungen zu sichern und durch Einheirat in die Familie des bei Bannockburn gefallenen Clare, Earl von Gloucester, eine Machtgrundlage in den fast unabhängigen Marken des Westens zu schaffen. Dies versetzte die benachbarten Grundherren in höchste Erregung, zumal die Despensers unverhüllt ein Earldom erstrebten und große Teile von Wales in ihre Hand brachten. Selbst das Parlament stellte sich gegen die Despensers. Thomas v. Lancaster wiegelte den Norden auf und hielt seine Stunde für gekommen. Aber er hatte zuviele Feinde, mit deren Hilfe Edward im März 1322 den Mörder seines Freundes bei Boroughbridge in Yorkshire schlug; gleich danach ließ er ihn ohne Verfahren hinrichten. Die überhastete Rache an seinem Vetter und einigen anderen Magnaten erregte allgemeinen Widerwillen, und wenige Wochen später wurde Thomas von der Bevölkerung als Märtyrer und Schützer der Freiheit von Kirche und Land verehrt. Immerhin war mit dem Tode des Hauptgegners die Sache der »Lords Ordainers« entscheidend geschwächt. Das Parlament von York 1322 widerrief die »Ordinances« und legte fest, daß wichtige Beschlüsse stets der königlichen Einwilligung bedurften. Ohnehin war die alte Favoritenwirtschaft vorläufig nicht möglich, da die hohen Amtsträger wie Kanzler, Schatzmeister und Exchequer mitbestimmten und den Haushalt der Krone in Schranken hielten.

Nach dem Tode Pembrokes 1324 neigte Edward wieder seinem alten Günstlingsregiment zu. Inzwischen tat sich aber eine Gefahr auf, an der Edward schließlich zugrunde ging. Die Königin Isabella begab sich im Jahre 1325 mit ihrem dreizehnjährigen Sohn nach Frankreich. Der Prinz sollte dort als künftiger Thronfolger dem französischen König für seine festländischen Lehen Mannschaft leisten. Isabella hatte jedoch einen wachsenden Haß gegen ihren Mann und dessen unwürdiges Favoritenwesen genährt und beteiligte sich an verschwörerischen Umtrieben. Sie ließ sich in ein Liebesverhältnis mit Roger Mortimer ein, der einer jener Grundherren in den walisischen Grenzmarken war, die in den Despensers ihre Todfeinde sahen. Im September 1326 landeten die Königin und ihr Liebhaber in Suffolk; sie riefen zum Kampf gegen die verhaßten Despensers auf. Magnaten und Ritter strömten ihnen zu; in London erhob sich die Bevölkerung in ihrem Namen, verlangte die Absetzung des Königs und erschlug alle erreichbaren vermeintlichen Freunde und Anhänger der Favoriten. Edward floh in den Westen; die Despensers wurden ergriffen und gehängt. Die Aufständischen erklärten den König für abgesetzt. Selbst in dem von Isabella und Mortimer beherrschten Parlament von 1327 wagte sich keine Gegenstimme zu erheben. Es erklärte Edward für regierungsunfähig und nötigte ihn, zugunsten seines Sohnes zu resignieren.

Edward wurde in Kenilworth gefangen gesetzt, dann nach einem mißlungenen Befreiungsversuch in ein Verließ bei Berkeley gesteckt. Hier wurde er höchstwahrscheinlich umgebracht. Die Benediktiner von Gloucester übernahmen seine Leiche und errichteten aus Pilgergaben ein Grabmal mit Chor, wo er nachträglich eine Verehrung genoß, die er im Leben weder erfahren noch verdient hatte. Diese erfolgreiche Revolte richtete sich weniger gegen eine bestimmte Politik als gegen die unwürdige Günstlingswirtschaft. Sie brachte Roger Mortimer eine Schlüsselstellung, die er durch einen unrühmlichen Lehnsvertrag mit Frankreich absicherte, der den Lehnsbesitz der englischen Krone auf Aquitanien reduzierte. Kaum weniger unrühmlich war der Vertrag von Northampton 1328 mit Schottland, in welchem England die Unabhängigkeit Schottlands anerkannte und ein Heiratsabkommen zwischen dem fünfjährigen David, dem Sohn von Robert Bruce, und einer englischen Prinzessin geschlossen wurde. Ein Jahr darauf starb Robert Bruce als anerkannter König seines Landes. Die beiden Verträge stellten nach langer Zeit den Frieden wieder her, retteten Mortimer aber nicht vor seinem baldigen Untergang, ebensowenig wie seine erfolgreiche Hausmacht- und Heiratspolitik dies vermochte.

5. Glanz und Elend Edwards III. (1327–1377)

Edward III. kam als Fünfzehnjähriger auf den Thron; für ihn übte Roger Mortimer, der Liebhaber seiner Mutter, der in den Augen vieler Zeitgenossen auch der Mörder seines Vaters war, die Macht in England aus. Drei Jahre darauf verschworen sich Magnatengruppen mit dem jungen König, ergriffen Mortimer in Nottingham Castle und hielten über ihn mit aller Strenge des Gesetzes und unberührt vom Flehen Isabellas Gericht. Mortimer wurde nach grausamen Torturen in Tyburn als Hochverräter gehängt. Die Königin entging nur aufgrund ihres königlichen Geblüts dem gleichen Schicksal; die »Wölfin aus Frankreich« mußte sich mit einer Jahrespension zurückziehen und starb 1339 im Franziskanerinnen-Habit.

Edward III. war aus anderem Holz geschnitzt als sein weichlicher Vater. Von Anfang an war er entschlossen, das unwürdige Regiment seines Vaters vergessen zu machen, die schmählichen Verträge Roger Mortimers mit Frankreich und Schottland zu annullieren und den ritterlichen Idealen seiner Zeit entsprechend ein wirklicher König zu sein. In den ersten Jahren seiner Herrschaft erhielt sich die Harmonie zwischen der alten Gruppe der Lancaster-Ordainers und der königlichen Seite. Schottland, das nach dem Tode von Robert Bruce führerlos war, wurde in Lehnsabhängigkeit gebracht und der minderjährige König David nach Frankreich geschickt, wo er bis 1341 blieb. Erst der Krieg Edwards mit Frankreich gab Schottland wieder Gelegenheit zur Gegenwehr.

Edward hatte sich bis 1337 mit einer defensiven Politik gegenüber Frankreich begnügt. Seit dem Verlust der Normandie 1204 hatten die Reibereien und Konflikte nicht aufgehört, ohne daß sich daraus ein Krieg großen Stils entwickelt hätte. Die englischen Lehensgebiete waren mit der Zeit auf Aquitanien (Guyenne) reduziert worden, das als Erbe der Eleonore von Poitou bereits Heinrich II. zugefallen und im Vertrag von Paris 1259 nochmals dem englischen König als französisches Lehen zugesprochen worden war. Nichtsdestoweniger hatten die französischen Könige durch ständige Prozesse und Revindikationen auch dieses Gebiet eingeengt und im Bunde mit den aufständischen Schotten die englische Machtstellung im Westen Frankreichs zu schwächen gesucht. Andererseits waren die englischen Plantagenets seit der Heirat Edwards II. mit Isabella, der Tochter Philipps des Schönen, mit den Capetingern verwandtschaftlich verbunden.

Als nun 1328 die seit vier Jahrhunderten herrschende Capetinger-Dynastie mit dem Tode Karls IV., des dritten Sohnes Philipps des Schönen, ohne männlichen Erben war, erachteten viele Edward III., den Neffen Karls IV. und Enkel Philipps des Schönen, als den gegebenen Nachfolger. Dagegen plädierten französische Rechtslehrer, daß nach dem geltenden salischen Erbrecht die Krone nicht über eine weibliche Linie vererbt werden könne. Ihrer Auslegung zufolge ging die französische Königskrone an den Onkel Karls, Philipp von Valois, über. Er wurde dann auch als Philipp VI. (1328–1350) gekrönt. Edward III. leistete ihm Mannschaft und erhob dabei keinen Anspruch auf den französischen Thron. Erst als die Franzosen Aquitanien bis auf einen schmalen Küstenstreifen besetzten und die Rückgabe von einer Geldzahlung abhängig machten, entschloß sich Edward, sein Thronfolgerecht ins Spiel zu bringen. Er kündigte den Lehnseid auf und sammelte gleichzeitig Bundesgenossen im Norden Frankreichs.

Damit begann im Jahre 1337 das Vorspiel zum Hundertjährigen Krieg (1339–1453), und zwar mit Bündnisfühlern, Demonstrationen, Eventualvollmachten und hochtönenden Titelannahmen. Im Sommer 1337 setzte Edward zu den Niederlanden über und verband sich mit den Fürsten am Niederrhein; im Oktober überbrachte der Bischof von Lincoln in seinem Auftrage die Absage an den französischen König. Kaiser Ludwig der Bayer (1314–1347) ernannte Edward im September zum Vikar des Reiches, um den Reichsfürsten eine Rechtsgrundlage für ihre Parteinahme zugunsten Edwards zu schaffen. Damit hatte erstmals ein fremder Herrscher die Befugnis, stellvertretend für das Reichsoberhaupt Gehorsam zu verlangen. Für Edward war die neue Würde ein willkommener Rückhalt für sein englisch-niederrheinisches Bündnis- und Subsidiensystem. Die um ihren Wollhandel besorgten flandrischen Kaufleute unter Führung Jakobs von Artevelde versprachen ebenfalls Hilfe in Geld und

Schiffen. Edward bot ihnen dafür ein Woll-Stapelrecht in Brügge und einen freien englischen Markt für ihre Tuche an. Auf ihr Drängen nahm er nach den ersten Kampfhandlungen (1339) den Titel eines Königs von Frankreich (1340) an und ließ als Symbol seines Thronanspruchs in sein Wappen die Lilien einfügen, die erst wieder im Jahre 1802 daraus entfernt wurden.

Aber es blieb bei wechselseitigen Versprechungen und Truppendemonstrationen. Als Edward 1340 nach England zurückkehrte, mußte er seine Familie als Pfand für seine Kreditgeber in den Niederlanden lassen. Er berief sogleich ein Parlament, das ihn von seinen Finanzsorgen befreien sollte. Aber das Parlament zeigte sich störrisch und weigerte sich, die vom König verfügte Erhöhung der Wollsteuer hinzunehmen. Selbst Edwards glänzender Seesieg bei Sluys vor der flandrischen Küste (1340) änderte daran nichts. Grund des Widerstandes waren die enormen Geldforderungen Edwards seit 1337 an Grafschaften, Städte und Klerus sowie seine Anleihen und Verpfändungen, die so weit gingen, daß zwischen der Regentschaft in London und dem königlichen Rat in Antwerpen offener Streit ausbrach. Wie sein Großvater benutzte Edward seinen Haushalt als Kriegsbehörde, wo unter dem Privy Seal seine Verordnungen in Kraft traten. Jetzt aber zeigte sich erstmals das Gewicht des Parlaments, als Edward seinen bisherigen Minister Erzbischof Stratford durch eine Sonderkommission aburteilen und dabei das Parlament übergehen wollte. Lords und Commons griffen die Verwalter des Haushalts an und verlangten, daß alle Minister vom Parlament bestätigt und ihm verantwortlich sein sollten; ferner sollten auch Kriegssteuern der parlamentarischen Prüfung unterliegen. Erst als Edward die Magna Charta feierlich bestätigte und seinen guten Willen erklärte, fanden sich Lords und Commons bereit, den König aus seinen ärgsten Finanzsorgen zu erlösen. Das Parlament beschloß gegen Gewährung eines dreijährigen Sonderzolls auf Wolle ein Statut, das Steuern ohne parlamentarische Zustimmung verbot, den Klerus schützte und die Requisitionen (purveyances) einschränkte. Obgleich Edward das Statut widerrief, sicherte sich das Parlament damit eine bessere Kontrolle der Steuern einschließlich des Wollhandels. Edward hatte trotz nachträglichen Widerrufs sich dem Parlament beugen müssen und regierte die nächsten 20 Jahre mit den Magnaten und Bischöfen als Ratgebern und Amtsträgern. Angesichts seiner Schwierigkeiten schloß Edward schon 1340 und 1341 Waffenstillstände mit Philipp VI.

Erst Philipps Bruch des Waffenstillstandes veranlaßte Edward, 1345 englische Expeditionen in die Gascogne und Bretagne zu entsenden, selbst 1346 mit einer Streitmacht von 12000 Mann in der Normandie zu landen und bis zur Somme vorzudringen. Ein großes französisches Heer von etwa 30000 Mann erwartete ihn, das bereits seine flämischen Bundesgenossen nach Norden zurückgetrieben hatte. Die erschöpfte englische Armee bezog Stellung vor dem Wald von Crécy-en-Ponthieu, wo sie sogleich von den ungeduldigen französischen Rittern angegriffen wurde. Ihr Angriff zerschellte jedoch an den englischen Langbogenschützen, die die dichten Wellen der Reiter vernichteten. In wenigen Stunden errang Edward den größten Sieg, den die Engländer jemals auf dem europäischen Festland errungen hatten. 1500 französische Ritter fanden den Tod, darunter Alençon, der Bruder des Königs, der Graf von Flandern, der Herzog von Lothringen und der blinde König Johann von Böhmen.

Nach wenigen Tagen stand Edward vor Calais, wo er erfuhr, daß auch das aufsässige Schottland bei Neville's Cross besiegt und dessen zurückgekehrter junger König David gefangengenommen worden war. Vor Jahresfrist fiel auch Calais, das für mehr als zwei Jahrhunderte (bis 1558) in englischer Hand bleiben sollte. Gleichzeitig gewann Heinrich von Lancaster die Gascogne zurück (1345–47) und drang bis Poitou vor, während Bohun, Earl von Northampton, die Bretagne eroberte (1345 bis 1347). Zum erstenmal sah das Land im Siegeslauf seiner Truppen eine nationale Sache. Das Parlament votierte mehrmals neue Steuern; die Sheriffs hoben neue Truppen aus, die zu den Söldnern und den vertraglich von Baronen und Rittern gegen Sold gestellten Kriegern traten.

Mit Crécy und Calais war Edward der Held seines Volkes geworden. Am St. Georgstag 1348 stiftete er auf Schloß Windsor den Hosenbandorden (Order of the Garter), der König und 25 Ritter nach dem Vorbild der Tafelrunde des Königs Artus in lebenslanger Treue und Freundschaft aneinander binden sollte.

Bei Crécy hatte der Sohn Edwards, der schwarze Prinz, seine Feuertaufe erhalten und seine hervorragende militärische Begabung gezeigt. Ein neues Feld des Ruhmes und des Gewinns tat sich den Engländern auf. Es bildeten sich »freie Kompanien« von Abenteurern und Profitjägern, die vom Reichtum Frankreichs gelockt wurden. Eine Welle nationalen Hochgefühls ging durch das Land und machte den Krieg, der als Feudalkrieg zwischen Plantagenet und Valois begonnen hatte, zu einer nationalen Sache.

Kurz danach zerschlug ein Naturereignis, gegen das alle Politik machtlos war, die Herrlichkeit des Sieges. In den Küstenstädten von Dorset stieg der »schwarze Tod« ans Land. Er war über die Handelsstraßen von Asien nach Europa gelangt und verbreitete sich mit Windeseile in den engen und ungesunden Städten. Die Epidemie erreichte im November 1348 London und im folgenden Jahr den Norden. Bis 1350 hatte sie etwa ein Fünftel der Bevölkerung getötet. Sie trat in neuen Wellen 1361 und späterhin auf, so daß am Ende des 14. Jahrhunderts die Bevölkerung um fast die Hälfte gegenüber den Tagen von Crécy zurückgegangen war. Ganze Dörfer wurden entvölkert; besonders hohe Verluste hatte die Geistlichkeit, die die Sterbesakramente austeilen mußte. Inmitten dieser Katastrophe blieb kaum bemerkt, daß Edward den Krieg mit Frankreich abgebrochen hatte.

Was übrig blieb, war ein Haß zwischen beiden Völkern. Edward selbst kämpfte lediglich um seinen Rechtsanspruch, und auch die französischen Ritter stritten gegen Plantagenet und nicht gegen die Engländer. Aber das Kriegsvolk sah es anders und empfand die unterschiedliche Kampfesweise als Ausdruck einer Wesensfremdheit der Völker. Bis an sein Ende blieb der Krieg eine nationale Sache, an der sich ein Bewußtsein der nationalen Eigen- und Höherwertigkeit entwickelte. Während Edward und seine Magnaten noch lieber französisch als englisch sprachen, bedienten sich Dichtung, Predigt und Legende zunehmend der englischen Sprache und nahmen ihre Beispiele aus dem englischen Volksleben. Der lange Krieg beschleunigte das Absterben des anglo-normannischen Französisch, wenn auch die Gebildeten längere Zeit noch Französisch bevorzugten und französische oder lateinische Bücher lasen. Edward selbst sprach das Parlament englisch an; ein Statut von 1362 befahl, daß vor den Gerichten ebenfalls englisch gesprochen werden sollte. Immerhin hielt sich die französische Juristensprache (Lawyers' French) noch über Jahrhunderte, obwohl der Kanzler seine Records in englisch abfassen ließ. Aber die englische Sprache hatte ihre literarische Dignität erreicht, die in William Langland und schließlich in Geoffrey Chaucer (1340–1400) ihren ersten Höhepunkt erreichte. Der Hang zur nationalen Abschirmung kam auch in dem Statut de praemunire von 1353 zum Ausdruck, das alle außer Gesetz stellte, die sich an landfremde Gerichtshöfe wandten oder solche als verbindlich für ihr Land ansahen. Freilich war dieses Statut ebenso wie das »Statute of Provisors« von 1351, das dem Papst das Recht auf Pfründenverleihung bestritt, gegen den Papst gerichtet, der auf der französischen Seite stand; aber es fügte sich dem nationalen Anliegen ein.

Im Jahre 1355 nahm Edward, der schwarze Prinz, die Kriegshandlungen wieder auf. Als Lieutenant der Gascogne rückte er 1356 mit Heeresmacht in Aquitanien ein, verband sich mit Karl dem Bösen, König von Navarra, der ebenfalls den französischen Thron beanspruchte, und zog plündernd über die Loire. Bei Maupertuis unweit von Poitiers stieß er unerwartet auf ein starkes französisches Ritterheer, das König Johann der Gute (1350 bis 1364) herangeführt hatte. Angesichts dieser Überlegenheit wagte Edward keinen Kampf; aber die französischen Ritter ließen ihm keine Zeit und griffen sofort, und zwar diesmal abgesessen, die Engländer an. Wiederum unterlagen sie dem tödlichen Pfeilhagel der Langbogenschützen. Am Abend des Kampftages tafelte Johann der Gute als Gefangener bei Prinz Edward.

Edward III. behandelte Johann als legitimen König; entsprechend verlangte er ein königliches Lösegeld. Ihm fehlten die Hilfsquellen, um den neuen Triumph politisch voll auswerten zu können, obgleich das Glück ihm zur Seite stand. Denn der König von Navarra setzte den Kampf fort, in Paris brach 1357/58 eine Revolte aus, und ein furchtbarer Bauernaufstand (Jacquerie) nahm alle Abwehrkräfte in Anspruch. Nach einem Zug bis vor die Tore von Paris (1359/60) begnügte sich Edward mit dem Vorfrieden von Brétigny bei Chartres und dem Frieden von

Calais 1360, mit welchem das Herzogtum Aquitanien vergrößert und die Oberlehnsherrschaft der französischen Krone abgeschafft wurde. Calais und einige Nachbargebiete blieben in englischer Hand. Das Lösegeld für Johann den Guten wurde auf eine halbe Million Pfund festgesetzt. Dafür verzichtete Edward auf seinen Thronanspruch. Immerhin war er jetzt der berühmteste Kriegsherr in Europa, der in seinem Königreich Magnaten und Volk hinter sich und die zwei Könige von Schottland und Frankreich in seiner Gewalt hatte. König David Bruce bestimmte Edward und dessen Söhne als seine Nachfolger, da das geforderte Lösegeld in Höhe von 100000 Mark von Schottland nicht aufzubringen war. Jedoch nahm ihm die von Robert Stewart angeführte schottische Opposition jede Entscheidungsmacht. Als David 1371 starb, bestieg sein Gegner den schottischen Thron, der nunmehr in der Hand der Stewart-Dynastie verblieb.

Im Jahre 1362 übergab Edward III. dem schwarzen Prinzen die Herzogsgewalt über Aquitanien, der hier als oberster Landesherr ein üppiges Hofleben entfaltete und in einem Feldzug über die Pyrenäen gegen einen kastilischen Thronprätendenten seinen letzten großen Sieg bei Najera 1367 errang. Unter den Lasten der Hofhaltung, Verwaltung und Kriegspolitik riefen die Aquitanier nach ihrem ehemaligen französischen Oberlehnsherrn. Schlimmer war, daß sich Edward in Spanien ein schleichendes Fieber geholt hatte, das ihn aufs Krankenbett warf und 1371 zur Rückkehr nach England zwang. Damit schied der Mann aus, der die englische Machtstellung bisher behauptet hatte. Seit dem Tode Johanns des Guten 1364, der wegen des ausbleibenden Lösegeldes freiwillig in englischer Gefangenschaft geblieben war, bliesen die Franzosen erneut zum Angriff. Karl V. der Weise (1364–1380) fand in dem bretonischen Ritter Bertrand de Guesclin einen hervorragenden Feldherrn, der Karl von Navarra 1364 besiegte, dann in Kastilien Heinrich von Trastamara zum Thron verhalf und Aquitanien auf seinen früheren Umfang reduzierte. Er schränkte die englischen Besitzungen in Frankreich schließlich auf Calais, Bordeaux, Bayonne und einige feste Plätze ein. 1373 verloren die Engländer die Kontrolle über die Bretagne. Der Verfall ihrer Macht erstreckte sich auf alle Gegenden; der Waffenstillstand von 1375 besiegelte den französischen Waffenerfolg, der alle bisherigen Entscheidungen auslöschte.

Schon seit 1360 hatte Edward III. den Höhepunkt seiner Macht überschritten. Offenbar unter dem Eindruck der neuen Pestwelle von 1362 schwand seine politische Tatkraft spürbar dahin; auch die physische Kraft des fast Fünfzigjährigen nahm schnell ab. Der Kräfteverfall des alternden Königs und das Siechtum des schwarzen Prinzen waren neben der Pest Gründe für den schnellen Zusammensturz der englischen Macht. Edward geriet zudem unter den Einfluß der habgierigen Gesundbeterin Alice Perrers und überließ die Regierung einer Gruppe von Klerikern unter William von Wykeham, seit 1367 Bischof von Winchester. Die Magnaten beseitigten schon 1371 das Bischofsregiment, während der König in den Armen seiner Mätresse sich von den Staatsgeschäften fernhielt und Prinz Edward in Kennington dahinsiechte, wo er 1376 starb.

Die Macht fiel dem dreißigjährigen zweiten Sohn Edwards III., John von Gaunt (Gent), zu, der 1340 in Gent geboren war und 1359 Blanche, die reiche Erbin des Herzogtums Lancaster, geheiratet hatte. John beherrschte den Rat, ohne selbst nach der Krone zu streben. Er brachte 1375 jenen Waffenstillstand mit Frankreich zustande, sehr zum Mißvergnügen der Barone, die selbst aus unglücklichen Kriegsläuften Gewinn zu ziehen gedachten. Das Parlament von 1376, das sogenannte »Gute Parlament«, war über Kriegskosten und Finanzlasten so erbittert, daß John von Gaunt die Gefangensetzung seiner Minister und die Einrichtung eines Kontrollkomitees für die Finanzen hinnehmen mußte. Als Edward III. 1377 starb, lag John im Streit mit London und mit William von Wykeham. Er erhob sich über den Streit und arbeitete sogleich entschlossen auf die Thronfolge Richards II. hin, des Sohnes des schwarzen Prinzen, in dessen Zeichen er die öffentliche Versöhnung der streitenden Gruppen und die feierliche Krönung Richards vollbrachte.

Edwards III. Regierung stand unter dem Druck des Krieges mit Frankreich, der den König anfangs populär machte und ein englisches Nationalgefühl weckte. Die Magnaten nutzten die Notlage zur Sicherung ihrer Privilegien aus; und der ständige

Finanzbedarf brachte die Commons endgültig ins Spiel. Die Armee wurde vorwiegend durch individuelle Verträge zwischen Adel und König (indentures) gebildet, woraus sich der Feudalismus in ein eigentümliches Militär- und Finanzsystem, den Bastardfeudalismus (vgl. S. 145ff.), umzuwandeln begann. Zunehmend verlor das Heer seinen feudalen Charakter und rekrutierte sich aus Konskribierten und Berufssoldaten. Zu den Folgen des Krieges trat der schwarze Tod, der die Bevölkerungszusammenhänge auflöste und mehr noch als der Krieg die alten Arbeits- und Abhängigkeitsverhältnisse in Frage stellte. Krieg und Pest wirkten gemeinsam auf eine Veränderung hin, die nicht nur die Handels-, Markt- und Finanzbeziehungen berührte, sondern die gesellschaftlichen Zusammenhänge in Stadt und Land auf eine andere Grundlage stellte (vgl. S. 140ff., 151ff.).

6. Der letzte Plantagenet Richard II. (1377–1399)

Die glanzvolle Krönung des zehnjährigen Richard in London betonte im Zeremoniell mehr als bisher das Charisma des Königtums, das nicht vom Volk, sondern von Gott nach Erbrecht bestimmt sei. Nach dem unrühmlichen Ausgang der Regierung Edwards und dem leidigen Streit der Adelsfaktionen gab der junge König dem Land neue Hoffnung. Niemand ahnte, daß ein Jahrhundert der Selbstzerfleischung bevorstand. In der Tat war die erste öffentliche Handlung Richards ein großartiges Zeugnis königlichen Mutes. Sie griff in die größte soziale Krisis Englands im Mittelalter ein, die vier Jahre nach der Krönung das Land überkam und es an den Rand des Chaos und der Anarchie brachte, die Bauernrevolte von 1381. In ihr kam eine soziale Umwälzung zum Ausdruck (vgl. S. 153), die durch den anhaltenden Krieg, die Pestwellen und die wirtschaftlichen Veränderungen hervorgerufen war und durch die gesetzlichen Lohnbeschränkungen, den verschärften Arbeitszwang, die unmenschlichen Strafen und schließlich durch die Kopfsteuer (Poll Tax) von 1381 veranlaßt war, die jedem männlichen Erwachsenen die Zahlung von einem Schilling auferlegte. Die drakonischen Arbeitsgesetze bedeuteten für die Bauern eine Rückkehr zur hörigen Dienstpflicht. Ihr Zorn richtete sich gegen den Fortbestand der feudal-grundherrlichen Bindungen. Die Predigten John Balls, des »tollen Predigers von Kent«, gaben ihrem Verlangen eine Art religiöser Begründung. Zum erstenmal verkündete Ball in England die Parole von Menschenrecht und Gleichheit aller und fand in den Bauern und Landarbeitern begeisterte Zuhörer. Seit 1360 hatte Ball trotz Interdikt und Gefängnis das ganze Dienstsystem angegriffen. Der angesammelte Zündstoff entlud sich anläßlich der Kopfsteuer, die sich auf jene Schicht erstreckte, die bisher von allgemeinen Abgaben befreit gewesen war.

Der Aufstand brach bei den wohlhabenden Bauern aus, die nicht gegen Armut, sondern gegen die Abgaben und Frondienste ankämpften, die grundherrlichen Beamten mordeten und die Urkunden und Abgabenlisten vernichteten. Am 31. Mai erhoben sich die Bauern und Fischer von Essex gegen die Steuerkollektoren. Drei Tage später folgten die Unruhen in Kent und in London. Die Empörung breitete sich über Norfolk, Suffolk, Hertfordshire, dann über Middlesex, Sussex und Surrey bis nach Devon aus. Die Bauern von Kent wählten am 7. Juni Wat Tyler, einen entlassenen Soldaten, zu ihrem Führer. Canterbury öffnete den Aufständischen die Tore. John Ball wurde in Maidstone aus seinem Gefängnis befreit. Am 13. Juni hielt er in Blackheath seine berühmte Rede über den Text: »Als Adam grub und Eva spann, wo war denn da der Edelmann?«

Mordend und brennend zogen die Aufständischen gegen London, wo die Fischhändler und kleinen Handwerker mit ihnen sympathisierten. Einige unzufriedene Aldermen öffneten den Rebellen die Tore, die nach den »Verrätern« in der Umgebung des Königs suchten, den neuen Savoy-Palast des John von Gaunt in Brand steckten, die Gefängnisse öffneten, das neue Rechtskollegium im Temple zerstörten und sich dann um den Tower lagerten. Die wegen der Anfechtung ihres Monopols gekränkten Fischhändler und die von der Konkurrenz der angesiedelten Flamen geplagten Handwerker leisteten ihnen offenbar Schützenhilfe.

In dieser Lage bewies der junge Richard ungewöhnliche Beherztheit und verhandelte mit den Aufständischen, denen er Freibriefe, Amnestie und Untersuchung ihrer Beschwerden zusicherte. Indessen suchte Tyler nach dem Erzbischof Sudbury und dem verhaßten Schatzsekretär Hales, der die Kopfsteuer ausgeschrieben hatte. Er drang mit einer Schar in den Tower ein und verließ ihn erst, nachdem seine Leute des Erzbischofs und des Schatzsekretärs habhaft geworden waren und beide enthauptet hatten. Danach fanden die Aufrührer in den Flamen und anderen Fremden willkommene Opfer, während Richard in Unkenntnis dieser Vorgänge vor der Paulskirche Freibriefe und Emanzipationsurkunden ausschrieb. Am nächsten Morgen trat der König in Smithfield Wat Tyler entgegen, hinter dem immer noch 30000 Mann standen. Nach einem hitzigen Wortgefecht bedrohte Wat Tyler den König und wurde vom Lord Mayor William Walworth erstochen. Die Menge legte auf das königliche Gefolge an, als Richard vorritt und an sie als ihr König appellierte. Seine kühnen Worte hatten Erfolg, zumal die Menge die üblen Ratgeber und nicht den König selbst als Feinde betrachteten. Der König gab auch ihnen Amnestie- und Freibriefe und bewegte die Menge zur Rückkehr in ihre Heimat. Damit war die Krisis in London beigelegt. Der Aufstand flakkerte noch weiter, wurde aber nach einigen blutigen Gefechten niedergeschlagen. Viele Rädelsführer wurden gehängt; das Parlament erklärte die Zusagen Richards für null und nichtig, da der König nicht ohne ihre Zustimmung in ihr Eigentum, d.h. in die Leibeigenschaft, eingreifen dürfe. Die Vergeltungsmaßnahmen waren vergleichsweise milde; trotz des Sieges der Regierung ging das gutsherrlich-bäuerliche Verhältnis seinem Ende entgegen. Es wich zunehmend der Form der Verpachtung. Richard aber hatte bewiesen, daß er ein wirklicher König sein konnte.

Maßgebender Ratgeber Richards war immer noch John von Gaunt, der nach der Großjährigkeit des Königs in Spanien weilte (1386–1389), wo er als Gatte einer kastilischen Prinzessin in zweiter Ehe die Krone Kastiliens erstrebte und immerhin die Kronen von Kastilien und Portugal für seine Töchter erreichte. Sein Weggang gab dem Konflikt zwischen Krone und Opposition freie Bahn. Richard ignorierte die Barone und zog ausschließlich vertraute Freunde in seine Nähe, was die Magnaten veranlaßte, vor dem Parlament die Vertrauten des Königs des Verrats und des Unvermögens anzuklagen. Sie setzten ein Kontrollkomitee ein. Richard entließ das Parlament, mußte aber nach kriegerischen Verwicklungen ein neues Parlament berufen, das »Merciless Parliament« von 1388. Hier erreichten die Lords als höchster Gerichtshof die Verurteilung und Exekution mehrerer Amtsträger und Berater Richards. Statt ihrer gelangten die Führer der Opposition in den Rat. Erst ein Jahr darauf vermochte der König die beiden Hauptopponenten, seinen Onkel Thomas Woodstock, Earl von Gloucester, und den Earl von Arundel wieder aus seinem Rat zu entfernen. Er bildete eine gemäßigte Regierung unter Wykeham und rief Gaunt von Spanien zurück; eine Versöhnung schien erreicht.

Erstmals hatte Richard den gefährlichen Ehrgeiz mächtiger Magnatengruppen erfahren. Künftig suchte er Stütze bei der Gentry und einem Teil der Lords, wobei ihm vor allem Henry Bolingbroke, der Sohn John von Gaunts, zur Seite stand. Er umgab sich fürsorglich mit einer livrierten Leibwache von Bogenschützen. Danach setzte er 1394 in das aufständische Irland über, wo er statt einer kriegerischen Unterwerfung des Landes mit den Häuptlingen verhandelte und sich mit einem diplomatischen Erfolg begnügte. Ein Waffenstillstand mit Frankreich im Jahre 1396, der durch seine Heirat mit der französischen Prinzessin Isabella besiegelt wurde, gab dem Krieg eine Pause von 18 Jahren. Allerdings ging Brest verloren, und Richard tilgte auf seinen Münzen den Titel eines Königs von Frankreich; andererseits erreichte er ein Hilfsversprechen gegen die Rebellen im eigenen Lande. Er fand eine weitere Stütze in Rom, dem er den ersten Anspruch auf die Benefizien unter königlicher Patronage zugestand, während der Papst die Leistung eines besonderen Gehorsamseides des englischen Klerus an den König erlaubte.

Nach dieser Befriedungsaktion fühlte Richard sich stark genug, seine alten Feinde zu vernichten. Die Führer des »Merciless Parliament« ereilte die königliche Rache. Gloucester wurde nach Calais verbannt, wo er kurz darauf umkam oder umgebracht wurde; Arundel bestieg das Schafott. Mehrere Große, unter ihnen nun auch Henry Bolingbroke, wurden 1398 verbannt. Alle Ehren, Ämter und Titel, darunter auch Herzogstitel, die sonst nur den Mitgliedern der königlichen Familie vorbehalten waren, wurden den treuesten Begleitern und Freunden verliehen. Richard schreckte nicht vor Zwangsanleihen, Strafandrohungen, Verhaftungen ohne Rechtsverfahren und Wahlinterventionen zurück und zeigte Spuren eines wachsenden Größenwahns.

Als sein einstiger Ratgeber John von Gaunt nach einer letzten Warnung vom Sterbebett aus im Jahre 1399 starb, zog Richard sofort dessen reiches Herzogtum Lancaster unter Mißachtung des Erbanspruchs des verbannten Henry Bolingbroke ein. Als er im gleichen Jahr nochmals nach Irland übersetzte, landete Bolingbroke von Frankreich aus mit einer kleinen bewaffneten Macht in Yorkshire, um sich sein herzogliches Erbe zu erstreiten. Sogleich verbanden sich die Magnatenfamilien des Nordens mit ihm. Ihr gemeinsamer Vormarsch nach Süden traf kaum auf Widerstand. Als Richard eilends von Irland zurückkehrte, fand er weder Freund noch Heer. Er mußte aufgeben und wanderte in den Tower. Am 30. September 1399 bestätigte das Parlament seine erzwungene Abdankung, und Henry Bolingbroke beanspruchte nach Erbrecht und Gottesurteil im Kampf die Krone. Unter dem Tumult der eindringenden Londoner Volksmassen erkannte das Parlament Bolingbroke als König Heinrich IV. an. Damit gelangte der erste Lancaster auf den Thron; ein Jahr später fand Richard II. als letzter Plantagenet im Tower ein gewaltsames Ende.

7. Das englische Parlament

Die Ursprünge des Parlaments liegen im 13. und 14. Jahrhundert. Zwar gab es schon vorher Beratungsorgane, die mit Vorbehalten der Geschichte des englischen Parlaments zugerechnet werden können. Das angelsächsische Witenagemot sprach bereits für Land und Volk. In ihm waren neben dem Klerus, einer Anzahl von Unterkönigen und den Amtsträgern auch Magistrate (Aldermen) und Landeigentümer (ministri) vertreten. Wilhelm der Eroberer ersetzte den angelsächsischen Rat der Weisen durch den großen Rat der Kronvasallen im Magnum Consilium. Dreimal im Jahr präsidierte der König mit der Krone auf dem Haupt der feierlichen Vollversammlung des

Großen Rates, in welcher König, Bischöfe, Äbte und Magnaten über die Angelegenheiten des Landes berieten. Dies waren bereits beratende und mit Rechtsbefugnissen ausgestattete Versammlungen, die gelegentlich auch Parliamenta oder Colloquia genannt wurden. Sie repräsentierten nicht andere, sondern stellten die »in capite tenentes«, die unmittelbar unter dem König stehenden Lehnsträger pro sua propria persona dar, einen feudalen Gerichtshof (Court). Sie lernten unter Johann Ohneland als Gesamtheit zu handeln und rangen dem König einen Feudalvertrag, die Magna Charta von 1215, ab.

Als Parlament wurde der Rat erstmals amtlich von Heinrich III. 1236 bezeichnet. Seit 1248 wurde für die Vollversammlung des Rates dieser Terminus gebräuchlich. In gewissem Sinne war der englisch-normannische Feudalismus eine Wurzel der Parlamentsverfassung, die überlebte, weil die Vasallen sich als die »natürlichen Ratgeber des Königs« betrachteten und keine über ihre Feudalpflichten hinausgehenden Abgaben ohne eigene Zustimmung leisten wollten. Sie forderten seit 1238 von Heinrich III. Einfluß auf die Zusammensetzung des engeren Rates und auf die Ernennung der Amtsträger; sie erreichten in den Provisionen von Oxford 1258 zeitweilig ein weitgehendes Kontrollrecht über Regierung und königlichen Haushalt. Ihre Forderung nach drei Parlamenten jährlich meinte jedoch nichts Neues und schon gar nicht die Beteiligung anderer Schichten, sondern nur regelmäßige Sitzungen des von ihnen bestellten Rates (vgl. S. 82). Sie sahen im Recht, wie es sich vor allem in der Magna Charta niedergeschlagen hatte, eine Schranke für alle, auch den König.

Die allmähliche Durchsetzung einer Rechtseinheit über die königlichen Richter und die Reiserichter seit 1254 engte zwar die feudalen und regionalen sowie die städtischen und geistlichen Gerichte ein, band aber auch die königlichen Gerichte an Präjudizien, so daß die Magnaten 1258 auch eine Kontrolle der weisenden oder intervenierenden »Writs« der Kanzlei beanspruchten. Die Profilierung eines Common Law über den Rechtsvorrang der königlichen Gerichte, das für das ganze Land außer den Marken als verbindlich genommen wurde, erbrachte mit der Zeit ein Rechtsgut, das in den Schriften Henry de Bractons, in den »Yearbooks« (seit 1292) und in anderen geschriebenen

Zeugnissen sich niederschlug und unter Edward I. zunehmend von einem Laienstand der Richter verwaltet und fortentwickelt wurde, der seit der Schlacht bei Crécy 1346 im Temple und schließlich in den vier Inns of Court (Juristengilden) um London eigene Ausbildungsstätten für die praktische Rechtspflege erhielt. Die Eigenständigkeit dieses Rechts kam schon bei Bracton zum Ausdruck, der bei Rechtsweigerung oder -verfehlungen des Königs der »universitas regni«, dargestellt im High Court der Barone, die Kompetenz zur Rechtswahrung im Namen des Königs zuwies; sie bestimmte John Fortescue im 15. Jahrhundert dazu, die englische Herrschaftsform als »legal monarchy« zu definieren.

Bedeutsam war dabei, daß breitere Schichten über die Geschworenengerichte sowohl als Informanten und Ankläger wie als Beisitzer während der Urteilsfindung Einblick in das königliche Recht erhielten, da ihr Verdikt über die Fakten nach den Regeln des königlichen Rechts zum Urteil führte. Die Geschworenen waren nach dem Modus von 1194 gewählt und sprachen für das Land. Das System des »Trial by Jury« war die früheste englische Form einer Repräsentation. Wie die »Eyre Rolls« Heinrichs III. kundtun, war die Stimme der Geschworenen die Stimme des Landes. Hier wuchsen das repräsentative Element der Jury und das rechtliche Element des Common Law zusammen und legten den Grund für das spätere Selbstverständnis des Parlaments.

Dazu kam als weiteres Moment, daß in den Magnatenrat zunehmend auch Ritter hinzugezogen wurden, wenn Sonderinformationen oder Sonderaufgaben sich stellten, die Kenntnis der lokalen Verhältnisse und Gewohnheiten voraussetzten. Im Jahre 1213 befahl Johann Ohneland über die Sheriffs vier Ritter aus den kleineren Kronvasallen jeder Grafschaft nach Westminster »ad loquendum nobiscum de negotiis regni nostri«, und 1227 berichteten mehrere gewählte Ritter vor dem Rat über die Waldgrenzen. Von ihrer gelegentlichen Verwendung als Informanten bis zu ihrer häufigeren Hinzuziehung bei Finanzfragen war ein nicht allzu großer Schritt. Der Geldbedarf zwang die Krone, sich an alle Schichten zu wenden. Ein solcher Schritt wurde erstmals 1254 getan, als die Sheriffs vor ihren »County

Courts« die Geldnot der Krone schildern und zur Wahl von je vier bevollmächtigten Rittern schreiten mußten, die an den Verhandlungen in Westminster teilzunehmen hatten. Diese gewählten Grafschaftsvertreter sollten nicht nur dabei sein, sondern gemeinsam Geldmittel bewilligen. Das vier Jahre später im Konflikt zwischen König und Magnaten zusammengetretene »Mad Parliament« von 1258 umfaßte wahrscheinlich wieder nur Magnaten und Amtsträger.

Im Streit zwischen Heinrich III. und Simon von Montfort wetteiferten beide Seiten, die Grafschaftsritter zur Stützung ihrer Sache heranzuziehen. Da Simon die Städte, Bettelorden und kleineren Landbesitzer hinter sich wußte, berief er angesichts der Unzufriedenheit vieler Magnaten sein berühmtes Parlament von 1265. Es umfaßte freilich nur 23 Earls und Barone, 120 Kleriker, je zwei Ritter der Grafschaften und die Vertreter der Städte, die auf seiner Seite standen. Neu war hier, daß Städte und Grafschaften zusammen vertreten waren. Sein Parlament konnte freilich kaum für das ganze Land sprechen und galt zudem als ungesetzlich, da der König fehlte.

Aber sein Besieger Prinz Edward folgte in der Parlamentsberufung der »majores et minores« von 1268 offenbar seinem Beispiel. In der großen Versammlung zur Eidesleistung für den abwesenden neuen König Edward I. vom Jahre 1273 waren auch je vier Ritter der Grafschaften und je vier Citizens der Cities zugegen. Edward I. setzte nach seiner Rückkehr vom Kreuzzug sogleich die 1254 aufgenommene Praxis fort, als er das Parlament von 1275 berief. Er zog dann freilich weiterhin zu den Vollsitzungen des Großen Rates nach Bedarf Ritter oder Stadtbürger hinzu, also etwa rechtserfahrene Ritter für seine Statuten oder welterfahrene Kaufleute für seine Zollerhebungen; manchmal nur Ritter oder nur Kaufleute, gelegentlich auch beide zusammen wie vor allem im Jahre 1295. Freilich bedurfte es noch eines Jahrhunderts, bis das Parlament eine deutlich umrissene Form bekam. Ein Markstein in dieser Entwicklung war das »Model Parliament« von 1295, in welchem mehr als je zuvor das Land in seiner Gesamtheit repräsentiert war.

Die gleichzeitigen Kriege mit Frankreich, Schottland und Irland nötigten Edward I., ein umfassendes Parlament nach Westminster einzuberufen. Die Lords, neben den Erzbischöfen, Bischöfen und großen Äbten waren es sieben Earls und 41 Barone, wurden hier wie üblich durch individuelle königliche Schreiben geladen, während die Sheriffs durch allgemeine Schreiben aufgefordert wurden, in den County Courts bzw. Magistraten geeignete Persönlichkeiten ausfindig zu machen, die unter Strafandrohung zum Erscheinen in Westminster verpflichtet waren. Das Schreiben an die Sheriffs lautete: »Der König an den Sheriff von (Northampton) zum Gruß! Da wir mit den Grafen, Baronen und anderen Magnaten unseres Reiches Beratung und Diskussionen zu halten wünschen, um Mittel gegen die Gefahren sicherzustellen, die in diesen Tagen eben jenes Königreich bedrohen, so haben wir hiermit befohlen ... nach Westminster zu kommen, um dort zu erwägen, verordnen und zu bestimmen, wie solchen Gefahren begegnet werden kann. Wir befehlen Dir deshalb und erlegen Dir ausdrücklich auf, daß Du ohne Verzögerung in der besagten Grafschaft zwei Ritter auswählst, ferner zwei Bürger in jeder City und zwei Bürger in jedem Borough; sie sollen entsprechend umsichtig und zu diesem Geschäft befähigt sein. Du sollst sicherstellen, daß sie an genanntem Tag und Ort kommen, und zwar in der Weise, daß die Ritter dann und dort volle und ausreichende Autorität für sich und ihre Kommunität, ebenso wie die City- und Borough-Abgeordneten für sich und ihre betreffenden Kommunitäten haben, um tun zu können, was immer in den oben genannten Angelegenheiten durch gemeinsamen Ratschlag beschlossen werden könnte, so daß keineswegs aus Mangel an solcher Autorität das obengenannte Geschäft unabgeschlossen bleiben wird«.

Diese »Writs« waren also im wesentlichen Befehle an die Sheriffs zur Entsendung geeigneter Vertreter, die als dominierende Persönlichkeiten (buzones) die Vollmacht der Grafschaften oder Boroughs besaßen und die Vertretenen an die Beschlüsse in Westminster binden konnten. Dieses repräsentative Element kam noch stärker in den Ladungen der Lords zum Ausdruck, die von ihrem Kapitel und Klerus bzw. ihren Vasallen »volle und ausreichende Autorität« haben mußten. Noch eindringlicher wies darauf der Bezug auf die berühmte Justinianische Gesetzesformel hin: Quod omnes tangit ab omnibus approbetur, womit offenbar nicht nur alle Geladenen, sondern auch die von ihnen Vertretenen gemeint waren. Hier hieß es: »So wie das gerechteste Gesetz ... ermahnt und bestimmt, daß, was alle angeht, von allen gebilligt werden soll, so ist es auch ganz augenscheinlich, daß gemeinsamen Gefahren durch vorsorgliche Hilfsmittel gemeinsam begegnet werden muß ...«. Erstmals waren in diesem Parlament alle Bevölkerungsschichten von einigem Gewicht vertreten. Das war nicht mehr der feudale High Court des Großen Rates; Magnum Consilium und Parliamentum begannen sich zu scheiden.

Allerdings war dieses »Model Parliament« nicht sogleich maßgebendes Vorbild, da Edward I. weiterhin Einzelgruppen wie Juristen (1301), Kaufleute (1303) oder Ordensbrüder (1305) hinzuzog oder auch regionale Parlamente berief. Im Jahre 1305 entließ Edward die Ritter und Bürger, während das Parlament weitertagte. Noch im Jahre 1360 holte der Enkel Edwards vier regionale Parlamente gleichzeitig an verschiedenen Orten zusammen, und 1371 waren es von der Krone ernannte Commons, die eine Geldleistung bewilligten.

Die Parlamente Edwards I. blieben zudem stets Versammlungen unter dem Vorsitz des Königs auf dem Thron und des Kanzlers auf dem Wollsack in Gegenwart der höchsten Amtsträger und der geladenen Magnaten; sie behielten also den Charakter und die Form des obersten »High Court«, in welchem die von den Sheriffs einberufenen Ritter und Bürger nur bei einer ausdrücklich an sie gerichteten Frage sich äußern durften. Sie nahmen dann zu den Finanzwünschen der Regierung Stellung und konnten außerdem an den König oder seinen Rat Bitten und Beschwerden einreichen. Sie wurden nicht nach ihrer Meinung über Maßnahmen der hohen Politik befragt, und die großen Gesetze wurden vorerst durchweg ohne sie beschlossen. Je häufiger sie freilich dabei waren, umso mehr galt ihre Meinung als gewichtiger Ausdruck der Wünsche der Grafschaften und Kommunitäten, deren beauftragte Anwälte und Treuhänder sie mehr und mehr wurden. Schon das denkwürdige Parlament von Lincoln im Jahre 1301 erhob Anklage gegen einen Minister des Königs und verlangte, daß jeder Bewilligung von Geldern die Abstellung der vorgebrachten Beschwerden (grievances before supply) vorausgehen müsse; allerdings steckte Edward den Ritter von Lancashire, der diese Petition vorbrachte, in den Tower.

Unter Edward II. spielte der ständige Streit zwischen König und Magnaten den »Commons« eine zeitweilige Schlüsselstellung zu. Das Parlament von York 1322 widerrief die »Ordinances« der opponierenden Barone und setzte fest, daß alle wichtigen Beschlüsse des königlichen Consensus bedürften. Hier wurden die Vertreter der Städte und Grafschaften als »Commonalty« bezeichnet, deren Bedeutung dadurch unterstrichen wurde, daß der schwache Edward II. angesichts seiner ständigen Konflikte mit den Magnaten das Parlament ziemlich regelmäßig berief. Zur selben Zeit entstand wahrscheinlich der »Modus tenendi parliamentum«, der Regeln über die Einberufung, Zusammensetzung und Arbeitsordnung eines Parlaments mit Berufung auf die Zeit Edwards des Bekenners festlegte.

Da die regionalen Vertreter nicht eine Klasse, Familie oder Person, sondern das »Common People« ihrer Grafschaften und Städte repräsentierten, bürgerte sich seit Edward III. der Name »Commons« als Gesamtbezeichnung für sie ein. Die Anfänge eines gesonderten Unterhauses liegen im Dunkel; jedenfalls organisierten die Commons schon unter Edward II. kollektive Petitionen oder »Bills« und zogen sich zu privaten Beratungen aus dem Westminster-Palast in das Kapitelhaus zurück, ohne daß sie damit schon ein gesonderter Bestandteil des Parlaments geworden wären. Die spektakulären Maßnahmen der Parlamente des 14. Jahrhunderts wie Königsabsetzungen und Minister-Exekutionen waren nicht Ausfluß einer erreichten Rechtsstellung, sondern Ergebnisse der elementaren Faktionenkämpfe zwischen den Magnaten. Sie gingen am Parlament vorbei oder über es hinweg.

Infolgedessen war am Parlament von 1327 weniger bedeutsam, daß es unter dem Druck des Siegers Roger Mortimer die Abdankung Edwards II. zugunsten seines Sohnes erzwang, als daß die Revolutionäre für nötig befanden, es zur Sicherung ihres Erfolges einzuschalten. Unter Edward III. zwang der Geldbedarf für den Krieg gegen Frankreich zu fortwährenden Zugeständnissen, die vor allem den Commons als den eigentlichen

Geldgebern zugute kamen. Der wichtigste Schritt gelang dem Parlament von 1340, das in höchster Erbitterung über die Steuer- und Anleihemethoden der Krone zu keinerlei Entgegenkommen bereit war. Der Streit zwischen dem königlichen Rat in Antwerpen und dem Regentschaftsrat in London gab Gelegenheit, die über den unkontrollierbaren Haushalt laufende Kriegsfinanzierung des Königs anzugreifen, die maßgebliche Mitwirkung der öffentlichen Staatsämter zu verlangen und das Kontrollrecht über die Steuergelder zu beanspruchen. Beide Seiten steckten dabei zurück; aber die nächsten 20 Jahre unterstand die Kammer des Haushalts (Chamber) dem Exchequer, d.h. der private Bereich der Krone wurde zugunsten der öffentlich verantwortlichen Regierung zurückgedrängt. Edward überließ seit 1360 dem Parlament und den Magnaten zunehmenden Einfluß auf die Regierungshandlungen. Vor allem gab er stets den Commons nach, wenn sie ihm nur die gewünschten Gelder für den Krieg bewilligten. Sein unersättlicher Finanzbedarf schuf geradezu das Unterhaus; zudem brachte sein flämisches Bündnis die Kaufleute ins Spiel.

Als Edward III. sich völlig von den Regierungsgeschäften zurückgezogen hatte und sein Sohn John von Gaunt den Rat beherrschte, setzte das »Gute Parlament« von 1376 die Gefangensetzung mehrerer Minister und die Errichtung eines Kontrollkomitees der Finanzen durch. Die Parlamente von 1381 bis 1386 griffen wiederum den kostspieligen Haushalt an, unterstellten die Steuern eigenen Schatzmeistern und verlangten, daß die Lords die Minister nominierten. Im Jahre 1386 nötigten die Magnaten den König Richard II. angesichts seiner Favoritenwirtschaft, ein Parlament nach Westminster einzuberufen, vor dem als High Court sie ihre Klagen vorbrachten. Im Jahre 1388 erreichten sie im »Merciless Parliament« die Verurteilung und Exekution mehrerer Amtsträger und Berater des Königs. Hier setzten sie dem Widerspruch Richards gegen ihren »Appeal« die denkwürdige Antwort entgegen, daß das Parlament die höchste Quelle des Rechts und souveräner Gerichtshof sei, in welchem die Peers die zuständigen Richter seien.

Dies alles waren Erfolge der Magnatenopposition, die nicht viel anders operierte, als die Opposition der Barone gegen Johann Ohneland es getan hatte. Aber sie benutzten stets das Parlament als Mittel, über das sie ihr Ziel zu erreichen oder ihren Sieg zu sichern trachteten. Auch die erzwungene Abdankung Richards II. und die Anerkennung Henry Bolingbrokes als König durch das Parlament von 1399 waren das Ergebnis von Magnatenkämpfen und kaum Ausdruck einer erweiterten Kompetenz des Parlaments. Bedeutungsvoll war nur, daß das Parlament die entscheidende Plattform geworden war, die den veränderten Zustand legitimieren sollte. Inzwischen hatte es seiner Form nach auch die Umrisse angenommen, die es bis in die Neuzeit beibehielt.

Um 1360 hatte das Parlament eine Position gewonnen, die eine Regierungsweise ohne seine Mitwirkung und nur über den Haushalt kaum mehr zuließ. Das alte Magnum Consilium war nun deutlicher geteilt in das permanente Council der vereidigten Amtsträger der Regierung und des Haushalts, in die Peerage als Council in Parliament und in das »Haus« der Commons. Der Ausdruck »Peers« (pares) erschien unter Edward II. und deutete auf die gleichberechtigte Qualifikation der Inhaber von Baronien – unabhängig vom Titel – hin, die nur den Wert von 20 Ritterlehen übertreffen mußten. Die Peerage begann durch die Vermehrung der Kronvasallen seit Edward I. (1285, 1290) ihren Charakter als Summe der ersten Kronvasallen zu verändern, da nicht mehr jeder Inhaber einer Baronie gleichberechtigt zu ihr gehörte, sondern allmählich ein Kreis erblicher Peers (seit 1387) als durch Geblüt oder Gnade des Königs bevorzugter und durch individuelle Writs nach Westminster geladener Würdenträger sich abzeichnete und als exklusive Lordschaft sich etablierte.

Seit dem Tode Edwards II. besaßen die Commons einen Anspruch auf Mitsprache. Der noch von Edward I. geladene mittlere Klerus war ausgeschieden und sah sich in den kirchlichen Konvokationen vertreten, die für die Kirchenprovinz Canterbury erstmals im Jahre 1282 zusammentraten. Seit 1362 konnte der König keine allgemeine Steuer mehr ohne die Sanktion der Commons erheben; damit war das Parlament als wichtigste außerordentliche Finanzquelle anerkannt. Allerdings lag das politische Schwergewicht bis in die Tudorzeit hinein immer noch eindeutig bei den Magnaten. Die Peers-Versammlung stellte den eigentlichen kompetenten High Court dar, der die politischen Entscheidungen maßgebend mitberiet. Die Wirksamkeit der Commons blieb lange Zeit mehr defensiv, auf Wahrung des Rechts und auf Abstellung von Mißständen bedacht. Sie erstreckte sich auf Beschwerden und Petitionen, die an die Lords, praktisch aber meist an den ständigen Rat und die Kanzlei gingen.

Mit der Zeit gesellte sich aber ein Element hinzu, das dem Parlament den Ansatz zu einer echten »Legislative« gab, das war die Entwicklung eines »Statute Law«. Seine Anfänge gingen auf die Zeit Edwards I. zurück, der gegen die Auswucherungen der mannigfaltigen Rechtskreise geschriebene Gesetze ausarbeiten und vom Parlament bestätigen ließ. Damit kamen unter parlamentarischer Mitwirkung verbindliche Rechtssätze zustande, ohne die eine wirksame Durchforstung der Rechtsverhältnisse nicht möglich war. Aber während bisher Recht (Law), Statut (Statute Law) und Verordnungen (Ordinances) kaum geschieden waren, wurde den Statuten des Parlaments seit 1354 bei den Gerichten ein höheres Gewicht zuerkannt als den Verordnungen des Rates. Als »Statute Law« sollten nur Gesetze gelten, die aus Petitionen des Parlaments (also hier: der Commons) hervorgegangen waren und deren Formulierungen folgten. Sie waren als bleibende Beiträge zur Rechtslage gedacht und feierlich in den Grafschaften bekanntzumachen.

Freilich entschieden nach dem Ende der Parlamentssitzungen der Rat und die High Chief Justices der obersten Gerichte, wie und welche Statuten in die Rolls eingetragen werden sollten. Ohnehin wurden bis Anfang des 15. Jahrhunderts die Beratungsergebnisse von Rat und Parlament in die gleichen Rolls eingetragen. Erst während der Minderjährigkeit Richards II. schieden die Richter und die meisten königlichen Beamten aus.

Die Zustimmung der Commons war zwar unbedingt notwendig, aber der König allein konnte die Statuten in Kraft setzen oder auch ihnen sein Veto entgegenstellen. Von einer Gesetzgebungskompetenz des Parlaments konnte man zudem nur bedingt sprechen, da die Statuten weniger neues Recht setzen als das bestehende Recht deklarieren und interpretieren und der Rechtswahrung und -sicherung unter veränderten Verhältnissen dienen sollten. Doch waren sie de facto mehr als deklaratorisch und konnten nicht umhin, neues Recht in einer sich wandelnden Welt zu setzen.

Die Handelsentwicklung und noch mehr die Auflösung des bisherigen Bevölkerungszusammenhangs durch die Pestwellen seit 1349 machten Statuten notwendig, die in die Feudal- und Arbeitsverhältnisse eingriffen und damit die gesetzgeberische Tätigkeit des Parlaments auf neue Bereiche ausdehnten. Damit verband sich aus der Dauerkriegslage das nationale Bedürfnis nach Schutz vor fremden Eingriffen in das englische Gerichts- und Patronagewesen, etwa in den Statuten de praemunire von 1353, 1365 und 1393, die gegen fremde und besonders die päpstliche Gerichtsbarkeit gerichtet waren, und die Statuten über Provisoren von 1351, 1365 und 1390, die die päpstlichen Eingriffe in das Pfründen- und Benefizienwesen in Form der Präsentation künftiger Pfründner (Provisoren) verhindern sollten. Hier trieben die Commons hohe Politik, insofern diese Statuten Instrumente gegen die Anspüche der Kurie und für den Schutz des nationalen Zusammenhangs waren. Mithin gaben sozialer Wandel und hohe Politik den statuierten Gesetzen und damit dem Parlament weitgehende neue Funktionen. Seit Mitte des 15. Jahrhunderts unterschied man freilich erst ausdrücklich zwischen Deklaration des alten Rechts und der Einführung von neuem Recht. Seitdem gab die sorgfältige Fassung des Wortlauts und dessen strikte Verbindlichkeit bei neuen Statuten den Gesetzen in der Tat den Charakter echter legislativer Akte, wenn auch die daraus kommenden dezisionistischen Möglichkeiten erst im 16. Jahrhundert ausgeschöpft wurden.

Der große soziale und wirtschaftliche Wandel im 13. und 14. Jahrhundert, der große Krieg mit Frankreich, die Pestepidemien, die religiösen Krisen durch die »Babylonische Gefangenschaft« der Kirche (1309–1377), das Große Schisma (1378–1415) und die geistige Entwicklung schoben dem Parlament neue Aufgaben zu. Aber das Gewicht des Unterhauses darf nicht überschätzt werden. Schließlich waren die Sessionen nicht lang genug, um eine Kontinuität oder gar ein ständiges Mitspracherecht sicherzustellen. In den Intervallen lag die Regierung ganz beim ständigen Rat, der oft selbständige Entscheidungen fällen mußte; er blieb der Kern der Regierung. Zudem lag die Berufung eines Parlaments ausschließlich im Belieben des Königs, ohne den das Parlament nicht vollständig war. Es war King's Parliament und keineswegs People's Parliament. Der König behielt weiterhin sein eigenes Recht, die Prärogative, und die oberste Verantwortung für den Frieden und das »Law of the Realm«. Neben seinem unbestrittenen Veto-, Suspensions- und Dispensationsrecht, seinem Gnaden- und Billigkeitsrecht, dem Recht zur kommissarischen Auftragserteilung und dergleichen mehr hatte er als mächtigster Grundherr und feudaler Overlord, als Lord von Irland und Overlord über die Marken sowie schließlich als weltliches Oberhaupt der Kirche eigenständige Machtgrundlagen. Hier galt ein nur ihm vorbehaltener Hoheitsbereich, den auch das Parlament nicht antasten durfte und der ihm in normalen Zeiten gestattete, »to live of his own«. Ihm gegenüber war das Parlament ein Hilfsorgan, das aber seit der Mitte des 14. Jahrhunderts als notwendiger Bestandteil des Regierungssystems anerkannt war, soweit gesetzliche Veränderungen oder finanzielle Mehrbelastungen erforderlich wurden, was praktisch immer der Fall war. Noch das Königtum der frühen Tudors beruhte auf dem Landbesitz und der Feudalgewalt der Krone. Edward IV. stellte vor den Commons 1467 fest: »Ich beabsichtige, von meinem Eigen zu leben (to live upon my own) und meine Untertanen nur in großen und dringenden Fällen zu belasten, die mehr ihr eigenes Wohlergehen und auch ihren Schutz und den Schutz dieses meines Reiches betreffen als mein persönliches Belieben (my own pleasure)«. – Die Kronländer Edwards IV. umfaßten ein Fünftel des englischen Bodens und vermehrten sich durch die Revindikationspolitik Heinrichs VII. beträchtlich, wobei das Parlament mit 122 Acts of Attainder (1485 bis 1503) ihm behilflich war.

Von einem ständigen Mitregieren oder gar einem Supremat des Parlaments, geschweige denn des Unterhauses, konnte nicht gesprochen werden. Es war immer noch der größte Rat des Königs. Es blieb mehr rechtlicher als politischer Natur und stellte das höchste Rügegericht, ein »Grand Inquest« dar, dem der Kanzler präsidierte, das darüber hinaus aber mit den »Statute Laws«, kaum jedoch mit den zahlreichen »Private Bills«, die lediglich regionale Sonderverhältnisse betrafen, zur Vergesetzlichung und

Vereinheitlichung des Gemeinwesens beitrug. Ohne das Parlament konnte in der Gesetzgebung nichts Bleibendes und Neues mehr geschaffen und durchgesetzt werden.

Seine Abrundung erhielt das Unterhaus durch ein Gesetz von 1430, das das Wahlrecht in den Grafschaften zur besseren Ordnung des Wahlvorgangs für die nächsten vier Jahrhunderte festlegte, wonach die 40 Schilling-Freeholders, also jene freien Bauern, die jährlich einen Reinertrag von 40 Schilling aus ihrem freien oder gepachteten Land erwirtschafteten, wahlberechtigt waren. Das völlig unterschiedliche Wahlrecht in Cities und Boroughs blieb bestehen. Im wesentlichen hatte damit das Parlament seine Form gewonnen, mit der es im 16. Jahrhundert die größte gesetzgeberische Revolution seit 1066 nach dem Willen der Krone und dann auch nach eigenem Willen durchführte.

DER AUSGANG DES MITTELALTERS

1. *Die drei Lancaster-Könige 1399–1461*

Der erste Lancaster-König Heinrich IV. (1399–1413) bestieg als 32jähriger den Thron, kränkelte seit 1405 und starb schon 1413. Sein erfolgreicher Kampf gegen Richard II. hatte zwar dem Hause Lancaster die Krone gebracht, aber weder die Geldnot der Regierung noch die Faktionenkämpfe beseitigt. Das Parlament fühlte sich als Königmacher zu weitgehenden Ansprüchen berechtigt, unzufriedene Magnaten griffen zu den Waffen, und die alten Feinde Englands nutzten die innere Schwäche zu ihren Gunsten aus. Die Schotten verwüsteten Northumberland; die Franzosen und Burgunder besetzten Grenzstädte in Aquitanien und vor Calais. Ein ständiger Beutekrieg zur See, in den Engländer, Bretonen, Spanier, Franzosen und Hansaschiffe sowie wilde Piraten gegeneinander und miteinander verstrickt waren, ruinierte den Handel. Die Revolte Owen Glendowers in Wales seit 1400 und im Bunde mit den Marken wurde von Heinrich bei Shrewsbury 1403 abgeschlagen, vereinigte sich dann aber mit einer zweiten Rebellion in Yorkshire, die ebenfalls niedergerungen wurde. Glendower führte bis zu seinem Tode den abebbenden Kampf weiter, so daß zehn Jahre kriegerische Unruhe den Westen in Atem hielten. Gleichzeitig verstrickte sich Heinrich in wechselvolle Kämpfe mit dem aufsässigen Adel, dessen Zwietracht ihm auf die Dauer zustatten kam. Im Jahre 1406 fiel der schottische Thronerbe Jakob auf dem Wege nach Frankreich in seine Hand. Aber erst der Fall der Bollwerke von Henry Percy, Earl von Northumberland, im Norden (1408) und die Tatkraft des Prinzen Heinrich von Wales brachten nach zehnjährigen Wirren eine Beruhigung.

In dieser unglücklichen Epoche drängte das Parlament auf Mitbestimmung und Kontrolle. Es verlangte die Bekanntgabe der Mitglieder des königlichen Rates und die Hinzuziehung von Commons sowie eine Regierung über den Rat. Der Haushalt sollte eingeschränkt und die Steuerverwendung kontrolliert werden. Heinrich gab Schritt für Schritt nach, erklärte aber vor seinem letzten Parlament, daß er sich in seiner Prärogative so frei betrachte wie seine Vorgänger. Heinrich stützte sich vor allem auf Erzbischof Arundel, der 1407–1410 sein Hauptratgeber war und die Kirche hinter sich hatte, während das Unterhaus mit dem antikirchlichen Lollardentum sympathisierte, das seit den Tagen John Balls und Wyclifs als religiöse und soziale Protestbewegung lebendig war (vgl. S. 158). Als der Prinz von Wales sich mit der Adelsopposition der Beauforts aus der dritten Ehe des John von Gaunt verband und seinen kränkelnden Vater zur Abdankung nötigen wollte, entwickelte sich ein neuer Gegensatz, der durch den Tod Heinrichs nicht mehr zum Austrag kam.

Mit Heinrich V. (1413–1422) kam ein letzter großer Herrscher auf den Thron, dessen weitgespannte Pläne allerdings die Möglichkeiten seines Königsreiches weit überschritten und das Land in neue, aussichtslose Kämpfe verstrickten. Das Lollardenkomplott mit John Oldcastle von 1414 (vgl. S. 161) und das fast gleichzeitige Mortimer-Komplott unter der Führung Richards von Cambridge, Sohn des Herzogs Edmund von York, endeten mit Schafott und Exekutionen (1415). Nur der vierjährige Sohn, Richard von York, überlebte und vereinigte späterhin in seiner Person alle oppositionellen Elemente gegen Lancaster. Heinrich wandte sich indessen der Frage des angevinischen Besitzes in Frankreich zu, die der Waffenstillstand von 1396 offen gelassen hatte und die in den Wirren zwischen dem Herzog von Burgund und der Partei der Armagnacs unterzugehen drohte. Die Engländer fühlten sich angesichts der Versprechungen der Armagnacs an Thomas Clarence, den Bruder Heinrichs, auf dessen Feldzug vom Jahre 1412 hintergangen. Heinrich lehnte das französische Angebot des aquitanischen Gebietes südlich von Poitou ab und verlangte volle Souveränität über die angevinischen Gebiete. Damit flammte der lange Krieg wieder auf. Die Barone ließen sich durch Soldvorauszahlungen gewinnen, und die Kaufleute und Kleriker gaben gegen Sicherheiten auf Steuern und Kronschatz bereitwillig Anleihen. Im August 1415 setzte Heinrich mit 1500 Schiffen und 10000 Mann nach Frankreich über.

Anfangs stand das Unternehmen unter einem Unstern. Die Ruhr dezimierte die Truppen, und nur 6000 Mann standen schließlich erschöpft von langen Märschen einem fünfmal stärkeren französischen Heer gegenüber. In dieser Lage flößte allein

Heinrichs Entschlossenheit und Überzeugungskraft dem Heer Selbstvertrauen ein. Als die französische Übermacht am 25. Oktober 1415 bei Azincourt plötzlich angriff, trafen sie auf die Pfeile der englischen Langbogenschützen. In wenigen Stunden zerschellte der massierte Ansturm der abgesessenen Panzer-Ritter; Heinrichs Befehl, die Gefangenen zu töten, steigerte die Panik. Nur wenige hundert Engländer waren gefallen, während Tausende getöteter Franzosen, darunter die Blüte des Hochadels, das Schlachtfeld bedeckten. Die Herzöge von Orléans und Bourbon begaben sich in Gefangenschaft. In England läuteten die Siegesglocken, und König Heinrich ritt im Triumph durch London nach St. Paul, um für den Sieg zu danken. Die ganze Nation träumte von Ruhm und Beute. Das Unterhaus zeigte sich großzügig wie nie; Abgaben, Anleihen und Vorschüsse erlaubten Heinrich 1417 erneut nach Frankreich zu segeln, um die Normandie zu erobern. Er nahm Caen, Bayeux und Falaise; Rouen fiel nach langer Belagerung im Januar 1419 in seine Hand. Er besetzte die Schlüsselpunkte von Dieppe bis in die Nähe von Chartres. Paris war vom Norden getrennt; die Bretagne hielt sich neutral; die zerstrittenen Faktionen in Aquitanien beugten sich der englischen Krone. In zweijährigem Kampf bewies Heinrich seine glänzende Organisations- und Feldherrngabe. Zwei Drittel seiner Truppen bestanden aus berittenen Langbogenschützen, die zu Fuß kämpften und sich den mannigfaltigen Forderungen eines Belagerungskrieges oder Winterfeldzuges anzupassen wußten. Der Nachschub an Kriegsmaterial der verschiedensten Art war bis ins einzelne durchdacht. Allein im Jahre 1418 wurden auf Befehl des Königs eine Million Gänsefedern für die Pfeile geliefert.

Heinrichs weitgespannte Ansprüche auf Flandern, Touraine und Anjou schlossen Burgund und die Armagnacs gegen ihn zusammen. Ohne burgundische Hilfe konnte sich Heinrich aber kaum behaupten. Erst die Ermordung Herzog Johanns von Burgund durch Anhänger des Dauphin im September 1419 trieb den neuen Herzog Philipp in die Arme Heinrichs. Philipp hatte Paris und den französischen Hof in seiner Gewalt und schloß mit Heinrich den Vertrag von Troyes 1420, der Karl VI., König von Frankreich, die Krone beließ, aber seiner Tochter Katharina, das

Thronrecht sowie dem englischen König die Regentschaft über Frankreich zusicherte. Englische Truppen hielten die Bastille und den Louvre besetzt; der schottische König Jakob und der schwachsinnige Karl VI. blieben im Gefolge Heinrichs V., der die französischen Generalstände einberief. Die Zucht der Truppen und die Gerechtigkeit des Königs flößten Bewunderung, Furcht und Respekt ein. Im Jahre 1421 kehrte Heinrich mit seiner Ehefrau Katharina nach England zurück, wo im Dezember sein Sohn Heinrich »aus dem Blut Edwards des Bekenners und des heiligen Ludwig« geboren wurde.

Im gleichen Jahre erinnerte die Niederlage seines Bruders Clarence bei Baugé daran, daß der Krieg noch nicht zu Ende war. Clarence und 1000 Engländer fanden dabei den Tod. Trotz mancherlei Zugeständnissen an die normannischen Magnaten mußten englische Garnisonen überall, besonders im Somme-Tal und um Paris, in Bereitschaft bleiben. Südlich von Chartres hielten die Franzosen die Loire und wagten Vorstöße bis zur Normandie. Ein neuer Feldzug des Königs schob nach langwierigen Belagerungen im Marnetal den englischen Machtbereich nach Süden bis in die Nähe von Orléans vor, endete hier aber durch Krankheit und Nachschubmangel. Im August 1422 wurde Heinrich in Vincennes im 35. Lebensjahr von der Ruhr hingerafft. Auf dem Totenbett bestimmte er seinen ältesten Bruder, den Herzog Johann von Bedford, zum Regenten unter der Weisung, das Bündnis mit Burgund und die Normandie auf alle Fälle festzuhalten. In feierlichem Zuge wurde seine Leiche über die Siegesstätten von Rouen, Crécy und Azincourt nach England zurückgebracht.

Er hinterließ als Thronfolger ein neun Monate altes Kind, Heinrich VI. (1422–1461; gest. 1471); sein jüngerer Bruder, Humphrey von Gloucester, wurde nominelles Haupt der Regierung, während der weit angesehenere Herzog von Bedford den Krieg weiterführte. Heinrichs Gattin Katharina von Frankreich heiratete später Owen Tudor, dessen Sohn Edmund der Vater Heinrichs VII. Tudor war. Der fähigste Mann in der königlichen Familie war der Bischof von Winchester, Kardinal Henry Beaufort, Sohn des John von Gaunt aus dritter Ehe und reichster Mann Englands, der in ständigem Konflikt mit seinem Neffen Humphrey lag, wodurch Bedford zweimal zur Herstellung des Friedens zurückgerufen werden mußte. Schlimmer war, daß der geisteskranke Karl VI. von Frankreich ebenfalls 1422 gestorben war und sein Nachfolger Karl VII. den Vertrag von Troyes nicht anerkannte. Aber Bedford festigte die Verbindung mit Burgund durch seine Heirat mit der Schwester des Herzogs, schlug Franzosen und Schotten 1424 bei Verneuil und schob die englische Herrschaft erneut bis in das Vorgelände von Orléans vor.

Der von Heinrich V. 1415 begonnene und von Bedford weitergetragene Siegeszug bis an die Tore von Orléans 1428 fand durch jenes wunderbare Ereignis sein Ende, das mit dem Namen der Jungfrau von Orléans verknüpft ist und den nationalen Niedergang Englands einleitete. Schon vorher hatte die englische Regierung in Paris gegen zahlreiche Kirchenmänner einschreiten müssen, die in patriotischen Predigten zum Kreuzzug gegen die Feinde ihres Königs aufriefen. Während die Blockade von Orléans aufgegeben werden mußte und die Operationen um die Stadt sich bis in den April 1429 hinzogen, erschien die 18jährige Jeanne d'Arc, ein lothringisches Hirtenmädchen aus Domrémy, das in Visionen Karl den Großen und Ludwig den Heiligen im Gebet für Frankreich gesehen haben wollte und sich von Gott berufen fühlte, den legitimen König Karl VII. zur Krönung nach Reims zu führen. Sie begeisterte die Truppen; in drei Monaten wurde Orléans entsetzt, Reims genommen, in dessen Kathedrale Karl VII. nach vorgeschriebenem Zeremoniell gekrönt wurde, Soissons und Laon zurückerobert und Paris von Norden bedroht. Bedford sah mit Schrecken, wie der Glaube an die übernatürliche Kraft dieses Mädchens seine Truppen demoralisierte. Frankreich hatte die Initiative an sich gerissen. Es machte nun kaum mehr etwas aus, daß der Angriff Johannas auf Paris mißlang, sie 1430 den Burgundern in die Hand fiel und nach Auslieferung an die Engländer im Mai 1431 zur Hexe erklärt und in Rouen verbrannt wurde. Die burgundisch gesinnte Sorbonne gab die theologische Begründung, die Johanna auf den Scheiterhaufen brachte. Selbst die Krönung des jungen Heinrichs VI. in Paris änderte wenig. Das Parlament und die Kurie drängten auf Frieden. Nichtsdestoweniger beharrte die englische Kriegspartei im Kongreß von Arras 1435 trotz des Angebots von Normandie und Gascogne sowie einer Heiratsvereinbarung auf dem Besitz von Paris und Maine und den Thronanspruch. Das leitete die endgültige Niederlage der Engländer ein. Burgund schloß sich Frankreich an; der Herzog von Bedford starb noch im gleichen Jahr, und Paris öffnete 1436 seinem König die Tore. Der Krieg zog sich allerdings noch fast zwei Jahrzehnte hin.

Die Entscheidung über Krieg und Frieden hing von den Faktionenkämpfen in England ab. Gegen die Kriegspartei des Regenten Humphrey von Gloucester stand die Friedenspartei der Kardinäle und Erzbischöfe von Canterbury und York, Beaufort und Kemp, zusammen mit William de la Pole, Herzog von Suffolk. Nach der Krönung Heinrichs VI. 1429 gewannen sein Onkel, der Kardinal Beaufort, und dessen beide Neffen John und Edmund von Somerset allmählich die Oberhand, da der fromme König sich als Mann des Friedens und der Kirche fühlte und dem hitzigen Humphrey nach Arras nicht mehr folgen wollte.

Die Friedenspartei erreichte in Friedensabmachungen mit Burgund und der Hansa einige Erfolge (1439) und sicherte sich durch Ämter und Freundschaft das Ohr des Königs, während Gloucester in das Lager des jungen Richard von York getrieben wurde. Gloucester widersetzte sich im Bunde mit der Kaufmannschaft den Friedensfühlern Suffolks von 1445 und der Heirat Heinrichs mit Margarete von Anjou, bis die Regierung ihn 1447 im Parlament anklagen ließ, wo ein Schlaganfall seinem Leben ein Ende setzte. Kurz darauf starb Kardinal Beaufort, so daß der Kreis um Suffolk die Politik bestimmte. Nach dem Verlust der Normandie 1449 und dem Scheitern einer letzten britischen Unternehmung bei Bayeux 1450, dem Fall von Caen und der letzten Seestützpunkte außer Calais richtete sich das Impeachment des Parlaments gegen Suffolk wegen seiner geheimen Abtretung von Maine (1445) an Frankreich. Er kam durch Intervention Heinrichs mit einer zeitweiligen Verbannung davon, entging den Lynchversuchen der Londoner (1450), wurde aber auf der Fahrt nach Calais von einem königlichen Schiff aufgehalten und geköpft; seine Leiche wurde auf den Küstensand geworfen. 1453 fand der letzte bedeutende englische Heerführer Talbot bei Castillon in der Gascogne nach einem Verzweiflungskampf den Tod. Die Kriegshandlungen hörten damit auf; bis auf Calais war alles verloren. Im selben Jahr fiel Heinrich VI. in Wahnsinn.

2. Die Rosenkriege 1455–1485

Die Rosenkriege waren der Abgesang des mittelalterlichen Englands. In ihnen gipfelte und endete die Magnatenanarchie, die das Land nicht zur Ruhe kommen ließ. Die Voraussetzung für den Zerfall des Reiches in regionale Machtsphären hatte Edward III. geschaffen, als er für seine Söhne die Herzogtümer Lancaster, York, Gloucester und Clarence schuf, die anfangs nur der königlichen Familie zugedacht waren, dann aber durch Heirat und Erbgang sich mit anderen Magnaten-Familien vereinigten, bis einige von ihnen an Macht und Reichtum die Krone übertrafen. Durch das Patronagesystem mit »livery and maintenance« bildeten sich regionale Privatarmeen, die nur den großen Lokalmagnaten gehorchten, deren Streitigkeiten sich infolgedessen auf alle Landstriche ausdehnten.

Die Anarchie der Marken griff auf die Nachbargebiete über, und die lokalen Fehden verknüpften sich mit den streitenden Gruppen an Hof und Regierung. Da die Magnaten von Kardinal Beaufort und Humphrey von Gloucester bis zu den Baronen und Rittern sich zudem an Wollexport und Handelsmärkten beteiligten, strebten sie nach Einfluß auf die Handelspolitik und auf die Städte und Märkte; sie setzten ihre Freunde in die lokalen Ämter und drückten ihre Kandidaten bei den Wahlen durch. Die großen Familien brachten dabei ihre Scharen livrierter Yeomen ins Spiel und gruppierten sich schließlich um die zwei Lager von York und Lancaster, der weißen und der roten Rose, deren Kampf das Land fast 30 Jahre in Atem hielt und zeitweilig wie 1459 bis 1461 und 1470–1471 in einen allgemeinen Krieg sich steigerte.

Niemand vermochte die Lokalmagnaten zu kontrollieren. Die Percys und Nevilles beherrschten Nordengland; die Herzöge von Norfolk und Suffolk waren die Herren in Ostanglien, und das Wort des Herzogs von York galt in Teilen von Mittelengland und Wales als Gesetz. Niemand wagte, einen Livery-man anzuklagen oder gar zu verurteilen. Im Jahre 1455 plünderte der Earl von Devon mit einem Heer von 5000 Mann die Kathedrale von Exeter, und später setzte der Herzog von Norfolk mit 3000 Mann und eigener Artillerie seine Ansprüche auf das Schloß von Caister durch. Der König wagte nicht, sich diese selbstherrlichen

Magnaten zu Feinden zu machen. Am meisten litten darunter die kleineren Landeigentümer, die Handelsleute und Richter, die im Unterhaus vertreten waren. Dagegen fanden die unteren Schichten dabei häufig Beschäftigung und Unterhalt.

Schlimmer war noch, daß die englische Soldateska von Frankreich zurückströmte und das Land unsicher machte. Einer ihrer Anführer, Jack Cade, landete 1450 mit anderen Soldaten an der Südküste und entflammte in Kent, Sussex, Essex und London eine verzweifelte Rebellion. London öffnete ihm die Tore. Er hielt hier Gericht über den alten Lord Treasurer und ließ ihn exekutieren. Die Londoner waren entsetzt über die Gewalttaten Jack Cades, der nach einem allgemeinen Gnadenspruch des Königs seine Scharen entließ, dann aber gefaßt und getötet wurde.

Danach schien Ruhe einzutreten. Im Oktober 1453 gebar die Königin einen Sohn Edward; Heinrich gründete die beiden Colleges von Eton und Cambridge. Aber das Ende des Krieges im gleichen Jahr und der ausbrechende Wahnsinn des Königs, der in völlige Lethargie versank, änderten die Lage. Der Herzog Richard von York wurde Protektor und begann mit fester Hand Verwaltung und Rechtswesen zu ordnen. Die unerwartete Genesung des Königs beendete sein kurzes Protektorat, und die Feinde von York sammelten sich um den König. Vor die Wahl gestellt, zu fliehen oder zu kämpfen, wählte Richard den Kampf. Er rief die Scharen der entlassenen Soldaten unter sein Banner, verband sich mit Richard Neville, Earl von Warwick, und anderen yorkistischen Lords und rückte gegen London. In der Schlacht von St. Albans im Mai 1455 maßen sich die Anhänger der weißen und roten Rose. Der gefangene Heinrich wurde von Richard geschont und behielt seine Krone, aber die Regierung gelangte in die Hand der Yorkisten.

Dagegen wollte die Königin Margarete ihrem Sohn den Thron retten und hob in den Lancaster-Ländern des Nordens Truppen aus. Sie schlug 1460 überraschend die feindlichen Truppen. Der Herzog von York wurde getötet, der Earl von Salisbury enthauptet und der Earl von Warwick zurückgeschlagen. Bei St. Albans trafen sich König und Königin; das Haus Lancaster schien gerettet. Aber der Sohn Richards, Edward Herzog von York, sammelte in Wales ein Heer, vereinigte sich mit Warwick und schlug das Lancaster-Heer am 29. März 1461 bei Towton Moor. Die gefangenen Lords wurden hingerichtet; Heinrich und Margarete flohen zur schottischen Grenze. Der 19jährige Edward von York zog nach London, beanspruchte als Nachkomme Edwards III. den Thron und wurde im Juni 1461 in Westminster gekrönt. Mit ihm begann die Wiederherstellung der königlichen Autorität.

Margarete entfaltete 1463 im Norden des Landes erneut das Banner von Lancaster, wurde wiederum geschlagen und floh nach Frankreich. Ihr Gatte fiel in die Hand Edwards und wurde in den Tower gesperrt, wo er in wachsender Umnachtung dahindämmerte. Von ihm drohte Edward kaum Gefahr. Aber sein mächtigster Bundesgenosse Richard Neville, Earl von Warwick, verwandt mit allen führenden Familien Englands und Vorkämpfer der Sache von York, beanspruchte die erste Rolle in der Politik und bereitete die Heirat Edwards mit einer französischen Prinzessin vor.

Aber der junge König heiratete insgeheim Elisabeth Woodville und ließ ihren Anhang an seinen Hof kommen. Der gekränkte Warwick zog seine Gefolgsleute insgeheim zusammen und ergriff den König 1469 überraschend bei Northampton. Damit waren Edward als Gefangener im Schloß zu Middleham und Heinrich VI. im Tower seiner Gewalt ausgeliefert. Damals kam sein Spitzname »the Kingmaker« auf. Aber er wagte nicht, selbst nach der Krone zu greifen, und rang Edward lediglich das Versprechen ab, den Anhang der Woodvilles zu entlassen und sich nur auf die hochgeborenen Ratgeber zu stützen. Er unterstrich seine Forderung mit der Exekution des Vaters und des Bruders der Königin. Aber im März 1470 erhob Edward Anklage gegen ihn wegen Hochverrats; Warwick entkam nach Frankreich. Hier nahm er Partei für die Lancaster-Königin Margarete von Anjou und deren Sohn Edward. Mit französischer Unterstützung landete er im September 1470 in England und rief nun Heinrich VI. zum König aus. Edward trat ihm mit Heeresmacht entgegen; bevor es zum Kampf kam, gingen seine Magnaten unerwartet zum Feind über. Edward entkam mit knapper Not und fand in Burgund Zuflucht, das auf Seiten Yorks stand. Die Hansa unterstützte ihn gegen Zusicherung weiterer Privilegien. Im Frühjahr

1471 landete er wieder in Yorkshire, zog nach Süden und traf bei Barnet nördlich von London auf das Heer Warwicks. Im trüben Dunst eines Apriltages fand dessen Macht ihr Ende. Er selbst wurde auf der Flucht gefangen und getötet. Mit ihm fiel der letzte Vertreter jenes machthungrigen Magnatentums, dessen Ehrgeiz und Verblendung das Land in Selbstzerfleischung und Anarchie gestürzt hatten.

Ein letzter Waffengang war nötig, da Margarete mit dem Prinzen von Wales am Tage der Schlacht von Barnet in England gelandet war. Am 3. Mai 1471 wurde das letzte Heer der roten Rose bei Tewkesbury geschlagen, Prinz Edward getötet und seine Mutter gefangen genommen. In derselben Nacht, als Margarete den Tower betrat, starb Heinrich VI., angeblich an Melancholie. Margarete wurde von ihrem Vater losgekauft und verbrachte den Rest ihres Lebens in ihrer Heimat Anjou.

Nun erst konnte Edward seine Herrschaftsordnung festigen. Zu den Besitzungen des Hauses York fügte er die Gebiete von Lancaster und anderer ehemaliger Gegner. Die Krone wurde mächtigster Landeigentümer und besaß schließlich ein Fünftel des englischen Bodens. Er schaltete die Krone in den Woll- und Zinnhandel ein und beteiligte sie an den Gewinnen. Die Commons begrüßten die Stärkung der Kronmacht. Sie bewilligten ihm auf Lebenszeit das Schiffs- und Pfundgeld (tonnage and poundage). Edward hütete sich, zu große Forderungen an sie zu stellen. Unter seiner Herrschaft berief er nur sechs Parlamente. Die beiden Häuser kamen lediglich bei außerordentlichen Gelegenheiten zusammen wie etwa 1474, als er den Krieg gegen Frankreich erklärte und trotz seines patriotischen Appells nur widerwillig eine Finanzhilfe erhielt. Er nahm sogleich das Friedensangebot des französischen Königs an, das ihm gegen den endgültigen Verzicht auf die englischen Thronansprüche eine beträchtliche Geldzahlung und eine Jahrespension zusprach. Er sicherte der Hansa im Vertrag von Utrecht 1474 als Dank für ihre Hilfe Handelsprivilegien zu. Statt über das Parlament suchte er über die wohlhabenden Schichten »benevolences« als freiwillige Abgabe durchzudrücken, deren Verweigerung den einzelnen schlecht möglich war, da das Wohlgefallen des Königs für Geschäft und Ämterbeschaffung unentbehrlich war. Edward räumte mit der Zeit die Schuldenlast der Krone weg, und das Land erfreute sich zunehmend des lange entbehrten Friedens. Aber schon 1483 starb Edward IV. und überließ den Thron seinem zwölfjährigen Sohn Edward V. Damit verdunkelte sich wieder der Himmel.

Henry Tudor, Earl von Richmond, mütterlicherseits ein Nachkomme Edwards III. über die Beauforts aus der dritten Ehe des John von Gaunt, gedachte erneut das Banner der roten Rose von Lancaster auf englischem Boden aufzupflanzen, während die Nobilität in Edward V. die Chance zur Erhaltung ihrer Stellung sah. Dazwischen stand der Onkel des jungen Königs als Protektor des Königreiches, Richard von Gloucester, der selbst nach der Krone strebte. Die schreckliche Zeit der Kindschaft Heinrichs VI. und das Schicksal des damaligen Protektors Humphrey von Gloucester standen ihm vor Augen. Er schickte Edward und seinen Bruder in den Tower, wo sie umgebracht wurden. Richard krönte sich im Juli 1483 selbst zum König. Sogleich nahm er die Zügel fest in die Hand, stellte die Effektivität der Gerichtshöfe wieder her und zwang die Magnaten unter die Ordnung von Recht und Verwaltung. Aber im April 1484 starb sein einziger Sohn, und ein Jahr später landete Henry Tudor bei Milford Haven in Wales und beanspruchte den Thron im Namen von Lancaster. Am 22. August 1485 fand die letzte Schlacht der Rosenkriege bei Bosworth statt, wobei nicht mehr die Macht der Krone, sondern nur noch der Kronträger in Frage stand. Richard erschien mit der Krone auf dem Haupt, willens alles auf eine Karte zu setzen. Der Sieg Henry Tudors und der Tod Richards waren das Ergebnis des Tages. Noch auf dem Schlachtfeld wurde Henry die in einem Dornbusch gefundene Krone aufs Haupt gesetzt. Richard III. ging als das verbrecherische Ungeheuer in die Tudor-Historie ein, der vor Kinder- und Verwandtenmord nicht zurückgeschreckt sei. Von diesem Makel konnte ihn die neue Forschung nur teilweise befreien.

Mit Bosworth hatte der Bürgerkrieg sein Ende gefunden. Die Nobilität war dezimiert. Im letzten Parlament vor den Rosenkriegen (1454) saßen 53 Peers, im ersten Parlament Heinrichs VII. aber nur noch 18. Einige waren im Exil; bei vielen Familien lebten nur noch die jüngeren Söhne; einige Familien vornehmsten

Geblüts aber waren verschwunden wie die Mortimer, Mowbray, Bohun und vor allem Plantagenet. Der neue König umgab sich mit Gefolgsleuten niederer Herkunft wie Sir Thomas Lovell, Sohn eines Alderman von Norwich, Edmund Dudley, einem Squire, Sir Edward Poynings, dem Sohn des Schwertträgers von Jack Cade, und Richard Empson, dem Sohn eines Siebmachers. Das Ende des Magnatenanarchismus war gekommen und der Grund zu einer starken Monarchie gelegt, die mit Edward IV. sich angekündigt hatte und in den Tudors zum Gipfel gelangte. Ihre erste Grundlage waren die fast souveränen Machtgebiete der größten Familien, die der König planmäßig zu einer überragenden Hausmacht vereinigte und die ihn zum Magnaten über ein Fünftel des gesamten Bodens machten.

3. Der Aufstieg der Städte

In der Zeit zwischen dem Domesday Book Wilhelms des Eroberers 1086 und den Hundred Rolls Edwards I. 1274/78 hatte sich die Bevölkerung Englands kontinuierlich vermehrt und war von 1,5 Millionen auf 3 Millionen gewachsen. Im 13. Jahrhundert war eine Stufe erreicht, auf der die Schale des anglonormannischen Feudalismus zu eng geworden war und das soziale und wirtschaftliche Gefüge sich veränderte. Mit der Ausdehnung der bebauten Bodenflächen, der Intensivierung der Landwirtschaft, der Ausrichtung der Agrarbetriebe auf die Marktbedürfnisse, ferner mit der Vermehrung der Zahl, Größe und Prosperität der Städte und der Bildung eines Netzwerks von Märkten, mit der Erweiterung der Handelsbeziehungen im Binnenland und zum Kontinent hin wurden die mit den Grundherrschaften gezogenen Linien überschritten.

Die Bevölkerungszunahme war der erste, wenn auch nicht einzige Grund für eine Auflockerung der in die Feudalzusammenhänge eingebundenen Lebensverhältnisse. Das erhöhte Konsumbedürfnis zog Preissteigerungen, besonders der Lebensmittel, nach sich, während das erhöhte Arbeitsangebot zu Lohnsenkungen führte. Das bedeutete eine Steigerung der Gewinne aus Landwirtschaft und Gewerbe, eine Belebung des Handels mit

Zwischengewinnen, einen größeren Geldumfluß und eine Ausrichtung der ländlichen und städtischen Produktion auf die Marktlage. An dieser Entwicklung hatten die bodengebundenen Bauern (villeins) und die Lohnarbeiter keinen Anteil; sie waren sogar vorerst die Benachteiligten. Dagegen wuchsen der Regierung in Verwaltung, Rechtswesen, Kommunalordnung und Wirtschaft neue Aufgaben zu.

Diese allgemeine Entwicklung endete fast schlagartig mit den großen Pestwellen seit 1348, die umgekehrt zur Verödung ganzer Landstriche, zu Absatzschwierigkeiten, zum Absinken der Lebensmittelpreise, zur Fluktuation der Bevölkerung, zur Steigerung der Arbeitslöhne und dergleichen führten. Den Aufgaben der Grundherrschaft und der Verwaltung wurde eine andere Richtung gewiesen, während die Unterschichten nun die Vorteile der Marktlage nützen konnten. Die ununterbrochene Zunahme und die plötzliche Abnahme der Bevölkerung mußten zusammen von größter Wirkung auf den gesamten gesellschaftlichen Zusammenhang sein, der zwar von außen gesehen viele alte Formen beibehielt, aber vor völlig andere Fragen gestellt war, die der alten Feudalhierarchie des 11. Jahrhunderts unbekannt waren und außerhalb ihrer Formkraft lagen. Sie behauptete sich freilich als eine Rangordnung, die ihren ursprünglichen Sinn aufgegeben hatte. Ohnehin war ihre allumfassende Geltung durch die angelsächsische Tradition, die Kirche und die ersten Ansätze eines eigenständigen Stadtwesens seit jeher eingeschränkt. Nun aber zwang der Leutemangel vielfach zum Übergang vom Ackerbau zur Schafweidewirtschaft, was die Grundherrschaft in den Großhandel einflocht, die Tuchmacherindustrie steigerte und sogar König Edward III. zur Ansiedlung flandrischer Weber veranlaßte. Der Schwarze Tod war offenbar auch in dem Sinne eine Zäsur, daß die von den Städten ausgehende Mobilität in Markt-, Handel- und Geldwesen auf das Land übergriff und hier die feudalen Verhältnisse sich in vertragliche Vereinbarungen umzugestalten begannen (vgl. S. 152f.). Das 14. Jahrhundert war der Durchbruch eines anderen Denkens, das alle Schichten in eine größere Regsamkeit versetzte und im Verein mit dem Hundertjährigen Krieg (1339–1453) ein überregionales und allgemeines Nationalgefühl hervorbrachte. Der alte Grundgedanke einer feudalen Militärorganisation über einer Kolonialschicht hatte endgültig seine Berechtigung verloren.

Am frühesten brachen die Städte aus der Schale des anglonormannischen Feudalismus aus. Die zwei Jahrhunderte nach 1066 waren die goldene Zeit der Boroughgründungen. Im 12. Jahrhundert entstanden 52 neue Städte und im 13. Jahrhundert weitere 75, in denen sich durch königliche Konzession oder auch spontan ständige Märkte bildeten, die neben die üblichen Jahrmärkte (fairs) traten. Dieses dichte Netzwerk ermöglichte den führenden ländlichen Schichten eine stärkere Marktbeteiligung und begünstigte das Ausgreifen der Wirtschaftsbeziehungen über die Grenzen von Dorf, Grundherrschaft und Stadtmarkt hinaus. Hand in Hand damit ging eine Gewerbeentwicklung mit genauerer Arbeitsteilung, die die Bildung von Zünften und Gilden förderte. In London, das stets der Gesamtentwicklung voraus war, gab es schon früh Innungen; im 13. Jahrhundert erschienen sie in fast allen anderen Städten. Schon Ende des 12. Jahrhunderts gelangten viele Städte zu einer Prosperität, die sie in die Lage versetzte, von der Krone eine begrenzte lokale Autonomie zu erlangen. Sie konnten selbst ihren »Reeve« (Amtmann) wählen, der nur der königlichen Bestätigung bedurfte, oder sie lieferten ihre Kronabgaben unmittelbar an den Exchequer statt an den Sheriff der Grafschaft, so daß einige von ihnen auf gleicher Ebene wie die Grafschaften standen, zumal viele von ihnen seit 1250 auch die königlichen Writs statt über den Sheriff unmittelbar beantworten durften. Oft vereinbarten sie für ihre Zölle und Steuern ein Fixum an die Krone, besonders unter Johann Ohneland, so daß sie von der amtlichen Beitreibung eximiert waren. Ein solches Fixum mußte bei wachsender Prosperität neu vereinbart werden, was die Städte als Verhandlungspartner der Zentralregierung ins Spiel brachte.

Gleichzeitig mit der Ausbildung der Binnenmärkte und dem Anstieg der Prosperität entfalteten sich Export und Import. Neben Getreide, Häuten, Milchprodukten und Zinn war vor allem Wolle ein wichtiger Ausfuhrartikel. Im Jahre 1280 gingen 25600 Sack Wolle zum Kontinent; nach 1300 stieg die Menge sogar auf 35000 Sack. Um diese Zeit gingen jährlich 8 Millionen Vliese meist nach Flandern. Fast ein Viertel aller von Bordeaux ausgeführten Weine sowie große Mengen europäischer Tuche fanden den Weg auf die Insel. Der wachsende Reichtum zog England immer stärker in die Handelswelt hinein, in der es ein wichtiger Markt für die Weinbauern der Gascogne, für flämische Tuchhändler und für baltische Holzlieferanten und Pelztierjäger wurde, während England seinerseits Lebensmittel und Landprodukte nach Flandern und der Gascogne lieferte. Allerdings lag der Handel zuerst vorwiegend in den Händen fremder Kaufleute. Vor allem stand die Hansa im 13. und 14. Jahrhundert auf der Höhe ihrer Macht und kontrollierte Norddeutschland und den Ostseeraum. Mit dem Sitz in Lübeck und Köln beherrschte sie die Handelswege zwischen London, Brügge, Bergen und Nowgorod. Sie besaß seit 1281 eine fast autonome Kolonie im befestigten Stalhof (Steelyard) der Cannon-Street von London. Sie erwarb und behauptete hier Sonderrechte wie Zollexemtionen, Wollexportlizenzen, Einzelhandel und hatte geringere Abgaben zu leisten als die Engländer selbst. Aber auch Flamen, Gascogner und seit Ende des 13. Jahrhunderts in größerer Zahl auch Italiener beteiligten sich an den Geschäften. Edward I. borgte von italienischen Finanzleuten wie den Frescobaldis in den Jahren 1289 und 1310 riesige Summen gegen die Verpfändung seiner Zollrechte. Italienische Kaufleute führten vor 1273 fast ein Viertel der englischen Wolle aus. Bei der Eingliederung Englands in die internationale Wirtschaft des 13. Jahrhunderts waren die Ausländer führend. Die Italiener verloren allerdings im 14. Jahrhundert durch die Wirren im Mittelmeer und in Italien an Boden.

Englische Kaufleute kauften im Jahre 1273 die Lizenz zum Wollexport für ein Viertel der Totalausfuhr. Im 14. Jahrhundert hatten sie die Hälfte des gesamten Wollexportes in ihre Hand gebracht und importierten selbst die südfranzösischen Weine. Allerdings nahm der Wollexport mit wachsender Tuchindustrie ab, so daß unter Heinrich VI. nur noch 8000 Sack Wolle ausgeführt wurden; dafür exportierte England mehr Tuche und Fertigwaren. Die englische Kaufmannschaft führte einen langen Kampf gegen ausländische Händler, der von dem anschwellenden Nationalgefühl unterstützt wurde. Immerhin sicherte sich die Hansa noch im Vertrag von Utrecht (1474) ihre alten Privilegien und hielt vor der Schließung des Stalhofs 1598 den Ostseehandel zu einem guten Teil in ihrer Hand. Im ganzen drängten die englischen Kaufleute die fremden Konkurrenten erfolgreich zurück. Die Lokalmärkte im Binnenland gerieten ohnehin zunehmend in den größeren Handelsfluß hinein; sie paßten sich den Marktregulierungen benachbarter Städte an. Zwischen vielen Städten wurden Vereinbarungen über Freihandelsbereiche getroffen, wodurch zusammenhängende Gewerbe- und Manufakturzonen entstanden wie etwa im mittleren Westen um Salisbury, in den Midlands um Coventry oder in Ostanglien, dessen grobe Wolltuche vorwiegend ins Baltikum gingen. Ferner bildeten sich zentrale Märkte und Stapelplätze, vor allem natürlich in London, über das der westliche Tuchhandel lief; die Londoner Metzger kauften bis Nottingham ihre Tiere ein, und die Fischhändler hatten bis über die Midlands ihre Depots. Dieses Übergreifen der Märkte und der Handelsbeziehungen verlangte nach stärkerer Lenkung. Daran beteiligte sich aus fiskalischen Interessen auch die Krone, die besonders den Wollhandel und die Zollerhebung im Auge hatte. Seitdem die Verwaltung im 13. Jahrhundert ihren festen Sitz in Westminster eingenommen hatte, gewann daraus London als Vorreiter der nationalen Wirtschaftslenkung weiteres Gewicht.

Der in den Städten sich sammelnde Reichtum stand außerhalb der Feudalordnung und ließ sich mit Lizenzen- und Urkundenverleihungen kaum ausschöpfen. Schon in der Krisis von 1248 verpfändete Heinrich III. seinen Kron- und Juwelenschatz an die City von London, die er als »disgustingly rich« ansah. Erst der »Neue Zoll« von 1266 suchte die Krone an den Handelsgewinnen zu beteiligen, bis das erste Parlament Edwards I. von 1275 »the Great and Ancient Custom« bewilligte, also einen allgemeinen Zoll statuierte, der sich auf den gesamten Wollexport erstreckte. Edward rief späterhin die Städte oder auch nur die Wollhändler zu Sonderversammlungen zusammen, um weitere Steuern zu erreichen. Unter ihm kamen die Handelsstädte als Geldgeber in näheren Kontakt mit der Regierung und erlangten im Parlament vor allem über die Vertreter von London und den Cinque Ports eigenes Gewicht. Darüber hinaus vergab die Regierung einträgliche Monopole an kaufmännische Syndikate. Am wichtigsten war Heinrichs IV. Privileg an die Londoner »Merchant Adventurers haunting Brabant«, die den Tuchexport nach Flandern innehatten, damit Importe von Textilien und Weinen verknüpften und durch ihre gewaltigen Gewinne bis zum Jahre 1480 fast vier Fünftel des englischen Außenhandels beherrschten. Demgegenüber mußte Heinrich V. bei seinen Feldzügen immer noch auf Londoner Anleihen zurückgreifen. Die Voraussetzung für diese erweiterten Handelsbeziehungen war der Aufstieg von Gewerbe und Industrie in England selbst. Bereits im 12. Jahrhundert hatte England auf handwerklicher Grundlage schon eine beachtliche Produktionskraft in einigen Erwerbszweigen erreicht. Damals vermochten die Eisenschmelzen von Forest of Dean dem König Richard Löwenherz für den dritten Kreuzzug 50000 Hufeisen zu liefern. Sussex Weald, das zweite Eisenzentrum, eroberte Mitte des 14. Jahrhunderts den Londoner Markt. Die Zinnerzeugung im Südwesten der Insel steigerte sich. Die fünf Kohlengruben des Bischofs von Durham in Wickham erbrachten im 14. Jahrhundert 333 Pfund Jahresrente. Tyneside entwickelte sich zu einem Kohlezentrum, das über See die Kohle nach London lieferte, wo sie bereits von den Schmieden, Brauern, Bäckern und Kalkbrennern benutzt wurde und im Jahre 1307 die ersten Klagen über den Londoner Rauch zu hören waren.

Der Aufschwung der Textilindustrie veranlaßte eine Verlagerung von Bevölkerungsteilen, insofern die Ausnützung der Wasserkraft zu einem Rückgang der städtischen Gewerbebetriebe in den Ebenen des Ostens und zu einem Vordringen der ländlichen Textil- und Lederproduktion über Kleinmanufakturen, Verlagswesen und Mühlenwerke an den Wasserläufen der Westens führte, wo viele neue Gemeinden entstanden. Gleichzeitig bildeten sich kleinkapitalistische Meisterbetriebe oder größere Organisationsformen, in denen die Kleinmeister im Auftrag von größeren Meistern oder Kaufleuten arbeiteten. Die Produkte gingen über Agenturen und Mittelsleute zum Großhandel. Eine neue Oberschicht lagerte sich über das kleine und an den Lokalmarkt gebundene Handwerk, die auch Heimarbeit mit Rohstoffgestellung, ausgeliehenen Spinnrädern und Webstühlen in die Produktionsordnung einbezog. Mit dem Aufkommen des Heimarbeitsystems hörten die alten Handwerksgilden auf, das Hauptrad im Produktionsbetrieb zu sein, wenn auch das Lehrlingswesen und die Meisterordnung erhalten blieben. Daraus ergaben sich Wandlungen im sozialen und kommunalen Gefüge der größeren Städte, die zu ähnlichen Krisen wie auf dem Lande führten.

Die Konflikte zwischen Manufakturwarenhändlern und Gewerbetreibenden, zwischen Monopol- oder Lizenzinhabern, zwischen fremden und einheimischen Kaufleuten, zwischen Stadtbehörden und Fernhändlern, aber auch zwischen Wollproduzenten, die freien Export wünschten, und Tuchfabrikanten, die billige Wolle brauchten, nötigten die Regierung zur Planung der Getreide- und Wollexporte und zu Preisregulierungen. Sie nötigten auch Änderungen der städtischen Behördenverfassungen herbei. Der allgemeine Grund lag darin, daß die den Innungen und Zünften seit dem 11./12. Jahrhundert verliehenen Ordnungsfunktionen in Bezug auf Beruf, Betriebsgröße, Warenherstellung und Marktverhalten den andersartigen Bedürfnissen der neuen Großmärkte widersprachen. Der Kampf der Innungen untereinander oder gegen die herrschenden Familien, der Streit mancher Stadträte (Common Councils) gegen die Preispolitik der führenden Gilden oder gegen das oligarchische Stadtregiment des Mayor und der Aldermen beherrschten die englische Stadt des 14. Jahrhunderts. Hier war London der Indikator der Entwicklung, wenn auch in anderen Städten über die gleichen sozialen und wirtschaftlichen Fragen Streitigkeiten ausbrachen, wie etwa in Oxford 1355.

In London kamen zudem unterhalb der führenden Schichten und der Vollbürger (Freemen) in Handel und Handwerk eine Unmenge kleiner Leute zusammen, die für Transport, Ernährung, Marktbeschickung und dergleichen notwendig wurden. Es gab ambulante Händler, die von Tür zu Tür Brot oder Holzkohle verkauften, Lohnarbeiter für Transport, Verpackung oder Verladung, Viehtreiber und Fuhrleute, dann auch die Kleinhandwerker der Vorstädte wie die Metzger von Stepney. Ein Gegensatz zwischen einem ungesicherten sozialen Treibholz und den vollberechtigten Bürgern oder auch zwischen Lohnarbeitern und Unternehmern zeichnete sich ab, der im Jahre 1381

London in den Bauernaufstand hineinzog. Journeymen und Yeomen bildeten eigene Vereinigungen, um sich gegen Lohnabsprachen und Arbeitsbestimmungen zur Wehr zu setzen.

Andererseits strebten wohlhabende Country Merchants danach, Londoner Freemen zu werden, um hier ihre Interessen besser durchsetzen zu können. Ferner bildeten sich größere Assoziationen, etwa der Nahrungsmittelhändler (Grocers), die überall in Europa einkauften und ihre Waren en gros auf die ländlichen Jahrmärkte schickten, wo sie eigene Rechnungsstellen unterhielten. Ähnlich war es mit dem Tuchhandel. Das lokale Londoner Handwerk geriet gegenüber einer solchen Konkurrenz vielfach ins Hintertreffen. Ein Statut von 1361 versuchte zwar, den Handel auf je ein Handwerk zu beschränken, wurde aber sogleich widerrufen. Die Londoner Handwerkszünfte hatten zwar unter Edward I. Einfluß im Common Council der Stadt erhalten und verdrängten unter Edward II. die alten herrschenden Familien, aber sie mußten sich auf die Chancen der großräumigen Marktverhältnisse einstellen oder verkümmern. Ihre führenden Elemente stiegen zu Unternehmern und Kaufleuten empor, sei es zu den reinen Kaufleuten der Mercers und Grocers oder zu den Halbkaufleuten der Drapers. Die nur lokal wichtigen Gewerbe und Handwerke konnten dagegen nur mittelbar an der Prosperität dieser Handelswelt teilnehmen. Im 13. Jahrhundert bildeten sich die 12 exklusiven Livery Companies in London, die auf ihren Banketten in besonderen Talaren auftraten, durch die sie ihren Namen erhielten. Ihre Mitglieder mußten einen beträchtlichen Eintrittspreis zahlen und einem Fonds zu Investitionen in Handel und Industrie Gewinnanteile zuwenden. Diese Kompanien wurden von den Lancasterkönigen mit zahlreichen Privilegien ausgestattet, wie überhaupt die späteren Rechtsverleihungen der Krone das oligarchische Element unterstützten. Edward IV. gab ihnen Anteil an der Wahl des Lord Mayor, der im 15. Jahrhundert ohnehin meist von ihnen gestellt wurde. Führend waren die Fisch- und Lebensmittelgroßhändler sowie die Tuchkaufleute.

Bezeichnenderweise bildeten sich im Jahre 1380 zwei feindliche Faktionen unter der Führung von Nicholas Brembre als Grocer und John von Northampton als Draper. Hinter der

Northamptongruppe, die für freieren Handel und billiges Brot eintrat, standen Wyclif und John von Gaunt. Sie wollte außerdem die Wahl des Common Council von den Bezirksvorstehern (wards) auf die Gewerbe übertragen und das Amt der Aldermen auf ein Jahr beschränken. Dagegen vertrat die Brembre-Gruppe mehr die oligarchischen Interessen in der Stadt, bekämpfte das Übergewicht der fremden Kaufleute und verlangte Beibehaltung der Handelsvorschriften. Sie setzte sich nach 1384 erfolgreich dafür ein, die Wards und Aldermen auf Lebenszeit zu belassen. Die Krone überließ nach der Beilegung jenes Konflikts den Kaufmannsgilden der Livery Companies, also der neuen Oberschicht von Handel und Handwerk, die in alten Formen die Interessen des neuen Großhandels verkörperten, das entscheidende Übergewicht. Der Neubau oder die Restauration von 50 Londoner Kirchen, Guildhall, das Newgate-Gefängnis, Leadenhallgranary, der Kaufmannspalast Crosby Place u.a. zeugten vom Reichtum der Stadt im 15. Jahrhundert. London behauptete sich über die Krisen des 14. Jahrhunderts hinweg als unbestrittener Mittelpunkt der nationalen Wirtschaft.

Aber im ganzen gesehen war die erste Hälfte des 15. Jahrhunderts eine Zeit der Stagnation, da durch Krieg und Pestwellen der Handel erlahmte und viele Ländereien unbestellt blieben. In Winchester gab es 1430 etwa tausend leere Häuser, und Lincoln war auf 200 Einwohner zurückgegangen. Damals entstanden die ersten »rotten boroughs«. Selbst das Wollproduktionszentrum in Ostanglien, das vom Handel mit den Niederlanden und Nordeuropa profitierte, war durch die Wechselfälle der inneren und äußeren Kriege mitgenommen. Es war natürlich, daß die kleinen Landbesitzer und insbesondere die Kaufleute und Rechtsgelehrten am Frieden interessiert waren und sich nach einer starken Thronmacht sehnten. Die latente Interessenharmonie zwischen diesen mittleren Schichten und der Krone gab schließlich den Ausschlag für Edward IV. und dann die Tudorkrone. Der Erfolg Heinrich Tudors fiel glücklicherweise mit einem Aufschwung des westeuropäischen Handels zusammen. Der Verfall des mittelalterlichen Landsystems und die Selbstzerfleischung der hohen Aristokratie bahnten den Weg für die mittleren Klassen in Adel und Bürgertum, deren freigesetzte

Tätigkeit im 16. Jahrhundert die Chancen auszunutzen vermochte, die sich nach dem Eindringen der Türken ins Mittelmeer, dem Niedergang der Hansa und schließlich mit dem Befreiungskampf der Niederlande gegen Spanien eröffneten.

4. Der Bastardfeudalismus

Mit der Verlagerung des allgemeinen Lebens auf Markt- und Geldwirtschaft wurde der alten Feudalhierarchie der Boden entzogen. Im strengen Sinne war die alte Gesellschaft seit Wilhelm dem Eroberer trotz zahlreicher Ausnahmen auf Waffendienst gegen Landleihe eingestellt. Die Ritterdienste genügten seit dem 13. Jahrhundert den wachsenden Anforderungen der Krone nicht mehr und standen den Wirtschaftsinteressen der Großgrundbesitzer im Wege. Die Ablösung des Waffendienstes durch Schildgelder und schließlich der Ersatz der nur begrenzt folgepflichtigen Vasallen durch besoldete Truppen ließen das Geldwesen vordringen. Seit dem 12. Jahrhundert nahmen die Könige oft Geld statt persönlichen Dienst und zogen die Anwerbung von Söldnern vor. Die erste Aushebung von Soldaten gegen Lohnvereinbarungen begegnet im Jahre 1277. Edward I. entschloß sich, mit seinen Baronen Soldverträge abzuschließen, die ihrerseits Unterverträge mit ihren Aftervasallen aushandelten. Die letzte Einberufung einer feudalen Heeresgefolgschaft im Jahre 1327 stieß auf Unwillen und Schwierigkeiten, so daß künftig die Besoldung zur Regel wurde.

Mit der Söldnerarmee, in welcher auch die Ritter Sold erhielten, begann eine Entmilitarisierung oder Verbürgerlichung der Gesellschaft. Im 14. Jahrhundert waren fast alle feudalen Militärpflichten in Geldleistungen oder Renten umgewandelt. Der Feudalismus blieb der Form nach intakt; aber er war zu einem Netzwerk von käuflichen Privilegien und von Abgabepflichten degradiert, wobei die Verbindung mit Landbesitz in Geltung blieb, aber seine sozial formende Kraft verloren gegangen war.

Die Aristokratie war seitdem keine nur militärische Kaste mehr, wenn sie sich auch weiterhin führend am Waffendienst beteiligte. Das Kriegswesen bestimmte nicht mehr die Hierarchie der Gesellschaft; die Soldaten waren zur Berufsgruppe geworden. Das bedeutete, daß innerhalb der Gesellschaft der Steuerzahler wichtiger wurde als der Soldat. Die post-feudale Gesellschaft, in der sich das Parlament entfalten konnte, war mehr auf Geldleistungen als auf Waffendienst aufgebaut. Die Politik der Krone griff auf die Geldquellen in der Gesellschaft über. Es lag in der Natur der Sache, daß dem feudalen Rat der Magnaten sich das Parlament mit Gentry, Citizens und Burgesses zugesellte. In den Parlamenten des 14. Jahrhunderts waren die Richter und die Träger der Finanzverwaltung von größerem Gewicht als die militärischen Führer. Das verbleibende Gewicht der Barone beruhte nun vor allem auf Landgröße, Reichtum und Patronage. Einige erreichten als Supermagnaten und Verwandte der Krone vermehrten Einfluß, wie etwa die Lancasters, die neben Lancaster noch Leicester, Derby und Lincoln als Earldoms innehatten, oder die Clare-Familie, die Gloucester und Hertford, oder die Bohun-Familie, die Hereford und Essex beherrschte. Dieses machtpolitische Gewicht und die regionale Wirtschaftskraft weniger großer Magnaten im 14./15. Jahrhundert schmälerte vorübergehend die gewachsene Bedeutung der neuen Elemente. Ihre Kaufkraft machte die Nachbarstädte oft von ihnen abhängig. Die kriegerischen Wirren, die erfolgreiche Hausmachtpolitik einiger Großfamilien, die Schwäche der Krone und die Verbindung von Militärwesen und Patronage trugen zu der Machtkumulation in den Händen weniger Familien bei. Dies hing mit dem sogenannten »Bastardfeudalismus« zusammen, der seit der Vergeldlichung der Feudalpflichten sich angemeldet hatte. Diese Vergeldlichung brachte in Verbindung mit anderen sozialen, wirtschaftlichen und politischen Veränderungen Formen der Ämterpatronage und des bezahlten Gefolgswesens hervor, die in die Adelsanarchie des 15. Jahrhunderts einmündeten. Einmal hatte sich eine neue Klasse unterhalb der Magnaten gebildet; der normannische Krieger des 11. Jahrhunderts war zum Landbesitzer des 13. Jahrhunderts geworden, der mit seiner gutsherrlichen Lebensweise administrative Aufgaben verband, da der Aufbau von Rechtswesen und Verwaltung auf königlichen Befehl eine Selbstregierung in den Grafschaften und Boroughs geschaffen hatte, die die Gentry als Steuerkollektoren, Sheriffs, Coroners,

Friedensrichter und Geschworene ins Spiel brachte. Am wichtigsten wurde das Amt des Friedensrichters, dessen Befugnisse sich durch zahlreiche Statuten von polizeilichen und administrativen (seit 1327) auf richterliche Aufgaben (seit 1360) erweiterten. Die Ritterschaft gewann so sozial und finanziell an Gewicht. Das führte dahin, daß die Magnaten schon 1254 erklärten, sie könnten sich in ihren Beschlüssen nicht auch für die Gentry festlegen. Unter Edward I. gab es etwa 3000 solcher Landbesitzer, die ein zum Ritter qualifizierendes Minimum von 20 Pfund jährlich erwirtschafteten. Die reichsten unter ihnen standen den Earls nicht viel nach und waren die mächtigsten Leute in ihren lokalen Regionen (buzones), die von den Sheriffs entsprechend den Writs des Königs ins Parlament geschickt wurden. Das Vordringen dieser Schicht nahm eine andere Richtung, als der Schwarze Tod im 14. Jahrhundert die Grundlagen des Wohlstandes der Gentry zerrüttete, da Renten und Erträge durch den Leutemangel zurückgingen, die Löhne sich erhöhten, die Preise der landwirtschaftlichen Produkte durch Absatzschwierigkeiten sanken und die Faktionenkämpfe eine allgemeine politische Unsicherheit im Lande hervorriefen. Deshalb gaben ärmere Ritter und vor allem deren nachgeborene Söhne ihre Unabhängigkeit auf und suchten unter der Patronage benachbarter Magnaten Sicherheit und Hilfe zu gewinnen. Eine neue Form des Verhältnisses von Patron und Klient bot Schutz und vollendete den Bastardfeudalismus. Er griff auch auf die Großbauern über, die sich oft von den ärmeren Rittern kaum unterschieden. Alle diejenigen »Freemen«, die es sich nicht leisten konnten, Ritter zu sein, d.h. die von einem Ritter zu verlangenden Militärdienste oder die entsprechenden Leistungen dafür aufzubringen, schlossen sich einem Lord oder einem reichen Ritter an und dienten unter dessen Banner. Diese Gefolgsleute wurden mit ihren Herren identifiziert, deren Wappen oder Kennzeichen sie trugen; die Großmagnaten statteten ihre Leute sogar mit vollständigen Waffenröcken (liveries) aus und sorgten für ihren Unterhalt (maintenance), wenn ihre Dienste gefordert wurden. Im Dienst ihres Lords wurden diese »Freemen« oder »Franklins« schon seit Ende des 13. Jahrhunderts als »Yeomen« bezeichnet. Die unaufhörlichen Faktionskämpfe des 14. und 15. Jahrhunderts vollendeten dieses System von »livery and maintenance«, machten es aber zugleich unerträglich, da mit ihm die kommunalen Behörden und die königlichen Gerichte ebenso wie die Parlamentswahlen unter Druck gesetzt und eine geordnete Verwaltung und Rechtspflege verhindert werden konnte. Erst unter Heinrich VII. wurde dieses anarchische Unwesen auf die ständige Dienerschaft im grundherrlichen Haushalt (retainers) eingeschränkt. Was später blieb, war lediglich die Bezeichnung der waffenfähigen Bauern als Yeomen, waren sie nun Freeholders oder Copyholders.

Diese Form des Gefolgschaftswesens hatte mit der Lehnshierarchie Wilhelms des Eroberers nichts mehr zu tun, die die Aufstellung von Privatarmeen ausschloß und unter Edward I. die Schaffung neuer Untervasallenverhältnisse (1290) ausdrücklich untersagte. Sie war aus der Not geboren und verschwand erst endgültig mit dem Statut gegen »livery and maintenance« von 1504, mit dem auch das Übel der »Embracery«, der Korumpierung und Bedrohung der Geschworenen, eingedämmt wurde und die Jury, die Friedensrichter, die Sheriffs und Untersuchungskommissionen nicht mehr das Interesse ihres Patrons, sondern das des Königs wieder vertraten.

Das Patronage- und Klientelwesen stärkte die Magnaten und die reiche Gentry; es schwächte die kleineren Magnaten und die kleine Gentry. Die Begrenzung der Peerage auf die mächtigsten und angesehensten Magnaten zum Ende des 14. Jahrhunderts unterstrich diese Entwicklung und nahm der im Magnum Consilium versammelten Lordschaft mit der Zeit den ursprünglichen Charakter einer Kronvasallenschaft. Gleichzeitig gewannen die Magnaten Einfluß auf die im Unterhaus sitzende Gentry, so daß das Oberhaus bis ins 16. Jahrhundert hinein das unbestrittene Übergewicht behielt. Ohnehin hatten die Vertreter der Städte im Parlament politisch geringe Bedeutung, ausgenommen wahrscheinlich London und die »Cinque Ports«, und entfalteten erst später im Bunde mit der Gentry eine größere Aktivität. Bis zu Edward IV. stagnierte durch Bevölkerungsschwund, Pestwellen, Rückgang des Handels, Gewalttätigkeit im öffentlichen Leben, Machtlosigkeit des Rechts, Schwäche der Krone und 150 Jahre Krieg die gesellschaftliche Entwicklung. Mit dem Herrschaftsantritt Heinrichs VII. 1485 ebbten die Pestwellen und Seuchen ab, deren letzte 1665 London heimsuchte, die Kriege blieben begrenzte Konflikte, und die zunehmende Verlagerung der wirtschaftlichen Schwerpunkte nach Westeuropa belebte Handel und Wandel. Verwaltung und Rechtspflege gewannen unter dem Schutz der Krone ihren Rang zurück. Dies stärkte die Gentry, die als Friedensrichter in den Quarter Sessions der Grafschaften die hohe Strafgerichtsbarkeit unter der Aufsicht der Court of King's Bench ausübte und seit 1494 sogar den feudalen Sheriff der Grafschaft kontrollieren konnte. Die Friedensrichter wurden die lokalen Repräsentanten des Königsfriedens und zugleich die aministrativen und politischen Agenten von König und Rat.

5. *Die Wandlung der Grundherrschaft*

Von der allgemeinen Entwicklung blieb das ländliche Leben nicht unberührt, zumal in ganz England um 1300 jeder größere Flecken seinen ständigen Markt besaß. Aber der Rhythmus dieser Veränderungen war langsamer und in den verschiedenen Regionen unterschiedlich. Die Weiler in Devonshire und in den nördlichen Moorgebieten oder die abgeschlossenen Dorfsiedlungen des dänisch bestimmten Ostens nahmen weniger daran teil als die großen Grundherrschaften in den Midlands und die Dörfer von Kent mit ihren Marken und Weiden. Es gab Distrikte ohne gebundene Grundherrschaft und andere Distrikte, die völlig von der feudalen Lordschaft beherrscht waren. Im ganzen lebten noch vier Fünftel der Bevölkerung auf dem Lande oder jedenfalls in agrarisch bestimmten Verhältnissen. Die Grundherrschaft (manor) war nach 1066 durchweg die soziale und wirtschaftliche Grundeinheit. Dabei richtete sich die Wirtschaft der Landgemeinden in erster Linie auf die eigene Bedürfnisdeckung, wobei nur Salz, Eisen und einige Gebrauchsartikel auf den Jahrmärkten gehandelt zu werden brauchten. Diese geschlossenen Lebensgemeinschaften begannen sich nun aufzulockern.

Die Dorfgemeinden der großen Grundherrschaften waren am stärksten in den feudalen Zusammenhang eingebunden. Das Verhältnis zum lokalen Lord beruhte nicht auf freien Verträgen, sondern auf gesetzlichen Dienstpflichten, auf dem »custom of the manor«. Die Hintersassen waren großteils Leibeigene (villeins) geworden, die ein meist ausreichendes Stück Ackerland bewirtschafteten und zahlreiche Nutzungsrechte an Weide, Wald und Wasser hatten, aber dafür Dienst- und Abgabepflichten erfüllen mußten. Neben Feldbestellung, Erntearbeiten, Mahlzwang, Rentenzahlung und vielen Sonderverpflichtungen unterlagen sie den Regeln der offenen Feldwirtschaft. Der »Reeve« (Schulze) als Beauftragter der Grundherrn, meist selbst ein Leibeigener, organisierte und beaufsichtigte die Flurbestellung. Die Berufswahl oder die Ausübung eines Gewerbes bedurfte der Erlaubnis des Lords. Allerdings war der »villein« nicht rechtlos, besonders als die grundherrlichen Gerichte zurückgedrängt waren und andere Rechtswege sich durchsetzen konnten.

Die wachsende Ausrichtung der Agrarproduktion auf die benachbarten Märkte war gleichbedeutend mit einem Eindringen der Geldwirtschaft und des Marktdenkens in die Dörfer. Besonders unter Edward I. setzte eine Verwandlung der Dienste in Geldleistungen ein, als der steigende Bedarf an Landprodukten zusätzliche Ackerdienste gegen Lohn erforderlich machte. Viele Villeins gaben Teile ihres Landes gegen Geldrente weiter und suchten zusätzliches Verdienst in Mehrarbeit oder Heimarbeit. Das reiche, den Lohn drückende Arbeitsangebot veranlaßte die Magnaten, Geldleistungen statt Dienste zu nehmen und von höriger zu bezahlter Arbeit überzugehen. Die Krone gab ihren Leibeigenen sogar Gelegenheit, sich gegen eine beträchtliche Pauschalsumme von den Diensten freizukaufen. Kurzum: das Geldsystem führte Konsequenzen mit sich, die den dörflichen Verband auflockerten.

Diese Entwicklung war nicht mit der Dynamik des städtischen Handels zu vergleichen. Sie zeigte jedoch sogleich die Schattenseiten des Geld- und Marktwesens. Lohn und Arbeitsregelung wechselten von Jahr zu Jahr je nach Ernteergebnissen oder allgemeinen Zeitläuften. Wenn das Getreide teuer war, konvertierte der Grundherr das Deputat an seine Arbeiter in Geld oder umgekehrt. Die Marktschwankungen brachten ins Dorf Unruhe und Unzufriedenheit, da der Grundherr der alleinige unbehinderte Nutznießer dieser Preis- und Lohnschwankungen war. Deshalb kam es schon vor der großen Pest zu Unruhen und zur Suche nach Lohnarbeit außerhalb des Rahmens der Grundherrschaft.

Mit der ersten Pestwelle 1348/49 veränderten sich mit einem Schlag die Abhängigkeits- und Arbeitsverhältnisse. In 16 Monaten sank die Bevölkerung von vier auf 2,5 Millionen. In gewisser Weise wurde das Marktdenken jetzt allgemein und wirkte sich nun zugunsten der unteren Schichten aus. Jetzt erst dehnten sich die Vorteile des Geldwesens auf diejenigen aus, die bisher weit mehr dessen Nachteile erfahren hatten. Bei dem plötzlichen Arbeitermangel kletterten die Löhne, und durch den plötzlichen Konsumentenmangel sanken die Preise. Die alten Dienstleistungen reichten bei der Dezimierung der Villeins nicht mehr aus; erhöhte Dienstpflichten trieben viele Bauern zu anderen Grundherren mit besseren Angeboten. Ganze Dörfer verweigerten die Arbeit, um höhere Löhne zu erzielen. Dienstverweigerung und Flucht waren allgemein. Die harten Strafen richteten wenig aus; die Bauern beriefen sich auf das Domesday Book zum Beweis, daß ihre Vorväter frei gewesen seien. Manche Lords wiesen auf alle möglichen Weisen nach, daß dieser oder jener Mann frei sei und von ihnen beliebig angeheuert werden dürfe. Andererseits erhoben manche Leibeigene Klage gegen fremde Grundherren, die sie zum Bruch des Rechts hätten anstiften wollen, um ihre Arbeitskraft zu gewinnen. Seit 1348 und den folgenden Pestwellen trat ein Zustand ein, der die bisherigen Regelungen der Manor-Verfassung zeitweilig beiseite setzte. Land konnte jetzt zu günstigen Bedingungen, d.h. mit geringen Renten und Übernahmegeldern, erworben werden. Der Fortschritt in der Lohnfrage wurde in ständigem Konflikt mit dem Gesetz und der lokalen Gewohnheit gewonnen. Die Regierung und die Nutznießer des überkommenen Landsystems wollten das Bisherige festhalten. Die Konkurrenz der Grundherren in der Suche nach Arbeitskräften und die Flucht der Leibeigenen auf den freien Arbeitsmarkt verlangten allgemeine Regelungen. Manche Grundherren wandelten den verödeten Ackerboden in Weideland; damit zogen sie aus der Notlage Gewinn, trugen aber zur Auflösung der Manor-Verfassung bei.

Schon 1349 begann mit einer Council Ordinance eine Arbeitsgesetzgebung, die mit dem Statute of Labourers 1351 und vielen weiteren Statuten einen neuen gesetzgeberischen Bereich eröffnete. Diese erste größere Arbeitsgesetzgebung diente aber keineswegs dem Fortschritt, sondern der Bewahrung der alten Bindungen. Sie bekämpfte das Absinken der Renten und den Anstieg der Löhne und erstreckte sich auf Lohn- und Preisfestsetzungen, auf Verbot von Almosen an Arbeitsfähige und des Wanderns von Landarbeitern. Sie sollten einen eigentlichen Arbeitsmarkt verhindern. Besondere Justices of Labourers wurden ernannt, deren Aufgaben dann im Jahre 1383 die örtlichen Friedensrichter übernahmen. Sie sorgten dafür, daß die Arbeiter auf die Statuten der Arbeitsgesetze vereidigt wurden; sie erschienen auf den Heuermärkten der Landstädte und konnten die Arbeiter auf Arbeitsplätze verweisen. Sie setzten die Löhne im Interesse ihrer eigenen Klasse, also der Landbesitzer, fest. Das freie Arbeitsangebot wurde gesetzlich verhindert und die Auslieferung der Löhne an die Marktlage vereitelt. Die Friedensrichter konnten aber kaum das Weglaufen von Arbeitskräften in die Textilbetriebe verhindern. Der ständige Krieg mit Frankreich gab zudem reichlich Gelegenheit, auf anderen Wegen sich der feudalen Gebundenheit zu entziehen.

Letzten Endes war die Masse der Leibeigenen nur zu halten, wenn die Dienste neu geregelt oder erleichtert und neue Sicherheiten gewährt wurden. Der Leutemangel bewirkte, daß die Grundherren ihren Bauern eine schriftliche Rechtsgrundlage als Sicherung ihrer Rechtstitel gaben, nämlich ein Copyhold, das in den Rolls der grundherrlichen Hofgerichte eingetragen war. Viele Leibeigene wurden von »tenants-at-will« zu »Copyholders«, die zwar als »customary tenants« dem »Custom of the Manor« unterstanden, aber eine gerichtlich verwertbare Unterlage für die zumutbaren Rechte und Pflichten vorweisen konnten. Allerdings sicherte erst ein Gesetz Edwards IV. von 1481 »the custom of the manor« als Teil des Landrechts, das am königlichen Gericht geschützt wurde. Erst hiermit war der Landlord gegenüber dem Copyholder machtlos, wenn dieser nur seine Abgaben bezahlt hatte.

Manche zogen deshalb ein »Leasehold« vor, d.h. sie handelten mit dem Grundherrn als theoretisch freie Partner einen befristeten Pachtvertrag mit fixierten Renten aus, der ihre Existenz auf einen geschriebenen Vertrag gründete, über den hinaus sie nicht zu Servituten verpflichtet werden konnten. Wer sich weiter aus der Manor-Verfassung lösen konnte, trat in die Gruppe der »Freeholders«, also der Freibauern, ein, die nur geringe Rentenpflichten (socage tenure) hatten und oft nur eine Anerkennungsgabe zu entrichten brauchten. Sie hatten in Landerwerb, Bewirtschaftung und Marktbeschickung freie Hand und in der Regel auch Zutritt zu den County Courts, also den Grafschaftsversammlungen unter dem Sheriff; sie wurden von den Friedensrichtern bevorzugt auf die Geschworenenbänke bestellt und erreichten über diese öffentlichen Funktionen das Wahlrecht für das Unterhaus. Im Jahre 1429 beschränkte das Parlament das Wahlrecht auf jene Freipächter, die einen Jahresreinertrag von 40 Schilling nachweisen konnten. Diese 40 Schilling-Freeholders repräsentierten das gesunde englische Bauerntum, das als Yeomanry das Rückgrat des königlichen Heeres und der privaten baronialen Armeen im 15. Jahrhundert war.

Noch bis in die Tudorzeit erhielt sich freilich daneben auch die alte Form völliger Bodengebundenheit und Leibeigenschaft; die »villeins« mochten im 16. Jahrhundert noch ein Prozent der Bevölkerung ausmachen; desgleichen überwogen bis dahin noch die Copyholders. Aber der Weg zur Auflösung der Feudalverhältnisse war mit der fast allgemeinen Verschiebung auf eine vertragliche Basis beschritten. Soweit die landlosen Arbeiter in die Städte oder zum Heer gegangen waren, erreichten sie eine gewisse Mobilität, die durch Markt und Lohnbewegung mitbestimmt war. Die Kehrseite davon war das Vagabundenwesen, das Ende des 15. Jahrhunderts eine Landplage war und Zeugnis von jener unvermeidlichen sozialen Randversumpfung ablegte, die das Nebeneinander alter und neuer Wirtschaftsformen mit sich brachte. Erst mit dem Poor Rate Law von 1572 wurde daraus eine nationale Fürsorgepflicht gefolgert.

Die gesetzlichen Lohnrestriktionen im Verein mit der Festsetzung einer gleichen Kopfsteuer für die ganze Bevölkerung in der Poll Tax von 1381 veranlaßte die große soziale Krisis von 1381, in die andere soziale und religiöse Antriebe mit eingingen. Der Bauernaufstand in Kent und Essex dehnte sich schnell aus und griff besonders auf die stärker industrialisierten Gebiete Londons und des Ostens über, wo große Volksteile ungehinderter als bisher an den sich eröffnenden Möglichkeiten der Geld- und Profitwirtschaft Anteil nehmen wollten und sich gegen die gesetzlichen und grundherrlichen Einschränkungen zur Wehr setzten. Die wohlhabenden Bauern von Kent und Essex wandten sich nicht nur gegen die rigorosen Steuerkollektoren der Regierung, sondern ausdrücklich auch gegen die Fesseln der Grundherrschaft überhaupt. Sie forderten Ablösung aller Dienste gegen einen Pachtzins von vier Pence je Acre. Andere verlangten freie Wald- und Wildnutzung oder auch Einziehung der Kirchengüter.

Der Bauernaufstand scheiterte zwar, und der bis 1377 deutlich erkennbare Trend zur Lohnsteigerung bei gleichen Preisen wurde aufgehalten; aber im ganzen verhinderte die Niederlage nicht den Fortgang des Wandels. Das Geldwesen unterminierte aus seiner abstrakten Natur heraus die Struktur der alten Lebensbereiche und ließ sich auf die Dauer kaum mit dem personalen Verhältnis von Lord und Mann vereinbaren. Andererseits bog die Magnatenanarchie des 15. Jahrhunderts die Gesamtentwicklung im Interesse ihrer regionalen Militär- und Wirtschaftspolitik um. Das Königtum setzte sich dagegen seit Edward IV. und Heinrich VII. durch Einsammlung der regionalen Machttrümmer und der daran hängenden Feudalrechte durch. Das bedeutet aber, daß der König als Supermagnat oder Overlord seine Macht über den Haushalt zurückgewann und über die alte Form des »Custom of the Manor«, die bei der Krone in etwa mit dem »Custom of the Realm«, d.h. dem Common Law, identisch war, die Friedensordnung wiederherstellte. Der feudale Fiskalismus der Krone bremste im oberen Bereich die Entwicklung, setzte sie aber nach unten durch einen nationalen Fiskalismus in der Handels-, Markt- und Geldregulierung frei.

6. Die religiöse Entwicklung

Die religiöse Unruhe des 13. und 14. Jahrhunderts ergriff auch England. Hier waren 1221 und 1225 die beiden Bettelorden der Dominikaner und Franziskaner erschienen, die ein belebendes Element in das religiöse und geistige Leben brachten und mit

Kritik nicht zurückhielten. Besonders die Franziskaner wurden die Träger einer individuellen Religiosität und eines Spiritualismus, der die Verweltlichung der wohldotierten Kirchen und Klöster und die »Religion der fetten Kühe« (Wyclif) anprangerte. Das eingesessene Mönchswesen konnte sich indessen behaupten. Noch im 14. Jahrhundert wurden zahlreiche neue Häuser gegründet. Die geistig-sittliche Führung der Klöster ging jedoch verloren, während sie sich in Landwirtschaft und Wollproduktion hervortaten. Mit dem Schisma seit 1378 sank die Disziplin; viele Mönche lebten wie Laien und viele Äbte wie Landlords. Ihre Lebensweise und die Kritik der wandernden Observanten unterminierten ihr Ansehen.

Ähnlich wie die Klöster hatte auch die Weltkirche einen Überfluß an Klerikern. Fast 10000 Priester fanden keine feste Beschäftigung in der Seelsorge. Von den 8–9000 Pfarrstellen war zudem die Hälfte an Klöster, Kathedralen oder Colleges angeschlossen und wurde nur von Vikaren gegen Hungerlöhne verwaltet. Der Überfluß an Klerikern begünstigte die Unsitte, auch gute Pfarrpfründen von armen Vikaren verwalten zu lassen, während die verantwortlichen Pfründeninhaber abwesend blieben. Gegen diesen Mißbrauch gründeten viele Gilden oder wohlhabende Kaufleute eigene Kapellen mit bezahlten Priestern, die Messe, Predigt und Gebet pflichtgemäß ausüben mußten. Diese Chantries öffneten sich bereitwillig der Kritik an den kirchlichen Mißständen und begünstigten eine individuelle Religiosität. Die Proteste gegen den Reichtum der Kirche, die Ämterkumulation und die Pflichtvergessenheit vieler Pfarrer, ferner gegen die Eintreibung der Zehnten und Kirchenabgaben mit geistlichen Zwangsmitteln wie Interdikt und Exkommunikation, die Kritik am Wohlleben der Pfründner und an der lockeren Lebensweise des arbeitslosen Klerikerproletariats vereinigten sich mit den Moral- und Strafpredigten der Franziskaner, die mit ihrem Ruf nach Entweltlichung der Kirche, nach christlicher Erweckung und Umkehr besonders nach den Pestkatastrophen willige Ohren fanden. Ihre Kritik erstreckte sich auch auf die sozialen Verhältnisse; sie griffen Zehntenzahlungen und Grundherrschaft an; einige von ihnen traten für Gemeineigentum ein. Sie sangen das Lob der Armen in Christo und setzten das Ideal des schlichten Landmanns gegen die rastlose Gewinnsucht anderer Schichten, wie es im »Piers the Plowman« William Langlands (1362/77), einem Chantry-Kleriker, seinen Niederschlag fand. Auch John Gower, ein Landbesitzer in Kent, schrieb in französischer oder lateinischer Sprache gegen Avignon und die Prälatenfaulheit, ebenso wie Geoffrey Chaucer (1340–1400) im Dienste der Krone nicht mit Kritik an den Kirchenmännern zurückhielt. Die hier sich regende Unruhe entsprang den tiefgehenden Wandlungen des 14. Jahrhunderts. Sie fand ihren großen Rahmen in dem Autoritätsschwund der Papstkirche. Ihr moralischer Führungsanspruch hatte in der Bulle Unam Sanctam vom Jahre 1302 des Papstes Bonifaz' VIII. ihren letzten übersteigerten Ausdruck gefunden, wonach er sich über die Fürsten und Untertanen der ganzen Christenheit (ratione peccati) erstreckte. Gleichzeitig hatte aber die kuriale Finanzpolitik und der schmähliche Sturz des Papstes durch Philipp den Schönen von Frankreich die mittelalterliche Welt- und Kirchenordnung erschüttert. Die »Babylonische Gefangenschaft« (1308 bis 1377) in Avignon und das Große Schisma (1378–1415) untergruben die päpstliche Autorität. Die Parteinahme der Päpste in Avignon für Frankreich führte in England zu einer wachsenden Entfremdung, und das Schisma seit 1378 spaltete die Kirche in die Anhänger Avignons und Roms, wobei England und das nördliche Europa für Rom, Frankreich, Schottland und Spanien sich für Avignon entschieden.

Die Schwächung des Papsttums gab England Gelegenheit, sich gegen Eingriffe der Kurie in Kirchenordnung und Pfründenwesen abzusichern. Dem kam das gegen Frankreich sich entwickelnde Nationalgefühl entgegen. In den Statuten de provisoribus von 1351, 1365 und 1390 wandte sich die Regierung gegen päpstliche Pfründenverleihung und in den Statuten de praemunire von 1353, 1356 und 1393 gegen Appellationen an Rom und gegen Interventionen ausländischer Gerichte überhaupt. In beiden Fällen wurden die Rechte der einheimischen Patrone über Pfründen und Benefizien gegen das päpstliche Ernennungsrecht geschützt. Das Verbot, derlei Fälle von den königlichen Gerichten nach Rom zu ziehen, ging von der Annahme aus, daß Patronage-Fälle als Eigentumsrechte der weltlichen Rechtsprechung unterlagen. Der Papst konnte allerdings gegen den Patron und dessen präsentierten Kandidaten geistliche Sanktionen anwenden, die bis zur Exkommunikation oder Translation eines Bischofsstuhles reichen mochten. Gravierend war, daß die Krone den geistlichen Sanktionen gegenüber wenig ausrichten konnte. Sie vermochte den von ihr gewünschten Kandidaten nicht auf dem Stuhl zu halten oder ihn vor kirchlichen Strafen zu retten, sondern konnte lediglich dem päpstlichen Gegenkandidaten die temporalia verweigern. Zwar war die Krone dadurch stark, daß sie die kanonische Bischofswahl der Domkapitel in der Regel bestimmen konnte; aber die zusätzlichen Machtmittel des Papstes in Bezug auf die höchsten Würdenträger waren stark genug, die freie Wahl der Ratgeber und die Mittel zu ihrer Belohnung zu behindern. Hier errichteten die Statuten wichtige Barrieren.

Besonders das große Statut de praemunire von 1393 sollte dem Papst die Einigkeit der Nation vorführen. Wenn er auf seinen Rechten bestehe, würde er als Feind von Krone und Nation betrachtet werden. Diese Drohung mit Aufkündigung des Gehorsams war angesichts des großen Schismas nicht zu überhören. Bonifaz IX. verstand die Drohung und fand sich zu einem Kompromiß bereit, nach welchem der Papst dem englischen Klerus den Gehorsamseid an die Krone gestattete und der König päpstliche Ansprüche auf Mitbestimmung bei den Benefizien unter königlicher Patronage zugestand. Damit wurden die Bischöfe zu permanenten Staatsdienern. Dies wurde erreicht, weil durch das Schisma die Zuständigkeit der päpstlichen Autorität von der Entscheidung der Krone abhing.

Die Krone hielt späterhin die gegen Avignon und Rom gewonnenen Vorrechte auch im 15. Jahrhundert fest. Heinrich IV. und Heinrich V. lehnten noch nach der Beilegung des Schismas päpstliche Kardinalsernennungen ab. Der König behielt stets das letzte Wort und ließ an seinem Besteuerungsrecht gegenüber dem Klerus nicht rütteln, wenn auch die Annaten weiterhin nach Rom flossen. Die Kirche war also durchaus nicht ein Imperium in imperio und England nicht das papistische Land wie etwa Anfang des 16. Jahrhunderts. Dafür verteidigte die Krone ihrerseits die englische Kirche entschlossen gegen Häresie und Antiklerikalismus. Die sich hier meldende antikirchliche Bewegung gab der Krone eine Aufgabe, die ihre kirchliche Führerstellung unterstrich.

In England hatten die Bettelorden durch ihre Sonderstellung gegenüber der episkopalen Ordnung den Boden für spontane religiöse Bewegungen vorbereitet. Die von ihnen geförderte spirituelle Unruhe, die moralische Erregung über die Mißstände, die Entfremdung von der Kurie in Avignon, das wachsende Nationalgefühl und die soziale Mobilität vereinigten sich in dem Wirken John Wyclifs (ca. 1320–1384), der zeitweilig das Ohr der Zeitgenossen fand und das Kirchenregiment angriff. Wyclif selbst entstammte einer guten Yorkshirefamilie, deren Overlord John von Gaunt sich zeitlebens mit ihm verbunden fühlte. Wyclif unterschied sich anfangs kaum von einem normalen Oxfordkleriker, der die Vorteile der Ämterpatronage und des Ämterpluralismus genießen konnte. Sein erster Konflikt entzündete sich auch nicht an einer persönlichen religiösen Grunderfahrung oder einem sozialen Protest, sondern an den Lehrstreitigkeiten der Scholastiker, hinter denen freilich auch unterschiedliche religiöse Impulse wirksam waren. Er wurde danach in die Kontroverse über das päpstliche Benefizienwesen hineingezogen, wobei er das weltliche Regiment des Papstes angriff, die moralischen Verpflichtungen der Kirche betonte und das Eingriffsrecht der Behörden verteidigte. Der Kampf der Barone gegen das Bischofsregiment Williams von Wykeham fand in seinen Predigten eine starke Stütze.

Der Höhepunkt seines Einflusses lag um 1378, als er zu einer Predigt vor den Commons eingeladen wurde, die Bischöfe ihn hingegen auf Weisung Roms vor ihr Gericht zitierten, um seine Lehren zu untersuchen. Die Regierung untersagte das Verfahren. Die Universitäten und einige führende Minoriten standen auf Wyclifs Seite. Das Schisma seit 1378 und die Verdammung seiner Ansichten ließen Wyclif nun an der bisherigen Ordnung überhaupt verzweifeln und trieben ihn in einen Radikalismus hinein, der ihn um 1380 in einen klaren Gegensatz zur Kirche brachte. Er lehnte den objektiven Stiftungscharakter von Kirche und Priestertum ab, bestritt die unabhängige Wirkkraft von Amt und Sakrament und spiritualisierte die Kirche zur unsichtbaren Schar der Auserwählten, der er die zur Verdammnis bestimmte, sichtbare Sekte des Antichrist mit Rom an der Spitze entgegensetzte. Um der Ordnung willen müßten zwar Priester sein; aber jeder

Auserwählte sei auf Grund seines Gnadenbesitzes Träger des Priestertums. Sündenbekenntnis und Sündennachlaß hätten ebensowenig zu bedeuten wie Exkommunikation und Interdikt. Die Messe bewirke keine materielle Gegenwart Christi, sondern nur eine mystisch-spirituelle Gegenwart in der Seele des begnadeten Kommunikanten. Zwischen Mensch und Gott gebe es keine Hierarchie; der innere Gnadenstand sei allein entscheidend. Priesterweihe, Mönchsgelübde, Ordenswesen, Zölibat und päpstliche Herrschaft seien ebenso verwerflich wie Reichtum und Macht der Kirche. Die unmittelbare Begegnung mit dem Erlösungsgeschehen erwachse allein aus der Bibel, die alle Gläubigen in ihrer Muttersprache lesen sollten. Unter Wyclifs Aufsicht kam es 1380–84 zur ersten vollständigen englischen Bibelübersetzung, deren verbesserte Version aus der Feder seines Sekretärs John Purvey 1396 die bis zur Reformation maßgebliche Übersetzung blieb.

Die Spiritualisierung der Kirche zu einer unsichtbaren Schar der Auserwählten, die Verinnerlichung der Sakramente zu mystischen Seelenzuständen und die Reduktion des Glaubensinhalts auf die Begegnung mit dem Bibelwort griffen die Säulen der Kirchenordnung an. Nur unter dem Schutz des mächtigen John von Gaunt und des antiklerikalen Parlaments konnte Wyclifs Lehre in Oxford Boden gewinnen. Aber die Bauernrevolte von 1381 wurde ihm in die Schuhe geschoben, zumal seine Anhänger von Oxford aus ohne bischöfliche Lizenz und in groben Wollkleidern predigend, kritisierend und polemisierend durch die Lande zogen. Im Jahre 1382 säuberte William Courtenay, Erzbischof von Canterbury, nach einer Verurteilung der wyclifitischen Irrtümer in einer Londoner Kirchenversammlung die Synode und die Universität Oxford. Viele Ordensbrüder trennten sich nun vom Radikalismus der Wyclifiten. Wyclif selbst zog sich auf sein Rektorat Lutterworth zurück, wo er unter dem Schutz seines Gönners unbehelligt 1384 starb. Seine Anhängerschaft verbreitete sich unter Richard II.; viele von ihnen gingen als Wanderprediger mit der Bibel in der Hand von Ort zu Ort. Sie trieben erfolgreiche Mission in Mittelengland von London bis Hertfordshire und Leicester sowie besonders in den walisischen Grenzmarken, wobei sie allgemeines Priestertum, Gleichheit aller

Sünder, Laienmesse und Bibel verkündeten und sich gegen Bildung, Universitätsgrade, Handelswelt und Reichtum wandten. Sie fanden vorwiegend in den unteren Schichten Anhang und wurden nach einem in den Niederlanden üblichen Schimpfwort für Sektierer als »Lollarden« verschrieen, d.h. als Luller (Leisesinger) oder als Anhänger jenes Walter Lollard, der 1322 als Häretiker verbrannt worden war.

Trotz der Unterdrückungsmaßnahmen William Courtenays blieb der Lollardismus eine revolutionäre Kraft, die sich durch die inneren und äußeren Wirren unter Heinrich IV. und durch den Zufluß böhmischer Studenten in Oxford behauptete. Die rastlose Tätigkeit wandernder Extremisten und Pamphletisten nährten einen oppositionellen Puritanismus.

Andererseits suchte das schwache Lancasterkönigtum sich durch den Bund mit der Kirche zu festigen. Das Statut de heretico comburendo von 1401 war die Frucht dieser Allianz; es gab der Kirche das Recht, häretische Bücher zu verbrennen und überführte Häretiker den weltlichen Gerichten zur Verbrennung zu übergeben. Zum erstenmal flammten jetzt in Smithfield bei London die Scheiterhaufen auf. Aber der untergründige Antiklerikalismus stützte das Lollardentum gegen die Kurie und den Reichtum der Kirche. Die Universität Oxford diskutierte die Berechtigung einer Bibelübersetzung und verlangte Exemtion von den erzbischöflichen Visitationen; hier übersetzten böhmische Studenten die Werke Wyclifs für ihre Heimat. Petitionen gegen Zölibat, Beichte, Wallfahrtswesen, Bilderverehrung oder auch gegen Tanzlustbarkeiten gingen ans Parlament (1395). Im Jahre 1410 wurde den Commons sogar ein Traktat John Purveys, des Sekretärs von Wyclif und Bibelübersetzers, von antiklerikalen Rittern vorgelegt, verbunden mit der Aufforderung, den Reichtum der Kirche für Krone und Gesellschaft nutzbar zu machen. Aber Thomas Arundel (1353–1414), Erzbischof von Canterbury, die kirchliche Stütze Heinrichs IV., verbot nichtgenehmigte Bibelübersetzungen, unlizensiertes Predigen und Lehrstunden über die Sakramente und setzte seine Maßnahmen im gleichen Jahr im Parlament durch. Die Unabhängigkeit Oxfords wurde aufgehoben und der Lollardismus zum Schweigen gebracht.

Der Lollardenaufstand nach dem Regierungsantritt Heinrichs V. bezeugte das Ausmaß des puritanischen Protestes. Anlaß war der Konflikt des jungen Königs mit einem seiner bewährten Hauptleute aus den Kämpfen um Wales, John Oldcastle, Unterhausmitglied für Herefordshire, der sich zum Lollardentum bekannte und verhaftet wurde. Seine Flucht aus dem Tower im Januar 1414 war das Signal für ein Komplott gegen die Person des Königs, das durch Verrat und ein Gefecht in St. Giles Field nördlich von Charing Cross scheiterte. Es folgten etwa 40 Exekutionen von Rittern, Priestern und Handelsleuten aus London und den Midlands sowie eingehende Inquisitionen in etwa 20 Grafschaften. Oldcastle war wiederum entkommen und tauchte in Worcestershire auf, wo er das Banner des Abendmahlskelches entfaltete. Erst 1417 wurde er schwer verwundet an der Grenze von Wales gefaßt und in St. Giles Field verbrannt. Ein Gesetz von 1414 dehnte die Strafgewalt der königlichen Gerichte auf Häresien aus und gab den Friedensrichtern Inquisitionsrechte. Nichtsdestoweniger regten sich in den Hügeln von Surrey und in den entlegenen Tälern des Westens die wandernden Feldprediger; Schrifttum ging von Hand zu Hand, und geheime Zusammenkünfte hielten die Keime der Bewegung lebendig. Heinrichs Gegenaktionen bezeugten, wie weit gestreut der Same des Widerstandes war. Noch einmal erhob sich die Lollardenbewegung in der Verschwörung von 1431; sie wurde in Blut und Feuer erstickt. Sie schwelte im Untergrund weiter, lebte unter Heinrich VII. auf und vereinigte sich schließlich mit dem breiten Strom der Reformation.

Die Verbindung der Lollardenbewegung mit der sozialen Unruhe und die Schwäche der Krone kamen der Stellung der Kirche in England zugute. Die Lancasterkönige gaben ihr erweiterte Ordnungsbefugnisse, und der oberste Amtsträger der Regierung, der Lordkanzler, war bis zum Sturz Kardinal Wolseys 1529 immer ein Mann des Episkopats. Die Krone hatte sich zwar in den verschiedensten Statuten des 14. Jahrhunderts gegen päpstliche Eingriffe in Landeshoheit und Patronage geschützt und Appellationen an die Kurie gegen die Entscheidungskompetenz der königlichen Gerichte als Hochverrat deklariert, ja sogar unerlaubte Einschleusung päpstlicher Entscheidungen in das Königreich als Majestätsbeleidigung gebrandmarkt, aber eine sachliche

Zuständigkeit weltlicher Behörden in kirchlichen Angelegenheiten wurde nicht beansprucht. Die eigenständige kirchliche Herrschafts- und Diziplinarordnung ließ zwar königliche Strafgerichtsbarkeit und Ämterpatronage zu, gab der Krone aber keine Handhabe administrativer Art. Die seit Ende des 13. Jahrhunderts tagenden geistlichen Konvokationen der beiden Kirchenprovinzen Canterbury und York hatten Selbstbesteuerungsrecht und Verordnungsbefugnisse. Das Kanonische Recht galt und blieb als päpstliches Recht anerkannt, von dem nur der Papst absolvieren konnte. Trotz aller Konflikte war die geistliche Lehr- und Jurisdiktionsgewalt Roms unbestritten. Der Erzbischof von Canterbury oder der von York erhielt fast regelmäßig die Rechtsstellung eines päpstlichen Legaten, der die Verbindung mit Rom wahrte, die beiden Kirchenprovinzen zu Nationalkonzilien berufen konnte und den obersten kirchlichen Gerichten präsidierte. Die Kirche war durch das Kanonische Recht und die Verbindung nach Rom über den Legaten eine Einheit und hatte mit einer Landeskirche wenig gemein. Sie war zugleich aber auch der natürliche Bundesgenosse der Krone und gelangte gegen Ende des 16. Jahrhunderts in eine stärkere Stellung als zuvor. Der zahlenmäßige Rückgang der Peerschaft gab dem vom König im Einvernehmen mit Rom bestellten Episkopat das Übergewicht im Oberhaus. Hier saßen neben den beiden Erzbischöfen von Canterbury und York noch 18 Bischöfe, wobei unklar war, ob sie als Häupter der Kirche oder als Inhaber von Baronien anwesend waren. Dazu kamen die Äbte und einige Prioren, deren Zahl allerdings von 75 im Jahre 1305 auf 27 im Jahre 1509 zurückgegangen war. Sie bestanden darauf, daß nur die Inhaber von Baronien unter ihnen ins Oberhaus zu kommen hatten. Immerhin waren die geistlichen Peers in der Mehrzahl, solange die Äbte hinzukamen. Der Niederklerus, der nur zeitweilig und ohne Stimmrecht ins Parlament geladen worden war, schickte seine Vertreter in die Konvokationen, wo sie bei der Abstimmung über die Abgaben an die Krone anwesend sein durften, ihr tacitus consensus jedoch genügte. Die starke Stellung der Kirche im öffentlichen Leben war dadurch bedingt, daß ihre Rechtsprechung sich auch auf Ehe, Familie, Erbwesen, Eid, Verleumdung, Gotteslästerung, Fälschungen, Schmähschriften, Sozialfürsorge und kirchliches Abgabewesen erstreckte und vielfach keine klare Abgrenzung gegen die weltliche Rechtsprechung möglich war. Die alten Übel der Ämterkumulation, des Pfründenwesens, der oft willkürlichen Kirchenstrafen und dergleichen mehr, die größtenteils aus dem feudalen Ursprung der kirchlichen Wirtschaftsverfassung entsprungen waren, hielten trotz des intensiven religiösen Lebens der Bevölkerung einen Antiklerikalismus wach, der mit der Entfaltung des englischen Humanismus Ende des 15. Jahrhunderts auch die gebildeten Kreise erfaßte und sich mit einer Sozialkritik verband, deren Saat im 16. Jahrhundert aufging.

Teil III

DER WEG IN DIE NEUZEIT

DIE ERSTEN TUDORS

1. Die Sicherung der Tudor-Krone

Die Schlacht bei Bosworth am 22. August 1485 kostete König Richard III. Thron und Leben. Die Krone fiel an den Sieger Heinrich Tudor, Grafen von Richmond, den Sohn eines walisischen Edelmanns. Noch auf dem Schlachtfeld setzte Lord Stanley, der kurz zuvor auf die Seite Heinrichs übergewechselt war, dem Sieger die Krone aufs Haupt, die im Kampfgelände gefunden worden war. Danach berief Heinrich wie ein legitimer König das Parlament, dem er im November 1485 erklärte, daß er durch Erbgang und die Entscheidung Gottes auf dem Schlachtfeld rechtmäßiger König sei. Das nur durch königliche Writs einberufbare Parlament hatte bereits mit seinem Zusammentritt das Königsrecht Heinrichs anerkannt; es legte nun durch statuiertes Gesetz die Thronfolge des Hauses Tudor fest. Heinrich selbst nahm für sich das Thronrecht der Linie Lancaster in Anspruch. Dieser Anspruch war zweifelhaft; aber er genügte, da sich die Reihen der Kronprätendenten durch Mord, Kampf und Schafott gelichtet hatten. Der einzige ernsthafte Nebenbuhler war der zehnjährige Edward, Graf von Warwick, Sohn einer Tochter Edwards IV., der in den Tower wanderte. Daneben gab es noch einen Neffen Edwards, der sich bereitwillig dem neuen Herrscher unterwarf. Ein Jahr nach seiner Thronbesteigung verband sich Heinrich durch die Ehe mit Elisabeth, einer Tochter Edwards IV., mit dem Hause York. Die Geburt des Sohnes Arthur im gleichen Jahr (1486) schien den Streit zwischen York und Lancaster zu begraben. Aber die Verschwörungen und Erhebungen im Lande schlossen nichtsdestoweniger an den alten Konflikt an, und die Sicherung des Erbgangs nach innen und außen behielt in der Tudor-Politik stets einen Vorrang.

Mehrere Erhebungen gegen das neue Königtum, die gefährlichste von Irland ausgehend, wo 1487 in Dublin ein falscher Earl von Warwick als Edward VI. ausgerufen wurde, blieben erfolglos. Bedrohlicher wurde ein Konflikt mit Frankreich, das seine

Hand nach der Bretagne ausstreckte. England besaß Calais und hatte seine alten Ansprüche auf den französischen Thron trotz des Verzichts Edwards IV. noch nicht aufgegeben. Heinrich verband sich mit dem aufstrebenden Spanien, das seit der ehelichen Verbindung der Herrscher von Aragon und Kastilien, Ferdinand und Isabella, (1469) eine beachtliche Macht geworden war. Ein Heiratsvertrag, Prinz Arthur und Katharina, die jüngere Tochter Ferdinands und Isabellas, betreffend, sowie ein Kriegsvertrag gegen Frankreich, in welchen auch Kaiser Maximilian eingeschlossen war, kamen im Jahre 1489 zustande. Nach der Heirat Karls VIII. von Frankreich mit Anna von Bretagne endete der Krieg für Heinrich nach einigen militärischen Demonstrationen im Vertrag von Étaples 1492, mit dem Heinrich gegen eine französische Geldzahlung seine Ansprüche auf die Krone Frankreichs vorläufig zurückstellte. Heinrich hatte die Anerkennung der Tudor-Dynastie von Seiten Spaniens und Frankreichs erreicht und einen lukrativen Frieden geschlossen. Dies blieb der einzige kontinentale Krieg, in den Heinrich sich einließ. Bald darauf bildete sich eine neue Verschwörung um einen gewissen Perkin Warbeck, der sich als Richard, Herzog von York, den jüngeren Sohn Edwards IV. ausgab. Warbeck fand die Unterstützung der irischen Lords und sammelte am Hofe der Herzoginwitwe Margarete von Burgund geflüchtete Anhänger von York um sich. In Wien erkannte der durch den Friedensschluß Heinrichs verärgerte Maximilian den Betrüger als rechtmäßigen König Richard IV. von England an. Unter dem Schutz Erzherzog Philipps vereinigten sich die Verschwörer in den Niederlanden und konspirierten mit hohen Kreisen in England. Heinrich zerschlug die Verschwörung im eigenen Lande und besiegte 1495 das Landungskorps Warbecks. Danach fand Warbeck in Schottland bei Jakob IV. Hilfe, während Heinrich gleichzeitig durch einen Aufstand in Cornwall bedrängt war. Aber 1497 fiel Warbeck in die Hand Heinrichs, der ihn nach zwei Fluchtversuchen im Jahre 1499 hängen ließ. Gleichzeitig wurde der junge, völlig unschuldige Edward von Warwick, der eigentliche Erbe, enthauptet, wohl weil Spanien nunmehr im Hinblick auf die geplante Eheverbindung auf einer Sicherung der Dynastie bestand. – Als letzter Prätendent gelangte Edmund, Earl von Suffolk, in den Tower, der zuvor von Habsburg und Burgund aus Ansprüche geltend gemacht hatte, aber 1506 von Erzherzog Philipp von Burgund an Heinrich gegen Zusicherung seines Lebens ausgeliefert worden war. Suffolk fand erst 1513 den Tod, als der junge Heinrich VIII. seine Rechte abzusichern begann.

Bei diesen Konflikten erwies sich Irland stets als willkommenes Sprungbrett für feindliche Handlungen. Seine effektive Beherrschung war deshalb eine dringende Notwendigkeit. Heinrich übertrug 1494 das Amt des Lord Lieutenant von Irland seinem dreijährigen Sohn Heinrich und das Amt des Deputy Lieutenant seinem fähigsten Minister, Sir Edward Poynings. Poynings berief das irische Parlament 1494 nach Drogheda, ließ den mächtigsten Mann im Lande, den Earl von Kildare, außer Gesetz stellen und in den Tower schaffen. Er veranlaßte eine Anzahl von Gesetzen, die die legislative Unabhängigkeit Irlands zerstörten und den Geltungsbereich der englischen Gesetze auf die Insel ausdehnten. Aber angesichts der Erfolge über Verschwörer und Thronprätendenten und noch mehr angesichts der hohen Kosten des irischen Unternehmens fühlte sich Heinrich bewogen, Poynings zurückzurufen und Kildare 1496 als Deputy Lieutenant einzusetzen. Damit ließ er das irische Problem trotz der aussichtsreichen Tätigkeit seines Ministers weiterhin ungelöst liegen, wenn auch das Statut von Drogheda formell in Kraft blieb.

Die ständigen Spannungen mit Schottland wurden 1497 durch einen Waffenstillstand und dann 1502 durch einen Heiratsvertrag entschärft, demzufolge Margarete Tudor, Heinrichs 1489 geborene Tochter, Jakob IV. ehelichen sollte. Die Heirat kam auch 1503 zustande und erbrachte späterhin die Vereinigung beider Kronen (1603) und beider Länder (1707). Für den Augenblick war Heinrich jedoch über die fortdauernden Feindseligkeiten an der Nordgrenze enttäuscht. Immerhin sicherte auch diese Familienverbindung die Tudor-Krone.

Eine weitere Sicherungs- und Versöhnungsmaßnahme war das sogenannte De-facto-Gesetz des Parlaments von 1495, wonach kein Untertan wegen seiner Dienste für einen anderen König in England an Leib oder Eigentum bestraft werden durfte. Damit sollten die bisher noch unbestraften oder geflüchteten Anhänger von York gewonnen und vielleicht auch Heinrichs eigene

Anhänger gegen Wechselfälle gesichert werden. Allerdings blieben diejenigen ausgenommen, die nach diesem Gesetz noch ihre Treuepflicht verletzten. Kein späteres Parlamentsgesetz sollte diese Maßnahme aufheben dürfen. Damit war das Kapitel der Rosenkriege endgültig und von Rechts wegen abgeschlossen.

Die Heirats- und Befriedungspolitik Heinrichs gipfelte in der Heirat der Katharina von Aragon mit Arthur Tudor im Jahre 1501. Sie wurde aber sogleich in Frage gestellt, als Arthur wenige Monate später (1502) starb und ihm ein Jahr später die Königin Elisabeth von York in den Tod folgte. Daraufhin wurde der 1491 geborene Prinz Heinrich kurzerhand als neuer Bräutigam bestimmt und die erforderliche Dispens zur Heirat der Schwägerin von Papst Julius II. 1503 erteilt. Die Heirat sollte in sechs Jahren stattfinden. Heinrich selbst betrieb als Witwer bis zu seinem Tode 1509 eine wechselvolle Heiratsdiplomatie, deren fast närrisches Widerspiel mit der Liga von Cambrai 1508, die Papst Julius II., den Kaiser, Frankreich und Spanien verband, zusammenbrach. Immerhin hatte Heinrich die Anerkennung seiner Dynastie und die Eliminierung aller Thronrivalen erreicht. Internationale Politik hatte er indessen nur in recht bescheidenem Rahmen betreiben können.

2. Die Herrschaft Heinrichs VII. (1485–1509)

Heinrichs geschichtliches Verdienst lag darin, daß er nach dem Chaos der Rosenkriege ein starkes Königtum und eine effektive Verwaltung errichtete, mit welcher er das nach Frieden verlangende Land für sich gewann. Er sparte trotz seines sonstigen Geschäftssinnes nicht mit Mitteln, um seinem Königtum in Zeremoniell und Festlichkeit Glanz und Würde zu verleihen. Er betonte seine Distanz gegenüber den selbstherrlichen Magnaten und zog mit Vorliebe neue Männer heran, die er mit Titeln und Ämtern ausstattete. Das war keine neuartige Praxis und beileibe keine »neue Monarchie«. Vielmehr verstand er, seine alten Rechte und seine Prärogative voll auszunutzen. Seine starke Stellung gegenüber dem Magnatentum erreichte er nicht nur durch die erfolgreiche Unterdrückung der zahlreichen Konspirationen, sondern weit nachhaltiger durch wirksame Geltendmachung bestehender Gesetze und durch Ordnung von Recht und Finanzen.

Heinrich wollte sich weder seine Handlungsfreiheit gegen Geldbewilligungen des Parlaments abkaufen lassen, noch unerlaubte Steuern erheben. Andererseits verlangte die Regierung seines Landes Ausgaben, die weit über die persönlichen Belange des königlichen Haushalts hinausgingen und für Ordnung und Wohlfahrt unentbehrlich waren. Heinrich wußte seine ordentlichen Einnahmen in wenigen Jahren so zu steigern, daß er davon Hofhaltung und Regierung bestreiten konnte. Für außerordentliche Ausgaben benötigte er nur sechsmal die Zustimmung des Parlaments, und zwar jedesmal bei kriegerischen Unternehmungen, die er aber mehrmals zugunsten seiner Finanzen zu beenden wußte. Mit der Gesundung seiner Finanzen vermochte er schließlich weitgehend auf parlamentarische Mitwirkung zu verzichten und die Regierung als Sache des Königs festzuhalten. Wie war das möglich?

Heinrichs Haupteinnahmequelle waren die Kronländer. Er war sogleich in der glücklichen Lage, von allen Seiten Besitztümer zu ernten. Einmal fügte er seinem ererbten Besitz, dem Earldom von Richmond und dem Herzogtum Lancaster, die beiden Earldoms von Warwick und March aus dem Eigentum von York hinzu. Ferner fielen die durch »Act of Attainder« oder »Forfeiture« vorher an die Krone von York gekommenen Ländereien jetzt ihm zu, also durch Strafgesetze von König und Parlament, die im Gegensatz zum Impeachment ohne formelle Anklage und ohne Verteidigungsmöglichkeit bestimmte Personen zu Hochverrätern deklarierten, deren Leben und Eigentum damit verwirkt waren. Diese Praxis war seit den Rosenkriegen üblich geworden und hatte das Impeachment seit 1459 und bis 1621 völlig verdrängt.

Schließlich standen ihm als König ohnehin die Einkünfte von Cornwall und Chester zu, ganz zu schweigen von den Gebieten, die durch das Erlöschen zahlreicher Magnatenfamilien im »Heimfall« an die Krone zurückgelangten oder die im Verlauf der Revolten und Verschwörungen verwirkt waren. Statt den anfallenden Landbesitz als Belohnung oder gegen Geld wieder auszugeben, sammelte Heinrich in den 24 Jahren seiner Herrschaft einen ungeheuren Besitz, wenn er auch gelegentlich um der Aussöhnung willen erworbenes Land wieder zurückgab. In dieser Politik half ihm das Parlament, das 1485 die Güter der Gegner des Königs zu dessen Gunsten einzog, in einem Gesetz von 1495 alle von Richard III. beanspruchten Länder ihm zueignete und außerdem alle Kronlandverleihungen bis zurück zur Zeit Edwards III. als nichtig erklärte. Im ganzen erhöhten sich dadurch die Kroneinnahmen um das Dreifache; der König war nun bei weitem der reichste Grundbesitzer mit den sichersten Einkünften.

Eine zweite Einnahmequelle waren die Zölle. Darunter fielen auf Grund der königlichen Prärogative die Exportgebühren für Wolle, Wollfelle und Leder; dann die Import- und Exportzölle auf Wein und einige andere Waren (tonnage and poundage), die das erste Parlament dem König auf Lebenszeit bewilligt hatte. Allerdings gingen diese Gebühren durch Schmuggel und Bestechlichkeit der unterbezahlten Zöllner nicht befriedigend ein. Heinrich suchte mit geringem Erfolg durch verschärfte Gesetze diesen Mißstand zu beheben und durch Einschränkung der Vorzugsverträge für fremde Kaufleute und durch allgemeine Förderung des Seehandels die Gebühren einträglicher zu machen. Er hob das Handelsembargo gegen die Niederlande, das im Konflikt mit Maximilian angeordnet worden war, im Magnus Intercursus von 1496 auf, der den Handel mit Antwerpen auf eine sichere Grundlage stellte. Er unterstützte die englischen Kaufleute im Kampf gegen die Monopole der Hansa im nördlichen Europa und im Mittelmeer und schloß Handelsverträge mit Dänemark und Florenz ab. Er begünstigte den Tuchexport und verbot die Ausfuhr unfertiger Tuche durch fremde Kaufleute, um die einheimische Weberei und Tuchmacherei zu fördern. Seine Navigationsakte von 1490 untersagte die Einfuhr bestimmter Güter auf fremden Schiffen. Kurzum, er betrieb eine Protektionspolitik, freilich nicht aus nationalwirtschaftlichem, sondern aus fiskalischem Interesse. Er ließ die Hansamonopole im eigenen Land unbehelligt und scheute sich, den Tuchhandel aus politischen Gründen anzutasten, etwa um Druck auf die mit seinen Gegnern konspirierenden Niederlande auszuüben. Insgesamt belebte sich der Handel. Aber die Einnahmen der Krone stiegen trotz allem nur unwesentlich, da der illegale Handel und auch gelegentliche Handelskriege sowie die Verwaltungsschwierigkeiten eine Ausschöpfung dieser Geldquelle behinderten.

Eine dritte Einnahmequelle bot sich im Rechtswesen an. Hierzu rechneten die Gebühren für Urkunden, Erlasse und Vorladungen (brevia), ohne die keine Rechtshandlung in Gang gebracht werden konnte, und ferner die Buß- und Strafgelder. Heinrich zog Geldstrafen selbst der Todesstrafe vor, und jede Rebellion wurde weniger mit dem Galgen als mit einer Invasion von Finanzbeamten geahndet. Seine Gnadenerweise brachten als Dokumente unter dem Großen Staatssiegel beträchtliche Gelder ein. Schmuggel, Holzvergehen, Bestechung und Übertretungen von kaum noch beachteten oder vergessenen Gesetzen wurden mit Geldstrafen gesühnt, die oft nur in Schuldscheinen bezahlt werden konnten, manchmal auch ermäßigt wurden, wenn sie ihre abschreckende Wirkung getan hatten.

Die vierte Art von Einkünften ergab sich aus den feudalen Rechten des Königs, die in den Wirren der Rosenkriege kaum noch verifiziert worden waren. Heinrich ließ diese Rechte in sorgfältigen Inquisitionen wieder aufleben und holte sogar versäumte Einkünfte nachträglich und oft zusammen mit einer Bußzahlung nach. Besonders galt dies für die königlichen Rechte über die »Tenants-in-Chief« (in capite tenentes), also die unmittelbaren Lehnsträger der Krone. Die Übernahme eines Lehns-Erbes erforderte eine Abgabe (relief); bei Minderjährigkeit des Erben fiel das Land mit seinen Renten auf Zeit an den König (wardship), der bei der Rückgabe an den nunmehr volljährigen Erben zudem eine Auslösungssumme (livery) verlangen konnte. Die zeitweilige Verwaltung durch den König konnte durch eine Geldentschädigung vermieden werden. Auch bei Witwenschaft oder Unfähigkeit des Leheninhabers ging der Besitz in die Verwaltung des Königs über. Das Fehlen eines Erben bedeutete sogar den völligen Heimfall an die Krone. Die Heirat einer Erbin benötigte die Erlaubnis des Königs, der sie gewöhnlich an Abgaben knüpfte. Desgleichen waren königliche Hof- oder Familienereignisse mit Zahlungspflichten verbunden. So sammelte Heinrich VII. im Jahre 1504 die ihm für Ritterschlag und Hochzeit seines Sohnes Arthur zustehenden Feudalabgaben nachträglich ein. Ähnliches galt für die Ernennung und Bestätigung der Bischöfe, die zwar kanonisch von den Kapiteln nach königlicher Weisung gewählt wurden, aber ihre materielle Grundlage erst durch das königliche Placet erhielten. Vakante Bischofssitze ließ Heinrich möglichst für ein ganzes Jahr unbesetzt, da ihm solange die Einkünfte zuflossen. Alles diente der Auffüllung des königlichen Schatzes und damit einer effektiven Regierung. Das Einkommen der Krone stieg dabei von 52000 Pfund auf 142000 Pfund jährlich. Der Kronschatz wurde zu einem beträchtlichen Teil in Gold und Edelsteinen angelegt. Freilich war er beim ersten Krieg nach seinem Tode in kurzer Zeit wieder vertan und hatte wohl auch nicht den legendären Wert, der ihm häufig zugeschrieben wurde. Im Grunde war diese Finanzgebarung mittelalterlich und hatte mit modernem Finanz- und Wirtschaftsdenken wenig gemein. Das ergab sich auch aus der Ordnung des Finanzwesens, das diese mannigfaltigen Einkünfte sichern sollte.

Neben dem königlichen Haushalt, den der König persönlich und unmittelbar überwachen konnte, stand das Schatzamt als Ansatz einer staatlich-behördlichen Instanz. Heinrich machte den »Treasurer of the Chamber«, also den Schatzmeister der königlichen Haushaltskammer, 1487 zum Hauptfinanzbeamten, der ihm allein verantwortlich war. Das Kammersystem bedeutete, daß dem Schatzmeister im Haushalt und nicht dem Schatzamt die Kronland-Einkünfte und später auch die Feudalabgaben, Gerichtsgebühren, Bußgelder und schließlich auch die parlamentarischen Steuern, diese allerdings unter Aufsicht des Schatzamtes, zuflossen. Der »Exchequer« im Schatzamt behielt die Verwaltung der über die Sheriffs laufenden älteren Abgaben der Grafschaften und Städte sowie der Zollgebühren; er unterlag wie alle königlichen Behörden der periodischen Kontrolle der Räte, während die Rechnungsbücher des Schatzmeisters im Haushalt vom König persönlich kontrolliert wurden. Die Säule des Finanzwesens blieb also der Haushalt, so daß eine durchgehende unpersönliche Behördenorganisation nicht zustande kam. Diese Verlagerung auf den Haushalt schaltete das Magnatentum weitgehend aus. Erst unter Heinrich VIII. wurden durch Parlamentsgesetze jeweils zwei Generalaufseher als Rechnungsbehörde ernannt, die den Haushalt beaufsichtigten und ihre Unterlagen im Schatzamt als eigentlich behördlicher Instanz hinterlegten.

Obgleich Heinrich VII. zur Durchsetzung seiner fiskalischen Ziele neue Kommissionen und Kronbeamte als Kontroll- und Exekutiv-Organe schaffte oder wiederbelebte, war sein System nur in Bezug auf Konsequenz und Wirksamkeit neu. Es hielt sogar an den alten Methoden des königlichen Haushalts unter persönlicher Kontrolle des Königs fest, ohne den Grund für eine moderne bürokratische Verwaltung zu legen, und erneuerte zudem die alten Feudalrechte. Der Fiskalismus Heinrichs führte allerdings zu einer Gewichtsverlagerung der Machtverhältnisse.

Dies ergab sich aus den Gerichtsreformen, die aus fiskalischem Interesse erfolgten, aber eben deshalb größere Rechtssicherheit herbeiführen wollten. Dazu bedurfte es einer Beschränkung der Magnatenmacht. Die Gesetze von 1495, die sich gegen die korrupten lokalen Geschworenengerichte wandten, scheiterten großenteils an der Verbindung der Sheriffs mit den lokalen Magnaten. Wie Heinrich im Bereich der Regierung die Magnatenmacht durch die Verlagerung des Finanzwesens auf den Haushalt gedämpft hatte, tat er es unten im Bereich der Rechtspflege durch Verlagerung der richterlichen und polizeilichen Befugnisse von den feudalen Sheriffs auf die Friedensrichter, um hier die Willkür der Sheriffs bei Haft, Geschworenenbestellung und Rechtsdurchsetzung auszuschalten. Damit begann der Abstieg der Sheriffs und der Aufstieg der Friedensrichter. Mit den Statuten von 1504 wurde die Endgültigkeit und Unscheltbarkeit der Urteile der lokalen Geschworenengerichte aufgehoben; Fehlurteile der lokalen Jury konnten von den königlichen Gerichten aufgegriffen werden; ein Verfahren zur Rechtsdurchsetzung bei Versagen der Jury wurde vorgeschrieben. Die Einschüchterung der Gerichte (embracery) durch die livrierten und bewaffneten Gefolgsleute der Magnaten (livery and maintenance) war nunmehr verboten (1504). Das Gefolgschaftswesen wurde damit auf die ständige Dienerschaft der Landlords beschränkt.

Die Friedensrichter, die schon vorher (1487; 1495) Teile der Rechtsprechung sowie ein Untersuchungs-, Haft- und Strafrecht selbst bei Übertretungen der Sheriffs erhalten hatten, konnten jetzt von sich aus Gesetzesübertretungen aufgreifen und verfolgen. Diese lokalen Friedensrichter waren unbezahlte Ehrenbeamte und wurden von der Krone jährlich neu ernannt, was eine genügende Kontrolle gewährleistete. Sie bildeten die Stützen der öffentlichen Rechtswahrung und drängten den Einfluß der Lokalmagnaten im Gerichtswesen zurück. Durch ihre Tätigkeit verloren die alten Hunderschafts- und Grafschaftsgerichte sowie die feudalen Hofgerichte und die Stadtgerichte allmählich an Bedeutung. Die Untertanen wurden ermutigt, bei allen Streitigkeiten getrost ihre Zuflucht auf dem Rechtsweg zu suchen, statt, wie bisher gang und gäbe, sich gewaltsam ihr Recht zu holen.

Die größere Rechtssicherheit wurde auch von dem obersten Gremium unter der Krone gewährleistet, dem königlichen Rat, einer Versammlung von Amtsträgern, Juristen, Prälaten und Magnaten, mit denen sich der König umgab. Unter Heinrich hörte dieser große Rat auf, eine Domäne der Magnaten zu sein. Neben ihm gab es keine weiteren Sonderkollegien, wenn auch ein innerer Ring der wichtigsten Ratgeber in einer Art von »Privy Council« bestehen mochte und während der Abwesenheit des Königs von Westminster sich hier die Räte im Sternzimmer des Palastes versammelten. Eine institutionelle oder personelle Trennung gab es nicht, wenn auch von Fall zu Fall die Delegation von Aufgaben an Kommissionen vorkam. Gegenüber dem Versagen der lokalen und regionalen Common Law Gerichte und den Geschworenengerichten nahm Heinrich seine Zuflucht zum königlichen Rat, dessen Rechtskompetenzen als Vertreter des Königs bis auf das Recht über Leib und Leben unbegrenzt waren. Ihm gegenüber behandelten die besonderen königlichen Gerichte nur bestimmte Fälle, wie etwa der »Court of Common Pleas«, der nur Zivilprozesse zwischen zwei Kontrahenten, oder der »Court of King's Bench«, der nur Strafsachen, die das Interesse des Königs berührten, behandelte, und der »Court of Exchequer« als Finanzgericht. Der »Court of Chancery« befand nur über zivilrechtliche Fälle nach Billigkeit (Equity) und der »Court of Requests« (1483) über Klagen gegen königliche Beamte.

Während die gewöhnlichen Common Law Gerichte nur Geldstrafen verhängen durften, konnte der Rat Haft und Vermögensentzug anordnen. Er brauchte keine Geschworenen dazu und konnte beliebig Zeugen hinzuziehen, ja sogar lokale Behörden im Interesse eines Falles überprüfen. Die Räte waren als unmittelbar bestellte Diener des Königs unparteiischer und objektiver als die lokalen Common Law Richter. Sie entschieden nicht nur über Beschwerden, sondern konnten von sich aus ein Rechtsverfahren aufnehmen. Sie verwalteten freilich kein eigenes Recht wie der »Court of Chancery« (jus aequum), sondern hatten gerade die geltenden Gesetze (jus strictum) zu beobachten. Da der Rat als Gerichtshof eines bleibenden Tagungsortes und fester Sitzungstermine bedurfte und die Räte in Westminster immer im Sternzimmer zusammentraten, entwickelte sich aus dem Rat als Gerichtsinstanz später die »Sternkammer« (1500), d.h. ein königlicher Gerichtshof. Schon in der Zeit Edwards III. hatte der Rat bei Rechtsfragen in diesem Raum getagt; Heinrich suchte über ihn nun stärker als bisher die Rechtsordnung und den öffentlichen Frieden zu sichern. Die Sternkammer gewann durch ihre schnelle und unparteiische Rechtsverfolgung auch gegenüber kleinen Leuten bald Popularität, zumal sie in Zusammensetzung und öffentlichem Verfahren gegenüber den normalen Gerichten im Vorteil war. Damit war nichts Neues geschaffen, sondern eine alte Einrichtung mit neuem Leben erfüllt worden. Das Gleiche war bei dem »Council of the North« und dem »Council of the Marches and Wales« der Fall, die die unruhigen und fast anarchischen Grenzgebiete im Norden und Westen verwalteten.

Das Parlament war unter Heinrich VII. noch kein Teil der normalen Regierung geworden. Nur bedurften Steuern seiner Zustimmung, und seine Gesetze hatten den Vorrang vor allen anderen Gesetzen. Das erste Recht war durch die erfolgreiche Finanzpolitik Heinrichs wenig praktiziert worden; das zweite ergab sich aus dem Parlament als höchstem Gerichtshof im Lande, dessen Entscheidungen alle Gerichte banden. Aber gerade als »High Court of Parliament« war das Parlament eine Versammlung des Königs mit seinem erweiterten Rat, zu welchem die »Knights« der Grafschaften und die »Burgesses« der Städte keinen Zutritt hatten. Das Oberhaus war der maßgebendere Teil, wenn auch das Unterhaus zur effektiven Durchsetzung der höchsten Entscheidungen angesichts der Zurückdrängung des

Magnatentums unentbehrlich war. Heinrich sah im Parlament ein williges Werkzeug, das er mit der Zeit immer weniger benutzte. Von 1497 bis zu seinem Tode 1509 berief er nur noch ein einziges Parlament. Obgleich sich die parlamentarische Gesetzgebung mehr deklaratorisch als rechtsetzend verstand, schaffte Heinrich mit seiner Hilfe Rechtsanomalien und lästige Vorrechte oder Gewohnheiten ab. Darin zeigte sich, daß die spätere Form der Gesetzgebung durch parlamentarisches Statut im Sinne neuer Rechtsetzung auf dem Wege war. Das wichtigste Gesetz in dieser Richtung war das Statut von 1504 gegen »Livery and Maintenance«, das die entartete Form des feudalen Gefolgschaftswesens und damit die Reste der regionalen Wehrstruktur des Landes für illegal erklärte.

Bei der Seltenheit der Parlamente war mit diesen gelegentlichen Schritten noch nicht die eigentliche Grundlage des Tudor-Systems, nämlich die Souveränität des »King in Parliament« und die Omnipotenz des »Statute Law«, geschaffen worden. In der Tat blieb die Durchsetzung der bestehenden Gesetze das dringlichste Anliegen des Königs, der selbst vor allen Dingen ein geschäftstüchtiger Kaufmann mit strenger eigener Buchführung war. Gewiß schuf das persönliche Regiment Heinrichs Ordnung in Recht und Verwaltung; es gewann Zutrauen und Popularität. Aber es war keine »neue Monarchie«, sondern ein halbfeudaler Fiskalismus, der freilich durch die Umwandlung alter Abhängigkeitsverhältnisse, Strafvorstellungen und Verpflichtungen in Geldverhältnisse, also durch die Pervertierung des Feudalismus zu einer Finanztechnik, eine atmosphärische Veränderung des Herrschaftszusammenhangs mit sich brachte. Die Schwächung des Magnatentums im Parlament und im königlichen Rat, an den Gerichten und Lokalbehörden stärkte zwar Krone, Recht und Gesetz und zog neue Männer in den Vordergrund. Aber das Ganze beruhte mehr auf Aushilfen, Gelegenheiten und dem persönlichen Charakter des Herrschers; es schloß durchweg an alte Zustände an und erzeugte kein rationales System in Verwaltung und Wirtschaft. Die »neue Monarchie« war nur neu durch ihre Effektivität, die ausgerechnet durch Stärkung und Wiederbelebung älterer Formen erreicht wurde. Immerhin rechnete Francis Bacon Heinrich VII. zu den drei großen Magiern am Eingang der Neuzeit und stellte ihn neben Ludwig XI. von Frankreich (1461–1483) und Ferdinand von Aragon (1479–1516). Jedenfalls lieferte seine Herrschaftsweise die Voraussetzungen, von denen aus sein Sohn Heinrich VIII. in der Tat eine Revolution herbeiführen konnte.

3. Kardinal Wolsey

Heinrich VIII. (1509–1547) bestieg am 22. April 1509 als Achtzehnjähriger den Thron. Wenig später heiratete er wie vorgesehen die sechs Jahre ältere Katharina von Aragon. Seine geistigen und physischen Gaben erfüllten die Umwelt mit hoffnungsvollen Erwartungen. Um sich Popularität zu verschaffen, forderte er zu Beschwerden über unzulässige Finanzausbeutung durch die königlichen Beamten auf und ließ bald danach zwei Finanzkommissare seines Vaters wegen Hochverrats verhaften, obgleich sie nachweisen konnten, daß sie nur den Instruktionen Heinrichs VII. nachgekommen waren. Das erste Parlament Heinrichs (1510) schloß sich in einem »Act of Attainder« seinem Willen an und schickte die beiden loyalen Diener des Königs aufs Schafott, um die Volkstümlichkeit des neuen Herrschers zu heben. Kurz darauf folgte Heinrich dem Ruf des Papstes und dem Drängen seines Schwiegervaters Ferdinand von Aragon und stürzte sich in einen Krieg gegen Frankreich und Schottland (1512–1514). 1513 schlug er die Franzosen persönlich bei Thérouanne; die Schotten wurden bei Flodden Edge im Herbst des gleichen Jahres geschlagen. Dabei fand König Jakob IV. den Tod; für sein Kind Jakob V. übernahm die Mutter Margarete Tudor, die Schwester Heinrichs VIII., die Regentschaft über Schottland. Im Frieden mit Frankreich 1514 erwarb Heinrich Tournai und versprach seine jüngere Schwester Maria dem König Ludwig XII. Kurz darauf machte der Tod Ludwigs die Abmachung zunichte, und Maria heiratete stattdessen heimlich den Herzog von Suffolk. Das wichtigste Ereignis dieses glücklichen Krieges lag darin, daß mit ihm der erste der beiden wichtigen Minister Heinrichs zur Macht emporstieg: Thomas Wolsey (1473–1530), der schon unter Heinrichs Vater als Hofkaplan gedient hatte, dem königlichen Rat angehörte und bei Kriegsausbruch mit enormer Energie das englische Kriegsheer ausgehoben und kriegsfähig gemacht hatte. Zum Dank dafür wurde er 1515 Lordkanzler; bis 1529 blieb er der erste und einzige Minister, der dem König die Bürde der Verwaltung und des persönlichen Regiments von den Schultern nahm. Er genoß das volle Vertrauen Heinrichs, der sich nicht an der rücksichtslosen Pfründen- und Rentenpolitik störte, mit der Wolsey, der Sohn eines Metzgers, sich Reichtümer anhäufte, die ihm prunkvolles Auftreten, Paläste und Stiftungen gestatteten. Schon 1515 ernannte ihn Papst Leo X. mit der Bestätigung als Erzbischof von York zum Kardinal, ohne daß mit der Vereinigung der hohen weltlichen und kirchlichen Würden der Ehrgeiz des Emporkömmlings gestillt war.

Als königlicher Minister hielt Wolsey das bewährte Finanzsystem Heinrichs VII. aufrecht; er nahm geradezu die Stelle ein, die bisher der König innehatte, und setzte durch zielbewußte Konzentration der Geschäfte auf seine Person den inneren königlichen Rat auf den zweiten Rang, die Sternkammer ausgenommen, in welcher er als glanzvoller Präsident zu figurieren wußte. Er war praktisch Alleinherrscher, solange ihn das Vertrauen des Königs trug. Aber er versäumte eine zweckmäßige Verwaltungsreform, die seine autokratische Stellung ohnehin gefährdet hätte. Zudem fehlte ihm der Sinn für eine konsequente Finanz- und Wirtschaftspolitik, da er das Parlament nicht zu managen verstand. Seine Subsidiensteuer auf Grundrenten und Löhne von 5 vH., die wichtigste und bleibende direkte Steuer des Zeitalters, ging während des Krieges mit Frankreich 1513 glücklich durch das Parlament. Aber als 1522 ein neuer Krieg ausgebrochen war, stießen seine erhöhten Forderungen auf Widerstand. Er suchte die erreichten mageren Bewilligungen durch »Antizipationen« (1523) und durch einen »Amicable grant« (1524) aufzustocken, die offenen Widerstand weckten und den König zum Eingreifen nötigten. Durch Nachgiebigkeit und ein allgemeines Pardon rettete Heinrich die Situation, nahm damit aber auch Wolsey die Mittel für eine tatkräftige Außenpolitik, die Wolsey sich 1526 durch eine Münzverschlechterung zu beschaffen suchte, die ein anderes Problem in den Vordergrund brachte.

Dieses Problem ergab sich aus der anschwellenden Preisinflation, die die Landlords nötigte, ihre Landeinkünfte durch Rentenerhöhungen oder Einhegungen zu steigern, zumal die Erstererzeuger von der Preissteigerung profitierten. Wolsey stand hier auf der Seite der rentenpflichtigen Pächter gegen die reichen Landlords, die ihn ohnehin nicht als ihresgleichen anerkennen wollten. Er ließ die Einzäunungs- und Rentenpolitik der Feudalherren untersuchen, gelegentlich auch Rentenerhöhungen rückgängig machen oder Hecken und Zäune niederreißen, ohne das Übel an der Wurzel zu fassen. Damit schaffte er sich jedoch neue Feinde.

Dagegen zeichnete er sich als Lordkanzler und oberster Richter in Sternkammer und Court of Chancery aus. Er erweiterte die Kompetenzen der Sternkammer, die nun über Aufruhr, öffentlichen Streit, Mißachtung der Gerichte und Rechtsbeschwerden hinaus auch über Meineid, Schmähschriften und Fälschungen zu befinden hatte, die bisher an den kirchlichen Gerichten abgeurteilt wurden. Er machte die Sternkammer endgültig von einem Staatstribunal zu einem öffentlichen Gericht für jedermann, das die Durchsetzung von Recht und Gesetz kontrollierte, und gab ihren Verfügungen die Autorität des Königs und seines Rates. Eine institutionelle Trennung vom Rat vollzog er freilich nicht. Darüber hinaus suchte er durch gerichtliche Kommissionen, die Armen-Rechtshilfe zu leisten hatten oder gar mit einer allgemeinen Kontrollfunktion betraut waren, in das Rechtswesen einzugreifen und machte sich dadurch die Common Law Richter zu seinen Gegnern.

Vor allem erstreckte sich Wolseys Ehrgeiz auf die Kirche, in der er hoffte, eines Tages die Tiara tragen zu können. Als Erzbischof von York beherrschte er nur die kleinere der beiden unabhängigen Kirchenprovinzen Englands. Den wichtigeren Stuhl von Canterbury vermochte er nicht in seine Hand zu bringen. Jede der beiden Provinzen hatte ihre eigene Konvokation. Sie waren lediglich durch die gemeinsame Bindung an Rom in geistlichen und die Bindung an die Krone in weltlichen Dingen vereinigt. Nur der Papst konnte sich als Herr der Gesamtkirche betrachten, zumal auch viele Klöster exemt waren und unmittelbar Rom unterstanden. Nur ein päpstlicher Legatus a Latere als

Sonderbeauftragter konnte die Gesamtkirche berufen und die regionalen kirchlichen Autoritäten ausschalten. Wolsey erreichte dieses befristete Amt 1518 und erzielte 1524 die ungewöhnliche Bestallung als Legatus a Latere auf Lebenszeit. Damit war er der residierende Herrscher der Gesamtkirche, der die Autorität zu einer Reform besaß, aber persönlich durch Geldgier und Luxus, durch einen einträglichen Ämterpluralismus, seine Vernachlässigung der Residenz- und Aufsichtspflichten und schließlich durch seinen Lebenswandel – er hatte einen Sohn und wahrscheinlich mehrere Töchter – wenig zu einer Reform geeignet war. Er ließ aus Gewinnsucht längere Vakanzen zu, ernannte mit Vorliebe Fremde zu Titularbischöfen, deren Diözesen er selbst mitverwaltete, und intervenierte in die Diözesanverwaltungen hinein. Die beiden Konvokationen ließ er nur noch während der Parlamentssitzungen zusammentreten. Seine autokratische Kirchenpolitik aus päpstlicher Vollmacht erbitterte die Bischöfe und entfremdete sie von Rom, zumal nichts von Reform zu sehen war. Durch die Akkumulation kirchlicher Macht- und Jurisdiktionsbefugnisse in seinen Händen band Wolsey das Schicksal der Römischen Kirche in England verhängnisvoll an seine Person. In der Feindschaft gegen ihn waren sich die Bischöfe und Äbte im Oberhaus einig, ohne daß ihnen ein korporatives Vorgehen gegen Wolsey bei dessen Sonderstellung möglich war.

Die Außenpolitik des Kardinals diente im Grunde den Interessen des Papsttums, das er Zeit seines Lebens einmal selbst zu verkörpern hoffte. Seine Bündnis- und Subsidienpolitik zugunsten des Papstes nach dem Sieg Franz I. von Frankreich (1515 bis 1547) bei Marignano 1515 verschaffte ihm den ersten und einzigen außenpolitischen Triumph in dem Londoner Vertrag von 1518 für einen allgemeinen Frieden der Christenheit, der den Papst, den Kaiser, Spanien, Frankreich und England zu gemeinsamem Vorgehen gegen die Türken verpflichtete. In einem Sondervertrag gab England Tournai an Frankreich zurück gegen große Jahreszahlungen für Heinrich und auch für Wolsey. Dieser erste Ansatz eines europäischen Konzerts zerfiel in nichts, als 1519 Karl V. zum Kaiser gewählt wurde und der Gegensatz zwischen Habsburg und Valois das politische Feld bestimmte.

Wolsey erkannte nicht die hier sich anbietenden Chancen für England. Seine Hoffnungen auf den Papstthron verleiteten ihn 1521 zu einem Bündnis mit dem Kaiser gegen Frankreich, das England in einen kostspieligen Krieg verwickelte.

Die Finanzforderungen Wolseys im Parlament von 1523 fanden keine Gegenliebe; die Commons wagten, die Kriegspolitik der Regierung anzugreifen und beklagten die Vernachlässigung der inneren Reformen. Erstmals debattierte das Unterhaus unter Sir Thomas More als Sprecher freimütig über die hohe Politik und war nur für beträchtlich verminderte Ausgaben zu gewinnen. Der Widerstand im Lande nötigte den König sogar, Wolseys Finanzmaßnahmen zurückzunehmen. Karls V. glänzender Sieg bei Pavia 1525, bei dem Franz I. in Gefangenschaft geriet, und die Geldnöte der englischen Regierung bewogen Wolsey, gegen jährliche Geldzahlungen auf die Seite des besiegten Frankreich zu treten. Im Vertrag von Cognac 1526 verbündeten sich Frankreich, England, der Papst und mehrere italienische Staaten gegen Karl V. Das sah wie eine Politik des europäischen Gleichgewichts aus, beruhte aber auf Wolseys Interesse an einer Stärkung des Papsttums, auf seiner Enttäuschung über Karls Zurückhaltung bei den Papstwahlen und auf den großen Geldzahlungen Frankreichs an London. Diese Politik diente dem Interesse Clemens VII. und kaum den Interessen Englands, das gefühlsmäßig gegen Frankreich eingestellt war und dessen Tuchhandel mit Spanien und den Niederlanden ein Einvernehmen mit Karl nahegelegt hätte. Die Liga von Cognac erreichte auch nichts, da Karls Truppen 1527 Rom einnahmen und Papst Clemens VII. in die Hand des Kaisers fiel. Das geschah ausgerechnet in dem Jahr, als jene Ehekrisis Heinrichs VIII. sich anbahnte, die ohne Mitwirkung des Papstes nicht zu beheben war. Wolsey machte den verzweifelten Versuch, auf französischem Boden als Stellvertreter des gefangenen Clemens zu fungieren. Karl V. ließ jedoch Clemens VII. nach Orvieto entkommen und nahm damit Wolsey die Legitimation für sein Unternehmen. Jetzt erklärte Wolsey 1528 Karl den Krieg, rettete dabei aber im Hinblick auf den Widerstand im eigenen Lande wenigstens den Fortgang des Handels mit Antwerpen durch einen regional umgrenzten Waffenstillstand. Seine Politik brach vollends zusammen, als

Karl und Clemens sich 1529 einigten und der Friede von Cambrai 1529 den Krieg zwischen Frankreich und Spanien beendete. Karls Vorherrschaft in Italien war nun unbestritten und ein Einvernehmen zwischen Papst und Kaiser hergestellt, das die erstrebte Lösung der Eheaffäre in Rom aussichtslos erscheinen ließ. Zudem waren Frankreich und Spanien verärgert, Handel und Wohlstand hatten gelitten, und der Schatz war geleert. Die zahlreichen Gegner des Kardinals schlossen sich zusammen, aber erst das mit der hohen Politik zusammenhängende Versagen in der Eheaffäre gab ihm den entscheidenden Stoß. Zwei Monate nach Cambrai stürzte Wolsey. Damit schied ein Mann aus, der mehr wie ein mittelalterlicher Kirchenfürst und ein geistlicher Beamter der alten Schule dachte und für die national-englischen Bedürfnisse wenig Sinn zeigte. Mit seinem Abgang trennte sich England vom Mittelalter.

4. *Die Eheaffäre Heinrichs VIII.*

Heinrichs Eheschließung mit Catharina von Aragon wenige Monate nach seiner Thronbesteigung war durch päpstliche Dispens möglich gemacht worden. Sie widersprach Leviticus xx, 21, nach welchem jemand, der die Witwe seines Bruders heiratet, kinderlos bleiben würde. Auf diesem Vers beruhte das kanonische Verbot der Heirat einer Schwägerin, obgleich Deuteronomion xxv, 5 die Heirat mit der kinderlosen Witwe des Bruders sogar befahl. In den Jahren 1525/27 wurde Heinrich von einer heftigen Zuneigung zu Anne Boleyn ergriffen, der Tochter eines Ministers und der Schwester einer früheren Mätresse des Königs. Anne wollte sich nicht mit der Rolle einer Mätresse begnügen und hielt den glühenden Werber geschickt hin. Heinrich selbst war durch den Tod mehrerer Kinder und das Ausbleiben eines männlichen Thronerbens in Gewissensängste über die Rechtmäßigkeit seiner bisherigen Ehe gestürzt worden. Er verdrängte den Gedanken, daß das Fehlen des Thronerben oder gar die Aussicht auf eine jugendliche Frau ihn leiteten. Seiner Selbstgerechtigkeit erschien die Ehe mit Catharina als schwere Sünde, an dem sich der alttestamentliche Fluch der Kinderlosigkeit bewahrheitete. Er verlangte die Ungültigkeitserklärung der Dispens und damit seiner bisherigen Ehe. Seit 1527 nahm Heinrich diesen Standpunkt zum Leidwesen Wolseys ein, der in Annes Familienverbindungen mit dem Herzog von Norfolk und den Howards eine Front gegen seine Stellung befürchten mußte.

Wolseys vielfältige Bemühungen um die Lösung der Ehefrage scheiterten an Heinrichs unbedingtem Willen, eine oberste päpstliche Entscheidung herbeizuführen, und an der Beharrlichkeit Catharinas. Schließlich war er ja wegen seiner Schrift »Assertio Septem Sacramentorum« (1521) gegen Luther von Leo X. zum Defensor Fidei ernannt worden. Der Prozeß wurde 1529 von den päpstlichen Legaten Wolsey und Campeggio in London eröffnet, dann aber plötzlich auf Verlangen Campeggios nach den Regeln des Römischen Konsistoriums auf Oktober vertagt. Fast gleichzeitig hatte Clemens VII. auf Drängen Karls den Fall nach Rom gezogen und damit seine Lösung im Sinne Heinrichs fraglich gemacht.

Mit dem Papst im Lager Karls V., des Neffen der Königin, war auf diplomatischem Wege nichts mehr zu erhoffen. Wolseys Politik war kläglich gescheitert. Er hatte als päpstlicher Legat eine fremde Autorität in England etabliert, wenn auch damals schon die päpstliche Gewalt nur im Rahmen des königlichen Ermessens ausgeübt werden konnte. Andererseits hatte er eine Politik im Interesse des Papsttums betrieben, die freilich auch der Bereinigung der Eheaffäre Heinrichs dienen sollte. Sein Mißerfolg nahm ihm die einzige Grundlage seiner Stellung, die königliche Gunst. Schon die Writs vom August 1529 zur Einberufung des Parlaments gingen nicht mehr durch seine Kanzlei; der König lehnte ein Zusammentreffen mit ihm ab, und als Wolsey wie üblich im Kreis der Räte präsidierte, war er allein. Der General-Staatsanwalt in »King's Bench« erhob am 9. Oktober Anklage wegen Prämunire, was formell gesehen zutraf. Aber Heinrich wollte ihn nicht vernichten, und als die zahlreichen Gegner Wolseys im November eine »Bill of Attainder« gegen ihn beantragten, lehnte sie das Parlament ab.

Wolsey zog sich auf seinen Stuhl in York zurück, ließ sich aber in verschwörerische Umtriebe ein, so daß der königliche Rat ihn verhaftete. Er starb auf dem Transport nach London am 24. November 1530. Sein Tod bedeutete das Ende der alten Regierungsform, die er, das Rechtswesen ausgenommen, in größerer Unordnung und mit leeren Kassen zurückließ. Nachfolger als Lord-Kanzler wurde Sir Thomas More, der allerdings die Bedingung stellte, nicht in die Scheidungsangelegenheit des Königs hineingezogen zu werden. Für drei Jahre lag die Regierung beim König selbst, der jetzt statt der Diplomatie einen massiven Druck auf Rom ausüben wollte. Sein erster bedeutsamer Schritt war die Einberufung des Parlaments auf den 3. November 1529, das seit 1523 nicht mehr zusammengekommen war, nun aber angesichts seines Anti-Klerikalismus ein Werkzeug für Heinrichs neue Politik zu sein versprach. Das Unterhaus wurde sogleich die Plattform für eine Kritik an der Kirche unter Wolsey, der Heinrich freien Lauf ließ. Drei Statuten gegen kirchliche Mißbräuche brachten die Commons in der ersten Sitzung durch und schreckten damit die Kirche.

Heinrich holte dann auf den Rat des Cambridger Theologen Thomas Cranmer Gutachten über das kanonische Eheproblem in Oxford, Cambridge und französischen Universitäten, sowie auch von italienischen Universitäten wie Padua, Ferrara und Bologna ein, die Heinrich Recht gaben, während die übrigen italienischen und auch die spanischen und deutschen Universitäten sich negativ entschieden. Heinrich drohte dem Papst mit einem allgemeinen Konzil, ohne mit diesen schwachen Waffen auf Rom Eindruck zu machen. Er suchte nun drastischere Mittel.

Seit 1530 wandte er sich gegen die Kirche in England und ließ durch »King's Bench« eine Anzahl Bischöfe und Theologen wegen Prämunire anklagen, die während des Prozesses auf der Seite der Königin gestanden hatten. Ein erschwerender Punkt war, daß sie an Wolsey als Legaten einen Teil ihrer Revenuen gezahlt hatten, wenn auch unter dem Druck einer Anklage wegen Prämunire (vgl. S. 181). Im Dezember 1530 dehnte die Regierung ihre Anklage auf den gesamten Klerus aus mit der Begründung, daß er seine geistliche Rechtsprechung ungesetzlich ausgeübt habe. Ein Erfolg der Anklage wegen Prämunire hätte der Kirche ihr gesamtes körperschaftliches Eigentum genommen. Die beiden Konvokationen vom Februar 1531 kauften sich durch eine Buße von 100000 bzw. 18000 Pfund das königliche Pardon, das der

König bezeichnenderweise durch »Act of Parliament« bestätigen ließ. Heinrich verlangte aber darüber hinaus die Anerkennung als oberstes Haupt der Kirche in England. Was dieser Titel bedeutete, blieb noch unklar; Heinrich meinte offenbar nur seine völlige Kontrolle über die Kirche, wie er es schon 1516 betont hatte, als er behauptete, daß die englischen Könige keine höhere Autorität auf Erden über sich anerkennen würden. Daß es offenbar so war, ergab sich daraus, daß Heinrich die veränderte Klausel akzeptierte, die der greise Primas Warham von Canterbury angesichts der kanonischen Bedenken der Konvokationen vorschlug und die durch deren Schweigen als angenommen galt, nämlich daß Heinrich »einziger Beschützer und einziger oberster Herr«, und »soweit es das Gesetz Christi erlaube« »oberstes Haupt« der Kirche sei. Heinrich wollte offenbar noch keine Trennung von Rom, sondern eher ein Konkordat nach dem Vorbild des Konkordats mit Franz I. von 1516 durchdrücken. Aber Clemens VII. glaubte sich in der Hinterhand. Er gestand weder Spanien die Vollgültigkeit der alten Ehe Heinrichs zu, noch entließ er den englischen König aus seinen Konflikten. Er verbot jedoch 1531 ausdrücklich eine Wiederverheiratung des Königs. Heinrichs Drohungen aus der Ferne genügten nicht; seine skrupulöse Beharrlichkeit bestärkte Rom eher in seiner unerfreulichen Politik. In dieser ratlosen Situation fand der König einen Mann, der Tatkraft, Staatskunst und Skrupellosigkeit in sich vereinigte und jene Tudor-Revolution wagte, die England auf den Weg zum souveränen nationalen Staat und zur modernen parlamentarischen Monarchie führte, Thomas Cromwell (1485–1540). Er entstammte dem Unterhaus und war Sohn eines kleinen Geschäftsmannes in Putney, eines Schmieds und Walkers. Er war 1530 nach den antiklerikalen Debatten des Unterhauses in den königlichen Rat gezogen worden und gelangte Ende 1531 in dessen inneren Kreis; er gewann im Jahre 1532 das volle Vertrauen des Königs, als er aus dem Suprematsanspruch des Königs und seiner Idee des geschlossenen »body politic« die Konsequenzen zu ziehen wagte.

Cromwells erster Schritt war seine entscheidende Mitwirkung bei der Zerstörung der kirchlichen Rechtsordnung. Er hatte schon 1529 bei einer Petition gegen die kirchlichen Gerichtshöfe seine Hand im Spiel. Jetzt redigierte er die mannigfaltigen Beschwerden der Commons über die zweifelhaften Praktiken des kirchlichen Gerichtswesens auf ein einziges Anliegen hin, das die Krone unmittelbar berührte, nämlich darauf, daß die kirchlichen Gesetze keine Sanktion der Krone besäßen und darum aus sich keine Gesetze sein konnten. Diese Form der Petition gab dem König eine Handhabe, im Verein mit dem Unterhaus die Konvokationen unter Druck zu setzen. Heinrich verlangte, daß alle Canones und kirchliche Anordnungen königlicher Erlaubnis bedürften, daß eine von ihm ernannte Kommission von 32 Leuten, die Hälfte davon Laien, das geltende kanonische Recht überprüften und daß alle nunmehr geltenden Gesetze erst durch die königliche Zustimmung Geltungskraft gewinnen sollten. Außerdem erklärte er vor einer Deputation des Unterhauses, er habe entdeckt, daß die Kleriker nur halbe Untertanen seien, solange sie einen Eid auf den Papst schwörten, und er frage die Commons, sie sollten überlegen, was dagegen zu tun sei. Dadurch fürchteten die Konvokationen, daß ihre Sache in die Hände des antiklerikalen Parlaments gelegt werden sollte. Sie zogen vor, sich in die Hand der Krone zu begeben. Am 15. Mai 1532 nahmen sie die Forderungen des Königs in einer »Submission of the Clergy« an. Damit war der König an Stelle des Papstes ohne Vorbehalte ihr oberster Gesetzgeber geworden. Nunmehr hörte die Kirche auf, ein Hindernis für den Bruch mit Rom zu sein. Einen Tag später resignierte deshalb der Lordkanzler Sir Thomas More und zog sich demonstrativ ins Privatleben zurück. Zur selben Zeit bereiteten die Lords ein Gesetz zur Abschaffung der Annaten vor, nach denen jeder Bischof ein Drittel seiner ersten Jahreseinkünfte an Rom abzuführen hatte. Da Heinrich einen so weit gehenden Schritt scheute, ließ Cromwell eine Klausel einfügen, wonach das Gesetz erst nach einem königlichen Patent in Kraft treten sollte. Damit gab das Parlament dem König ein Druckmittel gegen Rom in die Hand, das zugleich ein Zeugnis für Heinrichs guten Willen sein sollte. Aber die neue Politik seit 1532 wartete nun nicht mehr auf päpstliches Einlenken. Ihr kam ein anderes Ereignis entgegen. Anfang 1533 war Anne Boleyn schwanger, und der erwartete Thronerbe mußte legitim sein. Am 25. Januar 1533 heiratete Heinrich sie heimlich. Im Januar 1533 hatte Heinrich zudem Thomas Cranmer zum Erzbischof von Canterbury erhoben und dabei unter der Drohung mit dem Annatengesetz die päpstliche Bestätigung erreicht. Mithin wurde die Kirche von England durch einen nach kanonischer Vorschrift ernannten Erzbischof von Rom getrennt. Inzwischen bereitete Cromwell ein Gesetz vor, das Appellationen von den erzbischöflichen Gerichtshöfen an Rom in testamentarischen und ehelichen Angelegenheiten verbot. Diese »Act in restraint of Appeals« ging im März 1533 ohne Schwierigkeiten durch das Parlament. Sie ermächtigte Cranmer als Herr des obersten Gerichtshofes der Kirche in England in dem schwebenden Eheprozeß ein endgültiges Urteil zu fällen. Sein Gerichtshof erklärte am 23. Mai die Ehe Heinrichs mit Catharina für nichtig und die neue Ehe mit Anne Boleyn für gültig. Am 1. Juni 1533 wurde Anna zur Königin gekrönt.

Mit jenem Gesetz, dessen unmittelbarer Anlaß die Ehe-Affäre war, wurde die gesamte kirchliche Jurisdiktion dem König unterstellt, d.h. die Vorkehrungen im Statut de praemunire Richards II. (vgl. S. 157) wurden damit auf die bisher noch möglichen Appellationen an Rom ausgedehnt. Das war nicht nur ein wichtiger Schritt zur Loslösung vom Papsttum, sondern begründete die Souveränität des »Realm« oder »Empire«. Als im Juli auch das Annatengesetz in Kraft gesetzt wurde, hatte Rom jede jurisdiktionelle Autorität in England verloren. Der Papst hatte Heinrich im Juli exkommuniziert, hielt jedoch bis September mit der öffentlichen Bannung zurück. Aber Heinrich dachte unter Cromwells Einfluß nicht mehr daran, den Papst noch auf seine Seite zu ziehen.

Ein weiteres Annatengesetz verbot jegliche Form der Geldzahlung an Rom und legte die Wahl der Bischöfe und Äbte fest, wonach die Kandidaten des königlichen Placet bedurften. Dies entsprach der bisherigen Praxis, war aber jetzt durch Statut vorgeschrieben. Höchste Berufungsinstanz wurde eine königliche

Kommission, also eine weltliche Behörde. Schließlich stellte ein Thronfolgestatut die Ungültigkeit der ersten und die Gültigkeit der zweiten Ehe Heinrichs fest, womit Mary, die Tochter der Catharina, illegitim und die Kinder Heinrichs und Annes legitim gemacht wurden. Eine grundsätzliche Leugnung der Gültigkeit der neuen Ehe bedeutete Hochverrat, also Todesstrafe, dahingehende Äußerungen aber Verrat, also Haft und Eigentumsentzug. Die ganze Nation sollte durch einen allgemeinen Eid auf die neue Ordnung und den königlichen Kirchensupremat verpflichtet werden.

Im Dezember 1534 wurde die Trennung von Rom mit der Suprematsakte vollzogen und der König ohne Einschränkung als »Supreme Head of the Church of England« durch Parlamentsgesetz anerkannt. Damit wurde nicht der Supremat geschaffen, aber seine Geltung mit der Eintragung ins Statutenbuch effektiv gemacht. Die Zahlung der Erstfrüchte, also der Erträge des ersten Amtsjahres, und des Zehnten an die Krone wurde zur Pflicht gemacht, obwohl kurz vorher noch die gleichen Zahlungen an Rom als zu belastend hingestellt worden waren. Die Kirche mußte künftig sogar mehr an den König bezahlen als jemals an Rom. Die Lösung von Rom hatte die Kirche nicht unabhängig gemacht, sondern sie dem Staat ausgeliefert. Ein Gesetz von 1534 bezeichnete alle Äußerungen über den König als Schismatiker als Verrat und gab der Regierung eine wirksame Waffe gegen jede oppositionelle Regung an die Hand. Damit war die Loslösung von Rom unter wesentlicher Mitwirkung des Parlaments vollendet. Die Märtyrer dieser Revolution waren John Fisher, Bischof von Rochester, den Papst Paul III. kurz vor seiner Hinrichtung zum Kardinal erhob, und Sir Thomas More. Beide waren bereit, den Eid auf die neue Thronfolge zu leisten, nicht aber die erste Ehe Heinrichs und den päpstlichen Primat zu verleugnen. Mehrere Karthäusermönche und Kleriker, die den Eid nur mit dem Zusatz »soweit es das Gesetz Christi erlaubt« schwören wollten, bestiegen nach grausamen Torturen ebenfalls das Schafott. Heinrichs Haß und Cromwells Staatsräson zerbrachen jeden Widerstand. Danach machte sich Cromwell an die Zerstörung der letzten möglichen Widerstandsnester, der Klöster.

Diese Klöster standen zu einem großen Teil außerhalb der bischöflichen Gewalt und waren in Leitung und Visitation stärker von Rom abhängig. Das Klosterwesen hatte an Ansehen verloren; seine geistlichen und karitativen Ideale wurden vielfach nicht erfüllt; sein Reichtum und seine Privilegien erregten den Neid der Außenwelt. Hier bot sich der Regierung ein Ausweg aus der Finanzmisere an, in die sie durch Wolseys Politik, aber auch durch den drohenden Konflikt mit Spanien, die irischen Unruhen und das Aufhören der französischen Pension (seit 1534) geraten war. Die Praktiken Heinrichs VII. und die mäßigen Bewilligungen des Parlaments von 1534 reichten hier nicht aus. Schließlich eröffnete sich über die Auflösung der Klöster die Möglichkeit, die Laienwelt endgültig für die neue Ordnung zu gewinnen.

Cromwell hatte schon durch die Übertragung der Kirchenabgaben an die Krone 1534 das Jahreseinkommen erhöhen können und 1535 den gesamten »Valor Ecclesiasticus« durch Sonderkommission taxieren lassen. Im Januar 1535 wurde er vom König zum »General-Vikar« ernannt, dessen Visitationen auf Mißbräuche gerichtet waren, in Wirklichkeit aber das Ende des Klosterwesens bezweckten. Sein Angriff richtete sich zuerst gegen die kleineren Klöster. Die betroffenen Mönche wurden in die größeren Klöster geschickt oder ihnen Pensionen und Pfarrstellen gegeben. Die Schuldverpflichtungen übernahm die Regierung.

Gegen diese Regierungsaktionen erhob sich überraschend Ende 1536 das England nördlich des Trent, vor allem Lincolnshire und Yorkshire, wo besonders viele Klöster waren. Wilde Gerüchte über Angriffe auf die Religion und den Besitz der Pfarrgemeinden, vor allem aber die Gefahr für das vorteilhafte treuhänderische Pachtwesen der Kirche (trusts), lösten die »Pilgrimage of Grace« aus, in die der Widerwillen des Lokalfeudalismus, der Tuchmanufakturen und der Bauern gegen den Zentralismus und dessen Kommissare hineinströmte. Die Rebellen blieben loyal zur Krone, verlangten aber Sistierung des Zerstörungswerks an den Abteien, die Absetzung Cranmers und anderer häretischer Bischöfe und die Übergabe Cromwells an das Volk, sowie auch die Wiederherstellung der Freiheit der Kirche und der päpstlichen Gerichtsbarkeit. Heinrich hielt die Rebellen mit Versprechen hin und sicherte ihnen Straffreiheit zu. Darauf kam es nur noch Anfang 1537 zu kleineren Erhebungen, auf Grund derer sich Heinrich von seiner ohnehin nicht ernst gemeinten Zusage entbunden erklärte. Norfolk als königlicher Lord Lieutenant im Norden ließ zur Abschreckung etwa 250 Rebellen hängen.

Der einzige größere Widerstand gegen Cromwells Revolution war aus dem rückständigen feudal-partikularistischen Norden gekommen, der nun organisatorisch fester an London gebunden wurde. Der Süden blieb dagegen ruhig und stand auf Seiten der Regierung. Bei den Exekutionen wurden auch einige Äbte und Prioren hingerichtet; damit wurde der Angriff auf die großen Klöster eingeleitet. Viele Klöster übergaben nach dem Scheitern der Rebellion sich selbst und ihr ganzes Eigentum in die Hand des Königs. Cromwells Kommissare legten 1538 den noch bestehenden Abteien Übergabeformulare vor, die durchweg ohne Protest unterzeichnet wurden; und das Parlament sicherte in einem Gesetz von 1539 der Krone alles Eigentum der enteigneten oder noch zu enteignenden Klöster zu. Im Herbst 1539 wurden die Äbte der drei großen Klöster von Glastonbury, Colchester und Reading wegen eines angeblich geplanten Verrats gehängt und ihre Klöster aufgelöst. Mit der Konfiskation der Johanniter-Ländereien durch ein Parlamentsgesetz von 1540 waren alle Abteien, Klöster, Priorate und Konvente verschwunden; die Krone hatte damit ihre Einkünfte vermehrt und das Verfügungsrecht über eine große Masse von Ländereien gewonnen, deren Verwendung eine tiefgreifende Wirkung auf das Sozialgefüge haben mußte. Sie wurde freilich dadurch erheblich eingeschränkt, daß die Äbte bis 1538 einen Großteil der Ländereien als »Leaseholds« auf 99 Jahre und gegen eine kapitalisierte Rente an Pächter vergeben hatten und Heinrich zudem die alten Feudallasten (wardship) wieder aufleben ließ. Darüber hinaus war eine alte Form religiösen Lebens dahingegangen. Dagegen war der Ausfall der klösterlichen Armenpflege nicht so bedeutsam; auch behielten viele Klosterdiener und Mönche durch Pensionen, Benefizien oder neue Beschäftigung unter anderen Herren ihr Auskommen. Wichtiger blieb die Wirkung auf den Boden-Markt durch Landverteilung, -verkauf oder -pacht; zudem wurde die letzte Zuflucht des Papismus zerstört und das Interesse der landbesitzenden Klasse mit der neuen Ordnung verknüpft. Heinrich richtete sechs neue Bischofsstühle ein. Trotz dieser begrenzten Vermehrung der

Bischofssitze war durch das Ausscheiden der Äbte das Gewicht der geistlichen Lordschaft im Oberhaus gemindert.

Damit war die Ein- und Unterordnung der Kirche in den »body politic« zu einem rechtlich-institutionellen Abschluß gebracht. Nichtsdestoweniger hielt Heinrich an seinem katholischen Glauben fest, den er mit der Trennung von Rom für vereinbar hielt. Cromwells Haltung blieb zweifelhaft, wenn er auch aus seiner Überschätzung der außenpolitischen Gefahren Verbindung mit den papstfeindlichen Kräften auf dem Kontinent suchte. Er bekannte sich auf dem Schafott freilich zum katholischen Glauben, hatte aber in den acht Jahren seiner Herrschaft eine völlig säkulare Machtpolitik zugunsten der Krone betrieben. Die neue geistliche Gestalt der Kirche wurde am meisten durch den Primas von Canterbury, Thomas Cranmer, bestimmt, der Heinrich geraten hatte, sich an die Universitäten zu wenden und mit einer konservativen Grundhaltung protestantische Neigungen verband. Von 1536 und eigentlich bis 1539 hielt der Streit um den inneren Gehalt der Kirche an, in welchem sich reformerische und orthodoxe Tendenzen stritten. In diesen Streit mischten sich die internationalen Verhältnisse und innenpolitische Machtkonstellationen im Verein mit Heinrichs familiären Angelegenheiten, die schließlich das Ende Cromwells im Jahre 1540 herbeiführten.

6. Der Ausgang der Regierung Heinrichs VIII.

Der Bruch mit Rom verlangte nach einer Klärung der künftigen Stellung der Kirche, in welcher viele den Augenblick für eine grundlegende Reform gekommen sahen. Während Cromwell und Erzbischof Cranmer einer gemäßigten Reform zuneigten, hielten starke Gruppen und Heinrich selbst am alten Glauben fest. Den lauten Stimmen der radikalen Reformer gegenüber erließ die Regierung 1536 die zehn Artikel über Buße, Taufe, gute Werke und Altarsakrament, die trotz ihrer Beschränkung auf wenige Sakramente den Boden des überlieferten Glaubensgutes nicht verließen, wenn sie auch Gebete zu den Heiligen und für die Verstorbenen in vorsichtigen Wendungen als wertlos bezeichneten. Cromwell machte als Vikar des Hauptes der Kirche die Artikel für alle Kleriker verbindlich und befahl, in jeder Kirche eine englische Bibel auszulegen, deren offizielle Ausgabe (»Matthew's Bible«) 1539 erschien. Trotz seines rigorosen Vorgehens gegen die »papistischen und abergläubischen« Praktiken wie Bilderverehrung und Wallfahrten erfüllten sich nicht die Hoffnungen auf eine dezidierte Hinwendung Heinrichs zur Reformation.

Cromwell benutzte seinen Kampf, um die letzten potentiellen Rivalen der Tudor-Dynastie zu eliminieren. Die Handhabe dazu bot die Aktivität des Kardinals Reginald Pole, eines Verwandten des Königs, der von Italien aus zugunsten der päpstlichen Politik gegen König Heinrich arbeitete und damit einen Angriff auf seine Familie in England provozierte. Die Verbindung mit Pole genügte, seine nächsten Verwandten im Jahre 1538 aufs Schafott zu bringen, womit der letzte Rest der alten Yorkisten-Partei praktisch vernichtet war. Die eigentlichen altkirchlichen Widersacher Cromwells, vor allem Stephen Gardiner, Bischof von Winchester, und Thomas Howard, Herzog von Norfolk, blieben unbehelligt. Indessen zog Reginald Pole durch ganz Europa, um für die gewaltsame Durchsetzung der päpstlichen Absetzungsbulle von 1535 gegen Heinrich zu werben.

Ein anderes störendes Moment ergab sich, als Anne Boleyn im September 1533 zur Enttäuschung des Königs nur ein Mädchen, Elisabeth, gebar. Nach einigen Fehlgeburten begann sich Heinrichs Gewissen zu regen, zumal die Hofdame Jane Seymour sein Interesse gewonnen hatte. Solange Catharina von Aragon lebte, blieb Anne jedoch gesichert, da die zweite Ehe schlecht rückgängig gemacht werden konnte, ohne die erste wieder ins Spiel zu bringen. Im Januar 1536 starb Catharina. Im April wurde eine Untersuchung gegen Anne wegen Ehebruchs und Konspiration gegen das Leben Heinrichs eingeleitet. Anne und fünf angebliche Komplizen wanderten aufs Schafott. Erzbischof Cranmer hatte am 17. Mai 1536 die Ehe für ungültig erklärt; nach der Hinrichtung Annes am 19. Mai heiratete Heinrich noch im gleichen Monat Jane Seymour. Cromwell hatte dabei seine Hand im Spiel, da er die frankophile Familienfaktion der Boleyns und Howards im Interesse seiner Politik zugunsten einer spanisch-englischen Allianz ausschalten wollte. Im Oktober 1537 kam endlich ein Sohn, Edward, zur Welt, dessen Geburt allerdings der

Jane Seymour das Leben kostete. Immerhin schien damit die Nachfolge fürs erste gesichert.

Die Unruhe innerhalb der Kirche von England veranlaßte Heinrich im Jahre 1539, die Konvokationen von Canterbury und York einzuberufen, die sich mit großer Mehrheit für den alten Glauben entschieden und deren Beschluß in einem Parlamentsgesetz, den »Sechs Artikeln«, allgemein verbindlich gemacht wurde. Die Sechs Artikel hielten an Transsubstantiation, Ohrenbeichte, Gültigkeit der Mönchsgelübde, Kommunion unter einer Gestalt, Ehelosigkeit der Priester und Berechtigung der Privatmessen fest und bildeten eine Waffe gegen die Neuerer, ohne daß diesem Sieg der konservativen Kräfte der Sturz Cromwells gefolgt wäre.

Immerhin erreichte Bischof Gardiner den Zutritt in das Privy Council, und Norfolk ging zu Verhandlungen nach Paris, von wo er die Nachricht zurückbrachte, daß Frankreich seine Hinwendung zu England von der Entfernung Cromwells abhängig mache. Heinrichs Verhältnis zu seinem Minister hatte sich wegen der ihm angeblich aufgedrängten Ehe mit Anna von Kleve 1540 getrübt, und Norfolk wußte außerdem den König für seine Nichte Catharina Howard zu interessieren. In der Tat hatte Cromwell in Verfolg seiner anti-kaiserlichen Politik zu jener Heiratsverbindung geraten, über die Heinrich angesichts der geringen Attraktivität und der schlechten Manieren Annas schokkiert war. Nach einem Angriff Cromwells auf die konservativen Bischöfe gewann die Gardiner-Norfolk Faktion die Oberhand und überzeugte den König, daß Cromwell ein Häretiker sei. Cromwell kam in Haft und wurde nach einer parlamentarischen »Act of Attainder« ohne Gerichtsverfahren am 23. Juli 1540 hingerichtet, nachdem er vorher noch durch sein Zeugnis über die nicht vollzogene Ehe des Königs mit Anna die Scheidung Heinrichs ermöglicht hatte. Er fiel als Feind der Magnaten, der Bischöfe und aller konservativen Kräfte, nachdem er acht Jahre lang als erster Minister und kirchlicher Visitator eine Veränderung betrieben hatte, die nicht mehr rückgängig zu machen war. Für den Augenblick triumphierten seine Gegner, die ihre Position durch Heinrichs Heirat mit Catharina Howard im Juli 1540 festigten. Doch schützte Heinrich auch weiterhin die andere

Seite mit Thomas Cranmer, dem Erzbischof von Canterbury, und Edward Seymour, dem Grafen von Hertford und Onkel des Thronerben Edward, gegen die Intrigen der Gruppe um Gardiner. Statt einen Nachfolger für Cromwell zu ernennen und sich so für eine der beiden Seiten zu entscheiden, nahm er eine neutrale Stellung ein und bekräftigte sie 1540 durch die Verbrennung von drei reformerischen Häretikern und drei des Verrats angeklagten Papisten. Er wandte sich in der Parlamentsadresse von 1545 ausdrücklich gegen die Intoleranz der konservativen und die Neuerungssucht der reformerischen Kräfte.

Die Hinrichtung der Catharina Howard im Jahre 1542 wegen aufgedeckter Liebesbeziehungen war ein Schlag für die konservative und franzosenfreundliche Faktion. Die Howards traten mit dem Ausbruch des Krieges gegen Frankreich 1543 vom politischen Spiel zurück und verwickelten sich schließlich im Dezember 1546 in ein Hochverratsverfahren, das den Sohn Norfolks, den Grafen von Surrey, aufs Schafott brachte und sie politisch ausschaltete.

Das Ineinanderspielen von Politik und Eheaffären war zwar mit der Heirat der völlig unpolitischen Witwe Catharina Parr im Jahre 1543, die den König schließlich auch überlebte, zu Ende gegangen; aber der Krieg mit Frankreich 1543–1546 und die ständigen Konflikte mit Schottland, wo die französische Partei sich trotz englischer Erfolge behauptete, hatten den König zur Verschleuderung von Kronländern, zur Münzverschlechterung und zu guter Letzt zur Zerstörung der finanziellen Unabhängigkeit der Krone verleitet. Die Religionsfrage war trotz der katholischen Sechs Artikel in der Schwebe geblieben, zumal die katholischen Protagonisten vor Heinrichs Ende noch gefallen waren und die protestantische Seite sich gestärkt fühlte. Der Thronfolger war zudem von protestantisch gesinnten Tutoren erzogen worden.

Heinrich selbst hielt bis zu seinem Tode die Zügel fest und unbestritten in der Hand. Seine letzte Sorge galt der Nachfolge. Das Nachfolgegesetz von 1543 hatte die Reihenfolge der Thronanwärter auf Edward, Mary und Elisabeth festgelegt, behielt aber Heinrich das Recht einer testamentarischen Änderung vor. Heinrichs Testament bekräftigte diese Reihenfolge, schloß aber bei

Ausbleiben weiterer Erben die Nachkommen seiner Schwester Margarete aus der Stuartlinie aus und setzte stattdessen die Kinder seiner Schwester Mary aus der Suffolklinie als Nächstberechtigte ein. Am 28. Januar 1547 starb der König und hinterließ seinem neunjährigen Thronerben nach sieben Jahren persönlicher Herrschaft eine schwere Bürde ungelöster Probleme, die das Land für fast zwölf Jahre in neue Streitigkeiten verstrickten. Bis dahin hatte seine massive Willenskraft die aus persönlichen, dynastischen und außenpolitischen Gründen angebahnte Entwicklung an einem Punkt festgehalten, an dem weder die Frage der Reformation noch die Frage des Parlaments einer wirklichen Lösung zugeführt worden waren. Seine Herrschaftsweise hatte in ihrer Verbindung von elementarer Gewalttätigkeit und staatsmännischem Kalkül viel vom Zuschnitt eines Renaissance-Fürsten an sich. Erst sein Tod setzte die Kräfte frei, die er selbst ins Spiel gebracht hatte, die aber erst unter Elisabeth zu Mitträgern der Herrschaftsordnung wurden.

7. Die Tudor-Revolution

Als Thomas Cromwell starb, waren Staat und Königtum in England grundverschieden von dem, was sie beim Tode Wolseys waren. Die völlige nationale Souveränität und die plenitudo potestatis des Herrschers waren im Kampf gegen Rom erreicht worden. Der König übernahm mit dem Supremat die monarchischen Befugnisse des Papsttums, die sich auch auf das Lehr- und Hirtenamt und nicht nur auf die Jurisdiktion erstreckten. Die 10 Artikel von 1536 und die Sechs Artikel von 1539 umschrieben die dogmatische Grundlage der anglikanischen Kirche im katholischen Sinne und legten fest, was Häresie war. In der Kirche war der König absoluter Herrscher, und die Manifestationen seines Supremats bedurften weder der beiden Konvokationen noch des Parlaments. Die Kirche in England war zu einer Kirche von England geworden; sie hielt jedoch an der apostolischen Sukzession und der kanonischen Herleitung des Bischofsamtes fest. Die sakramentale Gewalt des Priesteramtes und der Anspruch auf Katholizität blieben unberührt, so daß Heinrichs Reformation mehr ein Schisma als eine kirchliche Neugründung war. Die Kirche war ein Glied des »body politic« geworden, dessen spirituelle Seite sie darstellte.

Das Parlament hatte den Supremat nicht geschaffen oder legalisiert, sondern nur gesetzlich erzwingbar gemacht. Die Gesetze nach 1530 stellten in ihren Präambeln nur den neuen Zustand fest, aus dem sie die rechtlichen Folgerungen zogen wie Appellationsverbote, Ausdehnung des Hochverratsbegriffs, strafgesetzliche und steuerrechtliche Bestimmungen. Die Tudor-Revolution erbrachte keineswegs die Souveränität des Parlaments, wohl aber den Supremat des statuierten Gesetzes, das zwar schon unter Edward III. als höchster Ausdruck der Staatsmacht galt, nun aber auf alle Bereiche des nationalen Lebens ausgedehnt wurde. Es gab nichts, was nicht durch ein Gesetz des »King in Parliament« getan werden konnte. Die Schrankenlosigkeit dieser gesetzgeberischen Souveränität gegenüber geltendem Recht und jeder fremden Autorität war ungewöhnlich. Ungewöhnlich war auch, daß die Richter im Lande strenger als vorher dem »Statute Law« folgten, das bisher von ihnen als den berufenen Hütern der überlieferten Rechtssubstanz meist freier interpretiert werden konnte, wenn nicht ausdrücklich eine strikte Auslegung vorgeschrieben war. Der nun sorgfältiger gefaßte Wortlaut, den Cromwell allen gesetzlichen Äußerungen gab, nötigte zur strengen Beachtung des Buchstabens und bereitete den modernen Grundsatz der Ausrichtung des Urteils an der gesetzlichen Formulierung vor. Der Grund dafür lag in der Menge und dem inneren Zusammenhang der neuen Statuten, die im einzelnen an alte Zustände anschlossen, im ganzen aber eine Gesamtplanung ungewöhnlichen Ausmaßes darstellten.

Das Proklamationsrecht des Königs galt weiterhin, soweit kein Statut ihm entgegenstand. Seine Legalität, die sich seit alters her nicht auf Todesstrafe und Vermögensentzug erstreckte, wurde in der »Act of Proclamations« von 1539 ausdrücklich eingeschärft. Danach sollten die Gerichtshöfe königliche Proklamationen genau so sorgfältig behandeln wie statuierte Gesetze, womit die Zweifel über die Legalität der bisher üblichen Proklamationen ausgeräumt werden sollten. Gerade dieses Gesetz bezeugte den Vorrang der statuierten Gesetze und der Kompetenz des

»King in Parliament«. Heinrich selbst bezeichnete sich als Haupt des Parlaments, das mit seinen Gliedern verbunden und zusammengeflochten sei in einem einzigen »body politic« (1543). Unter ihm war die Zusammenarbeit der drei Partner König, Lords und Commons kaum gefährdet, da die Laien-Peers ebensowenig wie die verängstigten geistlichen Peers eine Opposition wagen konnten und im Unterhaus noch keine selbstbewußte unabhängige Gentry überwog wie unter Elisabeth. Thomas Cromwell war der erste, der das Unterhaus zu managen verstand, dem er selbst bis 1536 angehört hatte und durch das hindurch er zur Macht emporgestiegen war. Er war Englands erster parlamentarischer Staatsmann. Er führte eine neue bedeutsame Praxis ein: Während das Parlament noch bis 1531 vorwiegend Gesetzesanträge seiner Mitglieder behandelte, beschäftigte es sich danach mit königlichen Regierungsvorlagen. Die Krone setzte die großen Veränderungen samt und sonders durch »Acts of Parliament« durch. Damit begann das Haus von einer Beschwerdeinstanz zu einem Regierungsinstrument zu werden, was die Begründung und Vorbereitung der Gesetze und erstmals auch die Bildung von parlamentarischen Komitees erforderlich machte. Die lange Tagungsdauer des siebenjährigen Reformationsparlaments (1529–1536) und dessen außerordentliche Aufgaben erbrachten zudem wechselseitige Kontakte, Solidarität und Selbstbewußtsein. Auch das Oberhaus, das sich bisher stets mehr als erweiterter königlicher Rat betrachtet hatte, wurde ein exklusives Corpus von Peers, in welchem die Räte als solche kein Sitz- und Stimmrecht mehr hatten (1539). Unterhaus und Oberhaus entfalteten sich zu eindeutigen Institutionen als Partner der Souveränität, die im König verkörpert war und im Parlament effektiv wurde. Der »King in Parliament« verwirklichte erst die Gesetzesgeltung im moderneren Sinne der automatischen Allgemeingültigkeit bis an die Grenzen des territorialen Herrschaftsbereichs.

Die Gesetze von 1536 dehnten die königliche Rechtshoheit und die Grafschaftsverwaltung mit geringfügigen Ausnahmen gleichförmig auf den ganzen »Realm« aus, d.h. alle Richter und Rechtspfleger konnten nur noch durch den König oder im Namen des Königs ernannt werden und alle Schwerverbrechen wie »treason« oder »felony« nur noch durch königlichen Gnadenerweis ihrer vollen Sühne entgehen. Die Marken von Wales und die Pfalzgrafschaft Durham, die bisher nicht in die Tudor-Kronländer absorbiert war, ferner die mittelalterlichen Sonderformen und Sonderfreiheiten der fünf nördlichen Grafschaften wurden auf eine Linie mit Westminster gebracht. Die Union von Wales mit England 1536 dehnte den unbeschränkten Geltungsbereich englischer Gesetze und Verwaltung auf dieses alte Fürstentum aus, das nun 24 Mitglieder ins Unterhaus entsenden durfte. Die mittelalterlichen Sonderformen, bisher Quellen der Rechtsunsicherheit und Unruhe, wurden beseitigt oder wie der »Council of the North« und der »Council of Wales« näher mit der Regierung in Westminster verbunden. Im Dezember 1540 nahm Heinrich den Titel eines Königs statt eines Lords von Irland an, um auch hier gegenüber den permanenten Familienfehden und Revolten den Willen zur gesetzlichen Konsolidierung von der Zentrale her kundzutun, wobei er freilich die alte Politik der Anglisierung der Häuptlinge durch Titelverleihungen fortsetzte.

Der Vereinheitlichung des Staatswesens entsprach auch, daß Cromwell die privaten Haushaltsmethoden der Regierung durch bürokratische Arbeitsteilung und Kontrolle einengte. Während Wolsey noch als Kanzler der Verwaltung persönlich vorstand, reorganisierte Cromwell durch Trennung von Haushalt und Staatsaffären und durch Gliederung der Finanzverwaltung in selbständige Sekretariate mit bürokratischer Autonomie die oberste Verwaltung, die er als Erster Sekretär und exekutive Entscheidungsinstanz kontrollierte und koordinierte. Nach seinem Sturz blieb von seiner Reform immerhin ein arbeitsteiliges und damit unpersönlicheres System übrig. Der innere Ring des königlichen Rates wurde als »Privy Council« (1534/36) institutionalisiert, wenn er auch erst unter Elisabeth eine klarer umgrenzte bürokratische Organisation erhielt.

Im ganzen waren bei diesen Reformen mehr Tradition als Theorie und mehr momentane Notwendigkeit als vorgefaßte Programmatik tätig. Man schloß stets an Präzedenzien an, die sich vor allem aus der Zeit des Großen Schismas in reichlichem Maße anboten. Die neue nationale Souveränität war mehr praktischer als theoretischer Natur, wenn auch der Staat als gottverordnete höchste Instanz hingestellt wurde und Cromwell als

Patron der Wissenschaft und des »New Learning« eine theoretische Rechtfertigung des neuen Zustandes zu fördern suchte. Es war eindeutig, daß die Gesellschaft und das Gemeinwesen im ganzen mehr als bisher durch Statuten bestimmt waren, daß das Parlament mit dem Schisma von Rom unentbehrlich geworden war und seine Kontrolle sich auf alle Bereiche auszudehnen begann, daß die Vollgewalt der Krone über Verwaltung, Rechtspflege und Kirche auf den unitarischen Flächenstaat hinstrebte und der Fortgang der Institutionalisierung von Regierungsorganen das Herrschaftssystem objektivierte. Hierzu gehörte auch, daß die Regierung mit dem Armengesetz von 1536 eine Sozialpolitik einleitete, die zwar an der patriarchalischen Grundlage festhielt, aber die großen elisabethanischen Kodifikationen von 1597 und 1601 ankündigte. Mit der Begünstigung der »Merchant Adventurers« in London, jener Kompanie, die den Tuchexport nach Antwerpen kontrollierte, begann sich jene Monopolpolitik abzuzeichnen, die seit Elisabeth die Wirtschaftspolitik bestimmte. Mehr als bisher kümmerte sich die Regierung um den gesamten »body politic«, um das »Commonwealth« und dessen mannigfaltige Glieder. Zusammengenommen ergaben sich jene Ansätze einer Modernisierung und Zentralisierung des Staatswesens, die es berechtigt erscheinen lassen, die mit Heinrich VIII. einsetzende und unter Elisabeth sich vollendende Entwicklung als einen der drei großen Wandlungsprozesse der englischen Geschichte anzusehen, die neben der normannischen Revolution im 11./12. Jahrhundert und der viktorianischen Revolution im 19. Jahrhundert als die Tudor-Revolution im 16. Jahrhundert bezeichnet werden darf.

8. Edward VI. und Mary Tudor (1547–1558)

Heinrich hatte für seinen unmündigen Sohn vorsorglich einen Privy Council von gleichberechtigten Ratgebern bestimmt, um jede Einherrschaft eines Ministers zu verhindern. Aber der Rat mißachtete den königlichen Willen und ernannte den Onkel Edwards, den Grafen von Hertford, zum Protektor und Herzog von Somerset, ein Beschluß, der dem Rat wahrscheinlich durch eine gleichzeitige Rangerhöhung aller führenden Räte erleichtert wurde. Somerset war ein wohlmeinender, aber im Grunde unpolitischer Mann. Er stellte die Verfolgung der Protestanten sogleich ein und machte damit England zur Zuflucht für kontinentale Reformer wie Martin Bucer aus Straßburg und viele andere. Das Parlament widerrief die meisten Häresie- und Religionsgesetze Heinrichs, unter anderem auch die Sechs Artikel von 1539. Damit gab Somerset die Waffen zur Aufrechterhaltung der kirchlichen Ordnung aus der Hand. Mit der Chantries Act von 1547 wurden die zahlreichen kleineren kirchlichen Einrichtungen und Stiftungen wie Kapellen, Spitäler oder Schulen aufgelöst oder der Krone übergeben. Andere Maßnahmen führten die Kommunion in beiden Gestalten und die Bischofsernennung durch königliches Patent ein. Der öffentliche Protest Bischof Gardiners gegen die schleichende Protestantisierung brachte ihn in den Tower. Cranmer förderte die neue protestantische Bewegung in Predigt, Gottesdienst und Schrifttum; aber sie durchdrang keineswegs das ganze Land. Die Regierung verhielt sich gemäßigt, und selbst das Prayer Book von 1549, das durch ein Uniformitätsgesetz verbindlich gemacht wurde, kam den Katholiken entgegen und enttäuschte in seiner Unentschiedenheit die konsequenten Reformer.

Zu dieser religiösen Spannung kam die Preissteigerung seit 1540 und der wachsende Wollhandel, der die Landlords zu intensiverer Schafwirtschaft drängte und damit zu Einzäunungen und Entvölkerung auf dem Lande führte. Da das Parlament zu Gegenmaßnahmen nicht zu gewinnen war, verbot der »gute Herzog« Somerset durch Proklamation die Einzäunungspraxis im Interesse der kleinen Landleute, ohne sich auf diesem Wege gegen die Gentry durchsetzen zu können. In Norfolk rebellierte das Landvolk 1549 gegen die lokalen Herren unter Führung von Ket und zugunsten der Absichten Somersets (Ket's Rebellion). Gleichzeitig erhob sich Cornwall gegen die Einführung des Prayer Book und den Gottesdienst in englischer Sprache. Beide Bewegungen entsprangen verschiedenen Ursachen und blieben regional beschränkt. Sie wurden von führenden Leuten der Nobilität und Gentry gewaltsam unterdrückt. Somersets Generosität und Nachgiebigkeit hatte die Landlords zu eigenmächtigem

Handeln genötigt; sie setzten Somerset im Oktober 1549 gefangen. Aber der Sohn des von Heinrich hingerichteten Edmund Dudley, der Graf von Warwick, seit 1551 Herzog von Northumberland, der Führer der Adelsopposition, ließ ihn angesichts seiner Popularität wieder frei, vernichtete ihn und seine Anhänger jedoch bald darauf durch ein Hochverratsverfahren, das Somerset 1552 aufs Schafott brachte. Northumberland und Genossen entwickelten jetzt ungehindert alle üblen Seiten einer Magnatenfaktion, die sich an der Krone bereicherte. Immerhin ließ Northumberland dem neuen Lord Treasurer, William Paulet, seit 1550 Marquis von Winchester, einem erfahrenen Verwaltungsmann, Raum für seine Finanzreform von 1554, die die meisten Kronfinanzen unter dem Schatzkanzler vereinigte und die Cromwellschen Ansätze fortführte, wobei der Lord Treasurer fast die gesamte Kontrolle erhielt.

Northumberland, auf den die konservative Gruppe gehofft hatte und der sich bei seinem Tode als Katholik bekannte, trieb die Protestantisierung weiter, weniger aus Überzeugung als wegen der Möglichkeiten, auch das Bischofsland anzugreifen. Viele konservative Bischöfe verloren ihr Amt; ihren protestantischen Nachfolgern wurden materielle Konzessionen abgezwungen. Unter dem Druck der erstarkten protestantischen Kräfte vereinfachte ein neues Ordinale von 1550 die Ordinationsriten, womit deutlich das alte Priestertum dem protestantischen Pfarrer wich. Nach dem Fall Somersets kam unter dem Einfluß Martin Bucers und der vermittelnden Haltung Cranmers das revidierte Book of Common Prayer von 1552 zustande, das das neue Ordinale einbezog, die Messe abschaffte und dem protestantischen Element den Vorrang gab. Ein Uniformitätsgesetz bestrafte seine Nichtverwendung im Gottesdienst und Angriffe gegen das Buch. Damit war eine einheitliche Form der Gottesverehrung dekretiert. Der Glaubensinhalt wurde von Cranmer in den 42 Artikeln von 1553 zusammengefaßt, die einen Kompromiß zwischen lutherischen, calvinischen und auch zwinglianischen Auffassungen darstellten.

Dieser schnelle Sieg der protestantischen Seite hing aber vom Leben des kränklichen Edward und seinem Nachfolger ab. Northumberland überredete deshalb den König, die Nachfolge gegen den Willen seines Vaters zu ändern und Mary, die an Messe und Orthodoxie festhielt, auszuschalten. Edward übertrug die Nachfolge auf die Tochter des Herzogs von Suffolk, Lady Jane Grey, die Nichte Heinrichs und verheiratet mit Guildford Dudley, dem Sohn Northumberlands, und ließ die beiden Töchter Mary und Elisabeth zu Bastarden erklären. Der Rat unterstützte das Vorhaben, das Northumberland zum Alleinherrscher gemacht hätte; aber es gelang ihm nicht, der Mary Tudor habhaft zu werden, die rechtzeitig nach Norfolk in die Hochburg der Howards geflohen war.

Als Edward am 6. Juli 1553 starb, wurden Jane in London und Mary in Norfolk zur Königin proklamiert. Aber Volk und Truppen wandten sich der echten Thronfolgerin zu, so daß der Herzog von Suffolk, der Vater der Jane, persönlich Mary auf Tower Hill zur Königin ausrief. Northumberland und Lady Jane Grey wanderten mit zahlreichen Anhängern in den Tower. Die 37jährige Mary Tudor hatte leichtes Spiel und kehrte im Triumph nach London zurück. Mit ihr kamen die konservativen Kräfte, geführt von Gardiner, wieder ans Ruder. Mary wollte Blutvergießen vermeiden und ließ nur drei Verschwörer hinrichten, unter ihnen Northumberland, der vergeblich sein Leben durch Bekenntnis zum katholischen Glauben zu retten suchte. Die katholischen Räte kehrten zurück, die protestantischen Bischöfe wurden durch katholische ersetzt und Cranmer in Haft gebracht. Eine einfache Aufhebung der Gesetze Heinrichs und Edwards war nicht möglich, da die nach kanonischem Recht erforderliche Rückgabe der Kirchenländer einen Umsturz der neuen Eigentumsverhältnisse herbeigeführt hätte. So wenig die Reformation in die Tiefe gedrungen war, hatte sie sich doch eng verknüpft mit dem Interesse des Adels, der Gentry und auch der Yeomanry, die Kirchenländereien in Händen hatten. Ihr Eigeninteresse fühlte sich gefährdet und rettete im Grunde den englischen Protestantismus.

Das im Oktober 1553 zusammengetretene Parlament widerrief ohne Schwierigkeiten das Uniformitätsgesetz Edwards, setzte aber nicht die von Somerset aufgehobenen Häretiker-Gesetze wieder in Kraft. Es wollte nicht der völligen Wiederherstellung des früheren Zustandes die Hand leihen, wie der Bischof und

Kanzler Gardiner (1553–1555) und Mary sie sich vorstellten. Die Rückgabe des säkularisierten Kirchenlandes wurde von den Commons als aussichtslos hingestellt. Darüber hinaus protestierte das Unterhaus sogar gegen die geplante Heirat Marys mit Philipp von Spanien. Gerade diese Verbindung erschien als größte Gefahr und rief eine konspirative Tätigkeit wach, die in dem Aufstand von Sir Thomas Wyatt kulminierte, der im Namen der Religion und der nationalen Unabhängigkeit die Gentlemen von Kent zu den Waffen rief und im Frühjahr 1554 mit 3000 Mann in die Hauptstadt eindrang. Die Regierung schlug den Aufstand nieder, der ausdrücklich zugunsten Elisabeths entflammt war. Marys Wunsch, nochmals Milde walten zu lassen, fand nicht das Ohr der verängstigten Ratgeber. In London und Kent erlitten Wyatt und seine führenden Anhänger den Tod auf dem Schafott; selbst die unschuldige Lady Jane Grey und ihr Gatte wurden hingerichtet. Elisabeth blieb im Tower in Haft und entging dem gleichen Schicksal. Das Parlament gab nun seinen Widerstand gegen das Heiratsprojekt auf, gestand Philipp aber nur den Titel und nicht die vollen Rechte eines Königs von England zu. Im Juli 1554 traf Philipp in London ein und heiratete Mary Tudor. Im gleichen Jahr begann die Regierung, alle verheirateten Priester aus ihren Benefizien zu entfernen. Ein Viertel des Klerus, etwa 2000, wurden ihrer Pfründen beraubt, die alten Zeremonien wieder eingeführt und die Messe gefeiert. Alles geschah im Namen der Königin als oberstem Haupt der Kirche, also auf Grund einer Gewalt, die Mary für unrecht hielt. Das Werkzeug einer wirklichen Rückkehr der Kirche unter die päpstliche Autorität wurde Kardinal Reginald Pole, den Mary im November 1554 als Nachfolger Cranmers auf den Stuhl von Canterbury erhob. Seine Ankunft fiel mit dem Zusammentritt des dritten gefügigeren Parlaments zusammen, das die alten Häresie- und Hochverratsgesetze wieder einführte und darüber hinaus die antipäpstliche und antikirchliche Gesetzgebung seit 1529 aufhob. Reginald Pole brachte außerdem die päpstliche Absolution für das Schisma und die Aussöhnung mit Rom nach England. Damit war unter die englische Reformation scheinbar ein Schlußstrich gezogen. Die Ketzergesetze überlieferten das Leben der Engländer der Gnade geistlicher Gerichtshöfe und des Staatsrats.

Im Januar 1555 begann eine Zeit der Verfolgung, in der etwa 300 Häretiker den Flammen zum Opfer fielen, unter ihnen Latimer und Cranmer. Es waren jene Märtyrer, die John Foxe in seinen »Acts and Monuments« (1563) feierte und deren Tod einen unauslöschlichen Haß gegen Rom und Spanien erweckte. Vor allem mußten einfache Leute aus London und Umgebung sterben, während die meisten Führer der protestantischen Sache entfliehen konnten. Philipp verließ im selben Jahr das Land, um sein spanisches Erbe anzutreten; der Kanzler Gardiner starb im November, und damit schied der einzige Mann aus, der sich dem Einfluß Spaniens und Poles noch entgegengestellt hatte.

Im folgenden Jahr sah Mary ihren Gatten wegen seiner italienischen Ansprüche exkommuniziert und desgleichen ausgerechnet Pole der Häresie angeklagt. Paul IV. entzog ihm seine Legatenrechte. Philipp engagierte England in seinem Krieg mit Frankreich, so daß 1558 Calais trotz des bald darauf folgenden spanisch-englischen Seesieges bei Gravelingen verloren ging. Der letzte Rest des englischen Imperiums in Frankreich, eine 200 Jahre lang gehaltene englische Bastion auf dem Festland, fiel innerhalb einer Woche. Die Engländer sahen darin ein Symptom der spanienhörigen englischen Politik. Die verdrossenen und unzulänglichen Bewilligungen des Parlaments für den Krieg nötigten die Regierung zu Zwangsanleihen und anderen verzweifelten Aushilfen, die umso bitterer empfunden wurden, weil sie einer spanischen und papistischen Sache zu dienen schienen.

Die bitterste Enttäuschung für Mary war, daß sie kinderlos blieb. Aber sie sah auch, daß sie weder religiös noch politisch ihr Volk gewonnen hatte. Nach dem Tode Gardiners 1555 hatte sie unter dem Einfluß Poles und der Spanier Wege beschritten, die den Horror vor dem »Papismus« zu einem allgemeinen Grundgefühl machten. Nicht Mary oder Gardiner, sondern Cranmer hatte für die Kontinuität der anglikanischen Kirche mit der vorreformatorischen Zeit das meiste und Bleibende getan. Mit dem Tode Marys am 17. November 1558 und dem fast gleichzeitigen Tode Kardinal Poles war die katholische Reaktion beendet, aber auch das Werk der beiden ersten Tudors fürs erste vertan.

DIE HERRSCHAFT ELISABETHS

1. *Die Religionsregelung unter Elisabeth*

Am 17. November 1558 bestieg die 25jährige Elisabeth, die Tochter der Anne Boleyn, den Thron. Drei Tage danach zog sie Sir William Cecil als Hauptstaatssekretär in ihre Nähe, einen Mann der aufsteigenden Mittelschicht des Landadels, der die Regierungsgeschäfte als Lord Burghley (seit 1571) bis zu seinem Tode im Jahre 1598 führte, dem dann sein Sohn, Sir Robert Cecil, folgte. Beide hatten vieles miteinander gemeinsam: Religion war für sie Gewissenssache und nur für den Bestand der äußeren Ordnung Staatsangelegenheit; beide waren vorsichtig, auf Ruhe bedacht und sahen die Schranken ihrer Politik. Beide hatten sich unter der Herrschaft der Mary Tudor durch Beachtung von Messe und Ritus Leben und Freiheit erhalten. Obgleich Elisabeth auch andere Personen hinzuzog, ruhte die Regierung Englands doch für 40 Jahre im großen und ganzen auf dieser Partnerschaft, die nach der in den 18 vorhergehenden Jahren eingetretenen Erschütterung auf Konsolidierung bedacht war. Die Protestantisierung unter Edward VI. und die Rekatholisierung unter Mary Tudor schob von vornherein die Frage der Religion wieder in den Vordergrund. Marys Herrschaft hatte ihrer Kirche freilich mehr geschadet als genützt. Die Rückkehr unter Rom, die Rückgängigmachung vieler Neuerungen und die gleichzeitige Dominanz Spaniens hatten den Anti-Klerikalismus gestärkt. Der Willkommensgruß des Landes an Elisabeth war zugleich eine Kampfansage an ihre Vorgängerin. Elisabeths Religiosität war unklar. Rom erkannte sie nicht als legitimen Thronerben an, wenn auch Paul IV. die Möglichkeit eines Dispenses durchblicken ließ. Der Krieg mit Frankreich und das Bündnis mit Spanien und die Regentschaft der Maria von Guise in Schottland, dessen personelle Verbindung mit Frankreich über Maria Stuart als Gemahlin des Dauphin in Aussicht stand, veranlaßten Elisabeth, sich die wohlwollende Neutralität Philipps II. von Spanien zu bewahren und das Verhältnis zu Rom unbestimmt zu lassen. Philipp stützte Elisabeth; er beabsichtigte einige Zeit, sie zu heiraten, und war jedenfalls überzeugt, daß die neue Königin auf alle

Fälle von ihm abhängig bleiben werde. Elisabeths Thronrecht beruhte auf dem Testament Heinrichs VIII. und dem Parlamentsgesetz von 1543, das die frühere Bastardisierung zurückgenommen hatte. Ihre zwielichtige Haltung rettete sie über die ersten Monate, schob aber die Krisis nur vor sich her. Sie ließ erkennen, daß sie für reformierte Anliegen aufgeschlossen war, ohne dabei die geheimen Fäden zu Spanien und Rom abreißen zu lassen.

Aus den inneren Verhältnissen ihres Landes heraus wurde Elisabeth zu einer Entscheidung genötigt, die sie nach dem Zusammentritt des Parlaments am 25. Januar 1559 nicht mehr umgehen konnte, die aber auch angesichts der Gefahren von außen und innen weder zu plötzlich noch zu radikal in dem einen oder anderen Sinne sein durfte. Die marianischen Flüchtlinge waren auf die Nachricht vom Tode Marias zurückgeströmt und brachten einen Radikalismus mit, der die christliche Religion von allen römischen Zutaten gereinigt sehen wollte. Die Gruppe um Richard Cox in Frankfurt, die am zweiten »Book of Common Prayer« festhielt, und die extremere Gruppe um John Knox, den einstigen Kaplan Edwards VI., in Genf, die für eine streng calvinistische Gemeindekirche eintrat und nach Genfer Muster Disziplinargewalt über die Laien beanspruchte, ferner die gemäßigte Gruppe um Edmund Grindale in Straßburg, die unter dem Einfluß Martin Bucers stand, galten alle als »puritanisch«. Die radikale Genfer Gruppe mit dem Schotten John Knox wurde von der Königin feindselig betrachtet, da sie ihren hierarchischen und staatskirchlichen Ideen fremd war und Heinrichs Reformation als »Deformation« getadelt hatte. John Knox durfte nicht in England bleiben, wohl auch deshalb, weil seine Streitschrift »First Blast of the Trumpet against the Monstrous Regiment of Women« 1558, die gegen Mary Tudor und Maria von Guise gerichtet war und die Gehorsamspflicht gegen eine Herrscherin bestritt, einem Einvernehmen entgegenstand. Auch die Cox-Gruppe war ihr nicht genehm; aber sie konnte deren Führungskräfte nicht entbehren, zumal der Abgang mehrerer Bischöfe und die Weigerung der marianischen Bischöfe, die neuen Regelungen anzuerkennen, bald die Neubesetzung von 25 Bischofsstühlen von im ganzen 26 notwendig machte.

Was eine stärkere protestantische Wendung herbeinötigte, war zudem der sich anmeldende Puritanismus in der Laienschaft, also bei den Commons, eine Bewegung, die nicht eine eigenständige Theologie, sondern mehr eine moralische, an der Bibel orientierte Lebenshaltung war. Der Druck dieser Gruppe nötigte die Regierung auf ein protestantisches »Settlement« hin, wobei sie erstmals selbst nicht führte, sondern sich führen lassen mußte. Allerdings hatte das Parlament schon vorher die »Prayer Books« von 1549 und 1552 und die »Act of Uniformity« von 1552 aus eigener Initiative durchgesetzt – im Gegensatz zum Supremat, den es 1534 nur nachträglich rechtswirksam gemacht hatte. Nach 1547 hatte das Parlament ein Mitspracherecht entwickelt, das Heinrich VIII. nicht geduldet hätte, weil es von sich aus Fragen wie etwa den Heiratsplan Marys aufgriff, die die Regierung nicht gewünscht hatte. Fördernd wirkte dahin, daß die Commons schon 1543 (Ferrers' Case) die Freiheit von Verhaftung wegen Äußerungen im Unterhaus gewonnen hatten. Dies verband sich mit dem Recht auf Redefreiheit, das seit Sir Thomas More als Speaker 1523 als bleibendes Privileg festgehalten worden war und seit 1559 regelmäßig in die übliche Petition des Speakers bei Eröffnung des Parlaments gelangte, was freilich von Elisabeth auf die von der Regierung vorgelegten Materien beschränkt wurde und sich nicht auf den Bereich der Kronprärogative selbst erstrecken durfte. Darin schloß die Königin bald die kirchlich-religiösen Anliegen, ihre Person, die Nachfolgefrage, ihre Heiratspolitik und dergleichen ein, also die Dinge, die gerade von der Opposition gewünscht wurden. Bei Thronantritt war allerdings ihre Position schwach und verlangte Nachgiebigkeit bei der Religionsregelung.

Gleichzeitig mit dem Parlament von 1559 tagte die Konvokation von Canterbury, die am päpstlichen Supremat und katholischen Dogma festhielt und keinen Anteil am neuen »Settlement« hatte. Elisabeth wollte zuerst dilatorisch den Stand von 1547 wiederherstellen, konnte aber angesichts des Drucks der Commons eine solche Lösung nicht erreichen. Im März 1559 erhielt sie Nachricht vom bevorstehenden Frieden von Cateau-Cambrésis, in welchem Spanien und Frankreich sie als Königin anerkannten. Das gab ihr größere Handlungsfreiheit gegenüber den Forderungen des Parlaments, das nun die Suprematsakte und die Uniformitätsakte, also das neue »Settlement«, statuierte und danach von ihr am 8. Mai 1559 aufgelöst wurde. Beide Gesetze kamen gegen die kirchlichen Organe zustande und stellten die Staatskirche durch einseitigen Staatsakt wieder her. Das war neu, da Heinrich VIII. immer zuerst die Konvokationen hatte beschließen lassen.

In der Suprematsakte von 1559 nannte sich Elisabeth »the supreme governor as well in all spiritual or ecclesiastical things or causes as temporal« und gab damit den Bedenken gegen eine Frau als oberstes Haupt (»Head«) der Kirche statt. Die Uniformitätsakte verlangte von den einzelnen Gläubigen äußere Konformität, nämlich Anwesenheit beim Gottesdienst ohne Abendmahlszwang; sie machte das Prayer Book von 1559, einen Kompromiß zwischen dem ersten und zweiten Prayer Book, zur gesetzlich vorgeschriebenen Verehrungsform, wobei die protestantischen Elemente stärker betont waren als 1549. Darin hatte Elisabeth weiter gehen müssen, als ihrer ursprünglichen Absicht entsprach. Die Mitwirkung des Parlaments hatte sich erweitert, insofern seine Gesetzgebung den neuen Zustand nicht nur rechtswirksam machte, sondern selbst mit herbeiführte. Das Parlament entschied über Ritus und Lehre, zumal der neue Titel der Königin lediglich die statuierte Delegation der kirchlichen Gewalt an die Krone und nicht einen eigenständigen Rechtskreis bedeutete. Elisabeths Position war schwächer als die ihres Vaters, wenn sie persönlich auch die Kirche nicht weniger fest in der Hand hatte als Heinrich. Der neue Titel mochte das Gewissen der Katholiken und mancher Protestanten beruhigen oder den katholischen Herrschern annehmbarer erscheinen, umschloß aber einen wesentlichen Unterschied. Heinrich war als oberstes Haupt der höchste Würdenträger der Kirche, dessen Vertreter in den Konvokationen den Vorrang gegenüber den beiden Erzbischöfen hatte. Er war der Papst, während Elisabeth die Kirche nur von außen durch ihre Erzbischöfe und Kommissäre regierte und ihr Amt als Treuhänder (Governor) eines quasi-kirchlichen Charakters entbehrte. Der Titel genoß als locus classicus seit Thomas Elyots »Boke named the Governour« von 1531 eine moralische Dignität, schloß aber gerade die Dignität eines jus divinum aus.

Das »Settlement« schuf eine Kirche, die in ihrer Lehre stark protestantisch, in ihrer Organisation traditionsgebunden und in ihrer Rechtsordnung dem »Governor in Parliament« unterworfen war. Das bedeutete aber im Grunde den Triumph des »Statute Law« auch im Bereich der Staatskirche.

Der marianische Episkopat verweigerte durchweg den geforderten Suprematseid und schied aus. Elisabeth ließ ihm das Leben und behandelte selbst diejenigen, deren Blut gefordert wurde, vergleichsweise milde. Auf den Stuhl von Canterbury erhob sie Matthew Parker, einen monarchisch gesinnten, gemäßigten Protestanten der Cranmer-Tradition; die meisten anderen Bischofssitze kamen an die gemäßigte Frankfurter Gruppe der marianischen Exulanten. Der niedere Klerus machte wenig Schwierigkeiten; von etwa 8000 schieden keine 1000 aus, und kaum 300 verloren ihre Benefizien, wobei ohne Härte vorgegangen wurde und in manchen entlegeneren Gegenden sogar die Messe in der alten Form überlebte. Selbst papsttreue Katholiken nahmen bis zur Bannung Elisabeths noch am kirchlichen Leben teil, so daß die Kirchenregelung allgemein hingenommen wurde. Die außenpolitische Schwäche Englands mochte zu dieser Mäßigung beigetragen haben; als ihr bleibender Vorzug erschien die Eliminierung des schottischen Extremismus.

Entsprechend der allgemeinen Anschauung der Zeit waren die Untertanen der souveränen Krone mit dem Kronträger in einem »body politic« vereinigt, der vom weltlichen Standpunkt als »Commonwealth« oder auch Staat (state) bezeichnet und vom spirituellen Aspekt als Kirche begriffen wurde. Dies verlangte eine versöhnliche Mittelstellung, eine via media, von der nationalen Kirche, zumal religiöse Abweichungen als politische Opposition oder im äußersten Falle als Hochverrat angesehen werden konnten. Der Puritanismus blieb infolgedessen von einigen Ansätzen abgesehen vorerst eine Bewegung von Klerus und Laienwelt innerhalb der Kirche, dessen Stärke sich in den Gesetzen von 1559 erwiesen hatte, die trotz der überwiegend katholisch gesinnten Bevölkerung und gegen die vorsichtige Taktik der Königin das protestantische Element hatte durchdrücken können. In den folgenden zehn Jahren blieben die Katholiken ohne eigene Priester und ohne Weisung von außen, und auch der

Papst verdammte weder die Anglikanische Kirche noch die Königin als häretisch. Elisabeth ließ die Strafgesetze wegen Eidverweigerung und Nicht-Anwesenheit beim anglikanischen Gottesdienst entgegen einem Beschluß des Parlaments (1563) nur nachsichtig und in manchen Gegenden überhaupt nicht durchführen. Dieser Zustand machte es den Katholiken leichter, ihr Gewissen zu beruhigen und am offiziellen Gottesdienst teilzunehmen. Die meisten wurden mit der Zeit Anglikaner. Demgegenüber betrachteten die Puritaner das Settlement nur als Interimslösung und bekämpften offen die Versöhnungspolitik der Krone. Aus diesen Spannungen entstand die erste größere Rechtfertigungsschrift vor Hooker, nämlich Bischof John Jewel's (1522–1571) »Apology« von 1562, und die Festlegung der Kirchendoktrin durch die Konvokationen vom Jahre 1563 in den 39 Artikeln, die an Cranmers 42 Artikel anschlossen und genügend unbestimmt waren, um beiden Seiten gerecht zu werden.

Im Hinblick auf das Einvernehmen mit Frankreich im Vertrag von 1564 und angesichts der Stärkung des Thronanspruchs der Stuarts durch die Heirat Maria Stuarts mit Lord Darnley 1565 wandte sich Elisabeth scharf gegen die puritanischen Praktiken, die entgegen den Bestimmungen des »Prayer Book« die Genfer Gewänder beim Gottesdienst gebrauchten. Trotz heftiger Proteste setzte sie 1564/65 ihre Anordnungen betreffend Chorhemd, Priesterrock und Albe durch. Dabei hatten die Bischöfe und nicht die Königin die puritanischen Angriffe auszustehen, die seitdem erst sich gegen das Episkopalsystem und die Kirchendisziplin als solche richteten. Die Puritaner verlegten ihren Protest in das Parlament von 1566, wo sie nach den langen Debatten über die Nachfolgefrage die Angelegenheit der Religion zum Ärger Elisabeths aufgriffen. Die Königin verfocht den Standpunkt, daß ihr als »supreme governor« die Verwaltung der Religion im Einvernehmen und nach dem Rat der Konvokationen zustehe und das Parlament nur auf deren Wunsch daran mitzuwirken habe. Sie verbot unerwünschte Debatten über kirchlich-religiöse Dinge. Die Opposition in den Commons hingegen berief sich auf die zahlreichen Präzedenzien der letzten Jahrzehnte. Sie blockierte aus Protest andere Gesetzesvorlagen der

Regierung, konnte aber keine eigene Bill über die Religion durchsetzen. Das Parlament gab nur den 39 Artikeln der Konvokationen von 1563 die erwünschte statutarische Gesetzeskraft. Zum erstenmal erlebte Elisabeth eine gut geführte Opposition, die von einer religiös bestimmten Laienwelt gegen sie vorgetragen wurde. Immerhin hatte sie den englischen Katholizismus mit sich ausgesöhnt und den Puritanismus in seine Schranken verwiesen. Ihr Wille zum Ausgleich hatte gesiegt und kam auch in den nun statuierten Glaubenssätzen zur Geltung, bei denen sie stets auf das Einvernehmen mit den Konvokationen bedacht war.

Diese 39 Artikel fixierten die Grenzen der Doktrin, waren aber als vermittelnde Einigungsartikel gedacht, wenn sie auch einen unverkennbaren calvinistischen Einschlag verrieten. Gegen die Katholiken wurde mehr die Präzisierung der Form der Transsubstantiation angegriffen als diese selbst. Elisabeth hatte sogar den Artikel 29 (bis 1571) streichen lassen, da er ihr zu aggressiv gegen die Katholiken erschien. Die Kirche wurde als coetus fidelium, als die um Wort und Sakrament gescharte Gemeinschaft der Gläubigen, definiert. Die Bischöfe übten die Weihe- und Schlüsselgewalt weiterhin in eigenem Namen aus. Die geistlichen Konvokationen tagten wie bisher, allerdings unter Vorsitz der Königin, die allein die Einheit der Kirche darstellte, jedoch nicht die potestas ordinis innehatte. Die göttliche Einsetzung des Bischofsamtes wurde nicht behauptet und lediglich festgehalten, daß die Ordinationsregeln im Prayer Book nichts enthielten, was gottlos und abergläubisch sei, sondern nur das, was notwendig sei. Es wurde auch nicht gesagt, daß nur Bischöfe ordinieren könnten, sondern lediglich von Personen gesprochen, denen das Recht dazu öffentlich übertragen worden sei. Deshalb fanden Geistliche der außerenglischen Kirchen mit nichtbischöflicher Verfassung unter Elisabeth und noch unter Jakob I. allgemein Anerkennung als rechtmäßig ordinierte Priester. Sie brauchten nur ihre Ordination nachzuweisen und den 39 Artikeln zuzustimmen. Dabei wurde auch die presbyterianische Ordination anerkannt (1610). Damit erschien der Anglikanismus mehr als eine Richtschnur für Leben, Kult und Gebet und war keine dogmatisch scharf pointierte Kampforganisation.

Elisabeth lehnte weitere Eingriffe in die Glaubenssubstanz ab und blieb im Einklang mit dem Willen der Kirche, die als eigener Lebensbereich erhalten, aber doch der umfassenden Rechtsordnung des Ganzen eingefügt war. Diese Kirche verstand sich als allgemeine Form der Gottesverehrung im englischen Herrschaftsraum, als Zweig am Stamme der Stiftung Christi, und ließ andere Formen gelten. Elisabeth erkannte sogar im Vertrag von Berwick mit Schottland 1586 ohne Vorbehalt die in Schottland und Deutschland geübten protestantischen Religionen als gleichberechtigt an.

Daraus ergab sich, daß die Kirche ein Selbstverständnis entwickelt hatte, das an der Fiktion einer größeren »katholischen« Wesenskirche als einer universalen Tauf- und Abendmahlsgemeinschaft festhielt, und keine absolute Ausschließlichkeit von ihr beansprucht wurde. Sie fühlte sich auf die urchristliche Tradition zurückverwiesen und sah nur denjenigen als Ketzer an, der sich in klaren Widerspruch zur Bibel und zu den ersten vier Konzilien setzte. Die unter königlichem Schutz zustande gekommene und mit der gesetzlichen Sanktion des Parlaments versehene dogmatische und kultische Neuordnung war ein Gerüst, dem die Engländer äußere Konformität schuldeten und das nur von den bestellten Amtsträgern in Kirche und Staat den Uniformitätseid verlangte.

Es gab infolgedessen innerhalb der Kirche weiterhin Abweichungen und puritanische Tendenzen, aber keinen von ihr abgegrenzten Nonkonformismus. Soweit er sich im radikalen Puritanismus regte, wurde er ausgeschieden. Ketzer gab es unter Elisabeth kaum; nur vier wurden verbrannt, unter ihnen kein Katholik. Diese galten nach dem Bannstrahl von 1570 als Landesverräter, wenn sie sich öffentlich als Papisten bekannten und wurden infolgedessen nicht verbrannt, sondern geköpft oder gehängt. Elisabeth verbot dem Parlament nochmals 1572 und dann 1586, religiöse Streitfragen zu diskutieren, solange die Konvokationen dies nicht wünschten, und sah in diesen Debatten ihre Prärogative und den öffentlichen Frieden bedroht. Die sich seit 1566 anmeldende Kritik und Opposition gegen die gesetzliche Kirchenordnung führten Krone und Bischofskirche mit der Zeit näher zusammen, wobei das von der Krone getragene kirchliche

Sonderrecht das Monopol der parlamentarischen Rechtsschöpfung zu schmälern drohte, an dem seit Elisabeth niemand mehr zweifelte. Das Parlament hatte aber keine kirchliche Organstellung errungen. In den Canones von 1571 und 1604 ging die Kirche gemeinsam mit der Krone sogar zu eigenen gesetzgeberischen Akten über, ja die unter der Autorität der Krone tagenden Konvokationen betrachteten sich als die wahre Kirche von England »by representation«. Darin kündigte sich eine veränderte Konstellation an, die im Kampf des Parlaments mit der Krone im 17. Jahrhundert die Fronten bestimmte.

Immerhin fand das elisabethanische Settlement am Ausgang der Epoche noch einen bedeutenden Ausdruck in dem Werk von Richard Hooker »Laws of Ecclesiastical Polity« von 1594 bis 1597, das eine Apologie der anglikanischen via media darstellte. Hooker unterschied die spirituelle universale Kirche als Gemeinschaft in Wort und Geist von der Rechtskirche als menschlichem Verband. Der Wesenskirche seien geistliche Autorität und sakramentale Gaben eingestiftet; aus ihr gliederten sich die einzelnen Rechtskirchen aus. Mit der Annahme der christlichen Religion durch Consensus des englischen Volkes sei die Ausübung der christlichen Religion in die öffentliche Rechtswelt Englands gehoben worden. Staatsvolk und Kirchenvolk seien identisch, und Kirche sei nur die Nation vom religiösen Aspekt her. Der Streit zwischen Episkopalismus und Presbyterianismus berühre nicht die Glaubenssubstanz, da andere brüderliche Gliedkirchen und andere Formen der Gottesverehrung möglich und zu bejahen seien. Das christliche Gemeinwesen mit dem König an der Spitze umkleide die nationale Rechtskirche mit der nur ihm von Natur aus zustehenden Rechtsgewalt und mache sie zu einem Teil des Staates. Der Supremat bedeute nur die aus der Natur der Sache mitgegebene oberste Gliedschaft der Rechtskirche, wobei der König im Bereich der eingestifteten Gaben wie Wort, Sakrament und geistlicher Kirchenzucht kein eigenes Recht, wohl aber als christliche Obrigkeit einen christlichen Beruf habe. Auch das Parlament sei nicht anders als der König ein Organ der Kirche, nämlich der Repräsentant des Kirchenvolkes und nicht allein zuständig für Leder und Wolle. Die Kirche sei Landesrecht, und in Bezug auf die Rechtsgewalt gebe es keinen Unterschied zwischen Klerus und Laien. – Freilich war diese Identität von Kirchenvolk und Staatsvolk schon zu Lebzeiten Hookers in Frage gestellt; sie blieb jedoch eine regulative Idee in den kommenden Auseinandersetzungen.

Nur diese Weite der anglikanischen Kirche, die durch Matthew Parker, John Jewel und schließlich Richard Hooker in ihren großen, ökumenischen Rahmen gefaßt war, vermochte die gegensätzlichen Strömungen in der Bevölkerung zu überbrücken. Der einzelne Kleriker und der einzelne ernsthafte Anglikaner waren anfangs entweder katholisch oder puritanisch. Nach der politischen Desavouierung des römischen Katholizismus durch die Bannung Elisabeths und den spanischen Krieg blieb der Puritanismus das eigentliche innerkirchliche Problem. Der Terminus »Puritanismus« wurde mit den »Puritan Articles of Convocation« von 1563 geläufig und umfaßte alle, die stärker für Bibel, strenge Kirchenzucht, apostolisches Vorbild und nüchterne Lebensführung eintraten. Dem humanistischen Staatsideal setzten die strengeren Puritaner ein reformatorisches Gegenbild zur Seite, das vor allem von Genf, Zürich und Straßburg her geprägt war. Dieses Element gewann durch den Rückstrom der marianischen Exulanten nach der Thronbesteigung Elisabeths zeitweilig die Oberhand. Die frühen elisabethanischen Bischöfe sowie die 1559 hinzukommenden Prediger waren alle puritanisch gesinnt. Selbst John Whitgift, der Erzbischof von Canterbury unter Elisabeth, war in den wesentlichen Glaubenspunkten calvinistischer Theologe, wenn er auch die puritanischen Angriffe auf die Liturgie abwehrte. Führender Kopf des militanten Puritanismus war Thomas Cartwright (1535–1603), der zur Zeit der Mary Tudor in Heidelberg lebte, 1571 Genf besuchte und 1572 in einer »Admonition to Parliament« sogar die Bischofskirche angriff. Das puritanische Gedankengut durchdrang nach 1559 Kirche und Geistlichkeit bis in die höchsten kirchlichen und politischen Kreise hinein, und seine Dominanz wurde erst in den neunziger Jahren, vor allem auch durch Hookers Werk, erschüttert. Das Gewicht des Puritanismus kam in der öffentlichen Meinung und in der puritanischen Opposition im Parlament von 1566 (»Choir«) zum Ausdruck sowie in Cambridge, das als geistiger Mittelpunkt geradezu ein englisches Genf geworden war.

Davon zu scheiden ist der radikale Puritanismus, der die Trennung von Staat und Kirche unter moralischer Führung der Kirche propagierte und im Grunde gegen die Harmonie von Commonwealth und Kirche gerichtet war. Robert Browne und Henry Barrow forderten unabhängige Gemeinden; sie gingen noch über Cartwrights presbyterianische Vorstellungen hinaus und begründeten den Kongregationalismus. Die Initiative begüterter Kaufleute bei der Einrichtung von Predigtstellen, Gebetsräumen, Schulen und dergl. gab den verschiedenen puritanischen Kräften Spielraum, die auch innerhalb der Kirche viele Kanzeln beherrschten. Die presbyterianische Classis-Bewegung 1582–89, die das Prayer Book beiseite setzte, wurde von Laienvereinigungen gestützt, wie überhaupt private religiöse Gründungen gewissermaßen von Natur aus einen puritanischen Einschlag bekamen. Dabei blieb der Radikalismus immer nur ein schwaches, mehr symptomatisches Element im religiösen Leben. Er erreichte einen gewissen Höhepunkt, als die Bedrohung von Spanien her am stärksten war. Der Marprelate-Streit von 1588, den John Penry unter dem Pseudonym Martin Marprelate mit zahlreichen polemischen Flugschriften verursachte, entfremdete die gemäßigte öffentliche Meinung dem strengen Puritanismus, der zwar noch 1591 im Streit um die Kirchenverfassung ein Theaterverbot für Sonn- und Feiertage durchsetzen konnte, aber in Parlament, Klerus und Öffentlichkeit verspielt hatte.

Das Ketzergesetz von 1593 unterdrückte den extremen Puritanismus und bestrafte Nonkonformität mit Gefängnis und, wenn nach drei Monaten kein Widerruf erfolgte, mit Verbannung, wobei unerlaubte Rückkehr mit dem Tode geahndet werden sollte. Damit war der puritanische Extremismus durch Parlamentsgesetz ausgestoßen. Viele Kongregationalisten wanderten daraufhin nach Amsterdam oder Middleburgh aus, darunter jene, die später von Amsterdam über England mit der »Mayflower« 1620 nach Amerika gehen sollten. Henry Barrow und John Greenwood wurden 1593 wegen aufrührerischer Schriften und John Penry wegen Hochverrats hingerichtet. Um nicht als Begünstigter des Papismus zu erscheinen, veranlaßte Elisabeth gleichzeitig ein Katholikengesetz, das die Katholiken an ihren Wohnsitz im Fünf-Meilen-Kreis band und die Strafgelder wegen Nichtteilnahme am anglikanischen Gottesdienst wesentlich steigerte. Wer nicht bezahlen konnte, mußte ebenfalls ins Exil. Erst die königliche Proklamation von 1602 schwächte diese harten Bestimmungen ab. In der anglikanischen Kirche selbst war mit Richard Bancroft 1599 ein Gegner des orthodoxen Calvinismus an die Spitze gelangt, der die Lambeth-Artikel (1595) seines Vorgängers Whitgift ablehnte, den Bestrebungen einer Reinigung der Liturgie, der Glaubensartikel und der Kirchenverfassung sich entgegenstellte und, den Ideen Hookers folgend, die mittelalterliche Tradition und die Rolle von Vernunft und Willensfreiheit bei der Interpretation des christlichen Glaubens betonte. Doch wurde das weiter tätige puritanische Element erst mit dem Clarendon-Code, also nach der Restauration von 1660, völlig in die Nonkonformität gedrängt. In der elisabethanischen Zeit trug der innerkirchliche Puritanismus zur Verinnerlichung des privaten Lebens, zur Moralisierung der gesellschaftlichen Beziehungen, zur religiösen Praxis und Lektüre entscheidend bei, wenn auch im Interesse des öffentlichen Friedens und der wechselseitigen Toleranz die via media der Staatskirche den Sieg davon trug.

In Schottland dagegen siegte die presbyterianische »Kirk« gegen Krone und gespaltenen Feudaladel und schuf eigene Organe des nationalen Lebens. Hier entstanden unter der Führung von John Knox demokratische Laiengemeinden, die ihre Geistlichen wählten und in den Kirchenversammlungen ihre Meinung sagten. Hier wurde die allgemeine Kirchenversammlung geistlicher und weltlicher Vertreter der Mittelpunkt des schottischen Lebens, während das feudale schottische Parlament, das nur zur Eintragung von Gesetzen befugt war und die unmittelbaren Lehnsträger der Krone umfaßte, in den Hintergrund gedrängt wurde. Diese presbyterianische, von den Gemeinden her aufgebaute Kirchenorganisation erfüllte die gebildete Mittelschicht mit einem neuen Geist, der sie befähigte, den Kampf mit den alten Feudalmächten aufzunehmen. Die Kirche verwandelte hier im schottischen Tiefland den unwissenden Lehnsmann in den religiös gebildeten Bauern und gab ihm einen geistig-sittlichen Vorsprung, wenn auch andererseits die öffentliche

Kirchenzucht und die Glaubensenge eine geistliche Tyrannei mit sich brachte, die bald in England als »Popery« verschrieen wurde. England dagegen vermochte unter dem weiten Mantel seiner Kirche ein geistiges Leben zu entwickeln, das der freie Ausdruck seines eigenen Wesens war.

Hier blieb der Puritanismus aber stets ein belebendes Element unterhalb der allgemeinen Rechtsordnung, das der bürgerlichen Existenzform einer sich belebenden und ausweitenden Handelswelt entgegenkam. Doch stellte er keineswegs das wirtschaftlich fortschrittliche Element dar, weil seine Lebensauffassung auf Selbsterziehung und Sozialverpflichtung hin die Welt moralisierte und ihm die Abstraktion auf Markt-, Handels- und Geldverhältnisse erschwerte. Ohnehin waren in der Geschäftswelt des 16. Jahrhunderts die katholischen Bankleute und katholische Städte wie Venedig, Genua, Augsburg, Lyon und Antwerpen führend. Aber die Bestimmungen der Uniformitätsakte ließen dem überzeugten Puritaner gerade diesen Bereich frei, während Ämter und akademische Grade ihm verschlossen waren oder jedenfalls ihm einen weitgehenden Eid abverlangten. Erst die politische Nötigung auf bestimmte Rollen des Handels, der Seefahrt, der Siedlung, des Finanzverkehrs hin setzte ihn in einen freien Raum, für den ihn freilich auch sein biblischer Individualismus prädisponierte. Der englische Kaufmann stand nur mit einem Fuß in seinem Land, mit dem anderen in einer ungeschützten freien Welt, deren Risiko seinem persönlichen Glaubenswagnis entsprach. Er konnte nicht in der heimischen Lebensform seine tägliche Erfüllung finden, sondern nahm seine Religion gewissermaßen mit in die ferne Welt. Der private Rekurs auf die Bibel ergab sich aus seiner Mobilität, wie umgekehrt sich seine Religiösität für diese Mobilität eignete. Die ständigen Kontakte mit einer andersgesinnten Außenwelt trugen zu dieser Schrumpfung des Religiösen auf seinen inneren Kern bei, die defensiver Schutzwall und offensive Kraftquelle zugleich war. Der Freisetzung der Welt durch Verinnerlichung entsprach ein Streben nach Beherrschung der Welt aus den Impulsen dieser Verinnerlichung. Kurzum: Der Puritanismus in England vertrug sich mit den Bedingungen der Handelswelt und konnte ihren Gesetzen eine Rechtfertigung geben, die dem kapitalistischen Geist dieser Handelswelt eine ethische Überformung gab. Im englischen Binnenland behauptete dagegen die elisabethanische Religionsordnung das Feld, bis der Industrialismus mit Bevölkerungsfluktuation und Verstädterung die sozialen Grundlagen der anglikanischen Gemeindeverfassung auflöste.

2. Elisabeth und Maria Stuart

Der Friede von Câteau-Cambrésis im April 1559 hatte Elisabeth zwar die Anerkennung der wichtigsten Kontinentalmächte gebracht, aber auch die Rivalität zwischen Spanien und Frankreich fürs erste beigelegt. Es wandte sich für Elisabeth zum Glück, daß kurz danach Heinrich II. von Frankreich starb und Franz II., der Gemahl der Maria Stuart, König wurde. Das bedeutete, daß in Frankreich der Herzog von Guise zusammen mit seinem Bruder, dem Kardinal von Lothringen, regierte, dessen Schwester Regentin von Schottland war, so daß von Schottland bis zu den Pyrenäen die katholische Familie der Guise die Thronansprüche der Maria Stuart stützen konnte. Dies hielt Spanien vorerst auf der englischen Seite. Gegen die französischen Guise hatten schottische Lords schon 1557 einen »Covenant« geschlossen, der nun insgeheim von Elisabeth unterstützt wurde, die im Mai 1559 John Knox nach Schottland zurückschickte. Sie griff nach dem Zusammenbruch der Revolte ein und erreichte nach dem Tode der Regentin Maria von Guise im Vertrag von Edinburgh 1560, daß die französischen Truppen das Land verließen und die Kongregation der Lords an die Macht kam. Damit war die Reformation in Schottland gesichert, während Frankreich seit 1562 in inneren Streitigkeiten sich schwächte. Franz II. starb schon 1560, und Maria Stuart kehrte in ihr Land zurück, wo sie die leitenden Minister wie Lethington und Murray sowie auch die religiösen Führer wie John Knox und George Buchanan in ihren Funktionen beließ. Elisabeth stellte sich im französischen Religionskampf auf die Seite der calvinistischen Hugenotten, beendete aber schon 1564 durch ihren neuen Gesandten in Paris, Sir Thomas Smith, den wenig erfolgreichen Feldzug mit einem Einvernehmen, in welchem sich die Annäherung an Frankreich gegen Spanien ankündigte, die durch das spanische Projekt einer Ehe der Maria Stuart mit dem Infanten Don Carlos beschleunigt wurde. Maria Stuart heiratete indessen 1565 Henry Lord Darnley, Sohn des Earl of Lennox und Enkel der Margarete Tudor in zweiter Ehe, womit der Anspruch der Stuarts auf den englischen Thron beträchtlich gestärkt wurde, besonders als 1566 ein Sohn, Jakob VI., der spätere Jakob I., König von England, geboren wurde. Diese Verbindung wurde Maria Stuart zum Verhängnis, brachte aber schließlich doch die Stuarts auf den englischen Thron.

Elisabeth dagegen benutzte ihre Ehelosigkeit für ihr diplomatisches Spiel. Neben den Stuarts standen noch die Ansprüche der Suffolk-Linie, die Heinrich VIII. in seinem Testament den Stuarts vorgezogen wissen wollte und die in Lady Catherine Grey repräsentiert war, sowie schließlich als dritter Kandidat Henry Hastings, Earl of Huntingdon, so daß Heirat oder Nachfolgebestimmung brennend notwendig waren. Elisabeths Beziehungen zu Robert Dudley, späterem Earl of Leicester, endeten in einem unverbindlichen Favoritenverhältnis; andere Projekte wie eine Verbindung mit Erzherzog Karl von Habsburg oder Erich von Schweden verliefen im Sande, bis das beunruhigte Parlament selbst die Initiative ergriff.

Das Parlament von 1563, dessen protestantisches Übergewicht durch ein Gesetz von 1563 gesichert wurde, das allen Mitgliedern den Suprematseid auferlegte, bestürmte die Königin mit Petitionen, die mit der Forderung nach Heirat und Nachfolgeregelung ihre Prärogative berührten, und benutzte vielerlei taktische Mittel, um Elisabeth zu einer Entscheidung zu nötigen. Eine Gruppe von 40 bis 50 Unterhausmitgliedern unter Führung von Thomas Norton, dem ersten großen puritanischen Parlamantarier der Epoche, bildete schon eine Art Opposition (»Choir«), deren Agitation das Unterhaus dazu brachte, die Thronfolge- und Heiratsfrage immer wieder in die Debatte zu bringen. Die Prorogation des Hauses verlegte die Nachfolgediskussion in die Publizistik. Die Ungeduld wuchs beträchtlich, als die Heirat Maria Stuarts mit Darnley viele Katholiken ins Lager der Stuarts trieb. Der Finanzbedarf nötigte Elisabeth, das alte Parlament 1566 erneut einzuberufen, als »the Common Cry of England« (Thomas Sampson) dem Parlament von außen den Rücken stärkte. Die Puritaner hatten verstanden, eine neue Kraft ins Spiel zu bringen, die öffentliche Meinung. 1566 hatte Catherine Grey von der Suffolk-Linie, nach Indigenat, Legitimität und Heinrichs Willen Thronkandidatin, das Parlament auf ihrer Seite. Die Königin ließ sich jetzt endlich ein Versprechen zur Heirat abringen, ohne daß das Haus auf eine Regelung der Nachfolgefrage und auf Redefreiheit in dieser Angelegenheit verzichten wollte. Elisabeth wußte durch Nachgiebigkeit und Härte ihre Stellung zu behaupten, erfuhr aber, welche Schwierigkeiten ihr ein rebellisches Unterhaus bereiten konnte. Sie hatte eine Entscheidung in der Nachfolgefrage vermieden und nur ein vages Versprechen gegeben. Aber gerade die Nachfolgefrage brachte nicht weniger als die Religionsfrage, die Frage der Privilegien des Unterhauses und besonders der Redefreiheit ins Spiel und trieb das Parlament zu Äußerungen, die wie ein Vorspiel zur Glorreichen Revolution aussahen. Die Mitwirkung des Parlaments von 1563/66 in dieser alle anderen Ereignisse überschattenden Frage war ein Hebel zu dessen Aufstieg, und nur der Tod der Catherine Grey 1568 und die Flucht der Maria Stuart nach England 1568, aber auch das lange Leben Elisabeths ließen diese wichtige Phase der Parlamentsgeschichte zur Episode werden, die an den parlamentarischen Erfolg von 1559 in der Religionsregelung und an die dreimalige Nachfolgeregelung unter Heinrich VIII. anschloß und die Konflikte des 17. Jahrhunderts vordeutete. Das Jahr 1568 war der Wendepunkt, zumal als die Revolte im Norden 1569 und die Bulle von 1570 Königin und protestantische Commons zusammenführten.

Aber die Krisis war 1567 nicht vorüber, sondern sie verlagerte sich nur. Die Gründung des Missionsseminars in Douai auf dem Boden der Spanischen Niederlande 1568 und die Flucht der Maria Stuart aus Schottland 1568 verwickelten Elisabeth von neuem in die Religions- und Nachfolgefrage. Maria Stuart hatte unter Darnleys Einfluß die protestantischen Lords ausgeschaltet und ihren Führer, den Earl of Murray, zur Flucht gezwungen. Ihr unsteter Gatte hatte 1565 ihren italienischen Sekretär David Riccio aus Eifersucht ermordet. Maria sann auf Rache und ließ ihren erkrankten Gatten in ein Haus bei Edinburgh schaffen, das durch eine Verschwörergruppe unter James Bothwell in die Luft gesprengt wurde. Die Mitwisserschaft Marias war nicht erweisbar. Aber als sie sich von dem Mörder ihres Gatten nach Dunbar bringen ließ und ihn im Mai 1567, drei Monate nach dem Tode Darnleys, nach protestantischem Ritus heiratete, zweifelte niemand an ihrer Mitschuld. Das brachte alle Faktionen Schottlands und ganz Europa gegen sie auf. Sie wurde gefangen gesetzt, mußte zugunsten ihres Sohnes Jakob auf den Thron verzichten und Lord Murray als Regenten nominieren; Bothwell floh nach Dänemark. Im Mai 1568 entkam Maria nach England und begab sich unter den Schutz Elisabeths. Dies brachte Elisabeth in eine prekäre Lage. Sie konnte die Rivalin nicht nach Schottland zurückführen, da hier ihre eigenen Parteigänger das Ruder in Händen hatten, sie aber auch nicht nach Frankreich lassen, ohne sich selbst dem Risiko eines internationalen Konflikts über ihr Thronrecht auszusetzen. Ein Verbleib in England mußte Maria zum Mittelpunkt von Widerstand und Verschwörung machen. In der Tat drehte sich für die nächste Zeit die Politik Englands und Westeuropas um die Angeln der Gefängnistür Marias (Trevelyan). Andererseits verabscheute Elisabeth aus ihrer Anschauung vom göttlichen Königsrecht und ihrer ganzen Natur nach eine offene oder geheime blutige Lösung; statt dessen zog sie vor, 19 Jahre lang unter dem Schatten dieser Frage zu leben.

Die Ankunft Maria Stuarts in England eröffnete ein neues Kapitel der englisch-spanischen Beziehungen, insofern die Gefahr eines westlichen Machtbereichs der Guise, die bisher Philipp II. an der englischen Seite gehalten hatte, beseitigt war. Die spanische Botschaft in London, besonders unter dem Gesandten Guerau de Spes (1568–1573), wurde ein Ort für verschwörerische Gruppen und stand in Verbindung mit Maria Stuart. Die Umsturzpläne des Duke of Norfolk und des Earl of Arundel endeten in einer Erhebung der Feudalherren im Norden 1569/70, die die Restauration des Katholizismus und die Anerkennung Marias als englischer Thronerbin proklamierten. Sie riefen die katholischen Adligen Schottlands zu ihrer Unterstützung über die Grenze und suchten vergeblich Hilfe bei Herzog Alba in den Niederlanden. Lord Murray als Regent von Schottland verband sich mit der Regierung in London und hinderte die schottischen Katholiken daran, die Grenze zu überschreiten. Ein einziges Gefecht brachte das Ende des Magnaten-Feudalismus nördlich des Trent. Verbannungen, Konfiskationen und Exekutionen von etwa 800 feudalen Lehensleuten stellten die Autorität der Zentralregierung wieder her. Der »Council of the North« und die Ämter der Hauptleute an der Nordgrenze wurden von verläßlichen Beamten besetzt und die örtlichen Großen ausgeschaltet. Der Zusammenbruch des Aufstandes sicherte endgültig die Einheit Englands gegen den alten kriegerischen Feudalismus.

Die Spannungen mit Spanien und die Bann- und Absetzungsbulle Roms von 1570 veranlaßten Elisabeth, nach dem Ende des dritten Religionskrieges in Frankreich 1570 Fühlung mit Katharina von Medici aufzunehmen und eine Ehe mit deren zweitem Sohn, Heinrich von Anjou, in Aussicht zu stellen. Die Verhandlungen mündeten in den Defensivvertrag von Blois 1572 und sicherten die Friedfertigkeit Frankreichs, als das Ridolfi-Komplott, in das über den Kaufmann Ridolfi der Herzog von Norfolk, Philipp II. von Spanien und der Papst sowie schottische und französische Kreise verwickelt waren, eine Krisis brachte. Die Aufdeckung dieser Weltverschwörung zugunsten Maria Stuarts erregte England aufs höchste. Das Parlament verlangte den Tod Marias und des Herzogs von Norfolk. Elisabeth vermochte Maria nur zu retten, indem sie in den Tod des ersten Edelmanns von England einwilligte, der im Juni 1572 enthauptet wurde.

Selbst das Hugenotten-Massaker in der Bartholomäusnacht 1572 und die geheimen Gegenaktionen Englands ließen es nicht zu einem Bruch mit Frankreich kommen, zumal nun der jüngste Sohn der Katharina von Medici, der Herzog von Alençon, als Heiratskandidat ins Spiel gebracht wurde.

Die Verschwörungen der Jahre 1569 bis 1572 fanden Anlaß und Stütze in der Bulle Regnans in Excelsis Pius' V. vom Februar 1570, die die Exkommunikation und sofortige Absetzung der Elisabeth verkündete, ohne ihr die nach kanonischem Recht zustehende Gelegenheit zur Rechtfertigung zu geben und ohne die übliche Jahresfrist nach der Exkommunikation einzuhalten. Alle treuen Söhne der Kirche wurden ihres Untertaneneids entbunden und aufgefordert, die Königin abzusetzen. Es war zu befürchten, daß Philipp II. die Bulle durchsetzen wollte oder die katholischen Großmächte sich gegen England verbinden würden. Aber die einseitige Aktion des Papstes blieb völlig ohne Wirkung und widersprach auch den Vorstellungen Philipps II. Sie hatte lediglich eine negative Wirkung in England selbst. Sie gab 1571 Anlaß zur strengen Durchführung eines Konformitäts-Tests, der die Anerkennung des königlichen Supremats, des Prayer Book von 1559 und der 39 Artikel verlangte und mit dessen Hilfe später auch die puritanische Nonkonformität erfolgreich zurückgedrängt wurde. Nunmehr waren die Katholiken gezwungen, zwischen ihrem Land oder ihrer Religion zu wählen. Jetzt war Gehorsam gegenüber Rom gleichzusetzen mit Hochverrat; »Popery« war »Treason« und galt seit der Bartholomäusnacht von 1572 als verbrecherisch. Die Hochverratsgesetze des Parlaments von 1571 erklärten Einführung und Verbreitung päpstlicher Bullen oder auch jedes Wort von einer Häresie der Königin für Hochverrat; das Eigentum geflüchteter Katholiken war binnen Jahresfrist verwirkt; die Kirchenstrafen wurden verschärft usf. Nur das Widerstreben der Königin rettete die Katholiken vor dem Untergang. Aber die von Douai und dann von Reims ausgehende Missionstätigkeit unter William Allen, der bis zu seinem Tode 1594 als Kardinal Haupt der katholischen Restkirche war, in deren Dienst sich seit 1579 ein Jesuitenkolleg in Rom und spanische Kollegien stellten, griff auf England über und brachte seit 1580 auch Jesuiten ins Land, die zwar wenig Erfolg ernten konnten, aber die katholische Minorität mit einem gestärkten Glaubensbewußtsein ausstatteten. Die eingeschleusten Priester hatten Anweisung, sich nur auf das religiöse Gebiet zu beschränken. Gregor XIII. schwächte die politischen Forderungen der Bannbulle erheblich ab und bewahrte damit die englischen Katholiken vor einer unmöglichen Situation. Aber die von Reims und Rom kommenden Missionare wurden als Agenten einer fremden Macht betrachtet, verfolgt und wegen Hoch- oder Landesverrats oder wegen Verschwörung gegen die Königin verurteilt. Niemand wurde nach dem Ausspruch Elisabeths wegen seiner religiösen Gesinnung verfolgt; niemand als Häretiker verbrannt. Edmund Campion, der ehrlichste und heiligmäßigste unter den missionierenden Jesuiten, wurde 1581 wegen Verbindung mit den Feinden der Königin verurteilt und erlitt den Märtyrertod. Ein Gesetz von 1581 verschärfte nochmals die Kirchenstrafen und stellte Konversion mit Hochverrat gleich. Im ganzen verloren etwa 250 Katholiken ihr Leben, von denen 50 in der Gefangenschaft starben. Viele Priester wanderten nach Wisbech in Norfolk in ein Gefangenenlager. Diese, vom Maßstab der Zeit gesehen, immer noch milde Behandlungsweise rührte zum Teil von der Finanzpolitik der Regierung her, die lieber die Rekusanten-Gelder einstecken als Märtyrer schaffen wollte. Gregor XIII. betrieb dabei eine kriegerische Diplomatie mit Spanien und Irland gegen England. Er unterstützte militärische Unternehmungen von Irland aus 1578/79, wo sein Legat Nicholas Sanders, von spanischen Truppen unterstützt, die irische Feindschaft gegen England mit Glaubenseifer erfüllte. 1580 wurde diese letzte unabhängige päpstliche Militäraktion grausam niedergeschlagen. Das Scheitern der katholischen Verschwörungen 1568–72, der Mission seit 1575 und der irischen Expedition 1579/80 ließ Rom nur noch eine Hoffnung: Spanien. Als allerdings Philipp II. sich dem Papst 1585 als Schwert der Kirche anbot, vorausgesetzt, daß Rom ihn finanziell unterstützte, fand er in Sixtus V. einen Papst, der Philipps Religionspolitik und seine Anhänglichkeit an die Kirche skeptisch ansah und in Bewunderung der englischen Seehelden sich nicht für die Ziele der spanischen Thronansprüche in England einspannen lassen wollte. Als der Machtkampf mit Spanien vor der Tür stand, wurde der gefährlichste Gefahrenherd für Elisabeth beseitigt. Am 8. Februar 1587 bestieg Maria Stuart das Schafott, nachdem sie in einem aufgedeckten Komplott durch Intrigen der Konspiration eindeutig überführt und der Exekutionsbefehl Elisabeths ohne deren Wissen und Willen überbracht worden war. Der Zorn der Königin wich erst nach einiger Zeit der Erkenntnis, daß eine ständige Gefahr für das Land beseitigt war. Jakob VI., der Sohn der Maria Stuart und König von Schottland, stellte seine Rachegefühle im Interesse seines Thronanspruchs zurück. Erst auf dem Sterbebett nominierte Elisabeth den einzigen berechtigten Thronerben Jakob zum Nachfolger, dessen calvinistische Erziehung und kluge Politik Anhänger und

Gegner des Tudor-Regimes mit hoffnungsvollen Erwartungen erfüllte. Der Übergang der Krone auf die Stuarts vollzog sich ohne Krisis und schloß ein Zeitalter ab, das trotz mancher dunkler Züge im ganzen für England einen bedeutenden Aufstieg gebracht hatte.

3. Die Wendung zum Meer und der Krieg mit Spanien

Die Grundlagen der englischen Seemacht wurden im 16. Jahrhundert gelegt. Unter den Tudors begann eigentlich erst die Seegeschichte Englands, mit der die alte Heldentradition von einem neuen nationalen Mythos der Seehelden abgelöst wurde. Der allgemeine Grund dafür war, daß mit der Entdeckung Amerikas 1492 der Atlantik zum Binnenmeer des Weltzusammenhangs wurde. Für England kam die entscheidende Wende mit dem Frieden von Câteau-Cambrésis 1559, der den Streit zwischen Habsburg und Valois fürs erste begrub, aber die Friedensregelung auf die europäisch beherrschte Welt beschränkte. Die Region »beyond the lines«, nämlich außerhalb des Meridians über den Kanarischen Inseln und des Wendekreises des Krebses, also die freie Welt der offenen Ozeane, blieb von der völkerrechtlichen Vereinbarung unberührt. England gab zudem mit dem Verzicht auf Calais den letzten Stützpunkt auf dem Festland preis. In dem Rückzug Englands vom Festland und der Freisetzung einer offenen Welt nach Westen jenseits Europas lag jene Blickwendung beschlossen, die England seiner eigentlichen Aufgabe nach und nach zuführte. Bis dahin war der kontinentaleuropäische Handel maßgebend gewesen, dem nun eine weitgreifende Dynamik über die Ozeane zur Seite trat, die nach Reichtum und neuen Märkten suchte.

Hier aber hatten Portugal und Spanien bereits seit langem Unvergleichliches geleistet. Die beiden katholischen Majestäten hatten sich ihre Weltbereiche 1493 von Papst Alexander VI. aufteilen und bestätigen lassen, der auf Grund seiner »umfassenden Apostolischen Gewalt« den Meridian westlich der Azoren nach Süden als Scheidelinie bestimmte und alle entdeckten und unentdeckten Gebiete nach Osten den Portugiesen und nach Westen den Spaniern zusprach. Der Staatsvertrag von Tordesillas 1494 zog diese Demarkationslinie von Pol zu Pol, welche 1529 noch nach der anderen Seite des Globus durchgezogen wurde. Dieser weiträumigen und vorgreifenden Planung gegenüber waren die englischen Anfänge recht bescheiden. König Heinrich VII. gab nach den Projekten John Cabots und seiner drei Söhne den Bristol Merchants 1496 einen ersten Freibrief für die Erschließung überseeischer Gebiete, der allerdings das Eindringen in südliche Gewässer verbot, um nicht in Konflikt mit der Weltteilung Alexanders VI. zu geraten. Aufgrund dieser königlichen Charten erhielten die Kaufleute das Recht, fünf Schiffe auszurüsten, die mit den von ihnen erkundeten und noch nicht von Christen besetzten Gebieten zollfrei Handel treiben durften; ein Fünftel der Erträge sollte an den König fallen. Nur ein Schiff wurde tatsächlich ausgerüstet, und John Cabot segelte 1497 in Richtung auf die vermutete Nord-West Passage, um China zu erreichen. Er erreichte nur Neu-Schottland, das er für Asien hielt. Von einer zweiten Expedition 1498 kehrte er nicht zurück. Immerhin hatte er die reichen Fischgründe vor Neufundland entdeckt, für die jene Bristol-Kaufleute 1501/02 Lizenzen erwarben. Ihre Fahrten dorthin waren die Grundschule für die englischen Seeleute.

Seit 1500 wußte man, daß ein völlig neuer Kontinent entdeckt war, der den Weg nach Asien sperrte. Zudem hatte Vasco da Gama 1498 die östliche Route nach Indien über Südafrika entdeckt und den Portugiesen das reichste Handelsmonopol der Zeit verschafft. Noch einmal versuchte Sebastian Cabot 1509 im Auftrage von Bristol, die ersehnte Nordroute nach Asien zu finden. Danach gab England für vierzig Jahre die Suche nach einer Durchfahrt in den Pazifik auf. Aber Heinrich VIII. schuf in dieser Zeit die erste englische Kriegsflotte, die den Galeeren der Mittelmeermächte und den plumpen Rundschiffen der Kaufleute überlegen war und mit Kanonen bestückt wurde. Sie rettete England 1545 vor einer französischen Invasion, im gleichen Jahr, als Francis Drake geboren wurde. Allerdings verrottete die stolze Kriegsflotte in der Folgezeit und war 1558 von 53 auf 24 kaum mehr seetüchtige Schiffe zurückgegangen.

Im Jahre 1552 bildete sich wieder eine Gesellschaft von 200 Geldgebern, die diesmal die Nord-Ost Passage nach Asien finden wollte. Aber der Führer der Forschungsexpedition, Sir Hugh Willoughby, kam 1554 im Eis der Murmanskküste um; nur sein Begleitschiff unter Richard Chancellor gelangte ins Weiße Meer und landete in Archangelsk. Dessen anschließende Reise zu Iwan dem Schrecklichen wies dem englischen Tuchhandel einen neuen Markt und führte zur Gründung der Moskau-Kompanie 1555.

Gegenüber diesen kostspieligen und wagemutigen Unternehmungen zogen viele Seefahrer vor, in den verbotenen Südatlantik einzubrechen, zumal die spanischen Kolonisten bei dem mangelhaften Nachschub aus Spanien mit jedermann zum Handel bereit waren. Dazu gaben die französisch-spanischen Kriege zwischen 1521 und 1559 reichlich Gelegenheit, ohne daß England auf diesem Wege in den Genuß des vom Süden einströmenden Reichtums gelangen konnte. Erst mit Câteau-Cambrésis 1559 und dann mit dem Abfall der Niederlande von Spanien 1579 änderte sich die Lage. Die mitspielenden religiösen Konflikte trugen dazu bei, daß Franzosen, Engländer und Holländer in das spanische Weltreich segelten, das Handelsmonopol durchbrachen und Beutezüge veranstalteten. Die schwerfälligen spanischen Handelsschiffe wurden eine leichte Beute für die englischen Piraten, zumal viele spanische Kriegsgaleeren veraltet und für den Atlantik ungeeignet waren. Seit 1560 richtete England sein Augenmerk auf die Karibische See. Die privaten Westindien-Unternehmungen wurden von der Regierung geduldet, solange sie nicht selbst dabei diskreditiert wurde. Elisabeth wies sogar offen die portugiesischen Proteste wegen des Einbruchs englischer Handelsschiffe in die westafrikanischen Gebiete zurück: Sie denke nicht daran, ihren Untertanen zu verbieten, Handel mit allen zu treiben, die ihn wünschten. Damit wandte sie sich gegen die päpstliche Schenkung von 1493 und den Staatsvertrag von Tordesillas von 1494 und vertrat das Recht auf freien Handel in den nicht effektiv beherrschten Gebieten. Aber die Spanier und Portugiesen griffen jeden an, der in das vom Papst ihnen für ewig zugeteilte Gebiet eindrang, besonders wenn es sich um Ketzer handelte. Die Engländer galten als Angreifer und hatten mitten im Frieden einen privaten Krieg zu bestehen, den sie auf eigenes Risiko führten.

Der eigentliche Vater des militanten antispanischen Seehandels war John Hawkins, der von Plymouth nach London ging und dort ein Syndikat für seine Fahrten errichtete. Er folgte dem französischen Vorbild und suchte unter der Hand mit portugiesischen und spanischen Amtsstellen ein inoffizielles Einvernehmen zu erzielen. Auf diese Weise vermochte er sich in den Sklavenhandel einzuschalten und 1562 Sklaven von Westafrika nach Westindien und Haiti zu bringen. Damit lud er das Odium des ersten englischen Menschenhändlers auf sich. Er suchte sogar mit dem Angebot einer Aktion gegen die karibische Piraterie einen Freibrief von Philipp II. zu erlangen, was jedoch fehlschlug. An der Finanzierung seiner zweiten Reise nach Westindien 1564 beteiligten sich sogar Leicester, William Cecil und die Königin. Das Unternehmen endete unglücklich. Die Schiffe lagen zur Ausbesserung vor San Juan de Ulua, als dort die spanische Schatzflotte eintraf. Trotz eines Schutzversprechens des spanischen Gouverneurs wurde die ankernde Flotte überfallen. Nur zwei Schiffe unter Hawkins und Drake entkamen. Dies bedeutete das Ende eines friedlichen Handels. Hawkins sah nun im offenen Kampf gegen Spanien seine Hauptaufgabe, aber Elisabeth befahl ihm stattdessen den Aufbau der Flotte. Er wurde 1578 Schatzmeister der »Royal Navy«, die er zum offenen Kampf gegen Spanien rüstete.

Statt seiner eröffnete Francis Drake nun einen Kleinkrieg gegen die lokale Schiffahrt, der ihn zum Schrecken der Spanier werden ließ. Seine kriegerischen Fahrten von 1570, 1571 und 1572 krönte er mit einem erfolgreichen Angriff auf die spanische Silberflotte, die »flota«, bei dem er 40000 Pfund Silber erbeutete. Damit wurde freilich der sonstige Handel mit Spanien ruiniert. Der unerklärte Kleinkrieg verführte beide Seiten zu einer grausamen Kriegführung auf hoher See. In England selbst trug man sich indessen mit größeren Plänen. Frobisher versuchte 1576/78 nochmals, Indien durch die Nord-West-Durchfahrt zu erreichen, desgleichen zum letzten Mal Davis 1585/87; beide legten aber nur den Grund für den späteren Pelzhandel mit den Hudsonbayküsten. Die Regierung regte 1577 die Gründung eines großen Syndikats an, mit dessen Hilfe Drake die Südpassage zum Pazifik durchfahren wollte. Von drei Schiffen gingen zwei verloren. Nur die »Golden Hind« passierte die Magellanstraße, sicherte sich 1579 durch ein spanisches Schatzschiff Beute, erreichte die Molukken und kehrte um das Kap der Guten Hoffnung 1580 nach Plymouth zurück. Mit dieser ersten englischen Erdumseglung war das heroische Zeitalter beendet, in welchem Handel und Piraterie ungeschieden waren und die Kriegsbeute Vorrang vor dem regulären Handel hatte.

Aber der Blick für neue kommerzielle und kolonisatorische Möglichkeiten war doch geweckt worden. In den achtziger Jahren trat Richard Hakluyt der Jüngere für Überseehandel und eine englische Siedlung in Amerika (1584) ein und lieferte einen großen Bericht von den Taten der englischen Seefahrt (1589). Die Siedlungsidee hatte ihren ersten Niederschlag in einem Patent von 1578 für Nordamerika gefunden, das Sir Humphrey Gilbert, der Halbbruder Raleighs, erhielt. Raleigh setzte diesen Ansatz fort; in seinem Auftrag wurde 1584 Virginia entdeckt und mit der Expedition von 1585 eine Garnison Soldaten zurückgelassen, die von den Eingeborenen betreut und von England aus unterstützt wurde. Die Ansiedlung von 150 Kolonisten 1587 blieb jedoch wegen des ausbrechenden Krieges mit Spanien ohne Unterstützung vom Mutterland. Drei Jahre später fand man keine Spur mehr von ihnen. Damit endete der erste Kolonialversuch mit einem Mißerfolg. Raleigh selbst stellte einen neuen Typ des Seefahrers dar. Er war weniger Händler oder Beutejäger als Entdecker, Schriftsteller, Soldat, Höfling und Wissenschaftler, der in seiner Universalität das neue Ideal der elisabethanischen Zeit verkörperte. Alles weitere war durch den Krieg mit Spanien bestimmt, der alle Kräfte in Anspruch nahm.

Der inoffizielle Kleinkrieg auf See und im amerikanischen Herrschaftsbereich Spaniens hatte den friedlichen Handel zwischen beiden Ländern zerstört und eine wechselseitige Feindseligkeit geweckt, die durch grausame Vergeltungsaktionen vertieft wurde. Dazu kam der religiöse Gegensatz, der den Gegner zum Antichristen machte. Die Inquisition in Mexiko behandelte die Engländer als Häretiker, und die Engländer betrachteten ihre Piratenzüge als Kampf gegen Papismus und Despotismus. Sie unterstützten die abgefallenen Niederlande und sahen in dem Ausgreifen der Gegenreformation nach Norden im niederländischen Krieg seit 1579 und im Kölner Krieg seit 1584 die protestantische Sache gefährdet. Nichtsdestoweniger war Elisabeth stets um einen Ausgleich mit Spanien bemüht, da sie sich der Schwäche ihres Landes bewußt war, das an Bevölkerungszahl kaum die Niederlande erreichte und von Frankreich um fast das vierfache und von Spanien um das doppelte übertroffen wurde. Außerdem fehlte ein schlagkräftiges stehendes Heer, zumal das kostspielige Söldnertum abgelehnt wurde und die Miliz nur zu Verteidigungszwecken gebraucht werden durfte. Der Übergang vom Bogen zur Feuerwaffe hatte zudem die Ausbildung außerordentlich verteuert, so daß nur ein kleiner Teil der Miliz, die sogenannten »trained bands«, kampftüchtig war. Aber diese ausgebildete Miliz mußte zur Verteidigung daheim bleiben. Zwar waren alle Engländer vom 16. bis 60. Lebensjahr zur Musterung verpflichtet; aber viele Ausnahmen waren zugelassen, und der Freikauf von der Aushebung war gang und gäbe. Die von den Musterungskommissaren ausgehobenen Rekruten stellten geradezu eine Gegenauslese dar, die vor allem die Asozialen und die Armen zum Dienst außerhalb des Landes preßte. Die Hauptleute waren oft korrupt und ließen den Sold in ihre Taschen fließen, indem sie mehr Soldaten meldeten, als sie hatten. Auch Nachschub und Ausrüstung ließen lange Zeit zu wünschen übrig. Immerhin kamen auf den verschiedenen Kriegsschauplätzen in Frankreich, Irland und den Niederlanden im ganzen über 100000 Mann zusammen, von denen etwa 42000 regulär ausgebildet und bewaffnet waren. Elisabeth fürchtete insbesondere die riesigen Kosten eines offiziellen Krieges und gab die Hoffnung auf eine Beilegung des Krieges selbst dann noch nicht auf, als Philipp II. 1587 zu einer großen Invasion Englands rüstete.

Immerhin hatte sie durch 27 Jahre einen offenen Krieg vermeiden können und selbst die von Spanien inszenierten Komplotte ignoriert. Aber seit 1585 entwickelten sich Konflikte, die der Königin kaum mehr ein Ausweichen gestatteten. Die Vereinigung Portugals mit Spanien im Jahre 1580, die Ermordung Wilhelms von Oranien im Juni 1584 und die Schwäche Frankreichs unter Heinrich III. hatten Spanien ein deutliches Übergewicht im Kampf gegen die Niederlande gegeben. 1585 fiel Antwerpen, das Zentrum der westeuropäischen Handelswelt, in spanische Hände. Der Kölner Krieg seit 1584 bedrohte die Niederlande vom Osten her; gleichzeitig verband sich die Guise-Faktion in Frankreich mit Spanien gegen Heinrich III. Damit schien sich ein Vorstoß der gegenreformatorischen Mächte nach Norden abzuzeichnen, der die protestantische Welt aufzuspalten drohte. England schloß angesichts dieser Lage im August 1585 ein Bündnis mit den Niederlanden, in welchem es sich zum Protektor Hollands erklärte. Philipp antwortete mit der Beschlagnahme aller englischen Handelsschiffe in spanischen Häfen. Darauf segelte ein englisches Heer von 7600 Mann unter Leicester nach den Niederlanden und blieb dort, wenngleich Leicester selbst nach einem ergebnislosen Feldzug 1586 zurückkehrte. Im Vertrag von Berwick 1586 sicherte sich Elisabeth das Einvernehmen mit Schottland. Erst danach gab sie dem Drängen von Sir John Hawkins und Sir Francis Drake nach und erlaubte einen Angriff auf die spanischen Seelinien und Küstenstützpunkte. Sogleich griff Drake mit 30 Schiffen und 2000 Mann die spanischen Küstenlinien an, brandschatzte Santiago auf den Kapverdischen Inseln, nahm San Domingo, das Zentrum des spanischen Westindien, und nach harter Gegenwehr Cartagena auf dem südamerikanischen Festland. Alle Siege wurden zu Lande erfochten, weil sich kein spanisches Kriegsschiff zeigte. Das Ausgreifen auf das Kolonialreich sollte Spanien von seinem Reichtum trennen, mit dem es die europäischen Kriege bezahlte. Selbst dieses militärische Unternehmen wurde von einer »Joint-Stock Company« finanziert und zum größten Teil von bewaffneten Handelsschiffen durchgeführt. Elisabeth und Lord Burghley scheuten vor dieser ozeanischen Strategie zurück und sahen im Schutz des Kanals und in benachbarten Landaktionen die wichtigere Aufgabe; für sie war die Entlastung der Niederlande durch diesen Seefeldzug die Hauptsache.

Erst als 1587 die Nachricht eintraf, daß Philipp II. große Flotteneinheiten in den spanischen Häfen versammelte und seefeste Kriegsschiffe bauen ließ, erhielt Drake den Befehl zum Angriff auf die spanischen Häfen. Dies erst bedeutete den offenen Krieg. Ein zweiter Befehl widerrief diesen Plan und ließ nur Kämpfe auf offener See zu; denn immer noch wollte Elisabeth einen europäischen Krieg vermeiden. Aber Drake hatte schon längst Plymouth verlassen und griff dem ersten Befehl gehorchend Cadiz an, wo seine Flotte 30 Schiffe vernichtete. Er bezog danach

Stellung bei Kap Sao Vicente und behinderte durch ständige Störversuche die spanischen Vorbereitungen, so daß das Auslaufen der Armada sich um ein Jahr verzögerte. Im selben Jahr hatte die Enthauptung der Maria Stuart die katholischen Mächte enger gegen England zusammengeschlossen und vor allem das Bündnis der französischen Liga mit Spanien zementiert. Der Kampf wurde zunehmend eine Auseinandersetzung um die Zukunft der nord- und westeuropäischen protestantischen Welt. Glücklicherweise hielt der junge Jakob VI. von Schottland, der Sohn der Maria Stuart, am Vertrag von Berwick 1586 fest, während Irland nach der Rebellion von 1579–83 vorläufig ruhig war und erst seit 1594 wieder rebellierte, diesmal in Verbindung mit Spanien, wobei es zum bittersten Schlachtfeld des Krieges wurde. Inzwischen hatte sich aber das Blatt zugunsten der protestantischen Mächte gewendet.

Im Sommer 1588 schickte Philipp seine erste große Kriegsflotte, die Armada unter Medina Sidonia, durch den Kanal, um Truppen des spanischen Statthalters Alba an Bord zu nehmen und gegen England auszuholen. Erst nach neuntägigem Kampf im Kanal gelang es den Engländern auf der Höhe von Calais, die spanische Formation durch sechs glücklich lancierte Brandschiffe aufzulösen und vor Gravelingen vier Schiffe zu zerstören. Das übrige tat das Wetter. Die zerstreute Flotte gab ihren Plan auf und entkam über Schottland, wobei atlantische Stürme den beschädigten Schiffen den Untergang bereiteten. Zahlreiche Trümmer der Flotte bedeckten die schottischen Küsten und kündeten von der Katastrophe, die Gott selbst den Spaniern zugedacht zu haben schien: Afflavit Deus et dissipati sunt. Die Engländer unter Admiral Howard hatten durch bessere Schiffe und Mannschaften, durch ihre Weitschußkanonen (broadsides) und geschicktes Manövrieren die erste moderne Seeschlacht gewonnen. Damit war die spanische Seemacht keineswegs vernichtet; die Engländer selbst unterschätzten ihren Sieg. Aber er bedeutete die Rettung der Niederlande und darüberhinaus der protestantischen Welt, die sonst durch einen breiten Keil bis zur Nordsee aufgespalten worden wäre.

Die englischen Gegenschläge unter Drake und Norris im Jahre 1589 und drei weitere Versuche Philipps II. im Jahre 1590, die an der Unbill der Witterung scheiterten, unterstrichen das Ergebnis von 1588. Größere Unternehmungen wurden von englischer Seite 1589, 1596 und 1597 unternommen. Im ganzen artete der pausenlose Seekrieg zu einem Privatkrieg aus, der mit königlichen Freibriefen und unbeschränktem Beuterecht jedes Jahr von 100–200 Kaufleuten getragen wurde, wobei die englische Kaufmannschaft sich geradezu ein Zuckermonopol zu sichern wußte. Selbst die Kriegsfahrten nach Cadiz und Lissabon waren vor allem als Beutefahrten zur Auffüllung der Finanzen gedacht.

Die wichtigste Sicherung des englischen Übergewichts in den nördlichen Gewässern kam von Frankreich. Hier war 1589 Heinrich III. aus Rache wegen der Ermordung des Herzogs Heinrich von Guise umgebracht worden. Danach bestieg ein Gegner der katholischen Liga, der Hugenotte Heinrich von Navarra, als Heinrich IV. den französischen Thron. Damit gewann England einen wertvollen Bundesgenossen. Als die Spanier vom Norden und der Bretagne her eingriffen, entsandte Elisabeth ihren Favoriten, den 26jährigen Robert Devereux, Earl von Essex, mit einer Hilfstruppe. Der Kampf entlastete die Niederlande. Im Jahre 1593 gab Heinrich IV. allerdings dem Druck seiner äußeren und inneren Gegner nach und wurde katholisch. Damit war seine Krone gesichert und der innerfranzösische Bürgerkrieg beendet. England zog 1595 seine Truppen vom Festland zurück, brachte aber 1597 eine Allianz zwischen Frankreich, England und den Niederlanden zustande. Erst 1598 fand der spanisch-französische Krieg sein Ende; im gleichen Jahr starben Philipp II. und Lord Burghley.

Das Jahr 1595 brachte auch das Ende der großen englischen Seeunternehmen. Eine Expedition unter Hawkins und Drake traf in Westindien auf unerwartet heftigen Widerstand. Hawkins starb auf See vor Porto Rico, und Drake starb an Dysenterie in Portobello. Die weiteren Flottenoperationen richteten sich gegen Spanien selbst. Lord Howard mit Essex und Raleigh nahm 1596 mit 150 Schiffen, darunter 48 Kriegsschiffen, Cadiz und plünderte es, ohne größere Beute zu gewinnen. Auch ein neuer Versuch 1597 konnte trotz eines kleinen Erfolges den Krieg nicht beenden, zumal Frankreich 1598 Frieden schloß. Der Krieg verlagerte sich nach Irland, wo die große Rebellion von Tyrone

1594–1603 sich zu einem Entscheidungskampf im spanischen Krieg auswuchs. Nach den Rebellionen 1559–1566, 1569–72 und 1579–1583 entzündete sich an der Verknüpfung der Stammesfehden mit der Religionsfrage dieser heftige Krieg, der nach dem Versagen von Essex 1599 erst Ende 1600 durch den Winterfeldzug von Charles Blount, Lord Montjoy, für England entschieden war und 1603 ganz verlöschte, als Tyrone seinen Kampf aufgab.

Dieser lange Krieg mit Spanien, der immer wieder von Zeiten der Ermattung und Stagnation unterbrochen war, aber ständig Mannschaften und Geld benötigte, zehrte an Wohlstand und Staatsschatz. Die großen Seehelden waren alt geworden; Drake und Hawkins starben 1595; Philipp II. und Lord Burghley 1598. Die sechs Kriegsparlamente in Westminster von 1585, 1587, 1589, 1593, 1597 und 1601 bewilligten zwar ohne ernsthafte Opposition die Kriegskredite, nämlich direkte und außerordentliche Steuern von mehr als zwei Millionen Pfund. Aber Anleihen mit Zinsen, Beteiligung der Regierung an den Joint-Stock Companies, die die See- und Beutefahrten finanzierten, und die Erschließung anderer Quellen durch Ämterschaffung, Lizenzerteilungen, Zollgebühren vermochten nicht, den Staatssäckel wieder zu füllen. Immerhin besaß England aber eine Armee und eine Seeflotte von Gewicht. Es war ihm trotz einiger Erfolge nicht gelungen, die Ader des spanischen Reichtums nach England zu lenken, wenn auch die Zerstörung Flanderns durch die spanischen Rachefeldzüge dem englischen Handel zugute kam. Niemand sah voraus, daß mit dem Tode Philipps II. 1598 Spanien keine Weltmacht mehr war und von ihm aus dem Inselreich keine unmittelbare Gefahr mehr drohte.

Eine letzte Handlung von nicht vorauszusehender welthistorischer Bedeutung, die Elisabeth am Abend ihres Lebens tätigte, war die Lizensierung der Ostindien-Kompanie. Die königliche Urkunde von 1600, die unter dem Titel »Der Gouverneur und die Kaufleute von London, die mit Ostindien Handel treiben« die Aufgabe und die Verfassung der neuen Kompanie festlegte, gab den Kaufleuten das Monopol auf den britischen Ostindienhandel. Diese Gesellschaft bestand weit über zwei Jahrhunderte und legte den Grund für das große britische Imperium des 19. Jahrhunderts. Der tiefere Grund für den englischen Erfolg lag darin, daß der wachsende Handel die Seemacht stützte und nach Ausdehnung der Märkte verlangte. Spanien hatte kaum einen eigenen Handel und lebte von der Gold- und Silbereinfuhr aus amerikanischen Bergwerken. Die Spanier waren gute Krieger und Kolonisatoren, aber weniger gute Seefahrer und gar keine unternehmungslustigen Händler. Sie vernichteten sogar den Wohlstand der blühenden Städte Flanderns und vertrieben aus ihrem eigenen Land die Bevökerungsschichten, die ihren Handel hätten tragen können. Die Engländer hingegen nötigte das Absatzproblem zu einer Aktivität bis in die fernsten Weltgegenden hinein, so daß die Bedürfnisse der neuen ozeanischen Handels- und Geschäftswelt die allgemeine Bedingung für die Weltentdeckung und Markterschließung waren, zu der sie die materiellen Mittel bereitstellte.

4. *Die letzten Jahre Elisabeths*

Die Jahre nach 1588 kündigten den Verfall der Tudor-Autokratie an. Die großen Persönlichkeiten starben dahin: Leicester 1588, Walsingham 1590 und der alte Burghley 1598. Walter Raleigh fiel 1592 wegen seiner Beziehung zu einer Hofdame in Ungnade. Die Königin zeigte Alterserscheinungen, und das Parlament benahm sich störrisch, wenn auch die Kriegskosten bewilligt wurden. Der einstige Schwung des Puritanismus war abgeebbt und das hochkirchliche System unter Lancelot Andrewes und Richard Bancroft gegen äußere und innere Gegner gesichert. Nach den günstigen Handelsjahren 1575 bis 1590 erlebte England jedoch Mißernten, Epidemien, wirtschaftliche Schwierigkeiten und Preissteigerungen. Die Beschwerden des Parlaments (1601) richteten sich gegen das Lizenzen- und Monopolsystem der Regierung und verteidigten das Geldbewilligungsrecht des Unterhauses. Die goldenen Tage der Ausplünderung eines kaum verteidigungsfähigen spanischen See-Imperiums waren längst dahin. Die letzte Expedition im alten heroischen Stil, die Walter Raleigh auf der Suche nach den legendären Goldminen von Eldorado 1595 unternahm, scheiterte, und die Beutejäger begannen den Handelsleuten das Feld zu räumen.

Ein letztes Aufflackern der alten Faktions-Kämpfe zeigte sich im Fall von Essex, dessen unbeherrschter Ehrgeiz und große Popularität ihn auf die Bahn der Empörung trieben. Anlaß war die Ernennung seines Rivalen Sir Robert Cecil zum leitenden Minister; Essex dagegen wurde in das rebellische Irland geschickt. Aus Furcht vor den Intrigen der Cecil-Faktion verhandelte er entgegen seinen Instruktionen mit den Rebellen und kehrte 1599 ohne Erlaubnis Elisabeths zurück. Wegen dieser Auflehnung blieb er ein Jahr in Haft. In einem nichtöffentlichen Verfahren wegen seiner eigenmächtigen Handlungen in Irland unterwarf sich Essex; er verlor seine Ämter und sein Monopol auf den Süßweinimport. Vom Hof ausgeschlossen, ließ er sich in Komplotte ein, angeblich zur Befreiung der Königin von ihrer Umgebung. In London agitierten Offiziere der irischen Armee, unzufriedene Gentlemen und vielerlei Volk zu seinen Gunsten. Essex zog mit einigen hundert Edelleuten nach London in der Hoffnung, das Volk mitreißen zu können. Der Aufruhr scheiterte, und die ganze Schar wanderte hinter Schloß und Riegel. Essex und einige wenige Anhänger wurden nach einem kurzen Hochverratsprozeß 1600 hingerichtet. Zum letztenmal hatte ein Magnat versucht, mit einer ehrgeizigen feudalen Klientel das Blatt zu seinen Gunsten zu wenden, und Elisabeth zu der ursprünglichen Aufgabe ihres Hauses zurückgenötigt, die alte Form der bewaffneten feudalen Auseinandersetzungen gewaltsam zu unterdrücken. Dieser veraltete Versuch fand ein ruhmloses Ende, und Robert Cecil beherrschte seither unangefochten die Regierung unter der alternden Königin, die am 24. März 1603 im 70. Lebensjahr starb, nachdem sie auf dem Totenbett dem letzten wirklichen Erben, König Jakob VI. von Schottland, das Thronfolgerecht zugestanden hatte.

Sie hinterließ ein Land, das trotz aller inneren und äußeren Probleme sich konsolidiert hatte. England war ein effektiv regiertes Land geworden, das das Eigeninteresse der Magnaten, den Partikularismus der regionalen Sonderformen und Vorrechte sowie die Rechtsunsicherheit durch die Vorherrschaft des Gesetzes und die Ordnung der Verwaltung und des Kirchenwesens praktisch überwunden und mit der Idee eines nationalen Gemeinwesens ausgestattet hatte. Allerdings hatte der kontinuierliche

Krieg mit Spanien von 1585 bis 1603 an Wohlstand und Staatsfinanzen gezehrt und den Grund für die ständige Finanzmisere unter den Stuarts gelegt. Aber England war unter Elisabeth zu sich selbst gekommen und hatte eine tiefgehende Wandlung in Staat und Gesellschaft durchgemacht, die ihren Niederschlag in bleibenden politischen und geistigen Leistungen fand, deren Perspektiven schon die Maßstäbe für den Weg des Landes in seine große Geschichte legten.

5. *Allgemeine Entwicklungszüge des Zeitalters*

Das Zeitalter Elisabeths suchte die revolutionären Errungenschaften Heinrichs VIII. zu erhalten und gewann durch die Ausbildung eines eigenständigen nationalen Kirchenwesens, des souveränen Staates und eines zentralen administrativen Klientelsystems die Stützen eines modernen Ordnungsgefüges. Dabei hatte Elisabeth die Einwohner von London, den seefahrenden und handeltreibenden Teil der Bevölkerung, die aufsteigende Mittelklasse und die am Markt orientierten fortschrittlichen Grundbesitzer und Freibauern hinter sich. Das Parlament drängte sie dazu, die Oberhoheit des nationalen Laienstaates durchzusetzen. Sie selbst suchte mit Erfolg die Versöhnung der beharrenden und fortschrittlichen Kräfte. Die Zeit hielt an der Vorstellung einer bleibenden Ordnung von Gesellschaft und Universum fest. Die politische Ordnung erschien als Glied in der »Kette des Seins« und sollte jedem seinen vorbestimmten Ort geben. Erst am Ende der Tudorzeit meldete sich in Walter Raleighs »History of the World« und in Francis Bacons »Novum Organum« eine rationalistische Welterklärung an. Bis dahin galt die Krone als Symbol und Haupt des »body politic«, dessen Harmonie von Haupt und Gliedern im allgemeinen Consensus gesehen wurde, der im »King in Parliament« als höchstem Ausdruck des Gemeinwillens erkennbar erschien. Die Einheit des »Commonwealth« repräsentierte sich hier und fand im Supremat des »Statute Law« seinen rechtlichen Niederschlag. Die sich zentralisierende Tudormonarchie vereinigte in sich die Idee der Souveränität des Herrschers aus göttlichem Recht mit der Idee der Harmonie und des Consensus im

Parlament. Es wurde in der elisabethanischen Zeit zum Gemeinplatz, daß Krone und Parlament den »body politic« darstellten. Besonders nach der parlamentarischen Mitwirkung im Jahre 1559 mehrten sich die Stimmen, die im »King in Parliament« das höchste und letztlich kompetente Organ, »the Body of the Realm« (Hooker) sehen wollten. So äußerte sich schon 1559 Bischof John Aylmer; Sir Thomas Smith schrieb 1565, daß »die höchste und absolute Gewalt des »Realm of England« im Parlament liege, da hier jeder Engländer entweder in Person oder durch Vertreter und Anwälte ... vom Fürsten ... bis zur niedrigsten Person in England gegenwärtig« sei und der »Consensus des Parlaments als jedermanns Consensus« genommen würde. Auch Richard Hooker sah König und Untertanen im Parlament repräsentiert, von dem »the very essence of all government within this kingdom« abhänge. Hier, und nicht in den klerikalen Konvokationen, war für ihn auch vom geistlichen Aspekt her das Kirchenvolk Englands maßgebend versammelt. Thomas Cromwell hatte bereits die Omnipotenz des »Statute Law« praktiziert, und Lord Burghley äußerte sich, er wisse nicht, was ein »Act in Parliament« in England nicht tun könne. Francis Bacon hielt später sogar dafür, daß ein »Act of Parliament« nicht die höchste und absolute Gewalt künftiger Parlamente binden könne. Der legislative Supremat von König, Lords und Commons hatte sich in den Reformations-Gesetzen des Parlaments entfalten können. Allerdings wurde der letzte konsequente Schritt zu einem legislatorischen Dezisionismus nicht gewagt. Vielmehr hielten die konservativ gesinnten Theoretiker der elisabethanischen Zeit stets an der Idee einer übergeordneten Gesetzlichkeit des Weltganzen fest, sei es an einem »Law of Nature« oder einem »Law of Reason« oder am »Common Law«, das Edward Coke am Ende des Jahrhunderts mit dem Natur- und Vernunftrecht gleichsetzte.

Gerade in der zweiten Hälfte des Jahrhunderts erlebte der Gedanke der naturrechtlichen Schranken eine Neubelebung. Während Thomas Cromwell und Heinrich VIII. die souveräne irdische Legislative des Parlaments für ihre Revolution nutzten, berief Elisabeth in ihren 45 Regierungsjahren nur dreizehnmal das Parlament, das weniger mit Gesetzen als mit deren effektiver

Durchsetzung beschäftigt war. Regierung und Verwaltung hatten gegenüber der Gesetzgebung jetzt den Vorrang, so daß das Parlament wieder mehr als »High Court« denn als souveräne gesetzgebende Versammlung erschien. Unter dem Einfluß der Ideen Jean Bodins (1566), der den Begriff der Souveränität als Kompetenz-Kompetenz theoretisch begründete und sie im König verkörpert sehen wollte, vermehrte sich in der Vorstellung der Zeitgenossen zwar das Gewicht der Krongewalt, aber auch Bodin hielt an dem Gedanken eines übergeordneten Naturrechts fest; seine Position förderte jedoch die Vorstellung einer inhärenten Konfliktsituation zwischen Krone und Parlament, die der mehr organischen Staatsvorstellung Cromwells widersprach und auch nicht durch die Unterscheidung der »two bodies« des Königs oder einer ordentlichen und außerordentlichen Prärogative, einer gesetzlichen und einer diskretionären Gewalt der Krone, aus der Welt geschafft werden konnte. Elisabeth selbst vermied geflissentlich eine Definierung der Grenzen ihrer Prärogative; die maßgebenden Juristen und Theoretiker bis zu Hooker hielten meist an einer vorgegebenen allgemeinen Ordnung unter einer starken Krone fest, ohne die Frage nach dem Sitz und den Grenzen der Souveränität in ihren Konsequenzen zu verfolgen. Erst dem gelehrsamen König Jakob I. war es vorbehalten, die Grundsatzfrage aufzunehmen und damit jene Konfliktsituation virulent zu machen, die das 17. Jahrhundert beherrschte.

In der Tudorzeit waren zwei sich bedingende, aber auch widerstreitende Tendenzen lebendig, nämlich eine zusammenfassende stabilisierende und eine auflockernde Tendenz, jene auf den Staat und diese auf die Gesellschaft bezogen. Der Staat regierte mehr als jemals zuvor durch Gesetz und Verwaltung; er kanalisierte bis zu einem gewissen Grade die sich wandelnde Gesellschaft, die sich dadurch aus ihren regionalen und lokalen Gebundenheiten stärker zu einem Bewußtsein des ganzen »Commonweal« erhob. Die statuierten Gesetze hatten zum Teil Plancharakter und dienten einer einheitlichen Ausrichtung des Gemeinwesens, der viele Sonderformen und Eigenheiten zum Opfer fielen. Freilich blieb viel Mittelalterliches bewahrt oder erhielt eine andere, ausgeweitete oder herabgeminderte Funktion. Aber die Allgegenwart des Staates war gewachsen und seine Hoheit bis in die Randgebiete durchgesetzt. Das feudale Föderalsystem blieb gesellschaftlich in Kraft, verlor aber seine letzten eigenständigen Macht- und Hoheitsfunktionen. Der Staat hatte den patriarchalisch-feudalen und korporativen Grundzügen des Gemeinwesens gesetzliche und institutionelle Elemente eingefügt, die ihn als oberste und maßsetzende öffentliche Instanz erscheinen ließen.

Die Krone vereinigte das Charisma des Kronträgers mit dem öffentlichen Amt des Herrschers, das im staatsrechtlichen Schrifttum der Zeit angesichts des bezweifelbaren Erbanspruchs der Tudor-Dynastie die Hauptrolle spielte. Das Königtum hatte mit der Herrschaft über die Kirche an Machtbefugnissen gewonnen, zumal die höchste Instanz für das kirchliche Rechtswesen, die »Hohe Kommission«, als Gerichtshof der Krone galt. Kirche und Verwaltung unterstanden der Prärogative des Königs.

Elisabeth regierte durch den »Privy Council«, der alle Staatsaffären behandelte, regelmäßig zusammenkam und mit Stab und Protokollführung eine bürokratisch geordnete Instanz wurde, die als Rat, Verwaltungsspitze und Exekutivbehörde die königliche Politik machte. Hier trafen sich der Hauptsekretär, der »Lord Keeper of the Great Seal«, der »Lord Treasurer«, der »Lord of the Privy Seal«, der »High Lord Admiral« u.a. sowie die hohen Haushaltsbeamten wie der »Lord Steward«, der »Lord Chamberlain«, der »Comptroller«, der »Treasurer« (des Haushalts), der Kanzler des Herzogtums Lancaster, der »Master of the Horse« u.a. zu Beratungen und Entscheidungen. Die hohen Richter waren seit 1540 ausgeschieden und trafen sich mit den »Privy Councillors« in der Sternkammer. Der Lord Kanzler beschränkte sich seit Thomas More (1529–1532) und bis zu Thomas Egerton (1596–1617) mehr und mehr auf seine richterlichen Kompetenzen. Der Hauptsekretär hatte seit William Cecil, Walsingham und Robert Cecil die Schlüsselstellung zwischen Krone und Verwaltung inne. Die Finanzen standen seit 1554 unter dem »Lord Treasurer«, der im »Exchequer« das Hauptdepartement leitete, wobei allerdings der »Court of Wards« (1540) immer noch gesondert (bis 1646) die Feudalrechte der Krone als Overlord verwaltete, die auch für die verkauften Klosterländereien in Anspruch genommen wurden. Die Kirche hörte seit den letzten geistlichen Kanzlern, Bischof Stephen Gardiner und Kardinal Pole (1553–1558), endgültig auf, Staatsämter einzunehmen. Im ganzen war der »Privy Council« ein Gremium von Berufspolitikern geworden, das kein »Court« mehr war.

Auf der oberen Ebene war eine institutionelle Differenzierung angebahnt, in welcher sich »Privy Council«, Gerichtswesen und »Lord Treasurer« gegenseitig absonderten. Eine Scheidung von Verwaltung und Rechtspflege war im Ansatz gegeben, wenn auch die Sternkammer ihre Urteile als königliche Proklamationen ansah und in ihren Schlußsitzungen immer eine öffentliche Botschaft über die königliche Politik verkündete. Im ganzen standen die obersten Gerichtshöfe der Prärogative wie »Chancery«, »Sternkammer« und »Court of Requests« sowie die obersten Common Law Gerichte wie »Court of Common Pleas« und »Court of King's Bench« und »Court of Exchequer« neben und nicht in der Regierung.

Diese Scheidung galt nur für die obersten Amtsträger, da die Friedensrichter wie bisher administrative und richterliche Funktionen in sich vereinigten. Auch von einer Verwaltungsbürokratie ließ sich kaum sprechen, da nur die höchsten Amtsträger von der Krone ernannt wurden und die nachgeordnete Beamtenschaft lediglich eine von ihnen völlig abhängige Klientel war, die zum »Household« ihres »Masters« gehörte. Minister und Höflinge waren Empfänger und Verteiler von Patronagen, so daß sich um sie Faktionen bildeten, von denen jedes höhere Amt umkämpft wurde. An Konflikten fehlte es deshalb nicht, wie die Auseinandersetzungen Burghleys mit Leicester oder Robert Cecils mit Essex zeigten, in denen jeweils der Staatsmann sich gegen den Höfling behaupten mußte.

Das Patronagesystem erstreckte sich auch ins Unterhaus hinein, wo stets etwa ein Viertel der Commons hinter den Amtsträgern stand. Die Schaffung von 62 neuen Boroughsitzen erfolgte auf den Druck von Borough-Patronen, die ihrerseits von der Gentry gedrängt wurden, die ins Unterhaus strebte. Nichtsdestoweniger war das Parlament und insbesondere das Unterhaus ein eigenständiger Faktor bei außerordentlichen Fragen. In der Religionsregelung von 1559, in der Nachfolgefrage 1563/66 und im Kampf gegen die Monopolisierungspolitik der Krone

1601 kündigten sich die Konflikte des 17. Jahrhunderts an. In erster Linie war das elisabethanische Parlament Geldbewilliger; in elf von dreizehn Sitzungen forderte die Regierung Gelder; in sechs Sitzungen kamen wichtige Gesetze zustande. Elisabeth verwahrte sich gegen Einreden in Verwaltung und Kirche und machte 67 mal von ihrem Vetorecht Gebrauch, wie beispielsweise gegen das radikale Antikatholikengesetz von 1571, das jeden zum Abendmahl nach anglikanischem Ritus zwingen wollte.

Die Königin intervenierte häufig zum Schutz ihrer Prärogative und scheute sich nicht, widerspenstige Parlamentsmitglieder einzusperren. Sie hielt 1586/87 Peter Wentworth und andere für die Dauer der Session in Haft, weil sie sich außerhalb des Parlaments über Gesetzesvorlagen geäußert hatten; sie ließ Wentworth 1593 erneut einsperren, weil er außerhalb des Unterhauses eine Nachfolge-Bill diskutiert hatte; diesmal blieb Wentworth bis zu seinem Tode 1597 im Tower gefangen. Zudem unterlag das Unterhaus dem Management der »Privy Councillors«, die die Regierungsbills vorbrachten. Im Jahre 1593 ließ Robert Cecil bei der dritten Lesung des Gesetzes gegen die Sekten die Türen schließen, bis das Unterhaus nachts um drei Uhr der Vorlage zugestimmt hatte. Selbst der Sprecher des Unterhauses wurde praktisch nach dem Willen der Königin mit Zustimmung des Hauses gewählt. Auch das Komitee-System, das nach der zweiten Lesung zur Bearbeitung der Gesetzesvorlagen eingeschaltet wurde, sicherte im Anfangsstadium die Vorherrschaft der »Privy-Councillors«, die in jedem Komitee das führende Wort hatten. Erst in den neunziger Jahren begannen die Komitees selbständiger an der Gesetzgebung mitzuarbeiten. Alles in allem hatte die Krone durch Prärogative, Oberhaus, »Privy Council« und »Speaker« gegenüber dem Unterhaus starke Stützen. Nichtsdestoweniger hatte das Unterhaus an sozialem, wirtschaftlichem und politischem Gewicht gewonnen, was mit der wachsenden Bedeutung von Gentry und Kaufmannschaft zusammenhing.

Unterhalb der Regierungsebene war die Grafschaft nun allgemein die nächste Einheit für Verwaltung und Rechtspflege geworden. An ihrer Spitze stand als Bindeglied zur Krone seit Elisabeth ein »Lord Lieutenant« aus der lokalen Nobilität, der die Sheriffs und das Milizwesen unter sich hatte und bei den jährlichen Friedens- und Rechtskommissionen als »custos rotulorum« für die Grafschaftsrichter tätig war. Als Ranghöchster der Grafschaft hatte er in normalen Zeiten aber kaum mehr als eine präsidierende Ehrenfunktion, während die Hauptlast auf den Friedensrichtern ruhte.

Diese ehrenamtlichen Friedensrichter, etwa 30 bis 50 in jeder Grafschaft und meist der Gentry entnommen, waren die lokalen Säulen des Herrschaftssystems. Die Krone übte über sie durch ihr jährliches Ernennungsrecht und die jährlichen Friedenskommissionen eine genügende Kontrolle aus. Sie wurden unmittelbar vom »High Court of King's Bench« beaufsichtigt und waren über die Rechtspflege hinaus mit zusätzlichen Polizei- und Verwaltungsaufgaben betraut wie etwa Lohn- und Preisfestsetzung, Oberaufsicht über die Armenpflege und die Pfarrverwaltung, Gewerbekontrolle und dergleichen mehr. Da den »County Courts« unter den Sheriffs und den feudalen Hofgerichten unter den Landlords nur noch minimale Rechtskompetenzen verblieben waren, wurden die »Quarter-Sessions« der Friedensrichter und Geschworenen die Brennpunkte von Rechtspflege und Verwaltung. Hier hatten die Friedensrichter die höchste strafrechtliche Kompetenz und konnten über Leib und Leben entscheiden. Die Geschworenen als die vereidigten Vertrauensleute und die Exponenten ihrer Grafschaft repräsentierten Volk und Land; sie erlebten, wie aus ihrem Verdikt nach den Regeln des Common Law das Urteil gefunden wurde. Das Repräsentationsprinzip vereinigte sich hier mit dem Rechtsprinzip zu einem öffentlichen Verfahren, an welchem sich ein ausgeprägtes Rechts- und Verantwortungsbewußtsein entwickelte. Das Recht des Königs war Recht des Landes geworden, als dessen Wahrer sich Friedensrichter und Geschworene verstanden. Aus diesen Zellen nährte sich zunehmend das Selbstverständnis des Parlaments, das immer noch im wesentlichen eine Versammlung der Kommunitäten war.

Die öffentliche Tätigkeit der Gentry wurde umso bedeutsamer, da mit der Auflockerung der grundherrlichen Verhältnisse nicht mehr die Grundherrschaft die maßgebende Einheit war, sondern die Pfarrgemeinde mit dem »Parson« und den gewählten »Churchwardens«, »Overseers« u.a., die unter der Aufsicht der Friedensrichter standen. Allerdings lag darin der Keim kommender Konflikte beschlossen, insofern der »Parson« als Kirchendiener der Kronprärogative unterstand und erst nach 1660 der Verbündete des Friedensrichters wurde (vgl. S. 349).

Dazu kam, daß sich der Kreis der Gentry erweiterte. Um das Jahr 1559 gab es nur etwa 600 ritterliche Familien, deren Zahl um 1580 auf etwa 300 zurückgegangen war. Erst Admiral Howard und in noch größerem Umfang Essex kreierten im Verlauf ihrer Feldzüge neue Ritter, so daß um 1603 im ganzen 550 Ritterfamilien vorhanden waren, von denen allein Essex zur Stärkung seiner Klientel ein Viertel kreiert hatte. Gegenüber diesen neuen Leuten wurde in der wohlhabenden älteren Gentry der Titel »Esquire« üblich, der auf das alte Schildgeld (scutagium) hindeutete. Gleichzeitig verwischten sich die Grenzen zu den reichen waffenfähigen Freibauern oder Yeomen, die, soweit sie die ritterliche Lebensweise mit Herrenhaus und Dienerschaft übernehmen konnten und vielleicht ihre Ahnenreihe auf die Langbogenschützen von Crécy oder Azincourt zurückzuführen vermochten, von den Rittern nicht zu scheiden waren; dies galt auch für die Käufer von Klosterland, die zu Ritterpflichten herangezogen wurden, das hieß: besondere Abgaben leisteten. Landbesitz und ritterliche Lebensweise, verbunden mit den wiederaufgelebten Feudallasten, bestimmten den sozialen Rang der Gentry, zu der mit der Zeit auch die Squires ohne eingetragene Wappen gerechnet wurden.

Die gewachsene Bedeutung der Gentry in Verwaltung und Rechtspflege, der Rückgang der großen Grundherrschaften als Wirtschaftseinheiten und der Einstieg neuer, wirtschaftlich kräftiger Schichten in die Gentry, desgleichen ihre verstärkte Vertretung im Unterhaus über die Boroughs vermehrten ihren politischen Einfluß, der die Voraussetzung für den Aufstand der Kommunitäten gegen Karl I. war.

Entsprechend den überregionalen Bedürfnissen der Wirtschaftsgesellschaft betrieb die Regierung unter Elisabeth im Verein mit dem Parlament eine nationale Gesetzgebung, die in die alten Munizipalordnungen und Gildenrechte eingriff. Das umfangreiche »Statute of Artificers« von 1563 mit 40 Klauseln und etwa 8000 Wörtern legte eine siebenjährige Lehrlingszeit für Handwerk und Gewerbe fest und verpflichtete die ungelernten

Männer vom 12. bis 60. Lebensjahr zur landwirtschaftlichen Arbeit. Es suchte durch Bindung an Beruf und Wohnsitz sowie durch Lohnfixierungen die Arbeitsverhältnisse zu stabilisieren, zumal das Verlagssystem nicht von den Gildenordnungen erfaßt wurde. Dieses Lehrlingsstatut zeigte das Doppelgesicht der Epoche, deren Dynamik die untere soziale Schicht teilweise erfaßt hatte. Es hielt an patriarchalischen Vorstellungen von Meister und Lehrling fest und war von der Idee einer gottgegebenen natürlichen Rangstufung beherrscht. Die Arbeit wurde als eine moralische und soziale Pflicht für alle Menschen hingestellt und die Beschäftigungen der Bewohner in der Reihenfolge ihrer Wichtigkeit aufgeführt, wobei der Ackerbau an der Spitze und der Außenhandel am Schluß figurierte. Stillschweigend wurde vorausgesetzt, daß Stadt und Land, Hof und Grafschaft getrennte, wenn auch wechselseitig abhängige Teile des Gemeinwesens seien, dessen Struktur im Grunde noch statisch gesehen wurde und sich weder mit völliger Freizügigkeit und beliebigem Berufswechsel noch mit einem frei fluktuierenden Arbeitsmarkt vereinbaren zu lassen schien. Die soziale und politische Ungleichheit nach Herkunft, Bildung und Landbesitz wurde gefestigt, um die durch Geldrevolution, Bodenbewegung und Marktschwankungen sich auflockernde Gesellschaft im Bereich der Arbeitswelt zu stabilisieren, zumal die Depression in der Woll- und Tuchproduktion seit 1560 viele Arbeitsverhältnisse zerrüttet hatte. Bezeichnenderweise war die Regierung nur an den landwirtschaftlichen Verhältnissen interessiert, wogegen die Commons die Klauseln über Handwerk, Gewerbe und Lehrordnung durchsetzten. In diesem Gesetz kam immerhin bedeutsam zum Ausdruck, daß das nationale Gemeinwesen sich als solidarische Einheit zu sehen begann. Dies traf auch für das Armengesetz (Poor Rate Law) von 1572 zu, in welchem das Armenproblem nach dem Vorbild von London (1547) und Norwich als verpflichtendes öffentliches Anliegen behandelt wurde, aus dem erstmals eine allgemeine Sozialsteuer (compulsary poor rate) gesetzlich festgelegt wurde. Auch die Gesetze gegen Einzäunungen (enclosures), gegen das Bettel- und Vagabundenwesen, gegen Arbeitslosigkeit und unverschuldete Armut und schließlich das große Armengesetz (An Act for the Relief of the Poor) 1598, das den Pfarrgemeinden Armenpflege und Arbeitsbeschaffung auferlegte und bis zur »Poor Amendment Law Act« von 1834 in Kraft blieb, waren Zeugnisse einer sich ausdehnenden Staatsfürsorge. Diese Maßnahmen waren im einzelnen nichts Neues, überschritten aber an Umfang und Konsequenz die bisherigen Ansätze. Sie wollten sozialen Krisen entgegentreten und die in Fluß gekommenen Verhältnisse in Schranken halten.

Das Problem des Pauperismus war in der Tat die Kehrseite der Entwicklung. Die landlosen Schichten vermehrten sich; zahlreiche Kleinbesitzer fanden ihre Lebensgrundlage durch den Verlust vieler Nutzungsrechte eingeengt. Die Löhne wurden von den Friedensrichtern festgesetzt, die den Kreisen entstammten, die die Löhne auszahlten. Die Abhängigkeit von der Marktlage lieferte die Lohnarbeiter den Unsicherheiten von Konjunktur und Politik aus. Zur Zunahme der Schaf- und Weidewirtschaft kam die Depression des Tuchhandels seit 1560 mit der Einschränkung des Verlagswesens, die beide zusammen eine Steigerung der Arbeitslosigkeit hervorriefen. Zwar waren die zeitgenössischen Schilderungen darüber oft übertrieben oder bezogen sich auf einzelne Gegenden, aber sie deuteten auf die unsicher gewordenen Lebensgrundlagen des »Common People« hin, die Interventionen der Regierung erforderlich machten. Die Ausdehnung des gesetzgeberischen Bereichs war die Folge eines Wandels, der in vieler Hinsicht partiell oder regional war und statistisch gesehen vielleicht gering erscheinen mag; aber er betraf die Quellen des Reichtums und verlangte übergreifende nationale Maßnahmen. In einem Punkte war zudem die ganze damalige Gesellschaft von oben bis unten ohne Ausnahme betroffen. Das war die Preisrevolution im 16. Jahrhundert.

Die allmähliche, aber konstante Geldentwertung stellte die grundherrlichen Einkunftsverhältnisse in Frage. Die festgesetzten Renten und Abgaben hielten nicht mit den Preisen Schritt. Die von Heinrich VII. restaurierte feudale Grundlage der Kroneinkünfte verlor an Wert, wobei die fiskalische Ausschöpfung der erhöhten Handelsgewinne auf Schwierigkeiten stieß. Vorerst hatten die Krone und insbesondere der König als Landlord das Nachsehen. Dagegen profitierte die Gentry durch eine restriktive Lohnpolitik und eine marktgerichtete Preispolitik von der schleichenden Inflation. Im ganzen wuchs mit der Preisrevolution die wirtschaftliche Stärke der führenden Schichten der Nation, während die Finanzstärke der Krone sich minderte. Der Handel zog lange Zeit aus dem Inflationsgefälle zwischen Spanien, den Niederlanden und England, das England zuletzt berührte, große Gewinne. Eine Umverteilung des Reichtums zum Nachteil der Krone war eingeleitet, die den späteren Kampf zwischen Krone und Parlament möglich machte. Die Regierung vermochte nicht, über die Zölle ihre Benachteiligung auszugleichen, weil hier gerade Mißwirtschaft, Schmuggel und Bestechlichkeit eine Sicherung der Einkünfte erschwerten. Sie verkaufte die Zollrechte an Höflinge oder Syndikate, was ihr gesicherte Einnahmen verschaffte, sie aber von den Chancen der Preisentwicklung auf die Dauer ausschloß. Die Krone war deshalb unter Elisabeth stets arm; die Königin hatte, als sie starb, 400000 Pfund Schulden. Eine weitere Folge dieser Preisinflation war, daß die unmittelbaren Produzenten im Vorteil waren, während die von Renten lebenden Landlords nicht beliebig ihre Einkünfte steigern konnten. Sie suchten erklärlicherweise die feudalen langfristigen Pachtverhältnisse in freie Vertragsverhältnisse zu verwandeln, d.h. die »Copyholders« mit abhängiger Erbpacht und hinterlegten Familienverträgen in »Leaseholders« auf Lebenszeit oder auf 21 Jahre zu verwandeln oder sie gar zu »Tenants-at-will« zu machen, d.h. kündbare Pachtverträge einzuführen. Das überlieferte Feudalgefüge mit fixierten Gebühren und Abhängigkeitsverhältnissen nahm Züge des bürgerlichen Vertragsrechts auf.

Ein weiteres Mittel zur Erhöhung der Einkünfte war die Ausdehnung der grundherrschaftlichen Eigenwirtschaft durch Einzäunung eingezogenen Pachtgutes oder grundherrlichen Gemeineigentums. Landwirtschaftliche Verbesserungen und marktbezogene Bebauung sollten dabei die Profitrate erhöhen. Diese Politik wurde auch von vielen Yeomen und Pächtern verfolgt, die ihre Grundproduktion erhöhten und sich gesteigerten Anteil am gewinnbringenden Markt sicherten. Die Landlords legten darüber hinaus auf eine Ausdehnung der Schaf- und Weidewirtschaft Wert, weil hier Arbeitskräfte und damit Löhne eingespart werden konnten und der wachsende Woll- und Ledermarkt gewinnreichen Anteil an der Preisentwicklung versprach. Seit

1450 zeigte sich diese Tendenz, die 1540 bis 1555 ihren Höhepunkt erreichte, als die Bodenverhältnisse sich stabilisiert hatten und die Tuchindustrie noch nicht in die Depression nach 1560 eingetreten war. Landverbesserung, Schafhaltung, Weidewirtschaft, Markthandel und Wollproduktion erlebten mit der Preisinflation eine ungewöhnliche Steigerung. Gleichzeitig brachte die Schafzucht eine regionale Entvölkerung und einen Umfluß der Bevölkerung mit sich. Allerdings blieben trotz der Einzäunungspolitik offene Felder und Gemeinwirtschaft über zwei Jahrhunderte in den meisten Gegenden noch bestehen. In einigen Gegenden wie den Midlands machte sich die landwirtschaftliche Revolution jedoch stärker bemerkbar. Da das Fortschreiten der Inflation von außen nach innen zeitweilig für die englischen Kaufleute ein Preis-Lohn-Gefälle ergab, das den Gewinn steigerte und die Märkte öffnete, wurden die früheren Absatzschwierigkeiten der bisher regional beschränkten Märkte behoben. Bedeutsamer war noch, daß das Geld kein sicherer Ersatz für die Ablösung fester feudaler Verhältnisse und kein fester Maßstab für eine gerechte Lohn- und Preisbildung mehr war, sondern als dynamische Größe nach Investitionen verlangte.

Zur Preisrevolution gesellte sich eine Umwälzung in der Verteilung des Landbesitzes. Die Enteignung der Klöster und Chantries seit 1536 führte zu dem größten Landtransfer, den England seit 1066 erlebt hatte. Die Umverteilung des Bodens kam neben den mit Grundeigentum belohnten Amtsträgern jenen zugute, deren Kaufkraft durch die Preisinflation gewonnen hatte, also Unternehmern, Kaufleuten und sich verbessernden Landlords wie auch wohlhabenden Freibauern, die ihren Besitz abrunden wollten. Nicht nur die Sicherheit des Landbesitzes, sondern auch der damit verbundene soziale Rang machten den Boden zum bevorzugten Objekt der Kapitalinvestition. Die amtliche Wertfestsetzung war tiefer als der Marktpreis, aber immer noch hoch nach den traditionellen Schätzmethoden. Der entscheidende Punkt war, daß es sich nicht um eine moderne Landübertragung handelte. Die Krone verband nämlich ihre Landverkäufe mit einem Wiederaufleben der am Boden hängenden Feudalpflichten. Sämtliche Landtransferierungen mußten in die »Records« von Westminster eingetragen werden (1536), und ein besonderer Gerichtshof (Court of Wards) mit zwölf Beamten für die »Pay Rolls« und mit etwa 40 Kontrollbeamten (feodaries) in den Grafschaften zog seit 1540 unter dem »Master of Wards« als Gerichtsherrn die Feudalabgaben ein, die in praxi nur verschleierte Zusatzkosten für alle waren, die Klosterland erwarben. Als Ausgleich erhöhte sich damit aber der soziale Rang der Käufer, da sie mit der Eingliederung in den feudalen Fiskalismus der Krone Ritterpflichten erfüllten. Gerade dadurch, daß die Krone in ihrer Finanzgebarung seit Heinrich VII. an der Fiktion festhielt, daß alles Land letzten Endes Königsland war, und die vom Parlament unabhängigen Feudaleinkünfte beanspruchte, ja im »Statute of Uses« 1536 jede Umgehung verhinderte, machte sie den Einstieg kapitalkräftiger Schichten in die Gentry möglich. Sie steigerte auf diese Weise ihre Einkünfte, ohne damit an die eigentlichen Quellen des Reichtums heranzukommen, die vor allem im Handel zu finden waren.

Hier beschritt die Regierung andere Wege, die sich aus ihrem Recht auf Handels- und Marktregulierungen begründen ließen. Die Regulierung des Handels von der Regierung aus erfolgte durch eine Monopol- und Lizenzpolitik, mit der der Staat sich einen Anteil an dem kommerziellen Aufstieg sicherte. Das Wachstum von Handel und Industrie ging Hand in Hand mit einer Zunahme der Monopole und Lizenzen. Die Kaufmannskompanien und Handelsgesellschaften mußten sich ihre Privilegien kaufen. Die »Merchant Adventurers« der »Freemen« der »Mercers Company« in London besaßen die Lizenz für den Tuchhandel nach Antwerpen und schalteten alle einheimischen Konkurrenten aus. Sie hüteten eifersüchtig die Quelle ihres Reichtums, die unmittelbar vor den Toren des Landes lag und bei weitem das größte Handelsvolumen des 16. Jahrhunderts in England erreichte. Die »Merchant Adventurers« erlangten 1564 auch das Monopol für den europäischen Export von ungefärbten Tuchen. Andere »Chartered Companies« monopolisierten den Handel in bestimmte Weltgegenden, so die Moskau-Kompanie von 1555, die Türkei (später Levante)-Kompanie von 1581 und schließlich die Ostindien-Kompanie von 1600. Zur Gewinnung von Monopolen oder Lizenzen bildeten sich Gesellschaften von Kaufleuten und Produzenten, die als »Regulated Companies« sich auf Markt- und Verkaufsregeln, aber jeder für sich mit eigenem Kapital, einigten. Zahlreiche »Joint-Stock Companies« entstanden vor allem für den Außenhandel; hier wurde ein Kapitalstock gebildet, aus dem die Gewinnanteile an die Kapitalgeber ausgeschüttet wurden. Die großen Expeditionen nach Übersee mit königlichen Freibriefen waren Unternehmungen solcher Gesellschaften. Von einer freien individuellen Initiative von Kaufleuten und Produzenten im Stile des 19. Jahrhunderts konnte also keine Rede sein, da jede Unternehmung sich eine privilegierte Rechtsbasis schaffen mußte, die der Staat ihr sicherte. Diese merkwürdige Verbindung privater Initiative und staatlicher Rechtsverleihung kam auch umgekehrt etwa beim Sieg über die Armada 1588 zur Geltung, als London die doppelte Zahl der verlangten Schiffe ausrüstete und den Krieg wie eine eigene Unternehmung betrachtete, oder bei den zahlreichen See-Expeditionen gegen Spanien, die fast durchweg von Joint-Stock-Kompanien getragen waren, bei denen Elisabeth nur Teilhaberin war.

Der Verkauf von Import- und Exportlizenzen, von Marktprivilegien und Produktionslizenzen, von Handels- und Transportmonopolen durch die Krone war dadurch möglich, daß das Handelsrecht in den Bereich der königlichen Prärogative fiel und nicht vom Common Law her verstanden wurde. Dabei ging die Regierung weniger nach merkantilistischen als nach fiskalischen Gesichtspunkten vor. Die Monopolpolitik kam auch erst zur Blüte, als der Bodenmarkt zur Ruhe gekommen war und andere Kapitalinvestitionen gesucht wurden. Dieses System verhinderte nicht, daß Monopole, Lizenzen und Zölle umgangen wurden und ständig »Interlopers« auf eigenes Risiko und ohne Rechtsgrundlage in großer Zahl tätig waren. Aber das Ganze war doch ein grandioser Zusammenhang, der zwar stets nur einen Teil der Gesellschaft, aber doch den produktivsten und gewinnreichsten, ergriff. In dieser Zeit stieg London zu einer eigenen Machtpotenz im Staate empor, dessen oligarchische Kaufmannsverfassung die feudal orientierte Rangordnung durchschnitt und eigenes soziales und politisches Gewicht gewann.

Diese Veränderung mußte auch das Gefüge der englischen Gesellschaft beeinflussen. Ohnehin war die Nobilität keine geschlossene Familienkaste, zumal die nachgeborenen Söhne nicht den obersten Titel miterbten, sondern mit zweiten Titeln oder ohne Titel sich abfinden mußten. Die Durchlässigkeit nach unten und oben verhinderte, daß die Tudor-Gesellschaft eine Kastengesellschaft wurde. Maßgebend waren Rangunterschiede, aber keine Klassenunterschiede. Eine fixierte privilegierte Gruppe mit gleichen wirtschaftlichen Klassenmomenten gab es nicht. Entscheidend war der persönliche Status, der dem Gentleman den Aufstieg zum »Nobleman« öffnete. Das soziale Ideal war zwar seit dem 14. Jahrhundert und bis ins 19. Jahrhundert der Landedelmann. Aber »Gentleman« war schließlich jeder, der ohne Arbeit von seinen Renten leben und mithin ein behördliches Ehrenamt verwalten konnte. Der Landerwerb mit seinen Lebensmöglichkeiten gehörte wesentlich dazu, aber die Gentry war niemals eine Kaste, sondern eher eine Lebensform, die auch die nichtritterlichen »Squires« einbezog. Aufstieg und Abstieg waren stets möglich; aber der Einstieg finanzkräftiger Gruppen in die Gentry stärkte vor allem die adlige Mittelschicht, und auch das Bürgertum gewann an Wirtschaftskraft und Selbstbewußtsein, zwar kaum in den Landstädten, wo der Landlord Boden gewann, wohl aber in den Hafen- und Handelsstädten, vor allem natürlich in London.

Hand in Hand mit der Wandlung von Staat und Gesellschaft der Tudorzeit ging ein reges geistiges Leben, das über die neuen Verhältnisse in Religion, Welt und Politik reflektierte und nach Orientierung und Rechtfertigung suchte. Schon die säkularen Ansätze des frühen Tudor-Humanismus richteten sich zunehmend auf Gesellschaft und Politik. Unter der Schale der konventionellen Reflexionsweise keimte ein neues Verständnis für öffentliche Ordnung und Lebensweise, das statt eines providentiellen Bezugs eine utilitarische Rechtfertigung der öffentlichen Ordnung erstrebte und der Regierung eine über bloße Friedens- und Rechtsfunktion hinausgehende, regulierende Aufgabe in der Gesellschaft zuwies. Damit verband sich ein neuartiges bürgerliches Selbstgefühl, das, vor allem von Sir Thomas Elyot und seinem »Governour« (1531) ausgehend, mit dem Streben nach Bildung den Gedanken der öffentlichen Verantwortlichkeit des Bürgers verband. Das Ideal des Gentleman wurde in diesen Jahrzehnten geprägt, das humanistische Bildung, politisches und soziales Verantwortungsgefühl mit unabhängiger Lebensweise vereinigte. Aus diesem Bereich kam ein umfangreiches Schrifttum, für das die praktische Politik maßgebender war als die übliche moralische Betrachtungsweise. Gerade der tiefgehende Wandel der englischen Lebensverhältnisse führte schließlich Sir Thomas Smith dazu, den alten Moralismus durch eine Analyse der sozialen Kräfte zu ersetzen und das ökonomische System als Mechanismus unpersönlicher Kräfte und Wirkungen zu betrachten. Smith erkannte bereits die Möglichkeit einer legislativen Manipulation der wirtschaftenden Gesellschaft und hielt diejenige Politik für die beste, die der größten Anzahl von Untertanen nütze. Diese schon bei Sir Thomas More erkennbare Form humanistischer Sozialanalyse und praktischer Zielsetzung war die genuine Errungenschaft der Epoche, deren Lebensperspektiven dem erreichten politisch-gesellschaftlichen Zustand entsprachen. Außerdem entfaltete sich aus Humanismus, Reformation und Renaissance im Verein mit der räumlichen, gesellschaftlichen und geistigen Erweiterung des Horizonts eine literarische und geistige Kultur, die als Ausdruck des eigenen Wesens die geistige Potenz der Nation freisetzte und in Shakespeare ihren strahlenden Gipfel erreichte.

DER AUFSTIEG DES PARLAMENTS

1. Die englische Gesellschaft des 17. Jahrhunderts

England und Wales hatten um das Jahr 1600 eine Bevölkerung von etwa 4 Millionen. Sie wuchs bis 1700 auf etwa 5,5 Millionen an. London und Westminster vermehrten im gleichen Zeitraum ihre Einwohnerzahl von 200000 auf über 550000. London wuchs also, besonders nach 1666, stärker an als die Bevölkerung. Über ein Zehntel der Bevölkerung lebte hier und ein Fünftel im Themsetal. London hatte den weitaus größten Hafen und war mit besonderen Privilegien ausgestattet. Der zweitgrößte Hafen Bristol zählte nur 20000 Einwohner; andere größere Städte waren York, Norwich, Newcastle-on-Tyne, während Birmingham und Manchester noch Dörfer waren. Im ganzen gab es nach Thomas Wilsons »The State of England« (1600) 25 Städte (Cities) und 641 Stadtgemeinden (Towns) oder Landstädte bis zu 5000 Einwohnern.

Der größere Teil der Bevölkerung, etwa vier Fünftel, war noch in Landwirtschaft und Schafzucht beschäftigt; allerdings betätigten sich viele der kleineren Landwirte auch als Bergleute, Spinner und Weber. Die Kohleproduktion, die größere Kapitalinvestitionen erforderte und deshalb ein frühes Gebiet für kapitalistische Unternehmen darstellte, stieg zwischen 1550 und 1700 um das Vierzehnfache an. Die Kohle wurde zuerst von den ärmeren Leuten als Heizmittel benutzt, kam aber nach 1600 wegen der Holzknappheit und auch wegen der schlechten Wegeverhältnisse allgemein in Gebrauch, so daß von Newcastle nach London auf dem Wasserwege 1605 siebenmal mehr Kohle transportiert wurde als 1580. Neben dem Kohlenbergbau nahm auch die Erzgewinnung zu, ohne die Lebensverhältnisse wesentlich zu verändern. Die Hauptindustrie war immer noch die Tucherzeugung, besonders in Yorkshire und Lancashire. Spinnen und Weben erfolgte zum Teil in eigenen Betrieben und zum Teil in zentral gelenkter Hausarbeit. Tuche, aber nicht das noch kaum entwickelte Baumwolltuch, waren der Hauptexportartikel. Das Manufakturwesen konzentrierte sich hauptsächlich an den Flüssen, um die Wasserkraft und die Wasserwege auszunützen, ohne allerdings die agrarische Grundstruktur und die Gemeindegliederungen wesentlich zu verändern.

Die Geldentwertung des 16. Jahrhunderts hatte die lohnabhängigen Schichten besonders betroffen, da die Preise bis ins 17. Jahrhundert um das Sechsfache angezogen hatten, während die von den Friedensrichtern festgesetzten Löhne nur verdoppelt waren. Ein Großteil des »Common People« lebte stets am Rande des Existenzminimums. Dieser Verarmungsprozeß erfaßte auch das Kleinbauerntum, das auf zusätzliche Landarbeit und die Almende angewiesen war und durch den Fortgang der Einzäunungsbewegung seine Lebensgrundlage geschmälert sah. Zwar wurde noch unter Jakob I. mehr Ödland in Pflugland als Pflugland in Weide verwandelt, und manche Gegenden wie etwa die Midlands waren von der Einzäunungswelle noch nicht betroffen worden, aber die Verkümmerung der kleinbäuerlichen Existenzen (cottagers) hielt an. Unter den »husbandmen« und dem »labouring people« gab es viel wirkliche Armut. Am Ende des Jahrhunderts schätzte Gregory King (1688) die Zahl der gelegentlichen Unterstützungsempfänger auf eine Million; das war ein Fünftel der Bevölkerung. Zugleich waren diese Leute an ihren Pfarrbezirk gebunden, da nach dem Armengesetz von 1597 jede Pfarrgemeinde für ihre eingesessenen Armen verantwortlich war. Die Ordnung des Armenwesens, die Verbindung von Minimallohn mit Armenunterstützung und schließlich die berüchtigten englischen Wegeverhältnisse im Verein mit Abwanderungsverboten verhinderten einen Zusammenfluß des sozialen Gärungsstoffes. Nur die puritanische Revolution und ihr regionaler Nachklang in der Monmouth Rebellion (1685) brachten diese Schichten zeitweilig in eine zusammenhängende Bewegung, die sonst nur in lokalen Krawallen (riots) sich entlud.

Von dieser Masse des Pauperismus schied sich das gesunde und selbstbewußte Bauerntum der »Yeomen«. Die »Yeomanry« war eine nach unten und oben nicht sicher abgrenzbare Schicht, die unter der Gentry, aber über dem Kottenbauer oder dem auf Lohnarbeit angewiesenen Zwergbauer stand und sich selbständig an den wöchentlichen Marktgeschäften beteiligte. Sie war der Kern der Freibauernschaft, »the Backbone of England«, die etwa ein Sechstel der Gesamtbevölkerung ausmachte, aber durch die »enclosures« besonders nach 1660 abnahm. Teilweise gingen die Freisassen in die niedere Gentry ein, teilweise sanken sie zu Kleinbauern ab. Ihre politische Bedeutung nahm trotz zahlenmäßiger Minderung zeitweilig zu. Sie stellten jene Schicht dar, die sich im Spätmittelalter von den feudalen Abhängigkeiten zu lösen und auf freie Vertragsabmachungen umzustellen vermochte. Als Leute mit »Property« waren sie geschäftstüchtig, politisch bewußt, eifersüchtig auf die Gentry, religiös gewissenhaft und im Bürgerkrieg anti-royalistisch. Allerding galt dies uneingeschränkt nur für die »Freeholders«, die, soweit sie 40 Schilling versteuertes Jahreseinkommen aus ihrem Landbesitz nachweisen konnten, das aktive Wahlrecht (forty-shillings-freeholders) innehatten. Sie betrachteten ihr Land als Eigentum auch da, wo sie noch eine jährliche Anerkennungsgebühr an den Landlord zahlten. Um 1600 gab es in England und Wales etwa 80000 Freeholders; weitere 10000 Yeomen standen wegen großen Reichtums noch darüber (Th. Wilson). Daneben gab es noch die »Leaseholders«, die Pächter auf Lebenszeit oder länger, und die »Copy-holders«, die Lehnsgutinhaber mit Verpflichtungen dem Landlord gegenüber; oft waren alle drei Formen kombiniert. Die darunter stehenden Farmer als kündbare Pächter waren nicht mehr dazu zu rechnen. Im Jahre 1688 gab es noch etwa 40000 Freeholders, 140000 kleinere Freeholders, Lease- und Copy-Holders sowie 150000 kündbare Farmers, die als Teillohnarbeiter in die untere Schicht des »Common People« hineinreichten. Danach ging die Zahl der Freibauern schnell zurück (vgl. S. 406). Obgleich die Yeomen nicht das Parlament beschickten und selten Friedensrichter waren, übten sie zeitweilig durch ihr Wahlrecht, ihre verwandtschaftlichen Beziehungen zu aufsteigenden Familien und ihre Unabhängigkeit einen beträchtlichen mittelbaren Einfluß aus. Soweit sie seit alters festliegende Renten zahlten, wirkte sich die Wertminderung des Geldes zu ihren Gunsten aus, während die kündbaren Pächter erhöhte Abgaben zu entrichten hatten oder das Pachtgut an den Meistbietenden verloren.

Über der Freisassenschaft erhob sich die Schicht des niederen Adels und der Gentlemen, wobei auch hier die Grenzen fließend waren und der soziale Rang praktisch von Landbesitz, Renteneinkünften und Anerkennung durch Gemeinde und Standesgenossen abhing. Außerdem waren die gehobenen Kaufleute und bürgerlichen Berufe dem sozialen Rang nach, darunter auch die Juristen, Professoren und unteren Kleriker, Gentlemen oder verschafften sich durch Landkauf das Ansehen des Edelmannes. Umgekehrt hatten viele der 64000 Kaufleute der City London (um 1688) als Gentry oder auch als Yeomen begonnen oder waren deren nachgeborene Söhne. Die Kaufleute investierten ihr Geld regelmäßig in Land, ebenso wie die königlichen Beamten und die Juristen, während die Landbesitzer ihre Hände in Industrie und Handel hatten. Der wachsende Handel und die Mobilisierung des Landbesitzes seit der Säkularisation verwischten die sozialen Schranken, zumal der Adelsrang stets auch von den Eigentumsverhältnissen abhing oder zum Teil käuflich war. Viele aus der Stuart-Gentry, wenn auch kaum die Mehrheit, entstammten neuen Familien, deren Väter Klostergut erworben hatten oder reiche Yeomen und Kaufleute gewesen waren.

Die Gentry gliederte sich in die »Knights of the Shire« (etwa 500) und die »Squires« (etwa 16000 um 1600). Die »Knights« hatten Wappen und Adelsdiplom und eine Hofhaltung mit wenigstens 24 Dienern und 500 £ Haushaltskosten jährlich. Um 1600 war Wappenerwerb über das »College of Heralds« für Kaufleute gegen Geld möglich. Seit 1590 schlossen die Rundreisen der »Heralds« London ein. Die Squires mit Jagdrecht und Waffenrock bedurften einer Rente von jährlich 1000 oder 800 £. Sie waren eine neue Klasse, die seit der Reformation durch Länderkauf oder Belohnungen hochgekommen war. Der Zustrom aus bürgerlichen und kaufmännischen Berufen oder auch von Beamten und Juristen besonders um die Wende vom 16. zum 17. Jahrhundert stärkte diese Schicht, deren nachgeborene Söhne als Juristen, Offiziere oder Kaufleute wieder ins bürgerliche Leben zurücktraten. Diese neue Klasse hatte ein anderes Verhältnis zum Landbesitz als die älteren Magnaten und drängte auf möglichst hohe Renten. Mit ihnen verschob sich das soziale Schwergewicht von Krone, Kirche und feudalen Landlords auf die »Squirearchie«.

Die Erhebung der »Squirearchie« war der Hauptpunkt der englischen Sozialgeschichte zwischen der Auflösung der Klöster und 1640. Unter Elisabeth dauerte es freilich lange, etwa bis zum Ende ihrer Regierungszeit, bis sich unter diesen neuen Leuten, die mehr durch Talent und Mut emporgekommen waren als durch vornehme Geburt, ein soziales Selbstbewußtsein anmeldete, das ein künftiges Element des Widerstandes gegen den Stuart-Absolutismus in den Grafschaften war. Sie nahmen oft das Ehrenamt des Friedensrichters wahr, der zwar von der Krone ernannt wurde, aber in der Verwaltung des Rechts und der staatlichen Hoheitsfunktionen selbständig war. Um 1600 waren alle »Knights« und etwa 1400 »Squires« auch Friedensrichter. Dadurch gewannen die Squires enge Berührung mit dem Volk und waren die maßgebenden lokalen Autoritäten. Sie bedurften der Krone, andererseits konnte die Krone nur mit ihnen zusammen ihre Herrschaft geltend machen. Bis 1660 war etwa die Hälfte der Unterhausmitglieder auch Friedensrichter; danach vermehrte sich ihre Zahl.

Im Unterhaus des 17. Jahrhunderts saßen zwar nur 92 Vertreter der Grafschaften gegenüber 417 Vertretern der Cities und Boroughs und den vier Vertretern der beiden Universitäten Oxford und Cambridge; aber nur London und die 25 Cities entsandten durchweg ihre eigenen »citizens«, während die Boroughs sich meist nicht durch »burgesses«, sondern durch die benachbarte Gentry vertreten ließen. Durch die Gentry waren Parlament, Grafschaften und Kommunitäten verbunden. Über Westminster und über ihre Verwandtschaft mit Juristen, Kaufleuten und Amtsträgern hielt die Gentry Verbindung mit den gesellschaftlichen und wirtschaftlichen Zentren des Landes. Sie wurde die Nahtstelle der Gesellschaft, an der Aufstieg und Abstieg, Landbesitz und Kaufmannschaft, Adel und Freibauerntum sich vielfältig berührten. Ihr Gewicht als Rückgrat der lokalen Verwaltungs- und Rechtshoheit und als Unterhausmajorität vermehrte sich noch durch die zahlenmäßige und auch durch die wirtschaftliche Schwäche der Peers.

Ihr gesellte sich noch mit London und den bedeutenderen Cities ein anderes Element zu. Vor allem genoß London eine Sonderstellung, die sich in einem Bündel von Vorrechten und in einer City-Verfassung niedergeschlagen hatte, die ihr weitgehendes Mitspracherecht sicherte. Der gewählte Lord Mayor von London stand faktisch im Range eines »Lord Lieutenant«; er nahm gelegentlich am Privy Council teil und hatte das Recht auf Zutritt zum Thron. Die zwei gewählten Sheriffs der City durften an der Schranke (Bar) des Unterhauses Beschwerden der Stadt vorbringen. Außerdem saßen vier Commoners aus London im Unterhaus. Die Leitung der Stadt lag bei 26 frei gewählten Ratsherren (Aldermen) und 200 Ratsmitgliedern (Common Councillors). Neben den 89 Gilden und Innungen bestand eine eigene Miliz und Polizei. Alle »ratepayers« besaßen das parlamentarische Stimmrecht. Die großen Londoner Kaufleute, aber auch die Kaufleute von Exeter, York, Hull, Newcastle-on-Tyne und anderer größerer Städte stellten zusammen mit den Führern der Londoner Korporationen eine einflußreiche, finanzstarke Elite, das »Business Interest«, dar. – Im Gegensatz zu London hatte Westminster als Parlamentssitz keine Selbstverwaltung, da der königliche Oberhofmeister die 12 Stadträte aus der Bürgerschaft auf Lebenszeit ernannte. Allerdings besaß Westminster ein demokratisches Wahlrecht für seine zwei Parlamentsvertreter. Jedenfalls ragte mit London das kommerziell-bürgerliche Element in die Spitze der sozialen Pyramide hinein. Dazu kamen die königlich privilegierten Handelskompanien wie die Moskau-Kompanie von 1553, die Eastland Company von 1579, die Levante Company von 1581, die East India Company von 1600 und die Virginia Company von 1606, von denen die Ostindien-Kompanie bleibende Bedeutung erlangte. Neben und gegenüber den Monopolisierungen zugunsten der arrivierten Kaufmannschaft meldeten freier Seehandel und freies Kaufmannstum ihre Bedürfnisse an. Aus ihnen rekrutierten sich später radikale Agitatoren wie Lilburne, Wildman und Winstanley; sie polemisierten gegen unzulängliche Rechtsprechung und Kirchenzehnten, gegen Zoll- und Steuerpolitik.

Über der Gentry und der reichen Kaufmannschaft standen die Peers aus Hochklerus und Hochadel als nobilitas major. Zu ihnen rechneten die Prinzen aus königlichem Geblüt, die beiden Erzbischöfe von Canterbury und York, die Dukes, Marquesses, Earls, Viscounts, Bischöfe, Barone und Life-Peers (auf Lebenszeit ernannte Peers). Nachfolger der erblichen Peers waren die ältesten Söhne; die jüngeren sanken zur Mittelschicht ab, so daß keine Absonderung des Hochadels eintrat. Mit der Trennung von Rom hatten die Prälaten an Einfluß, Zahl und Einkommen verloren, während der Altadel durch seine Selbstzerfleischung im 15. Jahrhundert an Macht eingebüßt hatte. Seine Zahl wurde von den Tudors niedrig gehalten. Erst Jakob I. kreierte eine größere Anzahl in England und Irland, doppelt so viel wie Elisabeth. Unter Heinrich VII. gab es nur noch 29 Peers, beim Regierungsantritt Jakobs I. etwa 60, und 1640 war ihre Zahl auf 140 angewachsen. Davon stammte ein Teil aus alten Familien, einige waren während der Reformation zu ihrer Würde gekommen, viele gelangten als Favoriten der Stuarts ins Oberhaus, andere als erfolgreiche Londoner Kaufleute. Um 1600 gab es unter den weltlichen Lords 19 Earls, einen Marquis, zwei Viscounts und 39 Barone. Ihre Zahl wuchs einschließlich der Familienangehörigen bis 1688 auf etwa 7000 an, die zur Schicht der höheren Nobilität gerechnet wurden (Gregory King). Einige von ihnen, aber nicht alle, waren sehr reich, zumal der Wert eines angemessenen »Estate« im Durchschnitt etwa 30000 £ betragen haben dürfte, was einem heutigen Geldwert von 5 Millionen DM entspricht. Freilich erforderte die hohe Würde immense Repräsentationskosten. Beispielsweise besuchte Lord Berkeley, Lord Lieutenant von Gloucestershire, die Stadt London unter Jakob I. in Begleitung von 150 Dienern; und als Lord Bedford den zurückkehrenden Karl II. 1660 am Tower in London begrüßte, kostete ihn die Auffahrt seines Gefolges über 1000 £.

Der Rang der weltlichen Lords gründete sich also nicht nur auf ihre alte Dignität und auf die Nähe zur Krone, sondern stets auch auf ihren Reichtum. Ihre angemessene Tätigkeit lag neben dem Oberhaus im Privy Council, in der Lord Lieutenancy der Grafschaften, im königlichen Haushalt oder anderen leitenden Ämtern bei den Gerichtshöfen und Behörden. Ihre Verpflichtungen bei Hofe verschlangen ungeheure Summen, so daß oft nur die Geldentwertung um die Jahrhundertwende (1600) sie vor dem Ruin rettete. Oft vermochten sie ihren Status durch Verbindung mit der aufsteigenden Kaufmannsklasse zu halten, für die der Einstieg in die Oberklasse das begehrenswerteste Ziel war. Im ganzen verloren sie, verglichen mit der Gentry, an politischem Gewicht.

2. Krone, Parlament und Kirche

Der König war nominell immer noch »head of the landholding system« und größter Landbesitzer; aber seine Lehensoberhoheit äußerte sich nur noch in Hof, Haushalt und Ämterverleihungen. Er ernannte oder bestätigte aus dem Hochadel die Lord Lieutenants in den Shires für die Oberaufsicht über Wahlordnung und Miliz und aus der Gentry die Friedensrichter für Rechtspflege und Lokalverwaltung. Die oberste Lehnsgewalt des Königs berührte nicht mehr das »Property« der Landbesitzer; die letzten Feudalrechte verschwanden 1660. Der Regierungsgewalt der Krone im »Government« stand das »Property« als Gesamtheit der Rechte der Untertanen und geschützt vom Common Law gegenüber. Im Rahmen dieses Systems galt das Parlament als die Institution, in welcher die Interessen von »Government« und »Property« aufeinander abgestimmt wurden. Die beiden Häuser des Parlaments waren Körperschaften zur Vertretung der Rechte der Untertanen, deren Zustimmung bei Steuerauflagen und Gesetzesänderungen, also bei Eingriffen ins »Property«, eingeholt werden mußte. Bei einem Zusammengehen von Krone und Parlament erreichte die Effektivität der staatlichen Macht ihren absoluten Höhepunkt. Dabei hatte das Parlament kein verbrieftes Recht, den autonomen Bereich der königlichen Regierung zu kontrollieren.

Das »Government« beruhte auf der Prärogative des Königs und seinem Herrscherrecht, das von Jakob I. als Jus Divinum, als göttliches Recht, ausgelegt wurde. Die Prärogative erstreckte sich auf die unmittelbaren Regierungsgeschäfte, die königlichen Gerichtshöfe, die Staatskirche und die königliche Beamtenschaft, einschließlich der Steuerpächter und der für jeweils ein Jahr ernannten Sheriffs mit Polizeigewalt. Die Regierungsgeschäfte wurden im Privy Council, in den State-Departments und auch an den königlichen Gerichtshöfen abgewickelt. Der Privy Council hatte 30 bis 40 Mitglieder, Familienangehörige, Günstlinge und Magnaten, die vom König berufen wurden; die State Departments erledigten spezielle Aufgaben wie Außenpolitik, Handel und Finanzen. Bis zum Bürgerkrieg lag im Rat des Königs der Schwerpunkt der Regierung.

Daneben bestanden zwei Hauptgerichtshöfe der königlichen Prärogative, nämlich die Sternkammer für Verwaltung und öffentliche Angelegenheiten und der »Court of High Commission« für religiöse und sittliche Fragen. Dazu kamen als provinzielle Ratskollegien die »Councils of the North and of Wales«. Alle vier Gerichtshöfe waren nach Belieben des Herrschers zusammengesetzt. Diese Gerichtshöfe beschäftigten sich mit Staatsaffären, d.h. weltlichen und geistlichen Verwaltungs- und Herrschaftsangelegenheiten; sie stellten zusammen mit Privy Council und State Departments ein Herrschaftsinstrumentarium des Königs dar. Sein Kompetenzbereich ließ sich nicht für alle Fälle eindeutig fixieren, besonders dann nicht, wenn Staatsaffären innere Rechtsverhältnisse berührten. Doch gab es als höchstes Aufsichtsorgan und höchsten Richter den »Lordkanzler« im Oberhaus, der zwischen Sternkammer und Common Law-Gerichten vermitteln konnte und im »Court of Chancery« eigene richterliche Befugnisse, abseits vom Privy Council und nach Billigkeit (Law of Equity) vorgehend, verwaltete, oder auch den »Attorney-General« als Kronanwalt und den »Lord Chief Justice« als Lord-Oberrichter, der den Vorrang von Recht und Gesetz, »the Rule of Law«, überwachte und zwischen Krone und Unterhaus vermittelte. Außerdem nahm der König bis 1688 eine Dispens- und Suspensionsgewalt bei Rechtsentscheidungen für sich in Anspruch. Dagegen stellten die von den Juristen-Innungen (»Inns of the Court«) beherrschten »Common Law Courts« die englische Rechtstradition dar, die sich dem oft herangezogenen Römischen Recht der königlichen Gerichtshöfe entgegensetzten. Ebenso wie sie betrachtete sich das Parlament als Hüter des »Rule of the Law«, das als das genuine Recht des Landes genommen wurde, zumal die speziellen Rechte wie Forstrecht, Seerecht, Kaufmannsrecht, Hofrecht u.a. sich zunehmend dem Common Law angeglichen hatten oder bedeutungslos geworden waren.

Die Kronmacht fand eine wirkungsvolle Stütze in der Bischofskirche, die ein Instrument in der Hand des Königs geworden war. Der »Court of High Commission« als höchster außerordentlicher Gerichtshof in Kirchensachen mischte sich zwar nicht in die normale Verwaltung, sicherte aber mit weltlichen und geistlichen Strafbefugnissen die Glaubenseinheit ohne klare Kompetenzabgrenzungen gegenüber den kirchlichen Gerichtshöfen und den Konvokationen der Kleriker. Er zog die kirchliche Suprematie in den Bereich der königlichen Prärogative und war der sichtbarste Ausdruck des Machtzuwachses der Krone seit Elisabeth (1559). Die Ausdehnung des kirchlichen Rechtsraumes in den Canones der Konvokationen von 1604 und 1640 kam der Krone zugute, zumal sich der autoritäre Apparat der Bischofskirche noch eine oberste theologische Abrundung des Supremats in der Lehre vom Jus Divinum des Königtums im Kanon 1 der 17 Canones von 1640 gab, der blinden Gehorsam von den Gläubigen verlangte. Die auf die Krone vereidigten Bischöfe und Pfarrer waren königliche Herrschaftsinstrumente oder wurden es über das bischöfliche Placet auch da, wo kein königliches oder bischöfliches Patronat die Ernennung sicherte. Das anglikanische Berufspriestertum verhinderte selbständige Gemeindebildungen und fügte den genossenschaftlichen Kommunitäten im Lande einen autoritären Pfahl ein. Das in der Staatskirche verkörperte herrschaftliche Element war die Säule des Stuart-Absolutismus, gegen welche sich das Parlament und die Kommunal- und Lokalkörperschaften mit Berufung auf Common Law und Patronatsrechte zur Wehr setzten. Die Abschaffung der geistlichen Kronjustiz 1641 war dann auch der erste erfolgreiche Stoß gegen das Stuart-Königtum.

Die Ausdehnung des Bereichs der absoluten Krongewalt auf Kosten der Rechte der Kommunitäten und Untertanen veranlaßte den Konflikt mit dem Parlament als dem Hüter des »Property«. Das Parlament hatte freilich keine gesicherte gesetzliche Fundierung und keine Periodizität. Seine Berufung und Auflösung lagen im Belieben des Königs. Es hatte zwar unter Elisabeth vermehrte Ansprüche erhoben; aber bis zum Bürgerkrieg wurde die Politik im Privy Council gemacht; der König konnte, solange er wollte, auch ohne das Parlament regieren. Von 1603 bis 1640 gab es weniger als 4,5 Jahre Parlamentssitzungen. Die größte Pause war von 1629 bis 1640. Zudem stand dem Parlament nur ein sehr begrenzter Anteil an Mitarbeit zu; eine ständige Kontrolle oder Kritik an der obersten Verwaltung war ihm nicht möglich. Aber das zweite Haus des Parlaments vertrat die untere Verwaltung. Eine effektive Durchsetzung von Regierungsmaßnahmen im ganzen Land war ohne Mittun des Parlaments nicht denkbar. Ferner vermochte der König nicht aus eigenen Finanzmitteln zu regieren, geschweige denn größere politische Aufgaben oder Unternehmungen durchzuführen. Das dauernde Geldbedürfnis der Krone, teilweise bedingt durch die Geldrevolution im Zusammenhang mit der Edelmetallinflation von Spanien her, veranlaßte meist die Einberufung des Parlaments.

In den langen Vakanzen von 1607 bis 1610, 1614 bis 1621, 1622 bis 1624 und 1629 bis 1640 blieb der Konfliktstoff zwischen Krone und Parlament in der Schwebe, wirkte aber in der Lokalverwaltung und Rechtspflege weiter. Die angesehenen Gerichtshöfe im Lande hatten freilich abzuwarten, bis die Krone oder ein privater Kläger Prozesse über umstrittene Rechtsfragen begannen; aber dann urteilten sie vom Supremat des Common Law oder auch von vorstaatlichen Rechtsvorstellungen her. Hier wurden die Klagen gegen die Steuerauflagen der Krone nach dem Common Law-Verfahren vorgetragen und die Legalität und das Ausmaß der königlichen Gewalt geprüft. Im »Impeachment« gegen einzelne Minister betrachtete sich das Unterhaus als Jury des gesamten »Realm«. So wie die Jury in den lokalen Regionen, sei es der Hundertschaft oder der Grafschaft, die Öffentlichkeit repräsentierte, durch welche die königlichen Beamten mit der lokalen Bevölkerung Verbindung gewannen und mit deren Hilfe alle Angelegenheiten lokalpolitischer, rechtlicher und fiskalischer Natur abgehandelt oder auch Beschwerden und Klagen vorgebracht wurden, verstanden sich die Commons als nationale Jury, die im speziellen Fall des Impeachment als »Prosecutor« auftrat, die ihre Klage beim Oberhaus als dem zuständigen Tribunal vorbrachte. Hier und nur hier lag die Initiative bei den Commons selbst, in völliger Unabhängigkeit von der Krone. Das Oberhaus war dabei gewissermaßen der »Court of Suitors«, also prozeßführend, und zwar das ganze Oberhaus, nicht etwa nur die Juristen in ihm. Die Anklage der Commons beim Impeachment beschränkte sich allerdings nur auf politische Fragen und beinhaltete eine strafrechtliche Verantwortlichkeit der Minister dem Parlament gegenüber.

Das Parlament konnte sonst nur Sachen vornehmen, die die Krone ihm vorbrachte. Dabei verstand es sich wie jedes öffentliche Organ als Gerichtshof, zumal seine Verfahren an prozessuale Verhandlungsformen anschlossen. Die Einhaltung der Verfahrensweise und der Schutz unbehelligter Verhandlungen gegen Eingriffe von außen galten als unantastbare Privilegien der Versammlung. Unter dem Angriff des königlichen Rechtsanspruchs sah sich das Parlament als Bollwerk und Hüter des Common Law, als »Grand Inquest of the Nation«, als Rügegericht Englands, wo keine Politik gemacht, aber Beschwerden erhoben wurden. Es griff die alte Form des »Impeachment« (seit 1376) gegen den Lordkanzler Francis Bacon 1621 wieder auf, die seit Heinrich VI. nicht mehr gebraucht worden war.

Unter dem Eindruck der Interpretation des Parlaments als Gerichtshof, die Richter Coke gegen die Kronansprüche vertrat, und im Hinblick auf Präzedenzien des Spätmittelalters erhob das Unterhaus unter Jakob I. Kontrollansprüche, die eine umstürzende Neuerung darstellten. Solange allerdings das Parlament nur gelegentliches Werkzeug der Krone war und der Schutz der Abgeordneten nach seiner Auflösung verloren ging, konnte der Konflikt hinausgeschoben werden. Erst das Vordringen der Prärogative auf dem Wege über die Staatskirche machte den Konflikt unausweichlich. Der Gewinn der Initiative der Commons war ein langer Prozeß, der sich von 1588 bis 1642 hinzog. Allerdings verriet die Eilfertigkeit, mit der das Unterhaus bei der Thronbesteigung Jakobs 1603 seine Auffassungen nur zwei Monate nach der Einberufung des ersten Parlaments vorbrachte, daß der Prozeß schon weit vorgeschritten war.

Entscheidend war dabei die Interpretation der parlamentarischen Ansprüche nach den Grundsätzen des Common Law und späterhin, angesichts der Kompetenzausdehnung der Staatskirche, die Ineinssetzung der englischen Freiheiten mit den protestantischen Freiheitsrechten sowie die Gleichsetzung des Stuart-Absolutismus in Staat und Kirche mit der »papistischen« Herrschaftsform. Der Ausgangspunkt war aber der Kampf um die parlamentarischen und richterlichen Privilegien gegen die königliche Prärogative mit dem Römischen Herrscherrecht im Hintergrund. Die Sache des Parlaments war die Sache des Common Law, d.h.

ein allgemeines Anliegen von öffentlichem Interesse, gestützt von den lokalen Amtsträgern der Gentry, die sich als Verwalter des alten Rechts fühlten. Die enge Verbindung der Commons mit den lokalen Organen war ihre Stärke und ihre Schwäche. Sie verschuldete ihre parochiale und lokal-egoistische Haltung gegenüber den allgemeinen nationalen und außenpolitischen Problemen. Zu ihrem Provinzialismus gesellten sich ihre praktischen richterlichen Erfahrungen, durch die die Streitigkeiten oft in einen schwer verständlichen Kampf um Verfahrensweisen und Präzedenzfälle ausarteten, wobei allerdings häufig die Umwandlung der Opposition in einen Privilegienstreit eine Schutzmaßnahme der Abgeordneten für sich selbst war.

Erst als der religiöse Impetus hinzutrat, wurde der Parochialismus und die Versponnenheit der Abgeordneten überwunden und das Land in Bewegung versetzt. Die religiöse Überhöhung des Streites ging Hand in Hand mit der Überhöhung der Kronansprüche der Stuarts aus dem Jus Divinum. Die Dynastie verkannte die Kraft der Bewegung, die durch den Zusammenfluß des rechtlichen, religiösen, sozialen Anliegens hervorgerufen war. Das Common Law war aber die eigentliche Barriere gegen den neuen Absolutismus und das kontinuierlich festgehaltene Motiv, das nach dem Abebben der religiösen Spannungen sich behauptete und durchsetzte, bis nach 1688 die königliche Prärogative dem Common Law endgültig untergeordnet wurde.

Als Verbindungsglied zwischen »Government« und »Property« und als Repräsentant des »Country« gegen die königliche Prärogative, als communitas communitatum und Träger der Grafschaftsverfassung sicherte das Parlament die Effektivität der königlichen Verwaltung bis in die lokalen Regionen hinein. Als nach 1629 der König das Parlament für 11 Jahre nicht mehr berief, konnte deshalb die parlamentarische Opposition auf unterer Ebene weiterwirken. Der lokale konstitutionelle Streit setzte den Konflikt von Westminster fort. Als hier die Zentralversammlung beseitigt war, zerschellten die weitgehenden Pläne Karls I. an der Grafschaftsverfassung. – Schon bei den Parlamentswahlen 1614 hatte sich gezeigt, daß die Krone nicht mehr in der Lage war, beliebige Kandidaten durchzubringen. Die Festsetzung parlamentarischer Oppositionsführer, von Jakob

1614 und 1621 und von Karl 1626 und 1629 praktiziert, hatte nur momentane Wirkung, ja der letzte Versuch im Jahre 1642, fünf Mitglieder aus dem Hause heraus zu verhaften, leitete die Katastrophe des Königtums ein. Das Parlament hatte sich zum Schutz gegen Kroneingriffe mit Rechten und Privilegien ummauert. Bereits das erste Parlament Jakobs I. errang 1604 das Entscheidungsrecht über umstrittene Wahlen in allen Fällen, bei denen nicht Friedensbruch, Betrug oder Hochverrat vorlagen, so daß die Selbstbestimmung des Parlaments über seine Mitgliedschaft schon früh gesichert war.

Im gleichen Jahr gab dieses erste Parlament unter den Stuarts in der »Apology of the Commons« kund, daß es seinen Anspruch auf eigenes und ältestes Recht fundiert sah: »Our privileges and liberties are our right and due inheritance, no less than our lands and goods«. Hier verteidigte das Haus die Redefreiheit und das Recht, die politischen Geschäfte und auch die kirchliche Gesetzgebung zu kontrollieren. Nach seiner Meinung stellten beide Häuser zusammen mit der Krone den ganzen »political body« dar; der König sei nur das Haupt, und die Souveränität liege beim »King in Parliament«. Das Unterhaus dehnte seine Ansprüche noch in der »Great Protestation« von 1621 aus, die Jakob I. empört aus dem Journal des Unterhauses herausriß. Diese Ansprüche wurden immer im Hinblick auf Präzedenzfälle vorgebracht. Ein Gesetz wie die Magna Charta (1215) galt als jeder Willkür übergeordnet; sie vertrage keinen höheren Willen über sich. Was sich hier als älteste Rechtstradition auftat, war in Wirklichkeit eine revolutionäre Übersteigerung. Das Common Law galt als Palladium der nationalen Freiheit. Es stellte gegenüber dem Gesetzgebungsrecht des Königs das von unten gewachsene, genossenschaftlich-demokratische Rechtselement dar, das schon die Bauern von Kent erfolgreich verteidigt hätten. Mit dieser Rechtsideologie rechtfertigte das Parlament seine Obstruktionspolitik unter den ersten Stuarts.

Aber das eigentliche Regierungsgeschäft verblieb dem Privy Council und den königlichen Gerichtshöfen. Der König ernannte seine Minister, Beamten und Bischöfe, er bestimmte über Krieg und Frieden. Er herrschte nicht nur, sondern regierte wirklich. Die Zerstörung dieser selbstherrlichen Regierungsmaschinerie einschließlich der autoritären Staatskirche war der Hauptpunkt der Verfassungsgeschichte in der ersten Hälfte des 17. Jahrhunderts. Bis 1640 war es noch möglich, ohne Parlament die Regierung zu führen, solange nicht außerordentliche Ausgaben für kriegerische Unternehmen erforderlich waren, die ohne Einwilligung der lokalen Hoheitsträger und ohne Eingriffe in Handel und Eigentum nicht aufzutreiben waren. Der Krieg machte die Einschaltung des Parlaments notwendig und zwar der Krieg, den die Schotten 1638 ins Land trugen. Er gab Anlaß zum Übergang des Parlaments von Obstruktion und Opposition zur Revolution. In Friedenszeiten dagegen konnte der König als größter Grundeigentümer des Landes und Zolleinnehmer die Verwaltung zur Not bestreiten. Erst als die Krone sich des Parlaments entledigt hatte und sie die Kirche für ihre innerenglische und schottische Politik einspannte, daraus aber der schottische Krieg 1638 entbrannte, kam es zur Revolution, in der politische, rechtliche und religiöse Anliegen verschmolzen. Aber der erste historische Anknüpfungspunkt war nicht die Religion, sondern der Kampf des Parlaments um das alte Recht und seine Freiheiten. Je absolutistischer sich Königtum und anglikanische Kirche stellten, umso puritanischer wurde im Gegenzug das Unterhaus. Die theologische und staatskirchlich gestützte Übersteigerung der Königsgewalt, die Revolution von oben, rief die religiöse Übersteigerung des Rechtsstreits, die Revolution von unten, hervor. Im Zusammenfluß der englischen »Inheritance« mit den protestantischen Freiheiten wurde die politische Freiheit als eigenes patriotisches Anliegen des Landes erkannt und die erste wirkliche Revolution in Europa zum Siege geführt. Das verbreitetste Schlagwort der Rebellionszeit blieb aber bezeichnenderweise das »Birthright«, in welchem historisches Recht, Naturrecht, christliches Freiheits- und Entscheidungsrecht sich zu einem national ausgeweiteten menschlichen Anliegen vereinigten.

3. Jakob I. (1603–1625)

Als Jakob VI., König von Schottland, der Sohn der Maria Stuart und ihres Gemahls Lord Darnley, im Jahre 1603 als Jakob I. den englischen Thron bestieg, herrschte eitel Freude in ganz England. Königin Elisabeth hatte sich auf dem Sterbebett mit seiner Nachfolge einverstanden erklärt. Das Land fühlte sich von der Gefahr befreit, das Kampffeld für eine Auseinandersetzung um die Thronfolge zu werden. Der 37jährige König (geb. 1566) hatte Stuart-, Tudor- und Guise-Blut in seinen Adern. Die Stuarts trugen seit 1371 die Krone von Schottland und waren bis dahin erbliche Seneschalls oder Stewarts (Kellner) (vgl. S. 92), die sich schließlich selbst die Krone aneigneten. Sie waren ein Geschlecht, dessen Wahrzeichen die Märtyrerkrone war: von 17 regierenden Stuarts starben nur fünf eines natürlichen Todes und im Besitz ihrer Krone.

Der Großvater Jakobs, Jakob V. von Schottland (1513–42), war der Sohn Jakobs IV. (1488–1513) und der Margarete Tudor, einer Tochter Heinrichs VII. von England. Von ihr her leitete sich der Thronanspruch Jakobs ab. Seine Großmutter war Maria von Guise aus jenem Geschlecht lothringischen Adels, das sich mit den Kräften der Gegenreformation in Frankreich verbunden hatte. Seine Mutter, Maria Stuart (1542–1587), verwitwete Königin von Frankreich (1559/60), war der Sammelpunkt der antiprotestantischen und gegenreformatorischen Kräfte in England. Seinen Vater Heinrich Stuart, Lord Darnley, hatte Jakob nie gekannt, da er schon 1567 in Zusammenhang mit den Liebesaffären der Maria Stuart ums Leben kam.

Jakob I. war im calvinischen Geist des John Knox (vgl. S. 225) erzogen worden. Als Elisabeth sich zum Kampf gegen Spanien anschickte, verband er sich mit ihr im Vertrag von Berwick 1586 und deckte England im Interesse seiner Anwartschaft auf die englische Krone den Rücken. Was Maria Stuart ein Jahr später ins Verderben stürzte, nämlich ihr Anspruch auf den englischen Thron, gereichte Jakob zur Stütze, da er sich dem englischen, antispanischen System anschloß. Seine eheliche Verbindung mit Anna von Dänemark 1589 unterstrich seinen Willen, sich dem protestantischen Norden einzugliedern, eine Politik, die später

1613 in der Heirat seiner Tochter Elisabeth mit Friedrich von der Pfalz, dem Haupt der deutschen Calvinisten, fortgesetzt wurde.

Jakob kam mit hohen Erwartungen nach England; denn in Schottland war er kaum mehr als ein feudaler Oberhäuptling, dem während seiner Minderjährigkeit und der Gefangenschaft seiner Mutter die Reformation über den Kopf gewachsen war. Diese Erwartungen schienen sich zu erfüllen, als die Anglikaner ihn als Erben der Tudors, die Puritaner ihn als Schüler von John Knox und Buchanan und die Katholiken ihn als Sohn der Maria Stuart willkommen hießen. Selbst Irland begrüßte ihn freundlich. Es erfüllte ihn mit Selbstvertrauen, daß er kraft seines Erbrechtes ein großes Ziel ohne Mühe erreicht hatte und ihm ohne Waffengewalt und wie durch innere Notwendigkeit der Dinge alles zufiel. In seiner königlichen Deklaration nannte er sich König von England, Schottland, Frankreich und Irland.

Aber Jakob war in England ein Fremdling und mit den Besonderheiten des englischen Lebens kaum vertraut. In Schottland war das Parlament ein nutzbares Werkzeug der Krone und die königliche Gewalt auf dem unangefochtenen Römischen Herrscherrecht gegründet. Wirksame Opposition kam hier lediglich von der presbyterianischen Generalversammlung. In England war es umgekehrt. Zudem war Jakob mehr Gelehrter als Staatsmann. Seiner äußeren Erscheinung und seinem unentschlossenen, furchtsamen und belehrenden Wesen fehlte die königliche Majestät. Er konnte Theorien kritisieren, aber keine Personen beurteilen. Wegen seiner theologischen und historischen Bildung galt er als der »britische Salomon«, wegen seiner furchtsamen Politik aber auch als »the wisest fool of Christendom«. Im Jahre 1598/99 hatte er die Welt mit einer ausführlichen Darlegung seiner politischen Ideen in der Schrift »The Trew Law of Free Monarchies« bedacht. Hier begründete er theologisch und philosophisch das »Divine Right« der Könige. Für ihn war dieses Göttliche Recht nicht nur eine Waffe gegen päpstliche Ansprüche auf Ein- oder Absetzung der Herrscher, sondern auch eine Waffe gegen seine presbyterianischen Kleriker in Schottland und nun auch gegen die Ansprüche des englischen Parlaments und der Common Law Gerichtshöfe. Unglücklicherweise hatten seine neuen Untertanen wenig Sinn für allgemeine Theorien und vertrauten mehr der gewohnten Rechtspflege aus Common Law und dem festgelegten Statute Law, mehr der »artificial reason« des überkommenen Gesetzes, wie Richter Coke formulierte, als der »natural reason« des Vernunftmenschen. Für Jakob hingegen war das praktizierte Recht wenig mehr als eine fragwürdige Sammlung von Präzedenzien und Zufallsentscheidungen, die kaum der Beachtung wert war.

Nach Jakobs Divine Right-Lehre war die erbliche Monarchie von Gott eingesetzt; und nicht nur das: Gott hat das Recht der Herrschaft einer bestimmten Familie übertragen, die allein das Charisma der Herrschaft innehat. Der wahre König entstammt dieser geheiligten Dynastie; er steht selbst über dem Gesetz, und alle Rechte und Privilegien leiten sich von ihm ab. Selbst ein schlechter König ist unabsetzbar; denn auch er ist göttliches Werkzeug, das dem Volk zur Strafe vorgesetzt ist. Erlaubt bleibt dem Volk nur Geduld, Gebet und leidender Gehorsam. – Diese Lehre von der Unverantwortlichkeit und Auserwähltheit des Königs widersprach der Tudorschen Idee einer Partnerschaft zwischen Krone und Parlament zu einem Zeitpunkt, als die Commons ihre Rechtsansprüche steigerten. Außerdem nötigten die grundsätzlichen Erwägungen Jakobs das Parlament zu grundsätzlichen Gegenäußerungen und zur prinzipiellen Festlegung seiner Kompetenzen, etwa in der Apologie von 1604 und der Protestation von 1621.

Die allgemein historische Bedeutung der Jus Divinum-Lehre lag darin, daß hier das Recht des Königs auf weltliche Macht nicht abgeleitet, sondern inhärent war, was sich im 16. Jahrhundert gegen das Papsttum richtete und im 17. Jahrhundert Ausdruck der Souveränität der Staatsspitze war. Darin kündigte sich ein Grundelement der modernen Staatsidee an, und zwar positiv, insofern die Staatsspitze daraus ihre absolute Souveränität begründete, und negativ, insofern alle Gegenkräfte diesem Anspruch gegenüber genötigt waren, ihren Willen in Begriffen politischer Rechte auszudrücken. Jakobs Lehre war in einem theologisch bestimmten Zeitalter Antwort auf theologisch-religiöse Ansprüche, schloß zugleich aber auch jedes selbständig hervortretende »Fundamental Law« aus. Jede Diskussion über Umfang und Art der Königsmacht mußte Jakob als Anmaßung und

Blasphemie erscheinen: »the mysteries of the King's power is not lawful to be disputed«. Es war natürlich, daß Jakob seinen theoretischen Absolutismus auf dem Wege über die Staatskirche zu verwirklichen trachtete, die seine Lehre 1640 offiziell übernahm. Dadurch aber flossen die religiösen Gegenkräfte dem vom Common Law her argumentierenden Parlament zu. Noch der Kampf mit den letzten beiden Stuarts vor 1688 und die Spaltung des Parlaments in Whigs und Tories spitzte sich auf den Gegensatz zwischen göttlichem Königsrecht und englisch-protestantischem Widerstandsrecht zu, so daß in der Tat die Grundthematik des Jahrhunderts sogleich angeschlagen war, wenn auch die Divine Right-Theorie ihre weiteste Verbreitung erst nach 1660 fand.

4. Die Kirchenpolitik Jakobs I.

Der von Elisabeth eingeschränkte Puritanismus hoffte auf Jakob. Hier reiste ein König triumphierend von Edinburgh nach London, der in der Luft des Presbyterianismus aufgewachsen war. Schon unterwegs wurde ihm eine Petition, von über Tausend Klerikern unterschrieben, überreicht, die »Millenary Petition«, die eine Säuberung und Vereinfachung der kirchlichen Formen und Gebräuche vorschlug. Sie hatte den Erfolg, daß der König eine Konferenz, die »Hampton Court Conference« 1604, anberaumte, zu der 14 hochkirchliche und vier puritanische Kleriker eingeladen waren. Hier stellte sich Jakob eindeutig auf die Seite der Bischofskirche, um den Ultra-Protestantismus, der ihm in Schottland soviel Kummer gemacht hatte, nicht hochkommen zu lassen. In Schottland hatte er noch im Jahre 1600 vergeblich versucht, ein von ihm kontrolliertes Episkopalsystem durchzusetzen. Nun lautete seine Entscheidung: "If you aim at a Scottish Presbytery, it agreeth as well with monarchy as God with the Devil". Er nahm als Zeichen der Beendigung der Beratung seinen Hut mit der bedeutsamen Bemerkung: "No Bishop, no King!". Die brüske Entlassung der Versammlung und die Drohung, alle religiösen Opponenten des Landes zu verweisen, gaben den ersten Anstoß zu einer latenten Opposition gegen göttliches Königsrecht und Staatskirche. Ein halbes Jahr später verloren 300

Geistliche, die mit dem »Book of Common Prayer« nicht einverstanden waren, ihr Amt. Sie weckten einen Widerstand, für den eine Verbindung mit der schottischen »Kirk« nahe lag. Einige verbotene Kongregationen suchten Zuflucht in Holland, darunter die Gemeinde von Scrooby in Nottinghamshire, deren Mitglieder sich 1608 aus England stahlen und zwölf Jahre später auf der »Mayflower« nach Neu-England auswanderten, wo sie Plymouth gründeten.

Die englischen Katholiken trugen sich mit ähnlichen Hoffnungen wie die Puritaner; denn schließlich war Jakob der Sohn der Maria Stuart und der Enkel der Maria von Guise. Niemand wußte genau, wie stark der Katholizismus im Lande noch war. Er hatte sich besonders im Norden und in den Midlands gehalten. Die antikatholischen Gesetze wie das strenge Priesterverbot, die Strafen für »recusancy«, d.h. für Nichtteilnahme am anglikanischen Gottesdienst, und der Ausschluß von öffentlichen Ämtern waren meist nicht konsequent gehandhabt worden. Jakob gedachte, dieses Problem leicht zu lösen: Einer seiner ersten Aussprüche war, daß die Katholiken ihre Religion ausüben könnten, wenn sie sich loyal verhielten. Aber das Ergebnis dieser Tolerierung war furchterregend. Überaus viele machten von dieser Möglichkeit Gebrauch. Zum erstenmal seit einem halben Jahrhundert zeigte sich die wahre Stärke des Katholizismus in England. König, Rat und Parlament bekamen einen panischen Schrecken und beeilten sich, die alten Strafgesetze erneut einzuschärfen. Die tiefe Enttäuschung der Katholiken führte zu der berühmtesten Verschwörung, die die englische Geschichte kennt, zur Pulververschwörung von 1605.

Ein Kreis fanatischer Katholiken faßte den Plan, durch ein Attentat die führenden Männer des Landes auf einen Schlag zu beseitigen. Bei der Eröffnung der dritten Sitzung des ersten Parlaments unter Jakob I. Anfang November 1605 sollten durch eine Pulverexplosion im Keller des Parlamentsgebäudes König, Lords und Commons in die Luft gesprengt werden. In der allgemeinen Verwirrung hoffte man, durch einen Aufstand die Zügel zu ergreifen. Die Ausführung des Attentats lag bei Guy Fawkes, einem Yorkshire Gentleman, der früher seine Güter verkauft und sich im Dienste Spaniens gegen Holland als Sprengfachmann ausgebildet hatte. Einer der Verschwörer verlor allerdings die Nerven und wollte das Sprengstoffattentat verhindern. Er richtete ein anonymes Warnschreiben an einen Edelmann, der mit dem königlichen Rat Verbindung hatte. Die Warnung wurde den Verschwörern rechtzeitig bekannt, aber Guy Fawkes ließ sich nicht von dem Vorhaben abbringen. Er wurde bei der Durchsuchung des Parlamentsgebäudes im Keller entdeckt und nach schrecklichen Torturen hingerichtet.

Dieses »Gunpowder Plot« hatte eine ungeheure Wirkung auf die öffentliche Meinung. Für drei Jahrhunderte war der Katholizismus suspekt und wurde in der Meinung des Durchschnittsengländers mit Mord und Attentat in Verbindung gebracht. Haß und Furcht gegen »Popery« wurden von nun an durch die jährliche Verbrennung in effigie des Guy Fawkes am Guy Fawkes Day, dem 5. November, in fast allen Städten und Flecken des Landes wachgehalten. Zur Erinnerung an jenen Tag findet heute noch vor jeder Parlamentseröffnung eine traditionelle Durchsuchung des gesamten Gebäudes statt. Die katholische Drohung beherrschte das Jahrhundert und wurde durch die Irenfrage und die Hegemonie des französischen Absolutismus wachgehalten; sie wirkte bis in die Tage der Katholikenemanzipation von 1828/29 und darüber hinaus nach.

Das anglikanische Kirchensystem wurde von Jakob I. dogmatisch gefestigt. Er erhob Richard Bancroft zum Erzbischof von Canterbury, der schon 1589 den göttlichen Ursprung und die Heilsnotwendigkeit der Episkopalordnung behauptet hatte – im Gegensatz zu Richard Hooker, der in seiner »Ecclesiastical Polity« (1593/8) die Episkopalordnung im Hinblick auf die ehrwürdige Tradition, auf Zweckmäßigkeit und Angemessenheit nur als äußere nationale Ordnung des Gottesvolkes ansehen wollte. Bancrofts und später William Lauds Ansichten über die Bischofskirche setzten sich in den hohen Kirchenkreisen durch. Damit trat neben das Divine Right des Königs das Divine Right der Bischöfe. Jakob lieh diesen Bestrebungen seine Unterstützung und sah in ihnen ein Mittel zur Festigung seiner Theorie und seiner Regierungsmacht. Kirche und Krone, Bischof und König verbanden sich in England, während sie in Schottland getrennt waren. Dem doktrinär gefestigten, auf göttliches Recht sich gründenden Episkopalismus der Anglikanischen Kirche entsprach ein doktrinär aufgefaßtes, sakral begründetes Königtum. Jakob war klerikal in England und antiklerikal in Schottland. Das Bündnis zwischen Krone und Bischofskirche war die Säule des Stuart-Absolutismus; es war auch ein Bündnis gegen das Parlament, das sich unter Jakob I. anbahnte und unter Karl I. vollendete. Der Ansatz dazu fand sich schon, als Elisabeth die Kirche zu einem Instrument der Krone machte und die antikatholische Strafgesetzgebung nach 1588 auch auf die Puritaner ausdehnte, ja dem Parlament die Debatte über religiöse Fragen ohne entsprechenden Antrag der Konvokationen verbot. Die Zeit von 1588 bis 1629 ist dadurch gekennzeichnet, daß das einstige Bündnis Heinrichs VIII. mit dem Parlament gegen die altenglische feudale Kirche und das spätere Bündnis Elisabeths mit dem Parlament gegen die Römische Papstkirche und das katholische Spanien einem Bündnis der Krone mit der Anglikanischen Staatskirche gegen das Parlament und seine reformatorischen Tendenzen wich. Das Parlament wurde durch das Vordringen der königlichen Prärogative über den Episkopalismus dazu genötigt, sich als Wegbereiter und Hüter der englischen Reformation zu betrachten, zumal schon Richard Hooker es als Repräsentant des Kirchenvolkes angesehen hatte.

5. *Das persönliche Regiment Jakobs I.*

Jakob beabsichtigte allerdings nicht, ohne Mithilfe des Parlaments zu regieren. Aber er sprach ihm nur eine untergeordnete Rolle zu. 1605 erklärte er, das Parlament sei nichts als »the King's Great Councell« und kein Ort, wo jedermann eigens erfundene Gesetze voreilig präsentieren dürfe oder irgendwelche Leute ihre Neugierde befriedigen und ihre Redekunst vorführen könnten. Nach königlichen Weisungen sollten hier lediglich Steuerauflagen beraten und verordnet werden. Aber Jakobs Proklamationen vom göttlichen Recht irritierten die Commons und drängten sie zu Grundsatzerwägungen. An der Grundsatzfrage entzündete sich das erste Zerwürfnis, als Jakob seine Regierung mit dem formulierten Anspruch auf göttliches Recht und unverantwortliche Majestät begann, wonach alle parlamentarischen Rechte und Privilegien Konzessionen des Königs waren, abhängig von dessen gutem Willen, und Fragen nach den Grenzen der königlichen Prärogative nicht gestellt werden durften. Bisher hatte man diese Fragen auf sich beruhen lassen. Jetzt verteidigte das Parlament in seiner »Apology« von 1604 sein »ancient and undoubted right« auf freie Debatte in allen Angelegenheiten, die die Untertanen und deren »Property« berührten. Dieser Disput durchzog die Debatten des ersten Parlaments und wurde durch die sarkastischen Bemerkungen des Königs über »my masters of the Lower House« verschärft.

Gewichtiger als die Prinzipienfrage war für den Augenblick das Problem der königlichen Einkünfte. Jakobs Freigebigkeit, seine große Familie und seine Gunsterweisungen sowie die ewigen Unruhen in Irland zehrten an seinen Finanzen. Jakob suchte dem drohenden Bankrott seines Staatshaushalts durch erhöhte Zölle auf Importgüter zu entgehen. Nach alter Übung hatte das Parlament der Krone den Zoll auf Importe überlassen, zumal dadurch das »Property« der Untertanen nicht berührt wurde. Ein Londoner Kaufmann der Levante-Kompanie namens Bate weigerte sich, diese neuen Auflagen ohne parlamentarische Bewilligung zu bezahlen, als man ihm für seine venezianischen Korinthen »poundage« abverlangte. Der Court of Exchequer entschied aber, daß der Zoll gesetzlich durchaus statthaft sei, da der König das Recht habe, den Außenhandel durch Einfuhrzölle zu regulieren. Jakob folgerte daraus das unbeschränkte Recht zur Überwachung und Festsetzung der Zollsätze und schickte sich an, eine Zollpolitik nicht im Interesse des nationalen Handels, sondern nach seinen Geldbedürfnissen einzuleiten. Das Parlament nahm von der gerichtlichen Entscheidung erst Notiz, als das Wachstum des Außenhandels die Gefahr beschwor, daß der König durch seine Zollpolitik sich der parlamentarischen Kontrolle über die Geldbewilligungen entziehen könnte. 1607 bis 1610 hatten keine Sitzungen stattgefunden. Als das Parlament 1610 zusammentrat, wurde Bate's Case heftig diskutiert. Der König wollte dem Parlament entgegenkommen und auf alle ferneren Zollerhöhungen verzichten gegen eine definitive Erhöhung der alten, vom Parlament autorisierten Steuerauflagen. Damit verband sich die Frage nach der staatlichen Schuldentilgung und dem jährlichen Einkommen der Krone. Das Entgegenkommen beider Seiten führte zu dem »Great Contract« von 1610, demzufolge der König 200000 £ jährliches Einkommen erhalten sollte gegen den Erlaß alter Feudalpflichten wie der »purveyance«, dem Recht der Requirierung und Dienstforderung für königliche Belange, und der »wardship«, dem Recht, die Güter Minderjähriger zu verwalten. Aber die angebahnte Einigung scheiterte, da beide Seiten sich benachteiligt fühlten. Keiner wollte »the power of the purse« aus der Hand geben. Jakob regierte 1611 bis 1620 ohne Parlament; denn auch das »Addled Parliament« von 1614, das unfruchtbare Parlament, tagte nur zwei Wochen und wurde nach Verweigerung der vorgeschlagenen Steuerauflagen und seiner Polemik gegen Korruption und Favoritenherrschaft am Hofe aufgelöst. Der König mußte sich neue Einnahmequellen erschließen.

Grundsätzlich versuchte Jakob bis zum Tode Robert Cecils, Earl of Salisbury, 1612 und auch späterhin bis zum Sturz des Lordkanzlers Francis Bacon 1621 die elisabethanische Regierungsweise fortzusetzen. Lord Cecil vermochte aber nicht wie sein Vater, die Commons zu lenken und den Bruch zwischen Krone und Parlament zu verhindern. Seine Friedenspolitik gegen Spanien und seine Finanzpolitik zur Mehrung der Einkünfte durch Zölle, Monopolverleihungen und Sondersteuern machten ihn unpopulär. Bacons Sturz machte vollends deutlich, daß eine politische Lenkung des Unterhauses durch die Privy Councellors erschwert war. Salisburys Finanzpolitik und Bacons Rechtstheorien im Verein mit Jakobs Herrschaftsansprüchen waren für das Parlament Antriebe, von einem unterwürfigen Mittel zu einem Rivalen der Politik zu werden.

Ein besonderer Anlaß dazu war die Günstlingswirtschaft am königlichen Hofe. Während die Finanzmethoden das Unterhaus verärgerten, erregte die Favoritenherrschaft die aktive Feindschaft des Oberhauses, wo das alte Recht, Ratgeber des Königs zu sein, noch ernst genommen wurde. Die Peers waren unwillig, daß der König Leuten niedriger Geburt sein Ohr schenkte, wenn sie nur ein schönes Aussehen hatten. – Einer der ersten attraktiven jungen Favoriten war Robert Carr, ein Schotte, der durch seine

Frau mit der kryptokatholischen Familie der Howards verbunden war und als Earl of Somerset der erste Schotte im Oberhaus war. Ohne dessen Bestechung hatten Petitionen angeblich kaum Erfolg. Somerset wurde bald zusammen mit seiner Frau des Mordes beschuldigt, zum Tod verurteilt, dann begnadigt, aber vom Hofe verbannt. Ein anderer Günstling war Graf Gondomar, der spanische Gesandte in London, der für eine prospanische Politik arbeitete. Ein Schotte und ein Spanier beeinflußten die Politik des Königs.

Als nächster Favorit stieg George Villiers, ein junger Squire aus Leicestershire empor; er kam schon als 24jähriger 1616 ins Oberhaus und wurde 1618 zum Marquis erhoben, was Jakob die Unterstützung der Aristokratie kostete. Als Duke of Buckingham ging er in die Geschichte ein. Er beherrschte nicht nur den Hof, sondern war seit 1619 geradezu der maßgebende Mann des Landes und bestimmte bis zu seiner Ermordung 1628 die große Politik.

Nicht weniger ärgerniserregend als die Günstlingswirtschaft war Jakobs Finanzpolitik. Er nutzte sein Recht der zwangsweisen Verleihung von Titeln wie »Knighthood« und »Peerage« zugunsten seiner Finanzen aus. 1611 begründete er eine neue Würde, die des »Baronet«, die etwa 1000 £ kostete und in drei Raten zu bezahlen war. Später ging er dazu über, Peerwürden und hohe Ministerstellen zu verkaufen. Der Schatzkanzler (Lord Treasurer) zahlte einmal 20000 £ für seine Ernennung. Dieses System führte unvermeidlich zu einer gewissen Korruption, insofern die Käufer von Amt und Würde sich für die Unkosten zu entschädigen suchten. – Ferner suchte Jakob durch persönliche Aufforderungen zu »benevolences« oder »forced loans«, also zu Stiftungen und Zwangsauflagen als einer Art Vermögenssteuer besonders unter der reichen Gentry, seine Finanzen zu verbessern. Als Gegenleistung verlieh er Handels- und Produktionsmonopole an Hofleute, die den Wettbewerb störten und bedeutende Gewinne zum Nachteil der freien Unternehmer einbrachten. Durch den Widerstand der Kaufleute wurde er 1624 allerdings genötigt, den Verkauf von Monopolen – außer bei neuen Erfindungen – einzustellen. Diese Geldpolitik erreichte ihren Höhepunkt freilich erst unter Karl I., der schon 1626 über die Zollpolitik Jakobs hinausgehend ein »Schiffsgeld« einführte, das die alte Pflicht zur Seeverteidigung in eine allgemeine Auflage für Schiffseigentümer verwandelte, das parlamentarische Geldbewilligungsrecht überflüssig zu machen drohte und die wohlhabenden Schichten aus ihrer politischen Lethargie aufrüttelte.

Die Günstlingswirtschaft und die Geldpolitik Jakobs wurden als Unrecht empfunden und veranlaßten eine grundsätzliche Auseinandersetzung, die bezeichnenderweise zu einem Kampf zwischen den beiden ersten Richtern Englands führte. Den Anstoß gab Peacham's Case 1615/16. – Peacham war ein Gentleman aus Somersetshire, der eine Schrift über die Mißstände im Bereich der königlichen Regierung verfaßt hatte. Er wurde verhaftet, in den Tower geworfen und gemartert. Der Kronanwalt (Attorney-General) Francis Bacon erhob Anklage gegen ihn wegen Hochverrats, während Sir Edward Coke als Lord-Oberrichter (Lord Chief Justice) dem Anliegen Peachams eine Berechtigung zuerkannte. Bacon fühlte sich als Hüter der königlichen Prärogative, deren Unversehrtheit die Richter als »Löwen unter dem Thron« zu erhalten hätten. Coke dagegen sah sich als Anwalt des Common Law, das mehr Gewicht als Parlament und Prärogative besitze; er sah die Richter des Hochgerichts als Mittler zwischen König und Untertanen an, die auf der Grundlage des geübten Rechts ausgleichend und wegweisend tätig werden sollten. In Peacham's Case folgte er nicht den Weisungen des Königs, sondern hielt sich an Präzedenzien der englischen Rechtsprechung, d.h. er verteidigte die Unabhängigkeit des Richtertums. Dies führte 1616 zu seiner Entlassung als Lord Chief Justice. Er galt nunmehr als der Champion der »Rule of the Law« und konfrontierte erstmals eindeutig das Common Law mit den Rechtsansprüchen der Krone.

Bacon wurde 1618 Lord Kanzler und damit höchster Richter des Landes, der erste Mann des Oberhauses und »Keeper of the King's Conscience«. Als solcher glaubte er, Aufsichtsorgan über alle Richter zu sein, die ihre Rechtsprechung den Notwendigkeiten des »Government« unterzuordnen hätten und keinesfalls sich gegen die Souveränität des Herrschers stellen dürften. Das Impeachment des Parlaments gegen ihn führte aber zu seinem Sturz 1621.

6. Jakobs Friedenspolitik

Jakob war bestrebt, sich aus den kontinentaleuropäischen Händeln herauszuhalten. Er suchte die Unabhängigkeit Englands gegenüber dem Festland durch eine Vereinigung mit Schottland zu erreichen, das früher als ständiger Widerpart und als Verbündeter der Feinde Englands dessen Beweglichkeit gehemmt hatte. Aber die Erweiterung der Personalunion zu einer wirklichen Union unter einer Kirche, einem Gesetz und einer Regierung scheiterte am heftigen Widerstand in Kirche, Parlament und Land. Die Bevorzugung schottischer Favoriten in der Regierung steigerte noch den allgemeinen Widerwillen. Die schottisch-englischen Einigungsversuche kulminierten später in dem Versuch Karls I., die anglikanische Kirchenordnung in Schottland einzuführen, ein Versuch, der 1638 die Erhebung der Schotten und damit die Revolution von 1642 herbeiführte. Erst 1707 kam eine Union zustande.

Gewichtiger, aber schließlich auch verhängnisvoller, war seine europäische Politik. Jakob wollte ein Friedensbringer Europas sein und sah in dieser Hinsicht klarer als die meisten Staatsmänner seiner Epoche. Die Friedenspolitik entsprach allerdings seiner furchtsamen zögernden Natur und erübrigte außerdem die Inanspruchnahme des Parlaments. Er dachte an eine Vermittlerrolle zwischen den katholischen und protestantischen Mächten. Seine erste außenpolitische Maßnahme war der Friede mit Spanien 1604. Zwanzig Jahre hatte der spanische Krieg gedauert, der nun beendet werden konnte, ohne die Sache der Niederlande zu verraten, die jetzt in der Lage waren, sich selbst zu verteidigen. Durch diesen Frieden erhielten die englischen Kaufleute die Erlaubnis, mit allen spanische Besitzungen in Europa Handel zu treiben; über die Märkte in Übersee wurde jedoch nichts festgelegt. Gegen diese Friedenspolitik waren die »Merchant Adventurers«, für die der Spanische Krieg immer noch eine Gewinnquelle war. Von ihnen waren mehrere für einige Zeit hinter Schloß und Riegel gebracht worden, weil sie eines Komplotts verdächtigt wurden, das Jakobs Cousine Arabella Stuart auf den Thron bringen sollte. Unter ihnen befand sich Walter Raleigh, der Repräsentant der antispanischen Kriegspartei. Ohne an einem wirklichen

Komplott teilgenommen zu haben, wurde Raleigh von dem damaligen Kronanwalt Sir Edward Coke, demselben Coke, der sich später gegen Jakob stellte, angeklagt und zum Tode verurteilt. Die Hinrichtung wurde auf unbestimmte Zeit ausgesetzt, so daß Raleigh im Tower Muße fand, seine berühmte »History of the World« zu schreiben.

Raleigh wurde erst 1618 hingerichtet. Mittelbaren Anlaß dazu gab die Geldpolitik Jakobs. Raleigh war als Gefangener des Königs mit einer Expedition nach Spanisch-Guayana in Amerika betraut worden, die dem König Geldmittel in Form von Edelmetall verschaffen sollte. Er kam mit leeren Händen zurück, nachdem er gegen ausdrückliche Weisung Jakobs mit den Spaniern in bewaffneten Konflikt geraten war. Der spanische Gesandte Gondomar verlangte seinen Kopf als Sühne. Raleigh starb nicht als Opfer für die Erhaltung des Friedens, sondern im Interesse der Heiratspolitik Jakobs, die diese Gefälligkeit erforderlich machte, oder auch weil er die Mittel für eine kostspielige Kriegspolitik gegen Spanien nicht beibringen konnte und die nun notwendige Friedenspolitik in ihm ein Hindernis sah. Von Raleighs Tod bis zur Abweisung der Brautwerbung des Prinzen Karl und Buckinghams 1624 hielt Jakob an seiner prospanischen Politik fest. Aber gerade seine Spanienpolitik führte gegen Ende seiner Regierung zu dem entscheidenden Konflikt mit dem Parlament.

In der großen europäischen Politik fühlte sich Jakob zum Schiedsrichter Europas berufen, als im Jahre 1610 der drohende Kampf zwischen den katholischen und protestantischen Mächten auf des Messers Schneide stand und nur durch die Ermordung Heinrichs IV. von Frankreich nicht zur Entwicklung kam. Jakob hatte geplant, seinen ältesten Sohn Heinrich mit einer spanischen Infantin zu verheiraten und seine älteste Tochter dem kalvinistischen Kurfürsten Friedrich von der Pfalz zu geben. Katholische und protestantische Mächte sollten durch Familienbande verbunden werden. Dagegen standen allerdings sein erster Minister Salisbury, sein Sohn Heinrich und die führenden Kreise in England. Als Salisbury und Heinrich 1612 starben, trieb er die Verhandlungen nichtsdestoweniger zugunsten seines zweiten Sohnes Karl weiter. Aber der König von Spanien gab seine Tochter an

Ludwig XIII. von Frankreich, so daß Jakob nur die zweite Hälfte seines Planes ausführen konnte und seine Tochter Elisabeth 1613 mit dem Kurfürsten von der Pfalz verheiratete.

Als aber 1618 mit dem Prager Fenstersturz der Dreißigjährige Krieg begann, der böhmische Adel 1619 seinen Schwiegersohn auf den böhmischen Thron erhob und 1620 Friedrich von der Pfalz aus Böhmen fliehen mußte, geriet Jakob in Verlegenheit. Obwohl sein Land mit Friedrich als Haupt der protestantischen »Union« sympathisierte, schreckte er vor einer kriegerischen Unternehmung zurück und hoffte, durch diplomatische Manöver seinem Schwiegersohn Hilfe zu bringen. Er wollte wenigstens die Pfalz für Friedrich retten, indem er durch eine Familienverbindung mit Spanien die katholischen Aktionen hemmte. Er leitete wiederum Verhandlungen mit Madrid ein, um eine Heirat seines Sohnes Karl mit der Infantin Maria zu erreichen. Erst als spanische Truppen am Rhein operierten, sah er ein, daß an einer bewaffneten Hilfe nicht vorbeizukommen war. Dazu berief er 1621 sein drittes Parlament.

Inzwischen hatte Friedrich neben Böhmen auch sein Stammland am Mittelrhein verloren. Das Unterhaus wollte Kriegsmittel nur gegen die Feinde des Protestantismus bewilligen. Zuvor sollte aber eine Generalbereinigung der inneren Angelegenheiten erfolgen. Dabei erreichte der schwelende Streit zwischen Krone und Parlament seinen Höhepunkt. Das Haus begann mit einem Angriff auf die Monopolpolitik der Krone, in welcher man die Ursache für den momentanen wirtschaftlichen Rückgang erblickte. Jakob gab hier im Prinzip nach, ohne eine Untersuchung der Monopol-Inhaber zuzulassen. Um dieser Politik und zugleich der Günstlingswirtschaft wirkungsvoll entgegentreten zu können, griff das Parlament zum »Impeachment«, einem Anklageverfahren, das seit rund 200 Jahren nicht mehr angewandt worden war und das Parlament als Anwalt des Common Law erscheinen ließ.

Das erste Opfer dieses Verfahrens war Francis Bacon, Lordkanzler seit 1618, der im Verdacht stand, die Monopolpolitik begünstigt und aus ihr Gewinn geschöpft zu haben. Bacon wurde überführt, von Parteien, die am Chancery Court ihr Recht suchten, Geschenke angenommen zu haben. Bacon war freilich nicht korrupter als andere Leute des öffentlichen Lebens, da Zuwendungen der vorteilfindenden Partei allgemein üblich waren. Aber Jakob ließ ihn fallen, um andere Freunde besser schützen und andere Ziele im Unterhaus durchsetzen zu können. Bacon verlor 1621 sein Amt und wurde im Tower gefangen gesetzt, aber schon nach vier Tagen wieder entlassen. Die letzten Jahre seines Lebens (gest. 1626) widmete er sich der Literatur und Wissenschaft. Mit Bacon schied der letzte große Vertreter der elisabethanischen Zeit aus dem politischen Spiel. Was Raleigh außenpolitisch bedeutete, war Bacon innenpolitisch. Beide dachten in Begriffen einer säkularen Staats- und Machtpolitik ohne rechten Sinn für die neu geweckten religiösen Anliegen der Zeit. Raleigh fiel Spanien zuliebe, Bacon als Sündenbock der Günstlingswirtschaft. Beide waren königstreue Patrioten und zugleich Vertreter der neuen Wissenschaft und einer Weltanschauung, die durch das Anschwellen der konfessionellen Antriebe zeitweilig überdeckt wurde. Mit ihrem Fall 1618 bzw. 1621 endete das 16. Jahrhundert, gleichzeitig mit dem Streit zwischen Krone und Parlament von 1621, der das Thema des 17. Jahrhunderts anschlug.

Der dritte Streitpunkt im Parlament war die Frage der spanischen Heirat, von der Jakob sich einen gemeinsamen spanisch-englischen Druck auf den Religionskrieg in Deutschland erhoffte. Das Unterhaus forderte dagegen eine protestantische Heirat für Karl, eine konsequente Verfolgung der katholischen Rekusanten in England und den sofortigen Krieg gegen Spanien. Jakob erblickte darin einen Eingriff in die genuinen Rechte der Krone und stritt dem Unterhaus jegliches Recht ab, über die königliche Außenpolitik zu debattieren. Die Antwort des Hauses war »the Great Protestation« vom 18. Dezember 1621, in welcher das Parlament das Recht auf Kritik und Kontrolle sowie auf unbeschränkte Debattierfreiheit in allen Angelegenheiten des Königreichs beanspruchte, das ihm unabhängig von königlicher Gnade von Rechts wegen zustehe. Jakob sah darin eine Anmaßung, die die Majestät des Königs nicht hinnehmen könnte. Er ließ sich das Journal des Unterhauses geben und riß mit eigener Hand das Blatt heraus, das die Resolution enthielt. Zwei Tage später wurde das Parlament entlassen. Damit hatte Jakob sich von jedem seiner drei Parlamente in offener Feindschaft getrennt. Diesmal war sogar, was Jakob bisher immer vermieden hatte, ein formeller und prinzipieller Bruch eingetreten; die Vertrauensgrundlage zwischen Krone und Parlament war untergraben. Die Commons hatten über das Recht auf Kritik hinaus die Kontrolle der Politik beansprucht. Damit endete die bewährte alte Partnerschaft aus der Tudorzeit. Nach der Vertagung des Parlaments sandte der König den Anführer der Opposition, der den Kampf gegen die Monopole geführt, die Verurteilung der Spanienpolitik beantragt und die große Protestation in die Wege geleitet hatte, nämlich Sir Edward Coke, in den Tower, aus dem er nach einigen Monaten wieder entlassen wurde.

Jakob hielt indessen unentwegt an seinem Heiratsprojekt fest, über das er auf die kontinentalen Kriegsereignisse einzuwirken hoffte. Im Jahre 1623 wurden Prinz Karl und Buckingham sogar nach Madrid gesandt, um dort um die Hand einer Enkelin Philipps II. zu werben. Spanien hatte diese Heirat nie erwogen, am wenigsten jetzt, da das habsburgische Kaisertum einem Sieg über den Protestantismus näher als je stand. Bisher hatte Madrid die Verhandlungen hingezogen, um England von einer Intervention auf dem Festland abzuhalten. Auch diesmal hielt man die beiden Werber in Madrid möglichst lange hin, bis sie endlich entdeckten, daß man sie als diplomatisches Verzögerungsmittel mißbraucht hatte. Beide eilten empört nach London zurück und verlangten den Krieg gegen Spanien. Damit war Jakobs Spanienpolitik endgültig zusammengebrochen. Von nun ab verfolgte Buckingham eine Kriegspolitik, die vom Haß gegen die stolzen spanischen Granden ebenso getragen war wie von seinem Verlangen, eine große Rolle als nationaler protestantischer Führer gegen die habsburgische katholische Doppelmacht zu spielen. Auch das Parlament, das 1624 wieder zusammentrat, sprach sich für einen Waffengang gegen Spanien aus.

Jakob gab nunmehr seine eigensinnige und unpopuläre Politik auf, fühlte sich aber für einen offenen Krieg zu schwach. Er ließ lediglich ein englisches Hilfscorps unter dem Befehl Christian von Mansfelds aufstellen, das die unter seinem Schwager Christian IV. von Dänemark sich bildende protestantische Armee durch einen Rheinfeldzug unterstützen und Friedrich von der

Pfalz in sein Stammland zurückbringen sollte. Der Feldzug scheiterte freilich an Geldmangel und Lebensmittelknappheit, zumal die von Frankreich erwartete Hilfe ausblieb. Aber die Wendung der Politik Jakobs zugunsten der protestantischen Sache und auch die Aussicht auf die baldige Herrschaft des jungen sympathischen Thronfolgers gaben dem König eine verspätete Popularität. Er war fast wider Willen in eine Position geraten, die seine innenpolitische Stellung festigte, der er aber außenpolitisch wegen der fehlenden militärischen Macht nicht gerecht werden konnte. Als Jakob starb, schien die Dynastie der Stuarts fest gegründet zu sein. Seine späte Popularität macht es schwierig, seinen Anteil an der Schwächung der Monarchie sicher zu bestimmen. Innenpolitisch war seine Politik kein solcher Fehlschlag, wie vielfach angenommen wird. Jakob hatte die Rechte der Exekutive gegen die Ansprüche des Parlaments festgehalten und durch seine finanziellen Aushilfen und seine beharrliche Friedenspolitik eine allzu große Abhängigkeit vom Parlament erfolgreich vermieden. Die Commons waren trotz aller großen Worte nicht in der Lage, ihre konstitutionelle Stellung wesentlich zu verbessern. Aber Jakob sah die kommenden Gefahren und warnte seinen Nachfolger, er habe genug von Parlament und Impeachments. Im Grunde hatte er über momentane Aushilfen hinaus keine wirkliche Lösung des Konflikts gefunden. Außerdem war er es, der gerade die grundsätzliche Frage über Kompetenz und Geltungsbereich von Krone und Parlament ungebührlich in den Vordergrund gerückt hatte.

Jakob war zu ängstlich, um aus dem Bruch zwischen Krone und Parlament revolutionäre Folgerungen zu ziehen und den Bund zwischen Krone und Bischofskirche machtpolitisch auszubauen. Nur theoretisch zog er aus dem göttlichen Recht des Königtums seine Konsequenzen. Mit 1621 war die Spaltung zwischen Government und Law offenkundig geworden. Die von der Regierung ausgeschlossenen Institutionen, nämlich Parlament und Common Law Gerichte, verbanden sich und erneuerten im Impeachment eine alte Waffe, mit der die Minister des Königs zur Verantwortung gezogen werden konnten. Der Verlauf der Regierung Jakobs hatte gezeigt, daß die Monarchie, indem sie sich einige bevorzugte Werkzeuge und Stützen heranzog, sich gleichzeitig von der Hälfte der vorhandenen Verwaltungs- und Rechtsinstitutionen trennte. Indem die Krone sich gegen die verschiedenen Widerstandsherde in Religion, Recht, Verwaltung und Wirtschaft isolierte und damit die Sammlung der Gegenkräfte erleichterte, säte Jakob den Samen der Revolution. Andererseits erwies sich das feste Bündnis der Stuarts mit der Bischofskirche als eine Säule, auf der die restaurierte Monarchie später wieder errichtet werden konnte.

DER WEG IN DIE REVOLUTION

1. Der Streit mit dem Parlament 1625–1629

Karl I. übernahm eine zwiespältige Erbschaft voller ungelöster Probleme. Der populäre Krieg mit Spanien (1624–29) war nicht wie erhofft ein gewinnbringender Beutekrieg, sondern erweiterte sich noch durch den Krieg mit Frankreich (1626–1629) und brachte keine überzeugenden Erfolge. Karl I. war genötigt, immer wieder das Parlament zu berufen, das seinerseits die alten Ansprüche anmeldete. Der König stand in den ersten Jahren unter dem Einfluß Buckinghams, jenes Günstlings seines Vaters, der die Leidenschaft des Machtmenschen hatte, dem aber der höhere Kalkül des weiterblickenden Staatsmannes abging. Buckingham war es, der Karl in das gescheiterte spanische Heiratsprojekt verstrickt hatte, der rachedürstend den spanischen Krieg betrieben und jenes unglückliche Rheinunternehmen unter Mansfeld eingeleitet hatte. Nun arrangierte er eine französische Heirat für Karl mit dem Hintergedanken, durch ein französisch-englisches Vorgehen am Rhein doch noch die Pfalz für den Schwager des Königs, den Kurfürsten und »Winterkönig« Friedrich V. von der Pfalz, zurückzugewinnen. Gerade dieser Schritt rief das Mißtrauen des Parlaments wach, das Karl angesichts des geldfressenden Krieges schon 1625 berufen mußte.

Vorher aber kam, zwei Monate nach Karls Thronbesteigung, die Heirat mit der fünfzehnjährigen Henrietta Maria, der Schwester Ludwigs XIII., zustande. Der Papst hatte sich nach geheimen Konzessionen an den englischen Katholizismus mit dieser Ehe einer katholischen Prinzessin mit einem protestantischen König einverstanden erklärt. Karl verpfändete dabei sein Königswort, wie später noch mehrmals, ohne die innere Stärke zu besitzen, es auch unter widrigen Umständen zu halten. Karls Heirat und seine Begünstigung bischofskirchlicher Bestrebungen, die von den Puritanern als papistisch verseucht angesehen wurden, erregten den Verdacht kryptokatholischer Neigungen des Königs.

Als Karl sein erstes Parlament berief, erwartete er keinen Widerstand, zumal das letzte Parlament Jakobs die antispanische Politik gebilligt hatte. Aber das Parlament von 1625 bewilligte wegen des schlechten Geldmarktes nur einen Bruchteil der gewünschten Summe, der nicht einmal ausreichte, an König Christian von Dänemark die versprochenen Subsidien zu zahlen. Stattdessen wandten sich die wackeren Squires den Fragen zu, die ihnen auf ihren Landsitzen und in ihren Kleinstädten brennender erschienen, nämlich den religiösen Problemen. Sie verlangten Einschärfung der antikatholischen Gesetze, Maßnahmen zur Begünstigung der puritanischen Freikirchen und die Bekämpfung der »arminianischen« Ausgleichsbestrebungen. Die Arminianer waren Anhänger jenes niederländischen Theologen Arminius, der die strenge Prädestinationslehre Calvins ablehnte, der menschlichen Vernunft zur Erwirkung des eigenen Seelenheils eine Rolle zuschrieb und so papistisch war, daß er sogar die Katholiken als wirkliche Christen gelten lassen wollte. Arminius humanisierte und katholisierte den Calvinismus etwa im Sinne des Erasmus. Er trat für den Wert menschlicher Werke, für Zeremonien, Liturgie und die Gegenwart Christi im Sakrament ein. Er war für die Ultra-Protestanten ein getarnter Romhöriger, ein Papist im protestantischen Gewande. Arminianismus schien sich in ihren Augen überall zu regen, wo man auf äußere Werke und äußeres Tun in Liturgie und Ritual Wert legte. Karl begünstigte arminianische Kreise, darunter auch William Laud, der als Arminianer verschrieen war, die Bischofshierarchie als göttliche Institution betrachtete und später (1633) von Karl zum Erzbischof von Canterbury erhoben wurde.

Das Mißtrauen gegen Karls Kirchenpolitik kam darin zum Ausdruck, daß das Parlament das Tonnen- und Pfundgeld, also den Zoll auf Importgüter, entgegen der bisher üblichen Gepflogenheit und auch in Erinnerung an »Bate's Case« (vgl. S. 276) nicht auf Lebenszeit, sondern nur für ein Jahr bewilligte. Auf diese Weise wollte das Parlament angesichts der kirchlichen Uniformitätsbestrebungen seine Periodizität erzwingen. Außerdem verlangte es die sofortige Entlassung Buckinghams. Das wäre auf eine Anerkennung des politischen Kontrollrechtes des Hauses hinausgelaufen. Karl löste deshalb sein erstes Parlament auf.

Er hoffte, seinen Finanzbedarf aus spanischer Beute decken zu können. Mit Hilfe der Mitgift der Königin und der Verpfändung der Kronjuwelen rüstete er eine Flotte aus, die Cadiz erobern sollte. Dieses Unternehmen scheiterte jedoch vollständig (1625). Der große Sieg, der das Parlament in Verlegenheit bringen und die Augen des Landes auf die große Politik lenken sollte, war ausgeblieben. Zu diesem Fiasko trat eine Differenz mit der Königin. Sie hatte ein Bild von sich gemalt, auf dem sie die Fackel der Freiheit zu ihren englischen Glaubensbrüdern trug. Außerdem war sie erbost, daß die Katholikengesetze trotz ihres Ehekontrakts in Geltung blieben. Sie weigerte sich sogar, an den protestantischen Krönungszeremonien teilzunehmen, so daß der König allein in Weiß erschien, um zu dokumentieren, daß er – wenn nicht seiner Frau – dann doch dem englischen Volke angetraut sei. Karl entfernte sogar die französische Umgebung der Königin; erst nach einigen bewegten Familienszenen im Stile von Shakespeares »Der Widerspenstigen Zähmung« gab die Königin nach in der Hoffnung, doch noch mit der Zeit ihre religiösen Ziele zu erreichen. Die Behandlung der Königin führte zu einer Mißstimmung mit Frankreich und schließlich zu einer Spannung, als offenbar wurde, daß England die revoltierenden Hugenotten in Frankreich insgeheim unterstützte. Englische Schiffe, die von Frankreich zum Kriegsdienst angeheuert worden waren, hatten sich unter geheimer Duldung oder Anweisung Englands geweigert, gegen die französischen Hugenotten in Aktion zu treten. Der drohende Krieg mit Frankreich veranlaßte Karl, schon im Februar 1626 sein zweites Parlament einzuberufen. Karl suchte die Wahlen zu beeinflussen, indem er Gegner wie Sir Thomas Wentworth und andere zu Sheriffs, d.h. königlichen Exekutivbeamten, die nicht kandidieren durften, ernannte. Dadurch gelangten aber noch radikalere Leute ins Unterhaus, unter ihnen sein schärfster Opponent, Sir John Eliot.

Eliot forderte eine Untersuchung des Cadiz-Unternehmens und der Ursachen des getrübten Verhältnisses zu Frankreich. Er betrieb ein »Impeachment« gegen Buckingham, den er mit Sejanus, dem verräterischen Ratgeber des Kaisers Tiberius, verglich. Im Mai gelang es ihm, das Impeachment vor das Oberhaus zu bringen. Karl zog den Fall vor die Sternkammer, also einen Gerichtshof der königlichen Prärogative, die Buckingham frei sprach. Er ließ Eliot verhaften und schickte ihn in den Tower. Daraufhin verweigerte das Parlament alle Geldmittel. Der König antwortete mit der Auflösung des Hauses. Er forderte nun Tonnen- und Pfundgeld ohne parlamentarische Bewilligung und erhob Vermögenssteuern (forced loans). Sein Lord Chief Justice, der die Rechtmäßigkeit dieser Auflagen anzweifelte, wurde entlassen. Wer nicht zahlen wollte, wurde gefangengesetzt. Verschiedene Gegenden wurden mit Berufung auf den drohenden Krieg mit Frankreich unter Kriegsrecht gestellt. Fünf der Eingekerkerten erhoben Einspruch gegen ihre Haft und verlangten einen Writ für »Habeas Corpus«, also einen begründeten richterlichen Haftbescheid. Die Klage wurde abgewiesen, ohne die Frage zu entscheiden, ob der König ohne Angabe von Gründen Untertanen festsetzen dürfe.

Ein gewisser Geldbetrag kam durch Karls Maßnahmen in der Tat zusammen und gestattete ein kriegerisches Unternehmen. 1626 brach der Krieg mit Frankreich aus. Buckingham segelte mit 90 Schiffen und 10000 Mann vor La Rochelle, um die eingeschlossene Hugenottenstadt zu entsetzen. Es gelang ihm jedoch nicht, die vorgelagerte Insel Ré einzunehmen, so daß das Unternehmen als gescheitert anzusehen war. Wiederum war der mitreißende Sieg ausgeblieben; die Mittel waren verbraucht. Es erwies sich, daß Karl auf die Dauer ohne Mithilfe des Parlaments nicht die Mittel für eine kräftige Kriegsführung aufbringen konnte.

Ende 1627 berief er sein drittes Parlament, in welchem sich seine Opponenten wieder zusammenfanden, unter ihnen Sir Edward Coke, Sir Thomas Wentworth und vor allem Sir John Eliot. Der Aufruf des Königs, gegen Spanien und Frankreich zusammenzustehen, zündete nicht bei den Commons. Stattdessen brachten sie zuerst ihre Beschwerden vor, die die bisherige Politik des Königs verurteilten. Sie erstrebten einen Protest gegen die willkürlichen Verhaftungen und beriefen sich auf die Magna Charta von 1215, nach der kein freier Mann ohne ordentliches Gerichtsverfahren gefangengesetzt werden dürfe. Sie interpretierten die Magna Charta als die verbriefte Suprematie des bestehenden Rechts. Eingriffe in die Rechte der Untertanen dürften nur vollzogen werden »by due process of law«. Außerdem wandten sie sich unter Berufung auf das Statut »De Tallagio non Concedendo« von 1297 gegen die Geldauflagen und Vermögenssteuern, da kein »gift, loan, or benevolence« ohne parlamentarische Zustimmung statthaft sei. Desgleichen erhob das Haus Einspruch gegen die regionale Verhängung des Kriegsrechts und Einquartierungen, was nur angesichts des Feindes und nicht im eigenen Lande zulässig sei. Hauptanliegen war der Kampf gegen willkürliche Besteuerungen, weil hier die Krone sich unabhängig vom Parlament zu machen drohte.

Nach mannigfaltigen Beratungen über die Form des Vorgehens, bei dem man formell möglichst einen revolutionären Charakter vermeiden wollte, schlug Coke eine Petition vor. Man kleidete also den revolutionären Anspruch des Hauses in eine Bitte, in die »Petition of Right« von 1628. Diese Petition durchlief die drei Lesungen, wie sie für die gewöhnliche Gesetzgebung üblich war. Der König gab notgedrungen und zögernd seine Zustimmung: »Soit droit fait, comme il est désiré!«, ohne daß aber diese Petition damit, weil sie eben nur Petition blieb, Gesetzeskraft erhalten hätte. Im Grunde lief die Petition darauf hinaus, die staatspolitischen Maßnahmen der Krone nach dem normalen Rechtsverfahren zu überprüfen und jedes besondere Kriegs- oder Notrecht im Lande abzulehnen, das sich wegen der Dienstleistungen, Einquartierungen und Mithilfe bei Desertionen auch auf die Zivilisten erstreckte. Das war mithin eine Kriegserklärung an alle arcana imperii und an jede dem geltenden Recht zuwider laufende Machtpolitik. Darin lag auch eine Verkennung des Staatsnotstandes und des Eigencharakters eines staatlichen Gemeinwesens.

Der Triumph des Common Law über die königliche Prärogative stand nur auf dem Papier, da keine Bill of Right erreicht war. Das wegweisende Ergebnis blieb ohne praktische Auswirkung; Karl hatte lediglich die Berechtigung der Bitte anerkannt. Der Triumph blieb auch unzulänglich, solange Buckingham im Amt war, der durch einen außenpolitischen Erfolg leicht die Commons als Hindernis für eine tatkräftige nationale Politik hätte hinstellen können. Darum betrieb das Haus zum zweitenmal ein Impeachment gegen Buckingham. Um dies zu verhindern, vertagte Karl das Parlament am 26. Juni 1628 und rettete damit Buckingham zum zweitenmal.

Aber nun setzte eine öffentliche Agitation gegen den führenden Staatsmann ein, die ihn für alle Fehlschläge verantwortlich machte. Es war die erste politische Agitation größeren Stils in England. Buckingham äußerte sich verächtlich über seine aufgeregten Zeitgenossen: »Es gibt keine Römer mehr in England!«, d.h. keine Männer wie Brutus und Cassius, die den Dolch zu zücken wagten. Dieses Wort wurde ihm zum Verhängnis. Als Buckingham zu einer zweiten Expedition nach La Rochelle in Portsmouth ein Schiff besteigen wollte, traf ihn der Dolch eines Seeoffiziers. Ganz England jubelte; das Staatsbegräbnis in Westminster Abbey artete zu einem Festzug aus, in welchem nur Karl selbst von Kummer überwältigt schien. Seine Rachegefühle richteten sich gegen Eliot, den er mittelbar für den Tod seines Freundes verantwortlich glaubte.

Zum Unglück scheiterte auch das zweite Kriegsunternehmen; La Rochelle fiel am 18. Oktober 1628; Richelieu hatte gewonnen. Damit war der Krieg praktisch beendet. Es war England nicht gelungen, die innenpolitische Schwäche Frankreichs zu seinen Gunsten auszunutzen. Der Vertrag von Susa 1629 stellte formell den Frieden wieder her. Das Parlament hatte das seinige zu dem unrühmlichen Ausgang beigetragen. Die Squires dachten nicht in den Dimensionen der großen Politik, sondern aus dem Gesichtswinkel ihrer lokalen und geschäftlichen Bedürfnisse.

Noch vor dem Friedensabschluß trat das Parlament im Januar 1629 wieder zusammen. Es beklagte sich, daß die Petition of Right ohne den zustimmenden Bescheid des Königs veröffentlicht worden war. Dann wandte es sich erneut der religiösen Frage zu. Anlaß war eine königliche Erklärung, nach der die kirchenpolitischen Streitigkeiten den Konvokationen des Klerus überlassen bleiben sollten, also jenen Versammlungen des Klerus, deren Berufung und Zusammensetzung mehr oder minder im Belieben des Königs lagen. Eliot behauptete, eine solche Vorkehrung würde dem Papismus und Arminianismus Tor und Tür öffnen; offenbar wolle man der Hure von Babylon neue Farben auflegen, um sie anziehender zu machen und ihr eine Gefolgschaft im Lande zu gewinnen.

Nach kurzer Vertagung traf sich das Parlament wieder im März 1629, aber nur, um vom Sprecher zu hören, daß der König es erneut vertagen wolle. Der Sprecher (Speaker) war damals noch der Beauftragte des Königs und Vertreter seines Willens und nicht der unparteiische, aus dem Parlament selbst hervorgegangene Hüter der Ordnung des Hauses. Aber ohne ihn konnte das Haus nicht gesetzlich agieren; nur wenn er den Text verlesen hatte, konnte ein Antrag zur Abstimmung gebracht werden. Als der Sprecher Finch sich erheben wollte, um das Haus beschlußunfähig zu machen, hielten ihn zwei Unterhausmitglieder in seinem Stuhl fest. Damit wurde das Recht des Königs, das Haus beliebig zu vertagen, gewaltsam in Frage gestellt. Finch weigerte sich jedoch, die von Eliot vorbereiteten Resolutionen des Hauses zu verlesen und damit in das Stadium der Abstimmung zu bringen. Eliot warf daraufhin seine Resolutionen ins Feuer.

Der König schickte nun den Ordnungsoffizier des Hauses, den »Serjeant-at-arms«, um den »Mace« wegzunehmen, das Symbol der Autorität des Hauses, jenen großen Amtsstab, ohne den das Haus nur eine beliebige Versammlung darstellte, die zwar beraten, aber keine gültigen Beschlüsse fassen konnte. Dem Serjeant-et-arms folgte »the Usher of the Black Rod«, der höchste ausübende Beamte des Parlaments mit seinem schwarzen Amtsstab, der eine königliche Botschaft vorlas, die Gehorsam forderte. Nichtsdestoweniger blieb das Haus zusammen. Sir Denzil Holles faßte den Inhalt der drei Resolutionen Eliots kurz zusammen. Sie legten drei Punkte fest: Wer auch immer religiöse Neuerungen einführe oder Papismus und Arminianismus begünstige, sei Hochverräter; wer auch immer zur Erhebung von Tonnen- und Pfundgeldern ohne parlamentarische Bewilligung rate, sei Hochverräter; jeder Kaufmann, der ein derartiges Tonnen- und Pfundgeld zahle, sei ein Verräter an den Freiheiten Englands. Alle drei Punkte wurden durch tumultuarischen Zuruf angenommen. Dann erst vertagte sich das Haus selbst; es trat die nächsten elf Jahre nicht mehr zusammen.

Damit waren die Gegner der Krone zu weit gegangen. Die Commons wurden diesmal nicht vom Oberhaus unterstützt. Bisherige Mitkämpfer, darunter Sir Thomas Wentworth, gingen zur Krone über; andere wie John Pym sowie die Öffentlichkeit distanzierten sich. Die Dignität des Hauses schien untergraben. Nunmehr war geschehen, was die Petition of Right noch vermieden hatte: die Form war verletzt und Gewalt gebraucht worden. Karl hatte ein Recht, empört zu sein. Der revolutionäre Anspruch des Hauses auf Bestimmung der Außen- und Religionspolitik hatte einen Punkt erreicht, der einem Umsturz der Herrschaftsordnung nahe kam, wenn auch alle Forderungen im Namen althergebrachter Rechte vorgetragen wurden.

Karl löste das vertagte Parlament nachträglich auf und wandte sich in einer Proklamation an die Öffentlichkeit. Er beklagte, daß das Parlament ihn zuerst in den Krieg geführt habe und seinen Geldbedarf ausnutze, um einen Umsturz in die Wege zu leiten. Er sei auf die Wahrung der alten Rechte seiner Untertanen bedacht; aber er sei auch bedacht auf die Wahrung seiner eigenen Rechte. Außerdem versprach er die Erhaltung der Anglikanischen Kirche in der bisherigen Form. Dann befahl er die Verhaftung von neun führenden Unterhausmitgliedern, die mit der Auflösung ihre Immunität verloren hatten. Alle wurden in Übereinstimmung mit der Petition of Right auf Grund einer formulierten Anklage wegen »Contempt of the King and His Government, and stirring up sedition« verhaftet und vor dem Court of King's Bench abgeurteilt. Mehrere erhielten bald ihre Freiheit zurück, darunter einige, ohne in der Sache nachgegeben zu haben. Sir John Eliot aber, den Karl mittelbar für den Mörder Buckinghams hielt, blieb im Tower, wo seine Gesundheit zusammenbrach. Karl lehnte seinen Antrag auf Entlassung und Erholung ab; Eliot starb 1632. Nicht einmal der Leichnam wurde seiner Familie überlassen. Sein Tod wurde dem König zur Last gelegt und blieb unvergessen. Das Parlament hatte sich selbst unmöglich gemacht, als es Gewalt brauchte. Das Ende Eliots warf aber auf den Sieg des Königs einen Schatten und schadete der Krone.

2. Das persönliche Regiment Karls I.

Die parlamentslose Zeit von 1629 bis 1640, »the Eleven Years' Tyranny«, war alles andere als eine schreckliche Zeit. Sie war eher eine Periode des Friedens und des Wohlstandes. Ohne Anstoß von außen, zuerst von Schottland und dann vielleicht noch verhängnisvoller von Irland, wäre es kaum zu einem Umsturz gekommen. Die konfessionellen Streitfragen spielten in beiden Fällen entscheidend hinein. Die Erfahrungen der letzten Parlamentssitzungen von 1629 hatten manchen Protagonisten der Opposition bewogen, eine durch die Petition of Right beschränkte Monarchie einem unbeherrschten radikalen Parlament vorzuziehen. Karl regierte freilich ohne einen fähigen Staatsminister. Sir Thomas Wentworth, sein bedeutendster Mann, war zwar in seine Dienste übergetreten, aber als Präsident des Council of the North seit 1628 und als Lord Deputy von Irland seit 1633 durchweg von Westminster abwesend. Er wurde erst berufen, als es zu spät war. Nur William Laud, der Bischof von London und seit 1633 Erzbischof von Canterbury, war ständig im Whitehall Palace, aber völlig von seinen Kirchenreformplänen in Anspruch genommen.

Karl suchte außenpolitisch Frieden und innenpolitisch Erschließung neuer Finanzquellen. Beides gelang ihm. Nach dem Frieden mit Frankreich 1629 erreichte er 1630 auch den Frieden mit Spanien, ohne freilich seinem Schwager Friedrich V. die Pfalz zurückerwerben zu können. Das dahingehende Versprechen Spaniens stand nur auf dem Papier, obgleich sich Karl bereit erklärt hatte, die Spanier gegen die Niederlande zu unterstützen, also die protestantische Kampffront aufzugeben. Karl verzichtete auch auf eine engere Verbindung mit Schweden und begnügte sich damit, zu verhindern, daß die belgische Küste in französische oder spanische Hände fiel. Daraus ergab sich eine Verschlechterung der Beziehungen zu Holland, das immer deutlicher von einem Bundesgenossen zum kaufmännischen und kolonialen Rivalen heranwuchs. Diese schwankende Politik verlangte den Aufbau einer aktionsbereiten Flotte, deren Gegenwart das englische Mitspracherecht sicherte. Karl hat vielleicht mehr noch als Cromwell für den Aufbau einer englischen Flotte getan, mit der im Hintergrund er seine zurückhaltende Politik betrieb. Allerdings bedurfte er hierzu ausreichender Finanzquellen, deren Erschließung er möglichst ohne Verletzung der gesetzlichen Vorkehrungen erstrebte. Dazu setzte er Jakobs Finanzwirtschaft in vieler Hinsicht fort. Seine Haupteinnahme waren die Zölle, also das Tonnen- und Pfundgeld, das sich nach den Friedensschlüssen vermehrte. Ferner gab er Adelstitel aus und verbot ihre Ablehnung, gestützt auf eine alte Bestimmung Edwards I., wonach alle, die eine Grundrente von mehr als 40 £ jährlich bezogen, zum Ritter geschlagen werden sollten. Auch Handelsmonopole wurden weiterhin verliehen, und zwar nicht an Einzelpersonen, was seit 1624 ungesetzlich war, sondern an Korporationen, so daß der Buchstabe des Gesetzes umgangen wurde. Eine weitere Einnahme war das Schiffsgeld, das aber nur bei akuter Gefahr in den Hafenstädten zur Ausrüstung von Kriegsschiffen erhoben werden durfte. Nach den Friedensschlüssen von 1629 und 1630 sollte das Schiffsgeld der Bekämpfung der Piraterie dienen. Karl beschränkte sich dabei nicht auf die Hafenstädte, sondern ließ es seit 1635 im ganzen Lande in Form einer direkten Steuer auf das Eigentum anfordern, nachdem 1634 das Schiffsgeld in London ohne allgemeinen Protest erhoben worden war. Gegenüber etwaigen Protesten hatte sich Karl die Zustimmung der höchsten Gerichte vorher gesichert. Aber 1637 kam es zu einem Prozeß, der die alte Grundsatzfrage wieder in den Vordergrund schob.

Anlaß war die Weigerung von John Hampden, einem Squire aus Buckinghamshire, der nicht die nützliche Verwendung des Geldes und auch nicht die Höhe des Betrages bestritt, sondern lediglich die Berechtigung seiner Erhebung ohne parlamentarische Bewilligung. Die Krone suchte diesmal die Rechtmäßigkeit ihrer Geldforderungen zu demonstrieren, indem sie den Fall vor der Court of the Exchequer und nicht vor einem Gerichtshof der Prärogative verhandeln ließ. Hier entschieden sich nur zwei von elf Richtern für Hampden. Nur war es verhängnisvoll, daß die übereifrigen Richter in ihrer Urteilsbegründung die königliche Prärogative in einer Weise übersteigerten, daß schlimmste Befürchtungen laut wurden. Obgleich sich der umstrittene Betrag nur auf 20 Schillinge belief, warf das Urteil die Grundsatzfrage auf, so daß die ganze Problematik des Verhältnisses zwischen Krone und Parlament erneut in die Diskussion geriet. Man sah nun wieder den Konflikt im Zeichen des Kampfes um das alte Recht. Das Schiffsgeld ging von nun an immer schlechter ein.

Man war zudem beunruhigt, daß die königlichen Gerichte zunehmend Fälle an sich zogen und dabei die Quelle des Rechts im König erblickten. An diesen Gerichtshöfen fehlte der persönliche Rechtsschutz, der in der Öffentlichkeit des Normalverfahrens und durch die Jury, die Geschworenenbank von Mitbürgern, garantiert war. Zwar wurde »Hampden's Case« 1637 vor einem anderen Gericht verhandelt. Aber es war zutage getreten, daß die Richter Werkzeuge der Krone waren. In ihren Urteilen verschob sich die Grenze zwischen Common Law und Prärogative zugunsten der Krone. Alle Fälle dieser Art waren durch die Geldpolitik der Krone veranlaßt, durch die die königliche Finanzwirtschaft mit wachsendem Erfolg auf eigene Füße gestellt wurde. Das Fatale für die Gegner der königlichen Politik war der Zustand allgemeiner sozialer Befriedigung. Nur die besitzenden Klassen wurden in Anspruch genommen und die ärmeren Schichten unbehelligt gelassen, ja unterstützt oder in Arbeit gebracht. Von 1631 bis 1640 wurde mehr für die Armen getan als vorher und nachher. Die Sternkammer schritt energisch gegen die Einhegungen von bebautem Land vor, in denen man die Ursache für die gestiegenen Getreidepreise sah. Dadurch wurde die Sternkammer sogar volkstümlich. Die königlichen Schiffe legten außerdem die Piraterie an den englischen Küsten lahm, und Wentworth behob in Irland zahlreiche Mißstände. Wahrscheinlich war die Masse des Volkes einigermaßen zufrieden mit der Regierungsweise. England erfreute sich nach zeitgenössischen Berichten eines bisher nicht gekannten Wohlstandes. Der unmittelbare Anstoß zur Veränderung kam nicht aus sozialen oder konstitutionellen Mißständen, sondern aus den religiösen Verhältnissen.

Über die Bischofskirche hatte sich Jakob I. bereits Bastionen geschaffen, die durch eine strengere Uniformität innerhalb der Kirche und eine Ausmerzung puritanischer Tendenzen verstärkt werden konnten. William Laud betrieb als Bischof von London und seit 1633 als Erzbischof von Canterbury eine Kirchenpolitik, für die die Hierarchie eine göttliche Einrichtung war, die in der Krone gipfelte. In seinen Visitationen kontrollierte er die Verwendung des Book of Common Prayer, erstrebte liturgische Einheit und schaltete puritanisch eingestellte Prediger aus. Die Breite der »via media«, die eine Mannigfaltigkeit innerhalb der Anglikanischen Kirche zuließ, machte einer Uniformität Platz, die den sich regenden Puritanismus treffen sollte.

Der König unterstützte diese Bestrebungen, die seiner Prärogative zugute kamen. Puritanische Pamphletisten wie etwa William Prynne und John Lilburne wurden von der Sternkammer als »Sowers of Sedition« hart bestraft. Der König selbst war nicht frei von katholisierenden Tendenzen. Er verband sich enger als zuvor mit seiner katholischen Gemahlin und ließ einen päpstlichen Vertreter am Hofe zu. William Laud wurde von ihm in seinen Uniformitätsbestrebungen gehindert, soweit es sich um Katholiken handelte und die anti-katholische Gesetzgebung angewandt werden sollte. Den Ultra-Protestanten schien es, als ob die Katholiken straffrei blieben, während protestantische Freikirchler bestraft wurden. Wenn auch beide, Karl und William Laud, Protestanten blieben, verbreitete sich der Verdacht, daß sich am Hofe »Popery« breit mache, zumal verschiedene Minister dem Katholizismus zuneigten und einige von ihnen als Katholiken starben.

Die opponierende, in ihren Geschäftsinteressen sich beengt fühlende Kaufmannschaft neigte aus Protest dem Puritanismus zu. Die Gentry fühlte sich dadurch eingeschränkt, daß der »Parson« nicht ihr lokaler Verbündeter sondern ein »King's Servant« war und diese Säule der Lokalverwaltung ihrem Einfluß entzogen war. Die sich ausbreitende königliche Verwaltungsmaschinerie fand in der Bischofskirche einen Arm, der bis in die Gemeinden hineinragte.

3. Der Konflikt mit Schottland

In diesen Sommer der Prosperity hinein erhob sich im Norden eine Wolke, die zum Gewitter werden sollte, wie Clarendon in seiner »History of the Rebellion«, der bedeutendsten zeitgenössischen Schilderung des Bürgerkrieges, schrieb. Von Schottland aus kam der Anstoß, der alle Verhältnisse wieder in Fluß brachte. Hier hatte sich Karl I. schon am Anfang seiner Regierung und im Rahmen seiner Finanzpolitik die Nobilität zum Gegner gemacht, indem er das früher an sie verliehene Kroneigentum wieder zurückverlangte. Der schottische Hochadel war aber ausgerechnet der Teil der Nation, der seinen Vater gegen das presbyterianische Kirchenregiment unterstützt hatte.

In dieser Situation versuchte die Krone, ihre erfolgreiche Kirchenpolitik auf Schottland auszudehnen. William Laud versuchte auch hier eine Uniformität der Gottesverehrung durchzusetzen, und zwar nur gestützt auf die Autorität des Königs und auf die wenigen schottischen Bischöfe, die zugleich Staatsämter innehatten. Die Sanktion des schottischen Parlaments und der presbyterianischen Kirchenbehörden fehlte. Im Jahr 1637 gipfelten seine Reformversuche in der Einführung eines schottischen Book of Common Prayer, das dem englischen Gebetbuch nachgebildet war. Im Juli 1637 wurde die neue Liturgie zum erstenmal in der St. Giles-Kathedrale von Edinburgh gelesen. Aber die Zeremonie ging in Protestrufen und Krawallen unter, die sich in die Stadt und aufs Land fortsetzten. Der presbyterianische Klerus bestimmte hier die öffentliche Meinung. Der mattgesetzte Adel, der Klerus und die Mittelklassen vereinigten sich zu einem religiös-politischen Bund, dem »National Covenant« von 1638, der alle verpflichtete, im Namen der Reinheit des Evangeliums alle religiösen Änderungen abzulehnen, die nicht durch die freie Versammlung der »Kirk« bestätigt worden waren. Karl hatte inzwischen die Nachricht erhalten, daß er ein Heer von 40000 Mann brauche, wenn er das neue Book of Common Prayer in Schottland wirklich einführen wolle.

Beflügelt von einem allgemeinen religiösen Enthusiasmus sammelte sich unter dem erfahrenen Veteranen Alexander Leslie, der schon unter König Gustav Adolf von Schweden für die protestantische Sache gekämpft hatte, ein Heer. Schließlich stand eine Nation in Waffen da, vor der das angerückte kleine Heer des Königs zurückweichen mußte. Das war »the First Bishops' War« von 1639, der schon entschieden war, bevor er eigentlich begonnen hatte. Im Vertrag von Berwick 1639 mußte Karl zugeben, daß die kirchliche Generalversammlung in Schottland den Bischöfen übergeordnet bleiben sollte. Allerdings schien ihm gerade dies an den Grundlagen seiner Herrschaft zu rütteln. Jetzt erst berief er seinen fähigsten Diener aus Irland zurück, Sir Thomas Wentworth, der sich zusammen mit Erzbischof Laud für eine Wiederaufnahme der Kriegshandlungen einsetzte. Aber schon der erste Bischofskrieg hatte die königlichen Finanzen erschöpft. Karl bedurfte des Parlaments gegen die Schotten. Wentworth selbst, nun zum ersten Earl of Strafford ernannt, riet zur Einberufung. So endete unerwartet die »elfjährige Tyrannei«.

Strafford war ein genialer Verwaltungs- und Staatsmann, der in Nordengland und Irland Verwaltung und Einnahmequellen mit großem Erfolg reorganisiert hatte. Er war ein der Krone ergebener, aber auch skrupelloser Machtmensch, der wohl als einziger Tatkraft und Entschiedenheit genug besaß, um das Stuartkönigtum mit der Fülle absoluten Herrschertums auszustatten. Aber weil er zuerst zusammen mit Eliot entschiedener Gegner Buckinghams gewesen war, sich jedoch 1629 eindeutig auf die Seite der Krone gestellt hatte, galt er als Verräter an der parlamentarischen Sache. Er selbst hatte in der Tat das Vertrauen zu einer parlamentarischen Regierung verloren. Er vermochte jedoch auch nicht das Vertrauen des Herrschers in dem Maße zu gewinnen, wie es Buckingham besessen hatte. Zudem behinderte ihn seine labile Gesundheit, die ihn im Stich ließ, als die Dinge auf des Messers Schneide standen.

Das »Kurze Parlament« von 1640 tagte nur drei Wochen. Es tat, was alle Parlamente taten: Nur nach Abschaffung der bisherigen Besteuerungs- und Regierungsmethoden wollte es Gelder bewilligen. Der König löste es auf und ging auf Kreditsuche bei der City London und der Ost-Indien Kompanie, die beide sich weigerten. Nur einen Erfolg konnte Karl für sich buchen: Strafford ging nach Irland und gewann dort mit Hinweis auf die Bekämpfung der Schotten in Nord-Irland das Parlament in Dublin für sich. Freilich mochte es noch ein Jahr dauern, bis die irische Armee voll ins Spiel gebracht werden konnte. Immerhin erschien Irland nunmehr als eine Drohung für alle Gegner und insbesondere für die Sache des Protestantismus. Während dieser Zeit trommelte und preßte der König einen bunten Haufen, eine Art Miliz, zusammen, der in halber Auflösung nach Norden marschierte zum »Second Bishops' War« von 1640. Das schottische Heer überschritt nun den Tweed im August 1640 und erzwang den Vertrag von Ripon. Diesmal verlangten die Schotten für ihr Heer 850 £. täglichen Kostenersatz und hielten Northumberland und Durham auf Kosten des Königs besetzt, bis die vereinbarte Summe bezahlt sei. Damit war die Finanzfrage unaufschiebbar geworden und verlangte sofortige Maßnahmen. Das führte erneut zur Berufung des Parlaments.

4. Der Sturz Straffords

Im November 1640 trat das »Lange Parlament« zusammen, von dessen Willen der König mehr als je abhängig war. Solange die Schotten nicht bezahlt waren, lagen alle Vorteile in der Hand des Parlaments, das entschlossen war, nunmehr eine grundsätzliche Klärung aller Streitfragen zu erreichen. Das Parlament aber fürchtete in erster Linie Strafford und fühlte sich nicht sicher, solange er das Ruder führte. Seine Feindschaft richtete sich gegen den Minister und nicht gegen den König. Strafford selbst kam nur widerstrebend nach Westminster, nachdem der König ihm persönlich seine Sicherheit garantiert hatte. Er riet dem König, die führenden Gegner im Unterhaus sofort hinter Schloß und Riegel zu setzen ohne Rücksicht auf ihre parlamentarischen Privilegien. Aber das Parlament handelte schneller. Einen Tag nach seinem Zusammentritt beantragte der Squire John Pym (1584 bis 1643) das »Impeachment« gegen Strafford. Der Antrag fand allgemeine Zustimmung, so daß die Anklage sogleich dem Oberhaus zugeleitet werden konnte. Die Lords befahlen die Verhaftung Straffords. Mit ihm wanderte auch Erzbischof William Laud ins Gefängnis.

Im März 1641 begann das Gerichtsverfahren gegen Strafford wegen Hochverrat. Hauptankläger war John Pym. Hochverrat bedeutete Verschwörung gegen den König; aber jedermann wußte, daß Strafford seinem König nur zu gut gedient hatte. Pym behauptete dagegen, daß Verrat auch ein Verbrechen nicht gegen die Person des Königs, sondern gegen den König als Repräsentanten des Gemeinwesens sei; Strafford habe durch seine Maßnahmen den König seinem Volke entfremdet. Diese alte Unterscheidung von »body natural« und »body politic« des Königs war aber von Coke und Bacon, den großen Juristen unter Jakob I., ausdrücklich verworfen worden. Die Lords entschieden, daß diese Argumentation nicht genügte, um Strafford des Hochverrats zu überführen.

Der Triumph der Hofkreise über das Scheitern des Impeachment war freilich nur von kurzer Dauer. Die Mehrheit des Unterhauses griff nun zu einem anderen Mittel, um ihren Feind zu vernichten. Sie ließ das Impeachment fallen und verfügte statt dessen eine »Bill of Attainder«. Dies war ein Parlamentsgesetz, das nur feststellte, diese oder jene Person sei eines todeswürdigen Verbrechens schuldig und ohne weiteres Verfahren abzuurteilen. Diese Form umging also das normale Rechtsverfahren und fußte auf der »Act of Treason« von 1351 (Edward III.), die dem Parlament das Recht sicherte, durch Statut nachträglich den Bereich des Hochverrats auszudehnen oder zu modifizieren. Sie wurde wähend der Rosenkriege im 15. Jahrhundert und später von Heinrich VIII. mehrmals angewandt, und zwar dann, wenn keine andere Möglichkeit eines Verfahrens bestand. Es waren durchweg Fälle, bei denen die Staatsräson einen Eingriff zu gebieten schien, dem die sonst vorgesehene gesetzliche Handhabe fehlte. Da dieses Verfahren meist gegen Personen außer Landes angewandt wurde, bestand auch keine Gelegenheit zur Verteidigung. Eine Anwendung gegen erreichbare Personen konnte als Mißbrauch ausgelegt werden. Ein weiteres rechtswidriges Moment lag darin, daß ein solches Gesetz rückwirkend, ex post facto, war und die Regel durchbrach, daß keine Anklage ohne eine vor der Tat bestehende Rechtsgrundlage erhoben werden durfte (nullum crimen sine lege). Zudem bezog sich eine Bill of Attainder stets auf ein Individuum und widersprach der Allgemeingeltung des Rechts. Mithin wurde hier eine aus dem Notstand geborene Gesetzesform zu einem Rechtsbruch verwandt. Das Parlament verging sich gegen das von ihm so leidenschaftlich verteidigte Common Law.

Die führenden Opponenten Pym und Hampden sprachen sich infolgedessen gegen die Bill aus und wollten am Impeachment festhalten. Aber das Parlament scheute dieses Risiko. Die Bill of Attainder durchlief das Unterhaus und gelangte ans Oberhaus. Hier war die Mehrheit gegen das Impeachment, weil man sich als oberster Court of Justice vor einem gewaltsam zurechtgebogenen Urteil scheute und auf dem zweiten sich bietenden Wege aus der Verlegenheit herauszukommen hoffte. Gerüchte über eine Verschwörung der Königin und von Offizieren der königlichen Armee in York trieben das Oberhaus, das das Gesetz schließlich bestätigte, zur Eile. Aber es fehlte noch die Zustimmung des Königs, auf dessen Königswort Strafford vertraute. Karl, der sich bisher nicht um die öffentliche Meinung gekümmert hatte, wurde nun in die Enge getrieben, als eine aufgeregte große Menge sich um Whitehall Palace versammelte und drohend das Blut Straffords forderte. Nach einer Nacht und einem Tag unschlüssigen Zögerns gab der König auf Straffords eigenen Rat nach. Im Mai 1641 wurde Strafford auf Tower Hill vor einer jubilierenden Menge enthauptet.

Mit ihm stürzte das System des selbstherrlichen königlichen Regimes. Aber zugleich zeigte sich der Ansatz einer parlamentarischen Willkürherrschaft, die nicht weniger fragwürdig war als die Rechtsakte der königlichen Gerichtshöfe. Das Parlament erschien plötzlich als souverän und bestimmte sogleich über sich selbst nach Gutdünken. Es erließ ein Gesetz, wonach es nur mit eigener Zustimmung aufgelöst werden könne. In der »Triennial Act« von 1641 wurde festgelegt, daß mindestens alle drei Jahre ein Parlament zu berufen sei. Wenn der König eine rechtzeitige Berufung unterließ, sollte es der Lordkanzler tun. Wenn dieser seine Pflicht nicht erfüllte, sollten die Sheriffs in den Grafschaften aus eigener Initiative Parlamentswahlen veranstalten, so daß nunmehr die lokalen Behörden ein Parlament konstituieren konnten. Darüber hinaus wurde die gesamte königliche Finanzwirtschaft für ungesetzlich erklärt. Die Gerichtshöfe der königlichen Prärogative wurden beseitigt und die Zensurbestimmungen aufgehoben. Alle diese Maßnahmen gingen ohne größeren Widerstand durch das Parlament, und der König bestätigte sie. Im Juli 1641 schienen die englischen Freiheiten gerettet zu sein; die Schotten erhielten auf Grund parlamentarischer Bewilligungen ihr gefordertes Geld und wurden nach Hause geschickt. Das Parlament vertagte sich auf den Spätsommer.

Nur kurz vor der Vertagung hatte die Debatte über das Kirchenregiment einen Bruch innerhalb des Hauses deutlich werden lassen. Alle lehnten zwar Lauds Uniformitätspolitik ab. Aber eine große Minderheit setzte sich für die Episkopalkirche ein; ein Teil wollte nur Beschränkung der Bischofsgewalt durch eine Klerikerversammlung; eine dritte Gruppe dagegen die Abschaffung aller Titel und Würdenträger in der Kirche. Diese Gruppe brachte die sogenannte »Root and Branch Petition« am 8. Februar 1641 ein, die mit Stumpf und Stiel das hierarchische System beseitigen sollte. Der Gesetzesantrag kam nicht mehr zur

Abstimmung, aber zum erstenmal wurde eine Zweiteilung innerhalb des Hauses an einer religiös-kirchlichen Frage sichtbar, die allerdings durch die Verbindung der Bischofskirche mit der Kronprärogative auch eine eminent politische Frage war. Die Zweiergruppierung innerhalb des Parlaments war eine Voraussetzung des Bürgerkriegs. Nur mit Hilfe der starken Minorität war dem König Widerstand möglich.

Außer diesem momentanen innerparlamentarischen Bruch schien alles in bester Ordnung. Der König begab sich nach Schottland, fand dort in den religiösen Fragen einen Ausgleich und gewann sogar unter dem Adel eine starke Partei für sich. Auch in England hatten sich die Wogen geglättet. Bei seiner Rückkehr nach London 1641 wurde Karl enthusiastisch empfangen. An eine Revolution dachte niemand.

5. *Der Bruch mit dem Parlament*

Als das »Lange Parlament« im August 1641 wieder zusammentrat, kam ein neues Ereignis hinzu, durch welches das Parlament und dann auch der König zu jenen revolutionären Schritten genötigt wurden, an deren Ende der Bürgerkrieg stand. Dieses Ereignis war der irische Aufstand von 1641. Er stand in Zusammenhang mit den Religionskriegen der Epoche und wurde vom katholischen Klerus begünstigt. Die verstärkte Ansiedlung von Schotten in Nordirland unter Enteignung irischer Grundbesitzer und die Bodenreform von Wentworth, die den Nachweis aller Rechtstitel auf Landbesitz verlangt und viele Iren ihres Bodens beraubt hatte, waren zusätzliche Gründe. Bewegende Kraft war der natürliche Wunsch, wiederzugewinnen, was durch die Landkonfiskationen und die gesetzliche Unterdrückung des heimischen Handels und der Industrie verloren gegangen war. Dazu kam nun der anti-irische und pro-presbyterianische Kurs des siegreichen Parlaments, womit die durch die Armeewerbungen Straffords geweckten Hoffnungen dahinfielen. Die katholische Feindschaft gegen die protestantische Herrschaft war das allgemeine Motiv. Der Angriff der Aufständischen auf Dublin mißlang. Aber die protestantischen Distrikte um Ulster wurden überrannt. Bei den schrecklichen Ausschreitungen kamen etwa 5000 Menschen um, während weitere 10000 in anderen Gegenden ihr Leben verloren. Im Gegenschlag schlachteten die Protestanten etwa 1000 Katholiken hin.

Damit hatte sich nach dem calvinistisch-presbyterianischen Element in Schottland das katholische Element in Irland gewaltsam zur Wehr gesetzt, die Protestanten gegen die Krone, die Katholiken gegen das Parlament. Jedesmal sprang der Funke aus dem Nachbarland nach England über. In beiden Nachbarländern kristallisierten sich die in England möglichen Grenzpositionen im Extrem. Die Ultra-Protestanten in Schottland und die Ultra-Katholiken in Irland waren sich in der Unbedingtheit ihres religiös-kirchlichen Anspruchs ähnlich. Ohne Schottland und Irland hätte es wohl kaum eine Revolution gegeben, ohne beide wohl auch keine solche Steigerung des Kampfes ins Religiöse hinein. Beide repräsentierten gewissermaßen die letzten Richtpunkte in den Perspektiven des öffentlichen Lebens, auf die hin die gegnerischen Gruppen sich wechselseitig charakterisierten. Beide trugen unmittelbar dazu bei, daß es zum Bürgerkrieg kam.

Das Parlament bewilligte gegen den Aufstand sofort eine Armee. Diese aber mußte nach dem Gesetz dem König unterstehen, der sie auch gegen das Parlament benutzen konnte. Die Gemäßigten wollten dem König Vertrauen schenken. Aber eine geringe Mehrheit entschied sich für ein Gesetz, nach welchem die Truppen durch Personen zu führen seien, die das Vertrauen des Hauses besäßen. Aber ein solches Gesetz mußte eingehend begründet werden, da es eine revolutionäre Neuerung bedeutete. Das geschah in Form einer Beschwerde-Adresse an den König, der »Grand Remonstrance« vom November 1641, die nach dem Plan der Radikalen veröffentlicht werden sollte. In dieser Großen Remonstranz wurden die politischen Fehler und Irrtümer der königlichen Regierung übertreibend herausgestellt, eine Liste der bisherigen Reformen aufgezählt und eine Änderung der Kirchenverfassung vorgeschlagen. Praktisch wurde die Kontrolle der Exekutive durch das Parlament und ein parlamentarischer Einfluß auf die Kirche gefordert.

Über die Änderung der Kirchenverfassung entzündete sich eine lange, heftige Debatte. Schließlich wurde auch dieser Punkt mit 159 Ja- und 148 Nein-Stimmen angenommen. Ein fast krawallähnlicher Disput entwickelte sich außerdem an dem Vorschlag, die Remonstranz drucken zu lassen. Ein Großteil der Parlamentarier betrachtete diesen Appell an das Volk als illegal und gefährlich. Nichtsdestoweniger erfolgte die Publikation am 15. Dezember 1641 und trug den Streit in die breite Öffentlichkeit, die durch eine anschwellende Flut von Pamphleten und Streitschriften in Erregung versetzt wurde. Das vertiefte die innerparlamentarische Spaltung.

Aber am Kirchendisput war es zur Bildung einer Partei gekommen, die gegen die parlamentarische Souveränität war und jener Gruppe entsprach, die sich schon gegen die »Root and Branch Petition« vom Februar 1641 gestellt hatte. An sich war es nicht erlaubt, Parteien im Hause zu bilden oder überhaupt anzunehmen, daß das Haus in Fraktionen gespalten war. Noch am 4. Dezember 1641 wurde Chillingworth »for scandals and contempts against the house« in den Tower geschickt, weil er in seinem Bericht behauptet hatte, daß »wee had sides and parts in the house«. Dagegen hatte sich der Sprecher mit der Feststellung gewandt, daß das Haus nur einen einzigen Körper darstelle. Aber es war nicht daran vorbeizukommen, daß sich unter der Führung von Hyde und Falkland eine royalistische Gruppe gebildet hatte, die bisher mit der Opposition zusammengegangen war, nun aber in gleicher Weise die Positionen von Karl und von Pym ablehnte. Hier lag der erste Ansatz der späteren Parteiung, wenn auch Parteiformen im eigentlichen Sinne noch nicht auftreten konnten. Immerhin verbesserte die Spaltung des Hauses die Position des Königs, der in Schottland eine starke Gruppe hinter sich wußte und in London kürzlich umjubelt worden war.

Aber gerade die Stärkung seiner Stellung verleitete Karl zu einem offenen Rechtsbruch, der ihm zum Verhängnis wurde. Einmal sah er im Entzug der obersten Kommandogewalt eine Gefahr für sich. Ferner erfuhr er, daß Pym und andere puritanische Führer vor dem zweiten Bischofskrieg in Verbindung mit den Schotten gestanden hatten. Hier war der Tatbestand des Hochverrats gegen den König und des versuchten Verfassungsbruchs gegeben. Am 3. Januar 1642 klagte er vor dem Oberhaus einen Lord und fünf Abgeordnete, darunter Pym und Hampden, des Hochverrats an. Dieses Impeachment von Seiten des Königs war neu und erschien zweifelhaft. Außerdem war die Forderung nach Verhaftung von fünf Abgeordneten während der Sitzungsperiode ohne Präzedenzfall und offensichtlich ungesetzlich. Das Unterhaus weigerte sich, eine Verhaftung zu gestatten. Daraufhin beschloß Karl, die Verhaftung persönlich durchzuführen. Dahinter stand der Einfluß der Königin, die für sich selbst ein Impeachment fürchtete, weil sie sich insgeheim um katholische und päpstliche Hilfe gegen das Parlament bemüht hatte. Sie hoffte, durch den Gegenschlag Karls diese Gefahr auszuräumen; sie frohlockte im voraus und teilte ihr Geheimnis einer Zofe mit, die nichts Besseres zu tun hatte, als schleunigst Pym und seine Gefährten zu warnen. Dadurch scheiterte die Verhaftungsaktion. Als Karl am 4. Januar 1642 mit bewaffneter Begleitung im Parlament erschien, um die fünf Abgeordneten zu verhaften, waren »die Vögel ausgeflogen«. Das Parlament hatte die Gesuchten themseabwärts nach London City gesandt. Karl mußte unverrichteter Sache zurückkehren. Er hatte seiner Sache einen schlechten Dienst erwiesen und gezeigt, was zu erwarten war, wenn er wieder die volle Macht in die Hand bekam. Die City London wandte sich jetzt gegen ihn und betrachtete jene fünf Abgeordneten als ihre Gäste. Sie wurden zwei Tage später im Triumph nach Westminster zurückgeführt, eskortiert von den »trained bands« der Londoner Miliz; gleichzeitig erschienen 4000 Freeholders aus Buckinghamshire, um ihren geliebten Hampden zu schützen. Karl begab sich nach Windsor; erst nach sieben Jahren sollte er wieder zurückkommen, und zwar als Gefangener des Parlaments. Die Frage, wer in England regieren sollte, blieb ungelöst. Keine Seite wollte nachgeben. Das Parlament begann sich aufzulösen. Trotz der Fehler des Königs gingen zwei Drittel des Oberhauses und ein Drittel des Unterhauses zu ihm über, darunter als künftiger Ratgeber Edward Hyde, der spätere Lord Clarendon. Ohne die Spaltung des Parlaments wäre dem König der Krieg unmöglich gewesen. Entsprechend der Teilung des Hauses teilte sich bald auch das Land in Regionen der königlichen und der parlamentarischen Partei. Karl rief in Nottingham zum Heereszug auf, während das Parlament seinerseits für die Verteidigung des Rechts und der wahren Religion, für Gesetz, Freiheit und Frieden des Königreichs eine Heeresmacht sammelte. Die Königin reiste nach Holland, wo sie ostentativ ihre Tochter mit Wilhelm II. von Oranien verehelichte und Hilfe suchte.

6. Der erste Bürgerkrieg 1642–1646

Wer trug die Verantwortung für den Krieg? – Das Parlament hatte den Boden des alten Rechts verlassen, als es dem König das Recht zur Auflösung des Parlaments bestritt, eine vom königlichen Willen unabhängige Gesetzgebung erstrebte, die militärische Gewalt dem König entzog und über die Kirchenorganisation bestimmen wollte. Der König hatte die parlamentarischen Privilegien verletzt, als er in das Unterhaus eindrang und die Immunität des tagenden Parlaments mißachtete. Auch war seine Auffassung vom absoluten Königtum der rechtlichen Tradition Englands entgegengesetzt. Schließlich war sein Versuch, eine irische Armee aufzustellen, eine Bedrohung des allgemeinen politischen und religiösen Zustands.

Die Bevölkerung war nur zu einem geringen Teil am Kriege beteiligt. Kaum mehr als zwei Prozent der Bevölkerung stand unter Waffen. Nur einmal und dann nur für wenige Tage erreichte eine Armee die Stärke von 25000 Mann. Aber alle führenden Männer der Nation waren auf der einen oder anderen Seite engagiert. Im Großen gesehen standen der Norden und der Westen auf Seiten des Königs und der Süden und Osten auf Seiten des Parlaments. Aber in jeder Grafschaft gab es Minoritäten der anderen Seite. Wenn auch die Royalisten mehr die agrarisch-feudalen Gebiete und die Opponenten die Handels- und Gewerbe-Gebiete beherrschten, ließ sich kaum von scharf geschiedenen Landschaften sprechen. Auch kannte der Krieg keine solidarischen Gesellschaftsklassen, wenn auch die Tendenz zu einer sozial definierbaren Gewichtsverteilung erkennbar war. Der größte Teil des Hochadels und ein beträchtlicher Teil der Gentry waren royalistisch, wobei viele von ihnen vorher Opponenten der Krone waren. Selbst viele derjenigen, die zum Protestantismus neigten, waren für den König und gegen jene Extremisten, die die Bischofskirche gänzlich beseitigen wollten.

Die Kaufleute in den Hafenstädten, die mit ihnen verwandtschaftlich oder wirtschaftlich verbundene Gentry und die Yeomen-Farmer standen meist auf Seiten des Parlaments. Hier war der Kern jenes konsequenten Protestantismus, der sich durch William Lauds Neuerungen und Nachstellungen verletzt fühlte. Aber es gab viele Ausnahmen; selbst Familien spalteten sich in Anhänger der Krone und des Parlaments. Nur alle Katholiken entschieden sich aus Furcht vor dem Puritanismus für die Sache des Königs.

Der Krieg selbst war relativ human und wurde oft von kleinen Gruppen geführt, die die lokalen Verhältnisse in ihrem Sinne umgestalteten. Es gab keine mutwilligen Verwüstungen, und Plünderungen fanden nur gelegentlich statt. Die Krone war dabei zuerst im Vorteil. Sie besaß eine ausgebildete Kavallerie, der Rupert von der Pfalz, der 23jährige Sohn des Winterkönigs und Neffe Karls, ein fähiger Führer war, der freilich wegen seiner Jugend zu spät das Oberkommando des königlichen Heeres erhielt. Die Reiterei war wichtiger als das Fußvolk. Die »Kavaliere« stellten ihren persönlichen Reichtum und Edelmetalle zur Verfügung, so daß der König sich momentan an Truppen und Geld besser stand als das Parlament.

Aber das Parlament hatte Vorteile, die sich mit der Dauer des Krieges zu seinen Gunsten auswirken mußten. London, das weitaus wichtigste Finanz- und Handelszentrum, war in seiner Hand, desgleichen der Südosten als der bevölkerungsreichste und wohlhabendste Teil des Landes. Hier ließen sich reguläre Steuern erheben, während der Reichtum der »Kavaliere« vorwiegend aus landwirtschaftlichen Renten bestand, die naturgemäß bei einem inneren Krieg bald versiegen mußten. Die meisten Häfen lagen in dem vom Parlament beherrschten Gebiet. Außerdem waren die seefahrenden Schichten puritanisch gesinnt; ein Teil der königlichen Flotte stellte sich sogar auf die Seite des Parlaments. Die Mannschaften waren bisher schlecht bezahlt und verpflegt worden und neigten zur puritanischen Sache. Dadurch ging während des Krieges der Londoner Handel, d.h. 85 v.H. des Gesamthandels, ohne Unterbrechung weiter, während die Verbindungen des Königs mit dem Festland gefährdet waren.

Am 22. August 1642 wurde der Bürgerkrieg durch König Karl

formell eröffnet. Er schlug in Oxford sein Hauptquartier auf und rückte dann gegen London. Eine puritanische Armee unter dem Earl of Essex bereitete sich zur Abwehr vor; die Londoner Gesellen und Lehrlinge wurden bewaffnet. Karl schreckte vor dem aussichtsreichen Angriff auf seine Hauptstadt zurück und ging nach längerem Zögern nach Oxford in Winterquartiere. Der königliche Kriegsplan sah für das Jahr 1643 ein Vorgehen in drei Säulen von Wales, von Cornwall und vom Norden vor. Aber ein entschlossenes Vorrücken unterblieb, da die Kavaliere um ihre Besitztümer fürchteten. Statt dessen suchte man in Cornwall Plymouth, im Westen Gloucester und im Norden Hull einzunehmen. Alle drei Plätze hielten sich aber. Immerhin hatte der König durch örtliche Erfolge zwei Drittel des Landes unter seine Kontrolle gebracht. Er verhandelte außerdem, wie in London verlautete, mit seinen Schwagern, den Königen von Frankreich und Dänemark, sowie mit den irischen Rebellen. Diese Gerüchte steigerten die Besorgnis der Parlamentspartei und auch der Schotten.

Die Schotten boten den Opponenten eine Armee an unter der Bedingung, daß sie sich für ein presbyterianisches Kirchenregiment in England einsetzen würden. Der Not gehorchend, entschied sich die Parlamentspartei dafür. Schon vorher hatte sie den Episkopat für abgesetzt erklärt, eine Reform beraten und einen Rat, »the Committee of Westminster«, von 151 Mitgliedern, darunter 30 Laien, gebildet, in welchem alle religiösen Parteien vertreten sein sollten; in Wirklichkeit nahmen vorwiegend Presbyterianer daran teil. Einige hielten aber an einer staatsgelenkten kirchlichen Organisation fest, unter ihnen als bedeutendster Kopf der Jurist John Selden. Diese Versammlung tagte übrigens sechs Jahre in der »Westminster-Confession«; sie trat für eine gemäßigte presbyterianische Form ein, die aber nicht mehr vom Parlament sanktioniert wurde, da sich inzwischen durch Cromwell und seine Armee die Verhältnisse grundlegend geändert hatten. Jetzt aber, angesichts des Fortschritts der königlichen Sache, schloß man mit den Schotten einen Bund, »the Solemn League and Covenant« von 1643, obgleich die meisten einer Einführung des schottischen Systems, völlig frei von Staatskontrolle und mit Rechten zum Eingriff ins Privatleben, widerstrebten.

Das Bündnis mit den Schotten brachte die Entscheidung. Sofort ging der Norden verloren, das belagerte Hull wurde entsetzt und das königliche Nordheer in York eingeschlossen. Rupert von der Pfalz eilte von Süden der Nordarmee zu Hilfe; aber die vordringenden Schotten konnten sich mit der »Eastern Association«, einem Heer aus fünf östlichen Grafschaften, vereinigen und stellten sich 1644 bei Marston Moor in der Nähe von York zum Kampf. Hier kam es zur ersten großen Schlacht des Krieges, die an sich noch nichts entschied; das Parlament mußte noch bedeutende Schlappen einstecken. Aber die Reiter der »Eastern Association« hatten zum erstenmal die Kavaliere in offener Feldschlacht besiegt, und eine neue Kraft war aufgetaucht, die von einer Person ausging und wie ein moralisches Feuer um sich griff: Oliver Cromwell.

Oliver Cromwell (1599–1658) war ein Gentleman aus Huntingdonshire und entstammte dem niederen Landadel. Er hatte 1631 seinen Besitz verkauft und statt dessen fruchtbare Uferweiden gepachtet, so daß er als Gentleman-Farmer oder Unternehmer-Landwirt bezeichnet werden kann. Er saß im Parlament von 1629 und dann im »Kurzen« und »Langen Parlament« von 1640. Er stand in den Reihen der Opposition, hatte aber kein besonderes Aufsehen erregt. Er war kein Gegner der Monarchie, haßte jedoch das leichtfertige Hofleben. Er ging betont einfach gekleidet und hielt aus puritanischer Gesinnung offenbar wenig von äußeren Formen. Bei Beginn des Bürgerkriegs war er nichts als ein Kriegsfreiwilliger, der als Gentleman mit der Führung einer kleinen Reitertruppe von 60 Mann betraut wurde. Er hatte noch keinen Krieg gesehen, erwies sich aber in kurzer Zeit als ein Genius der Organisation der Truppen, getragen von einem Kampfeswillen, hinter dem ein starker religiöser Impetus stand. Er trat für eine neue Methode der Erziehung und Ausbildung des Heeres ein und wandte sich gegen die auf Kompromisse sinnenden Heerführer wie Essex und Manchester.

Er war überzeugt, daß die Leute, die lebendig an das Evangelium glaubten, die besten Kämpfer sein würden. Für ihn war es der Geist, der lebendig macht; das Fleisch sei nichts. Er flößte seinen Soldaten diesen Enthusiasmus für die religiöse Sache ein, jenen Bauernsöhnen der Yeomen, die mit eigenem Pferd und eigener Ausrüstung sich ihm zugesellten. Bibel und Schwert sollten zusammengehören. Mit diesem Geist erfüllte er bald die 15000 Mann der »Eastern Association«, die aus jener Gegend kamen, in der manche Freunde und Nachbarn unter Jakob I. um der religiösen Freiheit willen nach Holland und dann nach Amerika aufgebrochen waren. Innerhalb dieser Heeresgruppe war Cromwell der führende Kopf. Hier stellte er sein Kavallerie-Regiment auf, seine »Old Ironsides«, wie Prinz Rupert sie zuerst genannt hatte. Dazu suchte er Leute von Charakter und Selbstbewußtsein aus und vermied es, Arbeitslose, Ungesellige oder Vagabunden wie oft üblich zum Dienst zu pressen. Er duldete keine Marketenderweiber im Troß, sorgte für geregelte Soldzahlung und hatte Soldaten hinter sich, die »Ehre und Mut im Herzen« hatten und die mit Gebet und Psalmengesang in die Schlacht zogen. Diese »lovely company« Cromwells bestand bei Marston Moor die Feuerprobe; hier schlugen seine kurzhaarigen »Roundheads« die langhaarigen Kavaliere, wobei ihm der Oberbefehlshaber Manchester die rastlose Verfolgung zu seiner Empörung untersagte.

Cromwell hatte es verstanden, einen neuen Geist in seiner Truppe zu wecken. Seine Religiösität lehnte aber jede feste Form eines religiösen Glaubens im Namen des lebendig machenden Geistes ab. Jeder sollte – so hielt er es zum Entsetzen der presbyterianischen Kleriker – nach seinen Gefühlen beten und predigen. Er selbst fühlte vor jedem Kampf, daß »der Geist Gottes über ihn gekommen« sei. Sein Spiritualismus paarte sich mit einem persönlichen Sendungsbewußtsein, aus dem er seine Handlungen gerechtfertigt fand. Das war der Geist eines Independentismus, dem das vorwiegend presbyterianische Parlament aufs tiefste mißtraute. Cromwells Autorität war aber mit Marston Moor so gewachsen, daß es nicht mit ihm zu brechen wagte.

Cromwell wurde beauftragt, zusammen mit dem »Committee of both Kingdoms«, einem englisch-schottischen Kriegsausschuß, über eine Gesamtreform des Heeres zu verhandeln, um eine bessere Führungsorganisation und Truppendisziplin durchzusetzen, ohne die bisherigen Führer zu verletzen. Cromwell war von der Notwendigkeit einer solchen Reform überzeugt, da dem erprobten Heer auf Seiten des Königs nur eine Miliz auf Seiten der

Opposition gegenüberstand. Die örtlichen Milizen konnten vielleicht ihr Land verteidigen, aber keine reguläre Schlacht gewinnen. Nur durch eine überregionale, beliebig bewegliche und dabei disziplinierte Armee war der Krieg zu gewinnen. Die Not drängte dazu, und Cromwells Erfolg nötigte die Reform in seine Richtung. In einer »Self-denying Ordinance« von 1645 verzichteten alle Parlamentsabgeordneten auf ihre militärischen Führungsaufträge. Nur Cromwell wurde nach einer angemessenen Zeit als Seele des Ganzen wiederernannt. In diesem Sinne scheint er sich mit dem Parlament verständigt zu haben, was ein Zeugnis seiner wachsenden Bedeutung war.

Das »Committee of both Kingdoms« beschloß, eine »New Model Army« auszuheben, die aus gut ausgerüsteten und geregelt bezahlten Berufssoldaten bestand, also ein Heer war, das nicht wie die örtlichen Milizen und privaten Truppen ortsgebunden war, sondern sich frei bewegen konnte und dessen Führung nicht bei den zuständigen Lokalherren lag, sondern bei Heerführern, die sich mit der Sache der Armee identifizierten. Zur Bezahlung erdachte man ein neues Steuersystem mit monatlichen Steuererhebungen, für die das Parlament verantwortlich war. Cromwells Truppen der »Eastern Association« waren der Kern des Heeres, deren Beispiel an Disziplin und Enthusiasmus mehr und mehr die ganze Armee durchdrang. Das Oberkommando erhielt Sir Thomas Fairfax, ein guter Feldherr und das Idol seiner Soldaten. Einige Monate später wurde Cromwell zweiter im Kommando. Damit war eine dritte Kraft geschaffen, das independentisch gesinnte Heer, das die presbyterianische Majorität des Parlaments notgedrungen hatte zulassen müssen. Zur selben Zeit hatte das Parlament die Akten über das alte Kirchenregiment geschlossen, indem der alte Erzbischof William Laud durch »Act of Attainder« verurteilt und im Januar 1645 enthauptet wurde. Dies festigte den Bund mit den Schotten.

Die »New Model Army« war erst halb ausgebildet, als der König gegen die Östliche Assoziation vorrückte und Leicester einnahm. Das führte zur Entscheidungsschlacht bei Naseby 1645. Diesmal hatte Cromwell die gesamte Reiterei unter sich. Die Reiterei Ruperts und die Reiterei Cromwells trieben in gleicher Weise alles vor sich her. Aber Cromwells Disziplin gelang es, seine Reiterei gleich wieder zurückzunehmen und den eigenen Fußtruppen beizustehen. Das brachte den Sieg und die Vernichtung der königlichen Armee. Hier hatte Cromwell im Gegensatz zu Marston Moor freie Hand und sprengte in der Verfolgung das zurückflutende Heer auseinander. Damit bereitete er dem ersten Bürgerkrieg sein Ende. Der hohe Verlust an königlichen Offizieren war nicht mehr wettzumachen. Die Privatpapiere des Königs fielen den Feinden in die Hand und richteten mehr Unheil an als die Schlacht selbst, da das diplomatische Spiel Karls nunmehr bekannt wurde. Die Hoffnungen Karls auf den Beistand der katholischen Hochländer, die gegen die presbyterianischen Schotten in den Kampf getreten waren, und dann der Iren erfüllten sich nicht. Jene wurden geschlagen, und diese stellten unerfüllbare Forderungen.

Im April 1646 gab Karl das Spiel auf. Er begab sich in die Gewalt der schottischen Armee und blieb dort ein Jahr. Sein Glaube an die Gerechtigkeit seiner Sache war freilich unerschüttert. Zwei Vorteile hatte er noch in der Hand: keine dauernde Änderung ließ sich ohne seine Zustimmung durchführen, und wenn er Geduld hatte, mußten sich seine uneinigen Feinde, das Parlament, die Schotten und das Heer, früher oder später entzweien. Naseby war zwar noch im Zeichen eines allgemeinen Einvernehmens geschlagen worden; aber das Parlament hatte seinen Rückhalt mehr an der schottischen Armee als an der neuen geistigen und militärischen Macht, die sich in der Armee verkörperte. Zum Konflikt zwischen Armee und Parlament kam es in der zweiten Phase des Kampfes.

7. *Der zweite Bürgerkrieg 1648*

Karl suchte mit Erfolg die Gegensätze unter seinen Feinden auszunutzen. Während seines Aufenthalts bei der schottischen Armee hatte er mit den Schotten Geheimverhandlungen zugunsten einer presbyterianischen Kirchenverfassung in England gepflogen. Danach begab er sich auf die Insel Wight, von wo aus er mit dem Parlament Verbindung aufnahm. Inzwischen drangen die Schotten wieder nach Süden vor, diesmal, wie sie glaubten, im Interesse des Königs. Ihr Einmarsch in Nordengland gab den royalistischen Revolten in Wales, Essex und Kent Auftrieb. Cromwell wandte sich gegen die vordringenden Schotten. In dieser Situation schloß Karl mit dem Parlament den Vertrag von Newport 1648. Darin annullierte er alle seine früheren Erklärungen und gestand zu, daß das Parlament den Krieg in gerechter und gesetzlicher Verteidigung geführt habe. Ferner sollte für drei Jahre der Presbyterianismus maßgebend bleiben und später eine beschränkte Bischofskirche errichtet werden, wobei das Parlament weiterhin die Kontrolle über die Miliz behalten sollte. Die Folge dieser Übereinkunft zwischen Royalisten und presbyterianischen Parlamentariern war das Gesetz gegen Häresie und Blasphemie vom Mai 1648, das den Forderungen der Armee nach Duldung aller protestantischen Denominationen völlig entgegengesetzt war. Das war alles andere als eine Sicherung der protestantischen religiösen Freiheit nach den Vorstellungen des Independentismus, und auch die Sicherung der politischen Freiheit war nicht in dem erhofften Maße gegeben. Zudem fürchtete das Heer, daß der Vertrag seine Entlassung ohne Sicherheit für den rückständigen Sold und ohne klare Indemnität für die Kriegshandlungen bedeutete. Das Heer machte den König außerdem für die schottische Aggression verantwortlich. Da das Parlament aber offenbar mit Karl einig geworden war, blieb das Heer auf sich gestellt.

In Windsor kamen die Offiziere der Armee zusammen. Sie eröffneten und schlossen ihre Beratungen mit Gebeten und gelobten, nicht eher zu ruhen, bis sie den König für dieses erneute Blutvergießen zur Verantwortung gezogen hatten. Der erste Krieg hatte sich noch gegen die bösen Ratgeber des Königs gerichtet, der zweite richtete sich gegen seine Person. Die Schlacht bei Preston gegen die Schotten 1648 beendete sogleich den Krieg. In drei Tagen und Nächten war der Feind vernichtet; kaum einer entkam der Verfolgung; alle noch schwelenden Aufstände wurden unterdrückt. Gott hatte offenbar ein Zeichen gegeben; Cromwell fühlte sich bestärkt, als Werkzeug der göttlichen Rache das Haupt des Königs zu fordern. Die siegreiche Armee kehrte zurück und beherrschte London und Westminster. Trotzdem entschied sich das Parlament mit 129 gegen 83 Stimmen, in jenem Vertrag von Newport eine brauchbare Grundlage für eine Regelung des politischen und religiösen Lebens gefunden zu haben; es bereitete die Wiedereinsetzung des Königs vor.

Für Cromwell jedoch bedeutete der Vertrag von Newport die Auslieferung der heiligen Sache an die Person des Königs. Die ganze Armee fühlte sich durch das Bündnis zwischen Kavalieren und Parlament herausgefordert. Für sie war Karl »the man of blood«, der die Schotten zum Einfall nach England eingeladen und sich mit dem Parlament verbündet hatte, beides zugunsten eines Presbyterianismus, der gegen die Armee gerichtet war. Die Armee wollte keinen Kompromiß und schritt zur Gewalt. Karl wurde bei Newport gefangen genommen; dann wandte sich das Heer gegen das Parlament. Ein Regiment Soldaten unter Oberst Pride drang ins Unterhaus ein, verhaftete 45 anwesende Abgeordnete und hinderte 100 am Eintritt. Mit »Pride's Purge« am 6. Dezember 1648 schieden die dezidiert presbyterianischen Abgeordneten aus. Es blieb nur ein »Rumpf-Parlament«, in welchem die Anhänger der Armee die Mehrheit hatten. Die Armee war entschlossen, die alte Monarchie abzuschaffen.

Der zweite Bürgerkrieg war schnell zuende gegangen. Aber seine Ergebnisse waren entscheidend. Der erste Bürgerkrieg sicherte die Ansprüche des englischen und schottischen Parlaments und schuf ein evangelisches Bündnis zwischen beiden Völkern. Der zweite zerstörte dieses Bündnis und zugleich das presbyterianische Experiment in England. Naseby 1645 kostete Karl die Macht, Preston 1648 aber den Thron und das Leben. Allerdings zeigte das Zusammengehen von Kavalieren und Presbyterianern schon jene Verbindungen, die 1660 die Restauration ermöglichte.

8. Das Ende der Monarchie 1649

Cromwell hatte über Royalisten, Schotten und Parlament den Sieg errungen und alle Macht in Händen. Als Rechtsgrundlage seiner Macht genügte aber auf die Dauer nicht, sich als Werkzeug Gottes gefühlt zu haben. Cromwell suchte nach einer geeigneten Rechtsgrundlage und verhandelte deswegen mit Juristen und

Richtern um eine endgültige Beilegung des Konflikts. Er plädierte sogar für das Leben des Königs, wenn dieser nur die Bedingungen der Armee annehmen wolle. Ohne ein Nachgeben des Königs war keine konstitutionelle Regelung möglich. Hier aber zeigte sich Karl von großer Entschiedenheit. Er lehnte jeden Kompromiß ab und wollte sich lieber von seinem Leben als von seiner Krone trennen. Jedenfalls wollte er nicht in freier Entscheidung auf seine Macht verzichten. Das hätte in der Tat die Monarchie zu einer Scheinmonarchie gemacht und gänzlich der Anschauung der Zeit von fürstlicher Würde und göttlichem Königsrecht widersprochen. In Verhandlungen konnten die Independenten nicht zum Ziele kommen.

Nach diesem erregenden Zwischenspiel schritt die Armee zum Sturz der Monarchie. Aber ihre Revolution hüllte sich in den Mantel eines Rechtsverfahrens. Am 6. Dezember 1648, dem Tag von »Pride's Purge«, wurde ein Gerichtshof zur Aburteilung des Königs gebildet; am 23. Dezember brachte man den König nach Windsor. Das gefügige Rumpfparlament stimmte dem Prozeß gegen den König zu; aber das Oberhaus, welches nur noch aus 13 Lords bestand, lehnte das Vorhaben ab. Darauf beschloß das Unterhaus am 4. Januar 1649 das Oberhaus abzuschaffen mit der Begründung, daß alle politische Macht vom Volke stamme und von ihm an die gewählten Vertreter im Parlament delegiert sei. Die Auflösung erfolgte erst im Februar.

Cromwell beorderte in den Sondergerichtshof 135 leitende Persönlichkeiten, darunter Abgeordnete, Offiziere und Juristen. Nur die Hälfte von ihnen nahm allerdings an den Sitzungen teil. Einige fürchteten sich vor einer weitgehenden Entscheidung, wie Cromwell sie erwartete; andere zweifelten an der Zuständigkeit des Gerichtshofs. Auch General Fairfax lehnte eine Teilnahme ab. Aber Cromwell wischte alle Bedenken beiseite und erklärte unverblümt: »I tell you we will cut off his head with the crown upon it«. In welchem Namen dieses Gericht tagen sollte, war Cromwell freilich bis kurz vor Beginn des Prozesses unklar, bis man es mit der Formel autorisierte, das Urteil werde gefällt »in the name of the Commons in Parliament assembled and all the good people of England«. Die Anklage lautete, Karl habe geplant, »the ancient and fundamental laws« der Nation zu verkehren und stattdessen ein willkürliches Tyrannenregiment zu errichten.

Am 6. Januar 1649 trat das Gericht zusammen; es waren 70 Richter, die in ihren gewöhnlichen Kleidern als Offiziere oder Gentlemen amtierten. Karl behielt diesem merkwürdigen Gericht gegenüber den Hut auf dem Kopf, zeigte seine Mißachtung und lehnte ostentativ dessen Rechtsprechungskompetenz ab. Bei den Worten der Anklage »Charles Stuart to be a tyrant« lachte er offen und weigerte sich danach, ein Wort zu seiner Verteidigung zu sagen. Er bestritt dem Gericht jegliche Befugnis und erklärte, kein erblicher König könne von seinen Untertanen gerichtet werden. Wenn das Gesetz des Landes durch nackte Gewalt beiseite gesetzt werde, würden Gerechtigkeit, Verfassung und Freiheit, und damit alles, was für ein Volk lebenswert sei, verloren gehen. Er identifizierte seine eigenen alten Rechte mit den alten Rechten seiner Untertanen; die eine Seite bedinge erst die andere. Mit dieser grundsätzlichen Ablehnung begnügte er sich. Argumente zu seiner persönlichen Rechtfertigung hielt er für unnötig. Er meldete sich nicht mehr zu Wort. Erst als das Urteil gesprochen war, wollte er sprechen, was ihm nun verweigert wurde. Diese Selbstsicherheit erschütterte die Richter und machte es Cromwell schwer, jene 58 Unterschriften zusammenzubekommen, die schließlich unter das Todesurteil gesetzt wurden. Nur Cromwell selbst blieb unerschütterlich und soll sogar einem unschlüssigen Richter persönlich die Hand bei der Unterschrift geführt haben.

Am frühen Morgen des 19. Januar 1649 wurde Karl durch den St. James Park zur Richtstätte geführt. Er schritt so schnell, daß die Wachen ihm kaum folgen konnten. Die Zuschauer äußerten Mitgefühl; viele weinten oder beteten. Aber es gab kein Zurück mehr; die Armee hätte es nicht zugelassen. Unter ihrem Druck hatten die Richter gehandelt, wie sich später viele von ihnen entschuldigen wollten. Die Kommissare des schottischen Parlaments hatten sich schon früher ausdrücklich vom Gericht und seinem Urteil abgesetzt. Sie hatten an die militärischen Führer appelliert und an jenen feierlichen Bund von 1643 erinnert, der den Sieg im ersten Bürgerkrieg ermöglicht habe und beide Nationen verpflichte, die Person des Königs zu schützen; ja, sein Tod würde den Bruch zwischen Schottland und England bedeuten. Aber alles war vergeblich; nur durch den Tod des Königs konnte sich die Armee behaupten.

Auf dem Schafott erklärte Karl, daß er niemals die alten Freiheiten Englands habe beschneiden wollen; aber doch sei Gottes Urteil gerecht. Das ungerechte Urteil, das er selbst entgegen seinem Gewissen zugelassen hätte, jenes Urteil über Strafford 1641, sei nun durch ein neues ungerechtes Urteil gesühnt. Dann vergab er seinen Feinden und versicherte, er habe »liberty and freedom«, also die Freiheiten und Rechte des Volkes, unter einer Regierung bewahren wollen, die diese keineswegs angetastet hätte. Hätte er nur Gewalt gebraucht, wäre er nicht hier! »Darum sage ich euch«, fuhr er fort, »und ich bitte Gott, daß es euch nicht zur Schuld angerechnet wird – daß ich der Märtyrer des Volkes bin«.

Während seiner letzten Worte wurde die Volksmenge von den Soldaten weit weggehalten. Als das königliche Haupt fiel, machte sich die allgemeine Bedrückung in einem dumpfen Grollen und Entsetzen bemerkbar. England trauerte, aber die Armee jubelte. Karl starb mit Würde und in der Überzeugung, ein Märtyrer für die Idee des Königtums und des Rechts zu sein, die allein die Menschen vor Chaos und Unglück schützen könnte. Es fiel ihm offenbar leichter, zu sterben wie ein Edelmann als weise zu regieren wie ein Staatsmann. Der Märtyrerkönig wurde zum Symbol der royalistischen Tradition; sein Tod stärkte das Königtum. Aber diejenigen, die Karl hinrichten ließen, waren nicht weniger von ihrem Recht überzeugt. Sie hatten einen Weg beschritten, dessen Ende niemand absehen konnte.

9. Über die Ursachen der puritanischen Revolution

Über die tieferen Ursachen der puritanischen Revolution gehen die Meinungen auseinander. Ging der Konflikt tatsächlich um konstitutionelle und religiöse Freiheit, oder war er Ausdruck eines wirtschaftlichen Machtkampfes oder gar einer bourgeoisen Revolution? Zogen die Ereignisse seit 1640 die Summe aus einer allgemeinen sozialen Umschichtung, einer Änderung der Eigentumsverhältnisse und einer Preisrevolution, oder handelte es sich hier um religiöse und politische Fragen, die den Umsturz herbeiführten? Waren soziale Klassen oder politisch-religiöse Parteien die Träger der Auseinandersetzung? Ein Blick auf die Karte Englands scheint zu zeigen, daß die agrarischen Räume auf Seiten des Königs und die mehr industriell-kommerziellen Räume auf Seiten des Parlaments standen, rückschrittliche und fortschrittliche Landschaften sich also bekämpft hätten. Auch die Häfen waren durchweg in Händen des Parlaments. Freilich gab es in Hull auch eine starke Königspartei, und Bristol war nach seiner Einnahme 1643 bis zur Rückeroberung 1645 durchaus königstreu und Newcastle immer royalistisch. In jeder Grafschaft gab es zwei Parteien; dabei verhielt es sich durchaus nicht so, daß die Bourgeoisie und die radikale Gentry stets anti-royalistisch waren. Von einem Aufstand der verarmten Gentry gegen die königlichen Amtsträger kann auch nur sehr bedingt gesprochen werden, da gerade die ärmere Gentry auf Seiten der Krone und die wohlhabenden Squires des Ostens auf Seiten des Parlaments standen. Überhaupt stellte keine Klasse eine einheitliche Front dar; die Gentry war gespalten, und auch keine Wirtschaftsgruppen drangen einheitlich vor. Eine Klassenhomogenität auf Grund ökonomischer Interessen bleibt eine leere Annahme; jedenfalls waren familiäre, lokale und personale Bindungen von stärkerem Gewicht. Selbst die umstürzenden Common Council (Stadtrat) Wahlen in London vom 21. Dezember 1641, die die Anti-Royalisten gewannen, brachten Kaufleute der gleichen Klasse wie bisher in den Stadtrat.

Es handelte sich nicht um einen Krieg zwischen arm und reich, zwischen rückschrittlichen und fortschrittlichen Landschaften oder zwischen Stadt und Land. Zwar ist in einem gewissen Umfang ein Ringen Londons, der Hafenstädte und der angeschlossenen Gebiete gegen den ländlichen Norden und Westen erkennbar, aber eine eindeutige soziale Zuordnung ist damit keineswegs gegeben; vielmehr wurde diese im Verlauf der Ereignisse noch unklarer. In den Städten und Häfen war allerdings der Einstrom protestantischer Ideen über Handel und Seefahrt größer und die Auswirkung der königlichen Finanzpolitik über Monopolverleihungen, Schiffsgeld, Zoll und Münzmanipulationen spürbarer. Infolgedessen war hier das Interesse an den allgemeinen wirtschaftlichen, politischen und religiösen Fragen reger. Hier konnten die Opponenten leichter die Gewalt an sich reißen als in den weiträumigen Grafschaften, in denen sich lokale Kämpfe lange hinschleppten, die mit den Feldzügen der Hauptheere wenig zu tun hatten. Auch war die Geldmittelbeschaffung in den Städten leichter. Wo die alten genossenschaftlichen Bindungen sich gelockert hatten und die wirtschaftlichen Verhältnisse in Fluß geraten waren, sympathisierte man meist mit der Sache des Parlaments.

Auf dem Lande war die alte Feudalabhängigkeit längst dahin gegangen und der neue Feudalismus der Magnaten noch nicht so weit fortgeschritten wie im 18. Jahrhundert, als das Legen der »Freeholders« dem Großgrundbesitzer weitreichenden Einfluß auf Parlament und Kommunität gab. Durchweg waren die waffenwürdigen Leute damals sozial und wirtschaftlich immer noch so gestellt, daß sie ihre Entscheidung in relativer Freiheit treffen konnten (vgl. S. 256). Mancher Freisasse konnte sein Schwert auch gegen den Junker richten. Noch war die Zeit der freien Junker und der Freisassen, also der Yeomanry, die stolz auf ihre Unabhängigkeit war. Es gab zwar einen Abstieg bäuerlicher Schichten zugunsten der Gentry und eine Schwächung des Mittelstandes durch Landkauf und Abwanderung in die Gentry. Aber eben die Gentry war kaum eindeutiger Träger des Umsturzes, zumal die verarmte Gentry im Westen und Norden dem König und die wohlhabende Gentry oft dem Parlament zuneigte. Im Parlament entschieden sich die wohlhabenden und unabhängigen Squires teils für die eine, teils für die andere Seite. Eindeutige Träger der Revolution waren weit eher die Krone, das Heer und die Schotten bzw. Iren. Auch ist irrig, innerhalb der Gentry einen Konflikt zwischen der »fat Court Gentry« und der »depressed Country Gentry« anzunehmen. Revolutionärer als sie oder auch als das presbyterianische London oder die Hafenstädte war die independentische Yeomanry im Heer Cromwells.

Soziale Gegensätze neuer Art gab es nicht genügend oder nicht so eindeutig, um daraus eine Revolution zu erklären. Das alte Klischee von der Rolle der Bourgeoisie paßt hierauf gar nicht. Zwar drang die Gentry stärker in den Raum vor, den die geschwächte Magnatentafel offengelassen hatte, und in diese Gentry drang wiederum die Kaufmannschaft durch Landerwerb ein. Das bedeutete aber, daß die alte Stufung anerkannt blieb. Die Spitzen der Kaufmannschaft entfremdeten sich ihrem bürgerlichen Stand und gingen in die weniger lukrative, aber sozial mehr geltende Gentry ein. Diese ständige Abschöpfung der führenden Mittelklassenschicht in die Gentry hinein unterstrich die soziale Rangordnung, wenn auch damit in der Gentry ein Wandel vom patriarchalischen Grundherrn zum Unternehmer-Landwirt verbunden war.

Das Revolutions-Parlament bestand zudem zu fast 90 v. H. aus lokalgebundenen Junkern, von denen 60 v. H. mehr als 1000 £ und nur 10 v. H. weniger als 500 £ Jahreseinkommen hatten, wobei das Doppelverdienst der Juristen nicht berücksichtigt ist. Nur 10 v. H. der Commons repräsentierten den Handel. Pym, Hampden und Cromwell waren Squires und wollten es bleiben. Das Unterhaus war wohlhabend und Sprachrohr der niederen Adelsklasse. Es war sich einig im Kampf gegen die Neuerungen der Krone, gegen Autokratie und Papismus; es spaltete sich aber an der Religionsfrage, die auch eine politische Frage war.

Die wirtschaftliche und soziale Lage um 1640 war eine Bedingung, aber nicht die auslösende Ursache für die politisch-soziale Gärung. Die erstarkte Stellung der Gentry in der gewandelten Grafschafts- und Kommunalverfassung und ihre Abwehr der vordringenden kirchlichen Bevormundung, die wachsenden wirtschaftlichen Bedürfnisse und Aktionsmöglichkeiten des Handels, der Einstieg neuer ökonomischer Kräfte in die Gentry, die Änderungen der Produktionsformen im Manufaktur- und Agrarwesen, die nationale Marktbildung, die Preisrevolution und dergleichen mehr lieferten Voraussetzungen zu den Frontbildungen und Kampfrichtungen im Bürgerkrieg, insofern die Laudsche Kirchenpolitik in die Kommunalordnung und die königliche Finanz- und Handelspolitik in den Wirtschaftszusammenhang eingriffen. Die Opposition floh in einen allgemeinen Puritanismus, der als Entscheidung für die autonomen Gemeinden und für freigesetzte Wirtschaft angesehen werden konnte. Hier fand sie einen allgemeinen Nenner. Was hier an sozialer Konfrontierung maßgebend sein mochte, wurde als religiös-politische Scheidung zur integrierenden Kraft. Dabei traten gewisse Unterschiedlichkeiten im sozialen Typus und in der Lebensanschauung hervor.

Hier war auch die Lebensauffassung der Kreise fern vom Hofleben mitentscheidend. Die Bibellektüre war ein zentrales Element gebildeter Lebensführung geworden, besonders nachdem die Bibelübersetzung von 1611 den Anstoß zu einer läuternden Beschäftigung mit diesem Grundbuch gab, aus dem der Durchschnitt der Gebildeten seine Motive und Vorstellungen formte. In der parlamentslosen Zeit unter Karl I. machte sich die oppositionelle Haltung gegen das Staatskirchentum William Lauds im Rückgriff auf die Bibel bemerkbar. Daß der König über die Kirche seine Prärogative auszudehnen trachtete, widersprach dem reformatorischen Anliegen und förderte einen Anti-Klerikalismus, der sich mit der politischen Opposition leicht verbinden konnte und sich schon früh in Bibelverehrung und religiöser Verinnerlichung äußerte. Der unter Jakob I. wenig bedeutungsvolle Puritanismus wurde unter Lauds Regiment militanter. Man traf seine Wahl zwischen den Antagonisten vor allem auf Grund politischer und religiöser Überzeugungen und weniger auf Grund einer Klassensituation. Der Zusammenhang der parlamentarischen Opposition gegen die selbstherrliche Krone mit dem latenten Widerstand gegen das autoritäre Kirchenregiment war entscheidender als die soziale Kluft innerhalb der Gesellschaft.

Wirklich neue Anschauungen entfalteten sich nur da, wo die soziale Einbettung verloren ging, nämlich im Heer. Die Entfremdung zwischen Landadel und Rundköpfen, zwischen Parlament und Heer und dann zwischen Offizieren und Mannschaften ließ im Lauf der Ereignisse allerdings einen sozialen Gegensatz hervorbrechen, der die niederen, nicht zur sozialen Hierarchie zählenden Schichten ins Spiel brachte, die sich über das Heer und den religiösen Radikalismus zeitweilig eine Stimme verschafften. Der Kompromiß von 1660 schaltete dieses Element wieder aus. In allen Wirren behaupteten die Rechtskundigen stets das Feld gegen alle Gewaltmaßnahmen; größere soziale Veränderungen blieben trotz der Bodenbewegung und Steuerauflagen aus. Nur der Vorrang Londons und der Handelsherren sowie der Triumph des Common Law blieben.

Die stärkste Kraft der Desintegration war der Independentismus, der sich gegen Anglikanismus und Presbyterianismus wandte. Die Gentry war aber kaum independentisch, wohl aber die Yeomanry und Cromwell. Allerdings war das independentische Ziel der gemeindlichen Eigenständigkeit in Religion und Verwaltung eine allgemeine Tendenz auch bei den Royalisten. Die religiöse Stoßkraft wirkte zudem von außen, von Schotten und Iren, also keineswegs unmittelbar aus einer fixierbaren Stelle der Gesellschaft. Die Gewaltsamkeit kam von außen: »Violent Revolution happens from without« und nur »Natural Revolution happens from within« schrieb damals Harrington (1655). Die Furcht vor der schottischen und der irischen »Popery«, d.h. Klerikalherrschaft, war ein vereinigendes Motiv im Streit. Die treibende Kraft waren »Liberty and Reformation«. Man suchte Freiheit zur Reformation, fand aber nur die Freiheit, ohne die keine Reformation möglich war. Auf dem Rücken des religiösen Freiheitsverlangens fand man nicht das neue Jerusalem, sondern das moderne England der Restauration.

In Summa bleibt die Epoche unverständlich und rätselhaft, wenn man nicht als Grundzug den Einklang politischer und religiöser Forderungen begreift und jenen religiösen Impuls berücksichtigt, der schließlich zum erstenmal in der neueren Geschichte Englands alle sozialen Schichten mit ins Spiel brachte. Die Gleichsetzung der englischen Freiheiten mit dem Protestantismus trieb zu einem nationalen Selbstverständnis und Sendungsbewußtsein, das zwar revolutionären Gehalt hatte, aber keinen sozialen Umsturz wollte, sondern im Gegenteil integrierend wirkte. Später war die Schwäche der sozial-revolutionären Antriebe entscheidend dafür, daß am Ende des Freiheitskampfes eine Diktatur blieb, nachdem die Phase der Experimente unfruchtbar geblieben war.

Die puritanische Revolution war nur in dem Sinne Ergebnis der Produktionsverhältnisse wie der Donner das Ergebnis der Lufteigenschaften ist. Die ökonomischen Verhältnisse waren Bedingung, aber nicht Ursache oder gestaltende Träger des Dramas, das von Religion und Recht her seine Form gewann. Sie widerlegt vielmehr die naturgesetzliche Auffassung der sozialen Entwicklung in eindrucksvoller Weise. Allerdings ist zuzugeben, daß gerade vom calvinistischen Puritanismus aus das, was an einer deutlicheren Scheidung von arm und reich sich in der Handels- und Erwerbswelt zeigte, eine Überhöhung und Festigung erfuhr.

Der Protestantismus des 17. Jahrhunderts war außer einigen spiritualistischen Auswüchsen weder egalitär noch demokratisch. Vielmehr führte er mit der calvinistischen Auserwähltheitsdoktrin eine Klassenscheidung in den alten Grundsatz ein, daß vor Gott alle Menschen gleich seien. Der materielle Erfolg als Bestätigung der eigenen Auserwähltheit kam dem Profitdenken der aufsteigenden bürgerlichen Handelswelt und ihrem Bedürfnis nach freier Bewegung entgegen, heiligte den zunehmenden Reichtum einzelner zu einem unantastbaren Gottesgeschenk und verführte zu einer Gleichsetzung der religiösen Freiheit mit Handelsfreiheit. Die Abwehrhaltung gegen staatliche Eingriffe im Interesse einer staatsfreien Wirtschaftssphäre hätte allein freilich kaum zu einem allgemeinen Umsturz genügt, zumal auch hier eine klare Konfrontation fehlte und ein Kompromiß gesucht wurde. Gerade die Erfassung aller sozialen Kräfte der Gesellschaft für und wider Krone und Staatskirche bezeugte das Übergewicht der religiösen und rechtlichen Antriebe, denen sich die sozialen Spannungselemente in mannigfaltiger und oft gegensätzlicher Form hinzuaddierten.

1. *Die Errichtung der parlamentarischen Republik*

Am 7. Februar 1649, eine Woche nach der Hinrichtung Karls I., wurde die Monarchie abgeschafft und am 19. Mai die Republik ausgerufen: »England soll hinfort als ein Commonwealth oder ein ›free state‹ regiert werden, durch die höchste Autorität dieser Nation, nämlich die Repräsentanten des Volkes im Parlament und diejenigen, die diese unter sich als Minister ernennen und einsetzen zum Wohle des Volkes«. Das waren Worte, die an die amerikanische Verfassung von 1787 erinnern, in der Elemente der puritanischen Revolution sich dauerhaft verwirklichen sollten. – Alle künftigen Erlasse sollten im Namen der »Keepers of the Liberty of England« sprechen; das große Siegel von England hatte das Bild des Parlaments mit der Inschrift: »In the first year of Freedom by God's blessing restored« zu tragen.

Es blieb unklar, was unter einem »free state« verstanden werden sollte. Thomas Hobbes und James Harrington behaupteten, die neue Regierung sei im Grunde eine Oligarchie; in zeitgenössischen Pamphleten bezeichnete man sie als Aristokratie. Nach den vorgebrachten Prinzipien handelte es sich um eine Demokratie. In den Beschlüssen vom 4. Januar 1649 galt das Volk als Ursprung jeglicher Gewalt; die Könige seien nur Beauftragte des Volkes und dieses habe das Recht, sie bei Mißregierung abzusetzen. Wichtiger war, daß der Staat als Ergebnis menschlicher Vereinbarung und nicht als Ausfluß einer gottgewollten und vorgegebenen Ordnung aufgefaßt wurde. Das Gemeinwesen wurde zu einer nützlichen menschlichen Einrichtung rationalisiert und säkularisiert. Die Tendenz zur Spiritualisierung der Religion als einer innermenschlichen Angelegenheit hatte die äußere Welt des Politischen entzaubert und freigesetzt. Die Menschen als frei geborene Abbilder Gottes sind weder Herrscher und Beherrschte oder Herren und Knechte, sondern begründen zur Ermöglichung eines friedlichen Zusammenlebens aus wechselseitiger Vereinbarung, einem Bund oder Vertrag, politische Herrschaft. Jeder ist ein freier Mann, der durch eine solche Abmachung an der zweckmäßigen Errichtung seines politischen Gemeinwesens mitbaut. –

Diese Vorstellungen fanden Ausdruck in John Miltons Schrift »The Tenure of Kings and Magistrates« 1649, in der er die Exekution Karls I. verteidigte. Das Recht zum Schutze des Gemeinwohls gegen einen Tyrannen verbleibe stets beim Volk, von dem alle Macht und Autorität der Regierung sich ableite. Ein inhärentes Recht des Königs gebe es nicht. Milton war einer der radikalsten Independenten und wollte Innen und Außen, Religion und Staat klar getrennt sehen. Im Namen der souveränen Freiheit des Christenmenschen verachtete er König, Parlament und Masse gleichzeitig.

In Wirklichkeit bedeutete das Commonwealth die Herrschaft des Langen Parlaments, das jetzt freilich nur noch ein »Rumpf« war. Alle Macht, die bisher dem König zusammen mit den beiden Häusern zustand, beanspruchte jetzt jener verbliebene kleine Rest von Abgeordneten im Unterhaus. Als Exekutivorgan wurde ein »Council of State«, ein Staatsrat, eingerichtet, der aber kein Kabinett oder Senat sondern mehr eine Art Parlaments-Komitee zur Exekutive und Verwaltung war. Dieser jährlich zu wählende Staatsrat bestand aus 41 Mitgliedern, von denen nur zehn nicht im Parlament saßen. Unter ihnen waren drei bis vier Berufssoldaten, ferner Kaufleute, Juristen und meist Country Gentlemen; John Milton war sein Sekretär. Später erhielt der Staatsrat einen Präsidenten, der monatlich wechselte. Diese Regierungsform hatte ihr Vorbild in der Regierung durch Komitees zur Zeit der Bürgerkriege. Hier hatte man nach Bedarf Spezialisten und Fachleute in die Komitees hineingenommen. Ein Gegengewicht gegen das Parlament war damit nicht geschaffen.

Das Rumpf-Parlament hatte unbeschränkte Gesetzgebungsbefugnisse, übte direkt durch seine jeweiligen Beschlüsse und indirekt durch den Staatsrat die Exekutive aus und bildete außerdem Ausschüsse mit richterlichen Kompetenzen, so daß es auch eine Rechtsprechung in der Hand hatte. Es ergriff immer mehr Bereiche, ernannte Generäle und Admirale, kontrollierte Lokalbehörden, verkaufte Kirchen- und Krongut oder Eigentum der Royalisten und erließ neue Gesetze über Hochverrat und Loyalität, die einen allgemeinen Untertaneneid vorsahen. Es lehnte eine populare Kontrolle ab und dachte nicht an eine Neuwahl, obwohl es nur einen Bruchteil der Leute umfasste, die vor 10 Jahren gewählt worden waren. Gegen die Allzuständigkeit des Parlaments und die Unbeschränktheit seiner Befugnisse richtete sich eine Diskussion über die rechte Verfassung, in welcher zum ersten Mal die Trennung der Gewalten als Grundforderung des Rechtsstaates aus dem Common Law, dem Naturrecht und auch aus theologischen Spekulationen gefordert wurde, um jede tyrannische Maßnahme auszuschließen.

Dabei war dieses Parlament entgegen seiner Behauptung alles andere als eine Repräsentation des ganzen Volkes. Die Royalisten waren 1641 ausgeschieden und die Presbyterianer 1648. Im November 1640 hatte das Lange Parlament 490 Mitglieder, im Januar 1649 aber nur noch 90. Ganze Landschaften waren ohne Vertretung; London hatte einen und Wales drei Abgeordnete; die Grafschaften Hertfordshire, Lancashire, Herefordshire und Cumberland waren gar nicht vertreten. Durch Nachwahlen vermehrte sich die Abgeordnetenzahl auf 125; in den Jahren 1649 bis 1653 repräsentierte der »Rumpf« eine Minderheit der Nation. Dieses Parlament tagte ständig und gab sich kaum mehr als drei bis viertägige Pausen, während früher die Sitzungen sich höchstens auf das halbe Jahr erstreckten. Durch das Gesetz vom 11. Mai 1641 konnte es zudem ohne seine eigene Zustimmung weder vertagt noch aufgelöst werden. England wurde durch »a perpetual Parliament always sitting« (Cromwell) regiert.

Das Parlament betrachtete sich als legitimierten Souverän; die Armee dagegen sah in ihm lediglich ein vorläufiges Hilfsmittel. Sie verstand unter »free state« wirklich eine Demokratie mit republikanischen Einrichtungen und forderte in ihren Debatten eine geschriebene Verfassung mit Abgrenzung der Rechte von Untertanen und Regierung. Der im Heer vorherrschende Independentismus hatte notwendig demokratische Tendenzen, weil er subjektiver Meinungsbildung Raum gab. Nach independentischer Anschauung durfte sich jede Sekte oder Gruppe als Gemeindekirche konstituieren, d.h. die Independenten erstrebten eine Freisetzung der religiösen Selbstbestimmung, die sie auf die politisch-sozialen Verhältnisse übertrugen. Ihre spiritualistische Zersetzung des Kirchenbegriffs führte zu einer Individualisierung, von der aus der Schritt zu einer individualistischen Demokratie nicht weit war. Die ausdrückliche Zustimmung des

Individuums wurde als Grundlage der vertraglich zustande gekommenen Gemeinschaft genommen. Aus der Armee kamen demokratische Verfassungsvorschläge, die sogenannten »Agreements of the People«. Im April 1649 ging der erste Verfassungsentwurf an das Parlament.

Nach diesem »Agreement of the People« sollte jeder selbständige freie Mann, außer den Armen und den abhängigen Dienern, das Stimmrecht erhalten. Gleiche Stimmbezirke seien einzurichten und alle zwei Jahre ein Parlament zu wählen, das jährlich sechs Monate tagte. Alle Formen der religiösen Verehrung außer Anglikanismus und Katholizismus sollten toleriert werden; der Staat konnte eine Nationalkirche einrichten, aber ohne das Recht, eine bestimmte Verehrungsform den einzelnen Untertanen verbindlich vorzuschreiben. Schließlich sollten bestimmte Grundrechte wie Freiheit von jeglichem Zwang, Gleichheit vor dem Gesetz und Freiheit der religiösen Verehrung garantiert werden. Der Bruch in der Kontinuität der alten Einrichtungen hatte zu dieser neuen Form einer aus Prinzipien deduzierten Verfassung geführt, die auf das moderne Verfassungsdenken vorausdeutete. Nach der Vorlage dieser Petition im Parlament sollte die Verfassung unter dem Volk zirkulieren, von jedem unterzeichnet werden und bei allgemeiner Zustimmung in Kraft treten. Das Parlament legte den Entwurf aus Furcht vor dem Radikalismus beiseite und traf keine Anstalten, dem Anliegen stattzugeben. Es behauptete, die Allgemeinheit sei noch nicht reif dazu und das neue Gemeinwesen noch nicht genügend gesichert.

In der Tat stellte sich das Ausland gegen die Königsmörder. Das Reich, Schweden, Dänemark und die Niederlande waren dem neuen Regime feindlich gesinnt. Wilhelm II. von Oranien (gest. 1650) als Schwiegersohn Karls I. fühlte sich als Beschützer der Stuarts und unterstützte den Prinzen Karl mit Rat und Geldmitteln. Karl galt bereits jetzt bei den Royalisten als Karl II.; die Schotten erkannten ihn schon 1650 als ihren König an. Nur die Provinz Holland hielt an ihren freundlichen Beziehungen zu England fest. In Frankreich erkannte Kardinal Mazarin die Republik nicht an; französische Seeleute führten einen Privatkrieg gegen englische Schiffe. Die spanische Regierung verhielt sich freundlicher; aber auch hier waren Herrscher und Volk im Grund feindlich eingestellt. Im Inneren des Landes standen die Royalisten, Presbyterianer und jetzt auch die radikalen Leveller gegen das Parlament. Im Todesjahr Karls (1649) erschien die Schrift »Eikon Basilike«, die ein Bild des Königs in seinem Leiden und seiner Einsamkeit gab und angeblich von Karl selbst verfaßt war. Daran entflammte sich erneut die royalistische Gesinnung; viele begannen zu glauben, daß der Märtyrerkönig ein guter Monarch gewesen sei. Zwar unternahm es John Milton, der Sekretär des Staatsrats, in seinem »Eikonoklastes«, dieses Idol zu zerstören; er hatte aber damit nur geringen Erfolg.

Ein Teil der englischen Flotte, etwa ein Drittel, der sich nach dem Tod des Königs zu Prinz Rupert nach Holland begeben hatte, war royalistisch und suchte durch einen Kleinkrieg den englischen Handel zu stören. Das Parlament antwortete mit hohen Geldstrafen, Güterentzug und Gefangensetzung. Auch die Presbyterianer waren gegen die Hinrichtung des Königs und durchweg auch gegen die Republik; sie begnügten sich meist mit einem passiven Widerstand. Allerdings gab es kein vertrauliches Zusammengehen von Presbyterianern und Royalisten. Die Royalisten behaupteten, die Independenten hätten dem König zwar das Haupt abgeschlagen, aber die Presbyterianer hätten ihn an den Richtblock geschleppt.

Eine dritte unzufriedene, jedoch königsfeindliche Gruppe waren die Leveller, die Einebner, unter denen eine kleinere radikale Gruppe, »the true Levellers«, sich bis zu einem agrarischen Sozialismus verstiegen. Diese »wahren Levellers« forderten freien Grund und Boden für jeden und Verteilung des Landbesitzes an alle. Ziel war eine sozialistische Republik ohne Privateigentum an Land, ohne Geld und ohne den Unterschied von arm und reich. Einige, die sogenannten »Diggers«, gingen von sich aus zu gemeinsamer Bodenbearbeitung ohne Rücksicht auf die bestehenden Rechtsverhältnisse über und wollten durch ihr Beispiel eine allgemeine Liebes- und Geistesgemeinschaft schaffen. Die Mehrheit der Levellers trat aber für die bisherige Eigentumsverteilung, für Begrenzung der Regierungsgewalt und für individuelle Freiheitsrechte ein. Sie propagierten allerdings allgemeines männliches Stimmrecht, jährliche Parlamente und völlige religiöse Freiheit. Für sie war die Revolution von 1648 noch nicht zu Ende;

eine wirkliche Demokratie sei noch nicht geschaffen. Cromwell sah in dem »Levelling Principle« eine Doktrin der Zukurzgekommenen und lehnte die sozialen Gleichheitsbestrebungen als Gefahr für das Gemeinwesen ab.

Der einflußreichste Führer der Leveller war John Lilburne, ein glänzender Redner, Agitator und Pamphletist. Wegen seiner revolutionären Schriften und seiner Wühlarbeit in der Armee wurde er mehrmals angeklagt und eingekerkert; vor dem Parlament verteidigte er die Redefreiheit als Geburtsrecht jedes Engländers. Besonders agitierte er gegen den Lieutenant-General Oliver Cromwell, den er als Tyrann, Abtrünnigen und Heuchler bezeichnete: »Wenn man zu ihm spricht, legt er seine Hand auf die Brust, hebt seine Augen nach oben und ruft Gott an. Er wird weinen, heulen und bereuen, selbst während er dir eins unter die fünfte Rippe gibt«. Trotz aller Warnungen hielt er nicht den Mund; kein öffentliches Gericht wagte ihn zu verurteilen; schließlich wurde er im Dezember 1651 durch Parlamentsgesetz verbannt, blieb aber als Verfolgter populär.

Die Agitation der Leveller macht sich seit 1645 bemerkbar und gewann seit 1647 in der Armee bedrohliches Ausmaß. Sie agitierten besonders in den niederen Rängen für völlige Gleichheit, auch im Sold, und gegen Cromwell. Ihre Wühlarbeit kulminierte im Mai 1649 in dem Aufstand von drei Regimentern, die auf dem Wege nach Irland waren. Cromwell und Fairfax unterdrückten den Aufstand, mit dessen Scheitern die Rolle der Levellers ausgespielt war.

Angesichts dieser Gegenkräfte fühlte sich die Regierung in der Minderheit; sie hatte nur die Regierungsmaschinerie in der Hand. Sie verfügte jedoch über gute Finanzquellen. Durch Zölle, Akzise, Gerichtsgefälle, Verkauf konfiszierter Ländereien, monatliche Steuern und dergleichen steigerten sich die Einnahmen von 618000 £ königlicher Revenue im Jahre 1633 auf zwei Millionen im Jahre 1649. Das Geld wurde vor allem zum Ausbau einer starken Flotte benutzt, da diese durch die Flucht der royalistischen Schiffe nach Holland geschwächt war. Die geheuerten Seeleute wurden gut bezahlt und waren sogar zu einem Drittel an der Kriegsbeute beteiligt. Unter Admiral Blake (1599–1657) sicherte diese Flotte die umgebenden Gewässer. Sie blockierte sogar die königliche Restflotte in Lissabon und verfolgte sie schließlich ins Mittelmeer; zum erstenmal (1650) tauchte damit eine englische Flotte im Mittelmeer auf. Das stehende Heer belief sich 1649 auf 44000 Mann, von denen 12000 für Irland vorgesehen waren. Das war damals die stärkste Militärmacht der Welt, die zeitweilig freilich durch die Leveller-Agitation geschwächt war. Mit dieser Armee im Rücken war Cromwell in Parlament und Staatsrat der mächtigste Mann.

2. *Die Kriege mit Irland, Schottland, Holland und Spanien*

Im revoltierenden anarchischen Irland hatten sich nach Karls Hinrichtung fast alle hadernden Gruppen für Karl II. erklärt, das katholische Landvolk, die englischen Landlords und auch der presbyterianische Norden. Die königstreuen Kräfte beherrschten fast das ganze Land; die Parlamentspartei hielt sich lediglich in Dublin und in anderen befestigten Punkten. Wenn Dublin fiel, war Irland unabhängig. Im August 1649 rückte Cromwell mit 15000 Mann nach Irland und schlug die schon acht Jahre sich behauptende Revolte mit furchtbarer Gewalt nieder. Er verheerte ganze Gebiete; in den Metzeleien von Drogheda, wo 500 Priester erschlagen wurden, und Wexford wurde kein Pardon gegeben. Cromwell fühlte sich als Rächer der Untaten von 1641, obgleich die wenigsten der Opfer damit etwas zu tun hatten. An diesem unmenschlichen Rachefeldzug des »Werkzeugs Gottes« entzündete sich der abgrundtiefe irische Haß gegen England, der kein gütliches Einvernehmen mehr zuließ. Cromwell kehrte 1650 nach England zurück.

Im gleichen Jahr zog Cromwell gegen die Schotten, die Karl II. als König anerkannt und in ihr Land eingeladen hatten, nachdem er den »Covenant« als Bedingung angenommen hatte, da ihm nach der Niederlage der katholischen Hochländer unter Montrose und dem Gericht an den Iren keine andere Wahl mehr geblieben war. – Bei Dunbar schlug Cromwell am 3. September 1650 die Schotten unter Leslie, dem Sohn seines ehemaligen Feldgenossen David Leslie, der selbst eine Schlacht hatte vermeiden wollen, aber durch die ständig kontrollierenden Feldprediger dazu gezwungen worden war. Trotz der Niederlage krönten die Schotten den jungen Stuart, sammelten ein neues Heer und rückten in England ein. Bei Worcester wurde ihr Heer am 3. September 1651 völlig vernichtet und Leslie gefangen genommen. Karl II. entkam und begab sich nach Frankreich. Schottland verlor seine Unabhängigkeit und wurde für neun Jahre von England beherrscht. Zum erstenmal gab es wirklich ein Großbritannien.

Nach den Erfolgen Admiral Blakes vor Lissabon und im Mittelmeer fühlte sich das republikanische England stark genug, die niederländische Handelsrivalität zugunsten des eigenen Handels einzuschränken oder gar auszuschalten. Dazu erließ das Parlament ein Schiffahrtsgesetz, die berühmte Navigations-Akte von 1651, die zwei Jahrhunderte in Kraft geblieben ist. Danach waren alle nach England gehenden europäischen Güter auf englischen Schiffen oder Schiffen des Produktionslandes einzuführen; die Güter aus Amerika, Afrika und Asien durften nur auf englischen Schiffen ins Land gebracht werden; schließlich sollten die englischen Fischgründe nur englischen Fischern offenstehen. In englischen Hoheitsgewässern waren zudem alle englischen Schiffe durch Dippen der Flagge zu grüßen. Mit diesem Gesetz sollte das niederländische Transportmonopol gebrochen werden.

Die Abwehrmaßnahmen der Holländer führten zu Zusammenstößen und 1652 zum Krieg. Blake und Admiral von Tromp lieferten sich mehrere große Schlachten, die die niederländische Flotte trotz mehrerer eindrucksvoller Erfolge schwächten und 1654 zum Frieden von Westminster führten. Damit war der erste moderne Wirtschaftskrieg beendet. Holland bekam günstige Friedensbedingungen, weil Cromwell sich den protestantischen Nebenbuhler als Bündnispartner erhalten wollte. Er ordnete den wirtschaftlichen Gesichtspunkt seinen politisch-religiösen Plänen unter. Unter englischem Druck wurde allerdings das Haus Oranien von allen Staatsämtern ausgeschlossen, zumal der tatkräftige Wilhelm II. schon 1650 gestorben war. Leitender Staatsmann wurde Ratspensionär De Witt.

Während dieses Krieges lag Frankreich durch den Aufstand der »Fronde« (1649–1654) in inneren Wirren. Der Adel, die Parlamente (Gerichtshöfe) und das Volk von Paris hatten sich gegen das absolutistische Regime Mazarins erhoben. Außerdem befand sich Frankreich immer noch im Krieg mit Spanien. Cromwell griff 1654 zugunsten Frankreichs gegen Spanien ein; er sah in Spanien den natürlichen Feind, den Antichristen und den Helfer der Englischen Papisten. Zum Schutze der protestantischen Sache befreundete er sich mit dem katholischen Frankreich und erreichte 1655 von ihm die Duldung der Hugenotten und die Vertreibung der Stuarts. Er nahm 1655 Jamaica und 1658 Dünkirchen den Spaniern ab. Bei Dünkirchen bestand die »New Model Army« ihre Bewährungsprobe gegen die berühmte spanische Infanterie. Trotz geringer materieller Erfolge beherrschte die englische Flotte den Kanal, den Atlantik und das Mittelmeer. England erschien als erste Seemacht; Spanien hatte seine Großmachtstellung eingebüßt. Allerdings führte der Pyrenäenfriede von 1659 zwischen Frankreich und Spanien zum Aufstieg Frankreichs und nicht Englands, das nur momentan durch die puritanische Armee und die siegreiche Flotte der stärkste Machtfaktor war.

Cromwell mißlang die Schaffung einer umfassenden protestantischen Vereinigung, die England als auserwähltes Volk an die Spitze der protestantischen Christenheit bringen sollte. Weder Holland noch Schweden waren zu einer aktiven Politik zu bewegen. In Wirklichkeit bedurfte der Protestantismus auch nicht einer solchen Verbindung, solange Bourbon und Habsburg im Streit lagen. Ja, Cromwell hat gerade durch seine Begünstigung Frankreichs dazu beigetragen, die Gewichtsverteilung zu Ungunsten der protestantischen Mächte zu verändern. Erst Wilhelm III. von Oranien hat später durch seine weit nüchternere Koalitionspolitik gegen Frankreich ein europäisches Gleichgewicht hergestellt.

3. Das Parlament der Heiligen

Die Kriege hatten die innere Entwicklung hinausgezögert. Solange die Republik in Gefahr war, hielten Armee und Rumpfparlament zusammen. Die Masse des Volkes war zwar stolz auf die gewonnene nationale Seegeltung, neigte aber zu Karl II. und seiner Sache. Nach der Untätigkeit des Parlaments in der Verfassungsfrage begannen die Soldaten nach allgemeinen Wahlen und freiem Parlament zu rufen. Aber das Parlament war sich im klaren, daß eine allgemeine Wahl keine ideale Republik, sondern eher einen neuen Bürgerkrieg bedeuten würde. Cromwell vermittelte in dieser Frage, verhielt sich selbst aber zögernd wie 1647, als er nicht wußte, ob er den Bruch mit Karl wagen sollte oder nicht. Schließlich schlug er dem Parlament als ersten Ausweg eine verfassunggebende Versammlung vor. Aber das Parlament dachte nicht daran, sich aufzulösen, und wollte an der Macht bleiben. Es bereitete sogar ein Gesetz vor, das seine Macht verewigt hätte. Vakant gewordene Sitze sollten künftig nur von Personen besetzt werden, die von ihm gebilligt worden waren. Darüber waren die Armeeführer entrüstet; sie verlangten eine Vertagung dieses Vorhabens. Das Unterhaus ging aber nicht darauf ein. Diese Situation drängte Cromwell wieder in eine entscheidende Rolle hinein.

Als er hörte, daß das Parlament in der Tat das Gesetz weiter vorbereitete, verlor er seinen Gleichmut und trieb mit einer Kompanie Soldaten den Rumpf auseinander. Mit dem Hut auf dem Kopf und hochrotem Gesicht stampfte er durch das Haus und schrie die Abgeordneten an, der Herr habe beschlossen über sie und andere Werkzeuge erwählt. Den »Mace«, das Emblem der parlamentarischen Autorität, ließ er wegnehmen und zerstörte damit den letzten Rest von Legitimität, der der Versammlung noch anhaftete. Damit war das Lange Parlament, das das Schwert gegen den König erhoben hatte, durch das Schwert auseinandergetrieben worden.

Aber was sollte jetzt werden, da König, Lords und Commons beseitigt waren? – Unter Cromwells Vorsitz debattierte der Rat der Offiziere als eine Art verfassunggebende Versammlung und mit Rücksicht auf die allgemeinen ersten Prinzipien des irdischen Daseins eine neue Verfassung. General Lambert trat für eine unabänderliche geschriebene Verfassung mit freiem Parlament und Exekutivrat ein, wie sie seine »Heads of the Proposals« vorschlugen. Dagegen setzte sich General Harrison für eine Versammlung der würdigsten und religiösesten Leute des Landes, für einen Rat der Heiligen, ein. Harrison gehörte einer independentischen Sekte, den »Fifth Monarchy Men« an, die glaubten, daß nach dem Fall der vier großen Weltreiche, nämlich des Assyrisch-Babylonischen, des Persisch-Medischen, des Mazedonischen und schließlich des Römischen Reiches das Reich Christi, die Fünfte Monarchie, zu beginnen hätte. Cromwell, halb Mystiker, halb praktischer Staatsmann, mißtraute geschriebenen Verfassungen, zumal Volkssouveränität unweigerlich ein puritanisches Regiment ausgeschlossen hätte. Er entschied sich für den zweiten Vorschlag.

An alle independentischen Kongregationen erging nun die Aufforderung, Listen von Personen einzureichen, die sich für die neue Versammlung eigneten. Aus diesen Listen wählten die Armee-Offiziere 129 englische, fünf schottische und sechs irische Mitglieder, die sich auf Befehl Cromwells im Juli 1653 in Westminster trafen und in Form eines Parlaments konstituierten. In dieser Versammlung puritanischer Notabeln waren mithin erstmals alle drei britischen Nationen vertreten. Dieses »kleine« Parlament hieß nach dem ersten Namen in der alphabetischen Liste seiner Mitglieder »Barebone's Parliament«.

Diese puritanische Oligarchie der Heiligen entwickelte eine ungehemmte Reformfreudigkeit, die allgemeine Unruhe hervorrief. Sie begann mit einer Kodifikation des Rechts, schaffte den »Court of Chancery« und sogar den Kirchenzehnten ab, ohne eine andere Bezahlung für die Geistlichen vorzusehen, erließ Sondergesetze zum Schutz der Insassen in den Armengefängnissen und Irrenhäusern. Einige gingen so weit, das Common Law durch das Mosaische Gesetz zu ersetzen, oder dachten daran, alle überkommenen Eigentumsverhältnisse umzuwerfen. Manche Maßnahme war fortschrittlich wie die obligatorische Einführung pfarramtlicher Geburts-, Heirats- und Sterbelisten. Im ganzen machten der hektische Reformbetrieb und die Spaltungen in der Versammlung die Heiligen unbeliebt. Cromwell bemerkte: "I am more troubled now with the fool than with the knave." Schließlich gab die gemäßigte Minderheit in Barebone's Parlament am 12. Dezember 1653 die Befugnisse des Hauses in die Hände Cromwells zurück mit der Begründung, daß die Majorität das Gesetz, den Klerus und die Eigentumsordnung umwerfen wolle.

Nun schritt die Republik zu einem dritten Experiment. Die Offiziere der Armee entwarfen nach Ideen ihres Verfassungsmachers General Lambert eine geschriebene Verfassung, das

»Instrument of Government« vom Dezember 1653. Es war die erste geschriebene Verfassung dieser Art, nach der tatsächlich regiert wurde. Neben dem garantierten Grundrecht für religiöse Freiheit außer für Anglikaner und Katholiken sah sie eine unabhängige starke Exekutive mit einem kleinen Staatsrat zur Seite vor; die Exekutive lag in der Hand eines Protektors (Lord Protector), nämlich Oliver Cromwells. Die Gesetzgebung stand einem Parlament mit einer Kammer zu, deren Mitglieder in neugebildeten Wahlbezirken von den Landinhabern gewählt wurden, die 200 £ wirkliches Eigentum hatten. Der Protektor sollte eine feste Revenue für Normalausgaben erhalten, die ausreichte, ein Heer von 30000 Mann und eine Flotte unter Waffen zu halten. Er hatte die oberste Kontrolle über diese Militärmacht, ausgenommen in der Zeit der Parlamentssitzungen. Bei Sonderausgaben war das Parlament zu befragen. Der Protektor hatte außerdem ein suspensives Veto bis 21 Tage nach dem Erlaß eines Gesetzes. Er regierte durch Erlasse, die der Einwilligung des Staatsrats bedurften und vom Parlament nachträglich zu bewilligen waren. Das Parlament sollte sich mindestens alle drei Jahre für wenigstens fünf Monate treffen. Auf diese Weise hoffte man eine Harmonie zwischen Exekutive und Legislative bei getrennten Aktionssphären zu schaffen. Eine Instanz zur Beilegung von Konflikten war nicht vorgesehen. Selbst wenn das Veto des Protektors die Gesetzgebung blockierte, hatte das Parlament kein eindeutiges Übergewicht.

4. Das Protektorat 1654–1660

Im Januar 1654 wurde Cromwell feierlich als Protektor eingeführt; er war in Schwarz gekleidet, um anzudeuten, daß die Herrschaft des Schwertes nun vorbei sei. Aber es wirkte wie eine Ironie der Geschichte, daß der neue Protektor Schritt für Schritt genötigt war, alle Dinge zu tun, deretwegen Karl seine Krone verspielt hatte. Es war geradezu die Tragödie Cromwells, daß es ihm nie gelang, seiner Regierung eine feste konstitutionelle Basis zu schaffen. Er konnte nicht mit dem Parlament regieren, aber auch nicht ohne es, d.h. ohne die lokalen Instanzen auf seiner

Seite zu haben. Von Anfang an stritt er sich mit dem neuen Parlament, setzte Leute ohne Rechtsverfahren fest, erhob ungesetzliche Steuern und hielt jeden Widerstand durch Kriegsrechtserklärungen im Zaum. Alles war letztlich erforderlich, weil seine Herrschaft nicht die allgemeine Billigung der Nation hatte.

Auf Grund der neuen Verfassung berief Cromwell das Parlament, das als erstes die neue Verfassung kritisierte und abändern wollte. Cromwell schloß sogleich alle aus, die die Grundlagen der Verfassung nicht bejahten. Er argumentierte, daß das Haus seine Existenz diesem »Instrument of Government« verdanke und ohne es nichts wäre. Wenn diese Verfassung beliebig abgeändert werden könnte, hätte das Land seine feste Grundlage verloren. Aber die Antwort des Parlaments lautete: Es habe seine Autorität unmittelbar vom Volke, während die Verfassung und der Protektor nur durch ein selbst zusammengesetztes Komitee von Offizieren ohne gesetzliche Autorität geschaffen worden seien. Schließlich sei der Bürgerkrieg durchgeführt worden, um eine wirksame parlamentarische Kontrolle der Regierung zu ermöglichen.

Mithin ging der Streit weiter. Das Protektorat wurde weder durch das Parlament noch durch die Allgemeinheit gestützt. Die Schotten, die Kavaliere, die Levellers, die »Fifth Monarchy Men« und viele andere beklagten sich. Eine Revolte von Royalisten in Salisbury wurde von Cromwell gewaltsam unterdrückt, die Führer hingerichtet und viele ohne Rechtsverfahren als Arbeitssklaven zu den Barbados-Inseln geschickt. Gegen derlei lokale Bewegungen suchte Cromwell sich zu sichern, indem er das Land in zehn Distrikte einteilte und über jeden einen Major-General mit einem Truppenkontingent einsetzte. Die Offiziere dieser Truppen erhielten das Recht, die lokalen Behörden zu kontrollieren und das Volk zu einem puritanischen Lebenswandel zu zwingen. Pferderennen, Hahnenkämpfe, Tanz, Schauspiel und andere frivole Vergnügungen wurden verboten, die Gasthäuser geschlossen und ein Polizeisystem aufgerichtet, das dem Land einen Horror vor den »Heiligen« und ihren Soldaten einflößte. Dazu traten einige ungesetzliche, d.h. nicht vom Parlament bewilligte Steuern und Zölle, gegen die sich viele durch Gerichtsklagen wehrten. Die Beschwerden wurden von den Richtern vielfach anerkannt, die daraufhin von Cromwell entlassen oder auch gefangen gesetzt wurden. Das war das Ergebnis einer Revolution, die begonnen worden war, um den Supremat von Gesetz und Recht wiederherzustellen. Cromwell berief sich dabei auf die politische Notwendigkeit und regierte im Grunde ohne Theorie und sichere Grundlage.

Cromwell war tief enttäuscht und fragte seine Kritiker, was sie denn eigentlich haben wollten. Ihre Antwort war: »Government by Consent«. Cromwell erwiderte, auch er wolle wie jedermann »Government by Consent«, aber wo finde man »Consent«? Das war in der Tat die Wurzel des Übels: Überall sprangen gegensätzliche Gruppen und Parteien auf, von denen jede meinte, sie hätte das Heilmittel gefunden. Cromwell hielt es dem drohenden Chaos gegenüber für seine Pflicht, wenigstens Ordnung zu halten, und sei es auch durch Gewaltmaßnahmen und straffe Kontrolle, ohne im Grunde die nackte Gewalt zu wollen. Die grausame Notwendigkeit wurde der Kern seiner politischen Philosophie.

Im Juli 1656 berief Cromwell ein neues Parlament in der Erwartung, daß die Major-Generals eine ihm genehme Zusammensetzung des neuen Parlaments erreichen könnten. Die Kosten des Spanischen Krieges nötigten ihn dazu; zugleich war es der Versuch zu einem »Government by Consent«. Aber das Ergebnis war negativ. Zahlreiche Gegner kamen ins Parlament. Darauf veranlaßte Cromwell den Staatsrat unter Berufung auf einen Artikel des »Instrument of Government«, nach dem nur Personen »of known integrity, fearing God, and of good conversation« im Parlament zuzulassen seien, 100 Abgeordnete auszuschließen. Dieses verkleinerte und ihm nun genehme Haus stellte den Antrag, Cromwell zum König zu erheben. Unter dem Mittelstand und besonders bei den Juristen herrschte nämlich die Meinung, daß ein Monarch viel eindeutiger unter dem Gesetz stände, als ein Protektor. Cromwell selbst war nicht abgeneigt, weil er mit diesem Mittel eine Stabilisierung der Verhältnisse zu erreichen hoffte.

Im Frühjahr 1657 entließ er plötzlich die Major-Generals, worin vielleicht ein erster Schritt auf die Königswürde hin gesehen werden mag. Aber die Armee erlaubte ihm nicht die Annahme der Krone. Nach langen Unterredungen zwischen Parlament und Protektor lehnte Cromwell im Mai 1657 die Königskrone endgültig ab. Statt dessen trat eine neue geschriebene Verfassung in Kraft, »the Humble Petition and Advice«, die die Macht des Parlaments wieder vermehrte und die Macht des Staatsrats beschnitt. Der Protektor erhielt das Recht, seinen Nachfolger zu bestimmen und den Titel »His Highness« anzunehmen. Er wurde ferner gebeten, Mitglieder einer zweiten Kammer als einer Art Oberhaus zu bestimmen, das zugleich als Kompensation für die gewachsene Macht des Parlaments gedacht war. Die neue Verfassung war praktisch eine Monarchie ohne Monarch.

Die Anregung dazu scheint von der Regierung selbst gekommen zu sein. Diese Verfassung zeigte zudem einen wachsenden Sinn dafür, daß eine Verfassung Anschluß an bestehende Traditionen suchen muß; sie suchte die Protektorats-Regierung mit legalen Begriffen auszustatten und sich früheren Verhältnissen anzupassen. Am 20. Januar 1658 trat das Parlament nach den Vorschriften der »Humble Petition and Advice« zusammen. Cromwells beste Helfer waren schon in das neue Oberhaus gewandert. Seine republikanischen Gegner aber saßen wie bisher im Unterhaus, verbanden sich mit der unzufriedenen Soldateska und eröffneten wiederum eine Verfassungsdebatte. Cromwell konnte ihrer auch diesmal nur mit Waffengewalt Herr werden. Er erschien in Westminster und beendete seine Ansprache mit den Worten: "I do dissolve this Parliament, and let God judge between you and me!" – Die renitenten Gegner antworteten: "Amen!" Damit verschwand das letzte Parlament Cromwells. Alle Parlamente waren Unruheherde gewesen. Der tiefere Grund dafür lag darin, daß Cromwells Herrschaft sich nicht auf die Allgemeinheit stützte und stets Ausnahmezustand war. Die ungeheure Schuldenlast zwang außerdem zu ständigen ungesetzlichen Finanzmaßnahmen. Cromwell selbst war so verhaßt, daß er nur unter starker Bewachung seinen Regierungssitz Whitehall Palace verlassen konnte. Er regierte nur noch mit dem Schwert und im Namen des Geistes, der ihn erleuchtete. Dieser militante Spiritualismus war ein Widerspruch in sich selbst. Der Mann, der dem Geist vertraute, regierte mit dem Schwert und legitimierte sich aus der »cruel necessity«. Daher war er für die Republikaner ein

Verräter, für die Presbyterianer ein Zerstörer der christlichen Einheit, für die »Fifth Monarchy Men« das große Tier der Apokalypse und für alle ein furchterregendes Rätsel. Cromwell starb im Sommer 1658, ohne das Problem seiner Legitimität und des Ausgleichs der Staatsschulden gelöst zu haben.

Cromwells Werk hat positive und negative Seiten; das gilt auch für seine Persönlichkeit. Verdienste und Fehler liegen eng beieinander, so daß der Streit über ihn nicht so leicht zu Ende kommen wird. Sicherlich aber hat er eine nationale Politik betrieben und England zeitweilig zur Großmachtpolitik befähigt. Ferner hat er nie das Prinzip der Gewissensfreiheit aufgegeben. Trotz seiner diktatorischen Methoden wollte er jedem das Recht lassen, auf seine Weise die Wahrheit zu suchen. Seine Idee der Toleranz war zwar nach heutigem Maßstab eng, insofern Katholiken und Anglikaner ausgeschlossen blieben, aber sie umfaßte alle christlichen Formen, solange sie loyal blieben, einschließlich der Quäker und auch der Juden. Er begünstigte eine umfassende puritanische Kirche, in der alle geeigneten Geistlichen Ämter erhalten sollten, gleichgültig ob sie Independenten, Baptisten, Presbyterianer oder gar gemäßigte Anglikaner waren. Das Book of Common Prayer war zwar verboten, weil es zu eng mit der Monarchie verbunden war, aber wenn ein Kleriker es einmal im Gottesdienst benutzte, blieb er unbehelligt. Selbst Katholiken blieben unbelästigt, solange sie nicht öffentlich Messe feierten; die Juden, die seit dem 13. Jahrhundert des Landes verwiesen waren, durften zurückkehren und sich niederlassen. Die Sekten konnten sich ungehindert ausbreiten, etwa die »Society of the Friends« des George Fox, eine spiritualistische Sekte, die zum ersten Christentum und zur einfachen Weisheit der Bergpredigt zurückstrebte. Auch die Quäker oder »Zitterer«, die Mährischen Brüder, die Millenarier usf., d.h. die ganze bunte Unterschicht des spiritualistischen Nonkonformismus, gewannen Boden.

Cromwell verkörperte den Geist der siegreichen Armee und auch den Geist des englischen Nonkonformismus. Es wäre zu einfach, seine Handlungen auf Ehrgeiz und Ruhm zurückzuführen, die nur religiös überhöht oder gar verfälscht gewesen wären. Er fühlte sich vom Geiste geführt und war selbst meist unschlüssig und zögernd, bis er sich erweckt fühlte. Niemand kommt weiter als der, der nicht weiß, wohin er geht, durfte er sagen. Seine Reden und Briefe zeigen die inneren Schwierigkeiten seiner Entscheidungen. Er disponierte kaum auf lange Sicht und war ein Genius, der dem Augenblick gehorchte. Er stellte nie ein Parteiprogramm oder gar eine Verfassung auf; er entzündete sich mehr an den Ideen anderer oder wartete auf eine Erleuchtung durch die »Vorsehung«; die auf ihn zukommenden Ereignisse und Nötigungen nahm er als Fingerzeige Gottes. Daraus erklären sich seine Widersprüche und Wandlungen wie etwa auch sein plötzlicher Entschluß, das Haupt des Königs zu fordern. Daran war nichts von Anfang an geplant; in seinen Augen teilte die Vorsehung ihm seine Aufgabe von Fall zu Fall zu.

Immer ging er mit Bedenken vor und sträubte sich gegen Experimente. Ohne seine Erleuchtungen war er geradezu konservativ. Er sah durchaus die Bedeutung des Parlaments für Tradition und Ordnung: "If that authority falls to nothing, nothing can follow but confusion" (1647). Er schritt nur ein, weil er die Anarchie fürchtete, und brauchte Gewalt im heiligen Interesse der religiösen Freiheit, um das auserwählte Volk Gottes zu schützen (3. 4. 1657). Als alle versagten, sah er es als Feigheit und Sünde an, die Rolle nicht weiterzuspielen, die Gott ihm gegeben und die er nicht erstrebt hatte: "I called not myself to this place; of that, God is witness" (12. 9. 1654). Sein Sendungsbewußtsein machte ihn zum großen Imperialisten, dessen Kampf gegen Spanien an die elisabethanische Zeit erinnerte.

Der Geist Cromwells und seiner Armee hatte das auserwählte englische Volk an die Schwelle der Freiheit geführt. Aber auf dem Wege dahin blieben Recht und Verfassung auf der Strecke, nur das Schwert blieb übrig. Der gewaltige Plan scheiterte, weil England nicht das auserwählte Volk Gottes war und auch nicht sein wollte. Die Reaktion auf die Zeit der Heiligen stellte alle Errungenschaften und den religiösen Enthusiasmus selbst in Frage. Freilich sollte dies nicht das Werk dieser Männer verkleinern, die erstmals Großbritannien schufen und England zur ersten Seemacht erhoben. Aber der Haß gegen Cromwell blieb über Generationen lebendig und hatte sichtbareren Bestand als sein Werk, das wie ein Gewitter kam und ging und die geschichtliche Landschaft ungewöhnlich erhellte.

Cromwell ernannte noch seinen Sohn Richard zum Nachfolger, einen nachgiebigen und bequemen Country-Gentleman, der nicht verhindern konnte, daß die militärischen Führer Lambert und Fleetwood die Protektoratsherrschaft 1659 stürzten, den Staatsrat auflösten und den 1653 aufgelösten Rumpf wieder einsetzten. Man wollte das Commonwealth an dem Punkt fortsetzen, wo Cromwell es beseitigt hatte. Diese 42 Mitglieder der alten Versammlung fanden sich urplötzlich in Westminster zusammen und sahen sich wieder als die maßgebenden Herren im Lande, ohne daran zu denken, ihre alten Anschauungen aufzugeben und die Offiziere walten zu lassen. Aber der Rumpf war machtlos; eine Anarchie griff um sich, die die Restauration notwendig machte. Das Mittel dazu war General Monk, ein Rundkopf-Offizier, der einst Oberst in Irland und jetzt General in Schottland war. Als loyaler Anhänger Cromwells hätte er gewiß dessen Sohn unterstützt, wenn dieser nur den Wunsch dazu geäußert hätte. Andererseits wollte er keinen anderen Mann tolerieren.

Im November 1659 erhielt er vom abgesetzten republikanischen Staatsrat die Berufung zum Oberbefehlshaber der ganzen Armee. Er marschierte vom Coldstream an der schottischen Grenze nach London. Er berief den auseinandergegangenen Rumpf wieder ein und zwang ihn, die durch Pride's Purge 1649 ausgeschlossenen presbyterianischen Mitglieder wieder zuzulassen. Danach veranlaßte er das wiederhergestellte Lange Parlament, allgemeine Wahlen zu beschließen und sich selbst aufzulösen. Hiermit war nach 20 Jahren eingetreten, daß das Parlament sich endlich aus eigener Machtvollkommenheit auflöste. Damit war die republikanische Epoche legal beendet. Monk wußte, daß ein frei gewähltes Parlament nur die Restauration bringen konnte. Die Wahlen fanden unter dem Schutz der Truppen Monks statt und brachten besonders viele Presbyterianer nach Westminster. Die Restauration wurde von einem Parlament in die Wege geleitet, das vorwiegend aus jenen bestand, die den Krieg gegen Karl geführt hatten, ohne ihn stürzen zu wollen. Mit Lamberts Berufung des Rumpfs und Monks Wiederherstellung des Langen Parlaments war ausgerechnet über das Parlament der Faden der Kontinuität wieder geknüpft. Auch die Selbstauflösung und die

Neuwahlen ohne königliche Writs knüpften an Beschlüsse an, die noch von Karl I. 1641/42 bestätigt worden waren. Das Parlament nahm damit seine Rolle als Hüter der Tradition in legalen Formen wieder auf.

Damit endete die Zeit der geschriebenen Verfassungen, die mit den zehn Propositionen von 1647 begonnen und mit der »Additional Petition and Advice« von 1658 aufgehört hatte. Nunmehr waren diese geschriebenen Verfassungen mit ihren unverletzbaren Rechten, ihrer eingeschränkten Souveränität und ihrer Trennung von Legislative und Exekutive, desgleichen aber auch die Einkammergesetzgebung des Rumpfs vorläufig diskreditiert. Für lange Zeit wurde eine Reform des Wahlrechts oder eine Neuverteilung der Parlamentssitze sowie ein vereinigtes Parlament für alle drei Länder verzögert. Die Scheu vor radikalen Neuerungen wurde erst von dem zersetzenden Utilitarismus des 18. und 19. Jahrhunderts überwunden. Die Restauration von 1660 war ein Kompromiß der Interessen des Königtums und der parlamentarischen Oligarchie, mit dem die elementaren Gewalten von unten ausgeschaltet wurden. Sie stellte nicht nur das Königtum wieder her, sondern mehr noch die Macht des Parlaments.

RESTAURATION UND GLORREICHE REVOLUTION

1. *Die Restauration unter Karl II.*

Die Wiederherstellung der Monarchie war das Werk des gemäßigten Puritanismus, der den Krieg gegen Karl I. geführt hatte, ohne ihn stürzen zu wollen. Er dominierte in dem Parlament, das nach den Wahlen vom Frühjahr 1660 in Westminster zusammentrat und war bereit, mit den gemäßigten Royalisten zusammenzuarbeiten. Die Selbstauflösung des wiederhergestellten Langen Parlaments und die Neuwahlen ohne königliche Writs hatten an Beschlüsse angeknüpft, die noch von Karl I. bestätigt worden waren. Die Restauration wurde also von einem Konventionsparlament in die Wege geleitet, das ohne Mitwirkung der Krone zustande gekommen war. Karl II. wandte sich in der Deklaration von Breda vom 4. April 1660 an Parlament und Volk, versprach »liberty to tender consciences« und überließ das »Settlement«, darunter die Regelung der Religionsfrage und der veränderten Eigentumsverhältnisse sowie die Bestrafung der Königsmörder, dem Parlament. Im Mai sandte das Konventionsparlament seine Einladung zur Rückkehr des Königs nach Holland, und am 29. Mai betrat Karl II. unter dem Jubel der Bevölkerung die Stadt London, um sein Thronerbe anzutreten. Er kehrte nicht aus eigener Machtvollkommenheit zurück, sondern gestützt auf das Parlament und den gemäßigten Puritanismus. In der Gesetzgebung wurde seine Regierungszeit von 1649 an gerechnet; aber es war nicht von der Hand zu weisen, daß das Parlament der Träger der Kontinuität gewesen war und nun mit der Restauration seine Rolle als Hüter der Tradition wieder aufgenommen hatte. Im wesentlichen erschien die Restauration als eine Rückwendung zum »Government by Law« und beruhte auf einem Kompromiß zwischen den Interessen der Parlamentsoligarchie und des Königtums, mit dem die radikalen und militärischen Elemente ausgeschaltet wurden.

Die Kompetenz des Parlaments war durch die Zugeständnisse Karls II. in seiner Erklärung von Breda und die Gesetzgebung von 1641 und 1642, der noch Karl I. zugestimmt und deren Weitergeltung Karl II. bestätigt hatte, beträchtlich erweitert. Nur zwei Statuten, den Ausschluß der Bischöfe vom Oberhaus und dreijährige Parlamentswahlen betreffend, wurden verworfen. In gewisser Weise vollendete das Konventionsparlament sogar das Reformwerk von 1641/42, indem es die letzten, 1642 noch geltenden Feudallasten wie Ritterdienst, »Purveyance«, und »Wardship« gegen die Zusicherung eines erblichen Anspruchs des Königs auf einen Teil der Akzise und die Bewilligung der restlichen Akzise auf Lebenszeit abschaffte. Aber die strafrechtliche Befugnis des Privy Council und die Gerichtshöfe der königlichen Prärogative wie Sternkammer und Hohe Kommission blieben verschwunden und die früheren Formen der Abgabenerhebung seitens der Krone unter Umgehung des Parlaments unzulässig. Die Monarchie war in hohem Maße konstitutionell geworden. Im eigentlichen Sinne restauriert wurde lediglich das Parlament mit seinem alten Wahlrecht und seinen alten Wahlbezirken; selbst die Vereinigung mit Schottland wurde wieder rückgängig gemacht. Als Karl II. im Jahre 1677 neue parlamentarische Boroughs zu schaffen suchte, protestierten die Commons gegen diesen Einbruch in ihr angebliches Privileg, so daß dieses ursprüngliche Recht der Prärogative nicht mehr angewandt wurde.

Das Konventionsparlament billigte die Hinrichtung der Königsmörder, die unmittelbar mit dem Todesurteil gegen Karl I. zu tun hatten. Gleichzeitig verkündete es eine allgemeine Amnestie und setzte hohe Strafen für alle aus, die jemanden wegen seiner Handlungen in den letzten zwanzig Jahren denunzierten. Es vermied eine Umwälzung der veränderten Besitzverhältnisse, indem es die neuen Landtitel ohne Entschädigung der Verkäufer anerkannte, soweit nicht eine nachweisbare Zwangskonfiskation vorlag oder es sich nicht um Kron- und Kirchenländereien handelte. In diesem Fall wurde der Besitzwechsel wieder rückgängig gemacht. Es tauchten freilich nur wenige neue Familien als große Landbesitzer auf und nur wenige verschwanden. Nutznießer dieser Regelung war jene puritanische Gentry, die trotz ihrer Parteinahme gegen die Krone zum Verdruß vieler Royalisten ihre Stellung behauptete. Diese nicht befriedigende, aber praktikable Lösung bedeutete die Restauration der parlamentarischen Oligarchie von 1642 und säte den Samen für den späteren Whig-Tory Gegensatz.

Ein kritisches Problem war die künftige Religionsregelung. Die starke presbyterianische Gruppe im Konventionsparlament ließ sich auf eine Nationalsynode für die kirchlichen Angelegenheiten vertrösten und überließ die Frage dem nächsten Parlament, das in regulärer Form gewählt werden sollte. Im Frühjahr 1661 kam es zu den ersten, gesetzlich einwandfreien Wahlen seit 20 Jahren. Sie fielen in den Londoner Aufstand der »Fifth-Monarchy-Men«, der den Horror vor den Wirren der jüngsten Vergangenheit verstärkte, und erbrachten einen gewaltigen Ruck nach rechts. In Westminster trat nunmehr das »Kavaliersparlament« zusammen, das mehr durch Furcht als Gesinnung zusammengehalten wurde und für 18 Jahre bestehen blieb, da kein Gesetz den König nötigte, neue Gesamtwahlen auszuschreiben. Das Parlament bekräftigte nichtsdestoweniger die einschränkenden Maßnahmen seines Vorgängers und verbot dem König das Halten eines stehenden Heeres; es gab ihm jedoch mit betonter Loyalität die Führung der Miliz, was allerdings nicht viel bedeutete, da die Grafschafts- und Stadtmilizen im Grunde die bewaffnete Macht der lokalen wohlhabenden Klassen darstellten. Es hütete sich auch, der Krone mehr als eine gerade ausreichende jährliche Revenue zu bewilligen. Andererseits bezeugte es seine Loyalität durch die Non-Resistance Act von 1661, die den bewaffneten Widerstand gegen den König als prinzipiell ungesetzlich hinstellte.

Der bedeutsamste Punkt der Gesetzgebung war die parlamentarische Regelung der Religionsfrage, die wegen der kirchlichen Savoy-Konferenz mit Bischöfen und Dissent (1661) hintangehalten, aber mit der Rückkehr des anglikanischen Klerus in die Kirchenführung bereits präjudiziert war. Die Konferenz bestätigte die Entscheidungen der Hampton Court Konferenz von 1604 und lehnte jede Vermischung mit presbyterianischen Formen ab. Ihr folgte die Majorität der Kavaliere im Unterhaus, das die Erwartungen der freisinnigen Theologen auf eine umfassende »Comprehension« nicht erfüllte. Stattdessen wurde nach einem Jahr der Unsicherheit die Anglikanische Bischofskirche im Sinne des Programms von Erzbischof William Laud restauriert, allerdings mit dem entscheidenden Unterschied, daß nunmehr das Parlament und nicht die Krone die gesetzliche Kirchenordnung trug und damit jenes Bündnis von Landlord und Parson ermöglichte, das für lange Zeit die tragende Säule der Squirearchie wurde. Das Parlament wandte sich gegen alle nicht von ihm approbierten Canones und insbesondere gegen die Canones von 1640 und nahm für sich das Recht in Anspruch, über die Form der öffentlichen Verehrung und die Qualifikation der Geistlichen zu entscheiden. Eine Reihe von Parlamentsgesetzen, der sog. »Clarendon-Code«, benannt nach Edward Hyde, Earl of Clarendon, der als Berater des Königs und Lordkanzler (1660–1667) die Hauptfigur der Restaurationszeit war, eliminierte die puritanischen Einflüsse und stieß den Dissent in die Nonkonformität.

Die Corporation Act von 1661 ließ in den lokalen Behörden und Körperschaften nur noch Personen zu, die das Abendmahl nach anglikanischem Ritus genommen hatten. Diese Monopolisierung des lokalpolitischen Einflusses zugunsten des Anglikanismus hielt praktisch nur noch den Anglikanern den Weg über die Wahlen nach Westminster offen. Eine Dispensgewalt der Krone galt hier als ungesetzlich. Mit der Act of Uniformity von 1662 verloren alle Geistlichen ihre Ämter, die den geforderten Eid und die Benutzung des revidierten Book of Common Prayer verweigerten. Etwa 2000 verloren ihre Pfarrstellen. Die Conventicle Act von 1664 verhängte Haftstrafen für Fortsetzung des nonkonformistischen Gottesdienstes und religiöse Versammlungen von mehr als fünf Personen; und die Five-Miles Act von 1665 verbot nicht-anglikanischen Pfarrern und Schulmeistern das Wohnen innerhalb einer Fünf-Meilen-Zone, wenn sie nicht eine feierliche Erklärung gegen jede Änderung in Staat und Kirche abgaben. Der Erzbischof von Canterbury und der Bischof von London erhielten in der Licensing Act von 1662 zudem ein Aufsichtsrecht über Druck und Presse. In einer Vereinbarung zwischen Clarendon und Erzbischof Sheldon von 1664 fand die Eigenbesteuerung des Klerus in den Konvokationen ihr Ende; die Konvokationen wurden bis 1689 nicht mehr berufen. Dafür wurde den Pfarrern das Wahlrecht gegeben.

Dieser »Clarendon Code« war nicht das Werk Clarendons und entsprach keineswegs den Vorstellungen des Königs. Karl II. hatte vielmehr getreu seinem Versprechen von Breda 1662 eine Indulgenzerklärung abgegeben. Aber Zorn und Furcht der

Commons nötigten ihn, seine Toleranzidee aufzugeben. Weder der König noch die Kirche entschieden über die fernere kirchliche Entwicklung, sondern das Parlament. Die kirchliche Führungsrolle der Krone war endgültig dahin; denn Strafstatuten in kirchlichen Sachen konnten, so hieß es im Protest der Commons gegen Karls Indulgenzerklärung, nur durch Parlamentsgesetz suspendiert werden. Das Parlament eignete sich die Pflichten eines defensor fidei an; es sah sich in der Tradition Thomas Cranmers und William Lauds und betrachtete sich als Repräsentant des Kirchenvolkes. Dies war kaum eine religiöse Wiedergeburt, sondern eher der Gewinn einer Machtposition gegenüber Krone und Dissent. Zudem war der Begriff einer Staatskirche, die ausschloß statt zu umfassen und die einen Teil der Gesellschaft wesentlicher Rechte entkleidete, völlig neu. Die Kirche wurde zu einer exklusiven und privilegierten Großsekte. Das Parlament verfolgte diesen Weg später weiter, als es die zweite Indulgenzerklärung Karls II. für illegal erklärte und ihr die Test-Akte von 1673 entgegensetzte, der zufolge jeder zivile und militärische Amtsträger neben dem Abendmahl nach anglikanischem Ritus vor den öffentlichen Gerichten noch den kirchlichen Suprematseid zu leisten hatte. Damit dehnte sich die kirchliche Uniformität auf das gesamte behördliche Leben aus; der überzeugte Nonkonformismus wurde endgültig in den staatsfreien Raum gedrängt. Die verschärfte Test-Akte von 1678 trieb schließlich auch die letzten katholischen Lords aus dem Oberhaus.

Das parlamentarische Kirchenmonopol schlug zum Nachteil der Kirche aus und verstrickte den Pfarrklerus in das Interesse der lokalen Gentry. Der örtliche Pfarrer war nicht mehr ein unabhängiger Stand unter dem Bischof und der Krone, sondern wurde zum Kaplan des allgewaltigen Squire, der als Friedensrichter nun auch die Kirchenzucht in Händen hatte. Der Klerus verlor als Handlanger des Grundherrn sein soziales Prestige und erhob seine Stimme nur noch gegen Papisten, Sektierer und die Laster der niederen Klassen. Die Allmacht des Landlords beruhte auf dem Grundbesitz und fand in der »Game Act« von 1671 ihren stärksten Ausdruck, einer Art Klassengesetz zugunsten des Squire als Jagdherrn, das ihm Haussuchungs- und Beschlagnahmerechte gab. Die Konsolidierung der Macht der Gentry in den lokalen

Regionen folgte aus der Kirchen- und Rechtshoheit des Parlaments, die Pfarrer und Freibauern dem Schutz der Krone entzog. Der faktische Supremat des Parlaments kam im Sturz Clarendons 1667 zum Ausdruck, der das Ende der älteren Regierungsweise über einen nur dem König verantwortlichen Minister bedeutete. Clarendons Ausgleichsbemühungen setzten ihn zwischen Hof und Parlament, und die Commons benutzten seine Mißerfolge in der hohen Politik zu einem Generalangriff, dem der Kanzler durch seinen Abgang ins Exil auswich. Ihr wirksamer Hebel war die Finanzfrage.

Der chronische Geldmangel der Krone war vorerst durch die Heirat Karls II. mit Katharina von Braganza 1662 behoben worden, die ihm zudem Tanger und Bombay einbrachte. Ferner verkaufte Karl Dünkirchen im folgenden Jahr an Ludwig XIV., um die Kosten der dortigen Garnison einzusparen. Schließlich sollte der zweite Krieg mit Holland (1664–1667) den Schatz füllen und die anfängliche finanzielle Selbständigkeit der Krone bewahren. Der wenig glückliche Krieg brachte viele Geschäfte zum Stillstand; ferner rief die Beulenpest in London (1665), die zum letzten Male England heimsuchte und 68000 Todesopfer forderte, sowie das große Feuer in London (1666) neue Schwierigkeiten hervor. Als das Parlament ein »Impeachment« gegen Clarendon vorbereitete, ließ Karl ihn fallen. Die Commons gingen aber noch weiter, da sie den nicht unberechtigten Verdacht hegten, daß die bewilligten Kriegsgelder der üppigen Hofhaltung zugute gekommen waren. Sie wählten 1667 ein »Committee of Accounts«, das die Verwendung der bewilligten Gelder kontrollieren sollte. Das war ein entscheidender Schritt gegen die königliche Prärogative und leitete das Recht des Parlaments auf »Appropriation« ein, das erstmals 1678 bei der Entlassung des Flandernheeres behauptet wurde und sich nach der Glorreichen Revolution allgemein durchsetzte. Damit enthüllte sich die Restauration als ein neuer Zustand, der durch den praktischen Supremat des Parlaments in Kirchen-, Gesetzes- und Finanzsachen, die parlamentarische Privilegierung der Amtskirche und den Gegensatz von Court und Country gekennzeichnet war.

2. Die Geheimdiplomatie Karls II.

Die Nachfolge Clarendons trat eine Gruppe von Ratgebern an, die nach den Anfangsbuchstaben ihrer Namen doppelsinnig als »Cabal« bezeichnet wurden. Clifford, Arlington, Buckingham, Ashley und Lauderdale bildeten einen königlichen Rat, über den Karl durch wechselnde Hinzuziehung seiner Ratgeber noch ein persönliches Regiment behaupten konnte, da Clifford und Arlington katholisierende Neigungen hatten, Ashley, der spätere erste Lord Shaftesbury, mit dem Dissent sympathisierte, Lauderdale ein früherer Presbyterianer und Buckingham ein Libertinist war. Neben diesem ungleichen Gremium war der Hof eine undurchsichtige politische Potenz, über den Karl hinter dem Rücken der Nation seine Geheimdiplomatie laufen ließ. Das Land fühlte sich im Gegensatz zur Welt des königlichen Hofes, der zum Kampfplatz französischer und holländischer Diplomaten wurde und nach Lebensstil und weltmännischer Indifferenz als Fremdkörper empfunden wurde.

Nach dem Frieden von Aachen 1668, mit dem Ludwig XIV. unter dem Druck der Tripel-Allianz von England, Schweden und Holland den Devolutionskrieg gegen Spanien beendete, trachtete Karl II. nach einer Verbindung mit Frankreich, um sich von seinem Parlament finanziell unabhängig zu machen. Seine religiösen Neigungen gingen in die gleiche Richtung, zumal sein Bruder Jakob von York um diese Zeit mit seiner Billigung katholisch wurde. Karl ging auf französische Geheimofferten ein und schloß mit Ludwig XIV. den Geheimvertrag von Dover 1670, worin er gegen eine beträchtliche Subsidienzahlung von 166000 Pfund und gegen eine Eventualstreitmacht von 6000 Fußsoldaten seine baldige Konversion in Aussicht stellte. Außerdem wurde ein Angriffskrieg gegen Holland beschlossen, der England die Insel Walcheren bringen sollte. Das war das »Erste Papisten-Komplott« zur Bekehrung Englands, welches für den Augenblick Karl von seinem Parlament unabhängig machte. Darin lag auch das phantastische Projekt einer Wiederherstellung der unbeschränkten Monarchie in England um den Preis der Zerstörung des holländischen und spanischen Kolonialreichs und der Unterordnung Englands unter Frankreich beschlossen. Die englischen Unterzeichner waren Clifford und Arlington; die protestantischen Ratgeber im Cabal-Ministerium wurden nicht unterrichtet. Zwei von ihnen, Buckingham und Ashley, ließ Karl nach Paris gehen, um dort einen Angriffskrieg gegen Holland zu vereinbaren. Hier kam der »Scheinvertrag« von 1670 zustande, der in Bezug auf die kriegerischen Pläne nichts anderes vereinbarte als der Geheimvertrag von Dover. Es ist umstritten, ob Karl in der Tat eine gewaltsame Bekehrung Englands jemals erwogen hat, zumal er und Arlington zu erfahrene Politiker waren und Ludwig selbst kurz danach nicht mehr allzuviel von England erwartete. Nicht umstritten ist, daß Karl in erster Linie beträchtliche Gelder einheimsen wollte. Jedenfalls war der Geheimvertrag von Dover ein übles arcanum imperii, das überdies seinen Zweck nicht erreichte.

Die erste Folge dieser Abmachung war die Suspendierung der Strafgesetze gegen Dissent und Katholiken in der zweiten Indulgenzerklärung Karls 1672. Die zweite Folge war der dritte Krieg gegen Holland (1672–1674) im Bunde mit Ludwig XIV. Die dritte Folge war die Einberufung des Parlaments nach einem Intervall von drei Jahren. Der Kampf gegen Holland, den traditionellen Rivalen Englands, lag im Interesse des Hauses, das aber durch den unvermittelten Ausbruch des Krieges, das Bündnis mit Frankreich und die plötzliche Indulgenzerklärung beunruhigt war und die erwünschte Geldbewilligung an Bedingungen knüpfte. Das Parlament sah die geschaffene religiös-kirchliche Einheit in Gefahr und bewilligte erst 1,2 Millionen Pfund, nachdem Karl seine Erklärung zurückgenommen und der Testakte von 1673 zugestimmt hatte. Aufgrund dieser Testakte mußte Jakob von York, der Bruder des Königs, sein Amt als Lord High Admiral niederlegen und der Lord Treasurer Clifford zurücktreten.

Angesichts des enttäuschenden Kriegsverlaufs verlangte das Parlament nach Frieden. Vergeblich suchte Karl durch verschärfte anti-katholische Strafgesetze den Verdacht gegen seine Politik zu zerstreuen und durch französische Bestechungsgelder die Commons umzustimmen. Im Februar 1674 schied England im Frieden von Westminster aus dem Kriege aus. Insgeheim ließ Karl in Paris wissen, daß er nur gezwungen gehandelt hätte; ein

Teil der englischen Truppen blieb sogar in französischen Diensten. Diese lavierende Geheimpolitik weckte neuen Verdacht und brachte das religiöse Motiv mit hinein, zumal die katholische Atmosphäre des Hofes in grellem Gegensatz zum Anti-Papismus von Land und Parlament stand. Einige Nachwahlen (by-elections) bewiesen das Erstarken der puritanischen Opposition. Das Cabal-Ministerium trat angesichts der allgemeinen Mißstimmung zurück, und das Parlament zwang 1674 der Krone seinen eigenen Mann auf, Sir Thomas Osborne, später Earl of Danby, der zur alten Kavalierspolitik zurückzukehren und königliche Würde mit parlamentarischer Kontrolle in Einklang zu bringen trachtete.

Danby zog die Folgerungen aus der veränderten Machtverteilung. Er suchte über ein Management des Unterhauses die Stellung der Krone zu festigen. Er war der erste englische Staatsmann, der planmäßig Bestechung anwandte, um die Regierung handlungsfähig zu machen. Er vergab Ämter und Pensionen, um die Hofgruppe im Unterhaus zu stärken, und ließ nur linientreue Kavaliere in die Führungsbehörden. Die »placemen« im Unterhaus vermehrten sich von etwa 40 im Jahre 1661 auf 200 im Jahre 1675. Er suchte zum Vorteil der Krone seinen Einfluß zu monopolisieren und einen »Non-Resistance-Test« im Parlament durchzudrücken, der jegliche Kritik und Opposition als Eidverletzung gebrandmarkt hätte. Karl selbst mißtraute einer solchen Exklusivpolitik und zog es vor, zwischen den hadernden Parlamentsgruppen eine selbständige Stellung zu behaupten. Er gab seinem Minister keine ausreichende Unterstützung, so daß die Ergebnisse der Politik Danbys mager blieben. Aber dieser stellte einen neuen Typus im politischen Betrieb dar, der sich den Rücken durch planmäßige Korruption der Parlamentsgruppen zu stärken wußte. Das gab ihm Züge eines Parteimannes, so daß manche in ihm den ersten Tory-Minister sehen wollen.

Karl hingegen verließ sich weiterhin auf seine Geheimverbindung mit Frankreich, das durch die Ausweitung des holländischen Krieges in die Defensive gedrängt war. Gegen ein jährliches Hilfsgeld von 1 Million Pfund versprach er dem französischen König, das Parlament aufzulösen, wenn dessen Geldbewilligung an einen Eintritt in den Krieg gegen Frankreich geknüpft wurde. In einem weiteren Geheimabkommen vom Februar 1676 versprachen sich beide Monarchen, den Gegnern nicht zu helfen und keine Verträge mit ihnen ohne vorheriges Einvernehmen abzuschließen. Unter dieser Deckung errang Frankreich seine großen Erfolge gegen Spanisch-Flandern und Holland 1676, so daß beim Zusammentritt des Unterhauses im Februar 1677 die französische Drohung die Commons schreckte. Sie bewilligten ein bedeutendes Flottengeld und forderten ein sofortiges Bündnis mit Holland. Karl weigerte sich und ließ sich auf eine weitere Geheimabmachung mit Ludwig ein, wonach er gegen eine Subsidienzahlung das Parlament vor Jahresablauf nicht wieder berufen sollte. Aber die anschwellende anti-französische Stimmung im ganzen Land bewog Karl zu einem plötzlichen Seitenwechsel. Er willigte ein, daß seine Nichte Mary, die Tochter Jakobs von York, den Statthalter der Niederlande, Wilhelm III. von Oranien, heiratete. Die Ehe kam im November 1677 zustande und verband die präsumptive englische Thronerbin mit dem Hauptfeind Frankreichs und dem Heros der protestantischen Mächte.

Diesem Schlag gegen Ludwig XIV. gesellte sich noch im gleichen Jahr das Bündnis mit Holland zu, das Sir William Temple mit Billigung Danbys zuwegebrachte und das beide Länder verpflichtete, Frankreich und Spanien zum Frieden zu bringen. Jetzt erst verließen die letzten englischen Truppen den französischen Dienst; Flotte und Heer wurden gerüstet. Karl berief Januar 1678 entgegen der letzten Geheimabmachung das Parlament ein. Ludwig stellte seine Subsidien ein und verwandte nun seine Gelder, um das Parlament dem König zu entfremden. Die opponierenden Mitglieder des Hauses arbeiteten jetzt gleichfalls mit auswärtigen Verbindungen und verschafften sich Informationen, die der Krone abträglich waren. Außenpolitik und Parlamentspolitik begannen ineinander zu spielen und die parlamentarische Gruppierung sich nach ihren Beziehungen zu Holland oder Frankreich zu unterscheiden. Ludwig schickte sogar französische Protestanten nach Westminster, die Danby beschuldigten, er habe ebenfalls Bestechungsgelder angenommen. Das war seine Rache für die holländische Hochzeit. Darüber stürzte

Danby 1678 als Sündenbock der königlichen Geheimpolitik. Nichtsdestoweniger bot Karl seine Hilfe bei einem Friedensschluß mit Holland gegen eine dreijährige Subsidienzahlung an. Ludwig ging darauf ein; kein englischer Minister wagte jedoch, seine Unterschrift unter diesen neuen Geheimvertrag zu setzen.

Das Doppelspiel des Königs zahlte sich jedoch nicht aus. Der Friede von Nymwegen 1678 sah den Höhepunkt der französischen Vormacht und einen Tiefpunkt des englischen Prestiges. Er führte zu einer gefährlichen Vertrauenskrisis im Lande. Die geheimen Fäden nach Paris waren nicht unbekannt geblieben. Freilich hatte auch das Parlament sich an dieser merkwürdig unnationalen Politik beteiligt, so daß Ludwig sich in London zeitweilig zwei Diplomaten hielt, einen für den Hof und einen für die Commons. Auf diese Weise hatte er England erfolgreich von einer eindeutigen Parteinahme abgehalten. Die Hauptschuld daran trug der König, dessen frankophile und katholisierende Tendenzen als geheimes Einverständnis mit den in Ludwig verkörperten Bestrebungen der Gegenreformation angesehen wurden. Zudem widersprach der französische Merkantilismus und Protektionismus zunehmend den kommerziellen Interessen Englands. Angesichts der katholischen Drohung und der zwielichtigen Politik Karls war die politische Atmosphäre so aufgeladen, daß ein geringer Anlaß genügte, jene Krisis auszulösen, die letzten Endes England auf den Weg zur Glorreichen Revolution führte.

3. Der Konflikt um die Thronfolge

Die sogenannte »Exclusion-Crisis« (1679–81) enthüllte die unausgetragenen Widersprüche der Zeit und war den Antrieben und Zielen nach ein Vorspiel zur Revolution von 1688, die den erstrebten Ausschluß des katholischen Jakob von York vom Thron schließlich zuwege brachte. Der Angriff auf das Erbrecht rührte die grundsätzlichen Fragen nach dem Wesen der Monarchie und des Staates überhaupt auf. Die Spaltung des Parlaments in zwei feindliche Gruppen, Whigs und Tories, und deren Domestikation zu einer eigentümlichen Form des politischen und parlamentarischen Betriebs nahm von hier seinen Ausgang. Die bewegenden Motive verknüpften sich mit Religion und Weltanschauung, waren aber stets auch politischer Natur, da römischer Katholizismus mit Absolutismus und schottischer Presbyterianismus mit Klerikalismus zusammengesehen und beide als »Popery« verschrien wurden. Desgleichen wurde der europäische Machtkampf als protestantischer Verteidigungskampf begriffen, der die französische Herausforderung seit den achtziger Jahren des 17. Jahrhunderts als Angriff der Gegenreformation verstand. Die höchsten Fragen der Religion, der Machtpolitik und der Herrschaftsordnung spielten in die Auseinandersetzungen hinein. Die Unverträglichkeit der aufbrechenden Gegensätze verwies die Protagonisten auf den Bürgerkrieg, der aber durch den Gang der Ereignisse vermieden und auf einen Kompromiß hingenötigt wurde, innerhalb dessen sich die Widersprüche zu einem Widerspiel von Perspektiven verdünnten, an denen sich das politische Bewußtsein der Nation künftig orientierte.

Der allgemeine Verdacht gegen eine Verschwörung der katholischen Kräfte wurde durch die Enthüllungen des Titus Oates, eines ausgeschiedenen anglikanischen Kaplans, der früher aus einem Jesuitenkolleg in Frankreich hinausgesetzt worden war, zur Gewißheit. Titus Oates berichtete 1678 der entsetzten Öffentlichkeit von einem gigantischen Jesuitenkomplott, das sich die Ermordung Karls II., die Thronerhebung seines katholischen Bruders Jakob und schließlich die Gegenreformation in England zum Ziel gesetzt hätte. Um diesen phantastischen Kern rankte sich eine Fülle von Halbwahrheiten über papistische Intrigen und Geheimpläne, die zu weit gingen, um ernst genommen zu werden. Aber Oates machte seine Enthüllungen vor dem Londoner Richter Godfrey. Deshalb wurde er zur näheren Aussage vor dem Privy Council vernommen, wo Karl II. ihn in ein Bündel von Widersprüchen und Lügen verstrickte, ohne damit allerdings jeglichen Verdacht zerstreuen zu können. Einige Wochen später wurde der Richter Godfrey ermordet aufgefunden. Das gab den Anschuldigungen von Titus Oates Überzeugungskraft vor der Öffentlichkeit.

Zur selben Zeit wurde die Korrespondenz von Coleman mit dem französischen Hof entdeckt, in welcher die Frage einer Rekatholisierung Englands erörtert wurde. Coleman war der Sekretär der zweiten Frau Jakobs von York, der streng katholischen Maria Beatrix von Modena. Die Anklage gegen Coleman wurde unter dem Druck der öffentlichen Erregung auf die Herzogin, dann auf Jakob und schließlich sogar auf die Königin Katharina ausgedehnt. In Wahrheit existierte kein derartiges Komplott; es gab nur jenes Komplott von Dover 1670, nach welchem Karl die Rekatholisierung Englands betreiben sollte. Coleman hatte allerdings Verbindung mit Père Lachaise, dem Beichtvater Ludwigs XIV., zur eventuellen Bekehrung Englands aufgenommen. Dazu kam nun noch jenes erdichtete Komplott des Titus Oates. Schließlich war in allem eine gewisse Realität, insofern die französische Hegemonialpolitik gegenreformatorische Antriebe in ihre Segel nahm.

Die Antwort auf diese Vorgänge war eine anti-papistische Hysterie in England, die sich in einer Katholikenjagd Luft machte und den Dissent dem Anglikanismus annäherte. Bis 1681 dauerten die Mordprozesse gegen Katholiken an, denen jedes Unglück in die Schuhe geschoben wurde. Unter den ersten Opfern waren Coleman und sieben Jesuiten, ferner als prominentester Angeklagter Lord William Howard, Viscount Stafford, der vom Oberhaus angeklagt und verurteilt wurde, und schließlich der völlig unschuldige Erzbischof und Primas von Irland, Oliver Pluncket. Allen Papisten wurde der Aufenthalt in London im Umkreis von zehn Meilen untersagt. In jener allgemeinen Erregung versammelte sich das Parlament im Oktober 1678 und schloß mit der verschärften Testakte von 1678 die verbliebenen katholischen Lords aus dem Oberhaus aus. Fünf Peers wanderten in den Tower und erwarteten ein Impeachment. Shaftesbury, der Wortführer der protestantischen Sache, verlangte den Ausschluß Jakobs vom königlichen Rat, und Titus Oates, der in London auf Staatskosten residierte und als Retter des Landes gepriesen wurde, erschien vor dem Unterhaus, wo er die katholische Königin des Hochverrats bezichtigte. Schließlich wies der ehemalige englische Gesandte in Paris, Sir Ralph Montague, einen Brief vor, in welchem Danby auf Anordnung Karls dem französischen König gegen entsprechende Geldzahlung die Hilfe Englands versprach. Das Haus verlangte daraufhin die Entfernung der Königin und das

Impeachment Danbys. Karl antwortete mit der Auflösung des Kavalierparlaments.

Damit rettete er die Königin, seinen Bruder und vielleicht auch seinen Thron; zugleich folgte er dem Willen der Öffentlichkeit. Die Wahlen von Februar 1679 steigerten die Erregung, so daß Karl seinem Bruder Jakob riet, das Land zu verlassen, und er angesichts des Mißtrauens gegen seine Kabinettspolitik den Privy Council als Beratungsorgan wieder ins Leben rief. Der Londoner Mob verbrannte den Papst in effigie, wobei ca. 200000 Menschen zugegen gewesen sein sollen. Die Wahlen wurden zum ersten Mal auf einer deutlichen Parteilinie durchgefochten und brachten der Opposition einen überwältigenden Sieg. Die Regierung konnte nur noch auf etwa 25 bis 30 Sitze statt wie bisher auf 150 rechnen. Sie hatte offenbar keinerlei Kontrolle über die lokalen Gewalten mehr. Die öffentliche Erregung erreichte ihren Gipfel erst nach der Wahl, als der Arzt des Königs, eines Giftmordversuchs an Karl bezichtigt, freigesprochen wurde. Dieser Prozeß wurde als Beweis genommen, daß auch der Hof in das Papistenkomplott verstrickt sei und die englischen Freiheiten bedrohe. In dieser Atmosphäre verschärfte das neue Parlament die Strafgesetze gegen Staatsverschwörer und griff im Mai 1679 die Frage der Thronfolge auf in der erklärten Absicht, das Thronrecht Jakobs v. York und aller Papisten zu annullieren und stattdessen Jakob, Herzog von Monmouth, einen illegitimen Sohn Karls II., als Nachfolger vorzusehen. Karl prorogierte das »Exclusion-Parliament« und löste es im Juli 1679 auf. Das Impeachment gegen Danby war vorher am Oberhaus gescheitert, da die Tatsache des Landesverrats nicht nachzuweisen war. Erst das folgende Parlament schickte Danby in den Tower, ohne ein neues Impeachment anzustrengen.

Nur ein wichtiges Ereignis fand in diesem kurzen Parlament seinen gesetzlichen Niederschlag, die »Habeas Corpus Amendment Act« von 1679, die einen Schutz gegen willkürliche Verhaftungen auch außerhalb der Parlamentssitzungen gab und allen Untertanen zugute kam. Bisher war die Regierung trotz der Habeas-Corpus Bestimmungen von 1641 in der Lage, die Anforderung eines Richters zur Vorführung eines Verhafteten durch Wechsel von Ort zu Ort zu umgehen. Nunmehr mußte jeder

Gefangengesetzte innerhalb von drei Tagen einem Richter vorgeführt werden und durfte nicht mehr ohne Urteil das Gefängnis wechseln. Jeder Verhaftete erhielt damit die Gewißheit, daß eine richterliche Entscheidung erwirkt werden mußte, wenn er über drei Tage in Haft bleiben sollte. Die königliche Zwangsgewalt war also kein ausreichender Rechtsgrund mehr und der Vorrang des geltenden Gesetzes gesichert.

Im Herbst 1679 wurde das dritte Parlament Karls II. gewählt, nach der Einbringung einer neuen »Exclusion Bill« mehrmals prorogiert und im Oktober 1680 aufgelöst. Das vierte Parlament wurde Anfang 1681 gewählt, trat aber wegen der revolutionären Woge in der Hauptstadt in Oxford zusammen. Wie die beiden »Exclusion Parliaments« wurde auch das »Oxford Parliament« nach einer dritten »Exclusion Bill« bald wieder aufgelöst. Die Verlegung nach Oxford befreite das Parlament vom Druck der Straße und leitete den Sieg der Krone ein. Es war das letzte Parlament Karls. Die drei Wahlen vom Februar/März 1679, August/Oktober 1679 und Januar/März 1681 zeigten ein beängstigendes Anwachsen der Oppositionsgruppen. Dominierender Wortführer im Parlament war Lord Shaftesbury. Der Wahlkampf konzentrierte sich auf den Ausschluß Jakobs, also auf eine überregionale hochpolitische Frage. Der Anti-Papismus war das Hauptanliegen, das sich auf die Thronfolgefrage verdichtete. Das Für und Wider unterschied die kämpfenden Parteigruppen.

Erstmals kamen die Namen »Whigs« und »Tories« in allgemeinen Gebrauch. Die Bezeichnung Tories, die ursprünglich wohl irische Banditen außerhalb der bürgerlichen Ordnung meinte, wurde von Titus Oates allen beigelegt, die nicht an sein Papistenkomplott glauben wollten. Man dehnte ihn auf die irischen Freunde Jakobs aus und bezog schließlich alle ein, die gegen den Ausschluß Jakobs vom Thron waren. Tories waren zuguterletzt alle, die am unantastbaren Erbrecht der Dynastie und am göttlichen Herrscherrecht festhielten. Die Tories nannten ihre Gegner Whigs, was ursprünglich wohl rebellierende schottische Pferdetreiber, Covenanters und radikale Presbyterianer bezeichnete. Beide Spottnamen bezogen sich auf außerenglische Zustände, auf das papistische Irland und auf das presbyterianische Schottland. Zu diesen bleibenden Spitznamen koordinierten sich andere

Ausdrücke. Den protestierenden »Petitioners« standen die »Abhorrers« gegenüber, die politisch ausgemünzte Petitionen als ungesetzlich ablehnten; das Verbot solcher Petitionen, die sich auf Neuwahlen oder auf den Ausschluß Jakobs bezogen, erfolgte durch eine Proklamation des Königs vom 21. Oktober 1681, die von den Opponenten als Verrat an den englischen Freiheiten gebrandmarkt wurde. Die einen hießen »Exclusionists«, die anderen »Anti-Exclusionists« oder auch »Country Party« und »Court Party«. Mit diesen Termini verband sich die fixe Idee von der Korruptheit des Hofes, die sich in der üppigen Hofhaltung und den Bestechungsmanövern Ludwigs XIV. bestätigt fand. Der religiöse Hintergrund blieb in den Parteinamen Whig und Tory erkennbar, die beide dem Straßen- und Kaffeehaus-Stil der Zeit entnommen waren.

Im Grunde faltete sich hier der Kompromiß von 1660 in zwei unterschiedliche Auffassungen von Staat und Politik aus. Der Torismus verteidigte die Identität von Staat und Kirche und den Zusammenhang von Monarchie und Bischofskirche. Aus dem göttlichen und natürlichen Recht der Dynastie leitete er das Prinzip des »Non-Resistance« gegenüber der obersten Gewalt ab. Die Whigs hingegen betrachteten sich als die Anwälte der protestantischen Religion und hielten am Recht auf Widerstand fest, das sie als Wesenselement des Protestantismus ansahen und mit den englischen Freiheiten ineinssetzten. Der Lehre vom Jus Divinum und der patriarchalischen Gewalt des Königs stellten sie den Gedanken des Naturrechts und des Urvertrags entgegen, demzufolge die Herrschaftsordnung auf menschlicher Vereinbarung beruhte. Die in der Konfrontation von Urvertragslehre und göttlichem Königsrecht, von protestantischer Freiheit und staatskirchlichem Konformismus, von Gehorsamspflicht und Widerstandsrecht, von Uniformität und Toleranz, von Autorität und Freiheit usf. sich artikulierenden Gegensätze berührten in der Tat die Grundlagen des religiös-politisch-sozialen Zusammenseins und verliehen dem Streit eine ideale Überhöhung. Indem Shaftesbury das Königtum unter das Gesetz stellte und das Parlament als den berufenen Hüter von Gesetz und Recht betrachtete, zog er eine Linie, die 1688 maßgebend wurde.

An der Frage des Ausschlusses des Herzogs von York von der

Thronfolge kamen diese Prinzipien zur Anwendung, wobei stets eine Menge von Politikern vermittelnd als »Trimmers« (Schaukler) tätig war. In dem siebenstündigen Rededuell zwischen dem Whigführer Lord Shaftesbury und dem »Trimmer« Lord Halifax am 15. November 1680 im Oberhaus kulminierten die Gegensätze zu imponierender Größe. Bedeutsamer war die lebhafte Mitwirkung der Öffentlichkeit, die einen neuen Stil der Politik hervorrief. Jetzt erst entstand jener lärmende Wahlbetrieb, der seitdem das Vorrecht der nicht stimmberechtigten Engländer wurde. Shaftesbury verband sich mit dem London-Mob, bereitete in Briefen und Pamphleten die Wahlkämpfe vor, gründete den militanten »Green-Ribbon-Club«, beschaffte sich einen Wahlfonds, beschäftigte Wahlagenten und sorgte für gelenkte Adressen, Petitionen und Wahlfeldzüge, wobei immer die großen Staatsangelegenheiten im Blickfeld blieben. Er trieb schon Parteipolitik und war der erste Parteiorganisator und Drahtzieher der modernen Politik. Mit seinen Wahlparolen und gesteuerten Demonstrationen heizte er die revolutionäre Stimmung an. Nur die Verlegung des Parlaments nach Oxford 1681 verhinderte den drohenden Umsturz.

Die Taktik Shaftesburys war bereits revolutionär. Dazu war vor allem sein Versuch zu rechnen, eine Assoziation zu bilden, die den geschlossenen Bereich des Parlaments überschritt und es durch eine zentral gesteuerte Parteiagitation von außen unter Druck zu setzen trachtete. Die darin sich ankündigende überregionale parteiliche Gruppenbildung brach in die bisherigen Abhängigkeitsverhältnisse ein, da nun fremde Kandidaten erschienen und den »virtual owners« die Parlamentssitze wegzunehmen trachteten. Manche Whig-Kandidaten gewannen tatsächlich auf unbekanntem Gelände den lokalen Sitzinhabern ihr Mandat ab. Die Heftigkeit dieser Methode sicherte zwar momentan hie und da Sitze, mißachtete aber die lokalen Loyalitäten und die Struktur des Wahlverfahrens. Darin lag der Keim des Scheiterns, da die lokale Gentry sich gefährdet fühlte. London selbst stand freilich ganz im Zeichen dieses neuartigen Wahlbetriebes, da hier Parteihochburgen, Parteilokale, Parteiabzeichen, Parteiversammlungen, Preßkampagnen sich bildeten, wobei die Whigs in den Kaffee- und Clubhäusern die Oberhand gewannen.

Erstaunlich war dabei die Rolle der Religion, mit deren Hilfe die Massen hauptsächlich angesprochen werden konnten. Aber sie wirkte kaum als positiver Antrieb, sondern mehr als Protest und Abwehrhaltung und wurde von indifferenten, deistisch-aufklärerischen Politikern wie Buckingham und Shaftesbury für ihre politischen Zwecke ausgenutzt. Nur in London, wo die Verbindung von Manor und Rectory, ländlicher Gentry und anglikanischem Pfarrklerus, fehlte, buchten die Whigs große Erfolge. Die Vermeidung der Revolution durch die Verlegung nach Oxford bewies sogleich, daß die Whigs eine laute Minderheit waren. Trotz ihrer zeitweiligen Majorität im Parlament schreckte die Öffentlichkeit vor ihrem Plan einer bewaffneten Aktion zurück. Ihr Anliegen unterschied sie auch mehr in der Theorie als in der Praxis von ihren Gegnern. Der genuine Protestantismus wurde im Parlament von denen verteidigt, die die Test-Akte ohne Skrupel erfüllten, weil sie größtenteils Freigeister waren. Die parlamentarischen Führer der protestantischen Sache waren selbst Opportunisten, Frühaufklärer, Freigeister und Skeptiker, für die die Religion taktisches Mittel war. Der überzeugte Nonkonformismus war ohnehin aus Parlament und Behörden ausgeschlossen.

Dazu kam, daß Shaftesburys Entscheidung für den Herzog von Monmouth als künftigen Thronfolger den wenigsten behagte, zumal viele in ihm nur die Puppe Shaftesburys sahen. Das Oberhaus entschied sich gegen Shaftesbury, und als die Whigs zum bewaffneten Widerstand übergehen wollten, verhielten sich die Kavaliere loyal gegenüber der Krone. Shaftesburys Politik untergrub letzten Endes die erbliche Monarchie, auf der der ganze verfassungspolitische Zustand beruhte. Seine weitgehenden Pläne kamen im Oxford-Parlament 1681 zutage. Das Parlament schickte ihn in den Tower; ein Londoner Gericht sprach ihn jedoch frei. Aber er, Lord Russell, der Earl of Essex und Algernon Sidney hatten wirklichen Widerstand geplant und Boten zu den »Covenanters« in Schottland gesandt. Die Verschwörer konnten sich freilich nicht auf Monmouth einigen, dem seit 1682 zahlreiche Anhänger im Westen Englands zuströmten. Aus Furcht vor erneuter Verhaftung floh Shaftesbury nach Holland, wo er 1683 starb. Jakob kehrte im Mai 1682 aus seinem Exil zurück.

Die Exzesse der Whigs und auch die Willkürprozesse gegen die Katholiken gaben den Ausschlag für den Sieg der Krone, die durch das Komplott der Whigs mit den Schotten und die Flucht Shaftesburys einen billigen Triumph davontrug. Die Universität Oxford wandte sich 1683 ausdrücklich gegen jegliche Ableitung der Regierungsgewalt vom Volk. Die Extreme zogen sich an die Peripherie zurück, als die »wilden« Whigs in Schottland sich 1684 von der Krone lossagten, Monmouth dann 1685 im Westen Englands rebellierte und schließlich 1688 die Iren nach dem Sturz Jakobs zu den Waffen griffen. Es erwies sich, daß die Krone im Bunde mit Bischofskirche und Torismus festgegründet war.

Der endgültige Umschlag zugunsten Karls erfolgte mit der Aufdeckung des »Rye-House Plot« 1683, das gegen das Leben Karls und Jakobs gerichtet und von einigen zweifelhaften Personen angezettelt war. Dieses Komplott wurde den konspirierenden Whig-Führern zum Verhängnis, obgleich sie lediglich den König zwingen wollten, ein neues Parlament zu berufen. Die verschärfte Gesetzgebung gegen Staatsverschwörer wandte sich nun gegen die Whigs. Sofort schritt man zu Verhaftungen und Hausdurchsuchungen, entdeckte in einem Londoner Keller ein Waffenlager und fand bei Algernon Sidney ein revolutionäres Manuskript. Einige Whigs bekannten sich schuldig; der Earl von Essex beging im Tower Selbstmord. In einem großen Schauprozeß wurden die Grundsatzfragen erneut aufgerollt und das Recht auf Widerstand zur Debatte gestellt. Jetzt wurde die Ausdehnung des Begriffs Hochverrat, den die Whigs bei den Papistenprozessen gebilligt hatten, ihnen selbst verderblich. Was den Katholiken als Verrat ausgelegt worden war, nämlich eine Versammlung Gleichgesinnter, ließ sich nun auf das planmäßige Vorgehen der Opponenten anwenden.

Lord Russell trat ebenso wie Algernon Sidney für das Recht auf Widerstand ein, das aber von den Richtern als Rebellion beurteilt wurde. Lord Russell hätte sein Leben retten können, wenn er die Unvereinbarkeit von Widerstandsrecht gegen die Obrigkeit und christlicher Religion anerkannt hätte. Aber er wollte das »Non-Resistance«Prinzip nur für das frühe Ur-Christentum gelten lassen, nicht aber für England, wo die Religion durch das Gesetz bestimmt sei und Widerstand aus Gewissensgründen nicht ungesetzlich sein könne. Die Lehre vom Widerstand war für ihn ein Stück seiner Religion geworden, die ihm grundsätzliche Konzessionen verwehrte. Seine Unnachgiebigkeit brachte ihn noch vor Algernon Sidney auf das Schafott. Seine unerschütterliche Überzeugung hob ihn über den Parteienstreit hinaus und machte ihn zu einem Märtyrer der Freiheit, der für die Whigs das war, was der Märtyrer-König Karl I. für die Tories war.

Danach ging Karl dazu über, seine Opponenten konsequenter als bisher aus den Ämtern und lokalen Behörden auszuschließen, die Whigs ihrer bisherigen Führer zu berauben und die Hofpartei zu stärken. Nachhaltiger als sein Sieg im Oxford-Parlament war sein Erfolg bei der Ausschaltung der Whigs aus den Kommunitäten. London, das den Ausschluß Jakobs von der Thronfolge am heftigsten betrieben und Shaftesbury nicht verurteilt hatte, erfuhr dies zuerst, als der Zwist der Whigs über die Thronfolge 1682 einem Tory das Amt des Lord Mayor einbrachte, der mehrere Tories zu City-Sheriffs ernannte. Das Gericht von King's Bench erklärte die Londoner Freiheitsurkunde wegen ungesetzlicher Zollerhebung und einer ungesetzlichen politischen Petition für verwirkt. Eine neue Korporationsakte für London gab 1683 dem König ein Approbations- und Veto-Recht bei der Ernennung von Amtsinhabern. Mit Berufung auf das Korporationsgesetz von 1661 wurden nur noch strenge Anglikaner zu Amt und Würden zugelassen und die whiggistischen Geschworenenbänke aufgelöst.

Die Vertreibung der Whigs aus den lokalen Ämtern stärkte die Stellung des Königs, der freilich nicht an eine grundsätzliche Aufhebung des Parlaments dachte, sondern sich zur Enttäuschung der Katholiken und Dissenters auf die Tories stützte. Sein Despotismus war in Wirklichkeit ein Zusammengehen mit den Tories und das Jahr 1683 der Höhepunkt der Tory-Herrschaft. Ohne stehendes Heer und nur unzulänglich von französischen Subsidien unterstützt, aber auch aus seinem Hang zu unbekümmertem Hofleben begnügte er sich mit temporären Maßnahmen. Bevor Karl ein neues Parlament berufen konnte, starb er 1685, nachdem er auf dem Sterbebett katholisch geworden war. Ihm folgte sein katholischer Bruder Jakob von York.

4. Jakob II. (1685–88) und die Glorreiche Revolution

Jakob von York war in erster Ehe mit Anne Hyde, einer Tochter Clarendons, verheiratet. Seine Tochter Mary wurde 1677 die Gemahlin Wilhelms III. von Oranien; seine Tochter Anna heiratete den Prinzen Georg von Dänemark. Beide wurden englische Königinnen. Nach dem Tode seiner ersten Frau ehelichte Jakob 1673 die streng katholische Maria Beatrix von Modena. Jakob wurde bei seiner Thronbesteigung mit Loyalität und auch Enthusiasmus begrüßt. Aber es blieb ein merkwürdiger Widerspruch, daß ein überzeugter Katholik das Haupt der Anglikanischen Kirche geworden war. In einigen Gegenden, besonders in Schottland und im Südwesten Englands, kam es zu Revolten, um Monmouth auf den Thron zu bringen; sie bildeten keine allzu große Gefahr. Monmouth wurde ergriffen und aufs Schafott geschickt. Im Südwesten hielt Lord Chief Justice Sir George Jeffreys in den »Bloody Assizes« Gericht über die Aufständischen. Mehr als 1000 wurden gehängt oder in die Kolonien verschickt. Der erfolgreiche Kampf gegen diese Unruhen trug dem König sogar eine gewisse Popularität ein.

Dem neu berufenen Parlament, in welchem die Whigs fast verschwunden waren, erklärte Jakob, nach den geltenden Gesetzen regieren zu wollen und die Kirche von England zu schützen. Die Aufstände gaben ihm Anlaß zur Verstärkung seiner Armee, für die das Parlament 700000 £ bewilligte. Jakob setzte als Offiziere vorwiegend überzeugte Katholiken ein. Als die Commons unter Hinweis auf die Test-Akte dagegen protestierten, vertagte er das Haus. Der König nahm seine alte Dispensgewalt in Anspruch, ernannte zahlreiche katholische Amtsträger und entband sie von den Bestimmungen der Test-Akte. Selbst in kirchliche Stellen schmuggelte er Katholiken ein. Der neue Bischof von Oxford war geheimer Katholik; der »Master« der Universität Oxford konvertierte zum Katholizismus und behielt sein Amt. 25 Mitglieder des Magdalen-College mußten ausscheiden, als sie sich weigerten, einen Katholiken als Präsidenten zu wählen. Richter Jeffreys wurde Ende 1685 zum Lordkanzler erhoben.

Jakob setzte eine kirchliche Kommission ein, die bald offen, bald verdeckt eine Rekatholisierungspolitik betrieb. Er setzte fast die Hälfte der Tory-Friedensrichter ab und erließ 1687 und 1688 Indulgenzerklärungen, um die Dissenters für sich zu gewinnen. Er suspendierte damit den Clarendon Code und setzte die Test-Akte praktisch außer Kraft. Er befahl darüber hinaus, daß seine zweite Indulgenzerklärung von den anglikanischen Kanzeln verlesen würde. Der königliche Befehl forderte eine Petition der Bischöfe heraus, in welcher um die Aufhebung des Verlesungsbefehls gebeten wurde. Jene Tories, die einstigen »Abhorrers« aller Petitionen gegen die Krone, waren damit selbst zu »Petitioners« geworden. Die Bischöfe, die sich schließlich weigerten, diese Erklärung von den Kanzeln zu verlesen, widerriefen damit ihr eigenes Grunddogma, jenes unbedingte Gehorsamsprinzip, das sie bisher aus dem göttlichen Recht des Herrschers abgeleitet hatten.

Das Unterbleiben der Verlesung war der erste offene Widerstand. Die Forderung Jakobs brachte die Bischöfe in einen ernsten Konflikt der Loyalitäten. Ihr Sinn für Recht und Verfassung und ihre religiöse Überzeugung gerieten in Widerstreit. Der folgende Prozeß gegen sieben Bischöfe endete mit Freisprüchen. Das Ergebnis entfachte allgemeine Freude, vor allem in London. Dieser Prozeß durchbrach das Eis, in das die Non-Resistance-Idee die widerstrebenden Elemente eingeschlossen hatte. Die Bischöfe sahen sich unvermittelt im Bunde mit der Stadt London und führten plötzlich die allgemeine Sache.

Noch ein zweites Ereignis kam hinzu, das Anglikaner und Nonkonformisten gegen die Krone vereinigte. Bisher hofften alle auf eine baldige Nachfolge Marys, der ältesten Tochter Jakobs und Gemahlin Wilhelms III. von Oranien, die protestantisch geblieben war. Aber im Juni 1688 wurde der Königin Beatrix ein Sohn geboren, Prinz Jakob-Edward (1688–1766), sodaß alle Hoffnungen auf eine protestantische Thronfolge dahinschwanden. Das gab der Furcht vor einer Gegenreformation neue Nahrung. Die Konversion Karls II. 1685, die Aufhebung des Edikts von Nantes 1685 in Frankreich, die Ankündigung einer Gegenreformation in England durch den Erzbischof von Valence, der Übergang der pfälzischen Kurwürde an das katholische Haus Pfalz-Neuburg 1685, die Aufhebung der Duldung auch der Waldenser durch den Herzog von Savoyen 1685, kurz, die fortschreitende Gegenreformation, schloß nunmehr in England Whigs und Tories zusammen. Jakobs Intransigenz hatte ihm die haltbarste Stütze seines Thrones, den hochkirchlichen Torismus, entzogen.

Der innere Widerspruch, der 1688 zum Austrag kam, lag darin, daß ein katholischer König die durch Trennung von Rom gewonnenen Rechte als Oberhaupt einer Kirche ausüben sollte. Die ideelle Selbstaufgabe des Torismus und der Staatskirche durch einen Widerstand, der ihrer Doktrin und auch dem Verständnis der Allgemeinheit für lange Zeit entgegenlief, war erforderlich, um diesen Widerspruch zu beheben. Der offene Gegensatz zur Staatskirche entzog Jakob sogleich die Grundlagen seiner Herrschaft. Gerade durch die von seinem Vorgänger durchgeführte Konzentration der städtischen und kommunalen Ämter in hochkirchlichen Händen und Jakobs Gegenmaßnahmen entstanden ringsum Zitadellen der Opposition, so daß die Revolution wie eine Erhebung der örtlichen Behörden gegen das Zentralorgan aussah. Sie war ein Widerstand der Unterbehörden gegen die Oberbehörde, der Obrigkeiten gegen die oberste Obrigkeit, und nicht ein Widerstand aus der Subjektivität einzelner heraus. Die Kirchenpartei war der Herd des Widerstandes. Die Tory-Prinzipien von »Non-Resistance« und »Passive Obedience« waren Lügen gestraft, jene Prinzipien, durch deren Anerkennung Lord Russell sich seinerzeit das Leben hätte retten können. Die beginnende Revolution mußte zugleich die Desintegration des Torismus herbeiführen.

Schon wenige Stunden nach der Freilassung der sieben Bischöfe verließ ein Bote London, um Wilhelm III. von Oranien einen Brief zu überbringen, der ihn zum Eingreifen aufforderte. Der Brief war von sieben Peers, unter ihnen drei Tories, unterzeichnet. Dahinter stand die gemeinsame Furcht vor der »Fury of the Rabble«; die Londoner Unruhen gegen die Katholiken während und nach dem Bischofsprozeß hatten die Lords veranlaßt, möglichst schnell nach einem neuen Herrn zu rufen. Führende Whigs und Tories hatten gemeinsam und völlig ungesetzlich eine Initiative ergriffen, die den stärksten Widerpart des französischen Absolutismus nach England rief. Wilhelm nahm die

Einladung an, um England in die Kombination gegen Frankreich einbeziehen zu können. Er rüstete eine Flotte aus, angeblich gegen Dänemark, in Wirklichkeit gegen Jakob, der trotz der Warnungen Ludwigs XIV. nicht an eine Intervention seines Schwiegersohnes glauben wollte. Die gewaltige Flotte, mit englischen, holländischen, schottischen und schwedischen Soldaten an Bord, landete unbehelligt in Torbay und rückte gegen London. Das Heer Jakobs lief auseinander. Seine zweite Tochter Anna und sein Schwiegersohn Georg von Dänemark schlossen sich den Aufständischen an. Jakob wagte nicht einmal Verhandlungen und floh zur Erleichterung Wilhelms und unter geheimer Billigung seiner Gegner nach Frankreich, wohin ihm einige Tage zuvor seine Gemahlin mit dem Thronerben vorausgegangen war. Die Landung Wilhelms war in den Augen der Zeitgenossen die »Revolution«, d.h. die Wiederherstellung des rechten Zustandes, und da die Glorie eines künftigen Königs sie umstrahlte, war sie eine »Glorreiche Revolution«. Das innere Recht Wilhelms kam darin symptomatisch zum Ausdruck, daß seine Gegner kampflos ihre Waffen wegwarfen und niemand sich ihm entgegenstellte. Zudem hatten Wilhelms Diplomatie und das bedrohliche Übergewicht Frankreichs ihm die wohlwollende Neutralität der katholischen Mächte wie Spaniens, des Kaisers und sogar des Papstes gesichert.

Das Land befand sich freilich in einer seltsamen Lage. Der König hatte das Land verlassen und das Große Siegel in die Themse geworfen, um allen weiteren Maßnahmen die Legitimität zu nehmen; außerdem war kein Parlament vorhanden. Für einen Moment gab es nur die Gesellschaft ohne Staat. In dieser Situation berief Wilhelm das Oberhaus und einige ehemalige Parlamentsmitglieder aus der Nähe Londons, sowie Vertreter der Londoner Stadtverwaltung. Auf den Rat dieser Versammlung erließ er die »Writs« für die Wahl eines neuen Parlaments, eines Konventionsparlaments, da noch keine königlichen Writs ausgestellt werden konnten. Diese so gewählte Konvention deklarierte sich in einem souveränen Akt zum regulären Parlament und erließ jene Bestimmungen, die das Ergebnis der Revolution von 1688 waren. Aus seiner Machtvollkommenheit regelte es die Nachfolge, indem Mary und Wilhelm nach mancherlei Verhandlungen gemeinsam die Souveräne des Landes wurden, wobei die ausübende Autorität bei Wilhelm liegen sollte. Die Verhandlungen über die Krongewalt und der Ausweg eines doppelten Königtums waren staatspolitisch wichtig, insofern die Krone den Charakter eines unpersönlichen Amtes und eines Staatsorgans anzunehmen begann und nicht mehr auf dem Charisma einer Dynastie beruhte, ja schließlich in späteren Gesetzen (1701, 1707) den Regeln der üblichen Ämterverleihung unterworfen wurde. Das Konventionsparlament setzte darüber hinaus die Nachfolgeordnung fest. Danach sollten Marys Kinder, dann Annas Kinder und schließlich die Kinder aus einer eventuellen zweiten Ehe Wilhelms Thronanwärter sein. Man wagte freilich nur eine geringe Verschiebung der Erbfolge; schließlich war der Oranier zur Hälfte ein Stuart, der Enkel des Märtyrerkönigs Karl, und seine Frau die Tochter Jakobs II. Aber unbeschadet dieser Kompromisse war die Verschiebung der Souveränität auf das Parlament das eigentlich revolutionäre Ereignis.

Die Tories gerieten durch die Änderung der Erbfolge, die an sich unbestreitbar dem Sohne Jakobs zustand, in Verlegenheit und suchten ihr Divine-Right-Prinzip durch allerlei Winkelzüge zu retten: König Jakob sei desertiert und habe durch seine Flucht selbst abgedankt; oder sein Königtum hänge nur am »political body« und nicht am »natural body« des Königs; es sei auch kein wirklicher Widerstand geleistet worden, der sich gegen das Königtum als solches gerichtet habe; oder, der Gehorsam gegen die bestehenden Gesetze sei immer auch Gehorsam gegen den König, d.h. sie sahen nicht mehr im Willen des Königs das Gesetz, sondern eher im Gesetz den König und definierten ihren Gehorsam nicht anders, wie ihre Gegner es bisher auch taten.

In dem Text der Resolution des Konventionsparlaments vom 28. Januar 1689 (1688), der die Absetzung Jakobs aussprach, standen Whig- und Tory-Ideen nebeneinander: Durch den Bruch des »Original Contract« zwischen König und Volk, durch die Verletzung der »Fundamental Laws« und durch die Flucht aus dem Königreich habe Jakob der Herrschaft entsagt, so daß der Thron dadurch vakant geworden sei. Neben die whiggistische Vertragsbruch-Begründung stellten die Tories die Fiktion einer

Abdankung. Die Vakanzerklärung war eine legale Unmöglichkeit, die zur Ausschaltung der Ansprüche Jakobs notwendig war. Das Divine Right war keine Grundlage des Königtums mehr; die praktische Notwendigkeit triumphierte. Im Grunde fühlten sich die Whigs gerechtfertigt. Die naturrechtliche Vertragstheorie war sogar in die Formel aufgenommen worden, mit welcher sich England vom legitimen Königtum losriß. Der Urvertrag erschien als Basis der Monarchie. Die ideellen Voraussetzungen der Souveränität hatten sich damit grundlegend verschoben; der Gegensatz der beiden Parteien war in ein anderes Verhältnis gebracht, da der revolutionäre Vorgang von 1688/89, nämlich die parlamentarische Festsetzung der Erbfolge, notwendig war, um den konservativen Charakter der Herrschaftsordnung gegen Jakob zu bewahren. John Lockes »Second Treatise on Government« 1690, der aus den Wirren von 1679–1681 argumentiert hatte, wurde ein Grundbuch des neuen England; er umschrieb das Verhältnis von König und Volk als einen »Trust«, eine Treuhandschaft, in deren Hut die Gesellschaft mit ihren Grundrechten und alten Verträgen stehe und deren Behauptung als Sinn der Revolution gesehen wurde. In England sah man die Revolution als Sieg des Gesetzes über die Willkür oder als Sieg des Gewohnheitsrechts, zugleich aber auch als Sieg des protestantisch-parlamentarischen Staatswesens über das patriarchalisch-unitarische Staatsideal.

Zugleich kam noch ein bedeutsames Moment hinzu: Die ideellen und religiösen Motive stellten die Glorreiche Revolution in die europäischen Zusammenhänge und verknüpften sie mit den kontinentalen Auseinandersetzungen, die im Zeichen des kirchlich-politischen Staatsmonismus Frankreichs standen. Jakobs Anlehnung an Frankreich und die Welt der Gegenreformation sowie sein mangelnder Sinn für eine Politik des europäischen Gleichgewichts widersprachen den europäischen Notwendigkeiten, wie sie von Wilhelm von Oranien und anderen Zeitgenossen verstanden wurden. Die Revolution von 1688 schaffte die Grundlage für die anti-hegemoniale Gleichgewichts- und Einkreisungspolitik Wilhelms von Oranien, zu welcher sich Parlament, Nation und europäische Mächte vereinigten.

Der letzte kriegerische Versuch Jakobs, der Kampf am Boyne-

Fluß in Irland 1690, bei dem sich auf beiden Seiten festländische Regimenter maßen, war zugleich ein Kampf gegen die Vorherrschaft Frankreichs und für die Behauptung des Protestantismus in Europa. Die Revolution gewann hier europäische Bedeutung, wenn sie auch als verfassungspolitisches Ereignis vorläufig regional begrenzt erschien.

5. Die gesetzliche Sicherung der Revolution

In der »Bill of Rights« von 1689 erhielt das Königtum eine konstitutionell umschriebene Grundlage. Sie stellte eine Art Wahlkapitulation des Herrscherpaares dar, in welcher die »ancient rights and liberties« von Parlament und Nation bestätigt, jeder Katholik von der Thronfolge ausgeschlossen und das königliche Recht zur Dispens oder Suspendierung von Gesetzen für ungesetzlich erklärt wurde. Künftig konnten Gesetze nur gemeinsam von König, Lords und Commons erlassen und zurückgenommen werden. Mit diesen Festsetzungen bestimmte das Parlament über die Grundlagen der Verfassung und maßte sich die höchste Kompetenz an, insofern das Parlament und die Gerichtshöfe den Inhalt der königlichen Prärogative definierten, ebenso wie das Gemeinwohl, das nicht der König, sondern seine Untertanen im Parlament bestimmten. Der Königstitel beruhte nun auf allgemeinem Consensus und Vertrag; sein Erwerb unterlag den Bedingungen der üblichen Ämterverleihung, nämlich einem vorgeschriebenen Eid auf Religion und Statuten. Das Gesetz stand über der Krone, die nun zu einem Staatsorgan geworden war. Trotzdem blieb die Regierungsbasis erhalten, da die Wahl der Minister, die Ämtervergabe und die hohe Politik wie bisher bei der Krone lagen. Die Regierung blieb instrumentum regis und erhielt vom Parlament ausdrücklich die politische Initiative zurück. Das Parlament schreckte offenbar vor den Konsequenzen seiner Revolution zurück und bemühte sich, den alten Zustand zu bewahren.

Dadurch blieb fernerhin unklar, wo der oberste Sitz der Souveränität künftig liegen sollte. Man half sich damit, daß man von der Balance der drei gesetzgebenden Gewalten, König,

Lords und Commons, sprach. Die Kanonisierung der Balance als Verfassungsgrundsatz war das Mittel, die Fixierung der souveränen Spitze zu umgehen und die tatsächliche Verlagerung der Kompetenz-Kompetenz auf das Parlament zu verdecken. In den nachrevolutionären Gesetzen war keine wesentliche Veränderung der Konstitution des Landes zu bemerken. Von allen Rechten, die der Krone noch 1660 zustanden, wurde nur eines 1689 beseitigt, nämlich das Recht, ein stehendes Heer im Frieden auszuheben oder zu halten, wie es Jakob II. seit der Monmouth-Rebellion 1685 getan hatte, es sei denn durch statuiertes Gesetz im Parlament. Alles andere schärfte nur ein, was bereits festgelegt war. Die nun maßgebenden Schranken der Königsgewalt waren sogar weit geringer als die, die das Lange Parlament 1642 und die »Petition of Right« von 1628 aufgerichtet hatten.

Aber gerade dieses Verbot eines stehenden Heeres war von erheblicher Bedeutung für die Parlamentarisierung des politischen Lebens, insofern nun die Größe der notwendigen Militäreinheiten im Lande jährlich (Annual Bill) festgesetzt werden mußte und dabei jedesmal das Disziplinarrecht, also die Militärgerichtsbarkeit außerhalb des Common Law, der Krone durch eine »Mutiny Act« bestätigt werden mußte. Das galt für die »Army«, nicht für die »Navy«, und setzte jährliche Berufung des Parlaments voraus. Allerdings schärfte der Zwang zu regelmäßiger Berufung des Parlaments wiederum nur ein, was bereits 1664 statuiert worden war. Darüber hinaus ging eigentlich nur die »Triennial Act« von 1694, insofern dieses Gesetz der Krone neben der regelmäßigen Einberufung noch den Zwang zu Neuwahlen alle drei Jahre auferlegte. Jährliche Sitzungen und dreijährliche Wahlen nötigten den König zu ständiger Rücksicht auf Parlament und Öffentlichkeit. Die häufigen Wahlen trugen die Parteigegensätze nach draußen und gaben Gelegenheit zu Unruhen und tumultuarischen Äußerungen, da während der Wahlhandlung jegliche militärische Schutzausübung suspendiert war. Zudem war die Krone nicht mehr in der Lage, ein ihr genehmes Parlament zu halten, wie Karl II. es noch mit dem Kavalierparlament getan hatte. Dieses Gesetz wurde 1716 durch die »Septennial Act« abgelöst, wonach nur alle sieben Jahre gewählt werden sollte, angeblich um die ständige Beunruhigung der

Öffentlichkeit zu verhüten, in Wirklichkeit aber, um die Autonomie des Parlaments gegen die Öffentlichkeit abzusichern.

Wichtig war auch, daß dem Monarchen die Suspendierungsgewalt genommen wurde, also das Recht des Aufschubs oder der Aufhebung von Urteilen; dasselbe galt für die Dispensgewalt, also ungesetzliche Ausnahmeregelungen für einzelne Personen. Beide Kronrechte waren freilich immer angezweifelt worden und wurden wegen ihrer ausgedehnten Anwendung durch Jakob II. nun endgültig verboten unter Hinweis auf eine baldige gesetzliche Regelung, die freilich nie gekommen ist. Das Gnadenrecht der Krone blieb als höchster Ausdruck des Rechts überhaupt erhalten, da es sich nicht auf Gesetz und Urteil erstreckte, sondern nur auf die Strafe, und kein Präzedenz schaffen konnte. Das Gesetz des Landes und nicht die Subjektivität des königlichen Gewissens sanktionierte die Handlungen der Krone. Der König stand inmitten der politischen Landschaft, nicht über ihr.

Trotz des Zusammengangs beider Parteien und der Unterstützung des Dissent in der Glorreichen Revolution, ja trotz des calvinistischen Königs Wilhelm von Oranien, wurde an der Fiktion der religiös-kirchlichen Einheit festgehalten. Die Toleranz-Akte von 1689 beseitigte durchaus nicht die Rechtsnachteile der Dissenter, sondern erlaubte ihnen nur Versammlungen an Orten, die die Bischöfe dafür lizensiert hatten. Die Kirchenstrafen wegen Fehlens beim anglikanischen Gottesdienst wurden allerdings für die protestantischen Sekten aufgehoben. Das Unterhaus verwarf die erstrebte »Comprehension« der christlichen Bekenntnisse in eine »Broad Church« und erkannte nur die Rechtsfähigkeit nonkonformistischer Denominationen als privater Vereinigungen an. Das hatte nichts mit einer Gleichberechtigung der Kirchen neben der Staatskirche zu tun. Der einzelne Engländer war qua Engländer, wenn er sich nicht ausdrücklich einer anderen Denomination anschloß, Anglikaner und abgabenpflichtiges Glied seiner Pfarrgemeinde. Immerhin war aber mit dieser Toleranzakte eine Vielheit von Bekenntnissen außerhalb des staatlichen Bereichs geduldet. Die Dissent-Gruppen waren eigentlich nicht als Religionsgemeinschaften, sondern als rechtsfähige Körperschaften anerkannt. Erst seit 1718 wurden Nonkonformisten als Amtsträger zugelassen, wenn binnen sechs

Monaten kein Einspruch erfolgte. Seit 1727 erlaubten jährliche Indemnitätsgesetze sogar Nonkonformisten den Eintritt ins Unterhaus, und Georg II. setzte für die nicht-anglikanischen Kircheneinrichtungen staatliche Subventionen aus. Der Ausschließlichkeitsanspruch der Staatskirche war also faktisch durchlöchert, wenn auch Staat und Kirche landesrechtlich dem Anglikanismus vorbehalten blieben. Bedeutungsvoll war auch, daß die Union mit Schottland 1707 die presbyterianische »Kirk« als schottische Staatskirche anerkannte und hier die anglikanische Kirche in die Nonkonformität gedrängt wurde. Damit hatte Großbritannien zwei territorial getrennte Staatskirchen. Die alte Identität von Staat und Kirche blieb nur noch in den unberührten Landgemeinden, im Bündnis von Landgentry und Niederklerus erkennbar. Die politisch-religiöse Einheit des ganzen Gemeinwesens wäre nur noch unter Verdünnung der Glaubenssubstanz zu retten gewesen, gegen die sich die Mehrheit der Bevölkerung sträubte. Die unaufhörlichen theologisch-philosophischen Kontroversen des Zeitalters und dann die Auflösung der alten Landgemeinden mit zunehmender Bevölkerungsfluktuation im Verlauf des 18. Jahrhunderts ließen den Dissent als außerstaatliche Gesellschaftskraft mit der Zeit wieder stark werden; von ihm aus wurden das Eigenrecht und die Aktionsmöglichkeit einer staatsfreien Gesellschaft auch außerhalb der Handelswelt entdeckt und praktiziert. Die Staatskirche hingegen war formell unfähig, sich selbst Gesetze und Reformen zu geben, während der Dissent nur als Vereins- und Eigentumsträger und nicht als Religionsgemeinschaft an die Parlamentsgesetze gebunden war und dadurch ein eigenständiges religiöses Leben und Wirken entfalten konnte. Die Bedeutung der Toleranzakte liegt darin, daß sie gegenüber der Ohnmacht des »Establishment« dem Aktivismus der Sekten gesellschaftlichen Spielraum ließ, so daß über den religiösen Pluralismus Formen staatsfreier Gesellung oder Vereinigung sich bilden konnten, die breitere Volksschichten erfaßten und neben den freien Kommunikations- und Bildungsformen der bürgerlichen Handelswelt die freie bewegliche Gesellschaft des 19. Jahrhunderts auf der Ebene des »Common People« überall da ankündigten, wo sich neue Bevölkerungsschwerpunkte bildeten.

Dieser begrenzten Freisetzung der verschiedenen Denominationen entsprach auch die Freisetzung der Presse. Die Bill of Rights von 1689 hatte nur die Rede-, Debattier- und Verfahrensfreiheit im Parlament garantiert, aber nicht die Pressefreiheit erwähnt. Im Jahre 1694 weigerte sich das Unterhaus, die »Licensing Act« von 1662 gegen »seditious, treasonable, and unlicensed books« zu erneuern und legte seine Gründe in einem Memorandum dar, an dessen Formulierung wahrscheinlich John Locke beteiligt war. Damit entfielen die regierungsamtliche Vorzensur, die zahlenmäßige Beschränkung der Druckereien und das Inspektionsrecht für importierte Bücher, mit deren Hilfe oppositionelle Stimmen ausgeschaltet werden konnten, bevor sie sich überhaupt publizistisch gemeldet hatten. Mit dem Fall dieses Eckpfeilers des bisherigen Überwachungssystems begann der rasche Aufstieg der englischen Publizistik, obgleich nur die Beseitigung der Vorzensur, aber keineswegs Meinungs- und Pressefreiheit schlechthin erreicht war. Die Möglichkeiten einer scharfen Nachzensur blieben fortbestehen; die Bindung der Freiheit an das Gesetz wurde von allen Seiten als selbstverständlich genommen und die »legal liberty« von der »licentious liberty« unterschieden. Die Rechtssprechung stand zudem weit stärker als heute vorstellbar unter dem Einfluß der Exekutive, und die Richter allein hatten über die quaestio juris zu bestimmen, während den Geschworenen nur die quaestio facti zu beurteilen blieb, d.h. ob der Angeklagte tatsächlich ein »Libel« gedruckt, geschrieben oder verbreitet hatte, nicht aber, ob die Publikation den Tatbestand eines »Libel« erfüllte. Erst 1792 erhielten die Geschworenen dazu die Kompetenz, so daß hier endlich der Regierung die Waffe der Nachzensur genommen war. Bis dahin verschaffte sich die Regierung durch Strafjustiz und Steuergesetzgebung (Stamp Acts) sowie Subventionen ein Meinungsmonopol, dem gegenüber erstmals seit 1727–1742 im »Craftsman« ein oppositionelles Blatt sich über eine längere Zeit behaupten konnte.

Die fundamentale Veränderung des politischen Lebens durch das »Revolution Settlement« und die nachfolgenden gesetzlichen Vorkehrungen trat in den offiziellen Formulierungen kaum in Erscheinung. Am weitesten ging noch die »Act of Settlement«

1701. An diesem Gesetz hatte sich im Hinblick auf den Ausfall der nächsten Thronerben die Einmütigkeit des zerrissenen Parlaments plötzlich wiederhergestellt. Hier hatten sich die Gemäßigten gegen die Jakobiten, die die Stuart-Dynastie wieder zurückbringen wollten, und gegen die strengen Whigs, die überhaupt die Monarchie aufgeben wollten, vereinigt. Mit dem Gesetz von 1701 erfolgte einmal ein weiteres Abrücken von der Stuart-Dynastie durch eine neue Regelung der künftigen Erbfolge. Sie wurde durch die Kinderlosigkeit Wilhelms von Oranien und den Tod aller Kinder der Thronfolgerin Anna, einer Schwester Marys, notwendig und erklärte das lutherische Haus Hannover für erbberechtigt, dessen Kurfürstin Sophie eine Enkelin Jakobs I., als Tochter der Elisabeth von der Pfalz, war. Außerdem mußte nun jeder Thronträger Mitglied der Anglikanischen Kirche sein oder werden.

Das Gesetz enthielt darüber hinaus noch Verfassungsklauseln, welche die Verteilung und Ausübung der staatlichen Macht betrafen. Danach sollte kein Amtsträger der Krone für das Unterhaus wählbar sein; ferner sollten Staatsgeschäfte nur über den königlichen Rat, den »Privy Council«, und keine anderen Kanäle wie etwa ein Kabinett durchgeführt werden, wobei durch Unterschriften die Zustimmung der Minister erkennbar gemacht sein sollte. Damit wurde eine Verantwortlichkeit und eine institutionelle Trennung der Gewalten verfügt, die sich gegen die Praktiken Wilhelms und der beiden letzten Stuartkönige richtete und auch an Projekte der Cromwellzeit anschloß. Dem entsprach auch die Statuierung der Unabsetzbarkeit der Richter von Seiten der Krone »during good behaviour«, so daß von einer Trennung der Gewalten hätte gesprochen werden können. Die beiden ersten Bestimmungen wurden schon in der »Regency Act« 1705 widerrufen, bevor sie akut geworden waren. Die letzte Bestimmung machte nur durch Statut sicher, was schon von Wilhelm befolgt worden war. Im Hinblick auf die Thronfolge von Hannover und die Praktiken Wilhelms III. bestimmte das Parlament ferner, daß England nicht ohne seine Zustimmung in Kriege für Länder verstrickt werden dürfe, die nicht der englischen Krone gehörten, und daß Ausländer unfähig zur Mitgliedschaft in Privy Council und Parlament sein sollten sowie weder Ländereien noch Ämter von der Krone erhalten könnten. Schließlich war festgelegt, daß ein parlamentarisches Impeachment nicht durch ein königliches Pardon unter dem Großen Siegel inhibiert werden konnte. Hier nahm das Parlament das Recht zur ungehinderten Verfolgung seiner Gegner in Anspruch, gegen das die Krone ihr Gnadenrecht nicht anwenden konnte. Damit stellte es neben die Herrschaft des Gesetzes einen unantastbaren Bereich seiner Kompetenz-Kompetenz.

Die Trennung von Regierung und Parlament richtete sich gegen die engen Interessenverbindungen, die durch die Finanzpolitik der Regierung zwischen der Whig-Finanz im Parlament, der Bank von England und der Krone geknüpft waren. Indem das Parlament unter Wilhelm die Regierungsanleihen bewilligte und gleichzeitig den Staatsschuldendienst garantierte, ja durch das Haus hindurch allein der Reichtum des Landes der Politik nutzbar gemacht werden konnte, war aber die Bindung der Regierung an das Parlament praktisch unauflöslich geworden. Die Absicherung eines unabhängigen Parlaments gegen das Privy Council als Ratsregierung sollte die mit der Anleihepolitik Wilhelms erreichte Deckung des »Moneyed Interest« mit dem Geschick des Whig-Königtums wieder beseitigen; sie hätte aber den Lebensnerv des Parlaments und auch der Regierung durchschnitten; kein Minister hätte mehr im Unterhaus wirken dürfen. Das Privy Council konnte wohl die Routinegeschäfte ohne Rekurs auf das Parlament erledigen, nicht aber Politik machen, die aus der Zivilliste nicht zu betreiben war. Trotz diesem Gesetz zog Königin Anna (1702–1714) nach dem Vorbild Wilhelms III. deshalb sogleich wieder Regierungs- und Parlamentsmitglieder zu persönlichen Beratungen in einem Kabinett zusammen und überließ ihrem Privy Council lediglich die laufenden Geschäfte. Über diesem »Cabinet Council« bildeten die »Lords of the Committee« eine Art Zwischenglied zu den Gesandten und zum Parlament hin. Dieser Ansatz eines Kabinetts unter Vorsitz der Königin wurde in der »Regency Act« von 1705 erlaubt; durch ein Statut von 1707 wurden wieder Unterhausmitglieder zum Kabinett und zu den Ministerämtern zugelassen. Die bisherigen Amtsträger konnten nunmehr wieder im Parlament sitzen, nur bei neuen Ämtern blieb die Inkompatibilität von Amt und Abgeordnetensitz bestehen, es sei denn, daß durch besondere »Place Bills« Ausnahmen gemacht wurden. Freilich konnte noch nicht von einem modernen Kabinett gesprochen werden, da eine solidarische Verantwortlichkeit des Ministerkollegiums gegenüber der Krone fehlte und Anna die einzelnen Minister nach ihrem Gutdünken auswählte, wenn sie auch auf das Unterhaus Rücksicht nehmen mußte. Der Druck der Wahlen und des Parlaments brachte sie sogar davon ab, nur ihr genehme Personen heranzuziehen. Immerhin erschien dieser »Cabinet Council« den Zeitgenossen bereits als verantwortliches Regierungsorgan, als »Ministry«, und galt als Schranke gegen unverantwortliche Hintertreppeneinflüsse des Hofes, so daß ein erster Ansatz zu verantwortlicher Kabinettsregierung gefunden war. Die parteiliche Zersplitterung ebenso wie der Vorsitz der Königin verdunkelten die verborgenen Möglichkeiten einer solchen Regelung. Die Krone bestimmte die Zusammensetzung des Kabinetts, und dieses entschied durch seine Mittel meist die Abstimmungsergebnisse, solange die parteiliche Konfusion anhielt. Zudem kam der Krone die Union mit Schottland 1707 zugute, mit der 45 schottische Abgeordnete und 16 schottische Peers nach Westminster kamen. Schottland war mit nur etwa 4000 Wählern fast eine große »Pocket Borough« und gehorchte weitgehend dem Einfluß der Krone. Die große Gruppe der »Queen's Friends« im Unterhaus gewann dadurch beträchtlich, und im Oberhaus behielt die Krone das Mittel des Peerschubs, um sich notfalls durchsetzen zu können. Unter diesen Umständen genügte ihr das Veto-Recht des Oberhauses, um unbequeme Bills rechtzeitig zu »killen«. Das königliche Veto-Recht wurde seit 1707 nicht mehr ausgeübt, was auch als Zeichen für das starke Gewicht der Krone angesehen werden kann. Trotzdem lag hier eine Verlagerung des Entscheidungsortes vor, ebenso wie die Verbindung der Regierung mit der Parlamentsmajorität die alte Prozeßlage Krone versus Parlament mit der Zeit auf den Gegensatz zwischen Regierungsmehrheit und Opposition verlagern mußte, wie es bei Walpole eintrat.

Im Grunde legte das Gesetz von 1701 die Krone in die Obhut des Parlaments, so daß ein Denken aus dem Antagonismus von Krone und Parlament ebenso abwegig werden mußte wie eine völlige Trennung der Exekutive vom Parlament. Diese Überantwortung der Krone an das Parlament wurde durch die »Regency Act« von 1707 noch unterstrichen, die den Übergang der Krone von der Stuart-Königin an Hannover technisch-institutionell sicherte. Danach sollte bei Ableben Annas das bisherige Privy Council mit vollen Rechten weiteramtieren und das Parlament bis zur Ankunft des neuen Thronfolgers fortbestehen, ferner ein Gremium höchster Richter die Angelegenheiten der Prärogative verwalten. Das Parlament übernahm damit die Rolle eines souveränen Wächters über die Krone und eliminierte praktisch jeden grundsätzlichen Gegensatz zum Kronträger, der allerdings nach Vereidigung auf Gesetz und Kirche aus eigenem Rechtsgrund herrschen sollte. Die intendierte Trennung der Gewalten ging also nicht in die Verfassung ein. Auch die Unabsetzbarkeit der Richter schloß nicht den Kroneinfluß aus, da der einzelne Richter in Dotierung und Beförderung von der Krone abhängig blieb, ferner durch Adressen beider Häuser eine Absetzung noch möglich war, und schließlich der höchste Richter, nämlich der Lord Kanzler, als Präsident des Oberhauses Mitglied der Legislative und als Lord im Kabinettsrat und Privy Council Mitglied der Exekutive war.

Das beiseite gesetzte Gewaltentrennungsprinzip spielte fernerhin nur noch in der Polemik gegen »Influence« und Korruption eine Rolle, war aber in der oberen Region der politischen Willensbildung in sein Gegenteil verkehrt. Die Unangreifbarkeit des parlamentarischen Impeachment hatte sogar an einem Punkt die drei Funktionen zusammengeschlossen. Im ganzen gesehen hat die gesetzgeberische Tätigkeit nach 1689 das innerparlamentarische Widerspiel von Regierungs- und Oppositionspartei institutionell vorbereitet und den Bereich der politischen Entscheidung stärker als bisher mit dem Parlament verknüpft.

6. Die hohe Politik unter Wilhelm III. und Anna

Der Regierungsantritt Wilhelms von Oranien stand im Zeichen des beginnenden Krieges mit Frankreich. Ludwig XIV. hatte schon im November 1688 den Krieg an Holland erklärt, und

Holland hatte am 12. Mai 1689 eine Allianz mit dem Kaiser geschlossen. Wilhelms Gegnerschaft zu Frankreich war zudem ein Hauptmotiv zu seiner Landung in England. Im September 1689 brachte Wilhelm die Königreiche England und Schottland in die erste Große Allianz gegen Frankreich ein. Ohne die Glorreiche Revolution wäre die Einkreisung Ludwigs kaum möglich gewesen. Der Krieg verknüpfte sich sogleich mit der Thronfolgefrage, und sein Ausgang war für die Sicherung des Revolutionsergebnisses ausschlaggebend. Hinter dem geflohenen Jakob II. in St. Germain stand Ludwig XIV. und hinter Ludwig in den Augen der Engländer die katholisch-absolutistische Drohung. Die Whigs erblickten in Wilhelm die Verkörperung des Revolutionserbegnisses, wenn sie auch ihrer Tradition nach stets auf eine Einschränkung der Krongewalt bedacht blieben; die Tories sahen in ihm lediglich ein notwendiges Übel. Wilhelm hatte also mit einem Torismus zu rechnen, der seiner Person abgeneigt war, und einem Whiggismus, der der Krongewalt mißtrauisch gegenüber stand. Seine mangelnde Ausstrahlungskraft, seine Bevorzugung holländischer Ratgeber, seine persönliche Kälte machten ihn unpopulär und verführten manche Whigs, die Verbindung mit dem Prätendenten zu pflegen. Solange jedoch der Krieg mit Frankreich (1688–1697) anhielt, hatte Wilhelm wenig zu befürchten. Der Krieg erleichterte sein Geschäft, zumal das Parlament ausreichend Geldmittel bewilligte.

Die Konfusion des Parteiwesens verhüllte lange Zeit das wahre Machtverhältnis zwischen Krone und Parlament. Die Krone schien über den wechselnden Parteigruppen zu stehen, zumal Wilhelm sich aus den Gegensätzen heraushielt und jede dauerhafte Verbindung mit einer Seite vorläufig zu vermeiden suchte. Die Whigs dominierten im Konventionsparlament von 1689, die Tories aber nach den Wahlen von 1690, bis 1694 wieder eine Whig-Majorität zustande kam. Angesichts dieser Labilität zog Wilhelm vor, seine Prärogative über den Parteikämpfen aufrecht zu erhalten, d.h. Whigs und Tories in gleicher Weise heranzuziehen und auf diesem Wege sich eine parlamentarische Gefolgschaft zu sichern. Vorsichtshalber ließ er keine Parlamentssitzungen zu, wenn er außer Landes war. Aber die gemischten Ministerien verschuldeten häufig, daß die Minister ihre Anhängerschaft im Parlament verspielten und ihre bisherige Führungsrolle anderen zufiel, die sich weniger leicht gewinnen ließen. Erst nach dem Tode Marys setzte sich eine Whig-»Junta« (1694–1698) (Somers, Russell, Wharton, Shrewsbury und Sunderland) durch, die freilich auch nur bedingt in der Lage war, das Parlament für eine eindeutige Politik zu gewinnen. Nach dem Frieden von Ryswick 1697, der Wilhelm die Anerkennung als König von England brachte, deckte ein gescheiterter jakobitischer Attentatsversuch sogar die jakobitischen Beziehungen einiger Minister auf. Die Whig-Junta stürzte, und die Neuwahlen von 1698 erbrachten ein wegen der Parteikonfusion nicht feststellbares Ergebnis. Aber inzwischen hatte Wilhelm durch den Krieg mit Frankreich und die daraus entstandenen Staatsschulden sich mit einem »Interest« verbunden, das auch im Frieden seine Herrschaft festigte.

Das Parlament hatte jährlich etwa drei bis vier Millionen Pfund für den Krieg bewilligt. Das Geld wurde durch eine Steuererhöhung beschafft, die »Land Tax« von 1692, die drei Viertel der Kriegskosten decken sollte und zur Hauptsteuer des 18. Jahrhunderts wurde, da sie stets einen übersehbaren, sicheren Ertrag garantierte. Diese Land-Steuer bis zur Höhe von 4 Schilling im Pfund, also 20 Prozent der Einnahmen und Renten aus Landbesitz, belastete hauptsächlich die landbesitzende Klasse, während die kapitalkräftige Klasse der Handelswelt der Regierung Gelder vorstrecken und noch die Zinsen einstecken konnte. Soweit die Gentry nur vom Landbesitz lebte, war sie gegenüber jener Whig-Gentry benachteiligt, die durch ihre Verbindung mit dem Geld- und Handelsinteresse auf der einen Seite gewann, was sie auf der anderen Seite als Landbesitzer abgab. Hier lag mit ein Grund für die passive Verdrossenheit der Tory-Gentry, deren Vorfahren dereinst die Revolution gegen Karl I. mitgemacht haben mochten und die nun wieder mit dem Jakobitismus liebäugelte.

Neben der Land-Steuer, die mehr als zwei Millionen Pfund jährlich einbrachte, begründete ein Gesetz von 1693 die »National Debt«, deren Annuitäten durch eine neue Akzise auf Bier und Spirituosen für einen Sonderfonds des Exchequer gesichert wurden. Die »Lottery Act« von 1694 sah erstmals eine langfristige allgemeine Anleihe vor, die eine Million Pfund einbrachte, allerdings 14 v.H. Jahreszinsen und Prämienverlosung verlangte. Ferner wurde 1694 die Bank von England gegründet, die der Regierung sogleich 1,2 Millionen Pfund zu 8 v.H. Zinsen lieh, ihre Schatzanweisungen einlöste und bald als Aktien-Kapital-Bank mit dem Recht der Banknotenausgabe anerkannt wurde. Die Zinsen wurden aus dem Tonnengeld bestritten und von den Bankschreibern wurden Quittungen ausgegeben, die als Zahlungsmittel dienten (1708). Im Jahre 1698 stattete das Parlament eine neue Ostindien-Kompanie mit besonderen Privilegien aus, die mit der alten Ostindien-Kompanie aus der elisabethanischen Zeit konkurrieren konnte. Diese Kompanie lieh der Regierung ebenfalls Gelder zu acht Prozent Zinsen. Beide Gründungen waren Whig-Finanz-Gesellschaften, die mit ihren verzinslichen Investitionen den Krieg finanzierten. Sie verdankten ihr Dasein dem Parlament, das statt des Königs Anleihen und Zinsendienst garantierte und die Verwendung der dazu bewilligten Steuern und Zölle überwachte. Die von Isaac Newton und John Locke angeregte Münzverbesserung zur Dämpfung des Preisauftriebs 1695 und die übertriebene Banknotenausgabe führten zeitweilig zu einer Krisis, d.h. zu einem Run auf die Bank zum Umtausch der Banknoten; aber die Krisis wurde durch ein kurzes Moratorium und mit Hilfe der Bank von Amsterdam überwunden, so daß die Bank von England am Ende des Krieges 20 v.H. Dividende ausschütten konnte und ihre Notenausgabe von 764000 Pfund (1696) auf fast 2,5 Millionen Pfund (1720) steigern konnte. Die Privilegierung und die Behauptung der Bank gegen andere Konkurrenzgründungen war eine wesentliche Hilfe, um den nationalen Reichtum ohne Verzug in den Dienst der Politik zu bringen und das Finanzinteresse mit der Revolution zu verbinden. Die neue Form der Anleihen über die Bank unter Garantie des Parlaments half entscheidend, den Krieg zu gewinnen. Die Nationalschuld mit gesichertem Zinsendienst und die glänzende Finanzpolitik von Charles Montague taten das meiste zur Sicherung der bestehenden Herrschaftsordnung.

Das Finanzbedürfnis der Regierung hatte einige wichtige verfassungspolitische Folgen, und zwar nicht nur die Stärkung der Sache Wilhelms III., sondern vor allem die Stärkung des Parlaments. Indem der Reichtum des Landes in modernerer Form als bisher verfügbar gemacht wurde, aber die Geldbeschaffung ausschließlich über das Parlament erfolgen mußte und dazu auch der ständige Zinsendienst rechnete, wuchs das Parlament zu einem politischen Aufsichtsrat empor. Da zudem die Finanzen nicht in einem einzigen Finanzgesetz bewilligt wurden, sondern über jeweilige Einzelposten von Fall zu Fall beraten wurde, mußten die Commons über die mannigfaltigen Unkosten ein Bild gewinnen. Daraus entwickelten sich allmählich jene Formen der Mitwirkung, die für die Ausbildung des modernen Parlamentarismus in England wesentlich wurden.

Die Commons ernannten angesichts der Anleihepolitik von sich aus »Commissioners of Public Accounts«, wobei sie als die Hauptsteuerbelasteten den Lords die Mitarbeit verweigerten, zumal schon 1671/72 den Lords verboten worden war, Finanzgesetze zu ändern oder hier Initiativen zu ergreifen; sie konnten seit 1706 nur ja oder nein zu einem Finanzgesetz in toto sagen. Die Commons traten damit in einen Bereich ein, der bisher ihrer Kontrolle entzogen war und bewilligten nicht nur Gelder, sondern entschieden über deren Verwendung (»Appropriation«). Ferner führten ihre Bewilligungen dazu, daß die Regierungsanleihen nicht vom König, sondern vom Parlament garantiert wurden. Damit wurde die Geldanlage sicherer. Hauptverleiher war die Bank von England, deren Anleihen durch ein Statut vom Jahre 1709 mit den »Exchequer Bills« verbunden wurden. Der König erreichte für die Bedürfnisse des Hofes und der Verwaltung nur eine ungenügende, allerdings permanente Zivilliste, während das Parlament die Verantwortung für die außerordentlichen Ausgaben, darunter besonders die Kriegskosten, trug. Der königliche Haushalt geriet dabei zunehmend in Schulden, für die das Parlament seinerseits Anleihen bewilligte, die die Krone in völlige Abhängigkeit brachten, zumal ohnehin neben der Zivilliste jährliche Bewilligungen durch »Civil Service Estimates« notwendig blieben. Der König konnte nicht mehr aus Landbesitz, Zolleinnahmen, Sporteln und Strafgeldern Haushalt und Hof bestreiten und war ohne das Parlament nicht kreditfähig.

Damit war jede Möglichkeit verschlossen, Exekutive und Legislative zu trennen. Der Schatz wurde in den parlamentarischen Bereich hineingezogen und zum Glied zwischen Krone und Parlament. Der König mochte seine Minister als ihm allein verantwortlich ansehen, aber sie hatten ihre Politik dem Parlament gegenüber zu begründen, das die Finanzkontrolle innehatte. Deshalb mußte die Trennung von Regierung und Parlament nach der Act of Settlement von 1701 aufgegeben werden und in der Regency Act von 1705 ein Kabinett mit Parlamentsmitgliedern neben dem Privy Council erlaubt werden. Das Unterhaus überließ die Initiative für neue Ausgaben ausschließlich der Regierung. Diese Vorkehrung wurde 1706 beschlossen, und 1713 zu einer Standing Order (Nr. 66) erhoben, wonach »Public Money Bills« einem parlamentarischen Verfahren unterworfen wurden, das genauestens befolgt werden mußte, wenn die Abgeordneten nicht »out of order« kommen wollten und jede weitere Verhandlung hinfällig werden sollte. Eine weitere Standing Order (Nr. 67) bestimmte, daß Finanzberatungen immer in einem »Committee of the whole House« zu beginnen hätten, in welchem unter Wegfall der bei Gesetzeslesungen üblichen Verfahrensschranken die völlige Gleichberechtigung aller Abgeordneten gewährleistet war.

Durch diese Bestimmungen wurde der Grund für die Führungsposition des ersten Lords das Schatzes gelegt. Im Unterhaus hatte er die Initiative in der Hand, um das Einvernehmen des Hauses zu gewinnen. Die hier durchgesetzten Finanzbewilligungen und -zuteilungen erlaubten der Regierung erst eine wirksame Politik, für deren Konformität mit den Beschlüssen des Unterhauses der erste Lord verantwortlich war. Damit hatte der erste Lord des Schatzes in Unterhaus und Regierung eine Schlüsselstellung gewonnen; die Finanzkontrolle nötigte ihn ins Unterhaus, aber als Regierungsmitglied konnte er mit den Mitteln der Regierung wie Postenvergabe und Patronage das Unterhaus im Sinne der Regierung lenken. Seine Verantwortlichkeit gegenüber Unterhaus und Regierung stattete ihn mit politisch ausmünzbaren Mitteln aus, die ihn zum künftigen Prime-Minister prädestinierten, ein Terminus, der zuerst auf Lordschatzkanzler Godolphin (1704–1710) angewandt wurde. Die Finanzen verbanden Exekutive und Legislative, wobei die Initiative aber bei der Regierung blieb, der das Parlament Kontrolle und Kritik, aber im allgemeinen keine positive Politik entgegenstellen konnte.

Diese Entwicklung war beim Parteienwirrwarr nach 1698 noch nicht durchschaubar. Wilhelm selbst hatte keinerlei Verständnis für den Parteienstreit, der nun nach Friedensschluß um die Reduktion der Armee, die Minderung der Staatsschuld und der Steuerlasten, die Auflösung seiner holländischen Leibgarde und seine Günstlingspolitik geführt wurde. Angesichts der spanischen Frage und der englischen Uneinigkeit betrieb er unter Umgehung seines Privy Council eine Geheimdiplomatie mit Ludwig XIV., die zu den beiden Teilungsverträgen von 1698 und 1700 führte, die ohne Beteiligung von Spanien und Habsburg vereinbart wurden. Das Unterhaus entrüstete sich über das neue Engagement in kontinentaleuropäischen Angelegenheiten, und die Neuwahlen Ende 1700 ergaben einen eindeutigen Sieg der Tories. Noch im November des Jahres war Karl von Spanien gestorben und hatte in seinem Testament Philipp von Anjou, den Enkel Ludwigs XIV., zum Thronerben bestimmt. Dies widersprach dem zweiten Teilungsvertrag von 1700; trotzdem stimmte Wilhelm dem Testament zu. Kurz vorher war der letzte Sohn der Prinzessin Anna und damit der einzige Thronerbe gestorben. Angesichts der doppelten Gefahr raffte sich das neue Parlament zu einer gesetzlichen Sicherung gegen den Stuart-Legitimismus in der Act of Settlement von 1701 auf, die die Erbfolge von Hannover statuierte und sich gegen Wilhelms eigenwillige Politik richtete. Danach überschatteten die außenpolitischen Verwicklungen die Querelen im Unterhaus. Ludwig XIV. vertrieb die Holländer aus den belgischen Garnisonen, zerriß damit den Frieden von Ryswick und erkannte Jakob II. und nach dessen Ableben am 16. September 1701 den Prinzen Jakob Eduard als legitimen Souverän Englands an. Dadurch verknüpfte sich der neue Machtkampf wieder mit der Erbfolgefrage. Die erregte Öffentlichkeit drängte das Parlament nun zu Taten. Die Erregung kulminierte in der Kent-Petition von 1701, die das Unterhaus als Eingriff in seine Entscheidungsfreiheit verwarf. Die Gefangensetzung der Übermittler der Petition gab Wilhelm willkommene Gelegenheit, das zerstrittene Haus aufzulösen; das neue Parlament befand sich parteipolitisch in einem fast lähmenden Gleichgewicht. Aber über die Außenpolitik gab es jetzt keine ernsthafte Spaltung mehr. Die Kriegskredite wurden einmütig bewilligt, so daß das Land zusammenstand, als Wilhelm III. am 9. März 1702 starb und die »gute Königin« Anna den Thron bestieg.

Der letzte glückliche Griff Wilhelms war, daß er John Churchill, Earl of Marlborough, zum Oberkommandierenden ernannte und ihn nach Den Haag schickte, wo Marlborough am 7. September 1701 die zweite Große Allianz gegen Frankreich aushandelte. Zwei Tage nach dem Tod des ungeliebten Holländers Wilhelm wurde am 4. Mai 1702 vor dem St. James Palast öffentlich der Krieg gegen Frankreich erklärt. Nach einem Gesetz von 1697 durfte das Parlament noch bis zu sechs Monaten nach der Thronbesteigung im Amt bleiben, so daß die mit dem Thronwechsel erforderlichen Neuwahlen erst im Juli stattfanden. Sie brachten den Tories über fünfzig Sitze zusätzlich ein. Trotz ihrer Tory-Neigung und ihrer strengen hochkirchlichen Gesinnung ernannte Anna wieder ein gemischtes Ministerium. Marlborough wurde »Captain General« und »Master of the Ordnance«, Sidney Godolphin Lord Schatzkanzler; zu den Tories Nottingham und Rochester und anderen Hochtories traten Somers und Halifax aus der ehemaligen Whig-Junta. Robert Harley, früher ein »Old Whig« und jetzt ein gemäßigter Tory, wurde Sprecher des Unterhauses. Einer der aktivsten Whig-Führer, der Earl of Sunderland, heiratete die Tochter Marlboroughs und war Favorit seiner Schwiegermutter Sarah Marlborough, die das Ohr der Königin hatte. Marlboroughs Kriegsführung von 1702, die die Mosellinie mit Lüttich gewann, verschaffte ihm den Herzogtitel. Allerdings erregte die offensive Kriegsführung des Herzogs Widerspruch, und erst 1704 erlangten nach Ausscheiden mehrerer Hochtories Marlborough, Godolphin und Harley eine Schlüsselstellung, wobei das Kriegssekretariat in die Hand des erst 25jährigen Henry St. John, seit 1712 Viscount Bolingbroke, gelegt wurde. Diese Kombination wurde durch die glänzende Kriegsführung Marlboroughs für vier Jahre gefestigt. Die Hochtories suchten Marlboroughs Siege zu verkleinern, aber die Wahlen vom Frühling 1705 fielen zugunsten der Regierungstories und der Whigs aus.

Doch erreichte Sarah Marlborough im Verein mit dem Drängen der ämterlosen Whig-Führer, daß führende Tories aus der Regierung ausschieden und ihr Schwiegersohn Sunderland Staatssekretär neben Harley wurde. Anna entschädigte sich durch die Ernennung einer Menge von Tory-Bischöfen. Nichtsdestoweniger zwang sie die Stärke der Whigs im Parlament, die sich bei den Wahlen von 1708 noch steigerte, die Whig-Junta ganz in die hohen Ämter zu lassen, und die Tory-Minister wie Harley und St. John auszuscheiden, zumal sie durch einen Jakobiteneinfall in Schottland und die Erklärung ihrer Absetzung durch Jakob Edward nicht umhin konnte, dem Druck der Junta nachzugeben.

Während der Krieg sich hinschleppte und die Friedensfühler Ludwigs XIV. an den hohen Forderungen der Verbündeten scheiterten, führten innere Verhältnisse zum Sturz des Godolphin-Marlborough Ministeriums, zumal die Königin mit der kriegsmüden Öffentlichkeit im Rücken sich von der Whig-Führung zu befreien trachtete.

Anlaß gab der Sacheverell-Prozeß 1710. Der hochkirchliche Kleriker Dr. Sacheverell hatte zum Jahrestag der Landung Wilhelms in England am 5. November 1709 in der Sankt-Paul-Kathedrale eine Predigt gehalten, die mittelbar die Regierung und die Prinzipien der Glorreichen Revolution angriff. Godolphin antwortete mit einem Impeachment, erreichte aber nur eine dreijährige Suspendierung Sacheverells als Prediger. Der Prozeß erregte die Öffentlichkeit und kam der Hochkirche zugute, die die Königin auf ihrer Seite wußte. Anna selbst trennte sich endgültig von Sarah Marlborough und entließ Sunderland und schließlich Godolphin, ohne daß die anderen Whig-Amtsinhaber einen Finger rührten. Die Regierung fühlte sich also nicht solidarisch, als die Königin einigen Ministern ihr Vertrauen entzog. Anna entsprach damit der öffentlichen Stimmung, die bei der Vorherrschaft der Whigs die »Kirche in Gefahr« sah, wie der Sacheverell-Prozeß bewiesen zu haben schien. Noch mehr spielte die Kriegsmüdigkeit eine Rolle. Nach Godolphins Entlassung ergaben die Wahlen von 1710 in der Tat den größten Sieg der Tories in der englischen Geschichte. Ein Jahr später verlor auch Marlborough sein Amt und blieb nur Oberbefehlshaber im

Ausland. Als er die geheimen Friedensführer Harleys mit Frankreich ablehnte, verlor er am 31. Dezember 1711 auch seine militärische Befehlsgewalt, nachdem am 27. September 1711 die Friedenspräliminarien unterzeichnet worden waren. Der neue Befehlshaber, der Herzog von Ormonde, erhielt geheime Weisung, Kampfhandlungen zu vermeiden. Um die parlamentarische Zustimmung zu sichern, kreierte Anna zwölf neue Tory-Peers, die die Whig-Majorität im Oberhaus brachen, und veranlaßte eine Stempelsteuer für die Zeitungen, um die öffentliche Kritik am Frieden auszuschalten. April 1713 wurde der Vertrag von Utrecht unterzeichnet, der Großbritannien den Frieden brachte, während die Verbündeten schon seit Ende 1711 nicht mehr mit englischer Militärhilfe rechnen konnten. Damit hatte die Tory-Regierung unter Harley und Bolingbroke (1710–1714) sich eine starke Stellung verschafft, die fast eine Restauration der Stuarts in den Bereich der Möglichkeit rückte. Gegen die herrschende Whig-Hochfinanz gründete sie 1711 die Südseekompanie als Tory-Konkurrenz zur Bank von England; Schatzkanzler Harley wurde ihr Gouverneur, und nach Friedensschluß übernahm die Gesellschaft den Ankauf aller Staatsrenten, also der gesamten Staatsschuld. Sie erwarb die von Spanien erreichten Handelsprivilegien und sicherte sich damit den südatlantischen Markt, der nach Meinung der Zeitgenossen das größte Geschäft des Jahrhunderts versprach. Der starke Zustrom kapitalkräftiger Spekulanten löste die Regierung vom Geld-Interesse der Whigs, befreite sie von den Kriegsschulden und gab ihr Bewegungsfreiheit.

Harley und vor allem Bolingbroke, der radikaler Tory und Freigeist zugleich war, suchten die Liberalisierung des englischen Lebens wieder rückgängig zu machen. Schon die Occasional Conformity Bill von 1711 bestrafte jeden mit ruinierenden Geldstrafen, der sich durch das anglikanische Abendmahl für ein Staats- oder Kommunalamt qualifiziert hatte, dann aber doch am nonkonformistischen Gottesdienst teilnahm. Noch ernster war die Schism-Act von 1714, die den Dissentern die religiöse Erziehung ihrer Kinder nehmen sollte, die nunmehr Personen zu übergeben war, die von den Bischöfen der »Established Church« lizensiert waren. Die vorbildlichen Schulen und Akademien des

Dissent sollten aufgelöst und die Lehrer weggeschickt werden; nur der anerkannte Katechismus war der religiösen Unterweisung zugrunde zu legen. Ohne die Toleranzakte von 1689 zu widerrufen, hoffte man den Dissent über die Schule innerhalb einer Generation auszulöschen. Dieses schwarze Blatt der Tory-Herrschaft hätte erneut den Bürgerkrieg bedeuten können.

Die Verbindung der Whigs mit Hannover und der Tories mit der halb jakobitisch gesinnten Anna trieb Bolingbroke zu einer letzten heftigen Tory-Politik, die praktisch auf die Restauration der Stuarts hinauslief oder wenigstens ein jakobitisches Kabinett sichern sollte. Fünf Tage vor Annas Tod schieden Harley und die gemäßigten Tories aus ihren Ämtern; aber der unerwartete Tod der 46jährigen Königin machte Bolingbrokes Pläne zunichte. Sogleich zerfiel die Tory-Partei; die Vorkehrungen der Regency Act von 1707 traten in Kraft. Das Kommen von Hannover mit den Whigs im Gefolge rettete den Dissent. Dieses Tory-Zwischenspiel (1710–1714) war der letzte Versuch, das Rad der Entwicklung seit 1688 wieder zurückzudrehen. Ausgerechnet als die Gefahr einer Stuartnachfolge durch Utrecht abgewandt war, griff Bolingbroke zu extrem-toristischen Mitteln, um die Einheit des Staatswesens nach hochkirchlichen Vorstellungen zu erreichen. Aber sein Scheitern entsprach einer inneren Gerechtigkeit, insofern der Torismus für ihn als Freigeist nur ein Machtmittel war, das von der toristischen Gesinnung im Volk und in der Land-Gentry, sowie von der jakobitischen Neigung der Königin gedeckt wurde. Die Tories blieben für 47 Jahre (1714–1761) außer Amtes, als Jakobiten verdächtigt und in ihren Zielen gespalten. Bolingbroke ging nach Frankreich, wo er eine Zeitlang Staatssekretär des Prätendenten in St. Germain war. Als er endlich zurückkehren durfte, blieb er vom Parlament ausgeschlossen. Unter dem neuen König Georg I. wurden die beiden Gesetze von 1711 und 1714 widerrufen.

Die Landung des Prätendenten in Schottland 1715, dem die dortigen katholischen und anglikanischen Magnaten sich anschlossen, verlangte einen letzten Waffengang. Erst nach der Niederschlagung des schottischen Jakobitenaufstandes war das Ergebnis von 1688 gesichert. Die neue Whig-Herrschaft stand im Zeichen einer aufgeklärten Toleranz und eines fast indifferenten

Latitudinarismus, also einer allgemeinen Christlichkeit, die dem noch nicht konsolidierten lutherischen Hause Hannover gelegen kam und auch dadurch herbeigenötigt wurde, daß die Whigs nicht die Masse des Volkes hinter sich hatten. Ihre zahlenmäßige Minderheit war nicht in der Lage, nun etwa eine Politik mit umgekehrtem Vorzeichen zu verfolgen. Die Staatskirche war immer noch stärker als alle anderen Denominationen zusammengenommen. Die Whigs hatten nur oben die Vormachtstellung, nicht aber unten in den lokalen ländlichen Bezirken. Erst als für fast zwei Generationen die Whig-Minderheit, die das Widerstandsrecht gepredigt hatte, am Ruder blieb und die Tory-Gruppen, die unbedingten Gehorsam propagiert hatten, außerhalb der Regierung opponierten, entwickelte sich jene Atmosphäre politischer und religiöser Freiheit, die im Zeichen des Kompromisses die Prinzipienfragen vermied und sich an der Revolutionsregelung von 1688 und 1701 orientierte, wenn auch die alten Parolen in den parlamentarischen Redeschlachten und in der parteipolitischen Publizistik paradierten, besonders dann, wenn die Wählerschaft angesprochen werden sollte.

7. Der Friede von Utrecht 1713

Von den Präliminarien in London von 1711 bis zum Barrière-Vertrag von 1715 gab es 14 Abkommen, an denen europäische Mächte beteiligt waren und die unter dem Namen des Friedens von Utrecht zusammengefaßt werden können. Dieses Vielerlei von Verträgen war der völkerrechtliche Niederschlag und das Ergebnis einer europäischen Krisis seit 1685. Während am Ende des 17. Jahrhunderts die französische Vormachtstellung noch unbestritten war, standen die Verträge seit 1711 unter englischer Führung und bildeten bis 1783 und darüber hinaus die Grundlage der englischen Weltstellung.

Die Thronfolgerechte der Königin Anna waren nun völkerrechtlich anerkannt, die Trennung der Kronen von Frankreich und Spanien festgelegt und die Anerkennung der Nachfolgerechte des Hauses Savoyen in Spanien bei Aussterben der spanischen Bourbonen ausgesprochen. Die Erhaltung eines europäischen Gleichgewichts war damit maßgebender geworden als die dynastischen Thronfolgerechte. Mit der Bestätigung der Thronrechte Annas sanktionierte Europa die Glorreiche Revolution von 1688 und legitimierte damit grundsätzlich jede konstitutionelle Übereinkunft zwischen Krone und Untertanenschaft. Die Verträge verlangten außerdem, daß der Verzicht Philipps V. von Spanien auf den französischen Thron und des Herzogs von Orléans auf den spanischen Thron bei den Cortes, also den spanischen Ständen, und beim Parlament von Paris, dem höchsten Gerichtshof Frankreichs, eingetragen wurden. Für die Engländer waren diese Maßnahmen Zweckmäßigkeitsfragen, um ihr eigenes Regime und die Trennung Frankreichs von Spanien wirksamer zu sichern. Aber die Grundlagen des unantastbaren Königtums wurden durch diese internationalen Abmachungen und innerstaatlichen Sicherungen verändert. Mit dem Einbezug der Cortes in Spanien und des Pariser Parlaments traten alte Elemente in eine neue Funktion ein, aus der später revolutionäre Konsequenzen gezogen wurden.

Die geheiligten Erbfolgeregeln waren dem Balance-Kalkül untergeordnet worden. Wie immer man über die grundsätzliche Frage des Herrscherrechts denken mochte: Nunmehr stand außer Zweifel, daß das dynastische Recht sich nicht aus sich selbst rechtfertigte und die Staatengruppierung nicht mehr den Zufälligkeiten des Erbgangs überlassen wurde. Ohne internationale Anerkennung und vertragliche Sicherung konnte sich dieses Recht nicht ungeschmälert behaupten. Die Dynastien betrieben fernerhin eine eigene Diplomatie und suchten ihre Entscheidungen in Bezug auf Thronfolge und Erbgang international zu sichern. Diese Schwächung ihres überpolitischen Rechtscharakters schloß eine Nötigung zu stärkerer Solidarität und Übereinkunft in sich. Die Blütezeit der europäischen fürstlichen Diplomatie fiel in eine kriegserfüllte, aber solidarisch gewordene Welt. Die Verbindung der völkerrechtlichen Garantie mit ständisch-konstitutionellen Sicherungen in Westeuropa gab zudem den altfeudalen Elementen eine hochpolitische Funktion. Utrecht trug mithin dazu bei, dem sich verstärkenden Feudalismus ein gewandeltes Selbstverständnis zu verschaffen. England hatte dazu entscheidend beigetragen und mit der Konstitutionalisierung seines Königstums und mit dem Stil seines politischen Kalküls dem 18. Jahrhundert politisch zum Durchbruch verholfen. Dabei entsprang die Idee des Gleichgewichts nicht nur einem Kalkül, sondern auch dem Wissen um eine Homogenität der politisch und kulturell maßgebenden Schichten, die im Zeichen der anhebenden Aufklärung Politik als Spiel sich messender vernunftbestimmter Kräfte verstanden. Die zahlreichen Erbfolgekriege des Jahrhunderts setzten den Konflikt zwischen dynastischen Fragen älteren Stils und politischen Fragen neuen Stils fort. Da der Spanische Erbfolgekrieg im englischen, der Polnische Erbfolgekrieg im russischen und der Österreichische Erbfolgekrieg im preußischen Sinne gelöst wurde, kamen die peripheren Mächte England und Rußland sowie Preußen nach vorne, also eine Handelsmacht im Westen, eine Eroberungsmacht im Osten und eine eigenständige sittliche Staatsidee in der Mitte. Dies begünstigte den Säkularismus und die Rationalisierung der Politik nach außen und innen. Mit Utrecht hatte das Zeitalter der Vernunft in der Politik sich durchgesetzt; das Gleichgewicht wurde nun kunstvoll manipuliert und das Politische zu einem Machtkalkül reduziert, demgegenüber die irrationalen Elemente unterhalb und oberhalb der Politik zurücktraten.

Diesem Kalkül entsprang die neue Ordnung des Kontinents in den Verträgen von 1712 bis 1715. Hier zeigte sich das englische Bestreben, das neue Gleichgewicht auf die Gegensätze der größeren Mächte zu gründen und Gewichte zu schaffen, die einmal schwer genug waren, einer Hegemonialpolitik entgegenzutreten, und andererseits doch nicht stark genug waren, den Rückgriff auf englische Intervention unnötig zu machen. Die Zurückdrängung Frankreichs auf die alten Grenzen von 1688 und die Teilung des Spanischen Imperiums zwischen Philipp V., der Spanien und Westindien erhielt, und dem Kaiser, der die Spanischen Niederlande, Mailand, Parma und Modena, Neapel und Sardinien, aber nicht Sizilien, welches Savoyen zufiel, erhielt, erlaubten England, die Rolle des Gleichgewichtserhalters zu spielen. Die Mittel, dieses wirkungsvoll und dauerhaft zu tun, verschaffte es sich durch die Einrichtung von Barrièren und Einflußzonen.

Nach holländischem Plan, aber nach englischen Zielen erweitert, entstand ein System der Barrièren von der Nordsee bis zum Appenin in jenen Zonen, die durch Geschichte und geographische Lage die Spannungszonen zwischen Habsburg und Bourbon waren, nämlich in den Niederlanden, in Norditalien und in den Rheingebieten. Die Bewachung dieser Barrièren wurde zweitrangigen Mächten übergeben, die zu schwach waren, diese Stellungen ohne Hilfe Englands zu behaupten. Von der Mosel bis zur Nordsee erhielten die Niederlande das Besatzungsrecht in einer Reihe fester Orte entlang der französischen Grenze und der Küste. Diese Festungskette schützte die Österreichischen Niederlande (Belgien) vor Frankreich und beschränkte gleichzeitig die Souveränität des Kaisers in diesem Raum. Sie wurde eine Quelle ständiger Konflikte zwischen Holland und dessen Nachbarn, durch die Holland noch mehr als bisher an England gebunden war.

In Italien hatte England dem Hause Savoyen eine ähnliche Rolle zugedacht wie den Holländern im Norden. Zwischen der französischen Dauphiné und dem österreichischen Mailand dehnte sich Savoyen nach beiden Seiten aus. Nach Westen dienten verschiedene Alpenplätze und Forts als Alpenbarrière; in der Po-Ebene etablierte sich Savoyen in einem Teil Montferrats, in Alexandria und Vigorano bis Novara. Das gab die Möglichkeit, Frankreich den Zugang nach Italien und dem Kaiser den Zugang nach Ligurien (Genua) zu sperren. Der neue Grenzverlauf setzte zudem das Land einem beiderseitigen Druck aus, dem es nur mit Hilfe Englands gewachsen war.

Schließlich gaben die Verträge von Rastatt und Baden 1714 einer Anzahl deutscher Fürsten die Aufgabe, sich von Holland bis zur Schweiz zwischen Habsburg und Bourbon zu schieben. Preußen erhielt Neufchâtel und Valengin, um die Franche-Comté abzuschirmen, sowie Hoch-Geldern, um dieselbe Funktion gegenüber den österreichischen Niederlanden auszuüben. Die Kurfürsten von Bayern und Köln erhielten, obgleich Reichsgeächtete, ihr Land zurück und vermochten den Niederlanden die Rheinstraße nach Frankreich und den Österreichern den Zugang zu Rhein und Main zu behindern. In diesem System konnte England mit Hilfe zweitrangiger Staaten wie Holland, Savoyen, Preußen, Bayern, Köln, eine mittelbare Kontrollfunktion ausüben. Das war anders in einer Anzahl von Regionen, wo es ständig selbst mit eigener Macht oder durch Alliierte zugegen war, nämlich an den Kreuzwegen von Handel und Verkehr und dort, wo während des Krieges die Hauptaktionsgebiete seiner Flotten und Armeen gewesen waren, also Land- und Seewege sich vereinigten.

Frankreich mußte die flandrische Küste aufgeben und Dünkirchen entfestigen; die Gegenküste Englands sollte entblößt bleiben. England gab das 1702 eroberte Cadiz auf, da sein enges Bündnis mit Portugal eine genügende Operationsbasis gegen die spanische Westflanke und ein Sprungbrett für die Route nach Südamerika bot. Die Behauptung des 1704 eingenommenen Gibraltar sicherte den Zugang zum Mittelmeer. Das 1708 eroberte Menorca mit Port Mahon blieb englischer Flottenstützpunkt und ein Posten zur Überwachung der französischen und spanischen Routen nach Sizilien, das seinerseits das österreichische Sardinien überwachte. Zur Kontrolle des Eingangs zum östlichen Mittelmeer wurden die Ufermächte einander gegenübergesetzt: Der Kaiser erhielt Neapel und Reggio (Süditalien), aber Savoyen erhielt Messina und Palermo auf Sizilien. Im Norden bedeutete die dynastische Verbindung Englands mit Hannover eine Stützung der Routen nach Schweden, Finnland und Rußland, auf denen die Engländer mit Holland und den nördlichen Hansestädten in Konkurrenz lagen. Der Einbau Dänemarks in das englische System war bereits durch die Allianz mit Hannover 1711 und die eheliche Verbindung Annas mit dem Prinzen Georg von Dänemark vorbereitet.

Diese Verbindungen, Barrièren, Sicherungslinien und Stützpunkte dienten dazu, den Kontinent in einer England genehmen Ordnung zu halten. Sie verurteilten das Land aber auch zu ständigen Interventionen; sie belasteten durch Subsidien und Schutzmaßnahmen den englischen Haushalt. Dieser Zwang widersprach der bisherigen Defensivpolitik seit 1688 gegen Ludwig XIV. und verlangte Opfer, die von der Nation nicht mehr verstanden wurden. Er vertrug sich auch kaum mit jenen Grundsätzen der politischen Freiheit, auf denen, wie die Engländer behaupteten, ihr inneres Regime beruhte. Das Ganze war aber ein grandioses System zur Sicherung des britischen Handels, dessen Ausweitung das erste Objekt der englischen Politik war.

Der wirtschaftliche Gesichtspunkt kam bereits während des Krieges im Methuen-Vertrag mit Portugal 1703, in den englisch-holländischen Abmachungen von 1709 und 1713 und dann nach Friedensschluß in den Handelsverträgen mit Savoyen, Spanien und Frankreich 1713 zum Ausdruck. Der Methuen-Vertrag von 1703 erfüllte am meisten die englischen Hoffnungen und war ein Triumph des englischen Merkantilismus. Hier erhielten die Engländer gegen Vorzugszölle auf portugiesische Weine das Privileg der Zollfreiheit für ihre Tuche, die damit bei den seit 1684 geltenden hohen portugiesischen Zöllen geradezu ein Einfuhrmonopol hatten. Da der Wert der importierten englischen Güter höher war als der Wert des portugiesischen Weines, floß als Kompensation Edelmetall aus amerikanischen Minen nach England. Portugal wurde der Weingarten Englands und geriet in völlige wirtschaftliche Abhängigkeit. Die Engländer sicherten sich zudem das ausschließliche Privileg des Freihandels nach Brasilien. Das Stapelrecht für englische Waren in Lissabon eröffnete die Möglichkeit zu einem umfangreichen Schmuggel nach Spanien und Spanisch-Amerika, dessen Gewinn unschätzbar war.

Für den englischen Mittelmeerhandel und die Levante-Kompanie in London war der Handelsvertrag mit Savoyen wichtig. Die englisch-holländischen Vereinbarungen sperrten die Österreichischen Niederlande gegen französische Importe und hinderten sie an der Entwicklung eigenen Handelns und eigener Industrie. Der ungeschminkte Egoismus dieser vorwiegend von Holland betriebenen Verträge verwickelte England in die Unruhen der ständig aufsässigen belgischen Bevölkerung, die die Einengungen des neuen Regimes als untragbar empfand. Im Vertrag mit Frankreich steckte England seine Ziele zurück. Frankreich trat die Hudsonbay-Länder ab, die für den Pelzhandel Bedeutung hatten, ferner Akadien (New-Brunswick), das die Neu-England-Siedler wegen der benachbarten Fischgebiete beanspruchten. Von den Antillen wurde auf Drängen Londoner und Bristoler Kaufleute Saint-Christophe abgetreten. Im ganzen waren die Regelungen über Amerika recht dürftig und erfüllten kaum die Erwartungen auf eine merkliche Ausdehnung des dortigen englischen Herrschaftsbereichs. Freilich lagen diese auch noch nicht im nächsten Gesichtskreis der Engländer.

Schon diese Hinweise bezeugen, daß das moderne Wirtschaftsdenken und der Kalkül im kommerziellen Bereich dem politischen Rationalismus vorgearbeitet hatten. Jedenfalls spielte die Errechnung wirtschaftlicher Kräfte und Chancen in die politischen Entscheidungen hinein. Die politische Revolution von 1712/15 ging Hand in Hand mit einer revolutionierenden wirtschaftlichen Expansion. Das kam deutlich in den Verträgen Englands mit Spanien zum Ausdruck. Das spanische Weltreich wurde von der Handelswelt immer noch als eine solche Häufung von Reichtümern und Exportmöglichkeiten angesehen, daß die Idee einer Handelsvorherrschaft mit der Idee einer Ausbeutung des spanisch beherrschten Bereichs gleichgesetzt wurde. Spanisch-Westindien war ein Hauptobjekt des Spanischen Erbfolgekrieges; hier wollte sich Ludwig XIV. durch Verbindung mit Spanien die wirtschaftliche Vorherrschaft sichern. England befürchtete, daß die Verbindung Frankreich–Spanien seinem Handel den südlichen Atlantik schließen würde. Sein unerlaubter Handel in der spanischen Weltzone wäre entscheidend erschwert worden. Mit den Verträgen von 1714 mußte Frankreich auf die ihm bisher von Spanien zugebilligten Vorteile und auf die Gründung einer Französisch-Spanischen Kompanie für den Handel mit Spanisch-Westindien verzichten. Es verlor den »Asiento«, d. h. die spanische Erlaubnis zum Negerhandel. Der »Asiento« wurde auf 30 Jahre einer englischen Gesellschaft übergeben; außerdem sollte jährlich ein englisches Schiff über den Hafen von Portobello freie Handelserlaubnis mit Spanisch-Amerika erhalten. – Bisher hatten die Portugiesen einen »Asiento« erhalten, den 1701 die französische Guinea-Kompanie erwarb, während die Holländer von Curaçao aus und die Engländer von Jamaika aus als »Interlopers« tätig waren, d.h. als nicht-konzessionierte, auf eigene Faust und eigenes Risiko illegal in verbotenen Gegenden Handel treibende Seeleute.

Der »Asiento« vom 27. März 1714 (16. März 1713 a. St.) gab den Engländern neben Spanien ein Monopol des Negerhandels und wurde damals als der wichtigste Vertragsabschluß angesehen. – Hawkins war der erste Engländer gewesen, der den Handel mit Menschen aufgenommen hatte. Im Jahre 1620 hatten Holländer die ersten Neger nach Virginia gebracht. Später schaffte die englische Afrika-Kompanie in den Jahren 1680–1688 etwa 43000 Neger nach Amerika, während »Interlopers« zur selben Zeit 160000 über den Atlantik transportierten. Damals verdarben französische Konkurrenz und der Wettbewerb der »Interlopers« das Geschäft. Jetzt aber riß die neugegründete englische »Südsee-Gesellschaft« von 1711 das Geschäft an sich. Dieser »Asiento« und das jährliche »Erlaubnisschiff« (Annual Ship) sollten dem englischen Handel den Südatlantik öffnen. – Bisher hatte das spanische Handelsmonopol in den südlichen Gewässern bewirkt, daß Cadiz immer noch die offizielle einzige Eingangspforte Südamerikas nach Europa darstellte; selbst Holländer und Franzosen waren an Cadiz gebunden. Dabei hatten die spanischen Kaufleute von Sevilla sich die meisten Ladungen europäischer Güter nach Westindien über französische, englische, portugiesische und holländische Kaufleute besorgt, die an den Gewinnen beteiligt wurden. Das war eine kostspielige und hochbesteuerte Praxis. Demgegenüber warf der illegale Handel mit den karibischen Inseln über Jamaika unvergleichlich größere Gewinne ab, d.h. der Schmuggel war bis dahin die englische Form eines überaus gewinnreichen Handels im spanischen Machtbereich. Die Privilegien Englands im Verein mit einer gleichzeitig abgenötigten Meistbegünstigungsklausel machten davon unabhängig. Jetzt bot sich eine wertvolle Gelegenheit, europäische Güter unter Umgehung Spaniens legal in die Kolonie zu bringen.

Allerdings wirkte sich das Erlaubnisschiff trotz des vereinbarten 25prozentigen Anteils und 5 v.H. Gewinnbeteiligung der spanischen Krone gegen den üblichen Schmuggel aus. Diese Konzession der Südsee-Kompanie war durchaus nicht populär, da die Gewinne des alten irregulären Handels zurückgingen. Nichtsdestoweniger waren Asiento und Annual Ship schwerwiegende Einbrüche in das exklusive spanische Kolonialsystem; sie erforderten freilich auch ein bleibendes Einvernehmen mit Spanien. Stattdessen kam es zu ständigen Reibereien, da praktisch der unerlaubte Handel nicht aufhörte und die Aufdeckung des Schmuggels schwieriger wurde. Das Annual Ship wurde oft nachts nach der Entladung heimlich wieder aufgefüllt. Da zwischen erlaubten und unerlaubten Fahrten schwer zu unterscheiden war, fielen gerade englische Schiffe oft den Spaniern als

Träger von Konterbande in die Hände. Die Südsee-Kompanie forderte eine weite Auslegung der zugebilligten Privilegien; für Spanien dagegen wurde der Vertrag als Verbot jeden unerlaubten Handels von seiten Englands ausgelegt. Tatsächlich bedeutete die Abmachung implicite die Anerkennung der spanischen Exklusivpolitik durch England. Unglücklicherweise fehlten in der Abmachung Bestimmungen über die Lagerung der eingeführten Güter und über den Verkauf der Waren und Sklaven im Innern des Landes. Ohne Freiheit des Verkaufs im Innern konnte dieser Handel schwerwiegende Verluste erleiden. Die spanischen Küstenwachen kontrollierten ohne Rücksicht auf diese Bedürfnisse nach Willkür und konnten bei enger Auslegung des Vertrags in vielfältiger Weise das Geschäft sabotieren. Nur in den Jahren 1722 bis 1725 verlief der Handel einigermaßen im Sinne dieser Regelung. Im ganzen kamen in den 30 Jahren der Konzession nur acht »Annual Ships« nach Amerika, wobei das erste Schiff von 1717 Waren im Wert von 260000 £ an Bord hatte. Die Kriege mit Spanien, die 1718, 1727 und 1739 entbrannten, unterbrachen das Geschäft; 1733 fuhr das letzte Erlaubnisschiff. Nach einer kurzfristigen Erneuerung des Asiento 1748 löste ihn Spanien 1750 durch eine Summe von 100000 £ ab. Der Mißerfolg der Südsee-Kompanie führte in England zu einer Spekulationskrisis, der »South-Sea Bubble« von 1720/22; Englands Plan, sich leicht Reichtümer durch einen vertraglichen Einbruch in das spanische System zu erwerben, war gescheitert. Frankreich konnte dagegen wegen der dauernden Spannungen zwischen Spanien und England seinen Handel mit Westindien nach der älteren Methode erweitern, nämlich der Lieferung von Waren an spanische Kaufleute, die sie auf ihren Schiffen weiterschafften.

Völkerrechtlich bedeutete die Abmachung mit Spanien, daß der permanente Krieg auf hoher See jenseits der »Freundschaftslinien«, bis zu denen hin die europäischen Abmachungen Geltungskraft hatten, aufhören sollte. Die formell geschaffene Lücke im Spanischen Imperium schloß die Anerkennung der spanischen Exklusivpolitik im Süd- und Mittel-Atlantik in sich. Eben diese Lücke veranlaßte, daß der permanente Krieg jenseits der Linien nun in Form eines offenen Wirtschafts- und Schmuggelkrieges weiterging. Die globale Ausweitung der Vertragsgeltung blieb folgenlos oder verursachte nun Rückwirkungen der europafernen Handels- und Kaperkonflikte auf das Verhältnis der Mächte zueinander. Der Wegfall der Freundschaftslinien, die den völkerrechtlichen Rahmen Europas schützen sollten, führte nun eine Zeit des »gebrochenen Friedens und des nicht erklärten Krieges« herbei.

England hatte seine verzweigten privilegierten Positionen allenthalben gegen Frankreich erworben, gegen das es schon seit 1664 eine Abschließungspolitik eingeleitet hatte, die einen ständigen Zollkrieg zur Folge hatte. Die Tory-Regierung hatte im Handelsvertrag vom 31. März 1713 zwar eine Liberalisierung des Handels vorgesehen; sie wurde aber von der Whig-Regierung (seit 1714) nicht in Kraft gesetzt. Dieser Ansatz zu einem Freihandel scheiterte am portugiesischen Geschäft, das auf der Beibehaltung der Kampfzölle gegen andere Länder beruhte und beibehalten werden mußte, um die abhängige englische Plattform im spanischen Machtbereich zu erhalten und die Chance des einträglichen Schmuggels nicht zu verkürzen.

Utrecht hat aber auch den anderen Mächten im Interesse des englischen Handels beträchtliche wirtschaftliche Einengungen auferlegt und ist in dem Sinne ein Markstein der Geschichte, daß hier der erste große moderne Friedensschluß zustande kam, in welchem wirtschaftliche Interessen den Vorrang hatten. Selbst die Gleichgewichtsidee diente England zur Sicherung seiner kommerziellen Vormachtstellung. Die Verträge zeigten nur den offiziellen Aspekt der englischen Politik. Dahinter stand die Tatsache, daß in Frankreich, in Spanien und besonders in Amerika der Schmuggel eine besondere allgemein geübte Form des Handels war, die weit mehr einbrachte als der offizielle Handel. Die Möglichkeiten eines solchen Schmuggels waren durch die nunmehr vertraglich gesicherte Allgegenwart der englischen Interessen ungeheuer erweitert worden. Die offiziellen Kreise in England schützten diesen Schmuggel, weil er Vorteile einbrachte, die die Verträge nicht geben konnten. Diese englische »Interloper«-Politik zu entwickeln, war offensichtlich die Absicht der Engländer in Teilen des Vertragswerkes. Ohnehin galten die Verträge nicht ortlos, sondern blieben an die Gegenden gebunden, wo die Staatshoheit unbestritten war und europäische Rechtsverhältnisse galten. Nur der »Asiento« und das »Annual Ship« gingen im Grunde darüber hinaus und setzten die Geltung der spanischen Abschließungspolitik voraus. Hier konnte England nicht mehr im Namen der Freiheit der Meere den Schmuggel rechtfertigen, nachdem es selbst sich vertraglich festgelegt hatte. Später hat es diese Abmachungen deswegen als verfassungswidrig erklärt, wobei in seinen Augen englische Verfassung und Freiheit des Seehandels in eins gesetzt wurden. Nicht der Asiento sondern der Schmuggel als Kampf gegen den fremden Staatsmerkantilismus war danach legitimer Anspruch der englischen Seeschiffahrt. Das offizielle England war merkantilistisch, das private kommerzielle England war freihändlerisch. Schmuggel war die Form des Freihandels zur Zeit des Merkantilismus. Der »Interloper« war der wagende Kaufmann des 19. Jahrhunderts im 18. Jahrhundert, der nicht nur fremde Privilegien mißachtete, sondern auch die Konzessionen und Monopole der englischen Kompanien in Frage stellte, die sein Schiff auf hoher See, nicht aber in den einheimischen Gewässern, aufbringen durften.

Das Symbol der Verbindung der Politik mit der Finanz- und Wirtschaftsmacht war jene Südseekompanie von 1711, die mittels der Ausbeutung der von Spanien konzedierten Handelsprivilegien die Amortisation der englischen Kriegsschulden leisten sollte. An der Spitze dieser Kompanie stand der Schatzkanzler und in ihrem Direktorat saß neben Handels- und Bankleuten ein Regierungsvertreter. Zuerst war sie als Tory-Konkurrenz gegen die Bank von England gedacht. Ihr erster Gouverneur, der Minister Robert Harley, hatte von Anfang an die Übergabe des Asiento an die Kompanie geplant. Um ihre Privilegien zu gewinnen, mußte die Gesellschaft allerdings das Angebot der Bank von England überbieten und 7,5 Millionen Pfund zahlen. Dafür erwarb sie den Asiento und das Recht, mit Spanien auf gleichem Fuß zu verhandeln; sie hatte also Hoheitsbefugnisse, die sich auch aus der Beteiligung der spanischen Krone am Geschäft ergaben. Die Gesellschaft übernahm nach dem Friedensschluß den Ankauf aller Staatsrenten, d.h. der gesamten Staatsschuld, wobei die Regierung sich zu einer fünfprozentigen Verzinsung verpflichtete. Die Staatsgläubiger konnten ihre Renten gegen Südsee-Aktien einlösen. Als 1715 der Prinz von Wales und 1718 König Georg I. den Vorsitz übernahmen, erschien die Kompanie als Staatsangelegenheit, die durch die Staatsgarantie und die Eröffnung des ganzen südamerikanischen Marktes (außer Brasilien, das portugiesisch war, und Surinam, das den Holländern gehörte) das größte Geschäft des Jahrhunderts zu werden versprach.

Das Versagen der Gesellschaft kam einmal dadurch, daß die Weißen in Jamaika aus Furcht vor einer Schmälerung ihres irregulären Handels und einer Sättigung des Negermarktes in ihrer Vertreterversammlung einen hohen Zoll auf den Export der eingeführten Negersklaven legten, der für die Kompanie noch verdoppelt wurde; dieser galt sogar für Neger, die hier mit den Schiffen Station machten. Da die Königliche Süd-Afrika Kompanie wegen der Negersterblichkeit und der Konkurrenz holländischer, französischer und privater englischer Kaufleute nicht genügend Neger anlieferte, war die Südsee-Gesellschaft auf den Einkauf in Jamaika angewiesen, dessen Gewinn für sie nun unbeträchtlich wurde. Erst 1727 fand man eine Lösung zugunsten der Kompanie. Schwerwiegender war der spanisch-englische Krieg seit 1718, der das Geschäft vorläufig nicht zum Zuge kommen ließ. Die anfangs von 100 auf 1100 gestiegenen Aktien der Gesellschaft sanken nach 1721 unter den Nennwert; ein kleiner Kreis von Finanzleuten vermochte sich noch mit großen Gewinnen zurückzuziehen. Aber die Regierung mußte der Gesellschaft die Schuld von 7,5 Millionen Pfund für die Verleihung der Privilegien erlassen; die Aktionäre wurden mit einem Drittel des Nennwertes der Aktien abgefunden.

Die Südsee-Kompanie war in etwa das Opfer der zwielichtigen englischen Wirtschaftspolitik, in der merkantilistische und freihändlerische Maßnahmen sich widerstritten. Die Interventionspolitik in allen Gegenden Europas kam aber gerade dem illegalen Freihandel zugute, während die südatlantische Vertragspolitik ihn dort gefährdete, wo er seit den Tagen Elisabeths in Blüte war.

8. Die wirtschaftliche und soziale Entwicklung

Seit der Restauration gewann die marktorientierte Produktion in Landwirtschaft und Industrie zusehends an Boden. Sie ergab sich zwangsläufig aus der nahen Verbindung der Landwirtschaft mit dem Manufakturwesen und dem Bedarf der Textilindustrie. Demgegenüber blieben die Maßnahmen der Regierung zur Erhaltung der alten Sozialordnung in Grundherrschaft, Gilden und Munizipalitäten unzulänglich. Die Schwäche der Krone gegenüber den wachsenden Wirtschaftskräften begünstigte die Ablösung des korporativen Status der Einzelpersonen durch individuelle Verträge. Die Regierung hörte zunehmend auf, die »Enclosures« gesetzlich zu behindern und überließ die industriellen und sozialen Angelegenheiten wie Arbeitsangebot, Lohn und Besitzwechsel mehr und mehr den Marktkräften. Ihre gesetzlichen Regulierungen richteten sich jedoch weiterhin auf das Armenwesen, also auf jene Zone der sozialen Verrottung, die sich aus dem Zurücktreten der alten Regulierungsmuster und dem Vordringen des Markt- und Profitdenkens ausbreitete. Ferner hielt die defensive Handelspolitik der Regierung gegenüber Holland besonders in Bezug auf den Handel mit Amerika, Norwegen und dem Baltikum an der merkantilistischen Schutzpolitik und der Privilegierung der »Chartered Companies« fest, schränkte sich aber im wesentlichen auf den Handel über die Grenzen ein. Die binnenländischen Regulierungen konnten gegenüber den sich ausdehnenden Investitionsbedürfnissen der Kaufmannschaft, der Bankleute und der Großgrundherren wenig bewirken. Der Weg zum nationalen Freimarkt in Produktion, Handel, Geldbewegung und Boden war mit dem Sieg der »propertied classes« und der Schwächung der Zentralgewalt seit 1660 beschritten. Der Kampf zwischen freier Unternehmerinitiative und alter Gebundenheit (enterprise and custom) entschied sich im letzten Jahrzehnt des 17. Jh. zugunsten der Kräfte in Handel und Finanzen durch den Zusammenfluß der Handels- und Finanzinteressen, der sich aus dem Anwachsen des kapitalbedürftigen englischen Fern- und Zwischenhandels ergab.

Der Außenhandel bestimmte den Kapitalfluß und umgekehrt.

Der staatliche Wirtschaftsdirigismus richtete sich oft nach den Interessen der Anleihezeichner und Monopolkäufer und kam weniger der Staatsmacht als den Handels- und Finanzkreisen zugute. Im englischen Merkantilismus war die Regierung mehr vom Unterhaus kontrollierter Treuhänder der Kaufmannschaft als selbst Kaufmann. Aus dem Zusammenspiel der Regierung mit der Hochfinanz auf dem Wege über die Handelsregulierung ergab sich ein radikaler Wandel der Finanzpolitik.

Nach den bedeutungsvollen Bemühungen von Sir George Downing als Sekretär der Schatzkommission 1667–72 um eine Ordnung des Finanz- und Anleihewesens unter Hinzuziehung des Parlaments setzten Handel und Finanz nach der Revolution gemeinsam neue Formen der Handels- und Anleihepolitik durch, die den nationalen Reichtum in den Dienst der Politik stellten und eine zweite Phase der englischen Marktexpansion einleiteten. Die Freisetzung des Wollhandels 1689, die Abschaffung der Exportzölle auf Korn, Mehl und Brot 1699, die Freigabe der Baumwolleinfuhr und die Auflockerung der Monopole vieler privilegierter Kompanien gaben dem Druck der Handelsinteressen nach. Die Wiedererrichtung des »Board of Trade« 1696 diente dem Ausgleich von Monopolinhabern und Freihändlern im Interesse einer nationalen Handelsbalance. Die Durchlöcherung des bisherigen Merkantilsystems mit seinen Verboten und Monopolverleihungen erfolgte über die Kapitalinvestitionen im Handel, blieb jedoch wegen der wirtschaftlichen Interessengegensätze und außenpolitischen Verhältnisse begrenzt. Die Freigabe des Ostindienhandels für die Zeichner einer Regierungsanleihe 1698 und gegen das Monopol der alten Ostindien-Kompanie endete in einer neuen Ostindien-Kompanie, die sich 1708 mit der alten Kompanie zusammenschloß, wobei wiederum die Kapitalerhöhung mit einer Anleihe verbunden war. Der starke Rückgang der Joint-Stock-Kompanien nach 1690 und die Ansätze zum Freihandel waren vorübergehender Natur und verschafften den großen Finanzkonsortien der Whigs Zugang zu den Monopolen, die sich später wieder ausweiteten, aber Objekte von Finanzspekulationen wurden. Der bleibende Umbruch erfolgte im Finanzwesen. Er begann mit der gesetzlichen Statuierung der Nationalschuld 1693, überschlug sich seit 1711 in der Spekulationswelle auf die Papiere der Südsee-Kompanie und endete mit der Bubble Act von 1720.

Das Entscheidende war einmal, daß das Parlament den Zinsendienst für die Regierungsanleihen garantierte und die dafür bewilligten Steuern einem Sonderfonds des Schatzamtes zufließen ließ. Das zweite war die Errichtung der Bank von England 1694 auf Initiative Londoner Finanzkreise, durch welche die Anleihen der Regierung beschleunigt verfügbar waren und von der die Verleiher auf Sicherheit des Parlaments ihre Schatzanweisungen und Quittungen bei Bedarf einlösen konnten. Das dritte war die Münzreform 1696, die die Geldzirkulation bremste, einen Preisabfall hervorrief und den Banknotenumlauf förderte (vgl. S. 382). Die Verbindung der Hochfinanz mit der Staatsschuld, mit der Bank von England, den Kompanien und dem Parlament bot neue gesicherte Investitionsmöglichkeiten, die der bisher üblichen Investition auf Grundbesitz überlegen waren, die Steuerhoheit und Monopolverleihungen der Regierung über das Parlament in ihren Dienst stellten und das Geldinteresse mit dem Schicksal der Krone Wilhelms III. verknüpften. Die damit sich anbahnende Umformung der Finanzeinrichtungen und Zahlungsmittel umschloß eine Art von Finanzrevolution, wobei die Monopolgesellschaften ihre Privilegien durch Anleihen erwarben und den Geldgebern geöffnet wurden. Die 1711 gegründete Südseekompanie erreichte ihr Monopol für den Südseehandel und das Verbot anderer Neugründungen mit einer Anleihe von 10 Millionen Pfund, die durch Aktienausgaben beschafft wurden. Damit löschte die Regierung die Staatsschuld und verpflichtete sich lediglich zu einem fünfprozentigen Zinsdienst.

An dieser Neugründung entzündete sich ein allgemeines Spekulationsfieber, das die Aktien hochtrieb und in einem Zusammenbruch endete, der durch Walpoles Liquidierungsmaßnahmen für die Hauptgeldgeber glimpflich ablief, aber ein bleibendes Vorurteil gegen die großen Kompanien weckte. Damit endete die Spekulationswelle, die alle Kapitalinhaber erfaßt hatte und in erster Linie auf Handelsprofite gerichtet war. Die Staatsschuld wuchs durch die zahlreichen Regierungsanleihen und verlangte einen Zinsendienst, der vorwiegend durch indirekte

Steuern, also Zölle und Akzisen, aufgebracht wurde, die die Gesamtbevölkerung zu tragen hatte. Nach 1720 beruhigte sich der Finanzmarkt; die Investitionen wandten sich wieder mehr der Landverbesserung, dem Landkauf, der Textilmanufaktur und der heimischen Produktion zu, die durch Vermehrung der Produktionseinheiten und Hineinnahme anderer Herstellungsarten besonders nach der Jahrhundertmitte ihre Profitraten steigerte. England betrieb dabei eine Wirtschaftspolitik, in der sich merkantilistische und freihändlerische Maßnahmen widerstritten, da der Anspruch auf Freihandel nach außen den privaten Handel der »Interlopers« stützte, die vertraglichen Monopole aber offizielle Regulierungen und internationale Vereinbarungen voraussetzten, an denen sich die »Interlopers« außerhalb der englischen Gewässer und auch die englischen Kolonisten nicht störten. Das Risiko ihres Handels entgegen fremden und eigenen Gesetzen wurde durch gewaltige Gewinne ausgeglichen, die den Geldgebern zuflossen und von der Regierung gebilligt wurden, da sie im Kampf um fremde Märkte und gegen fremden Staatsmerkantilismus erzwungen waren und hohe Steuern einbrachten.

Die Entfaltung eines nationalen Finanz- und Wirtschaftsmarktes kam ausschließlich der Finanzoligarchie zugute, zu der nicht nur die Kaufmannschaft Londons und der großen Städte, sondern auch die großen Grundherren zu rechnen waren, die sich neben der Agrarproduktion noch am Manufakturwesen, Bergbau, Ämterwesen, an Finanzspekulationen, Handelsgeschäften und anderen Unternehmungen beteiligten. Sie partizipierten außerdem über den staatlichen Zinsendienst an den indirekten Steuern und glichen damit die erhöhten direkten Steuern auf Besitz und Einkommen wieder aus. Demgegenüber waren die kleinere Gentry und die Mittelklasse benachteiligt; noch mehr galt das für die wachsende Menge der abhängigen Lohnarbeiter, die über den Konsum den Zinsendienst bestreiten mußten.

Die Gesamtbevölkerung von England und Wales belief sich Anfang des 18. Jahrhunderts auf etwa 5,5 Millionen Einwohner; sie stieg bis 1760 auf etwa 6,7 Millionen an. London hatte schon um 1700 die halbe Million überschritten; die anderen Städte kamen zusammen auf 850000 Einwohner. Noch immer bezogen etwa 3 Millionen Menschen vom Land ihr Einkommen in Höhe von etwa 25 Millionen Pfund, während etwa 300000 von Industrie und Handel lebten und etwa 10 Millionen Pfund erwirtschafteten. Aus dem Handel war also für den einzelnen schon weit mehr zu verdienen als aus der Landwirtschaft. Nach Gregory King (1696) gab es unter den 5,5 Millionen etwa 1,3 Millionen Arme, die also auf die gesetzliche Armenunterstützung angewiesen waren; zu ihnen zählte auch ein Teil der etwa 1,8 Millionen abhängigen Arbeiter (Petty). Die Zone des Pauperismus hatte sich bereits am Ende des 17. Jh. ausgedehnt, sowohl auf dem Lande als auch in der Stadt. Daraus entwickelten sich soziale Krisen, denen die Regierung durch Fortsetzung ihrer sozialen Regulierungspolitik auf der unteren Ebene zu begegnen trachtete, ohne verhindern zu können, daß ein großer Teil der Bevölkerung sozial ungesichert war.

Die Entwicklung auf dem Lande war seit der Agrarkrisis um 1690 durch die Verkümmerung der Kleingentry und das Verschwinden des unabhängigen Bauerntums gekennzeichnet. Das Bauerntum war 1688 noch vorherrschend, während hundert Jahre später die grundherrlichen Pächter oder Verwalter in den meisten Grafschaften dominierten. Die großen Grundherrschaften hatten das Bauerntum außer in den westlichen Hochlandgebieten größtenteils absorbiert. Der Ausverkauf der Bauern begann vor allem am Ende des 17. Jahrhunderts. Er wurde durch eine agrarische Depression und die erhöhten Armenabgaben und Landsteuern seit 1692 begünstigt. Das offene Feldsystem mit extensiver Wirtschaftsweise wich stetig dem konkurrenzfähigen Großbetrieb. Der Aufstieg der Großgrundherren vollzog sich aber auch auf Kosten der Kleingentry. In den Jahren 1688 bis 1730 verkauften viele Squires ihr Land zu hohen Preisen an die benachbarten Magnaten oder auch an Neureiche. Der Hunger nach Landbesitz und vor allem nach abgerundeten Großgütern entsprang sowohl dem Prestigebedürfnis als auch dem Drang nach einer sicheren Machtgrundlage. Bei der Verknappung des Großbesitzes kauften viele Neureiche systematisch die Kleinbauernschaften auf, bis nach 1730 nur noch ein geringer Zustrom neuer Besitzer erfolgen konnte. Die Ausdehnung auf

Kosten des Bauernlandes war vor der Einzäunungswelle nach 1760 schon abgeschlossen; dabei gelangten manche »rotten boroughs« in die Hand der Finanz- und Handelsfamilien. Das Absinken der Kleinbauern zu Lohn- und Manufakturarbeitern lieferte die Landgemeinden den Marktschwankungen aus und verschärfte das Armenproblem, das von den Kirchengemeinden nicht mehr bewältigt werden konnte. Das Parlament ermächtigte sie 1723, »Unionen« zum gemeinsamen Bau von Arbeitshäusern zu bilden, aus denen die Manufaktur- und Großgrundbesitzer gegen Unterhalt der Insassen billige Arbeitskräfte bei Hochkonjunktur oder Ernte ziehen konnten. Armut und Furcht vor dem Arbeitshaus trieben viele Landbewohner in die Stadt oder auch ins Vagabundentum, zumal mit dem Übergang von der Bedürfnisdeckung zur marktgerechten Gewinnwirtschaft die alten Formen des seigneurialen Schutzes längst verkümmert waren. Die »Act of Settlement« von 1662 enthielt dagegen ein Abwanderungsverbot aus den Heimatgemeinden, was einer Bodenbindung zugunsten des Grundherrn bedenklich nahe kam, wenn damit auch das Vagabundenwesen eingeschränkt und das von den Gemeinden getragene Armenwesen geordnet werden sollte. Dieses Verbot stand im Widerspruch zu dem sich auflösenden Landsystem und behinderte einen freien Arbeitsmarkt, der allerdings ohnehin an einem Überangebot von Arbeitskräften litt. Die Bindung an Boden und Gemeinde kam der besseren Kalkulation des Grundherrn zugute und sicherte ihm ein Reservoir billiger Arbeitskräfte, wobei sie selbst als örtliche Friedensrichter mit richterlicher und administrativer Hoheitsgewalt über Löhne, Arbeitseinsatz und Strafen bestimmten. Zudem blieben die schlecht entlohnten Arbeiter durchweg auf die Zuschüsse des gemeindlichen Armenfonds angewiesen. Die Niederhaltung der Löhne war ein Grundsatz der herrschenden Wirtschaftslehre. Faktisch wurden die »labouring poor« dem kapitalistischen System ausgeliefert, ohne an den Vorzügen der freien Marktwirtschaft beteiligt zu werden.

Eine vergleichbare Abschichtung vollzog sich in den Städten, unter denen London eine Sonderstellung einnahm und über die Grenzen seiner City zu einer kommunal zersplitterten Metropole zusammengewachsen war. London repräsentierte von Hause aus ein demokratisches Element, das aber von der oligarchischen Kaufmannsschicht, die die Bank von England und die Handelskompanien kontrollierte, überdeckt war. Unter dieser Oberschicht stand die weit zahlreichere Mittelklasse der kleineren Kaufleute und der Geschäftswelt, die mehr ihre regionalen Interessen im Auge hatten und den großen Gesellschaften und der Hochfinanz Mißtrauen entgegenbrachten. Die Handwerker, Gesellen und neu hinzugekommenen Gewerbetreibenden stellten die Brücke zum armen Volk dar. Für den einzelnen waren sozialer Aufstieg und Abstieg stets möglich; aber im ganzen gesehen lebte dieser Mittelstand nahe an der unteren Grenze des Auskommens und war vom allgemeinen Wohlstand abhängig. Seine kommunale Rolle in der City wurde unter Walpole 1725 eingeschränkt, wenn auch nicht völlig eliminiert. Aber der Verfall seiner Korporationen, der freie Arbeitsmarkt und das Anwachsen des Manufaktur- und Verlagswesens schmälerten seine Existenzgrundlagen. Unter ihm gab es noch die Masse von Tagelöhnern und Armen, die stets das Gespenst der Arbeitslosigkeit vor Augen hatten und sich aus Verzweiflung jedem Aufruhr beigesellten. Bei schlechten Ernten, schlechter Marktlage oder bei gewerblichen Einschränkungen legten diese Schichten einen radikalen Aktivismus an den Tag, der London, wie etwa bei der Akzise-Krisis 1733, in wilde Bewegung versetzte. In den größeren Städten herrschten ähnliche Zustände. Der Pauperismus in Stadt und Land verursachte allenthalben Unruhen, die sich fast jedes Jahr in regionalen Krawallen entluden. Landstreicherei und Räuberei wurden eine unausrottbare Landplage. Schuld daran war die prekäre wirtschaftliche Lage der »labouring poor«, aber auch die Schwäche der Verwaltung und das Fehlen einer königlichen Zentralgewalt. Die Krawalle steigerten sich oft zu größeren Tumulten, zu Gefangenenbefreiungen und Plünderungen. Es gab wie im Jahrhundert vorher »Riots«, bei denen die Einzäunungen zerstört und das Vieh unter Bewachung wieder auf die Gemeindewiesen getrieben wurden; es gab »Riots« als Proteste gegen den Wegtransport von Getreide, gegen die Aufhebung regionaler Monopole, für gerechte Preise oder für die Erhaltung der Lehrlingsrechte, aber selten für Erhöhung der Löhne oder Beschränkung der Arbeitszeit, da die Furcht vor Verlust des Arbeitsplatzes allen im Nacken saß, besonders als mit dem Ende des Krieges (1713) die Heereslieferungen aufhörten und die Soldaten entlassen wurden. Meist diente der Tumult dem Kampf für den älteren Zustand. Oft wirkten religiöse Vorurteile mit hinein. Die ziellose Dynamik dieser tumultuarischen Unterschicht floß zum Teil in die Parteikämpfe hinein, die in alten Hüllen die sozialen Potenzen von Fall zu Fall engagierten. Die Opposition gebrauchte sie als Drohung gegen die Regierung und die Regierung sie als Rechtfertigung für ihre Repressivmaßnahmen, wie etwa die »Riot-Acts« von 1715, die den Friedensrichtern weitgehende Vollmachten gaben. Das Unterhaus war sich in einer scharfen Gesetzgebung gegen die unruhigen Schichten einig, die sogar kleinste Eigentumsdelikte mit dem Galgen ahndete.

Es gab freilich keine eindeutige Bewegung auf eine soziale Revolution hin; die popularen Bewegungen des 17. Jahrhunderts wiederholten sich nicht. Doch vollzog sich im großen gesehen eine soziale Abschichtung nach unten und eine plutokratische Feudalisierung nach oben hin. Die Marktbildung in Landwirtschaft und Gewerbe förderte die überregionale Spekulation, begünstigte die großflächige intensive Wirtschaftsweise im Agrarwesen, die Konzentration gewerblicher Produktionsstätten, die Ausdehnung der abhängigen Lohnarbeit, die Steuerung des Absatzes, die Ausschaltung der kleineren Wirtschaften usf., wobei die neuen Handels- und Wirtschaftsformen größere Investitionen verlangten, denen die kleineren Konkurrenzen nicht gewachsen waren. Lordschaft und Teile der Gentry gewannen an Finanzkraft und hoben sich stärker gegen unten ab. Der Gegensatz von arm und reich lehnte sich an das überkommene Land- und Kommunalsystem an und stellte es in seinen Dienst, obgleich es seine soziale Schutzfunktion eingebüßt hatte. Da aber die landwirtschaftliche Revolution durch Fruchtwechselwirtschaft, Einzäunungen und marktbewußte Bebauung, die Expansion des Manufaktur- und Verlagswesens in Stadt und Land, die kommerzielle Ausdehnung Londons und der Hafenstädte und schließlich auch die industrielle Revolution seit 1760 regional, zeitlich, sozial und ökonomisch unterschiedlich erfolgten, kam es erst spät zu einem Zusammenfluß aller Tendenzen in einer eindeutigen Bewegung auf Reform oder Revolution hin. Nur London und Umgebung bildeten eine Ausnahme, erlebten aber erst seit 1768 eine politisch gerichtete Massenbewegung, die das 19. Jahrhundert vordeutete.

Weil in England die absolutistische Phase im Werden des modernen Staates fehlte, erhielt sich unterhalb der nationalen Handelsregulierung ein kommunaler oder grundherrlicher Föderalismus, der erst durch die Bevölkerungsverschiebungen infolge der Industrialisierung fragwürdig und ineffektiv wurde. Nichtsdestoweniger retteten sich die englischen Freiheiten als ererbter Rechtsbesitz (Inheritance) auch auf der unteren Ebene in die moderne abstrakte Freiheit hinüber, und zwar vor allem über das Vehikel der Religion, die seit der Mitte des 18. Jh. über die individuelle Gemeindebildung der nonkonformistischen Gruppen, vor allem des Methodismus, die sozial ortlosen Schichten ergriff, während sie den Oberschichten vom Prinzip der innerweltlichen Bewährung her einen Impuls auf Freisetzung der wirtschaftlichen Kräfte gab. Der Gleichsetzung des ständischen und des protestantischen Widerstandsrechtes im 17. Jh. und der Gleichsetzung der Handelsfreiheit und der protestantischen Freiheit im 18. Jh. kam von unten her ein Impuls zu eigenständiger sozialer Gruppierung und Selbsthilfe entgegen, der im sozialen Treibholz sein Wirkungsfeld fand und im Verein mit anderen Antrieben erste Brücken über die soziale Zerklüftung baute.

Teil IV

DER WEG ZUR WELTMACHT

DIE BRITISCHE VORMACHTSTELLUNG UND DER ABFALL NORDAMERIKAS

1. Das britische Kolonialsystem

Für einen Engländer aus der Zeit Georgs I. (1714–1727) war das Geschick Großbritanniens nicht mehr von dem seiner Kolonialbesitzungen zu trennen. Das britische Imperium war Wirklichkeit geworden. Sein Lebensnerv war der Handel, der sich ausschließlich nach den Bedürfnissen des Mutterlandes ausrichtete. Es bestand nicht aus Territorien sondern aus Handelsstützpunkten, ausgenommen die Siedlungskolonien in Nordamerika, deren Gründungsmotiv die Religion und nicht die Wirtschaft war und die von 63000 Einwohnern im Jahre 1660 auf 350000 im Jahre 1713 angewachsen waren. Es entsprach einer inneren Notwendigkeit, daß diese Bereiche sich aus dem gebundenen System des Handelsimperiums zuerst lösten.

Aber für alle anderen Räume traf dies zu, sowohl für die Kontore und befestigten Plätze an der indischen Küste wie Madras (1639), Bombay (1668), Kalkutta (1686) oder Fort George am Golf von Bengalen, als auch für die Stationen der Afrika-Kompanie in Gambia und Guinea. Zur Zeit der Königin Anna beherrschte die Ostindische Kompanie kaum einen Fußbreit Bodens, wenn auch ihre Faktoreien die Keime für ein künftiges Herrschaftsgebiet darstellten. Das traf ebenfalls für die improvisierten Plätze auf den Antillen als Basen des Schmuggels mit Spanisch-Amerika zu, bei denen nicht an eine effektive Beherrschung dieser Inseln gedacht war. Es galt auch für Jamaika, wo alles dem Export tropischer Produkte diente und auf den Import von Holz, Lebensmitteln und Vieh angewiesen war. Hier hatte die weiße englische Minderheit eine beträchtliche Ausweitung ihres Handels erreicht; sie hielt die Beiseitesetzung der Gesetze des Mutterlandes und der anderen europäischen Mächte für selbstverständlich.

Von London aus wurde dieses Handelsnetz möglichst reguliert

und die Unterordnung der kommerziellen Interessen unter die Bedürfnisse des Mutterlandes gesetzlich gesichert. Das Gesetzgebungsrecht, die Vergabe von Hoheitsrechten, Monopolen und Privilegien an die Handelskompanien und der Ausschluß fremder Konkurrenten lagen ausschließlich in der Kompetenz des Mutterlandes. Die wirtschaftliche Macht strömte als Reichtum nach London zurück; dieses geschlossene Gewinnsystem sicherte das politische Gewicht und die Macht der englischen Hochfinanz, für die die Wirtschaftskraft und die Ausschaltung fremder Konkurrenzen auch eine Voraussetzung der englischen Freiheit war. Das Parlament dachte merkantilistisch und sah den Staat als Kaufmann oder kaufmännische Dachgesellschaft an.

Dieses System hatte als alte Grundlage jene Navigations-Akte von 1651, die das Parlament beschlossen hatte, und die Gesetze von 1660, 1663 und 1696, die den gesamten Handel mit den eigenen Kolonien den englischen Schiffen und auch irischen und amerikanischen Schiffen, wenn sie zu drei Viertel englische Besatzung hatten, reservierten. Sie erlaubten den Export fremder europäischer Produkte in die Kolonien nur nach vorhergehender Stapelung in England und setzten die Produkte fest, die von den Kolonien in England verkauft werden durften. So durften Zucker, Tabak, Indigo, Baumwolle und Farbhölzer nur sofort nach England oder englischen Kolonien verfrachtet werden. Später wurde diese Liste auf Reis aus Carolina und Holz aus dem Baltikum erweitert. Nur Fischprodukte konnten beliebig ausgeführt werden, ohne England zu berühren. Jenen ausgesonderten Kolonialprodukten wurde auf dem englischen Markt ein Monopol gegeben. Soweit sie englischen Kolonien entstammten, erhielten sie Vorzugszölle. Tabakbau war in England selbst verboten, um das Monopol zu wahren. Dieses strenge System wurde durch zahlreiche Ausnahmegenehmigungen gemildert. Das Salz für die nordamerikanischen Fischereien ging unmittelbar nach Nordamerika. Die dortigen Kolonien gaben Holz und Lebensmittel unmittelbar an die westindischen Kolonien ab. Mildernd wirkte auch die Initiative zahlreicher privater Einzelhändler, die sich an den Monopolen und Privilegien der Kompanien nicht störten, zumal das System nur dem Mutterland zugute kam.

Im großen gesehen wurden die Kolonien aber am Eigenhandel gehindert und das Mutterland der Stapelplatz kolonialer Erzeugnisse. Gewerbe waren in den Kolonien nicht erlaubt. Das System stand im Dienst einer positiven Handelsbilanz und wurde von einem Gremium staatlicher und kommerzieller Vertreter, dem 1696 gegründeten »Board of Trade« gelenkt, das eigene Verordnungen und Gesetze ausarbeiten konnte, die die Anwendung der Navigationsakte regeln sollten. Dieses System verlieh Monopole, Privilegien und sonstige Vergünstigungen an die Handelskompanien, die gegen die »Free Traders« oder »Interlopers« geschützt waren, politische Hoheitsfunktionen gegenüber den Kolonialfürsten und -völkern ausüben durften und für ihre Vorrechte Abgaben zu entrichten hatten. Sie übten in ihren Stützpunkten die obersten Hoheitsfunktionen aus und hatten an ihren Kolonialplätzen behördlichen Charakter. Die ausgegebenen Sonderrechte, die Zufahrtsrechte, die Stapel- und Umschlagsrechte wurden dem Kolonialhandel gegen vielfältige Gebühren zugeteilt und stärkten den Finanzhaushalt. Die Exporte aus London in die Kolonien, die Umwandlung Londons, Bristols, Yarmouths, Hulls und Liverpools zu Umschlagplätzen von Kolonialwaren oder auch von europäischen Waren für die Kolonien führten zu einem händlerischen Aufschwung. Der Export stieg von 317000 t im Jahre 1700 auf 490000 t im Jahre 1725. Um 1700 machte der Amerikahandel ein Siebtel des Gesamthandels aus, wobei 80 v.H. auf Zucker und Tabak entfielen. Damals meldete sich bereits die Tendenz zu Monokulturen entsprechend den Handelsbedürfnissen an wie etwa in den Zuckerplantagen von Jamaika.

Das relativ geschlossene System gestattete eine Übersicht über die Handelsbilanz des Landes, die als Index des Reichtums angesehen wurde. Das in den Kolonien gewonnene Geld mußte zudem in England investiert oder für englische Waren ausgegeben werden; es war verboten, im Ausland zu kaufen. Nur der englische Markt war den reich gewordenen Kolonisten offen. Das merkantile System schien den Reichtum im Lande zu gewährleisten. Allerdings entsprach es der Mentalität des Zeitalters, daß stets illegale Ausnahmen zugelassen blieben. Den »Interlopers« wurden ihre Chancen gelassen; die Krone nahm von ihnen sogar Gewinnanteile. Die Gewinne waren für sie besonders groß, da sie keine Abgaben an die Kompanien entrichteten und nicht an deren Marktrichtlinien gebunden waren; aber auch das Risiko, da die Schiffe der offiziellen Kompanien ihnen in fremden Gewässern den Garaus machen konnten. Indirekt konzessionierte sie der Staat, da er sie in den heimischen Gewässern schützte. Diese »Interlopers« setzten die Tradition der »Merchant Adventurers« fort und waren die Anwälte der Freiheit der Meere und des Handels ohne den Staat. Sie mißachteten die Gesetze anderer Staaten und auch ihres eigenen Landes, das sich durch höhere Besteuerung revanchierte.

Dieses ganze System lebte davon, daß Hoheitsrechte ausgestreut wurden, und auch davon, daß es durchbrochen wurde. Es nahm mehr die Politik in seine Dienste als umgekehrt. Die weltweite Ausdehnung von Handel und Wirtschaft war mit einer Markt- und Finanzkonzentration verbunden, die gesetzliche Steuerung und private Initiative gleichzeitig verlangte. Der Freihandel war hier eine wirtschaftliche Form des Nonkonformismus, der mit der Ausdehnung des Staatlichen in die koloniale Welt und der Liquidierung der halbstaatlichen Kompanien das Feld behauptete. Aber ohne die von der Parlamentsgesetzgebung bestimmte Steuerung des Systems und dessen machtpolitische Sicherung wäre diese Entwicklung eines nationalen Handels- und Finanzkapitalismus nicht möglich gewesen. Das in privaten Händen sich sammelnde Kapital verlangte nach weiteren Investitionen, die außerhalb des Landes nicht erlaubt waren. Durch Landkauf erreichten die Handels- und Finanzkreise sozialen Rang und parlamentarische Vertretung des »moneyed Interest«, also politische Macht; darüber hinaus gab das Investitionsbedürfnis den Anstoß zum Industrialismus, dem dieser investitionshungrige Kapitalismus vorausgehen mußte. In etwa hat der Kolonialismus den Kapitalismus, dieser das wachsende Schwergewicht des Parlaments und später die Industrialisierung möglich gemacht (vgl. S. 402ff). Der Dirigismus dieses Systems richtete sich nach Handelsinteressen, die in London konzentriert waren. Durch ihn wurde London der Mittelpunkt des Welthandels. Solange die britische Weltherrschaft mit der kommerziellen Durchdringung der Welt bei gleichzeitiger kommerzieller Konzentration in London identisch war und von der Politik her nur die gesetzliche Lenkung der Handelsbahnen über England geleistet wurde, war nicht das Haus in Downing-Street 10 der Sitz der britischen Weltherrschaft, sondern jene nüchternen Häusergruppen um Threadneedle und Lombard Street, wo die Börsen, die Banken, die Schiffahrts-, Versicherungs-, Handels- und später Industriegesellschaften entstanden. Was auch die Hauptprodukte des Landes sein mochten, London lebte vom Welthandel, dem Güteraustausch zwischen fremden Ländern, der Finanzierung, Verschiffung und Versicherung. Westminster war zwar der Sitz des Imperiums, aber die Metropole des fast autarken Wirtschaftsreiches war London. Selbst der König und die großen Familien, die das Parlament beherrschten, dienten hier dem Willen des »greedy trade people«. Die Kaufmannsrepublik der City unterwarf sich die Weltmärkte, deren Beherrschung nach merkantilen Gesichtspunkten erfolgte, nicht um den Staat, sondern um die Handelsgesellschaft zu stärken. Das war mit ein Grund für die mangelnde Geschlossenheit des Systems nach innen und seine mangelnde Effektivität in den britischen Siedlungskolonien. Der politische Stoß dagegen kam von den Engländern selbst, die sich als Kolonisten in Amerika der politisch gesicherten Wirtschaftsplanung zugunsten Londons widersetzten. Bis dahin hatte aber die auf merkantilistischem Wege erreichte Kapitalansammlung die Bedingung für die Industrialisierung geschaffen, mit der ein neues Äon begann.

2. *Die Gleichgewichtspolitik nach 1715*

In der ganzen Epoche von 1713 bis 1763 hat die Politik der kontinentaleuropäischen Mächte stets mit der Einwirkung der britischen Politik rechnen müssen. In den ununterbrochenen Krisen und Kriegen, den diplomatischen und wirtschaftlichen Verwicklungen spielte die englische Gleichgewichtspolitik eine lenkende Rolle, die nicht von allen verstanden, aber von diplomatischen Virtuosen wie Lord Stanhope (gest. 1721) als esoterische Kunst gehandhabt wurde. Er und seine Nachfolger suchten die ständig einbrechenden Konflikte im englischen Sinne des europäischen Gleichgewichts einzugrenzen oder zu lenken. Freilich wurde diese Politik wegen des mangelnden Verständnisses der englischen Öffentlichkeit für dieses ständige Engagement auf dem Festland nicht immer konsequent gehandhabt. Auch wirkten die alten Gegensätze der protestantischen und katholischen Mächte noch nach, ebenso wie bis 1748 der Gegensatz zwischen Habsburg und Bourbon. Doch lehnten sich die traditionellen, dynastischen und konfessionspolitischen Gegensätze stets an die spanisch-englischen und die französisch-englischen Weltkonflikte an. Die kontinentalen Gegensätze erhielten durch die wechselnden Allianzen mit den westlichen Kolonialmächten einen weltpolitischen Horizont. Die Konflikte in den Kolonien und auf den Meeren begleiteten und bedingten das machtpolitische Widerspiel und den Aufstieg neuer Mächte in Europa. Die englischen Gleichgewichtsbemühungen im Interesse der friedlichen kommerziellen Vorherrschaft hielten bis 1739/40 an; danach setzten ohne wesentliche Unterbrechungen bis 1763 große Verwicklungen ein, durch die der Friedensminister Walpole (1742) stürzte und schließlich der Kriegsminister Pitt Großbritannien auf den Gipfel seiner Kolonial- und Handelsherrschaft führte.

Utrecht war gegen den Willen und zum Nachteil des Kaisers geschlossen worden. Trotz des Erwerbs der östlichen Teile des spanischen Imperiums mußte er Einschränkungen seiner Souveränität in den Österreichischen Niederlanden, im Reich und in Italien in Kauf nehmen, deren Ursprung in London und in Den Haag lag und deren Beseitigung von Versailles und Madrid abhing. Eine Vereinigung der drei großen Festlandsmonarchien stand deshalb Ludwig XIV. am Ende seines Lebens (gest. 1. 9. 1715) vor Augen. Sein Ziel war, durch Vermittlung zwischen diesen drei Kontinentalmächten, die englische Führungsrolle beiseite zu drängen und daraus eine kontinentaleuropäische Befriedung zu erreichen.

Nach dem Tode Ludwigs kam es aber zu einer anglo-französischen Allianz (1715–1717). England sicherte dem Regenten Philipp von Orléans, der die Thronfolge erstrebte, insgeheim seine Hilfe zu, um von vornherein eine Nachfolgeschaft Philipps V.

von Spanien auszuschließen. Die Einmischung in die Nachfolgefrage zugunsten des Fortbestandes der spanisch-französischen Trennung ging Hand in Hand mit einer nie gesehenen diplomatischen Aktivität Englands in Madrid, Den Haag und Wien, die die Belebung der großen antifranzösischen Allianz während des Spanischen Erbfolgekrieges bezweckte. Die Einkreisung Frankreichs sollte dessen Bündniswilligkeit erhöhen und es in das politische Fahrwasser Englands drängen.

Das Bündnis richtete sich auch gegen die Jakobiten, deren letzter Einfall 1715 mit dem Tode Ludwigs seinen Rückhalt verloren hatte. Unter englischem Druck mußte der Prätendent Jakob Eduard aus Frankreich weichen und nach Avignon, dann nach Urbino gehen, wo er von französischen und päpstlichen Renten lebte. Zeitweise ging er nach Spanien, von wo aus zwei Expeditionen nach Schottland im Jahre 1719 versucht wurden, an denen die Gebrüder Keith beteiligt waren, die nach dem Mißerfolg in preußische Dienste traten. Frankreich blieb mit England im gemeinsamen Kampf gegen die legitimen Thronprätendenten verbunden, solange Philipp von Orléans (1715–1723) herrschte, der zur Sicherung seiner Stellung anti-bourbonische Politik betreiben mußte. Die Zeit der französisch-englischen Allianz stand ganz im Zeichen eines klaren englischen Übergewichts, das durch den Zutritt Hollands in der Triple-Allianz von 1717 noch eindeutiger wurde. Dahinter stand die beste Flotte und die beste Armee der Welt und nahezu die Hälfte des Geldes von ganz Europa. Drei der vier großen Handels- und Kolonialmächte hatten sich hier zusammengeschlossen. Grund des Zusammenschlusses war der Ruhestörer Spanien, das unter der politischen Leitung des Kardinals Alberoni, des Beraters der Königin Elisabeth Farnese, der Gemahlin Philipps V., eine expansive Politik verfolgte, die das Mittelmeer wieder zu einem spanischen Meer zu machen drohte. Elisabeth wollte ihren Söhnen aus erster Ehe die Gebiete von Parma und Toskana verschaffen, deren Häuser vor dem Aussterben standen. Spanien trat hier ebenso wie gegen Philipp von Orléans als Anwalt der dynastischen Rechte auf.

Alberoni knüpfte Verbindungen zu dem Stuart-Prätendenten und den Jakobiten in Schottland, Irland und England, ferner zu den französischen Legitimisten, dann zu Poniatowski, dem russischen Schützling in Polen, zugleich auch zu Zar Peter dem Großen, der im Kampf gegen Karl XII. von Schweden nach Westen vordrang und die Ostsee zu beherrschen begann, zu den Ungarn, die unter Franz Rakoczy sich mit den Türken gegen Wien verbunden hatten, mit Görtz, dem Minister Karls XII., und auch den Türken an. Das bedeutete eine Gefährdung der Throninhaber in England und Frankreich, aber auch eine Bedrohung des Kaisers im Mittelmeer, der außerdem durch die Türken bedrängt wurde. Als die Spanier 1717 Sardinien überfielen und 1718 in Sizilien landeten, verband sich der Kaiser mit Viktor Amadeus von Savoyen. Diese Gefahr und die gleichzeitige Bedrohung Ostmitteleuropas durch Peter den Großen wie auch die Türkengefahr führten den Kaiser der westlichen Allianz zu. England vermittelte vorher den Frieden mit den Türken in Passarowitz im Juli 1718; danach trat der Kaiser der »Quadrupel Allianz« bei, die eine Neuordnung des Mittelmeerraumes ins Auge faßte. Diese Quadrupel Allianz war ein Staatsvertrag unter der Idee des Gleichgewichts, bei dem Kaiser Karl VI. unter dem spanischen Druck in Italien und dem russischen Druck in Polen Opfer bringen mußte. Er bestätigte die Nachfolgerechte von Hannover und Orléans, verzichtete auf die spanische Krone, so daß Spanien weder mit Frankreich noch mit Österreich jemals zu einem Reich verbunden werden konnte, willigte in den Tausch Sardiniens gegen Sizilien ein und ließ die spanischen Bourbonen in einer zu gründenden Sonderdynastie in Italien zu. Die Abmachungen dieses zwischen England, Frankreich, dem Kaiser und Holland vereinbarten Schiedsspruchs mußten gegen Spanien durchgesetzt werden.

Entscheidend war der Sieg der britischen Flotte unter Admiral Byng vor Kap Passaro am 11. August 1718. Byng hatte sich mit dem österreichischen Vizekanzler Daun in Neapel verständigt und in den sizilischen Gewässern die Spanier gesucht, die er zum ersten Schuß provozierte. Dann antwortete er in angeblicher Notwehr und vernichtete die spanische Flotte. Damit war Alberoni die stärkste Waffe schon aus der Hand geschlagen. Spanien beklagte sich über das völkerrechtswidrige Vorgehen der Engländer, das die angebliche Notwehr weit überschritt, konnte aber andererseits nicht leugnen, daß es sich über die Ordnung von Utrecht hinweggesetzt hatte. Immerhin war bedenklich, daß die Anschauung von der staatsfreien und rechtsfreien Offenheit der außereuropäischen Meere nun in den nächsten Küstengewässern Geltung gewonnen hatte. Der permanente Krieg auf hoher See, der mit Utrecht erstmals geregelt, dann aber doch in Form eines Schmuggel- und Wirtschaftskrieges weitergegangen war, hatte auf Europa übergegriffen und dessen vertragliche Ausgrenzungen mißachtet. Spanien antwortete darauf mit der Beschlagnahme der englischen Effekten und Schiffe in Spanien. Der Krieg war noch nicht erklärt.

Im Dezember 1718 erklärte England an Spanien den Krieg, nachdem Spanien die Bestimmungen der Quadrupel Allianz abgelehnt hatte. Grund war für England nach der Thronrede des Königs vor dem Parlament der Schutz und die Verteidigung des englischen Handels im Mittelmeer. Im Januar 1719 schloß sich Frankreich an. Der Einmarsch der Franzosen in Nordspanien genügte, um Alberoni zu stürzen. Spanien nahm die Vereinbarungen an, nachdem zwei Expeditionen mit dem Stuart-Prätendenten nach Schottland aussichtslos abgebrochen worden waren. In den Konventionen von Palermo 1720 gelangte Sizilien an Karl VI., Sardinien als Königreich an Viktor Amadeus von Savoyen, und die spanische Anwartschaft auf Parma und Toskana wurde anerkannt.

Auch in den Nordischen Krieg (1700–1721) wurde England einbezogen, zumal Schweden Norwegen erobert und der Minister Görtz Verbindung mit dem Prätendenten aufgenommen hatte. Das Bündnis Georgs I. als Kurfürst von Hannover mit Kaiser Karl VI. und August dem Starken von Sachsen im Wiener Vertrag 1719 rettete Polen vor dem Zugriff des Zaren. Schweden schloß nach dem Tode Karls XII. 1718 und der Enthauptung von Görtz 1719 in Stockholm Frieden mit den deutschen Fürsten und trat Bremen und Verden an Hannover ab. Als die russische Flotte in Stockholm landete, griff die britische Flotte unter Admiral Norris ein und zwang Peter zum Rückzug. Der Friede von Nystad 1721 machte nichtsdestoweniger Peter zum Herrn der Ostsee. Aber England hatte den Russen ebenso wie den Spaniern Halt geboten. Der Tod Stanhopes 1721, des führenden englischen Diplomaten, beendete diese Epoche des englischen Übergewichts.

Die folgenden zehn Jahre vergingen ohne wirkliche Konsolidierung der europäischen Verhältnisse. Der Tod Philipps von Orléans und seines Ministers Abbé Dubois 1723 erledigte die Motive, die Frankreich an der Seite Englands festgehalten hatten. In den wechselnden Bündnisgruppierungen erreichte Kardinal Fleury, der Minister König Ludwigs XV., durch Annäherung an Spanien die Lösung von der englischen Vormundschaft und eine Stärkung des französischen Gewichts in Madrid, Warschau, Stockholm und Konstantinopel. Unter dieser Entwicklung kehrte England im Wiener Vertrag 1731 zu seinem früheren Bündnissystem zurück, d.h. es verband sich wieder mit Habsburg als seinem natürlichen Verbündeten. Walpole hielt diese Verbindung für einen unumstößlichen Grundsatz der britischen Politik.

Der Wiener Vertrag von 1731 verpflichtete den Kaiser, die Ostende-Kompanie aufzulösen; damit verzichtete Karl VI. auf eine Welthandelspolitik und insbesondere auf die Teilnahme Belgiens am Seehandel. Als Gegenleistung garantierte England die kaiserlichen Besitzungen in Italien und erkannte die Pragmatische Sanktion von 1713, also die neue österreichische Erbfolgeordnung, an. Spanien verzichtete zu gleicher Zeit endgültig auf Gibraltar. Damit schien die Aufgabe Stanhopes vollendet zu sein. Aber es gab keine englisch-französische Allianz mehr, und das englische Übergewicht in Europa war fragwürdiger geworden. Das lag freilich auch am Druck auf die europäische Politik vom Osten her. Die russisch-österreichische Allianz zwischen Katharina I. und Karl VI. vom Jahre 1726 war defensiv, solange die englische Verbindung mit Frankreich bestand. Walpoles zögernde Diplomatie ermöglichte dem Kaiser eine Rückkehr zu offensiverem Vorgehen und gab Rußland größere Bewegungsfreiheit gegen Türken und Polen, solange Frankreich allein stand. Als Gegengewicht bot sich Frankreich nur die Kombination mit Spanien an. Damit trat Frankreich wieder gewichtiger an die vorderste Stelle im Mächtespiel.

Die veränderten Kräfteverhältnisse kamen im Polnischen Erbfolgekrieg 1733–1735 (1738) zum Ausdruck. Als die Polen aus Protest gegen das russisch-österreichische Übergewicht im Ostraum einen eigenen, franzosenhörigen König, Stanislaus Leszynski, den Schwiegervater Ludwigs XV. anstatt des Kurfürsten von Sachsen wählten, kam es zur Vertreibung des neuen Königs durch russische und sächsische Truppen und zur Ausrufung des russisch-österreichischen Kandidaten, Kurfürst August III. von Sachsen, zum König von Polen. Die Franzosen und Spanier unterstützten Leszynski und erklärten an Österreich und Sachsen den Krieg, um dem Kaiser das italienische Gebiet streitig zu machen. In einem bourbonischen Familienvertrag zu Beginn des Krieges (1733) versprach Kardinal Fleury Unterstützung der spanischen Ansprüche auf Italien und Madrid dafür die Weitergabe des »Asiento« an Frankreich, wenn England eingreifen würde. Auf Betreiben Walpoles hielt sich England aus dem Kriege heraus; auch Holland blieb neutral.

Der Krieg verlief für den von den Türken bedrängten Kaiser ungünstig. Die Spanier besetzten Sizilien und Neapel. Im Friedensschluß von Wien 1735 (endgültig 1738) erhielt Don Carlos, aus einer bourbonischen Nebenlinie, Neapel und Sizilien; er hatte aber keine Seemacht, da die in Neapel gebaute Flotte vorher nach Triest gebracht worden war. Frankreich erhielt Lothringen für Stanislaus Leszynski; der Herzog Franz Stephan von Lothringen, Gemahl der Maria Theresia, wurde mit Toskana, Parma und Piacenza abgefunden; August von Sachsen blieb König von Polen. Die Seemächte wurden aus den Verhandlungen herausgehalten; immerhin verdankte Karl VI. dem britischen Einfluß, daß er für das verlorene Königreich beider Sizilien Toskana erhielt. Der Wechsel der Dynastie in Süditalien war für England ohnehin nicht ungünstig. Im ganzen zeigte der Krieg die wachsende Bedeutung der bourbonischen Mächte und eine Zurückdrängung des Kaisers, der sogar im Frieden von Belgrad 1739 den Türken die Grenzen von 1699 lassen mußte, sowie Englands.

Gleich darauf entwickelte sich aus den ewigen Streitigkeiten der spanischen Krone mit der englischen Südsee-Kompanie, ferner aus dem von England tolerierten Schmuggelkrieg und aus dem Streit um das Seerecht, bei dem die Spanier ein Untersuchungsrecht auf hoher See und die englischen Kapitäne das Recht der Feuereröffnung beanspruchten, 1739 ein Krieg zwischen Spanien und England, der erste europäische Krieg, der in

Übersee seinen Ursprung hatte, in den auch Zwistigkeiten über die Grenzen zwischen Florida und Neu-Georgien und die Gibraltarfrage hineinspielten. Die öffentliche Meinung drängte Walpole in den Krieg; der König lehnte dessen Rücktritt ab. Dieser Krieg um »Captain Jenkins' Ear« erschien als Ehrensache Englands gegen die spanischen Anmaßungen. Kapitän Jenkins hatte vor dem Parlament über seine Mißhandlung durch die Spanier berichtet und als Zeugnis sein abgeschnittenes Ohr mitgebracht, bei dessen Verlust er »his soul to God and his cause to his Country« überlassen habe. Der Krieg brachte keinen Erfolg; Frankreich entsandte 1740 eine Flotte nach West-Indien und warnte 1741 vor einem englischen Angriff auf West-Indien. Dies wurde als nationale Schmach empfunden. Das Scheitern des Krieges kostete Walpole seine Volkstümlichkeit und trug zu seinem Sturz im Februar 1742 entscheidend bei. Frankreich und Spanien verbanden sich 1741 gegen Maria Theresia, so daß der Krieg von 1739 in den Österreichischen Erbfolgekrieg 1740–1748 überging, in den 1744 auch England hineingezogen wurde. Der Einfall von Charles Edward Stuart (Bonnie Charles) in Schottland und England 1745/46 brachte das alte Motiv des Jakobitismus zum letzten Mal bedrohlich in den Vordergrund. Die Niederlage der Jakobiten bei Culloden 1746 beseitigte endgültig den Jakobitismus als politische Gefahr, zur selben Zeit, als die Sanktionierung des Raubs von Schlesien das Ende des alten dynastischen Europa bezeichnete. Noch bis 1748 stand die englische Politik im Banne der kontinental-europäischen Probleme, vor allem solange Erbfolgefragen hineinspielten und die Stuart-Restauration betrieben wurde. Das Ergebnis der bis dahin verfolgten Gleichgewichtspolitik war die Zurückdrängung Englands durch das mit Spanien vereinte Frankreich. In der Folgezeit bestimmten die Außenräume die europäische Politik immer eindringlicher, bis die Stunde für die Weltpolitik Pitts schlug.

3. Parteien und Parlament

Die auffälligste Erscheinung in den Parlamenten nach 1689 war die Konfusion des Parteiwesens. Das lag an dem Zusammenwirken von Whig- und Toryführern gegen Jakob II., an der Verflachung der religiösen Gegensätze bei den oberen Schichten und an den übergreifenden Interessen und Loyalitäten, die die alte Konfrontation unklar werden ließen. Vor allem war der Torismus an der Wurzel getroffen, da seine Abkehr vom strengen Gehorsamsprinzip eine Umorientierung verlangte, bei der er auf die Dauer den kürzeren zog. Die strengen Tories fühlten sich allerdings weiterhin an die Stuarts gebunden und wurden »Jakobiten« oder, soweit sie den Eid auf Wilhelm von Oranien verweigerten, »Non-Jurors« genannt. Dieser Jakobitismus war bis 1715 und noch darüber hinaus bis zum letzten Waffengang für den Stuart-Prätendenten 1745/46 eine Macht, deren Basis in Schottland lag, wo die Anglikanische Episkopalkirche seit der Unions-Akte 1707 gegenüber der Schottischen »Kirk« als Staatskirche in die Nonkonformität gedrängt war und durch eine Restitution der Stuarts ihre Geltung zurückzuerlangen hoffte. Desgleichen stand die kleinere Land-Gentry dem Whig-Königtum und der Whig-Finanz verdrossen gegenüber und sympathisierte mit den Jakobiten. Ein Religionswechsel der Stuarts hätte diesen wahrscheinlich den Thron wieder verschafft, zumal Pfarrklerus und Landbevölkerung am hochkirchlichen Torismus festhielten.

Der prinzipientreue, aber illegale Jakobitismus war die Folie zu den prinzipienloser gewordenen Parteikämpfen, bei denen der gemäßigte Torismus alles tat, den Verdacht des Jakobitismus von sich abzuwälzen. Die Religion blieb für ihn zwar das Hauptmittel, auf die Menge einzuwirken, aber er wandelte die starre Jus Divinum-Lehre zu einem allgemeinen Traditionalismus ab, auf den hin er die Idee des leidenden Gehorsams qualifizierte. Für ihn war die Revolution als Sieg des Gewohnheitsrechts legitimiert. Dieser Torismus eignete sich mit der Zeit die utilitarischen Gesichtspunkte an, die seit John Locke gängiges Gedankengut geworden waren. Er bezog sie aber auf die Wohltätigkeit und Notwendigkeit der überkommenen Bindungen und Werte, während der Whiggismus sie auf die Bedürfnisse der Handelswelt hin auslegte. Die Abschwächung der Gegensätze vollzog sich mehr oben als unten, mehr im Parlament als bei den Wahlen. Manche Toryführer waren sogar Freigeister, die jede Dogmatik ablehnten und die Gegensätze nicht mehr ernst nahmen, aber stets die alten Motive paradieren ließen, wenn sie das Ohr der Menge gewinnen wollten. Im ganzen gesehen vertraute die Hochkirche mit der Masse der Pfarrgemeinden im Rücken den Tory-Gruppen, während die latitudinarisch und aufgeklärt gesinnte Richtung innerhalb der Staatskirche, die im Whig-Episkopat und der städtischen Handelswelt ihre Anwälte fand, den Whigs zuneigte. Die politische Führungsschicht wechselte vielfach ihre parteiliche Einstellung oder trug auf beiden Schultern. Niemand konnte sich auf eine konsistente Gruppe stützen, da klare Abgrenzungen keinen Bestand hatten.

Beide Parteien waren in lose Konföderationen oder Faktionen aufgesplittert, in denen Familien-, Wahl- und persönliche Beziehungen vorherrschend waren. Allerdings traten bei bedeutenderen Gelegenheiten immer wieder die Grundkonflikte hervor, wobei die Parolen von »Church in Danger« oder »Succession in Danger« die Öffentlichkeit aufrührten. Stets gab es über diese Konfrontationen hinweg allgemeine Interessen, die nicht eindeutig den Parteitrümmern im Parlament zuzuordnen waren und auch innerhalb der Parteien Gegensätze erzeugten. Es gab strenge und gemäßigte, hannoversche und jakobitische Tories, Court- und Country-Tories; aber auch radikale und gemäßigte, alte und neue Whigs, Court- und Country-Whigs; es gab das Court- und das Country-Interesse, das Church- und das Dissent-Interesse, das London- und das Ostindien-Interesse. Jede Gruppe teilte sich nach Court, Country und Sonderinteressen, wobei die oberen Führungsgruppen nach »expedience« oder »convenience« handelten und eine Schaukelpolitik betrieben. Prototyp einer solchen Politik war Robert Harley, ehemals führender Mann der Old-Whig-Partei, dann ein gemäßigter Tory und schließlich leitender Tory-Minister (1710–1714), der die Sache der Stuarts und Hannovers, der Kirche und des Dissent, des Kriegs und des Friedens gleichzeitig förderte und in einem Schwebezustand hielt. Seine Haltung war Ausdruck der ungewissen Lage und auch des

Indifferentismus der Führungselite. Er betrieb für die aufgeklärten Zeitgenossen eine ideale Politik, die keineswegs dem Ehrenkodex eines engagierten Gentleman widersprach. Seine Haltung ergab sich aus der unausgeglichenen Konstitution eines »mixed government«, in welchem Krone und Regierung ein überparteiliches Interesse verkörpern wollten, das durch Management, Koalitionen und Ämtervergabe sich jederzeit gegenüber dem Parteien-Chaos durchsetzen konnte. Erst als Krone und Regierung unter Hannover zum Whig-Interesse wurden und der Torismus als politische Gegenkraft zusammengebrochen war, verknüpften sich Regierung und Parteiensystem.

Nichtsdestoweniger durchdrangen die parteilichen Perspektiven das öffentliche Leben, da die Wahlkämpfe dort, wo sie ausgefochten wurden, nur im Rückgriff auf die alten Ausgangspositionen verstanden wurden. Diese Politik auf zwei Ebenen spiegelte sich auch im Unterhaus, da bei den schweigsamen unabhängigen Land-Gentlemen auf den hinteren Bänken Prinzipien und bei den aktiven Front-Bänklern Zweckmäßigkeitserwägungen die erste Rolle spielten. Dadurch wurden die Debatten, mit denen gerade die Hinterbänkler gewonnen werden sollten, mit Vorliebe auf die alten Argumentationen zugespitzt und erschienen grundsätzlicher, als sie gemeint waren.

Dazu kam allerdings, daß die großen internationalen Entscheidungen mit hineinspielten; denn schließlich war der Spanische Erbfolgekrieg auch ein englischer Erbfolgekrieg. Die Außenpolitik belebte die alten Gegensätze. Die Parteinamen wurden in der europäischen Politik geläufig. Erst nach der Ankunft Hannovers entwickelte sich jene Atmosphäre nachsichtiger Duldsamkeit, die in erster Linie ein durch den Zeitgeist und die Umstände bedingtes Nebenergebnis der Revolution war. Die Toleranz der Whig-Regierung Walpole ergab sich daraus, daß die Mehrheit der Nicht-Wählerschaft toristisch dachte. Die Scheu vor prinzipiellen Festlegungen ergab sich allerdings auch daraus, daß die Revolution selbst nichts von einer ideellen Konsequenz an sich hatte und sich in einer Kompromißformel zu rechtfertigen suchte. Die Verwirrung der Parteifronten weckte ein ständiges Bedürfnis, die Tatsache des parteilichen Widerspiels aus der Natur von Mensch und Gesellschaft zu erklären oder polemische

Verdächtigungen durch eine andere Grundlegung des Gegensatzes auszuräumen. Von Halifax bis zu den politischen Essays David Humes, also von 1685 etwa bis 1742, riß die Diskussion über Wesen, Sinn und Funktion der Parteien nicht ab, die sich zwischen hoher Literatur und dem Erbauungsschrifttum auf einem breiten Mittelfeld abspielte und zu einer Selbstvergewisserung im literarischen Kampf führte, aus dem sich in Kritik und Gegenkritik Grundlagen einer politischen Theorie der Parteien herausschälten. Anthropologische, moralische, psychologische oder politische Begriffe nisteten sich hier ein und suchten aus dem Verhältnis von Vernunft und Leidenschaft, von Freiheit und Autorität, von Pessimismus und Optimismus, von Fortschritt und Beharrung, von »Ins« und »Outs«, von Selbstsucht und Patriotismus die Gegensätze aus einer anderen Ebene zu verstehen. Sie stellten insgesamt eine denkerische Bemühung dar, die das spätere Widerspiel von Regierung und Opposition unter Walpole schließlich aus einer politischen Theorie zu deuten versuchte.

Diese Streitgespräche standen im engen Zusammenhang mit einer unaufhörlichen Verfassungsdiskussion, die sich an den unausgetragenen Ergebnissen von 1689 entzündete und im »Rule of Law« und in der Idee der »Balance« das Entscheidende der englischen Verfassung sehen wollte. Die Sicherung der Freiheiten durch »checks and balances« galt später auch für Blackstones Verfassungskommentar (1765–69) als Grundzug dieser Verfassung. In Wirklichkeit war die mechanische Perfektion der »checks and balances« ein lebendiger Kampf zwischen oft schlecht dazu gerüsteten Antagonisten, wobei jede Seite der anderen unkonstitutionelle Methoden vorwarf, ohne daß eine von ihnen ihre eigenen Sachen zu ihren logischen Grenzen führte. Aber für die Ausbildung des parlamentarischen Widerspiels war diese These des intellektuellen und rhetorischen Spiels in den Bahnen des überkommenen Parlamentsrechts und nach den Regeln eines exklusiven Klubs von Gentlemen von größter Bedeutung und gewöhnte die politische Nation an eine selbstkritische Spiegelung, die als Ausdruck des moralischen Wesens des Gemeinwesens genommen wurde.

Das Parlament des 18. Jahrhunderts repräsentierte allerdings nicht das Volk als Summe der Individuen, sondern die lokalen

Kommunitäten und die Grafschaften, unabhängig von der Zahl der Einwohnerschaft. Das Parlament war mehr der Hüter etablierter Interessen (property) als Ausdruck des Volkswillens. Mit der Septennial-Akte von 1716 schirmte es sich noch mehr als bisher gegen die Öffentlichkeit ab und unterstrich seine Autonomie. Debatten durften nicht veröffentlicht werden, wenn auch dieses Verbot immer wieder in leicht durchschaubarer Tarnung umgangen wurde. Journalisten durften erst seit 1778 den Debatten beiwohnen. Das Unterhaus erhob den Anspruch, über den Wählern zu stehen und allein die Interessen des Ganzen zu vertreten. Die Autonomie des Parlaments wurde gegen die Krone, aber auch gegen das Volk und sogar gelegentlich gegen das Common Law (1702–04) behauptet. Die Schranke gegen die Öffentlichkeit wurde erst zur Zeit der Wilkiten-Unruhen (seit 1768) durchbrochen.

Im Unterhaus hatte sich seit den Tagen der Königin Elisabeth im Grunde wenig geändert. Neben den 92 Vertretern der 46 Grafschaften saßen hier 417 Vertreter der Cities und Boroughs sowie vier Vertreter der Universitäten. Dazu kamen noch seit der Union von 1707 45 schottische Abgeordnete. Die meisten Landstädte wurden ebenso wie die Grafschaften durchweg von der lokal maßgebenden Gentry vertreten. Drei Viertel der Boroughs hatten unter 500 Wähler, einige davon weniger als zehn. Weitere 26 Boroughs hatten 500 bis 1000 Wähler und nur 20 von ihnen mehr als 1000 Wähler. Das Stimmrecht der Städte war unterschiedlich und in einigen Städten demokratisch wie etwa in Westminster, Preston oder Aylesbury. Westminster zählte 11000 Wahlberechtigte, entsandte aber auch nur zwei Abgeordnete. Die City London mit einer weit größeren Wählerschaft schickte vier Abgeordnete ins Unterhaus. Die 45 schottischen Abgeordneten wurden von nur 4000 Wählern gewählt, so daß Schottland eine riesige »Pocket Borough« unter starkem Kroneinfluß war. In den Grafschaften gab es unter dem 40sh-Freeholders-Wahlrecht eine Durchschnittswählerzahl von 4000 bis 16000, die in den nördlichen Grafschaften noch unterschritten wurde. Die Krone übte ihren Einfluß vor allem auf Cities und Boroughs aus und gebot stets über 100 bis 125 Abgeordnete. Die Magnaten beherrschten als Patrone bis zu 200 Sitze; einige besaßen eigene Boroughs, mit deren Hilfe sie talentierte Anhänger ins Unterhaus bringen konnten. In manchen Wahlbezirken wie etwa Westminster oder London und einigen Grafschaften wie Middlesex und Yorkshire konnten sich kein »Influence« und keine Patronage eindeutig durchsetzen. Hier kam es häufig zu größeren Wahlkämpfen. In den meisten Wahlbezirken gab es jedoch kaum Wahlkämpfe, sondern lediglich vorhergehende Vereinbarungen unter den Rivalen oder eine Designation durch die Magnaten. Selbst in den hitzigen Wahlen von 1741 gab es nur in acht Counties und 61 Boroughs Wahlkämpfe. Die berühmten und oft geschilderten Wahlkämpfe von Middlesex oder Westminster waren im ganzen gesehen untypisch.

Es kamen aus vielen Wahlbezirken allerdings auch unabhängige Abgeordnete als Lokalgrößen ins Unterhaus, die hier weniger an Politik als an der Wahrung ihrer Privilegien interessiert waren. Etwa 200 Abgeordnete konnten als unabhängige Country-Gentlemen angesehen werden, die als »Backbenchers« im Hintergrund blieben, meist nur zuhörten und sich als unabhängige Jury fühlten, die ihre Entscheidung im Hinblick auf die engstirnige Bewahrung ihrer Privilegien und nach ihrem Gewissen, was meist dasselbe war, fällten. Aber die Unabhängigkeit jener Backbenchers war die moralische Stärke des Unterhauses; sie blieben die stummen Zuhörer, um deren Stimmen sich die Debatten drehten. Diese Verhältnisse änderten sich kaum im Verlauf des 18. Jahrhunderts.

Entscheidend für die parlamentarische Arbeit war, daß Krone und Regierung die Möglichkeit hatten, neben ihrer ständigen Gefolgschaft sich durch Ämtervergabe oder Geldzuwendungen vor den Abstimmungen zusätzliche Anhängerschaft zu besorgen. Noch im Jahre 1789 gab es 765 Ämter, über die die Regierung verfügte. Jenes fiktive autonome Spiel der parlamentarischen Kräfte und Gruppen wurde durch Patronage, die sogenannte »Corruption«, lenkbar im Sinne der Regierung. Nicht das Parlament, sondern die Regierung bestimmte durchweg den Ausgang der Abstimmungen, was durch die Zersplitterung des Parteiwesens nach 1689 wesentlich erleichtert wurde. Dazu kam noch, daß die unabhängigen Tory-Backbenchers aus ihrer alten Idee des gottgewollten Gehorsams mit der Regierung gingen, wenn sie ihre parlamentarischen und lokalen Rechte nicht tangiert sahen. Die Regierungen konnten von Fall zu Fall mit vorübergehend gewonnenen Koalitionen arbeiten, die oft wenig von den früheren parteilichen Konstellationen erkennen ließen.

Das wurde mit der Thronbesteigung Hannovers anders, als König Georg I. angesichts der jakobitischen Unruhen nur denen vertraute, die er für treue Whigs hielt und die ihre Existenz mit der hannoverschen Dynastie identifizierten. Die prinzipielle Verbindung der neuen Dynastie mit den Whigs war die Voraussetzung für die lange Herrschaft Walpoles. Walpole war der fintenreiche Taktiker, der das Geschäft des Königs im Parlament durchzuführen verstand und das Kabinett zu lenken wußte. Er bestimmte zwar nicht de jure die Richtlinien der Politik oder die Zusammensetzung des Kabinetts, aber als erster Lord des Schatzes war er der Verbindungsmann zum Parlament, dessen Finanzbewilligung Politik erst ermöglichte. Die Regierung gründete sich auf das Vertrauen des Königs, aber sie war ohne das Vertrauen des Unterhauses auf die Dauer handlungsunfähig. Der erste Lord des Schatzes hatte die Schlüsselposition in der Regierung und im Unterhaus inne. In dieser Position verschaffte sich Walpole durch Patronage, »Influence«, Ausschaltung konkurrierender Talente und Hineinnahme führender Magnaten eine Führungsrolle, die wachsende Unzufriedenheit hervorrief.

Es wurde als unerhört angesehen, daß Walpole die Dynastie, deren Erbrecht auf Parlamentsbeschluß beruhte, durch ein Ämtermonopol absicherte, das einen bestimmten Teil der Abgeordneten für dauernd von allen Ämtern ausschloß. Die sogenannten »Outs« fanden zudem alle Kanäle über den Hof zum König verstopft. Ihnen blieb nur der Weg über das Parlament. Dieses führte mit der Zeit einen neuen Zustand im Parlament herbei. Bisher gab es hier nur Kritik und Opposition von Fall zu Fall, die kaum mehr als verdrossene Abwehr war. Es gab Opponenten, aber keine Opposition; Opposition galt als Akt des Opponierens, meinte aber nicht eine bestimmte Gruppe. Das wurde allmählich anders.

Schon seit 1725 begannen sich die oppositionellen Faktionen zu sammeln, und nach 1729 verhärteten sich die Fronten derart, daß kein Oppositionsführer bis zum Sturz Walpoles 1742 noch ein Amt annahm. In dieser Opposition saßen Jakobiten, verdrossene Country-Tories und unzufriedene Whigs, also unabhängige Neinsager und gescheiterte Amtsjäger, ferner zunehmend jüngere Leute, die ihre Zukunft nicht an den alten Walpole hängen wollten. Dieses Konglomerat war sich nur in der Gegnerschaft zu Walpole einig und überschritt kaum den konventionellen Typ einer zeitweiligen Fronde. Nur die Beständigkeit dieses Gegensatzes fast über zwei Jahrzehnte hinweg brachte ein neues Ergebnis: Man gewöhnte sich in der Öffentlichkeit an diese Zweiteilung im Hause; »the Opposition« wurde als bleibendes Merkmal angesehen. Sie erhielt seit 1731 ihren Namen als Gruppe. Die »Outs« setzten sich nun stets der Schatzbank (Treasury Bench) gegenüber, sicher seit 1735 und endgültig seit 1742. Man gewöhnte sich an eine Sitzordnung, die als erste Institutionalisierung der Opposition betrachtet werden darf.

Allerdings waren in den Reihen der Opposition die konservativen Tories nur für passive Kritik im alten Stil, die unzufriedenen Whigs mehr für die konventionelle Balance der Verfassung, die sie gegenüber der korrupten Bestechungspraxis der Regierung in der Form einer ständigen Opposition gewährleistet sahen. Die Gruppe der »Patrioten«, darunter die Anhänger Bolingbrokes, dessen Wiedereintritt ins Parlament Walpole verhindert hatte, sahen sich als Anwälte des Gemeininteresses gegen die Regierungskorruption und wollten durch parlamentarische Nötigung und durch taktische Zusammenfassung der opponierenden Gruppen die ganze Regierung stürzen und damit praktisch das Ernennungsrecht der Krone einschränken. Diese fortschrittlichste Gruppe forderte über bloße Beschränkung des Kron-Einflusses hinaus konstruktive Gegenmaßnahmen und die Regierungsübernahme. Sie entwickelte eine Initiative, die an sich nur der Regierung zustand. Von ihr gingen nach den Vorstellungen Bolingbrokes organisierte Angriffsplanungen aus, die freilich nie die Opposition zu einem Ganzen vereinigen konnten. Immerhin war hier neu, daß eine organisierte parlamentarische Opposition sich über das Parlament einen Weg in die Ämter bahnen wollte. Das widersprach der landläufigen Interpretation der Verfassung, da die parlamentarische Freiheit zur Kritik ein Privileg individuellen Gewissens und nicht ein Freibrief für geplante

Obstruktion oder aggressive Opposition sein sollte. Eine solche Opposition wurde von der Regierung als aufrührerisch angesehen; nur die einzelnen Unabhängigen seien legitimierte Kritiker, ja es sei verfassungswidrig, die Exekutive durch systematische Opposition in die Hände des Unterhauses zu zwingen.

Gerade der Anschein der Illoyalität gegenüber der Krone und ihrer Regierung erschwerte der Opposition ein geschlossenes Vorgehen. Trotz ihrer heftigen Invektiven gegen die Fehler und Praktiken der Regierung, ließen es die Opponenten nur sechsmal auf ein zahlenmäßiges Messen der Kräfte ankommen. In den Abstimmungen waren sie sich nie der ihnen beifällig lauschenden Country-Tories sicher, und begnügten sich im allgemeinen damit, einige No's in die Ja-Rufe hineinzubrüllen, um Einstimmigkeit zu vermeiden. Aber sie fanden darüber hinaus wirksame andere Mittel, indem sie nach den sich anbietenden Möglichkeiten der Geschäftsordnung Verfahren einschoben, die im Bereich der parlamentarischen Selbstbestimmung blieben und nicht die Kronprärogative berührten, d.h. die schweigenden Backbencher konnten hier immer mit der Opposition gehen. Das geschah durch Adressen »for papers« (Unterlagen), die die Regierung nicht ablehnen konnte, ohne Mißtrauen zu erregen, oder durch Anträge auf ein »Committee on the State of Nation«, bei welchem die Initiative beim Hause und nicht bei der Regierung lag, oder durch Petitionen und Resolutionen, die in der Geschäftsordnung den Vorrang hatten, oder auch durch lancierte »Election Petitions«, also Revisionen von getätigten Wahlen, deren Korrektheit bestritten wurde. Die Regierung konnte durch Zurückstellung, Berufung auf Geheimhaltung oder auch durch Nachgeben ausweichen. Walpole gewann manchmal knapp, verlor auch gelegentlich oder gab populären Vorlagen nach, die er dann im Oberhaus «killen» ließ.

Dabei schrieb sich die Opposition eine neue Funktion zu, nämlich die Rolle des früheren Parlaments zu übernehmen, da sich jetzt durch den »Influence« in seinem Bereich eine Hofpartei eingenistet habe. Sie forderte die Trennung der Gewalten; das hieß für sie: die Beseitigung des Kron-»Influence«. Sie betrachtete sich als das konstitutive Element jener Balance, die aus der Verfassung von 1689 gefordert sei. Gegen den Vorwurf der Illoyalität gegen die Krone und des Jakobitismus verbanden sich die Oppositionsführer seit 1736/37 mit dem Prinzen von Wales und entkräfteten damit den Vorwurf des Jakobitismus. Sie setzten das »Interest« des Thronfolgers gegen das »Interest« des Königs. Damit lieferten sie allerdings das Wechselspiel von Regierung und Opposition dem Generationswechsel der Dynastie aus und behinderten eigentlich ihr Ziel, da ihr Sieg, also die Übernahme der Regierung, sie automatisch ins »Interest« des Königs hineingenötigt hätte.

Außerdem wandten sie sich an die Öffentlichkeit. Die oppositionelle Presse dieser Jahre ging über alles hinaus, was bisher gewesen war. Hier gelangten die Debatten in durchsichtiger Tarnung nach draußen. Ihre Pressefeldzüge wiegelten die öffentliche Meinung in London und Westminster auf, die dann von der Opposition als Stimme des Volkes hingestellt wurde. Diese Propaganda kulminierte in der Akzise-Krisis von 1733 und dann in den Wahlfeldzügen von 1741, durch die die Wahlen in den umstrittenen Bezirken sich nur auf die Frage ob für oder gegen die Regierung zuspitzten und nur noch das pro oder contra interessierte. Nach den Persönlichkeiten wurde nicht gefragt, ja man hätte, so berichtete Lord Egmont über die Westminsterwahlen 1741, statt ihrer ebensogut zwei Besenstiele hinstellen können. Außerhalb des Parlaments gab die Opposition den Ton an; Walpole hatte durch seine schwächliche Politik im Krieg gegen Spanien (seit 1739) seine Volkstümlichkeit verspielt. Zum ersten Mal verliefen Wahlen nach einer überregionalen politischen Alternative des Ja oder Nein gegenüber der Regierung. Freilich änderte sich damit wenig an der Sitzverteilung im Parlament, und nur durch das Bündnis mit dem Thronfolger und mit dem schottischen Herzog von Argyll erreichte die Opposition eine merkliche Vermehrung ihrer parlamentarischen Anhängerschaft. Sie hatte allerdings mit der Zeit auch erreicht, daß die Zahl der unabhängigen Abgeordneten durch das Anfachen des Parteigeistes zusammengeschrumpft war.

Nur einmal schritt die Opposition zu einer modern anmutenden Aktionsform im Februar 1741, als Sandys ein Tadelsvotum gegen Walpole beantragte im Hinblick auf die öffentliche Meinung, auf zu lange Amtsdauer und auf die Verfassungswidrigkeit eines korrumpierenden Kronfavoriten, dessen Allmacht die Beseitigung der Mißstände blockiere. Dieser Antrag richtete sich nicht gegen einzelne Regierungsmaßnahmen, sondern gegen die Politik Walpoles überhaupt, und hatte den Charakter eines modernen Mißtrauensvotums (want of confidence). Eben daran zeigte sich indessen, daß die Opposition keine Partei im eigentlichen Sinne war. Gerade die Country-Tories und auch die Jakobitengruppe wollten nur gegen einzelne Maßnahmen, aber nicht gegen Minister persönlich opponieren. Für sie blieb Walpole Werkzeug der Krone, der keine Entscheidung über ihren Minister oktroyiert werden durfte. Sie hätten ein fundiertes »Impeachment« unterstützt, aber kein allgemeines Mißtrauensvotum. Hier verweigerten sie ihre Hilfe, so daß das erste moderne Mißtrauensvotum mit 290 gegen 106 Stimmen scheiterte, weil es eben politisch und nicht verfassungsrechtlich gemeint war.

Walpole resignierte erst im Februar 1742, weil seine Grundlage im Unterhaus zu schmal geworden war und die Opposition in einer Wahlrevision (Chippenham-Election-Petition) gesiegt hatte. Allerdings war diese Parlamentsabstimmung nicht der einzige Grund seiner Resignation, zumal die Opposition nach den Wahlen von 1734 schon mehr Election-Petitions gewonnen hatte als die Regierung. In Wirklichkeit traf diese Niederlage mit einer Kabinettsintrige der Pelhams und der Gegnerschaft des Prinzen Friedrich zusammen. Auch das Alter Walpoles von 66 Jahren ist zu berücksichtigen. Zudem stürzte nur der erste Minister, ohne daß ein vollständiger Regierungswechsel erfolgte. Einige Leute der Opposition wie Pulteney und Carteret gingen in das Regierungslager; die alte Opposition blieb fernerhin Opposition und konnte keinen Gesamtwechsel der Regierung erreichen. Erst 1782/83, beim Sturz der Regierung North, kam es zu einem Gesamtwechsel der Regierung, der gleichzeitig auch mit einem Seitenwechsel im Unterhaus verbunden war.

Aber diese Episode der ersten parlamentarischen Opposition schlug sich in Konventionen nieder, die eine permanente Zweiteilung des Hauses in Rechnung stellten. Die alte, seit 1689 überholte Prozeßlage Krone versus Parlament hatte zeitweilig dem Gegensatz Regierung versus Opposition Platz gemacht. Die im 17. Jahrhundert intendierte Gewaltentrennung nach dem Vorbild des Common Law wurde von einer innerparlamentarischen Konfrontation in Anspruch genommen. Indem gleichzeitig die Opposition mit ihrem Appell an die Öffentlichkeit den autonomen Raum des Parlaments überschritt und eigene Initiativen entwickelte, stieg jetzt schon das Parlament vom passiven Hüter von Gesetz und Recht zum Mitgestalter der Politik empor. Freilich schwand mit dem Tode des Prinzen Friedrich von Wales 1751 die Opposition dahin, was bemerkenswerterweise manchen Zeitgenossen veranlaßte, darin eine Gefahr für die englische Freiheit zu sehen. Newcastle baute sein Patronage-Imperium weiter aus, und Georg III. vermochte nochmals ein Favoritenregiment für längere Zeit behaupten.

Die auffällige Verfrühung dieser Entwicklung entsprang letzten Endes den unausgetragenen Ergebnissen der Revolutionsregelung von 1689, deren Widersprüche unter der Fiktion der Balance verdeckt blieben. Die Verlagerung der politischen Willensbildung ins Parlament über die Budgetbewilligungen hinaus wurde hier sichtbar. Politik erschien zeitweilig als das Resultat eines parlamentarischen Streitverfahrens, das prozessualen Modalitäten unterworfen war. Walpoles Exklusivpolitik hatte nur die negativen Bedingungen für eine Opposition geschaffen, während die positiven Bedingungen wie unabhängige Wahlen, parteiliche Gruppenbildungen und Mitwirkung der Öffentlichkeit sich nur in regionalen Ansätzen fanden. Vor allem war die Regierungsbildung noch Sache der Krone und Kampf gegen die Regierung als solche eine illoyale Handlung gegen den Kronträger. Die Opposition war kaum mehr als eine Antwort auf das Ämtermonopol des Ministers; aber sie ging in Theorie und Argument über ihre eigenen Möglichkeiten hinaus und bereitete ein neues Selbstverständnis des Unterhauses vor, das vom Hüter des Rechts und der Verfassung zur Plattform politischer Willensbildung zu werden trachtete und der Regierung nicht nur verfassungsrechtliche, sondern auch politische Verantwortlichkeit abverlangte. Die institutionalisierte Zweiteilung in der einzigen Sitzordnung, die das Unterhaus neben der Schatzbank kennt, war das symptomatische Ergebnis, mit welchem das Parlament sein inneres Widerspiel als positive Form politischer Freiheit bejahte.

4. *Die Herrschaft Walpoles 1721–1742*

Die gesetzlichen Vorkehrungen zur Sicherung der Thronfolge traten nach Annas Tod in Kraft, so daß Georg I. von Hannover (1714–1727) unbehelligt den Thron besteigen konnte. Damit gehörte die nächste Zukunft den Whigs. Die bisherigen Tory-Führer waren in einer verzweifelten Lage, da sie eine Verurteilung ihrer Politik durch ein Impeachment befürchten mußten. Bei den Wahlen von 1715 setzten Regierung und Whig-Aristokratie ihre zahlreichen Einfluß- und Patronagemöglichkeiten bis zum letzten ein und errangen die erstrebte Majorität im Unterhaus, die es ihnen ermöglichte, führende Tories wegen des Verrats englischer Interessen in Utrecht anzuklagen. Bolingbroke und der Herzog von Ormonde flohen nach Frankreich an den Hof des Prätendenten. Das bot den Whigs Gelegenheit, jeden Tory als präsumptiven Jakobiten zu brandmarken. Der Jakobitenaufstand in Schottland unter dem Earl of Mar, der 1715 von dem Herzog von Argyll bei Sheriffmuir niedergeschlagen wurde, gab den Whigs den letzten Anstoß zur politischen Eliminierung des Torismus, der für alle Unruhen im Lande verantwortlich gemacht wurde. Die Tories verloren alle Hofämter, da sie von dem neuen Monarchen nicht mehr bestätigt wurden. Zahlreiche Tory-Squires verloren sogar ihre Ämter als Friedensrichter oder Deputy Lieutenants. Die Sicherung der Whig-Herrschaft war dabei das erste Ziel. Dem diente die Septennial Act von 1716, mit welcher die dreijährige Parlamentsperiode durch eine siebenjährige ersetzt wurde. Damit erhöhte sich der Wert von Patronage und Kron-»Influence« und die selbstherrliche Autonomie des Parlaments zugunsten der Whigs. Gleichzeitig wurde das Problem der Tilgung der nationalen Schuld in Höhe von 54 Millionen Pfund bei einer jährlichen Zinsleistung von 3,5 Millionen Pfund über einen Tilgungs-Fonds (Sinking Fund) ins Auge gefaßt, in den jährlich bestimmte Steuern fließen sollten. Diese Finanzmaßnahme des Schatzkanzlers Walpole gab den Inhabern von Staatsschuldpapieren Vertrauen, setzte aber eine friedliche Fortentwicklung voraus, die der aggressiven Außenpolitik des Staatssekretärs Stanhope widersprach. Die Whigs spalteten sich in zwei Faktionen, auf der einen Seite Walpole und

Townshend, auf der anderen Stanhope und Sunderland. Stanhope war Favorit des Königs; Walpole und Townshend mußten gehen. Stanhope war der Anwalt der älteren Whig-Politik nach innen und außen. Seine kriegerische Politik gegen Spanien und Schweden 1718/19 drohte das Land in neue Abenteuer und vor allem neue Schulden zu stürzen. Dazu kam, daß Stanhope nicht nur die Schism Act und die Occasional Conformity Act widerrufen ließ, sondern auch die Corporation- und Test-Acts aufheben wollte, also die restriktiven Maßnahmen nach 1660 gegen die Dissenter zu beseitigen suchte. Darüber hinaus versuchte er eine Peerage Bill durchzudrücken, die der Krone das Recht nahm, neue Lords zu ernennen, da der Friede von Utrecht 1713 nur durch einen Peerschub von zwölf neuen Tory-Peers durchs Oberhaus gebracht worden war. Zudem hätte eine solche Bill den Whig-Einfluß auch bei den Lords konsolidiert. Diese verschiedenen beunruhigenden Maßnahmen erlaubten Walpole, eine Opposition aus unabhängigen Tory-Backbenchern und seiner Whig-Anhängerschaft zusammenzubringen, der Stanhope nicht gewachsen war und die ihn nötigte, die beiden Whig-Führer wieder in die Regierung zu nehmen.

Der eigentliche Aufstieg Walpoles zur Macht erfolgte aber durch seine souveräne Finanzpolitik, die ihn befähigte, jene schwere politische und wirtschaftliche Krise zu meistern, die mit der Südsee-Kompanie, dem »South Sea Bubble«, zusammenhing (vgl. S. 398). Die Übernahme der Staatsschuld durch die neue Kompanie hatte in Erwartung riesiger Gewinne zu einem Spekulationsfieber geführt, das in den Finanzkrach vom August 1720 einmündete. Walpole war das einzige Regierungsmitglied, das nicht persönlich in diese Spekulation verwickelt war. Es gelang ihm, Hof und Regierung aus dem Skandal herauszuhalten und durch Entschädigungsleistungen, Finanzmanipulationen und Schuldverschreibungen das Schlimmste zu verhüten. Das war der Wendepunkt seiner Karriere; seine Gegner schieden aus; Stanhope starb 1721, Sunderland resignierte und starb im nächsten Jahr. Walpole wurde 1721 Schatzkanzler und erster Lord des Schatzes, Townshend Staatssekretär. Damit war die Führungskrise beendet. Walpole hielt das Heft bis 1742 in der Hand, im Dienst der Stabilität und des Friedens. Er scheiterte im letzten an der Kriegspolitik seit 1739, gegen die er sich vergeblich gesträubt hatte. Er kann mit guten Gründen als der erste Premierminister der englischen Geschichte angesehen werden, wenn er auch mehr durch »Korruption« als durch eine Parteigefolgschaft das Parlament managte.

Walpole war sich bewußt, daß die Whigs nur eine politisch führende Minderheit darstellten und der Torismus noch eine wirkliche Macht war. Die einstige Härte der Whig-Partei unter dem ersten Shaftesbury und noch im Sacheverell-Prozeß von 1710 oder auch beim Impeachment gegen Harley (Lord Oxford) 1715 wegen des Friedens von Utrecht erschien ihm angesichts der lokalen Macht der Tory-Gentry fehl am Platze. Ihm genügte die Sicherung des Thrones für Hannover und des Machtbereiches von Hof und Regierung für seine Whig-Anhänger. Die Whigs hatten im Parlament, die Tories in der Lokalverwaltung eine Vormachtstellung. Walpole rührte nicht an die Privilegien der »Established Church« und beließ den Tories ihre lokale Verwaltungshoheit und Friedensrichterschaft, d.h. Kirche und Squirearchie blieben bestehen und auch das, was diesen am meisten am Herzen lag, die Pfarre und die Universität. Mit diesem Kompromiß sicherte er den öffentlichen Frieden; dagegen erregte seine exklusive Personalpolitik in der oberen Region wachsenden Unwillen und heftige Auseinandersetzungen im Parlament.

Freilich hatte er Glück, insofern schon im ersten Regierungsjahr seine beiden Gegner ausgefallen waren und sieben Bischofssitze vakant wurden, die sogleich mit loyalen Anhängern Walpoles und Townshends besetzt wurden. Eine glückliche Gelegenheit bot auch der Prozeß gegen den führenden Tory Francis Atterbury, Bischof von Rochester, der in ein Jakobiten-Komplott verwickelt war (1721). Atterbury verdankte seine Bischofsmütze der Tory-Regierung Harley-Bolingbroke; er hatte für die Wiederberufung der Konvokationen des Klerus gekämpft und im whiggistisch-latitudinarischen Episkopat eine Gefahr für die Hochkirche gesehen, demgegenüber er die Rolle des hochtoristischen Niederklerus gestärkt sehen wollte. Seine Verbannung aus England verband sich mit einer Desavouierung des Torismus als jakobitisch, die der einseitigen Personalpolitik der Regierung viel von ihrem Odium nahm.

Walpole meisterte auch die Konkurrenz aus dem eigenen Lager. Es gelang ihm, seinen Nebenbuhler Carteret als Lord Lieutenant für Irland abzuschieben; und er zog nicht den befähigten William Pulteney, sondern den reichen Herzog von Newcastle in die Regierung, der sich geradezu ein Imperium der Wahl- und Ämterpatronage aufgebaut hatte und dieses nun in den Dienst der Regierung stellte. Walpole förderte dieses System, so daß schließlich kaum noch eine Ernennung in Kirche und Staat erfolgte, die nicht über Newcastle ging und die Loyalität zu Walpole als Bedingung hatte. Außerdem übte die Krone eine uneingeschränkte Kontrolle über die schottischen Abgeordneten im Unterhaus und die Bischöfe im Oberhaus aus. Der Kampf gegen diese »Korruption« vereinte die »unzufriedenen Whigs« unter Pulteney mit den anderen Gegenkräften im Parlament und führte zu einem ständigen Widerspiel der »Ins« und »Outs«, ohne daß Walpoles Stellung zu erschüttern war, solange Prosperität im Innern und Friede nach außen Bestand hatten.

Seine Finanzpolitik diente der einheimischen Wirtschaft und reorganisierte das Zollsystem nach merkantilistischen Grundsätzen, d.h. die meisten Exportzölle entfielen und die Importzölle auf Rohmaterialien wurden reduziert. Er führte 1723 eine Akzise auf Tee, Kaffee und Kakao ein, errichtete aber gleichzeitig eine Reihe von Zollspeichern, die den Weiterexport ohne Unkosten für den Kaufmann ermöglichten und mit der Zeit London zu einem Freihafen für den Durchgangshandel machen sollten. Dadurch schränkte er den umfangreichen Schmuggel ein und erhöhte das Volumen des legitimen Handels und damit die Einnahmen. Zugleich war er darauf bedacht, die Landsteuer, die die sicherste Einnahmequelle war, aber auch Hof und Parlament als Hauptgrundbesitzer einseitig belastete, im Interesse seiner Machtstellung unbehelligt zu lassen. Aber die Kombination von Spanien und Österreich im Wiener Bündnis von 1725 veranlaßte eine kostspielige Gegenpolitik, da die Kaufmannschaft eine Privilegierung der kaiserlichen Ostende-Kompanie im spanischen Handel befürchtete. Seit 1726 war England praktisch wieder im Kriegszustand mit Spanien. Walpole dagegen suchte und fand eine Einigung mit Spanien im Vertrag von Sevilla 1729 und ersetzte 1730 seinen Außensekretär Townshend durch Harrington, einen Klienten Newcastles. Auch mit Österreich wurden alle Differenzen 1731 im zweiten Wiener Vertrag beigelegt, so daß der Krieg vermieden war. Diese lange diplomatische Krisis, die eine Ministerkrisis nach sich zog, hemmte die Wirtschaftspolitik und veranlaßte Walpole 1727, den Fonds zur Tilgung der Nationalschuld anzugreifen, zumal die dem Fonds zufließenden Steuern durch den kommerziellen Aufschwung ertragreicher als erwartet ausgefallen waren und eine Erhöhung der Bodensteuer damit umgangen werden konnte.

Als Walpole 1732 die Ausdehnung der Akzisesteuer von 1723 auf Tabak und Wein ankündigte, revoltierte die Öffentlichkeit. Die Opposition im Parlament heizte die Erregung weiter an und fand in der Stadt London einen starken Verbündeten. Walpole geriet in ein Kreuzfeuer, das auch seine Freunde bedenklich stimmte. Sein Plan hätte den gewinnreichen Schmuggel getroffen und London die Rolle eines Freihafens zugunsten des Durchgangshandels gegeben. Aber die Kroneinkünfte wären vermehrt, die Verwaltungsapparatur ausgedehnt und das Patronagesystem erweitert worden. Das veranlaßte einen wütenden Kampf gegen diese angeblich verfassungswidrigen Maßnahmen. Schließlich war auch der Schmuggel ein halbes Recht der Engländer, der eine wichtige Einnahmequelle bildete. Weniger die erregte öffentliche Meinung oder die parlamentarische Opposition bewegten Walpole zum Rückzug als die Feindschaft der Stadt London und die Gegnerschaft der Whig-Gruppe, die der König Georg II. (1727–1760) bei seinem Regierungsantritt in die Ämter gebracht hatte und die auf seinen Sturz hinarbeitete. Walpole gab unter diesem vereinten Druck seinen Akzise-Plan 1733 auf und griff nun wieder notgedrungen den Tilgungsfonds an, den er nun Jahr für Jahr in zunehmendem Maße in Anspruch nahm. Aber die Zeit arbeitete gegen ihn; sein Sieg war teuer erkauft. Viele Whigs, wie Chesterfield, Bolton, Cobham, und zahlreiche Peers hatten ihre Opposition gegen das »Excise-Scheme« mit dem Verlust ihrer Ämter bezahlen müssen. Eine eindrucksvolle Phalanx politischer Gegner fand sich nun gegen ihn zusammen, und seine eigenen Freunde begannen an seiner Politik zu zweifeln. Die jüngeren Politiker scheuten sich, ihr Los mit dem Geschick des alternden Walpole zu verknüpfen. Eine Menge mißlicher Umstände trat hinzu, die die beherrschende Stellung des Premiers bedrohten und ihn zu einer hinhaltenden Taktik nötigten. Bis 1733 war seine Stellung unbestritten und die Opposition kein ernstlicher Rivale gewesen. Jetzt war es anders. Ein Grund für die Schwächung seiner Stellung lag in der Vernachlässigung der Außenpolitik. Im Polnischen Erbfolgekrieg wollten der König und die hannoversche Gruppe am Hofe nicht untätig bleiben, aber Walpole lehnte am Vorabend der Wahlen von 1734 jedes Engagement ab. Diese Zurückhaltung mißfiel der hannoverschen Gruppe. Ferner führte der übliche Familienstreit im Hause Hannover dazu, daß Friedrich, der Prinz von Wales, seit 1736 seinen Hof in Leicester House zum Mittelpunkt der Opposition machte. Außerdem starb 1737 die Königin Karoline, die eine sichere Stütze Walpoles bei Georg II. gewesen war. Schließlich hatten die Wahlen von 1734 kurz nach der Akzise-Krisis nur nach einem kostspieligen Kampf und mit Hilfe der kontrollierten Boroughs gewonnen werden können. In den Grafschaften und größeren Städten siegten die Gegner, so daß sich die verläßliche Regierungsmehrheit im Unterhaus auf etwa fünfzig Sitze reduzierte.

Den Ausschlag gab endlich die Außenpolitik. Der Familienpakt zwischen Spanien und Frankreich von 1733 brachte die englischen Rechte des Spanienhandels wieder in Gefahr. Walpoles Zurückhaltung erlaubte Frankreich, den dritten Wiener Vertrag von 1738 mit Österreich abzuschließen, ohne daß London davon Kenntnis hatte. Die diplomatische Isolierung Englands und die Vormacht Frankreichs waren offensichtlich. Dazu kamen die ständigen Reibereien zwischen spanischen und britischen Schiffen, die den Handel im Südatlantik lähmten und erst nach mühevollen Verhandlungen in der Konvention von Prado beigelegt werden konnten. Diese Nachgiebigkeit entsprach aber keineswegs der allgemeinen Erregung und wurde als nationale Schmach empfunden. Dagegen erhob sich die Stimme der »Patrioten« in der Opposition, deren Sprachrohr William Pitt war, der die Nation und vor allem London hinter sich wußte. Die Nation verlangte den Krieg mit Spanien. Diesmal schlossen sich Newcastle und Harrington, die beiden Staatssekretäre, und der Lordkanzler Hardwicke dem allgemeinen Verlangen an und trieben Walpole in den Krieg mit Spanien 1739. Damit brach dessen Friedenspolitik zusammen; Walpole wurde in die Wechselfälle eines schlecht vorbereiteten Krieges hineingezogen, dessen Schauplatz sich mit dem ersten Schlesischen Krieg 1740 auf den Kontinent ausbreiten mußte. Die Wahlen von 1741 wurden zu einem Erfolg der Kriegspartei, zumal Newcastle und Hardwicke sich öffentlich für eine aktivere Kriegspolitik und für eine neue Koalitionsregierung aussprachen. Walpole verlor jeden öffentlichen Anhang; sein parlamentarischer Rückhalt schwand dahin und nötigte ihn angesichts hineinspielender Hofintrigen 1742 zu resignieren. Er rückte ins Oberhaus; ein Impeachment gegen ihn kam nicht zustande, ja er wußte noch auf die Zusammensetzung der Regierung bestimmenden Einfluß zu nehmen. Er starb 1745. Zwanzig Jahre hatte er sich durch das Vertrauen des Königs und mit Hilfe des Kron-»Influence« halten können. Andererseits hatte gerade er gezeigt, bis zu welchem Grade der Hof das Unterhaus zu manipulieren vermochte und die Abgeordneten in einem Netzwerk von Patronage und Bestechung eingefangen werden konnten. Seine Nachfolger benutzten die Methoden Walpoles und Newcastles für ihre Ziele; aber sie sahen sich einem neuen, gefühlsbetonten Patriotismus gegenüber, der an die Nation appellierte und sich den Glorienschein nationaler Verantwortlichkeit zu geben wußte. Damit meldete sich eine andere Potenz an, die gegen die dilatorische Kompromißpolitik und Nüchternheit Walpoles, gegen seine Bestechungspraxis und Personaltaktik Sturm lief. Walpoles Regierungszeit ist auch die Epoche der ersten parlamentarischen Opposition im neueren Sinne, die bei aller Unzulänglichkeit in dieser Zeit erstmals klar als Wesenselement des englischen Parlamentarismus begriffen wurde.

5. *Der Aufstieg Pitts*

Bis zum Frieden von Aachen 1748 zwischen Frankreich, den Seemächten und Österreich, der den Österreichischen Erbfolgekrieg (1740–1748) beendete, bewegte sich die britische Politik im Bannkreis der europäischen Erbfolgefragen. Die bis dahin verfolgte Gleichgewichtspolitik erbrachte die Zurückdrängung Englands in Europa durch das mit Spanien verbündete Frankreich. Eine allgemeine Beruhigung schien erreicht zu sein. Auch die Jakobitengefahr war mit der Niederlage von Prinz »Bonnie Charles«, dem Stuart-Prätendenten, bei Culloden 1746 endgültig beseitigt, und das alte Widerstandsnest Schottland mit der Auflösung der letzten gentilizischen Häuptlingsverbände und einer administrativen Reform dem Stande Englands angeglichen worden. In der halkyonischen Stille der Jahre nach 1748 waren die inner-englischen Gegensätze abgeebbt. Nach dem langjährigen Kampf zwischen Regierung und Opposition behielt das Patronage- und Bestechungssystem der Walpole-Zeit die Oberhand, so daß keine große politische Linie verfolgt wurde. Statt dessen herrschten hinter den Kulissen die Pelhams, nämlich Henry Pelham, der erste Lord des Schatzes (1743–1754), und der Herzog von Newcastle, der größte Parlamentsmanager und »Boroughmonger« aller Zeiten. Die Pelhams interessierten sich in erster Linie für Bestechungs- und Wahlmanöver, um sich eine abhängige Gefolgschaft in Parlament, Regierung und Verwaltung zu sichern. Newcastle war kein Führer nationaler Anliegen, sondern lediglich ein mit vielen Finanz- und Druckmitteln ausgestatteter Manager, der das System der Korruption zu einem ausgeklügelten Netzwerk von familiären, geschäftlichen, finanziellen, amtlichen und persönlichen Beziehungen ausgebaut und überall mehr oder minder seine Hand im Spiel hatte. Diese Praxis mochte für die innere Politik unentbehrlich sein; in der großen Politik ließ sich damit wenig ausrichten.

Aber gerade in den Friedensjahren um die Jahrhundertmitte bereitete sich aus dem Zusammenfluß innereuropäischer und überseeischer Gegensätze ein weltweiter Konflikt vor, der das britische Handelsimperium bedrohte und andere Dimensionen politischen Handelns verlangte. Der Staatsmann dieser Stunde war William Pitt, der dem Kreis der jungen »Patrioten« in der Unterhaus-Opposition entstammte und stets aus einer größeren Anschauung von Politik und britischer Weltgeltung argumentierte. Er kannte die Wünsche und Nöte der seefahrenden Kaufleute und wußte um die Bedeutung der kolonialen Auseinandersetzungen. Seine Familie gehörte zu jenen »Interlopers«, die das wagende militante England auf den Meeren verkörperten. Für Pitt war England immer das seebeherrschende größere England und nicht die provinzielle Gentry oder die korrumpierende und korrupte Whig-Aristokratie. Als unabhängiger Politiker, dem der Parlamentssitz von Old Sarum, einem »rotten borough«, praktisch gehörte, stand er außerhalb des Patronage-Systems der Whig-Magnaten, das er mit unverhohlener Verachtung und herber Kritik bedachte. Als Newcastles Mittel kläglich versagten, wurde Pitt berufen, dessen Regierung sich nicht auf Patronage, sondern auf die öffentliche Meinung stützte.

Pitts Aufstieg ergab sich aus den weltpolitischen Spannungen. Trotz des europäischen Friedens seit 1748 dauerten die kriegsähnlichen Operationen in Übersee an. Dahinter stand die französische Machtpolitik, die in die fernsten Weltgegenden gravitierte, um die britische Handelsherrschaft an der Wurzel zu fassen. In Indien und Nordamerika suchten die Franzosen, die eingeborenen Völker auf ihre Seite zu ziehen, um ihre Minderzahl gegenüber den Engländern auszugleichen. Ihre planmäßigen Aktionen gingen über die alte Form eines individuellen Kaper- und Handelskrieges hinaus.

In Indien boten sich nach dem Zerfall des Großmoghulreiches in den unabhängig gewordenen Fürsten willkommene Bündnispartner an, deren Streitkräfte der französischen Sache dienstbar wurden. Dupleix, der Gouverneur von Pondichéry, engte mit dieser Vertragspolitik die Tätigkeit der britischen Ostindien-Kompanie beträchtlich ein und gefährdete deren Plätze und Stützpunkte. Er fand aber in Robert Clive einen gleichwertigen Gegner, der die militärischen Mittel der Kompanie dem planmäßigen Vorgehen der Franzosen entgegensetzte, schließlich ganz Bengalen in seine Hand brachte und die britische Stellung nach machtstrategischen Grundsätzen zu sichern wußte. Entlang der indischen Küste hielt mitten im Frieden ein ständiger Kampf, oft Mann gegen Mann, ohne Unterbrechung an. Seit 1753 schleppten sich englisch-französische Verhandlungen hin, und Dupleix wurde 1754 abberufen. Aber der offene Kampf war noch im Gange, als der Siebenjährige Krieg ausbrach.

Auch in Nordamerika betrieben die Franzosen eine offensive Politik der Einkreisung der englischen Siedlungskolonien. Eine

Linie von Militärposten von der Mündung des St. Lorenzstromes zu den Großen Seen, durch das Ohio-Tal zum Mississippi bis zu dessen Mündung am Golf von Mexiko ergab eine Verbindungskette zur Sicherung des Binnenlandes. Französische Einheiten vertrieben die britischen Händler aus dem Ohio-Tal und errichteten Fort Duquesne, um deren Rückkehr zu verhindern. Das Vordringen der englischen Siedler über die Alleghanies war ernstlich behindert, und die Kolonisten appellierten an London. Im Norden gingen sie auf eigene Faust vor und gründeten 1749 Halifax in Neu-Schottland, von wo aus der Major Lawrence 1750 eine Offensive nach Französisch-Akadien vortrug. Dieser Konflikt wurde durch eine britisch-französische Grenzvereinbarung von 1751 beigelegt. Die Franzosen machten danach Montreal zum Exportplatz für den nördlichen Pelzhandel, zum Schaden der britischen Hudson-Bay Kompanie.

Gegen diese Form der Kolonialpolitik konnte man nicht mit den Methoden Newcastles zu Felde ziehen. Die Öffentlichkeit war beunruhigt und hörte auf die ständigen Warnungen und Appelle Pitts. Die Wahlen von 1754 waren ein Erfolg für die Verfechter einer tatkräftigen Gegenpolitik. Die Botschaft Georgs II. an das neue Parlament im November 1754 bekundete die Entschlossenheit, den englischen Kolonisten zu Hilfe zu kommen. Der Außensekretär Henry Fox suchte im Bunde mit dem Herzog von Cumberland, dem Bruder des Königs, den Ausbruch der Feindseligkeiten zu beschleunigen. Das Ergebnis war die Entsendung des Generals Braddock mit zwei kolonialen und zwei irischen Regimentern gegen die Franzosen ins Ohio-Tal und die Abordnung einer Kriegsflotte nach Halifax. Der doppelte Schlag zu Lande und zu Wasser endete nach ersten Überraschungserfolgen mit der Vernichtung des britischen Expeditionsheeres bei Fort Duquesne (1755). Das enttäuschte England riskierte darauf einen großangelegten Handstreich zur See. Britische Kriegsschiffe unter Admiral Hawke kaperten im November 1755 nahezu 300 französische Handelsschiffe. Frankreich beantwortete diesen Schlag gegen sein Seehandelspotential lediglich mit einem Ultimatum auf Schadenersatz. London lehnte das Ansinnen im Januar 1756 ab. Damit dehnte sich der Krieg nach Europa aus.

Sechs Tage nach Ausbruch des englisch-französischen Krieges kam am 16. Januar 1756 die Westminster-Konvention mit Preußen zustande, die auf dem Festland eine diplomatische Revolution auslöste, nämlich das Bündnis zwischen Bourbon und Habsburg veranlaßte (1. 5. 1756). Im Interesse seines Kolonialkampfes gegen England hatte Frankreich die österreichische Neutralität und eventuelle Hilfe gegen Beteiligung an einem Krieg in Mitteleuropa erkauft. Nicht der Aufstieg Preußens, sondern die kolonialen Gegensätze hatten dies bewirkt. Frankreich erhielt dadurch Rückendeckung und konnte sich durch einen ersten Vorstoß ins Mittelmeer Bewegungsfreiheit verschaffen. Hier schlug eine französische Flotte im Mai 1756 Admiral Byng zurück und nahm Menorca. Im gleichen Monat erklärte Holland seine Neutralität, und Spanien neigte wegen der Aussicht auf Menorca der französischen Seite zu. Dänemark und Schweden vereinbarten eine bewaffnete Neutralität gegen die britischen Handelsbeschränkungen. Schweden schloß sogar am 12. Juli 1756 einen Subsidienvertrag mit Frankreich, als ein von England und Preußen unterstützter Staatsstreich in Stockholm mißlungen war. Rußland trat in Verhandlungen mit Frankreich ein, als es von der Westminster-Konvention erfahren hatte. Die britische Politik zog alle Randmächte in die Verwicklung hinein. Preußen hielt den Schlüssel zur Entscheidung in der Hand. Am 29. August 1756 eröffnete Friedrich den Krieg in Mitteleuropa, teils um die Einkreisung zu sprengen, teils um seine Macht durch Sachsen abzurunden. Sogleich wandten sich fast alle deutschen Fürsten gemeinsam mit Kaiserin Maria Theresia gegen den Friedensbrecher. Die Welt stand in Flammen, und Englands Stern sank in Europa.

In England riefen die schlechten Nachrichten vom Tode Braddocks am Ohio, von der Niederlage Byngs vor Menorca, von der feindlichen Haltung der europäischen Nordstaaten, von der Neutralität Hollands und von der französisch-österreichischen Verbindung eine allgemeine Panik hervor. Das Ministerium Newcastle stürzte. Der unglückliche Admiral Byng war der Sündenbock, der wegen seines Versagens vor Menorca angeklagt und exekutiert wurde. Der Bankrott der aggressiven Politik des Außensekretärs Henry Fox war offensichtlich, England isoliert und sein einziger Bundesgenosse Preußen eingekesselt, so daß eine Katastrophe bevorzustehen schien. Alles rief nach Pitt, der zwanzig Jahre lang die Fehler der Regierung angeprangert hatte.

Diese Situation führte im Dezember 1756 zum ersten Ministerium Pitt. Pitt löste Henry Fox als Leiter des Staatsdepartments des Südens (Mittelmeer, Indien, Kolonien) ab; er war also nur Außenminister, während Lord Devonshire als erster Lord des Schatzes Leiter des Kabinetts wurde. In Wirklichkeit bestimmte Pitt die Linie der Politik. Schon im April 1757 zerfiel die Regierung Devonshire-Pitt. Pitt konnte sich zwar gegen die Hannover-Gruppe durchsetzen, die unabhängig von der Regierung Geheimverhandlungen mit Frankreich betrieben hatte, vergrämte sich aber damit die Krone, die im Verein mit den verdrängten Whig-Größen ihn wieder zu stürzen suchte, bis sogar Cumberland sein Kommando über die englisch-hannoverisch-hessische Armee von 40000 Mann, deren Aufstellung Pitt im Februar 1757 durchgedrückt hatte, vom Abgang Pitts abhängig machte. Pitt bot daraufhin seine Demission an. Er war noch garnicht zum Zuge gekommen oder nur in dem Sinne, daß er gegen die hannoverschen Intrigen an Preußen festgehalten hatte. Der König suchte Henry Fox und Cumberland ins Kabinett zurückzubringen; von April bis Ende Juni reichten die Versuche einer Regierungsbildung. Die Öffentlichkeit lehnte sich auf und stand auf der Seite Pitts. Niemand wagte, auf ihn völlig zu verzichten. Schließlich kam das zweite Ministerium Pitt am 29. Juni 1757 zustande; wiederum erhielt er das Außensekretariat, während Newcastle erster Lord des Schatzes wurde. Diese ungleiche Verbindung bedeutete, daß Pitt die eigentliche Politik und Newcastle das hierzu erforderliche Management im Parlament machte.

Inzwischen hatte der Krieg einen unglücklichen Verlauf genommen; Cumberlands Verteidigungsarmee für Hannover war am 25. Juli 1757 bei Hastenbeck zurückgedrängt und Friedrich bei Kolin und Großjägerndorf geschlagen worden. In dieser gefährdeten Lage unterzeichnete Cumberland am 8. September 1757 die Konvention von Kloster Zeven, die den Franzosen Bremen und Verden überließ und die Elbübergänge öffnete. Die Russen in Königsberg, die Österreicher in Sachsen und Schlesien, Richelieu an der Elbe und Soubise in Gotha, das war die Lage, als am 17. September die Nachricht von der Zevener Kapitulation London erreichte. Schon am nächsten Tage protestierte Pitt öffentlich dagegen und lehnte jede Verantwortung ab, da Cumberland die Vollmachten eines Oberbefehlshabers überschritten habe. Der König konnte sich vor der aufgebrachten öffentlichen Meinung nur retten, indem er ebenfalls die Konvention ablehnte und Cumberland desavouierte. Der Herzog wurde ähnlich wie Admiral Byng, aber in milderer Form, der öffentlichen Meinung geopfert. Georg II. verwarf in einem Schreiben an Cumberland die Konvention, ohne freilich Befehl zu geben, dieses auch den Franzosen anzuzeigen. Er wollte Zeit gewinnen, da Pitt in diese Krise hineingezogen wurde. Aber ein Paukenschlag befreite Pitt von allen Befürchtungen: Am 5. November 1757 errang Friedrich bei Roßbach einen glanzvollen Sieg gegen Franzosen und Reichsarmee; am 5. Dezember unterlagen die Österreicher bei Leuthen. Seitdem nahm der Krieg für England einen gleichbleibenden Verlauf; er wurde Subsidienkrieg in Europa und Eroberungskrieg in Amerika.

Roßbach bedeutete den eigentlichen Beginn der Regierung Pitt, den Durchbruch seines neuen imperialen Stils, der den Interessenklüngel der Manager hinter sich ließ. Pitt galt als der »incorruptible« Staatsmann, dessen patriotisches Pathos an eine erhabene Gefühlsschicht appellierte und die Öffentlichkeit ansprach. Seine Unkenntnis des Details ließ ihn die Einzeldinge vernachlässigen und die großen Linien sehen. Er beschwor die Bilder nationalen Ruhms und rief nach Taten statt Titeln und nach Opfern statt Ämtern. Dabei war er kein Revolutionär, sondern griff nur die Praktiken und Unsitten, nicht die Institutionen an. Seine Invektiven richteten sich gegen die Faktionen aller Art und hatten nur den Sieg im weltweiten Machtkampf im Auge. Er wußte seinen Gedanken stets wirkungsvollen Ausdruck zu verleihen und bewies Instinkt für das richtige Wort in einer großen Sache. Frankreich war ihm der Erzfeind Englands und seiner Freiheiten, die allen Engländern in gleicher Weise zuständen; der Protestantismus galt ihm als der Glaube aller Männer, die die Freiheit liebten. Das waren die einfachen, ständig variierten Gedanken, die ihn auf den Wogen der Volksstimmung an die Spitze des Staates trugen. Hier war er geradezu ein Pionier, der den Durchschnittsengländer für seine Politik gewann und eine politisch gerichtete, öffentliche Meinung schuf.

Er vermochte durch seine »Militia Act« von 1756 zum ersten Mal eine zweite, vom Volk getragene Verteidigungsmacht hinter der regulären Armee aufzubauen und aus den einst rebellierenden Schotten die ersten Hochlandregimenter zu bilden. Er hob nach Roßbach den Krieg sogleich auf eine andere Ebene, indem er die Truppen auf 150000 Mann und die Flotte auf 400 Schiffe vermehrte. Das Parlament bewilligte 1758 eine Summe von 10 Millionen £; 1760 stieg das Budget auf 15 Millionen £. Von Toulon bis Dünkirchen gab es keinen Hafen, der nicht blockiert war.

Die Leitung des Krieges war diplomatisch und militärstrategisch in Pitts Hände gefallen. Alle seine Ministerkollegen mußten ihre Aktionen mit ihm abstimmen; er verhandelte persönlich mit den Delegierten Preußens in London. Selbst die alten Parlamentsmanager, die Gruppe um Newcastle wie Devonshire, Bedford oder Hardwicke folgten ihm, obgleich sie sich von ihm mißachtet fühlten. Nur die Hannover-Partei blieb feindselig. Im Unterhaus beherrschte Pitt zwar die Lage, konnte aber auf die Hilfe Newcastles nie verzichten. Im Oberhaus sowie in den Banken, Kompanien und Verwaltungen, in die die Whighäupter ihre Klientel gesetzt hatten, war ohnehin der Einfluß der Newcastle-Gruppe fest gegründet. Pitt versuchte nicht, hier ein Revirement durchzusetzen; die Sicherung seiner Kompetenzen genügte ihm. Seine Stärke war die Resonanz in der Öffentlichkeit. Zwar standen die durch Stellung und Besitz führenden Gruppen Newcastle näher; ihm vertrauten die wohlhabenden Bürger und Landbesitzer, auf denen die Steuerlasten ruhten, sowie alle jene, die durch das Wachsen der Staatsschulden um ihre Renten und Zinsen fürchteten und darum ein möglichst rasches Ende des Krieges herbeisehnten. Aber die Masse der Nicht-Wähler und damit das Gros der Nation begeisterte sich für Pitts militante Politik. Dessen Appell an die Engländer diesseits und jenseits des Atlantiks vermochte beträchtliche Gelder aus den Kolonien zu ziehen. Die Anerkennung von amerikanischen Offizieren und deren Auswahl zu höheren Kommandostellen verschaffte ihm in den nordamerikanischen Kolonien eine bisher kaum gekannte Loyalität. Der Krieg galt als Krieg aller Engländer; fünf Jahre lang gewöhnte Pitt die Briten an große Siege.

Die Wende kam für ihn mit der Thronbesteigung des 22jährigen Georgs III. 1760, der ein Friedenskönig sein wollte und dessen Drang nach Selbstregierung in Pitt ein Hindernis sah. Der Friede sollte als persönliche Tat des Königs erscheinen und dessen Macht und Popularität sichern. Der Günstling des Königs, der Schotte Lord Bute, sollte dazu das Werkzeug sein. Einen Monat nach dem Tode Georgs II. ging Bute ins Kabinett, nach sechs Monaten war er Staatssekretär des nördlichen Departments und in zwei Jahren Premierminister. Pitt verbarg nicht seine Verachtung für die Unerfahrenheit Butes; Bute selbst wünschte nicht, den vergötterten Minister anzugreifen; er wollte ihn benutzen, aber nicht vertreiben. Doch gab die Kluft zwischen Pitt und den Whig-Potentaten, die wachsende Staatsschuld und schließlich, als eigentlich auslösendes Moment die spanische Frage, die Gelegenheit zum Sturz des Ministers. Solange Pitt und Newcastle zusammenhielten, bestand kaum Gefahr. Als Pitt trotz der beginnenden Friedensverhandlungen seit 1760 angesichts der Haltung Spaniens eine Erweiterung des Krieges betrieb, wandte sich Newcastle dagegen. Die Frage des Friedens trennte die beiden Minister. Inzwischen hatte sich die Staatsschuld auf 150 Millionen Pfund verdoppelt und drohte den Staatskredit und die Finanzen zu zerrütten.

Aber Pitt konnte nicht anders, da Spanien und Frankreich gegen die britische Seesuprematie am 15. August 1761 einen Familienpakt geschlossen hatten, der den eventuellen Eintritt Spaniens in den Krieg vorsah, wenn bis 1. Mai 1762 kein Friede zustande kommen sollte. Pitt hatte eindeutige Nachrichten über die französisch-spanischen Absprachen erhalten und wollte Spanien vor dessen Eingreifen ausschalten. Dagegen opponierten Newcastle und die Krone; die Mehrheit des Kabinetts folgte dem Wunsch Georgs III. Selbst die Militärs argumentierten, daß man nicht gegen Frankreich und Spanien zugleich Krieg führen könne. Daraufhin demissionierte Pitt am 5. Oktober 1761. Die Krone siegte in dem Bemühen, die Minister mehr auf die Krone als auf die öffentliche Meinung hören zu lassen. Bute bildete eine von der Krone gestützte Gruppe im Kabinett, die weiterhin die eigentlichen Entscheidungen traf. Pitt selbst verzichtete diesmal auf einen Appell an die Öffentlichkeit.

Aber gerade sein Sturz wurde in Frankreich und Spanien als Schwäche und Friedensbereitschaft ausgelegt. Als England von Spanien die Bekanntgabe des Familienpaktes verlangte, brach am 2. Januar 1762 der offene Krieg mit Spanien aus. Pitts Politik hatte sich in kürzester Zeit als richtig erwiesen. Bute und Newcastle fürchteten nun, daß die Krone bei solchem Verlauf der Dinge kompromittiert sein würde, wenn nicht so rasch wie möglich der Friede zustande käme. Glücklicherweise erhielt die Kampfbereitschaft Frankreichs einen unerwarteten Stoß, als der Tod der Zarin Elisabeth am 5. Januar 1762 und das erwartete Bündnis Friedrichs mit dem Zaren Peter III. Österreich in neue Gefahr brachte und auch Schweden am 22. Mai 1762 mit Preußen Frieden schloß. Bute ließ die Subsidien an Preußen sperren, um dessen Friedenswilligkeit zu erreichen. Ein weiterer Glücksfall war die Einnahme Havannas, der stärksten Festung des spanischen Herrschaftsbereichs in Westindien, mit der die Antillen und Mexiko offen lagen und die britische Flotte völlige Handlungsfreiheit erzielte. Weil Bute, nun als erster Minister, und schließlich auch Frankreich schleunigst Frieden wollten, wurden Spanien größere Zugeständnisse gemacht; erst nach dem Angebot Louisianas fand es sich dazu bereit. Lord Bute setzte die Gegner unter Zeitdruck, indem er das Parlament bis zum 25. November 1762 prorogierte und mit Fortsetzung des Krieges drohte, wenn nicht bis zum erneuten Zusammentritt des Unterhauses der Friede unter Dach und Fach sei. Gleichzeitig wußte er durch drastische Maßnahmen die Whig-Faktionen aus ihren Ämtern zu drängen und durch »King's Friends« zu ersetzen. Am 11. November ratifizierte das Kabinett die Präliminarien, und am 27. November nahm sie das Parlament trotz einer oppositionellen Rede Pitts mit 319 zu 65 Stimmen an. Bute hatte damit den Frieden, den Sturz Pitts und die Ausschaltung der großen Whig-Familien erreicht. Im Februar 1763 wurde entsprechend den Präliminarien vom November 1762 der Friede zu Paris geschlossen.

Frankreich behielt in Nordamerika nichts außer den Inseln

Miquelon und St. Pierre mit Fischrechten vor Neufundland und im St. Lorenzstrom. Es bekam allerdings in Westindien das reiche Guadeloupe und Martinique zurück, während England St. Vincent, Tobago und andere Inseln erhielt. Auch Menorca fiel im Tausch gegen Belle Isle an Britannien, desgleichen Florida, für das Spanien Cuba erhielt. Spanien gewann außerdem Louisiana. In Indien gab England die französischen Besitzungen zurück, die aber in Bengalen ihr Befestigungsrecht verloren, also nur noch Faktoreien unter britischem Schutz waren. Friedrich der Große wurde sich selbst überlassen und nur in einigen vagen Vorbehalten berücksichtigt. Der Friede war zwar ein Kompromiß, bedeutete aber doch den Triumph der britischen Seegeltung und die Herrschaft über Indien und Nordamerika. Henry Fox wurde wegen seiner Verdienste um den Friedensschluß von Georg III. zum Peer (Lord Holland) ernannt. Der erste Minister Lord Bute dagegen mußte um sein Leben fürchten, da die Öffentlichkeit sich um die Früchte des glorreichen Krieges betrogen glaubte und die Presse ihn ungeniert als schottischen Günstling verunglimpfte. Er resignierte bereits im Oktober 1763. Pitts anklagende Worte aber hatten in London gezündet, dessen Empörung sich nun gegen die neue Politik richtete und jenen Radikalismus hervorbrachte, der die Öffentlichkeit als politische Protestbewegung gegen Regierung und Parlament ins Spiel brachte.

6. Die Selbstregierung Georgs III.

Georg III. (1760–1820) war der Enkel Georgs II; sein Vater Friedrich von Wales war schon 1751 gestorben. Unter dem Einfluß seines Erziehers und Favoriten Lord Bute hatte der junge König ein Ressentiment gegen die herrschende Magnaten-Klientel entwickelt, die seinen Vater »Poor Fred« als Mittelpunkt der Opposition gegen Walpole schmählich behandelt hatte. Er sah in dem korrupten Patronage-System der Whig-Aristokratie eine unwürdige Einengung der Krone und wollte als »Patriot King above all Factions« sein Recht behaupten, die Minister und Amtsträger zu ernennen, das letzte Wort in der Politik zu behalten und seinen überparteiischen »Influence« zur Geltung bringen, d.h. seine Patronage über die Ämter, Pensionen, Sinekuren und Titelverleihungen im Interesse einer überparteilichen Regierung und nicht im Interesse einer Faktion gebrauchen. Die Zunahme der Ämter und Würden im Kronhaushalt, im Finanz-, Steuer- und Zollwesen sowie der Regierungsaufträge gab dazu vermehrte Möglichkeiten, zumal die »Committees of Public Accounts« als bevollmächtigte parlamentarische Kontrollorgane seit 1714 nicht mehr eingesetzt worden waren. Die königliche Personalpolitik wurde durch die Kluft zwischen Pitt und den großen Whigs und das Chaos der »Interests« und »Connexions«, das »shopping and changing«, erleichtert. Die Krone verschaffte sich auf diesem Wege eine folgsame Gruppe der »King's Friends«, auf deren Stimmen der König stets zählen konnte. Im Jahre 1770 saßen allein 192 »placeholders« im Unterhaus, zu denen noch geheime »pensioneers« und »contractors« (Lieferanten der Regierung) kamen, während bei den Wahlen die Amtsträger im Verwaltungs-, Zoll und Steuerwesen im Sinne der Krone abstimmten. Dadurch wurde das Netzwerk der Whig-Patronage überboten und dem Machtanspruch der großen Revolutionsfamilien eine Grenze gesetzt, wenn auch das Ausmaß des »Influence« der Krone von den Zeitgenossen überschätzt wurde.

Immerhin lag zwischen dem zweiten Ministerium Pitt (1757 bis 1761) und dem Ministerium des jüngeren Pitt seit 1783 der zeitweilig erfolgreiche Versuch Georgs III., ohne Partei zu regieren, d.h. das Kabinett zum Instrument des königlichen Willens und das Parlament zum Teilhaber oder Soldnehmer der königlichen Pfründen zu machen. Daran war Pitt nicht unschuldig, da seine Selbstherrlichkeit und seine offene Mißachtung der Whig-Korruption ihn unfähig machten, der einen oder anderen Seite zu dienen oder einen Ausgleich zu finden. Als er nach den Regierungen von Bute (1761–1763), Grenville (1763–1765) und Rockingham (1765–1766) als Earl of Chatham (seit 1765) die Regierung (1766–1768) nochmals übernahm, um diesmal den Staat von seinen inneren Gebrechen zu befreien, war er ein von Gicht geplagter Mann, der seinem Ministerium nicht den nötigen Zusammenhalt geben konnte. Nach seinem Abgang triumphierte Georg III. über die zerfallenen Familiengruppen und auch über Chatham, den er als »trumpet of sedition« bezeichnete.

Zwölf Jahre lang konnte sich die Regierung North (1770–1782) mit Hilfe des »Influence« am Ruder halten. Die parlamentarischen Oppositionsgruppen wurden erst 1779 durch ihren Feldzug für eine »Economical Reform« wieder beachtlich. Sie errangen 1780 einen Achtungserfolg, als die Resolution von Dunning zur Minderung des »Influence« der Krone im Unterhaus angenommen und eine »Commission of Public Accounts« eingesetzt wurde. Aber erst der Ausgang des unglücklichen Krieges mit Nordamerika (1775–1783) brachte endgültig das Ende dieser Regierungsweise durch die gesetzlichen Reformen von 1782, die die Quellen der Kron- und Regierungspatronage einschränkten und eine Modernisierung des Finanz- und Verwaltungswesens einleiteten. Diese Reformen richteten sich gegen den Kron-Einfluß, nicht gegen das Whig-Interesse; sie ließen auch das Verhältnis des Unterhauses zu Volk und Wählerschaft unberührt, sollten jedoch der Entfremdung zwischen Parlament und Öffentlichkeit begegnen. Sie waren das Werk der Regierung Rockingham (1782), unter der Edmund Burke, Clerke und Crewe im Einverständnis mit den gegen den Kroneinfluß aufgebrachten Whig-Größen ihre Reform-Anträge durchbrachten. Die Reformbestrebungen der Chathamiten und der Rockingham-Whigs trafen sich mit weitergerichteten Antrieben in der Öffentlichkeit aus der Metropole London und aus den Grafschaften.

Als Rockingham 1782 starb, berief der König Lord Shelburne mit dem jüngeren Pitt als Schatzkanzler. Damit schien sich ein neues Kapitel zu eröffnen. Shelburne war der Champion der Reformbewegung, Patron von Jeremy Bentham und ein Gefolgsmann von Chatham, der gegen Ende seines Lebens heftig gegen die Whig-Coterien, das Wahlsystem und das korrumpierte Unterhaus aufgetreten war. Aber Shelburne konnte sich nicht gegen die Parlamentsopposition halten, zu der sich Charles Fox und der einstige Günstling Lord North verbunden hatten. Ihm folgte in einem kurzen Zwischenspiel die Regierung Portland mit Fox-North 1783. Charles Fox hatte sich trotz der Animosität des Königs gegen ihn mit Hilfe des Anhangs von North den Weg zur Regierung gebahnt, aber gerade durch diese Verbindung das öffentliche Vertrauen eingebüßt. Sein Zwischenspiel ist bemerkenswert, weil er eine eigene Form der Korruption zur Sicherung seiner Regierung einführen wollte. Fox versuchte, der Ostindien-Kompanie einen Siebener-Ausschuß als höchstes Kontrollorgan zuzuordnen, dessen Mitglieder von der Regierung ernannt werden sollten. Die Kompanie wehrte sich gegen diese Form der Verstaatlichung; auch die City London und andere Kommunen wandten sich dagegen, da sie eine Beschneidung ihrer eigenen Privilegien befürchteten. Als Fox und North ihre Anhänger in den Ausschuß bringen wollten, erhob sich allgemeiner Widerspruch. Die enge Verbindung mit den reichen »Nabobs« der Ostindien-Kompanie hätte den Foxiten über die Patronage der Kompanie eine weitreichende eigene Machtfülle gesichert. Das Ganze erschien als Versuch, die Regierung mit wirkungsvollen Mitteln zur Korruption des Parlaments auszustatten und den »Influence« der Krone durch den von Fox zu ersetzen. Das veranlaßte Georg III., jede für die Vorlage abgegebene Stimme als feindlichen Akt zu betrachten; das Oberhaus verwarf die Bill, und der König entließ sofort die Regierung.

Darauf wurde eine Regierung aus lauter Lords mit nur einem Commoner, dem jüngeren Pitt, an der Spitze gebildet. Das Unternehmen des Königs erschien hoffnungslos, da Fox einen Waffenstillstand ablehnte und die sofortige Entlassung des »Weihnachtsministeriums« und vor allem des gegen den Willen des Unterhauses vom König ernannten Ministers Pitt forderte. Aber dieser Irrtum ruinierte die Whigpartei; denn die Öffentlichkeit hatte begriffen, daß Fox nicht für das Recht des Volkes, sondern für die parlamentarische Whig-Oligarchie kämpfte. Popularität und auch Korruption sicherten den Triumph Pitts. Er erhielt die Hilfe der geängstigten »Nabobs« und konnte sich mit der Krone im Rücken vorerst durch einige Peerschubs halten. Seine »East India Act« von 1784 wurde im Einvernehmen mit der Kompanie redigiert, wobei der Kontrollrat in London wie bisher vom Parlament aus den Großaktionären gewählt wurde, aber dem Parlament verantwortlich war. An seine Spitze trat ein Minister der Krone; die Patronage, also Postenvergabe, blieb nominell bei der Kompanie. Pitt erreichte indirekt das Ziel von Fox und wurde Nutznießer jener Patronage-Mittel, die Fox aus den Händen geschlagen worden waren; zugleich war die neue Aera einer anglo-indischen Staatspolitik damit eingeleitet worden.

Mit dem Sturz von Fox-North glaubte der König erwiesen zu haben, daß man ihm keine Regierung aufzwingen könne. Aber etwas anderes war im Spiel. Die Öffentlichkeit wandte sich hoffnungsvoll dem Sohn des großen Commoner zu; England empörte sich gegen die erneute Herrschaft der Whig-Cliquen und verwarf den Anspruch des Parlaments, über Volk und Wählerschaft zu stehen. Die Reformbewegung stand auf Seiten Pitts; die Stadt London verlieh dem 25jährigen die Ehrenbürgerrechte. Mit Pitt gingen die reformerisch und philanthropisch gesinnten Leute wie Wilberforce und auch die Thorntons. Die Wahlen von 1784 brachten einen Sieg Pitts, mit dem zwar nicht die Korruptionspraxis beseitigt wurde, wohl aber das autonome Spiel der Coterien und Cliquen aufhörte. Die Whigs blieben für Jahrzehnte ein Schatten, während Pitt als Vertrauensmann der Krone und der Wählerschaft die autoritären und populären Kräfte hinter sich brachte, die ihm Spielraum zu einer solidarischen Regierungspolitik verschafften. Er behauptete sich gegen Krone und Magnatentum in einem neuen Stil der Politik.

7. *Der Abfall der amerikanischen Kolonien*

Das britische Kolonialsystem in Nordamerika war völlig uneinheitlich. Die alten Eigentümer-Kolonien wie Maryland und Pennsylvania und die alten Charter-Kolonien wie Connecticut und Rhode-Island hatten eine weitgehende Selbstverwaltung entwickelt und waren geradezu Republiken geworden, in denen die Krone kaum mehr als ein Schatten war. Ihre legislativen Versammlungen störten sich wenig an den britischen Gesetzen; selbst die königlichen Gouverneure wurden in den Charter-Kolonien gewählt und in den Eigentümerkolonien vom König nur bestätigt. Eine bessere Kontrolle behauptete die Krone in den jüngeren königlichen Provinzen, besonders dort, wo keine lokalen Organe sich entwickelt hatten. Hier ernannte sie die Gouverneure, deren Exekutive aber auch hier eingeengt wurde, da vielfach die ihnen zugeordneten beratenden Vertreter-Versammlungen vom Budget oder von gesetzlichen Maßnahmen her ihre Kompetenzen erweitern konnten. Über die wahlberechtigten Oligarchien ließ sich kaum »Influence« ausüben. Es fehlte eine durchgreifende Oberkontrolle, zumal in Westminster selbst keine einheitliche Verwaltungsspitze verantwortlich war und das Staatssekretariat für die Kolonien seit 1768 keine zusammenfassenden Exekutivbefugnisse mehr besaß. Der Siebenjährige Krieg hatte die Unzulänglichkeit von Verwaltung und Verteidigung sowie das Versagen des merkantilen Handelssystems offen gelegt. Das Scheitern einer gemeinsamen Politik der Kolonien auf der Konferenz in Albany 1754 und ihr Versagen beim Pontiac-Aufstand 1763 bezeugten die Notwendigkeit einer defensiven Sicherung durch das Mutterland, zumal immer noch Franzosen und Spanier in Westindien und am Mississippi saßen. Dazu kam das Problem einer neuen Handelsregulierung, das sich mit den inneren konstitutionellen und rechtlichen Verhältnissen der Kolonien verknüpfte. Die Einordnung in das merkantile System war schwierig, da die Kolonien eine stark europäische Wirtschaftsweise betrieben und die Nähe Westindiens zu einem eigenen interkontinentalen Handel verleitete. Der erste eigenständige amerikanische Handel war zu einem guten Teil ungesetzlich. Der Siebenjährige Krieg hatte diese eigenständigen Beziehungen verstärkt und die Wiederaufnahme des alten Gewinnsystems erschwert.

Die Kolonisten hatten freilich nie das Recht auf Handelsregulierungen bestritten und nur Eingriffe in ihre inneren Verhältnisse abgewehrt. Die ersten Steuergesetze, das Zuckergesetz und das Stempelgesetz von 1765, sollten lediglich dem Aufbau des Verteidigungssystems in Amerika dienen, stießen aber auf heftigsten Widerstand, vor allem die Stempeltaxe, die auf alle amtlichen und rechtlichen Urkunden erhoben wurde und in die Zuständigkeit der königlichen Admiralitätshöfe fiel. Sie wurde bereits 1766 wieder zurückgezogen, allerdings mit einer Erklärung, die das Besteuerungsrecht des Parlaments grundsätzlich festhielt. Im Jahre 1767 legte Charles Townshend als Schatzkanzler im Pitt-Grafton Ministerium ein umfangreiches Gesetzeswerk vor, das der Sicherung der kolonialen Verwaltung und Rechtsprechung von London aus dienen sollte. Dazu waren neue Einfuhrzölle vorgesehen, die nicht der Handelsregulierung, sondern der Ausdehnung der königlichen Exekutivorgane und darüber hinaus der Verteidigung zugute kommen sollten. Zugleich wurde das System der Zollerhebung ausgebaut, Zollkommissare für Amerika wurden ernannt und neue Gerichtshöfe der Admiralität eingerichtet. Das hätte Exekutive und Rechtsprechung stärker in den Bereich der Regierung gebracht. Indem Townshend den Vorwurf einer inneren Steuer entkräftete und sich auf sechs neue Zölle beschränkte, gleichzeitig aber diese externe Besteuerung nicht der Handelsregulierung, sondern der Ausweitung der Verwaltung und Rechtshoheit im Binnenland zugute kommen ließ, griff er in ein Wespennest.

Das Gravierendste war dabei wohl die Ausdehnung des königlichen Verwaltungsapparates und der Kompetenz der unpopulären Gerichtshöfe der Admiralität, die den einheimischen Common Law-Gerichten konkurrierend zur Seite traten. Schon 1770 mußte die Regierung North sämtliche neuen Zölle aufheben; nur die Teetaxe blieb, um das Prinzip des Besteuerungsrechtes zu behaupten, zumal die Erhebung des Teezolls beim Durchgang in England einfacher gewesen wäre als in den Kolonialhäfen. Die jahrelangen Steuerdispute hatten die Kolonisten jedoch allergisch gemacht, und die Rechtswidrigkeit des Prinzips schien ihnen jedes Opfer zu rechtfertigen. Eine Steuererhebung ohne Einwilligung der Betroffenen, also »taxation without representation«, widersprach der Unverletzlichkeit des Eigentums. Ohne Vertretung der Kolonisten in Westminster durfte das Parlament nach ihrer Auffassung keine Steuerlasten auferlegen. Der auslösende Anlaß zur Verschärfung des Konflikts kam aus Kreisen der amerikanischen Schmuggler, die wegen der geringen Teetaxe um ihre Schmuggelgewinne fürchteten. Die Ost-Indien-Kompanie hatte außerdem zur Brechung des amerikanischen Teeboykotts den Tee unmittelbar aus ihren Warenhäusern ohne den Umweg über England nach Boston schaffen dürfen, so daß der besteuerte Tee billiger war als vorher. Die Teeladung eines in Boston ankernden Schiffes wurde von Leuten ins Meer geschüttet, die als Indianer verkleidet und teilweise von Schmugglerkreisen bezahlt waren. Die Antwort der

Regierung auf diese »Boston-Tea-Party« von 1773 waren die Strafgesetze gegen Boston und Massachusetts von 1774. Die königliche Gründungs- und Freiheitsakte von Massachusetts wurde aufgehoben, Boston von Militär besetzt und der Hafen gesperrt. Der Prozeß gegen die Übeltäter wurde von englischen Richtern durchgeführt. Dagegen erhob sich ein wirkungsvoller Widerstand der »Committees of Correspondence«, die sich auf Grund einer Boykott-Übereinkunft vom Jahre 1768 überall im Lande gebildet hatten.

Dazu trat noch eine schwerwiegende und vielleicht noch ausschlaggebendere Maßnahme, die den Streit auf eine andere Ebene hob: das Quebec-Gesetz von 1774. Es stellte Kanada als eroberte königliche Provinz unter einen Gouverneur, der einen festen Betrag für Verwaltung und Gerichtswesen erhielt und einen Beirat aus Beamten und Bürgern als legislative Instanz ernannte. Damit unterstand das Gebiet der Kronprärogative und war ohne gewählte Körperschaft. Noch wichtiger war, daß das bisherige französische Gesetzbuch beibehalten und die katholische Kirche als »established church« anerkannt wurde. Um das Maß voll zu machen, dehnte das Gesetz das Gebiet von Kanada bis in das Dreieck von Mississippi, Ohio und den fünf Großen Seen aus, um den englischen Kolonisten die Tore für eine Westausdehnung zu verschließen. Das erschien als Affront gegen den amerikanischen Protestantismus, gegen die freie Expansion in den Westen hinein und als Bedrohung der Eigenständigkeit der Kolonien überhaupt. Die Kolonisten beriefen sich auf ihre Freiheitsurkunden, auf ihre Rechte als britische Untertanen, auf das Common Law, auf die Bill of Rights und schließlich, angesichts ihrer unleugbaren Mißachtung der britischen Gesetzgebung, auf das Naturrecht.

Freilich war das formelle Recht nicht auf Seiten der Kolonisten. Ihre Uneinigkeit und Eifersucht, ihr mangelnder Gemeinsinn, ihre skrupellose Behandlung der Eingeborenen, gelegentlich auch ihre mangelnde religiöse Toleranz, ihre Weigerung, eigene Besteuerungen vorzunehmen und dergleichen mehr, verlangten nach autoritärer Ordnung, und selbst die Verteidiger der Sache der Kolonisten rüttelten vorerst nicht an der Souveränität von Krone und Regierung. Der Anspruch des Parlaments entsprach aber bis auf den Wortlaut seiner irischen Politik ein halbes Jahrhundert vorher und wurde von den eingewanderten Iren auch so verstanden. Das Quebec-Gesetz fügte nun noch zur Bedrohung der fiskalischen und kommerziellen Unabhängigkeit die Bedrohung der Religion.

Das waren die Auspizien, als im September 1774 der Kongreß von Philadelphia zusammentrat, in welchem außer Kanada, Georgia und Florida alle Kolonien vertreten waren. Hier einigte man sich nach endlosen Streitigkeiten auf eine Adresse an das Volk von Großbritannien, die lediglich die Wiederherstellung der alten kolonialen Rechte verlangte. Der Kongreß appellierte an den Gerechtigkeitssinn und wies auf die gemeinsame kulturelle und religiöse Grundlage hin, die vom englischen Parlament durch das Quebec-Gesetz untergraben worden sei, indem man den gottlosen und blutrünstigen Kult der Katholiken in Kanada anerkannt habe. Diese Wendung trug entscheidend dazu bei, daß Kanada sich später der Unabhängigkeitsbewegung verschloß und sich, von der Bigotterie der Amerikaner abgestoßen, dankbar an die religiöse Toleranz der Engländer hielt. Immerhin war die Philadelphia-Adresse gemäßigt; sie hielt an der Einheit des Imperiums fest und appellierte an die im englischen Recht begründeten Fundamentalrechte wie: keine Besteuerung ohne Vertretung der Besteuerten, keine stehende Armee, Wiederherstellung der Rechtsprechung durch eigene Jury. Man war sich in der Loyalität zu England einig und dachte sich das gemeinsame Vorgehen nur als Mittel zur Verfechtung vorhandener Rechte. Nichtsdestoweniger faßte der Kongreß durchgreifende Boykottbeschlüsse.

Diese Mäßigung erstreckte sich keineswegs auf den gleichzeitigen wirtschaftlichen Kampf mit Boykott und Einfuhrsperren. Der Kongreß erklärte nämlich alle amerikanischen Bürger, die den Boykott nicht mitmachten, zu Verrätern, die ihres Eigentums verlustig gingen. In der Politik hatten die »Gemäßigten« gesiegt, in der Wirtschaft aber die »Radikalen«. Um England zum Nachgeben zu bewegen, wurde die Einheit der in einer »Assoziation« zusammengeschlossenen Kolonien betont; diese Assoziation richtete eine Petition an den König. Sie erinnerte an Common Law und königliche Privilegien und argumentierte vom Standpunkt britischer Untertanen. Erst seit 1776 gaben die Kolonisten ihren Appell an die englischen Rechte auf und beriefen sich auf das Naturrecht. Das geschah, als die Waffen bereits gesprochen hatten.

Am 19. April 1775 kam es bei Lexington zu einem ersten Gefecht britischer Truppen aus Boston mit einem Corps der amerikanischen Miliz, das allgemeine Erregung und verschiedene Aufstände in New York und anderswo veranlaßte. Zu dieser Zeit trat ein zweiter Kongreß in Philadelphia am 10. Mai 1775 zusammen, erklärte die amerikanischen Milizeinheiten vor Boston zur »Continental Army« und wählte den Colonel George Washington zum Oberbefehlshaber. Mit der Wahl dieses reichen Pflanzer-Gentleman aus Virginia, der sich im Siebenjährigen Krieg gegen die Franzosen bereits ausgezeichnet hatte, hoffte der Kongreß, den Süden mit der Sache des revoltierenden Neu-England näher zu verbinden und die ungeordneten Milizen zu disziplinieren. Im Kongreß zeigten sich nämlich bedenkliche Parteigruppierungen. Die loyalen Konservativen, insbesondere die Quäker aus Pennsylvanien, richteten in Übereinstimmung mit den Vertretern von New York und Südkarolina die sog. Ölzweig-Petition an den König; auch die Gemäßigten, meist Kaufleute und Stadtbürger, hielten zu London, verlangten aber Freihandel und Rechtssicherheit. Die dritte Gruppe waren die Radikalen vor allem aus Massachusetts und Virginia, aber auch aus Maryland und Nordkarolina, unter ihnen Juristen, Pfarrer, Intellektuelle, reiche Farmer und Pflanzer, geführt von John und Samuel Adams. Sie wollten nicht nur wirtschaftliche, sondern auch politische Unabhängigkeit. Diese »Radicals« waren die eigentlichen Aktivisten, die nur die demokratische Legitimation vom Volke her anerkennen wollten, wie sie sich aus der noch nicht allzu differenzierten amerikanischen Gesellschaft am ehesten anbot. Sie verwarfen die Ölzweig-Petition und lehnten auch den Vorschlag einer Selbstbesteuerung der Kolonien von Seiten der Regierung North ab. Jedoch hielten die Instruktionen des Zweiten Kongresses am Mutterland noch fest.

Inzwischen waren überall revolutionäre Komitees entstanden, die die Boykottbeschlüsse von 1774 überwachten, von sich aus Export- und Handelsverbote aussprachen und sich hoheitliche

Befugnisse anmaßten. Ihnen gegenüber ordnete das britische Parlament am 25. Dezember 1775 an, allen dreizehn Kolonien ab 1. März 1776 den Handel überhaupt zu verschließen; es erklärte den Kaperkrieg gegen alle amerikanischen Schiffe, da sie ohnehin Schiffe des Königs seien, und bewilligte beträchtliche Summen für Marine und Heer, die durch eine Erhöhung der Landsteuer von 3 auf 4 sh im Pfund und eine Papiersteuer gedeckt werden sollten. Der König weigerte sich, weitere Petitionen der Kolonisten anzunehmen. Dies alles kam der Sache der Radikalen zugute, die auch Kanada für ihre Sache gewinnen wollten und mit bewaffneten Einheiten im November 1755 bis Montreal vordrangen. Die Kanadier, angefeuert von Briand, dem Bischof von Quebec, und seinen Priestern, trieben sie wieder zurück.

Dazu entwickelte sich ein Pressekrieg, der in ein publizistisches Ereignis einmündete, das die Mehrzahl der Amerikaner vollends gewillt machte, für die Unabhängigkeit zu kämpfen und ihren Kampf vom revolutionären Naturrecht her zu verstehen. Im Januar 1776 erschien »Common Sense«, eine Flugschrift des aus England geflüchteten Thomas Paine, die zum stärksten literarischen Kampfmittel der Bewegung wurde. Über die Ansprüche der Krone stellte Paine Freiheit und Menschenrecht, die auf amerikanischem Boden, dem Asyl der Menschheit, wieder erstehen müßten. Der jungfräuliche Boden Amerikas war für ihn nicht der Ort des Kampfes aller gegen alle, sondern der Raum der Freiheit und Unabhängigkeit, des ungeschmälerten Naturrechts des einzelnen. Die Sendung Amerikas verlange die sofortige Unabhängigkeit. Paines enthusiastische Schrift ließ alle Argumente und Motive in das Naturrecht der Aufklärung einmünden, aus dem sich nun die Unabhängigkeitsbewegung zunehmend rechtfertigte. Die widerstrebenden Loyalisten wurden an die Wand gedrückt, zumal das Parlament in Westminster die Kolonisten als »Rebellen« deklariert hatte und ein erster militärischer Erfolg Washingtons die Engländer am 17. März 1776 zum Abzug aus Boston gezwungen hatte.

In dieser radikalisierten Atmosphäre tagte dann der dritte und entscheidende Kongreß von Philadelphia, als der Krieg bereits in vollem Gang war. Schon vorher, am 15. Mai 1776, hatte die Konvention von Williamsburg in Virginia formell ihren Kongreßdelegierten empfohlen, die völlige Unabhängigkeit zu vertreten. Am 1. Juni hatte dieser Provinzialkongreß eine »Bill of Rights« votiert, die eine Erklärung der Grundrechte als Präambel einer künftigen Verfassung enthielt: Es war die erste offizielle Statuierung subjektiver öffentlicher Rechte, eine programmatische Äußerung der Neuen Welt, die eine neue Legitimation aus abstrakten naturrechtlichen Prinzipien für sich in Anspruch nahm. Dahinter stand das revolutionäre Naturrecht der Aufklärung, aber auch die englische Rechtstradition und schließlich ein religiöser Impetus aus dem spiritualistischen und puritanischen Freikirchentum. – Auf anderen Provinzialkongressen erreichten die Radikalen ebenfalls das Übergewicht, selbst in New York, wo die Loyalisten sich geweigert hatten abzustimmen. Als nun noch ein Attentat auf Washington die Gemüter in Wallung brachte, nützte der Kongreß die Situation aus. Ein Ausschuß unter Leitung von Thomas Jefferson und inspiriert von dem Vorgang in Virginia fertigte in achtzehn Tagen den Entwurf einer Unabhängigkeitserklärung an, der am 4. Juli 1776 angenommen wurde und eine der großen Urkunden der Menschheitsgeschichte werden sollte.

Diese Unabhängigkeitserklärung war nicht nur die Erklärung eines Abfalls vom Mutterland, sondern darüber hinaus eine Erklärung von Menschen- und Bürgerrechten, die sich auf selbstverständliche Wahrheiten, auf unveräußerliche Rechte wie Leben, Freiheit und Streben nach Glück berief und das Recht des Volkes auf Bildung der Regierung und der Verfassungsform deklarierte. Allerdings trug der Kongreß Sorge, daß seine Resolution aus einer extremen Notlage begründet wurde: »Indem der Lauf der menschlichen Dinge ein Volk in die Notwendigkeit versetzt hat, die politischen Bande, die es an ein anderes Volk gebunden hatten, zu durchbrechen und unter den Mächten der Erde den eigenen Platz und gleichen Rang einzunehmen, auf die es kraft der Gesetze der Natur und des Gottes der Natur Anspruch hat, fordert die Achtung, die es den Meinungen des Menschengeschlechts schuldet, von ihm, daß es vor den Augen der Welt die Motive darstellt und erläutert, die es zu dieser Trennung zwingen«. Dieser Appell an eine neue öffentliche Instanz, an die öffentliche Meinung der atlantischen Handels- und Bildungswelt außerhalb der staatlichen Mächte, zeigte eine neue Gesellschaft an, aus deren Gedankengut die Amerikaner argumentierten. Überlieferte Rechtsvorstellungen spielten deutlich mit hinein, aber doch sprach ein neuer Geist daraus. Der Appell »an den höchsten Richter des Weltalls«, die Berufung »auf die Autorität des guten Volkes« und die »Rechtschaffenheit« der eigenen Absichten und die Beschwörung einer besseren Zukunft verrieten, daß der Bruch mit dem historischen englischen Recht und dessen überhöhende Umdeutung ins Naturrechtliche mit einem religiösen Impetus verbunden war, wie er in England selbst mit der Identifizierung des Common Law mit der protestantischen Freiheit im 17. Jahrhundert schon vorgebildet war. In den zahlreichen Rechts- und Freiheitserklärungen der Kolonien übernahm man nahezu wörtlich Sätze der Magna Charta von 1215, der Petition of Right von 1628, der Habeas Corpus Akte von 1679 und der Bill of Rights von 1689. Die prozeßrechtlichen Bestimmungen waren oft nur verkürzte Zusammenfassungen der Bestimmungen aus dem Common Law. Selbst der Gewaltentrennungsgrundsatz fand Entsprechungen in Verfahren des Common Law. Überkommenes Rechtsempfinden und Rechtsverfahren, freikirchliche individualistische Religiosität, aufgeklärtes individualistisches Naturrecht ergänzten sich und verbanden sich mit dem elementaren Protest gegen den Einbruch in die eigene Rechtssphäre. Verschiedene Triebkräfte vereinigten sich zu einer Proklamation, die sich vor dem neuen Forum einer Weltöffentlichkeit rechtfertigte. Zum ersten Mal trat ein Staatswesen ins Licht, das als Ergebnis menschlichen Willens erschien, den in der Aufklärung liegenden Sprengstoff sich als Motiv gegen die Tradition aneignete und sich auf eine revolutionäre naturrechtliche Grundlage stellte. Nicht das Ergebnis des Krieges gegen England erbrachte dieses Programm, sondern sein Anfang. Der Krieg begann mit einer ideologischen Überhöhung, der die Signatur der Neuen Welt blieb. Hier schien der Beweis erbracht, daß der Mensch sich seine Lebenswelt aus Vernunft und rationalem Naturrecht selbst entwerfen konnte. Amerika erschien den Zeitgenossen als Triumph des aufgeklärten Geistes und der aufgeklärten Sittlichkeit, als Ergebnis der Revolution der Geister im 18. Jahrhundert. Über dieser bedeutsamen Kundgebung sah man nicht, daß die

Gesellschaft sich dabei wenig revolutionierte, sondern weit mehr bestätigte. Die Wirkung dieser Revolution in Bezug auf den Kontinent und besonders Frankreich war revolutionärer, als sie selbst es in Amerika war.

Diese Proklamation war das wichtigste Ereignis des Krieges; das andere war mehr Nachvollzug, der freilich nicht ohne die Hilfe der europäischen Mächte hätte zum Erfolg geführt werden können. Der Zugang französischer Freiwilliger wie Lafayette und de Kalb sowie anderer Abenteurer genügte nicht; ebensowenig der irische Aufstand 1777–1780. Nach dem Erfolg von Saratoga am 14. Oktober 1777 brachte Benjamin Franklin eine Allianz mit Frankreich am 6. Februar 1778 zustande, die volkstümlichste Maßnahme, die Vergennes in Paris treffen konnte. England eröffnete im Juni 1778 ohne Kriegserklärung die Kampfhandlungen gegen Frankreich. Im August trat Spanien hinzu, um Florida zurückzugewinnen. Holland, Preußen, Schweden, Portugal und Sizilien schlossen sich 1780/83 unter Rußlands Führung zu einer bewaffneten Neutralität zusammen. 1780 erklärte England auch den Krieg an Holland. Es stand völlig allein.

Die Kriegsentscheidung fiel mit der Kapitulation von Yorktown 1781 in Virginia, bei der 7200 Mann, unter ihnen der Leutnant Gneisenau, von amerikanischen und französischen Truppen gefangen genommen wurden. Im Jahre 1782 gingen noch Menorca und einige westindische Inseln verloren. Im Frieden von Versailles 1783 erkannte Großbritannien die Unabhängigkeit der dreizehn Kolonien an und trat auch das Ohio-Dreieck an die Vereinigten Staaten ab. Florida und Menorca gelangten wieder an Spanien, Tobago und Senegal an Frankreich. England behauptete aber Gibraltar und Indien. Die Seemächte waren erschöpft; auch die Vereinigten Staaten hatten von drei Millionen Einwohnern 70000 Mann verloren und drohten auseinanderzufallen. Noch 1786 fragte der Präsident des Kongresses bei Heinrich von Preußen erfolglos an, ob er die Königswürde übernehmen wolle. Erst am 27. 9. 1787 einigte sich der Großteil der Kolonien auf eine Gesamtverfassung, die am 4. März 1789 im Kongreß endgültig angenommen wurde. Damit erst konsolidierte sich außerhalb Europas eine europäische Macht, die mit Hilfe des ganzen kontinentalen Europas aus der Taufe gehoben worden war und sogleich eine unüberschätzbare geistige Wirkung als eigentümliche Möglichkeit neuer menschlicher Daseinsgestaltung ausstrahlte.

Für England bedeutete der erfolgreiche Abfall der Kolonien bereits das Ende des imperialen Merkantilsystems. Seit 1775 war die englische Schiffahrts- und Handelsgesetzgebung in voller Schärfe auf Nordamerika angewandt worden. Dadurch vermochte Nordamerika nicht mehr, die englischen Westindischen Inseln mit billigen Lebensmitteln, Textilien und Holz zu versorgen, und umgekehrt diese nicht mehr, ihre Erzeugnisse nach Nordamerika zu liefern. Dagegen genossen die übrigen Inseln den Vorteil billiger Einfuhren und Ausfuhren im Handel mit den Aufständischen. Dadurch wurde die Konkurrenzfähigkeit Britisch-Westindiens gemindert, zumal die Franzosen über bessere Böden und Anbaumethoden verfügten und ihre Sklavenbestände vergrößerten. Die Grundlagen des englischen Negersklavenhandels in Westindien gerieten ins Wanken; sein Wert wurde strittig. Die Stimmen der Aufklärung, Humanität und Religion erhoben sich zu dieser Zeit gegen den Sklavenhandel, weniger gegen die Sklaverei selbst, solange jedenfalls Zucker, Tabak und Baumwolle ohne Negerarbeit nicht produziert werden konnten. Nach dem Kriege begann Wilberforce in England seine Agitation, gründete 1787 die Gesellschaft zur Abschaffung des Sklavenhandels und brachte 1791 ein entsprechendes Gesetz durch das Unterhaus, das jedoch im Oberhaus scheiterte. Erst 1807 kam das Gesetz zustande, das ab 1808 jeglichen Sklavenhandel verbot, als England nach Trafalgar 1805 sicher war, daß keine Seemacht den Sklavenhandel von sich aus wieder aufnehmen konnte. Der amerikanische Kongreß verbot den Sklavenhandel 1808. Die Abschaffung der Sklaverei wurde schon 1794 vom Pariser Konvent verkündet, als England Guadeloupe und Martinique besetzt hatte. Die eigentliche Sklavenbefreiung erfolgte in Großbritannien erst 1833, das dabei die englischen Pflanzer in Westindien mit Geld abfand. In den Vereinigten Staaten bedurfte es dazu eines Bürgerkrieges, der erst 1865 die Umwandlung der Sklaverei in vertragliche Hörigkeit bewirkte, da inzwischen mit der Erfindung der Baumwollentkörnungsmaschine 1793 die Negerfrage einen neuen wirtschaftlichen Sinn bekommen hatte.

Gravierender als diese Einzelfrage war aber das Versagen des alten Merkantilsystems, gegen das Adam Smith schon 1776 sein Buch »The Wealth of Nations« zugunsten eines freien Handels geschrieben hatte, dessen Argumente angesichts des Bankrotts des bisherigen Lenkungssystems nun aufgegriffen wurden. Dazu bedurfte es einer inneren Wandlung, zu der der Sturz der Regierung North (1770–1782) die Bahn frei machte.

8. Die Reformbewegungen seit 1768

Die Epoche des persönlichen Regiments Georgs III. war zugleich die Epoche einer politisch engagierten Öffentlichkeit. Ihr natürlicher Schwerpunkt war die Metropole Groß-London, die weder ein Teil des aristokratischen Patronagesystems war, noch dem Kroneinfluß unterlag. Um die City London hatten sich volkreiche Bezirke gesammelt, wie etwa die »out-parishes« von Middlesex, die Boroughs von Bermondsey und Southwark und die City Westminster, die das Areal der Metropole mit etwa einer dreiviertel Million Einwohnern bildeten. Vor den Toren der City London waren Westminster und Middlesex Wahlbezirke, in denen das Londoner Interesse dominierte und die zahlreiche Wählerschaft nicht gemanagt werden konnte, sondern überzeugt sein wollte. Die City selbst besaß in den 8000 Liverymen der 60 City-Kompanien und in den 10–12000 Freemen ihr kommunalpolitisches Rückgrat, während die große Geschäftswelt der Kaufmannsgesellschaften, Versicherungsbüros und Banken mehr einen Sonderbereich bildete, dessen Direktoren vorwiegend in Westminster und Middlesex wohnten. Die Hochfinanz hatte nur unter den 43 Aldermen der City einige Vertreter. Die 236 Mitglieder des Common Council waren an ihren Ward als Wohnort gebunden; das demokratische Element konzentrierte sich abseits von Hof und Verwaltung in den 26 Wards und den 100 Vestries; hier hatte der Mittelstand das Wort. Alte Sonderrechte sicherten der City über die Verwaltungsautonomie hinaus eine wirksame, politische Aktionsbasis, während die administrative Zersplitterung der Metropole ein soziales Treibholz großwerden ließ, das sich jedem Tumult zugesellte. Die hier sich kreuzenden Interessen von Regierung, Opposition, Wirtschaft, Finanz, Bürgerschaft und Unterschicht spiegelten sich in einem entwickelten Pressewesen wider, das stets einer breiten Resonanz sicher war.

Der Sturz Pitts und der Vergleichsfriede von Paris hatten die Kluft zwischen Parlament und Öffentlichkeit vertieft und eine allgemeine Empörung geweckt, deren Radikalismus in dem Protest der Nr. 45 des »North Briton« vom 23. April 1763 zum Ausdruck kam. Hier griff John Wilkes den Frieden von Paris und darüber hinaus die Thronrede des Königs an. Das war unerhört und widersprach den bisher üblichen Formen politischer Polemik. Damit schuf Wilkes ein Präzedenz, wonach sich die Regierung nicht mehr hinter der Krone verstecken konnte. Nun war auch »the King's Speech« als faktische Regierungserklärung der Minister angreifbar. Dahinter stand jene patriotisch gestimmte Öffentlichkeit, die in Pitt ihren Helden sah.

John Wilkes war seit 1757 Unterhausmitglied und hatte 1761 seine erste größere Rede in Verteidigung der Politik Pitts gehalten. Dessen Sturz raubte ihm jede Hoffnung auf Amt und Würden. Er eröffnete 1762 eine publizistische Kampagne gegen die Regierung Bute, die er mit jenem journalistischen Trompetenstoß in der Nr. 45 abschloß, die für die nächste Zeit zum Feldgeschrei der Londoner wurde. Die Verhaftung und die richterliche Freisetzung von Wilkes brachten eine erregte Volksmenge auf die Beine, in deren Getöse erstmals die neue Losung »Wilkes and Liberty« laut wurde. Das Parlament ordnete die öffentliche Verbrennung der Nr. 45 an; aber eine aufgebrachte Menge hinderte den Sheriff und die Henker an ihrem Werk. Das Oberhaus verlangte eine erneute Verfolgung von Wilkes, als ihm dessen obszöne Parodie »An Essay on Woman« zugespielt wurde. Wilkes setzte sich nach Frankreich ab, wurde im Januar 1764 in Abwesenheit aus dem Unterhaus ausgestoßen und gegen Ende des Jahres wegen Nichterscheinens vor Gericht außer Gesetz gestellt. Er kehrte im Februar 1768 nach London zurück.

Bis dahin war nicht vergessen worden, daß das Parlament der Krone und dem Hof zu Gefallen gegen die Volksmeinung gehandelt und mit seiner Vergeltungsaktion gegen die Nr. 45 des »North Briton« die Pressefreiheit angegriffen hatte. Die Rückkehr von Wilkes ließ sogleich den Ruf »Wilkes and Liberty« wieder aufleben, zumal Neuwahlen vor der Tür standen. Seit 1767 erschienen zudem wöchentlich die »Junius-Briefe«, die an den Fall der Nr. 45 anknüpften und die politische Meinungsfreiheit verteidigten. Wilkes kandidierte erfolgreich für Middlesex, wo seine Anhänger die Straßen und das Wahllokal beherrschten und Gegner sich nicht blicken lassen durften. Die gerichtliche Annullierung seiner Vogelfrei-Erklärung löste Freudenstürme aus; kurz danach erregte seine Inhaftierung wegen der noch schwebenden Blasphemie-Klage neue Tumulte und Demonstrationen, die im Massaker von St. George's Field gipfelten, wo am 10. Mai 1768 etwa 20000 Menschen demonstrierten und 11 Personen beim Einschreiten von Militär getötet wurden. Im Juni 1768 verurteilte King's Bench Wilkes zu einer Geld- und Haftstrafe.

Die entscheidende Zuspitzung kam, als das Unterhaus am 3. Februar 1769 Wilkes erneut ausschloß, diesmal wegen seiner scharfen Polemik gegen die Glückwunschadresse an die Truppen von St. George's Field, und Nachwahlen für Middlesex anordnete. Dreimal siegte Wilkes, und dreimal annullierte das Parlament seine Wahl, das ihn am 17. Februar formell disqualifiziert hatte. Der unterlegene Gegenkandidat Luttrell nahm stattdessen den Unterhaussitz ein. Dies war der Anlaß zu einem Strom von Petitionen, die für die Rechte der Wählerschaft eintraten, sich gegen das korrumpierte Unterhaus richteten und dessen Auflösung forderten. 15 Grafschaften und 12 bis 15 Städte, insgesamt mit fast 60000 Unterschriften, beteiligten sich daran. Am 20. Februar 1769 gründeten die aktivsten Anhänger von Wilkes auf Vorschlag von Horne Tooke eine »Society of the Supporters of the Bill of Rights« zur Verteidigung der gesetzlichen Freiheit der Untertanen und zur Unterstützung von »Mr. Wilkes and his Cause«, die bis 1770 etwa 20000 £ zur Begleichung seiner Schulden aufbrachte. Am 19. Februar 1770 bekräftigte indessen das Unterhaus seinen Beschluß und erklärte Wilkes für unfähig, jemals einen Parlamentssitz einzunehmen.

Als Wilkes 1770 nach voller Verbüßung seiner Haftstrafe entlassen wurde, war er ein gefeierter Mann. Er trat sogleich sein Amt als Alderman der City London an, für das er im Januar 1769 gewählt worden war. Wiederum ergab sich die Gelegenheit, mit London im Rücken seinen eigenen Fall mit einer allgemeinen Rechtsfrage zu verbinden, als das Unterhaus im »Printer's Case« 1770 sich wie im Fall der Nr. 45 das Recht nahm, Presse-Artikel als »seditious libels« zu deklarieren, diesmal in Bezug auf die Junius-Briefe und die Publikation der Parlamentsdebatten. Daraus entsprang ein ernster Konflikt mit den Londoner Gerichten, die kein Urteil wegen »seditious libel« mehr fällten, da sie nur noch die quaestio facti beurteilen sollten. Als das Unterhaus deshalb von sich aus Londoner Drucker von Parlamentsdebatten verhaften lassen wollte (1771), wurden seine Polizeiboten wegen Verletzung der Stadtrechte festgenommen. Wilkes erschien als Vertreter der City London vor der Schranke des Unterhauses, wo er sich eine Rechtfertigung schenkte und keine Antworten gab. Das Parlament schreckte vor einem offenen Konflikt zurück und intervenierte nicht mehr gegen die Parlamentsberichtserstattung; auch die Drucker blieben in Freiheit.

Im Jahre 1774 wurde Wilkes Lord Mayor von London und errang einen Monat später ohne Gegenkandidaten wiederum den Sitz von Middlesex; er kehrte ohne formelle Rehabilitierung ins Unterhaus zurück. Die allgemeinen Wahlen von 1774 verschafften den Wilkiten 6 von den 10 Sitzen der Metropole London, wobei die Gesellschaft von 1769 gezielte Wahlpropaganda betrieb und ihre Kandidaten sich auf das Reformprogramm der Wilkiten verpflichten mußten. In der Provinz konnte die Bewegung jedoch kaum Fuß fassen. Danach flauten die Unruhen ab, und auch Wilkes hatte seine Rolle als Verkörperung eines Anliegens ausgespielt. Immerhin hatte die Metropole dem korrupten Parlament die Stirn geboten; das Ausmaß und die Zielgerichtetheit der heftigen Tumulte überschritten die üblichen »riots«. Wilkes selbst wurde mehr von den Wogen der Erregung getragen, als daß er sie gestaltete. Seine epochale Bedeutung wird durch die Mängel seiner Person nicht geschmälert, sondern eher erhöht.

Der entscheidende Punkt des Konflikts war die Frage des Rechts der Wählerschaft, zu der sich die damit zusammenhängende Frage der Presse- und Meinungsfreiheit addierte. Das geheiligte Privileg der unwiderruflichen Selbstentscheidung des Parlaments in Wahlsachen wurden von den Freeholders von Middlesex bestritten. Seitdem wagte kein Unterhaus mehr, einem korrekt gewählten Kandidaten den Unterhaussitz zu verweigern. Auch die Erringung des Publikationsrechts der Parlamentsdebatten war ein Sieg der Wählerschaft über die Autonomie und Suprematie des Parlaments. Die Wand zwischen Parlament und Öffentlichkeit war damit durchstoßen und ein neues Kapitel der Parlamentsgeschichte eingeleitet.

Die Angriffe des Londoner Radikalismus gaben den geschwächten Oppositionsgruppen im Parlament willkommene Waffen gegen Regierung und Kroneinfluß in die Hand. Der Ruf nach Reformen wurde ihre Losung bei den Wahlen von 1768. Das war ein altes Anliegen, das besonders die City London nach dem Sturz Walpoles mehrmals vorgebracht hatte und sich gegen Posteninhaber und Pensionsempfänger im Unterhaus oder auch gegen die Septennial Act von 1716 richtete. Andere Stimmen wandten sich gegen die Wahlkorruption, die verrotteten Flecken, die schwache Vertretung der Grafschaften oder das enge Wahlrecht. Dazu kamen die periodischen Klagen aus den Grafschaften oder der Anspruch der Londoner Handelswelt auf stärkere Repräsentation entsprechend der Steuerleistung. Auch Pitt trat für begrenzte Reformen ein; gerade er hatte durch seine Verachtung der Wahlmanager am meisten zur öffentlichen Unzufriedenheit beigetragen. Die breite Petitionsbewegung von 1769 hatte freilich auch die Mannigfaltigkeit und Unterschiedlichkeit der Forderungen gezeigt. Lord Shelburne aus der Chathamgruppe suchte eine Allianz mit den Londoner Radikalen, während die Rockingham-Whigs mit Burke und Grenville im Gefolge mehr die gemäßigten Forderungen der Grafschaften vertraten. Edmund Burkes »Thoughts on the Cause of the Present Discontents« (1770) deckte die Gründe für das allgemeine Unbehagen auf.

Der Konflikt der nordamerikanischen Kolonisten mit Regierung und Parlament brachte neue Argumente ins Spiel, die von der Opposition aufgegriffen wurden. Die große Reformrede von Wilkes 1776 faßte die Anliegen der Reformer zusammen und weitete sie aus, indem er für London und die neuen Industriestädte sowie für die dichtbevölkerten Grafschaften Wahlrecht und Sitze gegen Streichung der verrotteten Flecken verlangte. Offenbar angeregt durch das radikale Schrifttum in Amerika und im politischen Dissent brachte er seine Vorschläge in einen grundsätzlicheren Rahmen, indem er die Regierungsgewalt auf das Recht der Individuen gründete und das Gewicht der Zahl in die Debatte warf. Lord North tat diese Vorschläge als »spekulative Experimente« ab; das Unterhaus schenkte sich eine Abstimmung. Ein Jahr darauf erschien als wichtigstes Pamphlet dieser radikalen Linie John Cartwrights »Take Your Choice!«, das für allgemeines Wahlrecht unter Wegfall jeder Eigentumsqualifikation, das Instruktionsrecht der Wähler und jährliche Parlamente eintrat. Cartwright war Mitglied der »Constitutional Society«, die sich 1771 als radikaler Flügel von der »Society of the Supporters of the Bill of Rights« abgespalten hatte, und propagierte die Gründung einer »Grand National Society for Restoring the Constitution«. Damit rüttelte dieser Radikalismus an den Grundlagen des auf »Property« und »Trust« gegründeten Parlamentssystems. Bedeutsam war hier die Suche nach dauerhaften Organisationsformen, die sich an der Gesellschaft von 1769, den amerikanischen Korrespondenz-Komitees (seit 1768) und den Dissent-Vereinigungen orientierten.

Seit dem Kriegseintritt Frankreichs 1778 und Spaniens 1779 brachte die Zunahme der Kriegslasten die Finanzreform in den Vordergrund, die sich mit der Kritik an der Ämter- und Sinekuren-Patronage der Krone verknüpfte. Dazu kam, daß der irische Aufstand und die unbehinderte Durchfahrt feindlicher Flottenverbände durch den Kanal 1779 die Vermehrung und Ausbildung der einheimischen Milizen veranlaßten, deren Detachements von der Grafschafts-Gentry befehligt wurden, was wechselseitige Kontakte neben den üblichen County-Meetings nahelegte. Die Grafschaft Yorkshire, die besonders unter der Zusatz-Landtaxe und der Abnahme des Handels litt, traf sich auf Initiative Christopher Wyvills, eines Klerikers mit ansehnlichem Grundbesitz in Yorkshire, zu einem großen Meeting Ende 1779, auf dem eine Petition gegen die Mißregierung abgefaßt und eine Assoziation beschlossen wurde. Das Entscheidende war, daß ein innerer Ring von radikalen Reformern ein Korrespondenz-Komitee durchdrückte, um eine Organisation zustande zu bringen, die repräsentativer sein sollte als das Parlament. Wyvill dachte dabei an eine permanente Organisation nach dem Vorbild von 1769, um bei den nächsten Wahlen die alte Freiheit und Unabhängigkeit des Parlaments wieder herzustellen. Nach dem Yorkshire-Modell bildeten sich in 28 Grafschaften und 11 Städten ähnliche Assoziationen, die in ihren Petitionen eine Untersuchung der Ursachen der »Discontents« verlangten.

In etwa wiederholten sich die Ereignisse von 1769/70 in erweiterter Ausdehnung. Die Initiative kam diesmal von Yorkshire; hier sprachen in erster Linie die Gentlemen und nicht die Politiker, wenn auch der Marquis von Rockingham als erster Magnat der Grafschaft zugegen war. Bei den mageren Ergebnissen der Opposition gegen die Regierung North griff die Rockingham-Gruppe das Anliegen auf; Edmund Burke im Unterhaus prangerte Finanzgebaren und »Influence« der Regierung an. Allerdings dachte die respektable Gentry nur an eine »Economical Reform« und mißtraute dem Londoner Radikalismus, wo Middlesex und Westminster sogleich weitergehende Forderungen anmeldeten. Wyvill mäßigte infolgedessen seinen Kurs. Charles James Fox hingegen übernahm die Leitung des Korrespondenz-Komitees von Westminster und verschrieb sich aus Enttäuschung über seine vergebliche Opposition im Unterhaus einem reformerischen Radikalismus. Er suchte in den Assoziationen eine Aktionsbasis und sprach für eine Demokratisierung des Wahlrechts, während Rockingham und Burke über ihre Finanzreform lediglich die Unabhängigkeit des Parlaments sichern wollten.

Das Westminster-Komitee ergriff die Initiative zu einer Deputierten-Konferenz der Assoziationen, zu der im März 1780 allerdings nur 12 Grafschaften und 8 Städte in London zusammenkamen. Die Mehrheit entschied sich dabei für Kürzung der Parlamentsdauer und stärkere Vertretung der Grafschaften; eine beachtliche Minderheit wollte sich jedoch mit einer Finanzreform begnügen. Die Westminster-Assoziation gründete um die gleiche Zeit eine »Society for Constitutional Information«. Die Agitation der Reformer und Cartwrights Idee einer »Grand National Association« beunruhigten das Unterhaus und brachten der Opposition einen unerwarteten Sieg, als auf Vorschlag Shelburnes vom 8. Februar 1780 eine »Commission of Public Accounts« und am 6. April die berühmte Resolution von Dunning angenommen wurde, wonach das Haus sich gegen das Wachsen des »Influence« der Krone stellte und sich ein Untersuchungsrecht der Zivilliste zusprach. Die einzelnen Reformanträge der Opposition fielen jedoch durch; es blieb bei Resolutionen.

Die Assoziationsbewegung erhielt einen Schlag, als die »Gordon-Riots« gegen die »Roman-Catholic Relief Bill« von 1778 London für eine Woche in einen Hexenkessel verwandelten. Dahinter stand die »Protestant Association« mit Lord George Gordon als Präsident, deren Monster-Petition am 2. Juli 1780 in Zerstörungen, Gefangenenbefreiungen und in einen Angriff auf die Bank von England ausartete. Die Grafschafts-Assoziationen wollten sich von dem Vorwurf befreien, Agenten der Mob-Herrschaft zu sein und distanzierten sich; auch Rockingham stand hier auf Seiten der Regierung. Das Westminster-Komitee blieb die letzte Säule der Anhänger einer grundlegenden Reform; was hier gesagt wurde, war gewichtiger als das, was wirklich getan wurde. Selbst der Zusammenschluß der fünf Komitees der Metropole, also der City und Borough London, von Westminster, Middlesex und Surrey, zu einer Art »Pressure Group« im Dezember 1781 konnte daran wenig ändern. Sie trugen als offensive Werkzeuge lediglich dazu bei, daß die Wahlen von 1780 und 1784 mehr als zuvor nach politischen Motiven und auf nationaler Ebene ausgetragen wurden.

Die Grafschaftsassoziationen gingen nur in dem Verlangen nach größerer Unabhängigkeit des Parlaments und der Wählerschaft sowie nach Finanzkontrolle mit London zusammen, zumal die radikalen Vorschläge jährlicher Parlamente, eines gleichen Wahlrechts für alle und der Instruktionen an die Abgeordneten auch die Rechte der Grafschaftsgentry beseitigt hätten. Der Radikalismus war jedoch nicht eigentlich revolutionär. Er blieb im Rahmen einer konstitutionellen Reform oder dachte jedenfalls kaum an einen grundlegenden sozialen Wandel. Er blieb auch ohne größere Wirkung und erhielt aus der Folgezeit gewissermaßen nachträglich eine historische Bedeutung.

Als das Ministerium North nach der Kapitulation von Yorktown 1781 erneuten Angriffen ausgesetzt war, kamen die gemäßigten Reformer zum Zuge. Nach zweimonatigem parlamentarischen Kampf resignierte North im März 1782. Georg III.

dachte zeitweilig an Abdankung, bevor er sich dem Druck der Opposition beugte und widerstrebend nach Rockingham und Shelburne schickte, die von ihm sogar freie Hand für Amerika und für eine Finanzreform verlangten. Das ganze Kabinett außer Schatzkanzler Thurlow wurde ausgewechselt. Das Parlament hatte praktisch dem König das Kabinett der Reformer aufgezwungen. Jetzt erst wurden die Beschlüsse über Wilkes und die Middlesex-Wahlentscheidung formell aufgehoben und Gesetze gegen die »Placemen« und »Contractors« im Unterhaus und gegen das Wahlrecht der »Revenue-Officers« durchgesetzt. Burkes »Civil Establishment Act« kürzte die Liste der Ämter und Pensionen, verbot das ständige Überschreiten der königlichen Zivilliste und gliederte ihre Lasten nach Prioritäten. Damit wurde fürs erste eine Minderung des »Influence« erreicht. Diese Statuten erbrachten die erstrebte »Economical Reform«, wenn auch erst der jüngere Pitt ein übersichtlicheres Finanzsystem mit einem »Consolidated Fund« (1787) schuf. Die bisherige Praxis Georgs III. verlor seit 1782 an Wirksamkeit; die Kontrolle der Exekutive über das Parlament wurde eingeschränkt; eine wirksame Finanzkontrolle des Parlaments über die Exekutive war damit freilich noch keineswegs gesichert.

Die folgenden Regierungen Shelburne und Portland (mit Fox und North) waren Verlegenheitslösungen des bedrängten Königs, der in seiner Not den Antagonisten von Fox berief, nämlich den jüngeren Pitt, der gegen die Unterhausmajorität agierte, dann das Haus auflöste und in den Wahlen vom Frühjahr 1784 an den »Sense of the Nation« appellierte. Fox hatte sich durch sein Bündnis mit North vor der Wählerschaft desavouiert, während Pitt als Exponent der Reformbewegung galt. 160 Anhänger seines Gegners Charles Fox (»Fox's Martyrs«) verloren ihre Sitze. Diese Wahlen waren ein Wendepunkt der Verfassungsentwicklung, wenn auch ihre Bedeutung als erstmaliger Ausdruck eines echten Volkswillens mit gutem Grund bestritten wird. In der Tat wurde der Wahlsieg mit allen erdenklichen Mitteln des »Influence« erzielt. Aber der Einsatz des gesamten Instrumentariums der Wahlmache hätte ohne die Unterstützung der unabhängigen Wählerschaft, die es in beschränktem Umfang gab, nicht einen solchen Erdrutsch erreichen können. Gerade in

Middlesex und Yorkshire siegte Pitt, während Fox in Westminster nur den zweiten Sitz errang. Als die Grafschaften und Boroughs sich in der Mehrzahl für Pitt entschieden und durch ihre Wahlentscheidung seine Regierung bestätigten, erhielt das zuvor gegen die parlamentarische Majorität agierende Kabinett eine neue Legitimation. In dieser besonderen Mitwirkung der Wählerschaft lag die verfassungsgeschichtliche Bedeutung der Wahlen, in denen das Dreiecksverhältnis von Regierung, Parlament und Wählerschaft erstmals erkennbar war. Ohne die vorhergehende Agitation der Reformbewegung wäre dieser beschränkt plebiszitäre Erfolg kaum denkbar gewesen. Das Vertrauen der Krone blieb zwar weiterhin unentbehrlich; aber das Kabinett wurde zu einer größeren Solidarität dem ersten Minister gegenüber verpflichtet, der nun auch als Vertrauensmann der Wählerschaft erschien. Pitts Zuflucht zur vorzeitigen Auflösung des Unterhauses und zu allgemeinen Wahlen zog die Folgerungen aus den veränderten Verhältnissen und den neuen Ansprüchen der Öffentlichkeit. Daran änderte auch nichts, daß die meisten Wähler nur für Pitt als den Kronkandidaten stimmten und ihr Einklang mit der öffentlichen Meinung ein glücklicher Zufall war. In den traditionellen Wahlvorgang spielten plebiszitäre Antriebe und neue Formen des politischen Kampfes hinein, die es vorher nicht gegeben hatte und die trotz ihres begrenzten Erfolges das Kräftespiel des 19. Jahrhunderts ankündigten.

VOM ALTEN ENGLAND ZUM BÜRGERLICHEN INDUSTRIESTAAT

1. *Der Wandel der Lebensbedingungen nach 1750*

Nach 1750 setzte in England eine bisher nicht gekannte Bevölkerungsvermehrung ein, die in einem Jahrhundert eine Verdreifachung der Bevölkerung erbrachte. Die Volkszahl stieg von 6 Millionen im Jahre 1750 auf 7,5 Millionen im Jahre 1780 und auf 9,1 Millionen im Jahre 1801; der Höhepunkt der Geburtsrate lag zwischen 1780 und 1820. Die Ursache lag einmal in der geringeren Kindersterblichkeit und damit zusammenhängend in einer offenbaren biologischen Stärkung, die wohl mit der stärkeren Vermischung der Bevölkerung zusammenhing. Der Bevölkerungsexplosion ging eine Mobilität großer Volksteile parallel, vor allem mit dem Aufkommen industrieller Zentren seit 1770. In Lancashire vermehrte sich die Einwohnerzahl in drei Jahrzehnten um fast das Doppelte; desgleichen in Leeds, Sheffield und Birmingham. Manchester wuchs von 40000 im Jahre 1770 auf 187000 Einwohner im Jahre 1821. Das war jener einmalige Vorgang, der Malthus 1798 zu seiner pessimistischen Prognose veranlaßte, daß die arithmetisch sich steigernde Nahrungsmittelproduktion mit der geometrisch anwachsenden Bevölkerung nicht Schritt halten könne und daraus notwendig eine Verelendung der Massen eintreten müsse.

Neben dieser Vermehrung und Verschiebung der Bevölkerung, die an sich schon eine Revolutionierung der alten gebundenen Lebensformen nach sich ziehen mußte, hatte die Förderung des Inlandverkehrs durch Straßen- und Kanalbau aus den Bedürfnissen einer teils merkantilistisch, teils markt-orientierten Wirtschaftsweise um 1750 einen nationalen Inlandmarkt geschaffen. Die Binnenwirtschaft konnte nun die Initiative zu größerem Angebot ergreifen. Die lokalen Zölle wurden durch den zentral geplanten Straßenbau unnötig und teilweise aufgehoben, endgültig freilich erst mit den »Consolidating Acts« von 1825, die noch etwa 1000 Statuten beseitigten. Der Straßenbau förderte die Produktion auf den Markt hin. Erst mit dieser Verkehrsrevolution konnte das Gesetz von Angebot und Nachfrage zum Axiom der freihändlerischen Wirtschaft werden. Der Verkehr verwandelte die Wirtschaft in ein dynamisches Gefüge der Konkurrenz, der Kalkulation und auch der Spekulation, was alles bisher nur für den Seeverkehr und London galt und nun die ganze Volkswirtschaft ergriff.

Im Zusammenhang damit stand der Fortgang der Agrarrevolution, die rentablere Formen der Bewirtschaftung entwickelte und Fruchtwechselwirtschaft betrieb. Indem statt der Brache Rüben und Klee gebaut wurden, erschien die offene Feldwirtschaft mit Viehdrift auf die Brache als rückständig. Charles Townshend (1674–1768) war mit seiner Fruchtwechselmethode unter Verzicht auf die Brache Vorbild für ganz Europa. Aber seine Wirtschaftsweise setzte klar umgrenzte Böden und eingehegte Fluren voraus. Nur dem eingehegten Boden winkten die Mehrerträge, die dann gewinnbringend in andere Gegenden verfrachtet und auf die Großmärkte gebracht werden konnten. Aus diesen veränderten Verhältnissen kam es zu einer Steigerung der »Einhegungen« (enclosures), d.h. zur Okkupation des Gemeindelandes und der noch offenen Felder. In den Jahren 1760 bis 1780 lag der Höhepunkt der »Enclosure-Acts«, von denen das Parlament jährlich etwa 50 beschloß. Schließlich saßen die großen Landlords selbst im Parlament, fühlten sich als fortschrittliche Wirtschafter und beantragten die Einhegung von Bauern- und Gemeindeland. Das Unterhaus verlangte nur einen Eid zweier Zeugen, daß der Boden den üblichen Anbau nicht wert sei, oder einen urkundlichen Nachweis der Weiderechte, der meist nicht zu erbringen war. Mit diesen Einhegungen fanden die Straßen und Wege feste Grenzen und konnten nicht mehr willkürlich durch die offenen Getreideflächen verlaufen. Jetzt wuchsen überall zahlreiche neue Hecken hoch, die die Landschaft gliederten. Diesem Fortschritt war der Ausverkauf der freien Bauernschaft vorausgegangen (vgl. S. 406).

Gleichzeitig veränderten sich die ländlichen Arbeitsverhältnisse, da die ländliche Heim- und Gewerbeindustrie gegenüber den industriell arbeitenden Betrieben nicht mehr konkurrenzfähig war, zumal die Baumwollstädte seit 1776 wie Schwämme aus der Erde wuchsen und in kurzer Zeit die selbständigen Weber- und Spinnmeister ebenso wie das alte Verlagssystem ausschalteten. Damit geriet das Bauern- und Kätnertum in eine Existenzkrisis, da ihm ein Ausweichen in Heim- oder Tagelöhnerarbeit nur noch sehr begrenzt möglich war. Der Pauperismus (vgl. S. 407) auf dem Lande war eine Voraussetzung für die Vollendung des betrieblichen Manufaktursystems. Die Agrarrevolution stellte Arbeitskräfte bereit, die für die Industrialisierung notwendig waren.

Die seit 1770 anhebende industrielle Revolution fand also einen günstigen Arbeitsmarkt und zugleich durch die Bevölkerungszunahme eine Absatzchance vor. Hier kam neben dem Landvolk ein zweites Volk auf, dem Kohle, Eisen und Baumwolle zum Broterwerb diente, das aber keinen Besitz hatte und auch keine Aussicht darauf durch individuelle Leistung erhielt. Bisher war die Produktivität durch die Betriebsformen von Manufaktur- und Verlagssystem begrenzt und war mehr einem stetigen Absatzfluß als der Dynamik eines Großmarktes angepaßt. Jetzt veränderten sich die Produktionsformen. Diese Veränderung wurde durch eine Anzahl technischer Erfindungen ermöglicht. Die Erfindung der Grubenlampe machte die Ausbeutung der Kohlenlager möglich; mit der Erfindung der Dampfmaschine durch James Watt im Jahre 1764 wurde die Kohle der Hauptenergieerzeuger; die Verbesserung der Spinnmaschine von John Hargreaves (1764) durch Richard Arkwright im Jahre 1768 mit Hilfe fahrbarer Spindelwagen ermöglichte eine fabrikmäßige Garnherstellung aus der Baumwolle. Zahlreiche andere Erfindungen und Patente wie das Puddelverfahren bei Eisen, der mechanische Webstuhl, die Baumwollentkörnungsmaschine u. a. schlossen sich an und dehnten die industrielle Produktion auf andere Bereiche aus. Zuerst brach der Industrialismus aber in die Eisen- und vor allem in die Baumwollproduktion ein. Durch die Verbindung von Maschinen und Dampfbetrieb setzten die großen Standortverlagerungen ein. Die Baumwolle, die bereits einen Markt vorfand, hat zuerst das Fabrikwesen und ein städtisches Proletariat geschaffen; etwas langsamer folgten die Eisen- und Stahlstädte, noch langsamer die Wollstädte. Im ganzen war der Umbruch aber so eingreifend, daß Samuel Johnson schreiben konnte: »Die Zeit ist verrückt nach Neuerungen; alle Arbeiten der Welt müssen mit einem Male auf eine neue Art getan werden«.

Das Bedürfnis zu einer solchen Produktionsausweitung war durch die merkantilistische Wirtschafts-, Markt- und Gewerbepolitik und die Bedingung dafür durch die Kapitalakkumulation geschaffen worden. Nun wichen Handwerk und Hausindustrie den Fabriken, also geschlossenen gewerblichen Etablissements, in denen der Unternehmer die Arbeiter unter einem Dach vereinigte, die Arbeitsleistung durch Arbeitsvereinigung und Zerlegung des Arbeitsprozesses steigerte und die Produktionsmittel in seiner Hand sammelte. Der einstige Barbier Arkwright war der Prototyp des neuen Unternehmertums, der dem Fabriksystem die Bahn brach. Er zwang die rohen Haufen des zusammenströmenden Proletariats in die Disziplin seiner Fabriken. Er entwarf Arbeitspläne, die den Arbeitsprozeß in Einzelvorgänge unterteilten, oder er überlegte Produktionsprogramme und betriebliche Anordnungen, die das Muster für andere Fabriken wurden. Er trieb zu unermüdlicher Arbeit an; er drohte, fluchte, befahl und raste mit seiner Kutsche von einer Fabrik zur anderen, geradezu ein besessener Napoleon der Fabrik, der am Ende seines Lebens 500000 £ zusammengescharrt hatte. Dabei gab es kaum einen organischen Übergang von der Heimarbeit mit Verlagsorganisation zur Manufaktur als geschlossenem Betrieb, zur Fabrik, sondern die Fabriken entstanden durchweg aus neuer Wurzel, und die Unternehmer waren nicht die alten Manufakturbesitzer oder die Erfinder, sondern neue Männer, oft aus den Freibauern oder dem kleinen Handwerk.

Der Unternehmer stellte einen neuen Herrenstand dar. Ihm gegenüber standen die Fabrikarbeiter, die ihre Arbeitskraft einbrachten, ohne über die bloße Erhaltung dieser Arbeitskraft hinaus einen Lohn erwarten zu können. Unternehmer und Arbeiter standen sich fast wie Staat und Untertanen gegenüber. Ein neues privatrechtliches Abhängigkeitsverhältnis bildete sich aus, in welchem der Zusammenhang von Arbeit und Eigentum, von Leistung und Lohn verschwunden war. Der Arbeiter blieb von den Produktionsmitteln getrennt und seiner eigenen Arbeit entfremdet. Entscheidende Richtlinie des Unternehmers war der Profit, der durch niedrige Löhne und betriebliche Expansion gesichert und gesteigert wurde.

Die Voraussetzung für diese Entwicklung hatte die merkantilistische Wirtschaftsgebarung geschaffen. Sie hatte Kräfte groß gezogen, die volle Bewegungsfreiheit erstrebten. Ohne sie hätte es keine Kapitalakkumulation und ohne den Zwang zur Kapitalinvestition im Binnenland es kein dringendes Investitionsbedürfnis gegeben, durch welches der englische Industrialismus als Werk der Privatinitiative erst ermöglicht wurde. Nach 1750 gab es 52 Privatbanken in London und 400 in den Counties; durch den Kapitalüberhang sank der Zinsfuß von 8% auf unter 1%. Das Kapital für die Industrialisierung lag bereit. Als der Merkantilismus alles erreicht hatte, war er selbst überflüssig geworden. Fast gleichzeitig mit dem Anbruch der industriellen Revolution setzte sich eine neue Wirtschaftsauffassung durch, nachdem der unglückliche Krieg gegen Nordamerika dem alten merkantilistisch orientierten Kolonial-Imperium den Todesstoß versetzt hatte.

Der Protagonist wirtschaftlicher Freiheit als eines Menschenrechts wurde Adam Smith mit seinem berühmten Werk »The Wealth of Nations« vom Jahre 1776. Er glaubte, daß das freie Spiel der ökonomischen Interessen dem Gesamtinteresse zugute kommen und eine sittlich relevante Ordnung erzeugen werde. Der Staat habe seine Aufgabe in der Rechts- und Wohlfahrtspflege sowie im Schutz nach außen. Der Staatsmann solle die Finanzen regeln und die Staatslasten verteilen, nicht aber eine dirigistische Wirtschaftspolitik treiben. Sein Buch begann mit einer Analyse der Vorteile, die sich aus der Arbeitsteilung ergäben, verschloß sich aber auch nicht den tragischen Konsequenzen, die daraus entspringen konnten. Er sah auch einige Regierungskontrollen, wie etwa die Navigations-Akte, als nationale Defensivmaßnahmen für erforderlich an und gab zu, daß freier Handel nicht automatisch allgemeinen Wohlstand erzeuge. Aber sein Glaube an die Interessenharmonie und den wohltätigen Effekt der freien Konkurrenz selbständig wirtschaftender Individuen fand allgemeine Zustimmung. Gerade aus seinem Geiste wurde die künftige Festlegung von Mindestlöhnen, also eine aktive behördliche Lohnpolitik, als unwissenschaftlich zurückgewiesen. Dadurch wurde man später nach dem Muster von Speenhamland in Berkshire (1795) zu amtlichen Lohnzuschüssen aus Steuergeldern genötigt, die die

Armenkinder erhielten, welche von den Gemeinden in die neuen Betriebe eingeordnet wurden. Dadurch hoffte man, das gemeindliche Fürsorgewesen zu entlasten und gleichzeitig die Kinder zur Arbeitsdisziplin zu bringen. In Wirklichkeit wurde das Problem des Pauperismus damit in das Fabrikwesen hineingetragen.

Immerhin hat der jüngere Pitt angesicht der britischen Niederlage von 1783 sich gegen die imperiale Besitzerweiterung alten Stils gewandt, wenn auch zufällig das britische Kolonialreich durch die Entdeckung Australiens (1770) unter ihm eine unerwartete Ausdehnung erfuhr. Ganz im Sinne von Adam Smith legte Pitt das Schwergewicht der staatlichen Wirtschaftslenkung in die Ordnung der Finanzen. Sein berühmter Handelsvertrag mit Frankreich, der Eden-Vertrag von 1786, der freie Zufahrt und freien Zutritt in beide Länder sowie Zollsenkung vorsah, war im Zeichen der Freihandelsidee geschlossen worden. Auch die Canada-Bill von 1791 verband die Unterstellung der kolonialen Gewalten unter die Oberhoheit der Krone mit einem ausdrücklichen Verzicht des Mutterlandes auf jegliche Besteuerung und diente der Freisetzung der wirtschaftlichen Kräfte. Pitt blickte zuversichtlich in die Zukunft. Er pries die grenzenlose Anhäufung des Kapitals und glaubte »einen ununterbrochenen Lauf fortschreitender Vervollkommnung in der Weltordnung« zu erkennen. Er prophezeite sogar 1792 eine lange Friedenszeit, da endlich mit der Krone von Frankreich auch der alte Eroberungsgeist verschwunden sei. In der Tat trug die Bekehrung der Regierung zum Freihandel dem Wandel der Lebensbedingungen Rechnung, ebenso wie die Reformbemühungen der achtziger Jahre. Aber der 20jährige Krieg mit Frankreich gab der Prognose Pitts erst zwei Generationen später Recht.

2. Die Regierung des jüngeren Pitt 1783–1806

Die Regierung des jüngeren Pitt bedeutete einen tiefen Einschnitt in der britischen Geschichte. Der Sturz der Selbstregierung Georgs III. im Jahre 1782 bezeichnet den Beginn der Wandlung vom alten England zum modernen industriellen

Staatswesen; er fällt mit dem Zusammenbruch des ersten britischen Kolonialimperiums zusammen und bedeutet innen- und außenpolitisch einen Wendepunkt. Die Folgezeit bis 1832 kann als zusammenhängende Epoche betrachtet werden, in welcher kein eigentlicher Neubeginn stattfand, sondern die sich anmeldenden Tendenzen ihre Wirksamkeit immer stärker entfalteten. Der jüngere Pitt wird mit gutem Grund als der letzte große britische Staatsmann des 18. Jahrhunderts und zugleich als der erste große Staatsmann des 19. Jahrhunderts angesehen. Schon während des Amerikanischen Unabhängigkeitskrieges, als das vierte Parlament Georgs III. 1780 gewählt wurde, hatte das persönliche Regiment des Königs seinen sicheren Griff verloren. In den vier Jahren dieses Parlaments folgten in rascher Reihenfolge nicht weniger als vier Regierungen, die alle Verlegenheitslösungen mit heterogenen Zusammensetzungen darstellten. Was hier sich bis 1783 vollzog, waren Rückzugsgefechte der absterbenden königlichen Prärogative, die immer weniger in der Lage war, mit der selbstherrlichen Auswahl der obersten Beamten und Minister eine aktionsfähige Regierung zu sichern. In seiner Bedrängnis griff der König auf William Pitt den Jüngeren als Retter in der Not zurück. Schon im Dezember 1783 übertrug er ihm das Amt des ersten Ministers. Pitt war mit 24 Jahren der jüngste aller britischen Premierminister und behielt dieses Amt bis zum Jahre 1801 und dann von 1804 bis zu seinem Tode 1806. Pitts Regierung war zuerst ein Minderheitsministerium, das sich nur durch den Rückhalt der Krone gegen die Parlamentsmehrheit halten konnte. Die Januarwahlen sicherten ihm nur 193 Stimmen, während die Opposition 232 Sitze errang. Diese Mehrheit bröckelte unter dem Einfluß der Krone und der sich regenden Stimmung für Pitt ab; aber noch am 8. März 1784 unterlag er mit einer Stimme. Jetzt hielt Pitt den günstigsten Zeitpunkt zur erneuten Auflösung des Hauses für gekommen und bestellte gewissermaßen die Wählerschaft zum Schiedsrichter über seinen Kampf mit dem Unterhaus. Die Aprilwahlen schenkten Pitt und seinen Anhängern einen überwältigenden, geradezu erdrutschartigen Sieg. 160 Anhänger seines Gegners Charles Fox verloren ihre Sitze. Dieses fünfte Parlament Georgs III. blieb bis 1795 zusammen und wurde das längste Parlament des 18. Jahrhunderts.

Von da ab blieben die Tories für ein halbes Jahrhundert bis 1831 an der Macht und stellten Regierungen, die an Dauer und Kompetenz mit der Whigherrschaft in der ersten Hälfte des Jahrhunderts vergleichbar sind. Pitt appellierte 1784 an den »Sense of the Nation« und handelte gegen das Unterhaus. Er durchbrach die Wand zwischen Parlament und Öffentlichkeit, zumal seit 1778 schon Journalisten im Parlament zugelassen waren und Parlamentsdebatten ohne die bisherigen Verschleierungen nach 1771 erscheinen durften. Pitt zog aus dieser seit John Wilkes (vgl. S. 470) sich anbahnenden Publizität des Parlaments die Folgerungen. Diese Wahlen können infolgedessen als ein Wendepunkt in der britischen Verfassungsentwicklung gelten, auch wenn ihre Bedeutung als erstmaliger Ausdruck eines echten Volkswillens neuerdings wieder bestritten worden ist. Es war nicht ohne Ironie, daß bei diesen Wahlen, welche der königlichen Prärogative bei der Regierungs- und Kabinettsbildung ein Ende bereiteten, der Wahlsieg mit allen erdenklichen Mitteln der Beeinflussung, also der sogenannten »Influence«, erzielt wurde. Aber es ist irrig anzunehmen, daß der Einsatz des gesamten Instrumentarismus der Wahlmache allein diesen Sieg erzielt hätte. Pitts Triumph wäre nicht ohne die Unterstützung der unabhängigen Wählerschaft zustande gekommen, die es tatsächlich, wenn auch in beschränktem Umfang, gegeben hat. Man wünschte endlich eine stabile Regierung, die vom Volkswillen nun bestätigt wurde, soweit er sich damals geltend machen konnte. Das Unterhaus beanspruchte bisher den Vorrang vor der Wählerschaft und war mehr Hüter der eigenen Interessen als des Volkswillens. Nun aber schien es so, daß die Wählerschaft, wenn auch mangelhaft repräsentiert, wie sie damals war und noch lange bleiben sollte, erst dem von der Unterhausmehrheit getragenen Kabinett die eigentliche Legitimität verlieh.

Dabei gewann Pitts Widerpart Charles Fox in Westminster die Wahlen, während Pitt selbst in Yorkshire und Middlesex siegte, die für England exemplarisch waren. Als die Counties und Boroughs sich erhoben und sich in der Mehrzahl für Pitt entschieden, zertrümmerten sie die bisherigen Kombinationen im Parlament und übertrugen die monarchische Macht von der Krone auf den Premier und sein Kabinett, d.h. sie fixierten den

Sitz der Souveränität, der bisher unbestimmt geblieben war, auf jenen Ausschuß der Parlamentsmehrheit, der nun allein aktionsfähig war. In dieser besonderen Mitwirkung der Wählerschaft liegt die verfassungsgeschichtliche Bedeutung dieses Jahres; zum ersten Mal zeigte sich jenes Dreiecksverhältnis von Regierung, Parlament und Wählerschaft, das der nachmaligen britischen Kabinettsregierung das Gepräge geben sollte. Zwar blieb weiterhin noch über 1832 die königliche Prärogative für die Kabinettsbildung unentbehrlich, aber sie konnte sich nicht mehr gegen eine von der Mehrheit getragene Regierung durchsetzen. Theoretisch war diese Prärogative unbestritten, aber die eigentliche politische Entscheidung war der Krone entglitten und an das Kabinett übergegangen. Außerdem erhielt das alte und verwirrte Parteien- und Cliquensystem durch diese Wahlen von 1784 und die nachfolgende lange Tory-Herrschaft neue gruppenbildende Antriebe. Zwar traten diese Folgen erst nach und nach ans Licht. Aber neuartige Parteienbildung und Machtanstieg des Kabinetts waren die entscheidenden Tatsachen der Zeit zwischen 1784 und 1832, die mit der wachsenden Bedeutung der außerparlamentarischen Öffentlichkeit, der Wählerschaft und noch mehr der Nicht-Wählerschaft, zusammenhängen.

Gewiß traf diese Entwicklung auch mit persönlichen Umständen zusammen, nämlich der Genialität Pitts und der seit 1788 immer deutlicher sich anmeldenden Geisteskrankheit Georgs III. Später trugen der fragwürdige Charakter Georgs IV. (1820 bis 1830) und die Unzulänglichkeit Wilhelms IV. (1830–1837) dazu bei, daß das Prestige der Krone schrumpfte. Pitt baute zielbewußt eine geschlossene Kabinettsorganisation auf und machte mit der Praxis Schluß, nach welcher früheren Ministern und sonstigen Vertrauten der Krone die Teilnahme an den Kabinettsitzungen gestattet war. Pitt erzwang Kabinette, die sich aus den amtierenden Ministern zusammensetzten und sich über die einzuschlagende Politik zu verständigen hatten. Er verlangte Solidarität seines Kabinetts, in das er die mit der Rationalisierung der Verwaltungsspitzen sich klarer abgrenzenden Fachministerien eingliederte. Mit ihm begann sich der Grundsatz einzuspielen, daß die verantwortliche Leitung der Politik beim Premierminister lag und die kollektive Kabinettsverantwortlichkeit ihm untergeordnet blieb. Freilich ließ sich der königliche »Influence« nicht völlig ausschalten; doch wurde mit 1784 der Weg auf eine parlamentarisch verantwortliche Kabinettsregierung beschritten. Jedenfalls gewann Pitt nach Jahren des Lavierens eine Autorität, die ein homogenes Kabinett mit einheitlicher politischer Linie sicherte und den König daran hinderte, in die Ressorts hineinzuregieren. Das war zeitweilig auch bei Walpole der Fall, der vielleicht als erster Prime-Minister zu bezeichnen ist. Aber dessen Mittel zur Manipulierung des Kabinetts war die Korruption und nicht eine politische Zielsetzung. »His Majesty's Government« war seit Pitt nicht mehr eine Ansammlung Eigenwilliger, sondern eine vom Premier geführte Gruppe, die seine Politik in Verantwortung vor Krone, Parlament und auch Öffentlichkeit verfolgte.

Zwar fehlte ein klarer Parteiendualismus, der im Parlament ein Schattenkabinett als »His Majesty's Alternative Government« der Regierung hätte entgegensetzen können. Jedoch darf Pitts großer Gegner Charles Fox als der Staatsmann bezeichnet werden, der wirklich »Leader of the Opposition« im Parlament war. Jedenfalls stellte er den Regierungsvorschlägen immer eine allgemeine, auf Prinzipien sich berufende Alternative entgegen, d.h. er trieb keine Opposition von Fall zu Fall, die sich in der Kritik der Regierungspolitik erschöpfte, sondern er vertrat eine andere politische Linie.

Weniger modern war, daß auf die Dauer die Gunst des Hofes ausschlaggebender blieb als die öffentliche Meinung oder das Parlament. Allerdings konnte auch der König nicht mehr willkürlich einen Günstling nominieren; er mußte sich für einen Mann entscheiden, der parlamentarisches Ansehen besaß; seine ihm verbliebenen Auswahlmöglichkeiten waren gewissermaßen parlamentarisch beschränkt. Immerhin mußte Pitt, als im Jahre 1788 ein erster Anfall geistiger Umnachtung Georg III. zeitweilig regierungsunfähig machte und ein Regentschaftsrat unter dem Prinzen von Wales in Aussicht genommen wurde (Regency Crisis), damit rechnen, daß der Regent seinen politischen Freund, nämlich Charles Fox, ans Ruder brachte. Erst im Laufe der Regierung der Königin Viktoria wurde dies unmöglich, als die volle Entfaltung des Parteiwesens und dessen Verbindung mit der Wählerschaft die Krone in eine mehr dekorative Rolle drängte. Jedoch war das im ganzen verantwortliche Kabinett ein wichtiger Schritt dahin, der schon durch Edmund Burkes »Civil List Act« oder »Establishment Act« von 1782 eingeschlagen war, ein Gesetz, das die königliche Zivilliste unter Parlamentskontrolle brachte und die übliche Praxis der Bestechungen erheblich einschränkte. Nichtsdestoweniger blieb auch das Regime des jüngeren Pitt auf das durch Geldmittel dirigierbare Rotten-Borough-System angewiesen, das sich durch die revolutionäre Drohung von Frankreich her noch festigte, die verheißungsvollen Reformbestrebungen Pitts und Burkes scheitern ließ und bis 1832 überdauerte. Der mit 1784 sich zeigende neue Stil des politischen Lebens wurde von der gewaltigen Krisis überdeckt, die die Französische Revolution und das Napoleonische Zeitalter herbeiführten. In Abwehr dagegen griff England zu den altmodischen Rezepten der Reaktion, die schließlich von eben jener Öffentlichkeit gestürzt wurde, die Pitt erstmals erfolgreich ins Spiel gebracht hatte.

Pitts Politik eilte also in wichtigen Punkten seiner Zeit voraus; ihre Voraussetzung war die Persönlichkeit dieses jungen Mannes, der von Anfang an nur für den Staat erzogen worden war. Zu Beginn mußte er freilich taktieren; erst nach Jahren war er die überragende Autorität, die über seinen Ministerkollegen und über den Parteien stand und die große Linie der Politik bestimmte, wenn auch der König im Einzelfall ministerielle Vorlagen ablehnen mochte. Weil er eine uneigennützige nationale Politik ähnlich wie sein Vater betrieb, konnte er sich mehr als seine Vorgänger auf die öffentliche Meinung stützen, ohne daß diese in der Sitzverteilung des Unterhauses zur Geltung kam. Hier stand ihm zudem sein distanziertes und hochfahrendes Wesen im Wege. Seine parlamentarische Anhängerschaft überschritt kaum jemals fünfzig Abgeordnete gegenüber etwa 140, die lange hinter Fox standen. Lediglich die 180 bis 190 Deputierten im Dienste des Königs lieferten ihm in den zwei Jahrzehnten seiner Regierung den entscheidenden parlamentarischen Rückhalt. Aber er war ein glänzender Redner, der auch durchs Fenster Gehör fand, zumal er ohne merkbares persönliches Interesse ausschließlich der öffentlichen Sache hingegeben schien. Er verteilte

Titel und Ehren, ohne sie sich selbst zuzueignen. Er war von einer geradezu aristidischen Bürgertugend und starb in Schulden.

Dabei paßte er sich den Notwendigkeiten seiner Zeit an. Seine Wahlreformpläne mit der öffentlichen Reformbewegung im Rücken steckte er nach 1785 zurück und kam allmählich überhaupt von einer Reform des Unterhauses ab, ja er überschwemmte das Oberhaus zu politischen Zwecken mit ergebenen Leuten und kreierte bis 1801 etwa 140 Peers. Zwar blieb die demokratische Reformbewegung lebendig, und die Revolutionsvereine wurden anläßlich der Jahrhundertfeier der Glorreichen Revolution im Jahre 1788 neu belebt. Aber Pitt fand nun seine Stützen anderswo. Seine neu geordnete und sparsame Verwaltung gefiel dem wahlberechtigten wohlhabenden Bürgertum, und die Form seiner Führung ließ die Übel der Korruption vergessen. Neun Jahre lang wirkte er für Frieden, Wohlfahrt und innere Verbesserungen, bis die Furcht vor einer revolutionären Demokratie ihn in den Koalitionskrieg gegen Frankreich hineintrieb und England sich in eine Kaserne verwandelte. Pitt hatte Befreiung und Modernisierung gewollt; aber Revolution und irischer Aufstand nötigten ihn zur Ächtung und Knebelung aller demokratischen Regungen. Nicht einmal eine Reform zugunsten des virulenten Katholikenproblems, wie die Union mit Irland 1800 sie verlangte, konnte er in seinem Sinne durchsetzen, so daß er 1801 resignierte; auch seine zweite Regierung 1804–1806 war wiederum nicht mehr als ein Kriegsministerium. Nur seine ungeheuere Autorität und sein politischer Spürsinn, seine überparteiliche Staatspolitik und sein selbstloser Dienst im Interesse des Ganzen sicherten ihm Vertrauen und Verständnis für eine Repressionspolitik, die das Land über die großen Krisen des Kontinents und der Industrialisierung hinwegtrug. Die staatliche Machtkonzentration unter Pitt war die Bedingung für die Wahrung des gesellschaftlichen Zusammenhangs im Zeichen eines nationalen Notstandes, durch den hindurch England ins 19. Jahrhundert eintrat. Weil diese Machtkonzentration auf die Figur des Premier hin aber die von Pitt ursprünglich intendierte Legitimation durch Öffentlichkeit und Staatsnotwendigkeit verlor, geriet sie in den Dienst einer Reaktion, deren Fesseln erst eine Generation später gesprengt werden konnten.

3. Innere Verhältnisse während der Französischen Revolution

Am Ereignis der Französischen Revolution schieden sich, wie überall in Europa, auch in Großbritannien die Geister. Die bisherigen Gegensätze wurden in ein anderes Klima gehoben und verknüpften sich mit einer Stellungnahme für oder gegen die Revolution. Die hoffnungsvollen Ansätze der praktischen Reformbewegung seit den Wilkiten-Unruhen blieben stecken und machten einer Repressionspolitik Platz, die angesichts des Konfliktes mit Frankreich und des areligiösen philosophischen Radikalismus die Mehrheit der Bevölkerung und die öffentliche Meinung auf ihrer Seite hatte. Die wichtigsten Ergebnisse dieser Epoche lagen darin, daß einmal die alte Parteiung sich in den Gegensatz von Liberalismus und Konservativismus umzubilden und ferner die Reformbewegung sich als prinzipiell-ideologisches Anliegen zu verstehen begann. Entscheidend war dabei, daß die aufklärerisch-rationalistische Areligiosität der revolutionären Gruppen auf die Feindschaft der breiten Massen traf, die durch Wesleys Methodismus und durch Wilberforces evangelikale Bewegung religiös belebt war und weder von der glaubenslosen Philosophie Thomas Paines noch vom »Papismus« der gleichzeitigen irischen Freiheitsbewegung etwas wissen wollte. Die Mittelklasse hielt sich im allgemeinen loyal zur Regierung, desgleichen die philanthropisch oder methodistisch gesinnten Schichten, so daß die Welle der religiös-sittlichen Erneuerung vorerst den konservativen Kräften zugute kam.

Die frühe Opposition gegen die Französische Revolution war umso bemerkenswerter, als die Ereignisse von 1789 in England zuerst begeistert aufgenommen wurden. Aber schon 1791 hatte die Empörung des Volkes die revolutionäre Bewegung an die Wand gedrückt. Hier in England hatte sich aus der Naturrechtstradition und dem Hang des erstarkten Dissent zu eigenen Gemeindebildungen und zu einer innerweltlich-utilitarischen Betrachtungsweise ein dogmatischer, aufgeklärter Radikalismus angemeldet, dessen gedankliche Konsequenz als zersetzend empfunden wurde. Außerdem verband sich dieser Radikalismus mit den ersten Ansätzen einer Organisation der Arbeiterschaft, die das Bürgertum beunruhigte. Fast alle radikalen Ideologen entstammten dem nonkonformistischen Stadtbürgertum; viele von ihnen waren dissentierende Prediger, die sich freie Betätigung und eine Auflockerung der sozialen Verhältnisse erhofften. Die zahlreichen, nach französischem Muster sich bildenden Vereinigungen bestärkten die Furcht vor einer Formierung der nach Yorkshire, Lancashire oder London einströmenden Massen, die von den alten kommunalen Behörden weder betreut noch kontrolliert werden konnten. Hier fand die aktive intellektuelle Minderheit der Radikalen ein willkommenes Aktionsfeld; sie suchten die Selbsthilfe-Assoziationen der Arbeiterschaft mit politischen Ideen zu erfüllen oder gründeten neue Vereine und Klubs. Schon früh entstanden solche Korrespondenz-Vereine, die zum Teil an ältere Klubbildungen wie etwa Grey's »Friends of the People« von 1789 oder die Assoziationen von 1780 anschließen konnten. Es war das Pech dieser Bewegung, daß die gewaltige Sprachkraft Edmund Burkes sich gegen die Sache der Französischen Revolution aussprach und den staatserhaltenden Gruppen ein wirksames Rüstzeug lieferte. Burkes Kampf war durch den Freikirchler Dr. Richard Price veranlaßt worden, der in seinen Predigten die Ideen von 1789 verherrlichte.

Die Antwort auf Burkes Gedanken über die Französische Revolution von 1790 gab der wichtigste Protagonist des englischen Radikalismus, Thomas Paine, mit seinen »Rights of Man« von 1791. Paine, der frühere Miedermacher, Erfinder, Geschäftsmann und Bankrotteur, der 1774 aus der Schuldhaft nach Amerika geflohen war, hatte in der Neuen Welt mit seiner berühmten Schrift »Common Sense« von 1776 das Naturrecht als wirksame Waffe gegen das Mutterland gebraucht; Lafayette hatte ihm nach dem Fall der Bastille deren Schlüssel übersandt, die er den U.S.A. überreichen sollte, welche den Franzosen die Fackel der Freiheit vorangetragen hätten. Nun schrieb Paine eine politische Fibel für die Massen. Er tat es in klarer und allgemeinverständlicher Form aus einem primitiven und banalen Vernunftglauben heraus. Er gab Schlagworte für jedermann, erreichte aber nicht entfernt die Gedankentiefe Burkes. Er wurde sogleich der meistgelesene Publizist in England, Frankreich und Amerika. Schon 1791 erreichte die englische Auflage seiner neuen Schrift über 50000 Exemplare; sie wurde in den Vereinigten Staaten sogar in 200000 Exemplaren verbreitet. Paine propagierte das allgemeine Wahlrecht, ja einen demokratischen Republikanismus; er setzte sich für unentgeldlichen Schulunterricht, für Altersversorgung, gestaffelte Einkommensteuer, Hilfe für werdende Mütter und dergleichen ein und verlangte, daß die Regierung Organ des sozialen Gewissens sein sollte. Seine weitgehenden Forderungen, mehr aber noch sein areligiöser Säkularismus kosteten ihn die Anhängerschaft der gemäßigten Kreise. Aber das kümmerte ihn wenig; er fühlte sich als Apostel der Weltverbrüderung und der Weltrevolution. Er gründete schon 1791 in Paris die »Société républicaine« und verfaßte ein Manifest, in welchem König Ludwig XVI. zum ersten Mal Louis Capet genannt wurde. Nach England zurückgekehrt, schrieb er einen zweiten Teil seiner »Rights of Man«, der verboten wurde und ihm eine Anklage wegen Landesverrats eintrug. Paine floh nach Frankreich und wurde in Abwesenheit zum Tode verurteilt. Als gewähltes Mitglied des Nationalkonvents gesellte er sich zu den Girondisten und plädierte im Königsprozeß für eine Verschickung Ludwigs XVI. nach Amerika, wo man ihn als Befreier ansähe. Das brachte ihn in Gegensatz zu den Königsmördern; für 10 Monate wanderte er in das Gefängnis Luxembourg, wo er 1794/95 »The Age of Reason« verfaßte. Er überlebte die Schreckensherrschaft und polemisierte später von Amerika aus sowohl gegen Napoleon als auch gegen Washington. Er stritt unermüdlich weiter für Sklavenbefreiung, Freiheit der Meere, Völkerbund und Boykott jedes Angreiferstaates und wurde damit, obgleich er zu guter Letzt 1809 in Armut starb, der Initiator der amerikanischen Ideologie.

An der ungeheuren Wirkung Paines 1791 lassen sich die Chancen ermessen, die in dem schon zersetzten Gefüge des englischen Sozialkörpers gegeben waren. Zum ersten Mal wurde hier eine Verbindung zwischen der Politik und den neuen sozialen Bedingungen des wachsenden Industrialismus geschaffen. Zum ersten Mal wurde ersichtlich, wie die völlig abhängigen und hilflosen Massen aus ihrer Hoffnungslosigkeit plötzlich in der Politik ein Mittel zur Verbesserung ihres Loses angeboten bekamen und größere Gruppen von der Publizistik her angesprochen werden konnten. Freilich hatte sich schon 1792 das

Blatt gewendet und 1793 der Krieg dem Radikalismus Schranken gesetzt. Paine selbst hatte zur Diskreditierung der Bewegung entscheidend beigetragen. Denn zu diesen Radikalen ließen sich zuerst auch Wilberforce und Jeremy Bentham rechnen, die ebenso wie Paine vom Nationalkonvent zu französischen Bürgern erklärt worden waren, ohne Anhänger der Französischen Revolution zu sein, wenigstens nicht in ihrer Übersteigerung.

Auch John Horne Tooke wurde zu den Radikalen gerechnet, wenn er auch weitreichende Ideologien vermied und mehr für ein unabhängiges Bürgertum und ein allgemeines demokratisches Ideal eintrat. Er war einer der Pfadfinder zum späteren Liberalismus hin. Dagegen traten Richard Price und John Priestley uneingeschränkt für die Grundsätze der Revolution und des naturrechtlichen Rationalismus ein. Der schärfste Anwalt eines dogmatischen Rationalismus war der Dissent-Prediger William Godwin, der in seiner »Political Justice« (1793) die ganze Tradition beiseite setzen und die Gesellschaft auf der Logik errichten wollte. Sein extremer Individualismus grenzte an Anarchismus; jeder Zwang erschien ihm als Unrecht. Alle Konventionen einschließlich der ehelichen Bindungen lehnte er ab. Laster und Verbrechen seien nur Irrtümer, denen durch Steigerung des Denkvermögens abgeholfen werden könne. Seine Gattin Mary Wollstonecraft war die erste Frau, die das weibliche Stimmrecht verfocht. Später kehrte Godwin der Politik den Rücken und schrieb Romane. Er war gewissermaßen der schrille Oberton im revolutionären Konzert. Seinem Vernunft-Optimismus antwortete später Thomas Malthus (1766–1834), Pfarrer in Hertfordshire, mit seinem »Essay on the Principle of Population« (1798), das die Ohnmacht der Vernunft und das Verhängnis der Bevölkerungsvermehrung aufzeigte, mit der das Los der Armen sich noch weiter verschlimmern würde. Ihm folgte die pessimistische Prognose David Ricardos (1772–1823) mit seiner ehernen Lohn- und Verelendungstheorie.

Zur radikalen Gruppe gehörte auch der schottische Anwalt Thomas Muir, der eine weitgehende Parlamentsreform propagierte und die »Gesellschaft für Parlamentsreform« gründete; ferner der Schuhmacher Thomas Hardy, dessen »London Corresponding Society« von 1792 als Kern der späteren radikalen

Partei angesehen werden kann. Ähnliches galt für den Benthamianer Francis Place, der in der »London Corresponding Society« als stiller Organisator wirkte und mit seiner Methode der anonymen Bearbeitung der Wählerschaft später zum ersten Drahtzieher der modernen Geschichte wurde (vgl. S. 553f).

Aber die Mehrheit verhielt sich den Revolutionsideen gegenüber ablehnend. Die Empörung über den Atheismus der Radikalen und die Furcht vor einer revolutionären Vereinigung der »labouring poor« war allgemein. Als in Birmingham die dortige Revolutionsgesellschaft am 14. Juli 1791 ein Erinnerungsbankett zum Jahrestag des Bastillesturms veranstaltete, wurden die Teilnehmer von der Menge beschimpft und verprügelt, die Fenster des Tagungsortes wurden eingeschlagen und schließlich das Haus des Physikers John Priestley, eines Unitariers und des ersten Darstellers von Sauerstoff, angezündet, nur weil Priestley sich öffentlich für die Grundsätze der Revolution, für Wahlreform und Aufhebung der Test-Akte ausgesprochen hatte. Das Unterhaus lehnte einen Antrag auf Untersuchung der Ausschreitungen mit 189 gegen 46 Stimmen ab. Als seit 1792 eine stärkere Agitation in den größeren Städten unter der Arbeiterschaft einsetzte und gewerkschaftliche Zusammenschlüsse mit politischen Zielsetzungen zustande kamen, schritt die Regierung unter Zustimmung der Öffentlichkeit ein.

Die Repressivpolitik gipfelte in der Aufhebung der Habeas-Corpus-Akte im Mai 1794 bis Juli 1795 und später wiederum von 1798–1801. 1794 wurde ein geheimer Parlamentsausschuß zur Verfolgung Verdächtiger gebildet. Jegliche Parlamentsreform wurde ausgesetzt und die Agitation für eine repräsentative Regierung als Hochverrat deklariert. Die Jakobiner waren nun das, was früher die Jakobiten waren. Charles Fox, dessen Gruppe im Parlament sich durch die positivere Beurteilung des Radikalismus diskreditierte, sagte dazu mit Recht (1794): »Von nun an wird einer nach Botany Bay geschickt, wenn er die Meinung äußert, Manchester solle soviel Abgeordnete wie Old Sarum entsenden.«

Schon 1792 hatte die Regierung ein Gesetz gegen »aufrührerische Zusammenkünfte und Druckschriften« erlassen. Die »Seditious Meetings and Assemblies Act« und die »Treasonable and

Seditious Practices Act« von 1795 verboten sogar geschlossene Versammlungen von mehr als 50 Personen, die nicht von den Lord Lieutenants, den Sheriffs oder Pfarrern berufen oder wenigstens bei den Friedensrichtern angemeldet worden waren. Dieses Gesetz blieb bis 1800 in Kraft. Im Jahre 1799 wurden sämtliche Gewerkschaften und politische Assoziationen, wohl auch im Interesse einer restriktiven Lohnpolitik, verboten. Dazu trat schließlich nach einem Sieg der Pressefreiheit in der Libel Act von 1792 eine verschärfte Pressezensur (1798), die die Ausbreitung der Ideen von 1789 lähmte. Jeder, der Opposition trieb, mußte mit Verhaftung und Gefängnis rechnen. Ganze Gruppen der Gegner Pitts und Burkes wanderten in die Gefängnisse, ohne vor ein Gericht gebracht zu werden. Manche flohen, manche wie etwa Thomas Hardy (1794) erreichten aber auch Freisprüche. Die öffentliche Meinung ging mit der Regierung, zumal die französierende Phraseologie des Radikalismus wie etwa im »Nationalkonvent« von London oder im »Konvent« von Edinburgh zur Verteufelung der revolutionären Sache beigetragen hatte. Die Korrespondenz mit dem Nationalkonvent in Paris wurde angesichts des Krieges als Landesverrat ausgelegt. Besonders das Statut von 1799 griff tief in die Vereinsfreiheit ein. Ihm fiel auch die »London Corresponding Society« zum Opfer, deren damaliger Führer, ein irischer Priester, gehenkt wurde. Freilich nahm die Regierung sich nicht Zeit, allen revolutionären Regungen nachzuspüren, sondern überließ dies der Bürgerschaft, insbesondere den Arbeitgebern. Immerhin wurde damit die soziale Bewegung ihrer aktivsten Führungsschicht beraubt und hatte keine Gelegenheit, sich politisch-organisatorisch zu disziplinieren. Doch blieben ihr dafür Leute wie Bentham, Place und Cobbett erhalten, die die britische Form der Arbeiterbewegung entscheidend prägten.

Diese anti-revolutionäre Politik wurde als nationaler Selbstschutz begriffen und erst im Laufe der Zeit als »Reaktion« und Konservierung der feudalen Herrschaftsstellung angesehen. Das lag nicht nur an der religiösen Erweckungswelle, sondern auch an dem ideellen Rüstzeug, das Burke den konservativen Kräften in die Hand gegeben und das ein vertieftes Verständnis für die englische Verfassungsordnung geweckt hatte.

4. Die Wandlung des britischen Parteiwesens

Die Wandlung des alten Whig-Tory Gegensatzes zu der liberal-konservativen Konfrontation im 19. Jahrhundert hatte sich schon vor der Französischen Revolution seit dem Regierungsantritt des jüngeren Pitt angebahnt. Pitt selbst war anfangs den Spuren seines Vaters gefolgt und hatte 1785 eine Wahlrechtsreform durchzudrücken versucht. Als dieser Versuch scheiterte und seinem Amt gefährlich zu werden drohte, steckte er seine Reformpläne zurück. Unter dem Eindruck der Französischen Revolution ließ er von seinen Demokratisierungsplänen ab. Pitt war im Grunde weder Whig noch Tory; er ging auch nicht zum Torismus über, sondern dieser näherte sich ihm, als Pitt autoritär regierte und sich den neuen politischen Notwendigkeiten anpaßte. Er wurde nicht nur Führer des Kabinetts, sondern auch Führer der im Alten gebundenen Kräfte. Er selbst nannte sich einen »independent Whig«, aber die Tories sahen in ihm einen der ihren, im Grunde ohne Berechtigung, da Pitt in seiner guten Zeit liberal war und in Adam Smith seinen Lehrer und Inspirator erblickte. Allerdings war die Freihandelslehre von einem Glauben an die sich selbst regulierende Harmonie der gesellschaftlichen Kräfte beherrscht und richtete sich nicht gegen den Staat, sondern suchte lediglich Freiheit vom Staat. Darin stak ein konservatives Element, da die Wohltätigkeit und das innere Recht des Bestehenden sich in diese Weltauffassung einordnen ließen. Erst der Kampf gegen die Französische Revolution hat Pitt stärker mit dem Torismus verbunden.

Fast den umgekehrten Weg war sein Gegner Charles Fox gegangen. Er war der Sohn eines Vertreters der »Korruption«, nämlich von Henry Fox, des »Hinterziehers nicht verrechneter Millionen«, wie man ihn nannte. Charles Fox schwamm im Reichtum; er hatte von seiner Mutter Lady Lennox, der Urenkelin Karls II., her Stuartblut in seinen Adern und war außerdem mit den Bourbonen und den Medicis verwandt. Ausgerechnet dieser Mann wurde Champion der demokratisch-liberalen Sache. Er war immer in der Opposition und einer der wenigen englischen Staatsmänner, die in dauernder Opposition und Machtlosigkeit ihren Ruhm erwarben. Dieser magische

Redner und ewige Opponent war ursprünglich überhaupt kein eigentlicher Wahlreformer im Gegensatz zu Pitt. Vielmehr war er, wie die meisten Whigs einschließlich Burke, ein Verfechter des autonomen Spiels der parlamentarischen Kräfte. Er verfocht kein fortschrittliches Prinzip, sondern bewegte sich vorerst in den überkommenen Denkbahnen der hohen Whig-Aristokratie. Er stellte sich gegen den von Pitt erstrebten freien Güteraustausch mit Irland und auch gegen den Freihandelsvertrag mit Frankreich von 1786, weil er im Sinne des älteren Merkantilsystems im Freihandel eine Schädigung des Whig-Interesses erblickte und zudem Frankreich als den »natürlichen Feind« Englands ansah.

Diese Konstellation änderte sich grundlegend mit der Französischen Revolution. An diesem Ereignis zerbrach die whiggistische Oppositionsgruppe unter Charles Fox. Fox begrüßte die Revolution; sein Parteifreund Edmund Burke dagegen hielt sie für das größte Unheil. Jetzt erst wurden Fox und seine geschrumpfte Anhängerschaft zu entschiedenen Verfassungsreformern. Sie wollten das Versäumte nachholen; aber ihre Motion zur Änderung des Wahlrechts von 1793 wurde mit überwältigender Mehrheit, 282 gegen 41 Stimmen, verworfen. Was Pitt 1785 erstrebt hatte, nämlich die Aufhebung von 36 verrotteten Wahlflecken, wäre dazu der richtige Auftakt gewesen; damals verhinderte dies die Fox-Opposition. Jetzt fand Fox keinen Anhang mehr, da sich seit dem Bruch mit Burke 1790 viele Whigs auf die Seite der Ordnung und Autorität geschlagen hatten. Jahrzehntelang blieben die dezidierten Whigs nur mehr ein Schatten, bis sie durch die bürgerliche Reformströmung wieder emporgetragen wurden, die aber unabhängig von ihnen herangewachsen war. Noch 1804 berichtete Cobbett von einer Streitfrage, ob die Whigs vom Unterhaus in einem einzigen oder in zwei Mietwagen nach Hause fahren könnten.

Diese Entwicklung wäre wohl kaum in solcher Form zum Zuge gekommen, wenn Edmund Burke (1729–1797) nicht durch seine epochemachende Schrift »Gedanken über die Französische Revolution« von 1790 den konservativen Kräften ein durchschlagendes Waffenarsenal geliefert hätte, das ihn zu einem der größten politischen Publizisten gemacht hat. Burke war in seiner Jugend von den Ideen Bolingbrokes beeinflußt worden, dann aber unter der Protektion der großen Whigmagnaten, besonders des Lord Rockingham, zu Würden gekommen, bis er nach seinem gemeinsamen Oppositionskampf mit Fox gegen Pitt angesichts der Revolution in Frankreich seine Wandlung zum konservativen Staatsmann erfuhr. Noch in seiner berühmten Bristol-Rede von 1774 hatte er die Autonomie des Parlaments verteidigt; er war für die amerikanischen Kolonisten, für die alten Rechte der Engländer, für eine Katholiken-Emanzipation, für eine Haushaltsreform und gegen den »Influence« der Krone eingetreten. Er war freilich auch wie alle Whigs ein Anbeter der englischen Verfassung und der Revolutionsregelung von 1689. In ihr sah er den angemessenen Ausdruck der kollektiven Weisheit der Nation.

Das Werk der Französischen Revolution erschien ihm dagegen als das hybride Zerrbild eines Staatswesens. Er wandte sich gegen das rationalistische Machen eines Staates, gegen abstrakte Programme und Doktrinen. Er stellte dem Idol einer abstrakten Freiheit den Stammbaum der englischen Freiheiten entgegen. Wahre Politik war für ihn die behütende Verwaltung der überkommenen Substanz des Gemeinwesens und der Ausgleich zwischen Alt und Neu. Voll Ingrimm wandte er sich gegen die französischen Verfassungskonstrukteure und weissagte schon 1790 die Heraufkunft des schrecklichsten Terrors. Stattdessen fand er im Altbewährten und Ersessenen (prescription) eine geheime Vernunft und ein inneres Recht. Gegen den programmatischen Formalismus der Revolutionäre erkannte er die innere Notwendigkeit und den sittlichen Gehalt des Gewordenen. Durch ihn lernte der Kontinent das Tiefsinnige der englischen Entwicklung zum Rechts- und Verfassungsstaat verstehen, den England nicht einem einzelnen, sondern der Weisheit von Generationen verdankte.

In seinem Mißtrauen gegen Theorie und Abstraktion verwarf Burke die radikalen Bewegungen als Stufen zum Umsturz. Er wandte sich gegen eine Vermehrung der Wählerschaft, da er nur den wirklich Unabhängigen ein verantwortliches Wahlrecht zugestehen wollte. Die Masse war ihm ein Unglück, desgleichen die Städte. Hier regiere die Agitation. Auch die Industrie sei ein Unglück, da sie die Vermassung fördere. Dagegen sei die Landwirtschaft die Grundlage einer gesunden Gesellschaft. Die große Kultur Europas beruhte nach ihm zutiefst auf dem christlichen Glauben und dem Adel. Dabei sei das Eigentum das Schwergewicht des Staatsschiffes, das die Stetigkeit der Verhältnisse sichere. In England sei das Oberhaus der Eckstein des »landed interest« und die Darstellung von Kirche und Adel; das Unterhaus stehe unter der Vorherrschaft der Besitzenden und solle es bleiben.

Burke fand maßlose Worte gegen die gestaltlose, vereinzelte Menge; eine Menge, die nur nach Köpfen zähle, sei noch kein Volk. Das Volk als Summe der einzelnen sei nur Fiktion. Erst die Gliederung und Differenzierung in Lebenskreise, in Berufszweige und Gemeinden bringe den moralischen Organismus des Ganzen im Laufe von Generationen hervor. Nach Burke hatten die individualistischen Staats- und Gesellschaftslehren den sozialen Organismus in abstrakte Einzelne und Vereinzelte zerstückelt. Er sah nicht, wie diese Vereinzelung ein schicksalhafter Grundzug der aufkommenden Industriegesellschaft war und in die politische Konzeption hineingenommen werden mußte. Am Ende seines Lebens (1797) rief Burke den zögernden Pitt sogar zu Krieg und Unterdrückung auf – gegen die Masse, jenes böse Raubtier, das auszubrechen drohe.

Burke lehrte die Tory-Partei, sich selbst als wahren Erben der Englischen Revolution und als Schützer vor der falschen Magie der Französischen Revolution zu sehen. Gegen den Atheismus der Revolution wurde die protestantisch-anglikanische Sache wieder Kampfparole des Torismus, besonders als die Katholiken in England und Irland die bürgerlichen Rechte beanspruchten. Die doppelte Furcht vor der Französischen Revolution und vor der römisch-katholischen Gefahr konstituierten den englischen Torismus, in welchem sich wieder »landed interest« und »Church Interest« verbanden.

Seit 1790 wurden die Tories eifrige Verteidiger des Revolution-Settlement von 1689 und der Krone, also des Hauses Hannover; die Whigs dagegen wurden unter Fox Anwälte einer weitgehenden Reform und einer Emanzipation der nonkonformistischen Gruppen, immer noch die Römisch-Katholischen ausgenommen. Da die freikirchlichen Dissenter nach den Mißerfolgen von 1787 und 1789 keine andere Chance sahen, zu gleichen Rechten zu kommen als durch die Whig-Gruppe unter Fox und durch Parlamentsreform, fühlten sie sich mit Fox verbunden, der sich für religiöse Gleichberechtigung erwärmte und den Grundsatz verteidigte, daß das Religionsbekenntnis kein geeigneter Test für eine politische Institution sei. Dagegen war die »Established Church« jeder Parlamentsreform abgeneigt und dem Torismus verbunden, so daß in Bezug auf das »Church Interest« die alte Gruppierung sich erhielt. Allerdings war auch ein großer Teil des Dissent voller Abscheu gegen die Französische Revolution, und die vom neuen evangelischen Geist durchglühten Sekten fanden vielfach in der Gegnerschaft gegen die auflebenden Ansprüche der Katholiken ein Bindeglied zur toristischen Oberschicht. Im Vordergrund stand mithin das Verhältnis zur Französischen Revolution, zumal das Bündnis der Foxiten mit dem Freikirchentum ungewollt auch wie ein Bündnis mit dem politischen Radikalismus erschien. Die Gegensätze waren in ein anderes, prinzipielleres Klima gehoben worden. Gewiß waren die Whigs seit jeher Rationalisten und Anhänger der Staatsvertragslehre und die Tories die gefühlsbestimmten Anhänger der tradierten Ordnungszusammenhänge; jene hatten sich stets mehr auf die Vernunft, diese mehr auf die Religion berufen. Jetzt aber destillierten sich die Gegensätze in größerer Reinheit und Grundsätzlichkeit heraus, verbanden sich mit den großen weltpolitischen Gegensätzen und verstanden sich aus dem Medium einer weltanschaulich belangvollen Politik; sie veränderten ihre Qualität. Der verbliebene Whiggismus entwickelte eine Tendenz zum demokratischen Liberalismus, der die gemäßigten Elemente abstieß. Der Torismus nahm die gemäßigten Whigs in sich auf und pflanzte sich damit ein reformerisches Element ein. Der Torismus hatte endgültig seine Grenzperspektive, den Jakobitismus, ausgeschieden, während der Whiggismus sich eine neue zugelegt hatte, den Jakobinismus. Beide hatten dabei ihren alten Provinzialismus hinter sich gelassen, ihre verkümmerten Gegensätze in eine größere Dimension hineingedeutet, an geistiger Substanz gewonnen, aber auch an Konsistenz und Profil vorerst verspielt. Die großen Bewegungen des 19. Jahrhunderts gingen nicht von ihnen aus, aber in sie hinein.

In einer Epoche permanenten Krieges und beschleunigter wirtschaftlicher und sozialer Veränderungen erstarrte das Herrschaftssystem im Zeichen einer Reaktion, die an allem festhalten und nichts geändert wissen wollte. Die Verehrung für die alte englische Verfassung und das Mißtrauen gegen Theorie und Abstraktion, der große Einfluß Burkes, noch mehr aber das Erlebnis des jakobinischen Abenteuers, das mit allem reinen Tisch machen wollte, bewirkten allmählich die Entartung des konservativen Anliegens zur »Reaktion«, deren unrühmlicher Repräsentant der Großkanzler Lord Eldon (1801-1827) war, der »an alles glaubte, was man unmöglich glauben kann - an die Gefahr einer Parlamentsreform, an die Gefahr der Emanzipation der Katholiken, an die Gefahr, den Obersten Gerichtshof umzubilden, an die Gefahr für geringe Diebstähle die Todesstrafe abzuschaffen, an die Gefahr, Landbesitzer ihre Schulden zahlen zu lassen« (Bagehot, 1855). Dahinter stand ein unbestimmtes soziales Ideal der guten alten Zeit mit ihren gottgegebenen Unterschieden, wo jeder in Treu und Glauben an seinem heimatlichen Platz festhielt, ein Ideal, das in der romantischen Literatur und vor allem in den Romanen Walter Scotts seine dichterische Verklärung fand und die revolutionären Neigungen der Zeit zurückdrängte. In der liberalen Edinburgh Review von 1802 und der Quarterly Review von 1809 als der toristischen Gegengründung begann sich der neue Gegensatz von liberalem und konservativem Denken erstmals zu artikulieren.

Was Burke als Wegbahner des Konservativismus war, das stellte Jeremy Bentham (1748-1832) für den utilitarischen Liberalismus dar. Auch Bentham war kein Anhänger der Französischen Revolution, ja betrachtete sie als Unsinn auf Stelzen; sie widersprach seiner Vorstellung von Politik völlig, obgleich in seiner Denkweise verwandte Elemente lebendig waren. Er war von einer einzigen Idee besessen, einem geradezu absolutistischen Bauprinzip. Ihm galt als einziges Maß für Recht und Unrecht, für Vernunft und Unvernunft nur das »größte Glück der größten Zahl«, ein Prinzip, das er einer Broschüre von Priestley entnommen hatte und das er auf alle menschlichen Verhältnisse angewandt wissen wollte. Das war seine politische Weltformel, mit welcher er der »Newton of the Moral Sciences« zu sein glaubte. Mit diesem Bauprinzip lieferte er die erste wissenschaftliche Staatsbetrachtung in der demokratischen Bewegung. Es war ein im Grunde banales Prinzip, mit welchem dieser ausdauernde, nüchterne und zugleich dämonische Maulwurf sein Leben lang an den Fundamenten des feudalen Herrschaftssystems nagte und die politische Welt zu einem Kalkül auf den größten Nutzen für den größten Teil der Individuen entzauberte. Unter allen denkbaren Maßnahmen sollte immer nur Gesetz werden, was den meisten Vorteil einbrachte. Das Maximum der Lust war der Maßstab und die Basis seiner Ethik. Alle Mißstände und Vorurteile wurden im Namen dieses Grundprinzips von ihm angeprangert und in ihrer augenscheinlichen Sinnlosigkeit entlarvt. Diese Respektlosigkeit gegen die Zwangsjacke veralteter Gesetze erschütterte mit der Zeit die Selbstsicherheit der alten Tory-Orthodoxie. Die Summierung aller einzelnen Lusteffekte ergab für ihn die einzige Legitimation für gute Gesetze und Verfassungen.

Die Ideen dieses »Urphilisters« (Marx) und »radikalen Narren« (Goethe) beeinflußten langsam das politische Denken der Zeit; die Utilität wurde geradezu ein Fetisch. Die liberalen Freihandels- und Manchester-Leute, aber auch die sozialistischen Anwälte staatlicher Lenkung schuldeten Bentham ihre Grundideen. Sein Demokratismus sicherte ihm die Anhängerschaft der Arbeiterführer. Sein Kampf gegen veraltete Zustände und für Gleichheit und Glück aller, sein kolossaler Haß gegen Idole und Mythen, sein Eintreten für alle Schichten des politischen Ghettos und seine großartige Einseitigkeit gaben seiner Denkweise weiteste Verbreitung, zumal sein Kalkül der Mentalität der freikirchlichen Gruppen und dem calvinistischen Utilitätskalkül ebenso entsprach wie ähnlich gerichteten Ideen der Aufklärung. Seine Lehre war das Ferment der Veränderung und lieferte der Reformbewegung das geistige Rüstzeug.

Aus seinem Glückskalkül forderte Bentham eine allmähliche Demokratisierung. Da jeder nur wollen könne, was ihm nützt, sichere die Demokratie erst umfassendes Glück; eine demokratische Ausweitung des Wahlrechts und eine allgemeine Diskussionsfreiheit werde gesetzliche Weisheit erzeugen. Dazu sei die Befreiung aller Individuen zu vernünftigem und sittlichem Handeln, d.h. ihre Erlösung durch Erziehung und Wegfall aller gesetzlichen Einschränkungen, erforderlich. Ferner sei jeder Machthaber, da er nur seinen eigenen Vorteil wolle, von der Mehrheit zu kontrollieren. Darüber hinaus seien Gesetze nicht Aufgabe der Regierung, sondern Erfordernisse der allgemeinen Wohlfahrt, also Anwendungen des Utilitätskalküls. Sie sollten nicht Ausnahme, sondern die Regel sein. In dieser Forderung kündigte sich die moderne Fülle der Gesetzgebung an, die in der Tat kurz vor 1832 einsetzte. Diese Masse der legislativen Maßnahmen bezeugte den Einfluß einer einzigen geistigen Schule, des Benthamismus, die in der »Westminster Review« ihr vielbeachtetes publizistisches Organ hatte.

Die eingeschränkte Reform von 1832 und die zahlreichen gesetzlichen Vorkehrungen der Folgezeit verrieten den Geist Benthams. Es wurde nur das Stimmrecht jener Intelligenz- und Besitzschicht durchgesetzt, die am ehesten unter den obwaltenden Umständen das größte Glück der größten Zahl bewirken konnte. Erst nach Erziehung und Aufklärung der unteren Schichten sollte das Wahlrecht eine Erweiterung erfahren. Selbst das umstrittene Armengesetz von 1834 folgte Benthams Ideen, insofern die Erziehung in Arbeitshäusern die Armen zu nützlichen Gliedern der Gesellschaft machen sollte und die Trennung der Geschlechter die Zahl der Kinder reduzieren, das Überangebot an Arbeitskräften und die daraus resultierende Unterbezahlung beseitigen sollte. Auch die Aufhebung der Test-Akte 1828/29, die Freiheit des Binnenhandels durch die »Consolidating Act« von 1825, die Freiheit des Gesamthandels 1846, das Ehescheidungsgesetz von 1857 und dergleichen mehr lockerten das gesellschaftliche Gefüge und sollten jenes Individuum freisetzen, das als egoistischer Mechanismus aus Trieb und Vernunft von selbst jenen Kalkül hervorbringen half, aus dem die beste Politik von allen und für alle sich ergeben mußte.

Später wandelte und sublimierte sich die allzu platte Lehre Benthams bei seinem Schüler John Stuart Mill zu einer Philosophie der Selbsthingabe und gewann damit ein größeres Format. Für den Übergang zur industriellen Massengesellschaft war sie aber von größter Bedeutung und vermochte die Position von Burke allmählich einzuschränken. Von beiden gingen entgegengesetzte Ideenströme aus, deren Gegeneinander sich von beiden her pragmatisch interpretieren ließ und jenes Widerspiel von konservierenden und kritisierenden Kräften ermöglichte, dessen Entfaltung im Parlament in angemessener Form die zwei Seelen Englands zu Wort kommen ließ, aus der die Nation sich schließlich verstand. Ohne Burke und Bentham hätten sich britischer Konservativismus und Liberalismus nicht in das Format eines sich wechselseitig bedingenden nationalen Selbstverständnisses hinaufsteigern können.

5. *Die Union mit Irland im Jahre 1800*

Im 17. Jahrhundert war die Führungsschicht der katholisch-keltischen Bevölkerung Irlands vernichtet und ihre Besitztümer fremden Landlords gegeben worden. Gegen die protestantisch-englische Herrschaft hatte die einheimische Priesterschaft im unterdrückten Bauerntum maßgeblichen Einfluß gewonnen. In der zweiten Hälfte des 18. Jahrhunderts waren zwar die drückendsten anti-katholischen Strafgesetze aufgehoben worden, aber die Katholiken blieben immer noch vom politischen Leben ausgeschlossen. Die Bauern hatten ihre kirchlichen Abgaben an die Anglikanische Kirche und ihre sonstigen Steuern an eine landfremde Squirearchie zu entrichten. Die Verelendung und Entrechtung machten sich in gelegentlichen Gewalttätigkeiten oder auch in Geheimgesellschaften wie etwa den »Whiteboys« Luft, ohne an dem Kolonialstatus und der Ausbeutungspolitik etwas ändern zu können. Die Bevölkerungsvermehrung seit 1750 steigerte noch das Elend. Das Parlament in Westminster sah in diesem barbarischen Helotentum, das es mitverschuldet hatte, eine Rechtfertigung für seine Repressionspolitik. Den Iren blieb nur der Weg der Emigration nach Amerika. Selbst die protestantische Industrie in Nordirland wurde als Konkurrent der englischen Industrie niedergedrückt. Auch viele der Protestanten in Ulster, besonders die bis 1782 einflußlosen Presbyterianer, wanderten in großer Zahl nach Amerika aus.

Die Ulster-Protestanten versuchten sogar, das apathische Land gegen die wirtschaftliche Tyrannei und den religiösen und politischen Despotismus des Parlaments in Dublin aufzuwiegeln, das im Namen Englands regierte. Im Amerikanischen Unabhängigkeitskrieg hatte die Regierung zum Schutz gegen eine französische Invasion eine Freiwilligenarmee gebildet, deren Rekrutierung bei der Armut und Übervölkerung des Landes keine Schwierigkeiten machte. Diese Hilfe hatte Westminster angesichts der europäischen Kombination gegen England bewogen, zahlreiche wirtschaftliche Repressionen abzuschaffen, auf den legislativen und rechtlichen Supremat zu verzichten und eine nominelle Unabhängigkeit des Dubliner Parlaments zuzulassen. Die Konstitution von 1782 stellte Irland nur unter die englische Krone, die durch einen Lord Lieutenant als Vizekönig und Haupt der Verwaltung vertreten wurde. Freilich ließ das Schutzbedürfnis und auch die Finanzabhängigkeit der von außen gestützten Dubliner Oligarchie eine wirkliche Unabhängigkeit kaum zu, zumal das Parlament als Legislative keine Kontrolle über die Exekutive ausübte. Außerdem blieb die große katholische Majorität weiterhin von den Wahlen und vom Parlament ausgeschlossen.

Erst im Jahre 1791 suchte eine Deputation irischer Katholiken in London vergeblich für ihre Landsleute das volle Bürgerrecht zu erreichen. Als 1793 das revolutionäre Frankreich den Krieg an England erklärt hatte, beschloß das Dubliner Parlament, den Katholiken wenigstens das aktive Wahlrecht zu geben, welches dann im Vertrauen auf das verbesserte Verhältnis der Bauern zu ihren Landlords allen 40-Schilling-Pächtern verliehen wurde. Im Jahre 1795 setzte sich Lord Fitzwilliam sogar in Überschreitung seiner vizeköniglichen Befugnisse für eine volle Katholiken-Emanzipation ein. Das Parlament in Westminster rief ihn deswegen zurück. Nicht ohne Verschulden Fitzwilliams sahen die Katholiken darin eine grundsätzliche Ablehnung ihrer Bestrebungen und eine Täuschung von seiten der Protestanten in Irland. Sie empörten sich und suchten unverhüllt eine Stütze am revolutionären Frankreich. Das brachte sie in unheilbaren Gegensatz zu den Protestanten. Gegen die katholischen »Defenders« bildeten sich die »Orange Lodges«. Als die Regierung in

London die »Orangisten« mit der Wiederherstellung geordneter Verhältnisse betraute und ihnen Polizeifunktionen übertrug, brach der Bürgerkrieg aus. Die französische Gefahr hatte alle Protestanten um die englische Regierung geschart.

Der Landungsversuch der Franzosen im Dezember 1796 hätte fast den Sieg der Katholiken herbeigeführt. Eine kleine Truppe von etwa 1000 Franzosen schlug weit überlegene Truppenkontingente und wurde erst von einer zehnfach stärkeren Militärmacht besiegt. Danach brach eine Rebellion aus, die im August und September 1798 niedergeschlagen wurde. Gerade die »Ninety-eight« war eine regionale, vor allem von einheimischen Priestern geführte, religiös betonte Erhebung, die auch die letzten presbyterianischen Bauern zu den »Orangisten« führte. Der Gegensatz vertiefte sich durch die Grausamkeiten der protestantischen Yeomanry, die bei Waffensuche und Verfolgung Tortur und Totschlag nicht scheute. Jetzt erst kam es zu der ewigen Fehde zwischen katholischen und protestantischen Iren. Zugleich hatte sich gezeigt, auf welchem schwankenden Boden die Dubliner Oligarchie ihre Herrschaft ausübte. Pitt sah in einer Union von Großbritannien und Irland die angemessene Lösung des Irlandproblems. Freilich scheiterte dieser Plan im Januar 1799 und erst nach dem »Appeal to the Country« von 1799 gelang es nach beruhigenden Versprechen an die Katholiken und einer Orgie der Korruption im Dubliner Parlament das Unionsgesetz in Dublin und Westminster durchzubringen. Pitt hatte vorher die Änderung des Abgabewesens, Bezahlung der irischen Priester und baldige Emanzipation versprochen. Aber er konnte sich nicht gegen Georg III., der sich auf seinen Krönungseid berief, durchsetzen. Er mußte dem König versprechen, niemals mehr die katholische Frage anzurühren, und resignierte im Februar 1801. Die Katholiken sahen sich wiederum betrogen, zumal ihnen die Aussicht auf eine Emanzipation in Westminster geringer zu sein schien als in Dublin. Auch die Besoldung der Priester wurde nicht durchgeführt. Zum Haß der »Orangisten« kam das gebrochene Versprechen der Regierung. Damit wurde erst der scharfe Antagonismus der irischen Katholiken gegen England ein maßgebender Grundzug der irischen Untergrund-Politik.

Die Unions-Akte von 1800 vereinigte die Parlamente von

Dublin und Westminster sowie die anglikanischen Kirchen von England und Irland, stellte das oberste Appellationsrecht des House of Lords wieder her und setzte die Verwaltung Irlands unter das britische Kabinett. Die Handelsbeschränkungen entfielen. Ab 1. Januar 1801 traten 28 irische Peers als lebenslängliche Mitglieder und vier irische Bischöfe im Wechsel ins Oberhaus ein, während in das Unterhaus 100 Mitglieder aus irischen Wahlbezirken aufgenommen wurden. Der schwache Punkt der Union blieb die Katholikenfrage; er hatte aber das Gute, daß nach einem letzten Aufflackern gewalttätigen Widerstands im Jahre 1803 sich katholische Assoziationen seit 1805 bildeten, die über den Weg der Petitionen an Westminster auf legalem Wege ihr Ziel zu erreichen suchten.

6. Der Krieg mit Frankreich

England hielt sich von dem österreichisch-preußischen Krieg gegen Frankreich 1792 zurück. Pitt hatte zu Beginn des Jahres 1792 die Armee auf 17000 Mann verringert und 2000 Seeleute entlassen. Aber schon Ende 1792 hatte England keine Wahl mehr. Der Sieg bei Jemappes im November 1792 legte den Franzosen Belgien zu Füßen; die Dekrete des Konvents vom November und Dezember 1792 versprachen allen Völkern Beistand gegen ihre Herrscher und erklärten mit Berufung auf das Naturrecht die Schiffahrtssperren auf Mosel und Schelde für aufgehoben und alle geltenden Schutz- und Barrière-Verträge für zerrissen. Am 31. Januar 1793 wurde Belgien durch Konventsdekret mit Frankreich vereinigt. England hatte schon am 23. Januar, zwei Tage nach der Hinrichtung Ludwigs XVI., dem französischen Geschäftsträger die Pässe zugestellt. Am 1. Februar 1793 erklärte Frankreich an England und Holland den Krieg. Frankreich stand allein gegen Europa. Aber eine Zusammenfassung aller gegnerischen Kräfte kam nicht zustande, vor allem wegen der polnischen Frage. England suchte infolgedessen auf den französischen Bürgerkrieg seit 1793 einzuwirken. Es betrachtete den Krieg vorerst als Interessenkonflikt, der ihm die französischen Zuckerplantagen in Westindien bringen sollte. Nur Burke erkannte von vornherein, daß es sich um einen »metaphysischen Krieg« handelte.

Seine erste Aktion richtete sich gegen Toulon. Auf das Hilfeersuchen von Spanien, Sardinien und Neapel hin segelte im April/Mai 1793 eine überlegene Flotte unter Hood ins Mittelmeer gegen die starke, bei Toulon lagernde französische Flotte. Hier hatten französische Royalisten sich der Stadt bemächtigt und übergaben sie den Engländern in Verwahrung für König Ludwig XVII. Die königstreuen französischen Marineoffiziere verbrüderten sich mit den Engländern. Der Vormarsch der Franzosen in Italien war damit verhindert. Aber da Neapel und Spanien nur ungenügende Streitkräfte nachsandten und die Österreicher ihre Zusage, von Mailand aus 5000 Mann zu Hilfe zu schicken, nicht einhielten, ging die Festung Mitte Dezember wieder verloren. Hood besetzte daraufhin Korsika und Elba, um eine französische Invasion nach Italien von der Flanke aus zu bedrohen. Das erregte die Besorgnis Spaniens, das durch die fast gleichzeitige Besetzung Haitis durch britische Truppen irritiert war.

Dann versuchte England von der Westküste Frankreichs aus die aufständische Vendée und später die Bretagne zu unterstützen. Aber 1793 wurden die Royalisten geschlagen; und die Verschiffung französischer Emigranten aus England nach Quiberon 1795 zur Ermutigung der aufständischen Chouans scheiterte blutig. Die englische Hilfe diskreditierte die Royalisten und setzte die Sache der französischen Radikalen mit der nationalen Selbstbehauptung gleich. Eine britische Armee unter dem Herzog von York kam den Holländern zur Hilfe, wurde aber von Pichegru, dem Eroberer Hollands, 1794 vertrieben. Der Statthalter Wilhelm von Oranien floh nach England und gab den Briten das Schutzrecht über die holländischen Kolonien für die Dauer des Krieges. Kapstadt (1806) und Ceylon (1796) mußten aber mit Gewalt genommen werden; Malakka, Westsumatra und auch Surinam fügten sich, während Java, das Zentrum des holländischen Kolonialreiches, sich bis 1811 gegen England behauptete. Die militärische Notlage veranlaßte Pitt schon 1794, ein eigenes Kriegssekretariat, das erste seiner Art, zu schaffen.

Noch eine vierte Aktion unternahm England in diesen ersten

Kriegsjahren: Auf die Hilferufe der französischen Farmer besetzte es am 1. Juni 1794 Westindien einschließlich Haiti, aber ohne Guadeloupe. Westindien war in der Tat das einzige Kompensationsobjekt, das sich in Übersee anbot; zugleich schützte England die weißen Pflanzer vor der Ausrottung durch die Negersklaven, die nach der Proklamation ihrer Befreiung durch den Konvent den ganzen Archipel in Aufruhr gebracht hatten. Diese Operation war zahlenmäßig die größte und verlustreichste. In drei Jahren erkrankten 80000 Soldaten am gelben Fieber, von denen die Hälfte starb. Zugleich verdroß die englische Besetzungspolitik die Alliierten, die umso ungenierter ihre eigenen Interessen verfolgten.

Das Jahr 1795 brachte die Wende zugunsten Frankreichs. Preußen schied im Frieden von Basel April 1795 aus. Spanien folgte im Juli 1795 und trat dabei Spanisch-San Domingo an Frankreich ab, das im August die Kolonien zum integralen Teil der Republik erklärte. Dadurch konnten Sardinien und Neapel 1796 durch Napoleon aus dem Krieg geworfen werden. Spanien trat nun offen auf die Seite der Franzosen, vor allem wegen des Eindringens Englands in Westindien. England gab Korsika und Elba und damit seine Mittelmeerstellung preis. Es nahm zwar noch die restlichen französischen Besitzungen in Indien und Westindien, aber verschwand für mehr als zehn Jahre vom europäischen Festland, wenn die gescheiterte Landung des Herzogs von York in Holland 1799 und die ergebnislose Landung in Norddeutschland 1805 außer Acht bleiben. Frankreich hielt Europa von Holland bis Rom im Bunde mit Spanien besetzt. Im Dezember 1796 segelte der junge General Hoche sogar mit 16000 Mann nach Irland, um hier einen Aufruhr zu entfachen. Das Unternehmen scheiterte an einem Sturm, der ein Drittel der Schiffe zerstörte. Im Februar 1797 hinderte Nelson die spanische Flotte bei Cadiz an einem zweiten Invasionsunternehmen. Als nun aber auch 1797 Österreich Frieden machte, schien eine französische Invasion von allen Häfen der europäischen Westküste gegen England bevorzustehen.

Im April und Juni des gleichen Jahres brachen englische Marinemeutereien aus; die Londoner Handelsschiffahrt kam zeitweise zum Erliegen. Teuerung, Mißernten und Arbeitslosigkeit hatten den Krieg verhaßt gemacht und die Staatsfinanzen zerrüttet. Der Aufruhr konnte unterdrückt werden, aber Pitt bot schon im Juli 1797 in den Verhandlungen von Lille den Frieden unter Belassung Belgiens an Frankreich an. Aber die gemäßigte Friedenspartei im Direktorium wurde auf Anstiften Napoleons durch den Staatsstreich vom 18. Fructidor (7. September) 1797 hinweggefegt, die neue jakobinische Führung bestand auf der Annexion Italiens. Der tiefere Grund war, daß Frankreich weder auf die Kontributionen verzichten noch seine Soldaten ohne Gefahr entlassen konnte; seine permanente Staatskrisis machte es aggressiv. Die übertriebenen Forderungen des militanten Jakobinismus entzündeten in England den entschlossenen Willen zum Widerstand. Die Verhandlungen wurden abgebrochen. Ein Überfall auf England wurde durch Vernichtung der holländischen Seestreitkräfte bei Camperdown durch die gleichen Seeleute verhindert, die zuvor gemeutert hatten. Jetzt waren die dunklen Tage des Frühjahrs vergessen. Pitt erkannte, daß Paris den völligen Umsturz wollte, und appellierte an die Nation, »auf Gedeih und Verderb Gesetze, Freiheiten und Religion des Landes zu erhalten«. Die Adresse an den König vom Oktober 1797 ging zum ersten Mal ohne eine einzige Gegenstimme durch. Die anfängliche Begeisterung für das Jakobinertum war erloschen; die Nation raffte sich auf. Eine Besteuerung der hohen Einkommen, Spendenaufrufe, Gründungen von Freiwilligencorps und Repressionsgesetze setzten das Land in einen nationalen Verteidigungszustand. Die Opposition zerrann, Pitt stand auf der Höhe seiner Laufbahn.

Schon im April 1798 ließ England wieder eine Flotte ins Mittelmeer einlaufen, um Neapel zu schützen und Österreich zur Wiederaufnahme des Kampfes zu ermutigen. Pitt zeigte damit Englands Willen zur Offensive. Das gewagte Mittelmeer-Unternehmen angesichts der feindlichen Flotten Frankreichs und Spaniens und der französischen Machtstellung in Italien mit Flottenstützpunkten in Ancona und auf Korfu in der Adria wurde einem der jüngsten Flaggoffiziere, Nelson, anvertraut. Mit dem Sieg bei Abukir über die französische Landungsflotte vor Ägypten am 1. August 1798 schnitt Nelson Napoleon von Europa ab. Die Folge war die zweite Koalition gegen Frankreich und die

Behauptung der englischen Seegeltung im Mittelmeer und Atlantik. Nelson stellte in Neapel die alten Verhältnisse unter den Bourbonen wieder her. Die Russen drangen in Norditalien und die Österreicher am Rhein vor. Mit der Rückkehr Napoleons kam die Wende. Ende 1800 stand England wiederum allein. Gegen den englischen Anspruch auf Kontrolle der neutralen Schiffahrt bildete sich sogar eine Liga der »bewaffneten Neutralität« mit Rußland, Dänemark, Schweden und Preußen gegen England. Aber der Tod des Zaren Paul I. 1801 und der kühne Vorstoß der britischen Seestreitkräfte in die Ostsee mit der Bombardierung der dänischen Flotte vor Kopenhagen am 2. April 1801 zersprengte die Liga; kurz danach kapitulierte die französische Armee in Ägypten am 30. August, als die Friedensverhandlungen schon eingeleitet waren. Der Friede von Amiens, den auch Spanien mitunterzeichnete, kam am 27. März 1802 zustande.

Napoleon sah in Amiens den Rückzug Englands vom Kontinent, der ihm freie Verfügungsgewalt über die Konkursmasse Europas im Reich und in Italien gab. England sah darin aber eine Festlegung der äußersten Machtgrenzen, die man Napoleon zugestehen wollte. In der Tat hatte Frankreich die größten Vorteile. England gab alle seine Eroberungen in Übersee an Frankreich, Spanien und Holland zurück und hatte nach zehnjährigem Kampf lediglich Ceylon von Holland und Trinidad von Spanien gewonnen. Sogar das Kap der guten Hoffnung fiel an die nunmehrige »Batavische Republik« zurück, und Malta sollte an den Johanniterorden zurückgegeben werden; die Integrität der Hohen Pforte einschließlich Ägyptens wurde vereinbart. Der Sultan trat in einer besonderen Erklärung dem Frieden bei. Über Italien- und Rheinfrage wurde nichts erwähnt, da Napoleon sich weigerte, über sie zu diskutieren. Es kam auch nicht zu der von England erhofften Rückgewinnung der europäischen Märkte; der Freihandelsvertrag mit Frankreich von 1786 wurde nicht erneuert. Die britische Geschäftswelt und der Kolonialhandel waren entsetzt. Napoleon behielt freie Hand zur Wiederaufnahme seiner Weltpolitik und zu seiner merkantilistischen anti-englischen Sperrpolitik. Die französischen Gesetze gegen britische Waren blieben weiterhin in Kraft. Das Zollgesetz vom 28. April

1803 schützte die französisch beherrschten Märkte vor britischen Produkten. England hielt aus Protest gegen diese und andere Provokationen Malta entgegen den Abmachungen von Amiens besetzt. Zum kalten Krieg kam noch die Expedition des Generals Leclerc nach Westindien 1802/3 gegen die dortige Negerherrschaft, aber auch für ein mittelamerikanisches Imperium gegen England und angelehnt an Louisiana. Das Abenteuer scheiterte und endete mit dem Verkauf Louisianas an die Vereinigten Staaten 1803, um es wenigstens nicht in britische Hände fallen zu lassen. Napoleon hielt offenbar Amiens nur für eine Atempause im Kampf gegen die britische Suprematie. Die Konzentration von Truppen im Lager von Boulogne, bei der in der Tat eine Invasion für den Winter 1803 ins Auge gefaßt war, erschien in England als eine weitere Bedrohung. Im Mai 1803 herrschte wieder Kriegszustand. Der freudig begrüßte Friede hatte nur ein Jahr gedauert. Dem Friedensminister Addington (1801–1803) folgte 1804 wiederum Pitt.

England besetzte sogleich alle französischen Kolonien und blockierte die Flotten in Brest, Rochefort und Toulon. Napoleon antwortete mit einer europäischen Hafensperre, der Besetzung Hannovers und Truppenaushebungen. Das Entweichen der französischen Flotte aus Toulon erlaubte ihm sogar einen offensiven Vorstoß nach Übersee. Die französisch-spanische Flotte segelte nach Westindien, wo Nelson sie aber rechtzeitig erreichte; auch ihr Vorstoß in den Kanal, der das Unternehmen von Boulogne stützen sollte, wurde abgewehrt. Am 21. September 1805 vernichtete Nelson den Großteil der vereinigten spanisch-französischen Flotte am Kap von Trafalgar, ohne selbst ein einziges Schiff einzubüßen; Nelson selbst fand allerdings den Tod. Napoleon hatte schon vorher den Boulogne-Plan aufgegeben und den Krieg auf dem Kontinent gegen die Dritte Koalition gesucht. Als Pitt am 23. Januar 1806 starb, war Napoleon durch die Schlacht bei Austerlitz wieder Herr des Kontinents. Aber Trafalgar brachte die unbestrittene Seeherrschaft Englands. Es setzte dem spanisch-französischen Seebund ein Ende, entzog allen Invasionsplänen die Grundlage und markierte den Beginn der Unabhängigkeitsbewegung der südamerikanischen Kolonien, wo Simon Bolivar, ein Schüler Rousseaus, die Kreolen gegen das von

Frankreich gebeugte Mutterland führte. Hier setzten die freien Iberer Südamerikas sich gegen die unfreien Iberer Europas in einer Bewegung ab, die für Frankreich verloren war und sich auf England stützte.

Bis dahin hatte England zu einem Kunstmittel gegriffen, das es als Vorkämpfer des Ancien Régime erscheinen ließ. Es hatte Schatten- und Nebenregierungen erhalten oder aufgestellt wie etwa Wilhelm V. von Oranien für Holland oder den Grafen von Artois, der die Leitung der Emigrantengruppe gegen Frankreich übernahm, und später dessen älteren Bruder, den Grafen von Provence, der sich seit dem Tode des Dauphins Ludwig XVIII. nannte, oder den König beider Sizilien, der im Schutze der britischen Flotte in Palermo residierte, oder auch die portugiesische Königsfamilie, die auf britischen Schiffen nach Brasilien gebracht wurde. Nur der König von Piemont-Sardinien hielt im unwirtlichen Cagliari aus, bis die Sturmflut verrauscht war. Nun aber nach 1806 bekam die britische Politik einen anderen Charakter: Sie wurde vom Schützer der Dynastien zum befreienden Erwecker der jungen nationalen Kräfte. Zugleich baute sie ein neues Imperium auf, und schließlich wurde sie im Kampf gegen Napoleons Wirtschaftskrieg der Protagonist der freiheitlichen kommerziellen Kräfte. Drei Momente bestimmten mithin die britische Politik: der Ausbau des Kolonial-Imperiums gegen Napoleon, der Kampf gegen die Kontinentalsperre und die Förderung der revolutionären Erhebungen, zuerst in Spanien. Damit rief es gegen den napoleonischen Imperialismus Kräfte wach, die dessen Zusammenbruch herbeiführten.

Der Aufbau des neuen britischen Kolonialimperiums war bis zu einem gewissen Grade das ungewollte Werk Napoleons, der mit seiner weltpolitischen Strategie England in die Knie zwingen wollte. Nach Campo Formio am 17. Oktober 1797 war Napoleon Kommandeur der Armee für England geworden. Der Stoß durchs Mittelmeer nach Ägypten sollte ihm die Brücke nach Indien schaffen, um England zu treffen. Er faßte den Durchstich der Landenge Suez zur Ausschaltung des englischen Handels ins Auge; die Verbindung mit dem indischen Mohammedanismus über den Vorderen Orient sollte der Hebel zum Sturz der britischen Asienherrschaft werden. Eine Armee von 15000 Mann sollte von Suez aus nach Indien vordringen und sich dort mit dem Moslem-Sultan Tippoo vereinigen. Tippoo Sahib, der Sultan von Mysore und einer der mächtigsten indischen Fürsten, hatte sich gegen die Briten erhoben und war 1791 besiegt worden. Er blieb aber mit den in Indien zurückgebliebenen Franzosen in Fühlung und ließ seine Armee von französischen Offizieren ausbilden. Auf Anraten jakobinischer Franzosen hatte der »Citoyen Tipou« an das Direktorium einen Hilferuf gerichtet und sich gleichzeitig an den Gouverneur der Ile de France (Mauritius) gewandt, der Freiwillige sammelte und eine allgemeine Erhebung gegen die Engländer proklamierte. Französische Unterhändler wurden an Tippoo gesandt, die aber abgefangen wurden. Napoleons Sprung nach Ägypten sollte die Gesamtaktion ins Rollen bringen; er wurde aber durch den britischen Sieg bei Abukir 1798 wirkungslos, der sogar den türkischen Sultan veranlaßte, im Bunde mit England den Heiligen Krieg zu erklären. An einen Weitermarsch nach Osten war nicht mehr zu denken, zumal der britische Generalgouverneur in Indien, Richard Wellesley, Zeit hatte, seine Verteidigungslinien zu verstärken, und sein Bruder Arthur Wellesley nach der Siegesnachricht in den Staat Mysore eindrang. Im Mai 1799 erstürmten die britischen und indischen Truppen die Verschanzung von Seringpatam, wobei Tippoo fiel. Damit war die Straße nach Indien verschlossen. Die späteren Pläne Napoleons zu einer Aufteilung des Osmanischen Reiches und besonders sein Tilsiter Plan eines französisch-russischen Indienfeldzuges sowie auch sein berühmter Brief vom 2. Februar 1808 an Caulaincourt in Petersburg, wo eine gemeinsame Expedition über Persien nach Indien vorgeschlagen wurde, verrieten die Ernsthaftigkeit der Indienpläne Napoleons, die jedoch an der zwielichtigen Haltung des Zaren scheiterten.

Das wichtigste Ergebnis der napoleonischen Weltpolitik war, daß im britischen Gegenzug die Grundlage eines neuen Imperiums in Indien gelegt und eine neue Form des englischen Kolonialismus herbeigeführt wurde, die das flächenstaatliche Denken auf den außereuropäischen Raum übertrug. Ansätze dazu hatte es schon früher unter dem älteren Pitt gegeben. Allerdings hieß es noch in der »East-India Act« von 1784 ausdrücklich, daß Eroberung oder Herrschaftsausdehnung in Indien dem Wunsch, der Ehre und der Politik Englands widersprächen, was der damalige tatkräftige Generalgouverneur Warren Hastings als gegen sich gerichtet empfand und ihn zum Rücktritt bewegte. Aber eben dieses Gesetz nahm der Ostindien-Kompanie die Entscheidung über alle zivilen, militärischen und steuerlichen Angelegenheiten sowie über die Besetzung der Spitzenposten. Sie lag nun in der Hand eines Kontrollausschusses, in welchem zwei Kabinettsmitglieder saßen und dessen Mitglieder von der Krone im Einvernehmen mit dem Kabinett ernannt wurden. Zwar behielt die Kompanie ihre händlerischen Monopole und ihre Funktionen, aber der allmächtige Kontrollrat (Board of Control) unter Dundas, mit den Befugnissen eines Staatssekretärs für Indien, überwachte sogar die Korrespondenz der Kompanie mit ihren Direktoren in Indien. Der Aufsichtsrat der Kompanie hatte nur mehr beratende Funktionen; der praktisch von der Regierung bestimmte Generalgouverneur für Indien war nunmehr von der Kompanie unabhängig und nur dem Kabinett in Westminster untergeordnet. Während Warren Hastings noch den Direktoren und dem Aufsichtsrat in Kalkutta verantwortlich war und sich durch den ängstlichen Kommerzialismus der Direktoren behindert fühlte, waren diese neuen Generalgouverneure geradezu unabhängige Despoten, die nur von London kontrolliert wurden. Sie vollendeten das Werk, das Warren Hastings begonnen hatte; Pitt und Dundas ließen solche fähigen Leute wie Wellesley gewähren, die letzten Endes das moderne anglo-indische System aufbauten. Dessen Kernzelle war das schon von Clive eroberte Bengalen, das erste Beispiel einer durchorganisierten kolonialen Provinz. Hier war zwar Selbstverwaltung unbekannt und undurchführbar, aber eine autoritäre Bürokratie sorgte für effektive Verwaltungshoheit, für eine Pax Britannica, die sich allmählich über ganz Hindustan ausdehnte. Damit verknüpfte sich eine Politik der Subsidiärverträge, wie sie schon Clive und Hastings entwickelt hatten, die den einheimischen Fürsten gegen Geldleistungen Sicherheitsgarantien für ihre Gebiete gaben. Diese Fürsten behielten hier die innere Verwaltung, während die Engländer eine angemessene Zahl indischer Truppen (Sepoys) aushoben, ausbildeten und befehligten. Führend darin war Haidarabad, das im Süden von Mysore unter dem fanatischen Sultan Tippoo und im Norden und Westen von den hinduistischen Maratha-Staaten bedroht wurde. Die Streitigkeiten und Spannungen zwischen den Teilfürstentümern wurden in einem unsicheren Gleichgewicht gehalten, einem Schwebezustand zwischen Krieg und Frieden, dessen Erschütterung eine Lawine auslösen konnte.

Zu der Gefahr, die Wellesley, Generalgouverneur seit 1798, gegen Mysore und gegen den von der Moghulpartei beherrschten Maratha-Bund, aber auch gegen den Nizam des Dekkans und die kriegerischen Sikhs zu bestehen hatte, addierte sich nun die Indienpolitik Napoleons. Mysore wurde nach dem Sieg über Tippoo 1799 der ursprünglichen Dynastie, die hinduistisch war, zurückgegeben und unterstellte sich vertraglich dem Schutz Englands. Die folgenden Siege über die Marathen retteten Haidarabad endgültig und machten die Engländer zur Vormacht in Indien. Dabei verlangte diese militärische Anstrengung die intensive verwaltungsmäßige Erschließung des Landes, vor allem weil hinter dem Gegner eine europäische Macht mit europäischen Kriegsvorstellungen stand. Indem die Inder ihre alte Form des Guerilla-Krieges mit Speer und Pferd in den offenen Gebieten zwischen Madras und Kalkutta aufgaben und die europäische Form des Kampfes sich aneigneten, waren sie auch durch die Form des normalen Feldzuges zu besiegen; die ausgebildeten Krieger waren nicht mehr so leicht wie früher durch Marathen-Horden zu ersetzen. Die Engländer bauten hier ein Regime unter ihrer Führung auf, das teilweise bürokratisch-autoritär wie die napoleonischen Staaten und teilweise bündlerisch wie der napoleonische Rheinbund war. Indem Napoleon seine Hand nach Indien ausstreckte, war England zu Gegenmaßnahmen übergegangen, die Zentralindien zu einem durchorganisierten, bis zu seinen Grenzen beherrschten Imperium machten. Nach sieben Jahren (1798–1806) hatte Lord Wellesley den britischen Herrschaftsbereich von einem Sechstel auf zwei Drittel des Subkontinents erweitert. Die meisten indischen Staatswesen waren in ein festes Verhältnis zu England gebracht worden. Das alles gelang mit Hilfe weniger britischer Truppen über immense Entfernungen hinweg und durch die Europäisierung der Konflikte.

Als Wellesley im Jahre 1806 nach Europa zurückkehrte, war

nicht nur die absolute Seeherrschaft durch Trafalgar gesichert, sondern auch eine neue, effektivere Form der kolonialen Herrschaft in Indien erreicht, die sich an das hinduistische Element anlehnte und das alte Faktoreien-System der Kompanie durch politische Herrschaft von Staats wegen ersetzt hatte. Das war der erste und entscheidende Anstoß zur völkerrechtlichen Europäisierung der Welt, die späterhin die kolonialen Konflikte zu europäischen Konflikten machen mußte. Der Kolonialismus des 19. Jahrhunderts wurde mit dem Konventsbeschluß vom August 1795 der Idee nach und durch Napoleons Weltpolitik der Realität nach eine staatspolitische und europäische Angelegenheit.

Nach dem Scheitern seiner überseeischen Machtpolitik suchte Napoleon den englischen Widerstand durch einen Wirtschaftskrieg zu brechen, den seine Hegemonie zu Lande möglich und seine Ohnmacht zur See notwendig machte. Unmittelbarer Anlaß war das Zollgesetz vom 10. April 1806, mit dem Napoleon noch vor dem Bruch mit Preußen die Schließung der Nordseehäfen gegen den britischen Handel forderte. England antwortete mit der Verordnung (Order in Council) vom 16. Mai 1806, die die Küste von Brest bis zur Elbe zum Blockadegebiet erklärte, in welchem nur noch britische Waren ausgeschifft werden durften. Napoleon dekretierte daraufhin nach der Niederwerfung Preußens von Berlin aus am 21. November 1806 die Konfiskation aller britischen Waren und Warenhäuser. England unterband nun in der Verordnung vom 7. Januar 1807 die Küstenschiffahrt zwischen Frankreich und den Alliierten und bedrohte alle Schiffe nicht-britischen Ursprungs mit Konfiskation, es sei denn, sie liefen zuvor britische Häfen zur Zollabfertigung an. Napoleon seinerseits erklärte im Mailänder Dekret vom 17. Dezember 1807 alle Schiffe, die sich von Engländern auf hoher See untersuchen ließen oder britische Häfen anliefen, für Seebeute. Der Export britischer Güter auf neutralen Schiffen sollte dadurch unmöglich werden.

Die britischen Verordnungen sahen jeden Seehandel der Staaten des napoleonischen Systems als ungesetzlich an und bestraften alle Neutralen, die sich den Bedingungen der Sperre fügten. England gestattete ihnen nur den ungehinderten Verkehr mit britischen Häfen und von britischen Häfen aus und dies auch mit den blockierten Häfen des Kontinents, wenn sie in England einen Einfuhrzoll entrichtet hatten. Die britischen Schiffe brauchten diesen Zoll nicht zu bezahlen; ihre Waren konnten sie gegen höhere Bezahlung auf neutrale Schiffe umladen und zum Kontinent transportieren lassen. Das bedeutete im Grunde, daß der gesamte europäische Seehandel über britische Häfen gelenkt wurde. Vor allem wurde der neutrale Handel zwischen Westindien und Frankreich davon betroffen. Die Vereinigten Staaten wehrten sich gegen diese Einschränkungen, so daß Napoleon 1810 zu ihren Gunsten das Berliner und Mailänder Dekret aufhob. Die amerikanisch-englischen Streitigkeiten führten zur Allianz Napoleons mit den USA im Jahre 1812 und zu dem zweiten Unabhängigkeitskrieg der Vereinigten Staaten 1812–1814 gegen England, so daß sich das Land für eine kurze Zeit einer französisch-russischen und französisch-amerikanischen Weltkombination gegenüber sah.

England verschaffte sich durch eine kurze militärische Kraftprobe eine vorteilhafte Kampfstellung gegen die Sperrpolitik. Nach dem Ausgreifen Napoleons in den Norden handelte es mit ungewöhnlicher Geschwindigkeit und bot dem neutralen Dänemark eine Defensivallianz gegen die Sicherstellung seiner Flotte in England an. Die Furcht vor einer Kombination der dänischen, französischen und spanischen Flotte sowie vor einer völligen Absperrung der Ostsee bewog London, nach der Ablehnung seines Angebots, Kopenhagen drei Tage lang zu bombardieren, dann am 5. Oktober 1807 einzunehmen und die dänische Flotte fortzuschaffen. Damit war das britische Übergewicht gegen jede Kombination mit Praktiken gesichert, die ganz Europa empörten. Dänemark schloß sich jetzt dem Napoleonischen System an, Rußland erklärte England im November 1807 den Krieg und zwang Schweden, Finnland abzutreten und der Kontinentalsperre sich einzuordnen. Napoleon ließ im November 1807 auch Lissabon besetzen, konnte aber nicht die Flucht der Königsfamilie und der portugiesischen Flotte unter britischem Geleit verhindern. Die Maßnahmen und Gegenmaßnahmen dieses Wirtschaftskrieges änderten wenig mehr an der Gesamtsituation, die England allmählich in Vorteil brachte und für Napoleon das Zentralproblem seiner Politik wurde. Freilich war auch England zur Anspannung aller seiner Kräfte genötigt. Beide Rivalen wurden enttäuscht, da die erwartete zermürbende Wirkung ausblieb.

Das Wesentliche an dieser Blockade war nicht, dem Gegner die Lebensmittel zu sperren, sondern ihm die Absatzmärkte zu rauben. England sollte nicht an Auszehrung, sondern an Verfettung sterben, nicht durch Hunger, sondern durch Bankrott zugrunde gehen. Seine Währung sollte durch Absatzkrisen so zerrüttet werden, daß es nicht mehr imstande war, seine Freunde auf dem Festland mit Geldmitteln zu unterstützen. Dagegen suchte England den ganzen Seehandel in seine Zollhoheit zu zwingen; es wollte weiter importieren und exportieren und sperrte nur den fremden Handel mit dem Kontinent. Das System wurde zudem durch einen ausgedehnten Schmuggel und durch ein unumgängliches Lizenzensystem durchlöchert. Der Schmuggel in der Nordsee über Helgoland, Hamburg und Göteborg, dann auch über Malta, Sizilien, Sardinien und Korfu war so umfangreich, daß der britische Handel erst seit 1810 empfindlich getroffen wurde. Seit 1811 begann das Gespenst einer schweren Absatzkrisis durch Überproduktion sichtbar zu werden, wobei aber die Bank von England sich der Finanzkrisis besser gewachsen zeigte als die kontinentalen Banken, die durch Papiergeldausgaben bereits zerrüttet waren. Umgekehrt führte die Ausschaltung Englands zu neuen Produktionszweigen und Finanzquellen auf dem Festland. Orte des illegalen Handels wie Hamburg, Bremen und Frankfurt gewannen an handelswirtschaftlicher Bedeutung; Frankreich eroberte neue Märkte in Italien und Spanien. Allerdings zeigte sich bei größeren Unternehmungen wie dem Rußlandfeldzug, wie wenig die französischen Gewerbe ihrer Aufgabe gewachsen waren. Napoleon mußte Teile der Armeeausrüstung von England importieren. Überhaupt zwangen ihn die Wirtschaftslücken, schon im Jahre 1806 2000 und im Jahre 1810 18000 Lizenzen auszugeben, wobei gefälschte Lizenzen sogar dem offenen Schmuggel mit britischen Waren dienten. Im ganzen überwogen die wirtschaftsstörenden Faktoren; das Ziel, eine Kapitulation zu erzwingen, blieb unerreichbar; Napoleon konnte nicht den ganzen Kontinent verschließen, zumal sein Dirigismus die Solidarität des Gesamtbereichs mißachtete und nur den Interessen der französischen Wirtschaft zugute kam. Diese einseitige Handhabung der Sperre brachte die Völker auf die Seite Englands; Napoleons Tarif- und Verbotsmaßnahmen (Edikte von Trianon und von Fontainebleau 1810) vermehrten seinen Kriegsschatz, gingen aber zugleich auf Kosten des eigenen Handels. Alle weiteren Schritte Napoleons wie die Unternehmen gegen Portugal und Spanien und schließlich seine Wendung gegen Rußland ergaben sich aus der verhängnisvollen Blockadepolitik. England dagegen konnte sich das Monopol des Kolonialwarenhandels sichern und neue Absatzmärkte wie etwa in Südamerika gewinnen. Die Absatzkrisis führte allerdings auch zu den ersten größeren proletarischen Unruhen, den Ludditenaufständen 1811–1816, ohne im entferntesten kriegsentscheidend zu werden.

Aus der Übersteigerung der Blockadepolitik gegen England und ihrer einseitigen Handhabung im Interesse der französischen Wirtschaft entwickelte sich eine allgemeine Verdrossenheit, die nur auf den Funken wartete, um sich zum Widerstand zu steigern. Der Funke, der dem Korsen zum Verderben werden sollte, entzündete sich in Spanien. Die Lücke des Systems war Portugal, das seit jeher vom Handel mit England lebte und nicht mit London brechen konnte, ohne selbst unterzugehen. Über ein Drittel seiner Zolleinnahmen und die ganze Getreideeinfuhr gingen übers Meer. England hatte große Kapitalien besonders in den Weinbergen Portugals investiert; hier war ein Stützpunkt für den Schmuggel und die britischen Seestreitkräfte. Portugal lehnte das Ansinnen Napoleons ab, englische Güter und Waren zu beschlagnahmen. In einem Geheimvertrag vom 27. Oktober 1807 in Fontainebleau vereinbarten Frankreich und Spanien die Teilung Portugals; französische Truppen nahmen am 27. November 1807 Lissabon. Zugleich intervenierte Napoleon gegen die unzuverlässigen Bourbonen in Madrid und nutzte deren Familienstreitigkeiten dazu, seinen Bruder Joseph als König einzusetzen. Die Absetzung der Bourbonen gab den südamerikanischen Kolonien das Signal zu offener Revolte und zur Verbindung mit England. In Spanien selbst entfachten Klerus und Adel im Mai 1808 einen Aufstand, der sich auf die Armee ausdehnte und dem sich die

Portugiesen anschlossen. Im August landete Arthur Wellesley mit 13000 Mann und marschierte in Lissabon ein. Mit England im Rücken entwickelte sich eine Erhebung, die Napoleon schließlich nötigte, im November 1808 selbst mit seiner Hauptmacht nach Spanien zu kommen, ohne den Aufruhr erstickt zu haben, als Österreich sich 1809 erhob. Damit war die dritte Kraft ins Spiel gebracht, die neben der Seemacht England und der Landmacht Rußland Napoleon den Untergang bereitete. Diese dritte revolutionäre Macht blieb seit der erfolgreichen britischen Invasion in Portugal 1808 ständig im Spiel. England förderte diese revolutionäre Triebkraft, um sich in Europa zu behaupten. Erst durch die Einbeziehung der konter-revolutionären Kräfte des katholischen, dann des orthodoxen und schließlich mit Preußen des protestantischen Europa brachte das toristische England das System des etatistisch-rationalistischen und freigeistigen Klassizismus Napoleons zu Fall. In Spanien begann der Nationalkrieg gegen die mit Napoleon diskreditierte Freiheitsideologie der Revolution und trieb jenen aggressiven Nationalismus hervor, der sich nicht wie in Frankreich gegen die soziale Ungleichheit erhob, sondern gegen die Fremdherrschaft und das Fremde überhaupt. Ein naturhaftes Element war damit wachgerufen, das von England im griechischen Befreiungskampf, im Abfall der südamerikanischen Kolonien und auch in der italienischen Frage wieder ins diplomatische Spiel gebracht wurde.

Allerdings erschien die britische Mitwirkung gegen Napoleon trotz Wellingtons Sieg bei Vitoria und seines Vordringens bis Bordeaux gegenüber den spektakulären Erfolgen und Blutopfern der Alliierten als beiläufig. England verschaffte sich mehr durch seine Subsidienzahlungen Einfluß auf die Wiener Verhandlungen 1814/15. Es hatte Metternich den Betrag von einer Million Pfund unter der Bedingung zugesichert, keinen Frieden ohne gemeinsames Einverständnis zu schließen. Als Castlereagh, der britische Außensekretär und Führer des Unterhauses unter der Regierung des Lord Liverpool, im Januar 1814 in Basel mit Metternich zusammentraf, ergab sich eine gemeinsame Grundlinie der Politik, da beide Stabilität, Solidarität, europäische Sicherheit und Gleichgewicht als maßgebende Leitlinien anerkannten, wie sie schon in der berühmten Denkschrift Pitts an den Zaren Alexander vom Jahre 1804 zum Ausdruck gekommen waren. Castlereaghs Festigkeit in diesen Grundsätzen verhinderte später in Wien den Konflikt zwischen den Großmächten. Er erreichte die Ausklammerung der Seerechtsfragen und die Anerkennung der neuen britischen Sützpunkte in Europa und Übersee; desgleichen die Vergrößerung Piemonts durch Genua und die Vergrößerung der Niederlande durch den Anschluß Belgiens gegen Frankreich, in das die Bourbonen zurückkehrten. Er erreichte ferner die garantierte, immerwährende Neutralität der Schweizer Föderation. England zahlte die Hälfte der holländischen Schulden an Rußland und zwei Millionen Pfund Ablösungssumme für die gewonnenen holländischen Kolonien, eine Summe, die für den Festungsausbau gegen Frankreich zu verwenden war; es zahlte eine Million Pfund an Schweden für dessen angebliche Ansprüche auf Guadeloupe. Als Castlereagh am 3. Februar 1815 von Wellington abgelöst wurde, um vor dem Unterhaus seine Politik zu rechtfertigen, waren die Grundlinien der neuen Ordnung gelegt.

Darüber hinaus hatte England unter dem Druck der öffentlichen Meinung auch die moralische Verurteilung des Sklavenhandels in der Wiener Schlußakte vom 9. Juni 1815 durchgesetzt, wenn auch sein neuartiger Vorschlag eventueller wirtschaftlicher Sanktionen gegen Sklavenhalterstaaten nicht angenommen wurde und die ständige Botschafterkonferenz zur Überwachung der Sklavenfrage über Deklamationen nicht hinauskam. Es hatte ferner in die Niederländische Unionsakte die erste völkerrechtliche Minderheitenschutzklausel hineingebracht, wonach der belgische Volksteil freie Religionsausübung und Gleichberechtigung in Handel und Gewerbe garantiert erhielt. Auch die Schiffahrt auf den europäischen Wasserstraßen fand eine internationale Regelung, genau so wie der Deutsche Bund, das diplomatische Reglement und auch die Judenfrage auf internationaler Plattform als europäische Probleme behandelt wurden.

In den Wiener Verhandlungen hatte sich die kleine britische Delegation im ganzen distanziert verhalten. Erst nach der Rückkehr Napoleons aus Elba fiel England eine führende Rolle in der europäischen Politik zu. Um nicht die bisherigen Dispositionen zu stören, erklärte die britische Regierung den Krieg nur an

Napoleon persönlich. Nach dem Sieg bei Waterloo am 18. Juni 1815, der endlich ein aufsehenerregender Erfolg zu Lande war, kam England allen Spekulationen rasch zuvor und setzte Ludwig XVIII. in Frankreich wieder ein. Dazu bestach Wellington den Minister Talleyrand mit 10000 Pfund, der zusammen mit Fouché dem indolenten König oktroyiert wurde. Dann kam Castlereaghs eigentliche Zeit, indem er gegen die preußischen Vergeltungs- und Aufteilungsvorstellungen seine mäßigende Sicherheits- und Gleichgewichtspolitik voll durchzusetzen verstand. Das Ergebnis des Wiener Kongresses blieb im großen bewahrt. Der zweite Pariser Friede vom 20. November 1815 erneuerte die Quadrupelallianz und sah periodisch Konferenzen zur Sicherung des europäischen Friedens vor. Nur die Gründung der Heiligen Allianz im September 1815, »ein Stück von erhabenem Mystizismus und Unsinn«, kam ihm höchst ungelegen und widersprach seiner tiefen Abneigung gegen »vorbeugende Politik auf spekulativen Grundlagen«. Erst nach 1818 ergab sich daraus eine ernste Differenz, aus der sich späterhin eine Konfrontation der Ostmächte gegen Westeuropa entwickelte.

7. Britische Außenpolitik 1815–1830

Nach dem Wiener Kongreß war die Erhaltung der britischen Seeherrschaft und des europäischen Gleichgewichts das Grundanliegen der englischen Außenpolitik. Die Seeherrschaft war von den Kontinentalmächten akzeptiert worden. Weder gegen die neuen britischen Positionen in Westindien, Südafrika und im Indischen Ozean noch gegen die europäischen Seestützpunkte wie Helgoland, Malta und das Protektorat über die Ionischen Inseln erhob sich Widerstand. In Wien wurden überhaupt keine Seefragen erörtert; das war erst in Paris 1856 der Fall. Die Seemacht war damit mehr eine innenpolitische Frage der Finanzierung, Rekrutierung und des Flottenbaus. England wünschte keine europäischen Gebiete, sondern nur die europäischen Märkte. Dagegen verlangte das europäische Gleichgewicht die Mitwirkung Englands in der hohen Diplomatie, die durch die Quadrupelallianz von Chaumont 1814 auch machtpolitisch abgesichert erschien.

Castlereagh war ein Tory, der im Grunde seines Herzens antirevolutionär und auch antikonstitutionell gesinnt war; er hielt an der Solidarität der alten Mächte fest und trat für periodische Kongresse ein, ohne sich auf eine darüber hinausgehende Bindung wie die Heilige Allianz festlegen zu wollen. Mit dem Abzug der alliierten Besatzungen in Frankreich und der Aufnahme Frankreichs in das europäische Konzert auf dem Kongreß in Aachen 1818 war der Höhepunkt dieses solidarischen Zusammenspiels erreicht. Bis dahin hatte Castlereagh eine fast esoterische Politik auf der Ebene der Diplomatie betreiben können, die der Konsolidierung der alten Autoritäten dienlich war. Aber vierzehn Monate später entfernte er sich Schritt für Schritt von dieser Form der Zusammenarbeit. Ursache der Differenzen mit den Alliierten waren die Unruhen in Südeuropa, besonders die Revolte der spanischen Armee in Cadiz 1820. Sie nötigte Ferdinand VII. von Spanien, die Cortes-Verfassung von 1812, die er 1815 abgeschafft hatte, wieder einzuführen. Dazu kamen revolutionäre Unruhen in Portugal und im Königreich beider Sizilien. Die Verbündeten bereiteten daraufhin mit Berufung auf die Allianz-Abmachungen Interventionen vor, da die Sicherheit Europas bedroht sei. Castlereagh suchte einen offenen Bruch zu vermeiden, zumal er insgeheim mit dieser Repressivpolitik sympathisierte. In England regte sich nun aber die öffentliche Meinung zugunsten der Verfassungsbewegungen. Castlereagh erklärte die Unruhen für innere Angelegenheiten der betreffenden Staaten, protestierte durch seinen Vertreter Stewart in Troppau 1820 gegen die Rechtfertigung einer Intervention aus den Bestimmungen der Allianz und erklärte die geplante Intervention für völkerrechtswidrig. Er lehnte ab, für sein Land die moralische Verantwortung für eine europäische Polizei zu übernehmen. In Laibach, Januar 1821, hielt sein Vertreter an dieser Position fest; vor dem Zusammentritt des Kongresses in Verona im Herbst 1822 nahm sich Castlereagh in einem Nervenzusammenbruch am 12. August 1822 das Leben. Das sah wie der Zusammenbruch der europäischen Solidarität aus, und war es auch. Von nun ab änderte sich der Stil der britischen Außenpolitik grundlegend. Neuer Staatssekretär des Äußeren wurde George Canning. Mit ihm hörte die Außenpolitik auf, ein arcanum imperii zu sein, das von dem immer noch recht kleinen Foreign Office mit seinen 28 Personen, darunter zwei Unterstaatssekretären, in loser Zusammenarbeit mit den mehr privaten Botschaftern schlecht und recht bewältigt wurde. Mit Canning wurde die Außenpolitik eine öffentliche Angelegenheit. Seine Methode des Appells und der öffentlichen Diskussion wurde später von Palmerston, Disraeli und Gladstone mit Erfolg aufgenommen. Erst Salisbury kehrte mehr zu der älteren Art zurück. Der Stilwandel war so auffällig, daß viele das Ausscheiden Castlereaghs mit dem Ende des alten Hochtorismus gleichsetzten.

Canning war schon 1807–1809 Außensekretär gewesen und hatte die Aktion gegen die dänische Flotte und die Invasion in Spanien unter Wellington befürwortet. Nun setzte er sich in spektakulären Formen der Interventionspolitik entgegen. Seine Ideen von Freiheit und Unabhängigkeit der Völker gegen den etablierten Despotismus der alten Gewalten machten ihn zum Schrecken der Kontinentalmächte. Er erweckte sein Land zu neuem politischen Leben, als er sich zum wortgewaltigen Sprachrohr der Entrüstung in England machte, als französische Truppen im Auftrage der Heiligen Allianz zur Unterdrückung der Freiheitsbewegung in Spanien einrückten. Allerdings ließ er seinen Warnungen keine Taten folgen, so daß die spanische Verfassungspartei 1823 unterlag. Aber als die Intervention nach Südamerika übergreifen sollte, stellte er sich auf die Seite der aufständischen Kolonien und drohte eindeutig mit bewaffnetem Eingreifen. Freilich waren hier auch erhebliche materielle Interessen im Spiel, da sich das britische Handelsvolumen auf dem südamerikanischen Markt um das Vierzehnfache erhöht hatte. Sein Interventionsverbot schloß auch nocht nicht die Anerkennung der neuen südamerikanischen Republiken ein. Erst als die Botschaft des amerikanischen Präsidenten Monroe vom 2. Dezember 1823 die Eigenständigkeit der amerikanischen Welt gegen die europäischen Mächte verkündete und ein Eingreifen der USA zu befürchten war, erkannte er die neuen Republiken vorbehaltlos an. Im Jahre 1826 griff er schließlich zugunsten der konstitutionellen Bewegung in Portugal ein. Er hatte die Öffentlichkeit Englands und auch Europas hinter sich, als er 1826 verkündete: »Ich beschloß, daß – wenn Frankreich Spanien haben sollte – es nicht Spanien mit Amerika (with the Indies) sein sollte. Ich rief die

Neue Welt ins Leben, um das Gleichgewicht der alten wiederherzustellen«. Auch Griechenland verdankte Cannings Vorgehen im Verein mit Rußland und Frankreich den Erfolg seines Unabhängigkeitskampfes, wobei auch hier naturgemäß handfeste materielle und machtpolitische Interessen im Spiel waren.

Canning hatte den romantischen Freiheitsdrang des alten England und des neuen Europa in Erregung versetzt und den Träumen der Griechenbegeisterung durch seine Politik zur Erfüllung verholfen. Er galt als der Anwalt der Völkerfreiheit, und alle Fortschrittsfreunde in England einschließlich der Whigs erblickten in ihm ihren Helden. Deshalb lieh ihm die Mehrheit der Whigs ihre Unterstützung, als er kurz vor seinem Tode 1827 eine neue Regierung bilden sollte und die alte Torygarde mit Wellington, Eldon und Peel sich ihm entzog. Diese Regierung war schon ein Schritt zur Auflösung des Torismus und zur Umgruppierung der Parteien, die sich im Verlauf des Reform-Kampfes vollzog. Canning selbst war freilich nur außenpolitisch ein Liberaler; innenpolitisch war er Tory und gegen eine allgemeine Parlamentsreform eingestellt, wenn er sich auch keiner Partei ganz zuordnen ließ. Er war der einzige, der dem überkommenen Führungsanspruch des Adels in der heraufziehenden Krisis des alten Systems noch hätte gerecht werden können, nun aber in das Kreuzfeuer der Parteicliquen geriet, deren Hader er verachtete, aber deren »Kannibalismus« ihn nach Meinung der Zeitgenossen zu Boden streckte. Nur mittelbar trug er zu den kommenden politischen Veränderungen bei, und gerade das nachfolgende hochkonservative Ministerium Wellington (1828–1830) wurde widerwillig zu liberalen Zugeständnissen genötigt. Canning repräsentierte in der internationalen Politik bereits die neue Zeit, während Castlereagh und Wellington das Ancien Régime verkörperten. Noch das revolutionäre Frankreich und das revolutionäre Belgien von 1830 sahen in einer Rückkehr Wellingtons zur Macht eine Gefahr; dagegen führte die bürgerliche Reform 1831/32 zu einer englisch-französisch-belgischen Zusammenarbeit und darüber hinaus zu einer westeuropäischen liberalen Gemeinsamkeit und Solidarität, deren erstes und bleibendes Werk die Schaffung Belgiens war.

8. Methodismus und evangelikale Bewegung

Die Spannungen und Widersprüche des sozialen Lebens im England des 18. Jahrhunderts äußerten sich in zahllosen regionalen Revolten und in der Ausdehnung des Pauperismus (vgl. S.478). Aber weder die Londoner Gordon-Riots von 1780 noch der irische Aufstand von 1797/98 oder das Massaker von Peterloo 1819 waren von einer zielbewußten oder auch nur überregionalen Massenbewegung getragen. Die ersten integrationsfähigen Massenbewegungen kamen aus religiös-sittlichen Antrieben zustande und gaben das Vorbild für die großen sozial-politischen Bewegungen ab, die in der Reform von 1832 zum Zuge kamen. Der Methodismus, dann die evangelikale Bewegung und schließlich die Katholikenbewegung erfanden die Mittel einer Massenagitation und -organisation, die das Vorbild für die politischen Aktionsformen im Massenzeitalter des Industrialismus wurden. Der Methodismus war die zeitlich früheste Bewegung, deren Bedeutung nicht nur in der religiösen Erneuerung, sondern auch in der organisatorischen Erfassung der Massen lag, die aus ihren alten Gemeinden den sich bildenden Produktionszentren zuströmten.

Die Staatskirche war an die überlieferte Sozialstruktur gebunden. Eine auffällige Tatsache im religiösen Leben des Landes war, daß die Häupter der Staatskirche als Führer der religiösen öffentlichen Meinung überhaupt keine Rolle spielten. Der Erstarrung der Amtskirche gegenüber regte sich seit der Mitte des Jahrhunderts eine Bewegung, die von Erweckungsgefühl und sozialer Aktivität getragen war. Ihr Führer John Wesley, der durch die Begegnung mit den Schriften Luthers und des Pietismus erweckt worden war, wurde vom anglikanischen Pfarrer zu einem missionarischen Agitator großen Stils.

John Wesley (1703–1791) arbeitete nicht mit rationalen Argumenten, sondern suchte die »Rettung« der vielen durch emotionelle Erregung, durch dauernde, »methodische« Bearbeitung der Massen. Seine Erweckungspredigten riefen einerseits Seelenerschütterung bis zur Verzweiflung und Angst, andererseits Begeisterung und schwärmende Gewißheit hervor. Mit seinen geistlichen Feldzügen brach er einem erneuerten pietistischen Protestantismus die

Bahn. Seine Zuhörer waren weniger die Gebildeten und Aufgeklärten als die Armen und Unwissenden. Vor allem war die neue Industriearbeiterschaft das Feld der methodistischen Aussaat, die hier den religiösen Zuspruch fand, den ihre alte Gemeinde ihr nicht mehr geben konnte. Wesley achtete weder Gemeindegrenzen noch Sakralstätten. Er durchschritt die neuen Fabrik- und Bergwerksdistrikte und predigte vor dem Kohlenschacht oder auf offenem Feld. Die Kirchen wurden ihm bald verweigert. Er wartete nicht auf seine Zuhörer, sondern ging zu ihnen hin und eroberte draußen Millionen. Aus den formlosen Elementen der frühindustriellen Gesellschaft zog er seine Gefolgschaft. Er sammelte die Bekehrten, vor allem die Frauen, und organisierte sie zu örtlichen »Klassen«, die sich in Bezirksversammlungen vereinigten und dann zu Landeskonferenzen als den höchsten geistlichen Instanzen zusammenschlossen. Ursprünglich wollte er keine Trennung von der Anglikanischen Kirche; erst deren Opposition und die Notwendigkeit einer rechtlich zugelassenen korporativen Vereinigung nötigten ihn zu einer vereinsrechtlichen Organisation, die er auf den Groschen der Armen aufzubauen wußte. Nach seinem Tode bildeten die »Methodisten« eine eigene Religionsgemeinschaft außerhalb der Staatskirche.

Wesley leistete als Massenagitator und Organisator eine Lebensarbeit, die ihn zu einem Stammvater der neuen englischen Demokratie gemacht hat. Er spielte bereits jene Technik vor, welche später die Riesenparteien zusammenschweißte und als kolossale, aber bewegliche Werkzeuge kleiner Führungsgruppen zu gebrauchen wußte. Er entwickelte jene Sonderzirkel der Bekehrten, die »Klassen«, die regelmäßig zusammenkamen und von Haus zu Haus die Bekehrungsarbeit weitertrieben. Diese missionarischen Stoßtrupps waren eine Vorform der späteren Partei-Cadres. Der besoldete Wanderprediger entsprach dem Agent, Funktionär oder Reiseredner und die Konferenz dem Parteitag, der die Ziele festlegte, die von der leitenden Gruppe oder der führenden Persönlichkeit bestimmt wurden. In der narkotisierenden Agitation, die an Gefühlskräfte, an Glücksverlangen und Kampfeslust appellierte, kam bereits das zum Vorschein, was später auf politischer Ebene die Demagogie war. In den Elendsquartieren Nord-Englands gab die Religiosität des methodistischen

Bethauses dem Leben zahlloser Arbeiter an Webstuhl und Dampfmaschine einen Schimmer von Idealismus und Lebenssinn.

Für Wesley war entscheidend, daß England durch seine Tätigkeit wieder ein religiöses Land wurde. Als Georg III. 1760 den Thron bestieg, war das Christentum zu einer kraftlosen, konventionellen Angelegenheit verdorrt; als er 1820 starb, war England ein christliches Land geworden. Dabei war Wesley alles andere als ein Sozialrevolutionär; vielmehr trug er dazu bei, daß die englische Arbeiterschaft sich gegen die Ideen von 1789 immunisierte und wirksame Formen der Selbsthilfe entwickeln konnte.

Soweit die Welle des neuen religiösen Gefühls innerhalb der Staatskirche blieb, erschien sie als »evangelikale Bewegung«, die der Staatskirche neues Leben einflößte. Dieser »erweckte« Protestantismus appellierte mehr an das moralische Gefühl und wollte angesichts der Lethargie der Amtskirche praktisches Christentum. Er stellte mehr eine humanitär-philanthropische als eine dezidiert religiöse Strömung dar. Seine Bestrebungen gipfelten in der Aktivierung großer Massen zugunsten der Abschaffung der Sklaverei.

Hauptanwalt für die Abschaffung des Sklavenhandels und dann der Sklaverei wurde Wilberforce, dem deswegen von der Pariser Nationalversammlung das französische Bürgerrecht verliehen wurde, obgleich er im Grunde konservativ und Gegner der Demokratie war. Wilberforce war im Jahre 1784 für die Grafschaft Yorkshire ins Unterhaus gekommen; dieser Erfolg war sein persönlicher Triumph und schien ihm eine große Laufbahn zu eröffnen, zumal er Freund des jüngeren Pitt war. Aber unter dem Einfluß des Quäkers Clarkson verzichtete er auf eine glanzvolle Karriere. Er blieb im Unterhaus Unabhängiger und wurde der Führer einer Philanthropenpartei, die nach seinem Wohnsitz in Clapham bei London auch als »Clapham-Partei« bezeichnet wurde. Der Philanthropismus der Evangelikalen setzte eine Anzahl humanitärer Reformen durch wie etwa die teilweise Abschaffung des Prangers 1816, die Abschaffung der Prügelstrafe für Frauen 1820, die gesetzliche Brandmarkung von Grausamkeiten gegen Tiere 1822, welche Stier- und Hahnenkämpfe untersagte, das Verbot von Selbstschüssen und Fußangeln gegen Wilddiebe 1827, das erste Fabrikgesetz von 1802, wonach alle armen

Lehrlinge jeden Sonntag eine Stunde in den Grundsätzen der christlichen Religion unterrichtet werden sollten und der Sonntag zu heiligen war, und ferner den ersten gesetzlichen Kinderschutz (1815/19). Die größte und spektakulärste Leistung der evangelikalen Bewegung war der Kampf gegen den Sklavenhandel. Seit 1788 brachte Wilberforce die Sklavenfrage vor das Unterhaus. Als im Parlament selbst wenig auszurichten war, ging man dazu über, eine »Anti-Slavery Association« zu bilden und die öffentliche Meinung aufzurütteln. Unter größten Opfern setzten sich die »Abolitionisten« für ihre Sache ein. Der Enthusiasmus der Negerfreunde führte 1807 zum Verbot des Sklavenhandels. Erst 1833 gelang die Aufhebung der Sklaverei für das ganze Reich. Wilberforce starb in den Tagen, als das Parlament die Befreiung der Sklaven beschloß.

Dabei war der Philanthropismus nicht sozialrevolutionär gesinnt. Er sah die Sklaverei lediglich als menschenunwürdig an. Wilberforce war so konservativ, daß er die »Combination-Act« von 1799 verteidigte, die die Gewerkschaften zu illegalen Verschwörungen erklärte. Die Philanthropen lobten die Armut als den wirksamsten Schutz gegen Versuchungen. Erst unter dem Einfluß von Lord Shaftesbury und Robert Owen dehnte sich ihr Interesse auf die Lohnsklaven in der Industrie aus.

Aber die Art und Weise der Bekehrung Englands für ihre Sache stellte eine neue Epoche im öffentlichen Leben des Landes dar. Der Kampf gegen den Sklavenhandel war die erste erfolgreiche säkulare Volksbewegung moderner Art. Zum ersten Mal war es gelungen, durch planmäßigen Druck von außen die Gesetzgebung des Parlaments in einer Einzelfrage zu beeinflussen. Die Agitation gegen den Sklavenhandel schuf den Typus der demokratischen Kampagnen, die in der Folgezeit die Umwandlung des parlamentarischen Herrschaftssystems erreichten. Im Kreis der Clapham-Coterie hatten nicht nur die vielen religiösen Agitationsvereine Englands ihren Ursprung, sondern dieses Philanthropen-Komitee war schon eine Art »Caucus«, ein vorplanendes Parteigremium, das zielbewußte politische Aktionen vorbereitete. Der Anti-Sklaverei-Verband arbeitete mit Massenpetitionen, ließ Unterschriften sammeln, veranstaltete große Meetings und trieb die Agitation auf geplante Höhepunkte hin. Als beispielsweise

Wilberforce im Jahre 1814 wieder einmal Petitionen gegen den Sklavenhandel verlangte, erhielt er in kurzer Frist 800 Petitionen mit fast einer Million Unterschriften. Dazu kamen Preßfeldzüge, Flugschriften, Parteiblättchen, Broschüren oder billige Traktate, die das Land überschwemmten. Die Mittel Wesleys wurden in erweiterter Form angewandt.

In dieser Propaganda war die Aufrüttelung des Gemütes wichtiger als Belehrung oder geistige Formung. Die Sache drohte hinter der imponierenden Rücksichtslosigkeit der Äußerungen zurückzutreten. Die Masse ließ sich durch die ekstatische Steigerung der Parolen und ihre ständige Wiederholung gewinnen. Man suchte der Öffentlichkeit eine bestimmte Gefühlsweise aufzuzwingen. Dabei setzte man sich mit sittlicher Emphase für die Negerbefreiung ein und vertrat gleichzeitig mit gleicher Emphase einen fanatischen Anti-Katholizismus, der auf der Entrechtung der englischen Katholiken und der Unterdrückung der Iren bestand. Dieses massive Wirken von Pietisten und Philanthropen eröffnete geradezu das agitierende Zeitalter. Der Charakter dieser Bewegungen trug dazu bei, die ersten sozialen Bewegungen in der Arbeiterschaft mit religiösen und moralischen Elementen zu durchsetzen. Die Eigenart dieses neuen Selbstverständnisses war ein Hauptgrund für den Unterschied zwischen der britischen Sozialgeschichte und jener anderer Völker. Die evangelikale Mentalität wurde der moralische Kitt der englischen Gesellschaft. Die Bewegung rief die Abwehr gegen den französischen Atheismus und Radikalismus hervor und brachte die Nation zu einer protestantisch betonten Mentalität, deren humanitärer Moralismus der puritanischen Seite ihrer Geschichte entsprang. Seitdem erschien eine gleichgültige, agnostische Auffassung von Glaube und Sittenlehre als unpatriotisch. Es entstand in der Nation eine größere Gemeinsamkeit als bisher, zumal auch der anglikanische Klerus von der Erneuerung angesteckt wurde und in der evangelikalen Bewegung eine Brücke zum Dissent fand.

Die Sklavenbewegung schob den üblichen Interessenklüngel beiseite. Wilberforce galt als der absolut ehrliche Mann, der jeden im Hinblick auf die Sache willkommen hieß. Er war das klassische Beispiel für den Wert des nicht parteilich oder interessenmäßig gebundenen Politikers. Die seinem Vorbild folgenden Vereine,

Gruppen, Verbände und Gesellschaften wurden zu Schlagadern der englischen Gesellschaft. Der freiwillige Zusammenschluß in allen erdenklichen Formen, zu allen erdenklichen Zielen und mit allen erdenklichen Mitteln wurde ein integrierender Bestandteil des öffentlichen Lebens. Dabei durchdrang der Geist der Humanität die Alltagsbezirke. Dieser gesellschaftliche Fortschritt wurde der Hebel zu einer allgemeinen Reformgesinnung, bezogen auf das politisch-parlamentarische und das soziale Leben. Die fruchtbare puritanische Woge war diesmal in vielerlei Behälter eingefangen und kanalisiert worden. Dabei war die gemeinsame Abneigung gegen den römischen Katholizismus und dessen wieder auflebenden Anspruch auf bürgerliche Gleichberechtigung ein Bindeglied zwischen der vorwiegend toristisch eingestellten Oberschicht und den vom neuen evangelischen Geist durchglühten Sekten, zum Kummer der aristokratischen Whigs, bei denen die großzügigere Haltung des 18. Jahrhunderts lebendig blieb.

Diese Entwicklung zeitigte noch ein anderes wichtiges Ergebnis. Da die Arbeiterschaft mit dem Dissent ging, wurde der anhebende Kampf um die Rechte des vierten Standes in Anlehnung an die altgewohnte Konfrontation von Staatskirche und Dissent durchgeführt. Es ergab sich damit der Anschluß an eine Gruppierung, aus welcher auch der Whig-Tory Gegensatz sich ursprünglich verstanden hatte. Es lag in der Natur der Sache, daß die Whigs als einstige Anwälte des Dissent den Wind der neuen Kräfte mit der Zeit nachträglich in ihre Segel nahmen.

9. Die Katholikenbewegung

Die dritte Massenbewegung der Epoche entsprang nicht einem neuen religiösen Impuls, sondern einer politischen Ausnahmesituation. Sie war der politisch-soziale Aufstand einer religiösen Bevölkerung gegen politische und rechtliche Benachteiligung. Seit der Union mit Irland 1800 war die katholische Frage zugleich eine irische Frage geworden. Das irische Gesetz von 1793 hatte zwar die Rechtsbeschränkungen der Katholiken zu einem großen Teil beseitigt, aber die Vereinigung der Parlamente von Westminster und Dublin sowie der englischen und irischen

Anglikanischen Kirche unterwarf Irland der Gesetzgebung einer nicht-irischen Majorität. An der Wesensverschiedenheit der beiden Länder hatte sich nichts geändert. Es widersprach sich, daß Irland einerseits in eine konstitutionelle Verknüpfung mit Großbritannien gebracht war, andererseits aber wie eine unterworfene britische Provinz behandelt wurde. Nach dem gescheiterten Aufstand von 1798 lag das Land ohnehin wie eine Leiche auf dem Seziertisch. Die Versuche, dem unglücklichen Land Gerechtigkeit widerfahren zu lassen, rissen nicht ab. Aber bei der Einstellung Georgs III., der sich auf seinen Krönungseid berief, durften sich die Regierungen in dieser Frage nicht verbindlich beteiligen. Von Pitts Versuch 1801 bis zu Cannings Hinscheiden 1827 mußten auch die wohlgesinnten Premiers ihre Überzeugung von der Notwendigkeit einer Lockerung der antikatholischen Gesetze zurückstellen. Mehrere Unterhausvorlagen für eine Katholikenemanzipation in den Jahren 1812 und 1813 erhielten keine Mehrheit; eine erfolgreiche Vorlage im Jahre 1821 scheiterte am Einspruch des Oberhauses. Die Sache war also nicht aussichtslos. Jedoch war den Iren nicht zu verdenken, daß sie den Glauben an die Aufrichtigkeit der englischen Staatsmänner verloren und nach anderen Wegen suchten.

Der Mann, der die Iren hinter sich brachte, war Daniel O'Connel, ein Agitator, wie ihn die Welt außer dem religiösen Erwekker Wesley noch nicht gesehen hatte. Er wurde der Beherrscher einer Nation. Er erkannte seine Chance darin, daß die enttäuschten Iren doch 1793 ihr aktives Wahlrecht bekommen hatten. Religiöse Unterdrückung und politische Berechtigung gaben O'Connel den Hebel in die Hand, sich eine Machtposition eigener Art zu schaffen. Er schaffte sie sich durch Erregung der Massen in eine Richtung. O'Connel war Advokat geworden, als gerade dieser Beruf 1782 den Iren freigegeben worden war. Er hatte seine Bildung wie bei den Iren üblich im Ausland erhalten. In den großen Strafprozessen bewies er eine fast übernatürliche Witterung für die Aufdeckung verborgener Zusammenhänge und wurde zum Schrecken der Gerichte, aber auch zum Idol der Bevölkerung. Aus dem Gerichtssaal drang sein Ruf zu den Massen, die in ihm den Anwalt der Unterdrückten erblickten. Er gab seine gute Praxis auf und widmete sich ausschließlich der Sache seines Volkes. Für englische Verhältnisse war neu und einmalig, daß ein Mann durch die Advokatur zu politischer Macht emporstieg. Nur in Irland, wo die alte katholische Herrenschicht ausgerottet worden war, konnte die politische Leitung an einen erfolgreichen Anwalt fallen.

O'Connel wollte der streng katholischen Bevölkerung einen politischen Geist einhauchen. Nach seinem Plan sollte das Volk über die Priester zur bewußten Nation erzogen werden. Er war geradezu der Urheber einer klerikalen Demokratie. Die Frage des staatlichen Aufsichtsrechtes bei Bischofsernennungen war dann auch zuerst der erregende Stoff, bei dem sich O'Connel gegen das staatliche Veto stellte und das Volk zur eifersüchtigen Wacht über sein religiöses Gut aufrief. Seine polemische Heftigkeit verwickelte ihn dabei in ständige Händel, unter anderem in ein Duell, bei dem er seinen Gegner erschoß. Durch diesen Vorfall, den er selbst tief bedauerte, wuchs sein Ruf. Er geriet auch in Konflikt mit Peel, dem jungen Chefsekretär des irischen Vizekönigs, der sechs Jahre lang der eigentliche Regent im Lande war. Robert Peel war der Wortführer der Protestantenpartei gegen die Freunde der Gleichberechtigung. Seine Verordnungen lieferten die irischen Zwergbauern vollends den Grundherren aus, und seine Gendarmerie sicherte die grundherrliche Gewalt. Der sächsische Prokonsul stand gegen den enthusiastischen keltischen Volkshäuptling. Der Konflikt führte zu einer Forderung; aber als Beamter durfte Peel sich nicht duellieren. Man vereinbarte einen Austragungsort im Ausland; aber die Behörden vereitelten den Zweikampf.

O'Connel war klug genug um zu wissen, daß hitzige Worte nur im Augenblick wirkten, wenn sie nicht durch eine Organisation der Massen festgehalten und ausgenutzt wurden. Im Jahre 1822 rief er ein schlagkräftiges Instrument ins Leben, die »Katholische Assoziation«. Sie beruhte auf zwei einfachen Grundgedanken: Einmal wurde der katholische Klerus, der durch O'Connels Propaganda schon vorbereitet war, voll für den Dienst in der Assoziation gewonnen; zweitens hatte er die Idee, den Beitrag zur Assoziation auf einen Penny im Monat zu bemessen. Das wurde allgemein als lächerlich angesehen, da man die Möglichkeiten menschlicher Massenführung noch nicht durchschaut hatte. Beide Gedanken brachten der Assoziation einen ungeahnten Erfolg. Zu Hunderttausenden strömten die Bauern der Vereinigung zu, und die »katholische Rente«, d.h. die Summe der Mitgliedsbeiträge, stieg in Jahresfrist auf fast 1000£ wöchentlich. Damit waren die Finanzen gesichert. Zu gleicher Zeit wurden überall im Lande Versammlungen abgehalten, in denen die gleichen Beschwerden angemeldet und die gleichen Beschlüsse gefaßt wurden. In Dublin tagte sogar längere Zeit eine Hauptversammlung, der Klagen, Schutzgesuche und Beschwerden zugestellt wurden. Sie gewann moralische Autorität und fühlte sich geradezu als eine Art katholisches Parlament. So etwas hatte man noch nicht gesehen. Kein englischer Agitationsverein hatte bisher auch nur annähernd eine solche Wirkung ausgeübt. Das zerspaltene Irenvolk war sich einig geworden und gehorchte dem Diktator, der vom ganzen Klerus eifrig unterstützt wurde. In jedem Haushalt zählte mindestens einer zur Assoziation. O'Connel befehligte ein Heer von 30000 Sammlern und war die maßgebende, plebiszitär gestützte Autorität im Lande.

London zitterte, fürchtete einen Bürgerkrieg und verbot die Assoziation im Jahre 1825. Daraufhin baute O'Connel die Organisation unter neuem Namen und mit etwas veränderten Statuten wieder auf, ohne überhaupt ihre Tätigkeit zu unterbrechen. Drei Millionen Mitglieder standen unter seiner Fahne. O'Connel verlegte 1824/25 seine Tätigkeit nach London, um für ein Emanzipationsgesetz zu wirken. Er erreichte eine Gesetzesvorlage, die die prinzipielle Benachteiligung der Katholiken aufhob, aber die Wählerqualifikation nicht mehr nur an die Zahlung einer Pacht von 40 Schilling knüpfte, sondern an eine Pacht von 10£. Das hätte die Mehrzahl der Kleinbauern ihres Wahlrechts beraubt. Diese eingeschränkte Bill kam nur durchs Unterhaus und scheiterte am Oberhaus. O'Connel selbst wurde in Irland wegen seiner weitgehenden Zugeständnisse hart getadelt; nach dem Scheitern der Bill widerrief er seine Vereinbarungen als nichtig und bat Gott und sein Land um Verzeihung.

Damals konnte die bigotte Torygarde triumphieren. Freilich kämpfte Peel, der Führer der altprotestantischen Sache in Irland, weniger für die Religion als für die Erhaltung der bisherigen privilegierten Vormachtstellung der englischen Feudalität. Man fürchtete, daß ein Erfolg der Katholischen Assoziation eine Machtverschiebung von der Gentry und den oberen Freisassen in Irland auf die Pächter mit sich bringen würde. Der Impetus der Bewegung war keineswegs gebrochen, zumal die Annahme der Katholiken-Bill durch das Unterhaus immerhin ein beachtlicher Erfolg war. Die Regierung Liverpool entwickelte in dieser Frage keinerlei Initiative und hatte schon 1812 ein internes Abkommen getroffen, wonach das Kabinett in der Katholikenfrage keine Meinung haben und nur ausführen sollte, was Gesetz geworden sei.

Unter diesen Auspizien kam es zu den Wahlen von 1826, mit denen das alte System feudaler Gebundenheit zerbrach. Der katholische Bund trat hier als politische Partei in die Arena. In Irland war es bisher mehr als in England üblich, daß die Pächter ihre Wahlstimmen nach dem Geheiß des Grundherrn abgaben. Dieses Gebot feudaler Ethik wurde nun durch die Wirksamkeit O'Connels durchbrochen. Der Abfall der Hintersassen von ihren Grundherren war allgemein. Die alte Stellung der Landlords geriet ernstlich ins Wanken. Gegner der katholischen Kirche konnten sich kaum durchsetzen. Zum ersten Mal erlebte die Welt das Schauspiel einer Wahl, in welcher die Abstimmenden vom Klerus mit allen geistlichen Mitteln bearbeitet wurden. Von den Kanzeln wurden Himmel und Hölle beschworen. Die von der Assoziation bekämpften Kandidaten mußten sich verborgen halten, um vor der Volkswut geschützt zu sein. Das war schon ein Bruch mit dem alten System, wenn auch in England selbst die antikatholischen Elemente dadurch gestärkt wurden.

Das Jahr 1827 brachte insofern eine Wende, als der dezidiert anti-katholische Thronfolger starb und der Premierminister Liverpool vom Schlage gerührt handlungsunfähig wurde. Damit fiel die Persönlichkeit aus, die die Gegensätze innerhalb der Torygruppen überbrückt hatte. Hier standen sich nunmehr strenge Staatskirchler und tolerant Gesinnte gegenüber. Angesichts dieser Uneinigkeit berief der König unter ausdrücklicher Wahrung seiner antikatholischen Grundeinstellung den liberaleren Canning ans Staatsruder, der kurz darauf starb. Die Herrschaft fiel an die Reaktion zurück, an das neue Ministerium Wellington (1828–30).

Nun suchte sich der Befreiungsgeist einen Nebenpfad, als die

Frage des Dissent angeschnitten wurde. Die Freikirchen hatten ihre Minderberechtigung nur ertragen, um nicht den Papisten Schützenhilfe zu leisten. Nun aber organisierte O'Connel einen Bittschriftensturm für die Rechte der protestantischen Freikirchen. Dem nun vom mächtigen katholischen Bund noch gestützten Dissent gegenüber konnte das Staatskirchentum seine Privilegierung nicht mehr glaubhaft behaupten. Auf Antrag von Lord Russell wurden die seit der Testakte (1673) vorgeschriebenen Eide auf die Anglikanische Kirche mit großer Mehrheit aufgehoben und das Abendmahlszeugnis fallen gelassen. Im Oberhaus entschlossen sich auch die anglikanischen Bischöfe zu einem großzügigen Nachgeben, so daß die Emanzipation des Dissent 1828 Gesetz wurde.

Nachdem den Dissentern ihr Recht geworden war, verlangten die fortschrittlichen Gruppen die Änderung der Katholikengesetze und brachten ihren Antrag mit sechs Stimmen Mehrheit durch das Unterhaus. Wellington sah das Unausweichliche kommen, hielt aber den Zeitpunkt für schlecht gewählt; andererseits ließ die irische Drohung Mäßigung ratsam erscheinen. Nur die starren Alt-Tories wie Eldon und Cumberland befürworteten eine Niederschlagung der irischen Bewegung, die dem Aufruhr zuzutreiben schien. Aber die irischen Regimenter, die bei Waterloo gesiegt hatten, waren nicht gewillt, ihre Gewehre gegen die Landsleute zu richten. Die Regierung war unschlüssig. In dieser prekären Situation zeigte sich ein neues überraschendes Moment: die Disziplin einer zielsicher geführten Massenpartei. Sie sicherte den entscheidenden Durchbruch des katholischen Anliegens in der Nachwahl von Clare in Westirland 1828, die notwendig wurde, als Lord Fitzgerald, ein irischer Großgrundbesitzer und Unterhaus-Vertreter für Clare, Präsident des Board of Trade (Handelsamt) wurde und sein Mandat verlor bzw. sich einer Wiederwahl unterziehen mußte. Lord Fitzgerald machte sich darum keine Sorge, da die katholischen 40-Schilling-Pächter ihm nie seinen Sitz streitig gemacht hatten, zumal er ein beliebter und toleranter Mann war.

Das war die Stunde für O'Connel. Er warf den Fehdehandschuh hin und kandidierte selbst. Zwar verbot die Verfassung einem Katholiken die Ausübung eines Mandates, nicht jedoch, gewählt zu werden. Das war ein weitgehender Schritt, dem sogar die irischen Bischöfe widerrieten. Aber O'Connel setzte sich durch. Eben erst hatte das Oberhaus die Änderung der Katholikengesetze abgelehnt. Die Revolution stand vor der Tür. Die Entrüstung drohte sich gewaltsam Luft zu machen. Jetzt mußte die Stunde des Erfolgs kommen und zwar durch den disziplinierten Einsatz der Assoziation. Sonst hätte der Boden unter O'Connel gewankt. Er setzte seine gesamte Wahl- und Propagandamaschinerie in Bewegung, die alles mitriß und sich doch in geordneten Bahnen bewegte. Das Landvolk von Clare lehnte sich gegen seinen Herrn auf. In Ennis, dem Hauptort der Grafschaft, kamen über 30000 Menschen zusammen, die in den Gassen biwakierten. Hier agitierte der Stab der Assoziation zusammen mit 150 Priestern für O'Connel. Tag und Nacht sprachen die Redner auf Märkten und Plätzen; jeder Altar wurde zur Tribüne. Unter der Parole »Gott und O'Connel« wurde alles mitgerissen. Die Regierung hatte vorsorglich 3000 Soldaten geschickt. Aber das mißhandelte und an Verbrechen gewöhnte Volk hielt äußerste Disziplin. Mitten im Wahlgang gab Lord Fitzgerald schließlich auf, und der Sheriff mußte O'Connel als gewählt erklären.

Im Siegesjubel wurde der Entschluß gefaßt, in allen irischen Grafschaften nur noch katholische Vertreter zu wählen. Dagegen waren Gentry und Großpächter machtlos. Die Assoziation fühlte sich als Schutzmacht der Bauern. Ihre Wahlparolen mißachteten die Folgepflicht gegenüber den Grundherren; die Vasallität alten Stils war abgeschüttelt; jeder sollte nach seiner Gesinnung und nicht nach seiner Folgepflicht wählen. Der Erfolg von Clare bedeutete das Ende des alten Feudalwesens und war der unmittelbare Anlaß der Emanzipation. England stand vor der Entscheidung: Emanzipation oder Bürgerkrieg. Alles unverändert zu lassen war unmöglich geworden. Neue Zwangsgesetze hätten das Unterhaus, das sich schon zugunsten der Katholiken verwandt hatte, nicht passiert. Neuwahlen hätten ähnliche Geschehnisse wie in Clare heraufbeschworen. O'Connel verschmähte dabei, im Unterhaus zu erscheinen und sich hier sein Mandat wieder aberkennen zu lassen; er blieb in der Würde des Gewählten in der Heimat.

Die Lage wurde dadurch noch seltsamer, daß von der Landesregierung in Dublin nichts zu hören war. Die Assoziation hatte faktisch das Heft in der Hand und hielt die Menschen besser in Zucht, als es der Vizekönig mit seinen Soldaten vermocht hätte. Strafen brauchten kaum verhängt zu werden. Die alten Stammesfehden hörten auf oder endeten auf Befehl O'Connels in brüderlicher Versöhnung. Ganze Heerhaufen bis zu 50000 Mann, die mit Trommeln und Fahnen das Land durchzogen, zerstreuten sich auf einen Wink O'Connels hin. Bei Zusammenstößen der ultraprotestantischen Orange-Clubs mit Katholiken in Ulster riß O'Connel die Seinen zurück. Die 30000 Soldaten in Irland sympathisierten, soweit sie Iren waren, mit der Assoziation; die Priester bearbeiteten erfolgreich die Mannschaften. Als der katholikenfreundliche Vizekönig Lord Anglesey im Januar 1829 seines Postens enthoben wurde, schien die Regierung den Kampf annehmen zu wollen. In Wirklichkeit war sie ratlos und unschlüssig.

In dieser Situation erreichten Wellington und Peel endlich beim König, daß die Katholikenfrage im Ministerrat erörtert werden konnte. Man wollte den Verfluchungseid gegen Rom fallen lassen und nur die Formel beibehalten, daß der Schwörende nichts gegen den Anglikanismus unternehmen werde. Gleichzeitig sollten die 40 Schilling-Bauern ihr Stimmrecht hergeben, das nur den 10 Pfund-Pächtern verbleiben sollte. Das hätte die Wählerzahl von 200000 auf 26000 herabgesetzt. Die Katholiken-Emanzipation sollte also mit der Festigung und Steigerung des alten Wahlsystems erkauft und dadurch ungefährlich gemacht werden. Die Aufhebung der Rechtsnachteile wurde von der Regierung angekündigt und gleichzeitig von Peel eine Vorlage zur Unterdrückung der Assoziation eingebracht. Daraufhin löste O'Connel sogleich den Bund freiwillig auf, ein Beweis seiner politischen Klugheit. Das Hauptgesetz behielt die neuen Wahleinschränkungen bei und ging in dieser Form mit 348 zu 160 Stimmen durchs Unterhaus. Das Oberhaus gab unter dem Drängen Wellingtons und angesichts der bedrohlichen Situation nach. Der König setzte wortlos seine Unterschrift unter das Emanzipationsgesetz von 1829. Einige Tage später nahmen der Herzog von Norfolk und andere katholische Lords ihre Sitze im Oberhaus ein. Lord Surrey, Norfolks ältester Sohn, wurde erstes katholisches Unterhausmitglied. O'Connel verlor sein Mandat von Clare, da er vor dem Gesetz gewählt worden war und gelangte erst 1830 ins Unterhaus. Nunmehr waren Katholiken nach einer Loyalitätserklärung an den König statt des bisherigen Suprematseides zu beiden Häusern und zu allen Ämtern, außer den geistlichen Gerichten, dem Regenten, dem Lord Kanzler und dem Lord Lieutenant von Irland zugelassen. Allerdings war die katholische Bewegung unter dem neuen Stimmrecht von 1829 nicht in der Lage, mehr als 40 der 100 irischen Sitze für sich zu gewinnen. Die Reform-Akte von 1832 (Irish Reform Act) löste zwar 16 Boroughs auf, brachte aber keine Änderung des Wahlrechts. Es blieb hier beim 10 Pfund-Wahlrecht. Ein Gesetz von 1840 erleichterte den Zugang von Katholiken zu den Kommunen. Als 1841 aber ein Rückschlag erfolgte, spalteten sich von den O'Connel Anhängern die Jung-Iren ab, die wieder für den alten Separatismus eintraten. Immerhin hatte aber Irland 1829 der englischen Parlamentsherrschaft demonstriert, was Organisation und Propaganda von den Herrschenden erzwingen konnten. Damit war ein entscheidendes Beispiel gesetzt. In den ganzen Jahren von 1824 bis 1829 hatte die Katholikenfrage die Agitation für eine Parlamentsreform in den Hintergrund gedrückt. Keine einzige Petition dieser Art war auf den Tisch des Unterhauses gelangt. Erst Ende 1829 erwachte die Reformbewegung aufs neue und formierte sich nach dem Beispiel der »Katholischen Rente« in jenen »Politischen Unionen« und »Assoziationen«, die das Land in Erregung und das Parlament unter Druck zu setzen verstanden. Der deutlichste Stoß gegen das alte System und der deutlichste Schritt zu modernen politischen Aktionsformen aber war von O'Connel und seiner Assoziation getan worden. Die katholische Religion war zwar die Bedingung für diese Bewegung, aber deren Anliegen war nicht missionarisch, sondern sozial und politisch, ja im Grunde revolutionär. Ihr fundierender Gehalt war alt, aber ihre Form und ihre unmittelbare Intention neu. Eine fast archaische Klassensituation war offenbar die Voraussetzung für eine politisch-revolutionäre Massenbewegung, der die eigentliche Industriegesellschaft erst folgte. Darum muß die Katholikenemanzipation als das erregendste und für die fernere Entwicklung des verfassungspolitischen

Lebens bedeutsamste Anliegen der inner-englischen Geschichte in den ersten drei Jahrzehnten des 19. Jahrhunderts angesehen werden. Die Gründung der Katholischen Assoziation 1823, die Krisis von 1825 und schließlich die furiose Schlußphase von 1828/29 fügten ein Element neuartiger Massenführung in das öffentliche Leben ein, ohne dessen Vorbild der große Umbau der englischen Herrschaftsverhältnisse kaum denkbar gewesen wäre. An diesen Ereignissen verwischten sich die überlieferten Parteigegensätze; das Prestige von Krone und Oberhaus wurde untergraben, während das Unterhaus an Gewicht gewann. Ein großer Schritt auf konstitutionelle Freiheit hin war mit der Aufhebung der Testakte getan und der Boden für den Wandel des Systems bereitet.

10. Die Arbeiterbewegung

Ohne einen starken Druck von außen hätte sich das Parlament kaum zu der bürgerlichen Reform bequemt. Dieser Druck ging weniger von dem abwartenden Bürgertum als von der Arbeiterschaft aus, die von einer Parlamentsreform die Beseitigung der schlimmsten sozialen Mißstände erhoffte. Es war bemerkenswert, daß es um 1830 eine starke politische Arbeiterbewegung gab, die ein konkretes politisches Ziel verfolgte und sich in legalen Bahnen bewegte. Die Industrielle Revolution seit 1770 hatte schon vor 1789 einen vierten Stand hervorgebracht, seit 1790 gab es eine Arbeiterfrage; aber eine größere zusammenhängende Bewegung kam erst eine Generation später zustande. Diese Aktivierung des vierten Standes 1830 bis 1832 gab den entscheidenden Anstoß zur bürgerlichen Reform. Die hier plötzlich an die Oberfläche tretende soziale Massenbewegung war bisher in nicht geringem Maße von den religiösen Erneuerungsbewegungen beeinflußt worden, die den heimatlosen Massen in den aufkommenden Industriezentren Halt und Leitung gaben. Besonders die methodistischen Organisationsformen erstrebten feste Gemeindebildungen und regten zu Zusammenschluß und Selbsthilfe an. Da eigenmächtige Verbindungen zur Durchsetzung von sozialen Sicherungen verboten waren und die Behörden, insbesondere die

Friedensrichter, sich Arbeiterschutz und Lohnfestsetzung von alters her vorbehielten, ja dahingehende Vereinigungen seit 1799 als Verschwörungen betrachten konnten, war ohnehin der Weg über die methodistischen »Klassen« vorgezeichnet oder naheliegend. Aber es gab trotz aller Hemmnisse schon früh Gewerkvereine, Volksvereine und Unterstützungsvereine, besonders in den Textilmanufakturen von Lancashire und Yorkshire. Bereits Adam Smith berichtete im »Wealth of Nations«, I, 8 (1776) von dem Geschrei gegen die Arbeiterbünde, demgegenüber niemand sich gegen die Vereinigungen von Arbeitgebern zur Niederhaltung der Löhne wende. Die älteren Gesetze, die teilweise noch aus der Tudorzeit stammten und an das Zunftwesen anschlossen, richteten eben gegen diese Gewerkvereine kaum etwas aus, zumal die nicht übersehbare Zahl unbekannter Arbeiter sich von den alten kommunalen Behörden kaum erfassen ließ. Manche örtlichen Behörden fanden sich in stark entvölkerten Gebieten unbeschäftigt, während andere sich einer Masse gegenüber sahen, der sie weder helfen noch polizeilich beikommen konnten. Oft wurden hier neue Behörden benötigt, in die Leute ohne die notwendige Qualifikation hineinkamen. Gerade in der Zeit der ersten bürgerlichen Reformwoge von 1770 bis 1780, die Wilkes ins Parlament brachte, sah das Bürgertum neben den ersten Reformvereinen diese Gewerkvereine entstehen, die sich gegen die üblichen Lohnfestsetzungen der Friedensrichter zur Wehr setzten und den reformfreudigen Mittelstand mit Furcht erfüllten.

In der Französischen Revolution kam es zu ersten Ansätzen einer politischen Arbeiterbewegung mit stärkerer Agitation in den Städten. Neben dem Drahtzieher Francis Place galt Thomas Hardy als ihr eigentlicher Inspirator; seine »London Corresponding Society« von 1792 zählte immerhin 30000 Mitglieder und war der Ursprung der radikalen Partei. Die Repressivpolitik der Regierung Pitt machte diesem Radikalismus vorerst ein Ende.

Die Versammlungs-, Vereins- und Agitationsverbote von 1794, 1795 und 1799 hielten das neue Proletariat in einer unartikulierten dumpfen Unruhe, die sich in gelegentlichen Aufläufen, Brandstiftungen oder in Werksabotage äußerte. Diese tumultuarischen Racheakte und Kurzreaktionen gipfelten im Luddismus 1811–1814. Die Ludditen waren Maschinenstürmer, die sich ihre Arbeitsplätze erhalten wollten. Anlaß waren die Handelsschwierigkeiten, die der Wirtschaftskrieg gegen Napoleon hervorgerufen hatte. Einerseits steigerten die neuen Fertigungsmethoden die Güterproduktion und sparten Arbeitsplätze ein; andererseits entstanden erhebliche Absatzschwierigkeiten. Die daraus resultierende Beschäftigungskrisis wurde den neuen Maschinen zugeschrieben. Im Winter 1811 wurden die Maschinen planmäßig demoliert. Die Regierung antwortete mit harten Strafgesetzen, auf Grund derer im Januar 1813 in York 17 Arbeiter exekutiert wurden. Aber noch bis 1814 konnten die Ludditen agieren. Der im geheimen geführte Kampf zwischen Arbeitern und Mittelklassen-Manufakturen war ein Streit auf Leben und Tod, wie der Ludditen-Eid bezeugt.

Nach dem Friedensschluß 1815 besserte sich die Lage der Arbeiterschaft für einige Zeit, als ein allgemeiner Preissturz die Kaufkraft der Löhne erhöhte, freilich auch viele Geschäftsleute und Bauern zugrunde richtete. Dagegen verhinderte das Getreidegesetz von 1815 den Import billigen Getreides. Das war ein Schlag gegen die Arbeiterschaft, die nun für das teuer bleibende Brot ihren ganzen Lohn ausgeben mußte. Auch der Mittelstand fühlte sich betroffen, da die Kaufkraft der breiten Masse verloren ging und nur der Landwirtschaft zugute kam. Gewerblicher Mittelstand und Unternehmertum verbanden sich mit den Arbeitern in Opposition gegen die Art und Weise, wie die grundbesitzende Klasse ihr Machtmonopol für ihre Sonderinteressen ausnützte.

Dieses Bündnis dauerte freilich nur kurze Zeit. Der Mittelstand gab sich zufrieden, als sein Vorkämpfer im Unterhaus, Henry Brougham, 1816 die Aufhebung der Einkommensteuer erreichte, die während des langen Krieges auferlegt worden war. Diese Abschaffung war alles andere als ein Fortschritt und eine Ursache für den schleppenden Fortgang einer wirksamen Verwaltungsreform. Erst 1842 führte Peel wieder eine Einkommensteuer ein. Schlimmer war, daß der Fortfall dieser relativ gerechten Steuer eine Vermehrung der indirekten Steuern nach sich zog, die die Armen ebenso traf wie die Reichen. Der Mittelstand zog sich nach diesem Erfolg von den politischen Kämpfen zurück. Er hatte in dem durch diese Steuer notwendigen Inspektoren- und Kontrollwesen, das die Aufdeckung der Geschäftseinkünfte verlangen konnte, einen Eingriff in Freiheit und Eigentum erblickt. Die Arbeiterschaft blieb rechtlich ungeschützt, zumal auch die Gesetze von 1802 und 1819 zur Beschränkung der Kinderarbeit keine Arbeiterschutzgesetzgebung darstellten und erst in den vierziger Jahren aus den arbeitenden Armeen rechtlich geschützte Arbeiter wurden.

Die schwelende Unruhe in der Arbeiterschaft kulminierte in dem Massaker von »Peterloo« am 16. August 1819. Damals hatte sich auf dem St. Petersfeld bei Manchester eine riesige Menge von etwa 60000 Arbeitern versammelt, um Henry Hunt, den Vertreter von Preston im Unterhaus, zu hören und für eine grundlegende Parlamentsreform zu demonstrieren. Die Menge verhielt sich friedlich, war aber so groß, daß die Stadt Truppen anforderte, die die Menge durch eine Attacke auseinandertrieb. Dabei gab es 12 Tote und Hunderte Verletzte, darunter auch Frauen. Ohne Untersuchung billigte die Regierung diese Aktion. Die Öffentlichkeit war entsetzt und sprach von dem Massaker von Peterloo, da hier Wellingtons Verdienst von Waterloo beglichen und die Dankesschuld des Volkes ausgelöscht worden sei. Dieser Terroraktion folgten dann noch die sechs Knebelgesetze (Six Acts) vom Winter 1819/20, die Versammlungen von mehr als 50 Personen strikt verboten, aber auch einen allgemeinen Wandel des Gefühls hervorriefen und dem alten Torismus den Todesstoß versetzten. Im Februar 1820 brachte die »Catostraßenverschwörung« einer radikalen Terroristengruppe unter Thistlewood, die das ganze Tory-Kabinett auf einem Bankett ermorden wollte, der Regierung zeitweilig wieder Sympathien ein. Die Regierung wurde durch eine Scheidungsaffäre König Georgs IV. (1820–1830) gegen die Königin Karoline wieder unbeliebter, als sie auf Seiten des Königs den Scheidungsprozeß verlor und Henry Brougham mit Freimut die Sache der Königin vor den Lords vertrat. Trotz dieser Vorgänge blieb die Agitation innerhalb der Arbeiterschaft gemäßigt, zumal mit der Öffnung der südamerikanischen Märkte 1824/25 eine Konjunkturwelle einsetzte. Die Regierung lockerte 1824 die Knebelgesetze und hob das Koalitionsverbot von 1799 auf, wenn auch gleich danach im Jahre 1825 verschärfte Bestimmungen gegen Arbeitsvertragsvergehen erlassen wurden. Bis dahin gab es eine erstarkende Arbeiterbewegung, die aber ohne Wahlrecht, ohne Einfluß auf die Verwaltung ihrer Gemeinden und bis 1824 ohne gesetzliche Möglichkeit, Gewerkschaften zu bilden, lange Zeit ihre große Zahl nicht wirksam ins Spiel bringen konnte. Umso erstaunlicher war das demokratisch-evolutionäre Element in diesen opponierenden Regungen, das sich zum Teil aus der eifrigen Arbeit der methodistischen und nonkonformistischen Denominationen erklären läßt, die eigenständige religiöse Gemeindebildung und nachbarliche Selbsthilfe nahelegten und im Liberalismus ihr politisches Glaubensbekenntnis hatten. Ferner gab die Katholikenbewegung ein Beispiel für den Erfolg einer disziplinierten Massenorganisation, die über das Parlament ihr politisches Ziel erreicht hatte. Dazu kam ein unphilosophischer Radikalismus, der sich nicht auf eine Lehre, sondern auf ein moralisches Gefühl der sozialen Entrüstung gründete, ein Radikalismus, dessen Vater der erste Vertreter der Arbeit im Parlament, William Cobbett (1763–1835) war.

Cobbett zusammen mit dem alten Henry Hunt flößte der politischen Arbeiterbewegung neues Leben ein. Vor allem Cobbett formte seit 1804 die ursprünglich jakobinisch-republikanische Bewegung in eine parlamentarisch gerichtete Bewegung um. Cobbett war freilich kein Mann der Zukunft, sondern hing in fast romantischer Verehrung an den alten Zuständen. Seine immense Beliebtheit gründete sich wohl auch darauf, daß die Arbeitergeneration in den Fabriken sich nach den grünen Feldern ihrer Heimatgemeinden zurücksehnte. Cobbett haßte sogar die Dampfmaschine, zumal sie von einem Schotten erfunden worden war. Er haßte die neue Gesellschaft mit ihrem Geschäftsgeist und war kein Sozialist, sondern eher ein Tory, der die Revolution vermeiden wollte und Heimweh nach »Merry Old England« hatte. Er lehrte die Arbeiterschaft, die Abhilfe für ihr Elend über eine Parlamentsreform zu suchen, und so ihre angeborenen urenglischen Rechte, ihre »Inheritance«, zurückzugewinnen. Die Vorenthaltung dieser alten Rechte gab ihm, dem Anti-Jakobiner und Gegner Paines, den Anlaß, für die Arbeiter einzutreten. Nicht ein Ideologe, sondern ein Altengländer und fast ein Tory stand als unbeirrter Kämpfer gegen das Heer bewußter und unbewußter Tyrannen auf. Er war der erste, der die Sache der Arbeiter in wirkungsvollen Worten auszusprechen verstand und der erste öffentliche Anwalt ihrer Interessen, der sich in seinem wöchentlichen »Political Register« (1802–1835) Gehör zu verschaffen wußte. Selbst die obere Schicht las seine Zeitschrift und tat damit einen Blick in Leben und Leiden der Armen. Als Cobbett 1816 die Zeitschrift auf 2 d. ermäßigte, war er die meistgelesene Autorität, die einige Jahre größten Einfluß ausübte. Als 1817/18 Habeas Corpus aufgehoben wurde und Cobbett nach Amerika fliehen mußte, war sein Werk getan. Die Zeitschrift erschien weiter und verkündete, daß England eine solidarische Nation sei, die reich und arm in gleicher Weise umfassen müsse. Damals überließ der unentschlossene Mittelstand der unorganisierten Arbeiterschaft unter Hunt und Cobbett den Kampf um die Reform, dem in Jeremy Bentham und seinen Vorlagen von 1817 und 1819 ein starker Helfer erwuchs. Auch die Whigs im Parlament blieben Zuschauer, da sie sich über die Reformfrage nicht einig werden konnten.

Neben Cobbetts altenglisch-toristischem Radikalismus und dem respektlosen zersetzenden Utilitarismus Benthams fand das Arbeitertum einen Vorkämpfer in Robert Owen (1771–1858), der aber ein völlig unpolitischer Philanthrop war, dessen soziale Bemühungen und Experimente in seinen Mühlen und Spinnereien von New Lanark zwar Mißstände beheben, aber die allgemeine Notlage des Arbeiters kaum bessern konnten. Mit ihm griff der Philanthropismus erstmals die soziale Frage auf. Seine Bemühungen führten immerhin zur ersten Fabrikgesetzvorlage von 1815, die allerdings erst 1819 durchgesetzt wurde und die Arbeit von Kindern unter neun Jahren verbot. Die Einfalt des reformerischen Patriarchen von New Lanark konnte weder die Tory-Regierung noch die Standesgenossen für seine Sache bekehren.

Der Schneider Francis Place in Westminster dagegen war der wichtigste Anwalt der Arbeiterschaft in der praktischen Politik; er war der erste Drahtzieher und Wahlplaner im modernen Sinne. Er war kein lauter Demagoge wie Cobbett und wies den unpolitischen Massenglückstraum von Robert Owen zurück. Er teilte mit Malthus und Ricardo seinen düsteren Pessimismus und hielt konkrete Verbesserungen durch gezielten Druck von Arbeiterschaft und Mittelstand für das Gebot der Stunde. Er war überzeugt, daß das Proletariat nur in Verbindung mit dem Bürgertum Fortschritte erzielen könne. Darin gaben ihm die folgenden Jahre völlig recht. Er war mehr pragmatischer Politiker als Ideologe; ebensowenig wie Bentham, Cobbett und Owen predigte er den Klassenkampf; in seiner Weltanschauung war er Benthamianer, dem es um das Glück der großen Zahl ging. Dabei haßte er sein Leben lang die Whigs wohl noch mehr als die Tories, vor allem wegen ihrer Methoden der Wählerbestechung und ihrer engen Interessenpolitik. Seine Stärke lag in der stillen geduldigen Organisation; er ersann eine Methode der Massenbearbeitung durch kleine, rationell verfahrende Ausschüsse, die die Anhängerschaft am Zügel hielt. In seiner Schneiderwerkstatt wurden Wahlfeldzüge und taktische Manöver durchberaten. Damit errang er 1807 in Westminster einen ersten Erfolg für die entschiedenen Demokraten, als er gegen die Whigs den radikalen Burdett durchbrachte. Zur Reformzeit war seine große Stunde gekommen, als er scheinbar den Bürgerkrieg organisierte, um das Parlament unter Druck zu setzen. Er spielte stets mit verdeckten Karten und war doch dabei von höchster Uneigennützigkeit, stets nur das Ziel im Auge, im Bunde mit dem Bürgertum eine Änderung der Verfassungsverhältnisse zu erreichen. Place manipulierte den proletarischen Aktivismus auf politisch ausmünzbare Ziele hin, ohne selbst ein wirklicher Volksmann zu sein.

Er fand den Boden für seine Pläne durch Jeremy Bentham vorbereitet, der als das geistige Haupt der Reformbewegung anzusehen ist und für die englische Reform das war, was Rousseau für die Französische Revolution gewesen ist. Sein Reform-Katechismus von 1817 mit dem Vorschlag eines Haushaltsstimmrechts, sein Gesetzesvorschlag für eine Parlamentsreform von 1819 und schließlich sein konsequentes Eintreten für ein allgemeines, geheimes und gleiches Wahlrecht erreichten eine Meinungsbildung, nach der jede Lösung der gesellschaftlichen Problematik an einer Wahlrechtsreform anzusetzen hatte. Er wies die Richtung, die schließlich den Zusammenfluß der progressiven Kräfte am Vorabend der Reform bewirkte. Erst dadurch war es Francis Place möglich, den abwartenden Mittelstand mitzuziehen, als die Arbeiterschaft eine Kampfstellung gegen das herrschende System bezogen hatte.

Freilich hatte sich vielerorts auch eine bedrohliche klassenkampfähnliche Situation entwickelt wie etwa in Manchester, wo die frühere Interessengemeinschaft von Bürgern und Arbeitern zerrissen war und in der schutzlosen Arbeiterschaft der Funke der Empörung aufflammte. Hier hatte John Doherty 1829 den Baumwollarbeiterverband unter der Devise gegründet, das Volk solle seine Sache selbst in die Hand nehmen. Doherty dachte an eine selbständige Arbeiterpartei, die aus den Gewerkschaften sich bilden sollte. Ähnlich waren die Bestrebungen des Tischlers William Lovett und des Freidenkers Hetherington in London, die 1831 eine »Nationale Union der arbeitenden Klassen« gründeten und sich den politischen Unionen der Mittelklasse bewußt entgegenstellten. Auch William Thompson, der sozialistische Schüler Benthams und Owens, und O'Brien's Wochenblatt »The Poor Man's Guardian« (seit Juli 1831) setzten sich für proletarische politische Aktionen ein. In Newcastle hatte sich eine »Politische Union des Nordens« gebildet, in welcher derbe Volksmänner das Heft in der Hand hielten. Dagegen hielt die »Political National Union« von Francis Place an dem Bündnis mit dem Bürgertum fest und hatte in ihrem Vorstand nur zur Hälfte Arbeitervertreter. In der Tat hätte die Stoßkraft einer reinen Arbeiterbewegung nicht ausgereicht, das Blatt zu wenden, zumal die Zahl der Industriearbeiter im Verhältnis zur Gesamtbevölkerung trotz ihres überragenden Anteils an der Güterproduktion noch zu gering war.

Seit Ende 1829 hatten sich allenthalben politische Unionen gebildet, aber der entscheidende Anstoß zu einer Gesamtbewegung kam von Birmingham. In dieser Stadt der Kleineisen- und Kunstschmiede-Industrie hatte sich ein kräftiger unterer und mittlerer Unternehmerstand erhalten, der noch persönliche Verbindung zu seinen Arbeitern besaß, so daß die Spaltung in Klassen noch nicht so weit fortgeschritten war wie andernorts. Hier gelang ein Zusammenschluß von Arbeitern, kleinen Unternehmern und Besitzenden unter dem Bankier Thomas Attwood. Er gründete im Dezember 1829 eine »Politische Union zum Schutze der öffentlichen Rechte«, die für ein Bündnis der Mittel- und Unterschichten eintrat, sich gegen die überholten Wahlverhältnisse wandte und für eine stärkere Vertretung der mittelenglischen

Finanz- und Industrie-Interessen im Parlament agitierte. Die Beteiligung der Unterschichten gab der Union die Möglichkeit, den Arbeitern die überragende Wichtigkeit der Verfassungsfrage klarzumachen. Dabei blieb sie gemäßigt und trat weder für ein allgemeines Wahlrecht noch für geheime Abstimmungsweise ein. Die Birminghamer Union folgte dem irischen Modell, d.h. sie verlangte nur Minimalbeiträge, veranstaltete laufend Versammlungen und ließ ihre Anhänger nicht zur Ruhe kommen.

Diese Bewegung griff auf andere Städte über; wie Pilze schossen die Unionen aus dem Boden; überall ballte sich eine Partei der entschiedenen Reformer zu einer demokratischen Armee zusammen, die bei allen Unterschieden sich in der Frage baldiger Reform einig war. Aber erst den Männern von Birmingham gelang es, diesen kampfbereiten demokratischen Gewalthaufen für einen kurzen, aber bedeutsamen Moment zusammenzuschließen. Thomas Attwood war der einflußreichste Mann Englands, als das Parlament im November 1830 neu gewählt wurde. Die Zusammenfassung der Bewegung gab ihr die entscheidende Steigerung, um den Stoß gegen das System aussichtsreich führen zu können. Der Plan einer Verbindung aller Unionen, ihrer Disziplinierung und schließlich ihrer militärischen Gliederung als Nationalgarde eröffnete die Aussicht, auf dem Wege der physischen Gewalt die Macht zu ergreifen. Dieser Plan einer überregionalen Zusammenfassung mit der Drohung einer organisierten Auflehnung genügte, um die Reform im Parlament durchzusetzen. Francis Place teilte die angeblichen Vorbereitungen dazu vertraulich dem Unterhaus mit. Diese Drohung aus dem Versteck war wohl der wirksamste Schachzug des alten Drahtziehers, der seine Warnungen diesmal glaubhaft machen konnte. Denn gleichzeitig wurde das Unterhaus aus allen Gegenden Englands mit Bittschriften und Memoranden bombardiert und dadurch die zögernden Whigs in das Reformprogramm förmlich hineingedrängt. Alle Krisen im Parlament wurden durch diesen Druck von außen überwunden und damit der Reform der Weg durch das Unterhaus und schließlich auch durch das Oberhaus gebahnt.

11. Der Weg zur bürgerlichen Reform von 1832

Die tiefgreifende Wandlung der Gesellschaft hatte im Unterhaus bisher keinen Niederschlag gefunden. Die Verteilung der Unterhaussitze war seit den Tagen der Königin Elisabeth im wesentlichen unverändert geblieben, wenn die Hineinnahme der schottischen Vertreter 1707 und der irischen Vertreter 1801 außer Betracht bleibt. Ein Viertel der Commons kam immer noch aus den fünf südwestlichen Grafschaften und zwar allein aus Cornwall 44 Mitglieder. Dagegen stellte Groß-London (Greater London) nur 10 Mitglieder. Viele große Städte waren überhaupt nicht vertreten wie etwa Liverpool, das von 82000 Einwohnern im Jahre 1800 auf 400000, oder Manchester, das von 40000 im Jahre 1770 auf 187000 im Jahre 1821 angewachsen war, oder auch Leeds, Sheffield und Birmingham, deren Einwohnerzahl sich inzwischen verdoppelt hatte. 405 Commoners saßen für 203 englische Boroughs, von denen nur 74 in den 23 nördlichen Grafschaften lagen. Drei Viertel dieser Boroughs hatten zudem weniger als 500 Wähler. Die Durchschnittswählerzahl für eine Grafschaft belief sich auf 4000, im Höchstfall auf 20000 (Yorkshire). Die Wählerqualifikation der Städte war unterschiedlich, demokratisch in Westminster, andernorts auf die »Freemen«, also qualifizierte selbständige Leute oder persönlich Wahlberechtigte begrenzt, andernorts auf Honoratioren, bestimmte Landbesitzer, Bestbeerbte oder Ratsmitglieder eingeschränkt. Für die 80 Grafschaftsvertreter galt seit 1430/32 die 40-Schilling-Freeholder-Qualifikation, die freilich durch die Ausdehnung des modernen Pachtwesens fragwürdig geworden war. Die Hälfte der Sitze lag mehr oder minder in den Händen von Patronen, die Krone eingeschlossen. Diese Zustände standen in solch krassem Widerspruch zur Wirklichkeit, daß an irgendeiner Reform nicht vorbeizukommen war. Schon 1821 hatte John Lambton, der spätere Lord Durham, im Unterhaus sich hervorgewagt und den Beweis zu liefern erboten, daß 350 Mitglieder des Hauses von 180 Menschen ernannt wurden.

Mehrere Umstände kamen dem Anliegen der Reformbewegung entgegen. Der Tod Georgs IV. brachte den 67jährigen »Matrosenkönig« Wilhelm IV. (1830–1837) auf den Thron, der immerhin für die Katholiken-Bill gestimmt hatte und kein solch grundsätzlicher Gegner jeder Liberalisierung war wie seine Vorgänger. Trotz seiner verwunderlichen Eigenheiten und seiner Scheu vor einer Verfassungsänderung war seine Thronbesteigung ein Gewinn für die Reform. Das zweite Ereignis war die Julirevolution in Frankreich, die durch ihre Mäßigung die Engländer begeisterte. Unter dem Eindruck dieser begrenzten Revolution wurden in England die nach dem Thronwechsel vorgeschriebenen Wahlen abgehalten. Die von Wellington zurückgestoßenen Whigs fochten die Wahlen unter der Parole einer Parlamentsreform durch und wurden mehr als sie wollten auf die liberale Seite getrieben. Die Gärung steigerte sich durch den Ausbruch der Augustrevolution in Belgien, so daß die Regierung trotz der Wahlkorruption 50 Sitze verlor und die Whig-Minderheit sich beträchtlich verstärken konnte.

Lord Grey eröffnete im Oberhaus nach der Thronrede die Debatte über die Reform; er stieß bei Wellington auf schärfste Ablehnung, dessen hitzige Erklärung zugunsten der großen Landbesitzer Empörung und Straßentumulte hervorrief. Das Unterhaus wurde aufsässig; es lehnte zum ersten Mal aus Protest die königliche Zivilliste ab und überwies sie zur Überprüfung an einen Ausschuß. Daraufhin demissionierte die Regierung Wellington im Hinblick auf die Unruhe im Lande; Peel sagte sich öffentlich von den Ansichten Wellingtons los. Die öffentliche Auflehnung hatte dieses Wunder vollbracht. Das war ein großes Ereignis: Die erste allgemeine Wahl hatte stattgefunden, aufgrund welcher eine Regierung letzten Endes resignierte, wobei Wellington nach Überprüfung des Parlamentswillens für alle Kollegen abdankte und Grey, den Wortführer der Opposition, als Nachfolger empfahl, der freie Hand für die Besetzung fast aller Ämter erhielt. Die Regierung Grey war aber alles andere als demokratisch; die entschiedenen Reformer wurden bewußt übergangen; die Minister waren innerlich Gegner einer Verfassungsrevision, außer Lord Durham, einem Schwiegersohn Greys, und Lord Russell. Die Staatsleitung war im Grunde unschlüssig und im Herzen anti-demokratisch. Deshalb mußte die brodelnde Gärung weiter angeheizt werden. Als Grey schließlich die Verfassungsfrage aufnahm, zog Francis Place alle Register, um durch

Druck von außen den Minister beim Wort zu nehmen. Der Gesetzentwurf fiel umfassender aus als erwartet.

Die Einbringung der Reformbill am 1. März 1831 weckte allgemeine Begeisterung, die sich noch steigerte, als sie am 22. März mit 302 zu 301 Stimmen das Unterhaus passierte. Als die Regierung in einer Abstimmung über die Zahl der Unterhausmandate unterlag, erreichte Grey beim König unter dem Jubel des Landes die Auflösung des Unterhauses. Die folgenden Wahlen verliefen laut, aber ohne größere Zwischenfälle. Unter dem Feldgeschrei »die Bill, die ganze Bill und nichts als die Bill!« fielen die alten Bollwerke der Magnaten unter der Wucht der Volksbewegung hin. Als im Juni 1831 das Unterhaus zusammentrat, hatten die Whigs eine Mehrheit von 140 Stimmen. Allerdings wäre die Wahl ohne das Mitgehen eines Teils des Magnatentums trotz des Ungestüms der öffentlichen Meinung anders ausgefallen. Die zweite Reformbill wurde am 24. Juli von Lord Russell eingebracht und in der zweiten Lesung mit 367 gegen 231 Stimmen angenommen. Die Einzelberatung im Komitee des ganzen Hauses schleppte sich durch die Obstruktion der Minderheit über zwei Monate hin, bis die Bill am 21. September die letzte Lesung passiert hatte. Aber am 8. Oktober »killte« sie das Oberhaus mit 199 gegen 158 Stimmen, wobei über zwanzig geistliche Lords trotz aller Beschwörungen Greys mit der Majorität gestimmt hatten.

Das schien die Revolution zu bringen. Die Zeitungen erschienen mit Trauerrand, die Läden schlossen, die Staatspapiere sanken, Gewalthaufen zogen drohend durch die Straßen. Kein Bischofshut durfte sich sehen lassen. Es kam zu Tätlichkeiten. Das Schloß des Herzogs von Newcastle in Nottingham wurde gestürmt und in Brand gesetzt, das Rathaus von Bristol geplündert und angesteckt, Gefängnisse aufgebrochen und Brände gelegt. Die Einheit von Arbeitern und Bürgern drohte zu zerbrechen; selbst in Birmingham regte sich gegen Attwood eine Arbeiteropposition.

Verfassungsmäßig war aber nichts zu machen; die Bill war durchgefallen. Das Unterhaus sprach dem Ministerium sein unwandelbares Vertrauen aus, was bedeutete, daß es einem eventuellen Nachfolger keine Mittel bewilligen würde. Auch das Kabinett blieb trotz anfänglicher Rücktrittsabsichten im Amt, da der König in diesem Augenblick nicht von den Wighs verlassen zu werden wünschte. Zum ersten Mal behauptete sich eine Regierung gegen den ausdrücklichen Beschluß des Oberhauses. Die Regierung blieb unter der Bedingung, daß die Reformbill wiederkehren dürfe. Allerdings konnte nach Parlamentsrecht die Bill nicht in der gleichen Sitzungsperiode wiederholt werden. Die nächste Session begann aber erst im Dezember 1831.

Um die Reaktion einzuschüchtern und auch um nicht die Proletarier an die vordringende sozialistisch-demokratische Bewegung zu verlieren, arbeiteten die politischen Unionen nun mit dem größten Geräusch, zumal in diesen Wochen in den Spalten des »Poor Man's Guardian« zum ersten Male die Parole des Klassenkampfes der Arbeiter verkündet wurde. Um den besonnenen Kräften die Führung wieder stärker in die Hand zu geben, gründete Francis Place in London, dem Hauptquartier der englischen Radikaldemokraten, eine »Politische National-Union« mit dem ausdrücklichen Zweck, Arbeiter und Mittelklasse zusammenzuschließen und das Bündnis der Radikalen mit der Regierung zu erhalten. Auch Attwood betrieb von Birmingham her weitere Gründungen. Pläne von einer Nationalgarde aus den politischen Unionen wurden laut, die die Reform gewaltsam durchdrücken sollte. Die feudale Welt zitterte. Anweisungen zum Straßenkampf und Barrikadenbau erschienen im »Poor Man's Guardian«; die »Times« forderte eine Volksbewaffnung zum Schutz Londons. Aber Attwood und Place wollten es nicht so weit kommen lassen; die große Landesorganisation wurde fallen gelassen, um das Zusammenspiel von Regierung und Reformbewegung nicht zu gefährden. Es blieb bei der Drohung.

Endlich brachte Russell am 12. Dezember zum dritten Mal im Jahre 1831 die Wahlreform vor das Unterhaus. Sie enthielt einige Konzessionen, ohne die Grundzüge der alten Bill anzutasten. Sie ging am 19. März 1832 mit 324 gegen 162 Stimmen durchs Unterhaus. Das Kabinett hatte inzwischen einen Peersschub ins Auge gefaßt. Nichtsdestoweniger lehnten die Lords am 14. April 1832 die Bill in zweiter Lesung mit 184 gegen 175 Stimmen ab, wobei die Hälfte der geistlichen Lords angesichts des drohenden Peerschubs dafür gestimmt hatte. Im Oberhaus wurde in der dritten Lesung noch beantragt, die Entrechtung der verrotteten

Flecken zu vertagen, was Billigung auch der Unentschiedenen fand. Am 8. Mai ging das Gesetz durch, nachdem sein Kerngedanke entfernt worden war. Jetzt forderte das Kabinett einen Schub von 50 Peers, andernfalls es demissionieren würde. Erst am 9. Mai nahm der König die Demission an. Er berief Wellington und Lyndhurst.

Jetzt stieg die revolutionäre Woge höher als je. Das Unterhaus wurde mit Petitionen überschüttet, die es aufforderten, der neuen Regierung Wellington keine Mittel zu bewilligen. »Keine Bill, keine Steuern!« lautete die Parole des Bürgertums, während die Masse mit Empörung drohte. Schon am 10. Mai waren in Birmingham 100000 Menschen zusammengekommen. Thomas Attwood redete auf der Hampstead-Heide bei London sogar vor einer Million Zuhörern und sprach von einer bewaffneten Erhebung. Diesen Massen wäre es ein Leichtes gewesen, die 150 verwendungsfähigen Soldaten von Birmingham oder die 7000 in London zu schlagen. Place verabredete sogar mit Attwood, die 7000 Londoner Soldaten durch Demonstrationen zu beschäftigen und gleichzeitig im Norden loszuschlagen. Die politische Organisation zeigte jetzt ihre Stärke, da sie im ganzen Land gegenwärtig war.

In dieser Stunde vollbrachte Francis Place sein taktisches Meisterstück, mit dem er die Revolution vermied und die Reform rettete. Er sandte Agitatoren herum, die die wildesten Drohungen ausstießen, und sorgte dafür, daß die Regierung davon hörte. Er entwickelte eine umfangreiche Korrespondenz in die Provinz hinein, die die geplante Volksarmee vorzubereiten schien. Er ging dazu über, eine gemeinsame Aktion des Bürgertums zur Geldabhebung und zum Wertpapierverkauf in die Wege zu leiten, um das Geld- und Bankwesen zu treffen. Dann sorgte er über Gesinnungsfreunde in Unterhaus und Regierung, daß das erschrekkende Ausmaß der Revolutionsvorbereitungen bekannt wurde. Er gab aus London Weisung, daß die Massen noch ruhig zu halten seien und erst bei der gelungenen Bildung einer Regierung Wellington Barrikaden gebaut werden sollten. Aber auch dann solle man den offenen Kampf noch meiden.

In dieser Lage konnte der König, der die Reformbill zuerst immerhin gedeckt hatte, nicht alles widerrufen. Er verlangte von

Wellington, die Regierung auf das Reformprogramm hin zu bilden, das gemäßigter, aber doch immer noch umfassend sein solle. Wellington willigte aus soldatischer Treue und auch aus Haß gegen die Whigführer ein. Dazu brauchte er aber die Gefolgschaft der gemäßigten Tories mit Sir Robert Peel an der Spitze. Peel lehnte jedoch kategorisch ab. Er wollte nicht das, was er vorher öffentlich verworfen hatte, nun auf Befehl des Königs doch durchführen und berief sich auf das Vertrauen, das die öffentlichen Männer sich bewahren müßten. Das war eine bedeutsame Argumentation, ja eine wichtige Stufe zu neuen politischen Formen. Das Vertrauen der Öffentlichkeit war ihm wichtiger als die Gefühle und Wünsche des Königs. Damit zerriß er ein Band der Überlieferung und ordnete die konservative Politik der bürgerlichen Denkweise ein. Wellington mußte nun selbst als Premier die Regierung bilden. In dieser Stunde kam der geplante Finanzstreich von Place zum Zuge. Schon bei Greys Demission waren die Kurse der Staatspapiere gefallen. Nun ließ Place in den frühen Morgenstunden des 13. Mai in ganz London Zettel ankleben: »Um den Herzog zu hemmen, geht nach Gold!«. In wenigen Tagen mußte die Bank von London unter dem Ansturm der Kunden anderthalb Millionen Pfund auszahlen. Die Ausdehnung der Aktion auf die Provinz und eine allgemeine Stockung des Geschäftsverkehrs drohten, die die Menge brotlos gemacht und der Revolution neue Heere zugeführt hätte. Die Bankdirektoren drängten zur Nachgiebigkeit. Am 14. Mai tobte auch das Unterhaus gegen die Regierung; selbst die Alt-Tories wollten aus der Hand des Herzogs keine Reformen annehmen. Taugliche Minister waren nicht zu finden, eine Regierung Wellington konnte nicht gebildet werden. Gleichzeitig stieg die Erregung auf den Höhepunkt. Dem König wurden Schreiben mit dem Rat zur Abdankung zugesandt; eine Versammlungswelle rollte über die Städte; die Presse ließ jede Rücksicht fahren.

In der Nacht zum 15. Mai gab Wellington auf. Der König schickte nach Grey, dessen Rücktritt er sechs Tage vorher angenommen hatte. Damit war das alte System zerbrochen. Die Nachricht von der Ernennung Greys schlug wie eine Bombe ein. Die Regierung forderte am 18. Mai kategorisch den Peerschub, um der Bill endgültig zur Annahme im Oberhaus zu verhelfen. Der

König gab wutentbrannt nach. Das war die Entscheidung. Mit dieser Nachricht bröckelte der Widerstand der Lords ab. Der Hof bemühte sich, die Feinde der Reform zurückzuhalten, um an der Ernennung neuer Lords vorbeizukommen. Am 4. Juni 1832 ging die Bill mit 106 gegen 22 Stimmen durchs Oberhaus. Die gegnerischen Lords waren in den Klubs und Salons geblieben und von 360 Peers nur 128 bei der Abstimmung anwesend. Drei Tage danach erfolgte die Genehmigung des Gesetzes durch einen Vertreter des Königs. Damit war die Revolution verhütet. Ohne Wellingtons Rücktritt wäre es zum Kampf gekommen. Das Reformgesetz war die letzte Grenze, die das alte System noch ohne Blutvergießen hinnahm. Auch Wellington fügte sich verdrossen. Am 6. Juni war Jeremy Bentham gestorben, dessen unpersönliche Denkarbeit wie eine Naturgewalt »die alte Welt zersprengte, wie die gefangenen Wasser die Erdrinde«. So schrieb das Organ der Bentham-Schule, die »Westminster Review«, mit Recht in ihrem Nachruf. Die Reform hielt die mächtigste und fortschrittlichste Nation der Epoche in einer friedlichen Entwicklung und stellt eines der größten Ereignisse des 19. Jahrhunderts dar. Sie war das erste Gesetz, das sich ausdrücklich mit dem System der Repräsentation als einem Ganzen befaßte, und war damit qualitativ anders als die früheren Teilvorschläge anläßlich korrupter Präzedenzfälle. Auf sie hin hatte die Mittelklasse die Schienen gelegt, die Proletarier hatten den Kessel geheizt, aber die Führer waren Söhne des hohen begüterten Adels, die die Notwendigkeit erkannten und sie zu einem unblutigen Erfolg steuerten (Bernhard Guttmann).

12. Die Reformbill von 1832

Die Reformbill bedeutete den ersten Schritt von der gegliederten Gemeinschaft zur individualistischen Gesellschaft. Aber sie war eben nur ein Schritt dahin, der noch nicht die Abdankung der alten Kräfte bedeutete. In mancher Beziehung war sie mehr eine Kur zugunsten dieser Kräfte; andererseits freilich folgte sie Grundsätzen, die den demokratischen Impulsen gemäß waren. Eine grundlegende Veränderung der sozialen Zusammensetzung des Unterhauses zeigte sich trotz des natürlichen Anwachsens der Anhänger der Reformbewegung und der Zunahme der Stimmberechtigten vorerst kaum. Es setzte sich aber gegenüber dem bisherigen Wirrwarr der regional unterschiedlichen Wahlberechtigungen ein neues allgemeines Prinzip durch, nämlich das Zehn-Pfund-Wahlrecht in den Städten. Bisher war hier das Wahlrecht an den alten Kommunitätsrechten orientiert; nicht das Volk war vertreten, sondern die Gliederungen, in denen es lebte. Nun berücksichtigte man bis zu einem gewissen Grade die Einwohnerzahlen, ließ also nicht alte Rechtsgemeinschaften, sondern Kopfzahlen maßgebend sein. Andererseits hielt man an einer Eigentumsqualifikation fest, was der traditionellen Verbindung von Eigentum und politischer Macht entsprach, nur mit dem Unterschied, daß neben Landeigentum auch Geld und Einkünfte zählten. Durch diese neue Eigentumsqualifikation sahen manche Städte wie Westminster und Preston ihr altes demokratischeres Wahlrecht geschmälert. Großstädte, wo Renten und Mieten höher lagen, standen sich besser. Außerdem schloß der durch Registrierung jeweils erforderliche Nachweis der Eigentumsqualifikation die Erblichkeit aus. Erblich blieb nur das weitergeltende Stimmrecht der »Freemen«, die auf Grund des Herkommens, ererbter Vorrechte oder Amtsfunktionen für ihr Haus das Wahlrecht ausüben durften.

Dazu kam jetzt noch die städtische Residenzpflicht, wodurch viele bisher Wahlberechtigte ihr Stimmrecht verloren, wenn sie außerhalb der städtischen Wahlbezirke wohnten. Durch die Residenzbedingung sank die Zahl der Altwahlberechtigten von 188000 auf 108000. Das Zehn-Pfund-Wahlrecht mit Residenzpflicht kam vorwiegend der städtischen Mittelklasse zugute, während das Handwerk gegenüber der Geschäftswelt an Boden verlor, ganz zu schweigen von der Arbeiterschaft.

Die Uniformität des städtischen Wahlrechtes unterschied sich völlig von den Verhältnissen auf dem Lande, also in den Grafschaften. Hier behielten die 40-Schilling-Freeholders ihr Wahlrecht, außer in Irland, wo seit 1829 das Zehn-Pfund-Wahlrecht verfügt worden war. Dazu traten Copyholder, abhängige Erbpächter, wenn sie 10 Pfund Jahresrente zahlten, sowie auch die alteingesessenen Lease-Holders oder Pächter auf Lebenszeit, wenn sie über 60 Jahre und bei 10 Pfund Jahresrente ihren Pachthof innegehabt hatten. Die übrigen Pächter einschließlich der Tenants-at-will oder Zeitpächter erwarben erst bei 50 Pfund Jahresrente das Wahlrecht. Damit waren also kündbare wohlhabende Pächter, d.h. vom Landlord abhängige Leute, wahlberechtigt geworden und stärkten die Stellung der Magnaten.

Immerhin stieg mit diesen Erweiterungen des Wahlrechts der Anteil der Berechtigten von etwa 220000 auf 500000 Wähler, deren Zahl mit steigendem Wohlstand sich von 652000 im Jahre 1833 auf 1056000 im Jahre 1866 weiter erhöhte. Allerdings ließ sich kaum von einer Gleichung zwischen Repräsentation und zahlenmäßiger Bevölkerung sprechen. Vielmehr wurde der Anstieg der städtischen Wählerschichten wieder wettgemacht durch die Wahlkreiseinteilung und das erweiterte ländliche Stimmrecht, so daß sich das Verhältnis zugunsten von Land und Kleinstadt wieder verschob.

Die Neuverteilung der Sitze und die Änderung der Wahlbezirke erbrachten jedoch den Wegfall der verrotteten Flecken. 57 Boroughs verloren ihre zwei Sitze, 30 büßten einen Sitz ein. 22 bisher nicht vertretene Boroughs, darunter fünf Großstädte, konnten 2 Abgeordnete wählen, weitere 21 einen Abgeordneten. Damit wurden 65 verlorene Borough-Sitze für neue Boroughs verwandt, während weitere 65 Sitze der Vermehrung der County-Sitze dienten. 26 Counties wurden in neue Wahlbezirke eingeteilt und der Rest von 13 Sitzen auf Schottland und Irland verteilt. 141 Sitze hatten ihren Wahlbezirk gewechselt. Damit war das städtische Element neben das »Landed Interest« getreten und der Wasserkopf London stärker berücksichtigt, ohne daß das »Landed Interest« entscheidend geschwächt war. Freilich war das alte Patronagesystem erheblich eingeschränkt und besonders eine größere Unabhängigkeit der Wähler in den Boroughs erreicht worden. Die Wahlbezirke waren nicht mehr so einfach zu managen wie früher; dazu bedurfte es einer beständigeren Organisation als der provisorischen Wahlkomitees. Die Zerstörung des »Influence« der Krone steigerte die Unabhängigkeit und das Gewicht des Unterhauses. Aber von einem Triumph des städtischen Elements ließ sich trotz des spektakulären Wegfalls der verrotteten Flecken kaum sprechen. Nur eine Handvoll Radikaler, nicht mehr als zwei Dutzend, gelangten bei den Wahlen vom Dezember 1832 ins Reformparlament, unter ihnen Attwood, Cobbett und Burdett, wobei die letzteren sich 1834 bzw. 1837 den Tories zuwandten. Der bisher von Preston ins Unterhaus geschickte Henry Hunt konnte hingegen auf Grund des verschlechterten Wahlrechts in Preston keine Mehrheit mehr erringen. Zwar saßen nunmehr 400 Whigs gegen 150 Opponenten unter Peel im Unterhaus, ferner noch etwa 30 katholische Iren, so daß die Politik der Whigs und die Interessen der Mittelklasse honoriert erschienen, aber damit war das städtische Element noch lange nicht seiner Bedeutung entsprechend vertreten.

Die Neuverteilung der Sitze bestimmte vielmehr, welche »Towns« Boroughs waren und welche nicht, und gab der neuen geographischen Gliederung der Bezirke durch die Residenzverpflichtung erhöhte Bedeutung. Dabei war das Bestreben maßgebend, diese Wahlbezirke so zu umgrenzen, daß sie ein einziges »Interest« verkörperten. Die Urbanstimmen blieben von den County-Wahlen möglichst ausgeschaltet; der Verstädterung der Counties wurde ein Riegel vorgeschoben. Die Vermehrung der County-Sitze und das Stimmrecht der 50-Pfund-Zeitpächter sicherten den Landlords immer noch ein Übergewicht. Die Schaffung homogener sozialer Einheiten durch die Wahlkreiseinteilung erhielt die ländlichen Kommunitäten als Bollwerke der Feudalität, die ihre gesonderte Identität erst mit dem Eisenbahnbau und der weiteren Akkumulation der Städte sowie insbesondere mit der nationalen Ordnung des Erziehungswesens und des Civil Service verloren. Der Typ der übersichtlichen Wahlgemeinde sollte im Vertrauen auf die soziale Kohärenz dieser Gemeinschaften durch die neue Wahlbezirks-, Stimmrecht- und Sitzverteilung gefestigt werden. Dies hatte aber die außerordentliche Folge, daß der Streit innerhalb der Wahlbezirke gedämpft und die sozialen Interessengegensätze ins Parlament gehoben wurden. Das restaurative Element trug also dazu bei, daß das Unterhaus die Plattform für die widerstreitenden Interessen werden konnte, wodurch die Wahlen auf die parlamentarischen Anliegen gerichtet blieben, was für die Entwicklung der Führungselite in den späteren außerparlamentarischen parteilichen Massenorganisationen von ausschlaggebender Bedeutung werden sollte.

Das Unterhaus war nun in der Tat der Schwerpunkt des politischen Lebens geworden, zumal die Krone sich vor der Entscheidung gedrückt hatte und das Oberhaus zurückgewichen war. Das Oberhaus behielt zwar formal völlige Gleichberechtigung als gesetzgebende Körperschaft, stellte aber fürderhin dem Unterhaus keinen absoluten Widerstand mehr entgegen. Eine neue Anschauung von der konstitutionellen Rolle der Lords begann sich durchzusetzen, nach welcher das Oberhaus nur mehr eine Revisions- und Suspensionskammer war. Ähnlich wie das Veto des Königs praktisch längst erloschen war und sich gewissermaßen ins Oberhaus verlagert hatte, entfiel nun praktisch dieses zweite Veto. Die Lord-Kammer übte fernerhin nur noch eine Art suspensives Veto aus. Das äußerste war vielleicht noch, daß es das Unterhaus durch Zurückweisung seiner gesetzgeberischen Maßnahmen nötigen konnte, unmittelbar an die Wähler zu appellieren, um zu erproben, ob der vom Oberhaus zurückgewiesene Gesetzentwurf tatsächlich die Mehrheit der Nation hinter sich hatte. Im Jahre 1893 hat das Oberhaus die Irische Home-Rule Bill verworfen, ohne daß Gladstone auf Wahlen zurückgriff, da diesmal die Lords nach dem Willen der überwiegenden Mehrheit der Wählerschaft sich entschieden hatten. Im großen gesehen war aber der Kampf von 1832 der letzte des Oberhauses zur Behauptung seiner Schlüsselstellung, bis es im Parlamentsgesetz von 1911 auch formal sein absolutes Veto-Recht verlor.

Tief enttäuscht von der Reform war nur die Arbeiterschaft, die sich allerdings zu Unrecht hintergangen fühlte, da niemand versprochen hatte, ihnen in ihrer Masse das Stimmrecht zu geben. Das war unmöglich. Die Union Attwoods zerfiel ebenso wie die Nationale Union von Francis Place. Nur aus »Poor Man's Guardian« schallte noch die schrille Stimme der Unterdrückten, denen ihre Rechte vorenthalten worden seien. Der Chartismus bereitete sich vor. Jedoch fand die Sache des Pauperismus jetzt beredte Anwälte im Parlament und machte das Elend der Massen zu einer Sache des nationalen Gewissens, ja schritt zu Untersuchungen und zu Hilfsmaßnahmen, aus denen sich das moderne Verwaltungs- und Fürsorgewesen in England entfalten sollte. Überhaupt änderte das Parlament seinen Stil auf eine puritanisch anmutende Versachlichung hin, die aus der Vermehrung und Eigenart seiner

Aufgaben resultierte, wenn auch immer noch ein starker Anteil der alten Mitglieder die Kontinuität wahrte und zu jener senatorischen Eloquenz sich zu steigern vermochte, die einst in Burke, Fox, Pitt und Sheridan ihre glänzenden Vertreter hatte.

Die Reform hat die Wahlmacht der Aristokratie teilweise eingeschränkt und den Zutritt der plutokratischen Oberklasse ins Parlament ermöglicht; sie hat aber die bisherige Patronage in der Form wirtschaftlicher Abhängigkeit noch bestehen lassen und nicht an eine Demokratisierung des Wahlrechts als allgemeinen Bürgerrechts gedacht. Das Unterhaus verkörperte aber von nun an in ständig wachsendem Maße neben der gesellschaftlichen Elite noch die wirtschaftliche Macht. Die Führung blieb im wesentlichen in Händen einer Oberschicht, wobei der soziale Habitus lange noch stark vom Adel bestimmt blieb. Doch war das reformierte Unterhaus der staatsorganisatorische Ausdruck der sozialen Macht der anerkannten Führungsschichten, mit der kein ebenbürtiger Partner sich im Grunde messen konnte, weder Krone, Oberhaus und Regierung noch die Wahlkörperschaften. Es war kein Abbild des Volkes als Summe aller Schichten, sondern Repräsentant der bestimmenden gesellschaftlichen Kräfte. Das war die Voraussetzung seines Ansehens und seiner Souveränität, die nach dem Abebben der außerparlamentarischen Agitationskampagne die Bedingung für die »goldene Zeit des Parlamentarismus« und die Unabhängigkeit der Abgeordneten bis 1867 war.

DIE VIKTORIANISCHE ZEIT

1. Die Zeit der Königin Viktoria (1837–1901)

Ähnlich wie Manchester und nicht London dem weltwirtschaftlichen Wettbewerb den Namen gab, erhielt die Epoche ihren Namen nicht vom Parlament, sondern von der Königin Viktoria (1837–1901). Sie verkörperte in den Augen der Zeitgenossen Größe und Grenze der Epoche und gab der Krone viel von ihrem verlorenen Glanz zurück. Sie verband den wiedererworbenen Respekt vor dem Kronträger mit einer Popularität, deren sich seit »Queen Bess« kein englischer Monarch mehr hatte rühmen können. Die königliche Familie gab das Beispiel eines würdigen, religiös bestimmten Lebens, und als sich Viktoria nach dem Tode ihres Gatten 1861 lange Zeit zurückzog, blieb sie die dem Streit des Tages entrückte Majestät. Als sie 1901 starb, wurde mit ihr auch das viktorianische Zeitalter begraben.

Nach der Regierung Georgs IV. (1820–1830) und Wilhelms IV. (1830–1837) bestieg die neunzehnjährige Viktoria, die Nichte ihrer Vorgänger, den britischen Thron. Der nächstberechtigte männliche Erbe, der Herzog Ernst August von Cumberland, wurde König von Hannover. Damit löste sich die Personalunion zwischen England und Hannover auf Grund des verschiedenen Erbrechts auf. Der glanzvollen Krönung Viktorias 1838 folgte im Jahre 1840 die Heirat mit dem Prinzen Albert von Sachsen-Coburg-Gotha, der als »Prince-Consort« Einfluß gewann und vor allem die Große Weltausstellung im Londoner Kristallpalast 1851 anregte.

Trotz der Bürgerlichen Reform von 1832 behielt die Krone lange Zeit noch Einfluß auf Regierung und Politik. Aber das Kräfteverhältnis war seit 1832 grundlegend verschoben. Das zeigte sich schon 1834 unter Wilhelm IV., als das Whig-Kabinett Grey umgestaltet werden mußte, und der König nicht Lord Russell als neuen Führer des Unterhauses akzeptieren wollte. Nach der Resignation des Kabinetts Melbourne (1834) versuchte der König, ein Kabinett nach seiner Wahl unter der Führung des Tory Sir Robert Peel zu bilden. Peel war nicht in der Lage, sich mit dem Parlament zu arrangieren und verlor die angesetzten

Wahlen von 1835. Damit hatte sich die Maßnahme des Königs einer allgemeinen Wahl gestellt und erfuhr eine Ablehnung durch die Wählerschaft. Dies zeigte an, daß die Krone nur noch erfolgreich eingreifen konnte, wenn das Votum der Wählerschaft unklar ausfiel. Nach hundert Tagen Regierung Peel mußte der König wieder Melbourne mit der Bildung der Regierung beauftragen. Das frühere Management der Wahlen oder des Unterhauses war unmöglich geworden.

Ein weiteres Beispiel ergab sich 1841, als Melbourne, nunmehr der Vertrauensmann der Königin, sich gegen das Unterhaus nicht durchsetzen konnte und resignierte. Robert Peel wurde berufen, der die Entlassung zweier Hofdamen verlangte, um Melbournes Hintertreppeneinfluß auszuschalten. Viktoria war über diese Zumutung erbost, entzog Peel das Vertrauen und rief Melbourne zurück. Peel war an der sogenannten »Bedchamber Question« gescheitert. Melbourne genoß das volle Vertrauen der Königin, aber besaß damit noch keine Macht über das Unterhaus. Zwei Jahre laborierte er vergeblich gegen ein feindliches Unterhaus, ohne entscheidende politische Maßnahmen durchbringen zu können. Er war der letzte, der gegen das Unterhaus regiert hat. Die Ablehnung von über hundert Vorlagen der Regierung im Unterhaus vermochte nicht, die Regierung Melbourne zu stürzen. Es war geradezu ein Kuriosum, daß ohne Zusammenarbeit von Regierung und Unterhaus noch eine Zeit lang regiert werden konnte. Den entscheidenden Punkt traf Peel, als er im Unterhaus die Resolution erreichte, daß es dem Geist der Verfassung widerspräche, wenn ein Ministerium im Amt bliebe »without the confidence of the House«. Danach sollte nicht eine förmliche Anklage, also ein strafrechtliches »Impeachment«, sondern ein bloßes politisches Mißtrauensvotum über das Schicksal einer Regierung entscheiden. Damit wurde das zuerst 1741 gegen Walpole vergeblich praktizierte Mißtrauensvotum zur Entscheidungsinstanz über die Regierung. Diesmal war es aber wiederum die Entscheidung der Wählerschaft, an der nicht vorbeizugehen war. Die Wahlen von 1841 erbrachten eine Mehrheit der oppositionellen Tories. Damit war angezeigt, daß die königliche Gunst allein nicht mehr genügte, ein Ministerium im Amt zu halten oder gar eine Wahl zu gewinnen.

Die Spaltung der Tory-Partei im Jahre 1846 führte dann aber doch dazu, daß die Krone bei Ministerernennung und Kabinettsbildung wieder ein entscheidendes Wort mitsprach, zumal die Wählerschaft lange Zeit kein klares Verdikt zustande brachte. Bei den Minderheitenregierungen von 1846–1852, 1858/59 und 1866–1868 war die Rolle der Königin wichtig, und niemals bestand Anlaß, auf Grund der allgemeinen Wahlentscheidung zurückzutreten. Durch die Zersplitterung des Parteiwesens gewannen die Argumentationen im Unterhaus an Gewicht und die Abstimmungsergebnisse waren nicht mehr voraussehbar. Die Parlamentsdebatten waren echte Mittel der Willensbildung, so daß diese Periode oft als »Goldene Zeit« des Parlamentarismus angesehen wird, zumal eindeutig das Unterhaus der Ort der Willensbildung war. Dieser Zustand verdeckte die Tatsache, daß die Krone gegenüber einem eindeutigen Wahlausgang und einem eindeutig gestützten Kabinett im Grunde machtlos war. Dieses Zwischenspiel machte aber auch klar, daß die Parteibildung das Moment war, von dem her die Macht des Unterhauses sich erst voll entfalten konnte. Sobald sich intakte Parteien herauskristallisierten und entsprechend deutliche Alternativen der Wählerschaft geboten wurden, blieb der Krone keine Wahl. Der klare parteiliche Dualismus eines Widerspiels von Regierungsmehrheit und Opposition, an deren Wiederbelebung man schon nicht mehr glaubte, kam mit Gladstone und Disraeli auf und profilierte sich schon während des amerikanischen Bürgerkrieges (1861–65). Die Wahlrechtsreformen von 1867 und 1884 zogen den Prozeß der politischen Willensbildung vollends ins Parlament, das sich der periodischen Entscheidung der Wählerschaft stellen mußte, allerdings umgekehrt diese Entscheidung beeinflussen konnte, freilich nicht mehr durch Patronage, sondern mit den Mitteln der Propaganda und Organisation. Gerade dieses Abrücken von der Regierungsbildung und der aktuellen Politik entzog die Krone aber auch den parteilichen Querelen und machte sie zum ruhenden Pol. Als die liberale Ära nach 1874 in das Zeitalter des Imperialismus überging, gewann sie mit der indischen Kaiserkrone (1877) eine zusätzliche Bedeutung für das Imperium, dessen Bindeglied sie wurde.

Das fünfzigjährige Regierungsjubiläum der Königin Viktoria

am 21. Juni 1887 bezeugte, daß das Land und die Welt in der britischen Krone das Symbol der Epoche sahen. Der Dankgottesdienst in Westminster Abbey versammelte Prinzen, Fürsten und Gesandte sowie die Minister aller britischen Kolonien. Die Flotten- und Truppenparaden, die Freudenfeuer und großen Feste in allen Städten und Gemeinden des Landes feierten die Königin; sie feierten aber auch das Erreichte, also die ununterbrochene Kette von Siegen und Erfolgen für Freiheit, Gerechtigkeit und Humanität, für materiellen und technischen Fortschritt, für Vollbeschäftigung und steigenden Lebensstandard. Die Vorstellung von Fortschritt und Weltfrieden unter britischer Führung suchte und fand eine Mitte in der entpersönlichten Gestalt der alternden Königin, »the Great White Queen«, in deren Person sich Größe und Würde des ganzen Imperiums verkörperten. Auch das diamantene Kronjubiläum von 1897 war eine Form der glanzvollen Selbstdarstellung des Imperiums in der Krone, wenn auch hier bereits die Grenzen der britischen Weltstellung sich zu zeigen begannen. Mit gutem Grund läßt sich die Epoche von der Reformbill 1832 bis 1887 und darüber hinaus bis zum Tode Viktorias am 22. Januar 1901 als viktorianisches Zeitalter bezeichnen, das in der Tat von der Krone her einen ihm angemessenen Ausdruck fand.

Bis zur Wandlung des Liberalismus in einen Imperialismus empfand sich die Epoche trotz aller Spannungen und Konflikte als Einheit, die sich in einer allgemeinen viktorianischen Mentalität äußerte, die auf weiten Gebieten Denken und Handeln prägte. Die Denkweise der Zeit fand ihren bedeutenden Niederschlag in John Stuart Mills Schrifttum (1848; 1859), wonach die Freiheit des Individuums und die verantwortliche Selbstgestaltung seines Lebenswegs dessen eigentliches Glück ausmachten und gerade diese Selbstverantwortung das Wohl der anderen im Auge behalten müsse. Auch die sozialkritischen Novellen von Charles Dickens erinnerten aus einem anderen Blickwinkel daran, daß reine Selbstsucht zum Leid führe. Samuel Smiles gab in seinem Buch »Self Help« dem puritanischen Optimismus Ausdruck, für den nüchterne Lebensweise und Fleiß sichere Grundlagen des Erfolgs waren und Trägheit und Bosheit den Keim des Scheiterns in sich trugen. Thomas Babington Macaulay verschaffte in seiner »History of England« (1848/55) der Epoche ihr historisches Selbstverständnis, während in der Literatur Alfred Tennyson und Robert Browning zu viktorianischem Ruhm gelangten.

Die Zeit hatte Grund zur Selbstverherrlichung: Es gab keinen großen Krieg und keine Furcht vor einer äußeren Katastrophe; selbst der Krimkrieg war, unbeschadet seiner großen geschichtlichen Bedeutung, ein Unternehmen mit beschränkter Haftung. Es gab einen unleugbaren Fortschritt auf allen Gebieten, der sich in den ersten Jahrzehnten mit einem wiedererweckten Interesse an religiösen und moralischen Fragen verband. Ein christlich interpretierter Liberalismus und Fortschrittsoptimismus bestimmte im großen und ganzen die Weltauffassung der Zeitgenossen. Die Entdeckungen der Naturwissenschaften, insbesondere Charles Darwins »Origin of Species« (1859), forderten zwar christliche Positionen heraus, stellten sie aber erst mit der Zeit in Frage. Gegen Ende der achtziger Jahre meldete sich allerdings ein Konflikt zwischen Religion und Naturwissenschaft an, als das liberale Weltbild der Vorstellung vom Kampf ums Dasein zu weichen begann. Die Ära war gewissermaßen von den »hungry forties« und den »naughty nineties« eingerahmt. Diese neunziger Jahre erbrachten einen gewalttätigen Imperialismus und kündigten die sich vertiefende Kluft zwischen Kapital und Arbeit an, wobei die Vulgarisierung des öffentlichen Lebens durch die aufkommende Sensations- und Massenpresse, die Verkümmerung der religiösen Antriebe und die Übersteigerung des britischen Sendungsbewußtseins zu einer überheblichen nationalen Selbstüberschätzung die großartigen Ideale der Freihandels- und Selbsthilfe-Pioniere beiseite setzten oder umdeuteten.

Trotz dieser Verdüsterung des Weltbildes hielt auch der spätviktorianische Agnostizismus am Fortschrittsgedanken fest und verband damit eine fast naive Gläubigkeit den naturwissenschaftlichen Erkenntnissen gegenüber. Das nationale Kraftgefühl erhielt erst durch den Burenkrieg einen empfindlichen Stoß, der jenen Stimmen wieder Gehör verschaffte, die unter der Regierung der imperialistischen Unionisten Salisbury und Chamberlain kleinlaut geworden waren. Mit dem Tode der Königin war die Zeit der imperialen »splendid isolation« endgültig vorbei und eine andere Weltstunde eingeleitet, die Großbritannien in der Defensive sah und auf eine Konfliktsituation hinsteuerte, die die widerstreitenden Tendenzen der sozialen und politischen Entwicklung enthüllte. Die Zeitgenossen fühlten, daß eine große Epoche zu Ende gegangen war und Kräfte aus anderen Schichten und anderen Nationen nach den Schlüsseln zur Macht griffen. Deshalb traf der Tod Viktorias das Land wie ein Schock, ein sicheres Zeugnis dafür, daß die Königin selbst zu einem nationalen Talisman geworden war und die in ihr verkörperte Welt erschüttert war.

2. *Chartismus und Freihandelsbewegung*

Die bürgerliche Reform von 1832 hatte die Arbeiterschaft tief enttäuscht. Sie nahm mit Recht für sich in Anspruch, daß ohne sie das Reformgesetz nicht zustande gekommen wäre. Sie fühlte sich betrogen und wollte von einem Zusammengehen mit dem Mittelstand nichts mehr wissen. Ihre Verbitterung steigerte sich, als das »New Poor Amendment Law« von 1834 die gemeindlichen Zuschüsse zu den niedrigen Arbeitslöhnen strich und Zwangsmaßnahmen zur Arbeitserziehung vorsah, ohne die Arbeitsbedingungen zu verbessern. Davon wurden vor allem die »Labouring Poor« betroffen, die nun in den elenden Arbeitshäusern sich ihre schmalen Unterstützungsgelder erarbeiten mußten. Dieses Armengesetz löste im Norden ein »Anti-Poor Law Movement« aus, das in die radikale »Northern Political Union« von Feargus O'Connor einging. Die Bestrebungen zur Zusammenfassung der arbeitenden Schichten verstärkten sich, wobei Züge eines Klassenkampfes hervortraten, der sich nun vor allem gegen das Bürgertum wandte.

Den ersten Versuch machte Robert Owen, der die Gewerkvereine zu einer mächtigen Gesamtgewerkschaft des tätigen Volkes, zu einer gigantischen und konkurrenzlosen »Grand National Consolidated Trade Union« vereinigen wollte. Er legte seinen Plan dem jährlichen Parlament der Bauarbeitergewerkschaft (Builders' Parliament) im Jahre 1833 vor. Ihm schwebte dabei ein pyramidenförmig sich gliederndes Repräsentationssystem und eine entsprechende syndikalistische Organisation mit einem Gesamtgewerkschaftsparlament vor. Sein Plan erregte sogleich allgemeine Begeisterung und wurde 1834 verwirklicht. In wenigen Monaten hatte die GNCTU etwa eine halbe Million Mitglieder, war aber schon nach einem halben Jahr am Ende ihrer Kraft. Da diese vorwiegend wirtschaftlich gedachte Organisation sogleich klassenkämpferische Züge entwickelte, rief sie Regierung und Unternehmer auf den Plan. Massenverhaftungen, Aussperrungen und Nicht-Einstellungen von Mitgliedern waren die Antwort. Die zahlreichen Zusammenstöße und Prozesse veranlaßten den erschreckten Owen, vom Kampfplatz zurückzutreten. Nach dem schnellen Bankrott dieser Riesengewerkschaft tauchten viele der alten Unionen wieder auf; die bisherigen Führer der Arbeiterbewegung rückten von dem überspannten Gebaren der »Grand National« ab.

Eine zweite Bewegung ging von dem Buchdrucker Henry Hetherington aus, der sich zugunsten einer Volkspresse gegen die hohen Stempelsteuern wandte. An diese Agitation schlossen sich der gemäßigte Francis Place und der Radikale Lovett an, die dabei die bessere Information der Arbeiter und die Hebung ihres Bildungsstandes im Auge hatten. Sie erreichten in der Tat eine Ermäßigung der Stempelsteuer von 4d auf 1d. Aus der Zusammenarbeit von Place und Lovett entstand 1836 ein neuer Londoner Arbeiterverein, »The London Working Men's Association«, dessen Agenten (Missionaries) über London hinaus die Ziele einer eigenständigen Arbeiterbewegung verbreiteten. Nach den Ratschlägen von Place und Lovett entwarfen die Londoner ein Programm, das im Mai 1838 als »The People's Charter« das Licht der Welt erblickte.

Dieser Freiheitsbrief für das Volk verkündete sechs politische Forderungen, nämlich das Stimmrecht für alle Männer über 21 Jahren, die Gleichheit der Wahlbezirke mit je einem Abgeordneten, geheimes Wahlverfahren, jährliche Parlamentswahlen, Abschaffung des Zensus für die Kandidaten und Diäten für die Parlamentarier. Dies waren nur politische Punkte; sie erhielten aber aus den sozialen Mißständen ihre Triebkraft. Alle anderen Programme wurden beiseite gesetzt, und in sechs Monaten stand die Arbeiterschaft hinter diesem Programm, das ihren Bestrebungen den Weg über das Parlament wies. Im Norden erklärte sich Feargus O'Connor mit seiner »Northern Political Union« sogleich für die Charter. Hier kam es zu gewaltigen Massenkundgebungen wie etwa in Kersal Moor bei Manchester 1838, wo ca. 200000 Arbeiter zusammenströmten. Der unheimliche Schatten des Chartismus erhob sich. Die Verfasser des Programms selbst waren durchaus gemäßigte Leute und verlangten im Grund nur, was in den Wahlreformen von 1867 und 1884 und in der »Ballot Act« von 1872 auch gewährt wurde. Aber hinter dieser Bewegung standen Verzweiflung und Elend; sie kam und ging mit den Depressionen von 1837 bis 1842 oder 1847/48. Die Masse der ungesicherten »labouring poor«, die das Arbeitshaus fürchteten, verlangte nach Taten.

Eben deswegen entglitt die Bewegung den Gemäßigten und geriet in die Hand von Agitatoren, die für physische Gewalt und Kampf bis aufs Messer eintraten. James O'Brien erhob drohend seine Stimme zum Aufruhr; er und der Heros des Pöbels, Feargus O'Connor, zu denen sich Julian Harney und der abgesetzte methodistische Prediger Stephens gesellten, trieben zeitweilig zum barbarischen Rottenkrieg nach irischem Muster. O'Connor dachte dabei weniger an eine Besserung der Arbeitsverhältnisse in den Fabriken als an eine Rückkehr zu idealen agrarischen Verhältnissen. Sein Traum war die letzte Absage an den Industrialismus. Seine Zeitung »Northern Star« erreichte eine Auflage von 50000 Exemplaren in der Woche, die aber seit 1843 rapide wieder absank.

Der Chartismus fand eine Art loser Organisation, als Attwood von Birmingham aus eine nationale Petition für Währungsreform und Volksrechte vorbereitete, die mit der Volkscharter fast identisch war und von seinen Emissären in fast allen Städten bekannt gemacht und zur Unterschriftsleistung vorgelegt wurde. Von Birmingham aus regte Attwood außerdem einen Delegiertenkongreß, ein »Volksparlament«, an, das diese Petition dem Parlament in Westminster übergeben sollte. Dieser »Konvent« mit 50 Delegierten trat 1839 in London zusammen. Im Juni wurde die Petition mit 1,3 Millionen Unterschriften überreicht, im Unterhaus behandelt und abgelehnt. Der Konvent war inzwischen über die Frage, ob »moral force« oder »physical force« anzuwenden seien, zerstritten, und der gemäßigte Flügel, außer Lovett, ausgeschieden. Er verlegte seinen Tagungsort nach

Birmingham, von wo aus er große Manifeste zur Vorbereitung eines Generalstreiks (national holiday) erließ.

Schon Anfang 1839 entschloß sich die Regierung zu Gegenmaßnahmen. Die Versammlungsbeschränkungen, die Verhaftungen der schlimmsten Agitatoren, die Aushebung von Waffenlagern und zahlreiche Gerichtsverfahren lähmten den Schwung der Bewegung. Schon im Sommer 1839 war der Chartismus keine unmittelbare Gefahr mehr; nur in Südwales entzündete sich ein Aufruhr. Die Bewegung verflachte zu einem Vereinswesen, flackerte aber in den kommenden Wirtschaftskrisen mehrmals wieder auf. Im Jahre 1840 kam es unter der Urheberschaft von O'Connor zur Gründung der »National Charter Association« in Manchester, die der Bewegung eine organisatorische Festigung zu schaffen suchte. Im schlimmen Krisenjahr 1842 zählte diese Assoziation etwa 300 Ortsgruppen, die nach methodistischem Vorbild in »Klassen« zu je 10 Mitgliedern gegliedert waren. Sie brachten im Mai 1842 eine Petition mit 3,3 Millionen Unterschriften ins Parlament, eine Zahl, die wohl nur zustande kam, da dieses eine Mal auch die Gewerkschaften für den Chartismus eintraten. Sonst verhielten sich die Gewerkschaften, seit 1824 (Aufhebung der Combination Act) wieder zugelassen, zurückhaltend. Es zeigte sich, daß die Arbeiterbewegung keine Einheit war und gerade die heftige Führungsweise der Iren nicht gebilligt wurde. Schon 1843 war die Assoziation von Manchester kaum mehr noch als ein Kopf ohne Körper. Die letzte Welle von 1847/48 gipfelte in der Monsterversammlung im Londoner Hyde-Park, von der aus die dritte Chartistenpetition mit zwei Millionen Unterschriften in einer langen Wagenkolonne nach Westminster geschafft werden mußte, wo das Unterhaus sie wiederum verwarf, unbeeindruckt von der Zahl der Unterschriften und unter dem Schutz einer Londoner Bürgermiliz. Danach nahm die anschwellende Prosperität dem Chartismus die stärkste Triebfeder, den Hunger.

Die Chartistenbewegung scheiterte an der Kluft innerhalb der Arbeiterschaft, in welcher die »working classes« anders dachten als die »labouring poor«, und an der Uneinigkeit der Führung. Sie brachte keine einheitliche Organisation zustande und blieb in ihren Zielen uneins. Ferner verbarg sich in dem Kampf eine Absage gegen den Industrialismus, zumal O'Connors Agrarplan im Programm des Chartismus blieb. Der Journalist James O'Brien war wohl der erste, der sozialistische Ideen mit einem instinktiven Klassenbewußtsein verband. Dieses Klassenbewußtsein richtete sich vor allem gegen die mittelständischen Unternehmer und Kaufleute, also die ehemaligen Verbündeten, die aber im harten Konkurrenzkampf gerade als Ausbeuter erschienen. O'Brien wollte über das allgemeine Wahlrecht zum Volksparlament vorstoßen, dem die Staatsgewalt zufallen sollte. Radikaler war der junge George Julian Harney, der 1838 zum bewaffneten Kampf aufrief und die »East London Democratic Association« als Stoßtruppe für eine Republik gründete. Er war eine Art Marat und dachte bereits im Rahmen einer internationalen Arbeiterbewegung. Andere Motive mischten sich hinein wie etwa Lovetts Bemühungen um sittliche und bildungsmäßige Hebung der Arbeiterschaft und um die »Temperance«-Bewegung von 1840, die Chartistenkirchen und die Presse-Kampagne. Die eigentliche »Arbeiter-Aristokratie» der fachlich geschulten Arbeiter mit sicherem Arbeitsplatz und guten Arbeitsbedingungen zog Formen der Selbsthilfe vor und hatte die Führung der Gewerkschaften in der Hand, die nach Fachkräften organisiert waren und nicht die »labouring poor« umfaßten. Als Aufstand gegen den Industrialismus hatte der Chartismus das innere Recht gegen sich und unterlag der Freihandelsbewegung, deren Erfolg in der Tat die Entscheidung Englands für den Industrialismus in sich beschloß.

Die Freihandelsbewegung wurde von dem gewerblich-industriellen Bürgertum getragen, das hier in seinen eigenen selbstbewußten Vertretern zum Zuge kam. Dieses Bürgertum verlangte aus konkreten Interessen und seinen Vorstellungen einer Handelswelt Bewegungsfreiheit, die sich auf alle Klassen und über die Landesgrenzen hinweg erstrecken sollte. Die Führer waren Richard Cobden, ein Kattun-Druckerei-Leiter aus Manchester, und der Quäker John Bright, ein Baumwollspinnereienbesitzer aus Rochdale. Beide mißtrauten jeder Reglementierung, sei es durch den Staat, sei es durch einen Sozialismus. Cobden bekämpfte sogar aus Argwohn gegen die sich ausbreitende Bürokratie berechtigte sozialpolitische Reformen. Mittelpunkt der Freihandelsbewegung war Manchester, die Stadt, die am stärksten vom Industrialismus geprägt war und die dichteste industrielle Ansammlung Englands darstellte. Von Manchester und nicht von London erhielt die Epoche ihren Namen. Die Manchesterschule sah in der Besteuerung ihrer Industriegüter und im Zoll auf Rohstoffe und Getreide die Ursachen der Not; ungehinderter freier Wettbewerb galt ihr als das wirksamste Heilmittel. Statt Sozialfürsorge sollte freier Wettbewerb unter dem Schutz der Rechtsordnung und Sicherheit des freien Handels die Kräfte der Gesellschaft freisetzen.

Richard Cobden war es, der gegen die auf Staatsschutz bedachten Industriekapitäne den Liberalismus als universales wirtschaftliches Prinzip durchsetzte und die Unternehmerschaft dazu brachte, den Ansturm gegen die Getreidezölle zu finanzieren. Die Wucht dieser Bewegung war allerdings nicht aus der dahinterstehenden Finanzkraft und der planmäßigen Agitation allein zu erklären. Vielmehr wirkten in ihr jene Impulse nach, aus denen die großen Bewegungen des 18. und des frühen 19. Jahrhunderts entstanden waren. Die Freihandelsbewegung war die letzte und zugleich erfolgreichste jener großen politischen Bewegungen, die ursprünglich religiös, dann aber aus der Minderberechtigung der dissentierenden Kirchen heraus zu politischen Bewegungen für Gleichberechtigung und Bewegungsfreiheit wurden und ihre Stoßkraft jenen sozialen Kräften verdankten, aus denen die Anhänger dieser Religionsformen sich rekrutierten.

Die nochmalige Vereinigung von Arbeitern und Bürgern zum gemeinsamen Vorgehen unter dieser Freiheitsideologie war von größter Bedeutung für die Fortentwicklung der industriellen Gesellschaft und die Einordnung des Lohnarbeitertums in den kapitalistischen Produktionsprozeß. Zugleich war dies die letzte Bewegung, deren Kampagnen vor der Organisation von Parteien die öffentliche Meinung bestimmten.

Den ersten Anstoß dazu gab die Krisis seit 1836, die durch eine Teuerungswelle, durch Arbeitslosigkeit und dann durch den gewalttätigen Chartismus gekennzeichnet war. Die Radikalen verlangten die Aufhebung der Getreidezölle und gründeten eine erste Assoziation gegen die Korngesetze, die aber ohne Wirkung blieb. Immerhin breitete sich die Überzeugung aus, daß der Zoll auf ausländisches Getreide ein wesentlicher Grund für die erhöhten Lebenskosten war. Im Jahre 1838, als der Chartismus seinen Höhepunkt erreichte, erfolgte in Manchester die Gründung eines Vereins von Unternehmern, der sich unter dem Einfluß Cobdens für völlige Zollfreiheit erklärte. Ähnliche Vereine entstanden in Birmingham, Liverpool, Leeds und Glasgow. Nach vergeblichen Eingaben ans Parlament verbanden sich diese Vereine zu einer Liga unter der Leitung von Manchester, der »Anti-Corn-Law League« von 1840. 1841 stellte sich auch John Bright in den Dienst dieses Bundes. Die Oberleitung in Manchester entfaltete eine ausdauernde Tätigkeit, gründete Zweigstellen in fast allen Städten und berief Delegiertentage, auf denen die Propaganda-Maßnahmen koordiniert wurden. Cobden gelangte 1841 und Bright 1843 ins Unterhaus.

Die Industrie brachte gewaltige Summen auf: im Jahre 1842 allein 90000 £ und 1844 sogar 100000 £. Auf Cobdens Rat kauften viele Geschäftsleute Ländereien, um sich als County-Wähler zu qualifizieren und die Sitze im Unterhaus zu gefährden. Bankette, Teegesellschaften, Konferenzen, Abordnungen an führende Politiker und dgl. dienten der Verbreitung des Anliegens. In London fand jede Woche eine Massenversammlung in Covent Garden statt; in Manchester wurde auf St. Petersfield eine Freihandelshalle errichtet. Neun Millionen Broschüren, die ein Stab von 800 Personen verteilte, belehrten die Massen über Grundfragen der National-Ökonomie, des Handels und des Budgets. Die Frauen wurden erstmals von Cobden in die agitatorische Arbeit eingespannt. Viele nonkonformistische Gemeinden ließen sich angesichts der Volksnot für die Sache des Freihandels gewinnen. Ein Petitionensturm überschüttete das Parlament, an das 1842 über 2880 Petitionen mit 1,5 Millionen Unterschriften gelangten.

Das Jahr 1842 war der entscheidende Durchbruch. Das anfangs feindlich gesinnte Arbeitertum sah hier nach dem Scheitern des Chartismus seine Chance. Cobdens Bund gegen die Getreidegesetze vereinigte seit 1842 die Stoßkraft von Arbeiterstand und industriellem Mittelstand. Seine Idee einer freien, von den Regierungen unabhängigen und durch keine Landesgrenzen gehemmten Ordnung der arbeitenden Menschen auf der ganzen Erde, ja von einer kommenden, auf Wettbewerb und freien Handel gegründeten Weltzivilisation eröffnete faszinierende Perspektiven, in die andere soziale und religiöse Anliegen sich einfügen ließen. Für Cobden war der Freihandel das revolutionärste Prinzip der Weltgeschichte, was in der Tat für seine Epoche zutraf.

Der anschwellende Druck der öffentlichen Meinung sah sich einer konservativen Regierung unter Robert Peel als leitendem Minister gegenüber, der angesichts des irischen Hungers und der englischen Mißernte von 1845 keinen Ausweg mehr sah und einen radikalen Schritt für unvermeidlich hielt. In Irland machte man das Parlament für alles Unglück verantwortlich; hier kam es aus Verzweiflung zu einer Rebellion, die 1848 brutal niedergeschlagen wurde. Ende 1845 bekannte sich Peel offen für die Sache des Freihandels. Daran zerbrach die konservative Partei; zwei Drittel ihrer Abgeordneten, etwa 250 Unterhausmitglieder, wandten sich von ihm ab; der Weg für Disraeli öffnete sich. Auch das konservative Kabinett spaltete sich; die Whigs waren jedoch außerstande, ein neues Kabinett zu bilden. Ihre Weigerung schob die Aufgabe wieder Peel zu, der mit der erneuten Übernahme der Verantwortung den Bruch endgültig machte. Cobdens Argumente hatten ihn überzeugt. Er stützte sich auf die Macht des Wählerwillens und die Stimmung im Lande. Seine Rücksichtnahme auf die öffentliche Meinung machte ihn zu einem Liberal-Konservativen. Er brach endgültig mit seiner Vergangenheit, als er im Jahre 1846 den Widerruf der Korn-Zollgesetze im Unterhaus durchsetzte und auch das Oberhaus durch die Drohung eines Peerschubs zum Nachgeben zwang. Damit verschwanden 400 Zölle oder wurden ermäßigt. Gleich danach stürzte Peel freilich über ein irisches Zwangsgesetz, als weder die Whigs noch die opponierenden Tories ihm folgen wollten. Aber die Whigs mit Gladstone und Cobden vollendeten das Freihandelssystem, als sie 1849 die Aufhebung der Navigationsakte von 1651 erreichten. Erst damit wurde die Schiffahrt für alle freigesetzt und Waren beliebig einführbar. Ernsthafte Opposition gab es dabei im Parlament nicht mehr. Von 1846 bis 1851 wurde mehr Getreide eingeführt als seit Waterloo 1815 bis 1846.

Der Sieg von 1846 war der Sieg Richard Cobdens. Es war der erste eindeutige Sieg des Mittelstandes über den Adel und der Interessen der Industrie über die Landwirtschaft. Er bedeutete die

Entscheidung Englands für den Industrialismus. Erst jetzt wurde die Bezeichnung »liberal« für die siegreiche Gruppe üblich, und der Whiggismus zum Liberalismus. Ende der siebziger Jahre begann das aus Nordamerika einströmende Getreide den englischen Ackerbau zu bedrängen; aber dreißig Jahre lang zog das Land in allen seinen Schichten Vorteil aus dem Freihandel. Die Lebensverhältnisse besserten sich; ein allgemeiner Aufschwung trug England und vor allem London zum größten Weltmarkt empor, um den sich alle fünf Erdteile gruppierten. Die Landwirtschaft rückte diesem Aufschwung gegenüber an die zweite Stelle, rettete dafür aber etwas von der Atmosphäre des »Old England«.

Bedeutsamer war, daß der Kampf für den Freihandel die soziale Frage in ihrer Breite in den Vordergrund schob, da beide Seiten sich nicht genug tun konnten, die elenden Verhältnisse der anderen Seite anzuprangern. Damit wurde das Unrecht der sozialen Zustände in Industrie und Landwirtschaft allgemein bekannt und das Problem der Armut und der politisch ausgeschlossenen Gruppen im Parlament eingehend behandelt. Die soziale Frage verlor durch die prosperierende Epoche nach 1846 bis 1866 an Virulenz und wurde kaum mehr vom Modell des Klassenkampfes her gesehen. Cobdens Bund von Arbeit und Kapital gegen die Getreidegesetze beruhte auf einer Solidarität der Industrie-Interessen; er trug dazu bei, daß keine politische Trennungslinie zwischen den industriellen Lohnarbeitern und der übrigen Gesellschaft gezogen wurde, ja öffnete dem Interesse der Arbeiterschaft einen Weg in das Parlament.

Dies hing mit der von Cobdens Aktivität eingeleiteten Umformung der Whigpartei zusammen. Hier gab es die aristokratischen Whigs unter Russell, dann die bürgerlichen Radikalen und die Freihändler unter Cobden und Bright, die aber als Benthamianer der behördlichen Sozialpolitik fremd gegenüberstanden, und die von den Konservativen abgesprengte Gruppe der »Peeliten« mit Gladstone als dem kommenden Mann, der gewissermaßen eine Kombination von Peel und Cobden verkörperte. Zu der Verbindung des Mittelstandes mit einem Teil des Adels gesellte sich eine Verbindung des Mittelstandes mit der Arbeiterschaft. Gladstones Whigpartei nahm das soziale Anliegen in sich hinein oder betrachtete sich jedenfalls als dessen Sprecher. Die alten aristokratischen Führer blieben freilich bis 1886 führend, wenn sie auch mit Cobden, Bright und Gladstone modernere Führungskräfte voranstellten. Nichtsdestoweniger war der Weg zur liberalen Partei beschritten, in der die Arbeiterschaft sich besonders nach 1867 vertreten sah. Whigs und Tories hatten nun mit den alten Gruppierungen wenig mehr gemeinsam und zogen vor, sich Liberale und Konservative zu nennen.

Es war die eigenartige Leistung der Anti-Corn Law League, daß sie die Arbeiter zum Industrialismus bekehrte. Seit 1842 begannen sich die Trade Unions auszubreiten. Nicht der Ausschluß vom Wahlrecht und die Einschließung in die Fabriken war für sie die Quelle aller Übel, sondern der künstlich hochgehaltene Brotpreis. In der Tat brachte der wachsende Kapitalismus im Vertrauen auf Privatinitiative und Selbsthilfe bessere Verhältnisse hervor und wußte die Notwendigkeit des kapitalistischen Systems an seinen Erfolgen zu demonstrieren. Anstelle revolutionärer Organisationen entwickelte die Arbeiterschaft nunmehr Formen der Selbsthilfe, zumal ihr teilweise von den Unternehmern Hilfestellung gegeben wurde. Die ersten Ansätze dazu fanden sich bereits in den zwanziger Jahren in den »Cooperative Societies« der Owen-Sozialisten, die 1832 schon 500 Verkaufsstellen hatten, die allerdings durch ihre eigene Notenausgabe (labour notes) als Tauschmittel von Ware und Arbeitsleistung sich nicht halten konnten. Dagegen gaben die »Rochdale Pioneers« 1844 ein überzeugenderes Beispiel der Selbsthilfe. 1846 wurde eine Baugenossenschaft für Dauerwohnungen (Permanent Building Society) gegründet, die den Arbeitern Geld zum Wohnungsbau vorstreckte. Zwei Jahre vor dem endgültigen Fiasko des Chartismus entstand der erste Konsum-Verein 1848, der an seine Mitglieder Dividende ausschüttete. Die Löhnung in Naturalien und der Kaufzwang in bestimmten Betriebsläden wurden abgeschafft. Viele Gewerkschaftsverbände vergaben an ihre Mitglieder Unterstützungsbeträge bei Arbeitslosigkeit, Krankheit oder Invalidität. Ihre Sekretäre bildeten eine Führungsschicht, die mit Mittelstandsidealen erfüllt war. Hinter ihnen standen die Erfahrungen und Gesinnungen des Dissent, dessen Korporationsformen bei den zusammengeströmten Arbeitermassen Fuß gefaßt hatten und das Ethos sozialer Gesinnung wachhielten. Mit der »Amalgamated

Society of Engineers« von 1851, der Gewerkschaft aller Maschinenarbeiter mit 11000 Mitgliedern, begannen die überregionalen Berufsgewerkschaften aufzublühen, so daß im Laufe des Jahrzehnts von den Arbeitern selbst ein konstruktiver Weg zur Durchsetzung ihrer beruflichen Bestrebungen gefunden wurde.

Nicht zu unterschätzen war auch der Beitrag, den die neue Ära des Freihandels für die viktorianische Mentalität bedeutete. Die Idee einer vom Handel sich erschließenden umfassenden Weltzivilisation schien sich an dem riesigen geschäftlichen Zusammenhang der Erde zu bewahrheiten und erbrachte allen Schichten Früchte, die offenbar dem freien Spiel der Kräfte zu verdanken waren. Ein Zustand schien gesichert, der auch der Masse der wirtschaftlich Schwachen zugute kam. Es trat kaum in den Gesichtskreis, daß die unbestrittene britische Seeherrschaft in Handel, Finanzen und Flottenstärke, ja der konkurrenzlose Vorrang des britischen Handels zusammen mit dem industriellen Vorsprung diesen Segen einer universalen Pax Britannica sicherte. Für mehr als zwei Jahrzehnte war der freie Welthandel fast ein Glaubensbekenntnis. Als er nicht mehr frei, d.h. ohne Gefährdung und Konkurrenz war, verlangte er politische Sicherung. Das war schon Imperialismus, also Sicherung und Eroberung von Märkten und Rohstoffen durch Politik statt durch freien Wettbewerb. Die große Londoner Weltausstellung von 1851 im neuen Kristallpalast zeigte die Errungenschaften der Epoche, war Abschluß der ersten Phase der industriellen Revolution und eröffnete zugleich eine neue Ära des weltwirtschaftlichen Zusammenhangs, dessen unbestrittener Mittelpunkt das viktorianische England war, das den Fortschritt als neues Evangelium verkündete. Die zweite Phase der industriellen Revolution kam mit der Entdeckung der Elektrizität durch Michael Faraday und der Massenproduktion von Stahl nach dem neuen Verfahren von Henry Bessemer. Sie hob zwei Industriemächte empor, die Großbritannien den Rang abliefen: die USA und Deutschland. Nichtsdestoweniger hielt der materielle Aufstieg Großbritanniens vorerst ohne größere Krisen an.

3. *Die Gesetzgebung nach 1832 und der Civil Service*

Die Bürgerliche Reform von 1832 war ein Sieg des Benthamismus, der aus der Freisetzung der Individuen sich einen optimalen Nutzeffekt erhoffte, indem er das »größte Glück der größten Zahl« herbeiführen sollte. Aber erst die materielle Blüte seit Ende der vierziger Jahre vermochte von den Segnungen dieses utilitarischen Liberalismus zu überzeugen. Die Wirklichkeit sah anders aus: Unvorstellbare Armut, Krankheiten, Ignoranz, Kinder- und Frauenarbeit und miserable Wohn- und Arbeitsbedingungen verlangten gebieterisch nach Abhilfen, denen allerdings mancherlei Interessen entgegenstanden, die sich von den Kirchen und Sekten bis zur Arbeiterschaft erstreckten. Die benthamianischen Radikalen scheuten vor staatlichen Lenkungsmaßnahmen zurück, aber der evangelikale Philanthropismus dachte anders und hielt sozialpolitische Vorkehrungen für eine menschliche Pflicht. Ihm waren im Verein mit anderen reformerischen Kräften die ersten Fabrikgesetze zu verdanken, die den liberalen Ideen zum Trotz durchgesetzt wurden. Die Bewegung von Wilberforce hatte in dem Anti-Sklaverei-Gesetz von 1833 ihren spektakulärsten Erfolg errungen. Ihr erstand nach dem Ableben von Wilberforce 1833 ein anderer evangelikaler Philanthrop, der sich dem Wohl der englischen Fabriksklaven widmete, so wie Wilberforce sich für die Plantagensklaven in den Tropen eingesetzt hatte, nämlich Ashley, späterer Lord von Shaftesbury, ein Anti-Benthamianer, der nicht an die selbstregulierende Kraft der Freiheit glaubte. Die Philanthropen mußten dem Zeitgeist Zugeständnisse machen und konnten nicht verlangen, daß die Freiheit der Erwachsenen, täglich vierzehn Stunden arbeiten zu dürfen, eingedämmt würde. Deswegen konzentrierten sie sich vorerst auf die Frauen und Kinder, von denen nicht zu erwarten war, daß sie von ihrer Freiheit rechten Gebrauch zu machen wußten. Desgleichen durfte die Freiheit des Arbeitgebers nicht angetastet werden. Immerhin war das Parlament unter dem Kabinett Grey (1830–1834) reformwillig und setzte Untersuchungskommissionen ein, die die Arbeitsverhältnisse und den Pauperismus untersuchen sollten.

Ashley brachte aus seiner Untersuchung der Kinderarbeit in den Mühlenwerken einen Bericht zurück, dem sogleich die »Factory Act« von 1833 folgte, die Arbeit von Kindern unter neun Jahren in den Mühlen, außer in den Seidenmühlen, verbot und die Arbeitszeit der älteren Kinder auf neun bis zwölf Stunden täglich beschränkte. Das Wichtigste an dem Gesetz war die Einsetzung von Inspektoren mit Kontrollbefugnissen. Damit begann eine Fabrikgesetzgebung, die dem Status des Arbeiters schließlich eine gesetzliche Grundlage gab. Das schwärzeste Blatt der Zeit war der Kommissionsbericht über die Zustände im Kohlenbergbau, wo kleine Kinder zwölf Stunden und mehr unter Tage schaffen mußten. Die »Mines Act« von 1842 verbot Frauen- und Kinderarbeit unter Tage und setzte dazu ebenfalls Inspektoren ein. Ein weiteres Fabrikgesetz von 1844 beschränkte die Arbeitszeit der Frauen auf zwölf und die Kinderarbeit auf sechseinhalb Stunden täglich. Ashleys Ziel, als Höchstmaß den Zehn-Stunden-Tag festzulegen, scheiterte vorerst an der schlechten Wirtschaftslage und wurde erst 1847 Gesetz. Auch einige Arbeitsschutzgesetze kamen hinzu, so daß das Gesetz von 1833 als erster, wenn auch unzulänglicher Schritt auf ein Betriebssystem hin angesehen werden kann, der das Los der Arbeiter erleichtern sollte und eine staatlich kontrollierte Sozialpolitik einleitete, die nach und nach, etwa in der »Public Health Act« von 1848, auch andere Lebensbereiche umgriff, allerdings im 19. Jahrhundert nicht über bescheidene Ansätze hinauskommen konnte, wie das Fabrikgesetz von 1891 bezeugt.

Ein anderer Ausschuß zur Untersuchung des Pauperismus unter dem Bischof von London als Chairman fand seine treibende Kraft in Edwin Chadwick, der als echter Benthamianer die bisherige Armenfürsorge der Gemeinden als Grund für die angeblich schlechte Arbeitsmoral ansah und sie für unvereinbar mit der freien Würde des Menschen hielt. Ihm schwebte statt Armenunterstützung Arbeitserziehung vor, zumal Faulheit als Hauptgrund der Armut angesehen wurde. Seine Kommission empfahl, den »outdoor relief« zugunsten eines »indoor relief« zu streichen, d.h. Arbeitshäuser einzurichten, die den Standard der untersten Arbeiter nicht überschreiten sollten. Das Ergebnis war das »Poor Law Amendment« von 1834.

Dieses Armengesetz wandte sich mit gewissem Recht gegen die Lohnverzerrungen, die durch die gemeindlichen Zuschüsse zu den Mindestlöhnen eingetreten waren. Im Vertrauen auf den Segen eines freien Wettbewerbs über den Arbeitsmarkt, fiel die Unterstützung unterbezahlter Arbeiter, die praktisch eine Subventionshilfe für den Arbeitgeber war, als entwürdigend und demoralisierend weg. Statt unterstützt zu werden, sollten die arbeitsfähigen Armen in öffentlichen Arbeitshäusern unter Trennung der Geschlechter gemeinsam arbeiten, um dort in diesen »Malthusian Bastilles« eine selbständige Lebensführung zu erlernen. Die Unterstützungen sollten ferner nicht mehr nach unterschiedlichem Ermessen der 15000 Gemeinden und Städte erfolgen, sondern von permanenten Kommissionen zentral gelenkt werden, die auch die Arbeitshäuser leiteten. Die Hilfe für kinderreiche Familien wurde abgeschafft, d.h. die Übernahme der Kinder durch die Gemeinden, die sie dann den Arbeitsbetrieben zuteilten, beseitigt. Frauen und Kinder waren dadurch mehr als bisher zur Mitarbeit genötigt, ohne gleich Geldbeträge erarbeiten zu können. Der Gedanke einer Erziehung der Arbeiter und einer Hemmung der Bevölkerungsvermehrung durch Geschlechtertrennung und Wegfall der Kinderzuschüsse kam aus Benthams Geist. Immerhin wollte man auf Grund der Erkenntnisse der zeitgenössischen Wissenschaft die Übel der Industrialisierung auf eigene Weise vermindern. Dieses Gesetz rief einen Sturm der Entrüstung hervor und war ein wesentlicher Anlaß zum Aufkommen des Chartismus.

Die Untersuchung des Schulwesens (Report von 1838) ergab, daß ein Großteil der Bevölkerung Analphabeten war und die mannigfaltigen Privatschulen weder ausreichend noch im Ausbildungssystem einheitlich oder zulänglich waren. Hier wurden freilich so vielfältige Interessen der einzelnen kirchlichen, privaten oder kommunalen Schulträger berührt, daß das Parlament sich vorläufig mit einem Zuschuß von 20000 Pfund an die Schulträger begnügte; erst 1870 sicherte ein Gesetz die allgemeine Elementarschulerziehung. Daneben wirkte eine Kirchenkommission, die die Verwendung der Kircheneinkünfte, den Ämterpluralismus und die Amtsführung der Kleriker überprüfte und für jede Pfarre einen eigenen Seelsorger und dazu eine Modernisierung des Zehntensystems auf Rentenbasis verlangte. Im Rahmen dieser Reformbemühungen wagte sich die Regierung Grey sogar daran, die Aufhebung der anglikanischen Kirchensteuer für Nichtanglikaner in Irland zu erreichen, die man Andersgläubigen schlechterdings nicht mehr abverlangen konnte. Über dieses Gesetz, das eine Trennung von Staat und Kirche in Irland bedeutet hätte und erst 1869 von Gladstone durchgesetzt werden konnte, stürzte das Kabinett Grey 1834, da die Kraft der alten Ressentiments größer war als die naheliegende Einsicht, daß von Andersgläubigen nicht eine Kirchensteuer zu verlangen war, deren Eintreibung als religiöse Knechtung empfunden werden mußte. Die Amtskirche fühlte sich dabei in Frage gestellt. Nichtsdestoweniger waren einige Ansätze geschaffen, die in den siebziger Jahren den Zuschnitt des modernen Englands bestimmten.

Im ganzen zeigte die Gesetzgebung nach 1832 widersprüchliche Züge, die einerseits in den Freihandel einmündeten, andererseits eine staatliche und kommunale Sozialkontrolle einleiteten. Die Brücke zwischen beiden wurde in den Jahren 1846/48 geschlagen, als die Aufhebung der Kornzölle 1846, die Einführung des Zehn-Stunden-Arbeitstages für Jugendliche und Frauen 1847 und die zentrale Ordnung des Gesundheitswesens 1848 beiden Seiten Genüge taten. Die Einführung der Einkommensteuer 1842 durch Robert Peel war der Schritt, der zuerst kommerzielles und soziales Anliegen verband, insofern die Reduktion der indirekten Steuern dem Verbrauchsgütermarkt und der Kaufkraft der Arbeiter zugute kam und der steuerliche Ausgleich durch die direkten Einkommensteuern die Arbeiterschaft nicht berührte. Die Einkommensteuer der napoleonischen Zeit hatte sich aus dem Krieg ergeben, die neue Einkommensteuer ergab sich aus der sozialen Frage. Das liberale mittlere und obere Bürgertum unter der Wortführung von Henry Brougham hatte 1816 geradezu in einem Sturm von Petitionen die Aufhebung erreicht. Dahinter stand der Widerwille des Bürgertums gegen das Inspektoren- und Kontrollwesen, das die Aufdeckung der Geschäftseinkünfte verlangen konnte. Damit wurde die Entwicklung eines Berufsbeamtentums (Civil Service) verzögert. Die Wiedereinführung 1842 war mit dem Abbau der indirekten Steuern verknüpft, verband also eine gerechtere Lastenverteilung mit einer Warenverbilligung und entsprechender Absatzsteigerung. Damit bereits wurde die Arbeiterschaft erstmals an der sich bald anmeldenden Prosperität beteiligt. Zugleich dehnte sich das Inspektorenwesen damit auf die Steuererhebung aus und gliederte sich immer mehr in Fachzweige auf, in denen ein wachsendes neutrales Berufsbeamtentum das Armenwesen, die Arbeitsverhältnisse und das Geschäftswesen nach den gesetzlichen Vorschriften kontrollierte. Damit wurde eine administrative Neuerung eingeleitet, die für die industrielle Gesellschaft unentbehrlich war.

Das wichtigste Gesetz der dreißiger Jahre war die Städteordnung von 1835, ein entscheidender Schritt, der an Bedeutung der Bürgerlichen Reform gleichkam und im Grunde als eigentlicher Höhepunkt des Benthamschen Radikalismus angesehen werden kann, soweit er durch die Whigs zur Geltung kam. Die »English Municipal Corporations Act« vom 9. September 1835 räumte mit der alten Verwaltungsanarchie und dem oligarchischen Stadtregiment auf. Die alten Munizipalitäten waren mit der eingesessenen Tory-Gesellschaft liiert und ergänzten sich durch Kooptation. Hier fanden Radikale, Whigs oder gar Dissenters kaum Zutritt, außer in den wenigen Städten, die seit jeher ein demokratisches Mitspracherecht besaßen. In den jungen Städten sah es anders aus, da hier der Dissent Eingang gefunden hatte. Im allgemeinen aber herrschte eine korrupte Vetternwirtschaft vor, die meist unter dem politischen Einfluß des benachbarten Landadels stand. Dagegen wurde nun eine Gleichförmigkeit und Demokratisierung erstrebt, die den Einfluß des Landadels zerschlug und gegen den harten Widerstand des Oberhauses sich durchsetzen mußte.

Mit diesem Gesetz wurde das Stadtparlament (town council) zum allein maßgebenden Organ der kommunalen Verwaltung. Zwei Drittel der Stadträte wurden von allen städtischen Steuerzahlern auf drei Jahre gewählt, während das letzte Drittel aus »Aldermen« bestand, die der Stadtrat selbst wählte und die die doppelte Amtszeit hatten. Diese Aldermen erbten den Namen der ehemaligen oligarchischen Stadtregenten, und die besondere Art ihrer Wahl durch den Stadtrat war ein Zugeständnis an die Opposition im Oberhaus, ebenso wie der erhebliche Zensus für die passive Wählbarkeit zum Stadtrat. Der Religionstest fiel weg. Der Bürgermeister wurde aus der Mitte des Stadtrates für ein Jahr gewählt und nahm eine mehr repräsentative Stellung ein. Als die eigentlichen Träger der Stadtverwaltung fungierten die verschiedenen Rats-Ausschüsse (committees of the town council); ferner berief der Stadtrat nun ständige Kommunalbeamte, vor allem den »town clerk« als Leiter der Verwaltung und rechtskundigen Berater von Stadtrat und Mayor. Die neuen Organe und Behörden erhielten das Recht, lokale Steuern zu erheben und übernahmen allmählich weitere Funktionen wie Gesundheitswesen, Verkehrs- und Bildungswesen. In den Provinzstädten wurde neben der kommunalen Ortspolizei eine besoldete Polizeimannschaft nach dem Muster Londons (1829) aufgestellt.

Die Demokratisierung des kommunalen Wahlrechts der meisten Städte ließ die Mittelklasse zum Zuge kommen und brachte liberale und radikale Vertreter in die Räte. Die neuen Behörden hatten keine richterliche Gewalt mehr, da die Justiz entgegen dahingehenden Bestrebungen des Radikalismus nicht den parteilichen Wahlen ausgesetzt sein sollte. Damit bahnte sich eine Trennung von Justiz und Verwaltung an, die die frühere Gleichsetzung von Office und Court beseitigte. Diese Reform kam 178 Stadtgemeinden zugute, erstreckte sich aber nicht auf London, wo die City und die Metropole ihre alte verbesserte Verfassung beibehielten. Allerdings blieb diese Neuordnung durch weitere Arbeits- und Sozialgesetze belastet, da der Kommunalverwaltung ständig weitere unverbundene Verwaltungszweige sich angliederten, wobei jeweils neue »Local Boards« die neuen Aufgaben übernahmen. Grundsätzlich wurde die Lokalverwaltung den Kommunen überlassen, unbeschadet der Weisungsbefugnis der Regierungsbehörden. Das sich bildende Fachbeamtentum blieb zudem den ordentlichen Gerichten unterworfen, da es keine gesonderte Verwaltungsjustiz neben dem Common Law gab. Die Finanzen blieben in Händen der Kommunen, die für die verschiedenen Verwaltungszwecke mehrere Grundsteuerarten ausschrieben. Am wichtigsten wurde die Armensteuer, die durch das zeitweilige Massenelend zur Hauptsteuer aufstieg. Diese Finanzverwaltung blieb der staatlichen Ordnung des Steuerwesens eingefügt; aber die staatlichen Eingriffe in die kommunale Selbstverwaltung vollzogen sich nur indirekt über Art und Höhe der Finanzzuschüsse. Die Beschränkung der Neuordnung auf die größeren Städte vertiefte allerdings den Gegensatz zwischen Stadt und

Land, der durch die Wahlkreisordnung von 1832 noch unterstrichen wurde.

Die Gesetzgebung nach 1832, die sich auf das Fabrikwesen, die Armenfürsorge, die Gesundheitspflege, das Bildungssystem, die Kommunalordnung und das Steuerwesen erstreckte, machte ein Fachbeamtentum notwendig, das es bisher in England nicht gegeben hatte. Dies war ein wichtiges Moment für die Überwindung des lokalpolitischen Regionalismus und die Nationalisierung der politischen Anliegen. Der Anstoß dazu kam aus den humanitären Bewegungen und dann von den Chartisten, die die sozialen Mißstände anprangerten und das Augenmerk auf die Probleme des Massenindustrialismus hinlenkten. Die alte Form der Gesetzgebung, die ohnehin durch den Einfluß von Gegeninteressen oder den überlieferten Rechtszustand immer nur abgeschwächte Maßnahmen vorsah, vermochte wenig zu ändern, solange die bisher dafür verantwortlichen behördlichen und richterlichen Organe damit betraut waren. Nur Sonderbeauftragte konnten die neuen Regulierungen durchsetzen, deren Erfahrungsberichte naturgemäß »Amendments« verlangten, wobei erst eine zentrale einheitliche Lenkung der Kontrollmaßnahmen den dazu erforderlichen Überblick verschaffen konnte. Die Natur dieser neuen sozialen, persönlichen oder wirtschaftlichen Probleme forderte zudem ein Maß an diskretionärer Gewalt und Vorbildung, das einen überregionalen, fachlich ausgebildeten Civil Service unausweichlich machte. Die »Civil Service Commission« von 1855, nach dem Northcote-Trevelyan-Bericht gebildet, prüfte nunmehr die vorgeschlagenen Kandidaten; seit 1870 rekrutierte sich der Civil Service endgültig durch freien Wettbewerb und Prüfungsnachweis, so daß damit eine unabhängige neutrale Bürokratie mit eigenem Sachverstand sich etabliert hatte, in welcher die exekutiven von den politischen Funktionen deutlich getrennt waren. Dieser Prozeß widersprach der Idee einer sich selbst regulierenden Gesellschaft, der Idee der natürlichen Harmonie im freien ökonomischen Prozeß und auch dem Impuls zur Selbsthilfe in Genossenschaftswesen und Gewerkschaften. An eine bürokratische »Verapparatung« war allerdings nicht gedacht und die Verwaltungsreform stets mit Erziehungsreform gekoppelt. Aber die übergreifenden Bedürfnisse der Industriegesellschaft ließen keine andere Wahl. Der Ausschluß der Bürokratie aus dem Unterhaus unterstrich ihre dienende Funktion dem Parlament gegenüber. Sie repräsentierte aber den Sachverstand, ohne den keine einschlägigen Gesetze mehr vorbereitet werden konnten. Sie diente kontinuierlich den Kabinetten, die hier ein effektives Werkzeug vorfanden, ihrerseits aber dem darin vertretenen Sachzwang unterworfen wurden. Damit verschob sich der Parteienstreit stärker von der Verwaltung außerhalb des Parlaments auf die Gesetzgebung im Parlament.

Diese Bürokratie hatte lediglich Ausführungsverantwortung, folgte aber im Bereich ihrer diskretionären Befugnisse einem Pragmatismus, der sich mit dem Utilitarismus Benthams und seiner Anhänger in Einklang wußte und der sozialethischen Zeitstimmung entsprach. Der Civil Service entpersönlichte die lokal eingesponnenen Zusammenhänge und die alte Kohärenz der Wahlkörper, objektivierte die Regierungsmaßnahmen und vereinheitlichte die staatliche Effektivität. Dabei kam ihm jener viktorianische Zeitgeist zustatten, der in seiner Mischung von Utilität und Moralität, von Reform- und Fortschrittsglauben ein einheitliches Wertbewußtsein und allseitige Aufgeschlossenheit gefördert hatte. Diese neue Bürokratie war nicht autoritär, zumal ihr die Tradition abging, auch nicht gesellschaftsfremd, sondern eben »viktorianisch«, das heißt, in ihrer besonderen Mentalität Ausdruck der Epoche, die ihr Anerkennung und Förderung sicherte, aber kein eindeutiges politisches Gewicht gab. Die Verschiebung nachgeordneter Kompetenzen auf eine weisungsgebundene bürokratische Ebene diente der Stabilisierung der Regierung als Verwaltungsorgan, verwies aber das Parlament im Verhältnis zur Regierung auf Budget und Gesetzgebung und damit auf die eigentliche Politik. Die Regierung behielt hier durchaus eine Ausführungsverantwortung, die der Kritik unterzogen werden konnte, gewann aber dem Parlament gegenüber in erster Linie politische Verantwortung. Das Ausscheiden des Monarchen und der Beamtenschaft aus dem Kampffeld der Politik, also die Neutralisierung des staatlichen Rahmens, ermöglichte erst den reibungslosen Wechsel von Regierung und Opposition nach 1867 und damit die ungefährdete Verlagerung der Alternativentscheidung über die Regierung auf das Wahlplebiszit.

4. *Der Parlamentarismus nach 1832*

Die Reform von 1832 beseitigte zwar das politische Monopol der grundbesitzenden Aristokratie und verlagerte das wahlpolitische Schwergewicht vom landwirtschaftlichen Süden auf den industriellen Norden; aber die Masse des Volkes blieb vom Wahlrecht ausgeschlossen. Der Sinn der zeitweiligen Solidarität von Bürgertum und Arbeiterschaft in der Reformbewegung richtete sich auf eine Verminderung der Wahlmacht der Aristokratie. Erreicht wurde der Zutritt der plutokratischen Oberklasse zum Unterhaus. Die Nominationsmandate nahmen zwar ab, aber die Handhabung der Wahlen blieb oligarchisch; die bisherige Patronage blieb vielfach in Form wirtschaftlicher Abhängigkeit bestehen, zumal der Wahlgang öffentlich war. Die Kandidaten präsentierten sich in der Regel selbst oder wurden von den Honoratiorenclubs der Wahlkreise empfohlen. Die Wahlkosten und Verpflichtungen der Abgeordneten erlaubten ohnehin nur unabhängigen Persönlichkeiten den Eintritt ins Parlament. Von 1832 bis 1867 verkörperte das Unterhaus die plutokratischen Schichten adeliger und bürgerlicher Herkunft, also die gesellschaftliche Elite und die wirtschaftliche Macht; es blieb von der nichtadeligen und nichtplutokratischen Wählerschicht weitgehend unabhängig. Selbst Handel und Industrie waren nicht ihrer Bedeutung nach vertreten; der soziale Habitus wurde stärkstens vom Adel bestimmt. Erst um 1867 überwog eindeutig die kapitalistische Provenienz, wobei der Adel sich wie bisher auf beide Parteien verteilte.

In dieser elitären Versammlung waren Adel und Reichtum maßgebender als die Parteiorganisation; das Land sah auf zum Unterhaus. Kein ebenbürtiger Partner stand dem Unterhaus zur Seite. Seine Suprematie gegenüber Krone, Regierung, Oberhaus und auch gegenüber den Wahlkörperschaften beruhte darauf, daß das Parlament der Ausdruck der sozialen Macht der führenden Schichten war, mit deren repräsentativer Selbstherrlichkeit kein Konkurrent sich messen konnte. Nach dem Abebben der außerparlamentarischen Agitationskampagnen, besonders aber nach der Zerstörung der bisherigen parteipolitischen Perspektiven der Nation durch Sir Robert Peel (1846) vollendete sich die

Unabhängigkeit der einzelnen Abgeordneten. 1850 bis 1860 verminderten sich die parteisolidarischen Voten, so daß der Ausgang der Debatten unvorhersehbar war und das Parlament als deliberierende Versammlung seine souveränen Entscheidungen zu fällen schien. Die hier repräsentierten Schichten betrachteten sich als die Exponenten des nationalen Bewußtseins und waren es auch. Das Unterhaus war kein Abbild des Volkes, sondern Repräsentant der bestimmenden gesellschaftlichen Kräfte. Das war die soziologische Voraussetzung für die parlamentarische Souveränität, der gegenüber die Regierung lediglich als erstes Komitee des Hauses erschien.

Der politische Entscheidungsprozeß hatte sich im Parlament konzentriert. Die Abgeordneten folgten meist den anerkannten Führern, ohne dazu verbindlich verpflichtet zu sein. Selbst die Whips, die seit Ende des 18. Jahrhunderts für die innerparlamentarische Parteidisziplin zu sorgen hatten, konnten nicht verhindern, daß aus den eigenen Parteigruppen immer ein Teil und nie weniger als 10 v.H. in die Oppositionslobbies gingen. Jederzeit war eine Regierungsniederlage durch die eigenen Anhänger möglich, was früher und später nicht mehr der Fall war. Soweit Fraktionen bestanden, betrachteten die Führer sie als ihre Werkzeuge, ohne auf den Gedanken zu kommen, ihrerseits Werkzeuge der Parteipolitik sein zu müssen. Die Parteiengeschichte der Epoche war vorwiegend Personengeschichte. Bei der dominierenden Stellung einzelner erprobter Führer und den wechselnden Koalitionen verschiedener Gruppen und Gefolgschaften blieben die Grenzen zwischen den Parteien fließend; lediglich die Radikalen waren stets als abgesonderte Gruppe identifizierbar. Eine allgemeine Stagnation des politischen Betriebs im Parlament setzte ein.

Selbst der Wettbewerb um die Parlamentssitze hatte nachgelassen, und eigentliche »Contests« in den Wahlbezirken waren immer noch bis 1885 die Ausnahme. Die Macht des Unterhauses zeigte sich darin, daß sein Verdikt stets von der Wählerschaft bestätigt wurde. Sie zeigte sich auch darin, daß das Unterhaus sich 1858 gegen die Regierung Palmerston entschied trotz deren Wahlsieg im Jahre vorher. Die Macht der Debatte erschien ausschlaggebend. Im Jahre 1859 erklärte Premierminister Derby sogar, daß die Tage des Zweiparteiensystems, in welchem die Parteiführer ihre Anhänger kontrollierten, vorbei wären und wohl nie wiederkehren würden.

Erst als die wirtschaftliche Prosperität das Wahlrecht zunehmend erweiterte und mit der anhaltenden industriellen und kommerziellen Entwicklung der soziale Gehalt dann über die plutokratisch-aristokratisch bestimmte Form hinauswuchs und andere Aktionsformen sich neben der autonomen Versammlung emporDrängten, mußte sich die zeitweilige Suprematie des Parlaments als Übergangserscheinung herausstellen. Das Parlament öffnete dazu selbst den Weg, als die Wahlrechtsausdehnung von 1867 mit einem Schlag ein neues Element wirksam machte und sich die Souveränität in ihrer politischen Wirkung auf die Wählerschaft verlagerte.

Freilich brachte das Wahlrecht von 1832 auch mit sich, daß die Nicht-Wähler größeren Einfluß als bisher gewannen, insofern bevölkerungsreiche und politisch bewegte Wahlbezirke hinzugekommen waren. Die traditionelle Mitwirkung der nichtberechtigten Bevölkerung bei der Wahlhandlung in Form von Beifall, Lärm oder Demonstrationen gewann mit dem Erstarken einer öffentlichen Meinung an Gewicht und veranlaßte Politiker und Minister, sich auch außerhalb des Parlaments zu äußern. Lord Liverpool, Premier von 1812–1827, war vielleicht der letzte Minister, der niemals außerhalb des Parlaments öffentlich geredet hat. Seit der Agitation O'Connels und der Reformbewegung ließ sich die Öffentlichkeit nicht mehr ignorieren. Vor allem die Anti-Kornzoll-Liga machte ein lebhaftes Versammlungswesen zum normalen Austragungsort der politischen Kontroversen. Zwar hatte es tumultuarische Massenbewegungen immer gegeben, desgleichen auch die Massenorganisationen und -versammlungen der Methodisten und Philanthropisten; aber die Verbindung von gezielter Agitation und geplanter Organisation über einen längeren Zeitraum hinweg und auf konkrete politische Anliegen zugespitzt war in dieser Ausdehnung neu. Ihre Wirksamkeit wurde durch die Erfolge von 1828/29, 1830/32 und 1846 unübersehbar trotz des Mißerfolgs der Chartisten (1839). Sie nötigte Parlament und Regierung zu größerer Publizität.

Die Wendung von Ministern an die Öffentlichkeit war nicht

weniger neu, beschränkte sich vorerst jedoch gewöhnlich auf Klub-Dinners und exklusive Gelegenheiten. Erst später kam es zu Wahladressen mit politischer Zielsetzung. Das bekannteste Beispiel ist das Tamworth-Manifest Sir Robert Peels von 1835, das, an seine Wähler gerichtet, noch kein eigentliches Parteimanifest, sondern mehr eine vom Kabinett gebilligte Präzisierung der Regierungspolitik darstellte und ausdrücklich Bezug auf den »Trust« nahm, mit dem die Wählerschaft die Regierung betraut habe. Allerdings blieb es bei diesem ersten Schritt der Regierung in die Öffentlichkeit. Erst 1874 knüpfte Gladstone an Peels Beispiel an, als er seine berühmte Adresse an die Wähler in Greenwich richtete.

Die Nötigung zu einem solchen Schritt war vor 1867 kaum gegeben, da weder eine nationale Parteiorganisation noch eine ausreichende Wählermasse den Primat des Unterhauses in Frage gestellt hätten. Die Regierung verstand sich noch nicht als Vertrauensorgan der Wählerschaft, sondern eher als Komitee des souveränen Parlaments, das sich von der Wählerschaft distanziert fühlte. Zudem verlangte die wachsende Arbeitslast sogar eine Abschirmung gegen die Ansprüche von außen.

Die anschwellenden Petitionsbewegungen veranlaßten schon 1832 eine Verkürzung der Debatten über Petitionen, deren Priorität einen Stillstand des Regierungsgeschäfts (1833) befürchten ließ. Dies führte 1839 schließlich zu einem Verbot ihrer parlamentarischen Behandlung.

Nach dem Brand von 1834 wurde eine besondere Pressetribüne im Unterhaus eingerichtet, und die Parlamentsdebatten gewannen durch die Presseberichte an Fernwirkung. Seit 1836 wurden Abstimmungslisten veröffentlicht und ab 1853 auch die Anwesenheit von Fremden bei Abstimmungen zugelassen. Immerhin war die Publikation der Abstimmungsergebnisse eine Voraussetzung für die Umwandlung der alten persönlichen Trust-Funktion in ein realplebiszitäres Mandat.

Eine Verbindung von Parlament und Öffentlichkeit war praktisch gegeben, aber weder vom Parlamentsverfahren her gefordert noch formell gesichert; allerdings betrachteten sich viele Parlamentarier stets als die berufenen Vermittler der öffentlichen Meinung. Der Einfluß der Parlamentsdebatten auf die Öffentlichkeit war häufig größer als umgekehrt. Der Druck der Massenagitation vermochte zwar gelegentlich die Politik zu beeinflussen, aber erst nach der Reform von 1867 kam über die parteipolitischen Organisationen eine ständige Verbindung von Unterhaus und Öffentlichkeit zustande. Trotz der Gewichtsverlagerung im politischen Entscheidungsprozeß blieb die Eigenständigkeit des Parlaments vorläufig erhalten, da die parteilichen Massenorganisationen an bestehende parlamentarische Gruppierungen anknüpften und zu Stützen der Parlamentsparteien wurden. Die Führungsfunktion des Parlaments veränderte sich allerdings erheblich durch die Vermehrung und Komplizierung der Gesetzgebung, die sich aus dem Übergang zur industriellen Massengesellschaft ergab. Sie kam in der Wandlung der parlamentarischen Geschäftsordnung zugunsten der Regierungsgeschäfte zum Ausdruck, die sich über das ganze Jahrhundert erstreckte und 1902 vollendete.

Im einzelnen waren die Änderungen der Verfahrensweisen mehr oder minder furchtsame Verlegenheitslösungen; im ganzen gesehen aber bedeuteten sie eine Revolutionierung der alten Grundlagen des Parlaments. Bisher diente die Geschäftsordnung im wesentlichen dem Schutz der Minderheiten und gab jedem Parlamentsmitglied die gleichen Rechte wie den Ministern, ausgenommen das Initiativrecht der Regierung in Steuerfragen. Zu Beginn des Jahrhunderts war das Unterhaus noch das große Rügegericht der Nation, aber um 1900 ein von der Regierung kontrolliertes Werkzeug der Gesetzgebung.

Diese Entwicklung setzte schon vor 1832 ein und kulminierte nach 1850. Die Standing Orders von 1852/53 statuierten den Vorrang der Regierungsvorlagen und bauten aus dem Zwang zur Arbeitsökonomie wichtige Elemente des überlieferten prozessualen Verfahrens ab. Sie legten eine verbindliche Aufteilung des Geschäftsgangs auf die Woche und die Tagesordnung zugunsten der Regierung fest.

Aber erst die »Obstruktion« der irischen Nationalistengruppe unter Parnell 1880/81 durch lange Debatten und zahllose »Dilatory Motions», »Questions« und »Amendments« nötigten zu einer unfreiwilligen Totalreform der Geschäftsordnung des Unterhauses. Die Abwürgung der Debatte durch den »Speaker« war eine Revolution, die mit der permanenten Einführung der »Closure« 1882 Parlamentsrecht wurde. Als die Einschränkung der Debatte auf Antrag noch keinen ausreichenden Schutz gegen sachliche Obstruktionen bot, trat im Jahre 1887 die »Guillotine« (time limit) hinzu, die praktisch die widerspruchslose Durchsetzung des Majoritätswillens bedeutete. Die Obstruktion der irischen Home-Rule-Gruppe hatte eine Veränderung herbeigenötigt, die dem ursprünglichen Sinn der Geschäftsordnung widersprach. Statt der Anregung und Stärkung des Redestromes erfolgte dessen Kürzung. Genauso einschneidend war freilich auch die Errichtung von »Standing Committees« zur Entlastung des Unterhauses, dann die Abkürzung der Budgetdebatten seit 1896 (Balfour) und schließlich als Abschluß der Reform der Geschäftsordnung die »Parliamentary Railway Timetable« vom Jahre 1902. Die parlamentarische Initiative der einzelnen Abgeordneten hatte hinter den gesetzgeberischen Notwendigkeiten zurückzutreten. Die Anerkennung dieser »Rules of Urgency« war eine innerparlamentarische Revolution. Im Jahre 1902 war die Geschäftsordnung ein Rüstzeug des Ministeriums geworden und bis zu der Grenze vorgetrieben, die für die Macht des Hauses zu Kritik und Kontrolle gerade noch erträglich war.

Vor allem führte die inzwischen deutlich gewordene plebiszitäre Legitimation der Regierung zu prinzipieller Anerkennung ihres Initiativmonopols. Gerade ein Parteiführer wie Joseph Chamberlain setzte das Haus mit der Majorität des Hauses gleich; nach ihm waren Wahlen und Repräsentationssystem eine Farce, wenn die Mehrheit der Wählerschaft die Regierung wählt und die Minderheit des Hauses sie hindern kann zu regieren. Die Vereinigung aller Machtelemente im Unterhaus und deren Übertragung auf die Regierung als Vertrauensorgan der Wählerschaft und die Beschränkung der anderen Kräfte auf Widerstandsrechte, vorwiegend in Form der parlamentarischen Opposition, schob die volle Regierungsverantwortung auf die Mehrheitspartei, wobei die Geschäftsordnung ein technisches Instrument des Regierens wurde. Die Umgestaltung des Parlamentsverfahrens paßte sich unbeabsichtigt in das ausreifende System der parlamentarischen Parteiregierung ein. Das Kabinett wurde nach 1867 zur Führungsmannschaft der Mehrheitspartei, die als Träger des Wählerwillens das autonome Recht des Unterhauses ihren Zwecken dienstbar machte. Über dem Kabinett aber stand schließlich der Premier, zugleich Leiter der Geschäfte des ganzen Hauses, Führer der Majoritätspartei und oberster Ratgeber der Krone, in dessen Händen das parlamentarische Verfahren vom Bollwerk gegen Krone und Regierung zu einem Machtmittel des parlamentarischen Ministeriums wurde.

5. *Außenpolitik 1830–1865*

Im großen gesehen war die britische Außenpolitik von 1830 bis 1865 von einem Manne geprägt, der für die Außenwelt als Personifikation der Politik des liberalen Englands erschien, als »the most English Minister«. Es war Henry John Temple, dritter Viscount Palmerston. Er leitete von 1830 bis 1841, ausgenommen die hundert Tage des Ministeriums Peel 1834/35, dann von 1846 bis 1851 das Außenministerium und war Premier-Minister von 1855 bis 1858 und von 1859 bis 1865. Er trat in die Fußstapfen Cannings, der nach außen eine liberale und nach innen eine konservative Politik verfolgte. Er sah in den Verfassungsstaaten seine natürlichen Verbündeten, die sich den englischen Interessen am ehesten dienstbar machen ließen. Mit dieser Politik führte er England auf den Höhepunkt seiner Macht um 1860.

Lord Palmerstons erste Tat war die Geburtshilfe für Belgien. Die Vertreibung der Holländer aus Belgien mit französischer Waffenhilfe (1830) beschwor die Gefahr einer Ausweitung der französischen Machtsphäre. Die Londoner Konferenz der fünf europäischen Großmächte 1831 führte einen Waffenstillstand herbei und verbürgte die Unabhängigkeit und ewige Neutralität Belgiens nach dem Muster der Schweiz. England setzte gegen den französischen Kandidaten die Wahl Leopolds von Sachsen-Coburg als König der Belgier durch. Nach dem Reformgesetz von 1832 gewann England größere Handlungsfreiheit und verband sich offen mit Frankreich zugunsten Belgiens. Dadurch verhütete es weitere Interventionen der Holländer und hielt gleichzeitig Frankreich von seinen Ambitionen auf belgisches Territorium ab. Franzosen und Engländer vertrieben gemeinsam die

Holländer aus Antwerpen; danach zogen sich die französischen Truppen zurück. Aus einer liberalen Revolution war ein neuer Staat geboren, dessen Grenzfestsetzung 1839 die allgemeine europäische Anerkennung fand. Damit wurde die westliche Katastrophenzone durch eine Neutralisierung abgesichert; zugleich verschaffte sich England ein Mitspracherecht in den westeuropäischen Angelegenheiten. Palmerston buchte seinen ersten großen Erfolg: Er hatte einen allgemeinen Krieg vermieden und Frankreich aus Belgien herausgehalten.

Die seit 1832 zutage tretende Solidarität der beiden großen westlichen Verfassungsstaaten wurde durch einen englisch-französischen Vertrag von 1834 unterstrichen, den Palmerston angeregt hatte und in welchem sich beide Mächte eine Unterstützung der konstitutionellen Gruppen in Spanien und Portugal versprachen. Schon vorher (1833) hatte England zugunsten der deutschen Verfassungsbewegung gegen die Repressionsmaßnahmen des Deutschen Bundes protestiert. Die Gleichzeitigkeit von Juli-Revolution und Reformbewegung und die Gleichzeitigkeit der Geburt Belgiens und des Untergangs des polnischen Verfassungsstaates erbrachten die Umrisse einer ideologischen Blockbildung in Europa.

Ende 1839 zerbrach freilich die westliche Solidarität an der Nah-Ost Krisis. Der Anlaß kam von Mehmet Ali in Ägypten, der seine alten Ansprüche auf Syrien mit der Zustimmung Frankreichs wieder aufleben ließ und den Türken bei Nezib 1839 eine schwere Niederlage beibrachte. Frankreich widersetzte sich einer gemeinsamen Lösung der Nahost-Frage und suchte auf eigene Faust ein Abkommen zwischen Ägypten und der Türkei zustande zu bringen. Palmerston veranlaßte indessen ein Eingreifen Österreichs, Rußlands und Preußens und unterstützte eine christliche Rebellion im Libanon gegen Ägypten, an der sich türkische und österreichische Truppen beteiligten. Mehmet Ali gab daraufhin seine Ansprüche auf und behielt lediglich Ägypten als erbliche Herrschaft gegen einen jährlichen Tribut an die Pforte. Damit waren Frankreichs Mittelmeer-Ambitionen beschnitten. Der leitende Minister Thiers resignierte, und Frankreich kehrte ins Konzert der Mächte zurück. Endergebnis war die Konvention von Montreux 1841, nach welcher die Türkei die Dardanellen für alle

Kriegsschiffe zu sperren hatte, solange sie selbst im Frieden war. Dies Abkommen war für Rußland ungünstig, da die Mächte nicht ihr Recht auf Zutritt zum Schwarzen Meer überhaupt aufgaben und die Sperre bei einem Konflikt mit der Türkei nicht mehr gelten sollte.

Palmerston setzte seine erfolgreiche Mittelmeerpolitik nach der Zurückdrängung Rußlands und der Beschränkung Frankreichs mit anderen Mitteln fort. Er sandte Lord Minto nach Italien, um dort die liberalen Gruppen zu unterstützen. Britischer Zuspruch führte hier zu der offenen Revolution im Januar 1848; damit bereitete Palmerston seinen größten Erfolg vor, der in der Schaffung des einigen Italiens sich später vollendete. Gleichzeitig stützte England die revolutionäre Bewegung in Deutschland, wo allerdings die Schleswig-Holsteinische Frage zu einer bleibenden Entfremdung führte. Überhaupt spielte in den Liberalismus der englischen Politik stets auch das machtpolitische Interesse hinein. Palmerston lieh den aufständischen Ungarn keinerlei Hilfe, weil er die Existenz Österreichs gegen Rußland sichern wollte. Er ermutigte andererseits die Türkei dazu, die Auslieferung Kossuths und anderer ungarischer Freiheitshelden zu verweigern und nahm schließlich Kossuth freundlich in England auf. Er blieb im Einklang mit der öffentlichen Meinung, wenn er gegen die deutschen Fürsten eine scharfe Sprache führte und Rußland als den Feind der Verfassungsbewegung ansah. Im ganzen war aber seine Politik zwiespältig und eine Mischung von Liberalismus und Jingoismus. Er mußte gehen, als er ohne Befragung des Kabinetts und der Königin den Staatsstreich Napoleons vom 2. Dezember 1851 guthieß. Sein Einfluß über die Presse trieb das uneinige Kabinett zur Fortsetzung seiner Mittelmeerpolitik, als Rußland hier seine verlorenen Positionen zurückzuerlangen suchte.

Im Jahre 1853 warf der Zar die Frage des »kranken Mannes am Bosporus« auf und erneuerte in Erwartung des baldigen Zusammenbruchs des Ottomanischen Reiches den russischen Anspruch auf Schutz der orthodoxen Christen. Der Sultan versprach den Schutz, lehnte aber fremde Aufsichtsrechte ab, bestärkt vom britischen Botschafter Stratford Canning, der ihm den britischen Schutz Konstantinopels zusicherte. Als die Russen in die Donaufürstentümer eingerückt waren, erklärte der Sultan am 4. 10. 1853 den Krieg an Rußland. England und Frankreich sandten zum Schutz der Türkei Kriegsschiffe ins Schwarze Meer, worauf Rußland die diplomatischen Beziehungen abbrach und im März 1854 der allgemeine Krieg begann. Die beiden Westmächte luden Piemont als dritten Kriegspartner ein, wonach sie in einer weiträumigen amphibischen Operation, die in der Belagerung von Sewastopol gipfelte, Rußland zum Frieden nötigten. Als Sewastopol fiel, hatte Palmerston einige Monate vorher die Regierung übernommen; er erschien in englischen Augen als der eigentliche Sieger.

Die Konferenz von Paris 1856 drängte Rußland aus dem Mittelmeer, indem die Konvention von 1841 bestätigt, das Pontische Meer neutralisiert und die türkische Unabhängigkeit garantiert wurde. Statt des russischen Schutzrechts wurde eine europäische Garantie gegeben und der Sultan zu inneren Reformen verpflichtet. Mit der Abtretung Südbessarabiens verlor Rußland seine Stellung an der Donaumündung; die Donaufürstentümer Walachei und Moldau wurden zu einem Staat Rumänien unter Suzeränität des Sultans vereinigt. Das Wesentliche war, daß die Türkei in das Konzert der europäischen Mächte aufgenommen war und Rußland sich von Europa weggestoßen fühlte. Die Heilige Allianz der drei Ostmächte war durch die zwielichtige Haltung Österreichs zerbrochen, zumal in Rußland der Krimkrieg als Kampf des westlichen Europas gegen die orthodoxe Religion aufgefaßt wurde. Die europäische Ordnung von 1815 war mit 1856 erschüttert und wurde von einer Phase kriegerischer Konflikte abgelöst.

Die englische Politik errang ihren größten Erfolg, als die italienische Frage wieder akut wurde und Napoleon mit Hilfe Piemonts und der italienischen Freiheitsbewegungen unabhängige Einzelstaaten gründen wollte. Für die Waffenhilfe gegen Österreich (1859) verlangte Napoleon III. Nizza und Savoyen, um den französischen Einfluß auf Italien zu festigen. Das Werk der Einigung Italiens war hingegen England zu verdanken. Es lieh der Befreiung Siziliens durch Garibaldi, dann dem Sturz des Königtums Neapel und der päpstlichen Herrschaft in Mittelitalien seine diplomatische Unterstützung. Seitdem Garibaldi Palermo eingenommen hatte, hielt London die Stunde der Einigung Italiens gegen die Pläne Napoleons und der anderen Kontinentalmächte für gekommen. Napoleon wollte zusammen mit England die Scharen Garibaldis am Überschreiten der Meerenge von Messina durch eine Flottenintervention hindern. Selbst der piemontesische Minister Cavour stützte diese Politik, obgleich er insgeheim dagegen war. Englands Haltung war hier entscheidend. Palmerston sah in der Aneignung von Nizza und Savoyen durch Napoleon III. den Beginn einer neuen napoleonischen Ära. Die gemeinsame Intervention fand nicht statt. Der Gegensatz Englands zu Frankreich verschaffte Italien seine Einheit, die weder im Sinne Napoleons noch Österreichs und der anderen Mächte, sondern allein im Sinne Englands war, das mit dieser liberalen Befreiungs- und Einigungspolitik seine machtpolitische Stellung im Mittelmeer endgültig sicherte.

Der letzte generöse Akt dieser liberalen Politik war die Überlassung der Ionischen Inseln, die seit 1815 unter dem Protektorat Großbritanniens standen, an Griechenland 1863, entsprechend dem Willen der Bevölkerung. Philhellenismus und Liberalismus wirkten hier zusammen. Sonst stand das letzte Ministerium Palmerston und das Ende der Palmerston-Epoche (1859–1865) unter einem weniger glücklichen Stern. Zwei neue Potenzen setzten sich Palmerston entgegen, die siegreichen Nordstaaten in Amerika und das siegreiche Preußen in Europa.

Der amerikanische Sezessionskrieg (1861–1865) fand die englische Regierung im Einklang mit der Gesinnung der Oberklasse auf der Seite der Südstaaten, während die nichtstimmberechtigte Unterschicht mit dem Norden sympathisierte. Gladstone allerdings, der kommende Mann im liberalen Lager, nahm die Partei des Südens, in dessen Aufstand er den Kampf gegen die Tyrannei einer Einheitsdemokratie erblickte. Im allgemeinen hielten sich die Anti-Reformer, ob Whigs oder Tories, auf der Seite der Gentlemen der Südlichen Konföderation und die Reformer auf der Seite des industriellen demokratischen Nordens.

John Bright wurde im Unterhaus der Wortführer der demokratischen Kräfte, die es mit dem Norden hielten. Seine Stunde war gekommen, als er die Sklavenfrage in den Vordergrund rückte und die Bestrebungen der niederen Mittelklasse und der Arbeiter zur Sprache brachte. Er identifizierte die Sache des Nordens mit der Sache der Demokratie überhaupt, die ihre Bewährungsprobe zu bestehen habe.

Russell als Außenminister Palmerstons verkündete die britische Neutralität, erkannte aber zugleich die Südstaaten als Kriegsführende an, obgleich der Norden sie als Rebellen angesehen wissen wollte. Nichtsdestoweniger erregte es die Empörung der Südstaaten, daß England eine Intervention zu ihren Gunsten ablehnte. Die Blockade des Nordens gegen den Süden unterbrach die Baumwollzufuhr nach England, so daß die Unternehmer auf ein aktives Eingreifen drängten. Die Industriearbeiterschaft war jedoch dagegen und nahm sogar das Opfer zeitweiliger Arbeitslosigkeit in Kauf. Besonders in Lancashire erwies die Arbeiterschaft eine eindrucksvolle Disziplin, als viele Mühlen schließen mußten und trotz Not und Arbeitslosigkeit keine Demonstrationen und Unruhen stattfanden. Entscheidend für den Fortbestand der englischen Neutralität war das Eingreifen Napoleons III., der ein französisches Protektorat in Form eines mexikanischen Kaiserreichs gründen wollte und der nur bei einem Erfolg des Südens seinen Plan verwirklichen konnte. Seine Einladung an Palmerston zu gemeinsamem Vorgehen wurde in London abgelehnt.

Der Sieg der Nordstaaten brachte die französische Unternehmung zum Scheitern, desavouierte aber auch die englische Politik. Eine anti-britische Animosität blieb hier zurück, die noch durch die starke irische Einwanderung verstärkt wurde. Daraus ergaben sich zwei neue Probleme, nämlich eine Stärkung der demokratischen Bewegung in England unter der Führung von John Bright und eine Belebung der irischen Freiheitsbewegung, die nunmehr von ihren amerikanischen Landsleuten unterstützt wurde.

Das entscheidende Fiasko erlitt Palmerston in der dänischen Frage, die während des amerikanischen Bürgerkriegs akut wurde. Im Londoner Protokoll von 1852 hatte England das Problem Schleswig-Holstein durch dessen Internationalisierung vorläufig lösen können. Bismarck berief sich bei seinem Vorgehen gegen Dänemark wohlweislich auf das Londoner Protokoll, das er für gebrochen ansah. Schon im Hinblick auf die Spannung mit den USA begnügte sich England mit einer drohenden Sprache, ohne eine genügende Militärmacht gegen Preußen und Österreich zur

Verfügung zu haben. Im Dänischen Krieg 1864 blieb es nach allen Seiten untätig. Palmerston gewann zwar noch die Wahl von 1865, die letzte nach dem Stimmrecht von 1832, aber sein kurz danach folgender Tod war das Signal für eine neue Epoche. Die Entfremdung von Nordamerika, der Verlust des französischen Bundesgenossen und das Zurückweichen in der dänischen Frage hatten England von Europa entfernt. Für zehn Jahre war hier die englische Einwirkung auf ein Minimum reduziert. Die USA und Preußen setzten der britischen Politik eine Schranke. Mit Belgien und Italien waren freilich von England neue Faktoren ins Spiel gebracht, die liberal und anglophil waren; auch die Türkei und Griechenland waren gewonnen und sicherten England die Vormacht im Mittelmeer, so daß sein Rückzug immer noch mittelbar eine politische Anwesenheit einschloß. Die Vormachtstellung um 1860 war jedoch verloren gegangen.

Die glückliche Kongruenz von ideellen und materiellen Interessen erschien den Engländern als Bestätigung ihrer Politik. Sie traf freilich nur auf Europa einigermaßen zu, soweit das Gleichgewicht der Mächte dabei erhalten blieb oder korrigiert wurde. In Übersee überwogen Handels- und Machtinteressen, die sich über die in Europa beanspruchten völkerrechtlichen und moralischen Maßstäbe hinwegsetzten. Das schlimmste Beispiel dieser Art gab das britische Vorgehen gegen China, wo die Ost-Indien Kompanie aus der illegalen Einfuhr von Opium aus Burma und Britisch-Indien nach China große Gewinne zog. Die chinesische Regierung wehrte sich vergeblich und schritt schließlich 1839 zu gewaltsamen Gegenmaßnahmen, indem sie 1839 in Hongkong 20000 Kisten Opium im Werte von 4 Millionen Pfund Sterling vernichten ließ. Daraus entstand der Opiumkrieg 1840–1842, der China im Frieden von Nanking 1842 zur Abtretung Hongkongs und zur Öffnung von fünf chinesischen Häfen für den europäischen Handel zwang. Das rücksichtslose Vorgehen der Engländer verfolgte nur nackte Handelsinteressen. Der »Taiping-Aufstand«, bei dem aus altchinesischen Ideen und mißverstandenen christlichen Gedanken zusammengewachsene chiliastische Vorstellungen vom »himmlischen Reich des höchsten Friedens« wirksam waren, verursachte einen neuen Krieg 1857–1860, den Engländer und Franzosen unter dem Vorwand der Mißachtung der britischen Flagge begannen und der mit dem Einmarsch in Peking 1860 endete. Dabei wurde ein Großteil Chinas verwüstet und der einstmals unter Mitwirkung der Jesuiten erbaute kaiserliche Sommerpalast zerstört. Im Vertrag von Tientsin verpflichtete sich China zu weiteren Handelszugeständnissen, zur Zulassung europäischer Gesandtschaften und zum Schutz der christlichen Mission. Freihandel, Machtpolitik und christliche Mission gingen hier eine verhängnisvolle Verbindung ein, die durch die Verquickung mit dem Opium-Handel jeglichen moralischen Kredit eingebüßt hatte. Die Widersprüchlichkeiten dieser hier liberalhumanitären und dort materiell-imperialistischen Politik unterlagen heftiger Kritik in England selbst und machten es dem Ausland leicht, die englischen Argumentationen als »Cant« abzutun. Aber die Mehrheit sah in Palmerston das Symbol der englischen Weltgeltung und stimmte einer Politik zu, die die englischen Interessen mit den Interessen des Welthandels, der Zivilisation und der Freiheit in eins zu setzen schien. England zog nach 1870 aus den politischen und moralischen Mißerfolgen seiner Politik innen- und außenpolitische Konsequenzen, die eine neue Epoche einleiteten.

Ein nicht weniger mörderischer Kampf entwickelte sich 1857 in Indien, wo die Unruhen in den hundert Jahren englischer Herrschaft nie aufgehört hatten. Um 1857 erstreckte sich der Machtbereich, den die Ost-Indien Kompanie gemeinsam mit der Krone in der Hand hatte, von Peschawar bis Rangun über den Subkontinent hinweg. Die Gouverneure, wie Lord Bentinck und Lord Dalhousie, suchten durch Straßen- und Kanalbauten, durch Hafen- und Bergbauanlagen, aber auch durch Verwaltungsordnung und Erziehungswesen westliche Verhältnisse zu schaffen. Das Kastensystem der Hindus und die Macht der einheimischen Fürsten wurden eingeschränkt, wobei Lord Dalhousie sogar korrupte, unfähige Fürsten absetzte oder erbenlose Fürstentümer einzog. Ein Jahr nach seinem Weggang meuterten indische Garnisonen in Zentralindien und ermordeten ihre britischen Offiziere. Dieser Aufstand der Sepoys, d.h. mohammedanischer Söldner im britischen Militärdienst, brach aus, weil England sich weigerte, einen Nachfolger des noch lebenden Vertreters der Moghul-Dynastie anzuerkennen, da die Eifersucht der hinduistischen

Fürsten auf das mohammedanische Moghulat zu ständigen Reibungen führte. Hinter dem Aufstand standen abgesetzte Fürsten und unzufriedene Priester, die den Großmoghul Bahadur Shah wieder in Delhi auf den Thron hoben. Der Aufstand beschränkte sich auf Zentralindien und konnte nach einigen Monaten von herangeholten Verstärkungen aus Kalkutta und vom Pandschab niedergeschlagen werden. England stützte sich dabei auf das hinduistische Element, mit dessen Hilfe die britische Herrschaft gefestigt blieb. Die Grausamkeiten der Rebellen und die Rache der britischen Truppen ließen bittere Gefühle zurück. Die Regierung in London übertrug jetzt erst endgültig und vollständig die politische Macht von der Ostindien-Kompanie auf die Krone.

Mit dem Tode Palmerstons war in der Tat eine Ära beendet, jene Ära einer interventionistischen liberalen westlichen Solidarität gegenüber Europa und einer machtpolitischen Rivalität der sich regenden Kolonialmächte außerhalb Europas, vor allem Frankreichs, die die westliche Solidarität gefährdete. Die Polnische Frage, die Dänische Frage und die amerikanische Politik waren Rückschläge. Das Abrücken von den europäischen Affären ergab sich auch aus der Konsolidierung eines mitteleuropäischen Machtstaates im Deutschen Reich. England wurde auf Übersee verwiesen. Bisher verlangte die Gleichzeitigkeit europäischer und kolonialer Probleme eine nach beiden Seiten verschiedene Politik, so daß in Europa die liberale und in Amerika die konservative Richtung gestützt wurde. Das wurde im Zeichen des Frühimperialismus anders.

6. Die Anfänge des neuen Kolonialimperiums

Der Kampf gegen Napoleon legte die Grundlagen für das zweite englische Imperium. Der Stoß gegen den Nahen Orient, die Trennung Englands von Kontinentaleuropa und die weitausgreifenden Pläne Napoleons gegen Indien veranlaßten eine machtpolitische Sicherung der englischen Stellung, die zusammen mit nachfolgenden Ereignissen die Wandlung des alten Handelsimperiums in ein politisches Imperium mit europäischen Herrschaftsformen einleitete. Nach der Sicherung der britischen Hegemonie in allen Weltmeeren meldete sich eine Gegentendenz an, die aus der warnenden Erinnerung an den Abfall der USA, aus der Kolonialskepsis der Zeit und den Vorstellungen einer liberalen Handelsgesellschaft gespeist wurde und an die Auflösung des Kolonialreiches in eine freie Völkergemeinschaft dachte. Zwei Momente wirkten zusammen, die die britische Kolonialpolitik in diese Richtung wiesen.

Das erste Moment war die Abschaffung des Sklavenhandels 1807 und die Abschaffung der Sklaverei überhaupt im Jahre 1833. Danach waren seit dem 1. August 1834 alle Sklaven im Britischen Imperium frei. Die Abschaffung der Sklaverei war möglich, weil seit dem Abfall der Vereinigten Staaten von Nordamerika die Zahl der Sklavenhalter relativ gering war. Die westindischen Kolonisten sahen zwar ihren Ruin vor Augen, aber sie schadeten sich selbst, da sie keine Neigung zu sozialen Verbesserungen zeigten und die Missionare von ihnen als Agenten der »Abolitionisten« betrachtet wurden. Ihr Schaden wurde durch das Kompensationsgesetz von 1833 nur teilweise ersetzt; sie litten später noch mehr unter der Freihandelspolitik nach 1846.

Ein ernstes Problem tat sich in Südafrika auf. Die ursprünglich holländische Kapkolonie war 1795 annektiert worden. Seitdem herrschte hier ein britischer Gouverneur über die patriarchalische Farmenwirtschaft der Holländer. Bis 1820 etwa kamen 5000 britische Einwanderer hinzu. Die Einführung der britischen Amtssprache statt des Afrikaans erregte böses Blut. 1828 wurden allen freien Eingeborenen, den Schwarzen wie den Weißen, die gleichen Bürgerrechte verliehen. Als 1833 die Befreiung der Sklaven verfügt wurde, waren die Buren dazu bereit, da ihnen eine angemessene Entschädigung in Aussicht gestellt wurde. Sie mußten sich freilich mit der Hälfte des geschätzten Schadens begnügen. Dazu kam seit 1835 eine Reihe von Kriegen mit den benachbarten Kaffern. Der britische Gouverneur annektierte das aufrührerische Gebiet und sicherte es durch Polizeischutz. Der britische Kolonialsekretär in London machte allerdings gegen den Willen der britischen und holländischen Bevölkerung Südafrikas die Annexion wieder rückgängig. Damit versäumte die Regierung den Schutz der durchweg burischen Außenfarmen. Die Buren schlossen aus all dem auf ein Einvernehmen der britischen Regierung mit den Eingeborenen innerhalb und außerhalb der Grenzen. Mehrere Tausend von ihnen verkauften ihre Farmen und zogen im »Großen Treck« von 1836 in die Wildnis, unter ihnen der junge Paul Krüger. Zwei Jahrzehnte hielt diese Wanderbewegung an und führte zur Gründung von neuen selbständigen Republiken. Dieser Vorgang behinderte die gesunde Entwicklung der nun zu dünn besiedelten Kapkolonie und schob die Eingeborenenfrage in den Vordergrund; zudem zögerte es die Durchmischung der holländischen und englischen Bevölkerung hinaus. Schuld an dieser unglücklichen Entwicklung war die einseitige Information Londons durch die Missionare der Wilberforce-Bewegung. Der religiöse Liberalismus lenkte den politischen Liberalismus des Mutterlandes in eine Richtung, die die Existenz der Kapkolonie gefährdete und die weiße Bevölkerung spaltete. Der tiefere Grund dafür war die fehlende Selbständigkeit der Kolonie, die den Direktiven von London folgen mußte. Das Verhältnis der neuen Republiken im Norden zum Mutterland blieb trotz der Eingliederung von Natal (1843) ungeklärt, zumal viele Buren über den Vaal weiterzogen. Das mangelnde Interesse an den Kolonien, die Disraeli noch 1852 als einen »Mühlstein« um den Hals Großbritanniens bezeichnet hatte, war mit daran schuld, aber gerade diese Gleichgültigkeit nahm jene andere Entwicklung hin, die den Kolonialismus zur Völkergemeinschaft veränderte.

Dieser Punkt hing mit der Überbevölkerung und den Wirtschaftskrisen der dreißiger Jahre zusammen, die eine Wanderbewegung, vor allem der bäuerlichen Schichten, aus dem Mutterland auslösten. Im zweiten Viertel des 19. Jahrhunderts erfolgte eine verstärkte Siedlung in Kanada, Australien und Neuseeland. Ein Auswandererstrom aus Europa ergoß sich auch in die Vereinigten Staaten. Die Auswanderung in die britischen Kolonialgebiete fand aus verschiedenen Motiven Unterstützung bei Vereinen oder Wirtschaftsgruppen. Für eine geordnete Ansiedlung in Neuseeland gründete Gibbon Wakefield 1837 die »New Zealand Association«, deren Tätigkeit der drohenden Annexion des südlichen Teils der Insel durch Frankreich (1840) zuvorkam. Hier bemühten sich die Freie Schottische Kirche und die Kirche von England um eine vom Religiösen her bestimmte Siedlungsordnung. Demgegenüber waren für Australien wirtschaftliche

Gründe vorrangig. Hier waren schon während der napoleonischen Kriege einige Garnisonsoffiziere auf den Gedanken gekommen, Schafzucht einzuführen. Captain MacArthur wußte die englischen Wollfabrikanten, die durch ihre verbesserten Maschinen nach vermehrtem Wollangebot verlangten, davon zu überzeugen, daß sich in Australien lohnende Investitionsmöglichkeiten eröffneten. Englische Händler und Geschäftsleute gründeten bald große Wollfarmen, so daß im Jahre 1840 die auf 130000 Personen angewachsene weiße Bevölkerung mit Erfolg darauf drängen konnte, daß die Deportation von Sträflingen nach Australien eingestellt wurde. Mit den Goldfunden bei Ballarat 1851 setzte ein verstärkter Strom von Einwanderern ein, so daß Australien im Jahre 1861 etwa eine Million Einwohner zählte. Im gleichen Jahr erreichte dieser Erdteil nach dem Vorbild von Kanada Selbstregierungen mit repräsentativen Regierungsorganen für Neu-Südwales, Südaustralien, Viktoria und Queensland, die unabhängig voneinander und nur mit der Krone verbunden waren. Australien zog Gewinn aus einer Entwicklung, die inzwischen von Kanada aus veranlaßt war und die britischen Siedlungskolonien zu eigenständigen Gebilden werden ließ. Von hier aus setzte sich das Prinzip der selbstverantwortlichen Regierung der weißen Kolonien durch.

Nach Kanada gingen die meisten englischen Auswanderer, seit 1830 etwa 50000 jährlich. Im Jahre 1837 hatte das Riesengebiet die erste Million überschritten, und der englisch-sprechende Teil war mittlerweile zahlreicher geworden als der französische Volksteil. Schon der jüngere Pitt hatte Kanada in das englische Obere Kanada und das französische Niedere Kanada eingeteilt und in beiden Provinzen gewählte Parlamente mit Besteuerungsrecht zugelassen, die freilich keine Exekutiv- und Verwaltungsbefugnisse hatten. In Nieder-Kanada erstarkte mit der Zeit die englische Minderheit und beunruhigte die katholische Majorität, die über die rein britische Verwaltung unwillig war. Als die kanadisch-französische Parlamentsversammlung deswegen die Finanzmittel für die Verwaltung ablehnte, entstand eine Krisis, die sich 1837 zur offenen Rebellion auszuwachsen drohte. Gleichzeitig revoltierte Ober-Kanada gegen die vom Mutterland ernannte Bürokratie und vor allem gegen die Reservierung reicher Ländereien für künftige Dotationen an die Anglikanische Kirche, die gegenüber den ansässigen Schotten und Dissenters völlig in der Minderheit war. Dadurch kombinierten sich nationale und religiöse Fragen zu einer ernstlichen Spannung mit London.

Als Antwort suspendierte die Regierung in London vorläufig die geltenden Verfassungsverhältnisse und entsandte Lord Durham als Bevollmächtigten auf Zeit, der an Stelle der Behörden regieren und einen Lagebericht geben sollte. Die Wahl Lord Durhams war überaus glücklich und rettete die Situation in Kanada und vielleicht das Kolonialimperium. Durham glaubte an den Sinn demokratischer Einrichtungen und auch an die Zukunft des Imperiums. Er nahm Gibbon Wakefield mit, in dessen Neuseeland-Assoziation er selbst tätig gewesen war. Er war fast der einzige Politiker seiner Tage, der ernsthaft die Kolonialprobleme vom Standpunkt des Imperiums aus studiert hatte. Seine freisinnigen Methoden brachten ihm sogleich Sympathien ein, riefen aber auch einen Angriff im Oberhaus hervor, der seine Rückberufung herbeiführte. Sein Abruf löste in Kanada einen Aufstand aus.

Der Konflikt wandte sich zum guten durch »Durham's Report« von 1838/39, der für eine vollverantwortliche Regierung in Kanada eintrat und auch die Exekutive künftig von der Mehrheit der gewählten Versammlung bestimmt sehen wollte. Lord John Russell verteidigte im Unterhaus diesen Lagebericht; es gelang ihm, das Kabinett zur Annahme von Durhams Report zu bewegen. Das Ergebnis war Russells »Canada Union Act« von 1840, die in dem vereinigten Ober- und Nieder-Kanada den Vorschlägen entsprechend eine verantwortliche Selbstregierung einrichtete. 1847 geschah dasselbe für das restliche britische Nordamerika, also für Neu-Schottland und Neu-Braunschweig. Allerdings verlief die Entwicklung nicht ohne ernstliche Konflikte. Die Vereinigung Ober- und Nieder-Kanadas gab dem englischen Volksteil das Übergewicht und erboste die Franzosen. Eine stürmische Periode mußte zuerst durchschritten werden, zumal die Verkündung des Freihandels im Jahre 1846 ein Schlag gegen die kanadischen Agrarinteressen war. Mit hinein spielte ein Konflikt zwischen Washington und London über die Grenzen Kanadas, besonders am Pazifik, dessen ganze Küste die Amerikaner beanspruchten. Der Oregon-Vertrag von 1846 legte als Grenze gegen die USA den 49. Grad nördlicher Breite fest und sicherte Kanada eine Entwicklung zum Pazifik hin. Es war die letzte Amtshandlung Robert Peels vor seinem Sturz.

Der politischen Absicherung folgte unter Gouverneur Lord Elgin (1847–1854), dem Schwiegersohn Lord Durhams, ein entscheidender Aufschwung des Landes. Die Vorteile des Freihandels begannen sich nach der Befriedung mit dem südlichen Nachbarn bemerkbar zu machen. Kanada konnte nun die Vorzugszölle für das Mutterland aufheben und zur völligen wirtschaftlichen Selbstverwaltung übergehen. Die Abschaffung der Navigationsakte 1849 öffnete ihm schließlich den Welthandel. Im Jahre 1867 teilten sich Ober- und Nieder-Kanada wieder, gingen aber eine umfassende »Federation of British North America« ein. Kanada lieferte den Beweis, daß die Idee der kolonialen Selbstverwaltung der Idee des Imperiums nicht entgegengesetzt war. Stattdessen erschien diese Form der »Expansion of England« (Seeley) als der Kitt des Weltreichs, während die alte Form der wirtschaftlichen Ausrichtung auf das Mutterland aufgegeben wurde.

Dem Beispiel Kanadas folgten 1861 Australien, 1872 die Kapkolonie und später Natal (1893). Voraussetzung für die ersten Schritte einer Verselbständigung der weißen Siedlungskolonien war die erstaunliche Indifferenz der Zeitgenossen gegenüber den Kolonien. Die Warnungen der Opposition stießen auf taube Ohren. Daher konnten die Grundlagen für die Entwicklung vom Empire zum Commonwealth hier schon gelegt werden. Diese erste Phase reichte vom Durham Report 1838 bis zur »Colonial Law Validity Act« von 1865, die eine innen- und handelspolitische Autonomie der Gesetzgebung zusicherte, die nur durch das englische Recht und einige Vorbehalte des Mutterlandes eingeschränkt war. Damit erhielten diese Kolonien den Charakter autonomer Gebiete mit verantwortlicher Selbstregierung im Rahmen des Empire. Die Konföderation von Britisch-Nordamerika 1867 zeigte schon den Beginn der zweiten Phase an, die durch Zusammenschlüsse benachbarter Gebiete wie etwa in Australien 1901 und in Südafrika 1909 und modernere Organisationsformen gekennzeichnet war.

Ohne auf die einheitliche Souveränität im Reichsverband zu

verzichten, setzte hier eine Auflockerung ein, die im Vertrauen auf die Klammern von Sprache, Herkunft, Recht und Lebensformen gewagt wurde. Es war eine große Leistung des englischen Liberalismus, daß er das Risiko, aber auch die fruchtbare Kraft dieses Prozesses erkannt hatte. Die Bevölkerungen der großen weißen Siedlungskolonien fühlten sich schließlich als selbständige Einheiten innerhalb des Reichsverbandes und als Schwesternationen neben der Heimatnation.

Ein Sonderfall war demgegenüber Indien. Nach dem Indien-Gesetz von 1784 unterlag die Ostindien-Kompanie der Kontrolle einer staatlichen Kommission, deren Präsident seit 1812 Kabinettsrang innehatte. Im Indien-Gesetz von 1833 verlor die Kompanie formell ihre kommerzielle Monopolstellung und behielt nur den Chinahandel. Die seit 1784 für Militär- und Zivilverwaltung verantwortlichen Generalgouverneure der Krone bemühten sich in der Zeit bis 1857 um Reformen im westlichen Sinne, zumal der wachsende Handel verstärkte Kontakte herbeiführte und die Verkehrserschließung auf die Möglichkeiten einer sozialen Hebung, religiösen Befriedung und administrativen Ordnung hoffen ließ. Der Sepoy-Aufstand 1857/59 veranlaßte das Indien-Gesetz von 1858, mit dem das Territorium und das Eigentum der Kompanie formell an die Krone übergingen, der Generalgouverneur zum Vize-König vorrückte und ein Staatssekretär für Indien bestimmt wurde. Die Entfremdung zwischen Hinduismus und Europäertum und die größeren Möglichkeiten der Krone führten zu einer administrativen Erschließungspolitik, die sich stärker an das moslemitische Element anlehnte. Es war kein Zufall, daß der britische Imperialismus seinen ersten Hebel in Indien fand, als Viktoria 1876 Kaiserin von Indien wurde. Die Sicherung der Brücke nach Indien war das erste Motiv einer imperialistischen Strategie, die als Gegentendenz zur Auflösung des Kolonialreichs die letzten Jahrzehnte des Jahrhunderts bestimmte.

7. Die Wahl- und Verwaltungsreformen seit 1867

Trotz der Rückschläge der Politik Palmerstons am Ende seines Lebens siegten die Liberalen noch einmal in den Wahlen von 1865. Sie nahmen die Frage der Wahlrechtsreform auf, stürzten aber über einen halben Reformversuch, der nur das Zehn-Pfund-Wahlrecht auf ein Sieben-Pfund-Wahlrecht erweitern wollte. Trotz der liberalen Majorität im Unterhaus wurde unter Derby und Disraeli eine konservative Regierung gebildet. Die Liberalen waren am Widerspruch ihrer eigenen Anhänger gescheitert. Von nun an stand das parlamentarische Widerspiel im Zeichen zweier Protagonisten: Gladstone und Disraeli, die beide den entgegengesetzten Weg gegangen waren. Gladstone war 1832 als Vertreter einer «pocket borough» unter der Patronage des Herzogs von Newcastle ins Unterhaus eingezogen, während Disraeli als Radikaler erst nach fünf Versuchen 1837 seinen Sitz errang. Gladstone gehörte zu den Peeliten, die sich 1846 auf die liberale Seite geschlagen hatten. Er sah im allgemeinen Wahlrecht ein wirkliches Recht und nicht nur ein Privileg. Sein Gewissen trieb ihn auf die Seite der Reformer und schließlich über seine eigene Partei hinaus, die in ihrer Kombination von aristokratischen Whigs, Freihändlern und Radikalreformern vor seinem Grundsatz »ein Mann, eine Stimme« zurückschrak und dabei auseinanderbrach. Sein Gegner Disraeli hatte sich den Tories angeschlossen und 1846 mit Peel gebrochen. Aber er war ebenfalls überzeugt, daß man der an Zahl und Wohlstand wachsenden Masse der Industriearbeiter auf die Dauer das Wahlrecht nicht verweigern konnte. Er fürchtete jedoch eine Einebnung, gegen die er ein abgestuftes Wahlrecht, etwa mit Doppelstimmrecht für die gebildete Elite und einfachem Stimmrecht der verantwortlichen selbständigen Haushaltsvorstände, ins Auge faßte. Zugleich hielt er die Tories für die eigentlichen Freunde der arbeitenden Klassen, während er die Selbstsucht der gewerblich-industriellen Mittelklasse anklagte. Immerhin waren beide für Erweiterung des Wahlrechts.

In ihr sah Disraeli eine Chance für den Torismus, sich eine neue populäre Grundlage zu schaffen. Hier lag auch die Aussicht beschlossen, eine Mehrheit des Unterhauses hinter sich zu bringen. Nur in Verbindung mit den reformwilligen Gruppen der Gegenpartei konnte die projektierte Wahlreform beschlossen werden. Disraeli konsultierte sogar Bright über dessen Forderungen. Sein Gesetzentwurf enthielt freilich so zahlreiche Sicherungen und Stufungen, daß sich eine heftige Debatte entzündete. Gladstone und Bright erzwangen über die liberale Majorität den Wegfall vieler Kautelen; Gladstone warf seinen Grundsatz vom Recht eines jeden am Wahlgang in die Debatte, so daß Disraeli beträchtlich zurückstecken mußte. Das Ergebnis war das allgemeine Haushaltsstimmrecht für die Städte in der »Representation of the People Act« von 1867. Damit erhielten die niedere Mittelklasse und die städtischen Arbeiter, soweit sie einem Haushalt vorstanden, das Wahlrecht. Die Neuordnung der Wahlbezirke war jedoch so unvollständig, daß die Erweiterung des Wahlrechts lediglich mehr Wählerstimmen hinter die Abgeordneten der städtischen Wahlbezirke brachte, ohne daß eine Übereinstimmung von Parlamentsvertreterzahl und Bevölkerungszahl erzielt worden wäre. Nur in beschränktem Umfang wurde eine bessere Repräsentation der Städte errreicht. Die Arbeiter, die außerhalb der Städte wohnten, blieben vom Stimmrecht immer noch ausgeschlossen.

Immerhin war diese zweite Wahlrechtsreform unter einem konservativen Kabinett zustande gekommen. Damit zeigte sich ein neuer Faden im Gewebe des parteipolitischen Kräftespiels. Disraeli war es, der den Arbeitern die Tür zum Parlament öffnete und damit die »Tory-Demokratie« begründete. Das war der »Sprung ins Dunkle« (Disraeli), in eine Demokratisierung des Parlamentssystems. Dahinter standen die lebhaften Aktionen von niederem Mittelstand und Arbeiterschaft, die durch die Krisis der Jahre 1866–1868 angetrieben wurden. Damit begann die Umwandlung der bisherigen parlamentarischen Oligarchie in eine plebiszitär bewegte Demokratie, die weitere gesetzliche Maßnahmen nach sich zog. Der schwerste Schlag gegen die Abhängigkeit der Wahlberechtigten erfolgte mit der »Ballot Act« von 1872, die das geheime Wahlverfahren einführte und damit den bisher immer noch möglichen Wahlpressionen einen Riegel vorschob.

Danach erweiterte ein drittes Wahlgesetz, die «Representation of the People Act» von 1884, das Wahlrecht auch auf die ländlichen Arbeiter und machte eine Neueinteilung der Wahlkreise unvermeidlich, die mit der «Redistribution Act» von 1885 Gesetz wurde. Damit wurden Grafschaften und Großstädte in kleinere Ein-Mann-Wahlkreise eingeteilt: Nur London City, die Universitäten und etwa zwanzig Mittelstädte blieben Zwei-Mann-Wahlkreise. Damit gründeten sich die Wahlkreise eindeutiger als bisher auf der Majoritätsregel, da die in der Minderheit gebliebenen Stimmen keine Berücksichtigung fanden. Die Ausdehnung des Wahlrechts verlangte aber auch einen Abbau der oligarchischen Kommunal- und Grafschaftsstrukturen und deren Demokratisierung, die in der »County Council Act« 1888 und «District Council Act» 1894 für ganz England durchgeführt wurden.

Ohnehin hatten die gesetzlichen Vorkehrungen im Armenwesen (1834) und in der Gesundheitsfürsorge (1848) sowie die Ausdehnung des Berufspolizistentums (1839/56) auf die Grafschaften deren Struktur stark durchlöchert und die Domäne der Friedensrichter eingeschränkt. Ferner waren die Konservativen durch den Zustrom der liberalen »Unionisten«, die sich wegen der Irischen Frage von Gladstone und den Liberalen losgesagt hatten (S. 639), für die Reformpolitik aufgeschlossener als bisher. Unter dem konservativen Ministerium Salisbury (1886–1892) kam das Reformgesetz (Local Government Act) vom 13. August 1888 zustande, das den Quarter Sessions der Friedensrichter fast alle verbliebenen Verwaltungs- und Kontrollbefugnisse entzog und sie auf die Rechtsprechung einschränkte. Damit wurde auch hier die Trennung von Justiz und Verwaltung verwirklicht.

Bisher wurden die Friedensrichter vom König jährlich ernannt und unterstanden nur der Kontrolle von King's Bench. Sie waren Ehrenbeamte und hatten seit langem Verwaltung, Polizei, Miliz, Armen- und Arbeitswesen, Verwaltung und Justiz in Händen. Das Amt war praktisch eine Domäne der Land-Gentry und wurde eigentlich erst volkstümlich, als es durch die Einschränkungen, die ihm die zahlreichen Reformgesetze auferlegten, immer mehr zum Mittelpunkt der Rechtsprechung auf Gemeinde- und Grafschaftsebene wurde. Auf dem flachen Lande, wo es seit dem 18. Jahrhundert kaum noch andere Leute als Pächter und Tagelöhner gab oder jedenfalls die Copyholder, von denen die letzten erst 1922 verschwanden, keine Rolle mehr spielten, stellte dieses Friedensrichteramt das Bollwerk der älteren Zeit gegen die Reform dar. Es hielt die Herrschaft der Squires aufrecht und setzte einfache patriarchalische Verhältnisse voraus, die den Bedürfnissen moderner Verwaltungsweise nicht mehr genügten.

Die vermehrten administrativen Aufgaben forderten Fachkenntnisse und gediegene Ausbildung. Aber bisher waren alle Anläufe zu einer Modernisierung und Demokratisierung der Grafschaftsverwaltung gescheitert. Hier geriet das Vordringen des Radikalismus der Bentham-Schule besonders nach 1850 ins Stocken. Gerade die Ermattung des parlamentarischen Lebens und die Zersetzung des Zweiparteiensystems in England in der Freihandelsphase nach 1850 gab den Gegenkräften vermehrtes Gewicht. Erst mit dem Gesetz von 1888 ging die Verwaltung an einen Grafschaftsrat, den »County Council«, der nach allgemeinem und gleichem Wahlrecht gewählt wurde und dem Schulwesen, Straßenbau und Pflege der Landwirtschaft unterstanden. Es wurden Verwaltungseinheiten gebildet, die zahlreicher und in ihrem Umfang gleichmäßiger waren als die alten Grafschaften. Diese blieben als Wahlbezirke für die Unterhauswahlen (electoral counties) und als Rechtsprechungssprengel der Friedensrichter erhalten. Die 62 neuen Verwaltungseinheiten (administrative counties) umschlossen das flache Land und die kleineren Städte, während die Städte über 50000 Einwohner künftig eigene Grafschaften (county boroughs), etwa 80 an der Zahl, bildeten und mit den preußischen Stadtkreisen verglichen werden können.

In die neuen Grafschaftsräte kehrte auch die Institution der »Aldermen« ein als eine bescheidene, konservative Einschränkung der Demokratisierung, wonach ein Teil der Mitglieder des County Council nicht unmittelbar von den Wählern, sondern vom Grafschaftsrat selbst und für die doppelte Amtszeit gewählt wurde. Auch hier wurden wie in den Städten besondere Komitees für die einzelnen Verwaltungszweige gebildet, wobei sich wie in den Städten ein Nebeneinander von parlamentarisch-ehrenamtlichen und untergeordneten fachlich-bürokratischen Kräften herausschälte. Dieser Dualismus der Spitzenämter in der Lokalverwaltung war ein Kompromiß zwischen den alten regionalen Zuständen und den neuen bürokratischen Tendenzen des Berufsbeamtentums. Das größte Beispiel der Neuordnung war die Grafschaft London (1899), mit der Groß-London einen »London

Common Council« als Repräsentativorgan erhielt, in dem auch die City mit vier Mitgliedern vertreten war. Allerdings blieb die »City Corporation« selbständig, und der »Lord Mayor« behielt den repräsentativen Vorrang vor allen demokratischen Organen, ähnlich wie in den historischen Grafschaften der Lord Lieutenant ihn behauptete. Damit war die Organisation von 1835 auf die Grafschaften und alle Städte ausgedehnt, Stadt und Land aber stärker geschieden, zumal auch Städte über 10000 Einwohner eine eigene Polizeimacht halten durften. Das Friedensrichtertum war endgültig in die Rechtsprechung abgedrängt und die Grafschaftsverwaltung dem kommunalen Parlamentarismus unterworfen.

Den organisatorischen Abschluß der Verwaltungsreform des 19. Jahrhunderts brachte das Gesetz vom 15. März 1894, das die ländlichen Kirchspiele und die Distrikte in den Grafschaften betraf. Die kleineren Kirchspiele bis zu 300 Einwohnern erhielten als Selbstverwaltungsorgan eine Gemeindeversammlung, und die größeren wählten einen Gemeinderat (Parish Council). Als Mittelglieder zwischen Kirchspielen oder Gemeinden und den Grafschaften sah das Gesetz Distriktsräte vor, die wie die Grafschaftsräte nach allgemeinem und gleichem Wahlrecht gewählt wurden, aber keine Aldermen hatten. Diese teils ländlichen, teils städtischen Distrikte stellten die Organisationsform der Landkreise und Kleinstädte dar und galten als vollwertige Verwaltungsinstanzen. Das Schwergewicht des kommunalen Lebens lag freilich weiterhin bei den Grafschaftsverbänden und den ihnen gleichgestellten großen Stadtgemeinden. Es war symptomatisch, daß diese beiden letzten Gesetze von 1888 und 1894 von einem konservativen und einem liberalen Kabinett herrührten und der Widerstand dagegen sich zu einer romantischen Erinnerung verdünnte, die gegenüber den Notwendigkeiten der industriellen Gesellschaft resignieren mußte. Mit ihnen erst war die britische Lokalverwaltung vollständig auf direkte Wahlen gegründet, unterlag aber gesetzlichen Einschränkungen und der Kontrolle von Westminster.

8. Die Entstehung der Parteiorganisationen

Die Reform von 1832 veranlaßte die ersten außerparlamentarischen Parteiorganisationen, die nicht nur während der Wahlen in Aktion traten, sondern mit ständigen Aufgaben betraut waren. Nach der neuen Regelung hatten sich die Berechtigten der Boroughs jährlich in Wählerlisten registrieren zu lassen, wenn sie ihr Wahlrecht ausüben wollten. Auf dem Lande war nur einmalige Registrierung erforderlich. Daraus ergab sich für die Kandidaten der Städte die Notwendigkeit, Sorge zu tragen, daß ihre Freunde sich rechtzeitig eintrugen und die Opponenten überprüft wurden. Dies gab den Anlaß zur Gründung lokaler »Registration Associations« der Parteien. Durch die Registriervereine fanden die bislang auf das Parlament beschränkten Parteien Eingang in die Wahlkreise. Der konservative Triumph vom Jahre 1841 wurde nicht zum wenigsten durch gute Registration erreicht. Der konservative »Carlton Club« von 1832, wo sich die Parteianhänger der Provinz mit der Führung trafen und politische Informationen gesammelt wurden, suchte sich mittels einer extensiven Korrespondenz unter der Führung von Barrister Francis Robert Bonham als zentrale Beratungsstelle auszubauen; Bonham selbst kann als erster überlokaler Agent einer Partei angesehen werden. Der liberale »Reform Club« von 1836 wurde das entsprechende Gegenstück auf Seiten der Whigs, ohne daß an eine straff zentralisierte Organisation gedacht war. Doch suchten beide Klubs von London aus die Kandidatenauslese zu ordnen und die Plazierung zu beeinflussen. Erst 1861 übernahm die »Liberal Central Association« in London die bisher inoffiziell vom Reformklub erledigte Arbeit und etablierte sich als effektives Hauptquartier für Wahlangelegenheiten; das entsprechende »Conservative Central Office« wurde 1870 eingerichtet.

Die Assoziationen deckten sich vielfach mit den örtlichen Parteibüros, die durch sie zu fortlaufender Tätigkeit genötigt waren. Da Registrierung, Stimmenwerbung und Überwachung Hauptgegenstand der Registriervereinigungen waren, blieb ihr Wirkungsbereich auf das Wahlverfahren konzentriert. Sie verloren mit der Wandlung der Wahlgerechtsame zu einer öffentlichrechtlichen Funktion ihren Sinn, da das »Home Office« die Verantwortung für die Wahlüberwachung erhielt. Wo sie allerdings mit den Anliegen der Massenbewegungen zusammengingen, vermochten sie sich als Ansatz einer aktiven Parteiorganisation ins Spiel zu bringen. Die Kontinuität ihrer Organisation bezeugt, daß sie als erster Ansatz der Parteiorganisationen zu gelten haben, wobei an der Reformfrage eine Verbindung der Registriervereine mit den öffentlichen Aktionen der Nichtwählerschaft sich anbot.

Die Agitationskampagnen mit Massendruck und systematischer Bearbeitung der Öffentlichkeit wurden Vorbild der eigentlichen Parteibildung. Die Anti-Kornzoll-Liga hatte sogar ein eigenes »Electoral Registration Office« errichtet und mit der Aufgabe betraut, lokale »Registration Associations« zu bilden, um vor allem die »Outvoters«, die außerhalb ihres Wahlbezirks wohnten, an die Urnen zu bringen, eine Aufgabe, die über die Möglichkeiten der lokalen Assoziationen hinausging.

Im Gegensatz zu den Registriervereinen, die lokaler Natur waren und sich auf die Wahlberechtigten beschränkten, vertraten die nationalen Unionen allgemeine, überlokale Anliegen und appellierten an die Nichtwählerschaft, die nur durch Demonstrationen und Petitionen sich zu äußern berechtigt war. Sie suchten zudem die Klassengegensätze, besonders zwischen Arbeiterschicht und unterem Mittelstand, zu überbrücken.

Unter dem Druck einer Wirtschaftsdepression bewirkte die Freihandelsbewegung dann eine zeitweilige Ablenkung von der Wahlrechts- auf die Kornzollfrage hin und sog die Unionsbewegungen in sich auf. Immerhin wurden noch 1844 die vier präsentierten Wahlkandidaten in Birmingham befragt, ob sie die Ausdehnung des Wahlrechts unterstützten, und jene beiden vorgeschlagen, die dies bejahten. Die zwanzigjährige Allianz zwischen liberaler Partei und Arbeiterschaft unter der Führung der respektablen Mittelstandsliberalen war die Voraussetzung, unter der nach der Ausdehnung des Wahlrechts auf die städtische Arbeiterschaft 1867 der »Caucus« funktionieren konnte. Unter dem Einfluß von John Bright verbanden sich 1858 alle Teile der liberalen Partei zur »Birmingham Reform Association«, bis nach einigen anderen kurzlebigen Gründungen im Februar 1865 die »Birmingham Liberal Association« zustande kam, zu der seit 1867 auch die

Arbeiterschaft Zutritt erhielt. Gleichzeitig gewann die 1865 in London gegründete »National Reform League« auch in Birmingham an Boden und veranstaltete Monster-Demonstrationen gegen die drohende Verweigerung des Wahlrechts an die Arbeiter. Die Zusammenarbeit von Reformliga und Liberaler Assoziation in Birmingham führte dann zum »Caucus«. Chamberlain suchte und fand dadurch vielseitige Unterstützung und Mitarbeit; er organisierte »open meetings« und wandte damit die Aktionsweise der Wesleyaner und der Anti-Kornzoll-Liga auf die Parteipolitik an.

In den Wahlen von 1868 folgten die liberalen Wähler in jedem »Ward« von Birmingham gehorsam den Vorschlägen des »General Committee« der Assoziation, so daß die in der »Representation of the People Act« von 1867 eingeschaltete Minoritätenklausel, nach der von drei Kandidaten Birminghams für das Unterhaus die Wähler nur jeweils zwei benennen durften, unwirksam blieb und drei liberale Kandidaten für Westminster durchgesetzt wurden. Das Geheimnis dieses Erfolgs war der geschlossene Einsatz der gesamten Stimmstärke und eine durchdachte Taktik bei der Aufteilung der Doppelstimmen auf die drei Kandidaten. Damit wurde der »Birmingham Radical Caucus« Vorbild für die liberalen Organisationsformen. Die »Registration Associations«, die ursprünglich selbständige Vereinigungen waren, organisierten sich jetzt auf repräsentativer Basis mit gewählten Exekutivkomitees, deren zentrale Erfassung und Unterstützung durch die »Liberal National Association« von 1877 sich zu einer nationalen Parteiorganisation ausformte. Die Organisation als solche war indes nichts Neues. Neu war nur, daß eine der großen Parteien von sich aus diese Organisation in überregionalem Rahmen aufzog. Die nach dem »Birmingham-Model« organisierten Vereine waren nicht mehr einfache Registriervereinigungen oder Wahlkomitees, sondern Propagandaorganisationen, die auch die Kommunal- und Schulvorstands-Wahlen, ferner Zeitungsartikel, Flugblätter und Werbematerialien besorgten. Der berühmte Wahlsieg der »Birmingham Liberal Association« von 1868 war der erste große Erfolg einer gezielten Lenkung der Wählerschaft durch einen engmaschigen, organisierten, regionalen Parteiapparat, der die Heraufkunft der parteienstaatlichen Massendemokratie ankündigte.

Die Niederlage von 1868 veranlaßte Disraeli, die seit 1863 oder 1864 bestehende »Conservative Registration Association« zu einem »Conservative Central Office« (1870) auszubauen, das in jedem Wahlbezirk permanente konservative Vereinigungen anregen, Listen anerkannter Kandidaten zusammenstellen und jedem Wahlbezirk einen wahlkampffähigen, d.h. finanzstarken Kandidaten sichern sollte. Er suchte die seit 1867 bestehende »National Union of Conservative and Constitutional Associations« organisatorisch zu stärken. Diese Union sollte vor allem die neue Wählerschaft aus dem städtischen Arbeitertum umwerben. Das Büro der »National Union« wurde 1872 in das Gebäude des »Conservative Central Office« verlegt, um eine gleichgerichtete Führungslinie zu gewährleisten. Die große Kristallpalastrede Disraelis von 1872 stärkte den Einfluß der »National Union«. Hier wies Disraeli auf die Notwendigkeit hin, die Tory-Partei zu einer nationalen Partei zu machen, die weder eine Föderation der Nobilität noch eine demokratische Masse sein dürfe, sondern eine alle Klassen umgreifende Nationalpartei des ganzen Volkes werden müsse. Die Befreiung des Wahlaktes vom Druck der Landlords und der Unternehmer durch die »Ballot Act« von 1872 erhöhte noch die Wirksamkeit seiner Parteimaschine, für die er verantwortlich war und die ihm 1874 den Wahlsieg seiner Partei verschaffte.

Wie die Konservativen nach 1867 ihre Organisation verstärkten, so taten es auch die Liberalen erneut nach dem konservativen Sieg von 1874. Francis Schnadhurst, Sekretär der »Birmingham Liberal Association«, und Joseph Chamberlain, Bürgermeister von Birmingham (1873), gründeten die Organisation stärker auf die 16 »Wards« Birminghams, aus denen je drei Mitglieder in ein Exekutivkomitee gewählt wurden, das wiederum einem Generalkomitee mit 30 Mitgliedern aus jedem Ward eingeordnet war; beide Komitees ernannten ein Management-Komitee von 11 Personen. Hinter der demokratischen Fassade dieses »Komitee-Systems« verbarg sich eine kleine Oligarchie, die die Fäden in der Hand hielt. Mit dieser Organisation sicherten sich die Liberalen in Birmingham ein parteipolitisches Monopol in Kommune und Parlamentsrepräsentation.

Die »Liberal National Association« von 1877 mit Chamberlain

als Präsident und Schnadhurst als Sekretär suchte darüber hinaus eine nationale Organisation der Partei aufzubauen. Auch hier war das Ziel eine zentrale Kontrolle der Lokalkomitees über repräsentative Ortsverbände und eine oberste Lenkungsstelle hinter der Fassade eines repräsentativen Vertretungssystems.

Während die konservative »National Union« den lokalen Assoziationen und Klubs lediglich Hilfestellung gab und ihre jährlichen Konferenzen vorwiegend Vertrauenskundgebungen für die Parteiführung waren, suchte die liberale Parallelgründung Chamberlains Druck auf die liberale Führung auszuüben und sie sogar auf eine Programmatik zu verpflichten. Der erste Impakt demokratischer Kräfte seit 1867 legte die Versuchung nahe, die Parteiapparate als politische Organe neben dem Parlament und als Rivalen der parlamentarischen Führung zu gebrauchen. Die Einschleusung gebundener Abstimmer ins Unterhaus, die ihren Sitz den lokalen Parteimaschinerien verdankten, und die Ausweitung des Caucus-Systems bedrohten die Eigenständigkeit des Parlaments. Die Liberal Federation hörte erst auf, eine Drohung zu sein, als Chamberlain, ihr führender Mann, 1880 ins Kabinett gelangte. Die National Liberal Federation wurde erst nach 1887 von einer »Ginger Group« des radikalen Flügels der Liberalen zu einer »offiziellen« Organisation.

In ähnlicher Weise suchte Randolph Churchill über die »National Union« und mit Hilfe der »Primrose League« (1883) Lord Salisbury die konservative Führung zu entreißen. Mit dem Schlagwort der »Tory-Demokratie« wollte Churchill die gesamte Parteiorganisation einschließlich des vom Carlton Club 1880 aufgebauten »Central Committee« in die Hand der »National Union« legen, während Salisbury der »National Union« nur Beratung, Finanzhilfe und Ausbau der lokalen Presse zugestehen wollte. Erst als Churchill sich den zweiten Platz hinter Salisbury gesichert hatte, setzte er sich für das »Central Office« und die Whip-Organisation, also die parlamentarische Führung der Partei ein. In beiden Fällen behaupteten sich die parlamentarischen Parteiführer gegen die ehrgeizigen Pläne Chamberlains und Churchills und damit gegen die außerparlamentarischen Apparate.

Gewiß spielte der Aufbau der Parteimaschinerien in den siebziger und achtziger Jahren eine große Rolle; sie wurde aber durch den Zusammenhang mit den politischen Karrieren Chamberlains und Churchills überschätzt. In der Tat gab ihr Genius diesen Apparaturen ein Gewicht, das sie vorher nicht hatten und später kaum erreichten. Der organisatorische Leviathan von 1880 traf zudem auf eine schon vorhandene Parteiloyalität, und die weitere Ausdehnung des Wahlrechts von 1884 ließ eine vollständige Durchorganisierung der Wählerschaft kaum mehr zu. Beide Parteien blieben trotz ihrer Verlängerung in die Gesellschaft hinein von der Parlamentsmannschaft geführt.

Nur die Labour-Partei entwickelte sich als außerparlamentarische Partei; sie wollte jedoch mit Hilfe der Gewerkschaften eine Interessenvertretung der Arbeiterschaft im Parlament durchsetzen. Auch sie sah ihr nächstes Ziel mithin im Parlament. Allerdings widersprach ihr Charakter als programmatische Klassenpartei dem Wesen der alten Integrationsparteien. Doch hat auch hier das Wahlsystem zu einer nationalen Ausweitung genötigt und der Parlamentarismus seine Integrationskraft bewiesen, insofern der Einstieg von Labour ins Parlament mit Hilfe der Liberalen (Lib-Labs) und über die verbliebenen 24 Doppelwahlkreise sich vollzog. Jedenfalls spielte die Wahlentente zwischen Labour und Liberalen vor 1914 eine prägende Rolle und schließlich wurde nach 1924 der Weg von der Klassenpartei zur Nationalpartei über einige Umwege auch von Labour eingeschlagen.

Die Vormachtstellung des Parlaments blieb auch fernerhin gewahrt, da die parteilichen Organisationen außerhalb des Parlaments an die innerparlamentarischen Gruppierungen anknüpften und von ihnen die Richtung empfingen. Ihre Führung lag im Parlament und diziplinierte sich an den Gepflogenheiten des Unterhauses. Gegenüber der Wählerschaft und den Parteien blieb die unantastbare Stellung des Abgeordneten während der Legislaturperiode erhalten. Vor allem blieb das Parlament das entscheidende Staatsorgan für die Herausbildung der konkurrierenden Führungsmannschaften der Parteien. Es spielte sogar eine besondere Rolle für die Sicherung des Zusammenhalts der großen Parteien, deren Stärke im Hause und bei den Wahlen nur bei innerer Geschlossenheit gesichert war. Außerdem erkannte weder das Wahlgesetz noch das Parlament förmlich die Rolle der Parteien an, so daß Parteibezeichnungen weder auf dem Stimmzettel noch in den amtlichen Parlamentsberichten vorkamen. Das »Wahlunrecht« des britischen Wahlsystems, das stets der Mehrheitspartei zugute kommt, gab sogar dem Unterhaus als Vermittler des Wählerwillens gegenüber der Regierung eine spezifische Echo-Funktion im Hinblick auf die Bewegung der öffentlichen Meinung. Der Gewinn der Debatten an Publizität wurde geradezu ein Ausgleich für den Verlust an Initiativrechten, wobei der plebiszitäre Bezug während der Legislaturperiode mehr durch das Parlament als durch die Regierung aufrechterhalten wurde. Die »By-Elections« (Nachwahlen) unterstrichen diese Funktion des Parlaments.

Der Regierung wurde über den Rahmen der Geschäftsordnung hinaus keine gesonderte rechtliche Stellung zugebilligt. In gewisser Weise war nun die Regierung als dezidierte Parteiregierung sogar enger mit dem Parlament verbunden als früher. Der Premier und das Kabinett mußten sich immer eindeutiger aus dem Unterhaus rekrutieren – eine Regel, die heute nicht mehr durchbrochen werden kann.

Ferner mußten die offiziellen politischen Erklärungen der Regierung und die Entgegnungen der Opposition vor dem Parlament abgegeben werden. Hier allein war der Ort und die Plattform, auf der vor den Augen der Welt die großen Entscheidungsfragen ausgetragen wurden, und nicht vor der Presse oder der Wählerschaft. Die Opposition war nicht irgendwer, sondern »His Majesty's Opposition«, wie in einer Debatte vom Jahre 1826 erstmals gesagt wurde; und jetzt war sie sogar nach der parteipolitischen Konsolidierung und dem fast alternierenden Wechsel der Regierungen »Her Majesty's alternative Government«. Hier war trotz der Verlängerung des politischen Kampfes in die Parteiorganisationen hinein das Zentrum der politischen Willensbildung, die Arena der antizipierten Wahlkämpfe, die eigenständige pädagogische Provinz und der Brennpunkt der gesellschaftlichen und politischen Kräfte. Mit der Erhaltung der überkommenen großen Staatsorgane einschließlich der Krone blieben die steuernden Funktionen des Regierungssystems gegenüber der momentanen plebiszitären Führerschaft der jeweiligen Mehrheitspartei erhalten und lenkten die politischen Auseinandersetzungen auf Loyalität, Mäßigung und Vernunft hin. Damit bewies das parlamentarische System beim Übergang zur Massendemokratie eine Wandlungs- und Anpassungsfähigkeit, die als Rechtfertigung des Parlamentarismus überhaupt genommen wurde.

9. Das parlamentarische Regierungssystem nach 1867

Das erste auffällige Moment nach der zweiten Wahlrechtsreform von 1867 zeigte sich bei den Wahlen von 1868. Disraeli eröffnete hier die Praxis, daß der Premier aufgrund eines negativen Wahlergebnisses zurücktreten mußte, ohne den Zusammentritt des neuen Parlaments abzuwarten. Die Wählerschaft entschied nunmehr über das Schicksal der Regierung. Auf Grund des Wahlausgangs erfolgte die Berufung des neuen Premiers und dessen Kabinettsbildung. Künftig wurde dieser Zusammenhang nur dann undeutlich, wenn sich keine klare Mehrheit ergab wie etwa 1890 bei Salisbury und 1924 bei Baldwin. Die Ausdehnung des Wahlrechts und der Wegfall der alten Wahlpraktiken hatten die Minister von Dienern des Unterhauses zu Dienern der Wählerschaft gemacht.

Die Wahlentscheidungen in den drei Wahlkämpfen von 1868, 1874 und 1880 konzentrierten sich zudem auf die beiden Protagonisten Gladstone und Disraeli, deren Rededuelle und Wahladressen einen bisher unerhörten Widerhall fanden. Diese Zielrichtung der Wahlentscheidungen war nur durch die Nationalisierung der Wahlkämpfe möglich, die wiederum die Zurückdrängung der lokalen Einflüsse voraussetzte, die endgültig mit der »Corrupt and Illegal Practices Act« von 1883 unterbunden wurden. Gladstone knüpfte in seiner Wahladresse von 1874 an Robert Peels Tamworth-Manifest von 1835 an. Es war eine Adresse an die Wähler von Greenwich, die am 24. Januar 1874 in der »Times« erschien. Ihr ließ Disraeli am 26. Januar in der gleichen Zeitung seine Gegenadresse folgen. Salisburys Rede vor der »National Union« im Jahre 1885 war ein ähnliches Manifest. Aber erst 1892 folgte eine Botschaft des konservativen Führers an die ganze Wählerschaft. Damit trugen die Führer ihre Ansichten der zur Entscheidung aufgerufenen Öffentlichkeit vor. Die Gesamtwählerschaft erschien als der entscheidende Gegenspieler der Regierung.

Gladstones »Pilgrimages of Passion« 1868 und besonders 1879 waren der Durchbruch eines neuen Elementes, nämlich der plebiszitär gewonnenen Legitimation eines Parteiführers. In den »Midlothian Campaigns« 1879 trug Gladstone einer faszinierten Zuhörerschaft sein »Indictment« gegen die Regierung mit enormer Eloquenz vor. Der Eindruck seiner Persönlichkeit war so stark, daß viele mehr für ihn als für die liberale Sache stimmten. Diese Wahlfeldzüge erstritten einen Wahlerfolg weit über den Wahlbezirk hinaus, der Gladstone, zu dieser Zeit einfacher Abgeordneter, über die Parteiführung hinweg unmittelbar auf den Sessel des Premierministers hob. Als Disraeli nach dem Wahlausgang vor dem Zusammentritt des neuen Unterhauses zurücktrat, sandte die Königin auf den Rat Lord Hartingtons, des Führers der Liberalen, nach Gladstone. Somit wurde Gladstone 1880 der plebiszitär bestellte Regierungschef. Er hatte sogar die »National Liberal Federation» überspielt und seinen persönlichen Ruf an die Wähler zum bestimmenden Faktor der Regierungsbildung gesteigert.

Gladstone bewies, daß der »Appeal to the People« keine Fiktion mehr war, sondern eine Realität, aus der sich Konsequenzen ergaben. Gladstones Aktionen wurden durch ihre Breitenwirkung zum Mythos; sie fanden die Unterstützung der Presse, des militanten Dissent und der Arbeiterorganisationen. Gladstone wirkte dabei mehr durch seine Rhetorik als durch eine klare Doktrin; er schuf mehr eine momentane emotionelle Gemeinsamkeit als eine programmbewußte Gesinnungsfront. Die in ihm verkörperte Verbindung von Ministeramt und Popularität war neu. Gladstone hielt dabei nicht viel von einer geschlossenen Organisation und betrachtete die lokalen Manager eher als Relikte des alten korrupten Wahlsystems. Er suchte die öffentliche Meinung durch persönlichen Kontakt zu schaffen und zu lenken. In seiner Aktionsweise trat eine Strukturänderung der außerparlamentarischen Politik zutage, in der die Wählerschaft zum Schiedsrichter im Wettstreit der Parteien geworden war und dieser Wettstreit sich auf die führenden Persönlichkeiten zuspitzte.

Ein drittes Moment trat hinzu: Nach der Ausdehnung des

Wahlrechts auf die ländliche Arbeiterschaft im Wahlgesetz von 1884 (vgl. S. 607) und der Wahlkreisordnung von 1885 (vgl. S. 608), die außer London City, den Universitäten und 20 Städten nur noch Ein-Mann-Wahlkreise gelten ließ, waren die Wahlen noch eindeutiger als bisher auf die Majoritätsregel gegründet und kamen den etablierten Großparteien zugute. Da aber die Hauptfrage zwischen beiden Großparteien die Regierungsbildung war, entwickelte sich das britische Parteiensystem mehr dazu, die Regierung zu stellen, als politische Meinungen auszudrücken. Durch die Konzentration der Wahlwerbung auf die Führungsmannschaft der Partei wurde der Abgeordnete als gebundener Abstimmer für eine potentielle Regierung gewählt. Damit beschränkte sich aber das Plebiszit auf ein parlamentarisches Anliegen und nötigte gleichzeitig das Parlament zu einer klareren Konfrontierung der politischen Alternativen. Die Auflösung des Unterhauses war jetzt immer Appell an die Wählerschaft, die über das Schicksal der Regierung entschied. Wichtige Abstimmungsniederlagen konnten nicht mehr in der bisherigen Form hingenommen werden. Die Macht der Wählerschaft kam z.B. darin zum Ausdruck, daß die konservative Regierung Balfour im Jahre 1905 trotz einer Mehrheit im Unterhaus schon auf Grund von einigen Nachwahlen und der öffentlichen Stimmung zurücktrat. Der Sturz der Regierung zog regelmäßig die Auflösung des Unterhauses, d.h. den Appell an die Wählerschaft nach sich.

Entscheidend war dabei, daß die bereits erstarkte Führungsfunktion der Regierung im Parlament durch das Wahlplebiszit gesteigert wurde und durch den Ausbau der Parteiorganisation und -disziplin die bisherige Autonomie des Unterhauses und die Unabhängigkeit seiner Abgeordneten beeinträchtigt wurden. Seitdem die Wahlreformen beträchtliche Teile der Bevölkerung am Wahlgang beteiligten und das Wahlsystem die Ausrichtung des Kampfes auf ein Für und Wider zur Regierungspolitik veranlaßte, nahm die Regierung ihr Schicksal aus der Hand der Wählerschaft entgegen, die in letzter Instanz entschied. Wählerschaft und Kabinett brachten nach 1867 das Gebäude der Parlamentssouveränität zum Einsturz. Nicht das Unterhaus entschied letztinstanzlich über Berufung und Entlassung der Regierung, sondern der Volksentscheid, an den die Regierung mit der Auflösung des Hauses appellieren konnte. Die Verbindung von Elementen der direkten und der parteienstaatlichen Demokratie mit dem repräsentativen Parlamentarismus veränderte den britischen Parlamentarismus auf die Bedürfnisse der industriellen Massengesellschaft hin, ohne dessen Eigenständigkeit auszulöschen. Die repräsentative Natur des britischen Regierungssystems blieb erhalten, da das plebiszitäre Element seine Entscheidung im Hinblick auf die von politisch verantwortlicher Stelle formulierten Fragen fällte und an der Treuhandschaft (trust) von Regierung und Parlament festgehalten wurde.

Damit waren Grundelemente einer zugleich parlamentarischen und parteienstaatlichen Massendemokratie dem überkommenen britischen Parlamentarismus eingefügt worden. Die Suprematie des Unterhauses hatte einer Dreiecksfigur Platz gemacht. Die neue Wählerschaft war mittels der organisierten Massenparteien sowie der Wahladressen und Wahlfeldzüge der parlamentarischen Führer in den politischen Prozeß eingespannt worden und gab den Ausschlag für die Regierungsbildung aus dem Parlament.

Die Regierung rückte von einem Komitee des Hauses zum eigentlichen Führungsorgan auf, das seinen Auftrag unmittelbar von der Wählerschaft erhalten hatte. Sie war Staatsorgan, Parlamentsausschuß und Parteivorstand, Herr der Ministerialbürokratie, Exekutive, Inhaber der Gesetzesinitiative und Kontrollinstanz über das Gesetzgebungsverfahren sowie alleinverantwortliche oberste Entscheidungsinstanz. Der Premier war ihr unbestrittenes Haupt und vereinigte in seiner Person die demokratischen, parlamentarischen und parteienstaatlichen Elemente des Herrschaftssystems. Eine Desavouierung des Kabinetts oder des Premiers durch die Parlamentsmehrheit ist seit den achtziger Jahren des 19. Jahrhunderts nicht mehr vorgekommen; nur eine Spaltung der Mehrheitspartei konnte nunmehr die Regierung gefährden.

Allerdings war die Machtfülle kein Cäsarismus auf plebiszitärer Grundlage. Die Ereignisse bei den Wahlen von 1868 und 1874 gaben zwar den Anstoß zum Ausbau der außerparlamentarischen Parteiapparate, aber die Ausbildung dieser Massenorganisationen war weder der Leitfaden der bisherigen noch der

Schlüssel der ferneren Parteiengeschichte. Die Bedrohung des parlamentarischen Zusammenspiels war nur eine Episode, über die hinaus sich anders gelenkte Kräfte erhielten und durchsetzten, die an der durch Generationen gesammelten Erfahrung festhielten. Vielleicht war die viktorianische Mentalität aus Moralismus und Utilitarismus, Respektabilität und Geschäftssinn das notwendige Medium jenes Gesamtwandels, der Wählerschaft, Parlament und Regierung in ein anderes Verhältnis setzte, ohne die Ordnung selbst zu erschüttern.

10. Das Ministerium Gladstone 1868–1874

Die ersten Wahlen nach dem neuen Stimmrecht 1868 brachten den Liberalen die Majorität. Die Arbeiter in den Städten stärkten durch ihre Stimmentscheidung das radikale Element in der liberalen Partei; die maßgebende Führung ging in dieser Phase auf Gladstone und Bright über. Das Gladstone-Ministerium 1868 bis 1874 sah sich in erster Linie innenpolitischen Aufgaben gegenüber und bekam seine besondere Bedeutung dadurch, daß es England einen moderneren Zuschnitt zu geben versuchte. Das erste Anliegen Gladstones war allerdings Irland, das wie ein Geschwür immer wieder aufbrach und nicht angetastet werden konnte, ohne die sozialen und religiösen Fragen wieder aufzurühren.

England hatte vergeblich gehofft, daß die irische Auswanderungswelle nach der großen Hungersnot von 1845 die Nahrungsfrage lösen würde. In gewissem Sinne kehrten die Auswanderer wieder zurück, als nämlich nach dem Sezessionskrieg die beschäftigungslos gewordenen irischen Soldaten in Amerika ihrem Haß gegen England Luft machten, sei es durch provokatorische Aktionen, sei es durch finanzielle Hilfe für die Heimat. In Amerika entstand ein revolutionärer irischer Bund, die Fenier (Fenians), genannt nach den altirischen Wort Fiann (Krieger), der in Irland seine Wurzeln hatte. Er betrieb seit 1858 in einer Geheimorganisation (Fenian Brotherhood) die Lostrennung Irlands von England und die Errichtung einer Republik. Hinter den Aufständen von 1865 und 1867 stand das neue irische Amerika. Seit dem amerikanischen Bürgerkrieg war Irland ein offener Herd der Revolution geworden.

Es sprach für Gladstones ehrliche Absichten, daß er dieses heiße Eisen zuerst anfaßte; einen schlimmen Stein des Anstoßes in Irland beseitigte er, indem in der »Disestablishment Act« von 1869 die Anglikanische Bischofs-Kirche in Irland als amtliche Kirche des Landes abgeschafft wurde. Sie verlor den Charakter eines Staatsorgans und galt nur noch als selbstregierende öffentliche Körperschaft, d.h. sie konnte nicht mehr von allen Einwohnern kirchliche Abgaben von Staats wegen erzwingen. Damit war eine Trennung von Staat und Kirche durchgeführt und eine Hauptquelle der Empörung beseitigt. Das Gesetz war eine kirchliche Revolution, da hier nun keine »Established Church« mehr bestand.

Damit war das irische Problem zwar von einer Seite her entschärft, aber noch nicht gelöst. Die Agrarverhältnisse in Irland schrien zum Himmel. Hier waren die Pächter die wehrlosen Opfer der englischen Landlords, deren Ausbeutungspolitik eingeschränkt werden mußte. Die »Irish Land Act« von 1870 sah eine Entschädigung bei Entlassung eines Pächters und Finanzhilfen für den Kauf von grundherrlichem Pachtland vor. Sie brachte aber keinen Schutz gegen Rentenerhöhung und Entlassung, da man in einem staatlichen Pächterschutz das Prinzip des freien Vertrages verletzt sah. In diesem Punkte stieß das Gesetz auf heftigeren Widerstand als das Kirchengesetz, da kirchliche Gleichberechtigung eher verstanden wurde als Eingriffe in Rechtsverträge. Bei dem Überangebot an willigen Pächtern, die jede Bedingung eingingen, war das Gesetz wirkungslos; es blieb eine halbe Maßnahme und erreichte seinen Zweck erst Anfang des 20. Jahrhunderts, als die Regierung in großem Umfang die Grundherrschaften aufgekauft hatte.

Das Erziehungsgesetz von 1870 verdoppelte die Staatszuschüsse an die Kirchen und privaten Schulträger und sah Schulgelderlaß für arme Familien vor; überall da, wo keine Schulen vorhanden waren, sollten neutrale öffentliche Schulen gegründet werden. Dieses Gesetz galt den Radikalen als halbe Maßnahme, da sie nur Staatsschulen und ein einheitliches Bildungswesen mit allgemeiner Schulpflicht wollten.

Die »Tests Act« von 1871 öffnete die Universitätslaufbahn und die akademischen Ämter allen Bürgern, unabhängig von ihrer Religionszugehörigkeit. Schon im Jahr vorher war die alte Ämterpatronage abgeschafft worden und der Eintritt in den Dienst der Behörden (Home Civil Service) von Wettbewerb und Examen abhängig gemacht worden. Statt sozialer Herkunft und guter Beziehungen sollten nur intellektuelle Schulung und der Nachweis eines erfolgreichen Studiums maßgebend sein. Ein solches Vertrauen auf den Wert einer höheren Erziehung war in England bisher ungewöhnlich; die Auslese nach dem Leistungsprinzip bei gleichen Chancen für alle zeigte den Fortschritt der bürgerlichen Denkungsart in England.

Im Jahre 1872 wurden die Gewerkschaften (Trade Unions) als zuständige Partner der Unternehmer gesetzlich anerkannt und der Schutz ihrer Finanzbasis sowie des Streikrechts zugesichert. Vorher hatte freilich die »Criminal Amendment Act« von 1871 das Streikrecht ernstlich beschränkt und die Behinderung von Arbeitswilligen durch »picketing« streng verboten. Die »Licensing Act» von 1872 begrenzte die Zahl der Wirtshäuser und sah bestimmte Ausschankzeiten vor, was im Sinne der puritanischen Kreise war, aber doch für manche einen Eingriff in eine der kostbarsten Freiheiten, nämlich die Trinkfreiheit, darstellte. Das wichtigste Gesetz, das im Interesse einer freien Wahlentscheidung besonders der unteren Schichten erfolgte, war die »Ballot Act« von 1872, womit das geheime Wahlverfahren vorgeschrieben wurde.

Der verwaltungsmäßigen Vereinheitlichung diente auch die »Judicature Act« von 1873 mit den Zusätzen von 1875. Damit wurden die alten obersten Gerichtshöfe in einem »High Court of Justice« vereinigt, der mit dem »Court of Appeal« zusammen den »Supreme Court of Judicature« bildete. Diese Fusion bedeutete noch nicht eine Fusion des materiellen Rechts. Nichtsdestoweniger leitete diese organisatorische Fusion auch ein Zusammenwachsen der Rechtsmassen ein, die mit der Errichtung des »Supreme Court of Judicature« von 1925 verwirklicht wurde.

Im ganzen waren diese Maßnahmen Schritte auf eine Modernisierung des Staatswesens hin und kamen den Bedürfnissen der industrialisierten Gesellschaft entgegen. Aber Gladstone hatte mit der Irland- und der Universitätsfrage die Privilegien der Staatskirche geschmälert und durch seine Erziehungsgesetze die radikalen Reformer vergrämt. Die verschärften Strafbestimmungen gegen den Streikterror kosteten die Regierung Sympathien in der Arbeiterschaft. Schließlich fühlte sich eine unbestimmte Masse von Leuten durch das Ausschankgesetz in ihren Rechten verletzt. Das alles zusammengenommen erbrachte bei der ersten geheimen Wahl 1874 den Sturz der Regierung Gladstone, die das Land aus dem Netz seiner alten »vested interests« befreit hatte. Dazu kam noch eine Außenpolitik, die von den Grundregeln eines liberal-christlich-pazifistischen Denkens geleitet war, den nationalen Bedürfnissen zu widersprechen schien und die einst gegen Palmerston opponierende konservative Friedenspartei im Gegenzug auf die Bahn eines Imperialismus trieb.

Gladstone hielt sich im deutsch-französischen Krieg von 1870/71 neutral. Bismarck hatte nach Kriegsausbruch einen Vertragsvorschlag Frankreichs veröffentlicht, in welchem Napoleon III. seine Zustimmung zur Einigung Deutschlands gab, wenn Deutschland seinerseits die Annexion Belgiens durch Frankreich anerkennen würde. Daraufhin schlug Gladstone Berlin und Paris einen Vertrag vor, wonach England bei Verletzung der belgischen Neutralität durch eine der beiden Mächte ohne weiteres auf die Seite der anderen treten würde. Beide kriegführenden Staaten stimmten am 9. August 1870 dem Angebot zu, das Belgien aus dem Konflikt ausklammerte. Gleichzeitig hatte Rußland in London die Pontusklausel von 1856 gekündigt, wogegen England nur protestieren konnte. Angesichts dieser Politik plädierte Disraeli für eine starke Außenpolitik und gegen die Versöhnungs- und Konzessionsbereitschaft Gladstones. In der Tat sah Gladstone noch im Empire mehr eine Last als ein Glück; er suchte die durch Palmerstons aggressive Politik entstandenen Wunden am Körper des Weltreiches zu heilen. In Gladstone zeigte sich jenes Aggregat von Liberalismus und Katholizität (Bismarck), das wohl die Keimzelle des europäischen Pazifismus gewesen ist. Sein Liberalismus dachte an eine konfessionelle und internationale Versöhnung, die ein Nebeneinander liberaler und positiver Überzeugungen ermöglichen sollte. In ihm lebte jene Gesinnung, aus der später der Völkerbundsgedanke erwuchs und die im britischen Commonwealth das Vorbild für eine befriedete Welt erblickte. Freilich fehlte seiner liberalen, christlichen und sozialpolitischen

Ideenmischung das Zwingende und die innere Einheit, zumal er wenig Sinn für reale Machtverhältnisse und materielle Interessen hatte und mehr die missionarisch-zivilisatorische Seite der Pax Britannica verkörperte.

Gerade deswegen sammelten sich unter seinem Ministerium die Gegenkräfte, und die konstruktive Energie eines Disraeli gewann das Feld mit faszinierenden imperialen Entwürfen, gegenüber denen die von Gladstone tief empfundenen europäischen Bedürfnisse das Nachsehen hatten. Die Tory-Demokratie wurde der Träger des britischen Imperialismus, der nach 1874 die Politik bestimmte. Er fand seine Basis in den geistigen Wegbereitern dieses Imperialismus, unter denen Charles Dilke, Thomas Carlyle, James Anthony Froude und Robert Seeley hervorragten. Von diesen Antrieben her gesehen, gab der Sturz Gladstones 1874 die Bahn für einen militanten Imperialismus frei.

11. Die Wendung zum Imperialismus 1874–1890

Die Wandlung der britischen Freihandelspolitik in einen macht- und wirtschaftspolitischen Imperialismus war zu einem guten Teil Antwort auf die machtpolitische Aufladung Europas. Das Jahrzehnt von 1850–1860 brachte noch den Höhepunkt des Welthandels und machte die Weltwirtschaft und den Weltmarkt zu einer Realität. Der französisch-englische Handelsvertrag von 1860 vollendete den Sieg der Freihandelsidee. Die Begründung der neuen Nationalstaaten Italien und Deutschland politisierte das Konkurrenzverhältnis der weltwirtschaftlichen Gesellschaft und mündete in ein nationalwirtschaftliches Denken ein, das eine zollpolitische Abschließung gegen die angelsächsische Wirtschaftsvormacht zugunsten der nationalen Produktionen betrieb. Seit 1879 schützten Zollmauern die nationalen Märkte der später gekommenen aufstrebenden Nationen. Dem deutschen Schutzzolltarif von 1879 folgten Rußland, Frankreich und Österreich-Ungarn 1882, dann 1888 Italien. Die Tarife von 1890 und 1897 reihten die USA unter die protektionistischen Staaten ein; auch Kanada und Viktoria schützten sich 1879 durch hohe Zölle, und ganz Australien wurde 1900 protektionistisch. Die exklusive nationale Schutzpolitik widersprach bald der expansiven Dynamik des Industrialismus, die den Umschlag dieser Schutzpolitik in einen Imperialismus herbeinötigte, der Machtpolitik und Wirtschaftsinteressen in weltweitem Maßstab vereinigte.

Damit war die Grundidee Gladstones von der zivilisatorischen Aufgabe einer freien Weltwirtschaft in Frage gestellt. Disraeli griff sie in seiner berühmten Kristallpalastrede von 1872 an. Er warf der Regierung Gladstone vor, daß die Jahre der liberalen Vorherrschaft das britische Imperium der Auflösung nahe gebracht hätten. Der Wiederaufbau eines gefestigten Kolonialimperiums sei die Pflicht eines jeden britischen Ministers. Disraelis Rede zog die Folgerungen aus den neuen Weltverhältnissen. Sie war aber auch Ausdruck eines nationalen Kraftgefühls, das weniger das benthamitische Bürgertum als die Arbeiterschaft ansprach. Dieses Kraftgefühl kam 1877 angesichts des drohenden Konflikts mit Rußland in dem viel gesungenen Gassenhauer zum Ausdruck: »We don't want to fight, but, by Jingo, if we do, – We've got the ships, we've got the men, and we've got the money too«. Nach diesem Lied wurden die Anhänger der Kriegspartei als »Jingoes« bezeichnet. Dabei stand auch jenes darwinistische Weltbild vom Überleben der Besten Pate, von dem aus Sir Charles Dilke in seiner Schrift »The Greater Britain« 1868 dem liberalen Imperialismus das Stichwort gab, aber auch der soziale Idealismus Thomas Carlyles und das angelsächsische Selbstbewußtsein Robert Seeleys in seinem Buch »The Expansion of England« 1883 sich bestimmen ließen, wobei sich alte Ideen vom auserwählten Volk und seiner Weltsendung in neuer Umkleidung hineinmischten.

Der Sturz Gladstones 1874 eröffnete die Phase des britischen Imperialismus, der bis 1901 die Politik bestimmte. In diesen 27 Jahren waren 19 Jahre lang konservative Regierungen am Ruder, nämlich Disraeli 1874–1880, Salisbury 1886–1892 und 1895 bis 1902, während die Regierungen Gladstones 1880–1885/6 und 1892–1894 jeweils am Problem des Empire und der »Home Rule« scheiterten. Das Ausgreifen des britischen Imperialismus unter Disraeli konnte durch Gladstone kaum rückgängig gemacht werden. Die irische Home Rule-Vorlage erschien als Stoß gegen das Empire und wurde ein Mißerfolg. Salisbury dagegen sicherte sich afrikanische Positionen und führte mit der Wiedereroberung des Sudans und den Burenkriegen den Imperialismus auf den Höhepunkt.

Disraelis Politik war in Bezug auf Europa von der Idee eines völkerrechtlich gesicherten Gleichgewichts bestimmt, während sie außerhalb Europas die machtpolitische Sicherung der britischen Weltlinien im Auge hatte. Schon 1875 griff Disraeli während der »Krieg-in-Sicht Krise« in die europäischen Verhältnisse zugunsten Frankreichs ein, dessen Selbständigkeit im Interesse einer solchen Politik lag. Hier erschien die russisch-englische Kombination als Rettung des Friedens, obgleich die weitere Politik im Zeichen des russisch-englischen Gegensatzes stand. In der Balkankrisis 1876/77 nahm er sich der Sache der Türkei gegen Rußland an, während Gladstones liberale Partei der Kanal der antitürkischen Gefühle war. Aber die anti-russische Kriegspartei der »Jingoes« dominierte.

Disraeli lehnte es 1876 ab, die Pforte zu einer konstitutionellen Regierungsweise zu zwingen, da er darin den Beginn der Auflösung des Osmanenreichs vermutete. Darauf nahm Rußland es auf sich, die orthodoxen Christen auf dem Balkan zu schützen und die Bulgaren zu befreien. Der siegreiche Vormarsch der Russen bis vor die Mauern von Konstantinopel erreichte den Frieden von San Stefano. Das aber bedeutete in den Augen Disraelis eine Gefährdung der Verbindung vom Mittelmeer nach Indien. Britische Truppen wurden nach Malta verlegt, und eine Flotte kreuzte vor den Dardanellen. Das war eine unmittelbare Kriegsgefahr, die zum Berliner Kongreß 1878 führte, der den Frieden von San Stefano revidierte und eine neue Balkanordnung völkerrechtlich festlegte.

Wie Disraeli 1875 Frankreich schützte, schützte er 1878 die Türkei, die eine europäische Macht bleiben sollte. Großbritannien erhielt dafür von den Türken Zypern und garantierte für die nächsten Jahre den Schutz der asiatischen Türkei. Disraelis Politik diente der Fernhaltung Rußlands von der britischen Lebenslinie und der Erhaltung des europäischen Wetterwinkels. Die Vorläufigkeit dieser Internationalisierung ergab sich aus dem österreichischen Besatzungsrecht in Bosnien-Herzegowina, aus der Einführung des veralteten Begriffs der Suzeränität für Ostrumelien und aus der Mißachtung der bisherigen christlichen Autonomien und der Nationalitäten. Dadurch wurde die Beruhigung des Balkans ein ständiges Problem der kontinentaleuropäischen Diplomatie, da keine Veränderung ohne wechselseitige Fühlungnahme erfolgen durfte und vor allem Österreich an die internationale Politik gefesselt blieb. Die Erhaltung dieses Schwebezustandes beschäftigte die europäischen Staaten und beschränkte sie stärker auf europäische Angelegenheiten. Der Friede ließ sich hier nur in der Beobachtung des alten diplomatischen Stils einer Zusammenarbeit aller beteiligten Mächte erhalten. Erst der Alleingang der Mittelmächte seit 1905/06 und 1908 kümmerte sich wenig um diese Verklammerung und wandte mit der Konzeption einer Weltlinie Berlin–Wien–Konstantinopel–Bagdad den imperialistischen Stil auf Europa selbst an. Die Regelung gab aber Großbritannien für eine Weile freie Hand zum Ausbau seiner strategischen Weltlinien und zur Abrundung seines Empire.

Der Leitgedanke Disraelis war durch seine besondere Vorstellung vom britischen Weltimperium bestimmt, dessen Schwerpunkt er in der mohammedanischen Welt sah. Bisher war die englische Stellung in Indien auf der Verbindung mit dem Hinduismus aufgebaut, was den Gegensatz zum Islam und zum mohammedanischen Großmoghulat einschloß. Mit dem Hinduismus war eine Art anglo-indischer Kulturverständigung angebahnt, gegen die der Aufstand der mohammedanischen Sepoys von 1857 das Moghulat restituiert sehen wollte. Diese Linie des anglo-indischen Einvernehmens wurde von Disraeli verlassen. Die Proklamation des indischen Kaisertums von 1876, mit der Viktoria als »Kaiserin von Indien« die Nachfolgeschaft der Großmoghule antrat, leitete eine tiefgehende Wandlung der Indien- und Weltpolitik ein. Dahinter stand eine konstruktive Idee von schneidender Schärfe; sie bedeutete eine grundsätzliche Annäherung Englands an den Islam und die Einbeziehung der islamischen Gebiete in die Interessensphäre des Imperiums. Alle späteren Konflikte im Nahen Osten hatten ihre Wurzel in dieser Entscheidung.

Der tiefere Grund für diesen Umschwung war das Vordringen Rußlands in Turkestan und Nordpersien sowie später in Tibet. Damit wurde die Gegenwart Großbritanniens auf der Brücke zwischen Großbritannien und Indien erforderlich. Die Gefährdung des Nahen Ostens verlangte eine türkenfreundliche und philosemitische Politik; sie verlangte den Erwerb Zyperns, mit dem Disraeli seiner Königin den »Schlüssel Westasiens« in die Hand legte. Dazu kam, daß mit der Fertigstellung des Suez-Kanals 1869 die mohammedanische Welt den verkürzten Seeweg nach Indien beherrschte, wobei Frankreich über Ägypten stets seine Hand im Spiel hatte. Die Sicherung der Wege nach Indien zog auch Nordafrika in die imperiale Strategie ein. Disraeli kaufte 1875 dem Khedive von Ägypten, der seit 1866 fast völlig unabhängig von der Pforte war, aber durch Krieg mit Abessinien und Verschwendung vor dem Bankrott stand, seine sämtlichen Suezkanal-Aktien ab und drängte damit den französischen Einfluß zurück. Er mußte aber dem französischen Aktien-Teilhaber eine Finanzkontrolle in einer Art britisch-französischem Kondominium über Ägypten zugestehen. Disraelis Konzeption drängte Rußland in Asien und Frankreich in Afrika zurück und ermöglichte dadurch die latente Hegemonie des Deutschen Reiches in Europa, dessen koloniale Enthaltsamkeit unter Bismarck ein gütliches Einvernehmen mit England nahelegte.

Zugleich griff Disraeli im Süden des schwarzen Erdteils zu. Im Zulukrieg von 1879, in welchem der letzte Bonaparte umkam, wurden die Eingeborenen unterworfen, die bisher eine Barriere zwischen der Kapkolonie und den Burenstaaten im Norden gebildet hatten. Damit wurde das nördliche Terrain aufgeschlossen und der Kapkolonie nominell zugeordnet; Transvaal geriet unter englische Verwaltung, während der besser organisierte Oranje-Freistaat autonom blieb. Afrika sollte das Äquivalent für das verlorene Mittel- und Südamerika werden, das dem wirtschaftlichen Expansionismus der USA sich zu öffnen begann. Die beiden britischen Weltlinien, die Kap-Kairo Linie und die Suez-Singapore Linie, die Cecil Rhodes und Lord Curzon im Auge hatten, waren spätere Verwirklichungen der Gedanken Disraelis. Mit dessen konstruktiver Politik arbeitete sich England aus den Schlappen der sechziger Jahre heraus und behauptete sich zwischen Rußland und den USA immer noch als erste Macht der Erde.

Als Disraeli im Jahre 1880 zurücktreten mußte, befand sich

England im Krieg mit den Afghanen, die erst 1881 besiegt werden konnten. Man warf Disraeli vor, daß seine Behandlung Rußlands Schuld an dessen Intrigen im Mittelosten trage, die England nicht zur Ruhe kommen ließen. Die Opposition verlangte Rechte für die Buren in Transvaal und für die Christen auf dem Balkan. Die Wahlagitation Gladstones 1879 richtete sich gegen die imperiale Politik und forderte eine humanitäre Revision der machtpolitischen Errungenschaften Disraelis. Gladstones moralische Argumente schenkten sich eine nähere Analyse der Politik des Gegners und führten in einer noch nicht dagewesenen Agitation die andere Seite der Seele der Nation zum Siege. Aber als Disraeli 1881 starb, waren die Umrisse des britischen Empire in einer Weise festgelegt, daß auch Gladstone sich diesen Anforderungen nicht ganz entziehen konnte.

Das Ministerium Gladstone (1880–1885) war in gewisser Weise ein Gefangener der Wahlagitation, die sich gegen die imperiale Machtpolitik des Vorgängers gerichtet hatte und völlig unter außenpolitischen Aspekten geführt worden war. Damit wurde Gladstone in Weltprobleme hineingezogen, deren er nicht Meister wurde. Den ersten Mißerfolg brachte die südafrikanische Frage. Hier hatte Disraeli die Außenposten der weißen Farmer im Zulukrieg gesichert und die Burenrepublik Transvaal annektiert. Diese ausgreifende Politik war von den Liberalen besonders heftig kritisiert worden. Aber in den ersten sechs Monaten der Regierung Gladstone geschah nichts; nicht einmal die versprochene Selbstverwaltung von Transvaal kam zustande. Enttäuscht erhoben sich im Dezember 1880 die Buren in Transvaal unter Paul Krüger und schlugen bei Majuba Hill an der Grenze von Natal eine englische Einheit. Danach garantierte London in der Konvention von Pretoria 1881 die Unabhängigkeit Transvaals unter der Suzeränität der Königin. 1884 wurde diese Konvention ohne ausdrückliche Erwähnung der Oberherrschaft der Krone bestätigt, aber mit dem Zusatz, daß Transvaal mit keiner fremden Macht außer dem benachbarten Oranje-Freistaat Verträge ohne britische Genehmigung abschließen dürfe. Das Selbstbewußtsein der Buren wurde durch diesen Erfolg gestärkt; die Engländer der Kapkolonie waren über Gladstones Konzessionsbereitschaft verärgert, die unklare Verhältnisse geschaffen hatte.

Desgleichen brachte die ägyptische Frage Verwicklungen, als die Verschuldung des Khedive und das Kondominium Englands und Frankreichs einen Aufstand der ägyptischen Streitkräfte unter Arabi Pascha, gestützt auf eine christen- und fremdenfeindliche Nationalistenbewegung, hervorriefen. Frankreich entzog sich nach dem Sturz Gambettas dem englischen Wunsch nach einer Intervention. Deshalb griff England allein zum Schutz des Khedive, aber auch gegen die Blockierung des Kanals und die Anarchie im Lande ein. Im Juli 1882 bombardierte eine britische Flotte Alexandria, und eine britische Armee vernichtete das Heer Arabi Paschas. Das Land wurde besetzt und Sir Evelyn Baring als Berater des Khedive bestellt, der spätere Lord Cromer, der in Wirklichkeit Gouverneur und Neugestalter von Ägypten war. Aus Protest gegen diese imperialistische Politik trat der alte John Bright aus dem Kabinett Gladstone aus.

Die Aufgabe Lord Cromers war schwierig, da England weder ein Protektorat noch eine genauer formulierte autoritäre Stellung in Ägypten einnahm. Seine Soldaten waren nominell Gäste, und Cromer gab nur Ratschläge, denen allerdings der Khedive wegen seiner finanziellen und militärischen Abhängigkeit stets folgen mußte. Zudem war die Souveränität des Khedive durch sogenannte Kapitulationen begrenzt, d.h. durch Privilegienverleihungen an vierzehn christliche Staaten, insbesondere an Frankreich. England war also nicht allein gegenwärtig. Deshalb wurde 1885 eine nur britische Garantie für eine Anleihe an das verschuldete Ägypten abgelehnt; die interessierten Mächte bestanden auf einer gemeinsamen Garantie. Ägypten nahm schließlich eine Anleihe von neun Millionen Pfund Sterling auf, deren Verwendung und Zinsdienst von einer internationalen Schuldenkommission verwaltet wurde, in welcher sechs Mächte, nämlich England, Frankreich, Rußland, Österreich, Italien und Deutschland saßen. Da Franzosen und Russen meist gegen England stimmten, ergab sich eine Annäherung zwischen England und den Dreibund-Mächten. Die halbe Lösung der ägyptischen Frage trieb England notgedrungen ins deutsche Lager, also in den Augen der Gegner Gladstones auf die Seite eines kontinentalen Macht- und Militärstaates. Darum konnte Außensekretär Rosebery unter dem Ministerium Salisbury im Februar 1886 mit Recht sagen, Berlin und nicht Kairo sei das wirkliche Zentrum der ägyptischen Angelegenheiten, und nur bei gutem Einvernehmen mit Bismarck habe England eine Chance, seine Schwierigkeiten dort zu beheben. Cromers mehr als zwanzigjährige Tätigkeit in Ägypten (1883–1907) wurde erst durch die »Entente cordiale« von 1904 gesichert, als Frankreich sich aus Ägypten zurückzog.

Die schwächliche Politik Gladstones erlitt einen weiteren schweren Mißerfolg beim Aufstand des Mahdi im Sudan. Als Cromer die ägyptischen Außenposten aus dem unruhigen Sudan zurückziehen wollte, beschloß die britische Regierung, General Gordon dorthin zu entsenden, um den ägyptischen Truppen den Rückzug zu decken. Stattdessen ging der unternehmungslustige General dazu über, die ihm aufgetragene defensive Kriegsführung zu einer Eroberung des ganzen Sudans auszubauen. Er forderte Verstärkungen an, um die fanatischen Mahdisten zu vernichten. Das widersprach seiner eigentlichen Aufgabe und wurde von London nicht akzeptiert. Die schwachen Kräfte Gordons wurden in Khartum eingeschlossen. Das Kabinett war über diese bedrohliche Lage im unklaren; es zögerte trotz des Drängens von Cromer und entschloß sich zu spät zum Entsatz Gordons. Als die englische Hilfsexpedition auf dem Wege war, wurde die Stadt gestürmt und Gordon getötet (1885). Dieser Rückschlag hatte kaum Auswirkungen auf Ägypten, da die Eroberung des Sudans ohnehin noch nicht möglich schien und der Wiederaufbau Ägyptens vorrangig geblieben war. Aber Gladstones Prestige erholte sich nicht mehr von diesem Schlag. Nachdem bereits 1881 die Niederlage bei den Majuba-Hügeln über dreihundert Engländern das Leben gekostet hatte, erweckte Khartum den Eindruck, daß britische Sicherheit und Ehre in den Händen Gladstones gefährdet waren. Ein Tadelsvotum im Unterhaus wurde mit nur 14 Stimmen Mehrheit abgelehnt. Das Schicksal Gordons ging die ganze Nation an und gab zum aggressiven Imperialismus der Folgezeit den entscheidenden Anstoß. Gordon erschien als Idealist, Held und christlicher Märtyrer, der von London schmählich im Stich gelassen worden war.

Gladstones Außenpolitik scheiterte, weil der von Disraeli inaugurierte Imperialismus im Grunde seinen sittlichen Auffassungen widersprach. Manche sahen in Gladstone allerdings den

Champion des Rechts, was sich mit dem Bombardement von Alexandria 1882 schlecht vereinbaren ließ. Andere hielten ihn außenpolitisch für inkompetent; Lord Cromer beklagte sich über die völlige Ignoranz Gladstones in internationalen Fragen. Jedenfalls entfremdete er sich seine Anhänger durch die Besetzung Ägyptens und erzürnte seine Gegner durch das Versäumnis einer Hilfe für Gordon. Schlimmer war vielleicht noch, daß seine Politik England die Möglichkeit nahm, unbehinderten Einfluß auf die kontinentaleuropäischen Mächtegruppierungen zu nehmen, da sein Engagement in Ägypten mit der Sechs-Mächte-Kommission verknüpft war. Dadurch war für die britische Diplomatie Rücksichtnahme geboten, und die Kontinentalmächte erhielten die Chance, sich in den anhebenden kolonialen Wettlauf einzuschalten. Die zweiseitigen Abmachungen Englands mit Portugal 1880/1881 über das Kongo-Küstengebiet riefen ihre Kritik hervor; sie verlangten ein Mitspracherecht. Die französisch-deutsche Kolonialehe 1884/85 buchte zudem beunruhigende Erfolge auf afrikanischem Terrain. England mußte der französisch-deutschen Kombination gegenüber ein Einvernehmen suchen.

Das Ergebnis war die Kongo-Konferenz 1884/85, die in Berlin und nicht in London stattfand und auf der Bismarck den Vertretern von 15 Regierungen präsidierte. Hier wurde die friedliche Aufteilung Zentralafrikas beraten und der Status des umstrittenen Kongo-Gebietes zugunsten des belgischen Königs Leopold und unter Garantie der Freiheit von Schiffahrt und Handel im Kongo-Becken festgelegt. Die europäischen Konflikte sollten hier ausgeklammert bleiben. Auch der französische und deutsche Besitzstand wurde bestätigt, wobei Frankreich mit dem kürzlich geschaffenen Protektorat über ganz Madagaskar und mit Französisch-Kongo den Löwenanteil davontrug. England war wegen Ägypten auf die Kooperation mit Deutschland angewiesen und nahm dessen Schutzherrschaft über die 1884/85 erworbenen Gebiete hin. England, das mit Stanley und Livingstone am meisten zur Erschließung Inner-Afrikas beigetragen hatte, steckte zurück. Kurz danach sicherte es sich, gestützt auf die Dreibundmächte, im Mittelmeerabkommen und im Orientbund von 1887 gegen die Ambitionen Frankreichs und Rußlands im Mittelmeer ab.

Erst 1890 gewann England im Osten und Westen Afrikas durch

Vereinbarungen mit Deutschland und mit Portugal wichtige Bastionen. Im Helgoland- oder Sansibar-Vertrag von 1890 trat es das seit 1807 in Besitz genommene, damals dänische Helgoland gegen ein Zurücktreten des Reiches in Sansibar, Uganda, Kenia und am Oberen Nil ab. Für die englische Diplomatie stand nunmehr offenbar die Sicherung und Ausweitung des Imperiums in Afrika im Vordergrund. Die Konkurrenz des politisch gestützten kontinentalen Imperialismus trieb die Regierung Salisbury dazu, nun auch im Schwarzen Erdteil eine imperiale Politik zu verfolgen, die vor allem der Sicherung des Niltales diente.

Bisher war die Erschließung Afrikas weitgehend von englischen Privatunternehmen getragen. Es bildeten sich neue Vereine und Gesellschaften, die den Entdeckungen Stanleys und Livingstones eine wirtschaftliche Erschließung folgen lassen wollten, so etwa 1886 die »Royal Niger Company« für Nigeria, 1888 die »British East Africa Company« für Kenia und Uganda und 1889 die »British South Africa Company« für Süd- und Nordrhodesien. Zugleich trug die 1884 gegründete »Imperial Federation League« den Gedanken eines erdumfassenden britischen Empire in weiteste Kreise. Stärkste Triebkraft für eine »Imperial Federation« war Cecil Rhodes, der an die Pläne Disraelis anknüpfte und 1890 Premier der Kapkolonie wurde. Die britische hohe Politik war dabei anfangs mehr auf Abwehr fremder Unternehmer, insbesondere französischer, angelegt und gewann erst in den neunziger Jahren das Format einer weitsichtigen imperialistischen Politik in Afrika. Seit 1890 war Imperialismus die erste und allgemeine Form der Weltpolitik der Großmächte.

12. *Die Irische Frage 1880–1894*

Die Irenfrage war das erste und letzte Anliegen Gladstones, das das Parlament monatelang in die dramatischsten Kämpfe stürzte, die Parteiverhältnisse völlig veränderte, das Zwei-Parteien-System aufriß und den Konservativen eine nur kurz unterbrochene neunzehnjährige Regierungszeit verschaffte. Es sprach für Gladstones integre Absichten, daß er nach seinem spektakulären Wahlerfolg von 1880 sogleich die Irische Frage wieder aufgriff, an der er und seine Partei schließlich scheiterten. Er hob die irischen Zwangsgesetze seines Vorgängers auf, traf aber auf ein neues Moment. Diesmal erstand den Iren ein Wortführer, der zu den größten Parlamentariern des 19. Jahrhunderts zu rechnen ist und der für Home Rule das tat, was Cobden für den Freihandel getan hatte, Charles Stewart Parnell (1846–1891), der 1875 als Mitglied für die Grafschaft Meath ins Parlament gelangt war, 1879 Präsident der jüngst gegründeten irischen Land-Liga geworden war und 1880 in drei irischen Wahlbezirken gewählt wurde. Von den 60 Home Rulers im neu gewählten Unterhaus folgten allerdings nur 35 vorbehaltslos seinen radikalen Direktiven.

Als Führer der Irengruppe im Unterhaus erfand er eine Methode der »Obstruktion« mittels der Geschäftsordnung, durch die er die Regierung zu Konzessionen nötigen wollte. Angesichts des Widerstands gegen die irischen Bestrebungen verkündete er im September 1880, daß jeder, der eine Farm übernahm, von der der vorhergehende Pächter vertrieben worden war, von allen gemieden und isoliert sein sollte. Er unterstützte den »Boykott« gegen unbeliebte Grundherren. Der erste, der dessen Wirkung erfuhr, war Captain Boykott, der Agent eines Großgrundbesitzers. Er konnte sich gegen den passiven Widerstand von Arbeitern, Nachbarn und Terrorgruppen nicht durchsetzen. Diese Methode wurde nun allgemein von der Land-Liga angewandt. Parnell und dreizehn Gesinnungsgenossen wurden als Drahtzieher vor Gericht gestellt, aber nicht verurteilt. Die Land-Liga wurde jedoch als illegal und kriminell hingestellt.

Diese Methoden veranlaßten die Regierung, ein neues Zwangsgesetz mit Aufhebung von Habeas Corpus vorzulegen, dem die Parnelliten mit allen Mitteln der Obstruktion begegneten; durch Dauerreden drohten sie die gesetzgeberische Tätigkeit des Hauses lahmzulegen. Dagegen führte das Parlament die «closure» ein, wonach drängende Geschäfte ohne fernere Debatte in die Abstimmung kommen konnten, wenn der Sprecher dies für angemessen hielt und eine Majorität von hundert Stimmen bei mindestens zweihundert Stimmen dafür erreicht war. Danach kam erst das Zwangsgesetz vom 2. März 1881 zustande, das der Exekutive in Irland absolute Gewalt für vorbeugende Verhaftungen gab.

In der gleichen Session suchte Gladstone durch ein neues irisches Landgesetz die Streitpunkte abzustellen, indem er den irischen Pächtern die drei »Fs« gab, nämlich Schutz vor Kündigung, angemessene Pachten und freien Handel (fixity of tenure, fair rents, free sale). Parnell provozierte darauf eine Skandalszene im Unterhaus und wandte sich gegen das Zusammengehen von Zwangsgesetz und Pächterschutz, das eine dauerhafte Versöhnung untergrabe. Er wurde aus dem Unterhaus vertrieben und einige Tage danach zusammen mit einigen Anhängern in Kilmainham Jail gefangen gesetzt. Damit wollte Parnell die Öffentlichkeit erregen, zugleich aber auch seine privaten Angelegenheiten verdecken, da er ein nicht folgenloses Verhältnis mit der Frau eines liberalen irischen Parlamentsmitglieds, Mrs. O'Shea, hatte, dessen Entdeckung ihn 1890 ruinierte. Als Antwort auf seine Haft erschien ein »No Rent«-Manifest, auf Grund dessen die Land-Liga endgültig verboten wurde, ohne daß damit Boykott und Gewaltverbrechen aufhörten. Die Bewegung gegen Zahlung der Renten verbreitete sich über ganz Irland, zumal etwa 100000 irische Pächter beträchtliche Rückstände zu zahlen hatten und nach dem neuen Landgesetz nur die schuldenfreien Pächter in den Genuß des gesetzlichen Pächterschutzes kommen sollten. Zwangsgesetz und Landgesetz waren offenbar Mißerfolge.

Nach Parnells sechsmonatiger Haft handelte die Regierung mit ihm 1882 ein Abkommen (Kilmainham Treaty) aus, wonach Parnell sich gegen die Exzesse wenden und mit der Regierung ein Entschuldungsgesetz vorbereiten sollte. Inzwischen hatte sich nämlich die Lage unerträglich verschärft. Die Spitze der Exekutive in Irland war abgetreten, und die Lords Spencer und Cavendish sollten die Leitung übernehmen. Aber Lord Cavendish und sein Unterstaatssekretär Burke wurden kurz nach ihrer Ankunft im Phönixpark von Dublin 1882 von dem Geheimklub der »Invincibles« ermordet. Burke war das Ziel der Mörder; aber auch Cavendish fiel ihnen zum Opfer. Die unmittelbare Folge war ein neues Zwangsgesetz, das im Gegenzug einen verstärkten irischen Terror herausforderte. 1882 kam es in Irland zu 26 Morden und 58 Mordversuchen an Engländern. Parnell mußte das neue Zwangsgesetz bekämpfen, wirkte aber schließlich erfolgreich auf eine Beruhigung hin.

Immerhin hatte die Irische Frage den größten Teil der Parlamentsarbeit in Anspruch genommen und selbst nach der Einführung der »closure« die Debatten bestimmt. Das Wahlgesetz von 1884 kam der Irengruppe zugute, zumal die Zahl der Sitze für Irland (seit 1801: 100 Sitze) nicht entsprechend dem Zahlenverhältnis der Bevölkerung reduziert wurde. Irland war also stärker vertreten, als ihm zukam; zugleich verlagerte sich seine Wählerschaft auf die Landbezirke, die nun im wesentlichen die Kandidaturen bestimmten. Durch diese günstigen Wahlaussichten war Parnell mehr noch als bisher der umworbene Mann. Er schloß mit Randolph Churchill eine geheime Wahlabmachung, wonach er gegen das Versprechen einer Aufhebung der Zwangsgesetze zusagte, die Konservativen bei den Wahlen zu unterstützen, also seine Anhänger in England anzuweisen, für die konservativen Kandidaten zu stimmen.

Diese Annäherung zwischen den Home Rule Anhängern und den Konservativen führte zur Niederlage der Regierung Gladstone im Unterhaus, die am 8. Juli 1885 mit 264 gegen 252 Sitzen geschlagen wurde, da sich 76 Liberale der Stimme enthalten hatten. Gladstone resignierte und Salisbury kam mit einem konservativen Kabinett ans Ruder. Die konservative Minderheitsregierung Salisbury blieb nur sieben Monate im Amt und suchte angesichts der kommenden Wahl von 1885, die erstmals nach dem neuen Wahlrecht von 1884 vorgenommen wurde, sich die irische Unterstützung weiterhin zu erhalten. Sie begann den staatlichen Landaufkauf in Irland, um auf diesem Wege allmählich das Problem einer durchgreifenden Landreform in die Hand zu bekommen.

Die stimmberechtigt gewordenen Landarbeiter entschieden sich 1885 durchweg für den liberalen Radikalismus, so daß die liberale Partei mit einer Mehrheit von 86 Mandaten gegenüber den Konservativen ins Unterhaus einzog. In Irland fegten die Wahlen die bisher noch im Parlament sitzenden aristokratischen Führer vollends hinweg, außer im protestantischen Nordirland. Diesmal gelangten 86 irische Home Rulers ins Parlament, von denen die meisten Anhänger Parnells waren. Zusammen mit den Konservativen waren sie stimmengleich mit der liberalen Mehrheit. Offenbar hatte Parnells Wahlanweisung das konservative

Element doch etwas gestärkt. Parnell hatte auf einen größeren konservativen Erfolg gehofft, da die Städte wegen der Niederlage von Khartum (1885) sich gegen Gladstone entschieden. Zur allgemeinen Überraschung wirkte sich das neue Wahlrecht aber zugunsten Gladstones aus. Immerhin war Parnell nunmehr das Zünglein an der Waage.

Parnell verhandelte über Mrs. O'Shea mit Gladstone, der nun nicht anders konnte, als sich voll für Home Rule einzusetzen. Diese Geheimverhandlungen kamen aber durch den Sohn Gladstones im Dezember 1885 ans Tageslicht. Die Konservativen ließen darauf Parnell fallen, der seine vorhergehende Geheimverbindung mit den Konservativen bekannt machte. Beide Parteien fühlten sich desavouiert. Die Konservativen verteidigten sich dagegen mit der Behauptung, daß ihre Fühlungnahme mit Parnell nur informativ gewesen sei und erklärten sich jetzt deziert gegen Home Rule und für den Fortbestand der Union mit Irland. In der Öffentlichkeit sah es so aus, als ob Salisbury Parnell fallen gelassen habe, da er für die Wahl nicht mehr nützlich war, und Gladstone vor ihm kapituliert habe, um sein Amt wiederzugewinnen. In Wirklichkeit bedeutete für Gladstone die Indiskretion seines Sohnes die Zerstörung der Früchte seiner vorsichtigen Diplomatie. Zudem schadete der Sache, daß Parnell immer nur von seiner Verantwortung für die Iren sprach und dabei seinen Haß gegen die Engländer nicht verschwieg, so daß Home Rule für viele als die Legitimierung der Attentats- und Heckenschützenpolitik der Iren erschien. Vor allem stand der Führer des liberal-radikalen Flügels, Joseph Chamberlain, gegen Home Rule und für die Union.

Nachdem Salisbury auf Grund des Wahlausgangs resigniert hatte, folgte das dritte Ministerium Gladstone am 3. Februar 1886. Am 26. März brachte Gladstone eine Home Rule Bill vor das Kabinett, worauf Chamberlain und mehrere andere zurücktraten. Am 8. April 1886 begründete Gladstone in einer dreieinhalbstündigen Rede seine Vorlage. Danach sollten keine Iren mehr nach Westminster kommen und ein Parlament in Dublin mit einer Exekutive gebildet werden, der nur das Recht auf Krieg und Frieden, auf auswärtige Beziehungen, Kolonialfragen, Zoll und Schiffahrt vorenthalten sein sollten. Irische Richter sollten eingesetzt werden, wobei ein Appellationsrecht nach London die Oberhoheit des Supreme Court of Judicature festhalten sollte. Der Haupteinwand des Hauses war der Ausschluß der Iren von Westminster, der als erster Schritt zur Sezession angesehen wurde. Am 8. Juni 1886 erlitt Gladstone mit 343 gegen 313 Stimmen eine Niederlage, da 93 Liberale, unter ihnen Hartington und Chamberlain, als »Unionisten« dagegen waren. Darauf löste Gladstone das Haus auf und ließ Neuwahlen für 1886 ausschreiben.

Die Wahlen von 1886 brachten 316 Konservative, 78 dissentierende Liberale (Unionisten), 191 liberale Gladstone-Anhänger und 85 Home Rulers ins Unterhaus. Angesichts dieser sicheren konservativen Mehrheit von 118 Stimmen resignierte Gladstone, und Salisbury bildete die neue Regierung. Schon die Wahl von 1885 hatte das Zweiparteiensystem mit dem Eintritt von 86 Home Rulers zerstört, die allerdings nie mehr Mandate bekommen konnten. Nun kamen 1886 die Unionisten als weitere Gruppe hinzu. Damit war das Ende der liberalen Vorherrschaft gekommen. Nach einem dramatischen Kampf von 13 Monaten folgte bis 1905 eine Periode konservativer Regierungen, nur durch das dreijährige letzte Ministerium Gladstone unterbrochen. Das Entscheidende war, daß nach 1886 die alten Verhältnisse aufhörten. Die Parteien waren bisher nicht klassenmäßig geschieden, da auf beiden Seiten führende Aristokraten und Mittelständler zusammenwirkten. Aber über die Home Rule Politik verlor Gladstone fast die ganze Whig-Magnatenschaft außer Rosebery, Granville und einigen anderen und einen Großteil der oberen Mittelklasse. Die liberalen Klubs brachen auseinander; die ganze Londoner Gesellschaft lehnte ebenso wie die Königin Home Rule Anhänger ab. Damit wurde Gladstones Restpartei in einen Radikalismus getrieben, der aber nicht mehr von Birmingham und London herkam, sondern sich mehr aus Wales und Schottland rekrutierte. Durch die Verbindung mit den Iren hingen die Liberalen vom keltischen Element ab. Diese Verbindung von Radikalen und Iren führte in London auf dem Trafalgar Square am 13. November 1887 zu blutigen Zusammenstößen, den schlimmsten, die London in der zweiten Hälfte des Jahrhunderts überhaupt erlebte. Gleichzeitig tobte in Irland 1886 bis 1889 erneut ein Banden-Krieg.

Unter diesen Umständen konnten die Gladstone-Liberalen bis 1906 keine Mehrheit mehr erringen, und die Regierung Gladstone mußte 1892 die Iren hinzunehmen, um eine Mehrheit hinter sich zu haben. Andererseits kam nun in der Partei das soziale Moment ungehemmter zum Zuge. Das liberale Programm von Newcastle 1891 verkündete neben Home Rule das »Disestablishment« der Kirchen in Schottland und Wales, die Abschaffung des Pluralwahlrechts nach dem Grundsatz »one man, one vote«, dreijährige Parlamente, Verantwortlichkeit der Unternehmer bei Unfällen, Arbeitszeitbegrenzung und dergleichen mehr. Bei diesen Liberalen fanden Arbeiter-Vertreter, die sogenannten »Lib-Labs«, Zutritt. Im gleichen Jahr erklärte sich Chamberlain als Führer der abgespaltenen »Unionisten« gegen jede Wiedervereinigung mit den Liberalen.

Die Regierung Lord Salisbury (1886–1892) mit Randolph Churchill als Führer der Konservativen im Unterhaus stand immer noch im Zeichen der Irischen Frage. Dabei gelangten die Unionisten in nähere Verbindung mit den Konservativen. Um sich gegen weitere Obstruktion abzusichern, wurde 1887 die »Guillotine« eingeführt, eine von der Regierung jeweils für die Gesetzesberatung speziell vorgelegte und dann vom Unterhaus gebilligte Zeitordnung (railway table). Sie vermehrte die Waffen der Geschäftsordnung zugunsten der Regierung, stärkte die Führungskräfte der Mehrheit und unterstrich mittelbar den plebiszitären Charakter der Wahlen.

Die Angriffe richteten sich jetzt gegen Parnell persönlich. 1887 veröffentlichte die »Times« ein Schreiben Parnells vom Jahre 1882, in welchem der Mord im Phönixpark (1882) gutgeheißen wurde. Das Schreiben war gefälscht, tat aber seine Wirkung. Ein irischer Exjournalist verkaufte weitere gefälschte Briefe Parnells an die »Times«, die alle als Fälschungen entlarvt wurden. Die Regierung ernannte 1888 eine Kommission von drei Richtern, deren Bericht Parnell 1890 entlastete und ihm nach einem Prozeß gegen die »Times« einen Schadenersatz von 5000 Pfund Sterling einbrachte. Aber die Scheidungsaffäre des Captain O'Shea, die Parnells Beziehungen zu Mrs. O'Shea publik machte, wurde ihm zum Verhängnis. Gladstone lehnte künftige Zusammenarbeit mit der Irengruppe ab, solange Parnell die Führung hatte. Parnell unterstellte Gladstone, daß dieser nur einen Vorwand suche, um Home Rule zu torpedieren. Aber die meisten Anhänger und auch der irische Klerus wandten sich von ihm ab; nur eine Gruppe von 26 hielten zu ihm. 1891 brach seine Gesundheit zusammen; er starb, nachdem er vorher Mrs. O'Shea geheiratet hatte. Erst 1900 vereinigten sich Parnelliten und Antiparnelliten unter John Redmond, als Home Rule nicht mehr im Vordergrund stand. Das irische Zwischenspiel war aber partei- und parlamentsgeschichtlich von großer Bedeutung und trug dazu bei, die Stellung der Regierung gegenüber dem Hause zu stärken.

Parnells Tod entlastete das Home Rule Problem. In den Wahlen von 1892 errangen die Liberalen einen Achtungserfolg, als 273 von ihnen gegenüber 269 Konservativen ins Unterhaus gelangten, dazu 81 irische Home Rulers und 46 liberale Unionisten, ebenso der erste »Independent Labour« Mann. Das hob den 83jährigen Gladstone nach einem erfolgreichen Mißtrauensvotum gegen das Kabinett Salisbury zum letzten Mal in den Sessel (1892 bis 1894). Wiederum brachte er eine zweite Home Rule Bill Februar 1893 ein, die diesmal am 1. September 1893 mit 34 Stimmen Mehrheit trotz der Opposition Chamberlains das Unterhaus passierte. Gegenüber der ersten Bill sollten jetzt die irischen Parlamentsmitglieder nach Westminster kommen, aber nur in irischen und imperialen Angelegenheiten stimmberechtigt sein. Ein Fehler war, daß man die Sonderstellung Nordirlands (Ulster) ignorierte, das sich zu England gehörig fühlte. Das Oberhaus lehnte am 8. September die Bill ab; es war das letzte erfolgreiche Veto des Oberhauses gegen ein Gesetz des Unterhauses, das freilich die öffentliche Meinung hinter sich wußte. Gladstone schlug sogleich die Auflösung des Unterhauses vor, traf aber auf den Widerstand des Kabinetts. Er trat im März 1894 zurück; 1898 starb er. Sechzig Jahre lang war er Unterhausmitglied gewesen. Die letzte Rede rief das Volk gegen das Oberhaus auf. Seinem Sturz folgten keine Wahlen, sondern persönliche Machtkämpfe in der Führung. Viktoria berief schließlich Lord Rosebery, einen Höfling, Freund Randolph Churchills und Cecil Rhodes', Gatte einer Rothschild, der bestenfalls ein nomineller Liberaler war, nichts mit Radikalismus und Reform zu schaffen hatte und für fünfzehn Monate eine imperialistische Politik betrieb. Die Wahlen von

1895 zeigten deutlich den Meinungsumschwung im Lande. 340 Konservative und 71 Unionisten saßen gegen 177 Liberale und 82 irische Nationalisten. Konservative und Unionisten hatten bei der Wahl zusammengearbeitet, wenn die Parteiorganisationen auch getrennt blieben. Salisbury als neuer Premier nahm fünf Unionisten ins Kabinett. Beide Gruppen wurden als Unionisten bezeichnet, da sie ein Imperium im Auge hatten, das sich mit Home Rule im Gladstoneschen Sinne nicht vertrug. Auf dem Höhepunkt des britischen Imperialismus trat das irische Anliegen in den Hintergrund und wurde von der Burenfrage abgelöst; als es wieder auftauchte, hatte der Rückgang der englischen Bevölkerung in Irland von einem Viertel auf ein Neuntel die Lösung erleichtert.

13. Die ideologische Übersteigerung des Imperialismus

Seine unvergleichlich starken industriellen und kommerziellen Kräfte hatten Großbritannien zu einer weltumfassenden Freihandels- und Friedenspolitik getrieben, die der dreifachen Dynamik der Bevölkerungsexplosion, der industriellen Revolution und der Weltwirtschaft angemessen war. Die nationalstaatliche Konsolidierung in Europa war von einer gegenläufigen Entwicklung beherrscht, nämlich einer zunehmenden zollpolitischen Abschirmung im Interesse der nationalen Produktion, die den Vorsprung Großbritanniens aufholen sollte. Der Widerspruch zwischen souveränem exklusiven Machtstaat und der auf wechselseitige Durchdringung und Marktwettbewerb abgestellten internationalen Industrie- und Wirtschaftsbewegung, von Flächenstaat und neuer Industriegesellschaft, von statischem Gehäuse und dynamischem Inhalt verlangte nach einer Aufhebung in einer neuen Form der Politik, in der machtstaatliches Denken und expansive Wirtschaftsbedürfnisse sich vereinigten. Als neuer politischer Stil war der Imperialismus am Ende des 19. Jahrhunderts allgemein. Die nationale Selbstbeschränkung mußte dem Ausdehnungs- und Rohstoffbedürfnis der Wirtschaft weichen und diese sich in den Dienst der nationalen Machtpolitik stellen. Der Imperialismus war die letzte Phase der kapitalistischen Industrie- und Handelswelt im Rahmen der alten souveränen Flächenstaaten. Er nahm die moderne, aus den technischen Errungenschaften folgende Weltpolitik mit den alten Mitteln einzelstaatlicher Machtpolitik vorweg. Die imperialistische Politik wirkte integrierend nach innen und desintegrierend nach außen. Sie sicherte den Binnenmarkt und zerstörte die freie Konkurrenz auf den internationalen Märkten. Sie übertrug das flächenstaatliche Denken auf die Außenwelt. Der freie Wettbewerb artetete in einen Wettlauf um den Besitz der noch unverteilten Erde aus. Die Mächte gingen darauf aus, den Widerspruch zwischen machtstaatlicher Abschließung und wirtschaftlicher Dynamik durch den Sprung von der souveränen Großmacht der Vergangenheit zur Weltmacht und Weltpolitik des 20. Jahrhunderts ein für allemal aufzuheben. Die Begrenzung der nationalen Idee auf den historisch gegebenen Raum des Einzelstaates wurde dabei aufgegeben zugunsten eines expansiven Nationalismus, in welchen sich die ursprünglich defensive Wesensart des völkisch-nationalen Denkens pervertierte. Das Bild vom Kampf der konkurrierenden Wirtschaften und Weltmächte wurde auf die Völker und Rassen übertragen und naturalistisch als Kampf ums Dasein, um einen Platz an der Sonne, um den Sieg des Stärkeren ausgelegt, wobei die sittliche Idee einer Frieden bringenden Weltzivilisation und eines allgemeinen Fortschritts der Völker verloren gegangen zu sein schien. Dieses Weltbild, das nur den rücksichtslosen Kampf im Blick behielt und die Durchsetzung des Mächtigeren als Naturgesetz der Politik rechtfertigte, verführte dazu, Handelskonkurrenz und feindselige Rivalität nicht mehr voneinander zu trennen. England stieg in seiner offiziellen Politik relativ spät in den Imperialismus ein, und seine Politik blieb stets von anderen Antrieben mitbestimmt, so daß sie nie ganz ihre alte Art als ein System jeweiliger Aushilfen verlor.

Der britische Imperialismus erschöpfte sich nicht in einer neuen Machtstrategie, sondern verband sich mit den älteren missionarischen Ideen zu einem Daseinsgefühl, das auch die Politiker in der letzten Phase der viktorianischen Ära ergriff. Dahinter stand immer noch der Glaube an die »Bürde des weißen Mannes«, der nicht nur Herrschaft, sondern auch Licht in alle Weltgegenden hineinbringen sollte, das Licht der allgemeinen

Zivilisation und der liberalen Weltauffassung, der humanen Bildung und des Friedens. Die Vorstellung eines Weltfriedens unter britischer Führung fesselte die Phantasie und beflügelte die Wagnisse der Entdeckung und der kriegerischen Durchsetzung. Alle, die sich mit den ordnenden und hoheitlichen Aufgaben und Zielen des britischen Empire identifizierten, nannten sich mit Stolz Imperialisten. Dieser, zuerst in Frankreich gebrauchte, Begriff war im Munde von Rosebery, Curzon, Milner, Churchill und Amery der Inbegriff der politischen und nationalen Tugenden. Schon Disraeli sah in der Majestät der herrscherlichen Gewalt ein tragendes Element der kommenden Weltordnung und sprach in romantischem Bilderreichtum von den Juwelen in der britischen Reichskrone. Seit 1890 hatte dieses neue Lebensgefühl die Massen für sich gewonnen. Die beiden Grundtendenzen des Jahrhunderts, die industrielle Weltwirtschaft und die nationalstaatliche Macht, vereinigten sich in dieser Idee des Weltimperiums, dessen Macht nicht nur der Abwehr konkurrierender Mächte diente, sondern einen Wert in sich darstellte. Die genuinen englischen Imperialisten standen der Idee eines Commonwealth kühl gegenüber. Für sie war die Auflockerung des Reiches eine drängende Notwendigkeit, aber keine wirkliche, bejahte Politik.

In ihnen äußerte sich ein Wandel des Denkens von tiefgreifenden Folgen. Der liberale Individualismus, die banale Moral des Utilitarismus und des rechtverstandenen Selbstinteresses, der Glaube an die Harmonie im freien Kräftespiel wichen dem Mythos vom Empire als ordnungstiftendem Machtgebilde. Bis dahin vertrat Herbert Spencer seit der Mitte des Jahrhunderts die maßgebliche Philosophie, deren Grundgedanke die fortschreitende Identifikation des Selbstinteresses mit dem Gesamtinteresse war, die sich aus der Heraufkunft einer allgemeinen Zivilisierung unausweichlich ergeben würde.

In den neunziger Jahren kamen ganz andere Stimmen zu Wort. Gegen die Spencerschen Illusionen wandte sich das epochemachende Buch von Bernard Bosanquet, »The Philosophical Theory of State« (1899), das den Staat als absolut gegenüber dem Individuum ansah. Erst die Ergebnisse der Gemeinschaft wie Religion, Kunst, Wissenschaft und Kultur gäben dem Individuum Wert und Daseinssinn. Die Gemeinschaft und der Staat als ihr oberster Begriff verhülfen dem Individuum erst zu seinem Selbstsein. Der Staat sei Verwalter und Inhaber der sittlichen und kulturellen Traditionen der Nation, und zwar nur der wirkliche Staat, der keinen Höheren über sich anerkenne und keine Einwirkung von außen dulden dürfe. Er habe eine höhere Moralität, die aus dem Gesetz seiner Selbstbehauptung erwachse und keine Gesetze brechen könne, da er diese ja erst schaffe. Diese Abwendung von dem banalen und biederen Nützlichkeitskalkül von Bentham bis Mill war eine Art von Neo-Hegelianismus auf britischem Boden, in welchem ein neues Bewußtsein vom Beruf des Staates sich ausdrückte.

Andere Folgerungen zog Benjamin Kidds »Social Evolution« (1894), eine Schrift, die in vier Jahren 19 Auflagen erlebte. Kidd vertrat mehr einen sublimierten Neo-Darwinismus. Angesichts der weltweiten Entwicklung unter britischer Führung schloß er, daß die Überlegenheit einer Führungsgruppe oder Rasse von der Gesinnung und Willenshaltung abhänge, also von dem Willen des Individuums, sich den allgemeinen Zielen der fortschreitenden Gesellschaft unterzuordnen; gegenüber einer solchen Überzeugung sei die bloße kritische Vernunft zersetzend. Kidd sprach von der Hingabe an die göttliche Mission einer Nation, von ihrem Recht auf Gewalt und Erfolg, die in der ewigen Struktur menschlicher Ordnung beschlossen seien. Die Vernunft sei nur nützlich, wenn sie im Dienst eines Glaubens an die religiöse und moralische Überlegenheit der teutonischen Rassen, der Engländer und der Deutschen, stehe. Eben dadurch seien die teutonischen Rassen den rationalen lateinischen Rassen überlegen, die Opfer ihres Intellekts und ihres Individualismus geworden seien.

Aus ähnlicher Mentalität dichtete der poeta laureatus des britischen Imperialismus, Rudyard Kipling, der die Größe des von sieben Meeren umspülten britischen Reiches besang und das Gesetz des Dschungels als das Gesetz der Welt ansah, die keine Welt des Hasses, wohl aber eine Welt mit dem Recht des Stärkeren sei. Nach ihm und vielen anderen Zeitgenossen vollzog das Britische Empire eine Notwendigkeit der Natur durch die Überlegenheit des weißen Mannes. Er sollte den farbigen Rassen helfen, unter der Herrschaft einer Elite menschenwürdig leben zu können. Immerhin blieb diese Anschauung nicht in den Niederungen rein biologischen Denkens, sondern war mit sozialen und humanitären Vorstellungen durchsetzt. Man glaubte an die Wohltat und Notwendigkeit einer solchen Herrschaft, die ihre Ordnungsideen zum Siege führen müsse.

Die Generation der Cecil Rhodes, Joseph Chamberlain, Lord Kitchener, Lord Curzon und Lord Milner erbte vom Frühimperialismus der Froude, Dilke, Seeley, Freeman und Disraeli den Glauben an eine angelsächsische Mission in der Welt und war überzeugt, daß die Herrschaft der Pax Britannica eine allgemeine Wohlfahrt für die beherrschten Völker bringen werde. Sie teilte mit ihnen auch den Willen, die noch freien Bereiche der Erdkarte britisch anstreichen zu können, um mit diesen Erweiterungen die künftige Ebenbürtigkeit des Empire gegenüber den Großraumgebilden wie Rußland und den USA behaupten zu können. Sie waren des banalen Liberalismus der Bentham-Nachfolge überdrüssig und ließen sich von einem Enthusiasmus tragen, der die öffentliche Meinung und auch das Unterhaus bis tief in die Reihen der Liberalen erfüllte.

In diesen Jahren forderte der radikale Jingoismus des Daily Chronicle (18. März 1898) ein Einvernehmen mit Amerika und Deutschland und verstieg sich zu der grandiosen Forderung eines Dreierbundes der germanischen Völker gegenüber der Kombination Rußland mit Frankreich. Zur selben Zeit arbeitete Joseph Chamberlain an seinem ehrgeizigen Plan einer angelsächsisch-deutschen Gemeinschaft, um dem Vordringen Rußlands in Asien und Frankreichs in Afrika Einhalt gebieten zu können. Im Mai 1898 hielt er als Führer der liberalen Unionisten und Kolonialsekretär seine berühmte Birminghamer Rede gegen den bisherigen Isolationismus, plädierte für eine britisch-amerikanische Allianz und eine Annäherung an Deutschland. Chamberlains faszinierende Ideen hatten die Öffentlichkeit hinter sich. Kurz vorher, am 4. Mai 1898, sprach Lord Salisbury vor der »Primrose League« von den »living nations« und den »dying nations«, auf deren Kosten sich die lebenstüchtigen Nationen ausbreiten müßten. Alles sprach von der weltweiten Überlegenheit der angelsächsischen Rasse, darunter auch Sozialisten wie etwa John Burns bei seiner Rede in Battersea am 13. November 1898, und von den 177 Liberalen unter Rosebery und Grey galten 152 als Imperialisten. Im gleichen Jahr starb Gladstone und nahm die alte Zeit mit ins Grab.

Am 8. Dezember 1898 wies Chamberlain in seiner Rede in Wakefield darauf hin, daß angelsächsische und deutsche Interessen nirgends kollidierten und das Zusammengehen der größten Landmacht und der größten Seemacht den Frieden und den freien Handel sichern würden. Schließlich ließ er seine Visionen von einer germanischen Weltführung bei seiner berühmten Leicester-Rede vom 30. November 1899 in ein offenes Bündnisangebot an Deutschland einmünden. Die Öffentlichkeit erwärmte sich für diese Idee einer panteutonischen Allianz zugunsten einer Weltfriedensherrschaft. Zudem schienen das italienische Fiasko in Abessinien 1896, das französische Fiasko in Faschoda 1898 und das spanische Fiasko im spanisch-amerikanischen Krieg von 1898, ganz abgesehen vom Panama-Skandal und der Dreyfus-Affäre in Frankreich, die These vom Niedergang der lateinischen Welt und vom Aufstieg der nordisch-protestantischen Völker zu bekräftigen. Nur Rußland erschien als Naturkraft anderer Art, deren Vorrücken nach Osten eines Abwehrdammes bedurfte. Das Portugalabkommen 1898 und das China-Abkommen 1900 zwischen Deutschland und England, desgleichen die vergeblichen Bemühungen Chamberlains im Frühjahr 1901 um eine Verbindung zwischen Berlin und London lagen auf der Linie dieser Politik, in etwa auch der Hay-Pauncefote Vertrag 1901, der die Panama-Frage zugunsten der USA beilegte.

Dieser überzogene Imperialismus Chamberlains mit seinen erfolgreichen Appellen an die demokratische Öffentlichkeit überspielte für den Augenblick völlig die Gladstonianer wie Morley und Harcourt und manche Alt-Konservative. Auf der ersten Haager Friedenskonferenz von 1899 wurde eine Abrüstung einstimmig, die russische Stimme ausgenommen, abgelehnt. Nur ein internationaler Schiedsgerichtshof kam auf britische Initiative zustande. Die Vorstellung vom Kampf ums Dasein und vom Recht der starken Völker überdeckte die Idee einer friedlichen Weltgesellschaft. Aber gleichzeitig wurde die pazifistische Bewegung geboren. Ausgerechnet der Schüler und literarische Exponent von Cecil Rhodes, W. T. Stead, wurde durch diese Konferenz und im Laufe seiner Übersetzung des Buches von Ian Bloch über den

Krieg der Zukunft (1898), die er 1900 herausbrachte, zum Apostel des Friedens zwischen den Nationen und Völkern. Der Ausdruck »Pazifismus« stammte von Emile Arnauld, dem Präsidenten der »International League of Peace and Liberty«, der ihn auf dem Friedenskongreß in Glasgow 1901 prägte. Er wurde in Frankreich seit 1905 allgemein gebraucht und in England später üblich. Er war eine Indikation für den Umschlag des Imperialismus, der sich seit 1901 anbahnte, die Commonwealth-Idee wieder aufnahm und in den Vereinbarungen mit Amerika (1901), Japan (1902), Frankreich (1904) und Rußland (1907) das Britische Imperium in ein völkerrechtlich gestütztes Verhältnis zu den Großmächten setzte.

Aber um das Jahr 1900 war Stead eine einsame Stimme in der Wüste. Selbst die Führer der Fabian Society, Sidney und Beatrice Webb, wie auch deren Freunde Haldane, Rosebery und Grey stützten die imperialistische Propaganda, und Bernard Shaw sprach in seiner Rede in der Fabian Society vom 23. Februar 1900 von den Vorzügen großräumiger Machtbildungen, denen notwendig die Welt gehöre, wobei die kleinen Staaten in ihren Grenzen gehalten oder ausgelöscht werden müßten; auch in den Trade Unions setzten sich zeitweilig ähnlich gesinnte Kräfte durch. Gleichzeitig gaben die Schriften des amerikanischen Admirals Mahan über die Seemacht und Hegemonie in der Geschichte (1900/2) vielen die machtpolitischen Grundgedanken für ihre Empire-Idee, die in Chamberlain einen unentwegten Protagonisten hatte, der das Unterhaus ständig mit kolonialen Blaubüchern und Denkschriften bombardierte.

Neben dem radikalen ideologischen Imperialismus Chamberlains und dem abenteuernden machtpolitischen Imperialismus von Cecil Rhodes wurde das Erbe Disraelis, der asiatisch-afrikanische Imperialismus, von einem Dreigestirn verwaltet und durchgesetzt, nämlich von Lord Curzon, Vizekönig von Indien (1899–1905), Lord Cromer, Statthalter in Ägypten (1883–1907), und Lord Kitchener, Eroberer des Sudans (1896–1898), Besieger der Buren (1900–1902) zusammen mit General Roberts und Oberbefehlshaber in Indien (1902–1909). Dazu war noch Sir Alfred Milner, britischer Hoher Kommissar in Südafrika (1897 bis 1905), zu rechnen. Ihre Abberufung 1905, 1907 und 1909 erfolgte im Rahmen einer anders gerichteten, mehr defensiven Reichskonzeption, die allerdings an den konstruktiven Errungenschaften dieser Imperialisten wie etwa der Kap-Kairo Linie des Cecil Rhodes und der Kairo-Singapore Linie von Curzon orientiert blieb.

14. Die Einschränkung des britischen Imperialismus 1895–1899

Auf dem Höhepunkt des britischen Imperialismus lag die Regierung in den Händen des dritten Kabinetts Salisbury (1895 bis 1902). Der Umschwung der öffentlichen Meinung kam in den Wahlergebnissen von 1895 zum Ausdruck und wurde in den Khaki-Wahlen vom Oktober 1900 bestätigt. 1895 erreichten die Konservativen die absolute Mehrheit, gingen aber ein Bündnis mit den liberalen Unionisten ein, deren Führer Chamberlain momentan der populärste Mann Englands war. Eine Politik ohne ihn hätte Schwierigkeiten gebracht. Sein Eintritt in die Regierung gebot sich ohnehin, da Konservative und Unionisten in vielen Wahlvereinbarungen als Einheit aufgetreten waren.

Doch war man überrascht, als Chamberlain sich mit dem Kolonial-Amt begnügte. Aber hier machte er eigene Politik, da er sich gegen die überzeugten Freihändler für Protektionismus und staatliche Initiativen einsetzte. Er wollte die Früchte des bisher ertragreichen Freihandels durch staatliche Eingriffe und Fürsorge sichern und dachte an Eisenbahnbau, Hafenanlagen, Straßenprojekte, Schiffslinien, Märkte, aber auch an Medizin und Landwirtschaft. Er trug sich mit einem gewissermaßen nach außen gewandten Sozialprogramm, das die »unterentwickelten« Länder fördern sollte. Ohnehin nötigte die Konkurrenz der anderen Großmächte und die drohende Isolierung England zum Schutz seiner Wirtschaft und zur Entwicklung staatlicher Macht. Der Aktivismus der Epoche war also schon defensiv gerichtet. In der Tat deutete der Zusammenstoß mit anderen Mächten das Ende der kolonialen Ausbreitung bereits an.

Mithin war der Höhepunkt des Imperialismus zugleich eine Übergangsphase, in der England sich schließlich zu weltweiten Bündniszusammenhängen entschloß. Freilich erreichte es in dieser Phase erst die Festigung seiner Hauptachsen mit dem Drehpunkt in Vorderasien und Ägypten, suchte aber gleichzeitig internationale Stützung für seine Positionen. Dazu kam mit der Burenfrage eine ernste Reichskrisis. Was vorher die Iren waren, waren jetzt die Buren. Jene verursachten eine nationale Krisis, die Buren aber eine Reichskrisis. In gewisser Weise waren die Buren erfolgreich, weil ihr Krieg den Anstoß zum Strukturwandel des Empire und zur weltumfassenden Bündnispolitik Englands gegeben hat. Die anderen Mächte konnten sich durch den Burenkrieg auf ein weltpolitisches Gegenspiel zu England einlassen. Besonders für Deutschland wäre dies günstig gewesen. Nur die Dogmatik der deutschen Politik vom naturgegebenen englisch-russischen Gegensatz (Holstein) und die Unentschiedenheit der Politik der »offenen Tür«, die sich nach keiner Seite festlegen wollte, ließen Berlin geradezu politisch ausscheiden, als alles noch im Fluß war.

Zwei Momente bestimmten den Fortgang der Politik: die Entfremdung von Deutschland durch das Krügertelegramm Wilhelms II. vom Januar 1896 und die Entfremdung von den USA im Venezuela-Konflikt seit 1895. Darin lag bereits die künftige Entscheidung beschlossen. Die Krisis des britischen Reiches entzündete sich an der Burenfrage, in die gleichzeitig andere Fragen hineinspielten. Die Konvention von Pretoria 1881 und die Londoner Konvention von 1884 hatten das Verhältnis Transvaals zu London unklar gelassen. Als seit 1886 in Johannesburg große Goldfunde gemacht wurden und die Goldsucher hierher strömten, wurde das Transvaalproblem virulent. Im Nu wuchs damals Johannesburg an und bestand bald zu 50. v.H. aus »Uitländers«, besonders Briten, aber auch Amerikanern und Deutschen. Der Präsident Paul Krüger besteuerte die Goldsucher, ohne ihnen Bürgerrechte zuzugestehen. Der Staatsschatz von Transvaal füllte sich, und Präsident Krüger suchte Kontakte mit europäischen Mächten, insbesondere Deutschland.

Cecil Rhodes als Gouverneur von Südafrika suchte dagegen Transvaal einzuschränken, indem er persönlich alle Konzessionen nördlich von Transvaal aufkaufte und damit den Grund für das spätere Rhodesien legte. Er plante eine Verlängerung der Eisenbahnlinie Kapstadt-Kimberley bis nach Rhodesien westlich an

Transvaal vorbei, wozu er Betschuanaland beanspruchte. Die Süd-Afrika Kompanie bewilligte ihm nur einen Grenzstreifen, auf dem er sich Konzessionen für den Bahnbau sicherte. Außer dem portugiesischen Mozambique hielt England die Küstenstriche besetzt. Die Eröffnung einer Eisenbahnlinie vom portugiesischen Hafen der Delagoa-Bay nach Transvaal am 8. Juli 1885 gab allerdings Krüger die Möglichkeit, das britische Gebiet zu umgehen. Er behinderte die Importe von Süd-Afrika und sperrte die Zufuhr an die Grenze vom Süden her; die Furten der Grenzflüsse wurden für Fuhrwerke geschlossen.

Diesen Sperrmaßnahmen gegenüber antwortete London mit einem Ultimatum vom 3. November 1895. Krüger gab angesichts einer drohenden Revolte der »Uitländers« in Johannesburg nach. Chamberlain entsandte einen Vertreter, der zwischen Krüger und den »Uitländers« vermitteln sollte. Kurz vorher hatte Rhodes ganz Rhodesien übernommen, wobei in ihm der Entschluß reifte, sich auch das reiche Transvaal als Schlüssel des südafrikanischen Reichtums einzuverleiben. Cecil Rhodes war über das Nachgeben Krügers noch nicht informiert und konzentrierte eine Polizeitruppe längs der Westgrenze von Transvaal, die von Jameson, dem Verwalter der Süd-Afrika-Kompanie, befehligt wurde. Inzwischen war die drohende Rebellion am 27. Dezember 1895 beigelegt worden, und Rhodes wartete vergeblich auf eine Direktive aus London. Jameson seinerseits wartete vergeblich auf eine Anweisung von Rhodes und handelte schließlich auf eigene Faust, allerdings auch in Kenntnis der Annexionspläne von Rhodes. Er brach am 29. Dezember 1895 mit einer Polizeimacht von 470 Berittenen in Transvaal ein, um das 180 km entfernte Johannesburg zu erreichen und hier mit Hilfe der »Uitländers« die Macht ergreifen zu können.

Chamberlain hatte inzwischen an Rhodes gekabelt, daß nichts unternommen werden dürfe. Jameson wurde davon noch unterrichtet, als er seinen «Raid» bereits begonnen hatte. Er weigerte sich umzukehren und hoffte, sich durch seinen Erfolg rechtfertigen zu können. Chamberlain telegrafierte sofort an Krüger, daß er diese Aktion mißbillige. Jameson wurde am 1./2. Januar 1896 aufgehalten und in einen Hinterhalt gelockt. Nach einigen Verlusten legten die Polizeitruppen gegen ein Amnestieversprechen ihre

Waffen nieder. Am 3. Januar war der Spuk vorbei. Der eigentliche Urheber der Aktion, Cecil Rhodes, resignierte sogleich. Plötzlich kam ein neues Moment hinzu, als am Tage der Übergabe Jamesons, dem 3. Januar 1896, Berlin das berühmte Krüger-Telegramm nach Transvaal sandte, in welchem Wilhelm II. den Burenpräsidenten zur Abwehr des Einfalls beglückwünschte. Diese Depesche war in einem kriegerischen Ton gehalten und hatte den Anschein, als ob Deutschland hier sein Interessengebiet sehe und eine eigene Querverbindung zwischen Deutsch-Südwest-Afrika und Mozambique erstrebte, zumal sich Frankreich und Deutschland gemeinsam der Kap-Kairo-Linie in den Weg zu legen schienen. In Wirklichkeit war die Krüger-Depesche innenpolitisch bedingt, um das Prestige des deutschen Kaisers gegenüber der Bismarck-Fronde zu heben. Aber gerade weil die Engländer in dieser Intervention keine Vernunft sahen, empfanden sie sie als Provokation, zumal kurz vorher bereits Deutschland durch seinen Beitritt zur französisch-russischen Intervention gegen Japan (Shimonoseki 1895) auf einer England und Japan entgegengesetzten Linie in Ostasien gehandelt hatte.

Verschärft wurde der englische Unwille durch die Nachricht, daß Deutschland Hilfstruppen mit drei Kreuzern in die Delagoa-Bucht entsenden wolle. Portugal weigerte sich freilich, einen Truppendurchzug zuzulassen. Jedenfalls entsandte London sogleich Flottenverstärkungen nach Südafrika. Diese Flottenaktion war der unmittelbare Anstoß zum deutschen Flottenprogramm und zur ersten deutschen Flottenvorlage von 1898. Mit diesem Eingreifen war in Großbritannien ein objektives Urteil nicht mehr zu erwarten. Jameson und Rhodes wurden als volkstümliche Helden gefeiert, und Krüger verlor durch seine eigenständige internationale Politik, mit der er sich von der britischen Abhängigkeit lösen wollte, jegliches Vertrauen. Die Welt stand zwar auf seiner Seite und sah in England den Aggressor, aber die Positionen zum eigentlichen Konflikt waren damit gelegt. London ließ den Zwischenfall untersuchen. Die Buren übergaben die Aggressoren zur Aburteilung an die Engländer. Eine britische Untersuchungskommission brachte im Juli 1897 einen Abschlußbericht heraus, wonach Chamberlain und das Kolonialamt entlastet, aber Rhodes getadelt wurde. In der Tat hatte Chamberlain reine Hände in Bezug auf »Jameson's Raid«, nicht aber in Bezug auf die Rebellion in Johannesburg. Nichtsdestoweniger war Rhodes der Held des Tages.

Das Zögern Londons um die Jahreswende 1895/96 hatte seinen Grund im Venezuela-Konflikt von 1895. Anlaß war die venezolanische Grenzfestlegung gegen British-Guayana, wobei einer amerikanischen Gesellschaft Konzessionen zur Ausbeutung der dortigen Goldfunde gegeben wurden. Am 17. Dezember 1895 richtete Präsident Cleveland eine Botschaft an den Kongreß, in welcher er eine Kommission ankündigte, die die Grenzen zwischen Venezuela und Britisch-Guayana verbindlich festlegen sollte. Cleveland berief sich dabei auf die Monroe-Doktrin, wonach die USA das Recht zur Grenzregelung auf der westlichen Hemisphäre hätten. Er scheute sich nicht, dabei von eventueller Gewaltanwendung zu sprechen. Dies war eine imperialistische Auslegung der Monroe-Doktrin, wobei Cleveland ein Jahr vor der Präsidentenwahl sich die anti-britische Stimmung seines Landes zunutze machen wollte.

Eine solche Sprache war für Salisbury hart; noch härter war es, sich nach ihr zu richten. Aber die Spannungen zu Rußland in China, zu Frankreich im Sudan und zu den Buren in Südafrika bewogen Salisbury, in die Kommission einzuwilligen. Das geschah in den Tagen, als Cecil Rhodes vergeblich auf eine Nachricht aus London wartete. Die Venezuela-Frage veranlaßte Chamberlain, der mit einer Amerikanerin verheiratet war, nach Washington zu reisen, wo der Grund für einen Vertrag gelegt wurde, der ein Jahr darauf zustande kam und die Grenzfrage einem Schiedsgericht übertrug, das die englischen Ansprüche als berechtigt anerkannte. Die harte amerikanische Sprache und das Zurückweichen Englands hatten die politische Isolierung Englands offensichtlich gemacht. Hier vollzog London den ersten Schritt zu einer englisch-amerikanischen Verständigung; es wich gegenüber dem amerikanischen Imperialismus noch weiter zurück, als die USA im spanisch-amerikanischen Krieg 1898 Kuba und die Philippinen nahmen und auch als 1899 die Samoa-Inseln zwischen den USA und Deutschland geteilt wurden, während England aus der Mitverwaltung ausschied. Das angestrebte Einvernehmen vollendete sich im Hay-Pauncefote Vertrag von 1901, der den Rückzug Großbritanniens aus Mittelamerika und vor allem aus Panama bedeutete.

Die Cleveland-Botschaft und das Krüger-Telegramm beeinträchtigten das britische Ansehen in der Welt. Es erwies sich, daß die »splendid isolation«, von der zuerst im Januar 1896 Foster im kanadischen Parlament und dann sechs Wochen später Goschen, der erste Lord der Admiralität, bei einer öffentlichen Rede gesprochen hatten, kein glücklicher Zustand war. Dazu kam noch, daß die protürkische Politik Großbritanniens durch die Armenier-Massaker von 1895/96, die durch ein Attentat auf die Bank von Konstantinopel ausgelöst waren und 6000 Armeniern das Leben kosteten, kompromittiert war. England setzte sich von dieser Politik ab, und stellte sich 1898 in der Kreta-Frage auf die Seite der Griechen, was Deutschland den Einstieg in Konstantinopel erleichterte. Kaiser Wilhelm II. hielt auf seiner Reise nach Konstantinopel, Damaskus und Jerusalem flammende Reden für die Sache der Türkei und der Moslems (1898). Zu allem Überfluß trat die französisch-britische Kolonialrivalität mit dem Faschoda-Konflikt von 1898 in ein virulentes Stadium.

Englische Gesellschaften, vor allem die »Royal Niger Company«, hatten sich nigeraufwärts Positionen gesichert und gerieten in Konflikt mit den vordringenden französischen Unternehmen, die von Paris veranlaßt waren und in Form militärischer Besetzungen vor sich gingen. Der französische Außenminister Hanotaux stützte die Expansion auch da, wo eingeborene Häuptlinge bereits Verträge mit britischen Agenten abgeschlossen hatten. Die Franzosen dehnten ihre Besetzung unter Verwendung von eingeborenen Truppeneinheiten möglichst weit ins afrikanische Hinterland aus und begrenzten Gambia und die Goldküste auf die ozeanischen Küstengebiete. Dieser Wettlauf um das Innere von West- und Mittelafrika veranlaßte London, auch seinerseits westafrikanische Truppeneinheiten zu formieren.

Der Konflikt wurde auf der Niger-Konferenz in London 1897/98 durch eine Konvention vorläufig beigelegt, die Frankreich das nördliche Hinterland bis in den Sudan und Großbritannien das Hinterland von Nigeria zusprach. Damit wurden vor der effektiven Beherrschung Macht- und Interessensphären festgelegt und durch allgemein verbindliche Linien abgegrenzt.

Die Konvention wurde sogleich beeinträchtigt, da ein Ereignis aus einer anderen Richtung störend sich einmischte. Die Italiener hatten 1896 bei Adua eine schwere Niederlage gegen Abessinien einstecken müssen; ihr Rückzug geriet unter den Druck des aufständischen Sudans. Die Engländer folgten dem Hilfegesuch Italiens, das kurz vorher von Berlin abgelehnt worden war, und ließen Lord Kitchener, seit 1890 Sirdar der ägyptischen Armee, in den Sudan einrücken. Kitchener hatte diese Aktion seit langem geplant, aber den Widerstand Lord Cromers und die Uneinigkeit des Kabinetts in dieser Frage nicht überwinden können. Nun gab die Notlage der Italiener die erwünschte Gelegenheit. Großbritannien hatte die Kosten des Unternehmens zu tragen, da Rußland und Frankreich als Mitglieder der ägyptischen Finanzkommission eine Finanzbeteiligung ablehnten.

Ende 1896 bewegte sich Kitchener langsam nilaufwärts und baute zugleich etappenweise eine Eisenbahn. Mit seinen Maschinengewehren besiegte er im April 1898 eine Armee der aufständischen Derwische, von denen 2500 getötet wurden. Am 2. September 1898 schlug er eine zweite Armee, wobei etwa 10000 Derwische ihr Leben ließen. Khartum wurde genommen und hier die britische und ägyptische Fahne gehißt. Der Tod General Gordons war gerächt. Hier ereilte Kitchener die Nachricht, daß sechs Weiße in Faschoda am Weißen Nil eine fremde Flagge gehißt hätten. Es war Hauptmann Marchand mit fünf französischen Offizieren und einer Einheit von Senegaltruppen. Marchand hatte sich seit 1896 ostwärts bewegt und unter großen Schwierigkeiten in 24 Monaten 2800 Meilen zurückgelegt. Im Juli 1898 erreichten die Franzosen Faschoda. Hier entdeckte sie am 18. September 1898 Kitchener, der die Franzosen freundlich behandelte, ihnen einen schriftlichen Protest überreichte, die englische und ägyptische Flagge hissen ließ und eine ägyptische Garnison in den Ort legte. Beide Seiten warteten die Entscheidungen ihrer Regierungen ab. Für einige Zeit standen die Dinge auf des Messers Schneide. In Westminster war sogar die Mehrzahl der Liberalen für einen Waffengang.

Der neue französische Außenminister Delcassé instruierte schließlich den Hauptmann Marchand, daß er Faschoda verlassen solle. Diese Entspannungsmaßnahme war noch keine Lösung;

denn Marchand hatte hinter sich eine Kette von Außenposten gelassen, die ihm einen Korridor und ein innerafrikanisches Flußgebiet bis an den Weißen Nil verschaffen sollte. Außerdem hatte er Verbindungen mit Kaiser Menelek von Abessinien, dem Sieger von Adua, geknüpft und damit den Umriß eines gewaltigen Interessengebietes gelegt, das Frankreich nicht einfach wieder verschenken konnte. Aber nachdem Delcassé sich überzeugt hatte, daß weder Rußland noch Deutschland ihm zur Seite standen, bequemte er sich zu der Konvention vom 21. März 1899, die die Wasserscheide zwischen Kongo und Nil als Grenzlinie der beiderseitigen Einflußsphären fixierte, über die hinaus England nicht nach Westen und Frankreich nicht nach Osten vordringen durften.

Mit dieser Vereinbarung wurden die wichtigsten Reibungspunkte beseitigt, wenn auch anti-britische Gefühle noch längere Zeit in Frankreich dominierten. Aber es war eine Entscheidung für immer. Der neue französische Botschafter in London, Paul Cambon, und der französische Außenminister Delcassé setzten alles daran, ein besseres Verhältnis zu England zu gewinnen, zumal die Dreyfus-Affäre die antideutschen Gefühle hochpeitschte. Ihren Bemühungen kam die britische Reichskrisis entgegen, die der Burenkrieg 1899 bis 1902 herbeiführte und mit der die gescheiterte Politik der »splendid isolation« in ein Streben nach einem weltweiten Einvernehmen mit den Großmächten umschlug.

Das Jahr 1898 schien Großbritannien in allen Weltgegenden einzuschränken; es erlebte sogar in Ostasien ein bedrohliches Vordringen der Großmächte. Hier hatten Deutschland sich in Kiautschou, Rußland in Port Arthur und Frankreich in Kwang-chauwang 1898 unter vergeblichem Protest Londons festgesetzt, so daß England sich nur als Kompensation die Pacht von Weihaiwei verschaffen konnte. Damit waren überall die Voraussetzungen gegeben, die die britische Regierung nötigten, sich nach Bundesgenossen umzusehen. Die eigentliche Krisis des Imperiums im Burenkrieg ließ ihr darin keine Wahl mehr.

15. *Der Burenkrieg 1899–1902*

Die Buren hatten nach dem Einfall von Jameson ihr Land systematisch in einen Verteidigungszustand versetzt. Über die portugiesische Delagoa-Bucht strömte europäisches Kriegsmaterial ein, darunter schwere Krupp-Artillerie, wobei deutsche Artillerieoffiziere die Bedienungsmannschaften ausbildeten. 1,5 Millionen Pfund wurden allein für die Befestigung der Forts von Johannesburg verwandt. Für Spionagedienste in den britischen Grenzgebieten gab die burische Regierung 70000 Pfund aus. Die Präsidentenwahl von 1898 brachte zudem Krüger einen überwältigenden Sieg. Sir Alfred Milner, der britische Hohe Kommissar in Südafrika, warnte in einer Rede vom 1. März 1898 vor dem »Krügerismus« als einer Kriegsgefahr. Nicht weniger beunruhigend war die Rückkehr von Cecil Rhodes in die Kapkolonie. Er hatte 1896 seinen Sitz in der Südafrika-Kompanie aufgeben müssen, kehrte aber jetzt 1898 in den Vorstand zurück. Er übernahm inoffiziell die Führung im Süden des Erdteils und gab angesichts der Fremdengesetze in Transvaal die Losung aus: Gleiches Recht für alle zivilisierten Menschen südlich des Sambesi! Damit wandte er sich gegen die rechtliche Benachteiligung der »Uitländers« in Transvaal. Wie in der Kapkolonie gleiche Rechte für Buren und Briten galten, obgleich die Buren in der Mehrzahl waren, sollten gleiche Rechte auch in Transvaal gelten, wo die Briten in der Mehrzahl waren.

1898 ergab sich plötzlich die Aussicht für eine friedliche Beilegung der Spannungen, als ein deutsch-portugiesisches Übereinkommen den Briten die Delagoa-Bucht übereignen sollte. Das hätte die Einschnürung Transvaals und die Sperrung der Kriegszufuhr bedeuten können. Es kam immerhin soweit, daß Deutschland sein Desinteresse an Transvaal erklärte. Ende des Jahres entflammte die Tötung eines britischen Arbeiters durch einen Polizisten und dessen Freispruch vor Gericht eine bittere Feindschaft der »Uitländers« gegen das Regime in Transvaal. Sie richteten ihre Petition vom 24. März 1899 mit 22000 Unterschriften an die britische Königin. Die Annahme der Petition konnte Krieg bedeuten, ihre Ablehnung aber zur Entfremdung aller loyalen Briten vom Mutterland führen. Die Regierung beschäftigte sich mit ihr erst im Mai 1899, als der sogenannte »Helotenbericht« Milners beklagte, daß die vergeblichen Hilferufe britischer Untertanen das Vertrauen der Dominions zu Großbritannien untergraben würden.

Chamberlain als Kolonialminister war sich des Risikos einer Entscheidung bewußt und zögerte nicht weniger als das Kabinett. Nur Milner arbeitete auf eine kriegerische Lösung hin. Er glaubte, daß Krüger sich nur durch Waffengewalt von seinem Ziel einer Vereinigung Südafrikas unter Führung der Buren abbringen ließe. Chamberlain nötigte ihn jedoch zu Verhandlungen, die Milner ohne Hoffnung und Eifer betrieb. In dem fünfmonatigen Ringen um die Aushandlung eines befriedigenden Kompromisses ergaben sich mehrere Friedensmöglichkeiten wie etwa der liberale Vorschlag des jungen Staatsanwalts Jan Christiaan Smuts oder das letzte Angebot Chamberlains, das von den Holländern der Kapkolonie begrüßt, aber von Krüger nicht mehr beantwortet wurde. England wollte auf einen Schutz der »Uitländers« nicht verzichten, da die Solidarität zwischen den Dominien und dem Mutterland auf dem Spiel stand. Ein Streit entzündete sich an der Frage der Souveränität der Königin, die in der Londoner Konvention von 1884 nicht erwähnt worden war. Das kriegsunwillige Kabinett hatte zudem eine kriegslüsterne und erfolgsberauschte Öffentlichkeit gegen sich. Gerade die Aggressivität der Öffentlichkeit, die durch Kitcheners Erfolg bei Khartum gesteigert war, einigte die Buren zum entschlossenen Widerstand. Am 27. September 1899 schlug sich der Oranje-Freistaat öffentlich auf die Seite von Transvaal. Die Buren stellten ein scharfes Ultimatum, das vor dem britischen Ultimatum in die Welt ging und formell die Buren als Angreifer erscheinen ließ.

Danach, nach der Regenzeit, als die Ernährung der Pferde kein Problem war, folgte die Invasion der Buren mit 50000 Mann berittener Infanterie. Ihre Überlegenheit und ihre Kruppkanonen verschafften ihnen die ersten Siege. Ihr Angriff richtete sich auf Natal, auf die Eroberung Durbans, statt gegen die Kapkolonie, wo sie sich mit den Holländern hätten vereinigen können. Dadurch konnte die britische Hauptarmee ungestört Kapstadt erreichen. Lord Roberts als Oberkommandierender und Lord Kitchener als Generalstabschef gaben mit ihrer Armee dem Krieg die entscheidende Wende. Im März 1900 marschierten britische

Truppen in Bloemfontein ein, am 31. Mai eroberten sie Johannesburg und am 27. August wurde die letzte geordnete Burenarmee unter General Botha geschlagen. Am 11. September trat Krüger auf portugiesisches Gebiet über. Am 25. Oktober 1900 wurde in Pretoria die formelle Annexion vollzogen. Nach dieser zweiten Phase entwickelte sich Ende des Jahres ein langwieriger Guerilla-Krieg, der sich über das Jahr 1901 bis 1902 hinzog. Wichtig war dabei, daß alle autonomen Kolonien wie Australien, Neuseeland und Kanada Freiwilligenkontingente entsandten. Auch die Kapkolonie beteiligte sich mit 30000 Freiwilligen; aber ihre Regierung unter dem Holländer Schreiner gab keine Hilfe. Sonst stand England in den 32 Monaten Krieg allein da. Nur seine Nachgiebigkeit in der Venezuela-Affäre und seine Haltung während des spanisch-amerikanischen Krieges hielten die USA von einer Intervention ab. Es hatte schon am Vorabend des Konfliktes die Festsetzung Deutschlands, Rußlands und Frankreichs in Ostasien unter Protest zulassen müssen und suchte nun vergeblich ein Einvernehmen mit Deutschland zu erreichen. Die Kaperung deutscher Schiffe mit Konterbande für Transvaal im Juni 1900 führte indessen zu einer Verstimmung, die deutscherseits zu weiteren Flottenvorlagen ausgenützt wurde. Immerhin verschloß sich Berlin den russischen Vorschlägen einer gemeinsamen Intervention zugunsten der Buren. Angesichts des Boxeraufstandes in China, dem eine gemeinsame Aktion der europäischen Mächte folgte, entschied sich Berlin am 16. Oktober 1900 für eine englisch-deutsche Konvention zugunsten der »offenen Tür« in China. Deswegen erlangte Präsident Krüger, der im Dezember 1900 nach Berlin gekommen war, keine Audienz beim deutschen Kaiser. So bugsierte sich England trotz der empörten öffentlichen Meinung in Deutschland, Frankreich und Rußland durch diese gefährliche Phase hindurch. Die Khaki-Wahlen im Oktober 1900 sicherten der Regierung sogar eine ungestörte Fortführung ihrer Politik.

Die Wende kam eigentlich erst, als der Krieg in seiner dritten Phase seine völkerrechtlich eingehegte Form verlor. Er entartete zu einem Unterdrückungskrieg und zu einem öffentlichen Ärgernis, das nach dem Tode der Königin am 22. Januar 1901 das erste Regierungsjahr Edwards VII. überschattete. Der Guerilla-Krieg nötigte Kitchener, entlang den Eisenbahnen Blockhäuser zum Schutz der Verbindungslinien anzulegen, die schnelle Gegenschläge ermöglichten. Er entfernte systematisch die Bauernfarmen und Viehbestände und sammelte Nicht-Kämpfer in Konzentrationslagern, wie sie schon vorher der amerikanische General Weyler in Kuba zur Empörung der Weltöffentlichkeit angelegt hatte. Sie erlaubten freilich den Buren größere Beweglichkeit, da sie der Sorge um ihre Familien enthoben waren. Die Buren fochten zudem ohne Uniformen und waren nur an ihrer Waffenausrüstung zu erkennen. Eine Scheidung von Zivil und Militär war kaum möglich. Jede Farm war auch ein Stützpunkt. Friedensverhandlungen scheiterten am 26. Feburar 1901 nur an der Frage der Amnestie von 200 bis 300 Rebellen, die Kitchener, aber nicht Milner zugestehen wollte. Krüger selbst riet noch im Juli 1901, den Krieg fortzusetzen.

Danach wurde ein Netz von befestigten Blockhäusern und Stacheldrahthindernissen über das Land gelegt und bei den Razzien jede Person, ob Frau oder Kind, in den eingehegten Gebieten den Konzentrationslagern zugeführt. Das zog sich bis Ende 1901 hin. Von Januar 1901 bis Februar 1902 saßen bis zu 120000 Personen in den Lagern, wo Epidemien ausbrachen und über 20000 Insassen starben, darunter mehrere Tausend Frauen und 16000 Kinder, die an Masern zugrunde gingen. Erst nach einem kleinen Sieg suchten die Buren Frieden, der am 31. Mai 1902 unterzeichnet wurde. Großbritannien hatte im ganzen 450000 Mann, davon 250000 britische Truppen, eingesetzt. 6000 waren gefallen und 23000 verwundet. Die Buren beklagten 4000 Kriegsopfer; aber weit mehr waren in den Konzentrationslagern umgekommen. Die Friedensbedingungen waren überraschend milde: Alle Waffen waren abzugeben; alle, die sich als Untertanen Edwards VII. erklärten, wurden entlassen; nur kriminelle Taten sollten bestraft werden. Englisch sollte künftig offizielle Sprache sein, aber Holländisch durfte, wenn erwünscht, in den Schulen gelehrt und vor den Gerichten gesprochen werden. Großbritannien gab außerdem drei Millionen Pfund Sterling als Aufbauhilfe, obgleich der Krieg 222 Millionen Pfund gekostet hatte.

Wichtiger war noch, daß sich von anderer Seite eine Versöhnung anbahnte, die sich im Umschwung der öffentlichen Meinung und den pro-burischen Attacken des jungen Walisers Lloyd George im Unterhaus ankündigte und der Campbell-Bannerman, der Führer der Liberalen, im Parlament rücksichtslosen Ausdruck gab, als er von »Methoden des Barbarismus« sprach. Trotz Verlangens der Regierung weigerte er sich, diesen Ausdruck zurückzunehmen. Diese drei Worte haben, wie General Botha später sagte, Frieden und Einheit in Südafrika hergestellt. Sie trugen Früchte, als derselbe Campbell-Bannerman fünf Jahre später als Premierminister daran ging, Transvaal und dem Oranje-Freistaat die Selbstverwaltung zu geben. Die burischen Führer wie Smuts und Botha vertrauten dem Staatsmann, der gegen Regierung und Parlament nachfühlende Worte für sie gefunden hatte und nicht davon abgegangen war. Damit kündigte sich eine andere Politik an, und es sah wie ein Schlußstrich unter die Vergangenheit aus, als Cecil Rhodes am 26. März 1902 noch während der Friedensverhandlungen starb.

Der Burenkrieg veränderte die britische Politik nach innen und außen. Er zügelte den intransigenten Imperialismus und bahnte den Weg von der Reichsidee zur Idee des Commonwealth, in welchem die Reform- und Selbstverwaltungsideen Gladstones wieder Platz fanden. Ferner brachte er das Ende der »splendid isolation» und eröffnete eine weltweite Verständigungspolitik. Er selbst war zugleich die letzte große Zuspitzung der imperialistischen Politik Großbritanniens und die Ursache des Umschlags. Noch 1898 spottete man über das britische Unterhaus, das zu einem Anhängsel von Armee und Flotte degeneriert sei und allem zustimme, was an Mitteln für militärische Unternehmungen in Ländern von mystischer Entfernung verlangt würde. Die Khaki-Wahlen vom Oktober 1900 waren die letzte Bestätigung einer solchen Politik. Danach enthüllte der Fortgang des Krieges die Grenzen der britischen Macht. Das Ansehen der Armee minderte sich, da über 400000 Mann nötig waren, ein kleines Volk zu besiegen. Das Kriegsministerium wurde bespöttelt. Nach liberaler Auffassung war der Burenkrieg ein Segen für England.

Die Wende des Jahres 1902 bedeutete natürlich nicht eine völlige Abkehr vom bisherigen Imperialismus und eine Rückwendung auf die Gladstoneschen Ideale. Sie äußerte sich zuerst in der liberalen Kriegsgegnerschaft, die vom Unterhaus aus das Ohr der empörten Öffentlichkeit erreichte, dann aber im Aufkommen von »Labour« als Bundesgenossen des Gladstoneschen Pazifismus und Humanitarismus und schließlich in dem Anwachsen der liberalen Stimmen, die in den Wahlen von 1906 dem konservativen Kabinett eine vernichtende Niederlage bereiteten. In Wirklichkeit überschichteten sich die beiden Erbmassen des 19. Jahrhunderts, nämlich der liberale Optimismus von friedlichem Wettbewerb und gemeinsamem Fortschritt mit der Weltansicht vom Kampf ums Dasein und der wohltätigen Herrschaft der starken Völker über die »zurückgebliebenen« Gruppen. Beide wirkten ineinander und gegeneinander zu jenem doppelten Ergebnis von 1919, das einerseits den Völkerbund mit seiner pazifistischen Ideologie, andererseits das Diktat von Versailles mit seinem machtstaatlich-nationalistischen Denken erbrachte. Die alte Reichsidee hätte nur bei einem englisch-deutschen Zusammengehen erhalten werden können, das eine Entlastung Englands in Europa zur Folge gehabt hätte. Das Scheitern dieser Bemühungen stärkte das pazifistische Element gegenüber dem aggressiv-imperialistischen. Die Absage an das deutsche Bündnis war gleichbedeutend mit einer Absage an den imperialistischen Weltgedanken einer germanischen Hegemonie und mußte früher oder später den Sturz Chamberlains nach sich ziehen.

16. Der Weg zur britischen Arbeiterpartei

Trotz der Zulassung der städtischen Arbeiterschaft zum Wahlrecht im Jahre 1867 hatte sich lange Zeit keine eigenständige Arbeiterpartei bilden können. Ein Grund lag darin, daß die überaus aktiven lokalen Assoziationen der Liberalen sich mit Vorliebe der bestehenden Ansätze zu Club- und Vereinsbildungen bedienten und auf diesem Wege auch die verschiedenen Ansätze von Arbeitervereinigungen für sich gewannen. Die Radikalen unter Chamberlain entwickelten außerdem ein weitgehendes Programm auf allgemeines Stimmrecht, soziale Steuern und Verkürzung der Parlamentsperioden hin, das den Bestrebungen der Arbeiterschaft entgegenkam. In den Wahlen von 1868 und 1874 und auch 1880 fanden sie die Unterstützung der stimmberechtigten städtischen Arbeiter. Als sich 1886 die Chamberlain-Gruppe wegen der irischen Home Rule Frage von Gladstone trennte, unterstrich der verbliebene Rest der Gladstone-Liberalen im Programm von Newcastle 1891 sein soziales Anliegen. Hier sahen die Arbeiter ihre Interessen am besten vertreten. Schon 1874 bei den ersten geheimen Wahlen kamen über die liberale Partei die ersten wirklichen Arbeitervertreter (»Lib-Labs«) ins Unterhaus. Die Trade Unions brachten ihre Kandidaten späterhin stets über die liberalen Organisationen ins Parlament.

Eine eigene Partei-Organisation, die überregionale Anerkennung gefunden hätte, kam bis zum Ende des Jahrhunderts nicht zustande. Die Selbsthilfe-Formen beherrschten noch lange das Feld. Die regionale Chapel und die überregionale Fachgewerkschaft waren das Sprachrohr der Arbeiterschaft. Die seit den vierziger Jahren wachsende Genossenschaftsbewegung (Cooperative Movement) hielt an ihren rein ökonomischen Zielen fest und verband sich erst 1917 enger mit der politischen Arbeiterbewegung. Nicht viel anders war es mit den Gewerkschaften. Sie waren seit 1825 wieder zugelassen, behielten aber für Jahrzehnte ihren Charakter als Interessenvertretungen der gelernten Arbeiter und waren keine nach Betrieben organisierte oder parteipolitische Kampforganisation. Sie hatten seit 1851 in den »Amalgamated Societies« größere Verbände geschaffen und bemühten sich seit 1864 um eine Dachorganisation. Aber erst 1868 kam der »Trades Union Congress« zustande, der nun jährlich zusammentrat und ein »General Council« mit 32 Vertretern von 17 Trade Unions mit einem Generalsekretär als ständigem Geschäftsführer einsetzte. Die Gewerkschaften wurden dazu durch die Justiz genötigt, die das Recht zu ihren Ungunsten interpretierte und durch ihre gewerkschaftsfeindliche Rechtsauslegung die gemeinsamen Aktionen für höhere Löhne, Sozialfürsorge und bessere Arbeitsbedingungen lähmte. Unmittelbarer Anlaß für den Kongreß von 1868 war der »Boilermakers' Case« von 1867, in welchem der Lord Chief Justice die Gewerkschaften zu widerrechtlichen Zusammenschlüssen erklärte, da sie die Gewerbefreiheit behinderten. Die Regierung Gladstone verschaffte ihren Ansprüchen auf Kollektiv-Aktionen und Streikrecht im Jahre 1871 eine gesetzliche

Grundlage, beschränkte aber durch das Verbot des »Picketing« erheblich ihr Streikrecht. Erst Disraeli erlaubte ihnen 1875 friedliche Streikposten. Als politische Kampforganisation betrachtete sich auch der Kongreß nicht; zweimal lehnte er Anträge zugunsten eines allgemeinen Stimmrechts ab.

Erst der Londoner Dockarbeiter-Streik von 1889, angeführt von John Burns, brachte den Durchbruch einer Demokratisierung der Trade Unions. Dieser Streik war das wichtigste innenpolitische Ereignis unter dem zweiten Kabinett Salisbury (1886–1892); er war ein Prosperitäts-Streik, der angesichts des wachsenden Wohlstandes den niedrig gebliebenden Lebensstandard der Dockarbeiter verbessern sollte, die in der Metropole die größte Masse von chronisch Armen darstellten, obgleich sie Schwerarbeit verrichten mußten und vom täglichen Arbeitsangebot abhängig waren. Die Sympathien der öffentlichen Meinung standen ihnen zur Seite. Nach einem Monat mußten die Dock-Gesellschaften nachgeben, wobei Kardinal Manning als Vermittler eine wichtige Rolle spielte. In diesem Streik waren Führer der Gewerkschaftsbewegung tätig, die damit eine neue Phase des Trade Unionismus einleiteten. Bisher waren die Trade Unions im wesentlichen auf die gelernten Facharbeiter in den verschiedenen Sparten beschränkt. Nun aber wurde der Weg zur Organisation der ungelernten Arbeiter beschritten. In dieser Zeit entstanden die »Dockers' Union«, »Gasworkers' Union« und die »General Labourers' Union«. Darüber hinaus kam ein »New Unionism« auf, der die alte Gliederung nach handwerklicher Tätigkeit aufgab und stattdessen die gesamten Arbeiter der jeweiligen Produktionszweige ohne Rücksicht auf ihre spezielle Tätigkeit organisierte; das galt besonders für die Montan- und die Eisenbahnergewerkschaften. Damit wuchs die Mitgliederzahl beträchtlich an und erreichte nun um die Jahrhundertwende über zwei Millionen. Zugleich machten sich stärker politische Ansprüche geltend. Der Versuch im Bergarbeiterkonflikt von 1893, durch Bergwerksstilllegungen eine Intervention der Regierung zu erzwingen, verstrickte die Gewerkschaften in die Politik, und auch die Niederlage der mächtigsten Gewerkschaft, der »Amalgamated Society of Engineers«, im Streik von 1897/98 verwies die Arbeiterschaft auf den politischen Kampf.

Diese Gründungen zeigten die Entfaltung eines sozialen Enthusiasmus an, der einen Kreuzzug gegen die Armut forderte, in vielerlei Formen sich äußerte und die unterschiedlichsten Schichten erfüllte. Hier war eine teils sozialistische, teils reformerisch-humanitäre, teils literarisch-intellektuelle Bewegung am Werke, die neben dem Imperialismus die einzige allgemeine Strömung der achtziger Jahre darstellte. Fast alle Prediger über die soziale Frage hingen nach 1886 einer Art des moralischen und humanitären Sozialismus an, der weniger von der Anstrengung einer Sozialanalyse bewegt war, als von einem idealistisch-utopischen Denken getragen wurde. Aus der amerikanischen Welt Henry Georges (Progress and Poverty, 1879), Edward Bellamys (Looking Backward, 1888) und Laurence Gronlunds (Co-operative Commonwealth, 1884) fand diese sozialutopische Denkweise ihre Nahrung. William Morris publizierte 1891 seine sozialkritische Utopie »News from Nowhere«, und Robert Blatchford, der Herausgeber des Wochenblattes »Clarion« und Autor von »Merrie England« (1894), popularisierte den englischen Sozialismus, der wenig mit Karl Marx gemein hatte. Blatchford kümmerte sich nicht um Wirtschaftstheorien und verlangte nur eine gerechtere Vermögensverteilung und die wirtschaftlich-soziale Hebung des Arbeiterstandes. Auch die karitativen Bemühungen der Kirchen und Sekten förderten neue Formen der Sozialhilfe. In jenen Jahren entstand die Heilsarmee des Generals William Booth, dessen Buch »In Darkest England, and the Way Out« (1890) die Welt durch seine rücksichtslose Anprangerung des städtischen Elends schockierte.

Den größten Einfluß auf die Arbeiterbewegung gewann, vorwiegend durch ihr Schrifttum, die »Fabian Society«, die seit 1883/1884 unter Sidney und Beatrice Webb mit Bernard Shaw, Sidney Olivier, Graham Wallace u. a. ins Leben trat. Die »Fabier« nannten sich nach Fabius Cunctator, der durch Abwarten und Zögern den Sieg errungen hatte, und hofften auf eine »unvermeidliche stufenweise Entwicklung« (Sidney Webb) zu sozialistischen Formen auf einen gemäßigten humanistischen Sozialismus hin. Im Jahre 1889 erschienen die »Fabian Essays«, die einen wissenschaftlichen Feldzug für einen munizipalen Sozialismus eröffneten und der notwendigen gesellschaftlichen Veränderung das Wort redeten. Sie hatten Einfluß auf die gebildete Welt und wirkten besonders in London auf die Kommunalvertretungen. London war und blieb zwar in der hohen Politik konservativ und hatte hier die großen nationalen Interessen im Auge, aber in seiner inneren kommunalen Gestaltung wurde es unter dem Einfluß der Fabier-Publizistik fortschrittlich-demokratisch. Der hier sich äußernde britische Sozialismus war freilich mehr eine Bewegung der intellektuellen Mittelklasse und kein genuines Produkt der Arbeiterbewegung. Er enthielt einen beträchtlichen Zuschuß an Philanthropismus, der mehr ein moralisches Credo als eine Klassenkampfideologie auf seine Fahnen geschrieben hatte. Aus dieser Haltung entsprang auch das Manifest der »Fabian Society« gegen den Burenkrieg und gegen den Imperialismus, das für die Gründung der eigentlichen Arbeiterpartei im Jahre 1900 wegweisend war. Aber die Webbs hielten eine eigene sozialistische Partei für unnötig und dachten an wissenschaftlich fundierte staatliche Sozialmaßnahmen, die von selbst zum Sozialismus führen würden. Besonders Beatrice Webb mißtraute den Arbeiterführern und brachte der Parteigründung von 1900 nur geringes Interesse entgegen.

Ein unmittelbarer Anlaß zu parteipolitischer Organisation ergab sich aus den ständigen Konflikten der Belegschaften, in denen Streiks und Aussperrungen zu Prozessen führten und in die schließlich auch die Trade Unions in einer Weise hineingezogen wurden, die die Chancen einer berufsständischen Durchsetzung in Frage stellten. Der wichtigste Schritt dahin wurde von der »Unabhängigen Arbeiterpartei« getan, die 1893 gegründet wurde und trotz ihres begrenzten Erfolges den Weg zur »Labour Party« bahnte.

Ein Streik in den Manningham Mühlen von Bradford 1891 machte diese Gegend zum Zentrum einer politischen Arbeiterbewegung im industriellen Norden. Eine »Bradford Labour Union« mit 3000 zahlenden Mitgliedern wurde gegründet, die in den Wahlen von 1892 fast einen Arbeiterkandidaten ins Unterhaus gebracht hätte. Vielerorts bildeten sich ähnliche Arbeiter-Unionen, die Auftrieb bekamen, als der Schotte James Keir Hardie 1892 als erster Arbeitervertreter ohne Hilfe der Trade Unions und der Liberalen gewählt wurde. Keir Hardie propagierte seit 1887 eine selbständige Arbeiterpartei und arbeitete gegen die bisher übliche Verbindung der Trade Unions mit dem liberalen Lager. Unter seinem Vorsitz tagte Januar 1893 eine nationale Konferenz der Arbeiterunionen und -parteisplitter mit dem Ziel, die lokalen Bemühungen zu koordinieren. Das Ergebnis war die Gründung einer unabhängigen Arbeiterpartei, der »Independent Labour Party« (ILP). Zum ersten Mal war damit eine eigene sozialistische Partei ins Leben gerufen worden, die an die vorhandenen Ansätze in den nonkonformistischen Chapels und den Unionen anschloß. Manche wollen in dieser Gründung das »wichtigste politische Ereignis des 19. Jahrhunderts« (Lord Snowden) sehen. Die Partei erreichte aber keine Abwendung der Arbeiterschaft von den Trade Unions. Die lokalen liberalen Assoziationen ließen ohnehin keine Einzelkandidaten zu, die sich nicht die Bahn zu liberalen Unterhaussitzen über eine Gewerkschaft kaufen konnten. Keir Hardie verlor seinen Sitz 1895 wieder, und alle Kandidaten der ILP fielen durch. Aber die Partei wurde von der Überzeugungstreue ihrer Mitarbeiter getragen, so daß sie immerhin zur populärsten sozialistischen Propaganda-Organisation wurde, die den Boden für die eigentliche Parteigründung im Jahre 1900 vorbereitete. Ihre Führer faßten zudem Fuß in den großen Trade Unions, besonders als G. N. Barnes nach der großen Aussperrung der Maschinenarbeiter 1897/98 zum Generalsekretär der wichtigsten Gewerkschaft, der »Amalgamated Society of Engineers«, 1898 gewählt wurde. Im selben Jahr wurden andere prominente Mitglieder der ILP im Trades Union Congress führend, der 1899 den Beschluß faßte, durch Zusammenfassung der Organisationen eine größere Zahl Arbeitervertreter ins Parlament zu bringen.

Im Feburar 1900 kam in der Memorial Hall in London eine Konferenz der drei sozialistischen Vereinigungen und der Vertreter von über einer halben Million Gewerkschaftler zusammen; von der genossenschaftlichen Bewegung war kein Vertreter zugegen. Hier wurde ein »Labour Representation Committee« (LRC) eingesetzt, dessen Sekretär ein Delegierter der ILP wurde, J. Ramsay MacDonald. In dem Komitee hatten die Sozialisten fünf und die Gewerkschaften sieben Sitze. Die Aufgabe des Komitees war die Sicherung einer Gruppe von Arbeitervertretern im Unterhaus, die ihre eigenen Whips hatte und eine einheitliche politische Linie verfolgen sollte. Diese Gruppe sollte sich zudem mit anderen Parteien verbinden dürfen, wenn deren Ziele im unmittelbaren Interesse der Arbeiterschaft lagen. Das war eine Absage an die sozialistische Dogmatik und ließ der Partei taktische Bewegungsfreiheit. Das neue Komitee fand kaum Zeit, zu den plötzlich angesetzten Wahlen vom Oktober 1900 Vorbereitungen zu treffen und setzte nur zwei von 13 Arbeitervertretern durch.

Die im Jahre 1900 gegründete Körperschaft nannte sich nicht »Partei« und nahm erst 1906 die Bezeichnung »Labour Party« an; aber sie war von Anfang an, verglichen mit allen vorherigen Gründungen, eine wirkliche Partei. Sie erhielt eine eigene, wenn auch schmale Finanzbasis, da die Trade Unions einem jährlichen Zuschuß von 10 s. für je tausend Mitglieder zustimmten. Allerdings vermochte sie lange nicht die Mehrheit der Gewerkschaftsführer zu gewinnen, die von der Unterstützung der Liberalen nicht abzubringen war. Dadurch erschien das Komitee vielen mehr als ein Nebenprodukt der liberalen Partei und kaum als eigenständige Gründung. Noch bei den Wahlen 1906 gingen das Komitee und die Gewerkschaften getrennt vor. Immerhin zogen dabei 29 Labour-Leute, 24 Trade Unionists und 12 »Lib-Labs« ins Unterhaus ein, wenn auch vielfach mit liberaler Hilfe. In etwa blieb die Labour-Partei bis 1914 ein Anhängsel der Liberalen, da sie immer nur eine kleine Zahl von Sitzen umkämpfen konnte und zu Absprachen mit den Liberalen genötigt blieb. 1910 gelang die ständige Verbindung zwischen dem Labour Representation Committee und dem Trades Union Congress. Bis dahin war es jedesmal die Rechtsprechung, die die Gewerkschaften auf die Seite der neuen Arbeiterbewegung drängte, so daß im Grunde doch schon 1900 eine »National Exekutive« der Arbeiterschaft im Ansatz erreicht war.

Der entscheidende Durchbruch der neuen Arbeiterpartei hing mit dem »Taff Vale Case« 1901 zusammen. Anlaß war ein Streikterror, den Angestellte der Taff-Vale-Eisenbahn-Gesellschaft in Süd-Wales als Streikposten (picketing) ausgeübt hatten. Nach der Gesetzgebung von 1871/1876 waren die gerichtlichen Maßnahmen gegen die schuldigen Individuen zu richten, nicht aber gegen die Gewerkschaften, in diesem Falle gegen die »Amalgamated Society of Railway Servants«, zumal diese Gewerkschaft den Streik nicht gebilligt hatte. Nichtsdestoweniger rieten die Anwälte der Gesellschaft, die Schadensklage gegen die Gewerkschaften zu richten. Der Prozeß ging bis zum »Court of Appeals«, dessen Entscheidung für die Gewerkschaften ausfiel, aber vom Oberhaus als höchster richterlicher Instanz zurückgewiesen wurde. Die konservativen Lords machten die Gewerkschaften für den Schaden in Höhe von 32000 Pfund haftbar. Das war ein Stoß gegen die Gewerkschaften überhaupt und bedrohte sie mit finanziellem Ruin. Das unionistische Kabinett Balfour - der bisherige Premier Salisbury war im Juni 1902 zurückgetreten – überwies die Grundsatzfrage an eine Kommission, d.h. schob sie für zwei Jahre auf die lange Bank. Oberhaus und Unionisten erschienen in den Augen der Arbeiter als Interessenvertreter des Kapitalismus.

Der Wille der Arbeiterschaft richtete sich jetzt darauf, die Entscheidung von 1902 zu revidieren, um den Trade Unionismus zu retten. Die neue Partei war nun die Hoffnung der Arbeiter; in einem Jahr stieg ihre Mitgliederzahl von 356000 auf 861000 an. Dazu kam als neuer Streitpunkt, daß die Regierung seit 1904 die Verwendung von chinesischen Kulis in den Minen von Transvaal zugelassen hatte, wo 1905 schon ca. 47000 Chinesen die Bergwerksarbeit leisteten. Die britischen Arbeiter erblickten darin die Aneignung eines Rechts, den industriellen Arbeitermangel durch Einführung des asiatischen Kulitums zu beheben, was alle Hoffnungen auf freie Partnerschaft in der industriellen Produktion zu zerstören schien. Man sprach von einer neuen Sklaverei des Imperialismus oder einem Komplott zur Niederhaltung der Löhne. Beide Momente trugen entscheidend zur Katastrophe der Konservativen in den Wahlen von 1906 bei. In vielen Wahlbezirken stimmten die Arbeiter für die liberalen Kandidaten erst, nachdem sie ihnen das Versprechen abgenommen hatten, in ihrem Sinne zu votieren.

Der Mangel an zentraler Organisation und an klarer Programmatik blieb weiterhin für Labour kennzeichnend. Noch bis 1918 gab es keine Organisation für alle Wahlbezirke, da immer nur eine beschränkte Zahl von Sitzen umkämpft wurde. Anfang des Weltkrieges brach ein Gegensatz auf, als die führenden Sozialisten sich als Pazifisten gerierten und die Gewerkschaftsleute sich als Patrioten fühlten. Die Unabhängige Arbeiterpartei blieb eine eigene Gruppe innerhalb von Labour. 1918 kam unter Hendersons Führung ein verbindliches Programm zustande. Hier wurde der Materialismus in kapitalistischer und kommunistischer Form abgelehnt und eine soziale Partnerschaft befürwortet. Ein Plan-Sozialismus um seiner selbst willen sollte nicht das letzte Ziel sein, sondern der Mensch als moralisches Wesen blieb der Bezugspunkt. Die politische und wirtschaftliche Demokratie wurde bejaht und eine Kontrolle der politischen und wirtschaftlichen Macht erstrebt, wobei eine unnötige Einschränkung der privaten Initiative vermieden werden sollte. Dem Wettbewerb der einzelnen stellte das Programm die moralische Verantwortung der Gesellschaft gegenüber. Damit wahrte die Arbeiterbewegung das vom Nonkonformismus und Philanthropismus überkommene Erbe, wodurch sie die Form einer exklusiven und aggressiven Klassenpartei vermied und sich in die Regeln des parlamentarischen Widerspiels einzuordnen vermochte.

TEIL V

GROSSBRITANNIEN IM 20. JAHRHUNDERT

DIE VORWELTKRIEGSZEIT

1. *Der Übergang zur sozialen Demokratie 1902–1911*

Mehrere Motive wirkten zusammen, die zum Sturz der Unionisten unter ihrem neuen Premier Balfour (seit 1902) führten. Die schmähliche letzte Phase des Burenkrieges hatte den anti-imperialistischen Kräften wieder Resonanz in der Öffentlichkeit verschafft. Die Reichszollkampagnen Chamberlains riefen die Freihändler auf den Plan, denen Freihandel als Voraussetzung friedlicher Kooperation der Völker und Zollpolitik als Form des kalten Krieges galten. Für viele Durchschnittsengländer war Freihandel immer noch eine halb religiöse Angelegenheit, gewissermaßen eine Fußnote des christlichen Evangeliums vom Frieden und guten Willen aller Menschen. Zudem widersprach der Zoll dem Interesse der Arbeiter an billigen Konsumgütern. Die Frage Protektionismus oder Freihandel regte infolgedessen die Öffentlichkeit mehr auf als alle anderen Fragen. Sie zerstörte die Einheit der ›Unionisten‹, wie Konservative und Chamberlain-Liberale seit 1896 genannt wurden, und beraubte Balfour seiner besten Parteifreunde. Die »National Liberal Federation« von 1902 nahm das Gladstonesche Ideal wieder auf; im Jahre 1903 stürzte Chamberlain über seine Reichszollpolitik. Schlimmer noch war der »Taff Vale Case« von 1901, in welchem das Oberhaus – entgegen dem rechtlichen Schutz der Gewerkschaftsfonds nach den Gesetzen von 1871 und 1875 und entgegen einem Spruch des »Court of Appeals« – die Trade Unions für Streikschäden haftbar machte. Kurz danach erregte die Einführung chinesischer Arbeitskräfte in den Minen von Transvaal seit 1904, denen jedoch das Recht zu endgültiger Ansiedlung verweigert wurde, die Arbeiterschaft und die Altliberalen, die darin eine neue Form »christlicher Sklaverei« zur Niederhaltung der Löhne sahen. Vergeblich wies die Regierung auf die für Weiße kaum tragbaren Arbeitsbedingungen in den südafrikanischen Bergwerken und die befristeten Arbeitsverträge hin.

Ferner hatte die seit den achtziger Jahren sich meldende sozialistische Bewegung an Umfang und Rang gewonnen; karitative und humanitäre Vereinigungen der verschiedensten Art schossen überall wie Pilze hervor und legten Zeugnis für einen allgemeinen Gesinnungswandel ab. Schließlich hatte die Regierung in einem ihrer fortschrittlichsten Gesetze, dem Erziehungsgesetz von 1902, den Nonkonformismus gegen sich aufgebracht, hinter dem breite Schichten des Mittel- und Arbeiterstandes standen. Die allgemeine Entwicklung prägte sich im Werdegang Winston Churchills aus, der bei den Khaki-Wahlen 1900 mit 26 Jahren als Konservativer ins Unterhaus gelangte, sich im Jahre 1904 gegen Chamberlain für den Freihandel einsetzte, zu den Liberalen wechselte und unter der liberalen Regierung Campbell-Bannerman Unterstaatssekretär im Colonial Office wurde.

Jenes Erziehungsgesetz (Education Act) von 1902 für England und Wales stellte eine der konstruktivsten gesetzgeberischen Maßnahmen des neuen Jahrhunderts dar, die eine dauerhafte Lösung des nationalen Bildungswesens einleitete. Das Gesetz schaffte die lokalen »School Boards« im ganzen Lande ab und gab den County Councils bzw. County Borough Councils die Verantwortung für das Schulwesen in die Hand. Auch die privaten Schulen unterstanden ihnen, die allerdings ihre Lehrer selbst ernennen durften, ihre laufenden Schulkosten jedoch ebenso wie die öffentlichen Schulen aus den staatlichen Schulmitteln decken konnten. Damit wurden erstmals eine geregelte Bezahlung der Lehrkräfte und zugleich ein verbindlicher Bildungsstandard für alle Schulen erreicht.

In den öffentlichen Schulen wurde konfessionell neutral unterrichtet, so daß die Nonkonformisten nicht das Nachsehen hatten. Die Anglikaner und Katholiken begrüßten das Gesetz, da sie die wachsenden Lasten ihres Schulwesens kaum mehr tragen konnten. Die Nonkonformisten waren jedoch empört, da diese Regelung die bisherigen anglikanischen Pfarrschulen am Leben hielt und das Ende des kirchlichen Schulmonopols nicht abzusehen war. Besonders erregten die Zustände in einigen Gegenden von Wales Ärgernis, wo Pfarrer und Lehrer oft die einzigen Anglikaner waren und die Kinder der Nonkonformisten weiterhin die Pfarrschulen besuchen mußten. Die liberalen Unterhausführer opponierten gegen das Gesetz, das seinen beredtesten Kritiker in dem walisischen Hinterbänkler Lloyd George fand. Im Kabinett selbst meldete Chamberlain Bedenken an; aber in der von den Fraktionen freigegebenen Abstimmung wurde das Gesetz mit großer Mehrheit (271 : 102) angenommen und damit ein Flickwerk konkurrierender Bildungssysteme verhindert. Obgleich das Gesetz ein entscheidender Beitrag zum modernen Bildungswesen war, trug es zum Ende der konservativen Ära bei, weil es in den Augen der Gegner das kirchliche Schulwesen zementierte.

Ähnliches Pech hatte die Regierung mit der »Irish Purchase Act« von 1903, womit eine praktische Lösung der irischen Landfrage eingeleitet war. Die Regierung gab für die Landkäufe beträchtliche Zuschüsse, die in 68 Jahren gegen geringen Zinsdienst zurückzuzahlen und für die irischen Bauern durchaus tragbar waren. Statt der Doppeleigentümerschaft von Landlord und Bauer nach dem Landgesetz von 1881 wurde damit der Weg zur selbständigen Bauernschaft eröffnet. Diese Maßnahme bewährte sich bis zur Übernahme der Verpflichtungen durch den Freistaat Irland 1932. Aber ein inoffiziell unternommener Versuch, behördliche Zentralorgane für spezielle Aufgaben der irischen Verwaltung zu schaffen, scheiterte 1905 an den extremen Unionisten, die jedem Zugeständnis an die Iren mißtrauten. Damit war die Hoffnung auf die irischen Stimmen bei den nächsten Wahlen begraben. Desgleichen wirkte sich das von Admiral John Fisher seit 1904 eingeleitete kostspielige Flottenrüstungsprogramm gegen die Regierung aus. Der bemerkenswerte gesetzgeberische Ertrag der Regierung Balfour schlug unverdient zu ihrem Nachteil aus.

Der allgemeine Meinungsumschwung zeigte sich in den Nachwahlen des Jahres 1905, die die Regierungsmehrheit von 134 auf 68 Unterhausmitglieder reduzierten. Angesichts dieses eindeutigen Trends und auch angesichts der Angriffe des zurückgetretenen Chamberlain trat Balfour Ende 1905 zurück, in der Hoffnung auf eine Spaltung der Liberalen über die alte Home Rule Frage. Ihm folgte der Liberale Campbell-Bannerman, der das Unterhaus auflöste und für Januar 1906 neue Wahlen ausschrieb. Diese Wahlen ergaben einen eindeutigen Sieg der bisherigen Opponenten, der nur noch mit den Ergebnissen der Wahlen von 1918 und 1931 vergleichbar ist. Sie schickten 377 Liberale, 83 irische Nationalisten und 53 Arbeitervertreter, darunter 24 Trade Unionists und 5 ILP-Leute, die 12 »Lib-Labs« in den Reihen der Liberalen nicht eingerechnet, ins Unterhaus. Ihnen standen nur noch 157 Konservative (Unionisten) gegenüber, von denen 25 liberale Unionisten waren. Die absolute Mehrheit der Liberalen belief sich auf 84 Stimmen, wobei noch die 53 Labour-Abgeordneten und die 83 irischen Nationalisten sich meist auf der Regierungsseite hielten.

Damit gewann die liberale Regierung unter Campbell-Bannerman (1905–1908) eine breite Grundlage für eine neue Politik, mit der Großbritannien den Weg zum industriellen Wohlfahrts- und Sozialstaat beschreiten konnte und das Empire sich auf ein Commonwealth hin entwickelte. Allerdings mußte sie mit der konservativen Majorität im Oberhaus rechnen. Doch war ihr stärkster Gegner, Joseph Chamberlain, wegen einer Schlaglähmung ausgeschieden (gest. 1914).

Eine erste Maßnahme war die Aufhebung des Taff Vale Urteils von 1901 im Sinne der Gewerkschaften, die nun nicht mehr für betriebliche Verluste bei Streik und Boykott schadenersatzpflichtig waren. Ferner wurde durch eine Neuregelung des Arbeitsrechts die weitere Einwanderung von chinesischen Arbeitskräften in Transvaal unterbunden. Ein Drittes war die Selbstregierung für Transvaal als erster Schritt zur Südafrikanischen Union, der als Verwaltungsakt nicht der Zustimmung des Oberhauses bedurfte. Ferner reduzierte die Regierung die Ausgaben für das von Admiral Fisher durchgesetzte große Flottenprogramm. Damit wurden einige wichtige Streitpunkte der Vergangenheit liquidiert. Seit 1907 bemühte sich die Regierung, sich von der Sperrgewalt des Oberhauses zu befreien. Der eigentliche Umbruch zu einer neuen Politik vollzog sich nach dem Tode von Campbell-Bannerman unter dem Kabinett Asquith (1908–1915), als Lloyd George an Stelle von Asquith Chancellor of the Exchequer (Finanzminister) wurde und das Oberhaus wiederum die neue Politik blockierte.

Lloyd George kam aus ärmsten waliser Verhältnissen; als Waisenkind eines Elementarschullehrers hatte ihn sein Onkel, ein Dorfschuster, erzogen. Er saß seit 1890 als Liberaler und walisischer Nationalist im Unterhaus und übernahm 1905 das Handelsamt (Board of Trade). Schon als Handelsminister schaffte sich

Lloyd George einen Namen; aber seine große Zeit begann mit der Übernahme des Finanzministeriums. Asquith, der Vorgänger Lloyd Georges, hatte bereits soziale Maßnahmen wie Alterspensionen und Achtstunden-Tag für Bergleute eingeleitet. Die Herausforderung im deutschen Flottenbau schien jedoch alle sozialpolitischen Vorhaben der Regierung unmöglich zu machen, da die für 1909 unter dem Druck der Öffentlichkeit verlangten Schlachtschiffe eine Mehrsumme von 15 Millionen £ verlangten. Aber diese Notlage war für Lloyd George der Antrieb für eine Politik, die über die notwendigen Mehrsteuern eine Umformung der Gesellschaft anstrebte.

Durch seine Initiative begann die Regierung mit einer großangelegten Sozialpolitik. Die seit 1908 beschlossenen Sozialgesetze, nämlich die Alterspensionen und der Achtstundentag für Bergleute (1908), die Festlöhne in der Metallindustrie mit Schiedsgerichten (1909), die ärztliche Schulbetreuung und die Schulspeisungen (1909), die Hygiene-Gesetze und die humanitären Vorschriften für die Betriebe, die Mindestlöhne für Bergarbeiter (1912) nach den Bergarbeiterunruhen von 1911 waren Eingriffe des Staates in Wirtschaft und Gesellschaft. Das nationale Versicherungsgesetz (National Insurance Act) von 1911 folgte dem deutschen Vorbild und zwang alle, die weniger als 160 £ im Jahr verdienten, in eine Versicherung mit Krankenfürsorge und Arbeitslosenunterstützung, wobei bis zu 15 Wochen im Jahr ersetzt werden sollten. Genauso wichtig wie diese sozialpolitischen Maßnahmen waren naturgemäß die Auswirkungen der steuerlichen Abstufung. Hier ging Lloyd George über eine bloße Sozialfürsorge weit hinaus und nutzte den Notstand zu einem weitgehenden sozialen Ausgleich, der auf die Dauer die kapitalistische Konkurrenzgesellschaft in eine sozialpolitisch geprägte Wohlfahrtsgesellschaft verwandeln mußte und von Anfang an als Mittel für eine Demokratisierung und gegen die Stellung des Oberhauses gedacht war.

Seine neue Finanzgebarung bedeutete das Ende der alten viktorianischen Finanzpolitik, nach welcher möglichst wenig Geld vom Staat gebraucht und möglichst viel Geld in den Taschen des Volkes gelassen werden sollte. Die staatlichen Einkünfte waren dabei zwar gestiegen, aber die Steuerlasten kaum größer als 1860. Nun kam das Ende der staatlichen Enthaltsamkeit und der Beginn einer modernen Finanzpolitik. Lloyd George faßte seine Aufgabe anders auf als seine Vorgänger. Für ihn hatte der Staat eine soziale Aufgabe zur Regulierung der gesellschaftlichen Verhältnisse. Er war in gewisser Weise ein »Kathedersozialist« und sah im Budget ein soziales Instrument, um die Ungleichheiten und Ungereimtheiten in der Verteilung des nationalen Einkommens herabzumindern. Er plante zum ersten Male, die direkte Steuer als Mittel des sozialen Ausgleichs und gegen die Besitzunterschiede anzuwenden. Danach erwuchs dem Staat über die Sicherung von Recht und Ordnung hinaus die Pflicht, die Gegensätze und Klüfte in der Gesellschaft zu beheben, und zwar in einem »Kriegsbudget gegen die Armut«.

Nach Lloyd George sollte der Finanzminster der populärste Mann in einer wahrhaft demokratischen Regierung sein. Natürlich wollte er damit auch die Stimmen der Masse für sich gewinnen. Aber sein Plan war der Plan eines Mannes, der selbst aus tiefster Armut emporgestiegen und der mit ganzem Herzen seiner Sache zugetan war. Er wollte das nicht arbeitende Kapital höher besteuern, um einen Fonds für Wohlfahrtsempfänger über 70 Jahre anzulegen. Seine gestaffelte Einkommensteuer richtete sich gegen die großen Einnahmen, die bis zu einem Neuntel Einkommensteuer zahlen mußten. Steuern auf konzessionierte Geschäftsbetriebe, ferner auf Spirituosen und Tabak, auf Petroleum und motorisierte Fahrzeuge, auf Luxus- und Genußmittel sollten den sozialen Anliegen zugute kommen. Eine Erbschaftssteuer und eine Vermögenszuwachssteuer rundeten das Programm Lloyd Georges ab, dessen Ziel vor allem eine Alterspension für alle sein sollte. Das umfangreichste und kostspieligste Budget der britischen Geschichte war zugleich das sozialste, ein wahrhaftes »Volksbudget«. Für die damalige Zeit war dies eine ungeheuerliche Revolution. Was Lloyd George 1909 vorbrachte, war geradezu ein Programm von Labour und tatsächlich auch teilweise Labour-Vorschlägen entnommen. Diese Sozialpolitik sprengte bereits die Grenzen des alt-liberalen Denkens und deutete auf den Wohlfahrtsstaat hin. Am 4. November 1909 nahmen die Commons mit 379 gegen 149 Stimmen das Volksbudget an.

Lloyd George verteidigte sein Budget in der Öffentlichkeit und sparte nicht mit Invektiven gegen die Konservativen, offenbar in der Absicht, das konservative Oberhaus zur Ablehnung zu nötigen und dann neue Angriffe vorzutragen. In seinen Redekampagnen zielte er stets auf die Lords und gab sie der Lächerlichkeit preis. Berühmt wurde seine Lime House-Rede am 30. Juli 1909 in Ost-London: »Sie (die Konservativen) sagen: Wir haben nichts gegen die Dreadnoughts, wir sind aber gegen die Pensionen! Aber wenn diese Herren gegen die Pensionen sind, warum haben sie sie denn den Wählern versprochen? Sie gewannen früher Wahlen auf Grund ihrer Versprechungen, aber sie hielten sich nicht daran ... Es ist Zeit für Schutzmaßnahmen den armen Alten gegenüber. Es ist eine Schande für ein reiches Land wie unseres, daß es zuläßt, daß diejenigen, die sich ihr Lebtag abgemüht haben, im Elend enden müssen. Es ist ein trauriges Kapitel, daß ein alter Arbeitsmann entkräftet und schwankend zum Grabe wandern muß, durch Disteln und Dornen der Armut. Wir bahnen einen neuen Weg, einen besseren und angenehmeren, einen Weg durch wallende Kornfelder!« – Diese Reden taten ihre Wirkung: Am 30. November 1909 lehnte das Oberhaus das Budget in zweiter Lesung ab. Zwei Tage später brachte Asquith eine Resolution durch das Unterhaus mit 349 gegen 134 Stimmen, in der diese Handlung als Verfassungsbruch und Usurpation bezeichnet wurde.

Damit war eine neue Situation geschaffen. Seit 1860, dem Jahre, als zum ersten Mal alle Steuern des Jahres in einem einzigen Finanzgesetz zusammengefaßt worden waren, hatte niemand an dem seit jeher bei Finanzgesetzen üblichen Grundsatz gerüttelt, daß die Lords ein solches Gesetz weder ergänzen noch ablehnen konnten. Jetzt aber hatten 350 Peers die Bill verworfen und nur 75 Lords sich dafür erklärt. So viele Lords wie damals waren noch nie in Westminster versammelt gewesen; einige von ihnen waren so selten gekommen, daß sie, so sagte jedenfalls die Fama, die Schutzleute nach dem Weg zum Oberhaus hätten fragen müssen.

Diese »Usurpation von Rechten der Commons« führte zu Neuwahlen unter der Losung »the Lords versus the People« im Januar 1910. Dabei durften die Peers zum ersten Mal sich aktiv am Wahlkampf beteiligen. Die Liberalen erreichten dabei 274 Sitze, die Konservativen 273, die Iren 82 und Labour 41 Sitze. Die Regierung hatte also 100 Sitze verloren, nachdem sie bereits in Nachwahlen 10 Sitze verspielt hatte. Die Parteien standen sich gleich bis auf einen Sitz, d.h. die liberale Regierung war von den kleineren Gruppen abhängig. Wenn das Oberhaus die Finanz-Bill durchgelassen hätte, wäre sogar ein konservativer Sieg sicher gewesen. Wie kam es zu solch unerwartetem Ergebnis? Das Mißgeschick der Liberalen war, daß die deutsche Drohung das stärkste Faktum in der Politik zu werden begann und diesmal ein großer Teil der Öffentlichkeit hieraus das Motiv für seine Entscheidung nahm. Den starken pazifistischen Kräften hinter den Liberalen gab man nicht zu Unrecht schuld an dem Zurückbleiben der britischen Flottenrüstung. Die deutsche Flottenrüstung hinderte in den Augen Lloyd Georges Großbritannien an seinem Krieg gegen die Armut.

Sogleich zeigte sich indessen, daß das Wahlergebnis für das Oberhaus verhängnisvoll war. Als die Commons das Budget erneut berieten, intervenierten die irischen Nationalisten, die jetzt das Zünglein an der Waage waren, und griffen die Unterhaus-Resolutionen von 1907 wieder auf, die schon Campbell-Bannerman angesichts der Sperrgewalt des Oberhauses veranlaßt hatte. Sie wollten nur für das Budget stimmen, wenn gesichert wurde, daß das Veto des Oberhauses bei allen Gesetzen hinfällig sein sollte, die der Speaker als »Money Bills« bezeichnet hatte; andere Vorlagen sollten ebenfalls trotz der Ablehnung durch die Lords Gesetz werden, wenn das Unterhaus in drei aufeinanderfolgenden Sessionen seine Zustimmung gegeben habe; ferner sollte die Parlamentsdauer von sieben auf fünf Jahre reduziert werden. Der Grund für diese Initiative der Iren war das erfolgreiche Veto des Oberhauses gegen die irische Home Rule Bill vom Jahre 1893. Dieser Vorschlag einer »Parliament Bill« und das Budget wurden im April 1910 vom Unterhaus angenommen. Das Budget ging diesmal ohne Abstimmungskampf durch das Oberhaus.

Da König Edward VII. am 6. Mai 1910 plötzlich gestorben war, wurde das Parlamentsgesetz wegen der nun erforderlichen Neuwahlen vom Oberhaus postponiert und eigene Reformvorschläge durchberaten. Vor den Wahlen im Dezember 1910 gab der neue König Georg V. dem Premier Asquith sein Wort, daß er, falls die Mehrheit der Wähler die Politik der Regierung billige, sein Recht des Peerschubs anwenden werde, um das Oberhaus gefügig zu machen. Die Wahlparolen der Liberalen lauteten: Parlamentsgesetz, Home Rule und nationale Versicherung; die Konservativen propagierten eine Reform des Oberhauses und der Zollpolitik sowie ein Referendum, dem die Home Rule Sache unterworfen sein sollte. Im wesentlichen aber gingen die Wahlen um das Vetorecht des Oberhauses. Sie fielen nicht viel anders aus als die Januarwahlen im gleichen Jahr; nur war die Wahlbeteiligung geringer geworden.

Im neuen Unterhaus von 1911 wurde sogleich das Parlamentsgesetz beraten und nach der dritten Lesung am 15. Mai mit 121 Stimmen Mehrheit angenommen. Das Oberhaus lehnte erwartungsgemäß seine eigene Selbstausschaltung ab. Daraufhin teilte Asquith den Führern der Konservativen Balfour und Lansdowne die Absicht des Königs mit. Nun stimmten 131 Lords dafür und 114 dagegen; 37 konservative Lords stimmten dabei mit den Liberalen. Asquith hatte also gut vorgearbeitet und stand auf seinem Höhepunkt. Am gleichen Tage, dem 10. August 1911, beschloß das Unterhaus erstmals Diäten für die Abgeordneten in Höhe von 400 Pfund jährlich, so daß die Arbeitervertreter die gewerkschaftlichen Zuschüsse entbehren konnten.

Balfour wurde nach zwanzigjähriger Tätigkeit von seinen Parteifreunden zum Rücktritt von der Parteiführung genötigt, angeblich wegen zu hohen Alters und einer »petrification of the faculties« (Verkalkung). Immerhin trat er 1917 in der Balfour-Declaration nochmals hervor, die den Juden ein »national home« in Palästina in Aussicht stellte, und noch 1926 erläuterte er glanzvoll die Einheit und Vielfalt des britischen Commonwealth; er starb 1930 im 83. Lebensjahr und in hohem Ansehen. Sein Nachfolger als Parteiführer wurde Andrew Bonar Law, kein Adeliger, sondern ein Industrieller aus Glasgow, der beste Sprecher seiner Partei mit immensem Gedächtnis und messerscharfer Agressivität.

Am 18. August 1911 wurde die Bill Gesetz (Parliament Act). Damit war jede Ablehnung und Abänderung von Finanzgesetzen durch das Oberhaus ausgeschlossen; andere Gesetze sollten auch gegen das Veto des Oberhauses Gesetz werden, wenn sie dreimal in aufeinanderfolgenden Sessionen im Unterhaus angenommen worden waren. Die Dauer der Parlamente wurde von sieben auf fünf Jahre reduziert. Das Oberhaus war nunmehr als entscheidender Faktor der Gesetzgebung ausgeschaltet. Der Preis war die Erschütterung der bisherigen Gesellschaftsordnung, deren Folgen nicht mehr rückgängig gemacht werden konnten. Die Verfassungskrisis der Jahre 1909 bis 1911, die sich aus dem parteipolitischen Gegensatz zwischen Ober- und Unterhaus entwickelt und an Lloyd Georges Volksbudget entzündet hatte, führte zu einer Demokratisierung; die Möglichkeiten der Massendemokratie überschatteten sogleich das öffentliche Leben. In etwa war das Gesetz eine Konsequenz der Wahlrechtsausdehnung von 1867. Es war aber auch die Folge einer parteipolitischen Praxis des Oberhauses, die Gesetzgebung der liberalen Regierung regelmäßig zu sabotieren. Diese Praxis gipfelte in der Ablehnung des Budgets 1909 und widersprach nicht nur der Demokratisierung des Wahlrechts, sondern auch den bisherigen Gepflogenheiten.

Für Lloyd George blieb es ein Ärgernis, daß seine großen Pläne durch das deutsche Flottenprogramm ständig gehemmt wurden und ausgerechnet im Jahre 1911 und im Schatten der zweiten Marokko-Krisis das Verhältnis der beiden Flotten zugunsten Deutschlands sich verschoben hatte. Einen Monat vor dem Erlaß des Parlamentsgesetzes wandte er sich in seiner berühmten Mansion House Dinner Speech vom 21. Juli 1911 drohend gegen die deutschen Ansprüche auf Marokko: »Wenn uns eine Situation aufgezwungen wird, in welcher der Friede nur bewahrt werden kann durch Aufgabe der großen und wohltätigen Stellung, die Großbritannien durch Jahrhunderte des Heroismus und des Erfolgs erlangt hat, indem es zuläßt, selbst da, wo seine lebenswichtigen Interessen berührt werden, so behandelt zu werden, als ob es nicht im Rat der Nationen zähle, dann sage ich mit Nachdruck: Friede um solchen Preis würde eine Erniedrigung sein, die ein großes Land wie unseres nicht dulden würde.« Diesem außenpolitischen Druck gesellte sich eine innenpolitische Unruhe zu.

2. *Die inneren Unruhen vor 1914*

Das Ausmaß des allgemeinen Wandels in Politik und Gesellschaft trat in einer außerordentlichen Beunruhigung des öffentlichen Lebens zutage, die sich zu einer allgemeinen Krisis des Herrschaftssystems auszuwachsen drohte. Der allgemeine Grund dafür lag wohl darin, daß der Schritt zum liberal-demokratischen Wohlfahrtsstaat durch den Druck der Flottenrüstung ernstlich behindert wurde und der pazifistische Gladstone-Liberalismus angesichts der Drohung von außen bei den Wählern an Boden verlor. Fast wäre die Demokratisierung des politischen Lebens daran gescheitert. Der Preis für den liberalen Sieg von 1911 war eine Erschütterung der bisherigen Gesellschaftsordnung, eine Verschiebung des sozialen Schwergewichts, deren Folgen nicht mehr rückgängig zu machen waren. Künftig wurde die liberale Partei zunehmend von Labour abgelöst, die das Erbe des Gladstone-Flügels weitertrug. Das Land nahm die innere Gärung weit wichtiger als die außenpolitischen Gefahren. In der Tat hatte Großbritannien seit Jahrzehnten nicht solche sozialen und nationalen Unruhen erlebt wie seit der Verfassungskrisis 1909/11. Vor 1914 geriet der Staat schließlich an den Rand eines Bürgerkrieges. Drei Bewegungen hielten die Öffentlichkeit in Atem: die Arbeiterunruhen und Streiks der Jahre 1910/11, die Frauenbewegung seit 1905 und die Irische Frage, die sich zu einer irischen Revolte auszuwachsen drohte.

Alle drei Bestrebungen wurden von den Minderheitengruppen getragen, auf die die liberale Regierung seit 1910 angewiesen war. Die Wahlrechtsvorlagen von 1912 und 1913, die nach der Parole »one man, one vote« von der Arbeiterbewegung und mit anderem Akzent von der Frauenbewegung vorangetrieben wurden, scheiterten ebenso wie die irische Home Rule Bill von 1912. Der Kriegsausbruch stellte einen Burgfrieden auf der Grundlage des Status quo wieder her, aber die Streikdrohung der Arbeiter, die Sabotagedrohung der Suffragetten und die Bürgerkriegsgefahr durch das Irlandproblem stürzten Großbritannien vor 1914 in eine innere Krisis, die geradezu seine Stellung als Weltmacht gefährdete.

Im Sommer 1911 wurde Großbritannien durch eine Streikbewegung erschüttert, wie sie das Land in solchem Ausmaß noch nicht erlebt hatte. Obgleich die Wahlen von 1906 zum ersten Mal eine größere Anzahl von Arbeitervertretern ins Unterhaus gebracht hatten, war die Arbeiterschaft mit 53 Abgeordneten bei weitem nicht entsprechend ihrer Stärke vertreten. Das britische System der Ein-Mann-Wahlkreise begünstigte das Zweiparteiensystem und ließ eine Unsumme von Stimmen nicht zum Zuge kommen. In den Wahlen von 1910 gelangten nur noch 40 Labourleute ins Parlament, die keinen allzu großen Spielraum erringen konnten. Die Hoffnung der Arbeiter, über das Parlament sich durchsetzen zu können, war gering, und nur verdrossen folgten sie ihren Gewerkschaften. Schon 1908 klagte der Gewerkschaftssekretär W. V. Osborne (Osborne's Case) von der »Amalgamated Society of Railway Servants« in der »Chancery Division« des obersten Gerichtshofes gegen die Zwangsbeiträge der Gewerkschaften zugunsten der Arbeiterpartei und ihrer Vertreter im Unterhaus. Osborne erhielt hier und in den nächsten Instanzen des Court of Appeal und der fünf Richter des Oberhauses (1909/10) Recht. Viele Arbeitervertreter in Westminster sahen sich plötzlich ohne Mittel, zumal freiwillige Beiträge kaum einliefen. Dahinter stand eine Abwendung von den Methoden der Arbeiterpartei und vom Parlamentarismus. Eine andere Auffassung gewann Boden, nach der die Gewerkschaften als die allein geeigneten Kampfinstrumente der Arbeiterschaft betrachtet wurden. Von außen sollte das Parlament durch »direkte Aktion« wirksam beeinflußt werden und der Klassenkampf durch die verschiedensten Kampfformen wie Sympathiestreiks, Sitzstreiks, Sabotage, Demonstrationen, Tumulte und schließlich den Generalstreik in die Betriebe getragen werden. Inspirator dieser Bewegung war der französische »syndicalisme révolutionnaire«. Dieser dem Anarchismus entstammende Syndikalismus lehnte parlamentarische Politik als Abschwächung des Klassenkampfes und als Ablenkung von der sozialen Frage ab. Er vertraute dem Elan des Massenstreiks, um sein Ziel einer Gliederung der Gesellschaft nach demokratischen Produktionsgruppen zu erreichen. Ihm kamen eine Teuerungswelle, die unbefriedigende Wirksamkeit der Arbeitervertreter im Parlament und die Ablehnung des Volksbudgets im Oberhaus entgegen. Wenn die Lords die

Verfassung in ihrem Interesse sabotierten, hieß es bei den Gewerkschaften, warum sollten sie selbst es nicht auch dürfen?

Seit Herbst 1910 setzte eine Periode von Streiks und Arbeitskämpfen ein, die England zwei Jahre in Atem hielt und darüber hinaus bis 1926 in mannigfaltigen Formen und mit unterschiedlichen Erfolgen andauerte. Erste Streiks setzten im Juli 1910 bei den Eisenbahnern im Distrikt von Newcastle ein, denen Streiks und Aussperrungen in der Wollindustrie von Lancashire und Cheshire im September folgten; ihnen gesellten sich im Nordosten mehrere Streiks in der Eisenindustrie zu. Im Oktober brach in Frankreich ein Eisenbahner-Streik aus, der das nördliche Verkehrssystem lähmte und Paris vom Kanal und den nördlichen Häfen trennte. Die gewaltsame Niederschlagung des Streiks durch die französische Regierung, in der drei sozialistische Führer (Briand, Millerand, Viviani) saßen, diskreditierte den Parlamentarismus noch mehr. Im November brachen Unruhen unter den Bergleuten in Süd-Wales aus, die durch Truppen beigelegt werden mußten. Die »Times« schrieb von einer »Orgie der nackten Anarchie«.

Im Sommer 1911 setzten Seeleute und Heizer in den Clyde Docks durch ihre Gewerkschaften höhere Löhne und Überstundensätze durch. Die Londoner Dockarbeiter und Fuhrleute buchten ähnliche Erfolge. In Liverpool und Manchester kam es zu Tumulten, bei denen am 15. August zwei Arbeiter durch eingesetzte Truppen getötet wurden. Den Streikenden schlossen sich hier Eisenbahner an, und am 15. August beschlossen die vier Eisenbahngewerkschaften die Niederlegung der Arbeit. Am 17. August suchte der Premier Asquith zu vermitteln, betonte aber angesichts der internationalen Spannung, daß die Regierung eine Lahmlegung des ganzen Verkehrssystems nicht hinnehmen könne. Die politisch ahnungslosen Gewerkschaftsvertreter hörten nur die Kampfansage heraus und gaben das Signal zu einem Generalstreik aller Eisenbahner. Außer den beiden Direktionen Londons und des Südwestens waren mit einem Schlage die inneren Verkehrslinien stillgelegt und besonders die Industriezentren gelähmt. Ausgerechnet als das Parlamentsgesetz und die Agadir-Krisis die Gemüter erhitzten, legte der viertägige Generalstreik vom 18. bis 22. August 1911 das normale Leben still. In einigen Gegenden kam es zu Gewaltaktionen wie in Liverpool, wo die Verwaltungsgebäude in Flammen aufgingen. Das Schiedsgericht des Board of Trade wurde abgelehnt, obgleich die Gewerkschaften dafür waren.

Asquith beauftragte Lloyd George mit sofortigen Verhandlungen, der Ramsay MacDonald hinzuzog und am 19. August durch eine Garantie der Mindestlöhne den Streik beilegen konnte. Danach wurden auch die Konflikte in Manchester und Liverpool beendet. Diese erste und erfolgreiche solidarische Aktion im überregionalen nationalen Rahmen erfüllte die Arbeiterschaft mit Selbstbewußtsein. Im Oktober änderte die »Miners' Federation of Great Britain«, die alle Kohlenreviere umfasste, ihre Satzungen, um einen General-Zechenstreik durchführen zu können. Sie ließ im Januar 1912 eine Urabstimmung über einen eventuellen Generalstreik veranstalten und forderte dann allgemeine Mindestlöhne für das ganze Land. Am 1. März 1912 rief sie den Generalstreik aus und 850000 Bergarbeiter stellten ihre Tätigkeit ein. In zehn Tagen waren weitere 1,3 Millionen Arbeiter in anderen Industrien ohne Beschäftigung. Nach vergeblichen Vermittlungen fand der Streik erst durch ein Parlamentsgesetz sein Ende, das die geforderten Mindestsätze verbindlich machte, aber durchaus nicht alle Wünsche der Streikführung erfüllte. Die Arbeiter begannen die Arbeit nun wieder aufzunehmen; eine erneute Urabstimmung ergab 244000 Stimmen für Fortsetzung des Streiks und 201000 dagegen, so daß der Streik abgeblasen wurde. Die Bergleute erreichten viel, aber kaum mehr, als in den Verhandlungen vorher in Aussicht genommen war. Hier zeigten sich die Schattenseiten des Aktionsmechanismus, der nicht mehr aufzuhalten war, wenn er im Namen eines Programms in Bewegung gebracht war. Nach diesem begrenzten Erfolg und in Erinnerung an ihren leichten Sieg im Sommer 1912 rief die Transportgewerkschaft im Mai 1912 die Londoner Dockarbeiter und Fuhrleute zum Streik auf, um gegen die Einstellung eines Nicht-Gewerkschaftlers zu protestieren. Das Parlament lehnte eine Intervention der Regierung gegen den Antrag von Labour ab, und Ende Juni brach der Streik nach harten Verhandlungen ergebnislos zusammen. Damit endete vorläufig die ständige Streikunruhe. Sie hatte aber das Diätengesetz vom 10. August

1911 mitbewirkt, das die Labour-Unterhausmitglieder von den Gewerkschaften unabhängig machte. Die Beilegung der Streiks durch Waffengewalt und durch das Verhandlungsgeschick Lloyd Georges kam den Trade Unions zugute, deren große Zeit am Ende des Ersten Weltkrieges begann. Eine wirkliche Beilegung der Spannungen wurde noch nicht erreicht. Aber die »Health Insurance Act« 1911, zu welcher die Trade Unions mit ihren Versicherungsformen beitrugen und die die soziale Sicherung der Kranken durchsetzte, beendete die syndikalistische Bewegung, zumal schon 1912 die Krankenversicherung und die Arbeitslosenversicherung in Kraft traten. Der Mißerfolg der Streikbewegungen versetzte dem Syndikalismus endgültig den Todesstoß. Die Mitgliederzahl der Gewerkschaften erreichte in dieser Zeit drei Millionen. Die Bergbau-, Eisenbahn- und Transportgewerkschaften schlossen sich zu einer mächtigen Triple-Allianz zusammen, um zu gegebener Zeit auf andere Weise neue Forderungen durchzudrücken.

Die zweite Unruhewelle wurde von der Frauenbewegung ausgelöst, die in Europa keine Parallele hatte und vom Klassenkampf zum Kampf der Geschlechter übergehen wollte. Sie entstand nach der Mitte des 19. Jahrhunderts und agitierte gegen die Minderberechtigung der Frauen und für Zugang zum Studium und zu allen Berufen. Schon John Stuart Mill hatte sich für das Frauenstimmrecht eingesetzt. Seit 1860 gab es Gesellschaften für Frauenstimmrecht. Im Jahre 1884 tauchte im Unterhaus der erste Antrag auf Frauenstimmrecht auf. Seit 1880 öffneten sich die Universitäten den Frauen, die allerdings in Oxford und Cambridge keine akademischen Grade erwerben konnten. Immerhin gab ihnen die »Married Women's Property Act« von 1887 eine erste gesetzliche Unabhängigkeit. Seit 1894 konnten Frauen in den Gemeinde- und Bezirksräten sitzen. Ihnen kam zugute, daß in Australien und Neu-Seeland die Frauen volles Wahlrecht erhalten hatten.

Eine politische Vereinigung für das Frauenstimmrecht wurde 1903 in Manchester begründet, die »Women's Social and Political Union«. Gründerin war Emmeline Pankhurst, die Witwe eines populären Führers der Unabhängigen Arbeiter-Partei in Manchester, die von Keir Hardie Agitation und Propaganda lernte, auf dessen Rat Emmeline Pethick-Lawrence ihr zur Seite trat. Die Union war halb militärisch organisiert, hielt auf Disziplin und plante Provokationen, um ihre Anliegen ins Blickfeld zu bringen. 1908 trennte sich die »Women's Freedom League« von den »beiden Emmelinen«, ohne daß die wachsende Bewegung an Stoßkraft verlor. Die militante Taktik der Suffragetten begann kurz vor dem Sturz der Regierung Balfour, als Sir Edward Grey im Oktober 1905 auf einer liberalen Versammlung von zwei Mädchen unterbrochen wurde, die danach die Zahlung eines Strafgeldes verweigerten und ins Gefängnis wanderten. Das öffentliche Aufsehen ermutigte die Suffragetten, in der ganzen Wahlkampagne die liberalen Versammlungen zu stören. Kein liberaler Kandidat und kein Minister konnte den Mund auftun, ohne gestört zu werden, auch wenn er für das Frauenwahlrecht sich einsetzte. Die Terrorisierung wurde auch auf die Straße getragen. Die Frauen schlugen Schaufenster ein, ohrfeigten Polizisten, störten den Verkehr. Die gleiche Radautaktik wurde ins Parlament und sogar nach Downing-Street getragen. Dabei war das Wahlrecht nur der Vorwand oder das Symbol für allgemeine Gleichberechtigung. Ein Geist der Revolte hielt die Frauen zusammen; die Mittel waren ihnen wichtiger als der Zweck. In dem Frühstadium wurde noch wenig materieller Schaden angerichtet. Immerhin erreichten die Frauen bereits in der »Qualification of Women Act« von 1907 den Zutritt zu den County- und Borough-Councils.

Die Suffragettenbewegung trat Juni 1909 in eine neue Phase, als eine gefangengesetzte Suffragette in den Hungerstreik trat und ihre Entlassung erreichte. Andere folgten diesem Beispiel; die Bewegung suchte gleichzeitig ihre Anliegen durch provozierende Eigentumsdelikte in Erinnerung zu bringen. Zuerst blieben zerbrochene Fensterscheiben ausreichend; nach dem Scheitern einer »Conciliation Bill« im Parlament 1910 zugunsten des Frauenstimmrechts kam es zu einer Massendemonstration, bei der 153 Demonstrantinnen verhaftet wurden. Danach setzte eine Terrorwelle mit Verkehrsbehinderungen, Telegraphenzerstörungen, Brandstiftungen, falschem Feueralarm, Bombenattentaten und dgl. ein, die zu zahlreichen weiteren Verhaftungen führte. Gegen die vielen Hungerstreiks der Suffragetten in den Haftanstalten erließ die Regierung das »Katz und Maus«-Gesetz Mitte 1913, wonach Hunger-Streiklerinnen aus der Haft entlassen und später beliebig wieder festgesetzt werden konnten, was die Behörde in der Tat aus der Verlegenheit erlöste und eine wirksame Bekämpfung ermöglichte. Nichtsdestoweniger hielt die Provokationstaktik an, ohne in ihrem Ziel voranzukommen. Bei den Beratungen über ein Wahlrechts-Reformgesetz zur Abschaffung der Pluralstimmen 1912/13 versprach die Regierung ein Amendment zugunsten des Frauenstimmrechts, das aber überraschend vom Speaker als nicht ordnungsgemäß (out of order) zurückgestellt wurde, da es in der Tat kein Zusatz war, sondern ein völlig neues Moment enthielt. Die Überspanntheit der Suffragetten war inzwischen so offensichtlich geworden, daß viele wieder auf den ursprünglichen Normalweg für ein politisches Anliegen zurücklenkten und die verschiedenen Vereinigungen für Frauenstimmrecht sich in der »National Union of Suffrage Societies« (1913) zusammenschlossen, deren Propaganda-Arbeit einen besseren Erfolg verbürgte als der Anarchismus der radikalen Suffragetten. Immerhin saßen 1913 noch 182 Frauen im Gefängnis. Erst der Krieg setzte diesen tragikomischen Vorgängen ein Ende. Er gab den Frauen auf ihr Verlangen im Roten Kreuz, der allgemeinen Fürsorge und der Kriegsproduktion neue Aufgaben, aus denen ihre Ansprüche moralisches Gewicht gewannen. Erst 1918 erhielten alle Frauen, die ihr 28. Lebensjahr vollendet hatten, das Wahlrecht; zehn Jahre später wurden sie den Männern gleichgestellt.

Die dritte Welle von Unruhen kam aus der walisischen und vor allem der irischen Nationalitätenfrage. Beide Gruppen hatten seit 1910 unentwegt die liberale Regierung unterstützt, sowohl die walisischen Radikalen unter Führung Lloyd Georges als auch die 80 irischen Nationalisten unter Redmond. Die Befriedung der beiden Teile des Vereinigten Königreichs, die nicht im vollen Sinne englisch waren, wurde durch die »Welsh Disestablishment Bill« und die »Irish Home Rule Bill« (1912) versucht. Beide Länder hatten ihr regionales Sonderbewußtsein erhalten, das durch die literarische und propagandistische Wiederbelebung des keltischen Anteils gestärkt wurde. In den achtziger Jahren entfalteten sich in Vereinen, Zeitungswesen und Literatur heimatverbundene Kräfte, die das Sprach- und Bildungsgut des Keltentums pflegen wollten. Besonders in Wales war die keltische Sprache noch lebendig. Diesen Bestrebungen kam zugute, daß die Gladstone-Liberalen sich seit dem Bruch mit den Unionisten auf das keltische Element stützten und hier zu Konzessionen bereit waren. Das Programm von Newcastle 1891 sah ausdrücklich ein »Disestablishment« der Anglikanischen Kirche für Wales vor.

Der walisische Nationalismus war in den »Chapels« beheimatet, d.h. drei Viertel der Bevölkerung waren Nonkonformisten, die sich nicht mit der ihnen als »Established Church« aufgenötigten Anglikanischen Staatskirche befreunden wollten. Schon 1868 hatte Gladstone durchgesetzt, daß von Nicht-Anglikanern wenigstens keine Abgaben an die Staatskirche mehr geleistet zu werden brauchten. Die sonstigen Vorrechte der Kirche blieben aber unangetastet. Das Erziehungsgesetz von 1902 erregte allgemeine Empörung, da es die anglikanischen Pfarrschulen stützte und der eigenständigen Schulpolitik der waliser Nationalisten widersprach. Erst die »Welsh Disestablishment Bill« von 1912 schaffte die kirchliche Jurisdiktion ab und bestimmte, daß die kirchlichen Vorschriften nur für Anglikaner gültig sein sollten; ferner sollten die vier Diözesen von Wales nicht mehr unter der Kirchenprovinz von Canterbury stehen und die walisischen Bischöfe aus dem Oberhaus ausscheiden. Die Anglikanische Kirche durfte aber alle vor 1662 getätigten Dotationen behalten; die später hinzugekommenen Pfründen und Einnahmequellen sollten für die Universität von Wales und öffentliche oder soziale Angelegenheiten verwandt werden.

Diese Bill wurde von den Unionisten abgelehnt, die sich als Verteidiger der Interessen der Kirche von England fühlten. Zweimal verwarf das Oberhaus diese Bill, so daß sie erst beim dritten Mal und gegen den Willen der Lords 1919 Gesetz werden konnte. Es war das einzige Gesetz, das nach dem im Parlamentsgesetz von 1911 vorgeschriebenen Verfahren durchgesetzt wurde. So sehr diese Frage in Wales die Gemüter erregte und besonders seit 1902 für das dörfliche Schulwesen von Belang war, erregte sie kaum das Interesse der allgemeinen Öffentlichkeit.

Ganz anders war das bei der Irish Home Rule Bill, die einen Tag vor der Wales-Vorlage am 11. April 1912 dem Unterhaus vorgelegt wurde. Diese Bill lehnte sich an die Vorlage Gladstones von 1894 an und ging über den Gesetzentwurf von 1907 hinaus, der dem Parlament in Dublin nur beratende Befugnisse zugestehen wollte. Jetzt sollte die Zahl der irischen Abgeordneten in Westminster von 103 auf 42 reduziert und dafür ein eigenes Parlament in Dublin gebildet werden, das für die inneren Angelegenheiten des Landes zuständig war, dabei allerdings dem Vetorecht des Lord Lieutenant von Irland unterlag. Das Unterhaus sollte nach dem geltenden englischen Wahlrecht gewählt und das Oberhaus von der britischen Regierung ernannt werden. Das entscheidende Störmoment am dritten Home Rule Gesetz war, daß Irland noch als Einheit angesehen wurde, obgleich das überwiegend protestantisch-englische Nordirland davon nichts wissen wollte.

Die Landgesetze hatten in Irland allmählich statt der Pächter freie Kleinbauern geschaffen, und das Grafschafts- und Distriktsgesetz von 1898 hatte lokale Selbstregierungen eingerichtet. Die Irengruppe unter John Redmond war nach ihren langjährigen Erfahrungen in Westminster loyaler geworden und hatte ihren Englandhaß begraben. Daneben gab es freilich noch rebellische Elemente in der irischen Labourbewegung, in der »Gälischen Liga« (seit 1893), im »Sinn Fein« und in der »Irischen Republikanischen Bruderschaft«, die eine radikale Lösung der Irischen Frage anstrebten. Daneben hatte aber das englisch bestimmte Ulster seit 1886 an Selbstbewußtsein gewonnen. In Belfast waren die Parteigruppen, die Presbyterianer und die Leute der Orange-Liga, anti-irisch gesinnt. Die Unionisten bestärkten Ulster in seinen separatistischen Zielen, um eine Verständigung mit Redmond zu hintertreiben und damit Home Rule für ganz Irland zu torpedieren.

Führer der Ulster-Gruppe im Unterhaus war seit 1910 Sir Edward Carson. Wenige Wochen nach dem Parlamentsgesetz verkündete er am 23. September 1911 in Craigavon vor den Unionisten-Clubs und den Orange-Logen von Ulster sowie einer großen Menge von insgesamt 100000 Menschen das »Ulster-Programm«, das aus der Sonderstellung Ulsters gegenüber Dublin praktische Folgerungen zog. Vor der Einbringung der neuen Home Rule Bill im Unterhaus hatten die Unionisten von den lokalen Behörden in Ulster die Erlaubnis für eine Freiwilligen-Truppe erhalten, die bereits am 9. April 1911 vor Bonar Law und Sir Edward Carson eine Parade abhielt, auf der 80000 Ulster-Freiwillige aufmarschierten. Eine so gesinnte Verteidigungsgemeinschaft, die unter Westminster bleiben und sich nicht unter ein etwaiges Dubliner Parlament beugen wollte, machte eine Home Rule Vorlage für ganz Irland illusorisch. Jedenfalls hätte die Regierung die Organisation einer privaten Armee als illegal verbieten müssen. Asquith ließ jedoch die Dinge treiben. Amtlich stand er für ein Gesetz, das Ulster nicht ausschloß; aber er wandte sich auch nicht gegen die Bewegung unter Carson. Allgemein herrschte im Kabinett die Meinung vor, daß ein Ausschluß Ulsters Home Rule fraglich machen würde, zumal auch die Grenzziehung in den Mischzonen unendliche Verwicklungen nach sich ziehen mußte. Carson und Bonar Law, die Führer der Opposition, stellten sich voll hinter die Ulster-Fraktion, so daß seit Ende 1912 die Ulster-Frage für die Unionisten der einzige Grund war, gegen Home Rule zu stimmen. Die Regierung suchte Kompromisse und blieb gegenüber den irischen Nationalisten und den Ulster-Separatisten tatenlos. Die Home Rule Bill ging in zwei Sessionen mit großer Mehrheit durch das Unterhaus, wurde aber zweimal von den Lords verworfen. Damit hatte sich aber ihr Vetorecht erschöpft.

Erst im Herbst 1913 wurden Kompromißlösungen gesucht, bis Asquith am 9. März 1914 bei der drittmaligen zweiten Lesung der Home Rule Bill den Vorschlag machte, daß jede Grafschaft für sich nach der Mehrheitsentscheidung der Wahlberechtigten für die nächsten sechs Jahre sich von der irischen Home Rule ausschließen konnte. Diese Vorschläge fanden weder bei den Nationalisten noch bei den Unionisten Gegenliebe. Die Bill passierte im Mai das Unterhaus und hätte nun Gesetz werden müssen. Die Armee, in der anglo-irische unionistische Offiziere den Ton angaben, wurde unruhig, und einige gleichgesinnte Lords dachten an ein Veto gegen das jährliche Militärgesetz, was die Regierung der Disziplinargewalt über das Heer beraubt hätte. Ohne Rücksicht auf die gefährliche internationale Lage betrieben die Protagonisten von Ulster eine selbstmörderische Politik, die auf einen Bürgerkrieg hin tendierte.

Schlimmer war, daß sich im Laufe der jahrelangen Home Rule Kontroversen die Gegenkräfte in Irland stärker regten. Auch hier war Zentral- und Südirland in den Jahren 1912/13 durch eine Kette von Streiks und Aussperrungen erschüttert, bei der die syndikalistische »Irish Transport Workers' Union« heftige Aktionsformen gebrauchte und der erbitterte Kampf erst im Januar 1914 durch geschlossene Gegenmaßnahmen der Unternehmer zusammenbrach. Aus diesem Konflikt entwickelte sich ein Bruch zwischen den irischen Nationalisten und den Arbeitern von Dublin, die zum radikalen »Sinn Fein« hinübergezogen wurden. Außerdem entstand aus den Streikwachen eine Privat-Armee als Gegenbildung zu den Ulster-Freiwilligen. Die Gälische Liga entfachte eine Bewegung zur Werbung frischer Freiwilliger. Dies veranlaßte die Regierung zu einer Wiedereinführung des seit 1905 aufgehobenen Waffenembargos für Irland, was sie bei der Ulster-Armee versäumt hatte. Zur gleichen Zeit verstiegen sich Carson und Bonar Law zu unmißverständlichen Appellen an die Armee, bei der Durchführung des Home Rule Gesetzes gegebenenfalls der Regierung den Gehorsam zu verweigern oder zu resignieren. Von einigen Sprechern wurde eine Zusicherung der Regierung gefordert, daß den Offizieren nicht abverlangt werden könnte, die Home Rule Bill gewaltsam in Ulster durchzudrücken. Die Unionisten-Opposition verstieg sich hier zu Schritten, die das von Haldane organisierte Expeditionsheer aufzulösen drohten. Die Führer der Ulster-Freiwilligen hatten es außerdem fertiggebracht, sich trotz des Waffenembargos umfangreiches Waffen- und Munitionsmaterial zu beschaffen, ohne von den Polizei- und Küstenwachen gehindert zu werden. Angesichts dieser gefährlichen Entwicklung strömten auch in Ulster die »Nationalen Iren« der Gegenarmee zu, so daß die Streitmacht Carsons bald zahlenmäßig unterlegen war. Aber die Ulster-Freiwilligen hatten praktisch ein staatlich geduldetes Waffen-Monopol. Am 26. Juli 1914 versuchten auch die irischen Nationalisten sich gewaltsam Waffen zu besorgen, stießen dabei aber auf den Widerstand britischer Truppen, bei deren Abzug es zu Blutvergießen kam.

Angesichts der Bürgerkriegssituation boten die Unionistenführer die sofortige und spätere Zustimmung zu Home Rule an, wenn der Norden davon ausgenommen würde. Aber Redmond lehnte ab, um nicht noch ganz das Vertrauen seiner Landsleute zu verlieren. Eine letzte Konferenz der Antagonisten (21.–24. Juli 1914) erbrachte nichts, und das Kabinett war noch unschlüssig, als Außensekretär Grey den Text des österreichischen Ultimatums an Serbien vom Tage vorher bekanntgab. Damit blieb die Irenfrage ungelöst, obgleich die drittmalige Vorlage von Home Rule mit den neuen Zusätzen das Unterhaus passiert hatte und nicht mehr des Oberhauses bedurfte; denn der Krieg forderte den Burgfrieden auf der Grundlage des Status quo. Redmond gab eine Loyalitätserklärung ab, mit der der Streit vorläufig begraben war.

Die Krisen vor 1914 blieben unausgeräumt. Die Wahlrechts- und Frauenbewegungen erreichten 1918, die Waliser 1919 und die Iren 1921 ihre Ziele, wenn auch mit schmerzlichen Einschränkungen.

Die mannigfaltigen Unruhen dieser Jahre demonstrierten die gewachsene Macht der organisierten politischen, sozialen und ökonomischen Berufs- und Interessenverbände, die schwer zum Ausgleich ihrer Forderungen zu bringen waren und einen kompakten Druck auf Parlament und Regierung ausübten. Die sozialpolitischen Maßnahmen verlangten außerdem eine stärkere Heranziehung der verschiedenen Verbände, deren Interessenbereiche unmittelbar tangiert waren. So gingen dem großen Sozialversicherungsgesetz von 1911 lange Verhandlungen mit den Versicherungsgesellschaften, den Gewerkschaften und der British Medical Association voraus. Die Beilegung der Unruhen erforderte gesonderte Kontakte mit den beteiligten Organisationen und Kampfgruppen, die über die bisher übliche Form der Zusammenarbeit von Regierung und Parlament hinausgingen. Es bildete sich geradezu eine neue Form des Parlamentarismus, die über die offizielle parlamentarische Regierungsweise hinausgriff. Lloyd George erwies sich hier als fähiger Politiker, der später diese neue Form der direkten Auseinandersetzung mit den Interessenverbänden in den Dienst der britischen Kriegsanstrengungen zu stellen wußte. Dadurch gelangten die wirtschaftlichen und sozialen Probleme zeitweilig aus dem Arbeitsbereich des Parlaments in den Aufgabenkreis von Wirtschafts- und Berufsgruppen, wobei die Kontrolle des Parlaments an Wirksamkeit verlor. Dagegen gewann die Regierung durch die Ausdehnung ihrer Funktionen, die entsprechende Entwicklung neuer Kabinettsorgane wie Sekretariate und Kabinettsausschüsse, durch den Verzicht auf parlamentarische Sachausschüsse und den Kontakt mit den Verbänden an Bewegungsfreiheit und Verantwortung, was später für eine wirkungsvolle Koordination der Kriegswirtschaft von größter Bedeutung wurde.

3. Der Weg zum Commonwealth

Die erste Phase der Umformung des Empire zu einem Völkerverband reichte vom Durham Report 1838 bis zur Colonial Laws Validity Act von 1865. Sie erbrachte fast völlige Bewegungsfreiheit der Gesetzgebung und verantwortliche Selbstregierung. Die zweite Phase von 1867 bis zum Vorabend des Ersten Weltkrieges trachtete nach einer Modernisierung, indem die Siedlungsgebiete zu großen Föderationen zusammengeschlossen wurden, die sich Verfassungen nach britischem Vorbild gaben. Die Zusammenschlüsse von Kanada 1867, von Australien 1901 und schließlich von Südafrika 1909 und die entsprechenden Verfassungsordnungen, desgleichen die Festlegung des Dominionstatus 1907 sowie die Versuche der Zusammenfassung des Imperiums nach machtstrategischen, zollpolitischen und verfassungspolitischen Grundsätzen ergaben ein Zusammenspiel von auflockernden und zentralisierenden Tendenzen, aus denen heraus erst während des Weltkrieges das entscheidende »readjustment« geboren wurde (1917), das aus dem Empire ein Commonwealth machte.

Als sich 1901 die sechs australischen Einzelstaaten, nämlich Neusüdwales, Viktorialand, Queensland, Südaustralien, Westaustralien und Tasmania, eine Föderativverfassung gaben und als »Commonwealth of Australia« (1901) eine Republik mit monarchischer Spitze wurden, behielten die Einzelstaaten ihre eigenen Parlamente und Regierungen und waren in ihren inneren Angelegenheiten selbständig. Aber über den Gouverneuren stand nun der Generalgouverneur als Vertreter der Krone, der vom König nach Vorschlag des australischen Kabinetts ernannt und Oberkommandierender der Streitkräfte war, wobei er gegenüber Parlament und Regierung nicht größere Befugnisse hatte als der englische König im Mutterland. Die tatsächliche Macht lag beim »Federal Parliament« in Canberra. Es bestand aus dem Vertreter des Königs und den beiden Häusern, nämlich einem Senat von 36 Mitgliedern, die auf drei Jahre in allgemeiner direkter Wahl gewählt wurden, und dem »House of Representatives« mit 74 Mitgliedern, die ebenfalls alle drei Jahre direkt gewählt wurden. Beide Körperschaften waren also demokratisch gewählt und dazu nach allgemeinem Wahlrecht. Die Exekutive lag beim Generalgouverneur und dem Kabinett, dem »Federal Executive Council«, das vom Vertrauen der Häuser abhing. An die Stelle des bisherigen richterlichen Ausschusses trat ein oberster Gerichtshof als höchste Appellationsinstanz, so daß das historische Appellationsrecht nach Westminster entfiel. Australien hatte damit diese letzte Verbindung mit dem Rechtssystem des Mutterlandes gelöst und besaß nun auch das Recht selbständiger Verfassungsänderung, so daß das Parlament nicht nur eine konstitutionelle, sondern auch eine konstituierende Instanz geworden war.

Die Krönung dieses weitgehenden Föderations- und Verselbständigungsprozesses war die Union der südafrikanischen Kolonien im Jahre 1909, die mit freier Zustimmung der besiegten Burenrepubliken erfolgte, wobei die ehemaligen Burengeneräle wie Botha und Smuts nacheinander die Regierung führten. Vorausgegangen war die Freigabe der Selbstregierung für die Transvaal und die Orange-River Kolonie 1906/07 gegen den heftigen Widerstand der Konservativen. Diese Union war geradezu die Generalprobe für den Gedanken der Selbstregierung der autonomen Reichsteile. Wie in Kanada Franzosen und Engländer, waren hier Buren und Engländer ausgesöhnt worden. Ein Sonderfall blieb dabei das Kaiserreich Indien, wo seit 1885 ein Nationalkongreß zugelassen worden war. Immerhin brachte die »Indian Councils Act« von 1909 einen ersten zaghaften Ansatz von Selbstverwaltung. Danach waren die bisher nur ernannten legislativen Councils der Hauptstadt und der Provinzen teilweise wählbar. Diese hatten keine verbindliche

Kompetenz über die Exekutivbehörden, in die auch einige Inder hineingenommen wurden.

Gegenüber dieser Auflockerung des Reichsgefüges meldeten sich auf dem Höhepunkt des Imperialismus Gegenstimmen, die zwar die Konföderationen nicht ablehnten, sie aber als Stufen zu einer stärkeren Zentralisation sehen wollten. Für sie war die Stärkung der Einheitselemente das Wichtigste für den Fortbestand des Weltreiches, dem die Begründung des Kaiserreichs Indien 1876 auch äußerlich eine glänzende Fassade gegeben hatte. Die 1884 gegründete »Imperial Federation League« hatte große Bundesstaaten nach dem Vorbild der USA oder des Deutschen Reiches im Auge. Disraeli und vor allem Chamberlain dachten an einen einheitlichen Wehr- und Zollverband oder an einen Reichsrat als zentrale Reichsvertretung.

Diesen Bemühungen diente die große Kolonialausstellung von 1886 in London, die das öffentliche Interesse an den Kolonien wecken sollte. Einer wirtschaftlichen Ausrichtung sollte die berühmte »Merchandise Marks Act« 1887 zugute kommen, die für alle importierten Waren eine deutliche Kennzeichnung des Herkunftslandes vorschrieb. Anlaß war der geringe Fortschritt der britischen Produktion im Vergleich zur Wachstumsquote der Neulinge Deutschland und USA. Die »United Empire Trade League« von 1891 setzte sich, ebenso wie die »Fair Trade League« von 1891, für Kampfzölle gegenüber solchen Staaten ein, die eine protektionistische Schutzzoll- oder Vorzugszollpolitik betrieben. Außerdem nötigte die schmale britische Nahrungsgrundlage zu dem Flottengesetz von 1889, demzufolge nach dem Prinzip des Zweimächtestandards siebzig Kriegsschiffe mehr gebaut wurden, da der Schutz der Verbindungswege eine Lebensfrage für das Mutterland war, das seine Nahrung nur noch zu 15% selber erzeugen konnte.

Chamberlain verfocht am heftigsten diese Ideen. Er verlangte den Reichsrat und eine Politik der Reichsvorzugszölle, wonach bei beliebiger Zollpolitik der Kolonien innerhalb des Empire Freihandel bleiben sollte. Seine »Imperial Union« kam ebensowenig zustande wie seine »Imperial Federation«; stattdessen wurde nur eine »Imperial Consultation« erreicht. Schon auf der ersten Kolonialkonferenz von 1884 trat zutage, wie weit man von einer imperialen Einheit entfernt war. Nur die Vereinheitlichung von Post, Telegraf und Handelsrecht ergab sich als eine dringende Notwendigkeit. Vor dem Kongreß der Handelskammern 1895 propagierte Chamberlain den Freihandel innerhalb des Empire bei sonstiger Zollhoheit der Kolonien. Dem Wunsch nach Zollbevorzugung stand das Recht der Kolonien zu freien Handelsverträgen entgegen; zudem hätte England seinen eigenen Freihandel aufgeben müssen, wenn es von seinen Kolonien bevorzugt werden wollte; aber dagegen standen Industrie, Handel und Arbeiterschaft, die eine Verteuerung der Lebensmittel fürchteten.

Auch die nächsten Kolonialkonferenzen von 1887, 1894 und 1897 fanden sich nur zu wechselseitiger Konsultation bereit. Chamberlain erkannte, daß ohne zollpolitische Zugeständnisse nichts erreichbar sei und kündigte 1897 die Meistbegünstigungsverträge mit Belgien und Deutschland. Der Burenkrieg stärkte noch die zentrifugalen Kräfte, so daß auf der Konferenz von 1902 sich die »self governing colonies« nach ihrer Beteiligung am Burenkrieg als selbständige staatliche Einheiten fühlten. Chamberlain erreichte hier immerhin, daß nach vier Jahren die Regierungschefs wieder zu Beratungen zusammentreten wollten und die Kolonien sich zu jährlichen Beiträgen für Flotte und Militär bereitfanden. Außerdem wollte er die zur Deckung der Kriegskosten im Jahre 1900 eingeführten Getreidezölle beibehalten, die er angesichts des Widerstands der Arbeiterschaft dann für eine Arbeiter-Altersversicherung verwendet sehen wollte. Damit hatte er alle Kreise gegen sich, die nichts von einer direkten Staatsfürsorge wissen wollten und in dem Ausbau der Staatsmaschinerie einen Vorboten des Sozialismus zu sehen glaubten. Nach ihnen grub der Protektionismus dem Handel und letzten Endes auch der freien Gesellschaft das Grab. Über den Protektionismus stürzte schließlich auch Chamberlain 1903, da er den Widerspruch zwischen Imperialismus und Liberalismus nicht beheben konnte. Die »National Liberal Federation« von 1902 prophezeite sogar, daß in einem solchen gelenkten Imperium kein Liberaler mehr atmen könne und eine Zukunft des Cäsarismus, der allgemeinen Wehrpflicht und falscher Ideale von nationaler Größe und Ehre zu erwarten sei. Chamberlain hatte sich selbst in wenigen Jahren überlebt. Immerhin erreichte die imperialistische Welle unter Zustimmung aller Parteien 1901, daß in den Titel der Krone nun auch »the British Dominions beyond the Seas« neben Großbritannien, Irland und Indien aufgenommen wurden. Dabei wurde unter »Dominions« alles verstanden, was unter britischer Flagge stand.

Die entscheidende Weiterentwicklung kam erst 1907, als in Westminster eine liberale Regierung am Ruder war und das Einvernehmen mit Frankreich 1904 die Regierung von vielen Sorgen befreit hatte. Auf der Konferenz der sieben Premiers von Kapland, Kanada, Australien, Neuseeland, Natal, Transvaal und Neufundland nannten sich die großen weißen Siedlungsgebiete erstmals offiziell »Dominions«. Nun sprach man nicht mehr von Kolonialkonferenzen, sondern von Reichskonferenzen. Von diesen Dominions erhielt Neuseeland zuletzt (1907) eine entsprechende Verfassung, so daß das Wesentliche dieser Dominions ihre repräsentative Legislative und ihre voll verantwortliche Exekutive war. Ihre Entwicklung hatte sich durch Reichsstatuten vollzogen, die ihren formulierten Wünschen entsprachen.

Ihre Gesetzgebung galt nur innerhalb ihrer Territorialgrenzen und blieb ohne Einfluß auf das Empire selbst; sie war im Sinne des Gesetzes von 1865 dadurch eingeschränkt, daß sie nicht den auf die überseeischen Gebiete bezogenen Reichsstatuten widersprechen durfte. Gewisse Angelegenheiten blieben fernerhin um des Zusammenhangs willen durch Reichsstatuten geregelt wie etwa die Handelsschiffahrt und das Postwesen. Änderungen der Verfassungen blieben möglich; nur nach der kanadischen Verfassung wurde auf Reichsstatuten als notwendige Bedingungen einer Verfassungsänderung Bezug genommen. Auf dieser Zusammenkunft erst wurden »Imperial Conferences« für alle vier Jahre verbindlich gemacht. Sonst waren die Dominions nun Herren im eigenen Hause und verwarfen den Gedanken eines Reichsparlaments.

Im Grunde blieben diese Konferenzen informelle Beratungen zwischen den Premierministern; sie mochten als Kabinett der Kabinette betrachtet werden, aber alle Teilnehmer waren an die einheimische Volksvertretung gebunden und lehnten einen Oberstaat über den gleichberechtigten Teilen ab. Förmlich bindende Mehrheitsbeschlüsse konnten nicht gefaßt werden. Kooperation, Konsultation und Koordination waren Zweck der Zusammenkünfte, zumal es keine bleibenden Ausschüsse und keine Kontinuität der Arbeitsmethode gab. Ein festigendes Gegenelement ergab sich aus den militärischen Beratungen, aus denen heraus 1904 ein »Imperial Defence Committee« unter dem Premier als Chairman errichtet wurde, eine zentrale Stelle für Operationsplanungen, aber ohne klare Kompetenzen; dabei traten die Dominions nach Bedarf hinzu. Immerhin wurden auf Grund der Beratungen von 1906 die selbständigen Milizformationen der Dominions in Ausbildung, Taktik und Strategie dem Heer des Mutterlandes angeglichen. Erst 1912 formierte sich eine Art Reichsgeneralstab (Imperial Staff College) mit gemeinsamer Stabsschule und Reichskriegsakademie, so daß bei Kriegsausbruch 1,3 Millionen gleich ausgebildeter Offiziere und Mannschaften verfügbar waren, deren Verwendung allerdings die freie Zustimmung der Dominions voraussetzte. Diese militärische Kooperation war der Not des Augenblicks entsprungen und trug zur Einheit des Ganzen wenig bei, ja erwies sich später als Motiv stärkerer Auflockerung. Immerhin traten diese Truppen mit in den Krieg ein, wozu noch 1,2 Millionen indische Soldaten kamen. Die beträchtlichen Kriegsanstrengungen der Dominions, die Kanada am 26. September 1917 sogar nach dem Vorbild Großbritanniens vom 6. Januar 1916 zur allgemeinen Wehrpflicht veranlaßten, waren Schritte zur Verselbständigung zu souveränen politischen Faktoren, was im Frieden von Versailles 1919 zum Ausdruck kam, wenn auch hier die mitverhandelnden Dominions in ihren Unterschriften noch nach Großbritannien figurierten.

Damit war der Weg vom Empire zum Commonwealth beschritten. Gladstone hatte über Disraeli gesiegt; die moralischen Argumente hatten sich auf die Dauer stärker gezeigt als die machtpolitischen Argumente. Englands Selbstbescheidung führte es zu seinem eigentlichen Wesen wieder zurück. Das Commonwealth demonstrierte die Möglichkeit einer weltweiten Befriedung, und einige seiner Verfechter waren auch Vorkämpfer für Völkerbund und Pazifismus, die den Sieg des britischen Liberalismus Gladstonescher Färbung vollenden sollten.

4. Die britische Bündnispolitik 1900–1914

In seiner Bündnispolitik war Großbritannien der Gefangene seines Imperiums. Die weltpolitische und weltwirtschaftliche Verflechtung bewirkte eine Mannigfaltigkeit der Rücksichten, die weder voll überblickbar noch für die Zukunft vorausberechenbar waren. Die fast vollendete koloniale Ausbreitung der Mächte über die Erde komplizierte die außenpolitischen Aufgaben, da kaum eine politische Aktion mehr möglich war, die nicht sogleich andere Interessenten auf den Plan gerufen hätte. Die weltweiten Verpflichtungen verboten es London, sich durch allgemein gehaltene Verträge zu binden, die nicht regional oder auf spezielle Fragen beschränkt waren. Sie wären nur in einem stabilisierten, geschlossenen Mächtesystem am Platz gewesen und hätten in England zudem der Zustimmung des Parlaments bedurft. England wollte und konnte den Weg aus seiner »splendid isolation« nicht gehen, indem es sich mit einer anderen Macht oder Mächtegruppe auf Gedeih und Verderb verkettete. Es suchte vielmehr regionale Aushilfen, Absicherungen und Vereinbarungen an den Krisenstellen des Empire. Nur der imperiale Etatismus Chamberlains hätte eine dauerhafte, an ein anderes Bündnissystem gebundene Anlehnung sinnvoll gemacht. Die enge Verbindung mit dem Deutschen Reich, die Chamberlain erstrebte, hätte in der Tat seiner Reichsidee den notwendigen Rückhalt in Europa geben können. Chamberlains Scheitern hing in gewisser Weise am deutsch-britischen Verhältnis, wie umgekehrt Deutschlands Hegemonialstellung in Europa davon abhing. Die deutsch-britischen Bündnisverhandlungen um 1900 waren deshalb von entscheidendem Gewicht für die Zukunft beider Mächte, und es war kein Zufall, daß der deutsche Kaiser seine größte Popularität in England genoß, als er 1901 zum Krankenbett der Königin Viktoria, seiner Großmutter, eilte.

Letzten Endes scheiterte das Einvernehmen zwischen London und Berlin daran, daß Großbritannien als Weltmacht und Deutschland als europäische Landmacht dachte. England wollte sich auf vertraglich festgelegte spezielle Interessen beschränken, Deutschland ein allgemeines Bündnis unter Hineinnahme des

Dreibundes erreichen. England war von der praktischen Absicht auf das Nächstliegende geleitet, während Deutschland »alles oder nichts« wollte; mit anderen Worten: Deutschland wollte ein Prinzip und England eine Aushilfe. Ein solches erstes Spezialabkommen war das China-Abkommen zwischen England und Deutschland vom 16. Oktober 1900, wonach beide Mächte Sorge tragen sollten, die Küsten- und Flußhäfen Chinas im ganzen chinesischen Gebiet dem Handel aller Nationen offen zu halten und den Territorialbestand Chinas zu erhalten. England, das Ende des Jahrhunderts in 35 chinesischen Städten Exterritorialitätsrechte erworben hatte, suchte auf diese Weise seine Position zu sichern. Bei einem Versuch dritter Mächte, sich territoriale Vorteile in China zu verschaffen, sollten sich Berlin und London zur Wahrung ihrer Interessen verständigen. Andere Mächte wurden zum Beitritt aufgefordert. Österreich, Italien und Japan traten hinzu, die USA bekundeten ihre Sympathie, und nur Rußland wollte sich nicht durch andere Verpflichtungen hemmen lassen; es erklärte immerhin sein grundsätzliches Einverständnis. In Wirklichkeit sah Petersburg in dem Abkommen den Übertritt Deutschlands auf die britische Seite.

Als Rußland durch diplomatischen Druck von China ein Sonderabkommen über die Mandschurei erzwingen wollte, regte der britische Außensekretär Lansdowne am 7. Februar 1901 ein gemeinsames Vorgehen mit Japan gegen Rußland an.

Der deutsche Reichskanzler v. Bülow hatte bereits Petersburg gegenüber das deutsche Desinteresse erklärt und fand sich nur bereit, die chinesische Regierung vor dem Abschluß von Sonderverträgen zu warnen, solange ihre Verpflichtungen aus dem Boxeraufstand noch nicht erfüllt seien. England fürchtete ein Zusammengehen Frankreichs mit Rußland, um Japan an die Wand zu drücken, und hielt deren Zusammengehen mit Deutschland nach dem Vorbild von Shimonoseki 1895 für möglich. Nur die deutsche Entscheidung konnte Frankreich neutral halten. Aber das Reich beharrte auf seiner strikten Neutralität, und Bülow erklärte vor dem Reichstag am 15. März 1901, daß sich das Abkommen mit England nicht auf die Mandschurei beziehe; dabei nannte er das China-Abkommen jetzt Jangtse-Abkommen, obgleich nach Art. 2 des Vertrages Berlin zu einer gemeinsamen

Politik gegen ein annexionistisches Vorgehen einer dritten Macht in China verpflichtet war. Es bestand kein Zweifel, daß die Mandschurei zum Territorialbestand Chinas gehörte. Der deutsche Rückzug wurde in London als Illoyalität empfunden. Das Reich hätte nach britischer Auffassung angesichts eines japanisch-russischen Konfliktes lediglich Frankreich neutral halten sollen. Dabei schwebte London sogar die Möglichkeit eines ostasiatischen Dreibundes vor. Berlin aber legte den Vertrag so eng aus, daß die Vertragspartner an seiner Aufrichtigkeit zweifelten. In Wirklichkeit wollte Bülow auf diese Weise England in ein engeres allgemeines Bündnis mit den Dreibundmächten hineinnötigen und dann erst zu einer gemeinsamen Politik kommen. Unter dem deutschen Druck auf Peking und durch das japanisch-englische Zusammengehen kam es nicht zum Griff Rußlands nach der Mandschurei. Das sah wie ein Triumph der deutschen Politik aus. Aber Berlin hatte England und Japan enttäuscht und Rußland verärgert. Immerhin regte Japan nochmals einen ostasiatischen Dreibund an, was Berlin erneut ablehnte, um London in sein europäisches Bündnissystem hineinzunötigen.

Berlins ständige Weigerung erweckte den Eindruck, es wünsche einen Konflikt im Fernen Osten, um seine Lage in Europa zu erleichtern und ohne Risiko Nutznießer der Ostspannungen zu sein. Nur mit Deutschland konnte London angesichts der noch fortdauernden französischen Rivalitäten sich eine europäische Rückendeckung verschaffen. Frankreich hatte den Gedanken einer Ausweitung seines Kolonialreiches noch nicht aufgegeben und suchte eine Kompensation in Marokko; die Generalstabschefs Rußlands und Frankreichs berieten 1900/01 sogar die Frage eines Krieges mit Großbritannien. Deutschland zeigte in dieser Zeit seine Interessenlosigkeit auch gegenüber Frankreich, indem es den Einsatz französischer Polizeioffiziere in Marokko (1901) ohne Einspruch hinnahm. Berlin glaubte, die Verlegenheit Englands voll ausnützen zu können. Schließlich wollte Lansdowne sich sogar mit einem Konsultativpakt begnügen, da eine lose Einbeziehung des Reiches am Vorabend des Bündnisses mit Japan ihm unentbehrlich schien. Der Schlußstrich unter das Hin und Her der jahrelangen Verhandlungen und Vorschläge wurde mit der Reichstags-Rede Bülows vom 8. Januar 1902 gezogen, bei der der Reichskanzler auf die Edinburgh-Rede Chamberlains vom 25. Oktober 1901 antwortete.

Ausgerechnet der wärmste Anwalt einer Verständigung hatte sich den Zorn der deutschen Öffentlichkeit zugezogen, als er in dieser Rede die britischen Maßnahmen gegen die Guerilla-Banden der Buren mit dem deutschen Vorgehen im Jahre 1871 gegen die Franctireurs verglich. Es lag ihm völlig fern, die Ehre der deutschen Armeen anzutasten, die damals nach geltendem Kriegsrecht gehandelt hatten; er wollte lediglich Verständnis für das britische Vorgehen in Südafrika wecken. Die deutschen Kriegervereine stellten nach einer entsprechenden Erklärung auch ihre Protestkundgebungen ein, während die halbamtliche deutsche Presse und Bülow selbst Öl ins Feuer gossen und die Öffentlichkeit in ihrem Irrtum bestärkten. Damit tat man Chamberlain Unrecht und fügte noch obendrein Spott dazu. Chamberlain konnte sich diese Ausbrüche des Hasses nicht erklären und sah schließlich darin Selbstgefälligkeit und Hochmut des deutschen Volkes. Er begann am 20. Januar 1902, zwei Tage vor Lansdowne, mit dem französischen Botschafter in London Fühlung aufzunehmen. Zehn Tage später unterzeichneten Lansdowne und Hayashi das Bündnis mit Japan.

Die Sternstunde war damit verpaßt. Das Reich jagte unerfüllbaren Wunschgebilden nach, da es mit weltpolitischen Prätentionen im Grund noch Bismarcksche Politik betrieb. Es verlangte ein verbindliches Engagement des Empire in Europa, während England hier sein Disengagement erstrebte, nämlich Fesselung Frankreichs an Europa mit Hilfe Deutschlands. Die von Berlin gewünschte Bindung war Großbritannien nicht möglich und trieb es zu einer anderen Weichenstellung, in welcher der Umschwung der europäischen Machtverhältnisse und der Umbau des Empire beschlossen waren. Selbst Chamberlain hatte seit 1898 immer wieder betont, daß seine Angebote an Berlin eine Alternative seien und England im Falle der Ablehnung den umgekehrten Weg versuchen müsse. Die englisch-japanischen Verhandlungen gingen mit den deutschen Verhandlungen ursprünglich Hand in Hand. Nur die deutsche Politik der Hinterhand und die russische Expansionspolitik nötigten beide Länder zu einer gesonderten Einigung. London saß die Furcht vor einem Verlust des China-Marktes im Nacken, und Japan suchte Rußland von Korea wegzuhalten; Berlin hatte dagegen ein Interesse, Rußland an die pazifische Küste zu lassen, um dessen Druck in Europa zu mindern. Der Griff Rußlands nach Port Arthur (1898) und der Mandschurei (1900) sowie der Bau der transsibirischen Bahn seit 1891 mit französischer Finanzhilfe, dann aber die Unmöglichkeit eines Einvernehmens mit Berlin führten am 30. Januar 1902 zur Unterzeichnung. Beide Mächte behielten sich Eingriffsrechte in China bei inneren Unruhen oder zum Schutz ihrer Staatsangehörigen vor und sicherten sich wohlwollende Neutralität beim Eingreifen einer dritten Macht zu. Wenn weitere Mächte dem Gegner zu Hilfe kommen sollten, war der Partner zu gemeinsamer Kriegführung verpflichtet. Diese Verpflichtung erstreckte sich nicht auf Indien, Siam und die Straits Settlements. Bei der Erneuerung des Vertrags 1905 wurde sofortige militärische Hilfe bei Eingreifen eines einzigen Gegners vereinbart.

Damit war ein Bündnis geschlossen, das erstmals über den europäischen Rahmen hinausgriff. Neben die beiden Mächte England und Rußland, die sich als »asiatische« bezeichneten, trat nunmehr eine wirkliche asiatische Macht, nämlich diejenige, die es verstanden hatte, ihre eingeborenen Traditionen mit dem Modernismus zu verbinden. Schon 1894 hatte London mit der Anerkennung der japanischen Gerichtsbarkeit die Gleichberechtigung Japans in der Staatengesellschaft begründet. Nun aber nahm es den neuen Bewerber in sein System auf und verlängerte damit seinen Arm bis in das nördliche Ostasien hinein. Der Vertrag wandte seine Spitze gegen Petersburg und löste hier allgemeine Überraschung aus. Rußland suchte die Linie von Petersburg nach Berlin und Paris zu beleben, stieß aber auf Ablehnung, da Berlin um seine Ostasien-Interessen fürchten mußte und Paris eine Annäherung an England suchte, um sich bei einem kriegerischen Engagement Rußlands in Ostasien einen Rückhalt gegen Deutschland zu sichern. Schon der Abschluß des japanisch-britischen Bündnisses führte unmittelbar zur Annäherung von Paris an London und umgekehrt.

Überraschend war an dem Vertragswerk von 1902 das weitgehende Maß der Verpflichtungen, das militärisches Eingreifen einschloß, sobald zwei Gegner und nach dem japanischen Sieg über

Rußland 1905 sogar nur ein Gegner sich den Schutz- und Status quo-Maßnahmen des Partners entgegenstellte. Damit sollte Japan gegen eine russische Revanche geschützt werden. 1911 wurde eine Klausel eingefügt, wonach die Beistandspflicht nicht für Staaten gelten sollte, mit denen England ein schiedsrichterliches Streitverfahren vereinbart hatte, was auf die USA seit 1914 zutraf. Immerhin galt das Bündnis bis zum Vertrag von Washington 1921, der den USA die Flottengleichheit mit England brachte, für Japan aber eine herbe Enttäuschung war.

Alle weiteren Abmachungen Großbritanniens waren Sonderabkommen, bei denen sich die Unterstützungspflicht auf spezielle Punkte und spezielle Formen beschränkte. Sie entwickelten sich aus Spezialfragen, auf deren Rücken gewissermaßen Ententen zustandekamen. Alle Abmachungen einschließlich des Japanvertrags folgten mehr oder minder aus dem Abbruch der Verhandlungen mit Deutschland, wobei die Flottenkonkurrenz vorerst noch keine Rolle spielte.

Der Hay-Pauncefote Vertrag mit den USA vom 18. November 1901 beseitigte die noch bestehenden britischen Vorrechte in Panama und sah die künftige Souveränität der USA in der geplanten Kanalzone vor. Dieser Rückzug aus Mittelamerika war der erste Schritt zur atlantischen Gemeinschaft. Die USA erreichten die Selbständigkeit Panamas und sicherten sich 1903 die Souveränität über den projektierten Kanal. Nach dieser Verständigung mit Amerika und dann mit Japan folgte das englisch-französische Einvernehmen von 1904, das mit der Absage Frankreichs an den konservativen Klerikalismus 1905 und der Absage Englands an das Oberhaus 1911, also mit dem Vordringen des westlich-liberalen Elements, die Grundlage des Systems der atlantischen Demokratie wurde, deren Vorposten und Augapfel Belgien war. Die Entspannung mit Rußland 1907 und 1911 erbrachte lediglich eine asiatische Abgrenzung.

Die englisch-französische Entente von 1904 war in etwa das Ergebnis der fernöstlichen Spannungen und sollte Frankreich aus einem russisch-japanischen Konflikt heraushalten. Sie war nicht als Einkreisung Deutschlands gedacht und sollte lediglich die ständige Spannung mit Frankreich beheben. Noch nach dem Mißlingen der Annäherung an Berlin kooperierte England mit

Deutschland in der Venezuela-Affäre von 1902, als beide Länder eine gemeinsame Flottenaktion auf Vorschlag Lansdownes ins Auge faßten, um Venezuela zur Einhaltung seiner internationalen Verpflichtungen zu nötigen. Die Frage wurde angesichts der amerikanischen Haltung dann durch ein Schiedsverfahren geregelt. Auch in Bezug auf Ägypten brauchte England die deutsche Stimme in der internationalen Finanzkommission, solange ein Einvernehmen mit Frankreich fehlte.

König Edward VII. war in keiner Weise der Schöpfer dieser Entente; er bereitete durch seinen Pariser Besuch 1903 lediglich den Boden für eine Verständigung vor, die durch den Gegenbesuch des französischen Präsidenten Loubet im Sommer 1903 weiter vorangetrieben wurde. Nach zähen Verhandlungen erreichten Lansdowne und Paul Cambon am 8. April 1904 eine Einigung. Ihr wesentlicher Inhalt war die Aufteilung Nordafrikas, wobei Ägypten und Marokko die Hauptobjekte der Gespräche darstellten. Indem Frankreich sich aus Ägypten zurückzog, konnte das internationale Finanzgremium nach seinem entsprechenden Mehrheitsbeschluß durch ein Dekret des Khedive aufgelöst und durch eine selbständige Finanzverwaltung ersetzt werden. Damit hörte die ägyptische Frage auf, ein internationales Problem zu sein, und das unsichtbare Band, das England an Deutschland fesselte, wurde gelöst, da London zu seinen ägyptischen Plänen nicht mehr auf die deutsche Stimme angewiesen war. Frankreich erhielt freiere Hand in Marokko, mußte aber eine Entfestigungsklausel für die nordafrikanische Küste und die Abtretung eines Küstengebiets an Spanien hinnehmen. Insgeheim wurde Tripolis den Italienern zugesagt. Andere Regelungen betrafen Handelserleichterungen, Durchfahrtsrechte und diplomatische Unterstützung sowie Vereinbarungen über Neufundland, Westafrika, Siam, Madagaskar und die Hebriden. Der Vertrag wurde vom britischen und französischen Parlament ratifiziert, soweit er nicht Geheimklauseln enthielt.

Durch drei Momente entwickelte sich dieses Regionalabkommen zu der diplomatischen Revolution von 1904–1906. Einmal machte das gefahrdrohende Anwachsen der deutschen Flotte ein ständiges Einvernehmen mit Frankreich notwendig. Ferner gab der russisch-japanische Krieg von 1904/5 Frankreich

Gelegenheit zu guten Dienstleistungen, als der Zusammenstoß der russischen Flotte mit britischen Fischerbooten an der Doggerbank auf Drängen Frankreichs von Petersburg durch ein Schiedsgericht und Schadenersatzleistungen bereinigt wurde. Und drittens entwickelte Deutschland eine diplomatische Aktivität gegen das Abkommen von 1904, obgleich sich Wilhelm II. gegenüber Edward VII. als uninteressiert an Marokko erklärt und Reichskanzler Bülow den Vertrag sogar begrüßt hatte. Berlin hatte jedoch mit der russischen Niederlage in Ostasien Rückenfreiheit erhalten und zudem von den geheimen Zusatzartikeln des Vertrags erfahren. Es fühlte sich übergangen, zumal Italien und Spanien als Mittelmeermächte in dem Abkommen berücksichtigt worden waren. Am 31. März 1905 landete Wilhelm II. in Tanger und verkündete die unbeschränkte Souveränität des Sultans und das gleiche Recht für alle Nationen in Marokko. Berlin wollte die Entente durch diese Intervention zersplittern und die Wertlosigkeit des französisch-englischen Abkommens demonstrieren.

Erst dadurch vollendete sich die »diplomatische Revolution«, der »große Umsturz der Weltpolitik 1904–1906« (Paléologue), in der Konferenz von Algeciras 1906, welche die Vereinsamung der beiden Mittelmächte offenbarte und endgültig die deutsche Illusion eines Kontinentalblocks zerstörte. Das damit sich anbahnende Zusammenspiel mit Rußland führte unter Mitwirkung Frankreichs und im Verlauf englisch-deutscher Flottenverhandlungen zu der anglo-russischen Konvention vom 31. (18.) August 1907, die die asiatischen Gegensätze vorläufig beilegte. Sie war das Ergebnis der Verhandlungen des russischen Außenministers Iswolski mit dem britischen Botschafter Nicolson in Petersburg und sah den Rückzug Rußlands aus Afghanistan und Englands aus Tibet vor, während Persien in Interessensphären aufgeteilt wurde, in eine nördliche russische, eine südliche englische und eine mittlere gemeinsame Einflußsphäre; Garantien des Status quo, der offenen Tür und vorhergehender Konsultationen kamen hinzu. Im ganzen gesehen war in dieser Abmachung die Vertagung der russischen Asienpolitik und seine Rückwendung nach Europa beschlossen, nachdem es im Frieden von Portsmouth 1905 vom Fernen Osten verdrängt worden war. Damit hörte das russisch-österreichische Einvernehmen über den Balkan (1897–1903) auf. Die Dardanellenfrage blieb allerdings mit Rücksicht auf die englische Öffentlichkeit von der Konvention 1907 ausgeklammert, obwohl die britische Regierung insgeheim die Preisgabe der traditionellen Riegelstellung am Bosporus ins Auge gefaßt hatte. Für Grey als britischen Außensekretär schien der russische Druck von Osten zur Eindämmung Deutschlands notwendig zu sein. Er vermittelte in den Verträgen von 1907 und 1910 einen Ausgleich zwischen Japan und Rußland, die Mandschurei und Korea betreffend. Seit der Annexion von Bosnien und Herzegowina durch Österreich 1908, der einzigen Grenzveränderung einer Großmacht in Europa, wurde die russische Politik dezidiert anti-österreichisch und auf den Balkan gerichtet. Die Verkleinerung der asiatischen Reibungsflächen, die 1911 durch eine weitere Konvention nochmals gesichert werden mußte, und die Balkanpolitik der Mittelmächte führten Rußland ins westliche Lager. England behielt nichtsdestoweniger seine Entscheidungsfreiheit, sah sich aber durch den deutschen Flottenbau zu einer fortschreitenden Übereinstimmung mit den Kriegsvorbereitungen Frankreichs genötigt. Erst die geheimen Militärkonventionen Londons mit Paris seit 1906, die in die Flottenvereinbarung vom November 1912 einmündeten, einen Notenwechsel zwischen Grey und Cambon, und die nicht einmal allen Kabinettsmitgliedern in Westminster bekannt war, schufen eine Bindung, die England 1914 keine Wahl mehr ließ. Die Weichen zu dieser verhängnisvollen Entwicklung waren bereits gestellt, als Deutschland sich weigerte, dem Empire nach dem Plan Chamberlains den notwendigen europäischen Rückhalt zu geben. Diese Entscheidung war aber auch eine Bedingung für die innere Wandlung des Empire und die Entfaltung einer westlichen liberalen Solidarität, aus der die Alliierten den Waffengang mit den Mittelmächten schließlich ideologisch rechtfertigten.

5. *Der deutsch-britische Flottenkonflikt*

Die deutsche Herausforderung in der Flottenfrage seit der zweiten Flottenvorlage von 1900 und die Notwendigkeit einer Modernisierung der britischen Flotte veranlaßten die Regierung

Balfour zu einer neuen Flottenpolitik. Führender Geist war hier seit 1904 der erste Lord der Admiralität, Sir John Fisher, später Lord Fisher of Kilverstone. Hauptpunkte waren die Neuverteilung der Flotte und der Bau der neuen »Dreadnought«-Schlachtschiffe mit dreifacher Gefechtsstärke und der neuen »Invincible«-Schlachtkreuzer. Danach wurde die Schlachtflotte auf drei Basen statt bisher auf zwei verteilt, nämlich die Basen Malta, Gibraltar und die Heimhäfen am Kanal. Die Schaffung der Basis Gibraltar bedeutete die Herausnahme der halben Mittelmeerflotte und die Stärkung der Atlantikflotte; sie setzte zudem ein Einvernehmen mit Frankreich voraus. Die neuen Dreadnoughts liefen 1906 vom Stapel. Von 1906 ab sollten jährlich vier dieser überlegenen Schlachtschiffe gebaut werden. Damit erhoffte sich Fisher einen Vorsprung von 10 bis 14 Dreadnoughts, bevor Deutschland die ersten gleichrangigen Schiffe bauen konnte. Außerdem erforderte ein deutsches Nachziehen den Ausbau des Kieler Kanals zwischen Nord- und Ostsee und die Vergrößerung der Werft- und Hafenanlagen. Dadurch sollte Deutschland von einem weiteren Wettbewerb abgehalten werden. Aber die Deutschen wollten, nach einem Wort Kaiser Wilhelms II. (1908), lieber kämpfen als nachgeben, da es sich um eine Frage der nationalen Ehre handele; sie betrachteten jeden Begrenzungsvorschlag als feindlichen Akt. Entsprechend war die Antwort aus Berlin das Flottengesetz von 1906, das auch den Ausbau des Kieler Kanals vorsah, der freilich erst sechs Wochen vor Kriegsausbruch fertig wurde. In Wirklichkeit nahm das unerwartete deutsche Nachziehen der britischen Flotte ihre Überlegenheit, weil ihre bisherigen Kampfeinheiten gegenüber diesen neuen Großschiffen mit einem Schlag zweitrangig waren. Der kalkulierte britische Vorsprung schwand vollends, da die liberale Regierung Campbell-Bannerman 1906/8 das Rüstungsprogramm reduzierte und die britische Führung in der Flottenrüstung verloren ging. Dagegen half auch nicht die Aufrechterhaltung des im Jahre 1905 gebildeten Flottenkriegsrats, der in einigen Beziehungen als eine Art Admiralstab der Flotte anzusehen war.

Der energische deutsche Vorstoß von 1906 hatte sogleich eine kritische Lage geschaffen, der die Regierung durch starken diplomatischen Druck Herr werden wollte. Englands Versuch, über die Haager Friedenskonferenz von 1907 einen internationalen Ausweg zu finden, scheiterte am Einspruch Deutschlands gegen die Behandlung der Abrüstungsfrage. Allerdings scheiterte auch die Neufassung der völkerrechtlichen Regeln des Seekrieges an England, das in der Londoner Seekriegsrechts-Deklaration von 1909 seine Auffassung von Contrebande und Seeneutralität durchsetzte. Es folgten private Sondierungen zwischen Albert Ballin und Ernest Cassell, denen sich Gespräche beim Besuch Edwards VII. in Friedrichshof bei Kronberg im August 1908 anschlossen. Sie endeten in einem heftigen Zusammenstoß Wilhelms II. mit dem britischen Unterstaatssekretär Hardinge. Danach versuchte Lloyd George in einer persönlichen Reise nach Berlin mit dem Reichskanzler Bülow über die Flottenfrage ins reine zu kommen. Durch diese ständigen Bemühungen wurde Bülow bedenklich; er zweifelte an dem politischen Sinn der Konzeption von Admiral Tirpitz. Er lud ihm, dem Marine-Sekretär, die Verantwortung auf, ohne sich aber gegen dessen Zähigkeit durchzusetzen. Hier schon kapitulierte die Politik vor dem Militärtechniker. Das Ergebnis war die britische Flottenpanik von 1909, die die Regierung Asquith zwang, das Flottenprogramm Admiral Fishers in erweitertem Umfang wieder aufzunehmen. Seitdem wurde die liberale Regierung, entgegen ihren Neigungen und Absichten, genötigt, einen Großteil ihrer Energie auf den Flottenbau zu verwenden und die bis 1908 zurückgestellte Erhöhung der Flottenlasten nun doch auf sich zu nehmen.

Die Bosnienkrisis 1908, der gleichzeitige Casablanca-Disput zwischen Frankreich und Deutschland und das Scheitern der britischen diplomatischen Bemühungen ließen die Regierung erkennen, daß die Reduktion des Flottenprogramms ein schwerer Fehler war. Für 1908 hatte Admiral Tirpitz vier Großkampfschiffe auf Kiel gelegt gegenüber zwei britischen Dreadnoughts, und für das Jahr 1909 waren vier weitere Schiffe vorgesehen. Die deutschen Panzerplattenwerke und Waffenbetriebe hatten ihre Kapazität entsprechend vergrößert. Die Gefahr einer zeitweiligen Inferiorität der britischen Seestreitkräfte war offensichtlich. Der erste Lord der Admiralität McKenna forderte deshalb sechs Dreadnoughts für das Jahr 1909 und die gleiche Anzahl für die beiden folgenden Jahre nach dem Grundsatz Fishers: »two keels to one«. Er stieß auf den Widerstand Lloyd Georges und Winston Churchills, die beide ihre Sozialpläne in Gefahr sahen. Das Kabinett einigte sich auf vier Schiffe, denen nach Bedarf in den folgenden Jahren weitere Bauten sich anschließen sollten. Die Erklärungen vor dem Parlament, die auf die deutschen Rüstungen Bezug nehmen mußten, erregten aber die Öffentlichkeit so heftig, daß Regierung und Parlament dem überall gesungenen Refrain »We want eight, and we won't wait« nachgeben mußten und den Bau von acht Schiffen beschlossen. In den nächsten zwei Jahren wurden je fünf Schiffe auf Kiel gelegt, so daß die Gesamtzahl von 18 Schiffen in drei Jahren erreicht war. Damit wahrte England seinen Vorsprung. Es waren die 18 Schiffe, die dann 1914 der »Grand Fleet« von Jellicoe in der Tat die Überlegenheit verschafften.

Damit wurde aber das ganze Sozialprogramm der Regierung in Frage gestellt. 15 Millionen Pfund Sterling waren sofort mehr aufzubringen, und im Jahre 1913/14 gab England sogar 51 Millionen Pfund aus gegenüber 33 Millionen im Jahre 1905. Das war die unglaubliche Lage, als Lloyd George sein berühmtes Volksbudget von 1909 verkündete, das aus der Schwierigkeit eine neue Gelegenheit, ja ein Meisterstück politischer Strategie machte.

Die Bosnien-Krise war durch die deutsche Intervention von 1909 vorläufig beigelegt worden, veranlaßte aber Großbritannien, sich angesichts der österreichisch-russischen Spannung eine Neutralität zu sichern und in weitere Flottengespräche mit Berlin einzutreten. Englands Forderung nach einer Herabsetzung des Bautempos als Voraussetzung einer politischen Annäherung scheiterte aber an Deutschlands Forderung nach einer verbindlichen Neutralitätsgarantie, die England verweigerte, da sie weder Frankreich noch Rußland zugestanden worden sei. London fühlte sich in seiner Zurückhaltung durch die eifersüchtige Wachsamkeit Frankreichs und Rußlands bestärkt. Ohnehin wollten Wilhelm II. und Tirpitz nicht am Flottenprogramm rühren lassen und dachten nicht über taktisch gebotene Anpassungen hinauszugehen. Auch der anglophile Reichskanzler Bethmann Hollweg (1909–1917) versuchte nicht, die Flottenfrage direkt in den Mittelpunkt der Verhandlungen zu stellen und begnügte sich möglichst mit Gesprächen über wechselseitige Unterrichtung und die Möglichkeiten gegenseitiger Kontrolle. London selbst behandelte unter dem Druck der innenpolitischen Vorgänge die Sache ebenfalls dilatorisch. Diese Flottengespräche von 1910/11 zeitigten mithin nur geringe Ergebnisse und veranlaßten Asquith im Januar 1911, von einem Sub-Komitee des Reichsverteidigungsausschusses ein »War-Book« für den Ernstfall vorbereiten zu lassen. Der »Panthersprung« nach Agadir im Sommer 1911 alarmierte London und veranlaßte die Warnung Lloyd Georges in seiner Mansion House Rede vom 21. Juli 1911, die Berlin zur Einschränkung seiner Kompensationsforderungen bewog.

Lloyd George erklärte hier nach Absprache mit Grey und Asquith beim Jahresdinner der Finanzleute der City von London, daß Großbritannien sich nicht aus den kontinentaleuropäischen Angelegenheiten ausschalten lasse; Friede um diesen Preis sei eine untragbare Erniedrigung. Dieser Passus in einer sonst nur für den Bereich des Finanzministers bestimmten Rede, drei Wochen nach dem Panthersprung nach Agadir und von dem Exponenten des pazifistischen liberalen Flügels ausgesprochen, klang wie ein Ultimatum und störte Berlin endlich auf. Lloyd George ließ noch weitere Warnungen folgen, indem er den deutschen Schiffsbau gegen eingebildete Gefahren (»building navies against nightmares«) anprangerte und auf die Notwendigkeit einer Verständigung hinwies. Berlin rief seinen Botschafter in London zurück, weil er versäumt hatte, über die Stimmung in England rechtzeitig zu berichten. Nach der Beilegung der zweiten Marokkokrisis am 11. Oktober 1911 entspannte sich das Verhältnis Londons zu Berlin. Die britische Regierung suchte eine freundliche Geste, indem sie über eine Herabsetzung des Schlachtschiffstandards von 2 : 1 gegen Deutschland auf 16 : 10 debattieren ließ. Die Weltkonstellation drängte auf eine neue Verständigung hin, da Italien unter Ausnützung der Krisensituation und mit Billigung Frankreichs nach Tripolis griff und am 29. September 1911 der Pforte den Krieg erklärte. Aus dem Tripoliskrieg entwickelte sich 1912 der erste Balkankrieg, der bereits die Zündschnur zum ersten Weltkrieg legte. Zur selben Zeit geriet mit der Chinesischen Revolution (1911) der Ferne Osten in Bewegung. Am 24. November 1911 veröffentlichte London unter dem Druck der Presse, aber auch als Mahnung an Deutschland, das Geheimabkommen mit Frankreich betreffend Ägypten und Marokko von 1904. Lloyd George trat offen für ein Einvernehmen mit Deutschland ein. Wiederum kam es zu Sondierungsgesprächen zwischen dem britischen Finanzier Sir Ernest Cassell und dem Hamburger Schiffahrtsmagnaten Albert Ballin mit dem Ziel, die Annäherung der beiden Großmächte in ein vertragliches Verhältnis zu bringen. Die Warnungen der britischen Presse angesichts des deutsch-britischen Zerwürfnisses und die Vorwürfe gegen die undurchsichtige Außenpolitik der Regierung trieben Grey zu einer Verständigungsinitiative. Zuerst wurde Churchill als erster Lord der Admiralität für die Verhandlungen in Aussicht genommen, der aber ablehnte, weil er ein Scheitern für schlimmer hielt als überhaupt keine Verhandlungen. Als Unterhändler traf schließlich am 8. Februar 1912 der britische Kriegsminister Lord Haldane in Berlin ein. Haldane hatte zahlreiche persönliche Beziehungen zu Deutschland, zu dessen Gesellschaft und Geistesleben. Andererseits kannte er aber das Flottenprogramm nicht genau und sollte nur vorfühlen, ohne sogleich verbindliche Abmachungen zu treffen.

Die Zeit drängte, da Groß-Admiral Tirpitz und Kaiser Wilhelm eine neue Flotten-Novelle in Vorbereitung hatten. London war zu Zugeständnissen bereit, weil es fürchtete, allzu sehr in die französisch-russischen Interessen hineingezogen zu werden, und auch, weil es die unerträgliche finanzielle Belastung durch den Flottenbau mindern wollte. Haldane erklärte sogar offen, daß es sich um die Existenz der liberalen Regierung handele; sie würde stürzen, wenn sie nicht auf jeden Fall neue Kiele im Verhältnis von eins zu zwei auflege. England bot seine Neutralität für den Fall eines nicht von Deutschland provozierten Kriegs und koloniale Zugeständnisse gegen den Verzicht auf die neue Novelle an. Der Reichskanzler Bethmann Hollweg und der deutsche Botschafter in London Metternich waren für ein Eingehen auf den britischen Vorschlag. Sie ermunterten Haldane zu einem harten Kurs, um Tirpitz aus dem Sattel zu heben.

Berlin hatte ja bereits 1911 zugunsten Frankreichs auf Marokko verzichtet und den Russen 1908 die Meerengen zugesprochen, als London dagegen war. Das Potsdamer Abkommen von 1910 hatte die Beziehung zu Petersburg beträchtlich gebessert, so daß England zum Entgegenkommen gebracht war und Entspannung in Richtung London nahe gelegen hätte. Dabei hätte der deutsche Flottenbau einen Sinn bekommen, wenn mit dem Verzicht auf eine weitere Vermehrung der englische Verzicht auf eine Einkreisung herausgehandelt worden wäre. Bethmann Hollweg leitete sogar mit Haldane schon eine Art afrikanisch-vorderasiatischer Flurbereinigung in Form einer Beteiligung Englands an der Bagdadbahn und einer Beteiligung Deutschlands an der Liquidation der portugiesischen Kolonien ein. Das britische Angebot war eine große Stunde, deren Bedeutung den Beteiligten klar war; denn zweimal reichte Bethmann Hollweg und einmal Tirpitz sein Entlassungsgesuch ein.

Tirpitz mißtraute den Engländern, weil er weder die weltpolitische noch die innenpolitische Situation Großbritanniens durchschaute. Er verkannte den Grund der britischen Zurückhaltung bei den Verhandlungen, die auf die frankophile Stimmung des liberalen Englands Rücksicht nehmen mußte und sich gegen gezielte Indiskretionen zur Zersetzung der Entente abschirmen wollte. Tirpitz glaubte, pfiffiger zu sein als die britischen Diplomaten, und hielt die Steigerung der Flottenstärke für die bessere Politik. Der Kaiser sah darin ein innenpolitisches Mittel, um sein im Jahre 1908 (Daily Telegraph Affäre) angeschlagenes Prestige wieder zu festigen. Schließlich war die Flotte das Symbol der alldeutschen Idee, die der Kaiser gegen seine Kritiker aufgegriffen hatte, um seinem Kaisertum Popularität und nationalen Glanz zu geben. Schon um die Jahrhundertwende hatte die Rücksicht auf das Alldeutschtum die deutsche Regierung bestimmt, nicht in jenen großen Umschwung einzusteigen, der von China kam; jetzt versäumte sie es, durch den Verzicht auf das Schaustück der Flotte den Punkt zu gewinnen, von dem aus die sich gegen Deutschland zusammenschließende Welt aus den Angeln zu heben war. Schließlich war die Existenz der Flotte einen Konflikt mit England nicht mehr wert; sie war militärisch überflüssig und politisch ein Hindernis. Ein Verzicht auf sie hätte ein deutsch-englisches Übereinkommen ermöglicht, an welchem die französisch-britische Entente nach der Meinung Kiderlen-

Wächters, des deutschen Außensekretärs, hätte zerbrechen können.

Tirpitz sah diese Zusammenhänge nicht; Kiderlen-Wächter wurde von den Verhandlungen ferngehalten. Bethmann Hollweg vermochte nicht, sich gegen Kaiser und Admiral durchzusetzen. Der Hamburger Bürgermeister Burchard beschwor den Kaiser, an der Novelle unbedingt festzuhalten, wenn er sich nicht an Volk und Vaterland versündigen wolle; der Kanzler aber möge sehen, daß man ihm nicht wegen seiner Engländerei die Fenster einwerfe. Haldane wußte in dem Streit zwischen Bethmann Hollweg und Tirpitz nicht mehr, wer denn in Deutschland die maßgebliche Politik machte. An Tirpitz und dem Kaiser scheiterten die Verhandlungen. In der Hauptfrage kam es zu keinem befriedigenden Ergebnis; nur Teilverträge kamen zustande, nämlich über die Bagdadbahn und die portugiesischen Kolonien. Beide Vereinbarungen wurden kurz vor Kriegsausbruch noch paraphiert. Man hoffte hier, wenigstens zu einem wirtschaftlichen Ausgleich zu kommen, zumal sich die deutschen und britischen Märkte in ein Nebeneinander eingespielt hatten und ernsthafte Reibungsflächen nicht mehr bestanden. Aber der Hauptzweck der Haldane-Mission war nicht erreicht worden. England hatte die Chaotik der obersten Führung in Berlin erfahren. Die Hoffnung der Liberalen auf Entlastung zur besseren Behebung der inneren Krisen im eigenen Lande hatte sich zerschlagen.

Die Haldane-Mission war mehr als eine bloße Geste Greys, des britischen Außensekretärs, wie dieser beschwichtigend dem französischen und russischen Botschafter in London gegenüber behauptete, sondern entsprang aus der internationalen und der innenpolitischen Situation Großbritanniens. Der britische Außensekretär wurde durch das öffentliche Interesse und die öffentliche Meinung zu dieser Aktion gedrängt. Allerdings lieferte ihm die deutsche Unnachgiebigkeit dann die Beweggründe für eine Politik, die in der Tat nunmehr sich eindeutig gegen Deutschland richtete. Aber auch die danach sich ergebenden Militär- und Flottenabkommen mit Frankreich dienten immer noch der Entlastung des Budgets im Interesse der innenpolitischen Sozialmaßnahmen. Die unmittelbare Folge des Scheiterns der Mission war der Grey-Cambon Notenwechsel vom 22./23. November 1912, der mit einem Federstrich das atlantische Kräfteverhältnis zugunsten Großbritanniens verschob, allerdings auch London im Ernstfall an Paris binden mußte.

Dieser Notenwechsel bestätigte die von den Militärs beratenen Vereinbarungen, wonach die französische Flotte den Schutz des Mittelmeers und die britische Flotte als Gegenleistung den Schutz des Kanals und der französischen Nordküste übernehmen sollten. Die britische Flotte in Gibraltar wurde in den Ärmelkanal und die von Malta nach Gibraltar verlegt, während die französische Atlantikflotte ins Mittelmeer einlaufen und dort den Schutz der englischen Interessen übernehmen sollte. Damit verdoppelte sich fast die britische Flottenstärke in der Nordsee. Zwar hieß es in dem Notenwechsel ausdrücklich, daß die Freiheit der Regierungen damit nicht eingeschränkt sei und die Beratungen der Fachleute keinerlei Verpflichtungen zu einem Zusammenwirken im Kriegsfall enthielten. Dem Wortlaut nach handelte es sich nur um eine Erörterung über gemeinsame Maßnahmen bei unmittelbarer Kriegsdrohung. Dieser Vorbehalt war jedoch lediglich ein formelles Alibi zur Rechtfertigung der Geheimhaltung der Abmachung und zur Deckung der darüber informierten Kabinettsmitglieder. In Wirklichkeit bedeutete die Übernahme des Schutzes der französischen Nordküste durch die britische Seemacht auf alle Fälle mehr als nur eine wohlwollende Neutralität. Dieser Notenwechsel war der Wirkung nach der Ersatz für ein offizielles Bündnis, zumal ein offizieller Vertrag dieser Art die Zustimmung des Parlaments erfordert hätte. Er bedeutete praktisch, daß im Falle eines unprovozierten Angriffs oder eines Ereignisses, das den allgemeinen Frieden bedrohte, England an der Seite Frankreichs stehen würde.

Die beiden gleichlautenden Noten Edward Greys und Paul Cambons waren gewissermaßen der krönende Abschluß jener militärischen Beratungen, die mit Zustimmung Greys bereits über Jahre geführt worden waren. Grey trieb hier eine Politik neben dem Kabinett oder ohne das ganze Kabinett zu informieren. Das Parlament wurde nicht unterrichtet. Die liberalen Gruppen hätten wahrscheinlich Greys Geheimpolitik nicht mitgemacht; immerhin waren sie erbittert darüber, daß Deutschland ihr innenpolitisches Konzept verdorben hatte. Dieser weitgehende Schritt wäre ohne die deutsche Flottenpolitik sicherlich nicht getan worden, zumal Deutschland nicht Kreuzer zum Schutz der Kolonien baute, sondern Schlachtschiffe, die nur in größeren Verbänden und gestützt auf Basen operieren konnten, also nur als Angriffsinstrument in europäischen Gewässern brauchbar waren. Der Küstenschutz ließ sich auch anders einrichten. Der Flottenbau rechtfertigte und schuf in etwa auch die Kriegspartei, die eine Niederlage Frankreichs nicht zulassen wollte.

Der entscheidende Gegensatz zwischen Deutschland und England war nicht wirtschaftlicher, sondern militärpolitischer Natur. Der Handelsneid war durch die Einpendelung der Märkte längst in die zweite Linie gerückt und vielleicht eine Bedingung, aber keine Ursache des Kriegsausbruchs. Das allgemeine Ziel der britischen Politik, das Gleichgewicht Europas, ließ sich nur bei unbestrittener Seeherrschaft manipulieren. Die koloniale Selbsteinschränkung Großbritanniens zugunsten der europäischen Verhältnisse und gegen eine Hegemonie des Deutschen Reiches erschien seit 1904 als Leitlinie der britischen Politik. Seitdem konnte England eine Zurückdrängung Frankreichs auf die zweite Linie kaum dulden. Der Flottenbau war der Hauptgrund der englischen Furcht. Ein Abkommen mit den USA im Jahre 1912 über den atlantischen Flottenschutz ergänzte den Notenwechsel vom November 1912, desgleichen die russisch-französische Marinekonvention vom 16. Juli 1912. Das System Grey vollendete sich ohne Wissen und Willen der britischen Öffentlichkeit im antideutschen Sinne, wobei der innenpolitische Sinn der deutschen Flottenrüstung nach außen als politische Unvernunft erschien und zudem die innenpolitischen Ziele der britischen Politik in Frage stellte. In gewisser Weise waren für beide Länder innenpolitische Gründe entscheidend. Der Primat der Innenpolitik vertiefte die Gegensätze. Deutschland hinderte in den Augen Londons Großbritannien auf seiner Bahn zu einer sozialen Industriegesellschaft, verschob die Pläne der Regierung auf die Rüstung und bedrohte geradezu den Liberalismus in England. Dadurch wirkte sich der Gegensatz folgerichtig in einer Vergiftung der öffentlichen Meinung aus, die beide Länder aus verschiedenen Gründen ergriff. In Berlin war sich kaum jemand im klaren darüber, in welche innere Krise England vor Kriegsausbruch hineingeraten war und welche Nötigungen seine Außenpolitik eigentlich bestimmten.

6. Der Ausbruch des Weltkrieges 1914

Verantwortlicher Leiter der britischen Außenpolitik von Dezember 1905 bis Dezember 1916 war Sir Edward Grey, dessen lange Amtszeit nur von Palmerston und Salisbury überschritten wurde. Grey trieb seine Politik ohne Rücksicht auf die Öffentlichkeit und oft ohne ausreichende Information des Kabinetts. Sein System der Einschränkung Deutschlands durch Einvernehmen mit Frankreich und Rußland ließ ihn ins Kreuzfeuer der britischen Presse geraten, die ein besseres Einvernehmen mit Deutschland wünschte. Gegen seine Kritiker lancierte Grey 1912 die Haldane-Mission, deren Scheitern seiner Politik nachträglich eine Rechtfertigung gab. Die Vereinbarungen mit Deutschland in Bezug auf Bagdadbahn und Portugal-Kolonien von 1912/14 hinderten ihn nicht, insgeheim weitere quasi-militärische Abkommen mit Frankreich zu schließen. Daher konnte er am Vorabend des Weltkrieges weder offene Hilfe für Frankreich oder Rußland versprechen, weil sein Kabinett darüber geteilter Meinung war, noch strenge Neutralität verkünden, da das geheime Flottenabkommen von 1912 mit Frankreich bestand und zudem Rußland die Kolonialabkommen von 1907 und 1911 gekündigt hätte. Er hielt die Verbindung zur Entente für unaufgebbar, teilte aber Warnungen nach allen Seiten aus, um übereilte Aktionen zu verhindern und den Konfliktstoff auf die Ebene einer internationalen Konferenz zu heben. Das Zögern Greys hätte vielleicht seinen Zweck erreicht, wenn politisch-diplomatische Überlegungen allein gegolten hätten. Die rationale Betrachtung der Zusammenhänge erwies sich freilich als unzureichend, zumal die Militärkreise in die Diplomatie hineinzuwirken begannen und jene Eskalation beschleunigten, an der Grey ungewollt durch seine zwielichtige Politik auf verschiedenen Ebenen beigetragen hatte.

In den Konflikt nach Sarajewo schaltete sich die britische

Regierung relativ spät ein. Das Foreign Office war sich lange nicht sicher, wie sich Premier und Kabinett bei einer allgemeinen Konflagration entscheiden würden. London hatte weder an Frankreich noch an Rußland Solidaritätserklärungen abgegeben und eine formelle Bündnisbindung bestand überhaupt nicht, wenigstens nicht, wenn Frankreich sich durch sein Bündnis mit Rußland in einen osteuropäischen Krieg verwickeln ließ. Starke Kräfte im Lande waren gegen die Beteiligung an einem Krieg, vor allem große Kreise in Handel, Finanz und Presse sowie aus dem Lager des Liberalismus. Man sah in der britischen Enthaltsamkeit das einzige Mittel, den europäischen Kredit vor einem allgemeinen Zusammenbruch zu bewahren. Als größte Exportnation der Erde und Mittelpunkt des Zahlungsverkehrs der ganzen Welt konnte England niemals Vorteil, sondern nur Schaden von einem europäischen Krieg erwarten. Die Handelskonkurrenz gegenüber Deutschland war überhaupt kein Motiv, da hier England aus einem europäischen Krieg ohne eigene Beteiligung auf die Dauer nur gewinnen konnte, wenn nicht gerade Deutschland die absolute Hegemonialmacht wurde. Der Kampf um die Erhaltung des europäischen Gleichgewichts gab schließlich den Ausschlag, weil dieses mit der Behauptung der britischen Weltstellung gleichgesetzt wurde. Aber dieses Argument hätte in der britischen Öffentlichkeit nicht als ausreichender Kriegsgrund gegolten oder jedenfalls nicht den sofortigen Eintritt Großbritanniens in den Krieg begründen können. Die innenpolitischen Spannungen durch den Syndikalismus, die Suffragettenbewegung und vor allem die Irische Frage, die am Vorabend des Krieges die britische Expeditionsarmee in die Bürgerkriegssituation in Irland hineinzuziehen drohte, beschäftigten die Öffentlichkeit am meisten. Freilich waren durch die deutsche Flottenpolitik die Weichen gestellt, insofern die britische Antwort darauf die liberale Sozialpolitik in Frage stellte und eine Rüstungsanstrengung erforderte, die durch die diplomatisch-militärische Absicherung mit Frankreich erst als ausreichend erachtet wurde.

Greys Initiative entwickelte sich voll erst nach dem österreichischen Ultimatum an Serbien. Nach der schnellen Kriegserklärung Österreichs an Serbien am 28. Juli 1914 schlug Grey dem deutschen Reichskanzler vor, doch auf der Grundlage der serbischen Antwort Verhandlungen aufzunehmen, was aber Berchtold in Wien ablehnte. Wilhelm II. schlug dann eine Pfandnahme durch Österreich vor, etwa eine Besetzung Belgrads, bis Serbien Genugtuung geleistet habe, ein Vorschlag, den Bethmann Hollweg abschwächte, um den Eindruck einer Pression seitens Berlins zu vermeiden. Grey stellte sich am 30. Juli voll hinter den Vorschlag Wilhelms, bevor die ablehnende Antwort Berchtolds eintraf. Er betonte dabei die Verpflichtungen, die England an Frankreich bänden. Jetzt erst drang Bethmann Hollweg stärker auf Wien ein. Grey kam also Österreich weit entgegen und sah in dessen Einwilligung die letzte Chance, Berlin bei seinem brauchbaren Vorschlag festzuhalten. London lehnte sogar gemeinsam mit Berlin den russischen Einspruch gegen eine Einschränkung der serbischen Souveränität ab. Grey schlug Rußland jetzt vor, jegliche militärische Vorbereitung einzustellen, wenn Österreich nach erfolgter Besetzung Belgrads auf jede weitere militärische Maßnahme verzichtete. Berlin hingegen verlangte sofortige Einstellung der russischen Vorbereitungen. Bethmann Hollweg wies über den deutschen Botschafter mehrmals eindringlich auf die britischen Vorschläge und Warnungen vom 30. Juli 1914 hin.

Aber Wien lehnte plötzlich die deutsch-britischen Vorschläge einer Begrenzung der militärischen Operationen ab, und Bethmann Hollweg widerrief in der Nacht zum 31. Juli seine letzten energischen Instruktionen. Der Grund lag darin, daß Moltke als deutscher Generalstabschef in zwei Telegrammen mitteilte, daß Deutschland den Bündnisfall als gegeben anerkenne. Moltke hatte dabei noch keine Kenntnis von der russischen Generalmobilmachung. Damit gewann auf deutscher Seite das Gewicht militärisch-technischer Erwägungen die Oberhand; das gab in Wien den Ausschlag. Technische Erwägungen hatten auch den russischen Generalstab bewogen, zum 31. Juli die Generalmobilmachung durchzudrücken. In Petersburg hatten Paléologue und Buchanan, die beiden Botschafter der Entente-Mächte, Warnungen ausgesprochen, die Rußland von einem vorschnellen Handeln abhalten sollten.

Am 1. August erklärte Deutschland den Krieg an Rußland, während die Kriegserklärung an Frankreich auf Grund einer mißverstandenen Äußerung Greys zurückgehalten wurde, nach welcher England für eine Neutralität Frankreichs einstehen werde. Moltke war außer sich, da er darauf nicht vorbereitet war. Er konnte erst aufatmen, als ein Telegramm Lichnowskis aus London den Irrtum aufklärte. Danach erfolgte die Kriegserklärung an Frankreich, und am 2. August rückten deutsche Truppen in Luxemburg ein. Am selben Tag erklärte Grey der belgischen Regierung, daß eine Verletzung der belgischen Neutralität England in den Krieg ziehen würde. Das deutsche Ultimatum an Belgien am gleichen Tage gab hier sogleich den Ausschlag. Bis dahin hatte Grey alles aufgeboten, um den Frieden zu retten, ohne dabei allerdings an eine Preisgabe der Entente zu denken. Wenn schon der Krieg kam, konnte er England nur auf der Seite Frankreichs sehen.

Noch am 2. August hatte Grey dem französischen Botschafter Paul Cambon versichert, daß die britische Flotte entsprechend der Vereinbarung vom November 1912 die Nordküste Frankreichs gegen einen deutschen Angriff schützen werde. Aber bei deutscher Zurückhaltung erschien eine britische Teilnahme am Kriege noch nicht unvermeidlich. Erst das Ultimatum an Belgien gab den Anstoß für London. Die Rede Greys vom Abend des 3. August löste die Verzweiflung auf, in die Greys Passivität und Kriegsscheu die französischen und russischen Freunde gestürzt hatten. Hier fielen die berühmten Worte: »Die Lichter gehen aus in Europa, sie werden in unserer Lebenszeit nicht mehr erstrahlen«. Grey betonte jetzt, es sei ihm unmöglich, die Herrschaft einer einzigen Macht auf dem Festland zuzulassen und die belgische Neutralität verletzt zu sehen. Jetzt erst war Grey sich des Kabinetts und des Landes sicher. Seine Haßerklärung an den Krieg war dabei offenbar ernst gemeint.

Das Parlament erteilte den Anträgen auf die Landesverteidigung seine Zustimmung und billigte die Argumentation Greys zur belgischen Frage. Nur MacDonald und ein Teil der Arbeiterpartei stimmten als überzeugte Pazifisten dagegen. Ultimatum und Kriegserklärung wurden nun ohne Schwierigkeiten beschlossen; sie verstanden sich sozusagen von selbst. Am 4. August verlangte der britische Botschafter in Berlin, Sir Edward Goschen, die Respektierung der belgischen Neutralität, andernfalls

England in den Krieg eintreten werde. Damit waren für England die Würfel gefallen.

Greys Politik hätte vielleicht mit einer sofortigen klaren Stellungnahme erfolgreicher sein können. Aber eine Drohung an Berlin hätte Paris und Petersburg ermutigt, und eine vorzeitige Neutralitätserklärung hätte den Mittelmächten einen Antrieb zur bewaffneten Austragung des Konflikts gegeben. Grey wollte Zeit gewinnen und hätte vielleicht Erfolg gehabt, wenn nicht der Druck militärischer Erwägungen hinzugekommen wäre. Da England und Deutschland und in etwa auch Frankreich keine klaren Kriegsziele hatten, hätte eine gemeinsame Linie vielleicht gefunden werden können. Aber die Bindungen an Wien bzw. Petersburg zogen Berlin und Paris in divergierende Interessen hinein. Der britische Vorbehalt der letzten Entscheidung über Krieg und Frieden war in dieser Situation eine echte Reserve und nicht nur taktisches Manöver. Ohne Belgien und ohne die Flottenkonkurrenz wäre die britische Regierung wohl kaum in der Lage gewesen, ein Eingreifen vor der Öffentlichkeit zu rechtfertigen. Jetzt aber trat England mit der Überzeugung in den Krieg, eine gerechte Sache zu vertreten.

WELTKRIEG UND ZWISCHENKRIEGSZEIT

1. Allgemeiner Verlauf des Weltkrieges

Der Krieg schien anfangs die Erwartungen auf einen baldigen Sieg zu erfüllen. Die Royal Navy hatte in wenigen Wochen die Weltmeere frei gekämpft; alle deutschen Kolonien fielen den Alliierten in die Hand, wenn sich auch einige beachtliche Widerstandsgruppen halten konnten. Die deutsche Schlachtflotte stellte sich erst im dritten Kriegsjahr am Skagerrak zum Kampf (31.5. 1916) und wagte sich nicht mehr zu größeren Unternehmungen aus den schützenden Häfen. Nur der deutsche U-Bootkrieg fügte der Schiffahrt empfindliche Verluste zu, konnte aber auf die Dauer die britische Blockade gegen die Mittelmächte nicht ernstlich behindern. Blockade und unbeschränkter U-Bootkrieg widersprachen dem Völkerrecht. Der Übergang Deutschlands zum unbeschränkten U-Bootkrieg im Februar 1917 war für die USA der letzte Anstoß, in den Krieg einzutreten. Die schweren britischen Verluste wurden durch die Entwicklung eines Geleitsystems abgefangen, das Lloyd George gegen die Admiralität durchsetzte und das die Versorgung der Insel schließlich sicherstellte. Dieses neuartige Verteidigungssystem war eine ausschlaggebende Kriegsleistung Lloyd Georges. Sie war neben der Organisation der Kriegsproduktion und der Entwicklung moderner Waffen wie des Tanks und des Maschinengewehrs sein drittes persönliches Verdienst. Dadurch erst wurde der Blockade-Krieg von der See her einer Entscheidung zugeführt.

Der Landkrieg erreichte ein Ausmaß, das einen bisher unerhörten Einsatz von Menschenleben und materiellen Opfern verlangte. Die Ausbildung eines schlagkräftigen Expeditionskorps auf Initiative von Kriegsminister Haldane ermöglichte die sofortige Entsendung von 4 Infanterie-Divisionen und einer Kavallerie-Division, deren Flankendrohung die Marneschlacht 1914 mitentschied. Bis Mai 1915 erhöhte sich die Truppenzahl von 90000 auf 600000 Mann, die unter dem Kommando von General Sir John French sogleich in ein militärisches Desaster hineingerieten. Die unerfahrenen Bataillone hatten in den unaufhörlichen Kämpfen von 1915 etwa 300000 Ausfälle. French wurde bald darauf von Sir Douglas Haig abgelöst, unter dessen Kommando die gewaltigen Materialschlachten der Jahre 1916 und 1917 geschlagen wurden. Am Ende des Krieges standen 70 britische Divisionen im Feld. Diese militärischen Anstrengungen, die in der Somme-Schlacht Juli bis November 1916 ihren ersten Gipfel erreichten, zwangen England in eine Kriegswirtschaft hinein, die Arbeitsverpflichtungen, Wehrpflicht, Produktionslenkung und »Kriegssozialismus« einschloß. In der liberalen, auf individuelle Initiative eingestellten Wirtschaftsform Großbritanniens waren die staatlichen Lenkungs- und Kontrollmaßnahmen etwas Neues und Unerhörtes, das nach dem Wiederaufleben der alten freiheitlichen Wirtschaftsformen nach dem Kriege nicht mehr vergessen wurde. Zum ersten Mal erschien eine, wenn auch nur zeitweilige, Nationalisierung wichtiger Industriezweige wirtschaftlich vertretbar. Allerdings übertrug die Regierung die kriegsbedingten Sonderaufgaben auf die Interessenverbände und vermied dadurch von vornherein bürokratische Fehlleistungen. Die Koordination lag dabei aber in den Händen der Regierung. Die nachhaltige Tragweite dieses Dirigismus für das sozialpolitische Denken darf jedoch nicht übersehen werden. England erreichte zwar nicht die totale Bewirtschaftung aller kriegswichtigen Rohstoffe wie das klassische Land der dirigistischen Kriegswirtschaft, nämlich Deutschland; aber dafür übernahm es mit der Durchführung der großen Blockade gegen die Mittelmächte eine Aufgabe, die sich zu einem riesigen Experiment internationaler Verwaltung auswuchs. Die »schwarzen Listen« als Kampfmittel gegen die eigenen und neutralen Handelsfirmen führten zur Errichtung großer, von der Entente kontrollierter staatlicher Handelsorganisationen bei den Neutralen. Das britische »Navy Cert System« unterwarf die neutrale Schiffahrt einer allgemeinen Verladungskontrolle. Vor allem seit dem Kriegseintritt der USA erreichten die Alliierten eine Verfügungsgewalt über die Schiffahrt der seefahrenden Mächte, die im Verein mit der militärischen und militärtechnischen Organisation eine unglaubliche und im Grunde auch revolutionäre Leistung darstellte. Nach dem Krieg war alles anders als vorher.

Der Kriegsverlauf wurde durch den Widerstreit zweier strategischer Konzeptionen bestimmt, wobei Churchill und Lloyd

George über Seemacht, Blockade und Handelslenkung sowie über das östliche Mittelmeer die Entscheidung suchten, während die Generalität den Landkrieg im Westen als kriegsentscheidend betrachtete. Der Streit zwischen »easterners« und »westerners« fiel zeitweilig zusammen mit einem Streit zwischen Politikern und Militärs und auch zwischen Britannien und Frankreich. Das Scheitern der Dardanellen-Expedition im Frühjahr 1915, die begrenzten Erfolge der griechischen Front und der Nahostkrieg im Bund mit den Arabern, der erst mit dem Sieg in Palästina unter General Allenby Ende 1917 entschieden wurde, traten gegenüber den gewaltigen Schlachten im Westen zurück. Das Auftauchen der ersten Zeppeline über der Insel und die Luftbombardements sowie der Gaskrieg seit Ypern 1915, die großen Verluste und die dramatischen Krisen lenkten die öffentliche Aufmerksamkeit auf den Krieg an der Westfront. Der Landkrieg im Westen zwang Großbritannien erst zu jener zusammengefaßten Anstrengung, die seiner Freihandelstradition und seiner Wirtschaftsstruktur entgegen stand. Dadurch kam auch jene Reichskrisis zur Reife, die der Ausgangspunkt einer Auflockerung des Empire war. Die Truppen der Dominions und die farbigen Kolonialtruppen, besonders aus Indien, im ganzen nahezu 3 Millionen Mann, brachten die Glieder des Empire ins Spiel und leiteten bereits die Abdankung der europäischen Führungsmächte ein. Noch während des Krieges meldeten die Reichsgebiete ihre weitgehenden Ansprüche an, die auf eine neue Nachkriegsordnung zielten und die alten kolonial-imperialen Verhältnisse nicht mehr gelten lassen wollten.

Die Regierung schaffte sich durch geheime Zusicherungen an Italien (1915), Frankreich (1916) und Rußland (1917) sowie Zusagen an Araber, Juden (Balfour-Declaration 1917) und Inder, an polnische und tschechische Exilpolitiker willige Kampfgenossen und verband damit gewaltige Finanzleistungen an die Alliierten bis zur Gesamthöhe von 1,8 Milliarden Pfund. Das wies Großbritannien auf amerikanische Finanzhilfe in Höhe von 920 Millionen Pfund an und leitete jenes Wirtschaftsgefälle ein, das im Verein mit den Reparationsbestimmungen die weltweiten Krisen der Nachkriegszeit hervorrief. Dazu kamen noch über 6 Milliarden Pfund Kriegskosten, der Verkauf überseeischer Kapitalanteile und der Verlust von 6 Millionen Tonnen Schiffsraum.

Der Weltkrieg überschritt materiell und ideell das Ausmaß eines konventionellen Krieges und verband sich zunehmend mit ideologischen Konfrontationen wie etwa dem Gegensatz zwischen westlicher Zivilisations- und Freiheitsidee und deutschem Militarismus und Despotismus, der allerdings durch das westliche Bündnis mit dem Zaren an Glaubwürdigkeit einbüßte. Die Oktoberrevolution und der Kriegseintritt der USA 1917 steigerten und vermehrten die ideologischen Elemente, wobei der Einbruch des amerikanischen Naturrechts mit den 14 Punkten des amerikanischen Präsidenten Wilson das letzte Kriegsjahr bestimmte. Der Krieg verlangte die Ausschöpfung aller physischen und moralischen Energien der beteiligten Völker und machte eine autoritäre Zusammenfassung aller Kräfte unvermeidlich. Entgegen allen Erwartungen zeigten sich die parlamentarischen Staaten des Westens den außerordentlichen Belastungsproben gewachsen. Die diktatorischen Premiers von England und Frankreich gegen Ende des Krieges, Lloyd George und Clémenceau, blieben vom Vertrauen der Parlamentsmehrheit oder der öffentlichen Meinung abhängig; der Krieg wurde hier niemals eine ausschließliche Sache der Militärs – im Gegensatz zu Deutschland, wo die Dritte Heeresleitung alles den Zwecken der militärischen Kriegsführung unterordnen konnte. Die parlamentarische Demokratie war elastisch genug, ihren Kabinetten diejenigen Ausnahmevollmachten zu gewähren, die für eine wirksame Kriegsführung unentbehrlich waren. Das galt weniger für die Zensur in Presse und Propaganda als für die Kriegswirtschaft, wobei die letzte Kompetenz trotz mancherlei Reibungen mit den Militärs in den Händen der Regierungen blieb.

2. Die britische Regierung im Weltkrieg

Die britische Regierung Asquith blieb bis Mai 1915 im Amt, machte dann einer nationalen Koalitionsregierung Asquith Platz, bis seit Dezember 1916 die nationale Koalitionsregierung Lloyd George die oberste Gewalt ausübte. Schon die ersten Maßnahmen der Regierung Asquith gingen von der bisherigen Kabinettstradition ab. Am 5. August 1914 ernannte Asquith Lord Kitchener zum Staatssekretär für den Krieg; Churchill als erster Lord der Admiralität brachte Admiral Fisher in die Admiralität zurück, der sich 1910 von seinen Ämtern zurückgezogen hatte und als die größte Figur der britischen Flotte seit Nelson galt. Mit diesen beiden Veränderungen verwandelte sich das liberale Kabinett bereits in eine nationale Regierung, wenn es auch in Erinnerung an den drohenden Bürgerkrieg in Irland, den die Konservativen aufgeheizt hatten, noch nicht zu einer formellen Nationalregierung kam. Jedoch erklärte die konservative Opposition von vornherein, daß sie die Kriegsmaßnahmen der liberalen Regierung unterstützen wolle. Am 9. August rief Kitchener die Bevölkerung zur Meldung für den Waffendienst auf, um 100000 Freiwillige für eine dreijährige Verpflichtung zu gewinnen, womit der überparteiliche, nationale Auftrag der Regierung unterstrichen war.

Eine nationale Koalition, d.h. eine Koalitionsregierung ohne Opposition, wurde im Mai 1915 gebildet. Dazu kam es aufgrund einer Kabinettskrisis, die Admiral Fisher verursachte. Sie entwickelte sich aus einem Streit zwischen Fisher und Churchill anläßlich der britischen Dardanellen-Expedition im Frühjahr 1915. Churchill hatte diese Expedition geplant, um die türkisch-deutsche Kombination zu sprengen. Sie brachte jedoch nicht den gewünschten Erfolg, da die bewilligten Mittel unzureichend blieben und der britische Oberkommandierende an der Westfront, Sir John French, die Entscheidung in Frankreich suchen wollte. Fisher wandte sich gegen den Plan und führte den Mißerfolg auf Churchills fachliche Unzulänglichkeit in Marine-Angelegenheiten zurück. Außerdem hielt er seine, dem jüngeren Churchill gegenüber untergeordnete Stellung für unangemessen. Er demissionierte, um auf diese Weise Churchill aus der Admiralität hinauszudrängen. Die Konservativen nutzten die Gelegenheit, einen Generalangriff gegen die Kriegspolitik der Regierung zu unternehmen. Lloyd George fürchtete aber nichts mehr als die Heraufkunft eines konservativen Regimes, das ihn selbst auch zu Fall gebracht hätte. Er trat mit ganzem Gewicht für eine Koalitionsregierung ein, die ihn einbezog, aber Churchill naturgemäß ausschalten mußte. Asquith nahm nach einigem Zögern den Koalitionsplan an und ließ Churchill fallen. Mit ihm mußte auch

Haldane, der Lordkanzler und frühere Kriegsminister, der Schöpfer des britischen Expeditionsheeres, gehen. Ihm wurde seine Beziehung zum deutschen Kulturleben vorgeworfen, das er auch jetzt nicht verleugnete. Sein Abgang war das Ergebnis einer ständigen Verfemung durch die britische Sensationspresse. So mußten die beiden Männer abtreten, von denen der eine die Flotte und der andere das Heer in unermüdlicher Arbeit für den Ernstfall vorbereitet hatte.

Nun traten mehrere Konservative ins Kabinett ein, desgleichen Arthur Henderson als Vertreter der Labour-Partei. Balfour folgte Churchill als erster Lord der Admiralität, Grey blieb Außensekretär, und Lloyd George übernahm das Munitionsministerium. Dieses liberal-konservative Kabinett bestand bis Dezember 1916. Aufsehen erregte dabei die Ernennung Lloyd Georges zum Munitionsminister. Dieses Amt war nach dem sogenannten Granaten-Skandal neu geschaffen worden. Im Februar 1915 war in den Munitionsfabriken am Clyde ein Streik ausgebrochen. Kurz danach verschoß die britische Artillerie in der Schlacht bei Neuve Chapelle März 1915 auf einem Streifen von drei Meilen Länge mehr Granaten als im ganzen Südafrikanischen Krieg. Dadurch entstand ein empfindlicher Munitionsmangel, den Sir John French, der britische Oberbefehlshaber, dem Kriegssekretär Lord Kitchener anlastete. French wandte sich mit seiner Klage an Lloyd George und dessen Freund, den irischen Lord Northcliffe, einen Beherrscher der Presse, der den »Daily Mail«, das Blatt der Masse, und die »Times«, das Blatt der Intelligenz, regierte. Das Ergebnis der damit anhebenden Kampagne war, daß die Munitionsproduktion vom Kriegsministerium abgetrennt und in die Hände von Lloyd George gelegt wurde.

Lloyd George bewältigte seine Aufgabe glänzend und kam in den Ruf, der Mann zu sein, der den Krieg zu führen und auch zu beenden verstand. Er gewann die Großindustriellen für sich und überwand alle Widerstände. Er setzte die verstärkte Produktion von Maschinengewehren als Hauptwaffe durch, förderte gegen fachmännischen Rat neue Kanonentypen und betrieb mit Energie die Konstruktion der neuen Angriffswaffe, des Tanks. Er übernahm nach dem Tode Lord Kitcheners im Mai 1916 auch das Kriegsministerium, bis er im Dezember 1916 als der tatkräftigste und volkstümlichste Mann das Amt des Premierministers übernahm. Dieser Kabinettswechsel war für England, was für Deutschland die Dritte Oberste Heeresleitung war. Er kam nicht durch das Parlament zustande, da hier nur noch Spuren von Opposition sich regten. Die Opposition ging von der Massenpresse aus. Asquith und Grey kümmerten sich kaum um Presse und Meinungsbewegung; Lloyd George dagegen wußte um die Macht der Presse und pflegte die Freundschaft mit Lord Northcliffe. In dessen Zeitungen wurde Asquith immer wieder als der Zögerer, der Mann des »wait and see« hingestellt, während Lloyd George als Mann des »push and go« figurierte.

Dazu kam, daß Lloyd George als Chef des War Office seit Sommer 1916 sich ständig durch den Chef des »Imperial General Staff«, den altbewährten General Sir William Robertson, behindert fand, der von Asquith gestützt wurde. Lloyd George konnte seine volle Wirksamkeit gegen General Robertson nur entfalten, wenn Asquith mit Hilfe der konservativen Kabinettsmitglieder zum Abgang bewogen wurde. Diese dachten aber nicht daran, Lloyd George zu folgen. Das galt auch für Bonar Law, den Führer der konservativen Partei. Allerdings drohte der Partei eine Spaltung durch die rücksichtslose Polemik der Gruppe um Sir Edward Carson gegen die lahme Kriegspolitik der Regierung. Carson hatte seinerzeit den nordirischen Widerstand gegen die liberale irische Home Rule Bill organisiert und stand jetzt abseits; er hatte aber das Ohr der Öffentlichkeit.

Erst die Initiative von Sir M. Aitken, späterem Lord Beaverbrook, einem Unterhausmitglied, das einen beträchtlichen Teil der Presse beherrschte, war es zu verdanken, daß Bonar Law sich mit dem Gedanken einer Regierung Lloyd George befreundete. Aitken brachte eine Versöhnung Carsons mit Bonar Law und Lloyd George zustande. Nun stellte Lloyd George an den Premierminister das Ansinnen, wichtige Kompetenzen im Interesse einer energischeren Kriegsführung auf ihn zu übertragen. Asquith lehnte diese Schmälerung seiner Stellung ab. Lloyd George trat daraufhin zurück; Asquith tat das Gleiche, um einen gründlichen Neubau des Kabinetts zu ermöglichen. Der König beauftragte nach dem üblichen Verfahren Bonar Law mit der Bildung eines neuen Kabinetts, der ihm jedoch riet, Lloyd George damit zu betrauen. Die konservativen Minister nahmen diese überraschende Wendung hin und traten in das neue Kabinett ein; Asquith und Grey schieden aus; Balfour übernahm das Außenamt, während die meisten bisherigen liberalen Mitglieder abtraten.

Damit entstand Dezember 1916 ein völlig neues Kabinett, das zugleich eine andere, schlagkräftigere Form erhielt, die dem Premier fast diktatorische Vollmacht gab. Das alte Kabinett bestand aus 20 Mitgliedern, die für ihre Ressorts verantwortlich waren. Das neue Kabinett hingegen hatte einen inneren Führungskern von 6 Mitgliedern, die außer dem Schatzkanzler Bonar Law, der die Verbindung zum Parlament hielt, aller Ressortarbeit enthoben waren und ihre ganze Kraft der Politik und der Koordination aller Maßnahmen widmen konnten. Die nächsten Kollegen Lloyd Georges in diesem »War Cabinet« waren Lord Curzon, der frühere Vizekönig von Indien, Lord Milner, der frühere Gouverneur in Südafrika, also zwei Exponenten des Imperialismus, ferner Sir Edward Carson, der militante Anwalt der Sache Nordirlands, Henderson als Trade Unionist und Labour-Vertreter und schließlich Bonar Law, der zugleich Leader des House of Commons war. Dieses Kabinett erhielt ein eigenes Sekretariat und hatte volle Exekutivgewalt. Gelegentlich wurde dieses Gremium noch durch Minister der Dominions erweitert. Später wurde diese Form beseitigt und stattdessen das Verteidigungsministerium zur koordinierenden Instanz gemacht, die das War Office, die Admiralität und das Luftfahrtministerium unter sich hatte.

Unterhalb dieses obersten Exekutivorgans wurden neben den alten Ministerien neue Ressorts eingerichtet, nämlich für Ernährung, Arbeit, Schiffahrt, Luftfahrt, nationale Dienstverpflichtung, Wiederaufbau. Hier saßen insbesondere Leute der Wirtschaft und Experten, die nicht Glieder des Kabinetts, sondern Verwaltungsspitzen waren. Damit setzte sich das Kabinett unmittelbar mit den ökonomischen und sozialen Kräften in Kontakt, wobei die Interessenverbände im Rahmen der Kriegsanstrengung mit Sonderaufgaben betraut wurden. Das Ganze wirkte auf die Öffentlichkeit wie eine erneute große Kriegsanstrengung und hatte beträchtlichen propagandistischen Wert, zumal sich die Schale des Krieges zugunsten der Westmächte zu neigen begann.

Gleichzeitig gelang es Lloyd George, sich die Unterstützung seiner Politik durch möglichst viele Presseorgane zu sichern. Seit dem Burenkrieg hatte die in den neunziger Jahren entstandene Sensations- und Massenpresse in der Politik eine wesentliche Rolle gespielt, die nun, bei der fehlenden Kritik aus dem Parlament und von wenigen ehrgeizigen Pressekönigen beherrscht, die öffentliche Meinung manipulierte. Sie war in einer günstigen Lage, da die Regierung aus Geheimhaltungsgründen ihren Vorwürfen nicht antworten konnte. Sie hatte die Ablösung der Regierung Asquith und die Verfemung Haldanes mitverschuldet, und sie drückte auch die Einführung der allgemeinen Wehrpflicht, die Wendung der britischen Politik auf die Zerschlagung Österreich-Ungarns und die strenge Fassung der Reparationsbestimmungen gegen die Bemühungen Lloyd Georges durch. Angesichts der Gefahr einer Meinungsbildung durch die tendenziöse Berichterstattung der Massenpresse und angesichts der geringen Möglichkeiten der Politiker, ihrerseits meinungsbildend zu wirken, gewann Lloyd George die wichtigsten Zeitungskönige, indem er 1916 bis 1922 fünf Grafentitel verlieh, fünf Barone kreieren ließ und elf zu Baronets machte. Nichtsdestoweniger war er später in Paris der Gefangene der öffentlichen Meinung, nachdem er selbst im Wahlkampf von 1918 versprochen hatte, daß Deutschland alles bezahlen würde.

Eine ernste Krise hatte die Regierung Lloyd George im Frühjahr 1918 zu bestehen, als die »Große Schlacht von Frankreich« im März 1918 den Alliierten fast eine Niederlage wie in den Tagen von 1914 zu bescheren drohte. Dahinter stand der Gegensatz zwischen Lloyd George, dem genialen, aber dilettantischen Zivilisten aus Wales, und dem britischen Oberbefehlshaber Sir Douglas Haig, dem hochangesehenen Militär aus den schottischen Lowlands. Lloyd George war erzürnt, daß Haig die Bedeutung der neuen Tankwaffe geringschätzte und ihren überraschenden und erfolgreichen Einsatz taktisch unzureichend unterstützt hatte. Er warf ihm vor, in der Materialschlacht von Passchendaele im Herbst 1917 sinnlos riesige Menschenmassen geopfert zu haben. Haig dagegen behauptete, daß diese Opferung von Menschenleben nach dem Scheitern der Offensive des Generals Nivelle und den französischen Meutereien zur

Entlastung der französischen Front unbedingt notwendig gewesen sei. Jedenfalls verweigerte Lloyd George dem Oberbefehlshaber die geforderte Verstärkung des britischen Heeres um 200000 bis 300000 Mann frischer Truppen und wollte lieber die Ankunft der amerikanischen Streitkräfte abwarten. Er schickte die Verstärkung erst, als der Sieg praktisch schon errungen war. Diese Weigerung war in den Augen der Militärs schuld an dem Desaster vom Frühjahr 1918.

Als die deutschen Truppen im März 1918 mit 800000 Mann an der Nahtstelle zwischen den französischen und britischen Armeen angriffen, wurden die Briten zurückgeschlagen. Der französische Oberkommandierende Pétain erklärte sich außerstande, die Verbindung mit den britischen Truppen noch länger aufrecht zu erhalten. Dies hätte den Zusammenhang der Front in Frage gestellt. In dieser Not gelang es Haig und dem bevollmächtigten britischen Kabinettsminister Milner, ein gemeinsames Oberkommando für die ganze Front zu sichern, indem sie den französischen Ministerpräsidenten Clémenceau nötigten, den angesehensten Militär im westlichen Lager zum Oberbefehlshaber aller alliierten Truppen zu machen, den französischen Generalissimus Foch.

Wer aber war schuld an dem März-Desaster? Lloyd George verteidigte vor dem Unterhaus seine Politik und gab den Militärs die Schuld. Er behauptete, daß Anfang 1918 mehr Truppen in Frankreich waren als Anfang 1917. Dies stimmte allerdings nur, wenn man die nachgeordneten Dienste hinzurechnete. Seine Behauptungen wurden von General Maurice und anderen Militärexperten zurückgewiesen. Expremier Asquith, der das führende Unterhausmitglied außerhalb der Regierung war, verlangte eine Untersuchungskommission. Lloyd George lehnte das Ansinnen ab und stellte die Vertrauensfrage, mit der er sich am 9. Mai 1918 eine große Mehrheit sicherte. Diese Abstimmung war von Bedeutung für die Nachkriegsverhältnisse, da sie den Bruch zwischen Asquith und Lloyd George endgültig machte. In der sogenannten »Maurice-Debate« stimmten 106 Unterhausmitglieder für den Antrag von Asquith. Sie alle wurden von Lloyd George in der kommenden Wahl vom Dezember 1918 als Gegner betrachtet; nur einige von ihnen kehrten ins Unterhaus zurück.

Damals vermutete man, daß Lloyd George wirklich etwas in seiner Politik zu verbergen hatte, zumal er Haig den Oberbefehl weiterhin beließ. Eher ist anzunehmen, daß er auf Kosten seiner früheren Kollegen eine Übersicht über seine Anhängerschaft im Unterhaus gewinnen wollte. Die Spaltung leitete den Niedergang der Liberalen ein und kam Labour zugute.

3. Innere Verhältnisse

Zu Kriegsbeginn trat in den Konflikten zwischen Arbeiterschaft und Unternehmern eine Art Waffenstillstand ein. Die Trade Unions beschlossen, die Waffe des Streiks für die Dauer des Krieges nicht zu gebrauchen. Allerdings kam es wegen der Preisentwicklung bei fest bleibenden Löhnen schon Februar 1915 zu einem inoffiziellen Streik der Munitionsarbeiter am Clyde, der nach einer Lohngarantie der Regierung beigelegt werden konnte. Die Preisentwicklung und die steigenden Kriegsgewinne der Unternehmer veranlaßten die Regierung zu einer stärkeren Wirtschaftskontrolle, um weitere Streiks zu verhindern. Vor allem aber diente diese Kontrolle einer sachgerechten Produktionsaufteilung und -steigerung sowie der planmäßigen Einstellung ungelernter Arbeiter und Arbeiterinnen (dilution). Im März 1915 schlug die Regierung den Gewerkschaften vor, ihre Arbeitsbestimmungen in Bezug auf Beschäftigungsweise, Arbeitszeit, Arbeitssicherheit und Frauenarbeit vorläufig zurückzustellen. Dafür versprach sie Abschöpfung der Kriegsgewinne und Mitbestimmung in den Betrieben. Alle Gewerkschaften außer denen des Bergbaus erklärten sich damit einverstanden. Sogleich danach erließ die Regierung die »Munitions of War Act« von 1915, die eine gemäßigte Arbeitsverpflichtung vorsah. Danach konnte ein Konflikt bei einem drohenden Streik auf dem Verordnungswege an ein verbindliches Schiedsgericht verwiesen werden. Entsprechend diesem Gesetz wurde ein Lohndisput in Wales mit Streikdrohung (1915) durch »Order of Council« einem Schiedsgericht vorgelegt. Die Antwort der Arbeitnehmer darauf war, daß 120000 Bergleute für eine Woche streikten. Damit waren die Streikenden straffällig geworden und hätten in Haft genommen werden müssen. Stattdessen setzten sie ihre Forderungen durch und kehrten unbestraft zu ihrer Arbeit zurück. Die Regierung war trotz des Krieges nicht in der Lage, durch einen Zwangsspruch den Streik beizulegen.

Eine andere Unruhe zettelte die Frauenbewegung an. Im Juli 1915 folgten etwa 30000 Frauen einem Aufruf der Frauenwahlrechtsgesellschaften und verlangten für sich Dienstpflicht. Sie konnten bis Jahresende alle dienstverpflichtet werden. Der Anstieg der Produktion durch Überstunden und Frauenarbeit vermehrte trotz gleichbleibender Löhne den allgemeinen Wohlstand, zumal auch die jüngeren Söhne und Töchter in der Kriegsproduktion mitmachten und der allgemeine Lebensstandard der Familien sich erhöhte. Diese günstige Entwicklung rückte die Frage der Nationalisierung der großen Industrien in ein positives Licht. Wenn der Staat so erfolgreich die Industrien in Gang halten konnte, mußte er diese Effizienz auch im Frieden erreichen. Der Trades Union Congress von 1916 faßte deshalb den einstimmigen Beschluß, die lebenswichtigen Industrien zu nationalisieren. Man war sich nur nicht darüber einig, wie weit man dabei gehen sollte und welche Industriezweige in erster Linie in Frage kamen. Im ganzen arbeiteten die Gewerkschaften jedoch unentwegt mit der Regierung zusammen, und was an Unruhen gelegentlich ausbrach, wurde von Einzelgruppen oder von Angestellten und sonstigem Personal betrieben, aber nicht von der Masse der Industriearbeiterschaft gestützt.

Ein besonderes Kapitel war allerdings die Frage einer allgemeinen Wehrpflicht vom 18. bis zum 41. Lebensjahr, die im Mai 1916 (Military Service Act) verkündet wurde, als bereits mehr als 3 Millionen Soldaten freiwillig in den Krieg gezogen waren. Die Labour-Partei stand der Konskription skeptisch gegenüber und betrachtete sie als unvereinbar mit den elementaren menschlichen Freiheitsrechten. Auch Asquith und Lord Kitchener waren dagegen, während Lloyd George und die meisten Konservativen anders dachten. Die Massenpresse lancierte immer eindeutiger die Frage, so daß der Trades Union Congress im September 1915 fast einstimmig »die dunklen Bemühungen eines Teils der reaktionären Presse« verurteilte, »diesem Lande die Konskription aufzuerlegen, die allzeit für die Arbeiter eine Last gewesen war und die Nation in einer Zeit spalten wird, in der Einmütigkeit wesentlich ist«. Nichtsdestoweniger wurde im Dezember 1915 die Wehrpflicht der unverheirateten Männer und im Mai 1916 die allgemeine Wehrpflicht außer in Irland eingeführt. Die irische Rebellion Ostern 1916 brachte Lloyd George ans Ziel. Allerdings lag die Hauptfunktion der allgemeinen Wehrpflicht bei der Regelung des Arbeitsmarktes und weniger in der Vermehrung der Aushebungen. Das Problem der Kriegsdienstverweigerung wurde so gelöst, daß nicht die Berufung auf das Gewissen allein genügte, was ja eine zu große Versuchung für den einzelnen gewesen wäre, sondern die nachgewiesene längere Mitgliedschaft in einer Anti-Kriegsorganisation wie etwa der »Society of Friends« als ausreichende Begründung genommen wurde. Im ganzen verweigerten etwa 16000 Bürger den Wehrdienst; davon ergriffen ca. 90% die ihnen gebotene Alternative einer Dienstpflicht ohne Waffe, während etwa 1500 in Haft gingen.

Schon im September 1914 hatten sich die Kriegsgegner in der »Union of Democratic Control« gesammelt, wo Ramsay Mac Donald die führende Persönlichkeit war; auch die Independent Labour Party stand dem Krieg trotz ihrer Affiliation an Labour kritisch gegenüber. Die Befürworter eines beschleunigten Verhandlungsfriedens nannten sich »Pazifisten«; ihre Stimme blieb gegenüber der Kriegshysterie schwach. Sie vereinigte sich aber mit der Völkerbundsidee, die Labour 1917 als Kriegsziel verkündete.

Die wichtigste Veränderung war die gigantische Ausdehnung der kontrollierten Kriegswirtschaft. Das Munitionsministerium Lloyd Georges ergriff immer weitere Bereiche der Industrie und beschäftigte schließlich 65000 Angestellte. Der U-Bootkrieg erforderte Handelsregelungen und ein Lizenzsystem, das sich auf die Überwachung des Konsums ausdehnte und ein Markensystem herbeinötigte. Die Bergwerke wurden staatlicher Aufsicht unterstellt und der Arbeitsmarkt bis hin zu den Dienstverpflichtungen überwacht. Eine Art »Kriegssozialismus« entfaltete sich, den die Regierung durch Sonderabmachungen und Aufgabenverteilung im Verein mit Wirtschaft, Handel und Gewerkschaften lenkte. Daraus ergaben sich vielfältige Aufgaben, für welche neue Behörden, das Arbeits-, Ernährungs- und Schifffahrtsministerium, geschaffen wurden. Schließlich standen gegen Ende des Krieges 8 Millionen Männer und nahezu 1 Million Frauen im Dienst von Armee, Flotte und Luftwaffe oder in der Waffen- und Munitionsfabrikation.

Der Abbau der aufgeblähten Kriegsproduktion, die Abrüstung der Truppen und die Aufhebung der Wirtschaftskontrollen nach Kriegsende verursachten eine Kette von Krisen. Im Jahre 1919 waren durchschnittlich täglich 100000 Arbeiter in Streik; die Streikwelle dehnte sich 1920 aus, wobei gleichzeitig die Arbeitslosenzahl auf 2,5 Millionen stieg. Der Weltkrieg hatte außerdem 1 Million Tote gefordert, die Soziallasten gesteigert, die Frauen endgültig in das Wirtschaftsleben hineingenommen und neue Vorstellungen von Gesellschaft und Herrschaft gebracht, so daß keine innere Beruhigung eintrat und der innenpolitische Ausnahmezustand auf höchster Ebene, nämlich die Kriegskoalition unter Lloyd George, bis 1922 fortdauerte. Dieses Festhalten an der autokratischen Handlungsweise verschärfte die inneren und äußeren Krisen und führte zum Sturz Lloyd Georges.

4. Wahlreform und Wahlen 1918

Die Wahlrechtsreformen von 1832, 1867 und 1884 hatten zwar eine beträchtliche Ausdehnung des Stimmrechts und eine Neuordnung vieler Wahlbezirke erreicht, aber durchaus nicht die zahlreichen Anomalien beseitigt, die einem allgemeinen, gleichen Wahlrecht im Wege standen. Die Frauen blieben im Gegensatz zu einigen Kolonialverfassungen wie denen Australiens und Neuseelands ausgeschlossen; aber nicht einmal das männliche Wahlrecht war wirklich allgemein. Die bei ihrer Herrschaft wohnenden Hausdiener, die kasernierten Soldaten und die bei ihren Eltern lebenden Söhne genügten nicht den Voraussetzungen des Haushaltswahlrechts. Die Haushalts-, Berufs- und Wohnungsqualifikation wurde immer erst nach einjährigem Aufenthalt erreicht, so daß ein Wegzug den Verlust der Qualifikation für 12 Monate bedeutete. Dazu kamen die Pluralstimmen für diejenigen, die neben ihrem Wohnsitz anderswo ihre Geschäfte hatten, wobei manche Besitzer von mehreren Geschäften bis zu zwölf Pluralstimmen in den verschiedenen Wahlbezirken besaßen. Dazu kam die Ungleichheit der Wahlbezirke. Einige von ihnen waren achtmal größer als andere. Die Iren waren seit 1884 überrepräsentiert. Die Wahlvorgänge zogen sich oft bis zu vier Wochen hin.

Schlimmer war die Kluft zwischen Wahlrecht und Registration. Jeder Wähler mußte bei dem Einschreiben in die Wahlregister seine Qualifikation nachweisen. Die »Registration Act« von 1884 hatte das städtische System der jährlichen Registration auf die Grafschaften ausgedehnt, wo bisher der einmalige Nachweis der Wahlberechtigung genügt hatte. Dadurch waren oft weniger als 30 v.H. der männlichen Wahlberechtigten eingetragen. Im Jahre 1911 fehlten 40 v.H. in den Registern. Der Zensus von 1911 ergab eine Wählerzahl von 7,9 Millionen; das waren 17,5 v.H. der Gesamtbevölkerung und 29,7 v.H. der Erwachsenen, was 63,3 v.H. der männlichen Erwachsenen entsprach. Da aber hier noch etwa 0,5 Millionen Pluralstimmen abzuziehen waren, erfüllten nur 59% der männlichen Erwachsenen die Voraussetzungen zur Ausübung des Stimmrechts. Der Versuch einer Beseitigung dieser Unstimmigkeiten in der »Franchise and Registration Bill« von 1912 war vorerst gescheitert. Aber die Suffragetten-Bewegung, gleichlaufende Tendenzen in der Arbeiterbewegung und schließlich das Engagement der gesamten Bevölkerung und insbesondere der Frauen bei der Heimatverteidigung im Ersten Weltkrieg drängten auf eine grundlegende Reform des Wahlrechts hin, die im letzten Kriegsjahr endlich verwirklicht wurde, ohne dabei alle Varianten außer Kraft zu setzen.

Das Ergebnis war die »Representation of the People Act« von 1918, die die Konsequenz aus der gemeinsamen Anstrengung des Krieges zog und in erster Linie an die Soldaten dachte, denen nun das Wahlrecht schlechterdings nicht verweigert werden konnte. Alle männlichen Bürger, die das 20. Lebensjahr vollendet hatten, wurden hiermit wahlberechtigt; desgleichen die Frauen, die im 30. Lebensjahr standen. 2 Millionen Männer und 6 Millionen Frauen kamen hinzu; damit war die Zahl der Wahlberechtigten verdreifacht und das kommende Wahlergebnis unvoraussagbar. Die Pluralstimmen wurden abgeschafft; nur die Universitätsangehörigen durften dort, wo sie lehrten, und dort, wo sie wohnten, wählen. Fast alle Doppelwahlkreise wurden aufgelöst und die Wahlbezirke möglichst nach der Norm von 70000 Wählern aufgegliedert. Die Wahl sollte nunmehr an einem einzigen Tag und überall zur gleichen Zeit stattfinden. Im Zeichen dieses neuen Wahlgesetzes wurden die berühmten Khaki-Wahlen Ende 1918 abgehalten, die der Regierung Lloyd George nach dem Sieg über die Mittelmächte einen großen Wahlerfolg brachten. Die Liberalen wurden dabei auf den dritten Platz gedrückt. Lloyd Georges Ziel war, die große nationale Koalition in den Frieden hinein beizubehalten, um in den kommenden internationalen Verhandlungen voll aktionsfähig zu sein. Auch die konservativen Mitglieder seines Kabinetts waren der gleichen Meinung, zumal sich zwischen Lloyd George und Bonar Law ein freundschaftliches Verhältnis angebahnt hatte. Die Presse unterstützte nach Kräften diese Politik. Nur die Labour-Partei war anderer Meinung und beschloß am 14. November 1918, sich aus der Koalition zurückzuziehen, um auf eigene Faust die Wahlen durchfechten zu können.

Lloyd George hatte nach seinem Bruch mit den Asquith-Liberalen keine eigene Wahlmaschinerie mehr und mußte sich an die Konservativen anschließen. Er vereinbarte mit ihnen, daß die Konservativen die Mehrheit der Kandidaten, nämlich 400, aufstellen sollten, während die Lloyd George-Liberalen 140 Kandidaten in den Kampf schickten. Alle Unterhausmitglieder, seien sie konservativ oder liberal, die die Regierungspolitik bejaht hatten und neu kandidierten, sollten unterstützt werden. Wer als solcher angesehen wurde, erhielt einen von Lloyd George und Bonar Law gemeinsam unterzeichneten Brief, so daß man von den »Coupon-Elections« sprach. Die 106 Liberalen, die den Antrag Asquith auf Untersuchung der Vorwürfe gegen Lloyd George am 9. Mai 1918 unterstützt hatten, blieben ohne Coupon.

Am 14. November gab die Regierung bekannt, daß das Parlament am 25. November aufgelöst und allgemeine Wahlen zum 14. Dezember 1918 ausgeschrieben würden. Damit setzte eine sehr kurze, aber heftige Wahlkampagne ein, in der Lloyd George sich von den hochgespannten Erwartungen der Öffentlichkeit hinreißen ließ und Versprechungen machte, die ihm in Paris 1919 zum Verhängnis wurden. Am 29. November verkündete er in Newcastle-on-Tyne, daß Deutschland bis zur Grenze seiner Leistungsfähigkeit bezahlen müsse; am 11. Dezember versicherte er in Bristol, daß die Regierung den Ersatz der gesamten Kriegskosten verlangen werde, und ritt heftige Attacken gegen die pazifistische Gruppe in der Labour-Partei. Seine politischen Freunde stimmten die gleiche Tonart an. Sir Eric Geddes sprach am 9. Dezember in Cambridge das Wort von der Zitrone, die bis zum letzten ausgequetscht werden müsse. G. N. Barnes, seit 1917 der Nachfolger Hendersons als Labour-Vertreter im Kabinett und nun auf Seiten der Regierung kandidierend, antwortete auf eine Anfrage über das Schicksal Wilhelms II.: »Well, I am for hanging the Kaiser«. Aus dieser »Orgie des Chauvinismus« entsprang die Forderung, den Kaiser vor ein Kriegsgericht zu stellen und die Reparationen wider alle Vernunft in die Höhe zu treiben.

Die Auszählung der Stimmen dauerte bis Weihnachten, da die Soldaten an der Front mit abstimmen durften und ihre Stimmen berücksichtigt werden mußten. Allerdings beteiligte sich von den Soldaten nur jeder vierte Wahlberechtigte. Die Wahlbeteiligung belief sich im ganzen auf 57,6 v.H., was auf das mangelnde Interesse der Soldaten und wohl auch auf das Widerstreben vieler Frauen zurückzuführen war. Die Koalition erlangte über 5 Millionen Stimmen und 484 Mandate, die sich auf 339 Konservative, 136 Liberale und 10 Labour-Leute verteilten. Als größte Gruppe außerhalb der Regierung errang Labour mit 2374385 Stimmen 59 Mandate und wurde damit zur eigentlichen Oppositionspartei. Die Asquith-Liberalen buchten fast 1,3 Millionen Stimmen und erreichten nur 26 Sitze. Es kamen auch 48 Konservative ins Unterhaus, die nicht den Koalitions-Coupon hatten; ferner 9 Unabhängige und 7 irische Nationalisten. Die 73 anderen irischen Abgeordneten waren »Sinn Feiners«, verzichteten auf ihre Plätze im Unterhaus und konstitutierten in Dublin ein eigenes ungesetzliches Parlament.

Die Wahl war ein entscheidender Sieg der Koalition; aber sie war noch mehr ein Sieg der Konservativen, die nach der Wahlkatastrophe von 1906 endlich eine Mehrheit erreichten und für zwanzig Jahre ihr Übergewicht behaupteten. Die Bedeutung des Anwachsens von Labour, deren Wählerschaft von 400000 auf fast 2,5 Millionen angewachsen war, wurde unterschätzt, da manche führenden Leute wie MacDonald, Arthur Henderson und Snowden geschlagen wurden. Die ehemalige Stärke der Liberalen war zerstört; der größere Teil saß im Lager der Konservativen, der kleinere Teil zog ohne einen Führer ins Unterhaus, da Asquith seinen Sitz verlor. Seitdem erreichten die Liberalen keine regierungsfähige Mehrheit mehr. Die jüngere Generation war mit 100 Abgeordneten unter 41 Jahren schwächer vertreten als sonst und eigentlich zu kurz gekommen, was teilweise Schuld der Coupon-Wahlen war. Die Parlamentsveteranen hatten sich durchgesetzt, und die Weltkriegsgeneration schien der Politik verloren zu sein. Inmitten aller Probleme war »das stupideste und am wenigsten repräsentative Parlament seit der Reform von 1832« (Somervell) zusammengekommen.

Lloyd George aber stand auf der Höhe seiner Macht. Churchill sah in ihm den Mann, der am kräftigsten das britische Schicksal im ersten Viertel des Jahrhunderts gestaltet hatte. Am 10. Januar 1919 verkündete der Premier die Zusammensetzung des neuen Kabinetts. Bonar Law wurde Lord Privy Seal und Führer des Unterhauses, Austin Chamberlain Schatzkanzler, Balfour Außensekretär, Lord Curzon Präsident des Rates, Lord Milner Kolonialminister und Churchill, die stärkste Stütze Lloyd Georges, Kriegsminister. Damit vereinigte die Regierung eine Summe starker und angesehener Persönlichkeiten, die ihr ein ungewöhnliches Gewicht gaben und sie in die Lage versetzten, die meisten Kriegsmaßnahmen wieder zurückzunehmen und sogar die Nationalisierung von Eisenbahn, Bergbau und Schiffsbau zu erwägen, wobei Churchill für eine staatliche Eisenbahn eintrat. Besonders die Streikunruhen der Jahre 1919 und 1920 für Lohnerhöhung und Arbeitszeitverkürzung, ferner die hohe Zahl von 2,5 Millionen Arbeitslosen und die Abwertung des Pfunds auf ein Drittel seines Wertes von 1914 legten solche Pläne nahe, bis die Nachkriegskonjunktur alle Fragen für eine Weile zudeckte.

5. Die Liquidation des Weltkrieges 1919–1924

Der führende Mann der ersten Nachkriegsjahre war Lloyd George, der nach dem Wahlsieg von 1918 seine diktatorische Ausnahmevollmacht weiter ausübte, eine Konsolidierung und Normalisierung in Europa erstrebte und zeitweilig als die Stimme der Vernunft in Europa galt. Aber er konnte weder die Orientfrage noch die Reparationsfrage lösen, sondern er trat im September 1922 zurück und hatte danach kein Amt mehr inne. Ihm folgten die Regierungen Bonar Law 1922–23, Baldwin 1923 und schließlich die erste Labour-Regierung MacDonald als Minderheitsregierung 1924, der das konservative Kabinett Baldwin (1924–29) folgte. Lloyd George hielt noch an der bisherigen Regierungsweise fest, da die ständigen Streiks der Jahre 1919/20, der Anstieg der Arbeitslosenzahl, die Umstellung der Kriegsbetriebe und die internationale Lage, kurz, der Übergang vom Krieg zum Frieden, gemeistert sein wollten. Lloyd George wurde jedoch nicht der große Mann der Stunde, sondern der Gefangene seiner eigenen Wahlversprechen. Immerhin betrieb er in der überhitzten Atmosphäre der Pariser Konferenz 1919 eine Politik der Mäßigung gegenüber Deutschland und dem übertriebenen Sicherheitsverlangen Frankreichs. Seine »Erwägungen für die Friedenskonferenz« (Fontainebleau-Memorandum) warnten vergeblich und prophezeiten eine schlimme Zukunft. Nur in der Frage der Reparationen wich er vor dem Druck von Presse und öffentlicher Meinung zurück und wagte nicht, sich hier auf eine bestimmte Endsumme festzulegen. Seine Milderungen der territorialen und plebiszitären Bestimmungen im Westen und Osten des Reiches schwächte er gegen französische Konzessionen im Nahen Osten ab, wobei Deutschland und die Türkei zu Handelsobjekten zwischen England und Frankreich wurden. Lloyd George verhinderte nicht, daß die Idee eines allseitig gerechten Friedens verraten wurde, zumal er auch durch die Geheimabkommen der Alliierten aus den Jahren 1915/17 gebunden war.

Doch fand die britische Friedens- und Zivilisationsidee in der Verfassung des Völkerbundes einen angemessenen Niederschlag. In der britischen Friedensdelegation waren neben Lloyd George, Bonar Law, Balfour und Lord Robert Cecil die Dominion-

Minister mit General Smuts vertreten. Der Südafrikaner Smuts legte als erster Politiker einen praktischen Entwurf für eine »Liga der Nationen« vor, die sich auf eine internationale Rechtsordnung und Kontrollinstanz verpflichten sollte. Dahinter stand das Vorbild des britischen Commonwealth und die Friedensidee des Gladstone-Pazifismus. Auch das Labour-Programm von 1917 hatte in einem Völkerbund ein Kriegsziel gesehen. Dem Vorschlag von Smuts stand allerdings der vage Universalismus der »Covenant«-Idee des amerikanischen Präsidenten Wilson entgegen, der an eine Schwur- und Friedensgemeinschaft der Guten gegen die militanten Bösen dachte, die vor dem Forum der Welt ihre Politik dem universalen Rechtsgedanken zu unterwerfen hatten. Sein Völkerbund sollte die Schafe von den Böcken scheiden und einen unteilbaren Weltfrieden durch Einbau verbindlicher Konsultations- und Rechtsverfahren und auf dem Boden des Status quo sichern. Wilson mußte jedoch in bedenklicher Weise zurückstecken und verletzte dabei die Integrität seines Anliegens. Er setzte zwar die Aufnahme der Völkerbundssatzung in die Friedensverträge gegen den Willen Clémenceaus und Lloyd Georges durch, um die USA in den Bund hineinzunötigen, aber er verhinderte nicht, daß der Bund kein Bund der Völker, sondern vorerst nur ein Bund der Siegerstaaten wurde. Deutschland, das sowjetische Rußland und schließlich auch die USA blieben außerhalb. Für Frankreich war der Bund ein Werkzeug zur Erhaltung seiner Machtstellung und für England ein Kontrollmittel für seine Kontinentalpolitik.

Immerhin pflanzte die britische Delegation der Schöpfung Wilsons eigene Ideen ein, vor allem das Mandatsystem, welches auf dem Gedanken der Treuhänderschaft für die unterentwickelten Länder beruhte und den Weg zu einer verantwortungsbewußten Weltpolitik eröffnete. Die A-Mandate hatten einen Entwicklungsstand erreicht, der ihre Unabhängigkeit in absehbarer Zeit möglich machte. Bis dahin sollte die verantwortliche Mandatsmacht in Verwaltung, Politik und Wirtschaft Hilfe leisten. Darunter fielen die Gebiete des Nahen Ostens, die auf der Konferenz in San Remo 1920 zwischen Frankreich und England aufgeteilt und dann vom Völkerbund bestätigt wurden. Die deutschen Gebiete in Zentralafrika galten als B-Mandate, die für eine Unabhängigkeit noch nicht reif waren. Sie wurden ebenso wie die C-Mandate von den großen Vier der Konferenz (Wilson, Lloyd George, Clémenceau, Orlando) an England, Frankreich und Belgien verteilt. Die C-Mandate, wie Deutsch-Südwest-Afrika und die deutschen Pazifischen Inseln, waren Treuhand-Gebiete, die wegen ihrer schwachen Bevölkerung, ihrer Entfernung von den Zivilisationszentren oder auch wegen ihrer Kleinheit als Teile des benachbarten Mandatars angesehen wurden, wobei gewisse Sicherungen im Interesse der eingesessenen Bevölkerung gegeben wurden.

Die Mandatsverteilung war nicht durch den Völkerbund erfolgt und entsprach verdächtigerweise nahezu den Geheimabmachungen der Alliierten. Immerhin hatte der britische Gedanke der Treuhandschaft über die Kolonien sich durchgesetzt und mit der Idee einer internationalen Kooperation verknüpft, die eine neue Form der Verantwortung der Großmächte für alle Weltprobleme ankündigte. Damit hatte in erster Linie General Smuts das Dilemma zwischen europäischer Machtpolitik und den Bedürfnissen einer umgreifenden Weltfriedenspolitik in diesem Bereich gelöst. Die acht Dominions gelangten mit Dauersitzen in den Völkerbund, so daß ihr völkerrechtliches Eigendasein statuiert war, abgesehen davon, daß sie auch die Pariser Verträge mitunterschrieben hatten.

Allerdings war gerade die Verteilung der A-Mandate ein machtpolitisches Schacherspiel, da Frankreich sich die britische Zustimmung zu seiner anti-deutschen und anti-bolschewistischen Politik in Europa mit Konzessionen im Nahen Osten erkaufte. Gegen die Überlassung von Mossul und die Zustimmung zum Vertrag von Sèvres 1920 willigte Großbritannien in die Reduktion der deutschen Reichswehr auf 100000 Mann ein und unterstützte das französische Reparationsultimatum von 1920. Nach dem Rückzug Amerikas von der europäischen Bühne bestimmte das britisch-französische Verhältnis die zahlreichen Nachkriegs-Konferenzen, wobei das Wechselspiel außereuropäischer Konzessionen Frankreichs und innereuropäischer Konzessionen Englands bis 1922 anhielt.

Drei wichtige Ereignisse brachten die Epoche zum Abschluß: die Konferenz von Washington 1921/22, die Konferenz von

Lausanne 1923 und die Londoner Konferenz von 1924. In der Konferenz von Washington erkaufte sich Großbritannien die Freundschaft der USA mit einer Flottenparität und der Aufgabe des japanischen Bündnisses, da England die USA gegen Frankreich und die USA England gegen Japan brauchte. Die große Seeabrüstung war nur das Vorspiel zur Einschränkung Frankreichs und Japans. London wollte das deutsche Gegengewicht gegen Rußland erhalten und in Asien durch Einbeziehung der USA Japan zurückdrängen. Beides gelang der Diplomatie Balfours. Das Flottenabkommen setzte Frankreich auf gleichen Fuß wie Italien, beließ ihm aber seine große U-Bootwaffe. Die anderen Regelungen über Seerecht, Kriegsführung und Chinahandel, desgleichen der Rückzug Japans aus China ergaben unter dem gemeinsamen Druck der beiden angelsächsischen Großmächte eine pazifische Ordnung unter der Ägide der USA, die England in Europa zugute kam und die Friedensordnung von Versailles in einer anderen Weltgegend ergänzte. Die Antwort Frankreichs war der Sturz Briands und Poincarés rücksichtslose Faustpfandpolitik gegen Deutschland.

Die Fixierung der deutschen Kriegsschuld auf 6 Milliarden Pfund bei 22prozentigem Anteil Britanniens im Jahre 1921 war noch keine Lösung. Lloyd Georges Konsolidierungspolitik auf der Konferenz in Genua 1922, die Rußland und auch die ehemaligen Feindstaaten in eine wirtschaftliche Zusammenarbeit hineinziehen wollte, scheiterte an der Intransigenz der Franzosen gegenüber Deutschland und dem Bolschewismus, die durch das deutsch-russische Einvernehmen von Rapallo (16. 4. 1922) noch starrer wurde. Lloyd Georges Plan eines friedlichen Handels nach allen Seiten erlebte ein Fiasko und verschärfte den Gegensatz zu Frankreich, der kurz danach wegen der türkischen Frage seinen Höhepunkt erreichte. Hier hatte Frankreich den Jungtürken unter Mustapha Kemal Pascha Nordsyrien zurückgegeben (1921) und damit die Revision von Sèvres eigenmächtig eingeleitet. Es lieferte Waffen gegen die Griechen, um sich seinen Einfluß im Nahen Osten zu erhalten. Desgleichen lieferten die Russen auf Grund eines Vertrages vom 16. 3. 1921 den Türken Kriegsmaterial. Mit dieser Rückenstärkung gelang es den Türken, die Griechen im Herbst 1922 aus Kleinasien zu vertreiben und Smyrna einzunehmen. Britannien stützte die Griechen, war aber von deren Desaster in Kleinasien völlig überrascht. Das Vordringen der siegreichen Türken gegen die neutrale Dardanellenzone und die britischen Stellungen am Südpunkt der Dardanellen (Chanak) drohte die britische Machtposition in Vorderasien und im östlichen Mittelmeer aufzurollen, zumal England auch das Protektorat über Ägypten nach einer Revolte aufgegeben hatte (1922).

Der Befehl Lloyd Georges und Churchills an die Dominions zur Hilfeleistung ohne vorhergehende Konsultation, das sog. »Chanak-Kommuniqué«, welches auch die Balkanstaaten gegen die türkische Drohung aufrief, verschärfte die Lage und rief den Unwillen der Dominions hervor. Das Chanak-Kommuniqué war der letzte Nagel am Sarg der Koalitionsregierung; schon im September trat Lloyd George zurück. Er hatte die britische Machtstellung im Ostmittelmeer durch alte imperiale Mittel gegen die bewaffnete Macht der Türken und im Gegensatz zu Frankreich und Italien, das im Dodekanes saß, zu behaupten versucht. Daraus entwickelte sich eine Reichskrisis, während die beiden Gegner Frankreich und Italien durch frühzeitiges Einvernehmen mit den Türken ihren Einfluß stärken konnten. Eine französische Vermittlung verhütete den Ausbruch der Feindseligkeiten. Der Waffenstillstand von Mudania (11. 10. 1922) öffnete den Weg zur Konferenz von Lausanne 1923, die durch den Ruhrkonflikt unterbrochen wurde, den Deutschland in der Hoffnung auf britische Unterstützung gegen Frankreich provoziert hatte. Die im Orient dem Zerreißen nahe Entente sollte an der Ruhr zerbrechen. Aber die Änderung der Weltverhältnisse war den deutschen Politikern entgangen. Der Sturz Lloyd Georges und der Vertrag von Lausanne brachten wider Erwarten eine Bereinigung der Lage.

England hatte sich inzwischen durch Washington Rückendeckung verschafft. Lord Curzon unter der neuen Regierung Bonar Law erzwang durch ultimative Drohungen gegen Rußland die Zustimmung Lenins zu den Lausanner Vereinbarungen, die England die Entmilitarisierung der Dardanellen und freie Einfahrt britischer Kriegsschiffe ins Schwarze Meer verschafften und die Türkei aus dem sowjetisch-asiatischen Vertragssystem herausbrachen. Die Türkei wurde damit ein Eckpfeiler des

Westens. Die Zulassung der Austreibung der Griechen aus Kleinasien war der Preis, den Curzon der revolutionären Türkei zahlen mußte. Er brachte außerdem die USA auf seine Seite, denen er 25 v.H. der Erdöl-Aktien in der Türkei anbot und die er damit im Nahen Osten engagierte. Frankreich gab seine Prätentionen in dieser Weltzone wegen des Ruhrkampfes auf. England war mit dem Rückzug der Franzosen und dem Gewinn der Türkei der Sieger in der Nahostfrage. Die weltpolitischen Regelungen in Washington 1921/22 und die Unterzeichnung der Abmachungen von Lausanne (24. 7. 1923) gaben London Handlungsfreiheit auf dem Kontinent. Hier hatte der Mißerfolg der Stinnesschen Katastrophenpolitik zum Zusammenbruch der deutschen Wirtschaft geführt. England suchte einen Ausweg: Dem Umschwung der britischen Politik im Nahen Osten folgte auf dem Fuße ein Umschwung der britischen Politik gegenüber Deutschland, die nunmehr von dem Interesse an einer Normalisierung des deutsch-französischen Verhältnisses getragen war und in Herriot und Stresemann ihre Partner fand. Die Regierung MacDonald erreichte eine große Anleihe von der amerikanischen Finanz, die auf der Londoner Konferenz 1924 eine Regelung der Reparationsfrage nach dem Plan von General Dawes erreichte. Die angelsächsische Gemeinsamkeit hatte die Flottenfrage, die pazifische Befriedung, den Wettlauf um das nahöstliche Erdöl und die erste Reparationsregelung (Dawesplan) ermöglicht. Jetzt erst war eine Nachkriegsordnung geschaffen, die eine Zeit allgemeiner Weltberuhigung und wirtschaftlichen Aufschwungs einleitete, die zugleich die Epoche des Völkerbundes war. Bezeichnenderweise war dieses pazifistische Zwischenspiel vom Dawesplan 1924 bis zum Youngplan 1929 von der ersten britischen Labour-Regierung inauguriert worden, die der Weltkriegspazifist MacDonald führte. Im gleichen Jahr konsolidierten sich auch die inneren Verhältnisse Englands. Nach dem Zusammenbruch der Kriegskoalition wurde das Widerspiel zwischen Konservativen und Labour bestimmend, während der Liberalismus nicht mehr zum Zuge kam.

6. Vom Empire zur Dekolonisation

Die britische Kriegserklärung von 1914 galt automatisch für das ganze Empire. Die Dominions entschieden jedoch selbständig über die Truppenaufgebote und die Kriegskredite. Durch die Leistungen der Dominions für den Krieg zeichnete sich eine Gewichtsverlagerung ab, die in der Einrichtung eines »Imperial War Cabinet« 1917 zum Ausdruck kam, das zwar lediglich ein Beratungsorgan war, aber doch zu einem wichtigen Führungsgremium wurde. Der Südafrikaner Smuts wurde Mitglied des Kriegskabinetts. Der Krieg veranlaßte ein »readjustment« aller Institutionen des Empire zu einem »Imperial Commonwealth«, in dessen Rahmen die Dominions als »autonomous nations« erschienen. Die Reichskonferenz von 1917 wollte nicht das Imperial War Cabinet als Vorstufe einer kommenden Reichsregierung genommen wissen, und selbst Smuts lehnte jede Art einer institutionellen Integration der Dominions ab. Die Auflösung des Empire als völkerrechtlicher Einheit zeigte sich auf der Pariser Konferenz von 1919 an der Teilnahme der Dominions und an ihrer Mitunterzeichnung der Friedensverträge, wenn auch Lloyd George noch für das ganze Empire handelte. Sie wurden Mitglieder des Völkerbundes.

Das sog. »Chanak-Kommuniqué« Lloyd Georges und Churchills 1922, ein Befehl an die Dominions zur Hilfe gegen die Türken, rief eine Krisis herbei und wurde der letzte Anlaß zur außenpolitischen Selbständigkeit der Dominions. Sie erhielten auf der Reichskonferenz von 1923 das Recht, für sich Staatsverträge abzuschließen und erkannten britische Abkommen seit 1925 nur an, soweit sie von ihnen ausdrücklich ratifiziert waren. Die divergierenden Tendenzen brachte Lord Balfour während der Reichskonferenz von 1926 auf die klassische Formel, wonach die Dominions »autonome Gemeinschaften innerhalb des Britischen Empire, gleich im Status, in keiner Weise einander in inneren und äußeren Angelegenheiten untergeordnet«, aber »doch durch eine gemeinsame Bindung an die Krone vereinigt und als Mitglieder des Britischen Commonwealth of Nations frei assoziiert« seien. Das Ideal freier Kooperation und allgemeinen Fortschritts wurde als Leitidee hingestellt, wobei in der Verteidigung die

Hauptverantwortung noch bei der britischen Krone verbleiben sollte. Von »Unabhängigkeit« wurde nicht gesprochen.

Mit der Reichskonferenz von 1926 war das »Imperial Commonwealth« offiziell einem »Commonwealth of Nations« gewichen und hatte die Form eines dritten britischen Weltimperiums angenommen, das sich nunmehr nach der Balfour-Deklaration als eine Gemeinschaft verstand, deren Teile auf den Weg zu vollständiger Selbstregierung gebracht werden sollten. Damit sollte das, was die weißen Siedlerkolonien erreicht hatten, auch den anderen Reichsteilen nicht vorenthalten werden. Ein wichtiger Ausgangspunkt für diese Entwicklung war einmal die Indienerklärung von 1917, die dem Subkontinent verantwortliche Selbstregierung in Aussicht stellte, dann die von Großbritannien übernommenen Völkerbundsmandate und die stets lebendigen anti-imperialistischen Tendenzen im Lande selbst, die sich mit der Völkerbundsidee verknüpften, schließlich auch das Ausscheiden der beiden konkurrierenden Großmächte Rußland und Deutschland. Der Imperialismus alten Stils war anrüchig geworden. Nichtsdestoweniger stand in den ersten Jahren nach 1926 bis 1930 das Verhältnis der schon selbständigen Dominions zum Mutterland im Mittelpunkt der Diskussion, die die Frage nach der Rolle Indiens und der anderen Gebiete nach sich zog. Schließlich wurde Indien das zentrale Problem in der Zwischenkriegszeit, wobei die Frage sich nicht mehr um Einzelreformen drehte, sondern darum, wann, wie und ob der Dominionstatus gewährt werden sollte.

Das ganze Weltreich umfaßte immerhin fast ein Viertel der Erde und ein Viertel der Menschheit, wobei 46 Millionen Einwohner auf der Britischen Insel lebten, etwa 25 Millionen in den Dominions, 62 Millionen in den Kronkolonien, Mandatsgebieten und Protektoraten sowie 390 Millionen in Indien. Ein Viertel der Schiffahrt und ein Fünftel des Welthandels lagen immer noch in britischer Hand.

Die Reichskonferenz von Westminster 1930 hob die »Colonial Laws Validity Act« von 1865 und das britische Vetorecht gegen die Dominion-Gesetzgebung auf, so daß die Krone die einzige institutionelle Klammer war und als Oberhaupt jedes einzelnen Dominion die Einheit symbolisierte. Die »British Dominions overseas« wurden in den Titel der Krone aufgenommen. Die bisherigen Generalgouverneure galten nur noch als »Vizekönige« und nicht mehr als Vertreter der britischen Regierung. Sie blieben Repräsentanten der Krone; für die Regierung handelten die Hochkommissare. Die Dominion-Parlamente wurden dem Parlament in Westminster gleichgestellt.

Mit dem Statut von Westminster 1931 war der Umbau des Empire zu einem auf Loyalität, Sprache, Tradition und freien Einrichtungen gegründeten Commonwealth vollzogen, das sich mit einem Mindestmaß schriftlicher Festlegungen begnügte und sich mehr als sittliche Größe denn als festgefügte Institution verstand. Entsprechend vermochte nicht einmal die Weltwirtschaftskrise die Idee eines reichsinternen Freihandels zu beleben, sondern brachte in den Ottawa-Verträgen von 1932 lediglich ein System bilateraler Präferenz-Verträge zustande. Aber das lockere Gefüge wurde durch zahlreiche Imponderabilien zusammengehalten, zumal sich die allgemeinen Interessen der Dominions weitgehend mit denen des Mutterlandes deckten. Die außenpolitische Einheit blieb bei der geringen internationalen Aktivität der meisten Mitglieder äußerlich gewahrt, zumal die britische Flotte immer noch als die wichtigste Verteidigungswaffe angesehen wurde. Nicht zu unterschätzen war wohl auch die ideologische Überhöhung, die sich das »Dritte Empire« als die eigentliche Erfüllung des britischen Reichsgedankens zulegte. Eine entscheidende Wendung war dabei, daß das Commonwealth vielfach als Gesamtreichsverband verstanden wurde, der auch Indien und das »Colonial (Dependent) Empire« mitumfaßte, also jene Gebiete, die zunehmend als kommende Dominions verstanden wurden. Doch war die Aussicht vorläufig ohne Aktualität, so daß das Commonwealth vorwiegend als »British Commonwealth« gesehen wurde.

Die Diskussion über die Zukunft Indiens brachte freilich schon mit 1919 die Frage einer Dekolonisierung der farbigen Welt in den Vordergrund. Dahinter standen der 1885 gegründete Indische Kongreß und die 1906 gebildete Moslem-Liga. Die schrittweise Gewährung eines lokalen Mitspracherechts, einer Beteiligung an den »Legislative Councils« und am »Indian Civil Service«, lag noch im Blickfeld der alten Imperialisten. Die Morley-Minto Reformen von 1909 unter der liberalen Regierung Asquith gingen mit der Einführung von Wahlen mit hohem Zensus und der Erweiterung der Befugnisse der Gesetzgebenden Versammlungen weiter, aber weder der konservative Vizekönig Lord Minto noch der liberale Staatssekretär für Indien, John Morley, dachten an eine Parlamentarisierung nach britischem Muster, da die Voraussetzungen dazu ihrer Meinung nach fehlten; sie begnügten sich mit einem begrenzten Entgegenkommen, um den gemäßigten Flügel der indischen Kongreßpartei zufrieden zu stellen. Mit dem Weltkrieg mußte aber der militärische Einsatz von 1,5 Millionen Indern für das Empire honoriert werden, und schon 1915 forderte der Allindische Kongreß in Bombay eine Erklärung der britischen Regierung über die kommende Selbstregierung in Indien; Kongreßpartei und Moslem-Liga einigten sich sogar auf einen eigenen Verfassungsvorschlag. Erst 1917 kam eine befriedigende Antwort aus London zustande, als das Imperial War Cabinet die Zulassung Indiens zur Reichskonferenz beschloß und am 20. August 1917 Staatssekretär Montagu seine berühmte Indienerklärung abgab, wonach die schrittweise Entwicklung selbstverwaltender Institutionen und schließlich einer verantwortlichen eigenen Regierung in Indien als integralem Teil des Britischen Empire Ziel der britischen Indienpolitik sein sollte. Das war die erste offizielle Proklamation zugunsten einer Dekolonialisierung Indiens, die gleichzeitig mit dem Terminus eines »responsible government« an eine Verantwortlichkeit vor einem gewählten Parlament dachte. Von einem Dominion-Status mit freier Verfügungsgewalt über Außenpolitik, Verteidigung u.ä. war allerdings nicht die Rede. Doch unterzeichnete Indien den Friedensvertrag von Versailles und wurde 1920 auch Völkerbundsmitglied.

Die Reformen von 1919 gaben den indischen Provinzen ein erweitertes Wahlrecht und eine Mehrheit gewählter Abgeordneter sowie verantwortliche Minister für Lokalverwaltung, Erziehung und Wirtschaft; aber Finanzen und Polizei verblieben beim Gouverneur. An der Zentrale gab es nun zwei mehrheitlich gewählte Kammern und einen Exekutivrat, in dem neben vier Briten drei Inder saßen. Die Regierungsgewalt blieb in britischer Hand, da die Regierung gegenüber dem gewählten Parlament unabsetzbar war. Der Kongreß akzeptierte diese Regelung lediglich als Übergangslösung. Ihre Doppelgleisigkeit und die Vollmacht des Vizekönigs bei Unruhen enthielten aber Konfliktstoffe, die anti-britische Gefühle nährten. Die gewaltlosen Feldzüge Ghandis für passiven Widerstand und bürgerlichen Ungehorsam mündeten in den dramatischen Prozeß von 1922, der Ghandi für sechs Jahre ins Gefängnis brachte. Erst unter der Labour-Regierung (1924) bequemte sich London, die Deklaration von 1917 als auf den Dominion-Status gemünzt auszulegen, um das verlorene Vertrauen der Kongreßpartei und Ghandis wiederzugewinnen. Die Kongreßpartei interpretierte dieses Ziel als »nächsten unmittelbaren Schritt« auf die völlige Unabhängigkeit hin. Eine Allindische Konferenz forderte 1928 den Dominion-Status. Gandhi unterstrich die indischen Erwartungen im Frühjahr 1930 mit einem Feldzug des zivilen Ungehorsams, dem 1932 eine weitere Kampagne folgte. Erst nach mancherlei Hin und Her verabschiedete das britische Parlament am 5. Juni 1935 nach heftigen Debatten eine Verfassung für Indien, die die Doppelgleisigkeit in den Provinzen zugunsten verantwortlicher Regierungen beseitigte und in der Zentrale eine Föderation von Britisch-Indien und der Fürstenstaaten vorsah, wobei der Vizekönig bestimmte Exekutivhoheiten bei Notstand oder Verteidigung behielt. Die Reformen von 1919 und die Verfassung von 1935 waren Stufen in Richtung auf das Self-government, ohne daß der indische Nationalismus damit zufriedengestellt war. Im ganzen war die Zwischenkriegszeit eine Übergangsperiode, in der britische Reformbereitschaft und indisches Mißtrauen, repressive Maßnahmen und nationalistische Agitationen gegeneinander spielten, aber doch der Weg zu verantwortlicher Selbstregierung freigelegt wurde, der es Großbritannien erleichterte, sich im Verlauf des Zweiten Weltkrieges auf die neue Situation einzustellen und im Jahre 1947 Indien in die Unabhängigkeit zu entlassen.

Neben den Dominions und dem Sonderproblem Indien hatte das »Colonial Empire« als Unterbegriff des »British Empire« eigene Probleme der mannigfaltigsten Art. Darunter fielen die Mandatsgebiete des Völkerbundes, deren Abstufung in A-, B- und C-Mandate den künftigen Weg der »Dependencies« vorzeichnete, dann die Protektorate im Nahen Osten und in Afrika, die asiatischen Kolonien Ceylon, Borneo, Malaya u.a., die westindischen Gebiete mit Jamaika, die west-afrikanischen Kolonien wie Nigeria, Sierra Leone, Goldküste und Gambia oder die ostafrikanischen Territorien wie Uganda, Nyassaland, Kenia, schließlich die strategischen Punkte und Distrikte wie Gibraltar, Malta, Cypern, Aden, Hongkong usf. Über diesen verstreuten Teilen waltete Großbritannien nach seiner Auffassungsweise als Treuhänder, als »Trustee«, wie schon Edmund Burke gegenüber Indien betont hatte (1783). Das Mandatsprinzip im Artikel 22 der Völkerbundssatzung ließ sich mit dieser Treuhänderschaft den Kolonien gegenüber gut vereinbaren. Allerdings wurde an eine Ablösung der Kolonien als Rohstofflieferanten oder an eine eigenständige wirtschaftliche Entwicklung mit entsprechender Industrialisierung nicht gedacht. Vielmehr sollte die koloniale Wirtschaft auch dem Wohl der Eingeborenen zugute kommen, wobei die Interessen des Mutterlandes und die Interessen der Eingeborenen durch faires Abwägen und eine gerechte Verwaltung des Treuhänders zu ihrem Recht kommen sollten. Immerhin ging dies soweit, daß die Devonshire-Erklärung für Kenia von 1923 anläßlich eines Konflikts zwischen weißen Siedlern und der indischen Minderheit den Vorrang der Eingeboreneninteressen hervorhob. Im Grunde begrenzte sich die Treuhänderschaft auf eine defensive Schutzfunktion, die in der Verhinderung von Ausbeutung und der Sicherung von Recht und Ordnung das Erbe des Liberalismus Gladstonescher Prägung festhielt. In den 30er Jahren mehrten sich allerdings die Stimmen, die diese liberal-negative Politik im Sinne einer positiven Entwicklungspolitik verstanden wissen wollten. Man folgte damit auch dem Sinn der Treuhänderschaft, die ihrem Begriffe nach als befristet gelten mußte. Im Grunde lief die britische Kolonialpolitik seit dem Ersten Weltkrieg schon auf eine stufenweise Dekolonisierung hinaus.

Entsprechend erhielten auch die Kronkolonien über die administrative Autonomie hinaus legislative Befugnisse in Verfassungen, die meist vom Colonial Office ausgearbeitet wurden und ohne besondere Billigung des Parlaments auf dem Verordnungswege (Order in Council) erlassen wurden. Hier wurden die Stellung des Gouverneurs und seine Beziehungen zu den neuen repräsentativen Organen geregelt, wobei London ein Veto-Recht sich vorbehielt. Der Gouverneur und die Verwaltung gewährleisteten weiterhin die Kontrolle des Mutterlandes, ließen aber eine weitgehende Autonomie mit einer Legislative zu, die der einzelnen Kolonie ihre Individualität beließ. Der bisherige legislative Rat von höheren Kolonialbeamten unter dem Gouverneur als Repräsentanten der Krone wurde dabei mehr und mehr zu einem halb-repräsentativen und schließlich mehrheitlich repräsentativen Organ, gegenüber dem der Gouverneur die Exekutive und einige Reservatrechte behielt. Die Repräsentativorgane verfügten zwar über Budget, Kontrollbefugnisse und legislative Gewalt, hatten aber keinen direkten Zugang zur Macht, da sie die Regierung nicht zwingen, geschweige stürzen konnten. Es handelte sich um ein »representative government«, nicht um ein »responsible government«. Die unausbleiblichen Friktionen erreichten ihr kritisches Stadium zuerst in Asien, vor allem in Indien und auch Ceylon. Dazu kamen die Schrumpfungen der kolonialen Budgets im Verlauf der Weltwirtschaftskrisis, die eine Ausdehnung der administrativ-politisch gerichteten Treuhänderschaft auf den wirtschaftlich-sozialen Bereich dringlich machte, zumal die Emanzipationsbewegungen die Treuhänderschaft in diesem weiteren Sinne auslegten. Aber erst im Zweiten Weltkrieg zeitigten die dahinlaufenden Ansätze Wirkung. Hier traf die britische Regierung soziale und wirtschaftliche Vorsorge, die sich wesentlich von der vorherigen Passivität unterschied und die Basis für eine Nachkriegspolitik legte, die den Übergang zu einem Gesamt-Commonwealth ohne kriegerische Konflikte möglich machte.

Hier kam zuerst die Entwicklung zum Zuge, die mit dem Indiengesetz von 1935 vorgezeichnet war. Dabei ging es nicht mehr um die Frage des Unabhängigkeitsgrades, sondern nur um den Zeitpunkt der Entlassung Indiens aus der britischen Herrschaft. Die Kriegserklärung Großbritanniens 1939 galt noch automatisch auch für Indien; deshalb proklamierte der Vizekönig Linlithgow sogleich am 3. September 1939 den Kriegszustand, ohne die indischen Führer wie Gandhi und Nehru zu informieren. Obgleich der Indische Kongreß die deutsche Aggressionspolitik scharf verurteilte, lieferte das taktisch verfehlte Vorgehen des Vizekönigs ein willkommenes Argument, dagegen zu protestieren und Gegenforderungen zu stellen: Nur als gleichberechtigter

Partner könne Indien am Kriege sich beteiligen; die Unabhängigkeit sei jetzt schon zu proklamieren und der Exekutivrat des Vizekönigs durch eine nationale Regierung zu ersetzen, wobei die Armee dem britischen Generalstab weiterhin unterstellt bleiben könne. Dazu war London nicht bereit, wenn auch die Hinzuziehung von führenden Indern in den Exekutivrat erlaubt wurde. Eine Verfassung sollte auch die Unterstützung beider großer Gruppen, der hinduistischen Kongreßpartei und der muselmanischen Liga, voraussetzen. Erst nach dem Kriege sollte die Unabhängigkeit zur Diskussion gestellt werden. Schon 1940 erhob die Moslemliga Anspruch auf Eigenstaatlichkeit und Selbstbestimmung der mohammedanischen Provinzen in der Resolution von Lahore. Unter diesen Auspizien ließ sich ein Modus vivendi vorläufig nicht finden. Erst der Fall von Singapore im Februar 1942 veranlaßte London zu einer Überprüfung seiner Indienpolitik. Nachdem das indische Parlament das Angebot eines Dominion-Status 1942 abgelehnt hatte, stellte die britische Regierung eine verfassunggebende Versammlung unmittelbar nach Kriegsende in Aussicht. Die britische Erklärung sah auch die Möglichkeit eigenstaatlicher Provinzen vor, um die Zustimmung der Moslemliga zu erhalten, betonte aber auch das Recht Indiens auf Austritt aus dem Commonwealth.

Erst die Labour-Regierung seit 1945 entfaltete eine große Aktivität, die die kolonialen Emanzipationsbewegungen voll berücksichtigte und in Bezug auf Indien, Burma und Westafrika vor schwerwiegenden Entscheidungen nicht zurückschreckte. An dem Gegensatz von Hindus und Moslems schien freilich das geplante indische Verfassungswerk zu scheitern. Aber am 20. Februar 1947 gab die Regierung im Unterhaus den Rückzug der Briten aus Indien bis spätestens Juni 1948 bekannt. Damit wurde eine zeitliche Grenze gesteckt, ohne die Beilegung des Konflikts abzuwarten. Am 18. Juli 1947 erhielt das Gesetz über die Unabhängigkeit Indiens das königliche Siegel und am 15. August wurde der Union Jack in Indien eingezogen. Der Premierminister Attlee sah darin die Erfüllung der konsequenten britischen Politik. Der Rückzug der Briten bedeutete allerdings auch den Verzicht auf die Erhaltung der Einheit Indiens, nachdem ein Einvernehmen zwischen Kongreßpartei und Moslemliga sich als unmöglich erwiesen hatte. Indien und Pakistan traten als unabhängige, selbständige Staaten ins Leben; Indien wurde 1950 Republik. Zum ersten Mal wurde dabei der Terminus »Independence« gebraucht und dann auch in Bezug auf Burma und Ceylon (1948) verwandt. Die Republiken erkannten die Krone nur als Symbol der freien Vereinigung und Oberhaupt des Commonwealth an, ohne diese Verbindung in der Verfassung zu verankern. Schon vorher war Irland als unabhängige Republik »Associated Member of the Commonwealth« geworden, was noch bedeutete, daß die nach Großbritannien einwandernden Iren nicht Ausländer (aliens), aber auch nicht Inländer waren, sondern Nicht-Ausländer (non-aliens), die Rechte und Pflichten britischer Bürger hatten. Die Verfassung von 1937 hatte den irischen Freistaat, der sich nun »Eire« nannte, bereits praktisch vom Commonwealth gelöst und den Staatspräsidenten zum alleinigen Staatsoberhaupt gemacht, ohne den britischen König noch zu erwähnen. Erst 1949 schied Eire formell aus dem Commonwealth aus. Die Neufassung der Stellung der Krone als Symbol der freien Verbindung unabhängiger Nationen und als symbolisches Oberhaupt des Commonwealth in der Erklärung der Premierminister vom April 1949 ermöglichte auch den Republiken die Vollmitgliedschaft und bezeichnete den Übergang vom British Commonwealth of Nations zum »Multiracial Commonwealth«. Die konservative Regierung seit 1951 konnte diese Entscheidungen nicht mehr rückgängig machen. Dem indischen Beispiel folgten andere asiatische und afrikanische Republiken. Die Föderation Malaya wurde 1957 als Monarchie Mitglied des Commonwealth. Der Übergang zu dem lockeren »Multiracial Commonwealth« in den Jahren 1947–49 demonstrierte eine neuartige Partnerschaft verschiedener Rassen und Staatsformen, die sich 1962 mit dem Zutritt der afrikanischen Staaten vollendete. Die verbliebene funktionelle Ungleichheit, die London noch große Bereiche der Außenpolitik überließ, wich damit mehr einer wechselseitigen Konsultation und Information, einem »exchange of views« mit London als Gastgeber. Die Umstilisierung des Empire zu einem Commonwealth in der Zwischenkriegszeit erwies sich als Bahn einer fortschreitenden Dekolonisierung zu einem lockeren Verband, der jedem Mitglied gewisse Vorteile bot, aber Großbritannien nur kurze Zeit vom Bestreben nach Anschluß an den gemeinsamen europäischen Markt abgehalten hat. Immerhin fand Großbritannien damit den friedlichen Anschluß an die nachkoloniale Ära.

7. Die Irenfrage

Die Irenfrage war bei Kriegsausbruch zurückgestellt worden, als der Irenführer im Unterhaus, Redmond, erklärte, daß Irland ohne besondere Bedingungen und Forderungen einen Beitrag zum Kriege leisten würde. Dadurch half er, daß die hadernden Parteien die irische Frage vorläufig beiseite setzten und ihre Ressentiments zurückstellten. Allerdings war die Erklärung Redmonds kaum mehr als eine noble Geste, da das südliche Irland ihn nicht mehr als den rechten Anwalt seiner Sache sah und nicht an eine bedingungslose Kooperation mit Großbritannien dachte. Außerdem hatte Lord Kitchener die Ulster-Freiwilligen beim Aufbau der Armee voll anerkannt, dagegen die irische Gegentruppe, die für Home Rule kämpfte, abgelehnt und damit die Loyalität Irlands angezweifelt. Die irischen Nationalisten spalteten sich in die loyalen Redmond-Anhänger und in die »Sinn Fein«-Bewegung, die »Wir Selbst«-Bewegung (1916). Vor dem Kriege war der radikale Sinn Fein zu einer Koterie von Journalisten abgesunken, zu denen sich Intellektuelle der Gälischen Liga gesellten, die vor allem eine Wiederbelebung der gälischen Sprache und Erziehung erstrebten. Diese Verbindung wurde nun das Zentrum einer nationalistischen Revolutionsbewegung, deren Agitation an die anti-britische und republikanische Tradition der Freiheitskämpfer des 19. Jahrhunderts anschloß.

Die irische Miliz, eine in Antwort auf die Selbstschutzeinheiten Nordirlands gebildete Wehrorganisation, war größtenteils republikanisch und separatistisch gesinnt. Ein Teil der Miliz dachte an baldige Rebellion, ein anderer Teil wollte bis nach Kriegsende warten. Aus ihr und neben ihr bildete sich eine illegale republikanische Armee. Die Gefährlichkeit der Situation trat grell ins Tageslicht, als kurz vor Ostern 1916 die Landung einer Waffenladung aus Deutschland verhindert werden konnte. Sogleich danach brach in Dublin am Ostertag ein Aufstand los, der in Straßenkämpfen niedergeschlagen werden mußte. Es war die einzige nationale Rebellion in Europa während des Krieges. Die Gewaltaktion war von vorneherein aussichtslos und wurde zudem von der Mehrheit der Iren mißbilligt. Erst das Nachspiel zu der Rebellion ließ den Aufruhr als die Eröffnung eines neuen Kapitels in der Geschichte Irlands erscheinen, mit dem der Weg zu einer unabhängigen irischen Republik beschritten wurde.

15 Revolutionsführer, meist jugendliche Idealisten, wurden in geheimen Kriegsgerichtsverhandlungen abgeurteilt und exekutiert. Nur einer von ihnen kam mit dem Leben davon, weil er amerikanischer Staatsbürger war und London nicht die USA verärgern wollte, nämlich de Valera, der spätere Präsident des Landes. 3 000 weitere Personen wurden verhaftet und 2 000 von ihnen interniert. Danach begab sich der Premierminister Asquith persönlich nach Irland und versprach, die Selbstregierung Irlands möglichst schnell und noch vor Kriegsende zu verwirklichen. Nach ihm übernahm der vielgewandte Lloyd George die weiteren Verhandlungen. Er brachte eine Übereinkunft mit Redmond und auch den nordirischen Führern zustande. Allerdings verstanden die Iren, daß Nordirland nur vorläufig von dem künftig autonomen Irland ausgeschlossen bleiben solle, während die Ulsterleute der Meinung waren, daß der Norden endgültig von Irland abgetrennt werde. Als Lloyd George im Dezember 1916 Premierminister geworden war, regte er 1917 eine Versammlung von Vertretern aller irischen Gruppen in Dublin an. Der »Sinn Fein« lehnte dieses Anerbieten ab; die Bewegung war stark angewachsen und hatte zudem eine Nachwahl im Februar 1917 gewonnen. Aber auch ohne »Sinn Fein« machte die Konferenz die Unüberbrückbarkeit des Gegensatzes zwischen Nord- und Südirland deutlich, so daß sie im April 1918 ohne Ergebnis abgebrochen wurde.

Inzwischen war eine neue Verschärfung des Gegensatzes zwischen London und Dublin eingetreten, als die große deutsche Frühjahrsoffensive 1918 die Regierung Lloyd George in eine Krisis stürzte und die »Man Power Bill« die allgemeine Wehrpflicht nun auch auf Irland ausdehnte. Das gab den Ausschlag für den

Sieg der revolutionären Nationalisten. Alle irischen Nationalisten der Miliz, etwa 150000, gingen zur illegalen republikanischen Armee über. Redmond konnte seine führende Stellung nicht mehr behaupten; er starb im selben Jahr. Unmittelbar nach dem Krieg zeigte sich in den Khakiwahlen vor Weihnachten 1918, daß die alte irische Nationalistenpartei im Unterhaus keine Existenzberechtigung mehr hatte. Sie entsandte nur noch sieben Vertreter nach Westminster. Dagegen wurden 73 »Sinn Feiners« gewählt, die gar nicht nach Westminster gingen, sondern in Dublin ein eigenes revolutionäres Parlament konstituierten, das erste »Dail«. Auch die allgemeine Wehrpflicht war in Irland nicht durchzusetzen. Dieser ungesetzliche Zustand konnte nicht von Dauer sein. Aber die Iren nutzten die verwirrten Nachkriegsverhältnisse aus und suchten ihr Anliegen mit den revolutionären Umbrüchen in vielen anderen Ländern in Zusammenhang zu bringen. In Wilsons 14 Punkten fanden auch sie eine internationale Rechtfertigung. Sie beanspruchten das gleiche Selbstbestimmungsrecht wie Tschechen, Polen, Jugoslawen usw. und appellierten an Präsident Wilson, sich für ihr Naturrecht einzusetzen. Wilson wollte jedoch nicht die Engländer am Beginn der Friedenskonferenz in Paris verärgern und hielt mit seiner Entscheidung zurück. Die Antwort gaben die Iren bei den Präsidentschaftswahlen 1920, bei denen sich die amerikanischen Iren gegen Wilson entschieden und somit beitrugen, daß sich die USA von Völkerbund und Europa zurückzogen.

Nach dem Scheitern der diplomatischen Bemühungen blieb den Iren nur die Gewalt als Ausweg, der von Amerika aus unterstützt wurde. Die irische republikanische Befreiungsarmee begann einen Kleinkrieg gegen die »Royal Irish Constabulary«. Im Jahre 1919 wurden 19 Angehörige dieser Polizeitruppe getötet und 1920 sogar 176. Da London keine ausreichende Zahl von Rekruten für seine irische Polizeitruppe finden konnte, wurden demobilisierte Soldaten in Khaki-Uniformen und mit schwarzem Barett eingestellt, die wie eine Sondertruppe aussahen und »the Black and Tans« genannt wurden. Ihre brutalen Repressionsmaßnahmen schockierten aber die britische Öffentlichkeit, die nach einer gesetzlichen Neuregelung rief. Die Regierung brachte die »Government of Ireland Act« 1920 durch das Unterhaus, die

die Abtrennung Nordirlands verfügte, aber nur von Nordirland angenommen wurde. Dieses Gesetz sah für die sechs nördlichen Grafschaften eine eigene Legislative und ein eigenes Verwaltungssystem vor, während für das andere Irland ein »Council of Ireland« das oberste Organ sein sollte. Beide Gebiete sollten weiterhin im Unterhaus vertreten sein, das in Bezug auf Außenpolitik, Verfassungsänderungen und einige Steuerarten kompetent bleiben sollte. Die sechs nördlichen Grafschaften nahmen das Gesetz an; damit erhielt Nordirland einen eigenen Gouverneur, einen Senat mit 26 Mitgliedern und ein Unterhaus mit 52 Vertretern. Irland aber verwarf das Gesetz, und die Rebellen errichteten eine eigene Regierung. Im Juni 1921 eröffnete der König die erste Sitzung von Senat und Unterhaus in Belfast.

Nach der versöhnlich gehaltenen Rede Georgs V. trafen sich de Valera, der Präsident der sogenannten Irischen Republik, und Sir James Craig, der Premierminister von Nordirland, auf Einladung Lloyd Georges in London, wo ein Waffenstillstand und eine Friedenskonferenz vereinbart wurden. Die Frage der Unabhängigkeit der Irischen Republik wurde nicht behandelt, wohl aber, in welcher Form Irland im Rahmen des Commonwealth eine politische Eigenständigkeit finden könne. Im Herbst 1921 trafen sich fünf Vertreter des revolutionären Irlands unter Führung von Arthur Griffith, einem Gründer des »Sinn Fein«, mit fünf Vertretern der britischen Regierung zu weiteren geheimen Verhandlungen. Die Iren bequemten sich erst zu einer tragbaren Vereinbarung, als die Engländer mit einer kriegerischen Intervention drohten, die die ganze britische Militärmacht gegen Irland geführt hätte.

In dem Vertrag vom 6. Dezember 1921 wurde Irland der gleiche Status zugestanden wie Kanada, Australien, Neu-Seeland und Südafrika, dem Parlament in Dublin die gesetzgebende Gewalt und der ihm verantwortlichen parlamentarischen Regierung die Exekutivgewalt zugebilligt und dem neuen Dominion die Bezeichnung »Irish Free State« gegeben. Das Amt des Lord Lieutenant von Irland wurde abgeschafft und stattdessen ein Generalgouverneur als Repräsentant der Krone eingesetzt. Die Beamten des Landes hatten einen Eid auf den König als Haupt des Britischen Empire abzulegen; der Küstenschutz lag weiterhin bei der britischen Flotte, die auch einige Stützpunkte behielt; dem Freistaat wurde aber eine eigene Militärmacht gestattet. Der »Dail« in Dublin nahm mit 64 gegen 57 Stimmen diesen Vertrag an. Damit war die volle Autonomie unter der nominellen Oberhoheit der Krone und mit Verzicht auf Nordirland erreicht.

Allerdings brach ein Kampf zwischen den intransigenten Republikanern und den »Treatyiten« aus, bei dem die Vertragsanhänger sich durchsetzten. Eine neue Abstimmung am 16. Juni 1922 dokumentierte ihren Sieg, als von 128 Vertretern sich nur noch 36 für die Republik erklärten. Eine Verfassung mit Zwei-Kammer-System wurde beschlossen und am 25. Oktober 1922 vom britischen Parlament bestätigt. Erster Präsident (1922–1932) wurde Cosgrave, der sich in seiner Amtszeit loyal an die Abmachung hielt. König Georg V. proklamierte am 6. Dezember 1922 den Irischen Freistaat, der mit dem Eintritt in den Völkerbund 1923 international anerkannt wurde und diplomatische Vertretungen in den USA, in Frankreich, Deutschland, Belgien und anderswo unterhielt. Die Grenzstreitigkeiten mit Nordirland wurden erst 1925 bereinigt, wobei die bisherige Grenze blieb, aber der Anteil Irlands an der öffentlichen Schuld Englands gestrichen wurde.

Damit war die Irische Frage im Grunde gelöst und Irland ein selbstregierendes Dominion innerhalb des Commonwealth geworden. Die grün-weiß-goldene Flagge des neuen Staates war international anerkannt, und Irland hatte mehr erreicht, als ihm die Gladstone-Liberalen einst zugestehen wollten. Das Hauptverdienst auf englischer Seite war vor allem Lord Birkenhead zuzuschreiben, der Versöhnungsbereitschaft und politischen Druck in erträglicher Weise zu verbinden wußte. Damit entledigte sich England eines Problems, das es seit Jahrhunderten belastet und noch kurz vor dem Weltkrieg an den Rand eines Bürgerkriegs gebracht hatte.

8. *Innenpolitische Entwicklung bis zur Weltwirtschaftskrisis*

Dem Rücktritt Lloyd Georges im September 1922 folgte auf dem Fuß die Auflösung der Kriegskoalition. Stanley Baldwin setzte im Carlton-Club durch, daß die konservative Partei bei den nächsten Wahlen wieder selbständig mit eigenem Führer und eigenem Programm auftreten sollte. Lloyd George verlor damit seine parteiliche Machtgrundlage und trat als Koalitionsführer zurück. Bonar Law war bereit, eine neue Regierung zu bilden, und löste sogleich das Parlament auf. Nach der hektischen Unruhe der Nachkriegszeit lautete seine Parole: Ruhe. Darauf reagierte die Wählerschaft und gab den Konservativen ihr Vertrauen. In den Novemberwahlen 1922 errangen die Konservativen 345 von 615 Sitzen; die Asquith-Liberalen verdoppelten ihre Sitze auf 60, während die Lloyd George-Liberalen auf 57 zusammenschmolzen. Labour war die einzige Partei, die geschlossen in den Wahlkampf ging und mit 142 Sitzen erstmals zur stärksten Oppositionspartei wurde. Unter der neuen Regierung Bonar Law hatte Lord Curzon das Außenamt inne; die wichtigste Aufgabe fiel an Stanley Baldwin als Schatzkanzler, der die Frage der Kriegsschulden an Amerika aufwarf und eine Reduktion um ein Drittel erreichte. Schon im Mai 1923 zog sich Bonar Law als ein vom Tode Gezeichneter von den Regierungsgeschäften zurück. Als Nachfolger blieb nur Baldwin, da Lord Curzon als Mitglied des Oberhauses nicht erwünscht war und Austen Chamberlain, der Führer der Konservativen und des Unterhauses unter Lloyd George, zu den loyalen Koalitionisten zählte. Somit übernahm Baldwin die Führung, die er in den nächsten 14 Jahren größtenteils behielt. Er wollte über einen Schutzzoll das Arbeitslosenproblem anpacken, sah aber wegen der Wahlversprechen Bonar Laws, die vollen Freihandel verkündet hatten, seine Hände gebunden und schrieb im Herbst 1923 neue Wahlen aus.

Die beiden liberalen Gruppen verteidigten im Wahlkampf den Freihandel und fanden in dieser gemeinsamen Parole einen willkommenen Anlaß, sich zu fusionieren. Auch Labour glaubte, im Freihandel das Interesse der Arbeiterschaft zu wahren. Die Wahlen erbrachten fast das gleiche Ergebnis wie 1922, wenn das ganze Land als ein einziger Wahlbezirk betrachtet wird. Die Konservativen fielen von 38 auf 37,5 v.H., Labour stieg von 29,2 auf 30,7 v.H. und die Liberalen von 29,1 auf 29,9 v.H. Aber die Sitzverteilung verschob sich beträchtlich. Die konservativen Sitze wurden von 345 auf 257 reduziert, während Labour von 142 auf 191 und die Liberalen von 117 auf 159 anstiegen. Die Konservativen waren also noch größte Partei, aber ihre Politik hatte sich nicht durchgesetzt. Baldwin blieb bis zum Zusammentritt des Parlaments im Amt und gab dadurch der Presse Zeit, die finsteren Aussichten einer Labour-Regierung an die Wand zu malen. Die Presse zielte auf eine Koalition zwischen Baldwin und Asquith. Aber eine Kombination des Champions einer protektionistischen Politik mit dem Anwalt des uneingeschränkten Freihandels wäre einer schmählichen Täuschung der Wählerschaft gleichgekommen, da der Wahlkampf sich auf diesen Gegensatz zugespitzt hatte. Labour hätte wirklichen Grund gehabt zu behaupten, die kapitalistischen Parteien würden jedes politische Schachergeschäft mitmachen, nur um Labour aus der Regierung zu halten. Außerdem erschien das Experiment einer Labour-Regierung angesichts einer anti-sozialistischen Mehrheit von 120 Stimmen im Unterhaus ungefährlich und jedenfalls vertretbarer als eine Koalition von Gegensätzen. Schon bei der Regierungsadresse geriet die konservative Regierung über ein von Labour beantragtes Freihandels-Amendment in die Minderheit und trat zurück. Ramsay MacDonald, der Führer der größeren der beiden Oppositionsparteien, wurde Premierminister und nahm dabei vorwiegend Vertreter des rechten Flügels von Labour in sein Kabinett.

Die Wahlerfolge von 1922 und 1923 hatten Labour zwar nicht die absolute Majorität gebracht, aber doch zur Eroberung der Regierungsgewalt geführt. Die Partei hatte sich auf ihrer Konferenz im Februar 1918 zu einer nationalen Partei deklariert, die an alle Schaffenden appellierte und nicht mehr nur Anwalt der Interessen der Lohnempfänger sein wollte. Allerdings hatte sie auch in dieses Februarprogramm den Sozialismus offiziell übernommen, insofern sie eine bessere Eigentumsverteilung, Vergemeinschaftung der großen Produktionsmittel und Kontrolle der Industrie und Bürokratie zu Programmpunkten erhob. Ihr waren viele Deserteuere aus den Reihen des Liberalismus zugeströmt, und die einst gescheiterten Pazifisten in ihren Reihen waren ins Unterhaus zurückgekehrt. Zu ihnen gehörte MacDonald, der mit knapper Mehrheit zum Führer der Partei emporgestiegen war. MacDonald, unehelicher Sohn eines blutarmen Landmädchens und usprünglich mit der Independent Labour Party verbunden, war 1900 Sekretär des »Labour Representation Committee« geworden. Seit 1906 saß er im Unterhaus und zeigte im Krieg als Pazifist Mut zur Unpopularität. Damals arbeitete er gegen fast alle Maßnahmen der Regierung und wurde der bestgehaßte Mann Großbritanniens, ähnlich wie Lloyd George wähnrend des Burenkriegs. Dadurch gewann er die radikalen Clyde-Arbeiter Westschottlands für sich, die mehr den mutigen Opponenten als den Sozialisten kannten. Freilich wußte die Partei 1923 noch nicht, daß man mit seiner Wahl zum Labour-Führer auch den ersten Labour-Premier wählte. Außerdem waren die Leute, die ihn wählten, über seine eigentliche Haltung völlig im unklaren.

MacDonald war durch seine Heirat mit einer reichen Professorentochter finanziell unabhängig; er gehörte trotz niedriger Geburt seiner ganzen Wesensart nach dem Mittelstand an. Er glaubte an den Sozialismus als eine Art soziale Religion; sein Kampf gegen Armut und für allgemeine Wohlfahrt unterschied sich wenig von den Sozialvorstellungen der linken Liberalen, deren Weitherzigkeit ihm sympathischer erschien als die Engstirnigkeit der Gewerkschaftler. Er war im Grunde ein Kompromißler und gewissermaßen ein klassenloser Mann, d.h. ein Edelmann aus Instinkt, ein Bürger seinen Lebensgewohnheiten und ein Proletarier seiner Herkunft nach. Er war ein Gemäßigter, aber mit der taktischen Ausrüstung des Fanatikers, der die ganze Registratur der großen Redekunst beherrschte und sich oft zum Prediger steigerte, dessen Pathos von festen Grundsätzen und hohen Idealen geprägt schien. Sein bedeutendes Äußeres unterstrich diesen Eindruck.

Bezeichnenderweise geriet die Regierung MacDonald bald in Konflikt mit dem Exekutiv-Komitee ihrer Partei, das immer wieder die Minister zu sich zitierte. Ihm gegenüber wollte MacDonald die Bezeichnung »Sozialismus« als ein theoretisch-literarisch überfrachtetes Wort fallen lassen und allein in »Labour«

den Namen sehen, der die Partei und »das große einfache Herz des Volkes« verbinden sollte. Dieses vage Gerede rief den Unmut der Konservativen und den Ärger seiner Anhänger hervor. Außerdem war diese erste Arbeiterregierung einer gesellschaftlichen Offensive ausgesetzt, die Lady Astor, die erste Frau im Unterhaus und eine große Figur in der exquisiten Gesellschaft, veranlaßt hatte. Die Radikalen lehnten eine Verbrüderung dieser Art ab; MacDonald war anderer Meinung und bewegte sich hier in seinem Element, als die Labour-Leute mit Einladungen zu den vornehmsten Veranstaltungen bombardiert wurden. In der Tat war er nach seiner Heirat (1896) durch viele Reisen und europäische Kontakte ein Weltmann geworden, der mehr als die meisten anderen mit dem Anspruch eines erfahrenen Europäers auftreten konnte. Ihn interessierte vor allem die Außenpolitik, in welcher auch die wichtigsten Resultate seiner kurzen Regierungszeit erreicht wurden.

Innenpolitisch befolgte die Regierung den Grundsatz des Freihandels. Sie hob den Schutzzoll für Automobile zum Nachteil der Auto-Industrie auf. Populär war hier lediglich die Aufhebung oder Reduktion der Tee-, Kaffee-, Kakao- und Zuckersteuern und -zölle, also die Erfüllung des liberalen Ziels der »Free Breakfast Table«. Das Defizit im Budget kümmerte sie wenig, da aller Voraussicht nach die Verantwortlichkeit zur Deckung ihren kapitalistischen Nachfolgern zufallen mußte. Wichtiger war die Regelung des Reparationsproblems, nachdem eine Expertenkommission unter dem Amerikaner General Charles G. Dawes die wirtschaftlichen Möglichkeiten Deutschlands untersucht und eine internationale Transfer-Kommission vorgeschlagen hatte. Auf der Londoner Konferenz 1924 wurde im Einvernehmen mit Frankreich eine amerikanische Anleihe an Deutschland erreicht und mit einer internationalen Finanzkontrolle verbunden, die für den Zahlungsablauf und den Währungstransfer der auf 120 Millionen £ festgesetzten Annuitäten verantwortlich war. Eine vierjährige Schonzeit, das Verbot von Sanktionen und die Beschränkung des Problems auf die wirtschaftliche Seite ergaben trotz des Eingriffs in die deutsche Finanzhoheit einen »Silberstreifen«, der den Kriegszustand liquidierte und klare Verhältnisse schuf. MacDonald wurde als der Mann gepriesen, der endlich wirklichen Frieden geschaffen habe. Nichtsdestoweniger war die Regierung nach neun Monaten wieder außer Amt.

Erster Anlaß war der Ausbruch der Regierung aus der antibolschewistischen Front. In einem Schreiben (1924) erkannte MacDonald die UdSSR-Herrscher als rechtmäßig an und lud sie ein, Bevollmächtigte nach London zur Regelung der Schulden aus der Zarenzeit zu entsenden. Die Opposition im Unterhaus rang der Regierung aber das Versprechen ab, keinesfalls den »blutbefleckten Feinden unserer Zivilisation und Religion« eine Anleihe zu bewilligen. Als die Verhandlungen im Sommer 1924 trotzdem eine Anleihe unter einem Wald von Vorbedingungen ins Auge faßten, flammte eine Opposition auf, die den Sturz der Regierung in der Herbstsession sicher machte. Dazu kam, daß ein Biskuit-Fabrikant dem Premier ein Auto schenkte und kurz danach, wie allerdings schon lange vorgesehen, mit dem Baronet-Titel ausgezeichnet wurde. Als bei einer großen Rede eine Stimme »Biskuits« in die Versammlung rief, verschlug es MacDonald die Sprache. Er vermochte nicht, das Geschoß mit Witz und Humor unschädlich zu machen. Man entdeckte, daß der große Mann eine empfindliche Haut hatte. Allerdings stürzte der Premier nicht über Russen und Biskuits, sondern über den »Campbell-Case«. Campbell hatte in seinem obskuren kommunistischen Blatt die Soldaten zur Befehlsverweigerung aufgerufen und ein Verfahren des Generalstaatsanwalts veranlaßt. In den Sessionsferien stellte der Generalstaatsanwalt die Untersuchung ein. Als Campbell behauptete, dies sei unter dem Druck des Premiers geschehen, verlangte das Unterhaus eine Untersuchung, die MacDonald als beleidigend ablehnte. Er stellte die Vertrauensfrage und verlor. Offenbar hatte er bewußt über diese Frage seine Regierung geopfert, weil sie als Minderheitenregierung keine Handlungsfreiheit besaß und Labour auf die Dauer diskreditieren mußte. Auch die Liberalen wollten nicht länger das Zugtier für Labour sein und dabei ihre Anhänger verspielen. Damit kam 1924 eine dritte allgemeine Wahl zustande.

Die uneinige Arbeiterpartei hielt dabei an MacDonald fest, obgleich man nicht die besten Erfahrungen mit ihm gemacht hatte. Er schien als einziger imstande, die »floating vote«, die unentschlossene Wählerschaft, zu gewinnen, die nie einem Radikalen ihre Stimmen gegeben hätte. Aber man konnte sich nicht mehr damit entschuldigen, daß man ihn nicht gekannt hätte. Er kam in der Tat 1929 wieder an die Macht, wedelte dabei mit Sozialismus und roter Fahne, ging aber über Hinterpfade nach rechts und führte Labour in ein Desaster hinein, von dem die Partei sich erst im Zweiten Weltkrieg erholen konnte.

In den Wahlen von 1924 verloren die Liberalen an 100 Sitze und wurden auf 40 reduziert. Labour errang eine Million Stimmen mehr, fiel aber durch den Wahlmodus von 193 auf 151 Sitze zurück. Dagegen gelangten 419 Konservative ins Unterhaus. Künftig waren die Liberalen faktisch Unabhängige, die selten gemeinsam als Partei abstimmten und eine permanente Wahl-Anomalie darstellten. Der Grund für den Abfall von Labour trotz Stimmengewinns war darin zu suchen, daß die Liberalen nur noch in sicheren Wahlbezirken Kandidaten aufgestellt hatten und in den meisten Wahlbezirken nur die Konservativen gegen Labour angetreten waren. Die Wahlen erhielten noch eine besondere Note, weil das Außenamt wenige Tage zuvor einen Brief Sinowjews, des Chefs der sowjetischen Propaganda, veröffentlichte, der an die Kommunisten gerichtet war und zum Umsturz des britischen Verfassungssystems aufforderte. Es blieb dunkel, ob der Brief echt war. Sicher schien nur, daß Sinowjew einen solchen Brief hätte schreiben können. Ein beträchtlicher Anstieg der Labour-Stimmen wurde offensichtlich damit aber nicht verhindert.

Die neue Regierung Baldwin (1924–29) nahm die konservativen Koalitionisten in ihre Reihen auf. Austen Chamberlain wurde Außenminister und Winston Churchill Schatzkanzler. Sie sah sich einem parteilich konsolidierten Parlament gegenüber, das erstmals nach den Regeln des Parlamentsgesetzes von 1911 die vorgeschriebene Fünf-Jahres-Periode hindurch Bestand hatte. Zwei wichtige Ereignisse gaben der Regierung Baldwin die Signatur. Innenpolitisch wurde die lange britische Streik-Ära (1911–1926) beendet und außenpolitisch mit Locarno (1925) die britische Befriedungspolitik erfolgreich fortgeführt.

Das Scheitern der Regierung MacDonald hatte den Drang nach links in der Arbeiterbewegung verstärkt. Das syndikalistisch-kommunistische Element blieb zwar in der Minderheit, drang aber in die Führungskreise ein. Der Trades Union Congress von 1924 hatte MacDonald einen kalten Empfang bereitet und dann aufmerksam einer sowjetischen Delegation Gehör geschenkt. Der Sekretär der »Miners' Federation«, Cook, ein alter Anwalt des Syndikalismus, bezeichnete sich jetzt als »a humble follower of Lenin«. Anlaß zum Wiederaufflammen des Syndikalismus war eine Kohlekrisis, die nach dem Ende des Ruhrkampfes und der Normalisierung der Beziehungen zu Deutschland einsetzte. Während der Konjunktur hatte die britische Bergindustrie den Siebenstundentag durchgedrückt (Sankey-Report) und fand sich jetzt der festländischen Konkurrenz gegenüber in einer prekären Lage. Die Unternehmer forderten Lohnsenkungen; die Arbeiterschaft drohte darauf mit Streikmaßnahmen. In letzter Stunde kündigte Baldwin eine königliche Kommission an, die in neun Monaten eine sachgerechte Lösung finden sollte. Bis dahin griff die Regierung mit Subsidien ein, wodurch die Arbeitgeber ihre neuen Lohnsätze zahlten, die Arbeiter aber ihre alten Löhne behielten. Damit wurde die Krisis bis 1. Mai 1926 hinausgeschoben.

Der Kommissionsbericht schlug eine mittlere Lösung vor und wurde von beiden Seiten abgelehnt. Am 1. Mai 1926 traten die Bergleute in den Streik; zwei Tage später rief das Trades Union Congress Committee die Transport- und Druckereiarbeiter zum Streik auf. Weder eine Minderung der Löhne noch eine Ausdehnung der Arbeitszeit wurde akzeptiert. Der Generalstreik sollte die Regierung zwingen, einen Industriezweig für unbestimmte Zeit durch Subsidien zu unterstützen. Vom 4. bis 12. Mai 1926 lag der Verkehr still; keine Zeitungen kamen in die Häuser. Nur der Rundfunk blieb intakt und verbreitete sich dadurch schneller als je zuvor, zumal Baldwin sich in einer Rundfunkansprache an die Öffentlichkeit wandte. Zum ersten Mal begann das neue Kommunikationsmittel, das in den USA bei den Präsidentenwahlen 1920 bereits eine Rolle gespielt hatte, in Britannien politische Bedeutung zu gewinnen. Die Öffentlichkeit war über den Entzug der Zeitungen empört. Die Regierung konnte mit Hilfe von Freiwilligen eine Verknappung der Lebensmittel verhindern. Baldwin faßte den Streik als verfassungswidrige Nötigung der legitimen Regierung auf und lehnte alle Verhandlungen vor Beendigung des Streiks ab. Die Liberalen außer Lloyd George unterstützten ihn. Die Labour-Führer mißbilligten den Streik, konnten sich aber schlecht dagegen stellen und begünstigten ihn indirekt durch ihre Angriffe auf die Regierung. Erst nach der Rundfunkansprache Baldwins und einem Regierungsmemorandum, das eine Beilegung der strittigen Punkte versprach, informierte der Trades Union Congress die Regierung, daß er den Streik abblasen würde, soweit er von den Gewerkschaften veranlaßt war. Damit wurde die Tür zu Verhandlungen geöffnet. Baldwins Ansehen stand höher als je, wenn auch der Bergarbeiterstreik sich noch bis in den Herbst hinzog. Gegen die scharfe Opposition von Labour setzte das Unterhaus den Acht-Stunden-Tag wie vor 1919 als normal fest, worauf die Unternehmer sich im Juni zu einer entsprechenden Lohnaufbesserung bereit erklärten. Die neue Regelung gab den Bergleuten nur teilweise bessere Löhne. In ungünstigen Gebieten blieb die Lohnreduktion und mußte durch die erhöhte Arbeitsleistung ausgeglichen werden.

Der gesetzliche Niederschlag dieser Ereignisse war die »Trade Disputes Bill« von 1927 mit vier Grundsätzen. Danach waren Sympathie- und Generalstreiks ungesetzlich; desgleichen galten Terror und Arbeitsbehinderung als ungesetzlich; ferner wurde das Gesetz von 1913 aufgehoben, wonach jedes Gewerkschaftsmitglied automatisch einen Beitrag zum Parteifonds von Labour zahlen mußte, wenn es nicht ausdrücklich eine Gegenerklärung abgab (contracting-out). Jetzt war es umgekehrt, so daß nur nach einer besonderen Erklärung ein solcher Sonderbeitrag eingezogen werden durfte (contracting-in). Schließlich durften die Civil Service Verbände sich nicht mit dem Gewerkschaftskongreß verbinden und die Lokalbehörden nicht die Mitgliedschaft zu den Gewerkschaften zur Bedingung einer Anstellung machen. Die Labour-Opposition wandte sich scharf dagegen und appellierte an die Öffentlichkeit, deren Reaktion jedoch gleich Null war. Selbst ein Vorschlag des Gewerkschaftskongresses, gegen das Gesetz einen neuen Generalstreik zu entfachen, fand taube Ohren. Erst 1946 wurde das Gesetz von der Labour-Regierung aufgehoben. Die Mitgliederzahl der Trade Unions sank von 8 Millionen auf 4,8 Millionen ab. Die öffentliche Meinung entschied sich offenbar für die Ordnungskräfte und beließ dadurch der Regierung die Mittel, die große Wirtschaftskrisis von 1929/33 zu bestehen. Damit gingen die ständigen Unruhen seit dem großen Syndikalistenstreik von 1911, die sogar durch den Krieg hindurch immer wieder aufgeflackert waren, zu Ende.

Außenpolitisch setzte die Regierung die von MacDonald verfolgte pazifistische Linie fort, die mit der Londoner Konferenz und dem Dawesplan 1924 vorgezeichnet war. Allerdings gab der Außensekretär Austen Chamberlain dem unbestimmten Pazifismus seines Vorgängers einen bestimmten völkerrechtlichen Inhalt auf eine konkrete Raumordnung in Westeuropa hin. Der Völkerbund in Genf verkörperte zwar die internationale Ordnung nach allgemeinen Grundsätzen, bot aber keine genügende Sicherheit, da ihm die Druckmittel zur Erzwingung von Sanktionen gegen einen Aggressor fehlten. Die Bestrebungen nach einer Stärkung des Völkerbundes durch eine eindeutige Hilfeverpflichtung der Mitglieder scheiterten am Einspruch der neuen britischen Regierung. MacDonald hatte noch zusammen mit Herriot einen Entwurf vorbereitet, wonach internationale Streitfälle vor ein Schiedsgericht gezogen werden sollten. Nach diesem »Genfer Protokoll« von 1924 sollten alle Mitglieder des Völkerbundes verpflichtet sein, gegen diejenigen Staaten den Krieg bzw. Sanktionen zu eröffnen, die sich einem solchen Schiedsverfahren nicht unterwerfen wollten. Frankreich und andere Staaten ratifizierten bereitwillig dieses Protokoll. Aber die Regierung Baldwin lehnte das Projekt ab und wollte keinen Blankoscheck unterschreiben, der die britische Politik dem Gutdünken von fünf Schiedsrichtern in Genf unterordnen konnte. Austen Chamberlains Aufgabe war es, sich gegen das Protokoll zu wenden und stattdessen seine Beschränkung auf ein klar umgrenztes politisches Problem, nämlich das deutsch-französische Verhältnis, zu erreichen. Dem kam die Vorarbeit des britischen Botschafters in Berlin, Lord d'Abernon, entgegen, der in Stresemann den Politiker gefunden hatte, der eine gleichgerichtete Versöhnungspolitik gegenüber Frankreich als Gebot der Stunde erkannte. Der Vorschlag des deutschen Außenministers Gustav Stresemann, die deutsch-französische Entspannung mit einer Garantie der Westgrenzen einzuleiten, wurde von Briand aufgenommen, wenn auch mit der Frage der deutschen Ostgrenzen verknüpft.

Das Ergebnis war die Konferenz von Locarno im Oktober

1925. Danach garantierten Deutschland, Frankreich und Belgien die Grenzen von 1919/20, wobei Deutschland die Aufrechterhaltung der entmilitarisierten Zone bis 50 km östlich des Rheins zusicherte. England und Italien garantierten gleichfalls die westliche Grenzregelung. In Bezug auf die Ostgrenzen ging Deutschland Verträge mit Polen und der Tschechoslowakei ein, die zu einem friedlichen Schlichtungsverfahren verpflichteten. Hier behielt sich Stresemann mit Berufung auf Art. 19 der Völkerbundssatzung über unanwendbar gewordene Verträge eine Revision vor, während Frankreich den Oststaaten eine Grenzgarantie gab. Immerhin war damit ein wirksamer Ersatz für die unbestimmte Völkerbundsgarantie im Bereich von Mitteleuropa geschaffen. Locarno trat mit dem Einzug Deutschlands in den Völkerbund September 1926 in Kraft. Damit entfiel die »Interalliierte Abrüstungskontrollkommission« in Deutschland. Der freiwillig ausgehandelte Vertrag machte eine Rückkehr zu Versailles unmöglich; Deutschland hatte den Anschluß an den Westen gefunden. Diese regionale Befriedung führte später zum Kellogg-Pakt von 1928, dem die Locarno-Mächte spontan zustimmten und den auch Japan und die USA ratifizierten. Damit wurde die Ächtung des Krieges bindendes Völkerrecht und eine Rechtsgrundlage für aktive Hilfe zugunsten eines angegriffenen Staates geschaffen, wenn auch konkrete Zwangsmittel nicht vorgesehen waren. Locarno rief europäische Hoffnungen wach; Chamberlain stand auf der Höhe seines Ansehens und hatte hier das Gros der britischen Bevölkerung hinter sich, zumal er die Linie MacDonalds fortzusetzen schien und Art. 10 des Genfer Protokolls wörtlich im Locarnovertrag erschien. Damit erwiesen sich die Jahre der Regierung Baldwin als Zeit innerer und äußerer Befriedung, die dem Radikalismus und den Experimenten der Nachkriegszeit abgesagt hatte.

Allerdings täuschte die wiedergewonnene Ruhe und Prosperität über die Krisenempfindlichkeit des Landes hinweg. Immer noch mußten jährlich an Zinsdienst für die Nationalschulden 350 Millionen Pfund aufgebracht werden, und die Belastung an direkten Steuern war pro Kopf siebenmal höher als 1914. Sie mußte von einer Bevölkerung getragen werden, die sich zwar von 1911 bis 1931 um 4 Millionen auf 44 Millionen vermehrt hatte, deren Geburtenrate aber zurückgegangen und von 34 Geburten auf 1000 Einwohner in der mittelviktorianischen Zeit auf unter 20 abgesunken war. Zu dieser ungünstigen Verschiebung der Alterspyramide kam, daß jetzt 80 v.H. in Städten wohnten, davon die Hälfte in Großstädten über 100000 Einwohner. 76 v.H. der Bevölkerung waren Lohnempfänger geworden. Das Land war auf ständige Lebensmittelimporte angewiesen, die das Defizit der heimischen Erzeugung in Höhe von 60 v.H. decken mußten. Die Reallöhne stiegen zwar durch die Gewerkschaftspolitik gegenüber der Vorkriegszeit etwas an (8 v.H.), aber selten fiel die Zahl der Arbeitslosen unter eine Million; sie betrug 1929 etwa 1,2 Millionen. Die private Kapital- und Rentenbasis war beträchtlich zurückgegangen und das Gros der Bevölkerung war auf das Versicherungswesen angewiesen. Der nationale Zinsendienst, die hochgesetzten Löhne und die enorme Inanspruchnahme der Arbeitslosen- und Renten-Versicherung behinderten eine innere Stabilisierung. Schlimmer war, daß die freie Bewegung auf dem internationalen Geld-, Produktions- und Arbeitsmarkt durch das Gewicht der USA als Warenerzeuger und Gläubiger zu Kredit- und Investitionsspekulationen führte, die das alte Geldsystem in Frage stellten. Die Rückkehr zu den Vorkriegsverhältnissen wurde mit der »Gold Standard Act« von 1925 eingeleitet, die den seit 1914 aufgegebenen Goldstandard wieder einführte und die Bank von England verpflichtete, Gold zu festgesetzten Preisen abzugeben. Dabei wurde die Vorkriegs-Parität zwischen Dollar und Pfund Sterling wieder hergestellt, aber der Wert des Pfundes höher festgelegt, als es das innere Preisgefüge rechtfertigte, so daß der Export darunter leiden mußte.

Die äußere Konsolidierung kam darin zum Ausdruck, daß die Wahl vom Mai 1929 die am wenigsten dramatische des 20. Jahrhunderts wurde, obwohl sie die erste Wahl mit gleichem Wahlrecht für die Frauen (seit 1928), das 7 Millionen neue Wähler hinzubrachte, und mit Ausnutzung des Rundfunks war. Die Hauptparole »Safety first!« war ohnehin nicht dazu angetan, Leidenschaften zu erregen. Trotz der tiefgreifenden Veränderung der Sitzverteilung im Unterhaus bestätigte sie die Friedens- und Konsolidierungspolitik der Regierung. Konservative und Labour erreichten beide über 8 Millionen Stimmen, wobei die Konservativen noch um 300000 Stimmen vorauslagen; die Liberalen buchten 5 Millionen Stimmen. Die Konservativen sanken von 396 auf 259 Sitze, die Liberalen stiegen von 40 auf 57 Sitze und Labour errang 290 Sitze gegenüber bisher 160 Sitzen. Damit wurde Labour, die überzeugteste Trägerin der Völkerbundideologie und des neuen Pazifismus, zum ersten Mal stärkste Unterhauspartei. Diese überraschende Gewichtsverlagerung war durch das Anwachsen der liberalen Stimmen verursacht, also durch eine Abspaltung von den Konservativen. Dadurch wurde Labour in vielen Wahlkreisen die größte der drei Minderheiten. Der Radikalismus war ganz zurückgegangen, was ebenfalls Labour zugute kam. Von den 25 kommunistischen Kandidaten verwirkten 21 sogar die hinterlegten Wahlgelder, weil sie nicht ein Achtel der Stimmen ihres Wahlbezirkes erreicht hatten. Nur ein einziger Kommunist wurde tatsächlich gewählt. Labour verdankte dem Wahlmodus und den Liberalen seinen Sieg, der ein halber Sieg war, weil er wiederum eine Minderheitenregierung herbeinötigte, als die Weltwirtschaftskrisis seit 1929 ihre Schatten warf und entschlossene Maßnahmen verlangte. Stattdessen glitt Britannien in den »Great Slump« der Jahre 1929/31, in welchem nichts entschieden wurde, die ohnmächtige Labour-Regierung unter MacDonald schließlich zurücktrat und erst ein »National Government« helfen konnte, das in gewissem Sinne bis 1945 Bestand hatte.

9. Die Weltwirtschaftskrisis und ihre Überwindung

Die Jahre 1929 bis 1931 der Regierung MacDonald waren ein Zwischenspiel ohne durchgreifende Politik, das im Zeichen der Weltwirtschaftskrisis stand. Diese Krise war im wesentlichen durch das riesige Finanzgefälle hervorgerufen worden, das die Folge des Weltkrieges und des Versailler Vertrags war. Bis dahin hatten die amerikanischen Kredite diesen Zustand verdeckt und eine wirtschaftliche Scheinblüte hervorgerufen. Seit 1928 hörten diese Kredite auf und wurden zum Teil schon gekündigt. Seit 1929 weigerten sich die USA, weitere Kredite zu gewähren, ohne die aber die Zinsen für die vorhergehenden Kredite nicht bezahlt werden konnten. Andere Länder folgten diesem Beispiel. Der Rückfluß der Anleihen rief Geldknappheit, Zahlungsunfähigkeit und schließlich Absatzkrisen und Arbeitslosigkeit hervor. Die Regelung der Schuldenfrage nach dem Youngplan von 1929 entpolitisierte zwar mit dem Wegfall der Interalliierten Transferkommission und der Herabsetzung der deutschen Zahlungen das Reparationenproblem, übertrug aber damit auch das Problem in den Kreislauf der Wirtschaft, die noch kein Gleichgewicht gefunden hatte, da Produktionskraft und Geldumfluß auseinanderklafften.

Mit den ersten bedenklichen Anzeichen der Wirtschaftskrisis mehrten sich wieder die Stimmen für einen allgemeinen Schutzzoll. Sogar die historische Kernzelle des Freihandels, die Handelskammer von Manchester, erklärte sich ebenso für eine protektionistische Politik wie die britische Industrie, die Bankwelt und sogar das Wirtschaftskomitee des Trades Union Congress. Desgleichen traten nun führende Liberale und Sir Oswald Mosley, der Führer der jungen Labour-Generation, dafür ein. Aber Baldwin, der anerkannte Führer der Konservativen, die 1922 eine Wahl gewonnen hatten, weil sie die Zollpolitik fallen ließen, die 1923 eine Wahl verloren, weil sie den Protektionismus wieder aufnehmen wollten, und dann die Wahl von 1924 gewannen, weil sie wieder den Freihandel vertraten, hielt jetzt gegen die Presse, die meisten Lords und viele Konservative am Freihandel fest. Für die Labour-Führung war Freihandel ohnehin ein bleibendes Anliegen. So verzichtete die Regierung MacDonald auf eine defensive Wirtschaftspolitik.

Der Schatzkanzler Snowden ging ohne Rücksicht auf die Krisis so weit, daß er die 1930 auslaufende »Dyestuffs Act« nicht erneuern wollte, ein protektionistisches Gesetz, durch das sich eine blühende Farbenindustrie entwickelt hatte. Zweimal lehnte das Oberhaus die Aufhebung des Gesetzes ab und verlangte dessen Aufnahme in eine »Exspiring Laws Continuance Bill«. Ein drittes Mal wagte die Regierung nicht, ihre Stärke im Unterhaus auf die Probe zu stellen, so daß das Veto der Lords Erfolg hatte. Noch zweimal konnte das Oberhaus Gesetze verhindern und eine verstärkte Aktivität entfalten, was nur möglich war, weil die Regierung nicht die absolute Majorität hinter sich hatte und auch wohl weil die Lords den Willen der Mehrheit in diesen Fällen besser repräsentierten als die Regierung. Im Hinblick auf die sich verschlechternde Finanzlage verhinderte das Veto der Lords eine »Education Bill«, die das schulpflichtige Alter bis zum 15. Lebensjahr verlängern sollte. Sie verwarfen schließlich eine Änderung des Wahlrechts, wonach die Wähler eine alternative Zweitstimme nach australischem Vorbild erhalten sollten, die zum Zuge kam, wenn keiner der Kandidaten mit den Erststimmen die absolute Mehrheit erreicht hatte. Dieses Gesetz sollte der Regierung die liberalen Gruppen im Unterhaus sichern, die davon am ehesten profitiert hätten; es wurde aber vom Oberhaus mit so drastischen Veränderungen versehen, daß eine Endfassung bis zum Sturz der Regierung nicht zustande kam. Eine »Trades Union Bill«, die die Streikgesetze von 1926 aufheben sollte, scheiterte an der Ablehnung der Liberalen und Konservativen. Desgleichen eine »Coal Mines Bill«, die die Arbeitszeit von 8 auf 7,5 Stunden reduzierte. In dem ergebnislosen Ringen zwischen Regierung und den beiden Häusern war nur bemerkenswert, daß Labour in dieser Periode die radikalen Elemente unter der Führung von Maxton, die von der Independent Labour Party herkamen und für einen wirklichen Sozialismus eintraten, aus der Partei ausschloß. Eine konsequente Wirtschafts- und Finanzpolitik war der Regierung MacDonald nicht möglich.

Die Folge war ein Ansteigen der Arbeitslosigkeit, die sich zu einem unüberwindlichen Problem auswuchs. Die Zahl der Arbeitslosen stieg von 1 auf 2 Millionen und erreichte 1931 schon 3 Millionen. Die Regierung errichtete ein Sonderportefeuille für Arbeitslosigkeit unter Arbeitsminister Jimmy Thomas, der von drei Assistenten, unter ihnen Sir Oswald Mosley als Vertreter der jungen Labour-Generation, unterstützt wurde. Das Arbeitsministerium kam nicht dazu, dieses Problem zu lösen, dessen Wurzeln tiefer lagen. Der Arbeitslosenversicherungsfonds (Unemployment Insurance Fund) war bald erschöpft und mußte schließlich mit 115 Millionen Pfund beliehen werden. Trotz der deflationären Geldentwicklung blieben die Unterstützungssätze bestehen und wurden zuerst sogar noch erhöht. Die Arbeitslosenfrage brachte Sir Oswald Mosley in den Vordergrund, einen Mann von guter Herkunft und aus altem Geschlecht, der als Konservativer ins Unterhaus gekommen war und jetzt zur Labour-Partei gehörte. Er arbeitete ein Memorandum zur Arbeitslosenfrage aus, das von der Regierung nicht veröffentlicht wurde, dann aber auf seine eigene Rechnung erschien. Dadurch errang Mosley Ansehen und wurde von vielen als der kommende Mann in der Labour-Partei angesehen. Seine Ungeduld ließ ihn 1931 aus Labour ausscheiden; sein Amtsnachfolger war Clement Attlee. Mosley gründete eine eigene Partei mit vorerst 12 Kandidaten, die bei der Wahl von 1931 allerdings alle durchfielen. Er verlor die Geduld mit dem Parlamentarismus und tauchte bald als Führer der britischen Faschisten auf. Er war keine durchschnittliche Figur, und sein Programm »The Greater Britain« vom September 1932 zeigte ihn als Erben des Nationalismus und Syndikalismus, eines konservativen und eines revolutionären Elements, die sich zu einer Form des Faschismus kombinierten. Seine spätere Heirat in München in Gegenwart Hitlers diskreditierte ihn allerdings. Immerhin mutete sein Faschismus wie ein Nebenprodukt des neuen sozialen Status der Arbeitslosigkeit an, der direkte Aktionsformen und nationale Integrationstriebe vereinigte.

In der Tat war die Arbeitslosigkeit das eigentliche Problem um 1930. In manchen Gegenden, wie in den Kohlefeldern von Durham und Süd-Wales, waren bis zu 60 v. H. der Arbeiter ohne Beschäftigung. Von den 33 Kohlengruben um Durham waren um 1935 17 stillgelegt, drei für immer unbrauchbar und 13 noch mit Teilbeschäftigung in Betrieb. Bei Teilbeschäftigung konnte es sein, daß der Lohn geringer blieb als die Arbeitslosenunterstützung. Die sozialen und seelischen Auswirkungen waren alarmierend. Die Männer standen tatenlos an den Ecken; manche Jüngere wurden arbeitsscheu; Kino- und Kneipenbesuch stiegen an. Rückgang der Geburten und Eheschließungen, Verfall der Wohnungen, Hoffnungslosigkeit und Apathie zeigten eine soziale Verrottung an, die nach sofortigen Hilfsmaßnahmen schrie. Die Verelendung kam aber nicht durch Steigerung und Konzentration der Produktion und freie Marktwirtschaft, sondern durch deren Lähmung. Sie ergriff gerade die Industriezweige, die England groß gemacht hatten wie Kohlebergbau, Schiffsbau und Textilindustrie. Das Problem der Arbeitslosigkeit selbst erschien wie ein unlösbarer Zirkel, da der Ausfall an Arbeitseinkommen

Nachfrage und Kaufkraft minderte und zu weiterer Drosselung der Produktion und weiterer Arbeitslosigkeit führte. Die Arbeitslosen fielen als Produzenten und Konsumenten aus. Dabei handelte es sich wohl mehr um eine konjunkturelle Arbeitslosigkeit, die allerdings zugleich auch durch den Abbau der Kriegswirtschaft und Rationalisierungsvorgänge teilweise struktureller Art war.

Diese Entwicklung legte den Vorrang sozialpolitischer vor sozialistischen Maßnahmen nahe und machte der viktorianischen Vorstellung von Armut und Schuld, Arbeitserziehung und Selbsthilfe endgültig ein Ende. Die Behebung der weltwirtschaftlichen Ursachen durch wirtschaftliche Selbstisolierung und staatliche Eingriffe in die freie Marktwirtschaft schienen unumgänglich zu sein. Dies war jedoch eine Herausforderung an die Grundprinzipien des bisherigen Wirtschaftsdenkens und ein Fragezeichen hinter den Freihandel, der in den Wahlkämpfen bis dahin eine gruppierende Rolle gespielt hatte. Wirtschaftsplanung, staatliche Lenkung des Kredit- und Investitionswesens, bessere Einkommensverteilung, öffentliche Arbeiten und gezielte Subventionen hätten sich angeboten, die nur oberhalb der Parteigegensätze angefaßt und nicht von einer Minderheitsregierung durchgeführt werden konnten. Hier versagte die Regierung völlig. – Außenpolitisch folgte das Foreign Office unter Arthur Henderson der Linie eines pazifistischen Appeasement, die auf die Liquidierung von Versailles hinauslief. Neben dem Youngplan von 1929 trat Arthur Henderson für eine vorzeitige Räumung der dritten Besatzungszone in Deutschland ein, die an sich bis 1935 besetzt bleiben sollte. Durch den verfrühten Abzug (1930) waren keine alliierten Truppenverbände mehr auf deutschem Reichsgebiet, als Hitler Januar 1933 in Deutschland an die Macht kam.

Bei diesen geringen Ergebnissen mußte London in den Strudel der Wirtschaftskrisis hineingezogen werden. Im Jahre 1931 gab Snowden im Unterhaus offen zu, daß die Situation ernster sei als je. Er erläuterte sein Budget, das eine Vorauszahlung der Einkommensteuern für das kommende Jahr und ein drastisches Sparprogramm mit umfangreichen Lohnkürzungen im Civil Service vorsah, aber trotzdem ein ungeheures Defizit enthielt.

Dieser nicht ausbalancierte Haushalt, die bankrotte Arbeitslosenversicherung und schließlich ein Gesamtbericht (May Report) über das Ausmaß des Finanzbankrotts im Juli 1931 schreckten die Öffentlichkeit, die das Gespenst des Währungsverfalls vor Augen sah. Der österreichische Bankkrach vom Juni 1931 und der anschließende Run auf die deutschen Banken, wo die Gläubiger die Rückzahlung der kurzfristigen Kredite und der laufenden Schulden verlangten, konnte durch das Hoover-Moratorium 1931 zum Stillstand gebracht werden, das Reparationen und Kriegsschulden für ein Jahr sistierte. Die Hauptbanken vereinbarten ebenfalls ein Stillhalteabkommen für deutsche Zahlungen bis zum Februar 1932. Das waren vorläufige Schutzmaßnahmen, durch die aber auch die Kredite der Bank von England in Deutschland einfroren, während die Verpflichtungen der Bank bestehen blieben. Vorsorglich begannen viele, Gold von der Bank abzuziehen.

In dieser Notlage vermochte die Regierung nicht, sich auf einen annehmbaren Ausweg zu einigen. Das Kabinett zerstritt sich vor allem über die Frage der Arbeitslosenunterstützung, die für Labour ein Hauptanliegen bei den Wahlen von 1929 gewesen war. Gerade darin hatte die Regierung versagt. Daran konnte auch nichts ändern, daß MacDonald den Arbeitsminister Thomas ablöste und persönlich die Verantwortung übernahm. Im Kabinett waren zehn Minister gegen jede Kürzung der Unterstützungssätze, während elf die Notwendigkeit dazu einsahen. Nach dem Bruch im Kabinett fand MacDonald unter Billigung der Parteiführung den Weg zum König. Er ging am 24. August 1931 zu Georg V., um zurückzutreten. Labour hoffte, in der Opposition die inneren Spannungen beheben und seine Anhängerschaft erweitern zu können. Aber Georg V. berief nicht Baldwin, sondern betraute MacDonald mit der Bildung eines »National Government«. Aus vier Labour-Leuten (MacDonald, Snowden, Thomas und Sankey), vier Konservativen, darunter Baldwin und Neville Chamberlain, und zwei Liberalen wurde ein All-Parteien-Kabinett gebildet. Die Regierung sollte nur solange im Amt bleiben, wie die Notlage es erforderte. Sobald die Finanzkrise behoben sei, sollten die Parteien ihre alten Positionen wieder einnehmen. Das hieß, daß bei den für den Herbst versprochenen Neuwahlen keine »Coupons« wie 1918 ausgestellt werden durften. Bis dahin sollten nur Wirtschaft und Finanzen gemeinsam saniert werden und keine Gesetze eingebracht werden, die Parteigegensätze wachriefen.

Der ganze Plan lag offenbar im Sinne Baldwins; keine Partei wollte sich mit den notwendig unpopulären Maßnahmen belasten. Der Dumme dabei war eigentlich die Labour-Partei, da die Opposition gegen eine andere Parteiregierung ihr allein zum Vorteil sein konnte. Stattdessen saß Labour immer noch verantwortlich im Kabinett. Im September hielt das Parlament eine Sondersitzung ab, in der fast die ganze Arbeiterpartei unter Führung von Arthur Henderson heftige Opposition betrieb. Die Regierung setzte jedoch ein Zusatzbudget durch, das die Einkommensteuer erhöhte, die Unterstützungssätze für Frauen und Kinder, die Churchill fünf Jahre vorher eingeführt hatte, drastisch beschnitt und in einer gesonderten »Economy Bill« alle Bezüge vom Premier-Minister abwärts kürzte und 10 v.H. der Arbeitslosenunterstützung strich.

Damit wollte die Regierung das Budget ausgleichen und zugleich den Goldstandard retten. Nichtsdestoweniger verstärkte die Angst vor einer Geldentwertung den Run auf die Banken nach Gold, so daß die Regierung doch am 21. September 1931 vom Goldstandard abging und die »Gold Standard Act« von 1925 widerrief. Nach diesen Maßnahmen stellte sich die Regierung wie versprochen im Oktober 1931 der Wählerschaft. Sie konnte dies ohne größere Bedenken tun, da die Folgen ihrer Maßnahmen entgegen vielen bangen Erwartungen geringfügig waren. Das Pfund fiel zwar schnell um ein Drittel seines Wertes, aber die Inlandpreise blieben stabil, da der inflationäre Schub dem Export einen willkommenen Anstoß gab und billige Waren angeboten werden konnten. Diese ersten Erfolge waren von einem Finanzpatriotismus begleitet, aus dem heraus viele Kriegsanleihe- und Spar-Zertifikate freiwillig gestrichen wurden. Das gab der Regierung die Möglichkeit, einen Appell an die Wähler zu richten. Zwar sollten die Wahlen ursprünglich nach den bisherigen Parteigruppierungen vorgenommen werden. Aber die Regierung hielt es jetzt für das einzig Sinnvolle, die Wahlkonstellation auf die Politik der nationalen Regierung abzustellen, also zu erkunden, wer die Sparpolitik unterstützte und wer nicht. Die inaugurierte nationale Politik bedurfte einer breiten Basis in der Wählerschaft, zumal die Opposition im Unterhaus doch nahe an die Hälfte der Abgeordneten herankam. Man wollte für die nächsten fünf Jahre eine eindeutige Majorität gewinnen. Statt eines konkreten Programms verlangte die Regierung zudem freie Hand, auch für einen Schutzzoll, wenn er notwendig werden sollte. Der Kampf ging letzten Endes für oder gegen die »Cuts« (Einsparungen).

Die Opposition hingegen rechnete mit den Arbeitslosen und erklärte, daß die Kürzung der Unterstützungssätze der Anfang einer allgemeinen Lohnkürzung und ein erster Schritt zur Abschaffung der Sozialmaßnahmen sei. Die ganze Krisis sei eine Erfindung der Finanzbarone und Banken. Besonders der ehemalige Schatzkanzler Snowden führte mit seiner spitzen Zunge den Wahlkampf gegen seine früheren Parteigenossen und trug die Hauptverantwortung für die Bitterkeit der Auseinandersetzung, die Labour vollends in die Opposition drängte. Das Ergebnis der Wahlen vom Oktober 1931 überstieg alle bisherigen Wahlvorgänge einschließlich der Wahlen von 1906 und 1918. Die Wählerschaft entschied sich für Einschränkung und Sicherheit gegen jedes Experiment. Labour verlor zwei Millionen Stimmen gegenüber 1929; 14,5 Millionen Wähler entschieden sich für die Nationale Regierung, davon 11,8 Millionen für die konservativen Kandidaten und nur 6,5 Millionen für Labour. 558 Anhänger der Regierung gelangten ins Unterhaus, darunter 473 Konservative, 35 nationale Liberale und 13 nationale Labour-Leute. Nur 52 oppositionelle Labour-Leute wurden gewählt, ferner 5 Lloyd George-Liberale, die die Labour-Opposition unterstützt hatten; dazu kamen noch 33 andere Liberale. Von den Kabinettsministern, die mit MacDonald gebrochen hatten, gelangte nur Lansbury ins Unterhaus, der die Führung von Labour übernahm. Unter den Regierungskonservativen fehlte Winston Churchill, der sich 1930 im Zusammenhang mit der Indienfrage von den Konservativen getrennt hatte und als unabhängiger Konservativer nun der ständige Warner im Unterhaus wurde, der auf seine Stunde wartete.

Die Konservativen hätten ohne weiteres den Sieg allein erringen können. Aber man wollte einen möglichst überwältigenden Erfolg der nationalen Regierung erreichen. Vielleicht lag das anfangs nicht im Sinne der Staatsmänner, die wohl die Wählerschaft unterschätzt hatten; nachträglich wurde aber die Wahl in diesem Sinne von ihnen ausgelegt. Schließlich waren ja alle Führer der verschiedenen Parteien außer Lloyd George für das Programm der Regierung gewesen. Nunmehr war keine Opposition mehr zu fürchten. Die Regierung blieb bis in den Zweiten Weltkrieg am Ruder; bis 1935 unter MacDonald, dann unter Baldwin und seit 1937 unter Neville Chamberlain; sie wurde dabei immer konservativer. Schon die erste Regierung war im Grunde konservativ mit einem Labour-Mann als Gallionsfigur. Die liberalen Mitglieder resignierten schon bei der Reichszollfrage (1932). Labour fühlte sich von MacDonald verraten und verkauft. MacDonald machte ihr den Eindruck, als ob er froh sei, die Arbeiterseite mit der Seite der Gentlemen vertauscht zu haben. Die Opposition war nicht aus der Welt geschafft, sondern verbittert und teilweise demoralisiert. Sie war empört, daß die Regierung entgegen ihrer Ankündigung die Wahl als Coupon-Wahl und nicht auf Parteilinie durchgefochten hatte. Die Jahre 1931 bis 1939 waren die Zeit der mißlichsten und unvernünftigsten Opposition der neueren Parlamentsgeschichte.

Die Abschirmung gegenüber der Weltwirtschaftskrisis war die erste Aufgabe der nationalen Regierung, die hier völlig freie Hand bekommen hatte und in der Tat den weiteren Zerfall aufhalten konnte, als Frankreich, Deutschland und die USA den Tiefpunkt noch nicht erreicht hatten. Wichtigster Mann wurde Neville Chamberlain als Chairman des »Balance of Trade Committee«. Die erste einschneidende Maßnahme war eine »Import Duty Bill« vom Februar 1932, die einen 10prozentigen Zoll auf fast alle Importe legte und innerhalb des Empire Vorzugssysteme vorsah, wie sie in Ottawa August 1932 festgesetzt wurden. Statt eines eigentlichen Reichszolls kamen bilaterale Präferenzverträge zustande, die aber genügten, den Rücktritt der liberalen Regierungsmitglieder und auch Snowdens zu veranlassen. Ein besonderes Komitee von Fachleuten (Import Duties Advisory Committee) war zu Modifikationen der Zollregulierungen befugt; es erhöhte die Zollsätze auf verschiedene Waren bis zu

33 v.H., beließ aber die größeren Nahrungsmittelimporte auf der freien Liste. Soweit die heimische Landwirtschaft geschützt werden mußte, wurden Zölle erhoben, die jedoch bei den niedrigen Weltmarktpreisen und der Differenz von Innen- und Außenwährung des Pfundes keine Teuerung brachten. Andere Importe wurden rationiert, um den Markt für eigene Fabrikate offen zu halten. Dabei bestimmte das Gremium von Experten über die Zollfrage ohne das Parlament. Die Initiative Neville Chamberlains erstreckte sich auch auf das Verkehrs- und Wohnungswesen und suchte die sozialen Auswirkungen der Krise abzumildern. Die Arbeitslosenzahl hielt sich zwar bis 1933 auf 3 Millionen, sank dann aber bis 1937 auf 1,3 Millionen ab. 1934 wurden die Kürzungen der Arbeitslosenunterstützung und 50 v.H. der Beamtengehaltskürzungen wieder aufgehoben.

Im Jahr des silbernen Regierungsjubiläums König Georgs V. 1935 hatte die Regierung, begünstigt durch das Abklingen der Weltwirtschaftskrisis, die erwartete Aufgabe erfüllt. Im gleichen Jahr trat MacDonald wegen schlechter Gesundheit zurück; er starb zwei Jahre später. Seine Kräfte hatten schon vorher nachgelassen, so daß er zu einer Führungskraft ohne eigene Initiative verkümmert war. Er hatte zwar den Trost einer vierjährigen Premier-Ministerschaft, aber sein eigentliches Lebenswerk sah er nicht ohne eigene Schuld zerstört. Eins der letzten Papiere, die Ramsay MacDonald, einst der Apostel des Friedens in der Welt, unterzeichnete, war das »White Paper of Defence« zur Wiederbewaffnung Englands angesichts der Politik Hitlers. Baldwin wurde Premier und Neville Chamberlain Schatzkanzler. Die neue Regierung stand im Zeichen der beginnenden militärischen Auseinandersetzungen in Spanien und Abessinien sowie der aggressiven Revisionspolitik des nationalsozialistischen Deutschlands. Dazu kam die Kronkrisis von 1936.

König Georg V. starb Januar 1936; am Ende des gleichen Jahres dankte sein Nachfolger Edward VIII. ab. Anlaß war dessen Heirat mit Mrs. Simpson. Nach zahlreichen Präzedenzien durfte der König nicht gegen den Rat seiner Minister heiraten, um die Dignität und die konstitutionelle Basis der Krone zu gewährleisten. Baldwin erklärte Mrs. Simpson für ungeeignet, nicht etwa wegen des fehlenden Adels oder ihrer amerikanischen Herkunft, sondern weil sie zweimal geschieden war. Edward schlug eine morganatische Ehe vor, nach der seine Ehe eine private Angelegenheit sein sollte und seine Frau ohne den Status einer Königin blieb. Dafür gab es Präzedenzfälle an kleineren deutschen Fürstenhöfen, nicht aber in England. Baldwin lehnte das Ansinnen nach Anhören der öffentlichen Meinung in England und in den Dominions ab. Er blieb bei der Alternative: Verzicht oder Abdankung. Edward wählte ohne Zögern die Abdankung und zog sich aus der Öffentlichkeit zurück. Der einzige, der sich für Edward einsetzte und den Thronwechsel hinausschieben wollte, war Winston Churchill, der aber im Unterhaus auf schärfsten Widerstand stieß. Baldwin hatte durch seine dezente Behandlung der Angelegenheit eine Kompromittierung der Krone vermieden, und einige Monate später regierte Georg VI.

Die Dominions stimmten dem Thronwechsel zu; nur Irland nicht, das den ganzen Vorgang als verfassungswidrig hinstellte und die Gelegenheit nutzte, sich im nächsten Jahr als »souveränen demokratischen Staat Eire« zu proklamieren. Es blieb assoziierter Gast im Commonwealth und war praktisch schon Republik. Baldwin trat bald nach diesem letzten Dienst an seinem Lande zurück, und am 28. Mai 1937 folgte ihm Neville Chamberlain.

10. Die Auflösung des Genfer Systems 1931–1936

Die pazifistische Völkerbundsära endete mit der Eroberung der Mandschurei durch Japan September 1931. Japan hielt angesichts der weltweiten Wirtschaftsdepression die Stunde einer Flurbereinigung in Ostasien für gekommen, auf die es in Erbitterung über seine Einschränkung in Washington 1921/22 gewartet hatte. Diese Angriffshandlung war der erste Einbruch in das System der kollektiven Sicherheit; sie kam ausgerechnet zu einem Zeitpunkt, als die britische Regierung um die Balance ihres Budgets und um die bevorstehenden Wahlen kämpfte. China appellierte an Art. 11 der Völkerbundssatzung, an den Neunmächtepakt von 1922 und an den Kellogg-Pakt von 1928. Der Völkerbund protestierte daraufhin und verlangte von Japan, das eroberte Gebiet wieder zu räumen. Japan schlug dagegen eine Untersuchungskommission vor, die auch zustande kam, was den Völkerbund am 10. Dezember 1931 veranlaßte, von Sanktionen vorläufig Abstand zu nehmen.

Am 7. Januar 1932 verkündete der amerikanische Staatssekretär Stimson, daß die USA die territorialen Veränderungen in Ostasien nicht anerkennen würden. Großbritannien hingegen hielt eine offizielle Note an Japan für unnötig, da Japan allen offene Tür für die Mandschurei versprochen habe. Das britische Interesse an einer zuverlässigen Ordnung im Fernen Osten war gegen die chinesische Anarchie gerichtet. Eine angelsächsische Kooperation kam infolgedessen nicht zustande. Im Frühjahr 1932 appellierte China erneut an den Völkerbund und verlangte unverzügliche Sanktionen. Gleichzeitig brachen Kämpfe zwischen Japan und China in Schanghai aus. Jetzt vermittelten England und die USA am 5. Mai 1932 einen Waffenstillstand, wonach Japan sich vom chinesischen Festland zurückzog.

Bald darauf gründete Japan Mandschukuo als Satellitenstaat. Erst am 2. Oktober 1932 trat eine Untersuchungskommission zusammen, die die japanischen Beschwerden anerkannte, die Invasion aber verurteilte und für die Mandschurei Autonomie unter chinesischer Souveränität verlangte. Im Februar 1933 nahm der Völkerbund diesen Report der Kommission an. Japan trat daraufhin aus dem Völkerbund aus und griff Jehol, einen Teil des eigentlichen Chinas an, ohne daß der Völkerbund dagegen etwas unternahm. Der japanisch-chinesische Krieg schleppte sich weiter hin, bis er im Weltkrieg sich mit dem Gesamtkriegsgeschehen vereinigte.

Unter diesen schlechten Auspizien trat nach Jahren der Vorbereitung im Februar 1932 eine Abrüstungskonferenz zusammen, die den Vorschlägen MacDonalds und Arthur Hendersons zur Aufhebung der allgemeinen Wehrpflicht und zu einer allgemeinen Rüstungsreduktion folgte. Eine internationale Kontrolle der Rüstungsindustrien wurde ins Auge gefaßt. Frankreich verlangte jedoch eine Zurückstellung der allgemeinen Abrüstung um vier Jahre. Die deutsche Regierung unter Papen betonte die allgemeine Abrüstungsverpflichtung nach den Verträgen von 1919 und plädierte für Gleichheit des Rüstungsstandes. Deutschland zog sich im September von den Beratungen zurück, trat aber im

Dezember 1932 wieder hinzu. Das Widerstreben Frankreichs war für Hitler der willkommene Vorwand, sich aus der Konferenz zurückzuziehen und im Oktober 1933 aus dem Völkerbund auszutreten.

Angesichts dieser Entwicklung dachte Baldwin als Lord President an beschleunigte Aufrüstung, stieß aber auf eine öffentliche Stimmung, die von Labour zu einer wirksamen Gegenpropaganda genutzt wurde. Die Nachwahl in Fulham vom Oktober 1933 wurde von Labour auf die Abrüstungsfrage zugespitzt. Der pazifistische und sozialistische Gegenkandidat vermochte den Konservativen dabei immerhin 10000 Stimmen abzujagen. Die Fulham-Wahl entmutigte Baldwin, zumal Lansbury, der Führer der Arbeiterpartei, immer wieder verkündete, daß alle Länder auf das Niveau Deutschlands abzurüsten hätten. Symptomatisch für die allgemeine Stimmung war eine Diskussion der Oxford Union am 9. Februar 1933, bei der die Mehrzahl der Versammlung, hauptsächlich Studenten, eine Resolution mit 275 gegen 153 Stimmen annahm, wonach die Versammlung sich weigerte, »für König und Land zu kämpfen«. Dabei blieb unklar, ob dies nur für einen Angriffskrieg gelten sollte. Auch Clement Attlee, ein ehemaliger Oxford-Mann, erklärte noch 1934, daß er und seine Partei völlig den Gedanken einer nationalen Loyalität aufgegeben hätten. Das geschah anläßlich einer bescheidenen Vergrößerung der Luftwaffe, die Labour sogar benutzte, einen Tadel der Regierung im Unterhaus zu beantragen, wobei Attlee behauptete: Wir leugnen das Bedürfnis nach verstärkter Luftrüstung! Schatzkanzler Neville Chamberlain dagegen meinte, nur mit einer starken Luftflotte, die unter Umständen von Belgien aus die Ruhr bombardieren könnte, wäre Deutschland von einem Amoklauf abzuhalten. Immerhin wurden 1934 die neuen Flugzeug-Typen Spitfire und Hurricane entworfen; und 1935 ging die Aufrüstung der Luftflotte weiter, ohne das deutsche Tempo zu erreichen, so daß bei Kriegsausbruch die deutsche Luftwaffe doppelt so groß war wie die britische.

Im Spätsommer 1934 veranstaltete die unparteiische britische »League of Nations Union«, die freilich mit ihren pazifistischen Völkerbundsidealen Labour nahestand, eine Meinungsforschung, die fast die gesamte Wählerschaft erfaßte, den sogenannten

»Peace Ballot«, über die Fragen, ob Britannien Mitglied des Völkerbundes bleiben solle, ob eine allgemeine Abrüstung durch internationale Vereinbarung und schließlich eine Abschaffung der nationalen Armeen und Luftflotten mit Verbot der Waffenherstellung befürwortet würde. 11 Millionen stimmten zu und lehnten damit den Krieg ab, ohne allerdings über die Mittel zu entscheiden, wie der Friede gesichert werden sollte. Von den 11 Millionen stimmten ferner alle für Sanktionen, doch nur zwei Drittel für militärische Maßnahmen gegen einen Aggressor. Das war der Höhepunkt der Völkerbundsmanie und des Pazifismus, dem die Verkündung der allgemeinen Wehrpflicht in Deutschland vom 21. Mai 1935 vorausgegangen war.

Winston Churchill erhob deswegen seine warnende Stimme und verlangte sofortige Wiederbesetzung der Rheinlande und der rheinischen Brückenköpfe. Der Völkerbund verurteilte einstimmig das deutsche Vorgehen, ohne etwas zu unternehmen. Stattdessen kam es zur Konferenz von Stresa im April 1935, wo Britannien, Frankreich und Italien das deutsche Vorgehen verurteilten. Hitler dagegen erklärte Versailles für erzwungen und ungültig, wollte aber angeblich Locarno und damit die entmilitarisierte Rhein-Zone achten. Eine Intervention gegen Österreich wies er von sich, um das Mißtrauen Italiens zu zerstreuen. Britannien brach daraufhin aus der Stresafront aus und vereinbarte das Flottenabkommen vom 18. Juni 1935, das die deutsche Seerüstung auf 35 v.H. der britischen Stärke begrenzte. Damit erntete Hitler seinen größten außenpolitischen Erfolg. Hitler erklärte sich hierbei sogar für völlige Abschaffung der U-Bootwaffe, wenn alle sich daran beteiligten. Bis dahin konzedierte London hier eine Grenze von 45 v.H., wobei unter besonderen Umständen eine Steigerung auf 100 v.H. Deutschland erlaubt sein sollte. Der Vertrag wurde von London ohne vorhergehende Konsultation Frankreichs geschlossen und war ein zweiseitiges Abkommen, mit dem der Boden des Völkerbundes endgültig verlassen war. Im gleichen Monat trat MacDonald zurück, womit der liberal-menschewistische Pazifismus, der in den zwanziger Jahren am Wiederaufbau Europas maßgebend beteiligt war, seine letzte Stütze verlor. Ihm folgte Baldwin mit Sir Samuel Hoare als Außensekretär, einem Exponenten der konservativen

Gruppe, in der die Überzeugungen Curzons und Austen Chamberlains fortlebten; danach war der Bolschewismus der eigentliche Feind und der Faschismus das Bollwerk gegen Asien.

Kurz darauf erregte der Angriff Italiens auf Abessinien im Oktober 1935 die Weltöffentlichkeit. Abessinien war Völkerbundsmitglied und mit Italien durch einen Freundschafts- und Schiedsvertrag verbunden. In diesem Fall lag eine klare Aggression vor. Samuel Hoare hatte noch im September vor dem Völkerbund in Genf eine Rede gehalten, die eine Bestrafung jeden Aggressors forderte und sogar von Labour mit Beifall bedacht wurde. Aber der Völkerbund ohne Japan, Deutschland und die USA, wenn auch seit 1934 mit der UdSSR, war ohnmächtig, zumal Frankreich nach dem nationalsozialistischen Putsch in Österreich 1934 einen Beistandspakt mit Rom geschlossen hatte und nicht an durchgreifende Maßnahmen gegen Italien dachte. In Paris hielt die Regierung Laval das römische Bündnis wegen der Gefährdung Österreichs für wichtiger als den Beistandspakt mit der Sowjet-Union, der am 2. Mai 1935, also kurz nach der Stresa-Konferenz, paraphiert worden war. Die britische Regierung erklärte auf eine Anfrage Frankreichs, daß sie nicht in der Lage sei, das Risiko einer bewaffneten Auseinandersetzung auf sich zu nehmen. Baldwin befürchtete von wirksamen Gegenmaßnahmen weltweite Folgen. Aber die britische Bevölkerung war aufgescheucht und wollte Taten sehen. Man entschloß sich zu Scheinsanktionen, um das Gesicht zu wahren, ohne damit Italien an seinem Kriegsunternehmen ernstlich zu behindern.

In Wirklichkeit hatte London bereits eine Politik eingeschlagen, die ein Zusammengehen mit Frankreich oder eine wirksame Völkerbundspolitik erschwerte. Es glaubte an die Möglichkeit eines Gleichgewichts zwischen den feindlichen Machtsystemen in Ost- und Mitteleuropa, während Frankreich sich auf eine Verständigung mit der Sowjet-Union versteifte. Britannien handelte offenbar auch aus Sorge, daß die von Paris betriebene Einkreisungspolitik auf der Linie Paris–Rom–Moskau auf Kosten der Sicherheit der britischen Mittelmeerlinie ging. Die britisch-französische Differenz gab dabei Italien willkommene Gelegenheit, seine machtpolitischen Ambitionen zu verwirklichen. Wie England gegen Deutschland nachgiebig war, war es Frankreich gegen

Italien. Das Jahr 1935 legte offen, daß das Genfer System dahingegangen war. Nur die USA und die UdSSR traten noch vorbehaltlos für Abessinien ein, während Westeuropa sich mit den faschistischen Mächten zu arrangieren suchte.

Das schmähliche Ergebnis dieser Politik war das Hoare-Laval-Abkommen vom 9. Dezember 1935, das die Abtretung großer Teile Abessiniens an Italien und ein italienisches Protektorat über das abessinische Restgebiet vorsah. Damit ließen England und Frankreich den Völkerbund und Abessinien im Stich. Schärfster Protagonist für die gerechte Sache Abessiniens blieb weiterhin die UdSSR, die hier zum ersten Mal als Streiter für die farbige Welt und gegen die westeuropäische Machtstrategie auftrat. Aber auch die westliche öffentliche Meinung machte das Spiel nicht mit. Sir Samuel Hoare mußte gleich danach auf Druck des Parlaments zurücktreten; ihm folgte Sir Anthony Eden als Außensekretär. In Frankreich stürzte Laval und wurde von einer Volksfrontregierung unter Blum abgelöst. Am 2. Mai 1936 floh Kaiser Haile Selassie aus Abessinien nach England, und am 9. Mai verkündete Mussolini die Annexion des ganzen Kaiserreichs. Die Sanktionen wurden im Juni 1936 aufgegeben. London schloß vorsichtshalber einen Sicherheitsvertrag mit Ägypten, das sich dem britischen Schutz unterstellte und 1937 in den Völkerbund eintrat. Damit hatte England die Wiederaufrüstung Deutschlands und die erfolgreiche Aggression Italiens hingenommen. Da der abessinische Krieg das Verhältnis der Westmächte untereinander und zu Italien brüchig gemacht hatte, ferner Italien dem Dritten Reich wegen der Kohlelieferungen zur Zeit der Sanktionen zu Dank verpflichtet war, wagte Hitler im März 1936 die letzten Fesseln von Versailles zu sprengen und besetzte die entmilitarisierte Westzone entgegen den Abmachungen von Locarno und entgegen seinen ausdrücklichen Zusicherungen. Er begründete die Rheinlandbesetzung mit der Ratifikation des französisch-sowjetischen Beistandspaktes vom Mai 1935, die am 27. Februar 1936 vollzogen wurde, nachdem England auf eine französische Bündnis-Initiative nicht eingegangen war. Dieser Pakt widersprach nach Hitler dem Geist von Locarno und verlangte Gegensicherungen. Hitler bot als Ersatz einen 25jährigen Nichtangriffspakt, der die Sowjet-Union allerdings ausschließen sollte. England beklagte lediglich den Vertragsbruch und drohte mit Krieg, falls Frankreich oder Belgien angegriffen würden; offenbar wolle aber Deutschland eine Befriedung Europas. Die Hinnahme dieses Vorgangs war der letzte Nagel am Sarg des Völkerbundes. Der fast gleichzeitig ausbrechende Spanische Bürgerkrieg bereitete die Konfrontationen des Zweiten Weltkriegs vor.

11. Das Vorspiel zum Zweiten Weltkrieg 1936–1939

In dem Krisenjahr 1935 fanden die letzten allgemeinen Wahlen in Britannien vor dem Zweiten Weltkrieg statt, die naturgemäß über Anliegen der Außenpolitik durchgefochten wurden. Regierung und Opposition standen allerdings vor einem Dilemma und mußten unter dem frischen Eindruck der italienischen Abessinien-Aggression gleichzeitig für Frieden und für Vergeltung Argumente finden. Baldwin und Chamberlain setzten sich für ein Verteidigungsprogramm ein, um mit Deutschland gleichziehen zu können. Andererseits stellten sie immer noch den Völkerbund als den Eckstein der britischen Politik hin, die in Bezug auf die Sache Abessiniens kein Schwanken kennen dürfe. Die Regierung müsse zwar aufrüsten, sei aber für eine allgemeine Abrüstung. Die behauptete Rückwendung zur alten Völkerbundspolitik entsprach kaum der Wirklichkeit; die Regierung suchte der Opposition lediglich die Ausstattung zu stehlen. Die Labour-Opposition wandte sich gegen jede allgemeine Wiederaufrüstung und betrieb eine radikale Antikriegspropaganda. Ihr Stichwort lautete: The Tories want war! Ihre Wahlplakate zeigten ein Kind mit Gasmaske. Andererseits plädierte sie nicht weniger heftig für scharfe Sanktionen gegen Italien. Demgegenüber konnte die Regierung die Wahl nur gewinnen, wenn sie die Notwendigkeit der Aufrüstung, die sie für unvermeidlich hielt, verschwieg und sich so gerierte, wie die Öffentlichkeit es von ihr wünschte. Diese Wahltaktik brachte Erfolg, erwies sich aber später als ein Verhängnis. Die Regierung gewann die Wahlen unter Parolen, die ihr kein Mandat für eine rechtzeitige Aufrüstung gaben. Damit verteidigte Baldwin sich später gegen Churchills Vorwurf, zu spät damit begonnen zu haben. Ein

Witzblatt legte Baldwin als Verteidigung in den Mund: »Wenn ich euch nicht gesagt hätte, daß ich euch nicht hierher bringen würde, wäret ihr nicht gekommen.«

Die Wahl war ein persönlicher Triumph Baldwins. Für die Regierungskandidaten stimmten 11,25 Millionen Wähler, davon 10,5 Millionen für die Konservativen; die Opposition erreichte 9,93 Millionen Stimmen, darunter 8,3 Millionen für Labour und 1,4 Millionen für die oppositionellen Liberalen. 387 Konservative (bisher 454) und 154 Labour-Leute (bisher 52) zogen ins Unterhaus. Damit beherrschte die Regierung mit den nationalen Splittergruppen aus Labour und Liberalismus im ganzen 432 Sitze. Dieses Unterhaus blieb bis 1945.

Die Labour-Opposition beharrte vorerst auf ihrem Widerstand gegen jede Aufrüstung. Aber was Hitlers Maßnahmen bis 1936 gegen das Völkerbundssystem und Mussolinis Aggression nicht zuwege gebracht hatten, vermochte der Spanische Bürgerkrieg. Dieser Krieg folgte den spanischen Wahlen vom Februar 1936, die den Rechtsparteien zahlenmäßig eine Mehrheit bescherten, sie aber bei den Cortes in der Minderheit ließen. Die neue Koalitionsregierung von liberalen Republikanern, unterstützt von Sozialisten, Anarchisten und kommunistischen Faktionen suchte die junge Republik (seit 1931) durch Maßnahmen abzusichern, die von der Rechten nicht hingenommen wurden. Die Terroraktionen gegen Kirchen, Klöster, Klerus und Landbesitz und der Gegenterror der nationalen und konservativen Seite mündeten in einen allgemeinen Krieg, als im Juli 1936 marokkanische Regimenter unter General Franco aufs Festland übersetzten und ein gleichzeitiger Staatsstreich der Rechten mißlang. Die Nationalisten bildeten eine Gegenregierung in Burgos, die im November von Deutschland und Italien anerkannt wurde. Die beiden feindlichen Lager fanden moralische und dann materielle Unterstützung bei den Mächten, die ein ideologisches oder machtpolitisches Interesse am Ausgang des Bürgerkrieges hatten.

Gegen die drohende Einmischung von außen trat im August 1936 eine Konferenz mit Deutschland, Italien, Frankreich und der UdSSR zusammen, die sich auf Vorschlag Frankreichs für Nicht-Intervention entschied. Der Völkerbund wurde dabei übergangen. Trotz dieses Konferenzbeschlusses sandten Italien und Deutschland Mannschaften und Material an die Regierung in Burgos, so daß im März 1937 etwa 80000 Italiener und 30000 Deutsche auf Seiten Francos kämpften. Die Sowjet-Union beschwerte sich darüber und kündigte am 23. Oktober 1936 ihre Hilfe für die Linke an. Desgleichen bildete sich aus Antifaschisten vieler Länder eine »Internationale Brigade« von Freiwilligen. Erst im März 1937 kam es zu einer Kontrolle der Grenzen und Küsten, wobei italienische und deutsche Schiffe die Mittelmeerküsten und französische und englische Schiffe den Atlantik kontrollierten. Italien und Deutschland zogen allerdings ihre Truppen nicht zurück. Außerdem blieb die portugiesische Grenze praktisch unkontrolliert; desgleichen fehlte eine Überwachung der Luft und der Kriegsschiffe. Nach einigen Zwischenfällen nahmen Deutschland, Italien und Portugal nicht mehr an der Kontrolle teil.

Britannien nahm anfangs eine neutrale Stellung ein. Auch Labour war für eine Nicht-Intervention. Erst nach der sowjetischen Hilfsankündigung setzte sich die Labour-Opposition für eine Intervention ein, da sie im Sieg der Rechten einen gefährlichen Präzedenzfall erblickte. Die öffentliche Meinung erregte sich über die Brutalitäten im Bürgerkrieg und neigte einer Intervention auf republikanischer Seite oder auch auf nationalistischer Seite zu. Neue Vereinigungen wie die »Friends of Nationalist Spain« oder die »Friends of Spain« und das »Joint Committee for Spanish Relief« setzten sich für die eine oder andere Seite ein. Die »Unity Campaign« propagierte eine Volksfront mit den Kommunisten, fand aber ebenso wie die »Socialist League« wegen der Kollaboration mit den Kommunisten nicht die Zustimmung von Labour. Der spanische Krieg vertiefte die Kluft zwischen Regierung und Opposition, wobei in Verkehrung der Fronten Labour für Intervention und Krieg und die konservative Regierung für Nicht-Intervention und Pazifismus eintraten.

Gravierend war für London, daß im November 1936 die Achse Rom–Berlin geschaffen und zwischen Deutschland und Japan der Anti-Komintern Pakt geschlossen wurde, dem sich Ende 1937 Italien anschloß. Dazu kam, daß die Olympiade 1936 in Berlin das Ansehen Hitlers gestärkt hatte. Lloyd George besuchte im September 1936 Hitler in Berchtesgaden und war vom deutschen

Aufbauwerk begeistert. Auch die Dominions neigten einer Appeasement-Politik zu. Allerdings blieben der neue britische Außensekretär Eden und der Botschafter in Berlin, Sir Eric Phipps, Verfechter einer einschränkenden Politik gegenüber Deutschland. Sie hielten an einer Gleichgewichtspolitik zwischen den Extremen und auf der Grundlage des Status quo fest, die aber durch die Hilflosigkeit des Völkerbundes und das britische Mißtrauen gegen die französische Volksfrontregierung nur geringen Spielraum hatte. Dazu kam, daß Baldwin als außenpolitischer Ignorant galt und hier keine klare Linie verfolgte.

Erst Neville Chamberlain, Premier seit 28. Mai 1937, zog eindeutigere Konsequenzen, zumal im Juni die Volksfrontregierung Blums zusammenbrach. Er verließ die bisherige Gleichgewichtspolitik und hoffte, auf dem Wege über eine persönliche Diplomatie und im Einvernehmen mit den faschistischen Mächten eine europäische Ordnung zu erreichen. Bis München 1938 war dies eine populäre Politik. Chamberlain unterstrich seine politische Linie, indem er Sir Eric Phipps von Berlin nach Paris versetzte und Sir Neville Henderson im Mai 1937 zum Botschafter in Berlin ernennen ließ. Er umging Außensekretär Eden, als er im November 1937 Lord Halifax als Sonderbotschafter nach Berlin und Berchtesgaden sandte, um über eine allgemeine europäische Befriedung zu verhandeln. Die britische Verhandlungsbereitschaft bestärkte Hitler allerdings in seiner Überzeugung von der britischen Indolenz. Die Unterredungen blieben ohne sichtbare Folgen, zumal Hitler gegen vorläufigen Verzicht auf die Kolonialfrage freie Hand gegen Österreich und die Tschechoslowakei verlangte. Im ungebrochenen Vertrauen auf die Fruchtbarkeit weiterer persönlicher Kontakte lehnte Chamberlain eine von Roosevelt, dem amerikanischen Präsidenten, empfohlene Konferenz der führenden Mächte im Januar 1938 gegen den Rat Edens ab und verfolgte stattdessen wegen des verstärkten Druckes Hitlers auf Österreich eine Aussöhnung mit Mussolini. Eden trat am 20. Februar 1938 zurück; sein Nachfolger wurde Lord Halifax. Im März annektierte Hitler Österreich; erst danach kam eine vorläufige italienisch-britische Vereinbarung am 16. April 1938 zustande.

Damit war der Schlußstrich unter das Genfer System, aber

auch unter die britische Gleichgewichtspolitik und die französische Einkreisungsstrategie gezogen. Er wurde durch die erfolgreiche dreifache Stoßrichtung der Antikominternmächte im Jahre 1937 herbeigenötigt. Die Fortschritte Francos in Spanien waren durch die Schützenhilfe Deutschlands und Italiens nicht mehr aufzuhalten. Die Japaner schritten im Juli 1937 zum Angriff auf China und eroberten Peking, Tientsin, Nanking und Schanghai; der Protest und die angedrohten Sanktionen des Völkerbundes blieben Papier. Schließlich bahnten sich auf dem Balkan neue Entwicklungen an, die das französische System der kleinen Entente aus den Angeln hoben. Jugoslawien suchte Anschluß an die Achse und verständigte sich am 25. März 1938 mit Italien. In Rumänien trat Titulescu, der Anwalt der Genfer Orientierung, zurück; die Regierung in Bukarest stand unter dem Druck der »Eisernen Garde«, die Fühlung mit Berlin aufgenommen hatte. Rumänien enthielt sich eines Beistandspaktes mit Frankreich oder der Tschechoslowakei auf Grund einer Initiative aus Warschau, das auf den Pakt mit Hitler von 1934 vertraute. Prag blieb der einzige Pfeiler der Brücke Paris–Moskau. Österreich fiel Hitler wie eine reife Frucht in den Schoß. Der Einmarsch deutscher Truppen am 12. März 1938 stieß kaum auf Widerspruch und wurde als unvermeidliche Korrektur des Unrechts von 1919 angesehen.

Der »Anschluß« war für Chamberlain kein Grund, die Appeasement-Politik aufzugeben; er gab nicht einmal eine Garantie für die eingekreiste Tschechoslowakei ab und ging auch nicht auf den sowjetischen Vorschlag einer sofortigen Vier-Mächte-Konferenz ein. Ein gemeinsames Vorgehen der friedlichen Länder gegen den Aggressor, wie Labour und Trade Unions forderten, hätte seiner Meinung nach Europa unweigerlich in zwei feindliche Kriegslager gespalten. Er definierte lediglich am 24. März 1938 vor dem Unterhaus, unter welchen Umständen Großbritannien zum Kriege schreiten würde, nämlich bei Verletzung der westlichen Grenzziehung von Locarno, bei Bedrohung britischer Freiheit und Unabhängigkeit und bei der Verteidigung eines angegriffenen Landes, wenn dies im Rahmen der Völkerbundsordnung nach britischem Urteil angemessen sei; dies könnte auf die Tschechoslowakei zutreffen, bedeute aber keineswegs, daß Britannien auf alle Fälle Frankreich zur Seite stehen werde, wenn dieses um Hilfe gebeten werde. Selbst als am 28. März Daladier und Bonnet in London über eine gemeinsame Warnung an Hitler verhandelten, lehnte Chamberlain ab und wollte nur zugestehen, daß der Tschechoslowakei mitgeteilt würde, daß nur, wenn das Land trotz guten Willens zu Verhandlungen mit Berlin angegriffen würde und Frankreich daraufhin Hilfe leiste, Großbritannien nicht garantieren könne, untätig abseits zu stehen. Gleichzeitig übte das Foreign Office Druck aus, um Prag verhandlungsbereit zu machen. Zu allem Überfluß erklärte Chamberlain noch am 10. Mai vor amerikanischen und kanadischen Journalisten, daß England und Frankreich nicht für eine Tschechoslowakei in den jetzigen Grenzen kämpfen wollten und eine friedliche Lösung der strittigen Fragen durch einen Vier-Mächte-Pakt abgesichert werden müßte, wobei die vierte Macht nicht die Sowjet-Union, sondern Italien zu sein hätte.

Unmittelbar danach, am 19. Mai, führte die Prager Putschgefahr zur Tschechenkrisis, bei der sich London allerdings zur Festigkeit aufraffte. Lord Halifax ließ Berlin wissen, daß ein deutscher Angriff zu einem allgemeinen Krieg führen könnte, der gewiß Großbritannien in Mitleidenschaft ziehen müßte. England und Frankreich handelten diesmal im gleichen Sinne gegen den drohenden Wochenend-Coup in Prag. Dem war Erfolg beschieden. Hitler wich gereizt zurück, gab aber intern sogleich Weisungen, eine bewaffnete Lösung vorzubereiten. Chamberlain suchte Prag verhandlungsbereit zu machen und wirkte in Berlin und Paris auf eine vertragliche Lösung hin. Er entsandte Lord Runciman zur unparteiischen Sondierung nach Prag, der sich vom 3. August bis zum 16. September 1938 in der Tschechoslowakei aufhielt. Halifax gab schon nach der Abreise Runcimans gegenüber Henderson zu erkennen, daß die Mission kaum Aussicht auf Erfolg hätte und es sinnlos sei, für eine Sache Krieg zu führen, die ohnehin nicht zu halten sei; die britischen Warnungen sollten jedoch wiederholt werden und ein britisches Eingreifen bei einseitigen Gewaltaktionen wahrscheinlich bleiben. Henderson ging noch weiter und äußerte in einer Berliner Gesellschaft, daß England nicht daran dächte, auch nur einen Matrosen oder Piloten für die Tschechen einzusetzen, und

London jeder Lösung zustimme, die nicht auf gewaltsamem Wege durchgesetzt werde.

Der Bericht Runcimans ebnete der britischen Regierung den Ausweg, im schlimmsten Falle die einfache Angliederung des Sudetenlandes an das Reich einem europäischen Krieg vorzuziehen. Auch Pressestimmen traten für eine territoriale Veränderung ein. Sogar die seriöse »Times« empfahl am 7. September der Prager Regierung, das vielerseits günstig beurteilte Projekt einer Abtretung des nichttschechischen Bevölkerungsgürtels in Erwägung zu ziehen, um so einen homogeneren Staat zu schaffen. Das ging über alle bisherigen Föderalisierungsvorschläge Beneschs hinaus und bedeutete für Prag den Verlust der Befestigungslinien und strategischen Grenzen. Um dieselbe Zeit instruierte Chamberlain seinen Botschafter in Berlin, Vorkehrungen für seine persönliche Fühlungnahme mit Hitler zu treffen.

Die zahlreichen Warnungen und Ermutigungen der deutschen Untergrundopposition fanden in London nur geringe Beachtung. Die Informationen und Vorschläge des Rittmeisters Viktor v. Körber beim britischen Militärattaché in Berlin wurden von Henderson nicht wichtig genug genommen, wenn auch von ihm immerhin als ernstzunehmender Bericht ans Foreign Office geleitet. Die Gespräche des Gutsbesitzers Ewald von Kleist-Schmenzin mit Lord Vansittart und dann mit Winston Churchill im August 1938 rüttelten London kaum aus seiner Passivität auf. Die Gebrüder Kordt informierten im Einvernehmen mit Staatssekretär v. Weizsäcker und im Auftrage »politischer und militärischer Kreise in Berlin, die mit allen Mitteln wünschen, einen Krieg zu vermeiden«, den Außensekretär Lord Halifax über die weitgehenden Angriffs- und Kriegspläne Hitlers. Der deutsche Minister Hjalmar Schacht erklärte sogar Henderson gegenüber, daß Deutschland der »Gnade pathologischer Individuen« ausgeliefert sei. Aber die »Konspiration mit dem potentiellen Gegner zum Zwecke der Friedenssicherung« (Weizsäcker) wurde in London nicht verstanden oder verfehlt eingeschätzt. Immerhin wußte London, daß Deutschland mit seinen militärischen Vorbereitungen nicht bluffte, und sandte das »Halifax Memorandum« vom 12. August 1938 nach Berlin, das auf die bedrohlichen deutschen Rüstungs- und Mobilisierungsmaßnahmen hinwies. Berlin zeigte sich befremdet und stellte Prag als das einzige Hindernis für eine friedliche Regelung hin, hinter dem die Sowjets ständen.

Der eigentliche Appeaser war Henderson, der nichts unternahm, um London zu einer energischen Haltung gegenüber den deutschen Kriegsvorbereitungen zu bewegen. Er bat sogar darum, die Warnungen an Berlin nicht mehr zu wiederholen, da England die Sudetendeutschen nicht hindern könne, sich dem Reich anzuschließen, und auch kein Recht dazu habe. Er wollte nicht glauben, daß Hitler seine Entscheidung für eine kriegerische Lösung längst gefällt hatte. Erst auf dem Reichsparteitag in Nürnberg erhielt er am 8. September von einem englischen Gelehrten, einem Freund Erich Kordts, sichere Nachricht, daß Hitler losschlagen wolle, ohne den Runciman-Bericht abzuwarten. Nochmals erschien eine eindeutige britische Warnung am 9. September in der Presse, die Frankreich verlangt und außerdem Staatssekretär v. Weizsäcker über den Völkerbundskommissar in Danzig, Carl J. Burckhardt, als eindringlich und unabdingbar hingestellt hatte.

Erst die Nürnberger Drohrede Hitlers am 12. September rüttelte Chamberlain zum sofortigen Handeln auf. Sein erstes Treffen mit Hitler am 15. September erreichte einen Aufschub jeder Gewaltaktion und wenigstens Verhandlungszeit mit Paris und Prag auf der Grundlage des Selbstbestimmungsrechts. Dem folgten Verhandlungen mit der französischen Regierung (Daladier und Bonnet) in London auf dem Fuße, bei denen Halifax sich mit dem Vorschlag durchsetzte, die überwiegend sudetendeutschen Gebiete an Deutschland abtreten zu lassen und einen Bevölkerungsaustausch vorzunehmen. Chamberlain konnte zu der zweiten Begegnung mit Hitler am 22. September die britische, französische und tschechische Zustimmung zur Anerkennung des Selbstbestimmungsrechtes der Sudetendeutschen mitbringen. Hitler lehnte den weitgehenden Vorschlag wegen angeblicher tschechischer Pressionen ab und bestand auf sofortiger Besetzung. Chamberlain unterbrach empört die Besprechungen und teilte schriftlich mit, daß England und Frankreich eine solche Besetzung nicht dulden würden. Ein von ihm erbetenes deutsches Memorandum deklarierte er am nächsten Abend vor Hitler als unverhülltes Ultimatum und drohte mit Abbruch des Gesprächs.

Auf die Nachricht von der Prager Mobilmachung lenkte Hitler plötzlich ein und machte einige Abstriche. Darauf erklärte sich Chamberlain bereit, die deutschen Vorschläge nach Prag zu übermitteln. Prag lehnte das Memorandum ab, war aber auf der hier gebotenen Grundlage zu Verhandlungen bereit. Hitler antwortete am 26. September mit der »Tschechenrede« im Sportpalast, bei der er Waffengewalt ankündigte, wenn das Sudetengebiet nicht bis zum 1. Oktober abgetreten sei. Am Tage darauf überbrachte Sir Horace Wilson die letzte britisch-französische Warnung vor Gewaltanwendung, verbunden mit einer britischen Garantie für die Abtretung der sudetendeutschen Gebiete. Hitler antwortete brieflich mit einer Garantie für die Rest-Tschechei, worauf Chamberlain sich bereit erklärte, nach Berlin zu kommen, um zusammen mit Italien, Frankreich und der Tschechoslowakei die Übergabe des abzutretenden Gebietes zu erörtern. Gleichzeitig bat er Mussolini um Vermittlung. Hitler setzte auf Intervention Mussolinis die für den 28. September vorgesehene Mobilmachung aus und erklärte sich mit einer Vier-Mächte-Konferenz einverstanden.

Am 29. September wurde ohne Befragung der Tschechoslowakei und der UdSSR zwischen Hitler, Mussolini, Chamberlain und Daladier das Münchener Abkommen getroffen, das Räumung des sudetendeutschen Gebietes bis zum 1. Oktober und Optionsrecht der Bevölkerung für die nächsten sechs Monate vereinbarte. England und Frankreich übernahmen die Garantie der neuen Grenzen, Hitler und Mussolini aber unter dem Vorbehalt, daß auch die polnischen und ungarischen Ansprüche befriedigt werden müßten. Prag protestierte dagegen, nahm aber am 30. September die Abmachung an. Chamberlain legte am 30. September Hitler eine Erklärung vor, wonach beide Völker sich im Wunsche einig seien, niemals gegeneinander Krieg zu führen, und beide Regierungen sich verpflichteten, Meinungsverschiedenheiten auf dem Wege der Konsultation aus dem Wege zu räumen. Hitler unterzeichnete ohne Zögern. Das war in den Augen des honorigen Chamberlain die Besiegelung einer neuen Versöhnungspolitik und »peace for our time«. Er nahm sie als sichtbares Zeugnis für den Erfolg seiner inständigen Friedensbemühungen mit nach London. Die Welt atmete auf.

Aber es meldeten sich sogleich auch kritische Stimmen wie Churchill, Eden und Duff Cooper, der am 1. Oktober sein Amt als Marineminister zurückgab. Immerhin war eine Beruhigung eingetreten. Hitler gab allerdings schon drei Wochen später geheime Weisung, die Zerschlagung der Rest-Tschechei vorzubereiten. Die »Reichskristallnacht« vom 10. November störte die Welt erneut auf. Das Unterhaus genehmigte vorsorglich am 15. Februar 1939 eine Verdoppelung der Rüstungsausgaben. Im März verdunkelte sich der Himmel, als Berlin am 3. März die gemeinsame Garantie der tschechischen Grenzen ablehnte, solange Prag sich nicht verpflichtete, alle Juden aus dem Staatsdienst zu entlassen, keine neuen Industrien ohne deutsche Zustimmung aufzubauen, den deutschen Minderheiten Privilegien zu gewähren und alle früheren Staatsverträge zu revidieren. Schlimmer war die innere Krisis in der Rest-Tschechei, die sich an den Autonomieforderungen der Slowaken unter Tiso entzündete, die schließlich um deutsche Hilfe baten. Am 15. März überschritten deutsche Truppen die Grenze. Am gleichen Tage erklärte Chamberlain vor dem Unterhaus, nach der Erklärung Tisos sei die Tschechoslowakei von innen zerbrochen und eine britische Verpflichtung zum Eingreifen nicht gegeben. Aber die anfängliche britische Zurückhaltung wich einer scharfen Verurteilung, als man feststellte, daß die Tschechoslowakei nicht mehr existierte, und Gerüchte über die bedenklichen deutschen Methoden durchsickerten. Am 17. März 1939 beschuldigte Chamberlain bei einer Rede in Birmingham Hitler des Bruchs des Münchener Abkommens und seiner Versprechen. Es sei nun Zeit, daß sich alle Länder gegen Hitler zusammenschlössen. Das war das Ende der Appeasement-Politik. Am Tage zuvor war Henderson empört nach London zurückgekehrt und hatte sich über den unglaublichen Zynismus und Amoralismus der deutschen Regierung ausgelassen; Deutschland habe den Boden des Rechts und des Selbstbestimmungsprinzips verlassen.

Am 18. März protestierte London und gab am 31. März eine Garantie-Erklärung für Polen ab, der sich Frankreich anschloß. Dem folgte am 6. April 1939 ein Abkommen mit Polen, das ungewöhnlich weitgehend war und ohne Mithilfe der Sowjet-Union kaum eingehalten werden konnte. Dieser ungewöhnlichen Verpflichtung folgte am 27. April die Einführung der allgemeinen Wehrpflicht in England, für englische Verhältnisse ein unerhörter Vorgang vor Ausbruch eines Krieges. Hitler beantwortete die angebliche Einkreisungspolitik mit der Kündigung des deutsch-britischen Flottenabkommens von 1935 und des deutsch-polnischen Vertrags von 1934. Er bot gleichzeitig Polen einen Nichtangriffspakt gegen die Rückkehr Danzigs an, die Henderson trotz seiner bösen Erfahrungen als gerechtfertigt und moralisch vertretbar hinstellte. London ließ dagegen erklären, daß ein deutsches Vorgehen gegen Danzig den Kriegseintritt Englands bedeuten würde (19.5.1939), wobei Henderson nicht vergaß, die britische Verständigungsbereitschaft erneut zu betonen.

Danach begann der Wettlauf um die Gunst Moskaus. Henderson warnte seine Regierung vor einer sich abzeichnenden deutsch-sowjetischen Annäherung. Schon im Februar hatte er auf diese Möglichkeit hingewiesen, im Mai von Gerüchten berichtet und schließlich den Verdacht geäußert, Hitler intrigiere mit Stalin. Das Foreign Office tat indessen diese Nachrichten als höchst unwahrscheinlich ab. Die britisch-französisch-sowjetischen Besprechungen in Moskau begannen am 24. Juli und endeten ergebnislos am 8. August 1939. Der deutsch-sowjetische Nichtangriffspakt vom 23. August löste allgemein Schrecken und Überraschung aus. Die Niederlage der britischen Diplomatie war offensichtlich. Damit erhielt Hitler freie Hand gegen Westpolen. Am 24. August ermächtigte das Parlament die Regierung in einer »Emergency Power Bill«, alle aus dem Ernst der Lage notwendigen Maßnahmen zu treffen. Am nächsten Tag schloß London mit Polen ein weiteres Beistandsabkommen und ließ Hitler ausdrücklich wissen, daß nur eine frei ausgehandelte Lösung für Britannien annehmbar sei; Deutschland könne nicht die britische Freundschaft wünschen, wie Hitler mehrfach versichert habe, und gleichzeitig verlangen, daß Britannien sein Wort Polen gegenüber brechen würde. Hitler nahm am 29. August die angebotene britische Vermittlung zu Verhandlungen an, betonte aber gleichzeitig mit Wutausbrüchen vor Henderson, daß die Zustände in Polen für eine Großmacht unerträglich seien.

Neben Henderson entwickelte der schwedische Ingenieur

Dahlerus in geheimem britischen Auftrag seit dem 26. August eine rege diplomatische Tätigkeit, so daß die diplomatischen Kontakte zwischen London und Berlin sich verwirrten und dem Foreign Office der Überblick über die offiziellen und inoffiziellen Schritte erschwert wurde. Gegenüber der Entschlossenheit Hitlers, die durch die bedenkliche deutsche Wirtschaftslage noch gefestigt wurde, war die Schlußphase des diplomatischen Spiels kaum mehr als ein illusionäres Schattenspiel. Zwar wurde der für den 25. August angesetzte deutsche Angriff auf Polen verschoben, und auch die deutsche Öffentlichkeit zeigte sich mürrisch und mutlos. Aber der deutsche Einmarsch am 1. September kam kaum mehr überraschend. Am nächsten Tage verlangte Chamberlain vor weiteren Verhandlungen den sofortigen Rückzug der deutschen Truppen aus Polen. Am 3. September überreichte Henderson die britische Kriegserklärung.

Großbritannien hatte alles getan, seinen Willen zum Eingreifen klarzumachen. Aber die Vielfalt seiner Aktionen und die beschwörenden Mahnungen und Warnungen bestärkten Berlin in der Meinung, London würde den letzten Schritt nicht wagen. Hitler hatte bis zum Schluß nicht an den britischen Kriegswillen geglaubt und war wie versteinert, als er die Kriegserklärung in Händen hielt. Daran war Henderson nicht unschuldig. Er sah seine persönliche Aufgabe in einer Verständigungspolitik, die der britischen Politik nach dem deutschen Einmarsch in Prag nicht mehr entsprach. Im Eifer für seine Friedensmission rieb er sich bis zur letzten Stunde auf, um deutsch-polnische Gespräche in Gang zu bringen. Er betrieb bis zum Schluß eine Appeasement-Politik, als sie schon außer Kurs geraten war. Er milderte die offiziellen Weisungen aus London nach seinem Gutdünken ab oder setzte sie beiseite, wenn sie seinen persönlichen Ansichten widersprachen. Im Grunde hat er weder die Ansichten der Londoner Regierung in Berlin nuancengetreu wiedergegeben, noch in London den Standpunkt Berlins deutlich genug dargelegt. Henderson tat alles, London vor zu kräftigen Entschlüssen zu warnen, und schwächte die drohenden Gesten seiner Regierung durch persönliche Kommentare wieder ab. Seine Telegramme verraten eine erschreckende Mischung von Illusion und Respekt und einen Glauben an den Wert persönlicher Verhandlungen und vernünftiger Erwägungen, der völlig verkannte, daß die nationalsozialistische Politik im Grunde keine Politik im eigentlichen Sinne mehr war, sondern praktizierte Weltanschauung. Henderson übersah, daß die Ideologie Hitlers keine Einschränkung vertrug und jede andere Position als potentiell feindlich betrachtete. Aber vielleicht war sein völliger Fehlschlag notwendig, um die Öffentlichkeit zu überzeugen, daß von Seiten Englands alles getan worden war, um einen Konflikt zu vermeiden. Henderson verwechselte den Nationalsozialismus mit dem deutschen Patriotismus, der das Unrecht von Versailles annullieren wollte und legitime Ansprüche geltend machte. Schließlich verkannte auch Chamberlain allzu lange, daß das Appeasement notwendig scheitern mußte. Beide hatten den grundlegenden Fehler, daß sie Gentlemen waren. Schuld an Hitlers Fehleinschätzung war freilich auch die öffentliche Meinung in England, die einen elementaren Kriegswillen vermissen ließ und erst seit März 1939 aufgeschreckt war.

Andererseits verstanden Hitler und der Nationalsozialismus nicht das britische Appeasement und die dahinter stehenden Willenskräfte. Die nachgiebige britische Politik seit 1935 wurde als Schwäche und Dekadenz ausgelegt. In Wirklichkeit lag darin eine selbstbewußte Sicherheit, die Schlappen und diplomatische Rückzüge gelassen hinnahm und zudem auf die britische öffentliche Meinung Rücksicht nehmen mußte. Seit Spanien war hier allerdings ein Wandel erkennbar. Labour hatte schon am 7. September 1938 die Politik des Nachgebens verurteilt und ein Bündnis zwischen Ost und West gegen den Aggressor in der Mitte gefordert. Chamberlain hingegen erkannte noch am 27. Februar 1939 das Franco-Regime in Spanien als rechtmäßige Regierung an, obgleich die Kämpfe noch über einen Monat andauerten. Die Warner saßen alle außerhalb der Regierung, erleichterten allerdings der Regierung eine tatkräftige Wiederaufrüstung. Seit München betrieb Chamberlain nach innen Aufrüstung und nach außen Appeasement, bis nach März 1939 die Doppelgleisigkeit der nationalsozialistischen Politik und Argumentation nicht mehr zu übersehen war. Die zeitweilige Kollaboration mit dem Dritten Reich fußte zwar auf falschen Voraussetzungen; sie konnte aber für sich in Anspruch nehmen, alle

Möglichkeiten zu einer friedlichen Beilegung bis zum letzten ausgeschöpft zu haben. Darum wußte England bei Kriegsausbruch, worauf es ankam. Nur eine Vernichtung des Nationalsozialismus konnte Frieden bringen. Nicht vorauszusehen war auch, daß Hitler und Stalin ihre Todfeindschaft begruben, um sich die polnische Beute zu teilen. Im Grunde zerstörte erst Stalin den Sinn der Appeasement-Politik. Sie setzte den Fortbestand der sowjetischen Drohung von Osten her voraus. Der Kriegsausbruch entlarvte nicht nur Hitler, sondern auch Stalin; er traf London in einer denkbar ungünstigen Lage, belastet mit Verpflichtungen, die nicht verifizierbar waren, und mit jahrelangen Vorleistungen an Berlin, die sein moralisches Kapital aufgezehrt hatten. Aber es zog nun die Konsequenzen und nahm »Blut und Tränen« auf sich.

ZWEITER WELTKRIEG UND NACHKRIEGSPOLITIK

1. Der Zweite Weltkrieg 1939–1945

Mit dem Einmarsch deutscher Truppen in Polen am 1. September 1939 waren die Würfel gefallen. Britannien und Frankreich forderten ultimativ den sofortigen Rückzug der Streitkräfte auf das Reichsgebiet. Nach Ablauf der beiden Ultimaten trat am 3. September der Kriegszustand ein. Großbritannien, Frankreich und die Dominions waren die einzigen, die sogleich den Krieg an Hitler erklärten. Alle anderen warteten, bis sie angegriffen wurden. Die Südafrikanische Union entschied sich mit knapper Mehrheit für den Kriegseintritt; hier folgte General Smuts als Premierminister dem General Hertzog. Der Vizekönig von Indien verkündete ohne vorherige Befragung des Allindischen Kongresses die Zustimmung Indiens. Außer Eire standen alle Dominions Großbritannien zur Seite. Der Völkerbund ignorierte die deutsche Aggression gegen Polen, da Deutschland kein Mitglied mehr war. Die UdSSR wurde jedoch wegen der Besetzung der baltischen Staaten und ihres Angriffs auf Finnland Mitte Dezember 1939 aus dem Völkerbund ausgestoßen, der alle seine Mitglieder zur Unterstützung Finnlands aufforderte. Die USA unter Präsident F. D. Roosevelt erklärten am 3. September 1939 ihre Neutralität und verboten amerikanischen Schiffen, die Kriegszonen zu befahren. Ihr Waffenembargo wurde zwar am 4. November aufgehoben, aber der Transport nur auf Schiffen der kriegführenden Staaten gestattet. London und Paris setzten schon im September einen Obersten Kriegsrat (Supreme War Council) ein, der aus den beiden Premiers, den Stäben und jeweils hinzugezogenen Ministern bestand und erstmals am 12. September zusammentrat. Die ersten vier britischen Divisionen setzten nach Frankreich über; innerhalb von zwölf Monaten sollten ihnen 28 weitere Divisionen folgen. Im Frühjahr 1940 vereinbarte der Kriegsrat, daß nur gemeinsam ein Friede geschlossen werden sollte. Eine entscheidende Initiative war den beiden Westmächten vorerst aber nicht möglich.

Die britische Regierung hatte bereits auf Grund der Emergency Powers (Defence) Act vom 24. August 1939 weitgehende

Eingriffsrechte in Wirtschaft, Arbeit, Eigentum und Leben erhalten. Chamberlain zog neben Halifax als Außensekretär, Samuel Hoare als Lord Privy Seal und Simon als Schatzkanzler noch Eden als Sekretär für die Dominions und Churchill als ersten Lord der Admiralität in die Regierung. Aber eine nationale Regierung unter Beteiligung aller Parteien kam nicht zustande. Labour unter Clement Attlee und die Liberalen unter Sir Archibald Sinclair wollten keine Koalitionsregierung unter der Führung Chamberlains eingehen. Labour war zwar für einen Waffenstillstand zwischen den Parteien und stimmte der Vertagung der für 1940 fälligen Parlamentswahlen bis nach dem Kriege zu, war aber nicht für einen politischen Waffenstillstand zu haben, d.h. oppositionelle Kritik und Kontrolle sollten im Parlament weiterhin zur Geltung kommen. Die ILP (Independent Labour Party) erklärte sich sogar gegen den Krieg, da Chamberlain und Daladier Handlanger des Kapitalismus seien. Die kleine Gruppe der Kommunisten entschied sich zuerst für den Krieg, stellte sich aber seit dem 6. Oktober auf Weisung Moskaus gegen den angeblich imperialistischen Krieg; damit verspielte sie jegliches Prestige. Der TUC (Trades Union Congress) sprach sich hingegen am 4. September für den Kriegseintritt aus. Die sowjetische Besetzung Ostpolens, das Vorgehen gegen die baltischen Staaten und vor allem der Angriff der Roten Armee auf Finnland am 30. November 1939 desillusionierten auch die letzten Freunde Rußlands.

Vom Kriege selbst merkte man anfangs wenig; nur ein erster falscher Luftalarm setzte am 3. September die Bevölkerung in Schrecken. Fühlbarer waren die Schutzmaßnahmen der Regierung wie die Verdunkelung, die bis 1945 dauern sollte, und die sofortige Evakuierung von 1,4 Millionen Einwohnern aus den Großstädten, die bis Januar 1940 größtenteils wieder rückgängig gemacht wurde. Seit dem 30. September wurden erstmals Identitätskarten ausgegeben und sämtliche Bürger zu einer allgemeinen Registrierung verpflichtet. Die Konskription ging nur langsam vor sich, so daß bis Mai 1940 nur die Männer bis zu 27 Jahren registriert waren. Kriegsgegnerschaft zeigte sich dabei nur selten. Im ganzen Krieg erklärten sich 58000 Männer und 2000 Frauen als Kriegsgegner; davon wurden 2900 bedingungslos und 40000 bedingungsweise anerkannt, während etwa 5000 in Haft kamen. Seit Januar 1940 schritt die Regierung zu einer Rationierung der Lebensmittel, die aber mehr der richtigen Verteilung als der Kürzung der Rationen diente. Die Lebenskosten wurden mit Hilfe von Subsidien einigermaßen gleich gehalten. Noch im Frühjahr 1940 gab es etwa 1 Million Arbeitslose, und die Arbeitskraft in den Munitionsfabriken war erst um 11 v.H. erhöht worden, erreichte also nur ein Sechstel des angesetzten Planziels. Die Regierung wagte nicht, gegen die Interessen der Gewerkschaften vorzugehen, und auch nicht, sich mit ihnen zu solidarisieren. Dabei fehlte es nicht an Entschlossenheit und Opferwillen: Das Parlament lehnte das Friedensangebot Hitlers vom 6. Oktober 1939 fast einmütig ab.

Aber die Regierung vertraute allzusehr der Wirkung der Seeblockade und hoffte auf den baldigen wirtschaftlichen Zusammenbruch Deutschlands. Sie begnügte sich, Propaganda-Flugblätter über Deutschland abwerfen zu lassen, um Hitler vor dem deutschen Volk zu diskreditieren, und ließ sich kaum dadurch irritieren, daß die deutschen U-Boote und die neuen magnetischen Minen der Schiffahrt merklichen Schaden zufügten. Lediglich die militärische Präsenz im östlichen Mittelmeer und im mittleren Osten unter dem Kommando von General Sir Archibald Wavell wurde gestärkt, um Italien neutral zu halten. Chamberlain erörterte außerdem mit seinem französischen Kollegen Daladier vage Pläne einer Hilfe an Finnland über Skandinavien, die gleichzeitig die schwedische Stahlzufuhr nach Deutschland abschneiden sollte. Nach dem finnisch-sowjetischen Friedensschluß vom 12. März 1940 stürzte allerdings in Paris die Regierung Daladier und machte am 20. März der Regierung Reynaud Platz. Erst ein Paukenschlag weckte die Westmächte aus dem »Phoney War« der ersten Monate, nämlich die plötzliche Besetzung Dänemarks und Norwegens durch Hitler am 9. April 1940, die von der Sowjetunion als berechtigte Defensivmaßnahme gegen Britannien gebilligt wurde.

Die sofortigen britischen Gegenmaßnahmen fügten der deutschen Kriegsmarine zwar erheblichen Schaden zu; drei Kreuzer und zehn Zerstörer gingen verloren, und viele Schiffe wurden beschädigt. Aber im ganzen war die deutsche Aktion trotz der zeitweiligen Eroberung von Narvik durch General Auchinleck erfolgreich. König und Regierung von Norwegen flohen nach England; ein großer Teil der norwegischen Handelsflotte, etwa 1 Million BRT, wurde gerettet. Die Bedeutung dieser Ereignisse für die Verhinderung der Invasionspläne Hitlers gegen England war damals noch nicht durchschaubar. Der Zorn der britischen Öffentlichkeit richtete sich gegen Chamberlain, nicht gegen Churchill, der als erster Lord der Admiralität, als Chairman des Military Coordination Committee (seit 4. April 1940) und Bevollmächtigter im Chiefs of Staff Committee (seit 1. Mai 1940), unmittelbar damit zu tun hatte. Ein Tadelsantrag der Opposition gegen die Regierung Chamberlain scheiterte zwar mit 200 gegen 281 Stimmen des Unterhauses; aber 60 Konservative hatten sich der Stimme enthalten. Chamberlain sah seine Vertrauensgrundlage im Parlament beträchtlich geschwächt, zumal die Labour-Partei laut bekundete, daß sie nur unter einem neuen Premier mitmachen wolle. Lord Halifax, der als nächster Kandidat in Frage kam, lehnte ab, da er sich als Peer für ungeeignet hielt. Als am 10. Mai 1940 deutsche Truppen in Holland und Belgien einfielen, brachten die Revolte der Hinterbänkler und die Opposition von Labour Sir Winston Churchill auf den Stuhl des Regierungschefs, dessen gewaltige Tatkraft den Krieg auf eine andere Ebene hob und das Land materiell und seelisch instandsetzte, sich durch die Jahre der Gefährdung 1940–42 zu behaupten. Die erste Unterhauserklärung des neuen Premierministers vom 13. Mai 1940 prophezeite »Blut, Mühe, Tränen und Schweiß« und beschwor Opfersinn und Eintracht. Mit der Regierungsbildung setzte Churchill einen neuen Anfang.

Churchill zog in sein Kriegskabinett vorerst nur vier Minister, darunter zwei Labour-Leute. Er selbst übernahm neben der Gesamtleitung das Verteidigungsministerium einschließlich des Defence Committee und des Chiefs of Staff Committee. Attlee, der Führer von Labour, wurde Lord Privy Seal sowie Chairman des Home Policy Committee und des Food Policy Committee; er nahm den Stuhl Churchills in dessen Abwesenheit ein, seit Februar 1942 als Deputy Prime Minister und seit September 1943 als Lord President. Sein Parteigenosse Arthur Greenwood war Minister ohne Portefeuille und leitete das

Economy Policy Committee und das Production Council. Die Tätigkeit der zahlreichen Komitees wurde im Lord President's Committee koordiniert, dem Chamberlain als Lord President vorstand, der allerdings bald wegen eines Krebsleidens ausschied und durch Sir John Anderson ersetzt wurde. Anderson, später von 1943 bis 1945 Finanzminister, leitete mit souveräner Hand die zivile Kriegsverwaltung und erreichte in der Heimatfront ein ähnliches Ansehen wie Churchill in Strategie und Außenpolitik. Der vierte Minister im Kriegskabinett war Außensekretär Halifax, der Ende des Jahres als Botschafter nach Washington ging, aber Mitglied des Kriegskabinetts blieb. Sein Nachfolger als Außensekretär und im Kriegskabinett wurde Anthony Eden. Neben diesem engeren Führungsgremium gab es noch 15 Kabinettsminister, von denen vier zu Labour gehörten, unter ihnen Herbert Morrison, der 1942 als Home Secretary ebenfalls ins Kriegskabinett eintrat. Diese Regierung erhielt mit dem Notgesetz vom 22. Mai 1940 alle Vollmachten, die im ersten Weltkrieg der Lloyd George Regierung erteilt worden waren, wobei Churchill mit der Zeit noch eine größere Autorität als Lloyd George errang, da die mißlichen Querelen der Führungsspitzen diesmal unterblieben. Churchill entwickelte eine mitreißende Energie, die an die Grenzen des Möglichen streifte. Er mißtraute den Bedenken der Experten, die für ihn solange Unrecht hatten, bis sie ihn durch ihre Argumente überzeugt hatten; dann allerdings übernahm er voll ihr Urteil. Im Parlament schwiegen die Kritiker nicht und behaupteten stets ein Mitspracherecht; sie fanden aber in Churchill und Attlee gewiegte Partner, die den ganzen Krieg über Kabinett und Unterhaus beherrschten.

Im Juni 1940 setzte das Kabinett die absolute Priorität der Flugzeugproduktion für die nächsten fünf Monate durch, mit deren Leitung Lord Beaverbrook betraut wurde. Die Dringlichkeit dieses Anliegens wurde dadurch unterstrichen, daß Lord Beaverbrook und der Minister für Arbeit, der Gewerkschaftsführer Ernest Bevin, ins Kriegskabinett gezogen wurden. Inzwischen hatte sich nämlich auf dem westlichen Kriegsschauplatz eine Katastrophe angebahnt. Hitler hatte mit 134 Divisionen zu einem Flügelangriff über Holland und Belgien gegen Frankreich ausgeholt und schon am 14. Mai im Zentrum der Front den Durchbruch bei Sedan nördlich der Maginot-Linie erzielt, der mit dem Vorstoß bis Abbéville die alliierte Front zerriß. Das Gros der britischen Divisionen fand sich im Brückenkopf von Dünkirchen eingekesselt und hatte von den geschlagenen Franzosen keine Hilfe mehr zu erwarten. Der französische Oberkommandierende, General Gamelin, wurde am 19. Mai von General Weygand abgelöst, der südlich der Somme eine letzte Verteidigungslinie aufzubauen suchte. Am 15. Mai hatte zudem die holländische Armee kapituliert; Königin Wilhelmine und die holländische Regierung waren nach England entkommen. Auch die belgische Regierung fand sich in London wieder, während König Leopold in Belgien blieb. Alles schien verloren. Aber wider Erwarten gelang die Rettung der britischen Streitkräfte. Unter Verlust von 474 Flugzeugen und 6 Zerstörern, sowie 19 beschädigten Zerstörern wurden über 338000 Mann, darunter 139000 Franzosen, nach England gebracht. Am 3. Juni erreichte der letzte Mann aus Dünkirchen britischen Boden. Waffen und Ausrüstung waren verloren und 68000 Mann ausgefallen. Nichtsdestoweniger war die Rettung der Armee in den düstersten Tagen des Krieges ein erster Hoffnungsschimmer. Im Fortgang des Krieges wurden weitere 191800 Mann, davon 144000 Briten, auf die Insel geholt, im ganzen 558000 Mann, unter ihnen 368491 Briten.

Am 10. Juni trat Italien auf Seiten Deutschlands in den Krieg ein. In Frankreich dankte die Regierung Reynaud ab, und der alte General Pétain schloß am 22. Juni 1940 Waffenstillstand mit Hitler. Die meisten Gegner Hitlers hatten sich nach London retten können. Hier saßen die Regierungen von Polen, Norwegen, Luxemburg, Holland, Belgien und seit dem 3. Juli die provisorische Exilregierung der Tschechen unter Benesch. Der französische General de Gaulle betrachtete sich als Vertreter des freien Frankreichs auf britischem Boden und verkündete am 18. Juni die Fortsetzung des französischen Widerstandes. Er bildete ein Nationalkomitee und übernahm den Befehl über die 300000 französischen Soldaten in England. Die Exilregierungen brachten Streitkräfte, Finanzmittel und vor allem 3 Millionen BRT Schiffsraum hinzu. Aber die Last des Krieges lag für die nächsten Monate ausschließlich auf Großbritannien.

Am 16. Juli befahl Hitler die Vorbereitung des Unternehmens »Seelöwe« gegen Britannien und ließ am 19. Juli nochmals ein Friedensangebot an London gehen. Aber Churchill wollte erst Verhandlungen erwägen, wenn Berlin verbindliche und ausreichend gesicherte Garantien für die Unabhängigkeit der Tschechoslowakei, Polens, Dänemarks, Norwegens, Hollands, Belgiens und Frankreichs geben würde. Britannien rüstete sich gegen die drohende Invasion. Eine Home Guard wurde als Verteidigungstruppe gebildet, ein Straßen- und Küstenschutz ausgebaut und das ganze Land in einen Ausnahme- und Belagerungszustand versetzt. All dies blieb durch den Materialverlust in Frankreich unzulänglich; das Land setzte seine Hoffnung auf die Flotte und vor allem auf die Luftwaffe, da die Beherrschung des Luftraums Voraussetzung einer erfolgreichen Invasion war. England verlangte angesichts seiner Gefährdung die Auslieferung oder Zerstörung der Kriegsflotte von Frankreich und versenkte am 3. Juli vor Oran zwei französische Schlachtschiffe und einen Schlachtkreuzer. Die Regierung Pétain brach daraufhin am 8. Juli die diplomatischen Beziehungen zu London ab. Erst nach dem Eindringen deutscher Truppen in den unbesetzten Teil Frankreichs am 11. November 1942 versenkten die Franzosen ihre vor Toulon ankernde Schlachtflotte. Churchill und das Parlament nahmen die französische Mißstimmung notgedrungen in Kauf.

Im Juli 1940 begannen die deutschen Luftflotten mit Angriffen auf die britischen Luftbasen; diese steigerten sich im August zu der großen Luftschlacht über Britannien und dehnten sich im September auch auf London aus. Nach großen deutschen Verlusten, etwa 1733 deutsche gegen 915 britische Flugzeuge, ebbten die Angriffe ab. Die Luftherrschaft über den Inseln blieb in britischer Hand. Seit dem 25. August begannen britische Bombardements auf deutsche Industriestädte. Im Laufe des September steckte Hitler seine Invasionspläne zurück und gab sie im Oktober ganz auf. Stattdessen folgten deutsche Nachtbombardements, die sich mit der Zerstörung von Coventry am 14. November 1940 von London auf die großen Industriestädte ausdehnten. Mit dem Bombardement von Birmingham am 16. Mai 1941 ließen die Bombenangriffe merklich nach, da der afrikanische Feldzug und die Vorbereitung des Unternehmens »Barbarossa« gegen die Sowjet-Union die Verlagerung von Kampfgeschwadern verlangten. Die Verluste der Zivilbevölkerung beliefen sich 1940/41 auf 43685, minderten sich danach aber beträchtlich, so daß im ganzen Bombenkrieg etwa 60000 Einwohner ihr Leben einbüßten. Aber 3,5 Millionen Häuser wurden zerstört oder schwer beschädigt; die Produktion dagegen konnte nicht beeinträchtigt werden. Die spektakuläre Dramatik der Luftschlacht über Britannien hatte fast unbemerkt gelassen, daß das Gebiet der deutschen See-Blockade seit dem 17. August um ganz Großbritannien ausgedehnt worden war und die neuen Basen an der Westküste von der Biskaya bis zur Nordsee die britischen Seelinien ernstlich bedrohten. Britannien fand jedenfalls Zeit, sein Ziel der Ausrüstung von 35 Gefechtsdivisionen, darunter 7 Panzerdivisionen, zu verwirklichen und vorläufig durch Blockade und Bombardements die deutsche Militärmaschine möglichst zu schwächen.

In dieser unentschiedenen Phase des Krieges entwickelte die britische Regierung eine diplomatische Initiative zur Gewinnung der USA und eine strategische Initiative zur Sicherung des östlichen Mittelmeers gegen Italien. Schon am 15. Mai 1940 hatte Churchill im Hinblick auf den zu erwartenden Kriegseintritt Italiens Washington um die leihweise Überlassung von älteren Zerstörern gebeten. Trotz Drängens der britischen Regierung ließ sich Roosevelt nicht zu einer eindeutigen Stellungnahme verlocken. Eine klare Aufgabe der amerikanischen Neutralität hätte ihm bei den Präsidentenwahlen am 5. November 1940 die sichere Niederlage beschert. Immerhin ließ er nach dem Zusammenbruch Frankreichs Stabsbesprechungen im August 1940 in London zu, die sich jedoch vorwiegend mit den pazifischen Verhältnissen befaßten. Erst am 14. August bot Roosevelt 50 Zerstörer gegen die Überlassung von Stützpunkten in Westindien und Neufundland an. Am 3. September kam das Geschäft zustande; allerdings wurden vor 1941 nur 9 Zerstörer übernommen. Erst nach seiner dritten Wiederwahl wurde Roosevelt deutlicher und sprach in einer Radiosendung am 29. Dezember 1940 vom weißen Kamin in Washington zum amerikanischen Volk über die Bedrohung der nationalen Sicherheit. In einer Botschaft an den Kongreß vom 6. Januar 1941 proklamierte er die vier Freiheiten, auf denen eine künftige Weltordnung beruhen müsse, und am 10. Januar brachte er das Pacht- und Leihgesetz zugunsten Großbritanniens ein, das der Kongreß am 11. März bewilligte. Diese Lend-Lease-Act ermächtigte den Präsidenten, nach seinem Ermessen diejenigen Staaten mit Kriegs- und Versorgungsgütern zu unterstützen, die für die Verteidigung der Interessen der USA lebenswichtig waren. Gleichzeitig begann Amerika mit einer Aufrüstung, die von deutscher Seite als moralische Aggression bezeichnet wurde. In der Tat hatten die britische Finanzierung von Kriegswerkstätten in den USA, die Lieferungen überflüssigen Kriegsmaterials nach Britannien, das Pacht- und Leih-Gesetz und schließlich geheime Militärabreden im Frühjahr 1941 Amerika bereits in dem Kriegsgeschehen engagiert. Am 7. Juli 1941 landeten amerikanische Truppen in Island, und im August trafen sich Roosevelt und Churchill im Nordatlantik, wo sie am 14. August von Bord aus die acht Freiheiten der Atlantik-Charta verkündeten, die die künftige Friedensordnung bestimmen, jedoch Deutschland nicht zunutze kommen sollten. Mit dem Schießbefehl auf deutsche und italienische Kriegsschiffe vom 11. September und dem Kredit von 1 Milliarde Dollar an die Sowjet-Union vom 6. November war Amerika bereits am Kriege aktiv beteiligt, wenn auch erst der japanische Angriff auf Pearl Harbour am 7. Dezember 1941 und die Kriegserklärung Hitlers vom 11. Dezember 1941 es endgültig in den Krieg hineinzogen. Wenige Tage danach trafen sich Roosevelt und Churchill in Washington, wo ein britisch-amerikanischer Kriegsrat gebildet wurde. Am 2. Januar 1942 erfolgte eine Deklaration, in der sich 26 Nationen auf die Grundsätze der Atlantik-Charta verpflichteten und einen Sonderfrieden mit den Achsenmächten ablehnten. Mit diesem Pakt wurde der Grund für eine Weltsicherheitsorganisation gleichberechtigter Nationen gelegt, die sich zu den United Nations zusammenschlossen.

Die britische Initiative im Mittelmeer stand unter einem weniger glücklichen Stern. Italien hatte Ende Oktober 1940 den Krieg gegen Griechenland eröffnet, war dabei aber in die Defensive geraten. Die britischen Streitkräfte vermochten im Mai 1941 Abessinien zurückzuerobern und in Nordafrika bis Benghasi vorzudringen. Allerdings zog der deutsche Vorstoß auf dem

Balkan und gegen Griechenland einen Großteil der britischen Truppen auf den griechischen Kriegsschauplatz, wo sie im April und Mai zurückgeschlagen wurden. Außerdem trieb ein seit Februar 1940 eingesetztes deutsches Afrika-Korps unter General Rommel die geschwächten Briten bis an die ägyptische Grenze zurück. Der britische Oberkommandierende Lord Wavell bot am 21. Mai 1941 seine Demission an und wurde von General Auchinleck abgelöst. Trotz dieser Notlage sah sich Churchill Ende Februar 1941 genötigt, dem Schutz der Seelinien in den atlantischen Gewässern den absoluten Vorrang zu geben, da die deutsche Blockade ihre Wirkungen zeigte.

Erst die Eröffnung des Krieges gegen die Sowjet-Union am 22. Juni 1941 nahm Hitler die Chance, die britische Machtposition im Nahen Osten und in Nordafrika aufzurollen. Churchill erklärte sich sofort zur Hilfe für die Sowjet-Union bereit, und am 1. Oktober beschlossen Britannien und die USA Kriegslieferungen an Moskau. Auf Drängen der Sowjets erklärte London im Dezember 1941 den Krieg an Finnland, Ungarn und Rumänien. Das Scheitern des deutschen Angriffs auf Moskau im Dezember 1941 und die Kriegserklärung Hitlers an die USA wurden als der entscheidende Umschlag des Krieges empfunden. Aber die Achsenmächte errangen bis in den Sommer 1942 hinein noch gewaltige Erfolge, und Japan bedrohte sogar Australien und Indien. In Nordafrika stieß Rommel um die Jahreswende 1941/42 bis El Alamein, ins Weichbild von Alexandria vor. Erst Ende des Jahres erlitten die Achsenmächte in Rußland mit Stalingrad und in Nordafrika mit dem Rückzug Rommels bis Tunesien entscheidende Niederlagen.

Inzwischen näherte sich die britische Kriegsproduktion ihrem Gipfel. Die Dienstpflicht für Frauen wurde im Dezember 1941 verfügt und im Jahre 1943 von den 20- bis 30jährigen auf die 18- bis 50jährigen Frauen ausgedehnt. Das Arbeitsministerium unter Ernest Bevin hatte diese Steigerung unter drastischer Kürzung anderer Produktionszweige und durch geplanten Arbeitseinsatz erreicht. Im Juni 1942 wurde ein anglo-amerikanisches Produktionsprogramm unter einem »Combined Production and Resources Board« geschaffen, um Leerlauf und Doppelproduktion zu vermeiden, das im September 1943 mit der

»Foreign Economic Administration« die endgültige Form einer kriegswirtschaftlichen Kooperation annahm. Sie umschloß auch die Pacht- und Leih-Verwaltung, drohte allerdings auch Großbritannien zu einem abhängigen Partner der USA herabzudrücken. Doch war bis ins Frühjahr 1943 die Schiffahrtskrisis immer noch nicht behoben. Im Jahre 1942 wurden 7,7 Millionen BRT alliierten Schiffsraums versenkt; im März 1943 stieg die monatliche Versenkungsquote sogar auf 700000 BRT. Erst die Kurzwellen-Radargeräte ermöglichten eine wirksame Bekämpfung der deutschen U-Boote. Gleichzeitig konnte die nun angelaufene gewaltige Schiffsproduktion der USA die Versorgung der Britischen Inseln mehr und mehr sicherstellen.

Der Umschlag des Krieges im Westen erfolgte mit der alliierten Landung in Nordafrika am 8. November 1942. Die Casablanca-Konferenz Roosevelts und Churchills vom 14.–26. Januar 1943 legte die Kriegsstrategie im Mittelmeer und in Westeuropa fest und verkündete auf Drängen Roosevelts »the unconditional surrender« der Feindmächte als erstes Kriegsziel. Dem Sieg über die Streitkräfte der Achsenmächte in Tunis am 12. Mai 1943, mit dem mehr als eine Viertelmillion Deutsche und Italiener in Gefangenschaft gerieten, folgte nach den Casablanca-Beschlüssen die Invasion in Sizilien am 10. Juli und die Landung britischer Truppen in Italien am 3. September 1943. Der Sturz Mussolinis am 25. Juli und das Bündnisangebot der neuen italienischen Regierung unter Badoglio am 15. August veranlaßten die Fortsetzung des Vorstoßes in Italien, während die Landung in Nordfrankreich für den 1. Mai 1944 ins Auge gefaßt wurde. Das Mißtrauen Stalins wegen der Verzögerung der Frankreich-Invasion wurde auf der Moskauer Außenministerkonferenz im Oktober 1943 durch feste Zusagen und eine Konsultativvereinbarung zerstreut.

Bis in den Herbst 1942 hatten weder Churchill noch Eden dem britischen Kriegskabinett ausgearbeitete Pläne über die Nachkriegsordnung vorgelegt. Die militärische Situation war noch zu ungeklärt. Die Haltung der Sowjets gegenüber der Atlantik-Charta und der Erklärung der Vereinten Nationen sowie ihre Ansprüche an Polen und die baltischen Staaten ließen viele Fragen offen. Selbst die amerikanischen Vorstellungen waren nicht eindeutig. Roosevelt schien ein Gremium der führenden

Großmächte zu begünstigen, wobei China als vierte Macht hinzutreten und Frankreich ausgeschlossen bleiben sollte. Der erste britische Plan einer Weltorganisation stammte von H. M. G. Jebb, dem Leiter des Economic and Reconstruction Department im Foreign Office, dessen Memorandum vom Vier-Mächte-Plan ausging. Eden legte am 8. November 1942 dem Kriegskabinett ein weiteres Memorandum vor und unterstrich die Notwendigkeit, endlich verbindliche Grundsätze für eine konkrete Nachkriegsregelung niederzulegen. Auch er hielt sich an den Vier-Mächte-Plan. Stafford Cripps dagegen entwickelte einen Entwurf, wonach ein Council of Europe und vier weitere Councils die Träger einer weltumspannenden Friedensordnung sein sollten, die in einem Supreme World Council vertreten sein sollten. Am 16. Januar 1943 legte Eden dem Kabinett einen United Nations Plan vor, den Jebb aus den bisherigen Memoranden kombiniert hatte und der von einer Inter-Allied Armistice and Reconstruction Commission vorbereitet werden sollte. Die britischen Versuche einer verbindlichen Festlegung der Supermächte hatten angesichts des Mißtrauens der Sowjets und der Illusionen Roosevelts und auch angesichts der Abneigung der kleineren Staaten gegen ein Übergewicht der Großmächte wenig Aussicht auf Erfolg. Als Eden am 12./13. März 1943 in Washington mit Roosevelt verhandelte, war er überrascht, daß der Präsident in der Polenfrage und sogar in der Ausdehnung Rußlands nach Westen keine ernsthafte Gefahr sehen wollte.

Eine erste wirksame Entscheidung brachte die Teheran-Konferenz vom 28. November bis 1. Dezember 1943. Hier kamen die drei Führer der Alliierten, Stalin, Roosevelt und Churchill, zum ersten Mal zusammen und besprachen die künftigen Grenzziehungen und das Schicksal Deutschlands. Hier setzten sich Amerikaner und Russen gegen Churchills weitgehende Mittelmeerpläne durch. Die Sowjets bestärkten Roosevelt in seiner Unterbewertung der Aktionen im Mittelmeer, da sie ein Vordringen der Westmächte in den Balkan hinein befürchteten. Stalin betonte, daß nur eine Großaktion in Frankreich die Moral der Roten Armee aufrecht erhalten könne, begnügte sich aber schließlich mit der Zusicherung des Maitermins. Roosevelt erlag der verhängnisvollen Täuschung, daß Stalin keine expansionistischen Ziele verfolge und bei geschickter Behandlung an der »Welt der Demokratie und des Friedens« mitarbeiten würde. Churchill konnte lediglich auf eine bessere Gelegenheit warten, um Roosevelts Vertrauensseligkeit zu erschüttern.

Nach dem Einmarsch sowjetischer Truppen in polnisches Gebiet im Januar 1944 suchte sich die polnische Exilregierung in London als legale Sprecherin des polnischen Volkes ins Spiel zu bringen. Die UdSSR betrachtete allerdings die Curzon-Linie von vornherein als neue Grenze, polemisierte gegen die »profaschistischen imperialistischen« Elemente in der Exilregierung und begünstigte das im Dezember 1943 gegründete Polnische Komitee für die nationale Befreiung (Lubliner Komitee), das völlig unter sowjetischem Einfluß stand. Stalin beklagte sich über die angeblich feindlich gesinnte polnische Untergrundbewegung und lehnte am 3. März 1944 eine vorgängige Regelung der polnischen Frage ab. Diese Vorzeichen ließen Schlimmes ahnen.

In der Nacht zum 6. Juni 1944 landeten amerikanische und britische Truppen unter dem Oberkommando von General Eisenhower und dem Operationskommando von General Montgomery in der Normandie und leiteten die Endphase des Krieges im Westen ein; gleichzeitig begannen die Sowjets am 10. Juni mit 300 Divisionen ihre entscheidenden Offensiven. Churchill war tief besorgt über die amerikanische Ziellosigkeit und über die sowjetischen Pläne. Er hegte den Verdacht, daß die von den Sowjets einmal besetzten Gebiete verloren wären und drängte seinen amerikanischen Partner zu energischem Vorgehen. Roosevelt dagegen fühlte sich als Vermittler zwischen den europäischen Rivalen und glaubte in Stalin eine größere Aufgeschlossenheit und Bereitwilligkeit zu entdecken als in den Bedenken und Verdächtigungen der britischen Machtpolitik.

Unter diesen Umständen war es für Churchill überaus schwierig, einen modus vivendi mit Stalin für den Balkan und Polen zu erreichen. Ein dramatisches Ereignis schien ihm die Chance zu bieten, den amerikanischen Präsidenten umzustimmen, nämlich der polnische Aufstand vom 1. August bis zum 3. Oktober 1944. Er entlarvte die sowjetischen Absichten, da die Rote Armee unmittelbar vor Warschau stand und dem zweimonatigen Ringen der Aufständischen untätig zusah. Stalin verschloß sich den

Appellen der britischen und der amerikanischen Regierung und verweigerte den angeblichen Verbrechern und Abenteurern in Warschau jegliche Hilfe. Erst als es zu spät war, fand sich die UdSSR zu Hilfsmaßnahmen bereit. Einen Tag vor dem Untergang der polnischen Führungselite setzten die Sowjets am 2. Oktober ihren Vormarsch fort. Trotz dieser erschreckenden Vorgänge vermochte Churchill auf der Septemberkonferenz der Westmächte in Quebec immer noch nicht die Amerikaner von der Dringlichkeit einer verbindlichen Vereinbarung mit Stalin zu überzeugen. Roosevelt, der wegen der anstehenden Präsidentenwahlen sein Land nicht verlassen konnte, stimmte lediglich einem Besuch Churchills in Moskau zu, der freilich nur Vorstufe eines baldigen Dreiertreffens sein sollte.

Das Treffen Churchills und Edens mit Stalin in Moskau vom 9.–20. Oktober 1944 fand zu einem Zeitpunkt statt, als die Rote Armee bereits in Rumänien und Bulgarien stand. Churchill blieb nichts Besseres übrig, als Stalin eine prozentuale Interessenaufteilung auf dem Balkan vorzuschlagen, nämlich für die Sowjets 90 v.H. in Rumänien, 75 v.H. in Bulgarien, 50 v.H. in Jugoslawien und Ungarn und 10 v.H. in Griechenland. Angesichts des russischen Vormarsches hatte dieses Zahlenspiel freilich wenig Sinn. Churchill bestand allerdings darauf, daß die polnische Exilregierung als Verhandlungspartner akzeptiert wurde, vorausgesetzt, daß sie die Curzon-Linie anerkannte. Er erreichte, daß der polnische Ministerpräsident Mikolaiczyk hinzugezogen wurde. Damit sicherte er in der Tat die Berücksichtigung der rechtmäßigen polnischen Regierung, leitete aber auch ungewollt die polnische Tragödie ein. Stalin hielt sich bemerkenswerterweise an die Abmachung über Griechenland und erkannte die Unterdrückung eines kommunistischen Aufstandes durch britische Truppen auf griechischem Boden sogar bereitwilliger an als die Amerikaner, die die britische Einmischung in die griechischen und auch in die italienischen inneren Angelegenheiten mißbilligten. Die Rettung Polens und der übrigen Staatenwelt im sowjetischen Machtbereich war ohne Amerika unmöglich. Aber Roosevelt hing unrealistischen Illusionen an und sah in Stalin weiterhin einen vertrauenswürdigen Partner für seine universalen weltpolitischen Pläne.

Roosevelt dachte in größeren Dimensionen, denen eine gewisse Großartigkeit nicht abzusprechen war. Die Hotsprings-Konferenz vom 8. Mai bis zum 3. Juni 1943 war für Amerika der erste Schritt, die in der Atlantik-Charta verkündete Freiheit vom Hunger durch eine Food and Agricultural Organisation (FAO) zu verwirklichen. Am 9. November folgte in Washington die Gründung der UNRRA (United Nations Relief and Rehabilitation Administration), der sich 44 Nationen anschlossen. Im April 1944 kam es zur Gründung eines erweiterten Internationalen Arbeitsamtes in Philadelphia, und die Bretton Woods Konferenz vom 1.–22. Juli 1944 empfahl die Gründung eines internationalen Geldfonds und einer internationalen Bank für Wiederaufbau und Entwicklung. Schließlich empfahl die Dumbarton Oaks-Konferenz am 9. Oktober 1944, den Völkerbund durch die Vereinten Naionen zu ersetzen. Gegenüber diesen umfassenden Konzeptionen nahm sich der Morgenthau-Plan des Staatssekretärs Henry Morgenthau Junior, der die Verkleinerung, Zerstückelung und Re-agrarisierung Deutschlands allen Ernstes vorsah, kleinlich und kurzsichtig aus. Roosevelt zog seine bereits erteilte Unterschrift am 22. September 1944 wieder zurück. Die umfassende Initiative des Präsidenten wurde gebremst, als das nahende Ende des Krieges eine konkrete politische Regelung der europäischen Nachkriegsordnung verlangte.

Das geschah auf der Jalta-Konferenz vom 4.–11. Februar 1945, wo Stalin, Roosevelt und Churchill die entscheidenden Weichen für die nächste Zukunft zu stellen hatten. Die Situation war für Churchill ungünstig, da nach der deutschen Ardennenoffensive im Dezember 1944 das Kriegsende in weite Ferne gerückt zu sein schien und zwischen den Westalliierten ein Zwist über die beste Offensiv-Strategie ausgebrochen war. Die große Januar-Offensive der Roten Armee dagegen zerrüttete die gesamte deutsche Verteidigungsfront im Osten und hatte den Hauptanteil an einer beschleunigten Beendigung des Krieges in Europa. Roosevelt wünschte hier ein möglichst schnelles Ende und setzte alles daran, die sowjetische Hilfe in Europa und im Fernen Osten zu gewinnen. Er war entschlossen, dem erstrebten Einvernehmen mit Stalin alles andere unterzuordnen. Stalin versprach in der Tat weitere Offensiven gegen Deutschland und den Eintritt in den

Krieg gegen Japan, spätestens drei Monate nach dem endgültigen Sieg über Hitler. Darüber hinaus stimmte er den amerikanischen Plänen einer United Nations Organisation zu. Roosevelt sanktionierte dafür russische Erwerbungen im Fernen Osten, ohne Churchill oder Tschiang Kai-tschek vorher zu konsultieren. Gegen den Rat Edens unterschrieb Churchill die sowjetisch-amerikanische Übereinkunft, um die britische Geltung im Fernen Osten nicht ganz zu verspielen. Er sah in der Beteiligung beider Supermächte an der geplanten Weltorganisation die letzte Chance, das Gleichgewicht zwischen Westen und Osten für die Nachkriegszeit zu sichern und stimmte bereitwillig zu, die Gründungskonferenz für die United Nations auf amerikanischem Boden stattfinden zu lassen. Sie trat dann auch seit dem 25. April in San Francisco zusammen und wurde mit der Unterzeichnung der Charta der Vereinten Nationen am 26. Juni 1945 beendet.

An den unmittelbar anstehenden politischen Fragen war Roosevelt weniger interessiert. Er fühlte sich als Vermittler zwischen den beiden mißtrauischen Kontrahenten und war den Briten gegenüber eigensinnig und wenig mitteilsam. Churchill suchte den sowjetischen Reparationsforderungen, der Festlegung der neuen polnischen Westgrenzen bis zur Oder-Neiße und Stalins Ansprüchen auf die polnische Regierungsbildung zu widerstehen, durfte aber sein Mißtrauen nicht äußern, wenn er sich nicht Roosevelts Sympathien verscherzen wollte. Die von den Sowjets nominierten polnischen Regierungsmitglieder wurden anerkannt, wobei demokratische Politiker der Londoner Exilregierung und des polnischen Widerstandes mit in die Regierung eintreten sollten. Desgleichen sollten in die jugoslawische Regierung unter Tito westliche Exilpolitiker hinzugezogen werden. Das waren wenig befriedigende Lösungen; die polnischen Exilpolitiker in London sprachen von einer fünften Teilung und sogar von einem Ende Polens. Die Frage der Westgrenze blieb ebenfalls offen. Jalta offenbarte die schwache Machtposition Großbritanniens und öffnete bereits die Tür zur gewaltsamen Sowjetisierung der mittel-osteuropäischen Staatenwelt.

Inzwischen zerbröckelte der deutsche Widerstand schneller als vorausgesehen. Trotz entgegenstehender Befehle hielt der angesehene britische Air Chief Marshal Sir Arthur Harris als Oberbefehlshaber der Bomberwaffe an der Idee einer Brechung der Widerstandsmoral durch strategische Bombardements fest. Nach Großangriffen auf Berlin wurde am 14. Februar 1945 das bisher unzerstörte Dresden heimgesucht, wo sich Flüchtlingsmassen ballten und zwischen 60000 und 250000 Menschen umkamen. Bei einem Gesamtverlust der deutschen Zivilbevölkerung durch Luftangriffe in Höhe von fast 600000 Zivilisten war das der schlimmste Schlag der britischen Luftwaffe, der nicht mehr strategisch zu begründen war. Churchill rückte von Harris ab; die strategische Luftoffensive wurde am 16. April offiziell eingestellt, und Churchill verschwieg in seiner Siegesansprache vom 13. Mai 1945 diese Seite des Krieges. Harris durfte nicht seinen Endbericht liefern und war der einzige erfolgreiche britische hohe Kommandeur, der nicht sofort zum Lord erhoben wurde.

Am 12. April 1945 starb Präsident Roosevelt, dem Harry S. Truman folgte, am 28. April wurde Mussolini von kommunistischen Partisanen erschossen, und am 30. April nahm sich Hitler in Berlin das Leben. Am 7. Mai unterzeichneten deutsche Unterhändler die bedingungslose Übergabe, und am 8. Mai gab Churchill dem Unterhaus den Sieg der Alliierten in Europa bekannt. Der Siegesrausch wurde bald von neuen Sorgen überschattet; die Öffentlichkeit begann sich zu beunruhigen und dann zu empören, als der Krieg von Osten her in Form einer rücksichtslosen Austreibung der wehrlosen Zivilbevölkerung fortgesetzt wurde und sich zu einem Chaos auszuwachsen drohte. Erst auf der Konferenz von Potsdam vom 17. Juli bis 2. August 1945 verhandelten die drei Regierungschefs über eine erste Nachkriegsordnung. Premier Churchill und nach dessen Rücktritt am 26. Juli Clement Attlee, Truman als Nachfolger Roosevelts und Stalin als Vorsitzender des Rats der Volkskommissare der UdSSR gerieten in heftige Meinungsverschiedenheiten, besonders über die künftige Westgrenze Polens, zumal in Jalta nur die Ostgrenze (Curzon-Linie) festgelegt worden war. Die erstrebte politische Neuordnung scheiterte an der imperialistischen Expansionspolitik der UdSSR. Es kam lediglich zu einem Abschlußkommuniqué, nach welchem die endgültige Festlegung der Westgrenze Polens bis zur Friedenskonferenz aufgeschoben werden sollte. Bis dahin wurde das Gebiet östlich der Oder-Neiße Polen als Verwaltungsgebiet zugesprochen. Ferner sollte jede Besatzungsmacht aus ihrer Besatzungszone Reparationsleistungen entnehmen. Ein Alliierter Kontrollrat wurde in Berlin eingerichtet und die Austreibung der Bevölkerung von den Westmächten hingenommen, allerdings unter der Bedingung, daß sie in humanen Formen erfolgen sollte. Eine wirkliche Einigung, aus der ein Friedensschluß gefunden werden konnte, wurde nicht erzielt. Potsdam markierte den Beginn des Kalten Krieges, der 1948 in sein akutes Stadium trat. Das Ende war kein neuer Anfang, sondern das Diktat einer Machtpolitik, die auf die normative Kraft des Faktischen vertraute.

Großbritannien hatte den Krieg äußerlich relativ gut überstanden. Die Menschenverluste erreichten bei weitem nicht die Zahlen des ersten Weltkrieges; sie überschritten nicht 400000, darunter etwa 60000 Ziviltote durch den Luftkrieg und 30000 Tote der Handelsmarine durch den Seekrieg. Dazu kamen Verluste der Commonwealth-Truppen in Höhe von 109000 Mann. Allerdings gingen 18 Millionen BRT an Schiffsraum verloren, von denen beim Aufhören der amerikanischen Hilfe erst zwei Drittel ersetzt waren. Dazu trat eine gewaltige Verschuldung, die ohne weitere Hilfsmaßnahmen der USA nicht zu bewältigen war. Die Wehrpflicht mußte zum ersten Mal in der britischen Geschichte in die Friedenszeit hinein bis 1962 beibehalten werden; selbst die Labour-Regierung mußte dazu im National Service Act von 1947 beitragen. Das lag nicht nur an den weltpolitischen Spannungen in den verschiedensten Weltgegenden und nicht allein an den Erfordernissen der Militärverwaltung in den besetzten Gebieten, sondern auch an den Notwendigkeiten einer Modernisierung der Streitkräfte mit Hilfe ausgebildeter Techniker und nicht zuletzt an dem Willen zu einem gerechten und geordneten Entlassungssystem. Dazu kamen andere Belastungen wie die Schaffung neuen Wohnraums, da der Krieg nahezu dreiviertel Million Häuser zerstört oder beschädigt hatte. Der Nachholbedarf an Kleidung, Haushaltsgegenständen und Komfort war durch den Ausfall vieler Produktionszweige zugunsten der Rüstungsindustrie kaum zu befriedigen. Trotz der Steigerung der Beschäftigtenzahl um drei Millionen war an eine sofortige Erhöhung des Exports kaum zu denken. Andererseits aber hatten sich neue Industrien entwickelt oder vergrößert wie der Motoren- und Automobilbau, die Elektro-, Werkzeug-, Geräte- und Kunststoffproduktion, die chemische Industrie und die Energieerzeugung; umfassende Organisationsformen hatten sich bewährt, und der Sprung ins 20. Jahrhundert war endlich getan. Zudem hatte sich in zwei Weltkriegen in der nationalen Arbeitsgesellschaft ein Gesinnungswandel vollzogen, der gerade aus der politischen und wirtschaftlichen Not eine Solidarität nach innen erzeugte, die sich dem Experiment der Labour-Regierung seit 1945 öffnete.

2. Die Labour-Regierung 1945–1951

Der Sieg in Europa war nicht das Ende des Krieges, da Japan noch niedergerungen werden mußte. Durch den Unterhausbeschluß vom 27. September 1939 sollten die Parlamentswahlen bis nach dem Kriege vertagt werden. Aber das Unterhaus ging in sein zehntes Jahr, und Churchill hatte schon am 31. Oktober 1944 erklärt, daß es Unrecht sei, das gleiche Unterhaus nach der Niederlage Deutschlands weiter zu belassen. Am 18. Mai 1945 schlug er jedoch die Fortsetzung der nationalen Koalition bis zum Ende des Japanischen Krieges vor. Labour wollte allerdings die Koalition nur fortsetzen, wenn für den Oktober allgemeine Wahlen angeordnet würden, was Churchill ablehnte, da eine Koalitionsregierung, die unmittelbar mit Wahlen konfrontiert war, von vornherein sich belastet fühlen mußte. Die Konservativen zogen stattdessen eine sofortige allgemeine Wahl vor in der Hoffnung, daß ihnen das große Prestige Churchills dabei am besten zugute kommen würde. Labour war ohnehin darauf bedacht, möglichst schnell zum Zuge zu kommen und entfachte sogleich eine aggressive Kampagne für den künftigen Sozialstaat. Am 23. Mai trat Churchill zurück und löste damit die nationale Regierung auf. Danach bildete er eine konservative Regierung in der üblichen Form und gab damit die Bahn zum Wahlkampf frei.

Dieser Wahlkampf drehte sich im Gegensatz zu den Khaki-Wahlen von 1918 ausschließlich um die künftige innere Gestaltung des sozialen und wirtschaftlichen Lebens. Die Wirren nach 1918 waren noch in lebhafter Erinnerung. Es blieb unvergessen, daß die Rückkehr zu den alten Verhältnissen und vor allem die Wiedereinführung des Goldstandards 1925 bis zu dessen Aufgabe 1931 die Wirtschaftslage verschlechtert und zum Generalstreik von 1926 geführt hatten. Es war auch nicht vergessen worden, daß Churchill 1924 bis 1929 Finanzminister gewesen war. Die frühen Warnungen des Nationalökonomen John Maynard Keynes hatten sich als wohlbegründet erwiesen. Jetzt hatte die Stimme von Keynes Gehör gefunden, der angesichts der ungeheuren Verlagerungen in der Wirtschaft und auf dem Geldmarkt für eine stärker gelenkte Wirtschaft plädierte, die den Schwankungen des Welthandels und dem kriegsbedingten Finanzgefälle besser begegnen könne als eine marktorientierte Privatwirtschaft, die einen gewissen Grad an Stabilität und Überschaubarkeit voraussetze. Eine zweite wissenschaftliche Autorität war der Nationalökonom und Politikwissenschaftler Harold Laski, der als Vorsitzender der Labour-Partei auf den Kurs von Labour Einfluß zu nehmen suchte und zur Zielscheibe der Warnungen Churchills vor einer allgemeinen Sozialisierung wurde.

Zudem hatten im Verlauf des Krieges und aus dem Erlebnis einer solidarisch tätigen Arbeitsgesellschaft alle Parteien des Parlaments Projekte für den künftigen Wohlfahrtsstaat entwickelt. Der bekannteste Schritt war der Bericht des Liberalen Sir William Beveridge als Präsident eines Expertengremiums über Social Insurance and Allied Services vom November 1942, der ein umfassendes Versicherungs- und Fürsorgesystem und einen nationalen Gesundheitsdienst für die Nachkriegszeit vorsah. Beveridge wollte die damit verbundenen gewaltigen Kosten nach einer Vereinbarung mit dem Schatzamt vorläufig auf 100 Millionen £ beschränken. Die Regierung dachte damals allerdings in erster Linie an den Fortbestand der Vollbeschäftigung nach dem Kriege, die in der Tat die erste Voraussetzung der allgemeinen Wohlfahrt war. Keine Partei kam an diesen anerkannten Notwendigkeiten vorbei. Die Wahlprogramme unterschieden sich nur dem Grade nach. Selbst die Konservativen, seit dem Abgang Chamberlains 1940 unter der Führung Churchills, hatten in ihrem Vierjahresplan von 1943, der an den Beveridge-

Bericht und an ein im Parlament bereits beratenes Bildungsprogramm anschloß, umfassende Sozialreformen entwickelt. In allen Programmen waren Hausbau, Vollbeschäftigung und soziale Sicherheit Hauptanliegen, wobei die Konservativen baldige Rücknahme der Kontrollen in Aussicht stellten.

Das Wahlprogramm von Labour erschien freilich der Wählerschaft der ganzen Zielsetzung der Partei nach glaubwürdiger als die Zugeständnisse der Konservativen. Es versprach Vollbeschäftigung, Nationalisierung der Bank von England, Verstaatlichung der Kohle-, Gas- und Stromerzeugung, des Binnengüterverkehrs und schließlich auch der Eisen- und Stahlindustrie, wobei eine gerechte Entschädigung der bisherigen Eigentümer vorgesehen war. Die Fortdauer der staatlichen Kontrollen sollte ein Chaos wie nach 1918 verhindern. Dazu sollten die staatlichen Behörden größere Befugnisse zum Erwerb von Grundbesitz erhalten. Außerdem war ein lückenloses System von Sozialversicherungen sowie ein staatlicher Gesundheitsdienst für die gesamte Bevölkerung vorgesehen. Die Elemente einer sozialistischen Planwirtschaft mit Verstaatlichung der Grundstoffe und der Energieerzeugung waren unübersehbar.

Im Wahlkampf wurde Churchill umjubelt, aber die Wähler stimmten nicht für ihn. Churchills Warnungen vor einer sozialistischen Politik, die mit der demokratischen Tradition Großbritanniens unvereinbar sei, und vor einer Arbeiterregierung, die sich lediglich den Beschlüssen des Exekutivkomitees ihrer Partei verantwortlich fühle, wurden angesichts der Verdienste der Labour-Führer während des Krieges nicht gut aufgenommen und kosteten ihn Stimmen. In der Tat hatten die Labour-Minister in der Kriegsregierung wie Attlee, Bevin, Morrison und Stafford Cripps die Anerkennung der Öffentlichkeit gefunden. Die Wählerschaft entschied sich nicht gegen Churchill als Kriegspremier, wohl aber gegen ihn als Führer der Konservativen. Sie wünschte eine grundlegende Änderung in Gesellschaft und Wirtschaft, zumal das Gespenst der Arbeitslosigkeit und die Nötigung zu einem zentral gelenkten Wiederaufbau eine Rückkehr zur orthodoxen Wirtschaftsweise zu verbieten schienen.

Die Wahlen fanden am 5. Juli statt, entschieden sich aber erst am 26. Juli, da die Truppen mitwählten. Sie brachten zum ersten

Mal in der britischen Geschichte der Labour-Partei die absolute Mehrheit im Unterhaus. Labour erzielte mit knapp 12 Millionen Stimmen gegen fast 10 Millionen Stimmen der Konservativen und 2,3 Millionen der Liberalen zwar nur 47,8 v.H. der abgegebenen Stimmen, errang aber auf Grund des Wahlsystems 393 von 640 Unterhaussitzen, während die Konservativen 213 und die Liberalen nur 12 Sitze eroberten. Der parlamentarische Erdrutsch war also das Ergebnis einer vergleichsweise geringen Gewichtsverlagerung. Die Kommunisten gewannen zwei Sitze; 12 ihrer Kandidaten verloren sogar ihren Wahleinsatz, da sie nicht den Mindestprozentsatz von Stimmen erreichten.

Am 26. Juli trat Churchill zurück und riet dem König, Attlee, den Führer von Labour, als Premier zu berufen. Eine halbe Stunde später war Attlee im Amt und zog sogleich erfahrene Labourleute in seine Regierung, von denen fünf im Kriegskabinett und alle in ministeriellen Behörden gesessen hatten, außer Aneurin Bevan, der neue Gesundheitsminister. Außenminister wurde der angesehene Gewerkschaftsführer Ernest Bevin; Hugh Dalton übernahm das Schatzamt und Stafford Cripps, ein Volksfrontrebell, der 1939 bis 1945 außerhalb der Partei stand, das Handelsamt, das er 1947 nach dem Ausscheiden Daltons mit dem Schatzamt vertauschte. Herbert Morrison wurde Lord President und Leader des Unterhauses. Diese Mannschaft setzte sich die Verwirklichung eines »Socialistic Commonwealth« im Rahmen des Möglichen zum Ziel. Am 1. August trat das neue Parlament in Westminster zusammen. Dieser Labour-Sieg war ein bedeutsames Ereignis, da hier Labour zum ersten Mal die Verantwortung voll übernahm. Denn die Arbeiterregierungen von 1923/24 und 1929/31 hatten stets eine Unterhausmehrheit gegen sich, wenn Konservative und Liberale gemeinsam handelten. Jetzt erst eröffnete die absolute Mehrheit im Unterhaus eine sichere Möglichkeit, sozialistische Maßnahmen zu ergreifen.

Allerdings hatte die Regierung auch jetzt keine grenzenlose Handlungsfreiheit, da die wirtschaftliche Abhängigkeit Britanniens von den USA derartig angewachsen war, daß ohne eine internationale Zusammenarbeit in Wirtschaft und Finanzen die weitgespannten Sozialpläne Papier geblieben wären. Im Rausch des Sieges und der Versprechungen wurden die Schulden übersehen, die der Krieg verursacht hatte. Regierung und Opposition wagten nicht, der Öffentlichkeit die bittere Wahrheit zu sagen. Die Kapitulation Japans und das Kriegsende in Ostasien am 2. September 1945 konfrontierten die Regierung mit den Problemen, die der Krieg heraufbeschworen hatte. Vorher hatte das Labour-Kabinett noch einen anderen Wermutstropfen zu trinken; das waren die Atombomben auf Hiroshima und Nagasaki am 6. und 9. August, zu deren Abwurf zwar noch Churchill am 2. Juli seine Zustimmung gegeben hatte, aber das regierende Kabinett selbst entgegen der Vereinbarung in Quebec vom August 1943 nicht informiert worden war. Zudem beschleunigte das danach folgende japanische Kapitulationsangebot vom 14. August die britische Finanzmisere, die sich lähmend auf die Regierung legte.

Schon am 14. August erklärte das britische Schatzamt dem Kabinett, daß Britannien vor einem finanziellen Dünkirchen stehe, wenn Amerika nicht aushelfe. Aber Amerikas Hilfe lief am 21. August aus, und die Regierung sah sich einem jährlichen Defizit von 2,1 Milliarden Pfund Sterling gegenüber. Bisher hatte Britannien auf Grund des Pacht- und Leihgesetzes der USA, durch einen Beistandspakt mit Kanada und andere Stützungen mit Krediten gekämpft und gelebt. Die Goldreserven waren ausgegeben, die Auslandsguthaben zusammengeschmolzen, die Regierungsfinanzen erschöpft. Schon 1940 konnte Britannien nur durch das Pacht- und Leihgesetz seine Verpflichtungen erfüllen, indem es Lieferungen nicht bezahlte, sondern sie sich von den USA lieh. Die plötzliche Beendigung der amerikanischen Pacht und Leihe war ein Schock und nötigte zu sofortigen Verhandlungen mit Washington, bei denen Keynes der Leiter der britischen Delegation war. Die erschreckende Lage der Staatsfinanzen in den letzten fünf Monaten des Jahres wurde wie ein Staatsgeheimnis gehütet; der völlige wirtschaftliche Ruin schien unvermeidlich. Britannien mußte sich aus Quellen zu finanzieren suchen, über die es selbst nicht verfügte.

Am 11. September begannen die Verhandlungen in Washington. England konnte nur auf die Einsicht der USA hoffen und den Zugang zu den Weltmärkten nur beanspruchen, wenn es die ausgehandelten Bedingungen annahm. Finanzminister Dalton wies auf die Notwendigkeit der Erhöhung des Exports, der Umstellung der Kriegs- auf Warenproduktion, der Eingliederung der heimkehrenden Soldaten in den Produktionsprozeß und der Drosselung der Importe hin. Aber die ungedeckten Schulden in Höhe von 2879 Millionen Pfund Sterling, der Rückgang der Handelsmarine um ein Drittel gegenüber dem Vorkriegsstand und der Ausfuhr um mehr als die Hälfte gegenüber dem Vorkriegsstand ließen London keine Alternative. Am 6. Dezember 1945 erreichte die britische Delegation in Washington endlich das ersehnte Finanzabkommen, das härtere Bedingungen auferlegte, als London erwartet hatte. Der Kredit von 4,4 Milliarden Dollar durfte nicht zur Abdeckung anderer Schulden dienen und seine Gewährung verlangte den Beitritt Britanniens zu den Abmachungen von Bretton Woods vom Juli 1944, also die britische Beteiligung am Internationalen Währungsfonds und an der Internationalen Weltbank für Wiederaufbau und Entwicklung. Die damit einzugehenden Verpflichtungen umschlossen eine Beschränkung der Handlungsfreiheit und zielten auf die unbeschränkte Konvertibilität der Währung, die den amerikanischen Exporten zugute kommen mußte. Diese Konvertibilität des Sterlings wurde auf Drängen Amerikas am 15. Juli 1947 auch freigegeben, aber nach einem Monat bereits wieder aufgehoben, da die Gold- und Dollar-Reserven im Nu erschöpft waren. Im September 1949 mußte sich die Regierung sogar zu einer Abwertung des Pfundes entschließen. Trotz der Abwehr vieler Konservativer gegen die amerikanische Finanzvorherrschaft und der Demonstrationen der Anhänger Aneurin Bevans für eine entschlossene Wendung zum Sozialismus konnte die Regierung den neuen Verpflichtungen nicht entgehen. Britannien schloß sich der allgemeinen Vereinbarung über Tarife und Handel 1947 (General Agreement on Tariffs and Trade; GATT) an, die der Entwicklung eines eigenständigen Commonwealth-Handels hinderlich war.

Gerade die Bemühungen der Labour-Regierung um Erhöhung des Lebensniveaus und soziale Sicherheit machten jene Kredite notwendig, die Britannien in den Rahmen der von den USA befürworteten Handels- und Finanzpolitik hineinstellten. Die

Labour-Partei konnte infolgedessen keine sozialistische Außenpolitik betreiben, sondern mußte sich zu internationalen Kontrollen und Auflagen verpflichten, denen gegenüber die Versuche einer eigenen Wirtschafts- und Handelsplanung im Bereich des Commonwealth keine realisierbare Alternative mehr sein konnten. Der verstärkte Einfluß der Regierung auf die Wirtschaft über die verstaatlichten Schlüsselindustrien und die größeren Dienstleistungsgewerbe stand in merkwürdigem Gegensatz zu ihrer Ohnmacht in Machtpolitik und internationaler Wirtschaft. Das amerikanische Hilfsangebot vom Juni 1947 (Marshall-Plan) war der letzte Rettungsanker für die britische Regierung.

Ihr kam dabei ein Umschwung der amerikanischen Weltpolitik zugute. Dieser Umschwung zeigte sich schon auf der Potsdamer Konferenz, auf der die Meinungsverschiedenheiten der drei Alliierten statt einer Neuordnung nur ein Abschluß-Kommuniqué zuließen und die Anti-Hitler-Koalition bereits zerbrochen war. Das Vorgehen der Sowjets in den osteuropäischen Ländern machte die ehemaligen Freunde der UdSSR zu Verfechtern einer antisowjetischen Politik. Als Britannien sich 1947 für unfähig erklärte, weiterhin die Lasten der Militär- und Wirtschaftshilfe für Griechenland in dessen Kampf gegen die von den kommunistischen Nachbarstaaten unterstützten Partisanen zu tragen, sprangen die USA ein. Es war ein weltpolitisches Ereignis, als Präsident Truman als neue Maxime der amerikanischen Außenpolitik den Schutz der Völker vor kommunistischer Unterwerfung verkündete. Damit übernahmen die USA die Führung in der Abwehr der sowjetischen Machtansprüche, die bisher Britannien allein und oft gegen Amerika übernommen hatte. Der Staatsstreich in Prag, die Ausschaltung der demokratischen Kräfte in Ungarn und Polen und die Berlin-Blockade 1948 zogen die Labour-Regierung unter Ernest Bevin als Außenminister in die anti-bolschewistische Front der USA.

Trotz dieser Behinderungen wandte sich die Labour-Regierung den weitgehenden Aufgaben ihres Sozialisierungsprogramms zu. Schließlich hatte die Nation nicht eine Person oder eine Partei gewählt, sondern sich für eine andere Lebensweise entschieden, die an die Kriegserfahrung anschloß und eine neue Form der sozialen Gerechtigkeit und Gleichheit wünschte. In den Jahren

1946 bis 1949 wurde die versprochene Nationalisierung der Grundstoffe und Energieträger, des Kredit- und Fernmeldewesens, des Transports und der Luftfahrt verhältnismäßig leicht durchgeführt. Die Verstaatlichung der Montanindustrie war dagegen umstritten, aber kaum zu umgehen. Ernsthafte Unstimmigkeiten entzündeten sich aber 1949 an der Verstaatlichung der Stahl- und Eisenindustrie; sie wurde zwar durchgedrückt, aber unter der konservativen Regierung Churchill wieder rückgängig gemacht. Hier bedurfte es sogar einer Verfassungsänderung, um den Widerstand des konservativen Oberhauses zu brechen. Im Jahre 1949 wurde das aufschiebende Veto des Oberhauses von zwei Jahren auf ein Jahr herabgesetzt und damit dem noch verbliebenen Rest politischen Einflusses der Lords das Rückgrat gebrochen. Zum Teil war die Nationalisierung wie etwa der Bank von England, der Luftfahrt und des Funk- und Fernmeldewesens nur eine Formsache; zum Teil erzielte sie eine wesentliche Verbesserung der Arbeitsbedingungen wie etwa im Bergbau. Aber eine wesentliche Veränderung der Gesellschaft auf Partnerschaft und Betriebssolidarität hin erreichte die Nationalisierungswelle nur im beschränkten Maße.

Einen vollen Erfolg buchte die Arbeiterregierung aber in der Sozialpolitik, mit der der Staat nicht mehr nur für die Rechtssicherheit, sondern auch für die wirtschaftliche und soziale Sicherheit seiner Bürger sich verantwortlich machte. Der Grundpfeiler des Wohlfahrtsstaates war der staatliche Gesundheitsdienst (National Health Service), der im Anschluß an den Beveridge-Plan schon 1946 Gesetz wurde und in dem umfassenden Gesetzeswerk vom 5. Juli 1948 sich vollendete. Damit war eine kostenlose Gesundheitsfürsorge getroffen, die den Menschen von der Empfängnis bis zur Hinterbliebenenfürsorge begleitete. Dazu kam der Wohnungsbau als dringlichste Aufgabe, da der Bombenkrieg an dreiviertel Millionen Häuser zerstört oder beschädigt hatte. Aber diese gewaltigen Aufgaben erzwangen angesichts der ständigen Finanzkrise und des Mißverhältnisses von Einfuhrbedarf und Export eine Austerity-Politik, die die Rationierung von Lebensmitteln aufrecht erhalten und sie sogar auf die Grundnahrungsmittel wie Kartoffeln und Brot ausdehnen mußte. Einige Lebensmittel blieben sogar bis 1954 rationiert. Stafford Cripps als

Schatzkanzler vermochte sogar die Gewerkschaften zu einem freiwilligen Lohnstop zu bewegen. Ohne die Marshall-Hilfe seit Ende 1947 wäre die Regierung trotz einer langsamen Verbesserung der Handelsbilanz und aller Sparmaßnahmen nicht vor dem Ruin bewahrt geblieben. Der Ausbruch des Korea-Krieges im Juli 1950 nötigte die Regierung zu geringfügigen Einschränkungen des Gesundheitsdienstes, was bereits zu Protesten von Seiten des radikalen Labourflügels führte. Aneurin Bevan, der ehemalige Gesundheitsminister, Harold Wilson und andere traten zurück und polemisierten gegen die Dollar-Hörigkeit der Regierung.

In Wirklichkeit war der wirtschaftliche Wert der Nationalisierung in vielen Fällen zweifelhaft, und die sozial-politischen Neuerungen vertrugen sich kaum mit dem Anspruch Britanniens auf eine Weltmachtstellung und den daraus folgenden Verpflichtungen. Aber die Regierung hatte doch der britischen Gesellschaft ihren Stempel aufgedrückt, dessen Spuren nicht mehr verwischt werden konnten. Sie hatte das Wiederaufbrechen von Klassengegensätzen verhindert, das Anwachsen großer Privatvermögen eingeschränkt und deren hohe Besteuerung zum Ausbau der Wohlfahrtseinrichtungen benutzt; die Armut war weitgehend beseitigt und der allgemeine Lebensstandard gehoben. Darin lag gewollt oder ungewollt die Tendenz beschlossen, von der Vergangenheit Abschied zu nehmen.

Neben der Einschränkung der Kompetenz des Oberhauses 1949 zog das Wahlgesetz (Representation of the People Act) von 1948 die letzten Folgerungen aus der Umschichtung der Gesellschaft und wandte erstmals in Britannien lückenlos das Prinzip des »one man, one vote« an, d.h. das Pluralwahlrecht für Eigentümer und Inhaber von akademischen Graden, sowie das Recht der Londoner City, trotz ihrer unterdurchschnittlichen Wählerzahl zwei Vertreter ins Unterhaus zu entsenden, wurden beseitigt. Ganz Großbritannien, also England, Schottland, Wales und Nordirland, gliederte sich in 630 Wahlbezirke, von denen jeder nur einen Vertreter nach Westminster schickte. Davon lagen 511 Wahlkreise, nämlich 289 Stadtwahlkreise und 222 Grafschaftswahlkreise in England, 71 in Schottland, darunter 32 Stadtwahlkreise, 36 in Wales, darunter 10 Stadtwahlkreise, und 12 in

Nordirland, darunter 4 Stadtwahlkreise. Das relative Mehrheitswahlrecht blieb bestehen, so daß praktisch nur die Kandidaten der organisierten großen Parteien Aussicht auf einen Wahlerfolg hatten.

Der Abschied von der Vergangenheit bezog sich auch auf die noch verbliebenen Elemente des Britischen Imperiums. Die Regierung Attlee wagte einen weitgehenden Eingriff in die Struktur des Weltreichs, der entschlossen die Konsequenz aus der geschichtlichen Entwicklung seit dem Ersten Weltkrieg zog. Am 15. August 1947 wurde die britische Herrschaft über Indien beendet und durch Parlamentsgesetz die Unabhängigkeit Indiens und Pakistans statuiert. Am 4. Januar 1948 trat die Kronkolonie Birma als unabhängige souveräne Republik nach dem Willen der birmesischen Verfassungsgebenden Versammlung ins Leben und schied mit Zustimmung des Parlaments aus dem Commonwealth aus. Am 4. Februar 1948 trat das Gesetz über die Unabhängigkeit Ceylons in Kraft, das von einer Kronkolonie zum souveränen Dominion wurde. Am 18. April 1948 schied die Republik Eire aus dem Commonwealth aus, während Indien, obgleich es sich 1950 zur Republik erklärte, Commonwealth-Mitglied unter der Krone als symbolischem Band blieb. Dieser Prozeß der Verselbständigung der Kolonien des Empire setzte sich unter den nächsten Regierungen fort und beließ der umittelbaren britischen Herrschaft schließlich nur noch wenige Stützpunkte und einige Militärbasen. Damit war eine Entwicklung eingeleitet, die Großbritannien früher oder später zu einer Hinwendung nach Europa veranlassen mußte.

Großbritannien entlastete sich auf diese Weise von vielen Problemen seiner weltpolitischen Hinterlassenschaft, blieb aber in zahlreiche Krisen verflochten, die sein Eingreifen erforderlich machten. Ein Beispiel für seine schwierige Lage lieferte der Nahost-Konflikt, der in die Gründung des souveränen Staates Israel einmündete. Hier war London durch die Balfour-Erklärung von 1917 und sein Völkerbundsmandat von 1919/20 zu einer Vermittlung zwischen Juden und Arabern verpflichtet. Die anwesenden britischen Truppen waren nicht in der Lage, die Bedingungen zu schaffen, unter denen eine befriedigende Lösung erreicht werden konnte. Selbst der Teilungsplan der Vereinten

Nationen stieß auf den Widerstand beider Seiten. Am 15. Mai 1948 gab Britannien das Mandat an die Vereinten Nationen zurück und zog seine Truppen ab. Sogleich rief der Nationale Rat der jüdischen Bevölkerung mit Berufung auf den Beschluß der Vereinten Nationen den Staat Israel aus, was den offenen Krieg zwischen Israel und der Arabischen Liga entfachte. Die jüdische Offensive gegen Ägypten kam erst durch eine energische Warnung Londons zum Stehen, das sich auf seinen Bündnisvertrag mit Ägypten berief. Churchill, der stets beharrlich die Balfour-Erklärung gestützt hatte, griff deswegen aus der Opposition die Regierung wegen ihrer Palästina-Politik scharf an, die ihre Chance vertan hätte, die Vereinten Nationen an einer berechtigten Aktion zu beteiligen, und sinnlos 80 Millionen Pfund Sterling für den Unterhalt der Truppen ausgegeben hätte, ohne sich Freunde zu schaffen. Allerdings waren die Kosten der überseeischen britischen Unternehmen seit 1945 ein ständiges Thema für die Opposition, zumal die britischen Einzelaktionen meist wenig erfolgreich waren.

Erfolgreicher waren allerdings gemeinsame Aktionen wie etwa die Luftbrücke nach Berlin während der Blockade vom Juni 1948 bis zum Mai 1949, bei der britische und amerikanische Flugzeuge zwei Millionen Tonnen Fracht nach Westberlin flogen, bei einem britischen Anteil von 23,5 v.H., wofür die britischen Steuerzahler trotz der eigenen Notlage 8,6 Millionen Pfund aufbrachten.

Nach fast fünf Jahren löste Attlee im Januar 1950 das Unterhaus auf und schrieb Neuwahlen aus. Seine Partei gewann diesmal noch 1,3 Millionen Stimmen hinzu, verlor aber 3 v.H. des Stimmenanteils an die Konservativen. Labour erreichte nur 315 Sitze gegen 298 Sitze der Konservativen; die Liberalen gingen trotz ihrer 2,6 Millionen Stimmen auf 9 Sitze zurück. Die Regierung war bei dieser knappen Mehrheit nur handlungsfähig, wenn Labour eine einheitliche Front bildete. Aber die erhöhten Anforderungen an die Wirtschaft durch den Korea-Krieg seit Juni 1950 nötigten die Regierung zu Sparmaßnahmen auf dem Gebiet der Sozialfürsorge zugunsten der Finanzierung des Verteidigungsprogramms. Das veranlaßte den Rücktritt dreier Labour-Minister. Diese Spaltung sowie der physische Zusammenbruch von Stafford Cripps und der Tod von Ernest Bevin veranlaßten Attlee im Oktober 1951, das Unterhaus nochmals aufzulösen. In diesem zweiten Wahlkampf verkündeten die Konservativen die Rückgängigmachung der Verstaatlichung von Eisen und Stahl sowie des Güterkraftverkehrs, die Fortsetzung der von Labour bereits betriebenen Aufrüstung, die fällige Reform des Oberhauses und vor allem den beschleunigten Bau von 300000 Wohnungen jährlich. Labour versprach in seinem Programm nur Sicherung und Ausbau des Erreichten sowie den Bau von jährlich 200000 Häusern; eine weitere Verstaatlichung war nicht vorgesehen.

In den Wahlen von 1951 steigerte Labour wiederum seinen Stimmenanteil auf fast 14 Millionen. Das war die höchste Stimmenzahl, die jemals eine Partei in Britannien erreicht hatte, und konnte als Bestätigung der Labour-Politik aufgefaßt werden. Die Konservativen blieben um fast eine Viertelmillion dahinter zurück; aber sie errangen 26 Unterhaussitze mehr als Labour. 321 Konservative saßen 295 Labour-Leuten gegenüber, bei nur noch 6 Liberalen. Bei diesen Wahlen unternahmen die Kommunisten den groß angelegten Versuch, mehr Abgeordnete ins Unterhaus zu bringen, und präsentierten 100 Kandidaten, die aber alle scheiterten. Der einzige Kandidat von 1951, der später ins Parlament einrückte, war Wogan Philipps; er war Schüler von Eton und Oxford und rückte auf Grund des Erbrechts als Lord Milford ins Oberhaus, wo er heftig gegen das Erbschaftsprinzip in einem modernen Industriestaat zu Felde zog. Im ganzen fand der Kommunismus in der Arbeiterschaft keinerlei Resonanz, wenn auch Labour sich 1948 in einer Erinnerungsfeier auf das Kommunistische Manifest bezog und dem Werk von Karl Marx ihren Dank abstattete, freilich dabei auch die Eigenständigkeit und die besondere Substanz der britischen Arbeiterbewegung hervorhob. Mit der Wahlentscheidung von 1951 endete eine bemerkenswerte Epoche, deren Verdienste auch in den nächsten 13 Jahren einer konservativen Regierung nicht verloren gingen.

3. Die konservativen Regierungen 1951–1964

Die konservativen Regierungen suchten den geschichtlichen Anspruch der britischen Machtstellung auf mannigfaltige Weise festzuhalten, sahen sich aber in kurzer Zeit den gleichen Problemen gegenüber, mit denen die Labour-Regierung zu ringen hatte. Churchill selbst erlitt 1953 einen Schlaganfall und überließ seinem Außenminister Anthony Eden einen Großteil der Geschäfte, der trotz eigener schlechter Gesundheit als sein designierter Nachfolger galt. Die Konservativen hatten in ihrem Wahlmanifest die Rückgängigmachung vieler Sozialisierungsmaßnahmen versprochen, konnten aber bei ihrer geringen Unterhausmehrheit und der chronischen Finanzkrisis nicht an einen völligen Abbau der Labour-Gesetze und der behördlichen Kontrollen denken. Nur der Güterkraftverkehr und die Stahlindustrie wurden 1953 reprivatisiert. Der Wohlfahrtsstaat wurde dagegen in einigen Beziehungen, wie etwa der Familienhilfe, noch verbessert. Andererseits setzte die Regierung die Kürzungsmaßnahmen ihrer Vorgängerin, die der Labour-Schatzkanzler Gaitskell mit den Beschneidungen der Leistungen des Gesundheitsdienstes begonnen hatte, fort, als der Schatzkanzler R. A. Butler Kürzungen der Lebensmittelsubventionen durchsetzte. Im Hausbau allerdings überbot die Regierung ihr Versprechen und ließ unter dem Wohnungsbauminister Harold Macmillan über eine Million Häuser und Wohnungen bauen. Hausbau und Aufrüstung erwirkten Vollbeschäftigung und fast einen Boom, der dem allgemeinen Lebensstandard zugute kam. Die Jahre des Aufstiegs fanden einen äußeren Höhepunkt in der glanzvollen Krönung der Königin Elisabeth II. am 2. Juni 1953; ihr Vater, König Georg VI., war im Februar 1952 nach einem stillen, opferbereiten Leben für sein Land gestorben.

Die Regierung profitierte von dem Preisabfall der Rohstoffe nach dem Ende des Korea-Krieges 1953 und von der allgemeinen Belebung der Weltwirtschaft, wenn auch eine schleichende Inflation die Lebenskosten erhöhte. Sie profitierte auch von dem Zwist zwischen der alten Labour-Garde und der radikalen Bevan-Gruppe, besonders als Attlee ins Oberhaus rückte und im Dezember 1955 Gaitskell mit der Führung der Partei betraut wurde.

Dazu kam der Tod Stalins 1953 und das Wachsen des kommunistischen Chinas unter Mao Tse Tung als konkurrierenden Partners neben der UdSSR; der Übergang von einer Politik des »containment« gegenüber dem Osten zu einer Politik der friedlichen Koexistenz schien möglich, wenn auch andererseits die Explosion der ersten sowjetischen Wasserstoffbombe 1953 zu erhöhter Wachsamkeit antrieb. Edens größter diplomatischer Triumph war die Pariser Vereinbarung von 1954 nach dem Scheitern der 1952 ausgehandelten Europäischen Verteidigungsgemeinschaft, der die französische Kammer 1954 ihre Zustimmung verweigerte. Seine Initiative zog Großbritannien, Kanada und die USA in die vergeblich erstrebte Verteidigungsgemeinschaft der kontinentaleuropäischen Westmächte hinein, indem die Bundesrepublik Deutschland in die nordatlantische Verteidigungsgemeinschaft (NATO) von 1949 integriert wurde (23. 10. 1954). Damit war eine westliche Befriedung und ein Gegengewicht zum Ostblock erreicht. Der Mau-Mau-Aufstand in Kenia 1952–56, die Zypernkrise seit 1955 und die Spannungen im Nahen Osten blieben zwar ungelöste Probleme; aber im ganzen gesehen war die außenpolitische und auch die innenpolitische Bilanz positiv.

Im April 1955 trat der achtzigjährige Churchill zurück, und Eden nahm den Sessel des Regierungschefs ein. Wenige Tage nach dem freiwilligen Ausscheiden Churchills bat Eden die Königin im Hinblick auf die schmale Majorität im Unterhaus um Neuwahlen. Sein Entschluß wurde mit einer Steigerung der absoluten konservativen Mehrheit von 17 auf 60 Sitze belohnt; 49,7 v.H. der Wähler stimmten für die Regierung und 46,4 v.H. für die Labour-Opposition. Eden wollte seine Entspannungspolitik fortsetzen und nach innen eine »property-owning democracy«, also eine auf dem Privateigentum aufgebaute Demokratie, mit einer Partnerschaft von Arbeitgebern und Arbeitnehmern verbinden. Der Aufstieg einer gut entlohnten Arbeiterschicht in den kleinen Mittelstand hinein hatte eine solide, verbindende Schicht geschaffen, die über 80 v.H. der beschäftigten Bevölkerung umfaßte und den Vorstellungen der Regierung über Vermögensbildung und betriebliche Solidarität eine Basis gab. Die Ernennung des erfolgreichen Wohnungsbauministers Macmillan zum Schatzkanzler bekundete den Willen der Regierung zur Fortsetzung einer sozial ausgerichteten Politik, die dem gesellschaftlichen Wandel gerecht werden sollte. Die Entspannungspolitik führte zur Gipfelkonferenz vom Juli 1955, auf der Eden mit Bulganin und Chrustschow zusammentraf; sie enthüllte freilich die Unversöhnlichkeit der Standpunkte.

Eine außenpolitische Katastrophe, die Suez-Krise 1956, bereitete der Regierung Eden ein schnelles Ende und offenbarte zugleich die Ohnmacht Britanniens im internationalen Spiel der Kräfte. Ägypten hatte sich 1952 zu einer Republik unter General Nagib umgebildet und nach langen Verhandlungen 1953 erreicht, daß die in der Suez-Kanalzone stationierten britischen Truppen abgezogen wurden. Britannien behielt sich aber das Recht vor, im Kriegsfall dorthin zurückzukehren, während sich Ägypten verpflichtete, die internationale Konvention über die Freiheit der Kanalschiffahrt zu beachten. Seit 1954 war Oberst Nasser neuer Regierungschef, der eine ägyptische Führungsrolle im Nahen Osten erstrebte und die wirtschaftlichen Reserven seines Landes durch einen Riesenstaudamm bei Assuan erschließen wollte. Die USA und Großbritannien sagten ihm Ende 1955 finanzielle Hilfe zu, brüskierten ihn aber, als sie ihr Angebot plötzlich wieder zurückzogen. Nasser konnte dieses Spiel nicht hinnehmen, ohne seine eigene politische Existenz zu gefährden. Als Antwort verstaatlichte er 1956 die Suez-Kanalaktiengesellschaft, aus deren Einnahmen nunmehr der Assuandamm finanziert werden sollte. Das war ein Bruch internationaler Verträge, und die geschädigten Seemächte wandten sich an die Vereinten Nationen, deren Beschluß durch ein sowjetisches Veto verhindert wurde. Frankreich, das durch ägyptische Waffenlieferungen an die algerischen Rebellen ohnehin verstimmt war, und Großbritannien berieten ein gemeinsames Vorgehen gegen Ägypten. Gleichzeitig fühlte sich Israel durch einen Zusammenschluß der Armeekommandos von Ägypten, Jordanien und Syrien unmittelbar bedroht und riskierte angesichts der gespannten internationalen Lage Ende Oktober 1956 einen Gewaltstreich, dem die Vereinten Nationen durch das Veto Britanniens und Frankreichs keinen Beschluß entgegensetzen konnten. Beide Westmächte richteten von sich aus ein Ultimatum an Israel und Ägypten, sofort die Kanalzone zu räumen. Als Ägypten ablehnte, gingen beide Staaten gegen Nasser vor. Die USA und die UdSSR wandten sich sogleich entschieden gegen dieses eigenmächtige militärische Vorgehen; auch das Commonwealth war empört, zumal Eden seine Entscheidung ohne vorhergehende Konsultation gefällt hatte. Für die UdSSR war dieser Krieg ein Geschenk des Himmels, da kurz vorher die sowjetische Niederwalzung des ungarischen Aufstandes eine weltweite Empörung hervorgerufen hatte und nun sich die Gelegenheit bot, die Aufmerksamkeit davon abzulenken. Eine scharfe Note Bulganins drohte mit gewaltsamer Intervention gegen die Aggressoren, und sei es auch mit einem atomaren Bombardement von London und Paris. Zu diesem massiven Druck aus Moskau gesellte sich ein drohender Ruin der Finanzen, da die Entfremdung von Washington einen Ansturm auf das Pfund verursachte, der die Währung zerrüttete, wobei noch die Unterbrechung der Erdölversorgung aus dem Nahen Osten das amerikanische Vordringen auf dem Ölmarkt erleichterte. Britannien mußte eine eklatante Niederlage einstecken. Anfang Dezember 1956 wurden die britischen Truppen abgezogen und durch UNO-Truppen ersetzt. Die Suez-Krise war ein Einschnitt in der Nachkriegsgeschichte, da hier der geringe Spielraum der europäischen Westmächte eindeutig zutage trat.

Die schweren Angriffe gegen die Regierung im Parlament und in der Öffentlichkeit, an denen sich auch konservative Politiker beteiligten, und die Erkrankung Edens führten zu dessen Rücktritt. Nachfolger wurde Harold Macmillan, (10. Januar 1957) der als persönlicher Freund des Präsidenten Eisenhower das gestörte Verhältnis zu Washington bereinigen sollte und außerdem nach innen Ansehen gewonnen hatte. Die Konservativen hatten jedoch einen heftigen Rückschlag erlitten, und jedermann sagte der Regierung Macmillan ein baldiges Ende voraus. Aber Macmillan vermochte sich zu halten und verhalf seiner Partei sogar 1959 zu einem beachtlichen Wahlsieg.

Macmillan zögerte nicht, aus den bitteren Realitäten der internationalen Politik Konsequenzen zu ziehen und außenpolitischen Ballast abzuwerfen. Unter ihm schlug Britannien einen Kurs ein, der die von Labour begonnene Entkolonisierungspolitik beschleunigt weiterführte und die Ansprüche der Farbigen auf Selbständigkeit und Selbstbestimmung anerkannte. Nach Ghana und Liberia (1960) gewannen Tanganjika (1961), Sierra Leone (1961), Uganda (1962), Kenia (1963) und Sansibar (1963), das sich 1964 mit Tanganjika zum Staat Tansania vereinigte, ihre Selbständigkeit, sowie im Fernen Osten die Malaische Föderation (1957) und Singapore (1959), ferner die Westindischen Gebiete (1958; bzw. 1962). Im Jahre 1957 wurde der gefangengehaltene Erzbischof Makarios von Zypern gegen den Protest und trotz des Rücktritts des Lord Präsidenten Lord Salisbury freigelassen und die Unabhängigkeit Zyperns (1960) vorbereitet. Die beiden Entkolonisierungswellen unter Attlee und unter Macmillan 1945 bis 1960 gaben rund 500 Millionen Menschen die politische Unabhängigkeit.

Macmillans Reise nach Moskau 1959 setzte die Entspannungspolitik fort. Die Regierung entfaltete eine große Aktivität auf dem Felde der Abrüstungsverhandlungen. Mit der zu den Wahlen von 1959 angekündigten Aufhebung der allgemeinen Wehrpflicht und der Reduktion der Rheinarmee änderte die Regierung ihre Verteidigungskonzeption, da die Entwicklung der britischen Wasserstoff-Bombe die Priorität der nuklearen Waffen nahelegte. Um der übermäßigen finanziellen Inanspruchnahme bei der Entwicklung von Atombomben und Trägerraketen zu entgehen, suchte die Regierung eine Koordination mit dem Waffensystem der USA, die aber mit dem Abkommen von Nassau 1962 schon mehr zu einer Abhängigkeit wurde. Gerade der Fortschritt der militärischen Technik nötigte zu einer Unterordnung unter die USA, die jedoch innenpolitisch eine Entlastung bedeutete. Die Verlagerung des Schwergewichts auf die Kernwaffen ließ die anti-nuklearen und neutralistischen Tendenzen zugunsten von Labour stark werden und führte außenpolitisch zum Eigengang Frankreichs abseits der angelsächsischen Partnerschaft.

Im ganzen genoß Großbritannien in diesen Jahren eine steigende Prosperität, so daß Macmillan den Wahlkampf 1959 mit Hinweis auf die wirtschaftliche Aufwärtsentwicklung führen konnte. Die Wahlen von 1959 brachten den Konservativen mit 49,4 v.H. einen geringen Rückgang im Stimmenanteil, aber doch mehr Unterhaussitze, da nunmehr 365 Konservative 258 Labour-Abgeordneten gegenüber saßen. Der Triumph der Konservativen täuschte freilich über die wahre Lage hinweg. In Wirklichkeit hörten die wirtschaftlichen Sorgen der Regierung nicht auf, und von einer wirtschaftlichen Ausgeglichenheit konnte keine Rede sein. Auch die Regierung Macmillan mußte 1961 und 1963 von ausländischen Kreditgewährungen Gebrauch machen. Die Arbeitslosigkeit erreichte im Winter 1962/63 mit 875000 einen beängstigenden Stand und ergriff insbesondere die strukturell schwachen Industriegebiete wie den Nordosten, Südwales und Schottland. Doch wich Macmillan noch 1959 einer zu engen Bindung an Kontinentaleuropa aus. Den Zusammenschluß der Europäischen Wirtschaftsgemeinschaft beantwortete London im Mai 1960 mit der Bildung einer Freihandelszone (European Free Trade Association; EFTA), die Britannien, Dänemark, Norwegen, Schweden, Österreich, die Schweiz und Portugal umfaßte und Großbritannien den Zugang zu den europäischen Märkten offenhalten sollte. Aber schon im nächsten Jahr gewann Macmillan die Überzeugung, daß nur der Beitritt zur EWG Britannien wirksam helfen könne. Das Unterhaus billigte am 3. August 1961 mit 313 gegen 5 Stimmen bei Stimmenthaltung von Labour diese Abkehr von der Vergangenheit. Im Jahr darauf erschien die Absicht auf Beitritt zur EWG sogar im Manifest der Konservativen Partei, wobei Britannien eine Sonderrolle als Hauptsprecher des Commonwealth in Europa und als Interpret Europas im Commonwealth zugeschrieben wurde. Allerdings scheiterten die britischen Wünsche in den Brüsseler Verhandlungen am 29. Januar 1963 am Veto Frankreichs unter Staatspräsident de Gaulle. Dieser Mißerfolg war ein schwerer Schlag für das Ansehen der Regierung.

Vorher hatte Macmillan noch eine andere Probe zu bestehen, die das Commonwealth betraf. Die Commonwealth-Konferenz vom März 1961 wandte sich heftig gegen die Europa-Politik der Regierung und verstieg sich fast zu einer moralischen Verurteilung des britischen Kurses. Erst auf der Londoner Konferenz von 1962 erreichte Macmillan eine bedingte Zustimmung der Commonwealthmitglieder. Die Konferenz von 1961 geriet zudem in eine ernste Krise, da der Ausschluß der Südafrikanischen Union gefordert wurde, aber das Commonwealth kein Ausschlußrecht, sondern nur ein Sezessionsrecht kannte. Aber die Apartheid-Politik Südafrikas wurde als unverträglich mit der Idee des Commonwealth hingestellt, und die anderen afrikanischen Staaten drohten auszutreten. Am 15. März 1961 kam der Ausschluß der Südafrikanischen Union zustande, der technisch als Verzicht auf Wiederzulassung nach der Ausrufung der Südafrikanischen Republik aufgezogen war. Damit waren von den sieben Dominions, die 1931 am Westminster-Statut beteiligt waren, nur noch vier übriggeblieben, da Neufundland auf seine Selbständigkeit verzichtet hatte, Irland (Eire) 1947 ausgeschieden und nun Südafrika ausgeschlossen war.

Macmillans Stellung war durch den Zusammenbruch seiner Europapolitik geschwächt; sie wurde durch den Profumo-Skandal von 1963 endgültig erschüttert. Der Kriegsminister John D. Profumo geriet wegen intimer Beziehungen zu einem Fotomodell, das mit einem sowjetischen Marine-Attaché ähnliche Verbindungen unterhielt, in den Verdacht des Verrats von Staatsgeheimnissen. Dieser Verdacht erwies sich als unbegründet; aber der Minister mußte wegen Irreführung des Parlaments gehen. An Vorwürfen gegen Macmillan wegen Leichtgläubigkeit und Nachlässigkeit fehlte es nicht; die Öffentlichkeit war schockiert, und Macmillan glaubte nicht mehr, daß die Konservativen unter seiner Führung die nächsten Wahlen gewinnen könnten. Er trat am 18. Oktober 1963 zurück; Nachfolger wurde der bisherige Außenminister Lord Home, der dem Oberhaus angehörte und auf Grund des Oberhausgesetzes vom 31. Juli 1963 auf seine sechs Adelstitel verzichtete und als Sir Alec Douglas-Home für das Unterhaus kandidierte. Erst nach seinem Sieg in der Nachwahl von Kinross konnte er die neue und letzte Session des Parlaments von 1959 als Premierminister eröffnen. Das Regierungsprogramm des Kabinetts Douglas-Home nahm sich eine Modernisierung Großbritanniens vor und tat den ersten wichtigen Schritt dahin durch eine außerordentliche Erweiterung und Verbesserung des Bildungswesens, die auf lange Sicht den Kurs der akademischen Erziehung des Landes entsprechend den gewachsenen Bedürfnissen der Gesellschaft festlegte. Andere Entwicklungspläne für das untere Bildungswesen, für eine

Umstrukturierung der gefährdeten Industriegebiete in Nordostengland und Schottland sowie eine Reform des Eisenbahnsystems wurden in die Wege geleitet. Die meisterhafte Lenkung der Commonwealth-Konferenz vom Juli 1964, die im Schatten der Südrhodesienkrise stand, war ein weiterer Erfolg des Premierministers. Aber die Frucht dieser vielversprechenden Ansätze hing von den gesetzlich vorgeschriebenen Wahlen ab, denen sich die Regierung nach fünfjähriger Parlamentsdauer unterziehen mußte. Sie brachten den Konservativen eine bittere Enttäuschung und hoben den Labour-Führer Harold Wilson, einen der Rebellen von 1951, auf den Regierungssessel. In den Wahlprogrammen der drei großen Parteien zeigte sich indessen, daß die politischen und sozialen Alternativen durch die technische Entwicklung und den machtpolitischen Zustand sehr begrenzt wurden. Es war schwierig, in ihnen fundamentale Unterschiede zu entdecken. Selbst das Nationalisierungsproblem schien mehr ein Punkt praktischer Politik als grundsätzlicher Weltanschauung zu sein. Nur das liberale Manifest erwähnte Europa und die Europäische Wirtschaftsgemeinschaft, und die Konservativen unterstrichen die Notwendigkeit einer eigenen britischen Abschreckungswaffe. Aber in allen Programmen prägte sich ein ökonomischer Optimismus aus, der mit einem politischen Pessimismus einherging. Diese Mischung von Dynamik und ökonomischem Experimentierdrang nach innen und von Resignation und politischer Passivität nach außen entsprach in der Tat der geschichtlichen Situation, bei der der überkommene geschichtliche Anspruch hinter den Erfordernissen eines gesellschaftlichen Umbaus gemäß den umwälzenden Neuerungen in Produktion, Automation, Energieerschließung und Kommunikation zurückzustehen hatte.

AUF DEM WEG IN DIE TECHNISCH-INDUSTRIELLE ZUKUNFT

1. Der Sieg Harold Wilsons

Die Wahlen vom 15. Oktober 1964 gaben Labour mit 317 Sitzen die absolute Mehrheit im Unterhaus. Diese Mehrheit war jedoch äußerst knapp; ihr standen 303 konservative und 9 liberale Abgeordnete gegenüber. Labour erreichte mit 12,2 Millionen Stimmen nur 44,1 v.H. des Gesamtstimmenanteils; dies waren zwar 0,3 v.H. mehr als 1959, aber die absolute Stimmenzahl hatte sich um rund 10000 gemindert. Die Konservativen verloren fast eindreiviertel Millionen Stimmen und gaben 56 Wahlkreise an Labour und vier an die Liberalen ab; aber sie buchten immerhin noch 12 Millionen Stimmen, im ganzen 43,4 v.H. des Stimmenanteils. Der Vorsprung von Labour belief sich nur auf 0,7 v.H.; beide Parteien hatten weniger Stimmen erhalten als bei allen vorhergehenden Wahlen seit 1950. Die Liberalen waren die moralischen Sieger. Sie erreichten drei Millionen Stimmen und damit 11,2 v.H. des Stimmenanteils. Sie verdoppelten fast ihren Anteil, errangen indessen nur 9 Sitze im Unterhaus.

Der neue Premierminister Harold Wilson war seit 1963 Labourführer. Er hatte in Schrift und Rede, vor allem auf dem Parteikongreß in Scarborough 1963, ein Bekenntnis zur technologischen Revolution und zum Umdenken auf ein neues Zeitalter hin verkündet. Seine begeisternde Vision von der neuen Rolle Großbritanniens auf der Weltbühne kam im Wahlmanifest der Partei zum Ausdruck, welches die Konservativen anklagte, untätig hinter den Kulissen der Geschichte zu verweilen. Aber die favorisierte Labourpartei erreichte doch nicht die Stimmenzahl von 1959, und ihr erwarteter Sieg fiel enttäuschend knapp aus. Wilson ließ sich dadurch freilich nicht beirren und war festen Willens, die gewonnene Macht voll für seine Sozialisierungsziele auszunutzen. Er zog zur allgemeinen Überraschung den linksradikalen Gewerkschaftsführer Frank Cousins als Minister für Technologie in die Regierung. Er erweiterte seine Regierung auf 23 Kabinettsminister und 27 Minister ohne Kabinettsrang; außerdem zog er 50 weitere Abgeordnete in untere Ränge der Regierung, so daß ein Drittel der Labourpartei im Unterhaus der

Gesamtregierung angehörte. In der Gründung neuer Ministerien und der Rangerhöhung wichtiger Ressorts bekundete sich sein Wille zu einem umfassenden Neubau des Gemeinwesens. Die Thronrede Elisabeths II. vom 3. November 1964 enthielt das Programm einer sozialistischen Regierung und kündigte die erneute Verstaatlichung der Stahlindustrie, die Kontrolle der Mieten und des Grundstückmarktes an. Wilsons Dynamik verkörperte einen neuen politischen Stil, der von der Idee eines sozialistisch bestimmten und doch freien Großbritanniens bestimmt war. Damit schien das dreizehnjährige konservative Zwischenspiel beendet zu sein. Churchill schied bald darauf aus dem Unterhaus aus und starb am 24. Januar 1965. Sein feierliches Begräbnis war zugleich Abschied von einer großen Erinnerung.

Aber Wilson konnte keine Wunder wirken. Der unglückliche Auftakt seiner Regierung, nämlich eine Zahlungsbilanzkrise, verbunden mit einer internationalen Vertrauenskrise, die eine ausländische Stützungsaktion notwendig machte, die Wahlschlappen des Außenministers Gordon Walker, der bei der Nachwahl in einem sicheren Wahlkreis durchfiel, und des Technologieministers Cousins, der bei gleicher Gelegenheit nicht einmal die Hälfte der Stimmen seines Vorgängers erreichte, nötigten Wilson zu einer pragmatischen Politik des Taktierens. Die wirtschaftlichen Bedrängnisse und die finanziellen Engpässe veranlaßten ihn zu Sonderzöllen und zur Erhöhung des Diskontsatzes, was die Handelspartner überraschte und verärgerte. Das chronische Bilanzdefizit zwang ihn zu einer zweiten ausländischen Stützungsaktion (1965), um das Pfund zu halten. Er konnte kaum die schlimme Erbschaft loswerden, die er übernommen hatte. Aber seine energische Politik verfehlte nicht ihren Eindruck auf die Wähler, die willens waren, der Regierung eine faire Chance zu geben. Darauf vertraute Wilson, als er zum Frühjahr 1966 erneut Wahlen ausschrieb, um klare Mehrheitsverhältnisse im Unterhaus zu schaffen.

Die Frühjahrswahlen 1966 wurden zu einem persönlichen Triumph Wilsons. Die Konservativen verloren 50 Mandate, und Labour gewann 50 Mandate. Damit saßen nur noch 253 Konservative einer Mehrheit von 363 Abgeordneten gegenüber. Die Liberalen gewannen zum ersten Mal seit 1945 wieder 12 Mandate.

Wilson proklamierte im Juli 1966 ein umfassendes Stabilisierungsprogramm mit Steuererhöhungen, Devisenkontingentierungen, Lohn- und Preisstop und einer Einschränkung der Ausgaben für die Rheinarmee. Aus Protest trat der radikale Frank Cousins zurück. Wilson aber errang die Zustimmung des Unterhauses, des Parteikongresses und der Gewerkschaften. Dazu traten andere Maßnahmen, darunter vor allem die Abwertung des Pfundes um 14 v.H. am 18. November 1967 zugunsten der Handelsbilanz und des Exports. Wilsons virtuose Manöver fanden immer wieder momentane Aushilfen und gaben zudem starke Impulse, sich den Problemen der modernen technischen Welt zu stellen. Aber er vermochte nicht, die chronischen Grundübel an der Wurzel zu fassen und die aus den neuen Technologien erforderlichen Umstrukturierungen vorzunehmen, welche neue Formen der internationalen Kooperation nach sich gezogen hätten.

Außerdem mußte Wilson mit den Problemen fertig werden, die sich aus dem Verlust der britischen Weltmachtstellung ergaben. Rhodesien hatte sich eine republikanische Verfassung (1961) gegeben und am 11. November 1965 einseitig seine Unabhängigkeit erklärt. Unter dem Premier Jan Smith (seit 1964) vollzog es am 2. März 1970 sogar den Bruch mit der Krone. – Noch bedenklicher waren die Unruhen in Nord-Irland, wo seit Oktober 1968 der religiöse, nationale und soziale Konflikt der katholischen Minderheit mit der radikalen Unionspartei von Ulster unter Reverend Ian Pasley in Gewalttätigkeiten ausgeartet war. Das britische Parlament nahm daraufhin das im »Government of Ireland Act« von 1920 vorgesehene Interventionsrecht in Anspruch und veranlaßte die Bildung einer Untersuchungskommission. Britische Truppen wurden im April 1969 zum Schutz der Elektrizitäts- und Wasserwerke eingesetzt. Im August übernahm die britische Armee die Polizeigewalt; englische Polizisten wurden nach Nord-Irland abgestellt und außerdem ein neutrales »Ulster Defence Regiment« gebildet (Gesetz vom 7. April 1970). Später übernahm die Heath-Regierung im »Temporary Provisions Act« (1972) die unmittelbare Gebietshoheit über die sechs nördlichen Grafschaften und garantierte den beunruhigten Ulster-Unionisten, daß in Nord-Irland keine Verfassungsänderung ohne Zustimmung der dortigen Mehrheit vorgesehen sei (1973).

Nicht weniger besorgniserregend waren für die Labour-Regierung die Währungskrisen, die geringe Konkurrenzfähigkeit der britischen Wirtschaft auf dem Weltmarkt, der Anstieg der Lebenshaltungskosten und die Ineffizienz ihres Reformprogramms. Immerhin hatte Wilson mit seinem industriellen Ausbildungsprogramm (1969) und mit den britischen Sonderziehungsrechten beim Internationalen Währungsfonds (28. Juli 1969) eine fühlbare Liquiditätsanpassung zur Ausweitung des Welthandels erreicht. Ferner hatte er im Juni 1969 mit den Gewerkschaften Vereinbarungen getroffen, um mit Hilfe eines »Gewerkschaftsrates« und einer, mit Rechtsmitteln ausgestatteten »Gewerkschaftsfeuerwehr« Regeln zur Dämpfung und Schlichtung von Arbeitskämpfen zu erarbeiten.

Die Thronrede vom 22. Oktober 1969 anläßlich der Vertagung des Parlaments hatte eindringlich auf diesen Komplex der »Industrial Relations« hingewiesen. Indessen geschah das genaue Gegenteil: Das Jahr 1970 war das schlimmste Streikjahr seit 1926. Hier zeigte sich, daß das veraltete britische Gewerkschaftssystem mit seinen 456 Gewerkschaften und seinen unkoordinierten Kampfmethoden im Verein mit der rückständigen Ausrüstung der englischen Industrie den Krebsgang der Wirtschaft verschuldete. Die bestechende Idee Wilsons, am Beispiel seines Landes die Vereinbarkeit eines freien parlamentarischen Sozialismus mit einer hochindustrialisierten Gesellschaft zu demonstrieren, scheiterte, weil die Gewerkschaften ihm die Mittel zu diesem Ziel verweigerten. – Die Neuwahlen von 1970 beendeten das zweite sozialistische Experiment, das ebenso wie das erste (1945–1951) sechs Jahre gedauert hatte.

2. *Die Kapitulation vor den Gewerkschaften*

Entgegen den meisten Wahlvoraussagen zeitigten die Wahlen vom 19. Juni 1970 einen Sieg der Konservativen unter Edward Heath. Sie gewannen 322 Sitze im Unterhaus, während Labour 287 und die Liberalen 11 Sitze erreichten. Der Wahlkampf erhielt eine dramatische Note durch die Reden des nordirischen Ultras Enoch Powell, dessen sensationelles Manifest vor drei tödlichen

Gefahren warnte, nämlich der hohen Einwanderungsquote, dem Gemeinsamen Europäischen Markt und dem Sozialismus. Dagegen versprach das konservative Wahlmanifest »A Better Tomorrow«, verbindliche Vereinbarungen der Tarifpartner durchzusetzen, welche geregelte Austragungsformen der Arbeitskonflikte vorsahen.

Die Thronrede der Königin Elisabeth II. im Juli 1970 sah in der Reform der »Industrial Relations« das Hauptarbeitsfeld der Heath-Regierung. Schon am 3. Dezember wurde die »Industrial Relations Bill« eingebracht, welche am 6. August 1971 Gesetz wurde. Sein Hauptzweck war, Übereinkünfte der Tarifpartner gesetzlich erzwingbar zu machen, wenn beide Seiten sich nicht auf andere Weise einigen konnten. Dazu wurde ein »National Industrial Relations Court« eingerichtet, der zwar keine Streiks verhindern konnte, wohl aber »unfair industrial practices« verhüten sollte. Außerdem war er befugt, bei Vorliegen eines öffentlichen Interesses eine Abkühlungsperiode von sechzig Tagen anzuordnen. Urabstimmungen über Streiks sollten künftig geheim bleiben, und der Eintritt in die Gewerkschaften freiwillig sein.

Eine ähnliche Gesetzesvorlage hatte bereits die Wilson-Regierung unter dem Druck der Gewerkschaften zurücknehmen müssen (1969). Trotz der wohlgemeinten Kooperationsbereitschaft der Regierung stieß das neue Gesetz auf den erbitterten Widerstand des Trade Union Congress (TUC) und der Labour-Partei, zumal Heath neben drastischen Sparmaßnahmen die planwirtschaftlichen Ansätze der Wilson-Regierung wieder zurückgenommen hatte. Die Folge davon war, daß die Durchführung des Gesetzes im Streikjahr 1972 zuerst sabotiert und dann gestoppt wurde.

Als die Dockarbeiter in Liverpool, Hull und London gegen die Einführung des Container-Transportsystems, das ihnen die Arbeitsplätze fortnahm, protestierten und die Container-Träger nicht in die Docks hineinließen, verurteilte der »National Industrial Relations Court« unter Präsident Sir John Donaldson die »Transport and General Workers Union« (TGWU) wegen »Blacking« zu 5000 Pfund und dann zu 50000 Pfund Schadenersatz. In der Berufung wurde das Urteil liquidiert, und das Oberhaus sistierte den Entscheid des Präsidenten. Die im Juni/Juli vor

Gericht zitierten Docker erschienen nicht, und der Kronanwalt Lord Denning befahl die Rücknahme der richterlichen Befehle.

Vorher war bereits den Eisenbahnarbeitern im April und Mai ein Test gegen das Gesetz geglückt, als sie eine vom Gericht verordnete »cooling-off«-Periode ignorierten. Die spektakulärste Wirkung erzielten die Bergleute in einem Streik Anfang 1972, als sie über die Bergwerke hinaus durch Behinderung der Kohletransporte noch zehn Elektrizitätswerke stillegten. Entsetzt über diese Auswirkungen kapitulierte die Regierung Heath und lud den »General Council« des TUC nach Downing-Street 10 ein. Damit war fürs erste der Streik beigelegt (18. Februar 1972), aber die Verhandlungen zogen sich bis zum Ende der Regierung hin. Im Juni wurden die gestrichenen Subventionen erneut beschlossen und im November die Lohnkontrollen wieder eingeführt. Damit blieben die vorgesehenen Regelungen zugunsten einer sich selbst lenkenden Marktökonomie und unter der Kontrolle des neuen Gerichtshofs auf der Strecke. Außerdem brach das neue Programm von Labour über eine »Industrial Democracy« (1973) mit der Labour-Politik der sechziger Jahre und verlangte radikale Prioritäten für Verstaatlichung, Wirtschaftskontrolle und erweiterte Formen der Mitbestimmung.

Das Mandat der Regierung Heath zur Ordnung der »Industrial Relations« war hinfällig, und auch der Anschluß an die kontinentaleuropäische Entwicklung mußte erst noch gefunden werden, wenn auch Großbritannien nach zähen Verhandlungen ab 1. Januar 1973 Mitglied des Gemeinsamen Marktes geworden war. Dazu kam im Oktober der Yom Kippurkrieg zwischen Israel und den arabischen Staaten mit Ölkrisis und Preissteigerungen. Unter dem ständigen Druck kräftezehrender Streikwellen, eines wachsenden Handelsdefizits und einer Teuerungsrate bis 40 v.H. bei wachsender Arbeitslosenzahl war im November 1973 ein öffentlicher Notstand erreicht. Als die Bergarbeiter nun auch noch am 4. Februar 1974 einen neuen Streik für den 9. Februar ankündigten, schrieb Heath am 7. Februar allgemeine Unterhauswahlen für den 28. Februar aus. Dies war zugleich ein Eingeständnis, daß ihm die Transformation des Systems der Arbeitsbeziehungen nicht gelungen war.

Die Februarwahlen machten Labour mit 301 Unterhaussitzen

zur stärksten Fraktion, gegen 296 Konservative und 14 Liberale sowie sieben schottische Nationalisten (SNP), zwei für Wales (Plaid Cymru) und elf Unabhängige Ulster-Unionisten. Die Mehrheit der Wählerschaft, nämlich 11963207 (38,2 v.H.), hatte sich für die Konservativen entschieden. Labour erreichte 11634726 (37,5 v.H.) und die Liberalen 6063470 (19,3 v.H.) Stimmen. Erstmals hatte keine Partei die Mehrheit im Unterhaus. Da die Liberalen das Koalitionsangebot von Heath ablehnten, bildete Harold Wilson als Führer der stärksten Fraktion eine Minderheitsregierung.

Wilson kündigte im September Neuwahlen an und erreichte in den Wahlen vom 10. Oktober 1974 die absolute Mehrheit im Unterhaus, nämlich 319 Sitze für Labour, 279 für die Konservativen und 13 für die Liberalen, ferner elf für die Schottenpartei, drei für Wales und zehn für die Ulster-Unionisten. In beiden Wahlen lagen die beiden großen Parteien unter 40 v.H., was das Zwei-Parteien-Monopol in Frage zu stellen begann und den Wahlausgang fast unvorhersagbar machte.

Gemäß dem Wahlversprechen von Labour kam es am 5. Juni 1975 erstmals in Großbritannien zu einem allgemeinen Referendum, bei welchem 66 v.H. der Wählerschaft für den Verbleib in der Europäischen Wirtschaftsgemeinschaft votierten. Der geschlagene Heath resignierte als Parteiführer der Konservativen, und statt seiner wurde am 10. Februar 1975 Margaret Thatcher als erste Frau mit 146 Stimmen von 271 Delegierten zum neuen Parteiführer gewählt. Im März 1976 resignierte auch Harold Wilson und machte James Callaghan Platz, welcher mit den Nachwahlen von 1977 seine absolute Mehrheit im Unterhaus verspielte, sich jedoch bis zum Sommer 1978, gestützt auf die Liberalen unter David Steel, halten konnte.

Von Anfang an war die Labour-Regierung unter den wachsenden Druck der Labour-Linken geraten, die – mit den Gewerkschaften im Rücken – der Regierung kaum noch Manövriermöglichkeiten beließ. Harold Wilson gab fast allen gewerkschaftlichen Forderungen nach. Schon im »Trade Unions and Labour Relations Act« (1974), welchem auch wegen der anstehenden Oktoberwahlen die Konservativen zugestimmt hatten, erhielt die gewerkschaftliche Zwangsmitgliedschaft in den sog. »Closed

Shop«-Betrieben eine gesetzliche Grundlage. In einem Amendmant Act (1976) wurde den Gewerkschaften ihre, seit 1906 zugestandene Immunität gegenüber Haftungs- und Schadensersatzansprüchen erweitert. Im »Employment Protection Act« (1976) verband sich damit ein gesetzlicher Kündigungsschutz, aus welchem ersichtlich wurde, daß die Gewerkschaften nunmehr ihre Ziele durch Gesetzgebung statt durch »collective bargaining« zu erreichen hofften. Der Einsatz von Streikposten (Picketing) wurde als »not unlawful« bezeichnet und sogar das »secondary Picketing« an fremden Arbeitsstätten zugelassen, wenn es dem »trade dispute« förderlich schien. Außerdem sollte eine unabhängige Schlichtungsinstanz, der »Advisory Conciliation and Arbitration Service« (ACAS), den Rekurs auf die Gerichte ausschließen. Ein »National Enterprise Board« (NEB) diente weiteren Zusammenlegungen und Nationalisierungen. Mit diesem »Labour Social-Contract« von 1974/76 war das Gleichgewicht zwischen Gewerkschaften und Management zerstört.

Die skrupellosen Werbekampagnen der Gewerkschaften, der Fortgang der staatlichen Subventionen, das rapide Ansteigen der Löhne (25 v. H.), der tiefe Fall des Pfundes (1975), das Anschwellen der Inflation auf 27 v. H., die Woge von Konkursen (1974/76), der Kollaps des gemäßigten sozialdemokratischen Flügels von Labour und die das Land überrollenden Streikwellen zeigten deutlich an, daß England sich auf eine Katastrophe zubewegte. Im »Winter of Discontent« 1978/79 war mit den Streiks gegen die Fixierung eines Maximums der Lohnerhöhungen und dem »Black Monday« (22. Januar 1979), als eine Million Public Servants in den Streik traten, der Tiefpunkt erreicht. Im November 1978 stellte »The Times« erstmals seit zweihundert Jahren ihr Erscheinen ein; im Dezember 1978 wurde in den Ford-Werken gegen die ökonomischen Realitäten das Anwesenheitsgeld (attendance allowance) durchgesetzt. Der Zusammenbruch der Lohnpolitik stand bevor.

Callaghan verfolgte einen ökonomisch vertretbaren Sparkurs und schraubte die Inflation auf 9 v. H. (1979) zurück. Ihm kam zustatten, daß seit 1974 das britische Nordsee-Öl zu fließen begann, welches schon 1978 vier Fünftel des Bedarfs deckte. Aber gegen die Intransigenz der Gewerkschaften war er machtlos, und am Ende seiner Regierung spielte er nur noch auf Zeitgewinn. Die Warnungen vor einem Zusammenbruch in den totalitären Marxismus hinein kamen nicht nur aus der konservativen Opposition, sondern auch vom gemäßigten Flügel der Labour-Partei. Am 28. März 1979 nötigte Margaret Thatcher als Oppositionsführerin Callaghan, die Vertrauensfrage zu stellen. Seine Regierung unterlag mit nur einer Stimme. Die Wählerschaft hatte nun das Wort. Die Unterhauswahlen vom 3. Mai 1979 standen unter dem Motto: »Wer regiert dieses Land, die gewählten Volksvertreter oder die Gewerkschaftsfunktionäre?« Sie erbrachten den größten Umschwung an Voten seit 1945. Für die Konservativen entschieden sich 43,44 v. H. und für Labour 39 v. H. der Wählerschaft. Das bedeutete eine Mehrheit von über zwei Millionen Stimmen und umschloß den klaren Auftrag, dem »muddle of the middle« ein Ende zu bereiten.

Lange Zeit nämlich hatten sich beide großen Parteien in Bezug auf ihre Behandlung der »Industrial Relations« mehr geähnelt, als sie wahrhaben wollten – jedenfalls wenn die Nationalisierungspolitik der Labour-Partei außer Betracht bleibt. Bei beiden hatte die Nachfrageweckung einen verhängnisvollen Vorrang vor den unbeliebten anti-inflationären Maßnahmen, unter denen das Limit für Lohnerhöhungen insbesondere die Gemüter erregt hatte. Beide waren vor dem Druck der Gewerkschaften zurückgewichen, die jede Umstrukturierung blockierten und deren exzessive Lohnforderungen in eine Kostenexplosion einmündeten, welche mit einer selbstverschuldeten oder »voluntary« (nach Keynes) Arbeitslosigkeit bezahlt werden mußten. Beide Parteien hatten als effektive Krisenmanager versagt, und ihre monetäre Restriktionspolitik war bei beiden nicht mehr als ein beiläufiges Nebenprodukt zur Stützung des Wechselkurses. Weder Gewerkschaften noch Unternehmer glaubten noch an die ernsthafte Absicht der Regierung, anti-inflationäre Politik zu treiben. Die Öffentlichkeit indessen erwartete inständig einen radikalen Wandel, und Margaret Thatcher errang ihren spektakulären Sieg mit dem Slogan, es sei »Time for a Change!«. Ihr Appell fand in den traditionellen Hochburgen von Labour starken Widerhall. Man erwartete nicht nur eine Kurskorrektur, sondern eine grundlegend neue Politik.

3. Der neue Kurs unter Margaret Thatcher

Die Regierung Thatcher brach mit der bisherigen Interventions- und Subventionspolitik und verordnete fürs erste eine rigorose Beschneidung der Staatsausgaben zugunsten des privaten Investitionskapitals mit entsprechenden Steuer- und Zins-Senkungen. Sie hütete sich jedoch, die heiligen Kühe der bisherigen Regierung wie etwa die Tarifräte oder das Kündigungsschutzgesetz anzutasten, obwohl beide erheblich zur Arbeitslosigkeit der ungelernten und der jugendlichen Arbeitskräfte beigetragen hatten. Sie gestand von vornherein den Gewerkschaften weiterhin das Recht auf freie kollektive Verhandlungen zu, wobei sie jedoch das freie Spiel der Kräfte auf dem Arbeitsmarkt gewahrt wissen wollte. In ihren Augen sollte die Regierung an einer monetären Politik festhalten, welche mittelbar, also über Währung, Geldwesen, Finanz- und Kreditpolitik, eine, den Bedürfnissen des Weltmarkts entsprechende Kapitalausrüstung der Wirtschaft im Auge hatte. Damit sollte eine schrittweise Reform der Industriegesetzgebung Hand in Hand gehen.

Im »Employment Act« des Jahres 1980 setzte Frau Thatcher erste gemäßigte Reformen durch. Der Gewerkschaftszwang in den »Closed Shop«-Betrieben wurde erschwert, da er der Vereinigungsfreiheit und der freien Wahl des Arbeitsplatzes zuwider lief. Nunmehr mußten mindestens 80 v.H. der Belegschaft sich dafür aussprechen. Ferner durfte das »Picketeering« (Streikposten) nur vor den bestreikten Betrieben stattfinden; »fliegende Streikposten« gegen unbeteiligte Werke waren ungesetzlich. In einem zweiten »Employment Act« von 1982 wurde festgelegt, daß in den »Closed Shop«-Betrieben alle fünf Jahre geheime Abstimmungen stattfinden sollten, um festzustellen, ob der gewerkschaftliche Organisationszwang fortgesetzt werden sollte oder nicht. Ferner wurde die Immunität der Gewerkschaften als nichthaftende Körperschaften eingeschränkt. Gegen sie konnte nunmehr Zivilklage erhoben werden, wenn ihre Aktivitäten nicht eindeutig der »Vorbereitung oder Durchführung eines Arbeitskampfes« dienten, also »ausschließlich oder hauptsächlich zwischen Arbeitern und Arbeitgebern« ausgetragen wurden. Danach waren Sympathiestreiks nur noch zulässig, wenn die Gewerkschaftsmitglieder direkt betroffen waren. Damit wurden auch primär politische Streiks ungesetzlich. In solchen Fällen konnten Schadenersatzforderungen geltend gemacht werden, wobei das Schadensmaximum für eine Gewerkschaft mit mehr als 100000 Mitgliedern auf 250000 Pfund begrenzt bleiben sollte.

Hierin verbarg sich für die Gewerkschaften eine große Gefahr, insofern die Arbeitgeber sogleich eine einstweilige Verfügung bei den Gerichten erwirken konnten, sobald die Gewerkschaften von jener strikten Definition des Arbeitskampfes abwichen. – Weitere Gesetze sollten die innerorganisatorische Demokratie sichern, also die Mitwirkung der Mitglieder bei den gewerkschaftlichen Entscheidungen und bei der Wahl der Funktionäre gewährleisten, ferner den Ausfall lebenswichtiger Betriebe verhüten und die automatische Beitragserhebung für den politischen Fonds der Gewerkschaften verbieten. Diese sollten nur bei ausdrücklicher Zustimmung des Einzelmitglieds erlaubt sein.

Die Durchsetzung dieser Bestimmungen war schwierig, weil die Rezession anhielt, die Zahl der Arbeitslosen im Jahre 1982 auf 3,5 Millionen kletterte und die Zeichen der Radikalisierung sich vermehrten. Führer von Labour wurde 1980 Michael Foot, der Herold des linken Parteiflügels. Der Bergarbeiterchef Arthur Scargill betrieb offen einen außerparlamentarischen Kampf gegen die Regierung, und die Fürsprecher einer »militant tendency« suchten die Labourpartei von unten her zu radikalisieren. Andererseits kam es zur Abspaltung der gemäßigten Sozialdemokraten (SPD) von der Labour-Partei nach 1979. Es gab Zerfallserscheinungen in der britischen Arbeiterbewegung, und im Jahre 1982 gingen den 456 britischen Gewerkschaften etwa 600000 Mitglieder verloren.

Der Regierung Thatcher kam dabei der offensichtliche Niedergang der stark gewerkschaftlich organisierten Industrien zugute, wo die Betriebsräte (Shop Stewards) jede Umstrukturierung verhinderten. Dadurch gerieten die verarbeitenden Industrien gegenüber den Dienstleistungsbetrieben in Hinsicht auf Rationalisierung und Modernisierung ins Hintertreffen. In Großbetrieben wie »British Leyland« oder »British Steel« wurden Sanierungspläne vom linken Flügel der Betriebsräte sabotiert, obgleich 87 v.H. der Belegschaft (bei Leyland) dafür waren. Hier mußte sogar ein Chef-Shop-Steward im Einverständnis mit der Belegschaft gefeuert werden, um ein sachgerechtes Management durchzusetzen.

Das geschickte Management von Sir Michael Edwardes in den Leyland-Werken erreichte eine Steigerung der Produktivität um über 100 v.H. sowie eine Qualitätsverbesserung. Dies gelang durch die erfolgreiche Umrüstung auf ein neues Modell (Maestro), die Umstrukturierung des Lohnsystems mit erhöhten Leistungsanreizen bei strikter Begrenzung genereller Lohnerhöhungen, die Abschaffung obstruktiver Arbeitspraktiken und die unmittelbare Zusammenarbeit des Managements mit den Arbeitsgruppen. Nachdem die Leyland-Gruppe noch im Jahre 1977 über 500 Streiks über sich hatte ergehen lassen müssen, gab es hier Ende 1982 keinen Streik mehr. Gleichen Erfolg erzielte in den British Steel-Werken Ian MacGregor.

Die Regierung sah sich durch diese Erfolge bestätigt und förderte das professionelle Management in den staatseigenen Betrieben. Gleichzeitig unterstützte sie freiwillige Kollektivabmachungen, welche in verbindliche Verfahrensregeln einmünden sollten. Frau Thatcher befürwortete sogar ausdrücklich eine Ausweitung der Mitbestimmung, allerdings ohne Gesetz und nicht beschränkt auf die Gewerkschaften. Mitbestimmung galt für sie nicht als Gegenstand der Gesetzgebung, sondern des Managements. Die Frage einer gewerkschaftlichen Mitbestimmung bei Betrieben über 2000 Beschäftigten war infolgedessen auch kein Thema für die Regierung Thatcher. Diese Distanzierung der Regierung hing auch damit zusammen, daß die Gewerkschaften Kampfmaßnahmen ohne Rücksicht auf die Meinung der Arbeiterschaft oder die Auswirkungen auf andere Betriebe durchführten, was man bisher nicht für möglich gehalten hatte.

Die Regierung erhielt unerwartete Hilfe durch ein außenpolitisches Ereignis. Am 2. April 1982 besetzte Argentinien die britischen Falkland-Inseln, ohne auf die Warnungen der britischen Regierung zu hören. Dies war ein völlig unprovozierter Angriff der argentinischen Junta auf britisches Hoheitsgebiet. Am 5. April liefen die ersten britischen Flotteneinheiten aus, mit der generellen Auflage, den status quo auf möglichst niedrigem Eskalationsniveau wiederherzustellen. Am 6. April gaben die EG-

Partner eine Solidaritätserklärung für Großbritannien ab und kündigten ein Embargo gegen Argentinien an. Nach dem Zusammenbruch der Vermittlungsversuche traten die USA am 30. April ostentativ auf die britische Seite. Am 15. Juni war das militärische Unternehmen erfolgreich abgeschlossen.

In diesen kritischen Tagen wandte sich Margaret Thatcher an die ganze Nation und verstand es, große Erinnerungen zu wecken und patriotische Gefühle zu mobilisieren. Ihr populistischer Appell gab der Regierung und den Streitkräften Rückhalt in der ganzen Bevölkerung. Nach den Zeiten trüber Ungewißheit über die künftige post-imperiale Politik Großbritanniens hatte Margaret Thatcher mit einem Schlage klare Verhältnisse geschaffen. Schließlich gehörten die Falkland-Inseln ebenso wie Gibraltar zu jenen immer noch wichtigen Kronkolonien, die von den Nachbarländern beansprucht wurden, aber britisch bewohnt waren. Nur britische Entschlossenheit konnte ihren Bestand retten.

Im Mai 1983 schrieb Margaret Thatcher vorgezogene Neuwahlen für den 9. Juni aus. Diese Wahlen wurden für Labour eine Katastrophe. Die Wahlbeteiligung belief sich auf 72,7 v.H. Die Konservativen erhielten mit 12991377 Stimmen (43,5 v.H.) 397 Sitze; Labour mit 8437120 Stimmen (28,3 v.H.) 209 Sitze; die Sozial-Liberale Allianz mit 7775048 Stimmen (26 v.H.) 23 Sitze, davon 17 Liberale und 6 SDP; die schottischen Nationalisten (SNP) mit 331975 Stimmen (1,1 v.H.) zwei Sitze, Walisische Nationalisten (Plaid Cymru) mit 125309 Stimmen (0,4 v.H.) zwei Sitze, Nordirische Regionalparteien mit 963306 (3,1 v.H.) 17 Sitze, darunter Enoch Powell auf der Liste der Ulster-Unionisten; ferner siegte der stellvertretende Präsident der Sinn-Fein-Partei Gerry Adams über den unabhängigen Katholiken Gerry Fitt, was anzeigte, daß die irische Frage immer noch ungelöst war.

Labour-Führer Michael Foot nannte die Wahl »eine Tragödie für das Land« und legte am 12. Juni sein Amt nieder. Sein Nachfolger wurde Neil Kinnock. Beide betrachteten die abgespaltenen Sozialdemokraten unter David Owen und Shirley Williams als »Verräter«, welche den Weg in den gewerkschaftlichen Sozialismus nicht mitgehen wollten. Margaret Thatcher hingegen sprach von einer »historischen Wahl«, und in der Tat handelte sich Labour hier die schwerste Niederlage ein, die jemals eine britische Partei in den letzten fünfzig Jahren erlitten hatte. Im neuen Kabinett vergab Frau Thatcher die Schlüsselressorts an Anhänger ihres Wirtschaftskurses, ohne zu übersehen, daß trotz des beginnenden Aufschwungs und einer ausgeglicheneren Handelsbilanz immer noch 13 v.H. Arbeitslose zu verzeichnen waren.

In der Thronrede der Königin wurde ein Gesetz angekündigt, welches den Mitgliedern der Gewerkschaften eine demokratische Kontrolle über ihre Funktionäre sichern sollte. Ferner plante die Regierung weitere Einschränkungen des britischen Arbeitskampfrechts, um echte Urabstimmungen durchsetzen zu können. Nichtsdestoweniger hielten die wilden Streiks an. Die seit 22 Monaten sich hinziehenden Auseinandersetzungen mit der Druckergewerkschaft (NGA) gingen erst am 13. Dezember 1983 zuende, wobei Bußgeldbescheide und zeitweiliger Entzug der Verfügungsgewalt über das Gewerkschaftsvermögen eine Rolle spielten. Mehrmals rief der militante Bergarbeiterführer Arthur Scargill die 250000 Mitglieder seiner Bergarbeitergewerkschaft (NUM) ohne Urabstimmung zum Streik auf und entfaltete einen außerparlamentarischen Aktivismus mit neuen Formen der Gesetzwidrigkeit, um das Ergebnis der Wahlen von 1983 gewaltsam rückgängig zu machen. Er inszenierte landesweite Streiks ohne Urabstimmungen und mit fliegenden Streikposten. Seine Taktik der Blockade von Kohlendepots, um die Stahlindustrie lahmzulegen, hatte schon vor zehn Jahren zum Sturz der Heath-Regierung wesentlich beigetragen. Nun war die Schließung von 20 unrentablen Zechen im Frühjahr 1984 das Fanal für Arthur Scargill als Chef der »National Union of Miners«, erneut loszuschlagen, obgleich viele Kumpels wegen des Lohnausfalls nicht mitmachen konnten und wollten. Von 180000 Bergleuten arbeiteten 42000 weiter, zu denen später noch 5000 traten. Tausende von Polizisten mußten ihnen den Weg zur Arbeitsstätte frei halten. Es gab tägliche Straßenschlachten, die schließlich in einer blutigen Auseinandersetzung kulminierten, nämlich in der, von Scargill inszenierten »Schlacht bei Orgreave«, einem Kohledorf bei Sheffield, wo zur Feier des 100. Streiktages 6500 Kumpels gegen 3300 Polizisten aufgeboten wurden, um den Kohlenachschub für das Stahlwerk Scunthorps abzublocken. Der Widerpart Scargills war Ian MacGregor, der vom erfolgreichen Manager für »British Steel« zum Präsident des »National Coal Board« aufgestiegen war und den notwendigen sozialen Wandel durch ökonomischen und innovatorischen Wettbewerb erreichen wollte.

Bezeichnend für die Verhärtung der Parteifronten war die Taktik von Labour, das britische Votum für das Europa-Parlament vom 17. Juni 1984 als eine »Anti-Thatcher-Wahl« aufzuziehen. Das erste Votum vom Juni 1979 hatte bei einer Wahlbeteiligung von 33 v.H. den Konservativen 60 Sitze (48,4 v.H.) und Labour 16 Sitze (31,6 v.H.) eingebracht. Angesichts eines solchen Tiefstandes konnte ein zweites Votum die Position von Labour nur verbessern. In der Tat verdoppelte die Partei ihre Sitze auf 32, während die Konservativen nur noch 45 Sitze errangen. Dazu kamen noch vier Sitze anderer Gruppen. Der große Verlierer dieser Wahl war die neue sozial-liberale Allianz, die keinen Sitz erhielt. Die Wahlbeteiligung betrug 32 v.H. Immerhin hatte der ganze Süden Englands, mit Ausnahme von London, massiv für die Konservativen gestimmt.

Gegen die Regierung Thatcher sammelten sich alle linksradikalen Gegenkräfte unter der Parole eines entschlossenen Kampfes gegen den »Thatcherism«, der offenbar daran war, jenseits von Klassenkampf und kollektivistischer Planwirtschaft eine neue Alternative auf die moderne Arbeitswelt hin zu entwickeln. Die alte Polarität von Kapital und Arbeit war für die Thatcher-Leute nicht mehr allein ausschlaggebend, da das Wachstumskonto weniger auf Kapital und Arbeit als auf dem technischen Fortschritt beruhte.

Die Ablösung des Klassenkampfes und der Klassenloyalitäten sollte sich mit dem unmittelbaren Anschluß an die technologischen Herausforderungen von selbst ergeben, zumal die technologische Revolution die Lebens- und Arbeitsbedingungen von Grund auf veränderte. Die Rahmenbedingungen für eine neue Dynamik und ein flexibles Management ignorierten die hinfälligen Klassenformationen alten Stils.

Der »Thatcherismus« zog daraus erstmals entschlossene Konsequenzen. Ihm kam es auf Sachverstand und Verantwortungsbewußtsein, auf Kreativität und Kooperation an, um den optimalen

Einstieg in das technische Zeitalter zu schaffen. Die Rolle der Gewerkschaften bestand in den Augen der Thatcher-Leute lediglich darin, diesen Übergang für die Betroffenen möglichst abzumildern, nicht aber darin, die obsolete Konfliktsituation von Kapital und Arbeit künstlich aufrechtzuerhalten; sonst würden sich die Gewerkschaften allmählich selbst ausmanövrieren, nicht anders wie im 19. Jahrhundert die Zünfte, als sie sich gegen den Übergang in die industrielle Massengesellschaft zur Wehr setzten.

An der Befriedung der gegenwärtigen Konfliktsituation und der Beantwortung der technologischen Herausforderungen will die Thatcher-Regierung gemessen sein. Vom Erfolg ihrer Politik hängt nach Meinung vieler Engländer Fortschritt und Vorrang der freien westlichen Welt wesentlich ab.

STAMMTAFELN

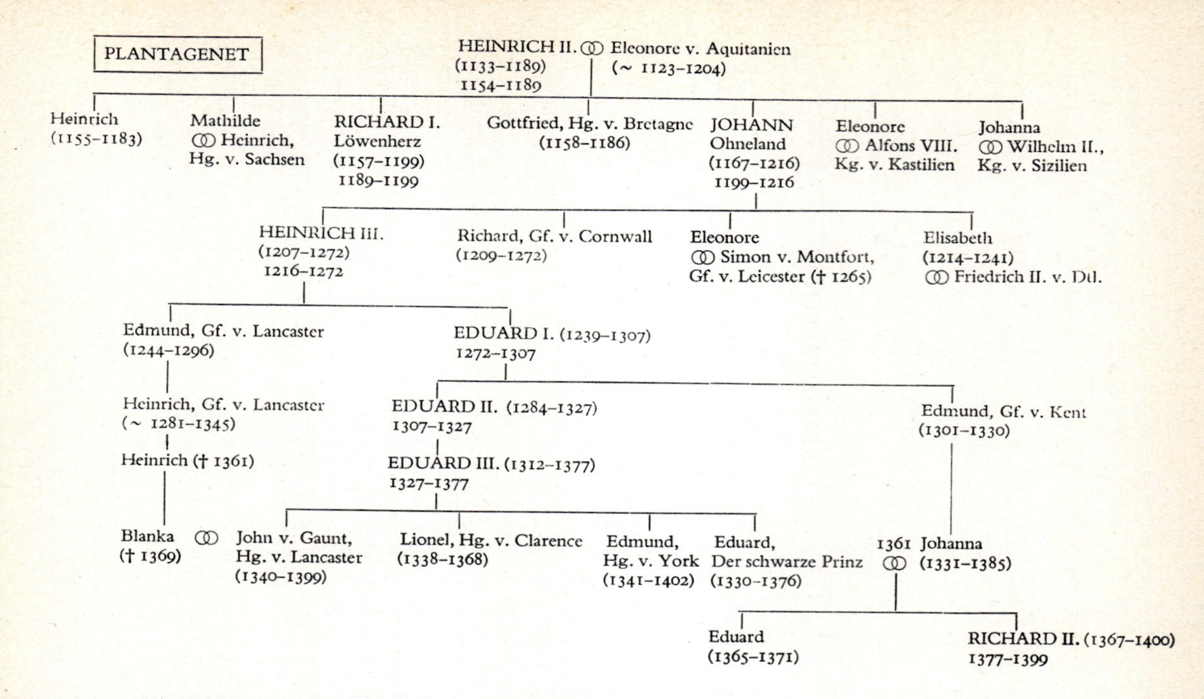
PLANTAGENET
HEINRICH II. ⚭ Eleonore v. Aquitanien
(1133–1189) (~ 1123–1204)
1154–1189
Heinrich (1155–1183)
Mathilde ⚭ Heinrich, Hg. v. Sachsen
RICHARD I. Löwenherz (1157–1199) 1189–1199
Gottfried, Hg. v. Bretagne (1158–1186)
JOHANN Ohneland (1167–1216) 1199–1216
Eleonore ⚭ Alfons VIII. Kg. v. Kastilien
Johanna ⚭ Wilhelm II., Kg. v. Sizilien
HEINRICH III. (1207–1272) 1216–1272
Richard, Gf. v. Cornwall (1209–1272)
Eleonore ⚭ Simon v. Montfort, Gf. v. Leicester († 1265)
Elisabeth (1214–1241) ⚭ Friedrich II. v. Dtl.
Edmund, Gf. v. Lancaster (1244–1296)
EDUARD I. (1239–1307) 1272–1307
Heinrich, Gf. v. Lancaster (~ 1281–1345)
EDUARD II. (1284–1327) 1307–1327
Edmund, Gf. v. Kent (1301–1330)
Heinrich († 1361)
EDUARD III. (1312–1377) 1327–1377
Blanka († 1369) ⚭ John v. Gaunt, Hg. v. Lancaster (1340–1399)
Lionel, Hg. v. Clarence (1338–1368)
Edmund, Hg. v. York (1341–1402)
Eduard, Der schwarze Prinz (1330–1376)
1361 ⚭ Johanna (1331–1385)
Eduard (1365–1371)
RICHARD II. (1367–1400) 1377–1399

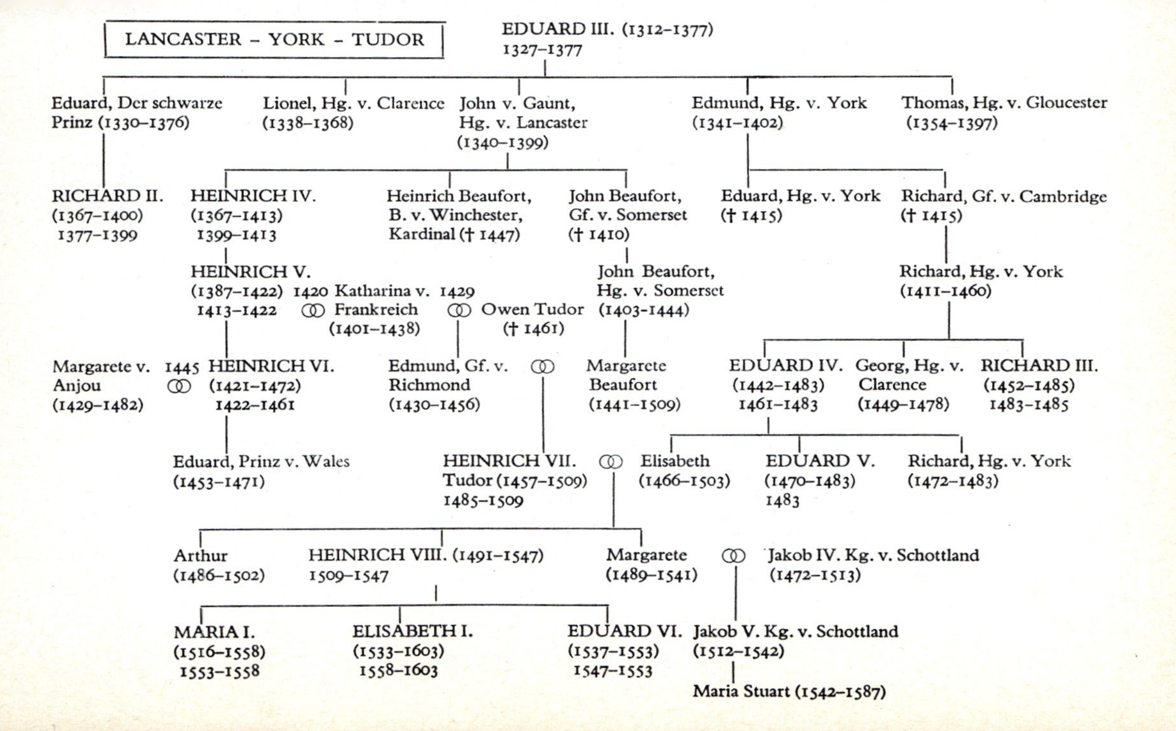
LANCASTER – YORK – TUDOR
EDUARD III. (1312–1377) 1327–1377
Eduard, Der schwarze Prinz (1330–1376)
Lionel, Hg. v. Clarence (1338–1368)
John v. Gaunt, Hg. v. Lancaster (1340–1399)
Edmund, Hg. v. York (1341–1402)
Thomas, Hg. v. Gloucester (1354–1397)
RICHARD II. (1367–1400) 1377–1399
HEINRICH IV. (1367–1413) 1399–1413
Heinrich Beaufort, B. v. Winchester, Kardinal († 1447)
John Beaufort, Gf. v. Somerset († 1410)
Eduard, Hg. v. York († 1415)
Richard, Gf. v. Cambridge († 1415)
HEINRICH V. (1387–1422) 1413–1422
1420
Katharina v. Frankreich (1401–1438)
1429
Owen Tudor († 1461)
John Beaufort, Hg. v. Somerset (1403-1444)
Richard, Hg. v. York (1411–1460)
Margarete v. Anjou (1429–1482)
1445
HEINRICH VI. (1421–1472) 1422–1461
Edmund, Gf. v. Richmond (1430–1456)
Margarete Beaufort (1441–1509)
EDUARD IV. (1442–1483) 1461–1483
Georg, Hg. v. Clarence (1449–1478)
RICHARD III. (1452–1485) 1483–1485
Eduard, Prinz v. Wales (1453–1471)
HEINRICH VII. Tudor (1457–1509) 1485–1509
Elisabeth (1466–1503)
EDUARD V. (1470–1483) 1483
Richard, Hg. v. York (1472–1483)
Arthur (1486–1502)
HEINRICH VIII. (1491–1547) 1509–1547
Margarete (1489–1541)
Jakob IV. Kg. v. Schottland (1472–1513)
MARIA I. (1516–1558) 1553–1558
ELISABETH I. (1533–1603) 1558–1603
EDUARD VI. (1537–1553) 1547–1553
Jakob V. Kg. v. Schottland (1512–1542)
Maria Stuart (1542–1587)

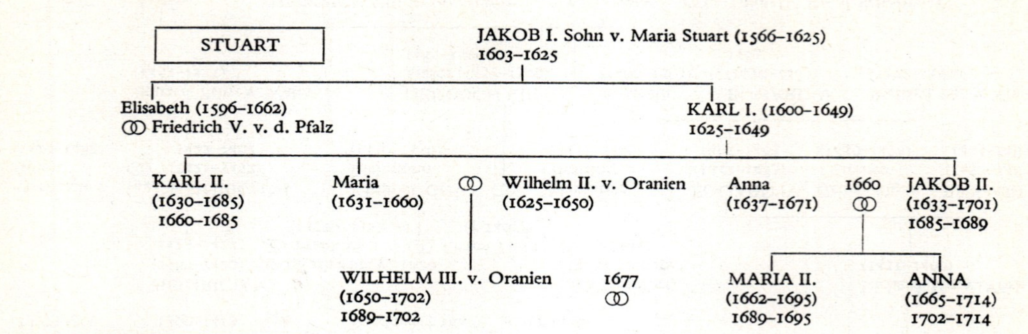

(Stammtafeln nach:
Hg. v. Isenburg, Stammtafeln zur
Gesch. d. europ. Staaten. Bd. II ^{2}1953)

DIE ENGLISCHEN KÖNIGE UND KÖNIGINNEN

(Daten nach: Handbook of British Chronology. [2]1961)

Angelsächs. u. dänische Könige

871–899 Alfred d. Große
899–924 Edward d. Ältere
924–939 Athelstan
939–946 Edmund
946–955 Edred
955–959 Edwy
959–975 Edgar
975–978 Edward d. Märtyrer
978–1016 Ethelred
1016 Edmund Ironside
1016–1035 Knut
1035–1040 Harold Harefoot
1040–1042 Harthaknut
1042–1066 Edward d. Bekenner
1066 Harold Godwinson

Normannische Könige

1066–1087 Wilhelm I. d. Eroberer
1087–1100 Wilhelm II.
1100–1135 Heinrich I.
1135–1154 Stephan von Blois

Anjou-Plantagenet

1154–1189 Heinrich II.
1189–1199 Richard I. Löwenherz
1199–1216 Johann Ohneland
1216–1272 Heinrich III.
1272–1307 Eduard I.
1307–1327 Eduard II.
1327–1377 Eduard III.
1377–1399 Richard II.

Lancaster

1399–1413 Heinrich IV.
1413–1422 Heinrich V.
1422–1461 Heinrich VI.

York

1461–1483 Eduard IV.
1483 Eduard V.
1483–1485 Richard III.

Tudor

1485–1509 Heinrich VII.
1509–1547 Heinrich VIII.
1547–1553 Eduard VI.
1553–1558 Maria I. die Katholische
1558–1603 Elisabeth I.

Stuart

1603–1625 Jakob I.
1625–1649 Karl I.
1649–1659 Republik
(1649–1653 Commonwealth;
1653–1658 Oliver Cromwell Lord Protector;
1658–1659 Richard Cromwell Lord Protector)
1660–1685 Karl II.
1685–1688 Jakob II.
1689–1702 Wilhelm III. von Oranien
(1689–1694 zusammen mit Maria II.)
1702–1714 Anna

Hannover-Windsor

1714–1727 Georg I.
1727–1760 Georg II.
1760–1820 Georg III.
1820–1830 Georg IV.
1830–1837 Wilhelm IV.
1837–1901 Viktoria
1901–1910 Eduard VII.
1910–1936 Georg V.
1936 Eduard VIII.
1936–1952 Georg VI.
1952ff. Elisabeth II.

PREMIERMINISTER (KABINETTE)

(Nach Handbook of British Chronology, ²1961. Monatsnamen in röm. Zahlen vor den jew. Jahreszahlen.)

GEORG I.

X. 1720 *Sir Robert Walpole* (Whig)

GEORG II.

VI. 1727 Sir Robert Walpole
II. 1742 John, *Lord Carteret* (Whig)
VIII. 1743 *Henry Pelham* (Whig)
III. 1754 Thomas Pelham, *Herzog v. Newcastle*, Bruder Henry Pelhams (Whig)
XI. 1756 William Cavendish, *Herzog v. Devonshire* (Whig)
(Secretary of State v. 1756 – Anfang 1757 William Pitt d. Ä., Graf v. Chatham)
VII. 1757 Thomas Pelham, *Herzog v. Newcastle* [2.]
(Secretary of State VI. 1757–X. 1761 William Pitt d. Ä.)

GEORG III.

X. 1760 Thomas Pelham, *Herzog v. Newcastle*
V. 1762 John Stuart, *Graf v. Bute* (King's Friends)
IV. 1763 *George Grenville* (Whig)
VII. 1765 Charles Wentworth Watson, *Marquess of Rockingham* (Whig)
VII. 1766 *William Pitt d. Ä.*, Graf v. Chatnam
X. 1768 August Henry Fitzroy, *Herzog v. Grafton*
I. 1770 Frederick, *Lord North* (Tory, King's Friends)
III. 1782 Charles Wentworth Watson, *Marquess of Rockingham* [2.] (Whig)
VII. 1782 William Petty Fitzmaurice, *Graf v. Shelburne* (Whig, King's Friends)
IV. 1783 William Henry Cavendish-Bentinck, *Herzog v. Portland*
(Koalitionsministerium Ch. J. Fox, Lord North, Whig-Tory)
XII. 1783 *William Pitt d. J.* (King's Friends und Anhänger Chathams, Ministerium nimmt allmählich Tory-Charakter an)
III. 1801 *Henry Addington*, Viscount Sidmouth (Tory)
V. 1804 *William Pitt d. J.* [2.] (Tory)
II. 1806 William Wyndham, *Lord Grenville* (Ministry of all the Talents, Whig-Tory)
III. 1807 William Henry Cavendish-Bentinck, *Herzog v. Portland* [2.] (Tory)
X. 1809 *Spencer Perceval* (Tory)
VI. 1812 Robert Banks Jenkinson, *Graf v. Liverpool* (Tory)

GEORG IV.

I. 1820 Robert Banks Jenkinson, *Graf v. Liverpool*
IV. 1827 *George Canning* (Liberal Tory)
VIII. 1827 Frederick John Robinson, *Viscount Goderich* (Liberal Tory)
I. 1828 Arthur Wellesley, *Herzog v. Wellington* (Tory)

WILHELM IV.

VI. 1830 Arthur Wellesley, *Herzog v. Wellington*
XI. 1830 Charles, *Graf Grey* (Whig)
VII. 1834 William Lamb, *Viscount Melbourne* (Whig)
XI. 1834 Arthur Wellesley, *Herzog v. Wellington* [2.] (Tory)
XII. 1834 *Sir Robert Peel* (Tory)
IV. 1835 William Lamb, *Viscount Melbourne* [2.] (Whig)

VICTORIA

VI. 1837 William Lamb, *Viscount Melbourne*
VIII. 1841 *Sir Robert Peel* (liberal-konservative »Peeliten«)
VI. 1846 John, *Lord Russell* (Whig)
II. 1852 Edward Geoffrey Stanley, *Graf v. Derby* (Tory, Benjamin Disraeli Schatzkanzler)
XII. 1852 George Gordon, *Graf v. Aberdeen* (Koalitionskabinett, »Peeliten« und Whigs, William Ewart Gladstone Schatzkanzler)
II. 1855 Henry John Temple, *Viscount Palmerston* (Whig)
II. 1858 E. G. Stanley, *Graf v. Derby* [2.] (Tory, B. Disraeli Schatzkanzler)
VI. 1859 Henry John Temple, *Viscount Palmerston* [2.] (Whig, W. E. Gladstone Schatzkanzler)
X. 1865 John, *Lord Russell* [2.] (Whig, W. E. Gladstone Schatzkanzler)
VI. 1866 E. G. Stanley, *Lord v. Derby* [3.] (Tory, B. Disraeli Schatzkanzler)
II. 1868 *B. Disraeli* (Tory)
XII. 1868 *W. E. Gladstone* (Liberal)
II. 1874 *B. Disraeli*, seit 1876 Graf v. Beaconsfield [2.] (Conservative)
IV. 1880 *W. E. Gladstone* [2.] (Liberal)
VI. 1885 Robert Cecil, *Marquess of Salisbury* (Cons.)
II. 1886 *W. E. Gladstone* [3.] (Lib.)
VII. 1886 R. Cecil, *Marquess of Salisbury* [2.] (Cons.)
VIII. 1892 *W. E. Gladstone* [4.] (Lib.)
III. 1894 A. P. Primrose, *Graf v. Rosebery* (Lib.)
VI. 1895 R. Cecil, *Marquess of Salisbury* [3.] (Cons.)

EDUARD VII.

I. 1901 R. Cecil, *Marquess of Salisbury* (Cons.)
VII. 1902 *Arthur James Balfour* (Cons.)
XII. 1905 *Sir Henry Campbell Bannerman* (Lib., Handelsminister David Lloyd George)
IV. 1908 *Herbert Henry Asquith* (Lib., Schatzkanzler und Handelsminister D. Lloyd George)

GEORG V.

V. 1910 *H. H. Asquith* (Lib.)
V. 1915 *H. H. Asquith* [2.] (Koalitionskabinett, D. Lloyd George v. 26. V. 1915 – 7. VII. 1916 Munitionsminister, v. 7. VII. 1916 – 5. XII. 1916 Kriegsminister)
XII. 1916 *D. Lloyd George* (Koalitionskabinett)
X. 1922 *Andrew Bonar Law* (Cons.)
V. 1923 *Stanley Baldwin* (Cons.)
I. 1924 *James Ramsay Macdonald* (Labour)
XI. 1924 *Stanley Baldwin* [2.] (Cons.)

VI. 1929 *J. R. Macdonald* [2.] (Lab.)
VIII. 1931 *J. R. Macdonald* [3.] (Koalitionskabinett)
XI. 1931 *J. R. Macdonald* [4.] (Koalitionskabinett)
VI. 1935 *St. Baldwin* [3.] (Koalitionskabinett)

GEORG VI.

V. 1937 *Arthur Neville Chamberlain* (Cons.)
V. 1940 *Winston Spencer Churchill* (Koalitionskabinett)
V. 1945 *W. S. Churchill* (Cons.)
VII. 1945 *Clement R. Attlee* (Lab.)
X. 1951 *W. S. Churchill* (Cons.)

ELISABETH II.

IV. 1955 *Sir Anthony Eden* (Cons.)
I. 1957 *Harold Macmillan* (Cons.)
X. 1963 *Sir Alec Douglas-Home* (Cons.)
X. 1964 *Harold Wilson* (Lab.)
V. 1966 *H. Wilson* [2.] (Lab.)
VI. 1970 *Edward Heath* (Cons.)
II. 1974 *H. Wilson* [3.] (Lab.)
X. 1974 *H. Wilson* [4.] (Lab.)
III. 1976 *James Callaghan* (Lab.)
V. 1979 *Margaret Thatcher* (Cons.)
VI. 1983 *M. Thatcher* [2.] (Cons.)

LITERATURHINWEISE

Die vorliegende Bibliographie erstrebt keinerlei Vollständigkeit. Sie will Hinweise zum Weiterstudium geben, wobei im allgemeinen der neueren Literatur der Vorzug gegeben wurde. Der Interessierte kann außerdem mit Hilfe der unten aufgeführten Bibliographien (zunächst den Literatur-Angaben der Oxford-History und der English Historical Documents) alles Nötige selbst finden.

Abkürzungen:
E. = England
G. = Geschichte
H. = History
Jh. = Jahrhundert
MA. = Middle Age(s), Mittelalter
Med. = Medieval
Pb. = Paperback
Rp. = Reprint

A. WERKE ZUR GESAMTEN ENGLISCHEN GESCHICHTE

Bibliographien

ANNUAL BULLETIN OF HISTORICAL LITERATURE. Hg. v. der Historical Association. 1911ff. – INTERNATIONAL BIBLIOGRAPHY OF HISTORICAL SCIENCES. 1926ff. (zuletzt 31 (1962)) – A.T. MILNE, Writings on British History. 1934ff. – J.C. LANCASTER, Bibliography of Historical Works issued in the United Kingdom 1946–1956. 1964 – W. KELLAWAY, Bibliography of Historical Works issued in the United Kingdom 1956–1960. 1969; dto. 1961–1965. 1967; dto. 1966–1970. 1972 – Hg. E. C. FURBER, Changing Views on British History. Essays on Historical Writing since 1939. 1966 (Beitr. von 14 Autoren; ausgez. Hilfsmittel) – C. GROSS, Sources and Literature of E.s H. ²1915 (umfaßt nur das MA. bis 1485 und soll neu aufgelegt werden) – F. TRAUTZ, England. Mittelalter. Literaturbericht. In: Sonderheft 2 (1965) der Histor. Zeitschrift, 108–259 – C. HOWARD, England. Neuzeit. Literaturbericht. In: Sonderheft 1 (1962) der Histor. Zeitschrift, 88–122.

W. BONSER, An Anglo-Saxon and Celtic Bibliography (450–1087). 2 Bde. 1957 – M. LEVINE, Tudor E. 1485–1603. 1968 (in der Serie »Bibliographical Handbooks«, hg. v. J. J. Hecht, G. R. Elton) – C. READ,

Bibliography of British H. Tudor Period, 1485–1603. [2]1959 – G. DAVIES, Bibliography of British H. Stuart Period, 1603–1714. 1928 – S. PARGELLIS, D. J. MEDLEY, Bibliography of British H. The 18th Century 1714–1789. 1951.

R. T. JENKINS, W. REES, A Bibliography of the H. of Wales. [2]1962 – S. B. CHRIMES, I. A. ROOTS, English Constitutional H. A Select Bibliography. 1958 – G. R. ELTON, Modern Historians on British H. 1485–1945. A Critical Bibliography 1945–1969. 1970.

Zum Schluß ist auf die jährl. Bibliographie der Zeitschriftenliteratur zur engl. Gesch. hinzuweisen, die im Juli-Heft der English Historical Review erscheint.

Periodica

ENGLISH HISTORICAL REVIEW (EHR). 1886ff. (Schwerpunkt mittelalterliche Gesch. und frühe Neuzeit) – HISTORICAL JOURNAL (HJ). 1958ff. (Schwerpunkt neuere engl. Gesch.) – PAST AND PRESENT (PP). 1952ff. (betont die Sozial- und Wirtschaftsgesch.) – ECONOMIC HISTORY REVIEW (Ec.H.R.). 1927ff. – HISTORY. 1912ff. (wichtige Sammelrezensionen) – BULLETIN OF THE INSTITUTE OF HISTORICAL RESEARCH (BIHR). 1923ff. (Jährl. Abstracts der histor. Dissertationen in Großbritannien) – TRANSACTIONS OF THE ROYAL HISTORICAL SOCIETY (TRHS). 1869ff. – JOURNAL OF BRITISH STUDIES (JBS). 1961ff. (engl. Gesch. der Neuzeit) – UNIVERSITY OF BIRMINGHAM HISTORICAL JOURNAL (UBHJ). 1947ff. – SCOTTISH HISTORICAL REVIEW (SHR). 1903–28, 1947ff. – WELSH HISTORY REVIEW (WHR). 1960ff. – SPECULUM. 1926ff. (mittelalterl. engl. Gesch.) – HUNTINGDON LIBRARY QUARTERLY (HLQ). 1931ff. (wichtig z. engl. Gesch. der frühen Neuzeit) – BULLETIN OF THE SOCIETY FOR THE STUDY OF LABOUR HISTORY (BLH). 1960ff. (Bibliographie, Quellennachweis).

Hilfswissenschaften und Nachschlagewerke

H.N. BLAKISTON, J.R. EDE, L.C. HECTOR, Guide to the Contents of the Public Record Office. 2 Bde. 1963 – Hgg. F.M. POWICKE, E.B. FRYDE, Handbook of British Chronology. [2]1961 (unentbehrl. Nachschlagewerk für Regierungs-, bzw. Amtszeit von Königen, Herzögen, Earls usf., kgl. Beamten, Erzbischöfen und Bischöfen) – Hg. C.R. CHENEY, Handbook of Dates for Students of English History. 1961 – THE DICTIONARY OF NATIONAL BIOGRAPHY. Besteht aus: DNB From the Earliest Times to 1900. 21 Bde. 1882ff. (mehrere Rps.) und 1 Supplementbd. (= Bd. 22); DNB The 20th Century: Bd. 1901–1911, Bd. 1912–1921, Bd. 1922–1930, Bd. 1931–1940, Bd. 1940–1950 – A.R. WAGNER, English Genealogy. 1960 – E. EKWALL, The Concise Oxford Dictionary of English Place-names. [4]1960 – Hg. F.L. CROSS, The Oxford Dictionary of the Christian Church.

1957 – E.Jowitt, C.Walsh, The Dictionary of English Law. 2 Bde. [2]1965 – The Encyclopedia Britannica. 24 Bde.

Hg. S. H. Steinberg, A New Dictionary of British History. [2]1964 – Hg. G. Niedhart, Einführung in die engl. G. 1982.

Gesamtdarstellungen und Reihenwerke

F.Salomon, Englische Gesch. von den Anfängen bis zur Gegenwart. 1923 – G.M.Trevelyan, H. of E. 2 Bde. [1]1926 (zahlreiche Aufl.; dt. [3]1947) – K.Feiling, A H. of E. [6]1963 – H.Preller, Gesch. Englands. 1952 – W.Churchill, A H. of the English-speaking Peoples. 4 Bde. 1956–58 – J.Thorn, R.Lockyer, D.Smith, A H. of E. 1961 – H.Höpfl, Gesch. E.s und des Commonwealth. 1965 – R.Marx, Histoire du Royaume-Uni. 1967 – R.J.White, A Short H. of E. 1967. – Wichtig: D.H.Willson, A H. of E. 1967.

The **Oxford History** of England. Hg. G.Clark.

Bd. 1: R.G.Collingwood, J.N.L.Myres, Roman Britain and the English Settlements. [5]1949 ([2]1937) – Bd. 2: F.Stenton, Anglo-Saxon England, c. 550–1087. [2]1947 (zahlreiche Rps.) – Bd. 3: A.L.Poole, From Domesday Book to Magna Carta, 1087–1216. [4]1958 – Bd. 4: M.Powicke, The 13th Century, 1216–1307. [2]1962 – Bd. 5: M.McKisack, The 14th Century, 1307–1399. 1959 – Bd. 6: E.F.Jacob, The 15th Century, 1399–1485. 1961 – Bd. 7: J.D.Mackie, The Earlier Tudors, 1485–1558. 1952 – Bd. 8: J.B.Black, The Reign of Elizabeth, 1558–1603. [2]1959 – Bd. 9: G.Davies, The Early Stuarts, 1603–1660. [2]1959 ([1]1937) – Bd. 10: G.Clark, The Later Stuarts, 1660–1714. [2]1956 ([1]1934) – Bd. 11: B. Williams, The Whig Supremacy, 1714–1760. [2]1962 hg. v. C.H.Stuart – Bd. 12: J.S.Watson, The Reign of George III, 1760–1815. 1960 – Bd. 13: L.Woodward, The Age of Reform, 1815–1870. [2]1962 – Bd. 14: R. Ensor, England 1870–1914. [6]1968 ([1]1936) – Bd. 15: A. J. P. Taylor, English History 1914–1945. 1965.

A History of England **(Methuen's History).** Hg. C.Oman.

Bd. 1: C.Oman, England before the Norman Conquest. [8]1938 – Bd. 2: H.W.C.Davis, England under the Normans and Angevins, 1066–1272. [13]1949 ([1]1905) – Bd. 3: K.V.Vickers, England in the Later Middle Ages, 1272–1485. [2]1920 – Bd. 4: G.R.Elton, England under the Tudors, 1485 to 1603. [1]1955 (mehrere Rps., 1962 mit neuer Bibl.) – Bd. 5: G.M.Trevelyan, England under the Stuarts, 1603–1714. [19]1947 – Bd. 6: C.G. Robertson, England under the Hanoverians, 1714–1815. [10]1930 – Bd. 7: J.A.R.Marriott, England since Waterloo, 1815–1900. [15]1954 – Bd. 8: J.A.R.Marriott, Modern England, 1885–1939. [2]1941.

A History of England **(Nelson's History).** Hgg. C.Brooke, D.M. Smith.

Bd. 1: P.H.Blair, Roman Britain and Early England, 55 B.C. – A.D. 871. 1963 – Bd. 2: C.Brooke, From Alfred to Henry III, 871–1272. 1961

– Bd. 3: G. HOLMES, The Later Middle Ages, 1272–1485. 1962 – Bd. 4: L. STONE, The Tudor Age, 1485–1603. (noch nicht ersch.) – Bd. 5: C. HILL, The Century of Revolution, 1603–1714. [5]1964 – Bd. 6: J. B. OWEN, The 18th Century, 1714–1815. 1975 – Bd. 7: D. BEALES, From Castlereagh to Gladstone, 1815–1885. 1969 – Bd. 8: H. PELLING, Modern Britain, 1885–1955. 1960.

A HISTORY OF ENGLAND **(Longman's History).** Hg. W. N. Medlicott.

Bd. 1: C. E. STEVENS, Roman Britain. (noch nicht ersch.) – Bd. 2: D. J. V. FISHER, The Anglo-Saxon Age. (noch nicht ersch.) – Bd. 3: F. BARLOW, The Feudal Kingdom of England, 1042–1216. [2]1961 – Bd. 4: B. WILKINSON, England in the Later Middle Ages. (noch nicht ersch.) – Bd. 5: J. A. WILLIAMSON, The Tudor Age. [2]1957 – Bd. 6: I. ROOTS, Stuart England. (noch nicht ersch.) – Bd. 7: D. MARSHALL, 18th Century England. [2]1963 – Bd. 8: A. BRIGGS, The Age of Improvement, 1783 to 1867. [3]1962 – Bd. 9: M. SHOCK, Late 19th Century England. (noch nicht ersch.) – Bd. 10: W. N. MEDLICOTT, Contemporary England, 1914–1964. 1967 – A. Goodman, A H. of E. from Edward II to James I. 1977.

THE **Pelican History** OF ENGLAND.

Bd. 1: I. A. RICHMOND, Roman Britain. [2]1963 – Bd. 2: D. WHITELOCK, The Beginnings of English Society. [2]1954 (zahlreiche Rps.) – Bd. 3: D. M. STENTON, English Society in the Early Middle Ages, 1066–1307. [4]1965 – Bd. 4: A. R. MYERS, England in the Late Middle Ages. [3]1966 – Bd. 5: S. T. BINDOFF, Tudor England. 1950 – Bd. 6: M. ASHLEY, England in the 17th Century. [3]1961 – Bd. 7: J. H. PLUMB, England in the 18th Century, 1714–1815. [2]1963 – Bd. 8: D. THOMSON, England in the 19th Century, 1815–1914. [2]1963 – Bd. 9: D. THOMSON, England in the 20th Century, 1914–1963. 1965.

Teilgebiete

Verfassungs- und Rechtsgeschichte

J. HATSCHEK, Englische Verfassungsgesch. bis zum Regierungsantritt der Königin Viktoria. 1913, [2]1978 (mit Nachträgen von W. KIENAST u. G. A. RITTER) – F. W. MAITLAND, The Constitutional H. of E. A Course of Lectures. 1908, Rp. 1963 – G. B. ADAMS, A Constitutional H. of E. [2]1949 (reicht bis 1906) – T. P. TASWELL, E. LANGMEAD, English Constitutional H. [11]1960 – W. S. HOLDSWORTH, A H. of English Law. 16 Bde. kompl. 1966 – E. JENKS, Short H. of English Law. [3]1938 – T. F. T. PLUCKNETT, A Concise H. of the Common Law. [5]1956 ([1]1929) (gute Bibl.!) – J. E. A. JOLLIFFE, The Constitutional H. of Med. E. [4]1961 – D. L. KEIR, The Constitutional H. of Modern Britain since 1485, [8]1966.

Wirtschaftsgeschichte

THE CAMBRIDGE ECONOMIC HISTORY OF EUROPE. Hgg. M. M. Postan, H. J. Habakkuk.

Bd. 1: M.M. POSTAN, The Agrarian Life of the Middle Ages. ²1966 – Bd. 2: M.M. POSTAN, E.E. RICH, Trade and Industry in the Middle Ages. 1952 – Bd. 3: M.M. POSTAN, E.E. RICH, Economic Organization and Policies in the Middle Ages. 1963 – Bd. 4: E.E. RICH, C.H. WILSON, The Economy of Expanding Europe in the 16th and 17th Centuries. 1967 – Bd. 5 (noch nicht ersch.) – Bd. 6, Teil 1: H.J. HABAKKUK, M.M. POSTAN, The Industrial Revolutions and After: Incomes, Population and Technological Change (I.) 1965 – Bd. 6, Teil 2: H. J. HABAKKUK, M. M. POSTAN, The Industrial Revolutions and After (II). 1965 – R. FLOUD u. D. MCCLOSKEY, The Economic H. of Britain since 1700. Bd. 1: 1700–1860; Bd. 2: 1860–1970. 1981 – E. A. WRIGLEY u. R. S. SCHOFIELD, The Population H. of E. 1541–1871. A Reconstruction. 1981.

THE AGRARIAN HISTORY OF ENGLAND AND WALES. Hg. H. P. R. Finberg. Bisher erschienen Bd. 4: J. THIRSK, 1500–1640. 1967, ders. Bd. 1, part. 2: 43–1042. 1972

H.O. MEREDITH, Economic H. of E. A Study in Social Development. ¹1910, ⁵1949 hg. v. C. Ellis – L. BRENTANO, Eine Gesch. der wirtschaftlichen Entwicklung E.s. 4 Bde. 1927–29 (Bd. 1 behandelt das MA) – E. LIPSON, The Economic H. of E. 3 Bde. 1947 (Bd. 1 behandelt das MA, Bde. 2 und 3 die Zeit des Merkantilismus) – E. LIPSON, The Growth of English Society. A Short Economic H. ⁴1959 – J.H. CLAPHAM, A Concise Economic H. of Britain. 1949, Pb. 1963 (reicht bis ca. 1750!) – S. POLLARD u. D. W. CROSSLEY, The Wealth of Britain 1969.

Kirchen-, Sozial- und Geistesgeschichte

Hgg. W.R.W. STEPHENS, W. HUNT, A H. of the English Church. 9 Bde. 1899–1910 (Bde. 1–3 betreffen das MA) – J.R.H. MOORMAN, A H. of the Church in England. ⁴1963 (mehrere Rps.) – G.M. TREVELYAN, English Social H. ¹1944 (seitdem zahlr. Aufl. und Rps.; dt. 1948; auch illustr. bei Pelican) – D.M. STENTON, The English Woman in H. 1957 (reicht bis 1869) – M.A. LEWIS, H. of the British Navy. 1959 – G.J. MARCUS, A Naval H. of E. Bd. 1: The Formative Centuries. 1961 – E.W. SHEPPARD, A Short H. of the British Army. ⁴1950 – W.F. SCHIRMER, Gesch. der englischen Literatur. 2 Bde. ²1954 (1 Bd. ⁵1968) – A. GRANSDEN, Historical Writing in E. Bd. 1: 550–1307. 1968; Bd. 2: 1307 to the Early 16th Cent. 1982.

Regionalgeschichten

F.J.C. HEARNSHAW, Outlines of H. of the British Isles. 1938 – R.L. MACKIE, A Short H. of Scotland. ¹1930, ²1962 hg. v. G. Donaldson – A New History of Scotland: Bd. 1: W.C. DICKINSON, Scotland from the Earliest Times to 1603. 1961 – Bd. 2: G.S. PRYDE, Scotland from 1603 to the Present Day. 1962 (New. Hist. of Scotland) – Bd. 3: G. W. S. BARROW, Kingship and Unity: Scotland 1000–1306. 2 Bde. 1981 – Bd. 4: J. WORMALD, Court, Kirk and Community. Scotland 1470–1625. 1981 – R. M.

MITCHISON, Lordship to Patronage. Scotland 1603–1745. 1983. – Vgl. auch: Edinburgh Hist. of Scotland (4 Bde.) – A. H. WILLIAMS, An Introduction to the H. of Wales. 2 Bde. 1941–48 – E. CURTIS, A H. of Ireland. [6]1950 – Hinzuweisen ist ferner auf die bisher schon über 100 Bde. umfassende VICTORIA HISTORY OF THE COUNTIES OF ENGLAND, 1900ff., die jeweils einzelne Grafschaften behandelt, z. B. Lancashire in 8 Bänden!

C. ROTH, A H. of the Jews in England. [2]1949.

Quellen

ENGLISH HISTORICAL DOCUMENTS. Hg. D.C. Douglas.

Bd. 1: D. WHITELOCK, c. 500–1042. 1955 – Bd. 2: D.C. DOUGLAS, G.W. GREENAWAY, 1042–1189. 1953 – Bd. 3: H. ROTHWELL, 1189–1327. 1975 – Bd. 4: A. R. MYERS, 1327–1485. 1969 – Bd. 5: C. H. WILLIAMS, 1485–1558. 1967 – Bd. 6: D. PRICE, 1558–1603. (noch nicht ersch.) – Bd. 7: I. ROOTS, 1603–1660. (noch nicht ersch.) – Bd. 8: A. BROWNING, 1660–1714. 1953 – Bd. 9: M. JENSEN, American Colonial Documents to 1776. 1955 – Bd. 10: D. B. HORN, M. RANSOME, 1714–1783. 1958 – Bd. II: A. ASPINALL, E. A. SMITH, 1783–1832. 1959 – Bd. 12, Teil 1: G. M. YOUNG, W. D. HANDCOCK, 1833–1874. 1956 – Bd. 12, Teil 2: G. M. YOUNG, W. D. HANDCOCK, 1874–1914. (noch nicht ersch.)

PELICAN: DOCUMENTARY HISTORY OF ENGLAND.

Bd. 1: J. J. BAGLEY, P. B. ROWLEY, 1066–1540. 1966 – Bd. 2: E. N. WILLIAMS, 1559–1931. 1965 – C. STEPHENSON u. F. G. MARCHAM, Sources of Engl. Constitutional H. 1937 (alle Texte englisch).

B. WERKE ZUM GESAMTEN ENGLISCHEN MITTELALTER

Gesamtdarstellungen

L. F. SALZMAN, English Life in the MA. 1926 – F. M. POWICKE, Med. E. 1066–1485. 1931 – H. CAM, E. before Elizabeth. [2]1952 – G. O. SAYLES, The Med. Foundations of E. [2]1950 (zahlreiche Rps.; reicht bis ins 13. Jh.) – Hg. A. L. POOLE, Med. E. 2 Bde. 1958 (die alte Ausgabe 1924 hg. v. W. C. Davis; 19 Beiträge von Fachhistorikern über das relig. Leben, Erziehung, Kunst, Münzkunde, Waffenwesen, Handel u. a.) – H.-P. GEH, Insulare Politik in E. vor den Tudors. 1964 (behandelt die engl. Außenpolitik ab 1066).

Teilgebiete

Verfassungsgeschichte

Zunächst heranzuziehen: S. B. CHRIMES, An Introduction to the Administrative H. of Med. E. [3]1966 – und: B. D. LYON, A Constitutional and

Legal H. of Med. E. 1960 – G.B.Adams, A Constitutional H. of Med. E. [2]1948 – W.Stubbs, Constitutional H. of E. 3 Bde. [7]1949–52 ([1]1874–78) (beide Werke etwas veraltet, aber z.T. immer noch wichtig) – J.E.A. Jolliffe, The Constitutional H. of Med. E. [4]1961 ([1]1937) (anregend, aber mit sehr persönl. Auffassungen) – Zwei wichtige Aufsatz-Sammelbände: H.Cam, Law-Finders and Law-Makers in Med. E. 1962 – C.Stephenson, Med. Institutions. Hg. v. B. Lyon 1954.

Monographien: J.F.Baldwin, The King's Council in E. during the MA. 1913, Rp. 1968 – F.J.West, The Justiciarship in E., 1066–1232. 1966 – W.A.Morris, Med. English Sheriff to 1300. 1927 – R.F.Hunnisett, The Med. Coroner. 1961 (über das Amt des Leichenbeschauers, der im Mittelalter in E. auch Untersuchungsrichter war) – T.F.T.Plucknett, The Med. Bailiff. 1954 – C.M.Gray, Copyhold, Equity and the Common Law. 1963 – B.Putnam, Proceedings before the Justices of the Peace in the 14th and 15th Centuries. 1938 – M.Hastings, The Court of Common Pleas in 15th Century E. 1947.

Agrar- und Wirtschaftsgeschichte

Hinzuweisen ist besonders auf die entspr. Bde. der Cambridge Economic History of Europe (s.o.).

Zur *Agrarverfassung*: G.Duby, L'économie rurale et la vie de scampagnes dans l'occident médiéval. 1962 (guter Überblick) – P.Vinogradoff, The Growth of the Manor. [2]1911 – G.G.Coulton, The Med. Village. 1925 – E.A.Kosminsky, Studies in the Agrarian H. of E. in the 13th Century. 1956 ([1]1935 russ.) – H.S.Bennett, Life on the English Manor. A Study of Peasant Conditions 1150–1400. 1937 – G.C.Homans, English Villagers of the 13th Century. 1941 – W.G.Hoskins, The Making of the English Landscape. 1955 – M.Bloch, Seigneurie française et manoir anglais. 1960 – R.H.Hilton, Freedom and Villeinage in E. In: PP 31 (1965), 3–19 (behandelt vor allem das Problem des »free man« im 13. Jh.) – M.Beresford, The Lost Villages of E. 1954 (wichtiges Werk über Ortswüstungen; Rp. 1963) – Verwiesen sei schließlich auf die 1953 gegr. Zeitschrift Agricultural History Review, wo die neueste Lit. verfolgt werden kann.

Zu den *Flurformen*: H.L.Gray, English Field-System. 1915 – C.S. Orwin, C.S.Orwin, The Open Fields. 1938 (Standardwerk, das die Forschung in Bewegung brachte; [3]1967 hg. v. J. Thirsk mit neuester Bibl.) – J.Thirsk, The Common Fields. In: PP 29 (1964), 3–25 – J.Thirsk, Tudor Enclosures. 1959 – A. R. H. Baker u. R. A. Butlin, Studies of Field Systems in the British Isles. 1973.

Zur *Wirtschaftsg. des SpätMA.*: E.Miller, The English Economy in 13th Century. Implications of Recent Research. In: PP 28 (1964), 21–40 – A.R.Bridbury, Economic Growth. E. in the Later MA. 1962 (wendet sich dagegen, das SpätMA. sei eine Zeit des Niedergangs gewesen) – J.van Klaveren, Die wirtschaftl. Auswirkungen des Schwarzen Todes. In: Vjschr. f. Sozial- u. Wirtschaftsgesch. 54 (1967), 187–202.

Zur *Handelsg.*: E.M. CARUS-WILSON, Med. Merchant Venturers. 1954 (Aufsatz-Sammelband) – E.M. CARUS-WILSON, O. COLEMAN, E.s Export Trade, 1275–1547. 1963 – L.F. SALZMAN, Med. English Industries. 1923 – E. POWER, The Wool Trade in Med. English H. 1941 – E.v. ROON-BASSERMANN, Die ersten Florentiner Handelsgesellschaften in E. In: Vjschr. f. Sozial- und Wirtschaftsgesch. 49 (1952), 97ff. – A.A. RUDDOCK, Italian Merchants and Shipping in Southampton 1270–1600. 1951 – P. DOLLINGER, Die Hanse. 1966 (frz. 1964) – F. SCHULZ, Die Hanse und E. von Eduard III. bis auf Heinrichs VIII. Zeit. 1911 – M. POSTAN, The Economic and Political Relations of E. and the Hansa from 1400 to 1475. In: E. Power, M. Postan, Studies in English Trade in the 15th Century. [2]1951.

Kulturgeschichte

W. ULLMANN, A H. of Political Thought: The MA. 1965 – M. MANITIUS, G. der latein. Literatur des MA. 3 Bde. 1910–1931 (reicht nur bis zum Ende des 12. Jhs., ist aber auch für E. wichtiges Handbuch) – C. OMAN, H. of the Art of War in the MA. 2 Bde. [2]1924 – R.A. BROWN, English Med. Castles. 1954 – L.F. SALZMAN, Building in E. down to 1540. 1952 (mit ausgez. Abschnitten über Löhne u. Struktur des engl. Baugewerbes im MA.) – R.A. BROWN u.a., The H. of the King's Works. The MA. 2 Bde. 1963 (behandelt alle Bauwerke, die engl. Könige bis 1485 errichten oder unterhalten ließen) – F.M. POWICKE, A.B. EMDEN, The Universities of Europe in the MA. 3 Bde. 1936 (Bd. 3 über die engl. Universitäten).

Kirchengeschichte

M. DEANESLY, A H. of the Med. Church 590–1500. [6]1950 – Hg. C. H. LAWRENCE, The English Church and the Papacy in the MA. 1965 (Sammelbd. von 6 Beiträgen mit kurzen Bibl.) – W.E. LUNT, Financial Relations of Papacy with E. to 1327. 1939 – B. TIERNEY, Med. Poor Law. A Sketch of Canonical Theory and Its Application in E. 1959 – J.C. DICKINSON, Monastic Life in Med. E. 1962 (ausgez. Einf.; Glossar) – D. KNOWLES, The Monastic Order in E., 943–1216. [2]1963 (ebenso ein Standardwerk wie:) – D. KNOWLES, The Religious Orders in E. 3 Bde. 1948–1959 (mehrere Rps.; Bd. 1 reicht bis ca. 1340, Bd. 2 bis etwa 1480, Bd. 3 bis ungefähr 1620) – D. KNOWLES, N. HADCOCK, Med. Religious Houses. E. and Wales. 1953 (systemat. Übersicht über alle Ordensniederlassungen) – D.E. EASSON, Med. Religious Houses. Scotland. 1957 (sehr gute Bibl.) – J. DOWDEN, Med. Church in Scotland. 1910 – G. WILLIAMS, The Welsh Church from the Conquest to Reformation. 1962 (Conquest meint hier die engl. Eroberung 1282/84).

Regionalgeschichten

J. MACKINNON, J.A.R. MACKINNON, Constitutional H. of Scotland. 1924 (geht nur bis ins 16. Jh.) – J.E. LLOYD, A H. of Wales from the

Earliest Times to the Edwardian Conquest. 2 Bde. [2]1939 – A. H. WILLIAMS, An Introduction to the H. of Wales. 2 Bde. 1941–49 (Bd. 1 bis 1063, Bd. 2 bis 1284) – L. BIELER, Irland: Wegbereiter des MA. 1961 (engl. 1963) – E. CURTIS, A H. of Med. Ireland from 1086–1513. [4]1942 – H. G. RICHARDSON, G. O. SAYLES, The Administration of Ireland 1172–1377. 1964 – DIES., The Irish Parliament in the MA. [2]1967 – A. J. OTWAY-RUTHVEN, A H. of Medieval Ireland. 1968.

Zum engl. Königtum

C. PETIT-DUTAILLIS, La monarchie féodale en France et en Angleterre. 1933 – G. W. S. BARROW, Feudal Britain: The Completion of the Med. Kingdoms 1066–1314. 1962 – J. E. A. JOLLIFFE, Angevin Kingship. [2]1963 – R. S. HOYT, The Royal Demesne in English Constitutional H., 1066–1272. 1950 – M. HOWELL, Regalian Right in Med. E. 1962 – P. E. SCHRAMM, G. des engl. Königtums im Lichte der Krönung. 1937 – H. G. RICHARDSON, The Coronation Oath in Med. E. In: Traditio 16 (1960), 111–202 – W. KIENAST, Untertaneneid und Treuvorbehalt in Frankreich und E. 1952 – F. KERN, Gottesgnadentum und Widerstandsrecht im früheren MA. Zur Entwicklungsg. der Monarchie. [2]1954 ([1]1914) – E. H. KANTOROWICZ, The King's Two Bodies. 1957.

Zum Feudalismus

J. H. ROUND, Feudal E. 1895 – F. M. STENTON, The First Century of English Feudalism 1066–1166. [2]1961 ([1]1932) – F. M. STENTON, The Changing Feudalism of the MA. In: History 19 (1935) – S. PAINTER, Feudalism and Liberty. 1961 – M. GIBBS, Feudal Order. A Study of the Origins and Development of English Feudal Society. 1949 – Zum Problem des Heeresdienstes: H. M. CHEW, English Ecclesiastical Tenants-in-Chief and Knight Service. 1932 – I. J. SANDERS, Feudal Military Service in E. A Study of the Constitutional and Military Powers of the Barones in Med. E. 1956 – M. POWICKE, Military Obligation in Med. E. A Study in Liberty and Duty. 1962 – Zur Frage der Kontinuität von angelsächsischem und normann. Feudalismus: C. W. HOLLISTER, Anglo-Saxon Military Institutions on the Eve of the Norman Conquest. 1962 – C. W. HOLLISTER, J. C. HOYT, Two Comments on the Problem of Continuity in Anglo-Norman Feudalism. In: Ec. H. R. 2. Ser. 16 (1963), 104–118 – C. W. HOLLISTER, 1066 – The »feudal revolution«. In: Amer. Hist. Review 73 (1967/68), 708–723 – Zur Einordnung in den europ. Feudalismus: M. BLOCH, La société féodale. 1939 (engl. 1961).

Über die Entwicklung des Feudalismus zum »Bastardfeudalismus«: H. M. CAM, The Decline and Fall of English Feudalism. In: History 25 (1940), 216–233 – K. B. MCFARLANE, Bastard Feudalism. In: BIHR 20 (1945), 161–180 – E. A. KOSMINSKY, The Evolution of Feudal Rent in E. from the 11th to the 15th Centuries. In: PP 7 (1955), 12–36 – B. D. LYON, From Fief to Indenture. The Transition from Feudal to Non-Feudal Contract in Western Europe. 1957 – W.H.DUNHAM, Lord Hasting's Indentured Retainers, 1461–1483. The Lawfulness of Livery and Retaining under the Yorkists and Tudors. 1955 (wendet sich gegen den Ausdruck »Bastardfeudalismus«; es handle sich um eine Verfeinerung, nicht um eine Degeneration früherer feudaler Lebensart) – J.HURSTFIELD, The Revival of Feudalism in Early Tudor E. In: History 37 (1952), 131–145.

Städte

Die »BRITISH BOROUGH CHARTERS« wurden hg. v. A.Ballard 1042–1216 (1913), v. A.Ballard, J.Tait für 1216–1307 (1923) und W.Weinbaum für 1307–1660 (1943) – Standardwerk: J.TAIT, The Med. English Borough. 1936 – F.W.MAITLAND, Township and Borough. 1898 – N.M.TRENHOLME, English Monastic Boroughs. 1927 – C.STEPHENSON, Borough and Town. 1933 – H.M.CAM, Liberties and Communities in Med. E. Rp. 1963 (wichtige Aufsatzsammlung; u.a. Kap. über Cambridge) – M. BERESFORD, New Towns of the MA. Town Plantation in E., Wales and Gascony. 1967.

Zur Gesch. *Londons* im MA.: F.M.STENTON, Norman London. ²1934 – W.WEINBAUM, Verfassungsg. Londons 1066–1268. 1929 – DERS., London unter Eduard I. und II. 2 Bde. 1933 – G.A.WILLIAMS, Med. London: From Commune to Capital. 1963 (behandelt die Zeit von 1216–1337) – R.BIRD, The Turbulent London of Richard II. 1949 – S.L.THRUPP, The Merchant Class of Med. London, 1300–1500. 1948, Pb. 1962 – G.UNWIN, Gilds and Companies of London. ³1938 – E.EKWALL, Studies on the Population of Med. London. 1956.

Zu einigen engl. Städten: F.HILL, Med. Lincoln. 1948, Rp. 1965 (die meistgerühmte engl. Stadtgesch.; vom gleichen Autor: Tudor and Stuart Lincoln. 1956) – H.E.SALTER, Med. Oxford. 1936 – A.RAINE, Med. York. A Topographical Survey Based on Original Sources. 1955 – H.RICHARDSON, The Med. Fairs and Markets of York. 1961.

Quellen

S.B.CHRIMES, A.L.BROWN, Select Documents of English Constitutional H., 1307–1485. 1961 – Hg. G.G.COULTON, Social Life in Britain from the Conquest to the Reformation. ¹1918, Rp. 1956 – Hgg. A.W. HADDAN, W.STUBBS, Councils and Ecclesiastical Documents relating to Great Britain and Ireland. 3 Bde. 1869–73, Rp. 1964 (reicht für Wales bis 1295, für E. bis 870) – ergänzt durch: Councils and Synods with other Documents relating to the English Church. Bd. 1 (noch nicht ersch.); Bd. 2: 1205–1313 (2 Teilbde.), hgg. v. F.M.POWICKE u. C.R.CHENEY. 1964.

Teil I

URSPRÜNGE UND FRÜHES MITTELALTER

VON DEN URSPRÜNGEN BIS ZUR NORMANNISCHEN EROBERUNG

Ur- und Frühgeschichte: V. G. Childe, Prehistoric Communities of the British Isles. [3]1949 – S. Piggott, Neolithic Cultures of the British Isles. 1954 – Ders., The Agrarian H. of E. and Wales: vol I, part i: Prehistory. 1981 – R. J. C. Atkinson, Stonehenge. 1956 (Pelican 1960) – G. S. Hawkins, Stonehenge. 1966 – Hg. A. F. L. Rivet, The Iron Age in Northern Britain. 1967 – Hgg. I. L. Foster, G. Daniel, Prehistoric and Early Wales. 1965.

Kelten: H. Hubert, Les Celtes et la civilisation celtique. [2]1950 – M. Dillon, Die Kelten. 1966 – N. K. Chadwick, Celtic Britain. 1964 – Römische Zeit: R. G. Collingwood, Roman Britain. [3]1934 (Standardwerk; vom gleichen Verf. auch Bd. 1 der Oxford-H.) – A. L. F. Rivet, Town and Country in Roman Britain. 1958, Rp. 1966 – Hg. C. Thomas, Rural Settlement in Roman Britain. 1966 – J. Collingwood Bruce, Handbook to the Roman Wall. [11]1957 – A. S. Robertson, The Antonine Wall. 1960 – V. E. Nash-Williams, The Roman Frontier in Wales. 1954 – P. Salway, The Frontier People of Roman Britain. 1965 – G. C. Home, Roman London. [2]1948 – G. C. Boon, Roman Silchester. 1957 – E. M. Clifford, Bagendon: A Belgic Oppidum. 1961 – J. M. C. Toynbee, Art in Britain under the Romans. 1964 – Sh. Frere, Britannia. A H. of Roman Britain. 1967 (mit Bibliographie).

Angelsächsische Zeit: Das Standardwerk ist Bd. 2 der Oxford H. v. Stenton – P. H. Blair, An Introduction to Anglo-Saxon E. 1956 – P. Clemoes, K. Hughes, Hg., England before the Conquest, 1974 – H. R. Loyn, Anglo-Saxon England and the Norman Conquest. [2]1963 (sozial- u. wirtschaftsgesch. orientiert) – R. H. Hodgkin, A H. of the Anglo-Saxons. [3]1952 – J. E. A. Jolliffe, Pre-Feudal E.: The Jutes. 1933 – E. S. Duckett, Alfred the Great and His E. 1957 – H. R. Loyn, Alfred the Great. 1967 – F. Pollock, F. W. Maitland, The H. of English Law before the Time of Edward I. 2 Bde. [2]1923 (ein klassisches Werk) – T. J. Oleson, The Witenagemot in the Reign of Edward the Confessor. 1955 – F. Barlow, Edward the Confessor. 1970 – P. E. Schramm, G. des engl. Königtums. 1937, Ndr. 1970 – H. R. Loyn, The Governance of Anglo-Saxon E. 500–1087. 1984 – E. E. Stengel, Imperator und Imperium bei den Angelsachsen. In: Deutsches Archiv 16 (1960), 15–72 – E. S. Duckett, The Wandering Saints. 1959 (über die irisch-angelsächs. Mission) – S. J. Crawford, Anglo-Saxon Influence on Western Christendom, 600–800 A.D. 1933, [2]1966 – W. Levison, E. and the Continent in the 8th Century. 1946 – C. J. Godfrey, The Church in Anglo-Saxon E. 1962 – F. Barlow, The English Church, 1000–1066. A Constitutional H. 1963 – Hg. L. Sherley-Price, Bede, A H. of the English Church and People. 1955

(Penguin Classics) – Hgg. D. WHITELOCK, D. C. DOUGLAS, S. I. TUCKER, The Anglo-Saxon Chronicle. 1961 (ausgez. Ausgabe mit guter Einf. und Übers.) – K. A. ECKHARDT, Gesetze der Angelsachsen 601–925. 1956 (auf der Grundlage der Liebermannschen Edition (3 Bde. 1903–16), angelsächsisch-dt.) – D. M. WILSON, The Anglo-Saxons. 1960 (kunstgeschichtl.) – C. GREEN, Sutton Hoo: The Excavation of a Royal Ship-Burial. 1963 – H. M. TAYLOR, J. TAYLOR, Anglo-Saxon Architecture. 2 Bde. 1965 (erschöpfend).

Nachtrag: P. CLEMOES, K. HUGHES, Hg., England before the Conquest, 1974.

Zum Erscheinen der Normannen in E. und Europa:

T. D. KENDRICK, A H. of the Vikings. 1930 – J. BRØNSTED, The Vikings. 1960 (Pelican) – H. ARBMANN, The Vikings. 1962 – P. H. SAWYER, The Age of the Vikings. 1962. – ST. KÖRNER, The Battle of Hastings. E. and Europe 1035–1066. 1964 – L. MUSSET, Les invasions: le second assaut contre l'Europe chrétienne. 1965 – G. JONES, A H. of the Vikings. 1968.

DIE NORMANNISCHE ZEIT (1066–1154)

H. W. C. DAVIS, E. under the Normans and Angevins, 1066–1272. [13]1958 – H. G. RICHARDSON, G. O. SAYLES, The Governance of Med. E. from the Conquest to Magna Carta. 1963 – I. J. SANDERS, English Baronies. A Study of their Origin and Descent, 1086–1327. 1961 – N. F. CANTOR, Church, Kingship and Lay Investiture in E. 1089–1135. 1958 – R. L. G. RITCHIE, The Normans in Scotland. 1954.

Zum Jubiläumsjahr 1966 erschienen zahlreiche Publikationen, von denen die wichtigsten genannt seien: D. C. DOUGLAS, William the Conqueror. The Norman Impact upon E. 1964 – F. BARLOW, William I and the Norman Conquest. 1965 – H. R. LOYN, The Norman Conquest. [3]1982 – R. W. FINN, The Norman Conquest and its Effects on the Economy 1066–86. 1971 – H. E. HALLAM, Rural E. 1066–1348. Pb. 1981 – K. SCHNITH, Die Wende der engl. G. im 11. Jh. In: Histor. Jb. 86 (1966), 1–53 – Hg. C. T. CHEVALLIER, The Norman Conquest: Its Setting and Impact. 1966 (5 Aufsätze verschied. Autoren) – Für die ältere Forschung vgl. den Vortrag von D. C. DOUGLAS, The Norman Conquest and British Historians. 1946 – P. ZUMTHOR, Guillaume le Conquérant et la civilisation de son temps. 1964 – Hg. R. FOREVILLE, Guillaume de Poitiers: Histoire de Guillaume le Conquérant. 1952 (latein.-frz.) – Der berühmte Teppich von Bayeux jetzt in der ausgez., illustr. Ausgabe von F. M. STENTON 1957 (Phaidon) – Zum *Domesday Book*: V. H. GALBRAITH, The Making of Domesday Book. 1961 – R. W. FINN, An Introduction to Domesday Book. 1963 – Von der auf 7 Bände berechneten »DOMESDAY GEOGRAPHY«, die H. C. DARBY mit jeweils wechselnden Mitarbeitern herausgibt, liegen bisher vor: Eastern E. (1952), Midland E. (1954), South-East E. (1962), Northern E. (1962), South-West E. (1967) – Zur Gestalt des Hl. Anselm von Canterbury: R. W. SOUTHERN, Saint Anselm and his Biographer, A Study of Monastic Life and Thought 1059–1130. 1963 – H. A. CRONNE, The Reign of Stephen, 1135–1154. 1970.

Teil II

HOHES UND SPÄTES MITTELALTER

DIE ANGEVINISCHEN KÖNIGE BIS ZUR MAGNA CARTA

Hinzuweisen ist nochmals auf die im vorigen Abschn. aufgeführten Werke von DAVIS, BARROW und SANDERS sowie auf Bd. 3 der Oxford-History von POOLE.

J. HARVEY, The Plantagenets. ²1959 – D. M. STENTON, English Justice 1066–1215. ²1965 – R. C. VAN CAENEGEM, Royal Writs in E. from the Conquest to Glanville. Studies in the Early Hist. of Common Law. 1972 – Ders., The Birth of the Engl. Common Law. 1973 – Z. N. BROOKE, English Church and Papacy 1066–1216. 1931 – C. R. CHENEY, From Becket to Langton. English Church Government 1170–1213. 1956 – R. FOREVILLE, L'église et la royauté en Angleterre sous Henri II. 1944 (Standardwerk) – J. BOUSSARD, Le gouvernement d'Henri II Plantagenêt. 1956 – W. L. WARREN, Henry II. 1973 (große Bibliographie) – W. L. WARREN, King John. 1961 – F. M. POWICKE, The Loss of Normandy, 1189–1204. ²1961 – M. T. CLANCHY, From Memory to Written Records, E. 1066–1307. 1979.

Zur *Magna Carta*: J. C. HOLT, The Northerners. A Study in the Reign of King John. 1961 (wichtig für das Zustandekommen der Magna C.) – J. C. HOLT, Magna Carta. 1965 – J. E. A. JOLLIFFE, Magna Carta. In: Schweizer Beitr. z. allgem. Gesch. 10 (1952), 88–103 – Hg. H. WAGNER, Magna Carta Libertatum von 1215. 1951 (lat.-dt.-engl. Textausgabe) – Hg. J. C. DICKINSON, The Great Charter. 1955 (Übers., Einf. und Kommentar).

R. L. POOLE, The Exchequer in the 12th Century. 1912 – Hg. C. JOHNSON, The Course of the Exchequer. 1950 (Nelsons Medieval Classics; Übersetzung des Traktats von Richard Fitz-Neal von 1179) – Latein.-dt. Ausgabe hg. v. M. SIEGRIST, Ricardus Thesaurius seu Ricardus de Ely, Dialogus de Scaccario. 1963.

D. KNOWLES, Archbishop Thomas Becket. A Character Study. ²1970 – F. M. POWICKE, Stephen Langton. 1928 – Hg. G. G. WOODBINE, Glanvill, De Legibus et Consuetudinibus Regni Angliae. 1932 – G. MISCH, Johann v. Salisbury und das Problem des mittelalterlichen Humanismus. 1960.

DIE URSPRÜNGE DES PARLAMENTS 1216–1399

B. WILKINSON, Constitutional H. of Med. E., 1216–1399. 3 Bde. 1948 bis 1958 (Quellenauszüge mit Interpretation) – F. M. POWICKE, King Henry III and the Lord Edward. The Community of the Realm in the 13th Century. 2 Bde. 1947 (ein Standardwerk; ebenso vom gleichen Verf. Bd. 4 der Oxford-History über das 13. Jh.!) – M. W. LABARGE, Simon de Montfort. 1962 – C. H. KNOWLES, Simon de Montfort 1265–1965. 1965

(25seitiger Aufsatz über die verschiedene Beurteilung in der Historiographie) – T. F. T. PLUCKNETT, Legislation of Edward I. 1949 – T. F. T. PLUCKNETT, Edward I and Criminal Law. 1960 – D. W. SUTHERLAND, Quo Warranto Proceedings in the Reign of Edward I, 1278–1301. 1963 – J. E. MORRIS, The Welsh Wars of Edward I. 1901, Rp. 1968 – T. F. TOUT, The Place of Edward II in English H. 1914, ²1936 – M. PRESTWICH, The Three Edwards. War and State in E. 1272–1377. 1980 – K. SCHNITH, Staatsordnung und Politik in E. zu Anfang des 14. Jhs. In: Histor. Jb. 88 (1968), 36–53 – J. H. DANTON, Robert Winchelsey and the Crown 1294–1313. 1980 – Hgg. W. A. MORRIS, J. F. WILLARD, W. H. DUNHAM, The English Government at Work 1327–1336. 3 Bde. 1940 bis 1950 (es werden nicht behandelt: King's Bench, Exchequer und der König!) – J. C. DAVIES, The Baronial Opposition to Edward II. 1918, Rp. 1967 – N. DENHOLM-YOUNG, Richard of Cornwall. 1947 – A. B. STEEL, Richard II. 1941, Rp. 1962 – H. F. HUTCHINSON, The Hollow Crown. A Life of Richard II. 1961 – A. TUCK, Richard II and the Engl. Nobility. 1973 – V. H. H. GREEN, The Later Plantagenets. A Survey of English H. between 1307 and 1485. 1955 (mit guten genealog. Tafeln) – G. A. HOLMES, The Estates of the Higher Nobility in 14th Century E. 1957 (behandelt die Familien der Mortimer, Bohun, Montague, Courtenay, Vere, DeBurgh).

E. MILLER, War in the North. The Anglo-Scottish Wars of the MA. 1960 (Vortrag von 22 S.) – B. WEBSTER, David II and the Government of 14th Century Scotland. In: TRHS 5. Ser. 16 (1966), 115–130 – F. TRAUTZ, Die Könige von E. und das Reich 1272–1377. Mit einem Rückblick auf ihr Verhältnis zu den Staufern. 1958 – E. PERROY, La guerre de cent ans. 1945 (engl. 1951, soz. 2. Aufl., da vom Verf. durchgesehen; 1959 amerik.) – M. M. POSTAN, The Costs of the Hundred Years' War. In: PP 27 (1964), 34–53 – A. B. FERGUSON, The Indian Summer of English Chivalry. 1960 (behandelt den Übergang vom Ritter- zum Söldnerheer).

T. F. T. PLUCKNETT, Early English Legal Literature. 1950 (gute Einf. von den Gesetzen Heinrichs I. bis zu Bracton) – W. FESEFELDT, Englische Staatstheorie des 13. Jhs. Henry de Bracton und sein Werk. 1962 – Hg. G. G. WOODBINE, Bracton, De Legibus et Consuetudinibus Angliac. 4 Bde. 1915–1942 – Hg. S. B. CHRIMES, John Fortescue, De Laudibus Legum Angliae. 1942 (mit Übers.) – D. A. CALLUS, Robert Grosseteste: Scholar and Bishop. 1955, Rp. 1968 (Sammelband von Aufsätzen zum 700. Todestag Grossetestes).

Das engl. *Parlament* im MA.

Gute, kurze Einführungen geben die beiden Bücher von: E. MILLER, The Origins of Parliament. 1960 – K. LÖWENSTEIN, Der brit. Parlamentarismus. Entstehung und Gestalt. 1964 – P. SPUFFORD, Origins of the English Parliament. 1967 (gute Bibl.) – A. MARONGIU, Med. Parliaments. A Comparative Study. 1968 (italien. 1962 u.d.T.: Il Parlamento in Italia) – J. G. EDWARDS, Historians and the Med. English Parliament. 1960 – E. B. FRYDE, E. MILLER, Hg., Historical Studies of the English Parliament, Bd. I, 1974 – M. MCKISACK, The Parliamentary Representation of English

Boroughs in the MA. 1932 – G. L. HASKINS, The Growth of English Representative Government. 1948 – H. G. RICHARDSON, G. O. SAYLES, Parliaments and Great Councils in Med. E. 1961 – D. PASQUET, Origins of House of Commons. 1925 – J. S. ROSKELL, The Commons in the Parliament of 1422. 1954 – J. G. EDWARDS, The Commons in Med. English Parliaments. 1958 – J. S. ROSKELL, The Commons and their Speakers in English Parliaments, 1376–1523. 1965 – J. E. POWELL, K. WALLIS, The House of Lords in the MA. 1968 – A. HARDING, The Law Courts of Medieval England, 1973 – »Memoranda de Parliamento« hg. v. F. W. MAITLAND, 1893 – V. H. GALBRAITH, Modus tenendi parliamentum. In: Journ. of the Warburg and Courtauld Instit. 1954 – G. O. SAYLES, The King's Parliament of E. 1974 – G. L. HARRIS, King, Parliament and Public Finance to 1369. 1975.

DER AUSGANG DES MITTELALTERS

S.B. CHRIMES, English Constitutional Ideas in the 15th Century. 1936 – B. WILKINSON, Constitutional H. of E. in the 15th Century. 1964 (Quellentexte und Interpretationen) – P. HUNT, 15th Century E. 1962 – J.H. RAMSAY, The Genesis of Lancaster. 2 Bde. 1913 – J.H. RAMSAY, Lancaster and York. 2 Bde. ²1912 – J. L. KIRBY, Henry IV of E. 1970 – R. A. GRIFFITHS, The Reign of King Henry VI: The Exercise of Royal Authority 1422–1461. 1981 – B. WOLFFE, Henry VI. 1981 – S. B. CHRIMES, Lancastrians, Yorkists and Henry VII. Rp. 1964 – E. SIMONS, The Reign of Edward IV. 1966 – R. L. STOREY, The End of the House of Lancaster. 1966 – P. M. KENDALL, Richard III. 1955 (dt. 1957) – CH. ROSS, Richard III. 1981 – J. E. LLOYD, Owen Glendower. 1931 – J. R. LANDER, The Wars of the Roses. 1965 – A. L. ROWSE, Bosworth Field and the Wars of the Roses. 1966 – J. GILLINGHAM, The Wars of the Roses; Peace and Conflict in 15th Century E. 1981 – A. GOODMAN, The Wars of the Roses: Military Activity and English Society 1452–1497. 1981 – A. MACFARLANE, The English Nobility in the Later Middle Ages. 1972.

Zum *Aufstand von 1381:*

A. RÉVILLE, Le soulèvement des travailleurs d'Angleterre en 1381. 1898 (guter Quellenanhang) – C. OMAN, The Great Revolt of 1381. 1906, Rp. 1968 (mit Einl. u. Komm. v. E.B. Fryde) – P. LINDSAY, R. GROVES, The Peasants' Revolt, 1381. 1950 – R. B. DOBSON, Hg., The Peasants' Revolt of 1381. 1970 – R. H. HILTON, H. FAGAN, The English Rising of 1381. 1950 (dt. 1953) – R. BIRD, The Turbulent London of Richard II. 1949 – R. H. HILTON, Peasant Movements in E. before 1381. In: Ec. H. R. 2. Ser. 2 (1949), 117–136.

Religions- und Kirchengesch. des SpätMA.

A.H. THOMPSON, The English Clergy and Their Organization in the Later MA. 1947 – G.H. COOK, The English Med. Parish Church. 1956 – M. GIBBS, J. LANG, Bishops and Reform 1215–1272. 1934 – J.R.H. MOORMAN, Church Life in E. in the 13th Century. 1945 – W.A. PANTIN, The English Church in the 14th Century. 1955 – K. EDWARDS, The English

Secular Cathedrals in the MA. 1949 (behandelt im wesentlichen die Domkirchen und -kapitel des 14. Jhs.) – D. KNOWLES, The English Mystical Tradition. 1961 – Hg. E. COLLEDGE, The Med. Mystics of E. 1961 (Quellenauszüge, gute Bibl.) – E. F. JACOB, Essays in the Conciliar Epoch. ³1963 (unentbehrl. Aufsatzsammlung) – D. HAY, The Church of E. in the Later MA. In: History 53 (1968), 35–50. – M. ASTON, Thomas Arundel. A Study of Churchlife in the Reign of Richard II. 1967.

Zu *Wyclif* und den *Lollarden:*

H. B. WORKMAN, John Wyclif, 2 Bde. 1926 (grundlegend; Rp. 1966 in einem Bd.) – K. B. McFARLANE, John Wycliffe and the Beginnings of English Non-Conformity. 1952 – J. A. ROBSON, Wyclif and the Oxford Schools. 1961 – Hg. M. DEANESLY, The Lollard Bible and Other Med. Biblical Versions. 1920, Rp. 1966 – M. ASTON, Lollardy and Sedition, 1381–1431. In: PP 17 (1960), 1–44 – M. ASTON, Lollardy and the Reformation: Survival or Revival? In: History 49 (1964), 149–170 – J. A. F.

Nachtrag: R. B. DOBSON, Hg., The Peasants' Revolt of 1381. 1970 – A. MACFARLANE, The English Nobility in the Later Middle Ages. 1972.

Teil III

DER WEG IN DIE NEUZEIT (1485–1714)

DIE ERSTEN TUDORS (1485–1558)

Gesamtdarstellungen: Grundlegend bes. zur Verfassungsg.: G. R. ELTON, Methuen's H. of E. Bd. 4 – S. T. BINDOFF, Pelican H. of E. Bd. 5 s. o. (Abschn. A) – Kultur- und personengesch. Aspekt: CHR. MORRIS, The Tudors. ²1966 Pb – C. READ, The Tudors, Personalities and Practical Politics in 16th C. E. 1956 – Quellensammlung (Bibliogr.): C. H. WILLIAMS (Hg.), English Historical Documents Bd. 5 s. o. (Abschn. A).

Rechts- und Verfassungsgeschichte: Grundlegend: W. H. HOLDSWORTH, A History of Engl. Law, Bde 4 und 5; ferner D. L. KEIR, Constitutional H. s. o. (Abschn. A) – S. T. BINDOFF, The House of Commons 1509–1558 (The History of Parliament) 3 Bde. 1982 – Wichtige Quellensammlung: G. R. ELTON (Hg.), The Tudor Constitution, Documents and Commentary. 1960. – K. PICKTHORN, Early Tudor Government, Henry VII and VIII. 2 Bde. 1934 – Wichtig zur Gerichtsverfassung: J. P. DAWSON, A H. of Lay Judges. 1960 – W. C. RICHARDSON, Tudor Chamber Administration, 1485–1547. 1952 – F. C. DIETZ, English Government Finance, 1485–1558. 1920 – Neue Sicht der Verfassungsg. der Tudor-Zeit bei: G. R. ELTON, The Tudor Revolution in Government. 1953 – Hierzu: J. HURSTFIELD, Was there a Tudor Despotism after all? In: TRHS 5. Ser. (1967), 83–108.

Politische Ideeng. und Geistesg.: Gute Einführung: C. MORRIS, Political Thought in E. from Tyndale to Hooker. 1953 – J. W. ALLEN, Political Thought in the 16th Century. Rp. 1964 – Wichtig: W. G. ZEEVELD, Foundations of Tudor Policy. 1948 – A. B. FERGUSON, The Articulate Citizen and the Engl. Renaissance. 1965 – P. MEISSNER, England im Zeitalter von Humanismus, Renaissance und Reformation. 1952 – F. L. V.

BAUMER, Early Tudor Theory of Kingship. 1940 – M. DEWAR, Sir Thomas Smith, A Tudor Intellectual in Office. 1964 – SIR THOMAS SMITH, De Republica Anglorum (1583), hg. v. L. Alston. 1909. *Sozial- und Wirtschaftg.* s. Abschn. 1558–1603.

J. J. SCARISBRICK, Henry VIII. 1968 – Problemgeschichtlicher Aspekt bei: G. R. ELTON, Henry VIII: An Essay in Revision. 1962 – A. F. POLLARD, Wolsey. 1929, Rp. 1953 – R. W. CHAMBERS, Thomas More. 1935, dt. 1946 – Krit. Ausgabe der Utopia: J. H. HEXTER, E. SURTZ (Hg.), The Complete Works of St. Thomas More. Bd. 4 Utopia. 1965. Wichtige Einleitung, vorbildliche Edition – H. SÜSSMUTH, Studien zur Utopia des Thomas Morus. Ein Beitrag zur Geistesg. des 16. Jhs. 1967 – A. G. DICKENS, Thomas Cromwell and the English Reformation. 1959 – heranzuziehen zu Th. Cromwell auch G. ELTON s. o. – J. A. MULLER, Stephen Gardiner and the Tudor Reaction. 1926 – S. T. BINDOFF, Ket's Rebellion. 1949 (Hist. Ass. Pamphlet G. 12) – H. F. M. PRESCOTT, A Spanish Tudor: The Life of »Bloody Mary«. [2]1953 dt. 1966 – *Reformation:* Beste Gesamtdarstellung: A. G. DICKENS, The Engl. Reformation. 1964 – Ausführlich v. röm.-kath. Standpunkt: P. HUGHES, The Reformation in E. 3 Bde. 1950 bis 1954 – G. R. ELTON, Policy and Police. The Enforcement of the Reformation in the Age of Thomas Cromwell. 1972 – W. A. CLEBSCH, E's Earliest Protestants, 1520–1535. 1964 – F. J. SMITHEN, Continental Protestantism and the Engl. Reformation. 1927 – Wichtig: E. G. RUPP, Studies in the Making of the Engl. Protestant Tradition, mainly in the Reign of Henry VIII. [2]1949 – C. H. GARRET, The Marian Exiles. A Study in the Origins of Elizabethan Puritanism. 1938 – G. DONALDSON, The Scottish Reformation. 1960 – Beste Darstellung der *Klostersäkularisation:* D. D. KNOWLES, The Religious Orders in E: The Tudor Age. 1959 – Sozialgesch. Aspekt, basiert auf Analyse des Valor Ecclesiasticus v. 1535: A. SAVINE, Engl. Monasteries on the Eve of the Dissolution. 1909 – J. YOUINGS, The Dissolution of the Monasteries. 1971 – Zu d. wirtsch. und sozialen Folgen der Klostersäkularisation s. Abschn. 1558–1603 (Gentry Kontroverse) bes. aber: CHR. HILL, Social and Economic Consequences of the Henrician Reformation. In: Puritanism and Revolution, Studies in Interpretation of the English Revolution of the 17th Century. [2]1962 Pb, 32–49.

DIE HERRSCHAFT ELISABETHS (1558–1603)

Gesamtdarstellungen: s. o. (Abschn. 1485–1558) – Ferner A. L. ROWSE, The E. of Elizabeth. [2]1960 – Klassische Biographie: J. E. NEALE, Queen Elizabeth. 1934 Pb 1964 – B. W. BECKINGSALE, Elizabeth I., 1963 – G. LOTTES, Elisabeth I. Eine politische Biographie. 1981.

Verfassungsgesch.: Gesamtdarstellungen s. o. (Abschn. 1485–1558). Ferner: A. G. R. SMITH, The Government of Elizabethan E. 1967 – G. R. ELTON, Studies in Tudor and Stuart Politics and Government, 2 Bde. 1974. – Zur G. des Unterhauses, das gegen Ende der Regierungszeit

Elisabeths zum entscheidenden Verfassungsfaktor wird: J. E. NEALE, Elizabeth I. and her Parliaments. 2 Bde. 1953–1957 – DERS., The Elizabethan House of Commons. [2]1963 Pb – Hrg. T. E. HARTLEY, Proceedings in the Parliaments of Elizabeth I. (The History of Parliament) Bd. 1: 1558–1581. 1981 – Grundlegend: W. NOTESTEIN, The Winning of Initiative by the House of Commons. (The Raleigh Lecture on History 1924. Proceedings of the British Academy) 1924 Rp. 1962 – Fragwürdig: A. F. POLLARD, The Evolution of Parliament. [2]1924 Rp. 1964 – Wichtig zur Verfassungs- und Sozialgesch.: J. HURSTFIELD, The Queens Wards. 1958 – S. T. BINDOFF, J. HURSTFIELD, C. H. WILLIAMS (Hg.), Elizabethan Government and Society, Essays presented to Sir John Neale. 1961 – J. E. NEALE, Essays in Elizabethan History. 1958. Hierin bes.: The Elizabethan Political Scene, 59–84.

Die wichtigsten *Civil Servants:* C. READ, Mr. Secretary Walsingham and the Policy of Queen Elizabeth. 3 Bde. 1925 – DERS., Mr. Secretary Cecil and Queen Elizabeth. 1955 – DERS., Lord Burghley and Queen Elizabeth. 1960 – L. STONE, An Elizabethan, Sir Horatio Palavicino. 1956.

Anglican Settlement, Frühgeschichte des Puritanismus, elis. Katholizismus: s. o. (Abschn. 1485–1558, A. G. Dickens und P. Hughes) J. V. P. THOMPSON, Supreme Governor: A Study of Elizabethan Ecclesiastical Policy and Circumstance. 1940 – C. H. und K. GEORGE, The Protestant Mind of the English Reformation. 1961 – N. SYKES, Old Priest and New Presbyter. 1956 – M. M. KNAPPEN, Tudor Puritanism, A Chapter in the History of Idealism. 1939 – P. COLLINSON, The Elizabethan Puritan Movement. 1967 – A. O. MEYER, Engl. und die Katholische Kirche unter Elisabeth. 1911 – W. R. TRIMBLE, The Catholic Laity in Elizabethan E., 1558–1603. 1964 – K. THOMAS, Religion and the Decline of Magic, 1971 – R. L. GREAVES, Society and Religion in Elizabethan E. 1981.

Sozial- und Wirtschaftsgeschichte: Gentry Kontroverse: Ausgangspunkt der über die Zeitschriften »Ec. History Review« und »Past and Present« schulbildenden Kontroverse die Forschungen von R. H. TAWNEY, u. a.: DERS., The Agrarian Problem in the 16th Century. 1912. N. A. hg. u. eingeleitet v. L. Stone Pb. 1967 – DERS., Religion and the Rise of Capitalism. [2]1937 Pb. 1964 – und bes. DERS., The Rise of the Gentry, 1558–1640, in: Ec. Hist. Rev. 11 (1941), 1–38 – DERS., Harrington's Interpretation of his Age (Raleigh Lecture on H., Proceedings of the British Academy 37) 1941, 199–223 – Die wichtigsten Protagonisten der Kontroverse: H. R. TREVOR-ROPER, The Gentry, 1540–1640, Ec. Hist. Rev. Suppl. Bd. 1, 1953 – Differenzierende Unterstützung Tawneys durch: L. STONE, The Crisis of the Aristocracy, 1558–1641. 1965 – Vermittelnde Position, Einbeziehung verfassungsgesch. Fragestellungen: J. HEXTER, Storm over the Gentry. In: DERS., Reappraisals in H. 1961, 117–62. Hier auch ausführliche Bibliographie der Kontroverse – Sammlung der wichtigsten Beiträge: L. STONE, Social Change and Revolution in E., 1540–1640. Pb. 1965 – J. D. GOULD, The Great Debasement. Currency and Economy in Mid-Tudor England, 1970 – W. R. D. JONES, The Tudor Commonwealth 1529–1559. A study of the impact of the social and economic developments of mid-

Tudor England upon contemporary concepts of the nature and duties of the commonwealth, 1970 – R. O'DAY, Education and Society 1500–1800. 1982 (grundlegende Darstellung) – Zur *Agrargeschichte* der Tudor- und frühen Stuartzeit: Wichtig J. THIRSK (Hg.), The Agrarian H. of E. and Wales. Bd. 4, 1967 – M. CAMPBELL, The Engl. Yeoman under Elizabeth and the Early Stuarts. 1942 Rp. 1967 – W. G. HOSKINS, The Midland Peasant. 1957 – Wichtigste Quellensammlung zur Wirtschafts- und Sozialgesch.: R. H. TAWNEY, E. POWER (Hg.), Tudor Economic Documents. 3 Bde. 1924 – Zur *Wirtschaftsgeschichte* im engeren Sinne vgl. die Überblicke v. E. Lipson und J. H. Clapham (s.o. Abschn. A.) – Ferner: P. RAMSEY, Tudor Economic Problems. 1963 – G. D. RAMSAY, English Overseas Trade during the Centuries of Emergence. 1957 – J. A. WILLIAMSON, A Short H. of British Expansion. Bd. 1 The Old Empire. [3]1961 – T. S. WILLAN, The Early H. of the Russia Company. 1956 – Wichtig als Beitrag zur *Gentry-Kontroverse,* mit neuem meth. Ansatz: TH. K. RABB, Enterprise and Empire. Merchant and Gentry Investment in the Expansion of England, 1575–1630. 1967.

DER AUFSTIEG DES PARLAMENTS. / DER WEG IN DIE REVOLUTION. / COMMONWEALTH UND PROTEKTORAT. (1603–1660)

Gesamtdarstellungen: Bester Überblick, Berücksichtigung von Verfassungs- und Sozialg.: CHR. HILL, Nelson's H. of E., Bd. 5 – Guter Überblick, Whig-Standpunkt: G. M. TREVELYAN, Methuen's H. of E., Bd. 5 – M. ASHLEY, Pelican H. of E., Bd. 6 – Unentbehrlich für intensives Studium: S. R. GARDINER, H. of E. from the Accession of James I to the Outbreak of the Civil War, 1603-1642. [1]10 Bde. 1883/84, [2]4 Bde. 1893 – DERS., H. of the Great Civil War, 1640–49. [1]3 Bde. 1886–91. [2]4 Bde. 1893 – DERS., H. of the Commonwealth and Protectorate, 1649–56. [1]3 Bde. 1894–1901, [2]4 Bde. 1903 – Fortgesetzt v. C. H. FIRTH, The Last Years of the Protectorate. 2 Bde. 1909 – Und G. DAVIES, The Restoration of Charles II, 1658–1660. 1955 – Klassische, immer noch lesenswerte Darstellung, wertvolle Exkurse: L. v. RANKE, Englische G. vornehmlich im 17. Jh. 6 Bde. 1859–67.

Zur *Verfassungsg.* neben D. L. KEIR (s. o. Abschn. A.) vor allem J. R. TANNER, Engl. Constitutional Conflicts of the 17th Century, 1603–1689. 1928, Rp. 1962 – C. ROBERTS, The Growth of Responsible Government in Stuart E. 1966, geht bis 1717 – Gute Quellensammlung: J. P. KENYON (Hg.) The Stuart Constitution, 1603–1688. Documents and Commentary. 1966.

Zur *Geistesg. und G. der politischen Ideen:* J. W. ALLEN, English Political Thought, 1603–60. 1938 – J. N. FIGGIS, The Divine Right of Kings. [3]1965 – G. P. GOOCH, H. LASKI, Engl. Democratic Ideas in the 17th Century. [2]1928, Rp. 1959 – CHR. HILL, Intellectual Origins of the English Revolution. 1965 – B. WILLEY, The 17th Century Background. 1934 – A. O. LOVEJOY, The Great Chain of Being. A Study of the H. of an Idea. 1936.

J. W. GOUCH, Fundamental Law in English Constitutional H. 1955 – B. P. LEVACK, The Civil Lawyers in England, 1603–1641. A Political Study. 1973 – L. D'AVACK, La ragione dei Re. Il pensiero di Giacomo I. 1974.

Zur *Sozial- und Wirtschaftsg.* bis zum Ausbruch des Bürgerkriegs s.o. (Abschn. 1558–1603, Gentry-Kontroverse). Ferner: CH. WILSON, E.'s Apprenticeship, 1603–1763. 1965 – CHR. HILL, Society and Puritanism in Prerevolutionary E. 1964 – DERS., Economic Problems of the Church from Archbishop Whitgift to the Long Parliament. 1956 – W. NOTESTEIN, The English People on the Eve of Colonization, 1603–1630. 1954 – Wichtig bes. zur Emigration nach Amerika: C. BRIDENBAUGH, Vexed and Troubled Englishmen, 1590–1642. 1968 – Zur Handels- und Wirtschaftsg. s. die ausführliche Sammelrezension von E. SCHULIN, Englands Außenhandel im 17./18. Jh. In: Vjschr. f. Sozial- und Wirtschaftsg. 48 (1961) – DERS., Gerard de Malynes, der erste engl. Handelsschriftsteller. In: Festschrift für P.E. Schramm, hg. v. P. Classen und P. Scheibert, Bd. 2, 124–38. 1964 – Wichtig: B. SUPPLE, Commercial Crisis and Change in England 1600 to 1642. A Study in the Instability of a Mercantile Economy. 1959 – R. ASHTON, The Crown and the Money Market, 1603–1640. 1960 –. M. PRESTWICH, Cranfield. Politics and Profits under the Stuarts. 1966.

Zum *Konflikt Unterhaus-Stuart-Absolutismus* vgl. neben den in der Gentry-Kontroverse (s. o. Abschn. 1558–1603) behandelten Fragen: M. A. JUDSON, The Crisis of the Constitution, 1603–45, An Essay in Constitutional and Political Thought in E. 1949 – F. D. WORMUTH, The Royal Prerogative, 1603–49. 1949 – G. A. RITTER, Divine Right und Prärogative der engl. Könige 1603–40. In: HZ 196 (1963), 584–625 – Wichtig in Fortführung des Ansatzes v. W. NOTESTEIN: D. H. WILLSON, The Privy Councillors in the House of Commons, 1604–29. 1940 – M. MITCHELL, The Rise of the Revolutionary Party in the House of Commons, 1603–29. 1957 – T. L. MOIR, The Addled Parliament of 1614. 1958 – H. F. KEARNEY, The Eleven Years Tyranny of Charles I. 1962. (Hist. Ass. Pamphlet) – J. F. H. NEW, Anglican and Puritan, the Basis of their Opposition 1558 to 1640. 1964. – F. THOMPSON, Magna Carta. Its Role in the Making of the Engl. Constitution, 1300–1629. 1948.

Parlamentsberichterstattung, kritische Editionen: D. H. WILLSON (Hg.) The Parliamentary Diary of Robert Bowyer 1606–1607. 1931 – E. R. FOSTER (Hg.), Proceedings in Parliament 1610. 2 Bde. 1966 – W. NOTESTEIN, F. H. RELF, H. SIMPSON (Hg.), House of Commons Debates of 1621. 7 Bde. 1935 – E. DE VILLIERS, The Hastings Journal of the Parliament of 1621. 1953. (Camden Miscellany 20) – W. NOTESTEIN, H. RELF (Hg.), The Commons Debates for 1629 (1921).

Wichtigste *Biographien* (–1640): D. H. WILLSON, King James VI and I. 1956 – M. LEE JR., John Maitland of Thirlestane and the Foundation of Stuart Despotism in Scotland. 1959 – J. G. GROWTHER, Fr. Bacon. The First Statesman of Science. 1960 – Wichtig zu Bacons »Praktischer Philosophie«: B. FARRINGTON, Fr. Bacon, Philosopher of Industrial Science. [2]1951 – F. M. G. HIGHHAM, Charles I. 1932 – CH. I. P. GREGG, King

Charles I. 1981 – R. LOCKYER, Buckingham 1592–1628. 1981 – C. V. WEDGWOOD, Thomas Wentworth, First Earl of Strafford, 1593–1641: A Re-Evaluation. 1961 – H. R. TREVOR-ROPER, Archbishop Laud, 1573–1645. ²1962.

BÜRGERKRIEGS- UND REVOLUTIONSZEIT 1640–60

Beste Einführung: CHR. HILL, Puritanism and Revolution. Studies in Interpretation of the English Revolution of the 17th Century. 1958, Pb. 1962. Guter Überblick: I. A. ROOTS, The Great Rebellion, 1642–1660. 1966 – Konservative Interpretation: C. V. WEDGWOOD, The Great Rebellion. Bd. 1 The King's Peace, 1637–41. Bd. 2 The King's War 1641–47. 1955, 1958 – DIES., The Trial of Charles I. 1964, dt. 1968 – R. STADELMANN, Geschichte der engl. Revolution. 1954 – A. STERN, G. der Revolution in E. ²1898 – M. FREUND, Die große Revolution in E. (–1642). 1951.

Gute Darstellung zur *pol. Ideeng.*: P. ZAGORIN, A History of Political Thought in the English Revolution. 1954 – W. HALLER, The Rise of Puritanism. 1938 – DERS., Puritanism and Liberty during the Puritan Revolution. 1955 – Wichtig: M. WALZER, The Revolution of the Saints. 1965 – Pionierarbeit: E. BERNSTEIN, Sozialismus und Demokratie in der großen engl. Revolution. ⁴1922, Rp. 1964 – G. LENZ, Demokratie und Diktatur in der engl. Revolution, 1640–60. 1933 – L. F. SOLT, Saints in Arms, Puritanism and Democracy in Cromwell's Army. 1959 – D. W. PETREGORSKY, Left Wing Democracy in the English Civil War. 1940 – H. N. BRAILSFORD, The Levellers and the English Revolution. Hg. v. Chr. Hill. 1961 – P. G. ROGERS, The Fifth Monarchy Men. 1966 – W. ROTHSCHILD, Der Gedanke der geschriebenen Verfassung in der engl. Revolution. 1903 – P. ZAGORIN, The Court and the Country. The Beginning of the English Revol. 1969 – CH. HILL, The World Turned Upside Down. Radical Ideas during the English Revol. 1972 – M. GRAHLER, Demokratie und Repräsentation in der englischen Revolution. 1973 – CH. WEBSTER, Hg., The Intellectual Revolution of the Seventeenth C. 1974 – J. BREWER u. J. STYLES, An Ungovernable People. The English and their Law in the 17th and 18th Centuries. 1980 – Z. S. FINK, The Classical Republicans. An Essay in the Recovery of a Pattern of Thought in 17th Century E. ²1962 – Grundlegend zu den sozialen und politischen Vorstellungen der Levellers, bei Hobbes, Locke und Harrington: C. B. MACPHERSON, Die politische Theorie des Besitzindividualismus. Von Hobbes bis Locke. 1967.

Zur *Verfassungsgeschichte* s. die o. angeführten Werke v. S. R. GARDINER, C. H. FIRTH, G. DAVIES, J. R. TANNER u. J. P. KENYON. Quellensammlungen: S. R. GARDINER (Hg.), The Constitutional Documents of the Puritan Revolution, 1625–1660. ³1906 – C. H. FIRTH, R. S. RAITH (Hg.), Acts and Ordinances of the Interregnum, 1642–1660. 3 Bde. 1911.

M. F. KEELER, The Long Parliament, 1640–1641. 1954 – T. BRUNTON, D. H. PENNINGTON, Members of the Long Parliament. 1954 – J. H. HEXTER, The Rule of King Pym. 1941 – DERS., The Problem of the Presbyterian Independents. In: Reappraisals in History. 1961, 163–184 – G. YULE, The Independents in the Engl. Civil War. 1958 – A. FLETCHER, The Outbreak of the Engl. Civil War. 1981 – V. PEARL, London and the Outbreak of the Puritan Revolution. City Government and National Politics, 1625–43. 1961 – A. M. EVERITT, The Community of Kent and the Great Rebellion. 1966 – Zu Oliver Cromwell und zur New Model Army: Klassische, bis heute beste Biographie: C. H. FIRTH, O. Cromwell and the Rule of the Puritans in E. 1900, Rp. 1958 – Interessante, problemgesch. Darstellung: CHR. HILL, O. Cromwell, 1658–1958. 1958 (Hist. Ass. Pamphlet G. 38) – H. ONCKEN, Cromwell, 4 Essays. 1935 – W. C. ABBOTT (Hg.), The Writings and Speeches of O. Cromwell, 4 Bde. 1937–47 – Ergänzend heranzuziehen: S. C. LOMAS (Hg.), Oliver Cromwell's Letters and Speeches, by Th. Carlyle, 3 Bde. 1904. Textkritische Einleitung v. C. H. Firth – Wichtig: C. H. FIRTH, Cromwell's Army. [4]1962 – R. PAUL, The Lord Protector. Religion and Politics in the Life of O. Cromwell. 1955.

Wirtschafts- u. Sozialpolitik unter Protektorat und Commonwealth: M. ASHLEY, Financial and Commercial Policy under the Cromwellian Protectorate. 1934 – A. WOLLRYCH, Commonwealth to Protectorate. 1982 – M. JAMES, Social Problems and Policy during the Puritan Revolution. 1930, Rp. 1966 – Wichtig: L. A. HARPER, The English Navigation Laws: A Seventeenth Century Experiment in Social Engineering. 1939 – W. SCHENK, The Concern for Social Justice during the Puritan Revolution. 1948.

Wichtigste Quelleneditionen: CHR. HILL, E. DELL (Hg.), The Good Old Cause: The Engl. Revolution, 1640–60. Its Causes, Course and Consequences. [2]1968 – Die Putney-Debatten von 1647, beste Einführung in die politische und religiöse Gedankenwelt des revolutionären Puritanismus: C. H. FIRTH (Hg.), The Clarke Papers. Selections from the Papers of William Clarke, Secretary to the Council of the Army 1647–9 and to General Monk and the Commanders of the Army in Scotland 1651–60. 4 Bde. 1891–1901 – Verkürzte Wiedergabe, grundlegende Einleitung: A. S. P. WOODHOUSE (Hg.), Puritanism and Liberty, being the Army Debates, 1647–48. [2]1951, Rp. 1966.

Nachtrag: CH. WEBSTER, Hg., The Intellectual Revolution of the Seventeenth C. 1974 – CH. HILL, The World Turned Upside Down. Radical Ideas during the English Revol. 1972 – P. ZAGORIN, The Court and the Country. The Beginning of the English Revol. 1969 – M. GRAHLER, Demokratie und Repräsentation in der Englischen Revolution. 1973.

VON DER RESTAURATION ZUR GLORREICHEN REVOLUTION. / DER KAMPF GEGEN LUDWIG XIV. UND DIE SICHERUNG DER THRONFOLGE. (1660–1714)

Beste *Gesamtdarstellung*, gute strukturgesch. Kapitel: D. OGG, England in the Reign of Charles II. 2 Bde. [2]1955 – DERS., England in the Reign of James II and William III. [2]1957. Gute Darstellung: G. CLARK, Oxford

History, Bd. 10 (s. o. Abschn. A.). Heranzuziehen auch die oben (Abschn. 1603–60) erwähnten Darstellungen v. CHR. HILL, G. M. TREVELYAN und L. v. RANKE. Klassische, wirkungsgesch. bedeutsame Whig-Interpretation: T. B. MACAULAY, The History of England from the Accession of James II. 5 Bde. 1849–61. Hierzu: C. H. FIRTH, Commentary on Macaulay's History – Wichtige Quellensammlung: A. BROWNING (Hg.), Engl. Hist. Documents Bd. 8 (s. o. Abschn. A.).

Zur *Verfassungsg.* s. die oben (Abschn. 1603–60) genannten Werke von D. L. KEIR, J. R. TANNER, C. ROBERTS und J. P. KENYON. Ferner: B. D. HENNING, The House of Commons 1660–90. (The History of Parliament) 3 Bde. 1983 – M. A. THOMSON, A Constitutional H. of E., 1642–1802. 1938 – C. S. EMDEN, The People and the Constitution. ²1956 – B. KEMP, King and Commons, 1660–1832. 1957 – J. H. PLUMB, The Growth of Pol. Stability in E., 1675 to 1725. 1965 – Wichtige Quellensammlung: W. C. COSTIN, J. STEVEN-WATSON, The Law and Working of the Constitution, 1660–1914. 2 Bde. ²1961/62 – P. ZAGORIN, The Court and the Country: the Beginning of the English Revolution. 1969 – J. R. JONES, The Revolution of 1688 in England. 1972. – J. R. WESTERN, Monarchy and Revolution: the English State in the 1680s. 1972 – L. G. SCHWOERER, The Declaration of Rights 1689. 1981.

Regierung und Verwaltung. Zur Herausbildung der parlamentarischen Kabinettsregierung: J. B. MACKINTOSH, The British Cabinet. ²1968 – J. CARTER, Cabinet Records for the Reign of William III. In: EHR 78 (1963), 95–117 – J. H. PLUMB, The Organisation of the Cabinet in the Reign of Queen Anne. In: TRHS 5. Ser. 7 (1957), 137–57 – Wichtig: G. E. Aylmer, Place Bills and the Separation of Powers: Some 17th Century Origins of the Non-Political Civil Service. In: TRHS 5. Ser. 15 (1965), 45–76 – S. B. BAXTER, The Development of the Treasury 1660 to 1702. 1957 – Grundlegend: P. G. M. DICKSON, The Financial Revolution in England. A Study in the Development of Public Credit, 1688–1756. 1967.

Parlament und Parteien: D. T. WITCOMBE, Charles II and the Cavalier House of Commons. 1966 – J. R. JONES, The First Whigs: The Politics of the Exclusion Crisis, 1678–1683. 1961 – K. FEILING, A History of the Tory Party, 1640–1714. 1924 – W. A. SPECK, Tory and Whig. The Struggle in the Constituencies, 1701–1715. 1970 – Strukturanalyse der Namierschule: R. WALCOTT, English Politics in the Early 18th Century. 1956 – Teilweise Kritik an Walcott: G. HOLMES, British Politics in the Age of Anne. 1967.

Quellen: A. GREY, Debates of the House of Commons, 1667–1697. 10 Bde. 1763–69. (Anchitell Grey's Parlamentstagebuch.) – J. MILWARD, Diary, 1666–68, hg. v. C. Robbins. 1938 – E. DERING, Parliamentary Diary, 1670–73, hg. v. B. D. Henning. 1940.

Sozial- und Wirtschaftsg., Kolonialg.: CH. WILSON, E.'s Apprenticeship 1603–1763. 1965 – DERS., Profit and Power. A Study of E. and the Dutch Wars. 1957 – CH. D. RAMSAY, English Overseas Trade during the Centuries of Emergence. 1957. R. DAVIES, English Foreign Trade, 1660–1700. In: Ec. Hist. Rev. 7 (1954) – Wichtig: G. L. BEER, The Old Colonial System. 1660–1715. Teil I. The Establishment of the System. 2 Bde. 1912, Rp. 1958.

Geistesg. und G. der pol. Ideen: G.P.GOOCH, H.LASKI, B.WILLEY, A.O. LOVEJOY, C.B.MACPHERSON s. o. (Abschn. 1603–60) – Wichtig: C.ROBBINS, The 18th Century Commonwealth Man. Studies in the Transmission, Development and Circumstance of English Liberal Thought from the Restoration of Charles II. until the War with the Colonies. 1959 – JOHN LOCKE, Two Treatises of Government, hg. v. P.Laslett. [2]1964. Krit. Ausgabe der 1689 erstmals publ. Schrift. Nach P.LASLETT und M.CRANSTON wurden die »Treatises« ursprünglich nicht konzipiert als Rechtfertigungsschrift der Glorious Revolution v. 1688/89, sondern als pol.-phil. Kampfschrift der Parlamentsmehrheit in der Exclusion-Crisis. Gute Einl. Lasletts. – M.CRANSTON, John Locke. A Biography. 1957 – G.N.CLARK, Science and Social Welfare in the Age of Newton. 1937 – A.R.HALL, Die Geburt der naturwissenschaftlichen Methode, 1630–1720. Von Galilei bis Newton. 1965 – M.PURVER, The Royal Society, Concept and Creation. 1967 – H. MEDICK, Naturzustand und Naturgeschichte der bürgerlichen Gesellschaft. 1973.

Restauration: G.DAVIES, The Restoration of Charles II., 1658–1660. 1955 – R.S.BOSHER, The Making of the Restoration Settlement. The Influence of the Laudians. 1951 – Wichtig: G.R.ABERNATHY, The English Presbyterians and the Stuart Restoration, 1648–1662. 1965 (Americ. Philosoph. Society, Transactions N.S. Bd. 55) – Zur Kirchenpolitik der Restauration s. auch die entsprechenden Aufsätze v. A. WHITEMANN, E.C.RATCLIFFE und R.THOMAS in: G.F.NUTTAL, O.CHADWICK (Hg.), From Uniformity to Unity, 1662–1962. 1962 – N.SYKES, From Sheldon to Secker: Aspects of English Church H., 1660–1762. 1959.

M.LEE JR., The Cabal. 1965 – Zur Außenpolitik immer noch lesenswert: K.G.FEILING, British Foreign Policy, 1660–1672. 1930 – H.C.FOXCROFT, The Character of a Trimmer. Being a Short Life of the First Marquis of Halifax. 1946 – Zur Exclusion Crisis: J.R.Jones s. o. – K.H.D. HALEY, The First Earl of Shaftesbury. 1968 – F.C.TURNER, James II. 1948 – Whig Darstellung der Glorious Revolution mit programmatischem Titel: G.M.TREVELYAN, The Engl. Revolution, 1688–89. 1938. dt. Ausg. 1950 Als Ergänzung: L.PINKHAM, William III. and the Respectable Revolution: The Part played by William of Orange in the Revolution of 1688. 1954 – J.P.KENYON, The Nobility in the Revolution of 1688. 1963 – Gute Darstellung der Politik Williams III.: S.B.BAXTER, William III. 1966 – K.H.D.HALEY, William of Orange and the English Opposition 1672 to 1674. 1953 – Zur Verwaltungs-, Finanz- und Wirtschaftsgeschichte, wichtig: J.EHRMANN, The Navy in the War of William III, 1689–1697: Its State and Direction. 1953 – Wichtige Aufsatzsammlung, vor allem zur Außenpolitik: William III and Louis XIV. Essays 1600–1720 by and for M.A.THOMSON, hg. v. R.HATTON, J.S.BROMLEY. 1968 – Klassische Darstellung der Regierungszeit Kgin. Annas: G.M.TREVELYAN, England under Queen Anne. 3 Bde. 1930–34. Wichtig: R.WALCOTT, G.HOLMES., J.H.PLUMB (s. o.) – G.S.PRYDE, The Treaty of Union of Scotland and E., 1707. 1950 – F.S.SMOUT. The Anglo-Scottish Union of 1707 I. The Economic Background. In: Ec. Hist. Rev. 16 (1963) S. 445ff. – R.H. CAMP-

BELL, The Econ. Consequences, ebd. S. 486ff. – O. WEBER, Der Friede von Utrecht. 1891 – s. a. Beitrag v. A.W. WARD in: Cambridge Modern History Bd. 5. 1908 – G.N. CLARK, Neutral Commerce in the War of Spanish Succession and the Treaty of Utrecht. In: British Year Book for International Law 1928, 69–83 – DERS., War Trade and Trade War, 1701–13. In: Ec. Hist. Rev. 1 (1927–28), 262–80.

Nachtrag: W. A. SPECK, Tory and Whig. The Struggle in the Constituencies, 1701–1715. 1970 – J. R. JONES, The Revolution of 1688 in England. 1972 – H. MEDICK, Naturzustand und Naturgeschichte der bürgerlichen Gesellschaft. 1973.

DIE BRITISCHE WELTSTELLUNG UND DER ABFALL NORDAMERIKAS (1714–1783)

Gesamtdarstellungen: B. WILLIAMS, Oxford H. of E. Bd. 11. Veraltet trotz Neuauflage 1962. – Gute Zusammenfassung: J. STEVEN-WATSON, Oxford H. of E. Bd. 12 – J.H. PLUMB, Pelican H. of E. Bd. 7 – J.B. OWEN, Nelson's H. of E. Bd. 6 (s. o. Abschn. A.) – Guter kurzer Überblick: D. MARSHALL, Eighteenth Century E. 1962 – Personengeschichtl. Aspekt: J.H. PLUMB, The First four Georges. 1956 – Klassische Gesamtdarstellung der engl. »Zivilisation« im 18. Jh., Whigstandpunkt: W.E.H. LECKY, A History of E. in the 18th Century. 8 Bde. 1878–90. Zu benutzen »Cabinet Edition«: 7 Bde. 1892–3 (ohne Irische Geschichte) dt. u. d. T. Geschichte E's im 18. Jahrhundert. 4 Bde. 1879–83. – Gesamtdarst. für die Zeit von 1715–42: W. MICHAEL, Engl. G. im 18. Jh. 5 Bde. 1896–1955. Quellensammlung: D.B. HORN, M. RANSOME (Hg.), English Hist. Documents, Bd. 10 (s. o. Abschn. A.) – J. H. PLUMB, The Growth of Political Stability. 1967.

Verfassungsgeschichte: Grundlegend: W. HOLDSWORTH, A History of Engl. Law, Bd. 10 (s. o. Abschn. A.) – Gute Darstellung bei D.L. KEIR (s. o. Abschn. A.) – Quellensammlung mit informativen Einleitungen: E.N. WILLIAMS (Hg.), The Eighteenth Century Constitution. Documents and Commentary. Pb. 1960 – W.C. COSTIN, J. STEVEN-WATSON, The Law and Working of the Constitution, 1660–1714. 2 Bde. ²1961/62 – Grundlegend: N. SYKES, Church and State in the 18th Century. 1934 – J.R. WESTERN, The Engl. Militia in the 18th Century. The Story of a Political Issue. 1965 – Wichtige Aufsatzsammlung z. Verfassungsg.: Essays in 18th Century History, from the English Hist. Review. Hg. v. R. MITCHISON. 1966.

Parlament und Parteien: R. SEDGWICK, The History of Parliament. The House of Commons. 2 Bde. 1971 – P. D. G. Thomas, The House of Commons in the 18th Cent. 1971 (besd. über Geschäftsordnung) – R. W. ANSON, The Law and Custom of the Constitution. Bd. 1 Parliament. ⁵1922 hg. v. M. L. GWYER. Bd. 2 The Crown. ⁴1935 hg. v. A. B. KEITH – E. A. G. PORRITT, The Unreformed House of Commons. Parliamentary Representation before 1832. 2 Bde. 1903 – J. REDLICH, Recht und Technik des engl. Parlamentarismus. 3 Bde. 1905 – B. KEMP, King and Commons,

1660–1832. 1957 – C. S. EMDEN, The People and the Constitution. ²1956 – L. B. NAMIER, J. BROOKE, The House of Commons, 1754–90. 3 Bde. 1964 – G. P. JUDD, Members of Parliament 1734–1832. 1955 – K. KLUXEN, Das Problem der politischen Opposition. Entwicklung und Wesen der engl. Zweiparteienpolitik im 18. Jh. 1956 – DERS., Die Geistesgeschichtl. Grundlagen des englischen Parlamentarismus. In: DERS., (Hg.), Parlamentarismus. 1967, S. 99–111 – A. S. FOORD, His Majesty's Opposition. 1964 – K. FEILING, The Second Tory Party 1714–1832. ²1951 – H. WELLENREUTHER, Repräsentation u. Großgrundbesitz in E. 1730–70. 1979 – L. COLLEY, In Defiance of Oligarchy. The Tory Party 1714–60. 1982 – L. B. NAMIER, The Structure of Politics at the Accession of George III. ²1957 – DERS., England in the Age of the American Revolution. ²1961 – DERS., Crossroads of Power. Essays of 18th Century E. 1962.

Namiers Methode der Strukturanalyse sowie der Analyse von Wahlvorgängen führte ihn zu der Erkenntnis, daß es im E. der 2. Hälfte d. 18. Jhs. kein auf gesellschaftlichen Klassen oder politischen Doktrinen basierendes Zweiparteiensystem gab. Kritisch zu N.: H. BUTTERFIELD. George III and the Historians. 1957 – W. R. FRYER, The Study of British Politics between the Revolution and the Reform Act. In: Renaissance and Modern Studies I (1957), 91–114 – DERS., King George, his Political Character and Conduct, 1760–1784. A New Whig Interpretation, ibid. 6 (1962), 68–101 – Modifikationen des N'schen Ansatzes: R. PARES, King George III and the Politicans. ²1967 – I. R. CHRISTIE, Wilkes, Wyvill and Reform. The Parliamentary Reform Movement in British Politics, 1760–1785. 1962 – CHRISTIE ursprüngl. Vertreter Namierscher Methoden, z. B. in: DERS., The End of Lord North's Ministry, 1780–82. 1958. Wichtige Einschränkung des N'schen Ansatzes auch bei: D. GINTER (Hg.), Whig Organization in the General Election of 1790. Selections from the Blair Adams Papers. 1967 – Namier-Schüler: J. BROOKE, The Chatham Administration, 1766–68. 1958 – J. B. OWEN, The Rise of the Pelhams. 1957. B. KEMP, Sir FR. DASHWOOD: An 18th Century Independent. 1967 – J. BREWER, Party Ideology and Popular Politics at the Accession of George III. 1976 (zur politischen Alternativstruktur).

Quellen: Die wichtigsten Gesetzestexte bei: W. C. COSTIN, J. ST. WATSON, s. o. – Journals of the House of Lords, 1509 to date. 1767ff. – Journals of the House of Commons, 1547 to date 1742ff. Sie geben Aufschluß über Tagesordnung und Abstimmungsergebnisse (Votes and Proceedings) und bis ins 17. Jh. auch zeitweilig Berichte der Parlamentsdebatten – Sammlung der Parlamentsberichterstattung des 17. u. 18. Jhs. in: W. COBBETT (Hg.), Parliamentary History of E. from the Norman Conquest in 1066 to the Year 1803. 36 Bde. 1806–20 – Cobbetts Werk ist eine weitgehend unkritische Kompilation früherer Parlamentsberichte – The Parliamentary or Constitutional H. of E. from the Earliest Times to the Restoration of Charles II. 24 Bde. 1751–62, gegenüber Cobbetts »Parliamentary H.« bekannt als »Old Parliamentary H.« – Protokolle der Unterhausdebatten, offiziell seit 1909: Hansard, House of Commons Debates, Official Report. Bis heute 5 Serien. 1804ff.

Regierung und Verwaltung: Wichtig auch für die Zeit vor 1774: J.E.D. BINNEY, Public Finance and Administration 1774–92. 1958 – A.S. FOORD, The Waning of the Influence of the Crown. In: EHR 62 (1947), auch in: Essays in 18th Century H. (s. o.) S. 171–94 – A.C. CARTER, The English Public Debt in the 18th Century. 1968 (Hist. Ass. Pamphlet H. 74) – D.M. CLARK, The Rise of the British Treasury. Colonial Administration in the 18th Century. 1960 – W.R. WARD, The English Land Tax in the 18th Century. 1953.

Außenpolitik und Kolonialpolitik: D.B. HORN, Great Britain and Europe in the 18th Century. 1967. Hier Lit. – DERS., The British Diplomatic Service 1689–1789. 1961 – J.A. WILLIAMSON, A Short H. of British Expansion [5]1964, Bd. 2 – M. JENSEN (Hg.), Engl. Hist. Documents, Bd. 9 (s. o. Abschn. A.).

Wirtschafts- und Sozialgeschichte: Lit. zur Industriellen Revolution s. Abschn. 1783–1837 – T.S. ASHTON, An Economic History of England: The 18th Century. 1955 – G.E. MINGAY, English Landed Society in the 18th Century. 1963 – D. MARSHALL, The English People in the 18th Century. 1956 – E.N. WILLIAMS, Life in Georgian England. 1962 – G.D. RAMSAY, English Overseas Trade during the Centuries of Emergence. 1957 – L. SUTHERLAND, The East India Company in 18th Century Politics. 1952 – J.M. HOLZMANN, The Nabobs in England. A Study of the Returned Anglo-Indian 1760–1785. 1926 – R. PARES, War and Trade in the West Indies, 1736–63. 1936 – CH. WILSON, Anglo-Dutch Commerce in the 18th Century. [2]1966 – J.O. MCLACHLAN, Trade and Peace with Old Spain, 1667–1750. 1940.

Geistesg. und G. der politischen und sozialen Ideen: A.O. LOVEJOY, C. ROBBINS s. o. (Abschn. 1660–1714) – S. LETWIN, The Pursuit of Certainty, David Hume, Jeremy Bentham, John Stuart Mill, B.Webb. 1965 – B. WILLEY, The 18th Century Background. 1940 – G. BRYSON Man and Society. The Scottish Inquiry of the 18th Century. 1945 – L. STEPHEN A History of English Thought in the 18th Century. 2 Bde. 1876 – Aufsatzsammlung: J. CLIFFORD (Hg.), Man Versus Society in 18th Century Britain. Six Points of View. 1968.

Grundlegende Biographie: J.H. PLUMB, Sir Robert Walpole. Bisher 2 Bde. 1956/60 – J.M. BEATTIE, The British Court in the Reign of George I. 1967 – R. HATTON, George I. Elector and King. 1978 – R. PARES, Limited Monarchy in the 18th Century. 1961 (Hist. Ass. Pamphlet G. 35) – Zu Bolingbroke vgl. neben den Studien v. K. KLUXEN und A. S. FOORD jetzt J. HART, Bolingbroke, Tory Humanist. 1965 – J. CARSWELL, The South-Sea Bubble. 1960 – L. S. SUTHERLAND, The City of London in 18th Century Politics. In: Essays presented to Sir L. Namier, hg. v. R. Pares und A. J. P. Taylor. 1956, S. 49–75 – G. H. HILTON JONES, The Mainstream of Jacobitism. 1954 – R. C. JARVIS, The Jacobite Risings of 1715 and 1745. 1954 – Zu den Pelhams s. o. Arbeit von J. B. OWEN – L. M. WIGGIN, The Faction of Cousins. A Political Account of the Grenvilles 1733–63. 1958 – Wichtig: J. NORRIS, Shelburne and Reform. 1963 – O. A. SHERRARD, Lord Chatham. 3 Bde. 1952–58 – P. D. BROWN, William Pitt Earl of Chatham.

The Great Commoner. 1978 – P. BROWN, The Chathamites. A Study in the Relationship between Personalities and Ideas in the 2nd. Half of the 18th Century. 1968 – C. G. ROBERTSON, Chatham and the British Empire. 1946 – M. SCHLENKE, England und das Friderizianische Preußen, 1740–63. Ein Beitrag zum Verhältnis von Politik und öffentlicher Meinung im England des 18. Jhs. 1963 – Wichtig: R. PARES, American Versus Continental Warfare, 1739 to 1763. In: DERS., The Historian's Business and Other Essays, hg. v. R. A. und E. Humphreys. 1961, 429–65 – Zur Selbstregierung Georgs III. s. o. CH. R. RITCHESON, British Politics and the American Revolution. 1954 – B. DONOGHUE, British Politics and the American Revolution, The Path to War, 1773–75. 1964 – J. R. POLE, Political Representation in England and the Origins of the American Republic. 1966 – I. R. CHRISTIE, Crisis of Empire. Great Britain and the American Colonies, 1773–75. 1966. Guter kurzer Überblick – Grundlegend: V. T. HARLOW, The Founding of the Second British Empire, 1763–1793, 2 Bde. 1952, 1964 – Zur Reformbewegung seit 1768: Grundlegend: G. S. VEITCH, The Genesis of Parliamentary Reform. 1913. Rp. hg. v. I. R. Christie. 1964 – Wichtig: I. R. CHRISTIE, Wilkes, Wyvill and Reform, s. o. – G. RUDÉ, Wilkes and Liberty. 1962, Pb. 1965 – L. S. SUTHERLAND, The City of London and the Opposition to Government, 1768–1774. 1959 – G. H. GUTTRIDGE, Engl. Whiggism and the American Revolution. 1942 – E. CH. BLACK, The Association. British Extraparliamentary Political Organization 1769–93. 1963 – H. BUTTERFIELD, George III., Lord North and the People, 1779–80. 1950. – H. T. DICKINSON, Liberty and Property. Political Ideology in 18th Century. 1977.

VOM ALTEN ENGLAND ZUR NEUEN BÜRGERLICHEN GESELLSCHAFT (1783–1832)

***Gesamtdarstellungen:* J. STEVEN-WATSON, Oxford H. of E. Bd. 12 – L. WOODWARD, Oxford H. of E. Bd. 13 s. o. (Abschn. A.) – Grundlegende Synthese v. Sozialg. und politischer G.: A. BRIGGS, The Age of Improvement, 1783–1867. ²1960 – Standardwerk für die Zeit nach 1815: E. HALÉVY, A History of the English People in the 19th Century. 6 Bde. in** 7, ²1949–52, Rp. 1960 – W. Mommsen, Großbritannien vom Ancien Régime zur bürgerlichen Industriegesellschaft 1770–1867, in: Hg. TH. SCHIEDER, Handb. d. Europäischen G. Bd. 5. 1981, 319–403 – Wichtigste Quellensammlung: A. ASPINALL, E. A. SMITH, (Hg.), English Historical Documents Bd. II s. o. (Abschn. A.).

Verfassungsg.: s. o. (Abschn. 1714–83). Wichtig: G. S. VEITCH, The Genesis of Parliamentary Reform. 1913. N. A. hg. v. I. R. CHRISTIE 1964 – J. CANNON, Parliamentary Reform 1640–1832. 1973 – A. LLEWLLYN, The Decade of Reform. The 1830s. 1972 – A. ASPINALL, The Cabinet Council, 1783–1835. In: Proceedings of the British Academy 38 (1952). S. 145–252 – s. auch E. HALÉVY (s. o.) – A. H. MANCHESTER, A Modern Legal Hist. of E. and Wales 1750–1980.

***Pol. Ideengeschichte:* E. HALÉVY, The Genesis of Philosophic Radicalism.**

1928, Rp. 1952 – J. PLAMENATZ, The English Utilitarians. ²1958 – W. L. DAVIDSON, Political Thought in England. The Utilitarians from Bentham to Mill. 1915, Rp. 1957 – s.a. S. LETWIN, s.o. (Abschn. 1714–83) – I. R. CHRISTIE, Myth and Reality in Late-Eighteenth-Century British Politics and Other Papers. 1970 – A. GOODWIN, The Friends of Liberty: The English Democratic Movement in the Age of the French Revolution, 1979.

Sozial- und Wirtschaftsgeschichte: Guter Kommentar zum Forschungsstand: K. BORCHARDT, Probleme der ersten Phase der industriellen Revolution in E. Ein bibliographischer Bericht über wirtschaftsg. Publikationen und den Stand der Forschung im englischen Sprachraum. In: Vierteljahrschrift für Sozial- u. Wirtschaftsgeschichte 55 (1968), 1–62 – Wichtigste Darstellungen zur industriellen u. agrarischen Revolution: Problemgesch. Einführungen: M. W. FLINN, The Origins of the Industrial Revolution, 1760–1830. 1966, Pb. – R. M. HARTWELL, The Ind. Rev. in E. 1965 (Hist. Ass. Pamphlet G. 58) – Wichtige Darstellung: T. S. ASHTON, The Ind. Rev., 1760–1830. 1948 – DERS., An Economic H. of E.: The 18th Century. 1955 – Wachstumstheoret. Ansatz: W. W. ROSTOW, The Stages of Economic Growth, A Non Communist Manifesto. 1960 Pb. – DERS. (Hg.), The Economic Take-Off into Sustained Growth. 1964 und P. DEANE, W. A. COLE, British Economic Growth, 1688–1959. 1962 – P. DEANE, The First Ind. Rev. 1965 – Wichtige Aufsatzsammlung: E. M. CARUS WILSON (Hg.), Essays in Economic H. 3 Bde. 1954–62 – Klassische Darstellungen: A. TOYNBEE, Lectures on the Ind. Rev. in E. 1884 – P. MANTOUX, The ind. Rev. in the 18th Century. 1928, Rp. Pb. 1964 – J. L. und B. HAMMOND, The Rise of Modern Industry. 1925, Rp. Pb. 1966 – M. VESTER, Die Entstehung des Proletariats als Lernprozeß. Die Entstehung antikapitalistischer Theorie und Praxis in England 1792–1848, 1970 – E. J. HOBSBAWM, Industrie u. Empire. Brit. Wirtschaftsg. seit 1750. Bd. 1. ²1970. – S. POLLARD, Peaceful Conquest. The Industrialisation of Europa 1760–1970. 1981.

»Agricultural Revolution«: J. D. CHAMBERS, G. E. MINGAY. The Agricultural Revolution 1750–1880. 1966 – Wichtige Aufsatzsammlung: E. L. JONES, Agriculture and Economic Growth in E., 1650–1815. 1967.

Demographischer Aspekt: D. V. GLASS, D. E. C. EVERSLEY (Hg.), Population in H. Essays in Historical Demography. 1965 – Neue Interpretationsversuche bei: P. E. RAZELL, Population Growth and Economic Change in 18th and early 19th Century E. and Ireland, sowie J. T. KRAUSE, Some Aspects of Population Change, 1690–1790. Beide in: Land, Labour and Population in the Ind. Rev., Essays presented to J. D. Chambers. 1967, 260–281, bzw. 187–205 – G. LOTTES, Politische Aufklärung und plebejisches Publikum. Zur Theorie u. Praxis d. engl. Radikalismus im späten 18. Jh. 1979 – Wichtig zum Wandel der alteuropäischen »Societas Civilis sive Imperio« zur modernen bürgerlichen Gesellschaft in ihrer engl. Variante: P. LASLETT, The World we have Lost. Pb. 1965 – *Nonkonformismus u. ind. Rev.:* E. D. BEBB, Nonconformity and Social Life, 1660–1800. 1935 – A. H. LINCOLN, Some Political and Social Ideas of English Dissent, 1763–1800. 1938.

W. Pitt d.J. und Ch. J. Fox: P. H. STANHOPE, Life of the Right Hon. William Pitt. 4 Bde. 1861–62 – J. W. DERRY, William Pitt. 1962 – J. EHRMANN, The Younger Pitt. The Years of Acclaim. 1969 E. J. HOBSBAWM, G. RUDÉ, Captain Swing, 1969 – J. RUSSEL (Hg.), Memorials and Correspondence of Ch. J. Fox. 4 Bde. 1853–57 – C. HOBHOUSE, Fox. 1934, Pb. 1964 – J. BROOKE, King George III. 1972 – Zur Parteiengeschichte: D. E. GINTER (Hg.), Whig Organization in the General Election of 1790. 1967 – Wichtig: J. DECHAMPS, Les Iles Britanniques et la Revolution Francaise, 1789–1803. (Brüssel) 1949 – P. H. BROWN, The French Revolution in English H. 1918, Rp. 1965 – A. COBBAN (Hg.), The Debate on the French Revolution, 1789–1800. 1950 – Zu E. Burke s. Bibliographie in: H. G. SCHUHMANN, E. Burkes Anschauung vom Gleichgewicht in Staat und Staatensystem. 1964 – A. COBBAN, E. Burke and the Revolt against the 18th Century. 1929 – B. T. WILKINS, The Problem of Burke's Political Philosophy. 1967 – *Parteien nach 1806, Katholikenemanzipation, Wahlreform:* M. ROBERTS, The Whig Party, 1807–12. ²1965 – W. R. BROCK, Lord Liverpool and Liberal Toryism, 1820–27. 1941 – A. ASPINALL, Lord Brougham and the Whig Party. 1927 – G. I. T. MACHIN, The Catholic Question in English Politics, 1820–1830. 1964 – J. A. REYNOLDS, The Catholic Emancipation Crisis in Ireland, 1813–29. 1954 – K. H. CONNELL, The Population of Ireland, 1750–1845. 1950 – *Schottischer Radikalismus:* L. J. SAUNDERS, Scottish Democracy, 1815–40. 1950 – G. DAVIE, The Democratic Intellect. Scotland and her Universities in the 19th Century. ²1964 – D. C. MOORE, Concession or Cure: The Sociological Premises of the first Reform Act. In: HJ 9 (1966), 39–59 – J. HAMBURGER, James Mill and the Art of Revolution. 1963 – Weitere Lit. s. Abschn. 1837–1901, bes K. KLUXEN und K. LÖWENSTEIN.

DIE VIKTORIANISCHE ÄRA (1837–1901)

Gesamtdarstellungen: Bis 1867 das Standardwerk v. A. BRIGGS, ferner E. HALÉVY (s. o. Abschn. 1783–1832). Strukturgesch. Aspekt, wichtig: G. KITSON CLARK, The Making of Victorian England. 1962 – W. L. BURN, The Age of Equipoise. 1964 – G. M. YOUNG, Victorian England, Portrait of an Age. 1936, Pb. 1960 – W. E. HOUGHTON, The Victorian Frame of Mind, 1830–70. 1957 – Wirtschaftsgesch. Aspekt: S. G. CHECKLAND, The Rise of Industrial Society in E., 1815–1885. 1964 (Bibliographie) – O. CHADWICK, The Victorian Church. 1966 – R. J. EVANS, The Victorian Age 1815–1914. ²1968 – P. Kluke, Großbritannien von der Reform Gladstones bis zum Ende des Ersten Weltkrieges (1867–1918), in: Hg. TH. SCHIEDER, Handb. d. Europäischen Geschichte. Bd. 6, 272–308. 1968 – E. J. HOBSBAWM, Britische Wirtschaftsgeschichte Bd. 2. 1969 (von 1850 bis zur Gegenwart) – G. BEST, Mid-Victorian Britain 1851–75. 1971 – F. C. HARRISON, Early Victorian Britain 1832–51. 1971 – O. MACDONAGH, Early Victorian Government 1830–70. 1977 – F. CROUZET, L'Economie de la Grande-Bretagne Victorienne. 1978 – A. D. HARVEY, Britain in the Early 19th Cent. 1978 – Quellensammlung: G. M. YOUNG, W. D.

HANDCOCK (Hg.), Engl. Hist. Documents Bd. 12, Teile 1 und 2 (s. o. Abschn. A.).

Geschichte der polit. und sozialen Ideen: C. BRINTON, Engl. Political Thought in the 19th Century. ²1962, Pb. – E. BARKER, Pol. Thought in the 19th Century, 1848 to 1914. ²1928, Rp. 1959 – Wichtig: J. W. BURROW, Evolution and Society, A Study in Victorian Social Theory. 1966. – H. PELLING, Popular Politics and Society in Late Victorian Britain. 1968 – D. FORBES, The Liberal Anglican Idea of History. 1952 – B. WILLEY, Nineteenth C. Studies. 1949 – DERS., More Nineteenth C. Studies. 1956.

Innenpolitik, Parlamentsreform, Parteiwesen: A. B. KEITH, Constitution of E. from Queen Victoria to George VI. 2 Bde. 1940 – K. KLUXEN, Die Umformung des parlamentarischen Regierungssystems in Großbritannien beim Übergang zur modernen Massendemokratie. In: DERS., (Hg.), Parlamentarismus. 1967, 112–137 – K. LÖWENSTEIN, Zur Soziologie der parlamentarischen Repräsentation in E. nach der großen Reform: Das Zeitalter der Parlamentssouveränität, 1832–1901. In: Beiträge zur Staatssoziologie. 1961, 65 ff. – O. MACDONAGH, The 19th Century Revolution in Government: A Reappraisal. In: HJ 1 (1958), 52–67 – J. HART, Nineteenth Century Social Reform: A Tory Interpretation of History. In: PP 31 (1965), 39–61 – D. SOUTHGATE, The Passing of the Whigs, 1832–1886. 1962 – N. GASH, Politics in the Age of Peel. A Study in the Technique of Parliamentary Representation, 1830–50. 1953 – DERS., Reaction and Reconstruction in British Politics, 1832–52. 1965 – L. BROWN, The Board of Trade and the Free-Trade Movement, 1830–42. 1958 – N. MCCORD, The Anti Corn-Law League, 1838-46. 1958 – F. C. MATHER, Public Order in the Age of the Chartists. 1959 – I. BULMER-THOMAS, The Growth of the British Party System. 2 Bde. 1965/66 – H. SETZER, Wahlsystem und Parteienentwicklung in England. Wege zur Demokratisierung der Institutionen 1832–1948. 1973 – H. J. HANHAM, Elections and Party Management, Politics in the Time of Disraeli and Gladstone. 1959 – F. B. SMITH, The Making of the Second Reform Bill. 1966 – M. COWLING, 1867, Disraeli, Gladstone and Revolution. The Passing of the Second Reform Bill. 1967 – Wichtig: J. R. VINCENT, The Formation of the Liberal Party, 1857–68. 1966 – Neuer meth. Ansatz: DERS., Pollbooks, How Victorians Voted. 1967 – R. B. MCDOWELL, British Conservatism, 1832–1914. 1959 – P. SMITH, Disraelian Conservatism and Social Reform. 1967 – Auf Grund der Quellenwiedergabe immer noch wichtig: W. F. MONNYPENNY, G. E. BUCKLE, Life of B. Disraeli, 1st Earl of Beaconsfield. 6 Bde. 1910–20 – J. MORLEY, Life of W. E. Gladstone. 3 Bde. 1903 – PH. MAGNUS, Gladstone. A Biography. 1954 – R. BLAKE, Disraeli. 1966 – J. L. HAMMOND, Gladstone and the Irish Nation. ²1964 – Ebenfalls wichtig: N. MANSERGH, The Irish Question, 1840–1921. ²1965 – R. B. MCDOWELL, The Irish Administration, 1801–1914. 1964 – F. S. LYONS, The Irish Parliamentary Party, 1890–1910. 1950 – C. C. O'BRIEN, Parnell and his Party, 1880–90. 1957 – P. THOMPSON, Socialists, Liberals and Labour. The Struggle for London, 1885–1914. 1967 – Wichtig: D. ROBERTS, The Victorian Origins of the British Welfare State. 1960 – C. ROVER, Women's

Suffrage and Party Politics in Britain, 1866–1914. 1967 – R. Blake, The Conservative Party from Peel to Churchill. 1970 – R. JAY, Joseph Camberlain. A Political Study. 1981.

Arbeiterbewegung und Sozialismus: E. P. THOMPSON, The Making of the British Working Class. [2]1968 – G. D. H. COLE, A. Short H. of the British Working Class Movement, 1789–1947. [2]1948 – M. I. THOMIS, The Luddites. 1970 – Quellensammlung: G. D. H. COLE, A. W. FILSON, British Working Class Movements, Select Documents, 1789–1875. [2]1965 – J. Saville (Hg.), Democracy and the Labour Movements. 1954 – S. B. SAUL, The Myth of the Great Depression 1873–1896. 1969 – H. V. EMY, Liberals, Radicals and Social Politics 1892–1914. 1973 – P. JOYCE, Work, Society, and Politics. The Culture of the Factory in the Later Victorian E. 1980 – Wichtige Aufsatzsammlung: E. J. HOBSBAWM, Labouring. Men. Studies in the H. of Labour. [2]1965 – M. BEER, G. des Sozialismus in England. 1913.

F. C. MATHER, Chartism. 1965 (Hist. Ass. Pamphlet G. 61) – A. BRIGGS (Hg.), Chartist Studies. 1959. Zur regionalen Differenzierung des Chartismus – R. F. WEARMOUTH, Methodism and the Working Class Movements of E., 1800–50. 1947 – H. PELLING, A H. of British Trade Unionism. 1963 – S. u. B. WEBB, A H. of Trade Unionism. 1894. [2]1920 – DIES., Industrial Democracy. 1898 – H. A. CLEGG, A. FOX, A. F. THOMPSON, History of British Trade Unionism from 1889. 3 Bde. 1964ff. – H. PELLING, The Origins of the Labour Party. 1954 – DERS. u. F. BEALEY, Labour and Politics, 1900–1906. 1958 – A. M. MCBRIAR, Fabian Socialism and Engl. Politics, 1884–1918. 1962 – R. E. DOWSE, Left in the Centre. The Independent Labour Party, 1893–1940. 1966 – K. BURGESS, The Challenge of Labour. Shaping British Society 1850–1930. 1980 – E. H. HUNT, British Labour Hist. 1815–1914. 1981.

Außenpolitik, Kolonialpolitik, Imperialismus: H. TEMPERLEY, L. PENSON, Foundations of British Foreign Policy, from Pitt (1792) to Salisbury (1902). 1938 – K. BOURNE, The Foreign Policy of Victorian E. 1830–1902. 1970 – D. C. PLATT, Finance, Trade and Politics in British Foreign Policy, 1815–1914. 1967 – A. H. IMLAH, Economic Elements in the Pax Britannica. 1958 – J. A. GRENVILLE, Lord Salisbury and Foreign Policy, The Close of the 19th Century. 1964 – C. J. LOWE, Salisbury and the Mediterranean, 1886–96. 1965 – R. KOEBNER, H. D. SCHMIDT, Imperialism. The Story and Significance of a Political Word. 1964 – B. SEMMEL, Imperialism and Social Reform. English Social-Imperial Thought, 1805 to 1914. 1960. – C. J. LOWE, The Reluctant Imperialists. Brit. Foreign Policy 1878–1902. 2 Bde 1967 – D. K. FIELDHOUSE, The Colonial Empires. 1982 (komparatistische Darstellung) – H. C. G. MATTHEW, The Liberal Imperialists. 1973 – W. BAUMGART, Der Imperialismus. Idee und Wirklichkeit der englischen und französischen Kolonialexpansion 1880–1940. 1975.

GROSSBRITANNIEN IM 20. JAHRHUNDERT

Gesamtdarstellungen: W. MEDLICOTT, Longman's H. of E. Bd. 10 – A. J. P. TAYLOR, Oxford H. of E. Bd. 15 – H. PELLING, Nelson's H. of E.

Bd. 8 s.o. (Abschn. A.) – A. MARWICK, Britain in the Century of Total War, Peace and Social Change, 1900–1967. 1968 – F. HAVINGHURST, Twentieth Century Britain. [2]1966 – B. B. GILBERT, Britain since 1918. 1967 – Nachschlagewerk: D. BUTLER, W. FREEMAN, British Political Facts, 1900–1960. 1962.

Politische und Gesellschaftl. Verfassung in hist. Perspektive: S. H. BEER, British Politics in the Collectivist Age. 1965 – Wichtig BULMER – THOMAS s. o. (Abschn. 1837–1901) – M. W. FLINN, T. C. SMOUT, Essays in Social History, 1974 – J. JARRIS, Unemployment and Politics. A Study in English Social Policy 1886–1914. 1972 – R. T. MACKENZIE, Politische Parteien in Engl. 1961 – R. MC. KIBBIN, The Evolution of the Labour Party 1910–1924. 1974 – A. M. BIRKE, Pluralismus u. Gewerkschaftsautonomie in E. 1978 – British Government since 1918. 1957 (Sammelband) – F. M. G. WILLSON, The Organization of British Central Government, 1914–1956. 1957 – G. LEMAY, British Government 1914–1953, Select Documents. 1955 – M. BARRET-BROWN, After Imperialism, rev. ed. 1970 – H. DAALDER, Cabinet Reform in Britain, 1914–63. 1963 – J. EHRMAN, Cabinet Government and War, 1890–1940, 1958 – A. J. MORRIS, Radicalism against War 1900–1914. 1972 – W. L. GUTTSMAN, The British Political Elite. 1963 – P. MATHIAS, The First Industrial Nation. An Economic History of Britain, 1700–1914. 1969 – D. N. MCCLOSKEY, Essays on a Mature Economy. Britain after 1840. 1971 – W. ASHWORTH, An Economic H. of E., 1870–1939. [2]1972 – M. W. KIRBY, The Decline of British Economical Power since 1870. 1981 – G. G. ROUTH, Occupation and Pay in Britain, 1906–60. 1965 – Wichtig zu einem spez. Aspekt: E. E. BARRY, Nationalisation in British Politics: The Historical Background. 1965 – A. BRIGGS, The H. of Broadcasting in the United Kingdom. 2 Bde. 1961/65.

DIE VORWELTKRIEGSZEIT (1901–1914)

M. BRUCE, The Coming of the Welfare State. [3]1966 – B. B. GILBERT, The Evolution of National Insurance in Britain. The Origins of the Welfare State. 1966 – R. FULFORD, Votes for Women. The Story of a Struggle. 1957 – D. JUDD, Balfour and the British Empire. 1968 – K. YOUNG, Arthur J. Balfour. 1963 – R. BLAKE, The Unknown Prime Minister. The Life and Times of Andrew Bonar Law, 1858–1923. 1955 – TH. JONES, Lloyd George. 1951 – R. JENKINS, Asquith. 1964 – G. MONGER, The End of Isolation. British Foreign Policy, 1900 to 1907. 1963 – C. L. LOWE, m. L. Dockrill, The Mirage of Power. British Foreign Policy 1902–1922, 1971 – D. C. GORDON, The Dominion Partnership in Imperial Defence, 1870–1914. 1965 – A. M. GOLLIN, Proconsul in Politics. A Study of Lord Milner. 1964 – Zu den innenpolitischen Aspekten des Kriegsausbruchs: L. LAFORE, The Long Fuse. An Interpretation of the Origins of World War I. 1966 – E. HALÉVY, The World Crisis of 1914–18. An Interpretation. 1930 – P. H. S. HATTON, Britain and Germany in 1914. In: PP 36 (1967), 138ff – C. HIBBERT, Edward VII. A Portrait. 1976.

WELTKRIEG UND ZWISCHENKRIEGSZEIT (1914–1939)

R. GRAVES u. A. HODGE, The Long Weekend. A Social Hist. of Great Britain 1918–1939. ²1965 – B. B. GILBERT, British Social Policy 1914–1939. 1970 – R. BLAKE (Hg.), The English World. History, Character, and People. 1982 – M. J. WIENER, Engl. Culture and the Decline of the Industrial Spirit, 1981 – E. WIGHAM, Strikes and the Government 1893–1974. 1976 – K. JEFFERY u. P. HENNESSY, British Governments and Strikebreaking since 1919. 1983 – S. POLLARD, The Development of the British Economy 1914–1967. ²1969 – A. MARWICK, The Deluge, Brit. Society and World War I. 1965 – P. GUINN, British Strategy and Politics, 1914–18. 1965 – A. J. P. TAYLOR, The War Aims of the Allies in the First World War. In: Essays pres. to Sir L. Namier,hg. v. R. Pares u. A. J. P. Taylor. 1956, 475–506 – G. R. CROSBY, Disarmament and Peace in British Politics, 1914–18. 1957 – H. R. WINKLER, The League of Nations Movement in Great Britain, 1914–1918. 1952 – J. EHRMANN, Lloyd George and Churchill as War Ministers. In: TRHS 5. Ser. 11 (1961), 101–16 – LORD HANKEY, The Supreme Command 1914–18. 2 Bde. 1961 – D. LLOYD GEORGE, War Memoirs. 6 Bde. 1933–36 – DERS., The Truth about Peace Treaties. 2 Bde. 1938 – LORD BEAVERBROOK, The Decline and Fall of Lloyd George. 1963 – K. O. MORGAN, The Age of Lloyd George. 1970 – Grundlegende Darstellung: C. L. MOWAT, Britain between the Wars, 1918–1940. 1955 – F. S. NORTHEDGE, The Troubled Giant. Britain between the Great Powers. 1916–1939. 1966 – E. MONROE, Britain's Moment in the Middle East, 1914–1956. 1963 – Grundlegend: R. v. ALBERTINI, Dekolonisation. Die Diskussion über Verwaltung und Zukunft der Kolonien, 1919–1960. 1966 – A. P. THORNTON, The Imperial Idea and its Enemies. A Study in British Power. 1959 – P. KLUKE, Großbritannien und das Commonwealth in der Zwischenkriegs- und Nachkriegszeit, in: TH. SCHIEDER (Hg.), Handbuch der Europäischen Geschichte, Bd. 7. 1979, 353–437 (gute Einführung mit Bibliographie) – R. F. HOLLAND, Britain and the Commonwealth 1918–1939. 1981 – T. WILSON, The Downfall of the Liberal Party, 1914–1935. 1965 – G. A. RITTER, Parlament und Demokratie in Großbritannien. 1973 – D. WILLIAMS (Hg.), The Irish Struggle, 1916–1926. 1966 – R. W. LYNHAM, The First Labour Government 1924. 1957 – J. SYMONS, The General Strike. 1957 – L. CHESTER u. a., The Zinoviev Letter. 1967 – R. LEKACHMAN, The Age of Keynes. 1966 – R. SKIDELSKI, Politicians and the Slump. 1967 – H. W. RICHARDSON, Economic Recovery in Britain, 1932–1939. 1967 – M. GILBERT, The Roots of Appeasement. 1966 – DERS., Britain and Germany between the Wars. 1964 (Quellensammlung) – W. R. ROCK, Appeasement on Trial. 1966 – M. R. GORDON, Conflict and Consensus in Labours Foreign Policy 1914–1965. 1969 – M. GEORGE, The Warped Vision. British Foreign Policy 1933–1939. 1965 – D. DILKS (Hg.), Retreat from Power: Studies in Britain's Foreign Policy of the 20th Century. 2 Bde. 1981 – R. HIGHAM, The Military Intellectuals in Great Britain, 1918–1939. 1966 – K. W. WATKINS, Britain Divided. The Effect of the

Spanish Civil War on British Political Opinion. 1963 – W. LAIRD KLEINE-AHLBRANDT, The Policy of Simmering. A Study of British Policy during the Spanish Civil War, 1936–1939. 1962 – LORD BIRKENHEAD, Halifax. 1965 – K. FEILING, Life of Neville Chamberlain 1946.

ZWEITER WELTKRIEG UND NACHKRIEGSZEIT (1939–1964)

Zum pol. und milit. Geschehen s. die Darstellungen von W. MEDLICOTT und A. J. P. TAYLOR (s. o.) – E. L. WOODWARD, British Foreign Policy in the Second World War. 1962 – M. COELING, The Impact of Hitler. British Politics and British Policy 1933–1940. 1975 – P. ADDISON, The Road to 1945. British Politics and the Second World War. 1975 – J. M. LEE, The Churchill Coalition 1940–45. 1980 – Zur Problematik des War Cabinet s. o. die Arbeiten von J. EHRMANN und H. DAALDER – K. HANCOCK, M. M. GOWING, British War Economy. 1949 – D. N. CHESTER (Hg.), Lessons of the British War Economy. 1951 – C. M. WOODHOUSE, British Foreign Policy since the Second World War. 1961 – F. S. NORTHEDGE, British Foreign Policy. The Process of Readjustment, 1945–1961. 1962 – H. THOMAS, The Suez Affair. 1967 – M. CAMPS, Britain, France and the New Europe. 1967 – U. W. KITZINGER, Britain, Europe and Beyond. 1964 – A. SAMPSON, Wer regiert England. Anatomie einer Führungsschicht. 1963 – R. S. CHURCHILL, W. S. Churchill. Bisher 2 Bde. 1966/67 – A. BULLOCK, The Life and Times of Ernest Bevin. 2 Bde. 1960/67 – C. A. COOKE, The Life of R. S. Cripps. 1957 – M. FOOT, Aneurin Bevan. Bisher 1 Bd. 1962 – W. S. CHURCHILL, The Second World War. 6 Bde. 1948–54 – DERS., Reden. 7 Bde. 1946–47 – A. EDEN, Lord Avon, Memoiren (1913–57). Bisher 2 Bde. 1960/62 – D. CARLTON, Anthony Eden: A Biography. 1981 – H. MORRISON, In Government and Parliament. A Survey from the Inside. [3]1964 (dt. 1956) – R. BUTT, The Power of Parliament. 1967 – P. GREGG, The Welfare State: A Social and Economic H. of Britain from 1945 to the Present. 1967 – R. UNDY et al., Change in Trade Unions. The Development of UK-Unions since 1960. 1981 – H. J. HANHAM, Scottish Nationalism. 1969 (mit Programm der SNP) – K. O. MORGAN, Rebirth of a Nation. Wales 1880–1980. 1981 – D. BUTLER (Hg.), Coalitions in British Politics. 1978 – D. BARNES u. E. REID, Governments and Trade Unions. The British Experience 1964–79. 1980 – W. BROWN, The Changing Contours of British Industrial Relations. 1981 – M. SISSONS, PH. FRENCH, Age of Austerity, 1945–51. 1964 (Gute Aufsatzsammlung zur Innen- und Außenpolitik der Labourregierung) – H. WILSON, The Labour Government 1964–70. [2]1974 – D. COATES, The Labour Party and the Struggle for Socialism. 1975 – H. WILSON, The Governance of E. 1976 – J. D. HOFFMANN, The Conservative Party in Opposition, 1945–1951. 1964 – H. MACMILLAN, The Winds of Change. 1966 – J. RAMSDEN, The Making of Conservative Party Policy. 1980 (nach dem Conservative Research Department seit 1929) – H. F. HUTCHINSON, Edward Heath, a Personal and Political Biography. 1978 – R. BEHRENS, The Conservative Party from Heath to Thatcher. Policies and Politics

1974–79. 1980 – ST. HALL u. M. JACQUES (Hg.), The Politics of Thatcherism. 1983 (Polemik gegen den »Thatcherismus«). CH. BOOKER, The Seventies. Portrait of a Decade. 1980 – D. THOMSON, E. in the 20th Century 1914–1979. ²1981 (Pb.).

REGISTER